怀仁县志

怀仁县志编纂委员会

二〇一七年

图书在版编目（C I P）数据

怀仁县志 / 怀仁县志编纂委员会编. -- 北京 : 方志出版社， 2017.7

ISBN 978-7-5144-2443-0

Ⅰ. ①怀… Ⅱ. ①怀… Ⅲ. ①怀仁县—地方志 Ⅳ. ①K292.54

中国版本图书馆CIP数据核字(2017)第138665号

怀仁县志

编　　者： 怀仁县志编纂委员会
责任编辑： 范静

出 版 人： 冀祥德
出 版 者： 方志出版社
地址　北京市朝阳区潘家园东里9号（国家方志馆4层）
邮编　100021
网址　http://www.fzph.org
发　　行： 方志出版社发行中心
电话（010）67110500
经　　销： 各地新华书店
印　　刷： 山西基因印刷服务有限公司

开　　本： 889 × 1194　　1/16
印　　张： 83.25
字　　数： 1277千字
版　　次： 2017年7月第1版　　2017年7月第1次印刷
印　　数： 00001～10000册

ISBN 978-7-5144-2443-0　　**定价：** 468.00元

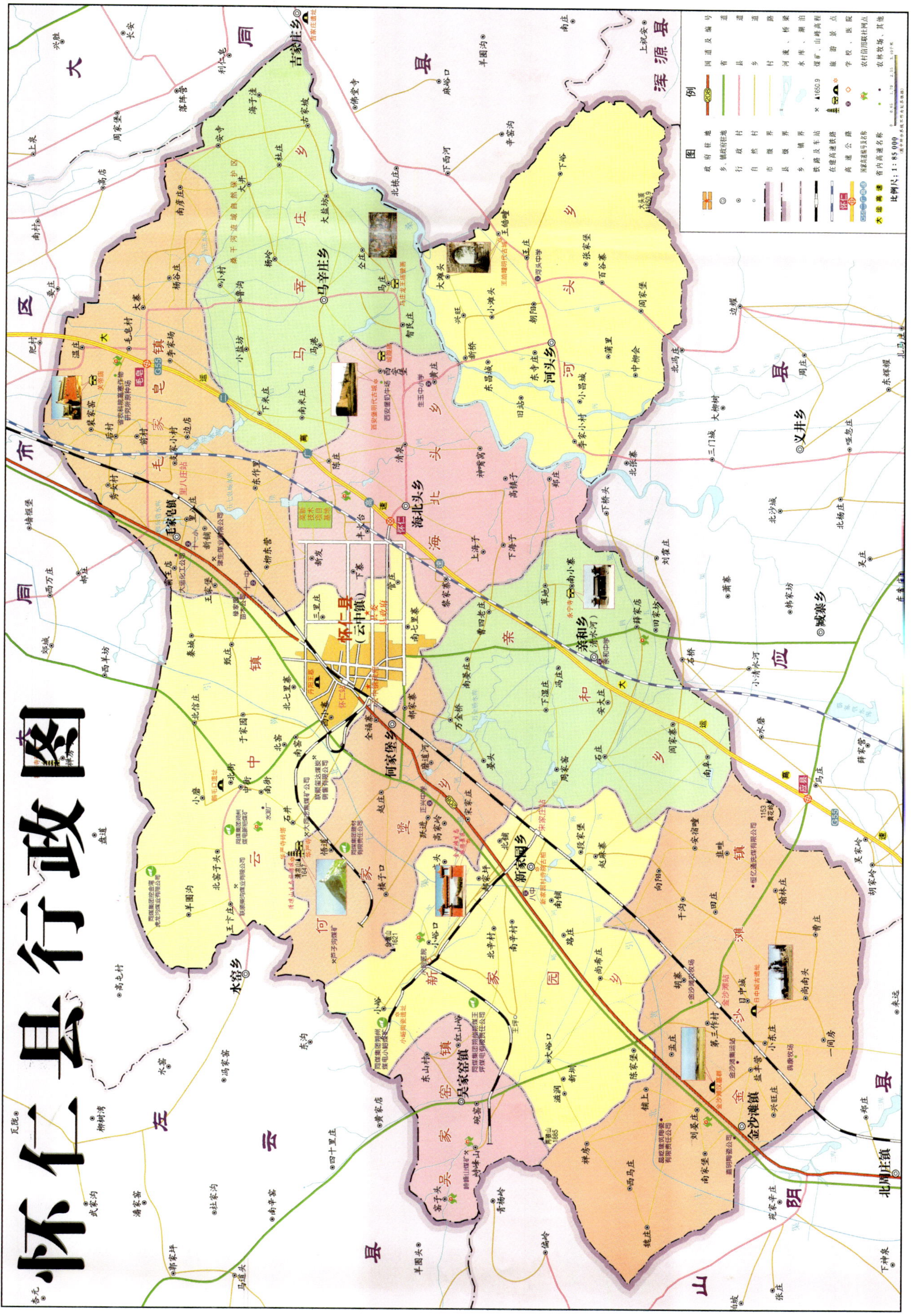
怀仁县行政图
怀仁县
（云中镇）
海北头乡
马辛庄乡
河头乡
亲和乡
何家堡乡
新家园乡
金沙滩镇
吴家窑镇
毛家皂镇
云中镇
大同县
左云县
山阴县
应县
浑源县
比例尺 1:85 000

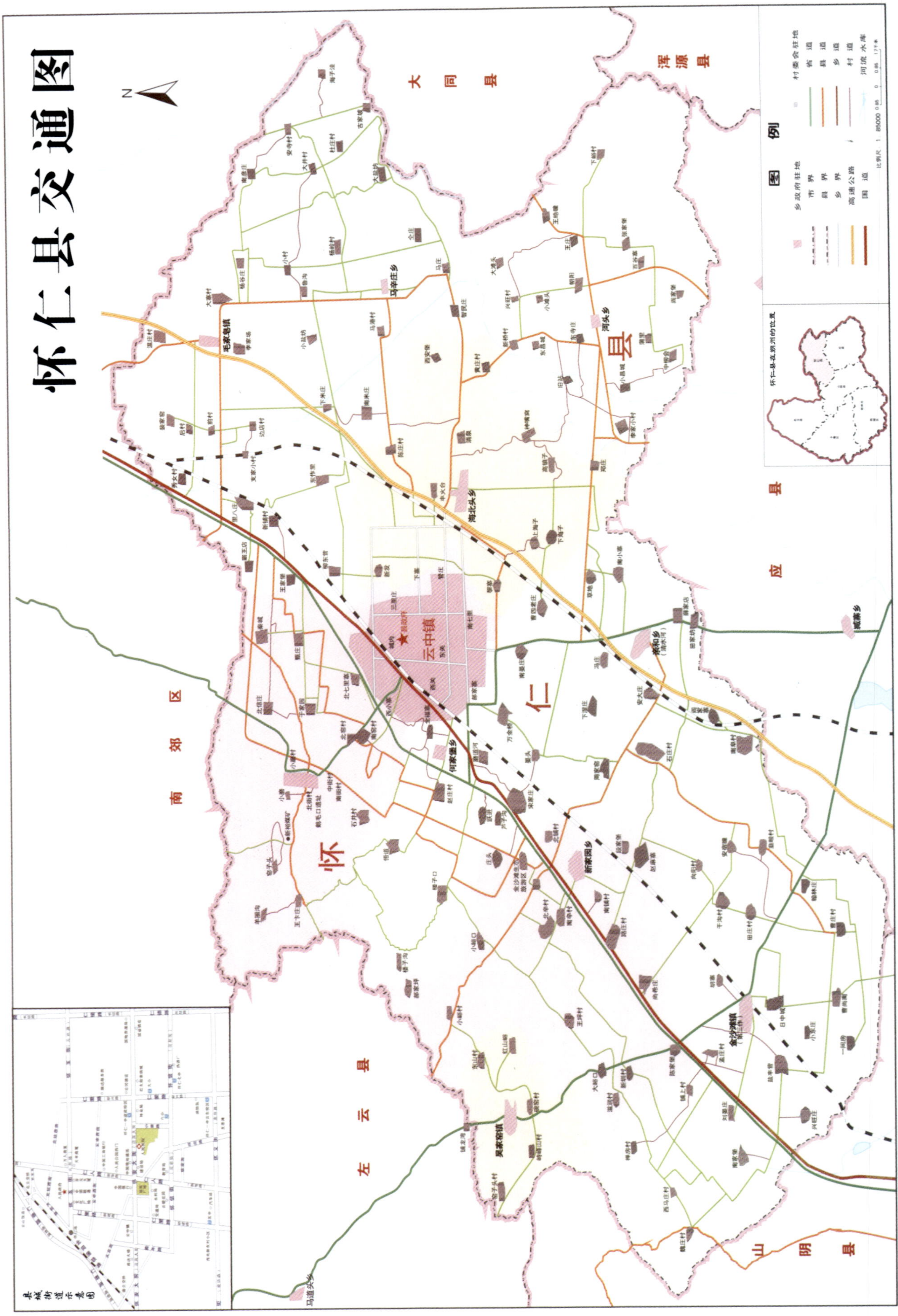

怀仁县交通图
大同县
浑源县
应县
山阴县
左云县
南郊区
怀仁县
云中镇
海北头乡
河头乡
毛家皂镇
马辛庄乡
何家堡乡
新家园乡
金沙滩镇
亲和乡
吴家窑镇
马道头乡
图例
乡政府驻地
村委会驻地
市界
县界
乡界
高速公路
国道
省道
县道
乡道
村道
河流 水库
怀仁县在朔州的位置
县城街道示意图

《怀仁县志》编纂委员会

2011.11—2015.6

主　任　王智杰

副主任　吴秀玲　韩效华　周志强　王彦平　司永恒　李启军

　　　　吴文莉　梁文晓　王万波　陈志刚　常增宝　张向明

　　　　邱文禄　刁少波　何勇儒　王　俊　苑学海

《怀仁县志》编纂委员会

2015.7—2016.7

主　任　齐海斌

副主任　吴秀玲　司永恒　周志强　王彦平　潘浩敏　李启军

　　　　吴文莉　梁文晓　王万波　陈志刚　阎天兵　张向明

　　　　邱文禄　刁少波　何勇儒　王　俊　苑学海

《怀仁县志》编纂委员会

2016.8—2016.12

主　任　刘　亮

副主任　苏斌如　司永恒　朱玉罡　王　鑫　潘浩敏　张乐祥

　　　　武春兰　王万波　陈志刚　孙　涛　刘　鹏　阎天兵

　　　　张向明　王　俊　刘宏武　谭金花　徐　震　苑学海

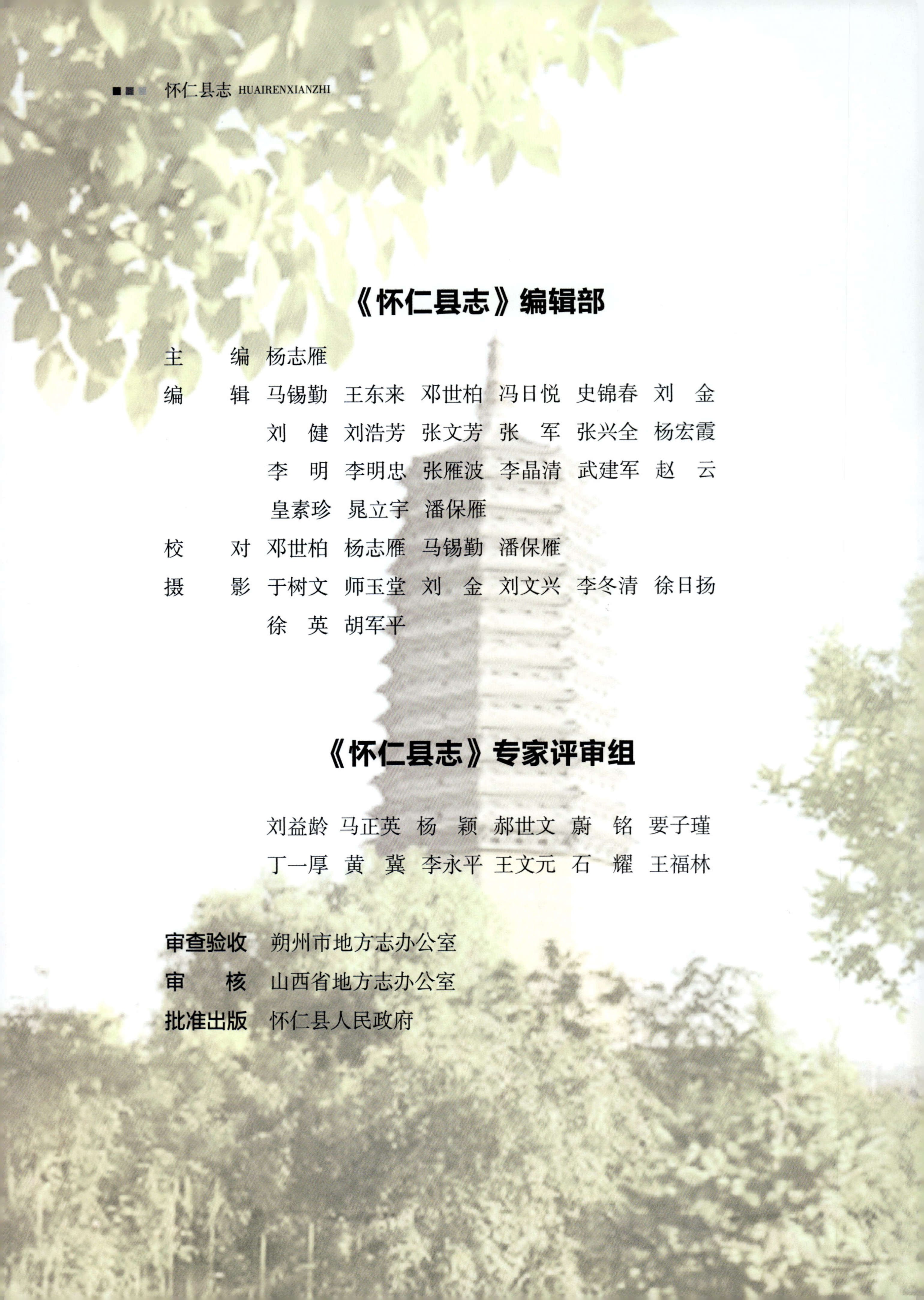

休闲旅游

XIU XIAN LV YOU

崇国寺

九龙壁

清凉山

金沙滩生态旅游区

牌 楼

休闲旅游

XIU XIAN LV YOU

图书馆 体育馆

公园一角

公园一角

休闲旅游

XIU XIAN LV YOU

公园一角

六角亭

雪 景

九孔桥

仁和路夜景

冬日公园

休闲旅游

XIU XIAN LV YOU

民居

新农村

鸟瞰广场

曲径通幽

怀安大桥夜景

元宵节夜景

怀安大街夜景

仁人路夜景

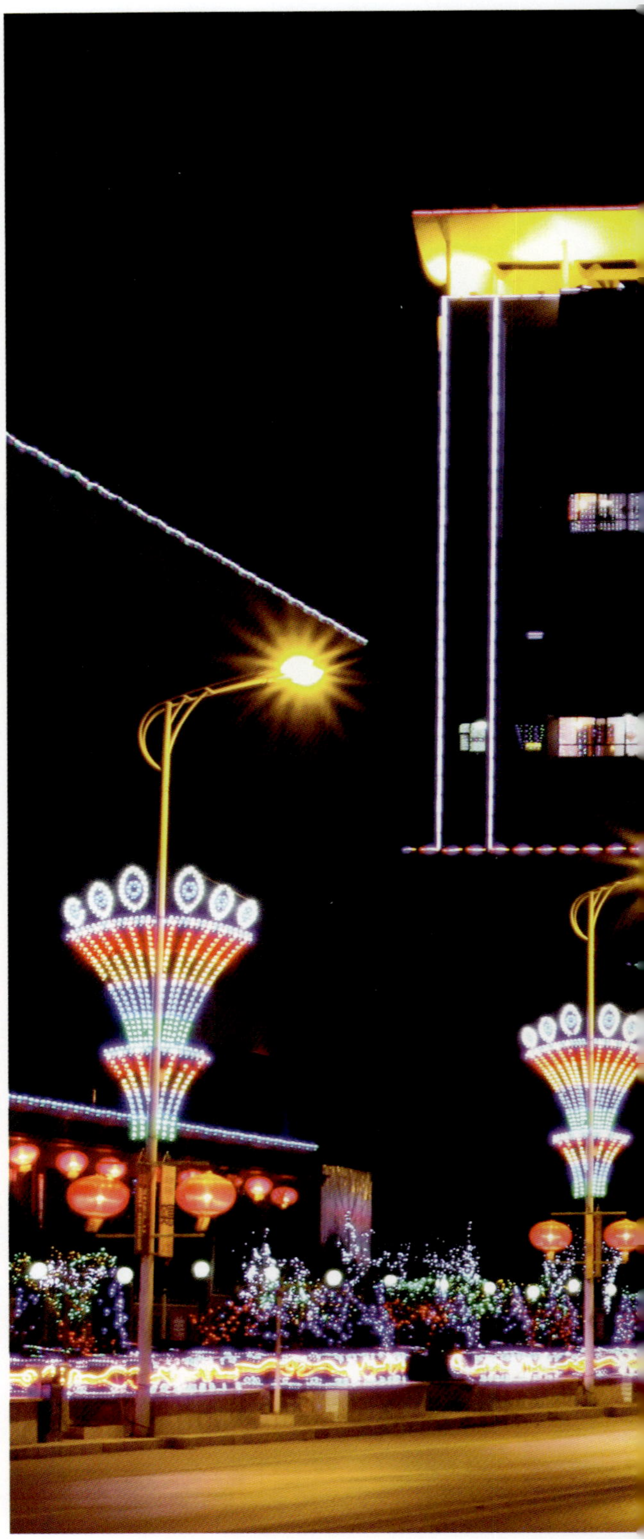

休闲旅游
XIU XIAN LV YOU

音乐喷泉

城内村活动中心夜景

怀善街夜景

休闲旅游
XIU XIAN LV YOU

音乐喷泉

怀安大街夜景

文化广场夜景

住建局大楼夜景

美之居夜景

休闲旅游

XIU XIAN LV YOU

元宵节夜景

仁德路夜景

怀安大街夜景

学府小区夜景

怀安大街夜景

旧貌新颜
JIU MAO XIN YAN

20 世纪 80 年代 人民公园西门

20 世纪 80 年代 二轻局

20 世纪 90 年代 怀仁宾馆

20 世纪 90 年代 农贸市场东口

一方热土

YI FANG RE TU

山西怀仁化肥厂

一方热土

YI FANG RE TU

社 火
SHE HUO

社　火
SHE HUO

怀仁大旺火

HUAI REN DA WANG HUO

全民健身

QUAN MIN JIAN SHEN

编纂委员会主任刘亮（中）在讨论书稿

编纂委员会副主任苏斌如（中）在讨论书稿

前排左起：杨志雁 王福林 丁一厚 郝世文 马正英 魏润 蔚铭 齐海斌 刘益龄 周志强 杨颖 张向明 要子瑾 黄冀 张致荣

后排左起：冯日悦 李晶清 李明忠 邓世柏 王东来 张军 赵云 武建军 刘金 张雁波 马锡勤 潘保雁 刘浩芳 张兴全 史锦春 晁立宇 皇素珍 杨宏霞 张文芳

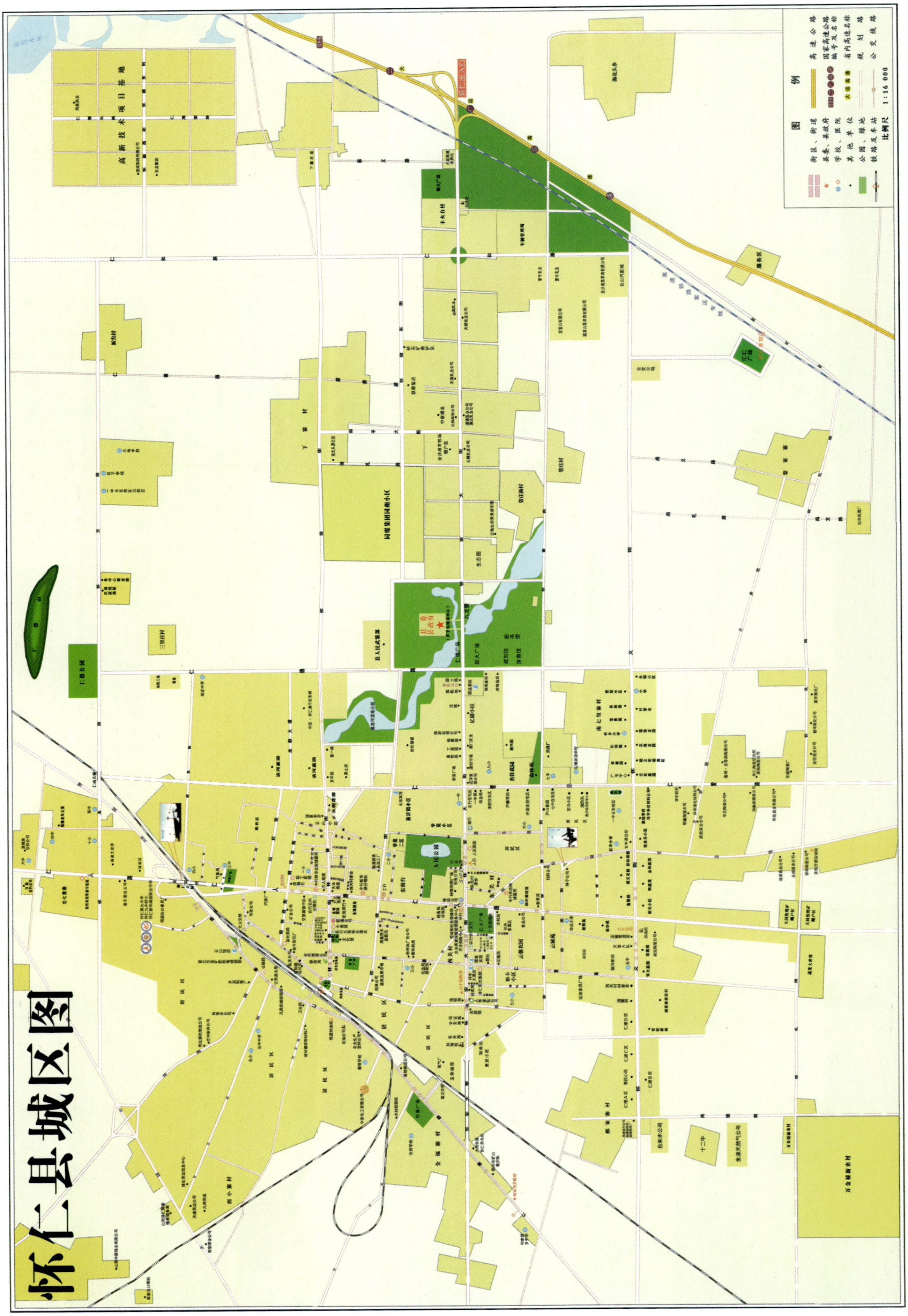
怀仁县城区图
图例
街区、街道
高速公路
县委、县政府
国家高速公路编号及名称
学校、医院
省内高速名称
其他单位
规划路
公园、绿地
公交线路
铁路及车站
比例尺 1:16 000

序

“郡邑之有志，犹国之有史。”一方历史沿革、山川地理、政治风云、经济文化，常以志记之，以求观兴废，知得失，通古今，察未来。欣闻新编《怀仁县志》修就付梓，忝为序者，略贡贺辞！

怀仁地处大同盆地中部，物华天宝，人杰地灵，山川秀美，物产丰盈。洪涛山宛若游龙，纵贯南北；龙首山犹屏列障，雄峙东南；桑干河川流不息，蜿蜒而过。怀仁钟灵毓秀、人才辈出。古往今来，孕育出一代又一代出类拔萃的人才。元朝平章政事赵璧，天资飒爽，举荐良才，廉洁垂史；“巴尔思”御史姚天福，刚正不阿，铁面无私；明朝布政使刘道，勤政廉洁，政绩可观，名扬京畿；明县吏王崇涑忠厚仁慈，倾家扶困，捐俸济贫，称著一时；清朝于怀汉设立义学，周济贫困，乐善不倦，为一方称道；共产党人杨松青、杨子安驰骋疆场，戎马一生，御外侮而谋解放，求真理而竞自由，风流人物，闪耀古今。当代农民马益谦组织互助组，创办农业社，誉为全国劳动模范；现代少年杨海平、妇女马月梅助人为乐，舍己救人，成为美谈；优秀乡镇党委书记边明被选为中共十五大代表；民营企业家王跃胜被选为第九、十、十一届全国人大代表。历代怀仁精英层出不穷，各领风骚。中华人民共和国成立后，人民当家作主，改旧貌而换新颜，建文明而树新风，沧桑巨变，欣欣向荣。际此21世纪初叶，更是千帆竞发，城乡经济腾飞，社会和谐稳定，人民安居乐业。

“逢盛世，速修志”。怀仁县编修县志，始于明万历五年（1577），迄于1992年，先后编修6部，既为昔日创业者树立丰碑，又为后世资政者提供借鉴。然自上届修志至今，时越27年，怀仁面貌早已翻天覆地，变化万千，足述之事，足传之人，不可胜数。中共怀仁县委、怀仁县人民政府顺应时势，集各方之力，续先人遗绪，补断章空白，历五载寒暑，数易其稿，乃成斯志。其工程之浩繁，工作之艰辛，诚非常人所力及；编纂诸同志夙兴夜寐，孜孜矻矻，钩沉探微，拾遗补缺，正偏纠错，虽力有所限，然其勠力同心，黾勉从事之精神和各部门密切配合之行为，尤为世人所钦佩。在此，谨向关心、支持和从事县志编修的各位同志，谨表敬意与感谢！

新编《怀仁县志》33编，洋洋百万余言，以习近平总书记系列重要讲话为指导，运用辩证唯物主义与历史唯物主义观点，以述、传、图、表诸形式，广征博采，取精用宏，揽经年于一瞬，记历史之更替，熔百业为一炉，叙事物之兴衰。既有宏观鸟瞰，寓褒贬于记事之中；又有微观透视，明规律于兴替之内。略古详今，条分缕析，尽彰地方特色；探本溯源，明白晓畅，突现时代新风。力求观点与史实统一、思想性与科学性统一，倾力揽一方资料于史籍，辑百业精华于一卷。具有较高的史料价值和教化作用。

鉴古知今，继往开来。存史以鉴兴衰成败之理，资政以寓因革损益之训，教化以启爱国爱乡之情，兴业以济人民富裕幸福之道。中共怀仁县委、怀仁县人民政府举全县之力，以“撤县设市、率先小康、挺进百强、幸福怀仁”为奋斗目标，施发展大计，展小康蓝图，共创怀仁美好明天。诚望广大民众承先辈壮志，尚拼搏精神，人尽其才，物尽其用，货畅其流，续写“幸福怀仁”新篇章。

中共怀仁县委书记 刘 尧

怀仁县人民政府县长 苏树如

二零一六年十月

凡 例

一、本志以马克思列宁主义、毛泽东思想、邓小平理论、“三个代表”重要思想和科学发展观为指导，贯彻落实习近平总书记系列重要讲话精神和治国理政新理念、新思想、新战略，坚持辩证唯物主义和历史唯物主义的立场、观点和方法，坚持实事求是的原则，力求全面、系统、客观地记述怀仁县域自然和社会发展的历史。

二、本志通贯古今，上溯事物发端，下迄2012年12月底，略古详今，着重记述中华人民共和国成立以后，特别是改革开放以后的史实。

三、本志横分门类，纵述始末。层次设编、章、节、目。

四、综合运用述、志、记、传、图、表、录等7种体裁，以志为主。图片集中于志首。大事记部分采用以编年体为主，编年体和记事本末体相结合的记述方式。

五、除引用文字外，均采用规范的现代语体文。除特殊情况必须使用繁体字外，以2013年8月教育部、国家语言文字工作委员会制定、国务院公布的《通用规范汉字表》为准。

六、标点符号执行2011年7月29日中华人民共和国国家质量监督检验检疫总局和国家标准化管理委员会发布，2012年6月起实施的《中华人民共和国国家标准标点符号用法》（GB/T15834—2011）。

七、中华民国以前的史实，一概使用历史纪年并括注公元纪年。中华民国时期的史实，采用民国纪年并括注公元纪年。中华人民共和国成立后使用公元纪年。

八、计量单位名称和符号的使用，中华民国时期及以前均保持历史原貌。中华人民共和国成立后，以1993年国家技术监督局公布的中华人民共和国国家标准《量和单位》（GB3100—3102—93）为准。

九、 本志采用第三人称。地名，以现行标准地名为准，历史地名于每自然段首次出现时括注 2012 年底使用标准地名。组织、机构、会议等名称，首次出现用全称，对过繁者同时括注简称，之后视需要使用简称。

十、 所用数据以国家统计部门公布的法定数据为准。统计部门没有统计的，采用业务主管部门的统计数据。数字书写，执行《中华人民共和国国家标准出版物上数字用法》（GB/T15835—2011）。

十一、人物收录以本籍、外籍人物在域内有重要业绩者为主。坚持“生不立传”的原则，对社会发展有重大建树者立传。在世业绩卓著者，用以事系人方法散记于有关章节或列入人物简介。文中已故人物按生年顺序介绍。

十二、 采用资料来源于各承编部门、档案、图书馆及有关史志书刊，辅之以经过考订的口碑资料。所采用各种资料除直接录自史籍文献部分外，一般不注明出处，需注明者采用随文、文后注释等方式，对于史籍记载不一而又一时难以考证确定之个别事项，以诸说并存方法入志。

目　录

第一编　建置

第二编　自然环境

第三编 人口 婚姻

第四编 城乡建设

第五编 经济综述

第六编 农业

第七编　林业

第八编　工业

第九编 煤炭

第十编　陶瓷

第十一编　交通 通讯

第十二编 商贸

第十三编 旅游与服务业

第十四编　财税 金融

第十五编　综合经济管理

第十六编 政治体制改革

第十七编 中国共产党地方组织

第十八编　地方人民代表大会

第十九编　地方政府

第二十编　地方人民政协

第二十一编　党派和社会团体

第二十二编　公安 司法

第二十三编 军事

第二十四编 综合政务管理

第二十五编　教育

第二十六编　科学 技术

第二十七编　文化

第二十八编　体育

第二十九编　卫生 医疗

第三十编　精神文明建设

第三十一编 民情 风俗

第三十二编 方言 谣谚

第三十三编 人物

概　述

怀仁县地处山西省北部，雁门关外、大同盆地中部西缘。位于北纬39°36′—39°57′，东经112°45′—113°56′。东临大同县、浑源县，西接左云县，南达应县、山阴县，北邻大同市南郊区。县境纵57公里，横39公里，总面积1232平方公里。地理特征是七分川三分山，地形呈西高东低走势。

2012年，全县辖6乡4镇，162个行政村，21个社区，总人口38万人，其中县城居住人口19.97万人，占总人口的60.5%。全县人口以汉族居多，境内另有18个少数民族，约320余人。

早在一万多年以前，域内就有人类繁衍生息。从尧舜到夏商周时属冀州和幽州，春秋战国时属赵州，秦时属云中郡，汉属沙南城，隋唐属云内县、云中县，辽代置县。唐天祐二年（905年），晋王李克用与辽太祖耶律阿保机，会盟云州之东城，取《论语》“君子怀德，里仁为美”之意取名“怀仁”。民尚“怀德、怀礼、怀善、怀义”之风。至金明清属大同府。中华民国置怀仁县。抗日战争和解放战争期间，中国共产党先后建立分属晋察冀、晋绥边区管辖的东、西怀仁县民主政府。1948年5月26日怀仁全境解放，属晋绥区专署。新中国成立后，属察哈尔省雁北专署。1952年12月归山西省雁北专区。1954年7月大同县、怀仁县合并为大仁县。1958年9月大仁县撤销，划归大同市，称大同市郊区。1960年1月置怀仁区，归大同市管辖。1964年12月恢复怀仁县建制，归雁北地区管辖。1993年7月10日划归朔州市管辖。

怀仁资源丰富，物华天宝。已探明的有煤炭、煤层气、高岭土、铝钒土、石灰岩、耐火黏土、高铅黏土、花岗岩等矿产资源39种，其中高岭土（岩）储量约2.2亿吨，品质极好，在全国享有盛誉。

怀仁河流较多，属海河流域永定河水系。主要有桑干河、浑河、大峪河、小峪河、鹅毛河、口泉河等13条河流，多属季节性河流，流向为由西北向东南。2011年全县水资源总量8.37亿立方米，其中地表水资源量2440万立方米，地下水储量1.7亿万立方米，引进黄河水资源量3650万立方米。有中、小型水库21座，塘坝32座，饮水工程6处，配套机井2065眼，水库蓄水量约900万～1000万立方米。有耕地5.08万公顷，其中水浇地2.8万公顷，旱地2.28万公顷，林地3.9万公顷。境内粮食作物主要有玉米、谷子、黍子、马铃薯、豆类等，经济作物有油料、蔬菜、瓜果、烟草、药材、麻类、糖菜等，畜禽牧业以奶牛、羔羊、肉牛、肉猪、梅花鹿、蛋鸡等为主。

气候属于半干旱大陆性季风类型，四季分明，温差较大。春季回暖快，多大风沙尘天气；夏季温度高，降水集中；秋季气温下降明显，秋高气爽，降水日趋减少；冬季降水少，气温低，寒冷干燥。年平均日照2800小时，年平均降水量380毫米，年平均气温7.3℃，无霜期150天左右，年平均积雪20余天。

怀仁地理位置优越，交通十分便捷。北同蒲铁路、大运二级公路、208国道、怀应公路、大运高速公路和在建的大西高速铁路纵贯南北，石凉公路横跨东西。怀仁北距历史名城大同37公里，东距首都北京290公里、天津港口360公里，南距朔州90公里、省会太原270公里，距大同机场25公里，是晋北地区的交通枢纽。境内乡村公路四通八达，均铺设水泥（油）路，道路基本形成了网络化。

怀仁钟灵毓秀、人才辈出。古往今来，孕育出一代又一代出类拔萃的人才。明朝布政使刘道，勤政廉洁，政绩可观，名扬京城；明县吏王崇涑忠厚仁慈，倾家扶困，捐俸济贫，称著一时；清朝于怀汉设立义学，周济贫困，乐善不倦，为一方称道；近代杨松青戎马一生，驰骋疆场，南下四川为统战工作楷模；当代农民马益谦组织互助组，创办农业社，誉为全国劳动模范；现代少年杨海平、妇女马月梅助人为乐，舍己救人，成为美谈；优秀乡镇党委书记边明被选为中共十五大代表；民营企业家王跃胜被选为第九、十、十一届全国人大代表。历代怀仁精英层出不穷，各领风骚。

怀仁是哺育革命先驱、传播革命思想和点燃革命火种的老区。早在大革命时期，鹅毛口青年杨松青南下广州，考入黄埔军官学校投身革命，1925年加入中国共产党，参加八一南昌起义。中国人民解放军66军原政委杨子安、全国体育总会四川分会原主席王廷弼、原大怀左动委会除奸部长辛生美、原抗日救国会雁北妇救会秘书邢培兰等革命志士前仆后继。还有仝振清、赵宾等86名爱国青年报效国家，考入山西国民兵军官教导团，在山西“牺盟会”的领导下，参加决死纵队，奔赴抗日救亡前线，为中华民族的解放事业贡献了毕生力量，有的献出宝贵的生命。战争年代，全县先后有数千人自愿参军，其中有740余人血洒疆场，他们的英雄业绩将永载史册，彪炳千秋。

到2011年底全县有基层党委19个，党总支35个，党支部526个，有党员12462人。

沧海桑田，兴衰交替。中华人民共和国成立后，人民当家做主，国泰民安，百业俱兴，勤劳淳朴的怀仁人民艰苦奋斗，励精图治。中共十一届三中全会以来，改革开放，经济腾飞，市场繁荣，怀仁进入经济发展的新时期。特别是进入21世纪，怀仁的面貌发生了翻天覆地的变化。在县委、县政府的正确领导下，按照转型跨越发展的总体部署，围绕“推进富民强县，建设幸福怀仁”的目标，以煤为基，多元发展，已形成煤炭物流、羔羊养殖加工、精品陶瓷、现代商贸、医药化工、新型建材、观光旅游、生态经济、科技教育等多元产业和发展路径，有“三晋教育强县”“中国现代日用瓷都”和“全国羔羊小区养殖第一县”的美称。成为全省县域经济发展先进县，先后获得全国文明县城、国家园林县城、国家卫生县城、全国农田水利基本建设示范县、全国科技进步先进县、全国国土资源节约模范县等100多个省级以上荣誉称号。全县经济快速发展，各项社会事业全面进步，呈现出经济繁荣、民生改善、政通人和的良好局面。一个风清气正、富裕文明、充满活力、山川秀美的新怀仁呈现在世人面前。

工业生产长足发展 煤炭工业：中华人民共和国成立到中共十一届三中全会前，全县煤炭工业独占鳌头，逐渐形成以煤炭生产为支柱，陶瓷、建材、机械、运输等多项发展的工业体系。改革开放以后，随着乡镇工业如雨后春笋般的发展，全县开办煤矿48座，年产煤500万吨。乡镇、联办和私营企业发展到2758个，总产值达到16093万元，为工业生产增添了活力。全县工业产品达到150多种，列入国家计划的有33种。2008年以来，经过调整产业结构，全县原有煤矿重组整合为7座新型煤矿，加上驻怀的王坪、小峪、焦煤矿、新峪4座煤矿，全县煤炭年产量达到2000万吨。在原有18座煤炭发运站的基础上，建设2000万吨的金沙滩煤炭洗选物流配送园区。2012年，又建成大同市焦煤矿、集华兴业两个500万吨煤炭发运站，以及金海洋集团、玉龙集团两个600万吨煤炭发运站，怀仁成为煤炭运销大县。与此同时，积极发展煤化工产业、电力产业，引进投资2亿元玉龙化工项目，年产1000吨甲醛肼和550吨三嗪环，实现产值6000万元；引进投资20亿元的同煤王坪2×20万千瓦燃煤发电项目，土建已完成，设备正安装。“十二五”期间，将上马国电2×35万煤气热电联供项目、王坪电厂二期3×30万项目和县4×5万风电项目，将综合利用粉煤灰、电石渣、煤矸石、焦炉煤气、工业废水等资源，延长煤化工产业链，全面拉升转型跨越发展能力。

陶瓷工业：怀仁的陶瓷生产历史悠久，据考，在辽金时期就已有陶瓷生产。20世纪80年代，全县仅有4个陶瓷厂，陶瓷产品数百种，年产1454万件。进入21世纪以后，大力推进陶瓷工业的发展，把陶瓷产业作为调整产业结构和实现工业化的首选目标。积极推进“瓷成精品，以煤扶瓷”的战略，全县陶瓷企业发展到35家，73条生产线，日用瓷年产达到9亿件，占全国日用瓷市场份额的三分之一强。产品有高档日用瓷、艺术瓷、琉璃瓷、餐饮瓷、建筑瓷等7项产品，锂瓷、骨瓷、精瓷、高白瓷、玉珑瓷、玉质瓷、色釉瓷、釉上彩、釉中彩、凸光瓷等10大类上千个花色品种，产品销往全国20多个省市，并出口远销到日本、韩国、东南亚各国和西欧、美国、法国、澳大利亚等国家和地区，年出口日用瓷2500万件，创外汇500万美元。2012年成功申报“怀仁陶瓷”国家地理标志。投资320亿元，建设金沙滩陶瓷工业园区，使陶瓷产量达到11.5亿件，打造中国现代日用瓷都。“十二五”期间，配套建设山西省日用陶瓷检测中心，怀仁硅酸盐研究所，筹建朔州市陶瓷博物馆，形成“产、学、研、销、展”一条龙产业体系，全县陶瓷生产线将达到90条，陶瓷产量将提高到13亿件，产值将达到40亿元，税收达到5亿元。

建材产业：选用本地瓷石为原材料，引进广东佛山陶瓷行业技术生产800×800毫米、1000×1000毫米约20多种花色的聚晶微粉抛光地砖，两条生产线年生产能力达到 800 万平方米，年产值 3.5 亿元，填补了晋北地区生产高档地砖的空白，成为国内规模较大的陶瓷生产企业。

医药工业：2008 年以后，先后引进投资 3 亿元的山西诺成大输液器项目，投资 5.5 亿元的同星抗生素项目，投资 6 亿元的山西华元医药项目和投资 8000 万元的山西国世原药业项目。分别生产聚丙烯塑料瓶输液器、PVC 膜软袋输液和心脑血管类、抗肿瘤类、抗生素类等新药产品。医药工业成为推动怀仁转型发展的朝阳产业。

农业生产特色突出 从成立人民公社到“农业学大寨”的几十年里，全县人民齐心协力建设“田、林、路、渠、井、机、电”配套的稳产高产田，改良盐碱地，改革耕作制度，逐步调整种植结构，普及推广科学种田。1981 年，农村普遍实行生产责任制后，农业生产出现了前所未有的好势头。特别是中共十一届三中全会以后，发展现代农业成为加快工业化、城镇化，解决“三农”问题的重要抓手。为了加快粮食生产，积极采取“联合经营、家庭农场、股份合作”等各种形式，引导农民向规模化，集约化经营发展，使粮食生产稳中增收。2011 年，全县粮食生产达到 10.95 亿公斤，总收入达到 80 亿元。与此同时，发展特色农业，建设“绿色菜篮子”工程。全县新建日光节能大棚 5700 座，其中日光节省温室 1756 座，引进中国农大新技术，投资 1400 万元，建成智能连栋温室 3 座，面积 9000 平方米，引进投资 6 亿元建设毛皂圣天万亩现代农业园区工程项目，借助组织的 316 个蔬菜合作社，建起蔬菜交易大市场和无公害蔬菜服务中心。生产西红柿、茄子、青椒、黄瓜、大葱等无公害蔬菜，樱桃、草莓、油桃、京杏、红枣等各类新鲜水果，“芝麻蜜”香瓜、新疆兰瓜、金瓜等各种新鲜瓜果，不仅供应本县城乡，还远销到大同、北京、天津等地。

畜牧业发展成为全县经济支柱产业。2009 年以后，以壮大育肥羊产业为突破口，全县以南小寨村为中心建设肉羊育肥和屠宰产业带，以金沙滩农牧综合园区为带动，由金沙滩、新家园、何家堡、海北头、河头等 5 个乡镇，形成肉羊养殖规模化、集约化、标准化、品牌化的产业链。全县建起肉羊养殖小区 268 个，棚圈面积 536 万平方米，肉羊饲养量达到 230 万只，年交易羊皮 200 万张，农民人均养羊纯收入达到 3160 元。“怀仁羔羊肉”正式成为国家地理标志商标。2012 年 5 月，怀仁羔羊肉在南京国际博览会参展。6 月，参加北京第二届山西特色农业展销会。“两会”上分别赢得全球 30 多个国家和地区，国内 1240 家厂商专业人士的赞赏。9 月，全国第九届肉羊发展大会在怀仁召开，来自全国 23 个省（市区）的专家学者和养羊大户云集怀仁，交流展示，推介贸易。被省委、省政府授予“山西省‘一县一业’羔羊养殖先进县”。招商引进投资 23 亿元的中国·怀仁海宁皮革城，投资 2.5 亿元的内蒙小肥羊集团加工企业，项目建设包括 200 万只肉羊屠宰加工，150 万头生猪屠宰加工，3000 万只肉鸡屠宰加工，延伸农业产业的链条，优化农业产业结构，助推向羊产品大县的跨越发展。

生产建设规模宏大 “一年一场风，从春刮到冬”，是中华人民共和国成立初期怀仁的真实写照。多年的实践使怀仁人民认识到，“若要风沙住，就得多栽树”。全县人民在每年春秋两季，有计划地植树造林，改变生态环境。1956 年组织万人大会战，绿化金沙滩，营造防护林带。1977 年进行大搞农田林网系统工程建设。1985 年以后， 逐年绿化洪涛山。2010 年起，全力推进“一带、两山、三道、六片”绿化目标，实施金沙滩 50 万亩生态经济林园区建设，在纵贯全县南北 65 公里的县城西山坡上，投资 50 亿元，连续实施四期造林工程，造林 30 万亩，栽植各种经济林 4.2 万亩，生态观赏林 6.2 万亩，全县林地面积达到 58 万亩，森林覆盖率提高到 28%。县城投资 4 亿多元，栽植各种大树 4 万多株，新增城市绿地面积 673.8 万平方米，绿化覆盖率达到 40.3%，绿地率达到 36.8%，人均绿地面积达到 10.8 平方米。形成了“一街一景，三季有花，四季常青”的城市绿化格局，提前实现了全省“林业生态县”的创建目标。为打造蓝天碧水，环境达标，实施“调节、保蓄”综合利用。相继开挖疏通了口泉河、鹅毛河、大峪河、磨道河、清凉河等七大水系，以及清凉河、金沙河、鹅毛河三大湿地公园等六大类，68 个水利修复工程， 达到涵养地下水源，缓解水库干涸，增加湿地面积，增强灌溉能力的目标，使全县水域面积由 0.55 万亩增加到 4.2 万亩，力争“十二五”末达到 7 万亩，占到全县平川面积的 6%，全力打造“晋北独特水城”。由于湿地的扩大，2012 年，鹅毛河湿地公园吸引来 500 多只白天鹅，36 只国家一级保护动物黑鹳和白鹤。

城市建设日新月异 20 世纪 90 年代以后，确定“经营城市”理念，先后建设新华路、迎宾西路和南、北立交桥。2005 年以建设“大县城”为目标，按照“高起点规划，高标准建设，高效能经营”的要求，对原有的城市主街道进行全面改造，对怀应路、怀鹅路、青年路、新华北路、天合街、迎新街等 7 条干道进行拓宽改造；建起怀安、聚仁、壬山 3 座高架立交桥；开通新建长征北路、北环路、云州东街、南环路、南二环路，县城范围内形成“七纵六横”的道路网络。城市道路总里程达到 74.3 公里，城区面积由以前的 18.1 平方公里逐步扩大到 25 平方公里。城市主干道全部实现供电、供暖、天然气、自来水、排污水、信息网络、有限电视、街道硬化“八配套”。12 条主干道实施管线入地、雨污分流、主体绿化、全部亮化。投资 7.8 亿元建设观赏性花池 2658 个，栽培各种树木 56 种 1000 万株。15 座整洁的县城公共卫生间代替旱厕，1000 多名环卫工人清扫 37 条街巷，面积达 300 多万平方米。洒水车除冬季，每日两次在各主要街道洒水消尘。建成热源厂、污水处理厂、垃圾处理厂、第二自来水厂；实现了县城集中供热、自来水分户供水、天然气入户、污水环保处理。投资 4 亿元，建成工业和生活用水的两座引进黄河水厂，为城市用水提供了保证；开工建设金沙滩、怀贤、仁福 3 条商业步行街，建成了金沙滩国际大酒店、海宁皮革城、东关商贸城、三合商贸中心等商业项目；引进 30 亿元建设“三城”（娱乐城、美食城、商贸城）、“三馆”（城市规划馆、图书馆、体育馆）、“一院”（庞家民俗大院）；引进 112 亿元建设占地 2700 亩的金沙商贸物流园区；引进华林、华联、“美特好”、苏宁电器、“肯德基”“麦当劳”等知名企业入驻；投资 1000 万元完成龙腾、虎跃、鹏程、富贵四个城市广场游园工程，绿化面积达 4 万平方米。栽培各种树木 5.5 万株。县城建成人民公园、丰火台公园、北坛森林公园、云东森林公园以及文化广场、仁德广场、站前广场、云西广场、迎宾广场、九龙壁广场等 11 个休闲、晨练场地。实施投资 39 亿元建设同煤二期矿、中联煤业、连顺鑫达矿、金沙滩农牧场等 6 个棚户区改造工程。农村实施“三拆四改五化”

环境整治工程，拆除沿大运路、二级路、208 国道两旁的残墙断壁、老村旧房和违章建筑，不断巩固提升农村“十个全覆盖”，彻底改造了农村环境。

文教卫生事业成就斐然 教育事业成绩显著。全县改善办学条件，中小学基本实现教学仪器、图书资料、体育器材“三配套”。截至 2012 年，全县有各类学校 175 所，其中普通高中 6 所、职业高中 3 所、初中 22 所、小学 143 所、特教中学 1 所，在校学生近 12 万人，教职工 9000 余人。1995 年以后，不断深化教育体制改革，大力发展民办教育，鼓励社会力量参与，支持民间投资办学，形成了以政府办学为主体，公办和民办教育共同发展的格局，全县民办学校 24 所，其中高中 4 所、初中 8 所、小学 10 所、职业高中 2 所。在校学生 46380 人，教职工 3450 人。自 1977 年恢复高考制度以来，历年高考成绩在雁北，朔州名列前茅。2012 年全县高考达二本以上达 4823 人，连续 21 年保持朔州全市第一。考取清华、北大、南开、复旦等重点名牌大学人数位居全省各县之首。大力发展农村学前教育，实现义务教育均衡发展，加大对农村教育的支持力度，全县农村有寄宿制中小学 60 多所，对寄宿生实行“两免一补”，并给予营养餐补助，使农村贫困学生顺利完成学业，小学入学率保持在 100%，初中升学率 97%，高中升学率达 85%。为解决农村和边远地区学生上学的交通问题，政府出资购买 70 辆新型校车。实施中等职业教育全免费。

医疗卫生事业不断发展。全县加强各级卫生网络和卫生服务体系建设，逐步解决群众“看病难、看病贵”的问题。实现城镇、农村全民医疗保险，缺医少药的现象得到改变，医疗设施不断完善。全县县、乡（镇）、村均有医疗机构，县级公立医院 2 所，防疫、妇幼保健站各 1 所，医疗机构 234 个，病床 1000 余张，各类医护人员 1258 人，加上境内的小峪、王坪矿山医院，累计床位 1500 张。个体诊所遍布城乡。投资 6700 万元改扩建县医院，投资 3500 万元新建中医院；12 所乡镇卫生院全部进行改扩建；投资 730 万元新建和扩建村级卫生室 103 个，实现农村卫生机构全覆盖；新农合参保 15.17 万人，达 93.5%。群众性的体育活动遍布城乡，活动场地、健身器材配备完善。文化旅游事业方兴未艾，自然美景、历史古迹构成古今兼备、多姿多彩的旅游资源。元宵节“大旺火”载入吉尼斯世界纪录，入选国家非物质文化遗产。怀仁被文化部命名为“中国民间艺术之乡”。2010年后，新建怀仁塔、令公塔、建业塔、功德塔、文殊塔，加上原有的清凉山华严寺砖塔、南小寨永宁寺佛塔共七座宝塔以及孔子、孟子圣像纪念地，增添了人们旅游、观光的名胜美景。

如今的怀仁，正向华北最美城市目标迈进。县委、县政府每年向全县人民承诺的10件实事件件落实。城镇保障性住房、廉租房逐年兴起，农村危房得到改造，社会保障能力全面提升。城乡居民养老、医疗保险基本应保尽保；干净整洁的县城卫生名扬三晋；宽畅平坦的广场成为群众晨练、休闲的场地；绿树成荫、鲜花绽放的公园景色让人休闲陶醉；一路一景的县城道路绿化五彩缤纷；整洁靓丽的免费公共卫生间取代旱厕；一街一景的城市路灯彻夜通明亮化不夜城；出行方便的免费公交车按点运行；整齐划一的商铺广告牌令人耳目一新……怀仁人正在描绘出一幅幅美丽的画图，正在打造一个受人尊敬，令人羡慕，让人向往的幸福怀仁。

岁月递嬗，历经沧桑。怀仁人民顺应时代潮流，以“撤县设市、率先小康、挺进百强、幸福怀仁”为奋斗目标，实施招商带动、项目支撑、创新驱动、转型升级、生态保障、民生优先“六大战略”，全力打造煤炭、陶瓷、肉羊、绿色农副产品、绿色医药、绿色新能源“六大基地”，着力建设“对接乌大张、融入京津冀”的区域性特色城市。38万怀仁儿女用自己的聪明才智和辛勤汗水，实现着全面建成小康社会的“中国梦”。

愿怀仁的明天更加美好！

大事记

远古时期

鹅毛口古石器遗址表明，早在一万多年前，域内就有人类活动。

战国

赵武灵王十九年（前 307）在黄花山一带修筑沙丘异宫（日中城古城堡遗址）。

秦

在马辛庄一带置班氏县，属雁门郡管辖。

晋

建兴元年（313），鲜卑族代公猗卢筑新平城，即今日中城，派长子六修镇守。

建兴四年（316），代公猗卢带兵攻打新平城，讨伐六修。

北魏

天兴六年（403）九月，太祖巡视黄瓜堆（今黄花梁）。

孝昌元年至孝昌三年（525–527），敕勒部斛律金统所部万户，南出黄瓜堆为杜洛周破，部众散。

普泰二年（532）九月，地震。

天保五年（554），柔然入侵肆州，齐文宣帝高洋自晋阳发兵征讨，追至恒州黄瓜堆与之交战，奄罗辰妻子及三万余人被俘。

唐

嗣圣四年（687），突厥寇朔州，黑齿常之与战黄瓜堆，寇败。

景福元年（892），李克用略地北上，赫连铎自吐浑入。克用自神堆（即黄瓜堆）引兵潜入云州，出战走之。

天祐二年（905），辽太祖耶律阿保机以骑兵七万与李克用相会于云州，交换袍马，相约为兄弟。

宋

雍熙三年（986），北宋发动雍熙之战。名将杨业父子血战金沙滩。

辽

重熙五年（1036），兴宗狩猎黄华山，日射 36 只熊。

重熙十三年（1044），升云州为西京道大同府，分云中县，始置怀仁县。

金

正隆年间（1156—1160），乡人魏贞一得中进士。

贞祐二年（1214），废县，升置云州。

元

至元二十五年（1288），复置怀仁县。

大德四年（1300），成宗发军民九千多，屯田黄花岭。

大德九年（1305），大同路地震，声响如雷。怀仁地裂两处，涌出黑水，漂出松柏朽木。

至正二十八年（1368），河岸崩塌，有鱼，大小缠绕一起，可装数车。

明

洪武八年（1375），创建社学，址设东门外。十三年（1380）移建县城西北隅。

洪武十六年（1383），指挥桑桂增筑县城。

永乐六年（1408），鹅毛口杨宾中举，出任苏州府知府。

永乐九年（1411），指挥于忠重修县城，建东、西二城门。

成化九年（1473），遭水、旱灾，免除税粮夏麦二万余石。

成化十八年（1482），火筛亦思马举兵侵犯怀仁，大同总兵周玺分兵三千守怀仁，在下米庄迎击来敌，敌引兵退去。

弘治十三年（1500），火筛抢劫怀仁及应州、马邑。

弘治十八年（1505），火筛由怀仁进犯应州。

正德十一年（1516），火筛侵犯怀仁，大同总兵朱振握兵防守。

正德十二年（1517），正德帝出巡，停留山阴县高山疃，过黄花梁，祭拜杨家将。

嘉靖十年（1531），俺答入侵，总兵坚壁不战。俺答军队在境内大肆掠夺而去。

嘉靖十七年（1538），俺答由野狐岭进犯镇城，南下抢掠怀仁。

嘉靖十九年（1540），俺答十余万人，由宏寺进入，抢掠怀仁及浑源、灵丘、马邑、朔州。

嘉靖三十一年（1552），俺答万骑入塞，到怀仁管家庄，抢掠居民。中军指挥王恭拼死抵抗，力竭而死。是年灾荒严重，人们互相残杀啃食。

万历元年（1573），知县宋完亲自监工、运料，砖石包砌城墙。

万历二年（1574），知县杨守介亲自主持，纂修《怀仁县志》，广泛收集文献资料，修志之事未完成，后升职离开怀仁。

万历二十七年（1599），知县党炤在杨守介志稿的基础上，重新整理，因官职调整离怀，志书编撰中断。

万历二十九年（1601），《怀仁县志》编纂完成并刊印。

崇祯七年（1634）七月，清兵入大同境，攻拔得胜堡，遂围攻怀仁，大同总兵曹文诏驻怀仁固守，八月围困解除。

清

顺治五年（1648），大同府治所移驻西安堡。九年（1652）迁回原治所。

乾隆五十二年（1787），遭受大灾。

嘉庆二十四年（1819）七月，大雨连下七昼夜。

道光十二年（1832），夏旱、秋霜，流亡甚众。

道光十六年（1836），遭受飞蝗侵害，造成秋熟谷物绝收，百姓卖妻鬻子、流离死亡者过半。

咸丰六年（1856），知县赵德漳创建锦屏书院。

咸丰八年（1858）七月，瘟疫肆虐，吊送者绝迹。

咸丰十年（1860）二月，雨雪四十日，平地雪深三尺。是年，庄稼大丰收。

同治四年（1865），重刻万历版《怀仁县志》。

同治六年（1867），瘟疫流行，牛羊死亡较多。

光绪七年（1881），李长华、姜利仁重修《怀仁县志》，九年（1883）开始刻印，三十二年（1906）马蕃在原稿后增补部分内容，合为一体，《怀仁县新志》告竣。

宣统三年（1911）十一月，同盟会会员李嵩山在域内活动。

十二月四日，忻宁代公团续桐溪、弓富奎率兵北上驻怀仁，次日入大同。

十二月六日，王建基奉阎锡山之命驰援大同，在怀仁与北路军张瑜会师。

十二月十一日，杨沛林、贾英、王建基敢死队同于凤山炮队约三百余人，由怀仁出发，援大同。于秀女村与清毅军遭遇，激战三时，王建基、贾英牺牲。

中华民国3年（1914）

春，创办国民女子初等小学校，址设县城内观巷太清观。创办怀仁县图书馆，址设县城内大寺庙。

中华民国7年（1918）

肺疫流行，全县疫毙65人。

中华民国 8 年（1919）

春，试办师范讲习所，址设大学堂。在刘晏庄创办国民第二高等小学校。

中华民国 9 年（1920）

秋，试办注音字母传习所，师范、高小校普遍学习。

中华民国 14 年（1925）

9 月，鹅毛口村杨松青南下广州，考入黄埔军校，并于同年 12 月加入中国共产党。

中华民国 18 年（1929）

奉军攻占县城。

中华民国 20 年（1931）

农历六月，鹅毛河洪水泛滥，王下庄村被淹，40 余人溺死。

中华民国 21 年（1932）

春，创办二年制师范学校，址设大学堂东院，共招收两期学生。

中华民国 25 年（1936）

冬，山西省牺牲救国同盟会派村政协助员戎占峡等在本县，以协助村长办理村政为名，开展革命活动。

中华民国 26 年（1937）

3 月，山西国民兵军官教导团在县招收仝振德、赵宾等 86 名学员。6 月 5 日开赴原平，大部编入教八团。

5 月，山西省牺盟会特派员张建中、孙培贵在怀仁县，开展抗日救亡运动，并成立了怀仁县牺牲救国同盟会。

9月14日，日本关东军察哈尔派遣兵团独立混成第1旅团一部侵占县城。次日成立怀仁县维持会，李丙寅任会长。

9月15日，日伪蒙疆自治政府晋北政厅成立，委任李丙寅任怀仁县长，怀仁被称为“治安模范县”。

10月，八路军120师以358旅716团为主建立雁北支队（支队长宋时轮，亦称宋支队）挺进雁北，开辟大（同）怀（仁）左（云）抗日根据地，成立了大怀左抗日救国委员会，刘国梁任主席。

10月底，大怀左抗日游击大队成立，队长蔺子明，政委王再兴。

11月3日，驻守岱岳日军300余人，袭击刘晏庄村，屠杀无辜群众108人，烧毁院落63处，房屋300余间。

11月16日，大怀左抗日游击大队配合宋支队，在北周庄伏击日军车队，击毁汽车13辆，毙日军30余人。

12月，宋支队在右玉、山阴、朔县、怀仁4县接合地带创建右山朔怀抗日根据地，成立右山朔怀抗日救国委员会，胡突任主任。同期楼子口村率先成立10余人的抗日救国自卫队，队长谷兴顺。

中华民国27年（1938）

5月，宋支队挺进平西，贺德胜奉命接收右山朔怀抗日根据地，成立中共右山朔怀县委员会。贺德胜任县委书记。

5月，八路军358旅除奸科长裴周玉带60余人的武装工作团，抵大怀左地区开展抗日斗争。7月组建了600余人的抗日游击队，8月开赴五寨，整编入358旅。后又组建了300余人的大怀左抗日游击支队，支队长罗成章。该支队在羊坊村进行整训，11月奉命编入八路军120师。

6月，中共晋西北区党委派苏兴在大怀左地区开展抗日斗争，改组大怀左抗日救国会，成立第二战区民族革命战争战地大怀左动员委员会（简称大怀左动委会）和中共大怀左县委员会。苏兴任动委会主任和县委书记。之后开始党建工作，在鹅毛口、羊圈沟等村发展30余名党员，成立5个农村党支部。

7月1日，怀仁县抗日民主政府在左云县上山井村成立，谷五申任县长。

8月，日军重新划分县行政区划，全县分为鹅毛口、海北头、小峪口、安大庄、薛家庄、刘晏庄、日中城、马营等8个联合村公所和城关街公所。

是年，根据中共中央对战略区的划分，怀仁县以北同蒲铁路为界，路东属晋察冀战略区，路西属晋绥战略区。

中华民国28年（1939）

春，日军大抓民夫，修筑怀仁—鹅毛口公路。

中华民国29年（1940）

2月，中共大怀左县委遭破坏，县委书记范平、宣传部长吴秉彝被叛徒张太德杀害于左云冯家窑。

12月，日军在鹅毛口村西张瓦沟建矿井，名昭和坑口，掠夺煤炭资源。

中华民国31年（1942）

夏，日本北支那开发株式会社在鹅毛口村东建发电站，供昭和坑口采煤用，少部分供县城用。

中华民国32年（1943）

1月，日军大同宪兵队扫荡大怀左地区，15个农村党支部遭破坏，谢生荣、杜玉梅等11名党支部负责人被捕，在察南狱中牺牲。

中华民国34年（1945）

1月，中共晋察冀怀仁县工委在应县南山组成，杨子安任书记。6月，改组成立怀仁县委和县政府，书记牛连璧，县长胡辰祥。

9月，侵怀日军全部撤离，国民党军38师2团1营抢占怀仁县城。国民党怀仁县党部成立，魏义德任代理书记长。

同月，中共晋绥怀仁县委和县民主政府在吴家窑成立，书记马浩，县长何长修。

中华民国35年（1946）

5月，全县普遍开展反奸清算大斗争，148个村实行增加工资，60个村“二五”减租，38个村减息。

8月2日，晋察冀、晋绥两军区部队解放县城。

9月，晋察冀怀仁县委、政府奉命撤离，晋绥怀仁县和晋察冀怀仁县合并为完整县。

9月16日，国民党军38师2团占领县城。

11月21日，晋绥军区二次解放县城。

中华民国36年（1947）

1月，中共晋绥五地委派米嘉凡、罗温如组成30余人的土改工作团，在鹅毛口、赵庄等村进行土改，月余结束。

2月1日，国民党军38师2团再度占领县城。

中华民国37年（1948）

3月21日，国民党军38师1团由怀仁退守大同，张朴部占领县城。27日，张朴部逃回应县。国民党怀仁政府县长韩克定率众，并挟持怀仁中学师生逃往大同，怀仁第三次获得解放。

4月15日，绥蒙骑兵大队在清水河一带，击溃怀仁保警队。

4月23日，县平川武装工作队百余人，在晏头被县保警队包围，组织部副部长白孝忠等10余人，突围中壮烈牺牲。

5月22日，国民党军38师3团侵占怀仁，杀害无辜群众10余人，25日退缩大同。同日怀仁获得最后解放。

6月27日，晋绥五分区二团的骑兵旅，在大峪口伏击南犯的国民党军38师及怀仁宪兵队，激战4小时，毙国民党军300余人。四区区委书记刘子春、区长贺景念在峙峰山与国民党军遭遇，壮烈牺牲。

7月，米嘉凡、罗温如二次组成土改工作团，在七区马营等村进行土改。

8月，四、五、六区和吴家窑市也相继进行土改。

同月，县委书记张如岗及20余名县区干部，奉命北上绥远，支援新区。

9月，创办怀仁中学，址设县城内大学堂（旧耶稣堂）。

11月22日，中共怀仁县委在偏岭召开扩干会议，进行“三查”，对县委副书记马浩、县长李滋润等12名县、区领导干部做了不适当的错误处理。

中华民国37年（1948）

1月26日，绥蒙区党委在吴家窑召开大同、怀仁、左云3县县委、政府负责人会议，布置土改纠偏工作。

3月4日，县民主政府在吴家窑召开第一届农民代表大会，成立怀仁县农会，张如岗任主席。

8月，怀仁支队在吴家窑整训，改编为解放军13旅46团。在进军绥远途中，于红沙坝阻击增援绥远的国民党军装甲车队和保安队，俘千余人。

中华民国38年（1949）

3月，中共怀仁县委、政府及其所属机关，由大峪口迁驻县城。

同月，县独立营一连约200人，南下开赴新区。

4月，县城第一、第二完小和三区安大庄中心校，分别成立青年团支部，发展团员46名。

8月，选拔县区干部44人，由县委副书记罗铭带队，南下支援新区。

9月2日，怀仁县由山西省划归察哈尔省。

1949年

10月1日，中华人民共和国成立，县城人民集会庆祝。

同月，镇压反革命运动开始，1951年底结束，其间镇压土匪、一贯道、反革命分子等52人。

同月，按照中共察哈尔省委精神，中共怀仁县委、县政府在全县范围内全面展开取缔“一贯道”“清福教”“红福教”“清道”“青帮”“礼教会”等反动封建会道门。

12月5日，中共怀仁县委在县城召开首次党员代表会议，出席会议代表118人，会议通过了“冬季工作决议案”。

1950年

1月，县政府在县城召开各界人民代表大会。

3月15日，接收北京移民64户254人，分别安置在宋庄、北辛村等23个村。

4月初，雁北专区公安处与怀仁、应县、山阴县公安战士在3县交界处联合清剿土匪，捕获惯匪张万良、李茂生等十多人。

4月9日，县委召开县、区、村扩干会议，进行抗美援朝动员。会后组织秧歌队，举办讲座进行广泛宣传，受教育人数达49982人次。

5月1日，全县分26个游行区，举行“五一”示威游行，72535人参加游行。同时进行拥护和平、反对美国重新武装日本问题表决。拥护和平签名者74773人，反对美国武装日本投票者74368人。

秋，冯庄农业生产互助合作组组长马益谦，被评为全国农业劳动模范，赴北京参加全国劳模代表会议，受到毛泽东主席等党和国家领导人的接见。

1951年

1月26日，全县统一行动，逮捕反动会道门一贯道大小道首34人。

春，成立县农具站，推广使用新式步犁。

7月14日，全国农业劳动模范马益谦和冯庄村农民向察哈尔省劳动模范及全省农民提出挑战，省人民政府号召全省劳模应战。

10月上旬，县中心医院成立并开诊，地址设在县城仓巷。同期，成立县爱国卫生运动委员会。

10月14日，马益谦等察哈尔劳模一行赴天津参观华北区城乡物资交流展览会，受到天津人民的热烈欢迎。

12月15日，本县反贪污、反浪费、反官僚主义的“三反”运动开始，1952年7月结束。

1952 年

春，全县第一个农业生产合作社——冯庄农业生产合作社成立。

3 月 9 日，雁北地区专门召开大会，奖励打狼英雄俞昌锦旗一面。本县北窑村农民俞昌带领 8 名徒弟，在平鲁、大同、朔县、浑源、灵丘、左云等 6 县及大同口泉矿区，5 个月共打狼 73 只，大大减少了雁北狼害。

5 月 23 日，中央人民政府农业部发布 1951 年度农业丰产模范，本县国营农场谷子亩产创 617 斤纪录，受到表彰奖励。

7 月 28 日，薛家庄等 27 村遭洪灾，洪水冲毁房屋 2488 间。薛家庄受灾最重，165 处院落仅残存 19 处。灾后，人民政府组织群众救灾，发放救济粮 220 万斤、救济款 93750 万元（旧人民币）。各地支援救灾款 1632 万元。为 531 户 2156 个灾民新建、修缮房屋 1109 间。新建的薛家庄更名为新家园。

8 月，肃毒运动开始，11 月结束。全县有毒犯村 42 个，毒犯 1569 人。其间，以城关、郝家寨、全福寨、南小寨为重点，分五次逮捕毒犯 232 人，收缴毒品 212.5 千克。对毒犯判处死刑 1 人，处各种徒刑 149 人。自此，贩毒、吸毒恶习在本县禁绝。

秋，雁北专区对风害严重的本县金沙滩进行全面规划，划定国营林区，组织群众营造防风林网。经过苦战，在 3 万亩风沙严重的荒滩上造林带 77 条，总长 109 公里。每条林带宽 17 米，造林 11 行，共计护田 26 万亩。之后，又经过两年试验，3 年突击造林，到 1958 年春，地区又组织怀仁、应县、山阴 15 万多人大搞造林，使金沙滩基本绿化，总计造林 118 万亩，林地面积占总面积的 33.7%。

12 月，察哈尔省撤销，怀仁县复划归山西省。

1953 年

6 月 6 日，开始划乡工作，年底结束，全县划为 37 个乡 1 个镇。

8 月 15 日，赵何乡进行基层选举和第一次人口普查试点工作，10 月 15 日结束。

1954 年

2 月 7 日，撤销区建制。同时，基层选举工作全面展开，4 月初结束。全县共有选民 64428 人，其中女 28850 人，参加选举公民 55371 人，选举出乡代表 1053 人。

7 月 6 日—11 日，怀仁县第一届第一次人民代表会议在县城召开。会议通过了《关于大同县和怀仁县合并的决议》《关于拥护中华人民共和国宪法（草案）的决议》。

7 月 26 日，大同县、怀仁县正式合并，成立大仁县。

11 月 19 日，整顿落后支部、改造落后村运动（俗称“打封建”）开始。全县分五批，对 92 个村进行整顿和改造，1956 年 3 月结束。运动中，斗争漏网地主 379 户，没收和收回地主、富农夺去农民的土地 11187 亩、房屋 2394 间、牲畜 299 头。89 个党支部有 83 人被清洗出党，撤换 268 名干部，发展新党员 206 名。

是年，华北煤田地质勘探局调查队在鹅毛口进行地质普查。

1955 年

1 月 15 日—21 日，中共大仁县委在马家堡召开第一次党员代表大会，出席会议的正式代表 274 名。

3 月，改革币制，中国人民银行大仁县支行设 30 个点，以一万元比一元兑换新人民币。

9 月，大仁县初级中学成立，址设县城内大学堂。

12 月 23 日，成立大仁县对资改造领导小组，对全县商业、手工业、运输业等进行社会主义改造，1956 年底结束。

1956 年

1 月，全县实现高级合作化，共组织起 355 个高级农业生产合作社、14 个初级农业生产合作社。

8 月，华北煤田地质局 115 队，在鹅毛口一带进行地质勘探，经过一年零两个月，基本探清鹅毛口一带地质构造。

1957年

2月4日，“肃反”运动开始，1958年5月结束，全县处理“肃反”对象36人。

3月中旬，贯彻地委组织工作会议精神，着手处理编余人员工作，7月底基本结束。全县共处理编余人员194人，其中有正式干部37人、乡干部77人。

5月10日，县乡干部响应中共中央号召，按照领导干部要有三分之一的人，抽出二分之一的时间深入农村领导生产，参加生产劳动。

5月20日，“反右派”斗争展开，同年10月结束。运动中划定“右派分子”55人。

1958年

8月，裁小乡，划大乡，大仁县划为41个乡（镇），并在陈庄进行建立人民公社的试点工作。26日，成立东方红人民公社。

9月4日，撤销乡建置，全县成立41个人民公社，改农村高级社为管理区。

秋，大仁一中全部迁至现怀仁一中校址。始设高中班。10月改称大同市第九中学校，高中班移交大同一中。

10月15日，大仁县撤销，并入大同市郊区。大郊区划为8个人民公社。

1959年

3月，大郊区重新划为25个人民公社。

10月13日，于家园试验冬播小麦、谷子120亩，小麦冬播获得成功。

1960年

1月1日，大同市郊区撤销，分置怀仁、古城、云岗3个区。

3月22日，口泉区鹅毛口公社划归怀仁区。

4月27日，口泉区毛皂公社划归怀仁区。怀仁区辖7个人民公社。

夏，伤寒蔓延怀仁、新家园、金沙滩、亲和4个公社，患者1337人，病死3人。

10月27日，开始压缩城市人口，1961年5月结束，压缩604户1688人。

1961年

6月，根据中共山西省委、晋北地委指示，各地开始对1957年以来全民整风整社运动中受批判处分的各级干部和群众、学生进行甄别复查。经复查，怀仁区1442名被整对象中有879人被认定为错整，原定错误结论得到纠正。

7月，析毛皂公社，置毛皂公社、马辛庄公社。

11月，对全区1958年以来受处分和受批判的各类人员进行甄别平反，应甄别对象1422人，甄别1390人，原处理错误或基本错的565人。

11月24日，全区首次妇女代表大会在怀仁县城召开。

1962年

是年，贯彻中共中央“调整、巩固、充实、提高”方针，进行精兵简政，全区精简职工466人，压缩城镇人口1168人。

1—10月，区委对近年来在大炼钢铁、深翻土地和整风反右等各项运动中受到批判和处分的各类人员进行甄别处理，纠错改正。

1963年

1月10日，析怀仁公社置怀仁、何家堡公社，析毛皂公社置毛皂、里八庄公社，析新家园公社置新家园、吴家窑公社，全区共划为11个公社。

同月，雁北陶瓷厂在怀仁县建成投产。这是山西第一个由国家投资新建的国营陶瓷工业企业。

8月1日，北辛村进行社会主义教育（简称“四清”，即清政治、清经济、清组织、清思想）试点，9月底结束。

8月20日，干部职工调整工资。全区1215名干部，升级625人，定级240人，升、定级后，814人增资，人均月增加工资6.70元。

12月6日，怀仁区计划生育委员会成立。

1964年

3月1日，宋庄等23个大队（农村改管理区为生产大队，简称大队）进行“四清”，10月5日结束。

5月，动员城镇青年插队、插场，至8月，共有50名城镇青年插队、插场。

5月18日，成立人口普查领导组，抽调361名干部进行第二次人口普查，7月22日汇总结束。

8月30日，置怀仁镇。

12月5日，恢复怀仁县建制。

1965年

3月16日，南米庄发生炭疽传染病，死羊50只。

5月21日，怀仁由大同市划归雁北专署。

9月，大同九中改名怀仁中学，再次设高中班，招收40名学生。

9月11日，由中央及省、地等19单位2863人组成131个“四清”工作队，分别进驻本县141个生产大队，进行“四清”。1966年7月结束。运动中，413人受处分。发展党员1351名。

1966年

3月，县级机关、企事业单位开始“四清”，8月结束，其间，188名干部职工受到开除公职、撤职等处分。

8月30日—9月7日，县委、县人委在县城召开四级（县、社、大队、生产队）干部会议，进行“文化大革命”运动的动员。

10月，县委组织80名教职工和学生代表，赴京参加红卫兵活动。

11月，怀仁中学学生离校“串联”，学校被迫停课。

1967 年

1 月 22 日，县委“造反”组织抢夺县委、人委权。县委、人委瘫痪。

1 月 28 日，财贸系统“造反”组织再次非法夺县委、人委权。

3 月，县人民武装部介入“文化大革命”。21 日，经雁北地区核心领导小组批准，成立中共怀仁县核心小组，张连文任组长。23 日，人武部联合各“造反”组织再次夺权，并成立怀仁县革命委员会临时权力机构。

5 月 26 日，全县“造反”组织代表会议在县城召开，选举产生怀仁县革命委员会，杨生福任主任。原县委、人委工作机构均被裁撤。

9 月，清水河大队民兵营教导员刘采京，出席北京军区在京召开的活学活用毛主席著作代表大会，受到毛泽东、周恩来等国家领导人接见。

1968 年

3 月 28 日，石庄村两派组织发生武斗，造成死 2 人、伤 3 人的流血事件。

6 月 4 日—9 日，县城召开首届职工代表大会，选举成立怀仁县工代会，李守德任主任委员。

6 月 13 日—15 日，县城召开首届贫下中农代表大会，选举成立怀仁县农代会，王振育任主任委员。

6 月 18 日—24 日，县城举行首届红卫兵代表大会，选举成立怀仁县红代会，毛生玉任主任委员。

10 月，本县接收来自北京、大同及本县城镇知识青年 1500 名，分别安置在鹅毛口、赵麻寨等 49 个大队插队落户。

1969 年

5 月 20 日，左（云）沙（河）公路怀仁段（西起铺龙湾，东至应县马庄）破土动工。

6 月，落实毛泽东“把医疗卫生工作的重点放到农村去”的指示，农村生产大队纷纷办起合作医疗室。

9 月 9 日，县革委在县城召开三级干部会议，进行战备动员，“深挖洞、广积粮、不称霸”的战备工作普遍展开，至1970年1月，全县挖地道11万米。

1970年

3月，清水河大队民兵营被北京军区评为“四好”先进集体。

5月，国务院副总理纪登奎赴胡寨视察，对胡寨“少种多收和广种薄收相结合”的经验给予肯定。

6月2日，周家窑村学生杨海平为抢救触电女社员牺牲，县革委会号召向杨海平学习。

11月28日，雁北全区民兵训练现场会在怀仁县召开。参加会议的有北京军区、总参、北京卫戍区、河北军区、内蒙古军区、天津警备区、山西省军区及雁北各县、公社负责人。会上，怀仁县武装部、金沙滩公社武装部汇报民兵训练情况。

1971年

2月26日—28日，中国共产党怀仁县第三次党员代表大会在县城召开，会议选举产生中共怀仁县委员会，杨生福任书记。中共怀仁县核心小组取消。

7月1日，河头公社由大同县划入本县。

8月，国家轻工业部领导率领黑龙江、辽宁、山东、河北、内蒙古、吉林等北方6省（区）的代表，到怀仁县柳东营大队参观指导。

12月，县属万金桥水库修筑工程破土动工，1975年竣工，库容量604万立方米。

1972年

3月，怀仁中学招收教师培训班学生156名，6月底毕业后统一分配到农村小学任教。

8月，桑干河新桥大桥动工兴建，1973年春竣工。为16孔双曲拱桥，全长240米。

10月，雁北地区农业学大寨流动现场交流会在怀仁县召开。

1973年

3月，怀仁中学废除推荐选拔招生模式，改为通过考试的方式面向全县招收高一新生。

4月，县委为一大批被错划为反革命的中小学教师平反。

5月，县委相继恢复总工会、妇联等工作机构。

7月，县委发出《关于向杨德贵同志学习的通知》。

9月15日，国务院总理周恩来、外交部部长姬鹏飞陪同法国总统蓬皮杜及外交部长米歇尔·若治贝尔等贵宾到大同参观云冈石窟。下午5时许，周总理、蓬皮杜等一行从怀仁机场乘专机返回北京。

是年，全县粮食总产首次突破一亿斤大关，总产量为5300万公斤。

1974年

3月，县委总结全县落实政策工作。全县复查处理了“清队”“一打三反”运动以来案件476人，占应复查总数的85%；复查“四清”案件92人，占应复查的11%。县委要求，摸清底子、分类排队、一案一案落实解决。

4月30日，中共怀仁县委向雁北地委呈报上山下乡知识青年的有关情况:全县有24人加入中国共产党，243人加入共青团，102人成为各级领导班子成员，有197人进入大中专院校或参军，1325人走上工作岗位。

10月，山西省军区在黄花梁地域进行民兵反空降研究性演习。

是年，阳集公路怀仁—大同段，怀应公路田家坊—怀仁段翻修路面，铺筑柏油路。

1975年

9月，县城自来水工程动工，1981年，主要街道通水。

11月25日—12月6日，全县县、社、队三级干部会议召开，1034人参会。县委要求上下齐动员，三年建成大寨县，1980年基本实现农业机械化。

12月，县委发出《关于认真推广李家小村大队坚持实行大寨评工记分办法经验的通知》。

1976 年

5 月，创办怀仁县农业大学，址设金沙滩农牧场。开设农学、机械、果林、畜牧 4 个专业，招收一期学生，1978 年撤销。

6 月 11 日，清泉村发生土耳其斯坦鸟毕吸虫病。自 1974 年以来，全村有 121 人患尾蚴性皮炎。死羊 489 只，病死率达 82.9%。

7 月，怀仁县少年艺术学校成立，址设城内仓巷。招收 13 岁至 15 岁男女学员 80 名，分置戏剧、舞蹈，器乐 3 个班，1979 年底学员毕业后裁撤。

1977 年

1 月，县陶瓷厂成立。

5 月 13 日，全县普降罕见大雪，积雪厚度达 20 厘米。14 日凌晨降温，50 万亩农田作物遭受冻害。

5 月 28 日，全国重点省（区）家兔生产座谈会代表在怀仁参观。

6 月 3 日—12 日，雁北地区"工业学大庆"会议在怀仁县召开。

7 月，成立怀仁县农田基本建设指挥部，亦称县农田基本建设专业队。

12 月，全国统一高考录取名单公布，本县大专录取 53 人，中专 167 人，技工 25 人。

是年，本县初步建成"大寨县"，全县粮食总产量为 7349 万公斤，总收入为 2756 万元。

1978 年

3 月 18 日—20 日，雁北地区林业工作会议在怀仁县召开。会议要求地、县、社三级干部在植树造林会战中至少每人参加 10 天劳动，机关搬到工地现场指挥。

3 月 27 日，四类分子评审摘帽和右派分子的改正工作开始，至 1979 年底，全县共受理信访案件 2578 件。全错平反 1238 件，改错纠正 780 件，维持原判 553 件。在已处理的 2571 案中，149 人恢复公职，558 户改变成分，36 人恢复非农业户口，174 人改变党纪处分，61 人减免刑事处分。

6月，中国共产党怀仁县第四次代表大会召开。

7月1日，建立怀仁县图书馆，址设县城西关西街。

7月13日，怀仁二中成立，址设南台。怀仁中学更名为怀仁一中。

1979年

1月，结合揭批“江青反革命集团”，开展“打击阶级敌人的破坏活动，打击资本主义势力猖狂进攻”的“双打”运动，至4月，破获各类案件109起，清理拖欠款64万元，公物还家2790件，清出非法记工15800个，退赔款7500元。

5月，县委发出《关于开展向魏文进同志学习的通知》。

8月，在河北保定召开的华北平原绿化会上，林业部授予怀仁县“平原绿化先进集体”称号。

9月7日，拆除县城西城墙，修筑新华路。

9月17日—23日，河北、内蒙、山西三省（区）毗邻地区第十次工商行政管理联防协作会议在县城召开。

1980年

3月，杨松青遗属贾箴，向县图书馆捐赠二十四史一套。

6月26日—7月1日，怀仁县第七届人民代表大会第一次会议在县城召开。会议选举产生了第七届人民代表大会常务委员会和怀仁县人民政府。

8月18日，成立怀仁县地名普查、地方志编纂领导组，并设办公室。

11月27日—12月4日，县委召开四级干部会议，贯彻中共中央75号文件，推行联产承包生产责任制。

1981年

3月，编印《怀仁县标准化地名录》，开始怀仁县志的编纂工作。

4月，中共山西省委第一书记霍士廉在怀仁检查指导工作。

7月17日，成立怀仁县革命史和党史资料征集、整理领导组。下设办公室，进行党史资料征集。

7 月 26 日—27 日，由煤炭部武汉设计研究院设计的峙峰山煤矿铁路专用线方案，在峙峰山煤矿通过审议，并动工兴建。该线从小峪编组站接轨，全长 16.2 公里，有桥涵、隧道 69 处。

8 月 30 日，全国农业劳动模范马益谦去世，终年 86 岁。

11 月，清水河大队创办联合学校。

12 月，金沙滩文化中心站被评为全国农村文化工作先进集体，受到文化部的奖励。

是年，尚希庄大队试种烟叶获得成功，平均亩产 210 公斤。次年在全县推广。

是年，全县农村普遍实行生产责任制。53 个大队实行以队作业，定额计酬；35 个大队实行分组作业，联产计酬；75 个大队实行承包到户，联产计酬。

1982 年

4 月 18 日，北京军区司令员秦基伟在雁北军分区靶场，观看怀仁县亲和公社农牧场民兵的反空降跳伞和土火箭发射表演。

5 月，怀仁县民兵制作的土火箭被北京军区命名为“八〇民箭”。

6 月 15 日，县民兵火箭分队赴京进行汇报表演。

6 月 12 日—16 日，大风和冰雹连续袭击全县 9 个公社的 97 个生产大队，受灾面积 32.4 万亩。

8 月 3 日—7 日，县委在县城召开党史资料征集座谈会，在怀仁工作过的老干部刘苏、杨子安等 60 余人参加。

8 月 30 日，中国科学院考古专家文本亨和山西省考古专家陈哲英等一行，到怀仁县考察古石器遗址。经考证，该遗址属于典型的新石器技术，为新石器时代早期的遗址。

11 月 30 日—12 月 6 日，县委党史研究室在内蒙古自治区党校召开党史资料征集座谈会，自治区人大常委会副主任张如岗等 13 人参加。

是年，全县农业总收入达到7541万元，比1978年的3642万元增长了103%，实现中共中央提出的第一个翻番目标。

1983年

4月21日—23日，德意志联邦共和国专家组福里德里希圣博士、福兰茨教授等一行5人，在林业部、外经部及省林业厅负责人等陪同下，到金沙滩林场考察。

8月14日—24日，怀仁县党史资料征集座谈会召开。

10月，县委、政府进行机构改革，按照干部革命化、年轻化、知识化、专业化的标准，重新调整各级领导班子。县委、政府所属机构由原52个减为43个。

11月，改社划乡工作在新家园、金沙滩公社进行。（1984年5月，各公社均改为乡镇）。

12月，县委书记熊希亮出席全国农业翻番座谈会。会议交流怀仁县《发挥优势抓速度，四年产值翻一番》的经验材料。

是年，县委、政府大力发展重点户、专业户和经济联合体。全县两户发展到14600户，经济联合体2100个。财贸系统的70个公司，377个门市部柜组，全部实行承包责任制。

1984年

3月27日—30日，县委在县城召开林业庆功会，表彰奖励20名林业功臣、72名林业模范、29名林业卫士、45个先进集体。

6月11日—15日，山西省扶贫工作怀仁现场经验交流会在县城召开。

7月18日—24日，怀仁县政协委员会一届一次会议在县城召开，会议选举产生了怀仁县政协委员会。

8月20日—25日，山西省军区市、县人民武装部后勤工作战斗化现场研究会在县城召开。

8月31日—9月3日，山西省爱国卫生运动现场会在县城召开，怀仁县获得“爱国卫生红旗县城”称号。

9月5日，怀仁县人民广播电台开播。

10月1日，煤炭部重点建设工程王坪煤矿开工兴建。该矿位于县西部山区，煤田开采面积11.25平方公里，储量3亿多吨，设计能力为年产180万吨。

10月13日—20日，县少年女子足球队获得山西省首届少年女子足球赛第二名。

11月21日，县服装厂设计师李翠梅，在全省首届服装评比会上，夺得服装设计明星奖。

是年，县委狠抓党员教育，先后办起12个乡镇党校，基层支部建立了263个“党员之家”和26个“党员活动中心”，中共山西省委授予怀仁县“党员教育先进集体”荣誉称号。

是年，峙峰山煤矿被中央煤炭部评为“全国地方煤炭先进集体”，被山西省地方煤管局命名为“样板矿”。

1985年

1月29日，国务院总理赵紫阳，由省长王森浩陪同，途经怀仁视察。

3月，山西省地质局217地质队在大顶山进行资源勘测，探明该山区蛭石藏量为150万吨。

4月26日，下米庄水库将6尾鲤鱼放入孵化池喂养，进行就地孵化试验获得成功，5月22日出现幼鱼，共孵化20万尾鱼苗。

5月17日，山西省文物考古研究所对金沙滩汉墓群进行考古发掘。

6月10日，县啤酒厂建成投产。年产“燕京”牌啤酒一万吨。

6月25日，日本京阪炼炭工业株式会社及三一企业公司代表团荒木英米等一行6人在怀仁县考察。

7月19日，中纪委常委刘丽英到怀仁县亲和乡考察纪检、党教工作。

7月23日，山西省城乡绿化怀仁现场经验交流会在县城召开。

7月31日—8月1日，怀仁县焦化厂建厂方案在县城通过论证。

8 月 1 日，山西省女子足球运动会在县城体育场举行。县女子足球队获得第三名。

8 月 22 日，中央党校副校长韩树英视察何家堡乡党校。

9 月 20 日，德意志联邦共和国技术合作公司，无偿援助 20 万马克，在金沙滩林场兴建育苗温室，10 月 5 日竣工。为全国林业系统最高级的育苗温室。

10 月 7 日，林业部副部长刘广远在怀仁县视察。

10 月 25 日，团县委被确定为共青团中央的工作联系点。

10 月 30 日—11 月 2 日，山西省试办乡镇党校座谈会在县城召开。

11 月 21 日—26 日，山西省党性党风党纪教育经验交流会在县城召开。

1986 年

6 月，怀仁公园在县城新华南路开工兴建。公园占地 246 亩。

6 月 12 日，中央纪律检查委员会常务书记韩光、中纪委常委傅杰视察怀仁县亲和乡和何家堡乡。

8 月 18 日，省政府公布省级第二批重点文物保护单位名单。境内鹅毛口新石器遗址、金沙滩汉墓群入选。

8 月 19 日，省委书记李立功视察河头乡地膜覆盖种植玉米情况。

9 月 24 日—27 日，北方九省、市、自治区党员工作座谈会在本县召开。

11 月 26 日，峙峰山煤矿铁路专用线建成通车。

12 月 21 日，相关专家考察研究怀仁民间舞蹈踢鼓秧歌的发展历程。

是年，全县小学、初中实施义务教育。

1987 年

2 月，在全国农机系统“铁牛杯”竞赛中，怀仁县获优胜奖。

2 月 16 日，国务院能源办公室副主任郭钦安一行在本县检查煤炭工作。

4 月，雁北地区居民身份证颁发工作在本县试点。

4 月，北京大学地质系教授任磊夫在本县考究黑砂石、高岭土等矿产资源。

6月3日—5日，中国共产党怀仁县第五次代表大会召开。

7月28日，文化部副部长钟秋元一行在本县就群众文化工作进行调研。

8月4日，省长王森浩一行在怀仁县视察。

9月9日，省长王森浩、副省长阎武宏一行在怀仁县视察。

9月22日，省科技新闻中心采访团一行在怀仁县采访基层农业科技服务体系的改革情况。

12月20日—23日，雁北地区粮食系统业务知识竞赛在怀仁县举行。

1988年

3月21日—25日，全省广播电视工作会议在怀仁县召开。

5月11日—14日，雁北地区深化企业改革现场会在怀仁县召开。

6月14日，中共中央总书记赵紫阳一行在怀仁县视察。

7月7日，化工部副部长谭竹州一行在怀仁县调研县化肥厂生产的碳氨系列产品。

8月11日，中纪委书记乔石在怀仁县视察。

8月16日，怀仁县归国华侨联合会成立。

10月8日—10日，晋、冀、蒙地盟市经济协作区协调委员会第六次会议在怀仁县召开。

10月15日，全国重点建设项目大秦铁路西端配套工程——怀仁县南窑煤炭集运站建成并投入运营。

1989年

2月2日，省长王森浩一行在怀仁县视察。

2月7日，芦子沟煤矿、吴家窑陶瓷厂、县砖瓦厂、县汽车运输公司4家企业被省政府命名为省级先进企业。

4月，城关四小辅读班教师孟梅荣被评为全国优秀特教工作者。

6月，县金属制品厂研制生产的新型ZT—1型多功能供热炉获得国家专利。

9月4日，县云兴化工厂试车成功。

9月7日，省计划生育人口规划统计管理会议在怀仁县召开。

9月8日，省西山防护林建设现场经验交流会在怀仁县召开。

1990年

2月10日，副省长乌杰在怀仁县视察群众文化工作。

2月17日，团中央宣传部长柳斌杰一行在怀仁县视察基层共青团工作。

4月12日，省纪委副书记白升一行到怀仁县就党风建设、廉政建设和查处案件工作进行调研。

6月10日—12日，中国共产党怀仁县第六次代表大会召开。

8月6日，新家园乡遭受冰雹袭击，全乡受灾面积达8600亩。

8月28日，怀仁县残疾人联合会成立。

9月6日—8日，山西省党员教育阵地建设座谈会在怀仁县召开。

10月12日，全国秸秆还田技术讲习会在怀仁县召开。

12月17日，省委副书记卢功勋在怀仁县视察经济工作。

1991年

1月，怀仁县汽车站获交通部“文明汽车站”称号。

4月23日，金沙滩镇文化站被评为“全国先进文化站”。

6月23日，山西省农业“星火计划”检查组专家、教授在怀仁县视察。

7月30日，山西省社会治安重点治理经验交流会代表在怀仁县视察。

8月10日，省人大副主任刘砚青一行在怀仁县调研社会治安综合治理工作。

8月15日，中央综合治理委员会办公室主任束怀德一行在怀仁县视察工作。

9月20日，山西省铁路治安专项治理总结表彰会在怀仁县召开。

11月25日，省“双拥”领导组在怀仁县检查验收创建“双拥”模范县工作。

1992年

4月上旬，怀仁县被国家爱委会命名为“自来水普及县”。

4月29日，日本绿化地球网络考察团在怀仁县考察生态环境。

7月25日，北方15省区20家林业厅、局长座谈会代表在怀仁县视察植树造林工作。

8月11日，全县第一家村级公司——云东贸工农公司成立。

9月26日，巴黎—北京马拉松汽车越野赛途经县境。

10月11日，省委组织部长郑社奎在怀仁县调研达小康工作。

10月18日，怀仁县程控电话开通国内、国际长途直拨业务。

10月21日，副省长纪馨芳在怀仁县调研工交工作。

11月17日，省委书记王茂林在怀仁县视察。

1993年

5月11日—13日，中国共产党怀仁县第七次代表大会召开。

5月29日，县第二水厂建设工程开工。

7月1日，清凉山华严寺砖塔修复工程开工。

7月7日，马辛庄乡仝庄、马辛庄、大盐坊三村遭雹灾，受灾面积8770亩。

7月10日，雁北地区撤销，怀仁县划归朔州市管辖。

1994年

4月4日，开展“青年志愿者绿化奉献日”活动。

4月16日，位于怀仁县亲和乡的大同机场正式开航。首次开通的航线有大同—北京、大同—西安，每周一、六各飞一个航班。

5月18日，清凉山大佛建成揭幕。

6月14日，国务院正式批准怀仁县为对外开放地区。

6月29日，纪馨芳副省长带领省计委等有关部门的负责同志在怀仁县视察工作。

7月7日，朔州市老红军、老干部传统作风报告团在怀仁县作现场报告。

8月1日，国家税务总局怀仁县分局挂牌办公。

8月10日，域内最后一条县乡干线河马公路竣工开通。至此，全县乡乡通油路的目标已宣告实现。

9月7日，中央军委副主席刘华清在怀仁县视察驻军某部。

12月，由党史办主任周子君主编的《怀仁县志》获全省优秀地方志书三等奖，《中共山西省怀仁县组织史资料》获全省优秀党史丛书三等奖。

12月8日，县城集中供热正式开通运行，供热面积36万平方米。

1995年

5月30日，工商银行怀仁县支行电子联行汇兑系统全国并网营业。

6月30日，中共怀仁县委机关报《怀仁报》创刊。

6月，城关镇、里八庄乡、河头乡、亲和乡四个乡镇被市政府命名为“科技工作先进乡镇”，县第一瓷厂、吴家窑陶瓷厂两个企业被市政府命名为“科技先导型企业”。

7月10日，吴家窑镇纸箱厂试车成功，成为朔州市生产高档纸箱的厂家之一。

8月6日，山西省眼科医院怀仁分院挂牌就诊。

10月20日，省“希望工程”向支家小村捐赠40套升降桌凳，500余册图书。

1996年

1月5日，怀仁县成为全省消灭脊髓灰质炎示范县。

1月12日，怀仁县丹阳王墓被省政府列为山西省第三批重点文物保护单位。

1月17日，省长孙文盛在怀仁视察。

1月30日，怀仁县老区建设促进会成立。

2月19日，省委书记胡富国在怀仁县视察。

4月，来自全市六区县的团委书记和基层团干及金沙滩镇团员青年700

多人，在金沙滩镇田庄村青年千亩造林基地举行全市“绿化朔州”青年突击队授旗仪式。

5月16日，北京军区司令员李来柱上将到怀仁县人武部、预备役二团视察。

5月，澳大利亚煤矿安全考察团在怀仁县考察煤矿瓦斯管理情况。

6月11日，预备役二团军官评授军衔。

8月，本县建立和推行国家公务员制度。

8月28日，大同预备役师在黄花梁地区举行军事演习。

11月3日，省委书记胡富国、省长孙文盛在怀仁县视察。

11月7日，怀仁县被确认为全省德育建设示范县。

1997年

1月，怀仁县供销社获“全国基层建设年先进县联社称号”。

7月9日，省长孙文盛在怀仁县视察农业生产情况。

9月5日，全县实现乡乡通程控电话。

9月下旬，县委常委、县委办主任边明出席中国共产党第十五次代表大会。

1998年

4月27日—29日，省实施素质教育实验区工作会议在怀仁县召开。

5月20日—22日，中国共产党怀仁县第八次代表大会召开。

6月9日，国家科教兴村计划山西省农科院科教兴村工程金沙滩镇示范区启动。

7月，怀仁县通过国家消灭无标生产县验收。

9月8日，河头中学遭龙卷风袭击，造成学生6亡5伤及部分校舍受损。

12月25日，省九届人大代表团在怀仁县视察。

是年，民营企业家王跃胜被选为第九届全国人大代表。

1999年

5月18日，山西陆军预备役步兵第八十三师坦克团二营在怀仁县成立。

9月9日，县化肥厂尿素生产线试产成功。

9月22日，全国绿色通道工程建设现场会的参会人员在怀仁县观摩。

11月13日，国土资源部副部长孙文盛在怀仁县视察土地复垦情况。

12月13日，代省长刘振华在怀仁县视察。

2000年

2月10日，县城开通公交车。

3月30日，由原服装厂改制的合作制企业雅迪服装厂成立。

4月中旬，中纪委常委、秘书长袁纯清，中纪委办公厅副主任李熙一行在怀仁县就政务公开、村务公开进行调研。

5月20日，京津风沙源综合治理工程建设调研山西组成员在怀仁县调研。

6月，怀仁县抗旱服务达国家示范标准。

7月9日，西部大开发建设绿色家园考察组在怀仁县考察。

8月29日，省委书记田成平在怀仁县视察。

9月19日，县委、县政府对重点企业实行特派稽查制度。

9月28日，怀仁县首届“陶瓷博览会暨群众文化节”隆重开幕。

2001年

2月22日，怀仁县女企业家协会成立。

3月，中国科协老年科技下乡服务队一行4人，在怀仁县开展为期半个月的科普宣传活动。

5月18日，大新高速公路开工仪式暨动员大会在怀仁安大庄铁路桥北端举行。省长刘振华宣布大新高速公路建设正式开工。

5月23日，云中镇成立。

6月26日，省委书记田成平在怀仁县视察农业生产情况。

7月29日，省长刘振华在怀仁县视察工业生产情况。

9月，第二届中国·怀仁陶瓷文化节成功举办。

11月，鹅毛口派出所获“全国青年文明号”称号。

12月19日，城建综合管理执法监察大队成立。

2002年

1月11日，“三晋科普行”下乡服务团在怀仁县为农民群众进行科普服务。

1月，首届教师技能大赛成功举办。

2月，怀仁七中成为北大附中远程教育示范学校。

3月1日，对全县党员干部计划生育情况进行登记建制。

5月14日，国家气象局局长秦大河一行在怀仁县视察气象工作。

5月24日，省委书记田成平在怀仁县视察。

6月6日，迎宾广场音乐喷泉和水幕电影工程竣工。

6月7日，县便民服务中心投入运行。

6月28日，蒙牛山西雁门乳业公司在怀仁县投产运营。

7月1日，国家林业局副局长祝列克一行在怀仁县调研。

7月12日，朔州市药品监督管理局怀仁分局挂牌办公。

8月23日，全省农牧机械演示现场会在怀仁县召开。

9月，第三届中国·怀仁陶瓷文化节成功举办。

9月11日—12日，全省县级政务公开工作现场会在怀仁县召开。

2003年

1月17日，芦子沟煤业有限责任公司成立。该公司是中能电力能源公司与原芦子沟煤矿合作成立的股份合作制企业。

1月19日，民营企业家王跃胜当选第十届全国人民代表大会代表。

4月7日，省长刘振华一行在怀仁县视察。

同月，县人民医院开创全省直视微创胆道手术先例。

5月，怀仁七中获得由国家外国专家局颁发的，允许开展聘请外教专家的资格证书，成为全市首家获得这一资格认证的初级中学。

7月3日，中国共产党怀仁县第九次代表大会召开。

8月26日，举行公开选拔二中校长演讲答辩会。

8月28日，全省农村小康建设朔州现场会代表在怀仁县参观指导。

9月5日—9日，第四届中国·怀仁陶瓷文化节成功举办。

10月14日，山西省民营企业文化建设交流研讨会在怀仁县召开。

11月，峙峰山煤矿职工秦孝志研制成功一种电热循环式淋浴器，其关键部件“多极电热水管”获国家专利。

12月12日，全省煤运系统首家万吨重载列车在金沙滩煤炭集运站开通运营。

2004年

3月6日，中国农业大学经济管理学院副院长陈宝峰教授一行在怀仁县调研。

5月18日，新落成的县汽车客运站投入营运。

5月31日，县委、县政府出台对县境内60周年以上老人实施优待政策。

6月4日，境内开展取缔大运公路和208国道两侧的非法储售煤场行动。

7月6日，全县开展为期两周的机关作风纪律大整顿。

8月26日—28日，山西省小学英语课程改革实验教师培训会朔州地区分会在怀仁县召开。

同月，本县被列为国家级玉米地膜覆盖栽培技术标准化示范区。尚希庄村被省农业厅列为无公害蔬菜生产基地。

9月5日—7日，第五届中国·怀仁陶瓷文化节成功举办。

11月9日，何家堡乡全福寨村发现疑似口蹄疫病猪，县政府启动应急预案，控制疫情。

12月5日，在晋的全国人大代表一行在怀仁县参观。

2005年

1月6日—7日，全省普通高中教育工作会议在怀仁县召开。

4月18日，中纪委副局级检查员解畅、六室三处处长罗凯、省纪委副书记李潭生、省纪委常委邢顺喜一行7人，在怀仁县进行党风廉政建设及反腐倡廉工作调研和指导。

5月26日，全县54名机关干部被聘为中小学兼职法制副校长。

6月16日，县委、县政府聘请20位无党派人士和非公经济人士为县委、县政府的特约监督员、信息员。

7月7日，三晋文化研究会在本县开展庆祝纪念抗日战争胜利60周年万人签名活动。

7月28日，由财政部办公厅副主任廖路明、财政部监督检查局副处长衡卫锋组成的全国政务公开调研组在怀仁县调研。

8月24日，省委书记张宝顺一行在怀仁县视察。

9月5日—7日，第六届中国·怀仁陶瓷文化节成功举办。

10月3日，怀仁一中举行建校50周年庆典。

10月20日，代省长于幼军一行在怀仁县视察。

10月31日，中华全国供销合作总社党组纪检组长佟宝君一行，在怀仁县考察供销社基层网络改造情况。

11月19日，全县公开招考农村中小学教师考试在二中举行。

11月26日，国家安全生产新闻调查采访团在怀仁县采访。

11月30日，中央护路办赴山西考核组组长史进军一行，在怀仁县检查指导护路工作。

12月1日，中纪委监察部执法监察专员孙照华、国家煤监局安全监察司调研员燕明春一行，在怀仁县督查煤矿停产整顿关闭情况。

12月15日，省教育厅为怀仁一中成为全省示范高中授牌。

2006年

3月22日，省委书记张宝顺一行在怀仁县调研并视察指导工作。

3月31日，域内开展优化软环境，集中整顿机关作风和纪律活动。

5月16日，由国务院新闻办网络局处长魏正新带队的全国网络媒体山西行120多名记者，来本县就城市建设、企业发展、经济社会进步等内容进行采访。

6月7日，人民日报社副总编辑米博华在怀仁县，调研本县煤炭资源的整合开发利用进展情况。

6月13日，共青团中央心理健康教育全国巡回报告团讲师刘梅英老师在怀仁县演讲。

6月28日，国家统计局投资司司长金桂芳一行，在怀仁县就统计工作进行调研。

6月29日，中国共产党怀仁县第十次代表大会召开。

7月31日，原省委书记陶鲁笳在怀仁县参观。

8月19日，全省公路建设质量现场会在怀仁县召开。

9月5日—7日，第七届中国·怀仁陶瓷文化节成功举办。

10月19日，国家“两基”工作督导检查组在怀仁县，就基本普及九年制义务教育和基本扫除青壮年文盲工作进行督导检查。

11月19日，农业部京津风沙源项目验收组一行在怀仁县，就近年来实施风沙源治理项目进行检查验收。

同月，根据2006年国家统计局千强镇测评结果，毛皂镇进入全国千强镇行列，排名859位。

12月8日，世行贷款项目专家考察组在怀仁县考察。世行预计为怀仁县贷款10215万元，用于盐碱地改良和扶持奶牛养殖业的发展。

12月19日，怀仁县启动廉政文化、法律、科技十乡百村万户“三下乡”活动。

2007年

1月15日，团县委启动以“大力营造读书氛围，提高公民文化素质”为主题的全民读书活动。

1月17日，由全国农技推广中心副主任谢建华带队的调研组在怀仁县，就基层农技推广体系建设情况进行调研。

3月29日，农业部动物疫病预防控制中心兽医公共卫生处苏增华和中心诊断室王晓英一行在怀仁县，调研家畜间布病、结核病的防治情况。

4月18日，省长于幼军一行在怀仁县视察。

5月14日，中纪委检察六室三处处长曹立新一行在怀仁县，就党风廉政建设和反腐败工作进行调研。

6月，全县评选出“十佳村官”。刘茂、王占庭、彭义堂、连继平、郭志吉、冯日堂、王富、姜丙顺、许谦、贾广文等获此殊荣。

7月19日，全省四级团委换届工作推进会在怀仁县召开。

9月5日—7日，第八届中国·怀仁陶瓷文化节成功举办。

9月9日，中央党校党建部主任、博士生导师王长江教授在怀仁县作关于党的建设专题讲座。

9月12日，全省煤炭资源整合矿井建设项目安全监察工作座谈会在怀仁县召开。

9月16日，由国土资源部耕地保护司司长潘明才率领的全国农村土地突出问题专项治理督导组在怀仁县检查。

9月27日，全县招考党政机关事业单位、乡镇机关工作人员考试在二中进行。

11月27日—28日，国家可持续发展实验区专家组到怀仁，对怀仁县申报国家可持续发展实验区的情况进行考察。

12月5日，中央核查纠正监外执行罪犯托管、漏管专项行动验收组在怀仁县检查。

12月18日，经过省新农村电气化县建设考评组的检查验收，怀仁县新农村电气化建设已达到了国网公司和山西省电力公司B类新农村电气化县建设的考核标准，成为全省首家新农村电气化县。

12月19日，代省长孟学农一行在怀仁县调研。

2008年

1月16日，怀仁县通过评审，成为国家级可持续发展实验区。是全省第三家国家级可持续发展实验区。

4 月 9 日，县委、县政府出台十二项惠农措施，旨在进一步调动和保护农民种粮积极性，加强农业和粮食安全生产，保证市场供给。

4 月 23 日，怀仁县青年就业创业服务中心成立。

5 月 26 日，刘晏庄村举行抗日战争罹难同胞纪念碑揭碑仪式。

5 月 31 日，朔州市选聘优秀高校毕业生到村任职笔试在二中举行，全县有 2050 名高校毕业生参加选聘。

同月，《中国共产党怀仁县历史大事记述》一书由中央文献出版社出版。该书以中共怀仁县地方党组织活动为主线，采用编年体与纪事本末体相结合的方法，全面、系统、完整地记述了 1922 年—2006 年怀仁县党政军统群的重要历史活动和重大事件，客观地再现了怀仁县地方党组织及其所领导的政府、军队、统战、群团和广大人民群众的战斗风貌和辉煌业绩，全书约 100 万字。

6 月 4 日，全县城镇居民基本医疗保险启动。

6 月 25 日，何家堡乡郝家寨农民魏富儒发明的脉冲式排污阀获国家专利。

7 月 8 日，由环境保护部、监察部等部门组成的检查团在怀仁县，就全县总量减排及奥运环境保障工作情况进行现场核查。

7 月 11 日，县委、县政府在无党派人士中开展“自觉接受中国共产党的领导，坚持走中国特色的社会主义道路”为主题的教育活动。

7 月 23 日，全国文明县城测评组到怀仁县就创建全国文明县城进行检查验收。

8 月 22 日，全省农业机械化综合示范县建设现场会在怀仁县召开。

10 月 10 日，由山西大学旅游学院、山西大学、山西财经大学的专家以及省旅游局领导和市、县领导等组成的评审组经过认真评议和审查，一致通过了《怀仁县旅游业发展总体规划》。

10 月 18 日，山西北部（怀仁）蔬菜产销洽谈会在国益酒店召开。来自广东、湖南、河北、上海、内蒙古等 15 个省、自治区、市的客商来怀仁与当地蔬菜种植大户交流种植经验，共享产销信息，并达成了多项合作意向。

10月27日，以中国青少年犯罪研究会秘书长操学诚为组长的中央综治委检查验收组在怀仁县，就社会治安综合治理工作进行检查。

11月15日，由台湾、马来西亚客商联合组成的投资考察团在怀仁县作投资考察。

11月22日，代省长王君一行在怀仁县视察。

是年，民营企业家王跃胜第三次当选全国人大代表。

2009年

2月28日，中国科协高登义教授在怀仁一中主讲亲近南北极科普报告会。

4月19日，由国家发改委处长郭文艺带队的中央扩大内需促进经济增长政策落实检查组在怀仁县，就新增投资项目资金使用和项目建设情况进行调研。

4月20日，山西省城市社区建设培训班在怀仁县开班。

6月5日，中共十四届中央委员、九届全国人大常委、北京军区原司令员李来柱上将在怀仁县视察。

6月25日，全省物价系统依法行政暨“五五”普法中期工作会议在怀仁县召开。

7月8日，由省、市质监局专家组成的验收组，对怀仁县申报的无公害蔬菜农业标准化示范区的实施情况进行验收。

同日，晋北种植燕麦治理盐碱荒漠地流动现场会的全体与会人员在金沙滩镇盐丰营村犇康农牧场进行参观检查。

7月21日，新华社山西分社社长王存理一行在怀仁县采访调研。

8月20日—21日，全省法院重调息诉和谐司法经验交流会在怀仁县召开。

9月16日—17日，全国农广校教育教学改革工作会暨中等职业教学班进村现场会在怀仁召开。

9月17日，三晋文化研究会“朔平文化之旅”文化视察团在三晋文化研究会常务会长李玉明的带领下在怀仁县视察。

9月24日，由省人大城建环保工委副主任李生茂带队，由《山西日报》、山西卫视公共频道记者等组成的“三晋环保行”记者团一行在怀仁县采访。

10月21日，开展尊老敬老宣传周活动。

11月20日，右玉精神宣讲团一行7人在怀仁县，开展“右玉精神”宣讲活动。

11月28日，全省普通高中新课程课堂教学改革现场会在怀仁一中召开。

11月29日，全省出生缺陷综合对策专项调研培训会在怀仁县召开。

12月18日，部分驻晋全国人大代表一行，在怀仁县视察经济社会发展、经济结构调整、“三农”工作等情况。

2010年

3月5日，第二届山西旅游合作联盟年会代表在怀仁县参观。

4月8日，由县委、县政府和山西省青年信息中心、山西雁门文化传播有限公司、北京中视金贝壳影视文化艺术有限公司联合摄制的电影《大学生小村官》首映仪式在太原举行。

5月6日，县中老年艺术团参加世博会“金玉兰”杯音乐舞蹈大赛，获得一项金奖，两项表演最高奖。

5月24日，开展青少年“中国精神颂”中华魂主题教育活动。

5月27日，教育部副部长陈小娅一行在怀仁县调研。

5月28日，国际风景园林师联合会（IFLA）第47届世界大会在苏州隆重举行，会上，住房和城乡建设部发布了《关于命名2009年国家园林城市、县城和城镇的通报》，本县获得了“国家园林县城”荣誉称号。

6月25日—27日，三晋诗人2010年夏季小峪煤矿采风活动成功举办。

7月2日，由第十届全国政协教科文卫体委员会副主任、卫生部原副部长孙隆椿带队的“乌金三角经济区”调研组一行在怀仁县调研生态旅游业的情况。

7月12日，由环保部华北督查中心处长宋刚带队的环保部污染减排核查组在怀仁县，就“十一五”期间污染减排项目进行核查。

7月22日，全省房地产联网直报企业业务培训会在怀仁县召开。

8月3日，“三晋政法基层行”活动的记者们一行在怀仁县，采访报道怀仁县社会治安综合治理工作的好做法、好经验。

8月20日，中共中央党校政治系教授、博士生导师亓成章在怀仁县授课。

9月9日，中央党校调研组就经济社会发展情况在怀仁县调研。

9月26日—28日，晋冀鲁豫二十县（市区）政协联谊会第三十二次会议在怀仁县举行。

10月11日，省委书记、省人大常委会主任袁纯清、省长王君带领省观摩检查组，就贯彻落实全省领导干部大会精神、推进转型发展跨越发展的重点工作和项目在怀仁县进行观摩检查。

10月19日，我省“十一五”规划重点项目——同煤集团怀仁日产4500吨新型干法水泥熟料生产线正式建成投产。

11月12日，县消防大队成立应急救援大队。

11月28日，全国人大常委会代表资格审查委员会办公室主任、办公厅联络局巡视员李伯钧在怀仁县调研。

12月15日，怀仁县肉羊行业协会成立。

12月16日，怀仁县陶瓷行业协会成立。

2011年

1月15日，山西省现代农业产业技术体系羊产业与产业基地对接，在怀仁县举行对接签字仪式。

3月4日—5日，国家京津风沙源治理工程中期评估组在怀仁县评估考察。

5月13日，“全国检察机关惩治和预防渎职侵权犯罪巡回展览”在会议中心开展。

5月27日—28日，中国共产党怀仁县第十一次代表大会召开。

6月27日，庆祝中国共产党成立90周年万人红歌演唱会在迎宾广场举行。

6月28日，“红色七月”书法美术作品展在文化活动中心举行。

7月8日，山西华北皮革城举行开工奠基仪式。

同日，以省文明办创建处副处长李立平为组长的全国文明县城复查省委测评组，在怀仁县复查验收全国文明县城创建工作。

7月12日，由省农业开发办副主任王艳艳带队的省验收组到本县，就国家农业综合开发项目进行验收。

7月25日，省社会管理创新集中宣传采访团在怀仁县进行采访。

8月2日，国家质监总局局长、党组书记支树平在怀仁县视察。

8月4日，山西省污染减排新闻采访团在怀仁县采访。

8月29日，怀仁县林果协会成立。

8月30日，怀仁县教育协会成立。

同日，怀仁县招商引资协会成立。

10月10日，省人大常委会执法检查组在怀仁县就《农村土地承包法》《土地承包经营纠纷调解仲裁法》进行执法检查。

10月27日—31日，县委书记王智杰、新家园乡党委书记刘宏武参加中共山西省第十次代表大会。

11月2日，中国统筹城乡科学发展课题组在怀仁县调研。

11月7日，全省干部教育培训工作和党校行政学院工作督查组在怀仁县督查指导工作。

11月8日，全县陶瓷产业青年劳动技能大赛在恒源瓷业有限公司举办。

12月20日，怀仁县人民医院新楼落成剪彩。

12月22日，中国·怀仁首届肉羊养殖暨羊肉美食文化节在南小寨村举办。

同日，举办“幸福怀仁·陶瓷精品展”。

2012年

2月7日，由新华社、中新社、人民日报、央视网等十多家中央主流媒体组成的采风团在怀仁县采风。

2月29日，怀仁县文化协会成立。

3月26日，县城公交车实行免费乘车。

4月10日，北京军区副政委黄建国在怀仁县视察人武工作。

5 月 17 日，全国人大常委、农业与农村委员会主任王云龙一行，在怀仁县视察林业生态建设工程。

5 月 31 日，中央党校《加强党的建设，促进社会管理创新》课题组一行在怀仁县调研。

6 月 8 日，中纪委纪检监察六室三处处长曹立新一行在怀仁县调研。

6 月 9 日，怀仁县创建国家卫生县城万人誓师大会在仁义广场举行。

7 月 3 日，怀仁县城市管理协会成立。

7 月 4 日，怀仁县餐饮行业协会成立。

7 月 18 日，省委书记袁纯清一行在怀仁县就转型项目建设进行调研。

8 月 22 日，全省造林绿化现场会与会人员在怀仁县参观造林绿化工程。

8 月 23 日，国家爱卫会专家组在怀仁县检查验收“国家卫生县城”创建工作。

8 月 28 日，翟鸿燊教授在怀仁县举行“国学应用智慧”专题讲座。

9 月 16 日，第九届中国羊业发展大会在怀仁县召开。

9 月 20 日，省委书记袁纯清、省长王君一行到本县视察重点工程和项目推进情况。

9 月 21 日，怀仁县党建研究会成立。

10 月 14 日，全省基层社会服务管理工作现场推进会在怀仁县召开。

12 月 11 日，山西省特色旅游商品购物示范区——中国怀仁·海宁皮革城正式投入运营。

第一编

建置

第一章 境域沿革

第一节 境域

怀仁县位于山西省北部的大同盆地中心，在历史上不同时期境域屡有变迁。

明代境域：东至大同县新桥村，西至清凉山，南至黄花岭，北至大同县秀女村。东西广 23 公里，南北袤 35 公里。

清嘉庆年间（1796—1820）境域：东至大同县西安堡，西至左云县王下庄，南至黄花岭，北至左云县高山堡，东西广 30 公里，南北袤 45 公里。

光绪年间（1875—1908）境域：东至大同县新桥村，西至左云县山井，南至山阴县郑家庄，北至大同县霸王店，东西广 28 公里，南北袤 45 公里。

民国 12 年（1923），县境域面积 1912 平方公里。民国 28 年（1939）境域面积为 1523 平方公里。

现境域地理坐标为：北纬 39° 37′ ~39° 57′，东经 112° 46′ ~113° 26′。东与大同县毗邻，西隔洪涛山脉与左云县相望，南以黄花岭为界与应县、山阴县接壤，北连大同市。东西广 30 公里，南北袤 40 公里，面积为 1234 平方公里。

县治云中镇，南距应县县城 30 公里，距山阴县城（岱岳镇）47 公里，西距左云县城（经吴家窑）63 公里，北距大同市 36 公里，距省会太原 270 公里，距首都北京 380 公里。

第二节 沿革

怀仁县在唐尧时地属冀州。虞舜属幽州。夏、商属冀州。周属幽州。春秋属代。战国属赵。

秦（前221—前206）属代郡班氏县。**汉**（前206—220）隶属代郡班氏县、雁门郡剧阳县、善无（东汉迁阴馆，朔城区夏关城），雁门郡平城县。三国（220—265）隶属班氏县、剧阳县、平城县，是羌胡人和鲜卑人居住地。**西晋**（265—317）隶属雁门郡剧阳县（由阴馆迁至广武，今忻州代县），平城县、剧阳县（鲜卑人领地）。**东晋**（317—386）属平城县，先后由代国、后赵、前燕、代国、前秦、后燕管辖。**北魏**（386—534）属平城县，隶属代国、北魏、京畿（都城郊区大同市）。**东魏**（534—550）属平城县，是柔然民族活动之地。**西魏**（535—556）属平城县，是柔然民族活动之地。**北齐**（550—577）隶属北朔州平城县、云内县。**北周**（577—581）属朔州总管府长宁郡（朔城区西）云中县。**隋**（581—618）隶属朔州总管府（朔城区）云内县，朔州（朔城区）云内县，代郡云内县，马邑郡（朔城区）云内县。**唐**（618—907）隶属马邑郡云内县，北恒州（今大同市）云内县，云州（今大同市）云中县，云中郡（今大同市）云中县，云州云中县。**后梁**（907—923）属云州云中县。后唐（923—936）属云州云中县。后晋（936—947）属云州（契丹）云中县。

辽 兴宗重熙十三年（1044），析云中县，始置怀仁县，属京畿之地，归西京道大同府管辖。因唐节度使李克用与辽太祖耶律阿保机两次会盟于云州东城，易袍马约为兄弟，取怀想仁人及《论语》"怀德里仁"之意而命县名为"怀仁"。

金 贞祐二年（1214），怀仁县升为云州，仍属西京路大同府管辖。

元 至元二十五年（1288），降州（云州）为县（怀仁），属中书省河东山西道大同路管辖。

明 怀仁县属山西布政使司大同府管辖。

清 怀仁县属山西省雁平道大同府管辖。

中华民国 元年（1912），废府、州改县，实行省、道、县三级行政机构。其时，怀仁县属山西省雁平道（代县）管辖。民国2年（1913）3月，雁平道改为北路道（代县）；民国3年（1914）6月，北路道改为雁门道（治所今大同市）。民国16年（1927）4月，废道，实行省（直辖市）、县（普通市）两级行政管理体制。其时，怀仁县亦随之改变归属。

抗日战争时期 怀仁县域内存有三种政权。（1）日伪政权。1937 年 9 月 14 日（农历八月初十），日军占领怀仁城，随后成立维持会、县政府。日伪怀仁县政府先后属晋北自治政府（1937 年 10 月设，属张家口蒙疆联合委员会）、晋北政厅（1939 年 9 月设，属张家口蒙疆联合自治政府）、大同省公署（1943,年设，属张家口蒙疆联合自治政府）管辖。（2）国民政府政权。日本侵略军进犯山西之后，山西省实行分区制。全省划分为 7 个政治区（行政区），怀仁属第一行政区（一专署），行政主任公署驻五台；（3）共产党政权。1937 年 9 月 28 日，八路军第 120 师 358 旅 716 团团长宋时轮率一个营进入雁北地区， 先后创立右山朔怀抗日根据地和大怀左抗日根据地，建立了抗日民主政府。

解放战争时期 怀仁县域内存有两种政权。（1） 国民政府政权。1945 年 9 月，怀仁被国民党阎锡山政府接管，恢复卢沟桥事变前原县建制，怀仁县属第十行政督察区管辖，专员公署驻大同。1947 年，国民党阎锡山政府军政分家，怀仁县属“山西省政府雁北专员公署”管辖。（2）共产党政权。怀仁县人民民主政府（1945.8—1946.9），县政府驻麻峪口村，属冀晋第五专署管辖；怀仁县人民民主政府（1945.9—1946.3），县政府驻吴家窑村，属晋绥第五专署管辖； 山怀县人民政府（1946.3—1946.7），县政府先后驻偏岭、马营、吴家窑等地，属晋绥第五专署管辖;怀仁县人民民主政府(1946.7—1946.9），县政府先后驻吴家窑、郭庄等地， 属晋绥第五专署管辖； 怀仁县联合工作委员会（1946.8—1946.9），怀仁县（路东）、怀仁县（路西）政府合并，重新组成怀仁县人民民主政府（1946.9—1949.9），县政府先后驻吴家窑、大峪口、怀仁城，隶属晋绥第五行政专员公署、晋绥雁北行政专员公署、山阴中心县政府和察哈尔省雁北专署管辖。

中华人民共和国 1949 年 10 月，怀仁县人民政府隶属于察哈尔省人民政府雁北区行政督察专员公署管辖。1952 年 12 月，改属山西省人民政府雁北专员公署管辖。1954 年 7 月，怀仁县并入大仁县，属山西省雁北专员公署管辖。1958 年 10 月，大仁县并入大同市郊区，属雁北专区大同市管辖；1959 年 1 月，属晋北专区大同市管辖。1960 年 1 月，置怀仁区， 属晋北专区大同市管辖；1961 年 7 月，属雁北专区大同市管辖。1964 年 12 月，复置怀仁县，属山西省大同市管辖；1965 年 9 月，属山西省雁北专区管辖；1970 年 4 月，属山西省雁北地区管辖；1993 年 7 月，属山西省朔州市管辖。

第三节　治所变迁

辽，析云中县置怀仁县，治所今县城。

明、清置雁门道，治所今大同市，怀仁县在民清时期治所为怀仁城。

民国 2 年（1913）置雁门道，治所今大同市。

民国 27 年（1938）5 月，中共右山朔怀县委、抗日民主政府先后驻沈家小庄窝、前榆林、东短川等地。民国 27 年（1938）6 月—29 年（1940）6 月，中共大怀左县委、抗日民主政府先后驻高屯、鹅毛口、黑流水、上山井、下山井等地。

民国 29 年（1940.6—1940.8），中共大怀县委、抗日民主政府无固定驻地。

民国 29 年至民国 31 年（1940.10—1942.7），中共怀仁县工委、行政委员会驻偏岭、高屯等地。

民国 29 年（1940.2—1940.10），中共右山朔怀中心县，抗日民主政府驻沈家小庄窝。

民国 30 年至民国 32 年（1941—1943），中共怀仁县委、政府驻地在左云县境内。

民国 34 年（1945.1—1945. 8），中共晋察冀怀仁（东）县委、人民民主政府先后驻百谷寨、麻峪口等地。

民国 34 年至民国 35 年（1945.10—1946）中共晋绥怀仁（西）县委、人民民主政府先后驻吴家窑、大峪口等地。

民国 35 年（1946.3—1946.7），中共山怀县委、人民政府先后驻偏岭、马营等地。

民国 35 年至民国 38 年（1946.9—1949.3），中共怀仁县委、政府先后驻吴家窑、大峪口、北辛村等地。

民国 38 年（1949.3—1953.5），中共怀仁县委、政府先后驻怀仁县城。

1954 年 7 月，中共大仁县委、政府先后驻大同市内。

1958 年 10 月，中共大同市怀仁郊区区委、区人委先后驻县城大寺巷。

1960 年 1 月，中共怀仁区委、区人委先后驻县城大寺巷。

1964 年 12 月，中共怀仁县委、县人委先后驻县城大寺巷。

1967 年 3 月—1971 年 2 月，怀仁县核心小组、县革委先后驻县城云州西街。

1971 年 3 月—1980 年 4 月，中共怀仁县委先后驻怀仁县城云州西街。

1980 年 5 月—2000 年 5 月，中共怀仁县委迁至原新华南路，县政府仍在原址。

2000 年 6 月—2011 年 12 月，怀仁县委迁回云州西街旧址。

2011 年 12 月，中共怀仁县委、政府搬迁至怀安大街仁德广场北。

第二章　行政区划

第一节　勘界

本县与大同市左云县、南郊区、大同县、浑源县，朔州市应县和山阴县接壤，行政界线总长 195.15 公里。具体相邻村庄如下：

2012 年怀仁县与周边县市相邻情况一览表

表 1-1

本县村庄	相邻其他市县村庄	本县村庄	相邻其他市县村庄
窑子头（南）	左云县李家窑	窑子头（北）	大同南郊常流水
	左云县羊圈头		大同南郊盘道
	左云县雨安庄	北信庄	大同南郊杨家窑

续表（1）

本县村庄	相邻其他市县村庄	本县村庄	相邻其他市县村庄
窑子头（南）	山阴县青杨岭	北信庄	大同南郊榆林
吴家窑	左云县铺龙湾	秦城	大同南郊榆林
	左云县雨安庄		大同南郊小营
小山谷	左云县黄家店	霸王店	大同南郊小营
	左云县柏山		大同南郊张留庄
	左云县东沟	里八庄	大同南郊张留庄
郝家坪	左云县东沟	秀女村	大同南郊张留庄
芦子沟	左云县东沟		大同南郊苏庄
	左云县下山井		大同南郊堡子店
王卞庄	左云县下山井		大同南郊辛寨
羊圈沟	左云县下山井	裴家窑	大同南郊辛寨
	大同南邓高屯		大同南郊大路辛庄
	大同南郊兴胜沟	毛皂	大同南郊肥村
	大同南郊常流水		
温庄	大同南郊肥村	李家小村	应县北张寨
	大同南郊要庄		应县下桥头
大寨	大同南郊要庄	郑庄	应县上桥头
	大同南郊高家店		应县下桥头
	大同南郊谢家店	南小寨	应县上桥头
南彦庄	大同南郊谢家店		应县刘霍庄
安寺	大同南邓谢家店	田家坊	应县温家坊
	大同县落阵营		应县石桥
	大同县利仁皂	阎家堡	应县石桥
海子洼	大同县利仁皂	南皂	应县水磨
	大同县吉家庄		应县水磨
	大同县小桥	曹庄	应县水磨
	大同县佛堂寺		应县大营
古家坡	大同县佛堂寺		金沙滩林场

续表（2）

本县村庄	相邻其他市县村庄	本县村庄	相邻其他市县村庄
大盐坊	大同县北栋庄	曹庄	山阴杨庄
	大同县王渐町		山阴郑庄
仝庄	大同县北栋庄		山阴棋道地
	大同县南栋庄	兴旺庄	山阴白家堡
	大同县郭家庄		山阴王家堡
下峪	大同县牛寺沟		山阴棋道地
甲车沟	浑源县上祝安	南家堡	山阴苑家辛庄
	浑源县屈家坪		山阴王家堡
	应县楼子沟	魏庄	山阴苑家辛庄
黄土坡	应县楼子沟		山阴郭庄
	应县庄子		山阴后石门
张家堡	应县庄子		山阴芍药沟
百谷寨	应县庄子	马庄（西）	山阴梁头
阎家寨	应县边耀	禅房	山阴戈道
中柳会	应县北冯庄		山阴梁头
	应县南柳会	峙峰山	山阴戈道、青杨岭
	应县北张寨		

第二节　区划变更

明代，全县编为九里，万历年间裁为八里，辖村、庄、堡、寨 85 个。

清末分为十里二佃，其中民里（佃）十个，屯里二个。辖村、庄、堡、寨 137 个。

民国初年，全县分四个行政区，一区治城关，二区治鹅毛口，三区治曹四老庄，四区治刘晏庄。辖 188 村，其中实村 128 个，编村 60 个。

日军侵占期间，分为鹅毛口、海北头、小峪口、薛家庄（今名新家园）、刘晏庄、日中城、马营、安大庄 8 个联合村公所和城关街公所，辖 139 个村，其中编村 80 个，附村 59 个。

民国35年（1946），改分为鹅毛口、海北头、安大庄、刘晏庄、马营、薛家庄6个乡公所和城关街公所，辖152村。次年取消编村，改称行政村。全县划分为6个区，第一区治城关，第二区治秦城，第三区治曹四老庄，第四区治宋家庄，第五区治吴家窑，第六区治第三作。辖154村，其中行政村126个，自然村28个。

1953年划乡，全县共分王卞庄、鹅毛口、于家园、西万庄、里八庄、榆林、下寨、曹四老庄、石庄、高镇子、海北头、陈庄、清水河、宋庄、磨道河、赵何、新家园、悟道、北辛村、南窑村、吴家窑、小峪、青杨岭、偏岭、马营、武家沟、腰寨、第三作、贺庄、大峪口、尚希庄、刘晏庄、魏庄、田庄、辛庄、盐丰营、曹庄37个乡及1个城关镇。

1954年7月，大仁县共分102个乡和1个镇，辖528个村。

1956年苏庄、郝庄、郊城、西万庄、肥村5个村划归口泉。大仁县分为95乡（镇），辖492村。4月，古城、水泊寺、西谷庄、马家小村、南村、王卞庄、鹅毛口、榆林8个乡划归大同市，大仁县留87个乡。1958年初，大仁县重新分为40个乡及1个镇，属本县的有15个乡及1个镇。

城关镇 治城关，辖城内、东关、西关、三里庄、南七里寨等5个村。

何家堡乡 治何家堡，辖何家堡、悟道、赵庄、楼子口、宋家庄、要集（今跃进）、芦子沟、全福寨、晏头、磨道河、郝家寨等11个村。

新家园乡 治新家园，辖新家园（原称薛家庄）、小峪口、北辛村、南辛村、庄头、南铺、赵麻寨、北铺、段家堡等9个村。

尚希庄乡 治尚希庄，辖尚希庄、王坪、路庄、大峪口、滋润、老圪塔（今不存在）、陈家堡等7个村。

吴家窑乡 治吴家窑，辖吴家窑、峙峰山、碗窑、郝家坪、小峪、东山村、红山峪、窑子头（南）等8个村。

刘宴庄乡 治刘晏庄，辖刘晏庄、魏庄、南家堡、铺上、小东庄、盐丰营、兴旺庄、马庄、禅房等9个村。

第三作乡 治第三作，辖第三作、大韭畦、赵疃、翰林庄、曹庄、尚南头、一间房、胡寨、日中城、孟庄、田庄、干沟、安宿疃、小韭畦等14个村。

亲和乡 治清水河，辖清水河、周家窑、冯庄、南小寨、田家坊、石庄、薛家店、南阜、阎家寨、下湿庄、安大庄等11个村。

曹四老庄乡 治曹四老庄，辖曹四老庄、万金桥、南晏庄、黎寨、上海子、郑庄、高镇子、神嘴窝、草地、下海子等14个村。

海北老乡 治海北头，辖海北头、新发村、清泉（原称灰川）、陈庄、下寨、管庄、黄庄、西安堡、烽火台、东作里等10个村。

于家园乡 治于家园，辖于家园、秦城、北窑村、南窑村、西小寨、甄庄、北七里寨等7个村。

里八庄乡 治里八庄，辖里八庄、张留庄、霸王店、秀女村、王家堡、柳东营、支家小村等7个村。

毛皂乡 治毛皂，辖毛皂、温庄、裴家窑、前村、边店、李家场、后村、大寨、高家店、谢家店、杨谷庄等11个村。

马辛庄乡 治马辛庄，辖马辛庄、马港、马庄、南米庄、仝庄、杜庄、大井、小盐坊、鲁沟、下米庄、安寺、南彦庄、智民庄、鲁沟小村、杨岭、古家坡、海子洼、大盐坊等18个村。

河头乡 治河头，辖河头、新桥、东昌城、东寺庄、小昌城、蒲里、中柳会、旧站、李家小村等9个村。

王庄乡 治王庄，辖王庄、大滩头、兴旺庄、小滩头、王皓疃、张家堡、百谷寨、阎家堡、下峪、甲车沟、黄土坡等11个村。

1958年9月，撤乡划社，成立41个人民公社（镇）。11月，大仁县并入大同市郊区，成立8个人民公社，分别称东方红（驻倍家皂）、花果（驻周士庄）、飞跃（驻孤店）、长城（驻新荣）、卫星（驻毛皂）、桑干河（驻吉家庄）、东风（驻怀仁）、金沙滩（驻第三作），辖44个管理区，共430个村。

1958年10月大仁县撤销，将偏岭、芍药沟、梁家店、戈道、青杨岭、魏家沟、山峡村、李家庄窝、梁头、观音堂、下石井、上石井、陆家窑、龙泉寺、水泉、腰寨、南河、张家沟、后石门、马营、张家堡、五家沟、贺庄、苑家辛庄、白家堡、杨庄、郭庄、张庄、柏坡、王家堡、阎庄等31村划归山阴县。

1959 年 3 月，大同市城区、口泉区分别划归郊区一个公社后，重新分为 25 个人民公社，即马军营、水泊寺、倍家皂、西坪、杜庄、周士庄、巨乐堡、古店、花园屯、镇川堡、胡家窑、新荣、毛皂、西韩岭、河头、峰峪、吉家庄、怀仁、海北头、亲和、第三作、新家园、云岗、高山、上深涧。

1960 年 1 月，撤销大同市郊区，分置怀仁、云岗、古城 3 个区。怀仁区分怀仁、海北头、亲和、金沙滩、新家园、毛皂、鹅毛口 7 个公社。10 月，将毛皂公社分为毛皂、马辛庄两个公社，全区为 8 个公社。

1963 年，怀仁公社分为怀仁、何家堡两个公社，新家园公社分为新家园、吴家窑两个公社，毛皂公社又分为毛皂、里八庄两个公社。鹅毛口公社的张留庄、羊坊、小营、上窝寨、榆林、杨家窑 6 村划归口泉。全县为 11 个公社，辖 137 村。

1965 年，恢复怀仁县建制，增设城关、小峪两个镇，全县分为 11 个公社及 2 个镇，辖 141 个生产大队。1971 年 7 月，大同县河头公社（20 个村）划归本县。

1973 年，魏庄部分居民搬迁至干沟村北建向阳村。

1974 年，甲车沟、黄土坡部分居民搬迁至河头村东北建朝阳村。全县分 12 个公社、2 个镇，辖 163 个生产大队。

1984 年 10 月，改人民公社为乡（镇），改生产大队为村民委员会，所辖区划未变。

1985 年，全县分为 6 个镇，8 个乡，163 个村民委员会，159 个自然村。

城关镇 驻城关，辖 5 个居民委员会：城内南街、城内北街、西关北街、西关街、东关街。

小峪镇 驻小峪，辖 6 个居民委员会：碗窑、小峪、峙峰山、吴家窑、王坪、芦子沟。

鹅毛口镇 驻鹅毛口，辖 9 个村委会：中街、南街、北街、小磨、王卞庄、羊圈沟、窑子头（北）、石井、北信庄。

吴家窑镇 驻吴家窑，辖 8 个村委会：吴家窑、峙峰山、碗窑、郝家坪、小峪、东山村、红山峪、窑子头（南）。

金沙滩镇 驻第三作，辖22个村委会：第三作、胡寨、孟庄、日中城、田庄、干沟、安宿疃、大韭畦、翰林庄、曹庄、尚南头、一间房、魏庄、铺上、刘晏庄、南家堡、小东庄、盐丰营、兴旺庄、马庄（西）、禅房、向阳。

毛皂镇 驻毛皂，辖10个村委会：毛皂、温庄、裴家窑、前村、后村、边店、李家场、大寨、杨谷庄、南彦庄。

城关乡 驻城关，辖13个村委会：城内村、东关村、西关村、三里庄、秦城、南七里寨、北窑村、南窑村、于家园、西小寨、甄庄、管庄、北七里寨。

何家堡乡 驻何家堡，辖10个村委会：何家堡、悟道、宋庄、楼子口、芦子沟、赵庄、跃进、全福寨、磨道河、郝家寨。

新家园乡 驻新家园，辖15个村委会：新家园、小峪口、北辛村、南辛村、庄头、南铺、赵麻寨、段家堡、北铺、王坪、路庄、大峪口、滋润、尚希庄、陈家堡。

亲和乡 驻清水河，辖16个村委会：清水河、冯庄、下湿庄、周家窑、石庄、阎家寨、南阜、田家坊、薛家店、安大庄、南小寨、草地、南晏庄、万金桥、晏头、曹四老庄。

海北老乡 驻海北头，辖14个村委会：海北头、新发村、清泉、陈庄、下寨、西安堡、黄庄、烽火台、黎寨、上海子、下海子、高镇子、郑庄、神嘴窝。

马辛庄乡 驻马辛庄，辖17个村委会：马辛庄、马港、马庄（东）、南米庄、仝庄、小盐坊、大井、鲁沟、下米庄、安寺、杜庄、智民庄、杨岭、古家坡、海子洼、大盐坊、鲁沟小村。

里八庄乡 驻里八庄，辖8个村委会：里八庄、霸王店、秀女村、王家堡、柳东营、东作里、新铺、支家小村。

河头乡 驻河头，辖21个村委会：河头、大滩头、兴旺、小滩头、王庄、王皓疃、张家堡、百谷寨、下峪、甲车沟、黄土坡、新桥、东昌城、小昌城、蒲里、中柳会、旧站、河头、阎家堡、朝阳、李家小村。

1984年，原城关乡与城关镇合并，所辖不变。

1987年，小峪镇辖地增加小峪、郝家坪、王坪、小峪口等村，将吴家窑、碗窑、峙峰山三个居委会划归吴家窑镇。

2001年，原城关镇与鹅毛口镇合并为云中镇，新家园乡与小峪镇合并为新家园乡，毛皂镇与里八庄乡合并为毛皂镇，其余乡镇不变。

第三节　地名管理

2012年，全县有4镇6乡，162个行政村，24个社区居委会。

云中镇 驻怀安大街。辖东关、城内、西关、南七里寨、管庄、三里庄、秦城、甄庄、于家园、西小寨、石井、北信庄、南窑村、北窑村、南街、北街、中街、小磨、北七里寨、羊圈沟、王卞庄、窑子头（北）等22个行政村和北坛东街、北坛西街、云中西街、六小路、农贸西街、云州西街、云城街、二道坡南路、五里滩、怀河街、花园街、气象街、二道坡北路、军营路、迎宾西街等15个社区居委会。

毛皂镇 驻里八庄村。辖毛皂、温庄、大寨、前村、后村、裴家窑、杨谷庄、南彦庄、边店、李家场、里八庄、霸王店、秀女村、东作里、柳东营、新铺、支家小村、王家堡等18个行政村。

金沙滩镇 驻马庄（西）村。辖南家堡、刘晏庄、魏庄、马庄（西）、兴旺庄、铺上、禅房、第三作、孟庄、胡寨、盐丰营、小东庄、一间房、尚南头、日中城、田庄、干沟、安宿疃、韭畦、翰林庄、曹庄、向阳等22个行政村。

吴家窑镇 驻吴家窑村。辖吴家窑、碗窑、峙峰山、窑子头（南）、东山村、红山峪等6个行政村和吴家窑街道、碗窑街道、峙峰山街道3个居委会。

何家堡乡 驻全福寨村。辖何家堡、全福寨、郝家寨、宋家庄、磨道河、跃进、楼子口、芦子沟、赵庄、悟道等10个行政村。

新家园乡 驻新家园村。辖大峪口、滋润、新圳、陈家堡、尚希庄、路庄、新家园、赵麻寨、段家堡、北铺、南铺、庄头、郝家坪、小峪、小峪口、王坪、北辛村、南辛村等18个行政村和八四街、新胜街、小峪口、芦子沟、大东窑、元丰湾等6个社区居委会。

亲和乡 驻清水河村。辖清水河、冯庄、下湿庄、周家窑、南阜、阎家寨、安大庄、石庄、田家坊、薛家店、草地、南小寨、曹四老庄、南晏庄、万金桥、晏头等16个行政村。

海北头乡 驻海北头村。辖海北头、烽火台、新发村、下寨、黎寨、上海子、下海子、高镇子、郑庄、神嘴窝、黄庄、西安堡、清泉、陈庄等14个行政村。

河头乡 驻河头村。辖河头、大滩头、兴旺、小滩头、张家堡、百谷寨、下峪、王庄、王皓疃、中柳会、小昌城、李家小村、蒲里、东寺庄、旧站、朝阳、东昌城、新桥、阎家堡等19个行政村。

马辛庄乡 驻马辛庄村。辖马辛庄、马庄（东）、马港、仝庄、南米庄、下米庄、智民庄、鲁沟、海子洼、古家坡、安寺、杜庄、大盐坊、小盐坊、大井、小村、杨岭等17个行政村。

县城内有街、路、巷76条，11个广场，3座立交桥。具体为：怀玉街（原北环路）、怀贤街（原云州西街、云州东街）、怀安大街（原迎宾西街、迎宾东街、世纪大道）、怀善街（原迎新街、怀河路）、怀义街（原南环路）、怀礼街（原南二环路）、仁泰路（原通泰路）、仁里路（原新建北路、新建南路）、仁人路（原新华北路、新华南路）、仁爱路（原新兴北路、新兴南路）、仁德路（原长征路）、仁和路（原东环路）、怀英街（原怀应公路、南立交路、华荣街）、仁福路（原青年北路、青年南路）、怀信街（原云中西街、云中街、云中东街）、智仁街（原军营路）、智学街（原怀焦路）、智慧街（原怀西街）、智善北街（原二道坡北路）、智善南街（原二道坡南路）、明孝街（原口泉路）、德厚街（原四校街）、明信街（原气象街）、明仁街（原桥东街）、明爱街（原坛后街）、明文路（原大同路）、明怀西街（原北坛西街）、明怀东街（原北坛东街）、仁华路（原花园东巷）、德圣巷（原大场面）、德善巷（原西南台街）、德仁巷（原大南街）、德文巷（原东关十字南街）、慈恩巷（原体育街南一巷）、崇文西街（原天合西街）、崇文东街（原天合东街）、仁义南巷（原广场南巷）、崇礼巷（原七小东巷）、崇善巷（原卫生南巷）、义礼巷（原电业东巷）、义学路（原开发中路）、义美路（原黎家寨公路）、怀鹅路、儒学巷、城隍庙街、龙泉街、云路街、老爷庙巷、柴市巷、永宁寺巷、新旺街、康乐路、花园北巷、花园南巷、尚德路、尚文路、尚礼路、尚义路、礼福西巷、礼福东巷、尚让巷、仁义西街、尚学巷、信诚巷、信爱巷、信善巷、信美巷、信礼路、慈善路、慈义路、仁居巷、仁善路、仁厚南路、仁厚北路、怀德东街、怀德西街；烽火广场（原为羊雕塑·瓷雕塑广场）、人民公园（原明珠广场）、汇仁广场（原火车站广场）、仁义广场（原迎宾广场）、怀善广场（原云西广场）、怀德广场、怀富广场（原云中西街北部广场）、怀泰广场（原财富广场、气象广场）、怀化广场（原文化广场）、仁智广场（云东湖周边广场）、仁德公园（原北坛公园）；仁德公园东新造假山一座，名仁德山；仁山大桥（原壬山大桥）、聚仁大桥（原新华立交桥）、怀安大桥（原迎宾大桥）。

部分村名来历 本县村名来历本县有考者158个，其中以姓氏命名的54个，以方位命名的40个，以地形命名的20个，寓意而名的15个，史传而名的13个，其它而名的16个，其余无考。

北信庄：宋时称小北京。村西的寺峪山上有一清云寺，相传为宋太祖赵匡胤叔父修行之地。太祖前来探视其叔父，为使修行保持清净，驱村民向东搬迁置现址居住，改名为北新庄，清末演变为北信庄。

石井：原名破村。随着居民逐渐增多，陆续移居土堡外。堡外居民凿吃水井，井水混浊苦涩，不能饮用，该村得名苦井堰。后又凿一井，井底全是石头，水从石缝中涌出，清澈见底，甘甜爽口，遂更名为石井。

悟道：原名乔家园，因乔姓最早在此居住得名。村西清凉山上建有清凉寺，该村系寺内和尚出行必经之地。清朝时有一天官兵路经乔家园，大雾迷茫，迷失方向，询问路径，村民告知。官军说纯粹是雾道，后人取谐音改村名为悟道。

跃进：原名要集，因早年系大同到太原大路上的一个重要集镇而名。1964年，取二字谐音，更名跃（本地读音：要）进。

万金桥：早年该村系应县通往大同的必经之地。村南有小峪河、芦子河，通行不便。群众集资，于河上筑桥，因此而得名半截桥。后取半字的谐音，简称为板桥。筑桥耗资较多，又更名为万金桥。

新家园：原名薛家庄，因薛氏最早居此得名。1952 年，该村遭特大水灾，房屋倒塌，所剩无几。灾后，人民政府组织群众，在原址上重建家园，遂更名为新家园。

日中城：据传，鲁班一日筑三城，即早起城（亦称鸡鸣城，在安宿疃村北，址无存）、日中城、日没城（亦称黄昏城，现名永静城，在山阴县），该城系中午时所筑，故名。

向阳：1972 年，魏庄部分居民搬迁至干沟村北居住，取《社员都是向阳花》歌词之意而名。

南小寨：旧称王庄小寨，属阳高、大同、怀仁、应县、宁武 5 县管辖。民国七年（1918）划归应县，称北小寨。1949 年划归本县，因位县治南，故更名为南小寨。

清泉：原名灰川，因元大德九年（1035）夏，怀仁发生强烈地震，该村地裂，涌水尽黑，漂出松柏朽木，故名。后因地质变化，黑水变清，新中国成立后更名为清泉。

西安堡：明天顺八年（1464）筑，为驿地。因位大同府西南而名。隆庆三年（1569）设操守防御，改南为安，名西安堡。

朝阳：1974 年，黄土坡、甲车沟二村部分居民，迁至河头村东北定居，取名新村。后取社员心向红太阳之意，更名为朝阳。

智民庄：原名东新桥。民国 36 年（1947），宋智义、史民福等 17 名革命干部在该村被应县乔军包围，为掩护同志突围，宋、史二人壮烈牺牲。为纪念二烈士，1949 年更名为智民庄。

小盐坊：旧时，该村居民以熬制土盐为生，故名。

滋润：地处山区，常遭旱灾，原名干庄，后取吉祥，更名滋润。

2011年怀仁县各村基本情况一览表

表 1-2

村 名	户数（户）	人口（人）	耕地（亩）	粮食总产（万公斤）	总收入（万元）	人均收入（元）
东 关	3430	8200	3679	171.5	14436	8725
城 内	2450	5450	350	16	14772	8853
西 关	3969	9747	1125	44	15023	8749
南七里寨	420	1120	2666	121.5	3754	9488
管 庄	261	742	2425	110.5	1188	8708
三里庄	101	290	890	31	540	9370
秦 城	694	1590	4600	300.5	5660	9470
甄 庄	695	1996	5600	300	5656	9277
于家园	693	1998	5728	300	5490	9270
北七里寨	637	2520	2300	92.5	3755	9619
北窑村	168	388	1240	24.5	2020	9535
南窑村	1511	5370	2850	100.5	9005	9696
西小寨	335	820	1150	32.5	3755	9399
南 街	735	1699	1560	27	8370	8900
中 街	620	1492	2200	55	8660	8668
北 街	438	1218	1552	35	5998	8259
小 磨	148	345	460	2.5	3470	8979
石 井	380	1080	2210	30.5	6087	8690
窑子头（北）	590	1290	3306	17.5	8320	9162
王卞庄	486	1172	2298	20	13210	9353
羊圈沟	239	5590	786	4.5	2743	8689
北信庄	567	1129	2231	48	5485	8739
芦子沟	235	600	89	2	3119	7212
楼子口	469	970	3890	67	7479	8470
悟 道	564	1130	1290	6	7126	9318
赵 庄	832	2442	3842	127	13816	10181
何家堡	1050	2751	3550	121.5	11831	9264
跃 进	486	1160	3326	84	6714	7494
宋 庄	795	2356	7959	232	12571	9590
磨道河	410	1040	2850	57.5	5842	7202
郝家寨	1010	2869	5256	160.5	18230	10734
全福寨	1040	2425	2912	98	16272	10910
尚希庄	965	3081	7970	315.5	2386	9779

续表（1）

村 名	户数（户）	人口（人）	耕地（亩）	粮食总产（万公斤）	总收入（万元）	人均收入（元）
路 庄	685	2379	5643	262.5	1889	9748
大峪口	610	1725	3849	155.5	968	9768
王 坪	585	1659	4016	92.5	1201	9898
滋 润	182	693	2957	36	360	9553
陈家堡	358	885	2326	80	527	10328
新家园	875	2394	4681	270	1764	9779
南 铺	118	416	1088	48	319	9663
赵麻寨	926	2786	6767	44.5	2592	9688
段家堡	168	469	2072	90	396	9701
小 峪	534	1385	2447	23.5	1481	9848
小峪口	780	2365	3268	130	1619	9953
北辛村	850	2294	5978	235.5	2073	9799
南辛村	200	559	1616	66	349	9714
庄 头	334	883	2417	101.5	444	9672
北 铺	152	454	1344	67	353	9648
郝家坪	124	360			258	9799
新 圳	83	356	1468	16	176	8901
吴家窑	1510	3360			12780	8600
碗 窑	348	773			4197	8600
峙峰山	415	964			5359	8600
窑子头（南）	300	704			4946	8601
东山村	190	401			1116	8601
红山峪	58	146			263	8630
南家堡	522	1495	2358	18	8956	11917
刘晏庄	1048	3179	6794	175.5	11112	9641
魏 庄	155	465	3560	75.5	588	7976
马庄（西）	130	418	536	2	1608	9715
兴旺庄	335	1060	5255	191	3034	9440
铺 上	96	253	1371	15	657	8881
禅 房	96	253			628	8166
第三作	841	2171	3100	75	8581	9765
孟 庄	257	692	2800	69	2507	9775
胡 寨	98	292	2494	52	1102	9425
盐丰营	666	2013	8931	170	6807	9931
小东庄	168	528	2431	55	1617	8991
一间房	79	228	1912	27	747	8154

续表（2）

村 名	户数（户）	人 口（人）	耕地（亩）	粮食总产（万公斤）	总收入（万元）	人均收入（元）
尚南头	230	650	4900	64	2195	9186
日中城	554	1511	5605	108	4294	9688
田 庄	397	1296	5652	111	5055	9643
干 沟	477	1276	9090	168.5	3128	9415
安宿疃	225	650	4687	75	1987	9306
韭 畦	101	347	2100	33	699	8968
翰林庄	258	794	4763	64	2552	9365
曹 庄	325	1002	5783	138	3326	9673
向 阳	75	190	890	13.5	548	9011
清水河	998	2861	5568	82	5352	6627
冯 庄	270	708	3568	16	2645	6947
下湿庄	560	1530	8135	141	3252	6823
周家窑	448	1109	6526	58	3250	6534
石 庄	936	2254	13105	141	3751	7879
安大庄	450	996	5680	58	3133	6661
南 阜	512	1030	9334	405	2657	6239
阎家寨	363	911	5240	175	2972	6946
田家坊	209	468	1795	108	3944	8334
薛家店	203	432	1945	138	3763	7348
南小寨	824	2265	4900	26	13988	21936
草 地	389	760	6380	14.5	3279	6812
曹四老庄	468	968	6470	28.5	2862	6778
南晏庄	500	2530	5575	8.5	3025	6797
万金桥	396	1011	5240	23	3452	6954
晏 头	314	670	5363	33	2803	6777
海北头	503	1748	6817	21	5861	7849
烽火台	76	302	1103	24	700	7781
新发村	250	945	3759	95	2390	7354
下 寨	520	1719	5695	14	7634	9296
黎寨	348	1296	5717	37.5	5040	7384
上海子	230	823	4777	90.5	1958	6829
下海子	417	1695	6332	110	3250	7268
郑 庄	223	754	4310	69.5	1217	6538
高镇子	396	1367	4316	41	5868	7527
神嘴窝	290	1025	4800	13.75	6165	7815
黄 庄	183	583	5382	35	1412	6655

续表（3）

村 名	户数（户）	人 口（人）	耕地（亩）	粮食总产（万公斤）	总收入（万元）	人均收入（元）
西安堡	180	587	5441	41	1375	6661
清 泉	254	744	4657	90.5	1709	7016
陈 庄	220	743	3191	46	1557	7066
马辛庄	224	501	5150	57.5	759	7166
马庄（东）	139	336	4945	68	617	7470
马 港	142	428	4424	55.5	878	7290
仝 庄	133	327	5045	60	569	6728
南米庄	424	1243	8101	170	2772	7039
下米庄	206	580	3506	50	1081	7379
智民庄	118	320	3626	57	570	7094
鲁 沟	183	538	7480	183.5	1393	9461
小盐坊	232	568	6330	152	1398	7412
杨 岭	98	267	4053	32	539	7191
小 村	175	488	3661	69	644	6905
杜 庄	46	81	1613	16	129	6049
大 井	86	285	4310	40.5	495	6737
大盐坊	132	381	4765	60	552	6877
海子洼	98	308	3150	49	561	7597
古家坡	75	183	2295	33	291	6775
安 寺	121	326	3850	31	564	7301
毛 皂	678	1750	4152	87.5	7584	9629
温 庄	468	1157	3265	88.5	5161	9741
大 寨	377	1052	5161	136	4693	9762
杨谷庄	157	427	3900	93	1905	9813
南彦庄	196	534	5331	108	2382	9757
李家场	171	1750	4039	50	2190	9552
边 店	348	960	4100	114	4282	9771
前 村	219	594	1800	70	2650	9781
后 村	112	317	1029	17.5	1414	9653
裴家窑	115	417	1197	33	1960	9784
里八庄	801	1907	3900	115.5	8507	9596
霸王店	540	1430	4255	88	6379	9734
秀女村	376	992	6098	160	4425	9718
柳东营	470	1127	5788	180	5027	9796
东作里	512	1368	7136	115	6103	9773
王家堡	116	429	1700	42	1914	9860

续表（4）

村 名	户数（户）	人口（人）	耕地（亩）	粮食总产（万公斤）	总收入（万元）	人均收入（元）
支家小村	110	315	1400	44	1628	9746
新 铺	163	425	1900	31.5	1896	9765
东昌城	164	769	3963	106	544	7068
小滩头	101	482	4605	131.5	385	7985
李家小村	363	1621	11464	254.5	1133	6990
兴 旺	88	407	3013	78.5	320	7855
朝 阳	33	151	1484	28	107	7059
大滩头	38	159	2441	50.5	97	6098
王皓疃	174	774	5872	132.5	487	6296
蒲 里	201	918	5544	163	693	7548
河 头	160	583	3944	140	397	6809
小昌城	175	824	8777	166.5	694	8421
王 庄	166	694	6681	191.5	537	7742
新 桥	192	871	5972	138.5	694	7968
百谷寨	140	713	4852	146	535	7510
阎家堡	113	506	4818	89.5	373	7367
中柳会	126	537	2961	112.5	452	8409
张家堡	220	998	6397	176.5	880	8818
旧 站	157	772	5399	134.5	546	7074
东寺庄	133	563	4215	126.5	413	7331
下 峪	108	435	5262	91	287	6609

第三章 县乡概况

第一节 县城

怀仁县，治所云中镇，县城历经明清两代 7 次较大增修，至清咸丰三年（1853）补葺完善，成为完整的城池。旧城周长 2214 米，面积 30 万平方米。城墙高 12.6 米，女墙高 2 米，全部用砖包砌。四角各有角楼一座，东西有敌台各2座，南北有敌台各1座。开东西2门，上建楼橹，东门名“保泰”，西门名“柔远”。城内十字大街将县城分割为四大块，东西街为商业区，临街均为店铺。东关、西关均筑土城墙，周长分别为1200米、900米。

民国35年（1946）8月怀仁首次解放后，人民政府组织群众拆除大部分城墙。

1967年后，依旧城逐渐向西、北、南三面扩建。1975年，县委、县政府及其下属办事机构大部分搬迁至西关。1985年时，县城东西阔3.5公里，南北长4.4公里，面积为15.4平方公里。分东关街、城内南街、城内北街、西关街、西关北街5个居民区。主要街道6条，巷18条，南北向有新华路、建设路，东西向有红旗街、体育街、矿业街。旧县城内主要街巷有柴市巷、牛市巷、云仓巷、观巷、老爷庙巷、龙泉街等。沿新华路、红旗街等主要街道，设有百货、五金、药材、烟酒、蔬菜等专业公司的各类商店、门市部140个，个体工商户开办的小卖部、摊点1809个。体育东街设农贸市场，新华路南端辟有牲畜交易市场。县城内有地属企业雁北矿山机械厂、雁北矿业公司2个，县属国营、集体企业24个。有4所中学、6所小学、7所幼儿园、5所医院。

2012年，县城建成区面积扩展为25平方公里， 设15个社区居委会。有街、路、巷76条，11个广场,13座立交桥。在工商局注册的各类企、事业、个体工商户共11468户，其中农、林、牧、渔业144户，采矿业54户，制造业694户，电力、燃气及水的生产和供应业14户，建筑业26户，交通运输、仓储和邮政业321户，信息传输、计算机服务和软件业108户，批发和零售业7656户，住宿和餐饮业899户，金融业64户，房地产业19户，租赁和商务服务业123户，科学研究、技术服务和地质勘测业7户，居民服务和其他服务业1257户，卫生、社会保障和社会福利业8户，文化、体育和娱乐业21户，其他行业53户。

第二节　乡镇

云中镇 驻县城怀安西大街。东接海北头乡，南连何家堡乡，西邻左云县，北靠毛皂镇，总面积146.9平方公里，耕地面积5.3万亩,. 辖22个行政村，15个社区，总人口17.1万，其中，农业人口4.5万。镇党委下设1个农村党委，20个党总支，67个党支部，共有党员1732名。该镇是一个典型的城郊结合型乡镇，是县委、县政府所在地，为本县第一大乡镇。该镇系2001年由城关乡和鹅毛口镇合并而成。（城关乡的前身是1958年建东风公社，1959年3月更名怀仁公社，1969年更名城关公社，1984年改称城关乡。鹅毛口镇的沿革是1959年3月建社，1984年10月易名鹅毛口镇）。境内交通便利，公路、铁路四通八达。年平均气温7.3℃，年平均无霜期150天左右，年平均日照时数2800小时，年平均降水量一般在315 ~ 459毫米之间，降水多集中于七、八月份。主要种植作物有玉米、小麦、谷子、马铃薯、胡麻、甜菜、豆类、蔬菜等。境内水资源较为丰富，矿产资源种类繁多，已探明的矿产资源有39种，其中煤炭、高岭土、石灰岩储量较大，有极大的开发利用价值，特别是高岭土品质极佳，在全国享有盛誉。进入21世纪以来，云中镇第一产业、第二产业、第三产业得到了全面发展，形成了多元化的产业格局。在工业方面，云中镇坚持以煤为基，多元发展。依托四大煤矿、五大煤站，规划建设了西山工业园区，积极推动区域内的煤矿落实技改项目，完善煤站发运功能，使煤炭年产能达到630万吨，煤炭年发运能力达到1200万吨。同时大力招商引资，优化产业结构。2011年以来共引进亿元以上项目9个。在农业方面，着力打造精品农田和设施农业。投资2000万元实施了精品农田改造工程。同时，以耕德高科技农业示范园为龙头，规划建设了占地2500亩的现代农业园区。规划建设了占地600亩的秦城羔羊种羊养殖园区，全镇养殖奶牛2520头，生猪2.8万头，羊3.3万只，鸡28万只。在创新社会管理工作上，按照“镇—社区—网格”三级管理模式，实行“网格化”管理。在县城范围划分了15个社区，162个网格，投入资金2000多万元，新建了社区活动场所，配齐配全社区工作人员400多名。全镇便民服务、群众维权、基层自治的水平得到极大提高。全镇实现了村村有文化活动广场、文化室、体育健身广场，各村、社区定期开展文化活动，组建了一批文艺队伍。其中，六小路社区的老年合唱队多次赴省市汇报演出。境内有各级文物保护区点10多个，如鹅毛口古石器遗址、庞家大院等。云中镇先后荣获全国“文明乡镇”、全省“创建学习型乡镇先进单位”、全市“农民纯收入最高乡镇”等20项市级以上荣誉。2011年，全镇农村经济总收入达到21.68亿元，农民人均纯收入达到9100元，民营企业增加值达到21亿元。2012年，全镇农村经济总收入达到25.4亿元，农民人均所得达到11902元。

何家堡乡 驻全福寨村。东接亲和乡，南连新家园乡，西邻左云县水窑乡，北靠云中镇，总面积72平方公里，耕地面积54000亩。全乡辖行政村10个，有6021户，18300人，其中农业人口16400人。1953年建赵何乡，1956年3月，赵何、悟道、宋庄、磨道河4个乡合并为何家堡乡委员会，1958年更名何家堡乡，同年9月，改称何家堡人民公社管理委员会。1958年11月，何家堡人民公社与怀仁镇、海北头、曹四老庄、于家园合并，隶属中共大同市郊区东风人民公社委员会。1960年1月，保持原辖区。1963年2月设置何家堡人民公社管委会。1967年3月，改称中共何家堡人民公社（革命委员会）核心小组。1971年2月，改称中共何家堡人民公社委员会。1984年10月，又改称中共何家堡乡委员会。同年根据政社分开的精神，成立何家堡乡人民政府，驻何家堡村。境内交通便捷，北同蒲铁路、S206省道（大运二级公路）、G208国道穿境而过。年均气温7.3℃，日照时数2800小时，年平均降水量380毫米，年无霜期150天左右。地势西北高，东南低，系山前倾斜平原，磨道河纵贯东西。西部为山区，蕴含有丰富的煤炭、硝铁矿、高岭土、石灰石等矿产资源。工矿企业相对集中，中东部为平川区，是本县重要的生态林区和粮食主产区。境内有清凉山旅游区、金沙滩生态旅游区、磨道河水系金沙滩湿地公园，其中清凉山辽代砖塔和金沙滩古战场具有较高的历史文化价值和开发利用价值。进入21世纪以来，何家堡乡在农业方面重点实施京津风沙源治理、退耕还林还草工程，建设西山经济园林区。2011年，在宋家庄、赵庄、何家堡、跃进等村栽植经济林3400亩，主要品种有京杏、李子、葡萄、红枣、红富士苹果等。在何家堡、宋家庄、芦子沟等村发展以设施农业、奶牛养殖为主的现代农业综合示范园区，建成日光温室大棚700多亩，成为全县重要的蔬菜供应基地，全乡养殖奶牛2410头，猪20850头，羊32500只。2005年至2010年，围绕西山林带、生态景点、旅游通道、园区建设、村镇绿化等重点工程，推进生态建设和造林绿化，进行林权制度改革，累计造林1万多亩，新农村绿化植树5.75万株，通道绿化新植补植12.4万株，全乡林地面积达5.4万亩，人均占有公共绿地8平方米，林木覆盖率达到了49.95%。工业方面，依托西山煤电工业园区建设，按照集约化、规模化、园区化的发展思路，对煤矿进行技术改造、资源整合和兼并重组，全乡煤炭年产能达到240～390万吨。生态方面，依托金沙滩、清凉寺两大旅游区，建设金沙滩湿地公园，配套沿湖道路、亭台楼榭以及栏杆等基础设施，并进行周边绿化，发展采摘园、水上垂钓、水上乐园、特色“农家乐”等相关的旅游服务产业，形成集生产、生活、生态于一体，人水和谐的区域景观，实现了“水成公园”、“林成风景”。新农村建设方面，进行道路硬化，村庄亮化、净化、绿化，生态沼气五个“全覆盖”等基础设施建设，完成了郝家寨村小康住宅、南环路开通、208国道拓宽延伸、农村电网改造、乡政府大楼新建、移民新村建设、敬老院、何家堡寄宿制小学、危房改造等工程建设。2010年，全乡建成秸杆气化站1座，沼气池5096个，安装路灯795盏，亮化街道27.85公里，成为全省闻名的“生态乡”。2011年，辖区内全部实现了街巷硬化、广播电视、饮水安全、卫生室、文化体育场所、便民连锁商店、农村社会养老保险等“全覆盖”，参加新型合作医疗农民15948人，参合率达100%。2006～2011年，培养出种植、养殖、运输等各类技术骨干820多人，转移农村剩余劳动力1930多人。境内有各类中小学校18所，在校学生达到了6900人。2011年底，全乡有同煤集团200万吨水泥厂、中能芦子沟煤业、晋昌水泥厂、南窑煤炭集运站、何家堡煤业、芦子沟服装厂等5000万元规模以上企业10多家，乡镇企业增加值达13.16亿元，全乡农村经济总收入达10亿元，农民人均纯收入达9550元，全乡粮食总产连续多年突破 1000 万公斤。2012 年，全乡农村经济总收入达到 13.08 亿元，农民人均所得达到 12288 元。

新家园乡 东临亲和乡，南连金沙滩镇，西邻吴家窑镇，北接何家堡乡。2001 年 4 月，与小峪镇合并后，总面积 136 平方公里，耕地面积 8.9 万亩。辖 18 个行政村，6 个社区，有 28 个党支部，总人口 5.1 万人。1953 年建新家园乡，1956 年北辛村乡并入新家园乡，1959 年 3 月易名新家园公社，1967 年改称为中共新家园人民公社核心小组，1980 年改称新家园公社管理委员会，1983 年易名新家园乡。境内交通便利，S206 省道（大运二级公路）、G208 国道、S210 省道（宁应线）穿境而过。东部为川区，土地肥沃，是本县重点产粮区，以种植玉米、谷子、马铃薯为主；西部为山区，盛产煤炭、石灰和高岭土，有煤矿 2 座。全乡工业、农业、商贸、旅游发展均衡。以大运二级公路为轴线，西翼以王坪煤矿、小峪煤矿、同煤王坪电厂为工业支撑，东翼以赵麻寨、尚希庄、路庄村的设施农业园区为农业支撑。内有新家园村、陈家堡和小峪 3 个重点商工贸区，有西山坡生态园林区、金沙滩生态旅游区、金沙滩林场三座森林公园。有金沙滩陶瓷工业园区一座，占地面积 6.3 万亩，2011 年入驻陶瓷企业 6 家，共有 52 条生产线，投资规模达 35 亿元，产能 10 亿件。产品以日用瓷为主，同时发展有工艺瓷、包装瓷、琉璃瓷、建筑瓷等品种。园区建设有仓储物流中心、陶瓷技术研发中心、产品质量检验中心、陶瓷职业技术学院、陶瓷博物馆、陶瓷交易大市场等。辖区内有华北最大的陶瓷物流基地、全国最大的陶瓷原料加工基地，有朔同地区规模最大的固体废物综合利用循环再生企业。辖区西部的同煤国电王坪发电公司，总投资 19.58 亿元，2003 年开工建设，1# 机组 2011 年 7 月 30 日并网发电，2# 机组于 2011 年 8 月 30 日并网发电，年发电量 23.1 亿度，年销售收入 6.2 亿元。进入 21 世纪以来，以赵麻寨、尚希庄、路庄等村为重点，设施农业发展迅速，建成占地面积 450 亩的设施农业园区一个，其中有日光节能温室大棚 205 栋，占地 350 亩，种植有樱桃、油桃、葡萄、黄瓜、青椒、西红柿等果蔬；智能联栋温室 1 座，面积 2500 平方米；露地蔬菜瓜果交易市场 1 个，占地 100 亩，年交易量 1.5 亿公斤，年交易额 1.8 亿元；恒温库 1 个，占地 120 平方米，库容量达9万公斤。畜牧养殖发展迅速，畜产品远销北京、天津、内蒙古等地。境内有金沙滩商贸物流服务园区，总投资7000万元，占地300亩，集生态、汽配、运输、仓储、住宿、休闲为一体，年实现利润1000多万元。旅游以金沙滩水库、金沙滩旅游区、西山坡生态园林区、金沙滩林场等景观为主。2011年全乡农村经济总收入11.05亿元，农民人均纯收入9000元，粮食总产量5096万斤。全乡新型农村社会养老保险收缴246万元，18个村建有便民联锁店，农家书屋、农村文化活动中心实现了全覆盖。投资200万元建成占地5000平方米的乡政府文化广场一座。2012年，全乡农村经济总收入达到11.96亿元，农民人均所得达到11960元。

吴家窑镇 驻吴家窑村。东与新家园乡为邻，南与山阴县偏岭乡接壤，西、北与大同市左云县交界。总面积41.2平方公里。原有耕地11117亩，退耕还林后仅有耕地1317亩。总人口10030人，其中农业人口6560人。辖6个行政村，3个居委会。镇党委下设1个党总支、11个党支部，党员325名（其中女党员39名）。沿革是民国34年（1945）至民国38年（1949）吴家窑村曾为怀仁县委和县政府驻地，民国35年（1946）建吴家窑市，民国37年（1948）改建第五区，1949年10月，由左云县正式划归本县，1953年建吴家窑乡，1958年9月改称公社，1958年11月改称管理区并入金沙滩公社，1960年划归新家园公社，1963年改置公社，1967年改称革命委员会，1980年改称公社，1984年改社为镇。1987年本镇所辖郝家坪、小峪两村划归小峪镇管辖，原小峪镇所辖的吴家窑居委会、碗窑居委会、峙峰山居委会划归本镇管辖。境内交通便利，S206省道（大运二级公路）、G208国道、S210省道（宁应线）纵贯南北，峙峰山煤矿公路、铁路专用线横亘东西，大峪河穿境而过。全镇有5所小学，其中1所为寄宿制小学。村级医疗卫生机构6个，1所镇卫生院，1所变电站。境内峰峦叠嶂，沟壑纵横，矿产资源非常丰富，以煤炭资源为主，高岭土、铝钒土、黑砂石、黏土、石灰石也有相当储量。20世纪80年代，全镇开办有11座煤窑，县办、军办中小型煤矿8座。进入21世纪以来，经煤炭资源整合煤矿兼并重组后，仅存峙峰山煤业、晋通砂石煤业、吴家窑煤业三座煤矿，年产原煤100万吨以上。有县营陶瓷厂1座。所辖碗窑村是怀仁县陶瓷业的发源地，至今仍保存有一些古陶瓷窑遗址。境内大南山有大片的原始森林，野生动植物种类繁多，野生药材随处可见。由于地处山区，夏天与平川温差4℃，是本县及周边地区避暑休闲的理想场所。2011年，建成万亩生态园区、两狼山绿色通道6.2公里，全镇绿化覆盖突破74%，达到了园林镇的标准。境内古迹、庙宇颇多，有吴家窑古八景、龙王庙、雕窝寺、朝阳洞、寄骨寺、独木桥等景观。集镇人文历史久远，是历史上走西口必经之路。许多流传下来的故事都富有传奇色彩，如杨家将血战金沙滩、兵困两狼山、“羊入狼口、马到头，天亡杨业”、杨令公头碰李陵碑、孟良朝阳洞盗骨误杀焦赞等的故事流传甚广。革命战争年代，这里属晋绥边区，是中国共产党在本县活动的政治中心，全镇6个村都是老区村，产生过许多仁人志士，许多革命志士在这里战斗过。日寇屠杀革命群众的东沟万人坑现在是悼念革命前辈和进行爱国主义教育的重要基地。2011年，全镇大力发展煤炭、运输、劳务输出、商贸服务四大支柱产业，工农业总产值达到13亿元，农村经济总收入6.3亿元，农民人均纯收入8624元，参加新型农村合作医疗5948人，占农业人口的98.6%，2162人参加农村养老保险，收缴养老金53.04万元。人民群众生活水平明显提高。为了解决全镇受地质灾害影响的群众的安居问题，在社会主义新农村的建设中，先后于2003年、2008年在县城西南23公里处S206省道（大运二级公路）、G208国道两侧建起了峙峰山新村、吴家窑镇移民新村两个新农村，入住村民2600人。2012年，全镇农村经济总收入达到6.71亿元，农民人均所得达到11019元。

金沙滩镇 驻马庄新村。东接应县臧寨乡，南连山阴县北周庄镇，西邻吴家窑镇，北靠新家园乡，东西长约20公里，南北宽约8公里，总面积164平方公里。耕地面积10.7万亩，其中水浇地面积7.5万亩。全镇有9899户，2.4万口人，其中农业人口2.18万人。辖22个行政村。种植以玉米、谷子、黍子为主，盛产胡麻、甜菜。沿革为1949年新中国成立，金沙滩为怀仁县第六区治所，1953年建乡，1958年实行政社合一的人民公社制，1983年改制为金沙滩乡，1984年7月变为建制镇。境内土地平坦，交通便利，主要交通干线有北同蒲铁路、S206 省道（大运二级公路）、G208 国道、S210 省道（石凉公路）。域内年平均气温 7.5℃，无霜期 157 天，年平均降水量 380 毫米，年内降水量极不均匀，6—9 月份的降水量占全年降水量的 77%，年平均蒸发量 2070.4 毫米，年平均冻土深度 1.2 米，平均湿度 50%，平均风速 3.0 米 / 秒，多为西北风。本镇属富水区，地下水位埋深一般 12 ~ 15 米之间，最浅处在南家堡村南，深度为 5 米，最深在禅房村，深度为 40 米。水化学类型以重碳酸钙镁型为主，矿化度小于 1 克 / 升，ph 值 7.5 ~ 8，水质符合农田灌溉和饮用水标准。进入 21 世纪以来，本镇大力实施招商引资和项目带动战略，加快推动农业现代化、工业新型化、生态景观化、城镇特色化进程，经济社会各项事业取得了新突破。农业上形成了以玉米、蔬菜、糖菜、小杂粮四大生产基地为主的特色农业；工业上引入玉珑陶瓷、晶屹地砖等规模以上企业 16 家，其中投资亿元以上项目 3 个，中小个体工商企业 228 家。2009 年又建成了金沙滩煤炭洗选配送园区，入驻企业 23 家，形成了陶瓷、建材、煤炭洗选三大支柱产业；生态建设上，重点实施了西山生态经济园林区建设工程，完成生态造林 5.5 万亩，其中经济林 1 万亩。金沙滩镇是全国城乡一体化改革试点镇、全省百镇建设示范镇、全市扩权强镇试点镇、全市四化一体东部新区重点镇、全国造林绿化百佳乡镇、全国科教兴村计划试点工作先进镇、省先进民营经济园区镇、市小康建设先进乡镇、新农村致富技术培训百强乡镇、县文明和谐镇。全镇共有小学 22 所，中学 1 所，寄宿制学校 2 所。旅游景观有宋辽时期的古幽州城遗址、汉墓群、府君庙、古乐楼，为市、县级文物保护单位。2003 年 11 月镇政府由第三作村搬迁至马庄村。2011 年农村经济总收入完成 8.5 亿元， 农民人均纯收入 8900 元，4000 多名农民办理了农村养老保险，农村新型合作医疗参合率达到了 95% 以上。2010 年实现了村村通公路，2011 年实现了户户通水泥路，村村有舞台、农家书屋、文化活动中心、篮球场、健身园和基层组织活动阵地。2012 年，全镇农村经济总收入达到 8.69 亿元，农民人均所得达到 11399 元。

亲和乡 驻清水河村。东接海北头乡，南连应县臧寨乡，西邻新家园乡，北靠何家堡乡，总面积 132 平方公里，辖 16 个行政村，7840 户，20470 人，其中农业人口 18717 人。耕地面积 9.7 万亩，种植主要以玉米、谷子、马铃薯、向日葵为主。1953 年建乡，1959 年改置公社，1984 年改社为乡。境内地势平坦，平原盐碱地较多。夏季高温多雨，冬季寒冷干燥，年平均无霜期 150 天左右，年均日照时数 2800 小时，年平均降水量 315 ~ 459 毫米，降水多集中于七、八月份。本乡地理位置优越，交通便利。大（同）石（咀）线、二广高速公路、北同蒲增补四线高速铁路纵贯全乡。因境内有优质黏土，曾盛产青砖。石庄村瓦盆，质地优良，曾远销河北、内蒙等地。本乡为武术之乡，周家窑的周继甫（1889 ~ 1979）精于形意拳，曾任归绥镖局镖师，山西督军府国术馆教习，功夫闻名全县。本乡养殖业最为发达，羔羊养殖闻名全国，南小寨村被誉为全国羔羊养殖第一村。进入 21 世纪以来，按照一村一品的经济发展模式，发展形成了以南小寨为中心的现代化养殖园区，以石庄为中心的现代农业园区，引进了五洲屠宰定点有限责任公司、怀仁瑞誉畜产品加工有限公司、田野养殖专业合作社、怀仁金艺羔羊科技繁育专业合作社、市兴农牧专业合作社、300 万吨亲和发煤站等多家大中型企业。年出栏肉羊过 120 万只，产值达 72 万元。设施农业面积 394 亩。境内有小学 6 所，其中寄宿制小学 3 所，达标乡卫生院一所，全乡 99% 以上的农民参加合作医疗，村村有舞台、农家书屋、文化活动中心、文化广场、健身场所、基层组织活动场所。旅游景观主要有南小寨永宁寺，位于南小寨村东北角，占地 15 亩，寺院坐北朝南为三进院落。2011 年，全乡农村经济总收入 6.14 亿元，农民人均纯收入 8600 元，民营企业增加值为 2.16 亿元。粮食总产量达 1430 万公斤。2012 年，全乡农村经济总收入达到 7 亿元，农民人均所得达到 10150 元。

毛皂镇 驻里八庄村。东接大同县杜庄乡，南连马辛庄乡，西邻云中镇，北靠大同市南郊区，总面积 113.98 平方公里，耕地面积 6.5 万亩，辖 18 个行政村，5480 户，2 万人，其中农业人口 15100 人。1958 年建卫星公社，1959 年更名毛皂公社。1960 年，毛皂公社由口泉区划归怀仁区，1984 年改社为镇。2001 年 4 月，里八庄乡并入毛皂镇。种植以玉米、蔬菜、甜菜、马铃薯、瓜类、小杂粮为主。本镇水利资源丰富。柳东营水库容量达到 120 万立方米，裴家窑、后村和前村 3 座小水库的容量均在 70 万立方米。境内有里八庄河、口泉河、御河，均属季节性河流。年均气温 7.1℃，平均无霜期 148 天左右，年均日照时数 2800 小时，年均降水量 315 ~ 459 毫米，降水多集中于七、八月份。域内交通便利，二广高速公路、G208 国道、S206 省道（大运二级公路）、北同蒲铁路、北同蒲四线高速铁路贯穿南北，镇区距二广高速仅 8 公里。进入 21 世纪以来，本镇大力调整产业结构，农业集约化、商品化水平明显提高，裴家窑村的小日圆，东作里村的香瓜，南彦庄村的西瓜和绿豆，温庄村和大寨村的胡萝卜，毛皂村、李家场村的蔬菜，大寨村的种猪，温庄村的蛋鸡都达到了规模化生产。其中，柳东营村的恒源农牧专业合作社，是全县循环农业的示范区。境内有国怀精煤有限公司、津生商贸有限公司、大运化工有限公司、星兴活性炭原料有限公司、翔坤建材有限公司、鑫盛建材有限公司等大中型企业 12 家。2006 年，入围全国千强镇行列，是朔州市涌现出的第一个全国千强镇。2008 年，被省环保局评为“山西省环境优美乡镇”。境内有第十一中学、汇文小学两所民办学校，在校生超过 1.2 万人。公办学校有寄宿制初中 1 所、寄宿制小学 2 所、普通小学 18 所。山西省农科院高寒作物研究所曾建境内。1985 年， 全镇共有 1561 户，6465 人，粮食总产量 299.195 万公斤。有砖厂、铸铁厂、煤矿等 8 家乡办企业。农村经济总收入 452.82 万元，农民人均收入 330 元。2011 年全镇实现农村经济总收入 17.7 亿元，农民人均纯收入 9720 元。新型合作医疗覆盖率达到了 95%。18 个村全部达到通水、通电、通路、通有线电视、通电话、通互联网。农村便民连锁超市、健身广场、农家书屋等也实现了全覆盖。2012 年，全镇农村经济总收入达到 7 亿元，农民人均所得达到 11800 元。

海北头乡 驻海北头村。东接河头乡，南连亲和乡，西邻云中镇，北靠马辛庄乡，南北长 12 公里，东西宽 12.5 公里，总面积 105 平方公里。辖 14 个行政村，4090 户，14331 人，耕地 6.3 万亩。1953 年建乡，1959 年改建公社，1984 年改社为乡。境内交通便利，二广高速公路、大西高速铁路、怀河公路纵贯全乡。年平均降水量为 300 毫米左右，水资源贫乏，土质多盐碱，种植以玉米、甜菜、谷类、马铃薯以及绿豆等小杂粮为主。进入 21 世纪以后，乡政府紧紧利用城乡结合部的区位优势，着力改善软、硬环境，在二广高速路出口南北两侧新建森林公园、文化广场，实施了鹅毛河水系改造工程，加大招商引资力度，初步形成了种植、建材、制药、陶瓷、运输、回收、加工、畜牧养殖八大产业。在清泉村、黄庄村、西安堡村形成了小杂粮基地，在高镇子村实施了万亩精品农田。黎寨村榨油历史悠久，现有年加工原料 30 万斤的食用油作坊 5 家，发展到县城开办加工作坊的有 6 家，可年产食用油 130 万斤，利润达 150 万元。西起黎寨村，东至黄庄村形成了畜牧养殖经济带。以下寨村、新发村为代表形成了农村小集贸市场，运输业、餐饮业和物流信息业发展迅速。在同煤集团棚户区和下寨村建成了废品回收、机械加工园区。建材以陶瓷、制砖为主，至 2011 年，全乡有砖厂 7 座，陶瓷厂 3 座，总产值达 3.6 亿元。境内有海北头乡寄小、红宇高中、大地学校 3 所综合学校，有寄宿制初中 1 所、寄宿制高中 1 所、寄宿制小学 2 所。1985 年全乡共有 3694 户，14247 人，粮食总产量 451.1 万公斤，有乡办砖厂、煤矿企业 5 个，农村经济总收入 1015.88 万元，农民人均收入 379 元。2011 年全乡农村经济总收入 4.61 亿元，人均纯收入 7536 元。蔬菜种植面积为 300 亩，年产量达 1200 吨，羊存栏 32 万头、猪存栏 9800 头，牛存栏 3000 头、家禽存栏 9 万只，规模养殖户达到 40 余家，总产值达 2.2 亿元。2012 年，全乡农村经济总收入达到 5.25 亿元，农民人均所得达到 8955 元。

河头乡 驻河头村。东接大同县麻峪口乡，东南临浑源县，南毗应县边耀乡，西、北分别与本县海北头乡、马辛庄乡隔河相望，总面积 136 平方公里，耕地面积 8.3 万亩，森林面积 5 万多亩。全乡辖 20 个行政村（原辖 21 个行政村，1974 年，黄土坡、甲车沟两村大部分村民搬迁到河头村东平原地带，组成了今天的朝阳村，改革开放以后，两村村民又陆续搬出，原村落自然消亡）。3903 户，12777 人。1971 年 7 月由大同县划归本县，1984 年改社为乡。境内交通较为便利，怀河路贯穿东西，是连接周边地区的重要通道。浑河、桑干河流经境内，水利条件优越，是本县粮、油高产区，素有“雁北粮仓”之美誉。种植业以玉米、甜菜、小杂粮为主。境内树种繁多，植被丰茂，年均气温 8.3℃，年平均无霜期 150 天左右，年均日照时数 3200 小时，年均降水量 300 ~ 400 毫米，降水多集中于七、八、九月份。境内有集小学、初中于一体的民办学校1所，寄宿制小学1所。名胜古迹有王皓疃村古堡，建于明朝洪武年间的堡墙如今依然矗立在村东头，到了清代嘉庆年间堡内又建起了乐楼，保存至今，已被列为省二级文物。堡内的建筑以四合院为主，其装修、雕饰、彩绘中处处体现出浓郁的民俗民风文化特色。2007年乡政府在原桑干河大桥（1973年修筑，为16孔双曲拱桥，桥孔跨度15米，桥全长240米）西侧，投资900万元，历时3个月建成新桑干河大桥，新桥桥面宽11米，桥长308米，引道长500米。旧桥成危桥停用。2010年，作为山西农业大学对接试验基地的阎家堡村金龙养殖场，引进了世界知名绵羊品种杜泊羊，改良了品种，促进了肉羊养殖的发展。2011年全乡农村经济总收入达1.96亿元，农民人均纯收入7486元。粮食作物总面积74478.2亩，产量11461.52吨；蔬菜种植面积为10804.5亩，产量达30252.6吨；西瓜、香瓜种植面积7592.3亩，产量13719吨。甜菜种植面积3217亩，产量8042.5吨。全乡猪存栏1.5万头、牛存栏4000头、羊存栏4.5万只、家禽存栏8万只。规模养殖户3家，总产值达3000,万元。全乡有林地5.8万亩，树种10余种，牧草2.96万亩，其中天然牧草2.16万亩。全乡现有水泥路、油路156公里。有大口井、机井247眼，微型井560眼，防渗渠76公里，高灌站5座，高低压线路62公里，水地达50478亩。全乡新型农村合作医疗覆盖率达到95.3%,。2012年，全乡农村经济总收入达到2.22亿元，农民人均所得达到8800元。

马辛庄乡 驻马辛庄村。东接大同县落阵营乡，南连河头乡，西邻云中镇，北靠毛皂镇。总面积135平方公里，耕地面积76000亩，其中水浇地18600亩，有2632户，7160人，辖17个行政村。新中国成立初期，马辛庄乡隶属大仁县管辖，1960年划归本县，1961年7月， 成立马辛庄人民公社，辖17个行政村，1966年至1976年“文化大革命”期间，改设马辛庄公社革命委员会，1977年改设马辛庄公社管理委员会。1984年8月改社为乡。御河、桑干河在境内交汇，下米庄水库为全县水库之冠。土壤为黄沙土层，种植以玉米、黍子、谷子、豆类、西瓜、甜瓜为主。境内有西（韩岭）黄（庄）线柏油公路向北直通大同市，向西有水泥公路直通县城。本乡是典型的纯农业乡，以种植业、养殖业为主导产业。特点是人少地薄面积广，水少滩多无矿藏。20世纪90年代，人均纯收入也只有400多元。基本上是吃粮靠反馈，花钱靠救济，生产靠贷款，素有“怀仁东大荒”之称。进入21世纪以来，乡政府按照“生产发展，生活宽裕，乡风文明，村容整洁，管理民主”的二十字方针，改造自然，负重赶超，加快建设步伐，各项事业得到长足发展。一方面大力发展蔬菜瓜果种植，2011年全乡蔬菜种植面积6300亩，西瓜香瓜种植1万亩，品种主要有黄飞、新富玉、富玉48号、红层7号、真甜、玉美人、芝麻蜜等。其中“芝麻蜜”甜瓜，因其个大、味甜，品质好，市场走俏，成为农民增收的一大亮点。另一方面大搞绿化造林，全乡有林地面积8.31万亩，其中退耕还林2.21万亩，国有林木3万多亩，全乡森林覆盖率达到35%。1999年引资1000万元建成占地1100亩苗圃1座。境内有种养殖企业18家。标准化学校16所，其中乡办中学1所，乡办寄宿制小学1所。鲁沟村建有大型农民休闲公园一处：占地面积80亩，修建有假山、人工湖，湖周和假山上修建亭台楼阁7座，回廊70延米，湖中筑水榭1座、拱桥3座，放养了金鱼，栽种了莲花，风景宜人；街心人工湖一处，占地面积10亩，湖内设有喷泉等观赏设施，四周植各类常青树3000多株。旅游景观有鲁沟村五爷庙、小盐坊村法喜寺、马庄村龙王庙、南米庄村普化寺、马港村关老爷庙、杨岭村关老爷庙等。2011年全乡农村经济总收入1.38亿元，人均纯收入7036元。17个村有12个村实现通自来水，10个村通班车，村村通油路（水泥路）。新型农村合作医疗参合率96%。村村有农民文体活动场所、农家书屋、文体活动室、老年活动中心等。全乡1/3的农户建起沼气池；电视入户率100%，固定、移动电话入户率100%。2012年，全乡农村经济总收入达到1.52亿元，农民人均所得达到8620元。

第二编

自然环境

第一章 地 质

第一节 地质

本县地质形成于太古时期，地质构造属山西台地，主要受海西运动所致。县西部鹅毛口、小峪口一线山区，地层扰乱破裂，表现为逆转、断裂、小的折曲、以及沿构成线尚有火成岩侵入等现象。地层走向一般为北东 60°，大致倾斜于北或北西，显示一单斜构造。向南，尚存有振幅不同的波状起伏和局部小的穹窿现象。向南，由于受断层影响，倾向发生变化，形成小的向斜和背斜。

境内大的断裂构造有王下庄、东山头等较大断层。王下庄断层东起王下庄四季沟以东，向西延长跨越鹅毛河床，至马家岭沟向北微转，落差逐渐变小而尖灭。四季沟、马家岭与红山一带均有明显的断层面和擦痕。倾角为 60° ~ 70°，落差 20 ~ 25 米，为南西下降正断层。东山头断层呈北西方向，起于悟道沟以西。本断层有一宽大的断层带，破碎甚烈。为南西下落正断层，落差 60 米，倾角 60°。在鹅毛口一带山区，小的断裂构造不少，如南梁山断层，构造线长 2200 米，走向为北东。庙儿沟断层，构造较为清楚，杏山一带上壁与下壁紫色砂页岩相接触。大的折曲为雨长山向斜，此折曲呈西北方向，向斜两翼岩层倾角呈 3° ~ 5°。

在县境中部的槽形盆地内，新构造运动十分活跃，形成了东西山脉地貌界限明显的特点，地壳上升时期，盆地边缘发生了洪积扇。槽形盆地中有第四纪地层断裂构造现象和良好的第四纪滩积物。滩积物从泥河湾到现代均有分布，其岩性以泥河湾期黏土、亚黏土为主，次为近代沉积物。全新貌现代期岩性有散砾砂、亚砂土等，成因为坡积、洪积及冲积类型。

第二节　地层

本县西部山区，基岩裸露，出露地层较老。其余地区为新生代地层覆盖。

先震旦系桑干片麻岩 北起羊圈沟，南迄峙峰山，中经鹅毛口、小峪口，均有出露，构成本县最古老的基盘岩层。外表呈暗灰色及肉红色。暗灰色部分，由紫苏辉岩、角闪片岩及黑云母片麻岩组成。肉红色部分，为花岗质片麻岩或粒状黑云母花岗片麻岩组成，片理方向为南北。其中杂有花岗岩脉、方解石脉、角闪岩脉等。本层与上层地层呈斜交不整合接触。

寒武纪 本纪地层呈斜交不整合覆盖于先震旦系地层之上。下寒武纪地层岩性以暗紫色、赤紫色砂质页岩为主，其底部夹板状、薄层状泥灰岩与薄层灰岩，其间夹有淡绿色页岩，其中杂有云母片岩盐假晶页岩带。厚度为130 ~ 160 米。中、上寒武纪与下寒武纪地层呈整合接触。下部为褐灰色厚层状鲕状灰岩，上为竹叶状鲕状灰岩瓦层，其顶部有 10 米左右的青灰色含白云母质斑点石灰岩，鹅毛口一带厚度为 360 米，吴家窑一带厚度为 50 米。

奥陶纪 本纪地层整合于寒武纪地层之上，岩性主要为板状灰黑及暗灰色石灰岩与块状白云母石灰岩组成。上部多为灰色及浅灰色，组织致密。本层由南到北，逐渐变薄，鹅毛口一带厚度为 400 米。

石炭纪 本纪地层平行不整合于奥陶纪地层之上，本纪缺失下统。中统为本溪统，与下部奥陶纪地层接触面上有一薄层条带状或团状的褐铁矿，其上为青灰色及猪肝色土、矾土质页岩，厚度为 10 ~ 15 米。其上附存一薄层灰黑色石灰岩，含有海百合纺垂虫、珊瑚、孔虫、石燕等动物化石，厚度为 2 ~ 5 米。石灰岩上为灰色及黑色页岩、砂岩、砂质页岩。本统在鹅毛口一带厚度为 20 ~ 30 米。上统为太原统。本统地层平行不整合于本溪统层之上。底部为灰白、黄褐色粗粒状或砾状砂岩，厚度为 3 ~ 5 米。岩性主要为灰白、灰褐色石英质中粗砂砾状砂岩、灰色页岩、高岭土或高岭土质页岩，其中杂有 1 ~ 2 层青灰色凸镜体石灰岩，一般厚度为 1 ~ 2 米。本统为本县主要含煤地层，共含 11 层煤。煤层发育良好，厚度变化不大，小峪口一带厚度为

114 米，鹅毛口一带厚度为 80 ～ 100 米，平均厚度为 86.64 米。煤层呈南厚北薄有规律变化。

石炭二叠纪 本纪地层属山西统，与太原统地层呈平行整合接触。基底为灰白色砾岩与石英质砂岩，厚度为 2 ～ 7 米。岩性多为深灰色砂质页岩，与灰白色石英砂岩构成。其中含有 1 ～ 4 层不连续的薄煤层，有时仅为一条煤线。而在鹅毛口一带，发育着一层延续性较好的煤层，厚度为 50 ～ 90 米。但发育范围有限。

二叠纪 本纪地层整合于石炭二叠纪山西统地层之上。岩性以杂色砂岩、砂质岩为主，页岩次之。总厚度为 5 ～ 430 米。本纪地层在鹅毛口一带发育甚为完整，总厚度为 427.4 米，鹅毛口一带所有地表岩层露头均为本纪地层。其中，清凉山层：厚度为 56 ～ 97 米，底部为灰白及灰黄色砂岩或砾状砂岩，下部为深灰色砂质页岩和灰白色砂岩瓦层，并有煤层存在。上部为黄、灰夹杂色页岩、砂质岩。纱帽山层：厚度为 56 ～ 108 米，底部为灰白色粗砂岩或砾状砂岩，含石英成分很高，发育良好，且较稳定。下部为灰白、灰黄色粗砂岩，夹杂色页岩与砂质岩。上部为紫色砂质岩及砂岩瓦层。贵子山层：分布在大南坡、黑沟、贾家沟一带，厚度为 50 ～ 113 米。底部为黄绿色、灰黄色砂岩，下部多为黄绿色砂岩与灰黄色砂质页岩瓦层，中夹薄层紫色砂质页岩，上部多为泥质页岩、砂质页岩，偶夹薄层砂岩。红山层：厚度为 32 ～ 73 米，底部为灰白色厚层状、块状粗砂岩，中夹薄层砂质页岩。井山头层：厚度为 32 ～ 70 米，底部为灰白色砾岩或砂岩，组织疏松，主要成分石英、燧石，发育不良。瞭高山层：厚度为 32 ～ 127 米，出露于西部山顶，至羊圈沟以东，全部尖灭。

侏罗纪地层 以砂页岩为主；白垩纪地层为一次山系，即安山岩及安山块集岩；第三纪地层岩性以红土及红土砾岩为主；第四纪地层有玄武岩、砾岩层、黄土层、冲积层。黄花岭一带，玄武岩不整合于第三纪地层之上，岩石硬脆，斑晶多橄榄色。

县东南部亲和乡一带， 地层岩性可分为 3 个洲，即洪积扇裙边缘洲、洪积冲积倾斜平原洲和倾斜平原洼地洲。县东部海北头乡一带，属鹅毛河洪积扇末流和桑干河冲积平原之上，地层可分为3个岩组，上部为灰绿色粉砂及白色亚黏土，并有大量平卷螺、塔螺化石，中部为灰白、浅红色亚黏土及中细砂，底部为黑色亚黏土。县东北部马辛庄乡一带，属小型河间地块，地层仅在中沟切割的陡坡处是洲状出露，岩性主要是微红色亚黏土、黄绿色亚黏土、亚砂土和灰白色亚黏土。毛皂镇一带地表层，属泥湾期湖相泻湖相堆积物和近代冲积、洪积物。

第二章 地貌

本县地形呈东西高，中部低，似一槽形。地貌特征为西南—东北方向延伸的复杂条状山间地段。可分为基岩山区，山前洪积倾斜平原区和洪积、冲积平原区三部分。

第一节　山地

基岩山区　在县境西部和东部。西部为洪涛山脉，属华北地台山西台背斜新生代断陷而成的大同盆地边缘，由两狼山、台墩山、清凉山等山组成。山势陡峻，沟谷纵横，基岩裸露。境内南北长30公里，东西阔10公里，面积为170平方公里，平均海拔1400米，最高大南山，海拔1696.8米，次为何家堡乡境内的清凉山，海拔1643米。东部山区属恒山山脉，境内面积为20平方公里。主峰大头顶，海拔1651米。东、西部山区面积共为190平方公里，占全县总面积的15.4%。

第二节　丘陵 川地

山前丘陵区　呈长条状，分布于西部洪涛山脉前和东部恒山山脉前。海拔 1200 ~ 1300 米。近山区坡度较大，前缘较平坦。县南黄花梁一带丘陵，海拔 1100 ~ 1200 米，相对高度 150 米。丘陵面积 98 平方公里，占全县总面积的 7.9%。

冲积、洪积平原区 境内东西山之间广阔地带，包括山前倾斜平原和桑干河两岸的一、二级阶地，海拔 1000 米左右，最低古家坡南河滩，海拔 966 米。面积 944 平方公里，占全县总面积的 77.4%。西部平原区，地处山前洪积扇裙带，整个地貌受鹅毛河、芦子河、大峪河洪积扇控制，并受大小冲沟影响。洪积扇前缘消失于第三作、清水河一带。地形坡度为 1/50 ~ 1/100。里八庄一带，整个地形有规律地缓慢起伏，地表平坦，因位口泉河、鹅毛河冲击洪积扇下缘，地下水丰富且稳定。东部平原区，马辛庄一带属小型河间地块带，由于御河汇入桑干河，形成三角形扇地，地势平坦。毛皂一带，地表有较多的沙丘，地面开阔平缓，略有起伏。

第三节 河流

流经本县境内河流有 14 条。主要河流为桑干河。鹅毛河、大峪河、小峪河、口泉河、浑河、御河、木瓜河、虾河、尚希庄河等为桑干河的一级支流。下峪河为桑干河的二级支流，浑河的一级支流。峙峰山河为桑干河的二级支流，大峪河的一级支流。路庄河、芦子河为桑干河的二级支流，小峪河的一级支流。

桑干河 桑干河属海河流域永定河水系，为海河的一级支流。发源于宁武管涔山庙儿沟，初称恢河。流经忻州市宁武县城、阳方口入朔州市境内，至朔城区太平窑水库接纳七里河，然后继续向东北，于马邑下游清河寺附近同元子河汇合后始称桑干河。此后经东榆林水库、西朱庄至本县境内的郑庄、李家小村、神嘴窝、黄庄、新桥、仝庄、大盐坊等村庄，于古家坡村东南进入大同市境内，又经古定桥、册田水库，在阳高县南徐出省境， 进入河北省阳原县， 最后于官厅水库上游与洋河汇合后注入永定河。境内流程 28.7 公里， 河宽 100~200 米， 砂泥质河底， 水深 0.7~0.8 米。多年平均年径流深 18.9 毫米。

浑河 为桑干河一级支流。发源于浑源县东山乱岭关，大致由东北向西南流经浑源县城，至西坊城乡的小辛庄村西进入朔州市境内，然后向西经应县镇子梁水库北折进入本县境内，经中柳会村、蒲里村，在小昌城村与下峪河汇合后，经旧站村，于新桥村西汇入桑干河。境内流域面积83.2平方公里，流程11.3公里，多年平均年径流深23.8毫米。

下峪河 为桑干河二级支流，浑河的一级支流。发源于浑源县驼峰乡屈家坪村。由下峪村进入本县境内，于小昌城村汇入浑河。境内流域面积51.1平方公里，流程10.5公里，多年平均年径流深23.8毫米。

口泉河 为桑干河一级支流。发源于大同市左云县水窑乡截口山五丰嘴村，由西南向东北流经左云县水窑乡、大同市南郊区鸦儿崖乡、口泉镇，然后转向东南，经南郊区苏庄村，于毛皂镇秀女村西偏北方向进入本县境内，于怀仁县智民庄村汇入桑干河。其河道的上、中游河段在大同市，下游河段在本县。境内流域面积112.8平方公里，流程21.5公里，多年平均年径流深15.7毫米。

大峪河 为桑干河一级支流。发源于左云县水窑乡截口山葫芦峪村，经大同市左云县铺龙湾村，于吴家窑村北进入本县境内，于碗窑村南与峙峰山河汇合，至新家园乡的大峪口处分为两条河槽，北支流为路庄河，向东汇入桑干河，南支流为尚希庄河，由东南方向汇入桑干河。大峪口以上为山区型，以下为平原型。

峙峰山河 为桑干河的二级支流，大峪河的一级支流。发源于大同市左云县小京庄乡羊圈头村，从吴家窑镇的窑子头村进入本县境内，于碗窑村南与大峪河汇合。境内流域面积16.3平方公里，流程6.1公里，多年平均年径流深25.8毫米。

路庄河 为桑干河的二级支流，小峪河的一级支流。大峪河在大峪口村东出山峪口分为两条支流，北支流为路庄河，向东经路庄、南铺、周家窑、草地等村，在海北头乡的高镇子村南与小峪河汇合，于神嘴窝村东南汇入桑干河，该河河槽是大峪河的原始河道。境内流域面积101.9平方公里，流程32.8公里，多年平均年径流深13.1毫米。

尚希庄河 为桑干河一级支流。大峪河在大峪口村东出山峪口分为两条支流，南支流为尚希庄河，经尚希庄、赵麻寨、石庄等村，转东南于田家坊村南进入应县，在应县的屯儿村东北汇入桑干河。境内流域面积 85.9 平方公里，流程 27.4 公里，多年平均年径流深 13.8 毫米。

小峪河 为桑干河一级支流。起源于在大同市左云县水窑乡截口山冯家窑村，由西北向东南从新家园乡小峪村进入本县境内，经新家园乡小峪口村、庄头村、何家堡乡宋庄村，在亲和乡万金桥村南与芦子河汇合后，经草地村，在高镇子村与路庄河汇合后，于神嘴窝村东南汇入桑干河。境内流域面积 317.2 平方公里，流程 39.3 公里，多年平均年径流深 15.4 毫米。

芦子河 为桑干河二级支流，小峪河的一级支流。起源于何家堡乡芦子沟村西南，经芦子口、跃进、磨道河等村，在亲和乡万金桥村南汇入小峪河。境内流程 14.6 公里，流域面积已包括在小峪河的流域面积内。

鹅毛河 为桑干河一级支流。发源于大同市左云县水窑乡截口山葫芦峪村，经云中镇王卞庄村进入本县，经于家园、秦城、霸王店、新铺、东作里、陈庄、清泉等村，于神嘴窝村东注入桑干河。该河在鹅毛口以上为山区型，以下为平原型,新铺至神嘴窝段曾名里八庄河。境内流域面积 184.9 平方公里，流程 48.1 公里，多年平均年径流深 18.0 毫米。

御河 为桑干河一级支流。发源于内蒙古自治区丰镇市三义泉镇三岔河村，经大同市南郊区的谢店村，从马辛庄乡的安寺村东北进入本县，于海子洼村东南汇入桑干河。该河为本县与大同县的界河。境内流域面积 9.5 平方公里，流程 6.1 公里，多年平均年径流深 25 毫米。

木瓜河 为桑干河一级支流。发源于本县新家园乡滋润村，由南家堡村西南进入山阴县境，于应县臧寨乡北贾寨村汇入桑干河。境内流域面积 138.4 平方公里，流程 12.9 公里，多年平均年径流深 12.1 毫米。

虾河 为桑干河一级支流。发源于本县金沙滩镇翰林庄村，经亲和乡南阜村东南进入应县，于臧寨乡韩家坊汇入桑干河。境内流域面积 84.3 平方公里，流程 10.8 公里，多年平均年径流深 6.3 毫米。

受降水和流域下垫面的影响，本县河川径流主要表现为地区分布不均，总体上为山丘区高，平川区低。一般山丘区较平川区高出 20 毫米左右。年内分配不均，本县河流多属降水型间歇性河流，汛期径流占全年总量的绝大部分，冬春季径流不足年径流的5%。汛期径流量暴涨，非汛期径流很小，甚至断流。年际变化大，径流极值比1.5 ~ 6.5。经常出现连续枯水年与连续丰水年。由于土壤和植被的原因，河流含沙量大，水土流失严重。如大峪河在峪口以上河段最大含沙量达109公斤/立方米。

第四节 土壤

土壤 怀仁县土壤可分为3个土类，11个亚类，33个土属，70个土种。域内土壤在季风气候影响下，季节变化明显，温差变幅大，土壤有机质分解快、积累少。耕地土壤有机质含量0.4% ~ 3.4%，加权平均值为0.92%。非耕地土壤有机质含量加权平均值为1.22%。土壤中氮素除极少量呈无机态氮存在外，95%以上为有机态氮。耕地土壤全氮最高含量0.24%，最低0.02%，加权平均值0.05%。非耕地土壤的全氮含量加权平均值0.098%。土壤大多发育在马兰黄土和黄土性沉积母质上，矿质养分缺乏。土壤全磷含量虽有地区差异，但普遍较低，平均值0.06%。碳酸钙含量丰富，约2.4% ~ 14.4%，平均值为6.7%，呈微碱性到碱性。速效磷含量极低，最高44.8ppm，最低0.4ppm，平均4.36ppm，速效钾含量较高，在25 ~ 207ppm之间，平均为93.89ppm。

2012年怀仁县不同质地土壤的养分含量表

表2-1

质地	有机廣（%）	全氮（%）	速效鳞（ppm）	速效钾（ppm）
砂土草甸土	0.6 ~ 0.8	<0.05	3 ~ 5	100 ~ 150
砂土淡栗钙土	0.6 ~ 0.8	<0.05	<3	50 ~ 100
轻壤草甸土	0.8 ~ 1.5	0.05 ~ 0.065	3 ~ 10	50 ~ 150
轻壤淡栗钙土	0.8 ~ 1	<0.05	3 ~ 5	30 ~ 100
重壤草甸土	1 ~ 1.5	0.05 ~ 0.065	<3	50 ~ 150
中壤淡栗钙土	0.8 ~ 1.5	0.05 ~ 0.065	3 ~ 5	50 ~ 150

2012 年怀仁县不同土壤类型表层土壤养分含量表

表 2-2

土壤名称	有机质（%）	全氮（%）	速效磷 ppm	速效钾 ppm	代换量 me/100g 土
山地栗钙土	1.2	0.059	5.68	83.5	8.82
淡栗钙土性土	0.858	0.048	4.48	133.8	4.61
淡栗钙土	0.905	0.052	4.07	89.9	6.84
草甸淡栗钙土	0.92	0.048	4.73	100	3.95
碱化淡栗钙土	0.733	0.042	3.39	80.2	4.28
淡栗钙化草甸土	0.93	0.047	4.24	102.9	5.76
草甸土	0.95	0.049	4.01	101.7	4.55
盐化草甸土	0.876	0.045	4.35	91.2	5.36
碱化草甸土	1.089	0.041	10.2	172	4.61
草甸盐土	1.1	0.055	10.87	127	11.51
苏打盐土	0.8	0.045	2.7	79	5.53

土壤普查 域内土壤普查始于 1981 年 4 月，1983 年 9 月结束。县建立土壤普查办公室，组成 69 人的专业队伍进行普查。采农化样本 928 个，土壤比样标本 495 个，分层土样 2158 个，盐碱水样 102 个。室内化验各种土样、水样 16 项，取得 12950 个项次的分析数据，编绘图 86 幅，汇总表格 2662 份。省地联合抽查验收，图斑合格率 90%，剖面标本合格率 85%， 有机质符合率 83%， 全氮符合率 93%， 全磷符合率 100%。

第三章 气候 物候

第一节 气候要素

日照 本县全年日照可照时数为 4437.1 小时， 年平均时数为 2785.6 小时，占可照时数的 63%。一年中，以 5 月日照时数最多，月平均为 277.0 小时，6 月次之，月平均日照时数 263.4 小时；12 月最少，月平均日照时数为 186.3 小时；12—1 月平均每天 6 小时；2—3 月和 10—11 月每天平均约 7 小时；7—9 月每天平均约 8 小时；4—6 月每天平均 9 小时。

2012 年怀仁县月平均日照时数统计表

表 2-3　　　　单位：小时

月份	1 月	2 月	3 月	4 月	5 月	6 月	7 月	8 月	9 月	10 月	11 月	12 月
日照时数	193.9	198.2	233.9	254.3	277	263.4	260.8	245.2	234.7	231.4	206.5	186.3
日照百分率	65%	66%	63%	64%	62%	59%	57%	58%	63%	67%	69%	64%

气温 域内年平均气温 8.4℃。1998 年最高，年平均气温为 9.8℃，1969 年最低，年平均 6.6℃。1 月和 12 月份气温平均 - 3℃ ~ - 12℃。4 月气温回升，月平均气温 6℃ ~ 14℃。7 月平均气温 21℃ ~ 26℃。10 月平均气温 5℃ ~ 13℃。一日中最高气温一般出现在 12 ~ 15 时，最低气温一般出现在 3 ~ 5 时。日温差以 4 ~ 6 月为最大，温差 11℃ ~ 16℃；7 ~ 8 月最小，温差 9℃ ~ 14℃。自 1958 年以来，本县极端最高气温 39.3℃，出现在 2010 年 7 月 29 日；极端最低气温 -25.1℃，出现在 2002 年 12 月 27 日。年平均最低气温 0.5℃ ~ 3.9℃。2007 年最高平均为 3.9℃，1984 年最低平均为 0.5℃。

地温 域内年平均地面温度 10.1℃，极端最高地面温度出现在 2010 年 7 月 30 日，为 67.1℃；极端最低地面温度出现在 2002 年 12 月 28 日，为 -35.5℃。地面温度月平均最低出现在 1 月，为 -10.6℃，12 月次低，为 -8.4℃；月平均最高出现在 7 月，为 27.7℃，6 月次高，为 26.2℃。最冷的 1 月，地面平均温度 - 5℃ ~ - 15℃，最低出现在 1993 年 1 月，地面平均温度为 - 14.5℃。最热的 6 ~ 7 月，地面平均温度 23℃ ~ 31℃，最高出现在 2010 年 7 月，地面平均温度为 30.7℃。10 月下旬或 11 月上旬地面开始有冻土，11 月中、下旬 10 厘米深处土壤开始冻结，一般在 3 月上、中旬解冻。冻土日数一般在 140 天左右，冻土深度在 130 厘米左右。自 1981 年以来，最大冻土深度 153 厘米，出现在 1984 年 2 月共 7 天。

1981—2010 年怀仁县部分年份各月地面平均温度统计表

表 2-4　　　　单位：℃

月份	1月	2月	3月	4月	5月	6月	7月	8月	9月	10月	11月	12月
地面平均温度	−10.6	−4.9	3.5	13.6	21.6	26.2	27.7	24.8	18.5	9.6	−0.6	−8.4
极端最高地温	21.1	31.3	47.7	58.6	64.4	66.4	67.1	65.2	60.6	43	32.6	20
出现日期	29	28	31	30	21	22	30	2	6	4	1	4
出现年份	1986	2010	2002	1994	2001	2005	2010	1999	1998	2006	2003	2010
极端最低地温	−35.3	−30.5	−23	−14.3	−9.3	1.7	2.9	4.1	−3.9	−12.9	−27.5	−35.5
出现日期	4	3	9	3	3	10	11	21	29	28	26	28
出现年份	2003	1983	1985	1995	1995	2003	1989	1989	1985	1986	1981	2002

无霜期 即从终霜冻日的第二天到初霜冻日的前一天的持续日。本县无霜期平均 149 天，最长为 178 天，出现在 1973 年。最短是 113 天，出现在 1995 年。1976 年初霜最早，出现在 9 月 18 日。1975 年初霜最迟，出现在 10 月 8 日。终霜时间一般在 5 月上旬，最早 3 月 2 日（1978 年），最晚 5 月 14 日（1977 年）。

降水 域内年平均降水量为 365.3 毫米，最多年降水量为 581.2 毫米（1964 年），最少年降水量为 225.4 毫米（1965 年），年际降水差距较大。年平均雨雪日数为 119 天，2003 年最多为 152 天，1976 年最少为 36 天。降水大部分集中在 7 ~ 8 月。3 ~ 5 月平均降水 65.4 毫米，占年降水量的 18%，6 ~ 8 月平均降水 216.7 毫米，占全年降水量的 59.3%，9 ~ 11 月平均降水 76.8 毫米，占年降水量的 21%。日降雨量大于 25 毫米的平均 2.2 天。大于 50 毫米的降雨日数极少，平均 0.1 天。最大日降水量 87 毫米，出现在 1973 年 8 月 20 日。连续降雨 8 天，出现在 1967 年的 8 月，月降水量高达 301 毫米。连续降雨 10 天出现在 1995 年 8 月 31 日 ~9 月 9 日，降雨量达 133 毫米。最长连续无降水天数 108 天，出现在 2011 年。年降雪初终期一般约为 158 天，从10月中旬开始，到次年4月中旬止。年平均降雪日数23.8天。最大积雪深度23厘米，出现在1979年2月23日。年平均积雪日数29.9天。年平均降雹2.3天左右，多发生在6～8月。

2012年怀仁县月平均降水量统计表

表2-5　　单位：毫米

月份	1月	2月	3月	4月	5月	6月	7月	8月	9月	10月	11月	12月
降水量	1.8	2.6	12.7	18.8	33.9	49.2	87.2	80.3	53.3	17.1	6.4	2.0

积温 域内年平均积温3100℃，保证率可达2800℃。山区积温低于川区。0℃以上积温：山区为3000℃～3400℃，川区3400℃～3900℃；5℃以上积温：山区为2800℃～3200℃，川区3200℃～3800℃；10℃以上积温：山区为2500℃～3000℃，川区2800℃～3500℃。

风 域内刮风日数较多，年平均大风日数15.5天，全年平均风速2.1米/秒。一年中4月风速最大，平均风速3.9米/秒，大于17米/秒的大风日数平均3.6天。夏季盛行偏西南风，7月平均风速1.9米/秒。冬季盛行偏西北风。

2012年怀仁县月平均风速统计表

表2-6　　单位：米/秒

月份	1月	2月	3月	4月	5月	6月	7月	8月	9月	10月	11月	12月
平均风速	1.8	2.0	2.5	3.9	2.7	2.3	1.9	1.7	1.8	1.9	2.1	1.9
最多风向	WNW	WNW	N	WSWN	NNE	SSW	SSW	N	N	W	W	WSW
次多风向	C	C	C	C			C	C	C	C	C	C

说明：C为静风，W为西风，N为北风，S为南风

蒸发量 域内年平均蒸发量为2005.5毫米。年最大蒸发量2366.0毫米，出现在2001年。年最小蒸发量1724.2毫米，出现在2003年。一年中5月蒸发量最大，平均为331.0毫米，占全年蒸发量的17%，6月次之，平均蒸

发量为 306.7 毫米，占全年蒸发量的 15%。

气象灾害 域内气象灾害主要表现为干旱、冰雹、暴雨、大风、雷电、霜冻、低温、连阴雨等。春季主要以干旱、霜冻、低温、大风较多；夏季主要以干旱、冰雹、雷电、大风较多；秋季主要以连阴雨、霜冻为主；冬季以冬旱为主。

1981-2012 年怀仁县天气现象日数统计表

表 2-7

年份	大风日数	扬沙日数	雨日数	沙尘暴日数	雾日数	冰雹日数	雪日数	积雪日数	霜日数	雷暴日数	降水日数
1981	33	11	91	14	1	0	25	28	65	30	194
1982	44	8	111	3	3	4	23	10	68	49	180
1983	22	13	106	6	7	4	33	11	70	45	142
1984	20	11	88	5	5	3	27	36	61	28	190
1985	8	18	106	0	4	4	25	27	63	35	201
1986	19	10	99	2	7	2	18	48	82	38	148
1987	22	17	105	3	0	6	20	15	79	46	188
1988	9	10	102	3	0	4	21	28	51	35	99
1989	8	5	90	1	6	1	30	38	96	27	178
1990	16	10	96	0	1	4	31	30	63	43	127
1991	10	4	89	0	3	5	33	44	77	43	151
1992	16	11	105	1	0	6	23	33	99	48	164
1993	16	9	84	0	3	2	19	36	78	32	177
1994	14	5	85	0	3	1	26	39	62	39	149
1995	19	7	92	0	2	5	18	6	22	33	170
1996	18	8	92	0	2	3	10	12	27	36	167
1997	7	2	86	0	2	2	22	17	53	35	143
1998	13	6	100	0	3	2	25	26	35	34	164
1999	16	5	89	0	1	4	12	10	31	28	158
2000	15	8	94	0	3	4	27	50	56	32	153
2001	10	15	88	0	1	2	32	63	64	31	146
2002	12	9	95	0	0	0	23	22	44	33	169
2003	4	2	114	0	5	0	38	49	99	39	177
2004	12	8	93	2	3	1	23	29	70	26	90

续表（1）

年份	大风日数	扬沙日数	雨日数	沙尘暴日数	雾日数	冰雹日数	雪日数	积雪日数	霜日数	雷暴日数	降水日数
2005	14	11	87	0	2	1	24	45	67	33	162
2006	16	10	98	0	1	0	25	30	63	45	133
2007	9	5	96	0	7	0	13	26	85	32	132
2008	6	5	108	0	2	0	24	33	69	29	166
2009	20	6	77	0	1	0	16	28	70	26	144
2010	19	6	81	3	2	0	26	26	67	33	186
2011	10	4	94	0	2	3	17	19	69	39	182
2012	6	4	86	0	1	0	21	29	61	35	120

第二节　气候特征

怀仁县地处大同盆地中部，属于北温带季风气候类型，由于受西伯利亚和蒙古高压控制，四季分明，年温差较大。春季回暖快，多大风沙尘天气；夏季温度高，雨量集中；秋季气温下降明显，降水偏少，秋高气爽；冬季降水少，气温低，寒冷干燥。据 1981 ~ 2011 年气象资料统计，本县年平均气温 8.4℃， 年较差 32.0℃，年平均降水量 365.3 毫米， 蒸发量 2005.5 毫米，雨日数 95 天，雪日数 24 天，冰雹日数 2.3 天，雷暴日数 35.4 天，霜日数 64.5 天，积雪日数 29.9 天，雾日数 2.7 天。风向以偏北风、静风为主，年平均风速为 2.1 米 / 秒，大风日数 15.5 天，沙尘暴日数 1.4 天。光能资源较为丰富，年平均日照时数 2785.6 小时，年平均日照百分率 63%，无霜期年平均 149 天，最大冻土深度 157 厘米。

春季 3 至 5 月份，从气象意义上讲，连续 5 天，每天日平均气温的平均值大于等于 10℃即进入春季。春季冷空气活动频繁，气温较低且起伏变化大，易出现春寒，终霜（黑霜）期平均结束在 5 月 5 日。春季平均气温 9.9℃，气温回升快，但多风沙，气候干燥；季平均降水量 65.4 毫米，占全年降水量的 18%，5 月份降水量最多，占春季降水量的 52%。云量少光照强，季平均日照时数 765.2 小时，平均蒸发量 705.5 毫米，蒸发量尤以 5 月份最大，历年平均值 331.0 毫米，而 5 月降水量仅 33.9 毫米 ,9 蒸发量是降水量的 9 倍之多；相对湿度春季平均只有 37%，因此，本县常出现春旱。春季风速又是全年风速最大的季节，平均风速 3.0 米 / 秒，六七级及以上大风日数 17.2 天。本季总体上气温偏低，降水少，多风，干燥，易发生春寒、春旱，对农、林业有不利影响。

夏季 6 至 8 月份，境内气温高，降水多而集中，少风的季节。季平均气温 21.9℃，极端最高气温 39.3℃，出现在 2010 年 7 月 29 日，季平均风速 2.0 米 / 秒。本季易受西南海洋性暖湿气流影响，降水较多，季平均降水量 216.7 毫米，占全年总降水量的 59.3%，大于等于 0.1 毫米降水日数有 35.7 天，最大日降水量 60.4 毫米。季平均湿度 57%，是农作物生长的关键季节，同时也是灾害性天气频发期，冰雹、暴雨、大风、伏旱（卡脖旱）等灾害性天气时有发生。冰雹历年平均 1.6 天，雷暴 25.4 天。常对农作物的拔节、抽穗和孕穗造成较大影响。

秋季 9 至 11 月份，气温开始下降，温度日较差大，早晚较凉，中午热，是天高气爽的季节。本季平均气温 8.4℃，极端最高气温 35.0℃，出现在 1998 年 9 月 9 日。降水主要集中在 9 月，占全年降水量的 69%，年降水量平均 76.8 毫米，本季最大日降水量 67.7 毫米，发生在 2010 年 9 月 18 日。降水以普雨为主，常出现秋季连阴雨，随着季节的推移，降水日趋减少，温度也逐渐下降。本季风力不大，平均风速 1.9 米 / 秒。初霜（黑霜）日一般出现在 10 月上旬（平均出现在 10 月 3 日），一般在 10 月开始有降雪。11 月中旬大地开始封冻。

冬季 12 月份至次年 2 月份，气温下降到零度以下，降水少，寒冷干燥。本季平均气温 –6.7℃，一月最冷，月平均气温 –8.8℃，极端最低气温 –25.1℃，出现在 2002 年 12 月 27 日。本季平均降水量 6.4 毫米，只占全年降水量的 2%。

第三节　物候

境内属于北温带季风气候类型。春季，终霜结束，积雪化尽，土壤解冻，气温回暖，昼时渐长，夜时渐短。3 月上中旬，雨水初见，草木开始发芽，大雁北归，虫声渐闻。4月初，苍蝇出现，蜘蛛结网，杏花吐蕊，杨柳萌发新芽，燕子开始筑巢，农田耕作播种开始。5月各种作物进入幼苗期，动物则进入交配期。初夏6月，昼长夜短，降雨增多，作物进入快速生长期，果树进入挂果期，动物进入哺育期。仲夏7月，酷热难当，降水最多，小麦进入成熟期，娇杏进入采摘期，西瓜成熟上市。8月，酷暑渐消，高粱出穗，玉米乳熟。9月，秋高气爽，昼时渐短，夜时渐长，五谷初熟，秋收开始。10月，植物开始落叶，动物准备越冬，候鸟南飞，虫鸣渐止，降雪开始。11月，野草干枯，树叶尽落，大地封冻，降雪增多。12月、1月进入隆冬，积雪不化，滴水成冰。残冬2月，背风向阳处积雪开始消融，春耕备耕开始。

怀仁县玉米、谷子、黍子、马铃薯等作物物候：

玉米 4月上中旬开始播种。4月中下旬、5月初进入出苗期。5月中旬进入拔节期，植株长6 ~ 7片叶，雄穗生长锥进入伸长期。6月上中旬，进入大喇叭期，果穗叶及其上下两片叶大部分伸出，约有12个展开叶，内部雌穗叶进入小花分化期。7月上旬，为抽雄期，雄穗分化完成。7月中旬，进入开花期，雄穗主轴小穗开始开花散粉，雌穗分化接近完成。7月下旬，进入吐丝期，雌穗花丝露出苞叶。8月，籽粒形成进入灌浆期。9月中下旬，苞叶变黄，籽粒变硬，进入成熟采摘期。

谷子 5月上中旬播种。5月中下旬进入幼苗期。6月下旬、7月上旬进入拔节期。7月下旬进入孕穗期，是幼穗分化发育形成时期。8月上旬，进入抽穗灌浆期。8月下旬至9月上旬进入籽粒形成期。9月上中旬进入成熟收割期。

黍子 5月中下旬播种。5月底、6月上旬进入幼苗期，是查苗补苗、石磙镇压蹲苗时期。6月下旬至7月上旬，进入拔节抽穗期，是追肥、培土的关键期。7月中下旬，进入抽穗灌浆期，对于中低产田是叶面喷肥期。7月底，8月初为成熟收获期。

马铃薯 4月底，5月初播种。5月中下旬进入幼苗期。7月中下旬进入块茎形成期，植株生长9 ~ 10片叶，是地上茎叶与地下块茎形成并进阶段，是决定结薯的关键期。8月份进入块茎增长期，是营养、生殖生长并进的最快阶段，故此期为需水肥临界期，以块茎体积增大为主。9月上中旬进入淀粉积累期，此期为生殖生长阶段，生长以块茎增长为主，是淀粉积累的主要时期。9月下旬，生长期短的品种进入采收期。10月上中旬，大部分品种进入成熟收获期。

怀仁县动物物候：

燕子 4月份由南方飞来，10月份左右离开。在本地育雏，以苍蝇、蚊子等飞虫为食。

蟋蟀 本县多称“秋凉”。入伏时复活，天气越炎热，此虫越活跃，躲在树丛中长鸣不停。初秋叫嚣颇盛，深秋即踪迹全无。

蚂蚱 4月底5月初开始活动。遇旱成群结队，对庄稼和植被危害极大，到深秋隐藏不见。

蝴蝶 春天即来，入夏较多，秋天渐少，冬消失。

蛇 春为渐醒期，夏为兴盛期，于杂草乱石处多见褪皮空壳，秋天活动渐少，冬天进入休眠期。

苍蝇、蚊子 春冬为睡眠期，夏始，秋更盛。

青蛙 春末在水潭里大量产卵，夏秋两季成形，雨后活动频繁，冬天消失。

第四章 自然资源

第一节 土地

1983年土地普查，全县国土面积1820821.9亩，其中耕地839168.6亩（净耕地669432亩），占土地总量的46.1%；园地9124.4亩，占土地总量的0.5%；林地316520.3亩（有林地219506.2亩），占总量的17.4%；草地216486.4亩，占总量的11.9%；城乡居民用地52421.1亩，占总量的2.9%；工矿用地21868亩，占总量的1.2%；交通用地39976.5亩，占总量的

2.2%；特殊用地 32279.9 亩，占总量的 1.8%；水域占地 78606 亩，占总量的 4.3%；待利用地 179989.3 亩，占总量的 9.9%；其他难于利用地 34981.4 亩，占总量的 1.9%。2011 年，全县国土总面积 123400.84 公顷，其中耕地 50785.4 公顷，园地 332.01 公顷，林地 27730.92 公顷，草地 16417.41 公顷，城镇、村及工矿用地 10458.24 公顷，交通用地 4798.21 公顷，水域及水利设施用地 6058.73 公顷，其他用地 6819.92 公顷。

第二节　水

怀仁县水资源由地表水、地下水、引黄水、再生水（污废水净化再利用）四部分组成。全县地下水总贮量 8.37 亿立方米，年均水资源可利用总量 10962 万立方米，其中本地天然水资源可利用量是 6062 万立方米。水资源量人均 304.50 立方米，亩均 150.20 立方米。两项指标均低于全省人均 3810 立方米、亩均 180 立方米的均值，远低于全国人均 2241 立方米、亩均 16360 立方米的均值。

地表水 全县年均地表水资源量 1337 万立方米。其中，本地年均山区径流量 436 万立方米，平川区径流量 471 万立方米，合计 907 万立方米。年均入境径流量 430 万立方米。

地下水 本县地下水年均资源量 6559 万立方米。其中，盆地平原区地下水资源量为 6194 万立方米，山丘区地下水资源量为 355 万立方米。地下水年均可开采量 4725 万立方米，其中，盆地平原区地下水可开采量 4621 万立方米，一般山丘区地下水可开采量 104 万立方米。

境内东、西两侧山区及黄花梁火山残丘区赋存有裂隙水，中部平川区松散堆积层赋存有孔隙水。根据各类含水岩层分布特征及富水性，可划为分四个区，即一般山丘区裂隙地下水区、洪积扇孔隙地下水区、冲积平原孔隙地下水区和冲湖积平原孔隙地下水区。

一般山丘区裂缝地下水区 分布在盆地平川区两侧，东、西山区以及南部火山残丘区。根据岩性及地下水的赋存条件，该区可再分为四个分区；变质岩裂隙水区，分布于东、西山区。在魏庄、马庄、禅房、大峪口、王坪、悟道、下峪等较大沟谷中，普遍有泉水出露，涌水量 3.6 ~ 10.8 吨 / 时。石井一带沟口，泉水量达 18 ~ 25 吨 / 时。碳酸盐岩类裂隙岩溶水区，分布于西部山区。寒武、奥陶系石灰岩含水层，泉水及钻孔单位涌水量都不大，只在断裂构造带可形成富水带。在碗窑、小峪口的沟壑，寒武、奥陶系石灰岩中出露泉水四处，涌水量 0.36 ~ 8.0 吨 / 时。鹅毛口等地奥陶系石灰岩含水层钻孔涌水量 0.08 ~ 0.70 升 / 秒。碎屑岩类裂隙水区，主要分布在西部山区吴家窑、小峪口、鹅毛口以西一带。其中石盒子组砂岩含水相对较富，绝大部分泉水均出自本层， 流量一般 1 ~ 3.6 吨 / 时，小者 0.25 吨 / 时、大者可达 7.5 吨 / 时。本溪组、太原组、山西组地层中水量均较小，钻孔抽水涌水量 0.72 ~ 1.33 吨 / 时 , 小者 0.036 ~ 0.1 吨 / 时。此外，在小峪一带钻孔揭露有自流水，涌水量 0.17 ~ 0.93 升 / 秒。玄武岩裂隙水区，主要分布于黄花梁，井水量一般小于 1 升 / 秒，仅在局部风化裂隙带中水量较大，如曹庄、翰林庄一带水井出水量达 10 升 / 秒。

洪积扇孔隙地下水区 主要分布于东、西部山前倾斜平原区，含水层岩性以第四系上更新统至下更新统砂砾石、卵石、粗砂含砾石为主。含水层颗粒较粗，透水性强，补给来源充足，水量大，水质好，为饮用及灌溉用水的良好水源，但由于分布不均，富水性也有差异。洪积扇丰富水区，主要分布于大峪河、鹅毛河洪积扇中上部的槽洪相部位，含水层岩性为砂卵砾石层，水位埋深大于 30 米，含水层 8 ~ 11 层，厚度 45 ~ 60 米，单井涌水量大于 2000 吨 / 日，局部地段可达 3000 吨 / 日以上。洪积扇中富水区分布于各大洪积扇轴部的两侧和小型洪积扇的中部， 含水层岩性以粗砂含砾及粗中砂为主； 水位埋深大于 10 米， 含水层 5 ~ 7 层，厚度 15 ~ 35 米，单井涌水量 1000 ~ 1500 吨 / 日，局部大于 1500 吨 / 日，个别小于 1000 吨 / 日。洪积扇弱富水区分布于各大洪积扇的下部和北信庄、石井、悟道、王坪等扇间地块及魏庄、马庄、禅房扇间地块的下部，含水层岩性各地不同。扇间地块以胶结状的薄层砂砾为主，洪积扇下部则以中细砂为主；地下水埋深变化较大，洪积扇下部和扇间地块的下部 5 ~ 20 米，扇间地块上部 30 ~ 60 米，王坪村中水井地下水埋深达77米。总的规律是，由洪积扇上游至下游地下水埋深逐渐变浅，由北向南地下水埋深逐渐变深。主要含水层3～5层，厚度15～20米，单井涌水量500～1000吨/日，局部大于1000吨/日。

冲积平原孔隙地下水区 主要分布于各洪积扇裙下部和冲湖积平原之间的地带，含水层在水平与垂直分布上不均匀，具有条带状分布特点。本区可分为三个亚区：中等富水亚区，主要分布在洪积扇裙边缘及黄花梁以北盐丰营、第三作西部，新家园、南铺、北铺、宋家庄、何家堡、县城中西部，里八庄和尚南头、翰林庄、南阜、石庄、周家窑等村以西一带，含水层在古河床部位，一般以粗砂含少量砾石或半胶结的砂砾石层为主，其它地区则以中细砂含砾及薄层中、细砂为主。盐丰营一带含水层厚度较大，颗粒较粗，地下水量丰富。秦城、胡寨一带，处于非古河道地段，涌水量仅有250～600吨/日。弱富水亚区，分布于黄花梁以北，段家堡至日中城一带，以及冲积平原与冲湖积平原交接地带的阎家寨、县城以东柳东营村以西一线，及东部大顶山前倾斜平原下游的王庄、张家堡一带，含水层以中、细砂为主。石庄、周家窑一带夹有薄层砂砾石层，郝家寨一带浅层有粗砂含砾， 晏头一带则以粉细砂为主。单井涌水量100～500吨/日，局部大于500吨/日。王庄、王皓疃、张家堡一带，含水层以细、中为主，局部地段浅层有粗砂含砾，岩层呈固结状，不利于降水入渗， 加之上游大顶山前补给不足， 故地下水量一般仅有200～300吨/日。冲积平原与冲湖积平原交接孔隙水区，主要分布于中东部倾斜平原上部及南家堡滩，尚南头以北、小东庄以南盐碱区。该区位于盆地中心，地形平坦。在毛皂、里八庄一带发育有良好的古河道。

冲湖积平原孔隙地下水区 该区主要分布于桑干河两岸的南小寨、上海子、下海子、高镇子、马辛庄、清泉等村，桑干河与浑河交汇的三角区及浑河两岸的小昌城、旧站、新桥等村。该区域地势低洼，地下水径流不畅。含水层以粉细砂为主，含水层2～3层，总厚度小于5米，而且水质不好。单井涌水量小于100吨/日。

境内地下水无色、无味，ph值在7.5～9.0之间，呈弱碱性。化学类型为HCO_3、HCO_3+SO_4、HCO_3+C_l、SO_4+C_l。山区、山前倾斜平原区及边店、南米庄、南晏庄一带 Ca_2 +、Mg_2 + 总浓度小于等于 6 毫克 / 升，属软水或微软水。平川区大部分地区 Ca_2 +、Mg_2 + 总浓度约为 6 ～ 9 毫克 / 升，属硬水。以桑干河盆地为中心，黎寨、东昌城、小盐坊等地 Ca_2 +、Mg_2 + 总浓度约为 6 ～ 15.2 毫克 / 升，属极硬水。绝大部分的山区、山前倾斜平原区地下水矿化度小于 1 克 / 升，水质普遍良好，符合国家规定的各项指标，适合于饮用和农田灌溉。只有桑干河盆地周边少部分地区地下水矿化度达 3.75 克 / 升，水质极硬，不适宜饮用和农田灌溉。

引黄水 山西省引黄北干线于 2011 年 5 月份竣工，本县受水区规划日供水量 10 万立方米，年供水量 3650 万立方米。

再生水 2011 年本县再生水可利用量为 1250 万立方米。一部分来自县域北部口泉河上游大同市生活及生产排水，600 万立方米，另一部分来自本县黎寨污水处理厂的排水，2012 年为 650 万立方米。

第三节　矿藏

主要矿产资源 怀仁县矿产资源种类较多，据 1996 年山西省地质勘查开发局区域地质调查队勘查统计，全县矿产资源共有 30 类 73 种。其中有燃料矿产 2 种、金属矿产 6 种。按其工业价值分类，则有 23 类 66 种矿产具有工业价值或具有工业远景。其中优势矿产有煤、石灰岩、白云岩、高岭岩、耐火黏土、铝土矿、高铝黏土、花岗岩、大理石、玄武岩、砖瓦黏土、水泥黏土；远景矿产有煤层气、铁矿、镓、铁矾土、辉绿岩、耐酸石材、耐碱石材、盐碱硝、紫砂陶土、建筑砂石。一般矿产有铜、锗稀土、磷矿、花岗伟晶岩、钾长石、石英等。

全县矿产资源特点为：煤、铝土矿、高岭岩、白云岩、紫砂陶土等矿产资源丰富，其他矿产资源量相对比较丰富。可供利用的主要矿种为煤、铝土矿、高岭岩、白云岩、石灰岩、紫砂陶土，次为砖瓦（水泥）黏土。

煤 本县煤田位于县境西部，是大同煤田的一部分，属双纪沉积的煤田，面积约 110 平方公里，地质储量约 38 亿吨。煤种属气煤，煤色黑如漆，光泽甚强，质性亦坚，富于固定炭素。煤层分太原统和山西统两个含煤系，太原统含 11 层煤，可采煤层有 10 层，煤层总厚平均约 32.49 米，含煤系数 37.4%；山西统含煤 4 层，可采煤层有 1 层，煤层平均厚 1.59 米。

软质黏土矿 储藏于县城西南吴家窑与碗窑村一带，东山矿层黏土露头长度断断续续，约 400 ~ 500 米，厚 2 米，面积约 0.25 平方公里。在碗窑的黏土（俗称砂石）洞中，还有 70 厘米厚的含炭质高的软质黏土及 3 米厚的含铁质多的半硬质黏土，面积 0.2 平方公里，总面积为 0.45 平方公里，储量 8379 万吨。黏土矿为层状的沉积矿床，走向一般为北东方向，倾向东南。矿体成份，平均品位是：SIO_2 为 54.4%，Al_2O_3 为 25.8%,Fe_2O_3 为 7.5%，CaO_3 为 1.1%，灼减量 14.2%，水份 4.4%。

锰矿 县城西北窑子头一带，出露的石炭纪石炭岩接触处储藏有锰矿，属口泉锰矿区的延宕部分，厚薄相差不多，平均约有 10 厘米。

长石矿 储藏于县城东南部大头顶山区，由镇子梁北侧视之，桃色长石交杂于伟晶花岗岩或石英粗面岩内，分布甚广。长石颜色雪白，质极纯，矿区长 30 ~ 35 公里，储量较大，但在本县境内，含量较零碎。

铁矿 储藏于县西部山区，悟道沟有黄铁矿产出。鹅毛口一带铁矿石储量 60 万吨，芦子口一带铁矿石储量 48 万吨，吴家窑一带铁矿石储量 48 万吨，禅房一带硝铁矿石储量 0.9 万吨。以上各地总储量为 125 万吨，铁矿石含铁量可达 20 ~ 50%。此外，黄花岭西尚南头一带也有铁矿，每公斤矿石可炼 0.4 公斤铁。早在元代，在清凉山、芦子沟等置利国驿冶铁，立炉冶炼。

石灰石 广泛分布于西部山区。

砂 储藏于毛皂、河头、亲和、海北头等乡镇，均为中细砂，尤以毛皂、里八庄一带为佳，含土量为 1 ~ 1.5%。

食盐 储藏于毛皂、海北头、河头等乡镇的盐碱下湿地带。民国 25 年（1936）统计，全县有 58 家熬盐户，年产食盐（红盐、白盐、化盐）948500 公斤。20 世纪 70 年代停止熬制。此外还有铅钒土、煤矸石、蛭石、方解石、云母、石英等。

第四节 野生植物动物

木本植物

山核桃：东、西部山区均有分布，西部山区较多，桃仁可入药用。

山槐：东、西山均有零星分布，数量较少。

酸枣：西部后山多见。

柏树：山区零星分布，木质较硬。

圪了棒：各山区均有分布。

桦树：分布在吴家窑石门沟，面积 76 亩。

油松：1977 年始在大南山大面积栽植，2010~2011 年在西山成片栽植。

另外，山区零星分布有：白蜡、暴马丁香、小叶女贞、连翘、梓树、黄波罗、沙棘、沙枣、山楂、杜梨（嫁接梨树的砧木）、山桃、山杏、山丁子（嫁接苹果的砧木）、榆叶梅等。川区零星分布有：丁香、臭椿、桑树、玫瑰、皂荚、枸杞等。

草木植物

山区常见有：针茅、披碱草、胡枝子、狐尾草、绣线菊；川区常见有青草、白草、马齿苋、苦菜、豆草、苦艾、荆刺草、蒺藜等；盐碱滩地常见有沙蓬、碱蓬、粘蓬、盐吸、白蒿、芦草等；河滩和低湿地带常见有芦苇、莎草、马齿苋、香蒲、水草、寸草苔藓等。另外还有臭黄蒿、牛枝子、狗尾草、老鸹麦、笈笈草、老牛草、猪草、草木耳、草苜蓿、无根草、地瓜瓜、敲瓜瓜、茅草、小蒜、米蒿、沙蒿、狼刨苗等零星分布。

药材

苍耳：川区地埂、田间路旁均有分布。

蒲公英：俗称黑根，广泛分布于河漫滩低湿地带。

黄柏：产于大南山中。

山桃：西部山区随处可见。

其它药材有：细辛、苍术、紫苏、车前子、知母、甘草、追风草、麻黄草、益母草、枸杞子、荆芥、何首乌、茵陈、土伏苓、天仙、远志、柴胡、耧露草、地榆、郁金、二丑、白茅根、五灵脂、杜仲、苦菜、党参、黄芪、黄精、大蓟、小蓟、蓁艽、板兰根、枳壳、白芷、瞿麦、王不留、防风等。

花类

地椒椒：花开期奇香扑鼻，分布于多年未开垦荒地及林地之中。

野菊花：红、白色居多，常见于山区向阳地带。

另外还有：马兰花、小麦抽亭、打灯碗、山丹丹、栽栽面、蜀葵等。

菌类

地皮菜：雨后多生于多年弃耕荒地和老滩地中，可食用。

蘑菇：多产于老树林中。

马屁泡：极少见，止血效果较佳。

鸟类 鹰 雕 鹤 鹳 野鸭 羊鶄 鸡鶄 鸱鸮 沙鸡 半鸡 石鸡 野鸡 猫头鹰 喜鹊 乌鸦 麻雀 麻燕 布谷鸟 大雁 燕子 杜鹃 红靛 蓝靛 黄莺 百灵鸟 鸽子 鹌鹑 柳叶 蒜瓣 画眉 山雀 青雀 蜡嘴 斑鸠 蒿雀 鹞子 一点油 啄木鸟 捞鱼鹳等。

兽类 豹 狼 狐狸 狗熊 獾子 黄羊 兔 黄鼠 松鼠 黄鼬 老鼠 刺猬 蝙蝠 跳腿 野猪 马夜猴等

鱼类 鲤鱼 鲢鱼 草鱼 鳝鱼 虾 鳅等。

虫类 蝴蝶 蜻蜓 土蜂 抱蝇虎 螳螂 蟋蟀 蜈蚣 蚯蚓 蜗牛 蚰蜒 粪牛 蝗虫 蚂蚁 蝈蝈 蜘蛛 斑蝥 蝼蛄 牛虻 打灯蛾 偷面贼 马蜂 苍蝇 蚊子 瞎蜢 天牛 天狗 毛虫 瓢虫 食蚜虫 皮板虫 蚕 核桃虫 跳蚤 鳖虱 米象 麦蛾 谷蠹 玉米螟等。

两栖类 青蛙 蟾蜍。

爬行类 蛇 蜥蜴。

第五章 自然灾害

第一节 旱灾

北魏太和十一年（487），干旱歉收，发生饥荒。

辽大康元年（1075），干旱歉收，发生饥荒，官方赈济灾民。

元至顺二年（1331）四月，春旱不能播种。

明永乐十四年（1416），干旱歉收，发生饥荒。

明正统十四年（1449），干旱歉收，发生饥荒。

明景泰元年（1450），干旱歉收，发生饥荒。

明成化九年（1473），发生水灾和旱灾。

明嘉靖二年（1523），发生旱灾，农作物受灾严重

明嘉靖十年（1531），干旱歉收，受灾严重。

明万历三十八年（1610）干旱歉收，发生饥荒。

明崇祯十四年（1641），大旱。

清康熙十八年（1679），干旱歉收，受灾严重。

清康熙二十八年（1689），干旱歉收，受灾严重。

清康熙三十三年（1694），干旱歉收，受灾严重。

清康熙六十年（1721），旱。

清雍正八年（1730），旱。

清乾隆十年（1745），发生秋旱，农作物受灾严重。

清乾隆十八年（1753），大旱。

清乾隆二十四年（1759），发生秋旱，农作物受灾严重。

清乾隆五十二年（1787），发生秋旱，农作物受灾严重。

清嘉庆十六年（1811），干旱歉收，发生饥荒。

清嘉庆二十二年（1817），发生干旱，秋天出现霜冻。

清道光十二年（1832），发生干旱，秋天出现霜冻。

清道光十九年（1839），干旱歉收，发生饥荒。

清光绪三年（1877），夏天发生干旱，秋天出现霜冻，农作物受灾严重，山区受灾更重，物价上涨，人们啃树皮为食，死亡人数很多。

清光绪二十六年（1900），大旱，民饥。

民国 18 年（1929），春旱不能种。

民国 24 年（1935），入夏久旱不雨，夏禾枯黄大半。秋后燥热异常，生病人数大增。

1951 年，入夏以来，久旱不雨，各种病虫害相继发生。

1955 年夏，两月未落透雨，吴家窑、第三作一带干旱成灾。山区莜麦、豌豆 30% 枯死，川区有 4000 多亩马铃薯底叶枯黄，未能扬花。

1960 年，春三月滴雨未降，地面干竭，大面积农田不能适时播种。

1962 年，夏旱，农作物不能适时抽穗，籽粒多秕。

1965 年，春三月滴雨未降，地面干竭，大面积农田不能适时下种。

1967 年，旱，受害面积 10.7 万亩。

1972 年，大旱，春三月滴雨未降，6、7 月降水只有正常年景的 13%，作物穗小，籽粒多秕。

1975 年，春旱，大面积农田不能适时下种。

1977 年，秋旱，农作物籽粒不饱。

2000 年 1 至 5 月份，全县降水量 36.7 毫米，受旱面积 28 万亩，严重受旱 14.3 万亩。

2009 年，本县遭遇五十年一遇的最严重旱灾。从上一年 11 月到本年 6 月几乎没有有效降水。全县 9 个乡镇 155 个村普遍受旱，其中 65 个村旱情严重，受灾总面积达 52.6 万亩，其中绝收面积 19 万亩。受灾 33632 户，12.6 万人。直接经济损失 1.86 亿元。

2010 年上半年，降雨量较常年严重减少，其中受旱面积 48 万亩，全县 9 个乡镇 152 村受灾，直接经济损失 5049 万元。

2011年，全年降水偏少。全县10个乡镇农作物受灾面积36万亩，4.1万人受灾，直接损失达3794万元。

2012年，后夏干旱，至8月15日只有一次6.6毫米的有效降水，对大秋晚熟作物的后期灌浆有一定影响。

第二节 风灾

元治元年（1321）三月，飞沙壅没麦田。

1960年7月2日，七级大风夹有暴雨、冰雹，6.3万亩农作物受灾。

1961年8月30日、31日，六级大风伴有冰雹，受灾面积4900亩。

1965年7月13日，八级大风伴有冰雹，折断树木，受灾农作物3.1万亩。

1967年，部分地区大风折断农作物秸秆，受灾面积2.4万亩。

1973年8月13日，九级大风伴有冰雹，烽火台等31村受灾，受灾面积5.5万亩。

1977年6月27日，大风伴有暴雨、冰雹，小峪口、王卞庄等36村的2100亩玉米，10～20%的禾苗被折断，1000亩小麦30～50%的颗粒落地。

1978年6月28日，大风伴有急雨、冰雹，仝庄、赵麻寨等21村受灾，受灾面积3.2万亩。本县冬、春两季大风日数较多，据1972年—1979年统计，年平均大风日30天。因对农作物未能成灾，多无记载。

1998年9月8日下午2时59分，龙卷风袭击河头中学校园，校训壁被风刮倒，11名学生被砸，6名学生当场死亡，2名学生被风卷起50余米，落地后安然无恙，校园内6棵大树被连根拔起，刮倒围墙139米。

2004年7月3日，十一级大风，供电铁塔刮倒五座。

2010年3月19日，遭遇强沙尘暴，全县8个乡镇共17个村受灾，受灾总面积达800余亩，其中设施农业大棚受灾尤其严重， 受灾面积62.4亩，受损棚膜567块，草帘18484块，防风膜626块，倒塌居民、学校围墙19598米，共计直接经济损失1602万元。

2011年6月15日，河头乡遭龙卷风袭击，大风吹倒院墙300余米，40

人受灾，直接经济损失 4.8 万元。

2012 年 11 月 27 日，晚瞬间风力达 21.7 米 / 秒，部分广告牌被吹落损坏。

第三节　洪 涝 雨 雪灾害

辽咸雍四年（1068）六月，发生暴雨和冰雹灾害。

元元贞七年（1300）八月，发生暴雨和冰雹灾害。

元皇庆二年（1313），发生暴雨和冰雹灾害。

元泰定三年（1326）六月，因暴雨引发洪涝灾害。

明成化九年（1473），水灾。

明万历八年（1580），水灾。

清乾隆十一年（1746），发生暴雨和冰雹灾害。

清嘉庆二十四年（1819）七月，下大雨七日夜。

清嘉庆二十五年（1820）七月，大雨。

清道光十三年（1833），发生暴雨和冰雹灾害。

清咸丰十年（1860）二月，雨雪 40 日，平地雪深三尺，当年农作物喜获丰收。

清同治十年（1871）七月二十七日，大雨七昼夜不止，平地水流成河，居民房屋浸倒无数。

清光绪十年（1884），因暴雨引发灾害，发生饥荒。

清光绪十八年（1892），因暴雨引发灾害，发生饥荒。

民国 20 年（1931）7 月，暴雨，鹅毛河洪水泛滥，冲毁中、下游大片农田，王下庄被淹，40 余人溺死。

民国 23 年（1934）7 月，连日大雨伴有冰雹，农作物受灾面积 700 余亩，损毁民房 50 余间。

1950 年 6 月 30 日，鹅毛口、海北头等 18 村遭水灾，受灾面积 3000 余亩，损毁房屋 51 间。

1951 年 7 月 28 日，山洪暴发，薛家庄、刘晏庄、冯庄等 27 村受灾，毁房屋 2488 间，毁青苗 1.9 万亩。

1952 年 7 月 27 日晚，西山洪水使新家园等 27 个村遭灾。

1953 年 8 月 24 日至 26 日，连日降雨成灾，全县塌房 3084 间，陷塌水井 682 眼，石井 564 眼，泡坏马铃薯 2.3 万亩。

1954 年，洪涝成灾，47 村受灾，受灾面积 2 万亩，涝灾 32 村，受灾面积 15.6 万亩。

1967 年 8 月，水灾，受灾面积 1.5 万亩。

1970 年 5 月 23 日， 大峪口等 27 村遭暴雨和雹灾， 受灾面积 4 万亩，暴雨冲毁左沙公路路基千余米。1971 年 7 月 19 日晚，新家园一带暴雨 3 小时，平地起水约 67 厘米。

1973 年 8 月 13 日下午 3 时，突降暴雨，伴有 7 至 9 级大风和冰雹，烽火台等 31 村受灾。洪水冲毁水库 4 座，防渗渠 2860 米，农作物受灾面积 5.5 万亩。

1977 年 5 月 13 日，全县普降罕见大雪。14 日凌晨降温，50 万亩农作物遭冻灾。已出土的 9 万亩谷田，30% 的禾苗被冻死。甜菜、油料、蔬菜等作物冻死面积 2.1 万亩，占播种面积的 19%，玉米、高粱冻死面积 2.8 万亩，占播种面积的 15%。

1978 年 6 月 28 日下午 5 时许，全县普降 10 分钟暴风雨，使马辛庄、河头、新家园、吴家窑 4 个公社的 21 个大队受灾，受灾面积 3.2 万亩。

1990 年 3 月 19 日至 20 日，连日雨雪纷纷，降水量达 63.7 毫米，积雪厚 20 多厘米，给全县通讯、电力设备造成严重破坏，全县 60% 的广播线路杆倒线断，总计 2630 根，有 9 个乡镇通讯中断。总计损失近百万元。

1991 年 7 月 21 日，全县普降暴雨，降雨量 53.8 毫米，道路积水严重，部分房屋进水。

1995 年 8 月 31 日至 9 月 9 日，全县连续降雨十日，降雨量达 133 毫米，粮食作物受灾面积 24.6 万亩，其中重灾 18 万亩，倒塌房屋 915 间，圈舍 2724 间，造成危房 4671 间，冲毁公路 32 公里，损坏防渗渠 10204 米、高灌水井 45 处，直接经济损失 6534 万元。

2001年8月19日，全县普降暴雨，降雨量60.4毫米，道路积水严重，部分房屋进水。

2002年6月24日，全县遭受大面积积雨伴随冰雹的强降水袭击，各乡镇农作物不同程度遭受损失，其中云中镇受灾面积4万亩，何家堡乡受灾面积3.1万亩，亲和乡受灾面积2万亩。

2003年7月27日，全县普降暴雨，降雨量51.7毫米，道路积水严重，部分房屋进水。

2009年11月，全县普降大雪。受损大棚共计680个，直接经济损失约942万元。6处养殖场6262平方米养殖棚倒塌，直接经济损失206.25万元。

2010年4月26日，遭受严重风雪灾害。何家堡、海北头2个乡镇的12个村受灾，受灾面积9653亩，其中约8000亩玉米绝收。750亩经济林严重受灾。4个蔬菜大棚毁损。直接经济损失达270万元。

2010年9月17日晚，突降暴雨，部分地区发生山洪，受灾面积1543亩，直接经济损失165万元。

2011年6月15日，河头乡东昌城村突遭特大暴风雨袭击，因灾倒塌院墙300平方米。

2011年7月16日，吴家窑镇发生一起泥石流灾害，1000平方米左右街道遭到泥石流的堵塞，淤泥石渣大约有300立方米，23间房屋不同程度受损，直接经济损失2.3万元。

2011年7月20日，突降雷阵雨，伴有冰雹，河头乡张家堡村、马辛庄乡南米庄村、金沙滩镇部分村受灾。

2011年8月3日，突降雷阵雨，伴有冰雹，马辛庄乡7个村、毛皂镇5个村受灾。

第四节 雹灾

元大德五年（1301）八月，发生冰雹灾害。

元皇庆二年（1313），发生冰雹灾害。

明嘉靖三十一年（1552），发生冰雹灾害，受灾严重。

清乾隆十一年（1746），发生冰雹灾害。

清道光十三年（1833），发生冰雹灾害。

民国23年（1934）7月，连日降雹，受灾面积7000亩。

1950年6月，鹅毛口、于家园等14村遭雹灾，最大冰雹3公斤，一般大如鸡蛋，60%的禾苗被毁。

1952年7月12日，赵麻寨、阎家寨、东作里、陈庄等51村遭雹灾，受灾面积5.1万亩，其中1.7万亩作物需改种。

1953年6月16日，曹四老庄、宋庄、刘晏庄等46村遭雹灾，受灾2.9万亩，其中改种1.2万亩。

1954年，有156村遭雹灾，受灾面积16.8万亩。

1960年7月2日，悟道、郝家寨、西小寨、新家园等26村遭风雨和雹灾，风力七级，雹大如杏，受灾面积6.3万亩。

1961年8月30日、31日，柳东营、南米庄、里八庄、毛皂等11村，两次遭雹灾，雹大如红枣，降雹20分钟，伴有五、六级大风，受灾面积4900亩。

1963年9月13日，鹅毛口、何家堡、海北头、清水河等39村遭风、雹灾。风雹持续30分钟，雹大如拳，风雹过后，地面积水约13厘米至17厘米。

1964年7月29日，石庄、安宿疃、赵麻寨等16村遭雹灾，受灾面积2.3万亩，其中绝收面积为1627亩。

1965年7月13日，曹四老庄、古家坡等15村遭雹灾，降雹20分钟，雹大如核桃，小似杏，伴有七、八级大风，受灾面积3.1万亩，其中基本无收成的特重受灾面积1096亩。风雹折断树木18株，死伤7人，羊52只。

1967年，部分地区遭雹灾，受灾面积9.9万亩。

1970年5月23日，大峪口等27村遭暴雨和雹灾，受灾面积4万亩。

1973年6月25日，南彦庄村遭雹灾，持续降雹2小时，雹大如鸡蛋，地面积雹4寸，受灾面积3400亩。同年8月13日，烽火台等31村遭雹灾，冰雹打死两头牛、37只羊，受灾面积5.5万亩。

1976年8月16日，干沟、赵麻寨、周家窑、下湿庄等25村遭雹灾，雹大如核桃，农作物受灾面积5.7万亩，其中减产40%的重灾面积约3万亩。

1977年6月20日，秀女村、裴家窑、南米庄、陈庄等9村遭雹灾，雹大如核桃，农作物受灾面积5100亩。

1977年6月27日至29日，连续3日降雹。小峪口、北辛村、王下庄等26村受灾，受灾面积3.1万亩，其中重灾面积7800亩，成熟小麦减产30～50%。冰雹伴随大风急雨。洪水冲垮石坝550米。

1977年7月12日、13日，连续两日降雹，东关、小滩头、旧站等22村受灾，受灾面积4.3万亩，其中特重灾1300亩，小麦减产50～80%。

1977年8月13日、14日，连续两日降雹，城关、何家堡、马辛庄、新家园、河头等10个公社的53个大队受灾，受灾面积12.4万亩。

1978年6月28日，赵麻寨、蒲里、峙峰山等21村遭雹灾，受灾面积3.2万亩，其中重灾面积1.1万亩。

1979年6月20日、29日，两次降雹，大盐坊、下米庄等45村受灾，受灾面积10万亩，其中重灾面积4.4万亩。

1979年7月10日、13日，两次降雹，何家堡、城关、亲和、吴家窑、金沙滩、新家园、海北头、河头8个公社的69个大队遭雹灾，受灾面积14.7万亩。

1982年6月12日至16日，大风和冰雹连续袭击了全县9个公社的97个生产大队，受灾面积32.4万亩。

1988年6月19日中午1时许，河头、海北头、城关3个乡镇的15个村遭受冰雹袭击，降雹时间持续10分钟，受灾面积达3.4万亩，重灾面积1.5万亩。

1990年8月6日下午，新家园乡遭受严重雹灾，降雹持续20多分钟，全乡4个村受灾面积8600亩。9月，有3个乡镇的30个村遭受雹灾，受灾面积9.9万亩，其中重灾面积1.5万亩。

1991年7月7日下午6时30分，马辛庄乡遭到冰雹袭击，有7个村10220亩作物受灾。7月12日下午4时30分，城关、鹅毛口、何家堡、海北头、里八庄5个乡镇的32个村遭雹灾，受灾面积45545亩，其中重灾村15个，面积19745亩。7月25日下午，郝家寨等14个村遭冰雹袭击，降雹20分钟，冰雹大如鸡蛋，受灾面积2.2万亩。

1992年7月10日下午，海北头、河头、马辛庄3个乡的14个村遭受雹灾，受灾面积3.39万亩，其中2000亩基本绝收。7月29日下午5时许，新家园乡尚希庄、路庄、北辛村、南辛村、北铺、陈家堡6个村遭受雹灾，雹粒直径1厘米，持续时间20分钟，受灾面积3万亩，其中重灾面积1.3万亩。8月6日下午3时许，鹅毛口镇王下庄、羊圈沟遭冰雹袭击，雹粒直径2厘米，持续30分钟，受灾面积3980亩，其中1872亩绝收。

1998年6月22日下午5时许，毛皂镇遭受冰雹袭击，降雹持续10分钟，雹大如核桃，29914亩农田受灾，直接经济损失1350万元。

2010年7月17日下午，河头乡小昌城、李家小村、旧站三个村遭受冰雹灾害，降雹持续时间达20分钟，同时还伴有雷雨大风，风力达5～6级，1480户5560人受灾。农作物受灾面积930.7公顷，直接经济损失268万元。

2011年6月6日，云中镇、亲和乡、海北头乡遭冰雹袭击，4189公顷农作物受灾，直接经济损失4343.85万元。6月15日，新家园乡、金沙滩镇遭冰雹袭击，6133公顷农作物受灾，直接经济损失2416.2万元。7月10日，金沙滩、新家园、亲和、海北头、马辛庄、河头等乡镇遭冰雹袭击，1133.9公顷农作物受灾，直接经济损失1474.3万元。7月20日，金沙滩、河头、马辛庄遭冰雹袭击，128公顷农作物受灾，直接经济损失170.26万元。8月3日，马辛庄等乡镇遭冰雹袭击，1453公顷农作物受灾，直接经济损失687.12万元。

第五节　霜冻

清乾隆二十四年（1759），秋霜，农作物枯萎，受灾严重。

清嘉庆二十二年（1817），秋霜，受灾严重。

清道光十二年（1832），秋霜，受灾严重。

清光绪三年（1877），秋霜，受灾严重，山村更甚。

1951 年 8 月，霜冻。

1967 年，霜冻，受灾面积 5967 亩。

第六节　虫灾

清顺治四年（1647），蝗灾，官方赈济灾民。

清道光十六年（1836），飞蝗入境，农作物受灾严重，百姓生活困难。

1951 年，入夏久旱不雨，各种病虫害相继发生，尤以钻心虫最普遍，成灾面积 1 万亩。

1953 年 6 月 21 日，下海子、刘晏庄、赵麻寨、吴家窑等 94 村遭虫灾，农作物受灾面积 1.3 万亩，受灾作物以莜麦、豌豆为主。严重时一株豆苗有 10 ～ 20 只虫子，豆叶全被吃光。

1964 年 8 月 18 日，海北头、毛皂、马辛庄、里八庄、怀仁等 5 个公社的 32 个大队先后发生了虫灾，虫口密度 40 至 80 之间，受灾面积 2.1 万亩，其中重灾面积 8170 亩。

1967 年，遭虫灾，受灾面积 1.7 万亩，是年全县因旱、水、风、雹、霜冻、虫害等多种自然灾害，粮食减产 1200 万公斤。

1990 年 7 月，全县 2.5 万亩小麦、20 多万亩玉米、谷子遭受黏虫灾害，虫口密度达每平方米 480 ～ 650 只。

1998 年 6 月 30 日，全县 12 个乡镇 109 个自然村发生蝗灾，虫口密度每平方米 50 至 100 只，最高达每平方米 250 只，发生面积 35 万亩。县政府动用飞机 13 架次，虫情基本得到控制。

2004 年 6 月，全县土蝗发生面积 38 万亩，草地螟发生面积 37 万亩，此次灭蝗动用飞机 6 架次。

第七节　地震

北魏普泰二年（532）九月，地震。

辽太平二年（1022），地震。

元大德九年（1305）四月，有声如雷。地裂二处，涌水尽黑，漂出松柏朽木。

元至正二十八年（1368），河岸崩，有鱼，大小缩结，可载数车。

明嘉靖四十年（1561），地震。

明万历九年（1581），地震有声。

清咸丰八年（1858）八月，地震。

清光绪二年（1876）九月二十六日，地震。

第六章　环境保护

第一节　环境质量监测

大气环境监测 1985年，怀仁县环境监测站成立，开展全县环境监测工作。1986年，雁北行署环境保护局新增怀仁县大气监测任务。

1991年，环境监测站开始对县城大气环境质量进行例行监测，设置四个监测点，每季度监测一次，主要监测大气中的氮氧化物、二氧化硫、TSP（总悬浮颗粒物）。2005年初，空气质量自动监测系统开始运行（每季的大气例行监测从此停止）。监测的项目为二氧化硫、氮氧化物、PM10（可吸入颗粒物）。

水环境监测 2010年5月，开展地表水环境质量监测，设立桑干河断面两个，分别为李家小村断面、马庄断面。两个断面常年断流，没有监测数据。

噪声监测 2009年在县城主要道路十字路口和文化广场共设立四个噪声监测双色屏，实时监测环境噪声数据，噪声分贝数实时显示在屏幕上。2010年开展区域噪声监测，并设立噪声监测点位。同年，在县城内规划噪声控制区，控制区面积21.5平方公里，9月份开始进行环境噪声监测和道路噪声监测。

区域环境噪声点位的设置，县城建成区按长宽215米×215米的网格面积，划分为250个网格，其中有效网格为219个，无效网格为31个。区域环境噪声平均值为50.4dB（A）。

在全县主次干道共布点45个进行监测。交通干线噪声检测，平均值为61.8dB（A）。2011年区域环境噪声点位的设置，对县城建成区以360米步长进行布点，将县城建成区划分为152个有效网格。其中，有效网格121个，无效网格31个。区域环境噪声平均值为50.7dB（A）。交通干线噪声对现有8条主干路、11条次干路、1条铁路进行监测布点。交通干线噪声平均值为60.8dB（A）。2011年在景沂园小区设立噪声监测屏，实时监测环境噪声。

工业企业污染防治设施年度检查监测 2010年度、2011年度，分别检查监测全县重点污染企业25家。监测涉及陶瓷、建材、化工等行业。

污染物排放在线监测 2008年首批三家企业实施在线自动监测，分别为污水处理厂、县人民医院、县中医院。2009年在线监测玉龙化工公司、中安化工公司、同星制药公司、王坪矸石电厂、同煤水泥厂、热源厂、雁门乳业公司。

第二节 污染防治

主要污染情况 2002年年初污染源情况：煤矿40家，洗煤厂1家，陶瓷厂14家，煤站3家，化工企业7家，水泥厂2家，莫来石厂11家，炼钢厂、轧钢厂8家，砖瓦建材企业8家，食品加工企业4家，其他企业8家；采暖锅炉55家，常年营业性锅炉27家，营业性饭店86家，美容美发店55家。2007年，从9月开始进行土壤污染情况调查，全县共布点100多个，经过点位优化后共确定39个采样点，其中背景点1个，重点源点位24个，普通点14个，共取土壤样本68个136瓶，各种粮食作物果实样本25公斤。2008年完成了第一次污染源普查工业源116家，并通过市局检查。

污染减排 根据中央、省、市、县精神和国家“十一五”规划纲要，县环保部门开展污染减排工作，主要控制二氧化硫（SO_2）和化学需氧量（COD）

排放总量逐年减少。2005 年，全县二氧化硫排放量为 7747 吨，2010 年二氧化硫的排放量为 5865 吨，比 2005 年下降了 24.29%；2005 年化学需氧量排放量为 3533 吨，2010 年化学需氧量排放量为 1043 吨，比 2005 年下降了 70.47%。2008 年全县二氧化硫排放量控制在 6600 吨内，比 2007 年减排 340 吨，化学需氧量排放量控制在 2490 吨以内，比 2007 年减排 874 吨。2009 年二氧化硫排放量为 6100 吨，化学需氧量排放量为 1096.27 吨。2010 年二氧化硫排放量 5865.62 吨，化学需氧量排放量为 1043.26 吨。2011 年全县二氧化硫排放量为 4796.66 吨，氮氧化物排放量为 2714.37 吨，氨氮排放量为 435.19 吨，化学需氧量排放量为 2522.71 吨，烟尘排放量为 3606.5 吨，工业粉尘排放量为 222.4 吨。2012 年，二氧化硫排放量为 4755 吨，氮氧化物排放量为 3532 吨，化学需氧量排放量为 2179 吨，氨氮排放量为 551 吨，烟尘排放量为 3611 吨，工业粉尘排放量为 227 吨。

烟尘控制区 2006 年，县城烟尘控制区面积 1.6 平方公里，占县城建成区面积的 35%。2009 年烟尘控制区 15.38 平方公里，占县城建成区面积的 71.5%。2010 年在烟控区范围内拔除锅炉或更换环保型锅炉 15 个，烟尘控制区面积为 17.7 平方公里，占县城建成区面积的 82.3%。已建成的烟尘控制区包括七个部分：烟控一区（新华北路以东，铁路线以南，长征北路以西，云州东街以北）面积 2.86 平方公里；烟控二区（铁路线以东，新华北路以西，云州街以北）面积 0.82 平方公里；烟控三区（铁路线以东，云州西街以南，新华北路以西，迎宾西街以北）面积 1.5 平方公里；烟控四区（新华北路以东，云州东街以南，长征北路以西，迎宾东街以北）面积 2.31 平方公里；烟控五区（新华南路以东，迎宾东街以南，长征南路以西，南环路以北）面积 2.99 平方公里；烟控六区（铁路线以东，迎宾西街以南，新华南路以西，南环路以北）面积 2.72 平方公里；烟控七区（铁路以西建成区域）面积 4.5 平方公里。其中烟控一区有锅炉 8 台，窑炉 1 座、食堂和营业大灶 96 眼；烟控二区有锅炉 3 台，食堂和营业大灶 134 眼；烟控三区有锅炉 4 台，食堂和营业大灶 222 眼；烟控四区有锅炉 4 台，食堂和营业大灶 217 眼；烟控五区有锅炉 18 台，食堂和营业大灶 227 眼；烟控六区有锅炉 5 台，食堂和营业大灶 45 眼；烟控七区有锅炉 27 台，茶炉 1 台，食堂和营业大灶 10 眼。烟尘控制区共有锅炉 73 台、茶浴炉 1 台、窑炉 1 座、食堂和营业大灶 951 眼。2011 年，在烟控区范围内取缔县城内分散采暖锅炉 14 台、茶浴炉 25 台，对沿街大灶进行清洁能源改造 237 眼，烟尘控制区覆盖率达到 81%。2012 年集中供热管网覆盖范围内燃煤锅炉 25 台被全部取缔。

天然气改造 2006 年开始，对县城内采暖锅炉、洗浴用锅炉以及饭店、桑拿等污染源进行天然气改造。2008 年，48 家单位采用天然气，占全县的 20.43%。2009 年，有 10 家陶瓷厂使用天然气，取缔县城内 458 家饮食摊点燃煤灶具，统一使用天然气、液化气等清洁能源，6 家更换环保型茶浴炉，取缔集中供热范围内 36 家取暖及茶浴炉，未在集中供热区内的 29 家采暖锅炉更换为环保锅炉。2010 年，全县已有 946 眼炉灶使用天然气、液化气等清洁能源，10 家陶瓷公司使用了天然气，1.17 万户居民使用了天然气，天然气年用气量达 885.9 万立方米。2009 年，城市气化率达 71%，2010 年，城市气化率 71.3%。2011 年，有 11 家企业完成煤气改为天然气工程，县城内 1.3 万户居民用上了天然气，城市气化率达 74%，较 2010 年增加 2.7%。2012 年，县城民用天然气用户累计达 2 万户，城市气化率达 85%。

企业环境治理 1990 年，开展乡镇企业污染源调查。“十五”期间搬迁县城内污染企业 6 家。2001 年，搬迁吴家窑瓷厂怀仁分厂，2002 年，搬迁雁北瓷厂、县陶瓷研究所、城关镇瓷厂、第一焦化厂、第二焦化厂，实现了县城内无重污染源存在的局面。1999 年底，全省开展“一控双达标”环保专项行动，本县市级控制达标验收单位 13 家，县级达标验收企业为 37 家。2000 年，对属省、市政府重点考核的环境达标企业 33 家进行了整治。2001 年，对全县土炼焦、小炼钢厂、小炼油厂等违法企业进行查处，共捣毁非法加工点 16 家，罚款 4 万元。清理大运路两侧小煤场 50 家，并处罚款 2.7 万元。在大运路清洁通道建设行动中，对全县 94 家排污单位，67 根排污筒，27 家炊事炉灶，1 家茶浴炉，6 台 1 吨以下锅炉，11 台 1 吨以上锅炉进行了治理或清理。同年，对全县电磁辐射、养殖业、加油站及相关环保产业进行了普查登记，其中电磁辐射企业 5 家，分别是电业 4 家，邮电 1 家；规模养殖业9家，分别是奶牛场2家，猪场2家，鸡场5家；机关产业5家，分别是供热1家，钢厂4家。要求加油站严禁销售70号汽油。

2002年，明鑫陶瓷公司、佳美乐陶瓷公司、伟远陶瓷公司分别投入17万元引进清华大学联锁增氧技术实行烟尘治理，实现了达标排放；华艺陶瓷公司、盛益陶瓷公司分别投入4万元采用固化加氧技术实行烟尘治理，实现烟尘达标排放；嘉明陶瓷公司投入100多万元采取窑前加氧、窑尾水膜除尘等措施，实现了烟尘达标排放。40多家采暖锅炉进行了除尘器安装或更换先进锅炉等方式，实现了烟尘达标排放。2003年，对9台采暖锅炉进行了烟尘治理，使县城环境质量明显改善。中安化工公司投资1290万元治理工业废水。同年，以烟尘、医院废水治理、打击“土小”企业为重点，对9条陶瓷隧道窑进行了除尘、脱硫技术改造。在整顿不法排污企业，促进经济结构调整环保专项行动中，对23家不法排污企业（其中小蓝炭7家，小钢铁10家，小造纸1家，莫来石倒烟窑5家）进行了处罚。小蓝炭、小钢铁、小造纸等违法企业立即关闭并予以取缔，倒烟窑限期治理。同年4月，防治非典型肺炎（SARS）工作领导组成立，对县有关单位下发了《“SARS”病毒污染的污水应急处理技术方案》和《“SARS”病毒污染的废弃物应急处理处置技术方案》。县政府下发《关于对医疗废水和医疗垃圾限期整治的紧急通知》。7月30日前，县医院、中医院的焚烧炉、污水处理站都已安装建设完成。2004年，对县城内的3家采暖锅炉进行了治理，对6家新上锅炉进行审批，并全部采用先进的污染防治设施。对新上马的宏鑫陶瓷公司的陶瓷生产线进行了烟尘治理和脱硫技术改造。

2006年，县政府对怀仁县中安化工有限责任公司下达停产治理决定。对全县陶瓷企业和莫来石企业实施限期治理，要求其改变燃料结构，使用清洁能源。2007年，3家陶瓷厂使用了冷煤气烧成。山西雁门乳业公司污水处理设施安装竣工并投入运行。2008年，138家工业污染源实施了全面达标工程。有117家完成了达标验收，有15家企业等待省市验收，有2家企业申请延期验收，4家企业实施关停。全县27家陶瓷企业和国益铁矿加工公司共投资1000万元，全部安装了山西中威公司处理技术有限公司生产的 ZW-XC-II 型陶瓷废水一体化净水装置和山西清泽环境科技有限公司陶瓷废水处理设备，配套建设了清水池、沉淀池、调节池等水处理设施，陶瓷废水出水水质达到《污水综合排放标准》（GB8978-1996）一级排放标准，SS ≤ 70mg/L，每年减排 SS600 多吨，特别是园区内的企业，通过废水治理后实现循环利用或达标排放。是年底，23 家陶瓷企业废水治理项目通过了市环保局验收。2009 年，全面达标任务完成，达标率 100%。同年，对 81 家企业的 50 多个水排污口、113 个大气排污口、15 个固废排污口设立全国统一标准排污口标志。全县境内所有煤站，部分煤矿和洗煤厂建起防风抑尘网。全县 26 家陶瓷企业全部完成清洁能源技术改造，其中 17 家使用了煤气，9 家使用了天然气烧成技术。2011 年 4 月，中安化工有限责任公司停产，2012 年，主体设施拆除。2012 年，怀仁县陶瓷厂破产。山西省大同下寨农场新型建材厂拆除所有生产设施，共削减二氧化硫排放量 45 吨，削减氮氧化物排放量 18 吨，削减烟尘排放量 13.4 吨，削减工业粉尘排放量 1.39 吨。

2010 年，工业企业污水治理共 6 家。佳美乐陶瓷采用 AO2 生化处理系统对工业废水进行处理，日可处理废水 300 吨。明星高岭土、碧华瓷业服务公司采用煤气洗涤循环水处理设备，主要对 SS、COD、氨氮等污染物进行处理，处理水量为 7.5 吨 / 小时，处理后的水质达标率 100%。联顺玺达公司柴沟煤矿、芦子沟煤矿、峙峰山煤矿建成了矿井水处理站和生活污水处理站，矿井水回用率达 100%，实现生活污水回用或达标排放。吴家窑镇移民新村投资 170 万元，建成 A/O 法生活污水处理站，每小时可处理污水 15 吨。同年县生活垃圾处理厂在海北头村东南开工建设，设计日处理生活垃圾 300 吨，填埋年限为 20 年，工艺采用改良型厌氧卫生填埋工艺，填埋库容 198 万立方米，2011 年正式试运行，初步实现了垃圾的分类收集和无害化处理。2012 年完成千家规模化畜禽养殖场农业源减排工程。

环保项目建设

怀仁县污水处理厂：工程总投资 7873 万元，污水处理采用奥贝尔氧化沟工艺。项目于 2003 年 4 月开工建设，至 2006 年 11 月，厂区建设、设备安装全部竣工，并进行了单机试车。2008 年 7 月 1 日通过了朔州市环境保护局环境保护竣工验收。2008 年 10 月 15 日正式启动在线监测装置，并与省环保局联网。2010 年，污水处理厂日处理污水 1.91 万吨，处理率达到 95%，出水水质达到一级 B 标准。处理后，中水 52% 用于农田灌溉，改善了桑干河水质，减少了污染物排放。

怀仁县热源厂：累计投资 4.01 亿元，2009 年开工建设，2010 年建设二期工程，2011 年建设三期工程。2010 年，新增集中供热 80 吨锅炉一台，新增集中供热面积 33 万平方米，总供热面积达到 361.3 万平方米，集中供热率达到 76.06%。2010 年，总供热面积达到 400.5 万平方米，到年底全县共取缔采暖锅炉 420 个。2011 年，新增供热管网 3.57 公里，新增供热面积 50 万平方米，总供热面积达到 470 万平方米。

第三节 生态保护

2004 年，完成京津风沙源治理 14.3 万亩，建立了以吴家窑镇为主的生态示范小区；大运高速公路两侧和城西 30 公里防风林带建设，形成了两条绿色长廊。全县森林覆盖率由 1997 年的 17% 提高到 22%。兴建改造广场 5 座，园林景点 20 多处， 创建园林单位 30 个。大树进城 5600 株，绿地面积增加到近 4 万平方米，城市绿化率达 30%。

2007 年 3 月至 10 月，开展大运高速公路绿色环保走廊专项行动。大运高速公路怀仁段全长 36.5 公里， 绿化带宽度每侧 20 米， 绿化面积 1600 亩。绿化带外围沿线荒山绿化完成 8400 亩。同年 3 月，县人民政府印发《怀仁县循环经济发展规划》。

2008 年，完善“一带、两山、三道、十片”为主体框架的生态林体系，新增造林面积 5.43 万亩，林木覆盖率达到 23%。积极实施生态富民工程，完成户用沼气 2285 户，建成大型秸秆气化和中型沼气站各 1 座，推广节能炕 500 户。

2009 年，编制和实施了《怀仁县城市规划环境影响评价报告》《怀仁县生态县建设规划》《怀仁县生态经济区划》《怀仁县生态功能区划》《怀仁县矿山环境生态恢复治理规划》。

2010年，推进了六大造林工程和蓝天碧水工程，全县新增造林面积3.5万亩，林木覆盖率达到23%，城市建成区绿化覆盖率达到了37.63%。水土流失面积综合治理面积46.7平方公里，其中新增沟坝地1.3平方公里、水保林30.06平方公里、种草1.0平方公里、生态修复14平方公里。累计治理面积达到177.1平方公里。治理度达到56%。2011年全县新增造林面积3.5万亩，林木覆盖率达到24%，城市建成区绿化覆盖率达到了39.7%。

1991—2012年怀仁县空气质量监测数据统计表

表2-8

年份	监测数据（个）	二氧化硫年平均值（mg/m^3）	氮氧化物年平均值（mg/m^3）	TSP年平均值（mg/m^3）	可吸入颗粒物（mg/m^3）	天气状况（天）				
						Ⅰ级	Ⅱ级	Ⅲ级	Ⅳ级	Ⅴ级
1991	240	0.039	0.034	0.58						
1992	240	0.043	0.036	0.529						
1993	240	0.040	0.050	0.617						
1994	240	0.037	0.042	0.44						
1995	240	0.036	0.045	0.56						
1996	240	0.026	0.030	0.42						
1997	240	0.039	0.040	0.46						
1998	240	0.040	0.043	0.46						
1999	240	0.045	0.043	0.48						
2000	240	0.036	0.041	0.47						
2001	240	0.055	0.052	0.53						
2002	240	0.047	0.043	0.46						
2003	240	0.042	0.041	0.34						
2004	240	0.040	0.042	0.37						
2005	2190	0.140	0.075		0.145	4	234	106	7	14
2006	2190	0.116	0.037		0.131	6	255	91	5	8
2007	2190	0.114	0.036		0.119	2	285	72	2	4
2008	2190	0.090	0.034		0.087	22	302	40	2	0
2009	2190	0.063	0.030		0.075	53	285	26	0	1
2010	2190	0.049	0.033		0.075	52	299	12	0	2
2011	2190	0.045	0.036		0.074	79	272	13	0	1
2012	2190	0.047	0.027		0.079	42	311			

第四节 环境保护

环保投资 2002年，县财政用于排污治理的总投入达到151万元，占当年地方一般性预算收入的2.11%。2002年至2003年，全县累计引进各种民间资金3600万元用于环保治理，其中嘉明陶瓷公司煤气发生站、世嘉实业公司煤气站的投资达到3000多万元。2006年全社会用于环保的投入为1.147亿元，主要有天然气、陶瓷污水治理、雁门乳业公司废水处理、县城污水处理、大气治理等，占GDP的2%。

2007年，全社会用于环保的投入达1.48亿元，比上年增长39.5%。主要有财政专项投入、天然气改造、陶瓷业噪声大气治理、清理煤场等，占GDP的2.1%。2008年，全社会用于环保的投入为2.1亿元，比上年增长413.6%。主要用于供热公司一期、二期工程1.45亿元、污水治理、垃圾处理、北坛森林公园、三河三湖水污染防治、京津风沙源工程等，占GDP的2.4%。2009年，全社会用于环保的投入2.19亿元，比上年增加4.30%。主要投入有热源厂、垃圾处理厂、生态保护、环保专项治理、城镇污水处理、西山坡十万亩生态林建设等，占GDP的2.36%。

2010年，全社会用于环保的投入为2.27亿元，比上年增长3.65%。主要投入有热源厂、垃圾处理厂、城建绿化、生态保护、三河三湖环保专项治理、城镇污水处理专项支出等，占GDP的2.2%。2011年全社会用于环保投入3.47亿元，比上年增长36.55%，主要投入有城镇污水处理、集中供热、垃圾处理厂、城建绿化、生态保护专项支出等，占GDP的2.46%。

环境保护评价 2007年，企业环境行为评价工作全面展开。企业环境行为等级共分五级，依次为绿色（环境行为优秀）、蓝色（环境行为良好）、橙色（环境行为达到环境管理要求）、红色（环境违法）、黑色（严重违法）。环境行为评价结果：山西雁门乳业有限责任公司、朔州矿业公司金沙滩集运站、朔州市蓝洁儿纸业有限公司为橙色、怀仁联顺玺达能源有限公司为红色。2008年环境行为评价结果：怀仁宏丰建材有限责任公司、怀仁嘉明瓷业有限责任公司、朔州世嘉实业有限公司、山西国怀精煤有限公司为橙色；怀仁县地方国营芦子沟煤矿、怀仁环宇净化材料有限公司、怀仁县美裕陶瓷有限责任公司、山西中联煤业有限公司为蓝色。2009 年环境行为评价结果：怀仁县污水处理厂、山西大峪口煤炭有限公司、怀仁县胜佳建材有限责任公司、怀仁县永祥建材有限责任公司、山西汇福科技发展有限公司、怀仁县大运化工有限公司、怀仁县聚鑫化工有限公司、朔州市方川商贸有限公司为蓝色；怀仁县华缶陶瓷有限责任公司、怀仁县龙欣陶瓷有限责任公司为橙色。

2010 年环境行为评价结果：怀仁县巨龙煤业有限公司、山西雁门乳业有限责任公司、怀仁嘉明瓷业有限责任公司、山西中瑞陶瓷有限责任公司为蓝色。2011 年环境行为评价结果：怀仁县跃兴陶瓷有限公司、怀仁县众和耐火材料厂、山西伊索莱特宝杰材料有限公司、怀仁县三友陶瓷原料有限公司、怀仁县云鑫耐火材料有限公司、怀仁县金牛耐火材料有限责任公司、怀仁县天龙耐火保温材料有限公司、怀仁县战联耐火材料有限责任公司为蓝色。

环境影响评价 “八五”期间，全县对环境有影响的建设项目共 10 项，办理环境影响评价的有 7 项，执行率为 70%；办理“三同时”审批手续的有 7 项，执行率为 70%；办理环评和“三同时”的有南窑集运站、县水泥厂、焦化一厂、焦化二厂、晋北机械铸造厂异型钢生产线、县化肥厂 4 万吨尿素生产线、陈家峪联营煤矿。“九五”期间，全县对环境有影响的建设项目共 3 项，全部进行环境影响评价和“三同时”审批，执行率 100%。办理环评和“三同时”的有大运化工厂石灰氮生产线、怀仁嘉明陶瓷有限公司和怀仁连顺洗煤有限公司。

2001 年，办理环境影响评价报告书 1 家（连顺陶瓷研究所），报告表 9 家。“三同时”执行率达到 100%。2002 年，全县新改扩建项目 8 个，全部进行环境影响评价，其中 2 个企业（聚鑫化工公司、环宇煤化公司）由环保局审批环评，1 家单位环保设施通过了验收（化肥厂年产 4 万吨尿素生产线）。环保局与工商部门联合年检，新登记企业 12 家。2003 年，与工商部门联合年检，登记企业 27 家。3 家新建企业环境影响评价报告表通过省、市环保部门审批，8 家单位环境影响评价报告书通过县环保局审批。2004 年，有10家单位环境影响报告书通过了县级环保局的审批。2005年，有16家建设单位环境影响报告书通过了市级环保局及县级环保局的审批。2006年，有8家建设单位环境影响报告书通过了市级环保局及县级环保局的审批。2007年，对山西天磊公司高岭土项目、怀仁县集中供热热源厂等一批投资上亿元的项目等20家单位环境影响报告书通过了省、市、县级环保局的审批。2008年，环评项目49家，执行率1,00%，竣工验收13家，验收率96%。2009年，共41家单位环境影响报告通过了省、市、县环保部门的审批。

2010年，全县共审批建设项目82个，其中报告书2个，报告表34个，登记表46个。2011年，全县新增建设项目87个（其中省级审批项目3个，市级审批项目28个，县级项目56个），其中编制环境影响报告书的7个，编制环境影响报告表的49个，编制环境影响登记表的30个。区域范围内无违反环境影响评价制度和“三同时”制度的建设项目。2012年，新增建设项目125个，其中省级项目5个，县级项目120个。2012年，开展扩权强县试点工作以来，接受市级竣工验收项目3个，市级环评项目8个，省级环评项目2个。接收市级发放排污许可证权力，共发放排污许可证34个。

饮用水源地保护 2006年，对集中式饮用水水源地进行保护。2007年8月，《朔州市怀仁县饮用水水源保护区划分技术报告》通过专家评审，经县政府批准后开始实施。2009年8月，《朔州市怀仁县县城饮用水水源保护区划分补充技术报告》通过专家论证，县政府批准实施。

2010年，聘请朔州市环境科学研究所编制了《怀仁县乡镇集中式饮用水水源地基础环境调查及评估报告》。县城集中式饮用水水源地为地下水饮用水型水源地，共四个：一是西小寨水源地，为孔隙承压水，位于县城西鹅毛口路，共建有8眼水井；二是于家园水源地，为孔隙潜水，位于于家园东南，共建有12眼水井；三是赵庄水源地，为孔隙潜水，位于赵庄村西，共建有5眼水井；新建宋家庄水源地，为孔隙承压水，位于宋家庄一带，共建有10眼水井。在水源地保护区设置标志牌87块，交通警示牌4块。2009年，对一级水源地内8家单位进行取缔，二级水源地内企业搬迁。无工业废水排放企业，使我县饮用水得到安全保护，饮用水质达标率达100%。

乡镇集中式供水水源均为地下水，供水井以松散岩类孔隙水为主。其中云中镇、何家堡乡为城镇集中供水，吴家窑镇、金沙滩镇、新家园乡为分散式供水，其余5乡镇均属集中供水。采用集中供水的5个乡镇均设有1处集中供水站，均为地下水型水源地，其中海北头乡、亲和乡、毛皂镇各有供水井1眼，河头乡有供水井2眼，云中镇北信庄村供水站有供水井10眼。乡镇集中饮用水源地均划分保护区范围，由水利局设置了防护设施。

排污费征收 1986年10月1日，雁北行署环境保护局决定在全区征收废水排污费。本县在2001年开征污水排污费。2001年全年征收排污费50万元。2002年征收排污费65万元，罚款25万元。2003年上半年征收排污费61万元。2004年共征收排污费、排污设施监测费118.5万元。2005年征收排污费、排污设施监测费200多万元。2006年征收排污费340多万元。2007年征收排污费742万元。2008年征收排污费900多万元。2009年征收排污费300多万元。2010年征收排污费440万元。2011年征收排污费740万元。2012年征收排污费610余万元。

环保案件查处 2003年，清凉山水泥厂机立窑生产线违法生产，6月11日市环保局责令其立即停产，回转窑生产线停产治理，并处罚款1万元。纪斗造纸厂未办理环保手续且使用国家禁止使用的造纸设备，被现场查封。2004年，对23家违法企业进行了立案查处，对17家违法企业进行了罚款、责令改正环境违法行为等处罚，全年罚款11万元。2005年，对8家违法企业进行了立案查处，对7家违法企业进行了罚款、责令改正环境违法行为等处罚。2006年，采取了停产治理、断电等措施整治了“土小”企业，有6家小造纸厂被断电停产。2007年，关闭取缔倒烟窑1–20多座，爆破取缔小白灰窑两座，关闭小钢厂8个、小土焦2个。2008年，执行处罚案件5件，罚款15万元，环保案件执行率达到100%。2009年，环境违法案件共1件，查处率、执行率均达到100%。2006年，处理群众举报5件。2007年，处理群众举报8件。2008年，处理群众举报12件。2009年，处理群众举报11件。2010年，处理群众举报8件。2011年，处理群众举报8件。2012年，对10家违法企业进行了罚款处罚，处理群众举报9件。

第三编

人口　婚姻

第一章 人口规模

第一节 人口总量

鹅毛口古石器制造场遗址的发现表明，早在四千年前本县就有先民聚居，到明洪武二十四年（1391），全县共有13058人，经永乐十四年（1416）灾荒，饥民逃亡，正德七年（1512）仅存8425人。后又经嘉靖二年（1523）大旱，嘉靖三十一年（1552）大饥，人相食，陆续逃亡，明万历二十八年（1600）仅剩7320人。经近300年的繁衍，清光绪十二年（1886），增至47771人。

民国元年（1912），全县有66958人。至民国10年（1921），增到83087人。10年间增加16129人。民国15年（1926）增加到91346人。之后，军阀混战，民不聊生，本县人口或逃亡或死于战乱，人口生产能力下降，到民国24年（1935），仅有78479人，比民国15年（1926）减少了12867人。民国36年（1947），中国共产党在本县实行土地改革，农民分得土地，生活有了保障，外逃者陆续返回，民国37年（1948）增到113404人。

中华人民共和国成立初期，全县有10.7万人，1960年增加到12.5万人，自然增加人口1.8万人。年均出生率30.2‰，年均自然增长率16.88‰。1961年，由于受自然灾害的影响，人口出生率降到了13.9‰，自然增长率降到0.51‰。

1962—1975年14年间，全县出生5.95万人，净增4.4万人，年均出生率30.6‰，年均自然增长率22.69‰。尤其是1963年，人口出生率高达40.9‰，自然增长率达30.3‰。

1976—1979年，开始计划生育工作，全县人口出生率由1976年的19.9‰下降到1979年的14‰，自然增长率从13.84‰降到7.67‰，年平均出生率15.95‰，年平均自然增长率8.46‰。1980—1995年，本县人口发展得到了有效控制。1980 年 9 月 25 日，中共中央发出了《关于控制我国人口增长问题致全体共产党员共青团员的公开信》，党和国家把计划生育确定为中国的一项基本国策。1990 年，全县人口出生率达到高峰值 31‰，16 年间，全县出生人口 5.9 万人，净增人口 4.9 万人，年均人口出生率 18.65‰，年均自然增长率 12.6‰。到 1995 年，全县人口总量 23.2 万人，人口出生率和人口自然增长率比 1963 年分别下降 19.8% 和 16.4%，人口总量得到了有效控制。1996—2011 年，全县出生人口 4.54 万人，净增人口 9.4 万人，年均出生人口 2836 人，年均增长 5875 人。年均增长人口量高，主要原因是从 2000 年开始，总人口不按原户籍人口来统计，是按户籍常住人口和流入半年以上流动人口来统计的，由于本县流出人口少，流入人口量大，所以全县总人口由 1999 年的 24.4 万人猛增至 2000 年的 28.6 万人，人口出生率和自然增长率年均分别为 10.06‰、7.39‰。2011 年，全县人口总量为 326489 万人，人口出生率和自然增长率分别为 6.11‰、3.61‰。

民国时期怀仁县人口总数统计表

表 3-1　　单位：人

年份	总人口	年份	总人口
民国元年	66958	民国 15 年	91346
民国 2 年	67381	民国 16 年	87015
民国 3 年	68557	民国 17 年	86652
民国 4 年	71234	民国 18 年	82539
民国 5 年	73852	民国 19 年	78773
民国 6 年	95022	民国 20 年	79940
民国 7 年	71122	民国 21 年	78836
民国 8 年	81415	民国 22 年	76682
民国 9 年	82328	民国 23 年	79230
民国 10 年	83087	民国 24 年	78479
民国 12 年	84647	民国 25 年	86653
民国 13 年	85304	民国 36 年	114338
民国 14 年	85686	民国 37 年	113404

1949—2012年怀仁县人口统计表

表 3-2

年份	总户数（户）	总人口（人）	年份	总户数（户）	总人口（人）
1949	27907	107096	1981	48472	183052
1950	28221	110433	1982	46538	181850
1951	28638	113332	1983	49787	188816
1952	28296	113677	1984	49541	188094
1953	29308	115103	1985	50073	189018
1954	29887	115385	1986	51382	190114
1955	30415	116703	1987	51793	192901
1956	31067	119035	1988	53952	194692
1957	31700	119958	1989	56248	198192
1958	32298	121719	1990	56943	209199
1959	32755	122635	1991	57725	212764
1960	32704	124306	1992	56102	221080
1961	33551	125012	1993	64507	222143
1962	34801	126790	1994	67834	227477
1963	35195	130201	1995	72667	232341
1964	35261	132339	1996	75639	236801
1965	35666	135896	1997	76532	238892
1966	34697	140934	1998	77555	240879
1967	37186	144340	1999	78841	244324
1968	38213	149131	2000	80101	249988
1969	40652	151902	2001	81246	252070
1970	41590	156090	2002	82760	254439
1971	42122	158968	2003	83105	254820
1972	42408	161396	2004	82744	257167
1973	42837	164825	2005	89958	253855
1974	43567	167498	2006	99444	295195
1975	44045	169361	2007	97616	296260
1976	44613	171694	2008	99689	298227
1977	786	173454	2009	10256	304276
1978	44993	174845	2010	110322	326849
1979	46142	175627	2011	118552	333839
1980	46841	177845	2012	120856	333140

第二节 人口分布

中华人民共和国成立前，怀仁县经济以农业为主，城镇人口与乡村人口相差悬殊。1949 年全县农业人口 101371 人，占总人口 94.7%，非农业人口为 5725 人，占总人口 5.3%。随着经济社会的发展，城镇人口迅速增加。1953 年全县人口为 115103 人，其中农业人口为 103520 人，占总人口的 89.9%。1958 年大量招工和部分家属进城，城镇人口的比重上升为 15.4%。1960 年压缩城镇人口，1961 年城镇人口比重降为 14.8%，1962 年的精简压缩，城镇人口明显减少。进入 20 世纪 90 年代，全县人口城镇化进程加快。到 2005 年，县农业户籍人口增长到 172168 人，占总人口 67.7%，而非农业户籍人口已增长到 81687 人，占到总人口的 32.3%。

境内人口分布为东西两大部分。东部亲和乡、海北头乡、河头乡、马辛庄乡、毛皂镇五个乡镇是平原乡镇，属农业乡镇，人口相对较少。云中镇、何家堡乡、吴家窑镇、新家园乡、金沙滩镇属平原和山地乡镇，是以煤炭、建材、化工等为支柱产业的乡镇，人口密度较大。

1950—2010 年怀仁县城乡人口情况分布表

表 3-3

人数 项目 年份	全县总人口	城镇人口		乡村人口	
		人口数（人）	人口比重（%）	人口数（人）	人口比重（%）
1950	110433	9046	8.2		91.8
1960	124306	23563	18.96	100743	81.04
1970	156090	16641	10.7	139449	99.3
1980	177845	23792	13.4	154053	86.6
1990	209199	38662	18.5	170537	81.5
2000	249988	73748	43.15	176240	56.85
2010	326849	166231	50.86	160618	49.14

1990 年怀仁县各乡镇人口分布情况统计表

表 3-4

项目 / 数目 / 乡镇	总户数（户）			总人数（人）			家庭户均人数（人）
	合计	家庭户	集体户	合计	家庭户	集体户	
总 计	56102	55808	294	221080	213140	7940	3.82
城关镇	12631	12481	150	46831	44740	2091	3.58
小峪镇	5583	5555	28	22543	20595	1948	3.71
鹅毛口镇	3652	3629	23	14795	13711	1084	3.78
吴家窑镇	2512	2495	17	10566	9507	1059	3.81
金沙滩镇	5674	5641	33	22910	22277	633	3.95
毛皂镇	1615	1610	5	6738	6638	100	4.12
何家堡乡	4029	4028	1	15604	15598	6	3.87
新家园乡	4622	4608	14	17688	17428	260	3.78
亲和乡	5226	5226	—	20773	20773	—	3.97
海北头乡	3536	3528	8	14870	14304	566	4.05
马辛庄乡	1978	1972	6	8134	8114	20	4.11
里八庄乡	1777	1776	1	6860	6850	10	3.86
河头乡	3267	3259	8	12768	12605	163	3.87

怀仁县第三、四、五、六次全国人口普查情况统计表

表 3-5　　　　单位：人

年份	总人口	农业人口	非农业人口	常住人口	流动人口	备注
1982	181851	155833	26018	174851	7000	总人口包括农、非人口和流动人口，常住人口为农、非人口
1990	222080	169339	39376	208715	13365	总人口包括农、非人口和流动人口，常住人口为农、非人口
2000	286054	176240	73748	286054	36066	总人口包括农、非人口和流动人口，常住人口为农、非人口
2010	326849	200162	126687	282507	44342	总人口包括农、非人口和流动人口，常住人口为农、非人口

2010 年怀仁县各乡镇人口分布情况统计表

表 3-6　　　　单位：人

项目 人口数 乡镇	常住人口					户籍人口				
	总人口	男	女	农业人口	非农业人口	总人口	男	女	农业人口	非农业人口
全县	326849	171147	155702	200162	126687	282587	148146	134361	179254	103253
云中镇	169481	89736	79754	77054	92427	107542	56658	50884	40627	66915
吴家窑镇	8117	4209	3908	5145	2972	10056	5255	4801	6461	3595
金沙滩镇	21144	11030	11030	18498	2646	23907	12568	11339	20907	3000
毛皂镇	12800	6522	6522	11860	940	15893	8289	7604	14928	956
何家堡乡	21186	11016	11016	18616	2570	18209	9326	8883	16362	1847
新家园乡	45815	23904	23904	25105	20710	46496	24938	21558	23609	2287
亲和乡	20470	10483	10483	18717	1753	23371	12133	11238	21761	1610
海北头乡	14013	7156	7156	12177	1836	16628	8275	7993	14981	1287
马辛庄乡	5141	7681	7681	4901	240	7652	3924	3728	7322	330
河头乡	8682	4410	4410	8099	593	13113	6780	6333	12296	817

第二章　人口变动

第一节　自然增减

民国以前，本县没有详细的人口出生、死亡统计数据。民国 10 年（1921），出生 1229 人，出生率为 14.8‰，死亡 882 人，死亡率为 10.6‰。民国 23 年（1934），出生 1266 人，出生率为 15.9‰，死亡 700 人，死亡率为 8.8‰。1949 年前，境内人口一直为高出生、高死亡、低增长的人口再生产类型。

中华人民共和国成立以来，怀仁县人口出生大致分为五个阶段：第一阶段1950—1961年，第一次人口出生高峰期；第二阶段1962—1975年，第二次人口出生高峰期；第三阶段1976—1986年，计划生育工作开展，人口过快增长逐步得到有效控制，出生率大幅下降；第四阶段1987—2000年，第三次人口出生高峰期，由于计划生育工作的进一步加强，人口过快增长得到了有效控制，人口再生产初步步入了低出生、低增长、低死亡阶段；第五阶段2001—2011年，本县人口再生产步入低出生、低增长、低死亡类型阶段。期间，年均人口出生率为10.06‰，自然增长率为7.39‰。2011年，全县人口出生率为7.88‰，自然增长率为3.61‰，妇女总生育率为2.25‰。

出生人数 1950—1954年，出生人口19877人，年均出生人口近4000人；1955—1961年是本县人口出生低谷期，7年出生人口20965人，年均出生人口低于3000人；1962—1975年出生人口63501人，年均出生人口4535人，是本县年均出生人口最多的一个时期，特别是1963年创下本县人口出生最高峰，全年出生5330人；1976—1986年推行计划生育，共出生34024人，年均出生3093人；1987—2000年本县人口出生进一步得到有效控制，共出生人口54893人，年均出生3920人；2001—2011年，步入低生育水平期，年均出生人口2785人。

出生率 1950—1954年，本县人口出生率为35‰左右；1955—1961年处于经济困难期，年均人口出生率在25‰左右，尤其是1961年出生率为13.9‰；1962—1975年年均出生率在30‰左右，1963年人口出生率最高，达40.9‰；1976—1986年，由于计划生育工作的全面开展，人口出生率大幅下降，年均出生率降到15‰；1987—2000年年均出生率为17.5‰；2001—2011年，受第三次人口再生育高峰周期性影响，本县进入第四次人口生育高峰期，但此时全县人口总量基数增大，全县人口出生率偏低，年均出生率仅为8.5‰，低生育水平呈现。

生育率 1949年后，国民经济迅速发展，人民生活水平普遍提高，妇女生育水平呈现上升趋势。20世纪50年代，全县妇女总和生育率6个左右；60年代初期，因经济困难，妇女总和生育率迅速下降，1961年下降到了4个左右；1963年，国民经济好转，妇女总和生育率上升到7个左右，为本县妇女总和生育率最高一年；70 年代初期，全县妇女总和生育率仍高达 6 个；70 年代中期，由于计划生育工作的有效开展，妇女总和生育率迅速下降；1975—1989 年全县妇女总和生育率大于 3 个；1990—1999 年在 2.5 个左右。2000—2010 年小于 2 个。妇女总和生育率存在城乡差异，总体上农村高于城镇，到 20 世纪 90 年代后期，乡村为 2 个左右，城镇为 1.5 个左右。已婚育龄夫妇一孩户家庭比例逐年上升，二孩户、多孩户家庭比例逐年下降。

2005—2012 年怀仁县家庭育儿情况统计表

表 3-7　　单位：户

年份	一孩户	二孩户	多孩户
2005	29464	31963	10438
2006	29003	30972	9802
2007	28565	29901	9150
2008	27345	28207	8485
2009	26975	27324	7900
2010	27621	30269	7713
2011	27407	29494	7157
2012	24024	28201	6341

死亡人数 20 世纪 50 年代，年均死亡人数 1336 人；60 年代，由于经济困难和自然灾害等原因，年平均死亡人数达 1386 人，1960 年，全年死亡人数高达 1754 人；70 年代，年均死亡人数为 1189 人；80 年代，人口总量增大，年均死亡人数增加，年均死亡 1283 人；90 年代年均死亡 1064 人；2000 年年均死亡 1468 人。死亡人数增大的主要原因是 2000 年后全县总人口比 90 年代末增加了近 6 万人。

死亡率 新中国成立后，本县人口死亡率总体呈下降趋势。1950–1955 年，由于生活条件的改善，人口死亡率由 1950 年的 13.5‰，下降到 1955 年的 9.02‰ ,5 年下降了 4.49 个千分点；1956—1966 年全县人口死亡率在波动中呈下降趋势，最高年份 1960 年为 14.21‰，最低年份 1965 年为 8.76‰；

1967—1975 年，人口死亡率缓慢下降，9 年间下降了 0.47 个千分点；1976-2010 年，人口死亡率基本稳定在 6—4‰之间。

人口自然增长与自然增长率 中华人民共和国成立后，本县人口自然增长率经历了一个曲折发展过程。自然增长人口相对总人口最多的是 1963 年，为 3949 人。1950—2010 年 61 年间，年平均增长人口 3547 人。1990—2010 年，年均增长人口大于出生人口的原因是总人口统计对象发生了变化，流入人口列入了总人口统计范围，本县流入人口多，流出人口少，年均增长人口多，使总人口数增大。

人口平均寿命 中华人民共和国成立后，本县人口平均寿命逐年增高。1950 年—1981 年本县没有人口死亡的详细数据。1982 年随着第二次全国人口普查，对全县人口死亡才进行了全面调查。

1982—2010 年怀仁县人口平均寿命一览表

表 3-8

年份	平均（岁）	男性（岁）	女性（岁）
1982	68.43	68.64	68.17
1990	70.58	69.93	71.41
2000	71.49	69.98	71.65
2010	72.53	71.14	72.68

1950—2012 年怀仁县死亡人数统计表

表 3-9

年份	死亡人数（人）	死亡率‰	年份	死亡人数（人）	死亡率‰
1950	1501	13.8	1982	1236	6.69
1951	1498	13.39	1983	1226	6.53
1952	1491	13.14	1984	1130	6.00
1953	1472	12.87	1985	1115	5.91
1954	1461	12.68	1986	1164	6.14
1955	1041	8.97	1987	1202	6.28
1956	1176	9.88	1988	1064	5.49

续表（1）

年份	死亡人数（人）	死亡率‰	年份	死亡人数（人）	死亡率‰
1957	1313	10.99	1989	1009	5.14
1958	1140	9.43	1990	1158	5.68
1959	1251	10.24	1991	1101	5.32
1960	1754	14.21	1992	1155	5.43
1961	1685	13.52	1993	1120	5.21
1962	1420	11.28	1994	1037	4.67
1963	1381	10.75	1995	1107	4.87
1964	1072	12.97	1996	986	4.24
1965	1175	8.76	1997	934	3.94
1966	1271	9.18	1998	995	4.17
1967	1138	7.98	1999	1054	4.38
1968	1149	7.83	2000	1175	4.81
1969	1182	7.07	2001	1035	3.62
1970	1231	7.17	2002	1021	3.51
1971	1300	8.25	2003	1173	4.04
1972	1329	8.30	2004	1472	5.03
1973	1254	7.69	2005	1200	4.06
1974	1374	8.27	2006	2020	6.28
1975	1266	7.51	2007	1839	6.15
1976	1063	6.23	2008	1835	6.13
1977	1069	6.19	2009	1176	5.87
1978	1117	6.41	2010	1615	5.31
1979	1115	6.36	2011	744	2.28
1980	1147	6.49	2012	799	2.04
1981	1216	6.74			

1949-2012 年怀仁县自然增长人数与自然增长率情况统计表

表 3-10

年份	自然增长人数（人）	自然增长率‰	年份	自然增长人数（人）	自然增长率‰
1949	2336	25.05	1981	2912	16.14
1950	2409	22.14	1982	1647	14.32
1951	2484	22.20	1983	1840	9.80
1952	2472	21.35	1984	2525	13.40
1953	2407	21.04	1985	1973	10.46
1954	2730	23.69	1986	1640	8.65
1955	2065	17.80	1987	1931	15.30

续表（1）

年份	自然增长人数（人）	自然增长率‰	年份	自然增长人数（人）	自然增长率‰
1956	1498	12.71	1988	2197	11.34
1957	1932	15.33	1989	2716	13.83
1958	2521	20.87	1990	5337	26.40
1959	2172	17.78	1991	2661	12.50
1960	1453	11.76	1992	2351	10.86
1961	64	0.51	1993	2942	13.24
1962	2625	20.87	1994	2600	11.42
1963	3949	30.73	1995	3331	14.33
1964	2980	22.70	1996	2428	10.25
1965	3372	25.14	1997	2271	9.51
1966	3098	22.38	1998	1491	6.19
1967	3055	21.42	1999	2011	8.29
1968	3362	22.91	2000	4489	7.86
1969	3571	23.72	2001	2337	7.95
1970	3632	22.91	2002	1642	7.63
1971	3564	22.62	2003	1139	4.47
1972	3937	25.58	2004	2047	7.96
1973	3541	21.72	2005	563	2.22
1974	2978	17.92	2006	605	2.05
1975	2939	17.43	2007	248	0.84
1976	2363	13.84	2008	772	2.59
1977	1562	9.05	2009	950	3.12
1978	1448	8.31	2010	602	1.84
1979	1344	7.67	2011	1498	4.58
1980	1607	9.09	2012	2089	6.28

第二节 社会增减

元大德四年（1300），因黄花岭土沃，元朝发动军民九千余人，在黄花岭一带驻扎屯田。

明朝建立后，开始大量移民，在此大迁徙中，移民从洪洞一带纷纷迁来本县定居。但因战乱灾荒，流徙异地的情况时有发生，本县人口外流多流往内蒙，俗称走口外。迁移情况史无详载。

本县煤炭资源丰富，民国年间，广东、安徽等地人纷纷来本县开办煤窑。

《山西矿务志略》载，民国 9 年（1920），在本县呈请注册及未注册的外省人有 15 人。民国 29 年（1940），侵华日军掠夺本县煤炭资源，从东北、山东等地，强迫 2000 多名难民在鹅毛口采煤。

1950 年，接收北京移民 64 户 254 人。1956 年至 1958 年，先后将偏岭、马营、西万庄等 36 个村 8468 人划归山阴县和口泉区。1963 年将张留庄等 6 个村 3599 人划归口泉。1971 年大同县河头公社 20 个村 12308 人划入本县。

此外，因结婚、升学、就业、参军、复员等迁出迁入逐年都有，但均无详细记载。1969 年迁出迁入始有统计，多数年份迁入小于迁出。

2000-2003 年怀仁县人口迁入迁出情况统计表

表 3-11

项目 / 年份	迁入（人）		迁出（人）	
	省内	省外	省内	省外
2000	3683	436	4011	466
2001	2988	404	2112	287
2002	2113	389	1628	500
2003	1813	656	1827	1047

1949-2012 年怀仁县人口出生情况统计表

表 3-12

年份	出生口数（人）	出生率‰	年份	出生口数（人）	出生率‰
1949	3876	41.6	1981	4128	22.6
1950	3910	36.5	1982	3883	20.8
1951	3982	35.1	1983	2631	13.9
1952	3915	34.4	1984	3655	19.4
1953	3879	33.7	1985	3088	16.3
1954	4191	36.3	1986	2804	14.7
1955	3106	26.6	1987	4133	21.4
1956	2674	24.6	1988	3261	16.7
1957	3145	26.2	1989	3725	18.8

续表（1）

年份	出生口数（人）	出生率‰	年份	出生口数（人）	出生率‰
1958	3661	30.1	1990	6535	31.2
1959	3423	27.9	1991	3762	17.7
I960	3207	25.6	1992	3506	16.2
1961	1749	13.9	1993	4062	18.3
1962	4045	31.9	1994	3637	15.9
1963	5330	40.9	1995	4438	19.1
1964	4682	35.3	1996	3414	14.4
1965	4547	33.5	1997	3205	13.4
1966	4369	31.1	1998	2486	10.3
1967	4193	19.1	1999	3065	12.5
1968	4511	30.2	2000	5664	19.8
1969	3145	20.7	2001	3372	11.7
1970	5197	33.3	2002	2654	9.1
1971	4864	30.6	2003	2312	7.9
1972	5266	32.6	2004	3519	11.9
1973	4795	29.1	2005	1763	5.9
1974	4352	25.9	2006	2625	8.8
1975	4205	24.8	2007	2087	6.9
1976	3426	19.9	2008	2607	6.8
1977	2631	15.2	2009	2126	6.9
1978	2565	14.7	2010	2217	6.8
1979	2459	14.0	2011	2242	6.1
1980	2754	15.5	2012	2888	8.69

第三章 人口结构

第一节 民族

本县居民大部分是汉族。民国以前，有无少数民族居住，不详。1950 年，有满族人由北京移居本县。之后，因婚姻、安置、干部调动等原因，陆续有其他少数民族人口迁居本县，但为数较少。1982 年第三次人口普查时，除汉族外，有 7 个少数民族，共 86 人。其中：回族 44 人，满族 18 人，蒙族 14 人，侗族 4 人，畲族 3 人，壮族 2 人，藏族 1 人。1990 年，第四次人口普查显示，县境内有 10 个民族，主要居住民族是汉族，按照人口数量由多到少排列顺序为：汉族、蒙古族、满族、回族、苗族、土族、朝鲜族、壮族、畲族、布依族，其中，汉族占总人口的 99.2%。2004 年，除汉族外，有 9 个少数民族，共 196 人。其中：蒙族 67 人，满族 61 人，回族 31 人，苗族 19 人，土家族 6 人，朝鲜族 4 人，畲族 3 人，壮族 3 人，布依族 2 人。2007 年，县境内有 21 个少数民族，共 325 人。其中：蒙古族 95 人，满族 91 人，土家族 35 人，回族 27 人，黎族 20 人，彝族 13 人，白族 9 人，朝鲜族 5 人，傈僳族 5 人，畲族 4 人，苗族 3 人，维吾尔族 3 人，锡伯族 2 人，普米族 2 人，壮族 2 人，达斡尔族 1 人，东乡族 1 人，傣族 1 人，怒族 1 人，布依族 1 人，仡佬族 1 人。2011 年，县境内有 18 个少数民族，共计 315 人。其中：蒙古族 112 人，满族 77 人，回族 44 人，土家族 22 人，黎族 19 人，傈僳族 11 人，白族 8 人，苗族 8 人，彝族 8 人，朝鲜族 5 人，畲族 2 人，锡伯族 2 人，普米族 2 人，东乡族 2 人，壮族 1 人，达斡尔族 1 人，傣族 1 人，怒族 1 人。2012 年，境内常住少数民族有 18 个，336 人。其中：蒙古族 112 人，满族 77 人，回族 44 人，黎族 19 人，土家族 22 人，白族 8 人，傈僳族 11 人，朝鲜族 5 人，苗族 8 人，壮族 1 人，畲族 2 人，锡伯族 2 人，普米族 2 人，达斡尔族 1 人，彝族 8 人，东乡族 2 人，傣族 1 人，怒族 1 人。

第二节　性别

本县人重男轻女的思想比较严重，长期以来，遗弃、溺死女婴的现象时有发生，造成了男性与女性的比例失调。民国时期，有关于人口记载的 26 年中，男性与女性的比例平均为 135.8%（女性为 100），最高时民国 17 年、26 年为 155.6%，最低时民国 37 年为 115.4%。民国 23 年（1934），出生

1266人，其中女性595人，男婴与女婴的比例为112.8%。

1949年后，国家禁止溺婴，女婴的存活率逐渐上升，男女性别比例的差距有所缩小。1949年至1985年的37年中，男性与女性的比例平均为129%。1981年后，男性与女性的比例降到119%左右，比例失调的问题仍然比较严重。

1982年全国第三次人口普查，本县人口性别比为121:100；1990年全国第四次人口普查，本县人口性别比为116:100；2000年全国第五次人口普查，本县人口性别比为110.96:100；2010年全国第六次人口普查，本县人口性别比为109.92:100，均高于正常值。

1986-2012年怀仁县总人口性别比一览表

表3-13

年份	性别比（女=100）	年份	性别比（女=100）	年份	性别比（女=100）	年份	性别比（女=100）
1986	121	1993	121	2000	111	2007	110
1987	119	1994	119	2001	111	2008	107
1988	120	1995	117	2002	111	2009	106
1989	121	1996	118	2003	111	2010	109
1990	121	1997	117	2004	107	2011	108
1991	122	1998	117	2005	108	2012	115
1992	122	1999	119	2006	110		

第三节 年龄

从1953年第一次人口普查到1964年第二次人口普查的11年间，由于经历第一次生育高峰，本县人口年龄结构向年轻化趋势发展，低年龄人口明显上升，人口结构变得更为年轻。从1964年到1982年第三次人口普查的18年中，虽然经历了第二次人口生育高峰期，但由于20世纪70年代后，全面推行计划生育工作，人口出生率大幅下降，人口结构向老龄化趋势发展，低年龄人口比重明显下降。从 1982 年到 1990 年第四次人口普查的 8 年中，随着计划生育工作进一步加强，人口出生率进一步下降，人口老龄化步伐加快。1990 年到 2010 年的 20 年间，虽经历了第三、第四次人口生育高峰期，但由于计划生育工作的加强和广大群众婚育观念的转变，低龄人口比例显著下降，高龄人口比例大幅上升，全县人口年龄结构已步入老龄化阶段。

1982—2010 年怀仁县人口结构比重表

表 3-14　　单位：人

年份	总人口	0–14 岁	占总人口数比%	15–64 岁	占总人口数比%	65 岁以上	占总人口数比%
1982	181851	60524	33.28	111053	61.06	10274	5.66
1990	221080	68335	30.90	139708	63.19	12737	5.77
2000	286054	80210	28.04	188852	66.02	19794	5.93
2010	326849	59681	18.26	240279	73.51	22612	6.92

说明：1990 年、2000 年总人口统计中包含流动人口。

第四节　文化

1949 年前，本县有文化人口无精确数字记载。《山西大观》载，民国 10 年（1921），全县学龄儿童 6352 人，就学 4133 人，已入学占学龄儿童的 65%。民国 24 年（1935），全县有初小学生 6444 人。

1950 年，小学毕业生 60 人，在校学生 3780 人，成人在冬学、民校参加学习的 11658 人。1953 年有小学毕业生 560 人， 在校学生 6790 人。1960 年有初中毕业生 330 人，小学毕业生 1130 人，初中在校学生 1620 人，小学在校学生 15700 名。1964 年第二次人口普查时，本县人口文化程度构成情况是，每千人中具有大学文化程度的为 1.6 人，具有高中文化程度的是 6.5 人，具有初中文化程度的为 39.2 人，具有小学文化程度的为 337.8 人。

全国第三、四、五、六次人口普查，全县有文化人口占总人口比分别为 65.66%、82%、92%、96%，年均增长 0.96 个百分点，呈逐年上升趋势。文盲、半文盲人口分别为36964人、33647人、22312人、11624人，分别占总人口的20.3%、17.8%、8.92%、3.56%，呈逐年下降趋势。

随着全县总的文化人口数量的增长，不同文化程度的人口增长幅度不同。1990年同1982年相比，文化人口层次中增幅最大的是大专以上文化人口，占同期总人口比分别为0.21%、0.67%，后者为前者的3.3倍。高中（包括中专）文化人口占同期总人口比分别为7.16%、8.02%。到2010年，全县大学文化人口占到总人口的4.64%，高中文化人口占到总人口的17%，初中文化人口占到总人口的45.77%。1980—2011年，初中文化、高中文化、大学文化人口年均递增率分别为0.90%、0.55%、0.25%。

1982—2010年怀仁县人口文化构成情况统计表

表3-15　　单位：人

年份	总人数	大学	占总人口比%	高中中专	占总人口比%	初中	占总人口比%	小学	占总人口比%	文盲半文盲	占总人口比%
1982	181851	384	0.21	13021	7.16	36988	20.33	69022	37.95	36964	20.32
1990	221080	1275	0.57	17747	8.02	59274	26.81	77211	34.92	33647	15.21
2000	286054	4661	1.83	25974	10.19	95636	37.53	82620	32.42	22312	7.79
2010	326849	15166	4.64	55580	17.0	149627	45.77	74374	22.75	11624	3.55

说明：1990、2000年人口统计数包含流动人口。

第五节　职业

《山西省户口调查》载，民国10年（1921），本县人口从事农业的23662人，从事工业的1669人，商业1835人，矿业1280人，生徒4561人，政、医、教等1876人，总计有职业者34883人，占总人口的42%。民国24年（1935），有农民38293人，工人2116人，商人934人，政、军、教等871人，总计有职业者42214人，占总人口的53.8%。

1949年，社会劳动者35419人，占全县总人口的33%。其中农民34845人，干部职工574人。1953年社会劳动者40250人，占全县总人口的35%，其中农民37892人，职工2358人。1960年全县在业人口42766人，占全县总人口的34.4%，其中从事农业劳动的34525人，国家干部和职工8241人。1971年从事农业劳动的50705人，占全县总人口的32%，国家干部和职工9395人。1982年15岁以上在业人口总数为85309人，占全县总人口的45.7%。

1985年，全县社会劳动者8.65万人，占全县总人口的45.8%，其中农民5.75万人，国家干部和职工2.32万人，个体劳动者0.28万人。此后随着在业人口总量的增加，各种职业人口数均有增加，变化较大的，一是科技人员所占比重增长，二是农村剩余劳动力向商业、服务业和交通运输业转移，农村劳动力大幅下降。

1986—2001年怀仁县各类职业从业人员情况统计表

表3-16　　单位：人

职业分类	1986年	1991年	1996年	2001年
农林	698	1610	492	152
工业	12386	19284	14175	8490
建筑业	1643	413	624	86
地质勘探 水利管理			151	106
交通运输 仓储 邮电通信	1319	1685	836	558
批发零售 贸易 餐饮业	2114	2861	2741	1932
金融 保险	166	263	353	219
房地产管理 公用事业 居民服务和咨询服务	286	416	404	23
卫生体育和社会福利	332	550	575	885
教育文化艺术和广播电视	1633	2797	3646	4205
科学研究和综合技术服务	162	68	63	10
国家机关、政党机关和社会团体	2388	3041	3119	3449
总计	23127	32988	27179	19938

2006—2010年怀仁县城镇单位从业人员情况统计表

表3-17 单位：人

类别＼年份	2006年	2007年	2008年	2009年	2010年
总 计	31905	31921	33505	37452	40084
企 业	22465	22353	23194	25588	28338
事 业	5811	5811	6561	7054	7412
机 关	3629	3757	3750	4459	4334
农林牧渔	701	683	1634	1385	2470
矿 业	16929	16653	17051	14770	14928
制造业	2015	2033	1995	1493	1045
电力燃气	522	647	304	521	593
建筑业	110	110	190	496	1728
交通仓储邮政	584	600	521	772	776
信息计算机业	62	62	52	143	244
批发零售业	1818	1805	1518	3047	3434
住宿餐饮	165	165	165	189	172
金融业	280	304	279	533	761
房地产	12	12	12	6	6
租赁商务服务				2583	2463
科学技术地质	21	22	21	5	68
水利、环境、公共设施管理业	110	113	794	17	15
居民服务业				41	3
教 育	3650	3650	4029	3968	4058
卫生社保	823	821	859	555	544
文化体育娱乐	219	228	340	14	14
公共管理、社会组织	3844	4013	3741	6894	6765
总计中：国有控股	18974	22370	19508		

2006—2010 年怀仁县国有单位从业人员情况统计表

表 3-18　　单位：人

类别＼年份	2006 年	2007 年	2008 年	2009 年	2010 年
总计	28314	28382	29692	24623	26262
一、按隶属关系分组					
1. 中央	379	404	298	777	1122
2. 省	631	772	714	5319	4924
3. 市	7505	7276	7741	2296	2756
4. 县及以下	19799	19930	20939	16217	17460
5. 其它				14	
二、按企业事业机关分组					
1. 企业	18949	18889	19456	12846	14598
其中：地方	18949	18485	19158	12223	13630
2. 事业	5736	5736	6486	7318	7330
其中：地方	5736	5736	6486	7318	7330
3. 机关	3629	3757	3750	4459	4334
其中：地方	3629	3757	3750	4305	4180
三、按国民经济分组					
农业牧渔	701	683	1634	1835	1385
矿业	14404	14180	14271	9490	9493
制造业	1692	1710	1672	4	453
电力燃气	522	647	304	513	579
建筑业	110	110	190	216	305
交通仓储邮政	268	284	205	324	338
信息计算机业	62	62	52	143	244
批发零售业	1453	1553	1199	483	1121
住宿餐饮	165	165	165	173	159
金融业	304	304	279	314	522
房地产	12	12	12		
租赁商务服务				212	344
科学技术地质	21	22	21	5	5
水利、环境、公共设施管理业	110	113	794	17	15
居民服务业					
教育	3650	3650	4029	3897	3992
卫生社保	811	809	847	545	534
文化体育娱乐	156	165	277	14	14
公共管理，社会组织	3884	4013	3741	6888	6759

第四章 人口控制

第一节 计生管理

1956年，怀仁县贯彻《全国农业发展纲要》，“宣传和推广节制生育，提倡有计划地生育子女”，1962年成立计划生育办公室，具体工作由县卫生局代行职能。1963年，开始独立办公。“文化大革命”开始后，计划生育工作被迫停顿。1972年，成立县计划生育工作领导小组。1975年12月，县计划生育工作领导小组进行充实调整，由县委副书记任组长，政府副县长任副组长，成员由相关部门负责人组成。1990年后，县计划生育工作领导小组组长调整为由党政一把手担任，2010年后，县计划生育工作领导小组组长由县长担任。

乡镇、县直机关企事业单位以及驻怀单位、驻怀部队，均同步成立了计划生育办公室、计划生育领导小组、计划生育委员会。各级计划生育领导小组的主要职责是：在本级党委、政府的领导下，负责讨论研究计划生育工作的重大问题；检查、督促计划生育方针、政策和有关规定的贯彻执行；组织协调有关部门互相配合，共同做好计划生育工作。

县级机构：20世纪60年代，计划生育工作由县卫生局兼管。70年代，设立了县计划生育办公室。1981年，县计划生育领导小组办公室改称为怀仁县计划生育委员会，为政府职能部门，下设办公室、计财股和宣传股。2003年，县计划生育委员会改称为怀仁县计划生育局，设办公室、计财股、政策法规股、流动人口办公室四个股室。

乡镇机构：20世纪60年代，各乡镇均未建立计划生育办事机构，只在同级卫生部门设兼职计划生育工作人员。70年代，设立计划生育办公室，为本级计划生育委员会的办事机构，承办计划生育相关业务工作。1982年，全县统一招聘乡镇计生助理员。90年代后，乡镇计划生育办公室都配有计划生育专职主任、计划生育助理员，县政府还陆续分配或招聘大中专毕业生充实县乡计生管理服务人员，162个村民委员会设有计划生育专职或兼职计生主任和计生服务员。

1985年，怀仁县计划生育技术指导站、县计划生育药具管理站、县计划生育协会同期成立。1992年，怀仁县计划生育技术指导站更名为怀仁县计划生育服务站，2002年，改称为怀仁县计划生育服务中心。20世纪90年代初期，乡镇全部设立计划生育服务所，2000年，建设了金沙滩、毛皂、河头3个中心服务站，购置配齐了各种服务器械，较大幅度提升了服务水平。

20世纪70年代以前，本县未设计划生育专职干部，日常工作由卫生部门医务人员兼职。1977年，始设专职计生工作人员。1979年，选招公社计划生育助理员。1982年，公开招聘各公社计划生育助理员，配齐公社计生管理人员，计划生育技术服务工作当时主要由县乡医院承担。80年代后期，县乡建立了计生服务站、所。90年代后，县里相继以调入和大中专毕业生分配的形式，为县乡两级充实了计生管理和服务人员。2007年，全县统一招聘了30名计生技术服务员，为乡镇服务所配齐了技术服务人员。2010年，全县统一招聘、分配了10名乡镇计生事业人员。2012年，全县县级计生在编行政人员21名，县级计生技术服务事业在编人员22名，乡镇在编计生管理人员36名、技术服务人员30名，村有计生服务员400多名。

1984年，按照全省要求，建立计划生育统计报表制度。村委会、居委会以上各级计生部门按规定实行月、季、半年、年报。1985年，全县统一建立了计划生育台账，统计分类更细，项目内容更全。20世纪90年代后期，计划生育统计手段变为计算机管理。2000年后，县乡均设立了人口信息中心，建立了人口信息数据平台，县乡联网，信息互通。2004年，实现了人口信息微机管理，省、市、县，乡四级联网，信息共享，后来又建立了村级人口信息手机直报系统。人口计划生育统计进入了计算机网络信息管理时代。

20世纪80年代末，建立市、县、乡、村四级人口计划生育目标管理责任制。1993年，人口目标管理责任制实行省、市、县、乡、村五级管理。

人口目标管理责任书由省长、市长、县长、乡长、村委会主任签订，考核指标和考核办法逐年调整完善，人口目标管理考核已形成制度，延续至今。

第二节 节育措施

本县主要是坚持避孕为主的方针，坚持国家指导和群众知情选择相结合的原则，提倡综合避孕措施，免费提供避孕药具和技术服务，免费为节育手术并发症、后遗症患者提供治疗。在全县推行落实长效节育措施，提倡一孩妇女上环，二孩或二孩以上妇女结扎，避孕失败采取补救措施。

20 世纪 60 年代，落实避孕措施主要以宣传和指导为主。70 年代，落实避孕措施在城乡普遍开展起来， 避孕节育技术服务是由县乡医院承担。80—90 年代，避孕节育技术服务主要由县乡计生服务站所来完成，落实避孕措施逐步进入规范化和突击活动相结合阶段，节育措施的重点是结扎，采取的方式主要是全县集中组织开展冬春计划生育“双服务”（节育技术和宣传服务）。90 年代，全县年均施行输卵管结扎 1500 例左右、宫内节育器手术 2000 多例。1992 年，全县大张旗鼓开展冬春计划生育“双服务”活动，集中解决机关计划生育“灯下黑”，全年落实结扎手术 2416 例、上环 2285 例。2000 年以后，落实避孕措施步入规范化、经常化、人性化、知情选择、自主服务阶段。长效节育措施落实重点曾由女扎转为“双女户”结扎，最后逐步转向知情选择、人性化服务，以上节育环为主的避孕模式。

第三节 计生服务

宣传教育活动 20 世纪 60 年代的计划生育宣传教育服务主要是宣传节制生育、避孕知识、计划生育、晚婚晚育、政策措施。70 年代，计划生育宣传主要围绕“晚、稀、少”的生育政策。80 年代末期，按照全省的统一部署，以广播、板报、座谈、发放宣传小册子等形式，在全县范围内开展人口计生基础知识教育，并纳入了目标责任制考核。2000 年后，全县 10 个乡镇和

162 个村都建立了人口学校，全县人口计生基础知识普及率达到 85% 以上，少生、优生幸福一生婚育新风进千家入万户。

节育技术服务 主要包括长效节育技术免费服务（如上环、结扎等）、短效避孕药具免费服务（如口服避孕药、避孕套、外用药具等）、补救措施免费服务（如人工流产、引产等）。长效节育技术服务，尤其是女性结扎技术服务，多年来一直以集中突击服务为主。进入 2000 年后，长效节育技术服务转向了经常化知情选择服务。2010 年后，长效节育技术服务主要转向了上宫内节育器。

孕前管理服务与生殖保健服务 20 世纪 80 年代末，本县启动了孕前管理服务工作。开始使用 B 超仪和尿早孕妊娠试剂，进行早孕测定，及时采取补救措施，并建立了严格的早孕检测制度。村委会计生服务人员应用早孕试剂，对药具避孕者一月一检，上环避孕者二月一检，环情检查一季一次，及时发现，及时补救，避免计划外怀孕和出生。90 年代中期，本县启动了生殖保健服务工作，主要包括婚前、婚后，孕前、孕期、产前、产后、优生优育知识咨询和检查，中老年性保健、婚育知识教育等；计划生育技术服务，宫内节育器的放置与取出，输卵管的结扎与复通、人流等；不孕症、妇科疾病的咨询检查和治疗，更年期的保健指导，计划生育节育技术服务项目及其它服务。2000 年以来，年服务人数达万人以上。2005 年后，相继启动了出生缺陷干预和孕前优生健康检查优生优育工程，县计生局投入大笔资金，为县计生服务中心购置了先进的孕前优生健康检查设备， 能够为待孕妇女提供 10 多项孕前健康检查服务，极大地提高了全县优生优育服务水平。2012 年，全县孕前优生健康检查服务人数达到了 1500 人以上。

1991—2012 年怀仁县长效节育措施落实情况表

表 3-19　　单位：例

年份	小计	宫内节育器	输卵管结扎	年份	小计	宫内节育器	输软管结扎
1991	4061	2087	1974	2002	5556	2299	2257
1992	4698	2285	2413	2003	5248	3104	2144

续表（1）

年份	小计	宫内节育器	输卵管结扎	年份	小计	宫内节育器	输软管结扎
1993	5880	3325	2555	2004	5152	3772	1325
1994	6165	3190	2975	2005	4301	3100	1021
1995	5618	3601	2017	2006	4071	3554	517
1996	5347	1964	3383	2007	5286	4884	402
1997	5255	2875	2380	2008	3836	3597	239
1998	6717	4103	2614	2009	5033	4950	83
1999	6400	4150	2250	2010	11049	10963	86
2000	6424	4016	2408	2011	4374	4344	30
2001	5388	3680	1708	2012	4265	4258	7

第五章 婚姻 家庭 姓氏

第一节 婚姻

1949年前，本县男女结婚遵依“父母之命，媒妁之言”，以钱财谈婚论嫁，事实上是包办婚姻、买卖婚姻。婚姻关系构成中，男尊女卑的观念，一直存在。妇女没有社会地位，被当作私有财产，可以买卖、休弃、转让和交换。童养媳、典妻、押妻的现象时有发生。在旧封建礼教影响下，男的可以三妻四妾，而女的则从一而终，即使是男方早逝，也要让女方守寡终身，名为烈女，实是“吃”人。民国时期，虽提倡一夫一妻，但富豪之家，依然一妻多妾；家境贫困娶不起媳妇的，孤身到老。

1949年后，在中国共产党的领导下，奠定了妇女“半边天”的社会地位，本县妇女逐步走出过去被压迫被奴役的悲惨境地，取得了同男子一样同工同酬、参与社会公共事务活动的权利，摆脱了“买卖婚姻、包办婚姻”的枷锁，初步实现了“男女平等，自由结婚”。

1950年《中华人民共和国婚姻法》颁布后，妇女地位得到极大提高。

一夫一妻、男女平等、婚姻自主成为事实并逐渐占据社会主流地位。男女之间更注重双方的年龄、性格、容貌、能力、志同道合等个人条件。20 世纪 70—80 年代，农村结婚的彩礼主要是三大件：自行车、手表、缝纫机，后来又增添了电视机变成四大件。进入 21 世纪，结婚彩礼主要以“三金”为主，有的以楼房、小车为条件。

随着改革开放、计划生育国策的实施，人民生活条件的不断改善，妇女社会地位的提高，男女结婚年龄一再推迟，普遍出现了晚婚晚育现象。不受经济利益或家庭干涉、影响的真爱和自由恋爱观念逐步被许多人所接受，成为本县人民重要的婚姻参考标准，情真意切、自由平等的男女婚姻愈来愈占据社会主流。与此同时，社会上也出现了讲排场、摆阔气、大操大办婚事的现象。

婚姻登记 1949 年前，本县没有专设的婚姻登记管理部门。1950 年 5 月 1 日，《中华人民共和国婚姻法》正式公布实施，实行严格的一夫一妻制，坚决贯彻执行“男女平等、婚姻自由”的原则。1955 年 6 月，本县执行国务院批准的《婚姻登记办法》。1981 年 1 月 1 日，修改后的《中华人民共和国婚姻法》正式公布实施。县民政局加强对新《婚姻法》宣传教育，并对贯彻《婚姻法》的情况进行了调查。1986 年 3 月 15 日，民政部公布实行国务院批准的新的《婚姻登记法》。从 1987 年 1 月 1 日起，本县启用全国统一结婚证等婚姻登记证件。

1950 年，县民政局是办理婚姻登记工作的主管机关。各乡镇（人民公社）民政所受民政局委托，办理辖区内婚姻登记。县直机关干部的婚姻登记工作由县民政局负责办理登记手续，农村的婚姻登记人员由乡镇（人民公社）的秘书兼办或由民政助理员负责处理。

1949 年后，本县婚姻登记工作严格执行不同时期国家、省、市关于婚姻登记的管理办法和规定，结婚登记面对男女双方本人，坚持“男女双方自主自愿”的原则，通过严格审查制度，防止重婚、买卖婚姻现象的发生。离婚登记同样贯彻了“男女平等、婚姻自由、男女平权、一夫一妻制”的精神。调解离婚案件掌握以下原则：凡是一夫一妻自愿离婚者，反复进行家庭和睦、团结友爱、共同劳动致富的教育，动员和好。动员调解无效者，发给离婚证书。男女一方提出离婚，另一方不同意者，转法院审理。1950年起，婚姻登记执行的是中央人民政府颁布的《中华人民共和国婚姻法》，由当时区人民政府办理婚姻登记。1954年，撤销区建制后，改由乡人民政府办理。1958年后，婚姻登记由公社民政干部负责办理。

20世纪70年代后期，县革命委员会规定：凡要求结婚登记者，不论是城市、农村，男女双方都要持所在单位革命委员会准予结婚的证明，持户口簿到男方或女方居住管区或人民公社登记。不属该管区者，不予登记。登记由结婚登记员与计划生育、妇联、共青团等组织共同负责审查，对符合手续及晚婚年龄的准予登记结婚，凡手续不齐备或不够法定婚龄者，一律不予登记。1981年1月1日起，依照1980年11月11日民政部发布的《婚姻登记办法》实施婚姻登记。1984年起，婚姻登记由乡镇民政助理员专门办理。1986年3月15日，本县开始实施国务院批准的新的《婚姻登记办法》。1987年1月1日起，全县启用了全国统一的结婚证、离婚证、《结婚申请登记表》《离婚申请登记表》《夫妻关系证明书》《解除夫妻关系证明书》《申请出具夫妻关系证明书》《申请解除夫妻关系证明书》等8种新的婚姻登记证件。

从2004年起，婚姻登记统一由县民政局婚姻登记员负责办理。1950年5月，《中华人民共和国婚姻法》颁布后，实行一夫一妻制，男女平等、婚姻自主。法定结婚年龄男20周岁，女18周岁。1980年起，法定婚龄男22周岁，女20周岁。1981年准予结婚的人数2994对，其中初婚2985对。1985年准予结婚登记人数2260对，其中初婚人数2110对，申请结婚未予登记271对。

2003年10月1日《婚姻登记条例》实施后，民政部门简化程序，办理结婚登记720对，离婚登记20对。2004年，针对部分群众未办结婚登记手续而以夫妻名义同居且已生儿育女的实际，民政部门补办手续，共补办结婚登记1000对。2008年，办理结婚登记1980对，离婚登记123对。2009年，办理结婚登记2368对，离婚89对。2011年，办理结婚登记1915对，离婚81对。2012年，办理结婚登记2126对，离婚91对。

婚龄状况 1949年前，男女的结婚年龄普遍偏低。男子婚龄多为20岁左右，女子婚龄多为15—16岁。《山西省户口调查》载，民国10年（1921），全县结婚人数544对，男子结婚年龄平均26岁，女子结婚年龄平均20岁。其中男子16—20岁的260人，21—30岁的231人，两个年龄组占总结婚人数的90.3%，女子16—20岁274人，21—30岁的38人，两个年龄组占总结婚人数的57.4%。

从近年来登记结婚的男女年龄看，晚婚已成为本县婚姻的主流，再婚现象呈上升态势。2012年平均结婚年龄男29.9岁，女28.2岁。其中初婚年龄平均男29.6岁，女29.5岁。在再婚男女中，20—24岁的占0.9%；25—29岁的男占8.3%，女占16.5%；30—34岁的男占17.4%，女占20.2%；35—39岁的男占21.1%，女占25.7%；40—49岁的男占33.9%，女占23.9%。

择偶 男青年择偶除注重女性年龄、人品外，越来越重视女性的职业及稳定收入，以期与自己共同分担家庭经济负担。女性则主要是注重男性的人品及经济收入、职业、学历、年龄、婚史等。女青年择偶由注重"老实可靠"转向有文化的大学生或高中生，有一技之长的技术能手，会做买卖的生意人。进入21世纪以后，一些城镇独生子女家庭中，不再将彩礼作为缔结婚姻关系的必要条件，由双方父母共同出资为儿女操办婚事。女方嫁妆，有不少家庭陪楼房、陪汽车已成为一种新的时尚。

离异 从全县婚姻登记的情况看，离婚与再婚率均呈上升趋势。2012年全县离婚111对，比前三年平均数增加20多对，比2003年的20对增加91对，是2003的5.5倍。再婚男女年龄主要集中于30—49岁之间。

第二节　家庭

家庭规模 明洪武二十四年（1391），全县每户平均6.93人。明正德七年（1512），户均7.66人。明万历二十八年（1600），户均7.42人。清光绪十二年（1886），户均5.53人。民国7年（1918），户均5.36人。民国12年（1923），户均5.45人。民国23年（1934），户均6.36人。抗日战争时期，战争战乱使全县户均人口急剧下降，到1950年，户均3.91人，1960年户均3.8人，1970年户均3.75人，1980年户均3.8人，1985年户均3.77人。从新中国成立后的这段时间看，户均人口、家庭规模基本趋于稳定。从城镇与农村看，1982年人口普查时，农村农业户全县户均3.54人，城镇非农业户户均2.82人。从地域看，马辛庄乡家庭规模较其它乡镇大，户均4.21人，河头乡次之，户均4人。当时的鹅毛口镇家庭规模最小，户均3.49人。改革开放以来，经济得到迅速发展，人们的生活普遍得到提高，加之计划生育政策的推行，家庭规模发生了重大变化，愈来愈显现出下降的趋势，2000年，户均人数3.58人，而到2012年，全县户均人数降为2.67人。家庭中3人户、4人户、5人户占的比例最大，约为总户数的70%。

家庭结构 1949年前，本县的家庭结构以子、媳为核心，祖孙三代同堂的三重型家庭居多，也较为稳固。“四世同堂”或“五世同堂”的多重型家庭极少，这种家庭多矛盾，易分化，很不稳固。双重型家庭，丧偶或没有子女的户，为数也不少。1950年，由于巨大的社会变革特别是土地改革，影响家庭分离另立的趋势非常明显，家庭户数猛增，家庭规模缩小，户均人数也迅速下降。1958年以后，多重型、三重型家庭急剧分化为双重型的家庭，祖孙三代同堂的三重型家庭成为少数。同时，出现了为数不少的老年夫妇和城市双职工夫妇的单重型小家庭，此外还有少量的老年丧偶的单身家庭户。1985年调查，双重型家庭占80%，单重型小家庭占15%，单身户占2%，三重型家庭占3%。在改革开放以来现实的人口变动中，影响家庭规模有两个因素，即人口自然增长数的变动和户数增长的变动。1975年以来，随着计划生育政策的全面推行，人口自然增长率显著下降，加上年轻人结婚后不依赖父母，分居另立门户，家庭规模越来越小。2012年有单身户3608户，一对夫妇户4691户，二代户39304户，三代及三代以上户6495户。

子女教育 县城居民多数认为生养孩子是人生义务，它使家庭生活更有情趣、更有奋进动力，特别是老年生活更有精神寄托。在计划生育政策的影响下，生男生女都一样的观念开始确立，但多数倾向于家庭应保持生育一男一女即“二胎化”为最佳。农村村民多生男孩的传宗接代观念还比较严重，这与其所处的环境条件有关。在养育孩子这件事上，多数人认为最重要的是家庭的经济条件，其次是父母的精力投入。

20 世纪 90 年代后，随着社会的发展变化，家庭教育功能也在发生着变化。对子女的教育成为家庭的最主要任务，既要孕育和呵护孩子，又要保证家庭教育的效果。幼儿教育被列入了家庭的最重要内容，家庭更加注重孩子的发展和成才，家庭教育在家庭功能中的地位日益提高，许多家庭为此投入了相当多的时间、精力和资金。由于特殊的人文环境，县城的私立学校、私立幼儿园数量可观，全县学生平常保持在 10 万左右。在这种氛围中，为了使孩子得到更好的教育，家长们不惜缴纳高额学费、择校费到私立学校就读而自动放弃享受国家义务教育的政策优惠。

第三节　姓氏

据 2010 年第六次全国人口普查统计，全县共有姓氏 300 个，其中按户数排前 30 位的姓氏是：王、张、李、刘、杨、马、赵、陈、郭、魏、孟、武、韩、彭、周、曹、于、宋、郝、纪、孙、田、苏、仝、冯、庞、吴、薛、朱、谷。

已消失的姓氏：叔孙，北魏时望族，有叔孙建封为丹阳王，隋以后消失；眉姓，明代有眉旭，举孝廉方正，清代消失；仲姓，明代有仲德宏，任云南曲靖府照磨，清代消失；惠姓，明代望族，有惠安民，任把总，惠光显、惠希舜，任鸿胪，县城东三里许有惠将军墓，清代消失；闪姓，明代县南有因姓氏命名的村庄——闪家寨，闪姓于清同治年间消失，其村改成闫家寨。

2012 年怀仁县各行政村主要姓氏一览表

表 3-20

乡镇	村名	主要姓氏
云中镇	城内	张王李刘
	东关	王李马刘张
	西关	王李
	南七里寨	王
	管庄	管
	秦城	林姜
	甄庄	纪李
	于家园	周孟
	北七里寨	李
	北窑村	朱
	南窑村	孟
	西小寨	马罗
	中街	杨孟
	南街	杨
	北街	孟
	小磨	郑
	石井	陈
	窑子头（北）	马左
	王卞庄	蒋
	羊圈沟	刘王
	北信庄	张杨
	三里庄	管
金沙滩镇	尚南头	陈
	日中城	赵尹史
	田庄	苏
	干沟	王杨
	安宿疃	王
	翰林庄	卢李张
	曹庄	于曹
	向阳	魏
	第三作	刘李
	南家堡	曹韩
	刘晏庄	袁王李
	盐丰营	张李
	小东庄	刘
	一间房	张杨
	韭畦	李解
金沙滩镇	魏庄	魏
	马庄（西）	杨
	兴旺庄	杨
	铺上	张
	禅房	郭
	孟庄	秦
	胡寨	宁
何家堡乡	何家堡	王韩张
	芦子沟	孙
	楼子口	张
	悟道	陈
	赵庄	彭孙
	跃进	马项
	宋庄	王陈
	磨道河	李
	郝家寨	魏郝
	全福寨	曹武
亲和乡	周家窑	杨王周
	石庄	杨宋王贾
	南阜	吴李
	闫家寨	丰
	安大庄	纪
	田家坊	田
	薛家店	薛乔
	南小寨	郭卢曹
	曹四老庄	张夏
	草地	刘李
	南晏庄	王
	万金桥	段王禾
	清水河	刘吴于
	冯庄	姜
	下湿庄	宋韩王
	晏头	潘杨
吴家窑镇	吴家窑	张李刘
	峙峰山	杨郭
	碗窑	李
	小峪	彭

续表（1）

乡镇	村名	主要姓氏
吴家窑镇	南窑子头	魏
	郝家坪	刘
	东山村	史
新家园乡	大略口	仝项
	王坪	刘
	滋润	卢仝
	陈家堡	陈
	赵麻寨	常王郭李杨
	南铺	李
	段家堡	纪
	小略口	谷彭
	北辛村	张杨
	南辛村	辛
	庄头	韩
	北铺	王
	新家园	张
	尚希庄	李张
	路庄	李张肖
马辛庄乡	鲁沟小村	马
	杨岭	柴
	小盐坊	王杨
	杜庄	蒿杜
	南米庄	刘苏
	大盐坊	赵
	大井	王
	安寺	李范
	古家坡	古
	海子洼	翟
	马辛庄	王张
	马庄（东）	李史
	马港	柴郝
	仝庄	仝
	下米庄	王
	智民庄	安
	鲁沟	王杨许
海北头乡	清泉	李
	西安堡	李王
	黄庄	张
	神嘴窝	李张
	黎寨	武王
	上海子	苗刘
	郑庄	于
	下海子	武魏
海北头乡	陈庄	张
	海北头	王
	烽火台	朱
	新发村	王
	下寨	龚王杨
河头乡	东寺庄	孟
	高镇子	张魏
	旧站	王
	中柳会	方姚
	蒲里	栗
	闫家堡	王文
	小昌城	张
	东昌城	郭潘
	李家小村	李张
	新桥	张徐
	朝阳	海马
	河头	赵张
	大滩头	胡刘
	兴旺	王
	小滩头	冯
	张家堡	齐
	百谷寨	海薛
	下略	马
	王庄	胡
	王皓疃	聂庞
毛皂镇	裴家窑	阎
	里八庄	徐周
	霸王店	王赵
	秀女村	李
	毛皂	吴李
	温庄	张
	杨谷庄	张赤
	大寨	张王武
	南彦庄	马李
	李家场	张
	边店	边宋
	前村	高
	后村	周李
	柳东营	王黄
	王家堡	朱
	东作里	王赵武
	支家小村	赵
	新铺	周

第四编

城乡建设

第一章 县城规划和建设

怀仁辽代置县，之后逐渐开始城市建设。但是，由于生产力水平所限和诸多原因，城乡建设始终处于自发状态，步伐十分缓慢。据史载，明洪武十六年（1383），指挥桑桂因旧城增筑城墙；永乐九年（1411），指挥于忠重修城墙，建东、西两门；成化元年（1465），守备指挥姜裕增筑月城两座；嘉靖三十四年（1555），县侯殷宗虞、守备景希贤加筑城墙高三尺，阔三尺，南北建工字墩两座；隆庆四年（1570），县侯刘邦彦、守备叶继文增高城墙四尺，女墙特用砖砌；万历二年（1574），知县杨守介、守备邸然砖石包修城墙，石基高 3 尺，厚 3.5 尺，砖高 38 尺，东西月城亦皆砖包，东西二门上各建楼橹，北工字墩建玄帝庙，南工字墩建魁星楼，四角各建楼 3 间，东、西城墙上建敌台各二座，南、北城墙上各建敌台 1 座。到了清咸丰三年（1853），知县萧钰补葺城垣，东关筑土墙，南北二关门建阁，西关筑土墙，建关门 3 座。之后征战不断，民不聊生，城乡建设几无进展。

1949 年中华人民共和国成立后，党和政府的主要精力用于恢复战争创伤和进行抗美援朝战争，城乡建设一直没有大的变化。1967 年，经济状况有所好转，县委、县政府决定修建县城西关的红旗西街。随后几年，县委、县政府及所属机关陆续在红旗西街兴建办公场所。

第一节 整体规划和管理机构

整体规划 1978 年，县委、县政府制定了《怀仁县县城建设总体规划》，1981 年县人大审议通过，并报请省政府审批。随后，县委、县政府按照此规划进行各项建设。1985 年 8 月，省政府正式批准《怀仁县县城建设总体规划》。自此，怀仁县城建设进入了快速发展时期。同期，全县农村仍然没有整体建设规划，基本呈自然发展状态，这一现象直到20世纪90年代初期才有所改变。

管理结构 本县的城乡建设管理机关产生于20世纪70年代。县政府成立基建办（属县计划委员会系统）。1978年，县政府成立基本建设委员会（简称建委），其下设城市建设管理局。1983年，进行机构改革，撤销建委，城市建设管理局改称城乡建设环境保护局（简称建设局）。2001年，环境保护局成立，原来的城乡建设环境保护局改称城乡建设管理局（简称城建局）。2005年，城建局改称建设局。2009年，建设局改称住房和城乡建设管理局（简称住建局）。

第二节 路桥建设

1949年前，境内的城乡道路基本属自然形成，无统一规划建设。1949年中华人民共和国成立后，政府开始有计划地进行城乡道路建设。1973年，整修、拓宽县城西城墙外的红旗街，并在路面铺设沥青。自此，沥青路面首次在怀仁县出现。

1979年，拆除西城墙，填平外城壕，开筑南北向的新华路，同时铺筑沥青路面。从1983年起，政府先后整修了建设路、体育街、矿业街、府后巷、云路街、观巷等街路，到1985年，整修县城主要街道13条，均为水泥路或沥青路。县城主要街道6条，巷弄18条，总长14.29公里，占地面积16.6万平方米，县城人均道路6.06平方米。1986年以来，伴随着经济社会发展的步伐，县城道路建设时快时慢，前后10年间，城市道路共建设里程4.1公里，面积约12万平方米。1995年以后，县城道路建设发展较快，先后建设了怀义街、仁和路、怀玉街等三条大路，县城框架明显拉大。

2000年到2005年，先后共计建设、改造了5条较高水平的环城路和其它已有道路，县城道路总里程达到39公里，总面积达到150万平方米。期间，城市道路建设逐渐配套了路灯、隔离带、绿化树等，而且在质量标准、数量、品位等方面都逐年提高。

2005 年以后，县政府采取国家支持、招商引资、财政筹资等办法，新建和改建道路 9 条，车行路总长度达到 49 公里，总面积 300 万平方米。

2010 年，县政府加大县城道路的建设力度，投资 2.1 亿元，改造主干道 3 条，长 5.7 公里，面积 25.5 万平方米。2011 年，投资 1.9 亿元，新建、改造道路 3 条，长 7.7 公里，面积 37 万平方米。2012 年，投资 3.3 亿元，新建、改造道路 3 条，长 15.1 公里，面积 110.6 万平方米。县城道路总长度达 83.7 公里，面积 400 万平方米，是 1986 年时的 900 倍，形成了六横七纵的交通网络。

县城总的地势较为平坦，桥涵、立交桥建设的客观要求并非迫切。因此，1985 年以前，县城桥梁建设不多，仅有两座，均为北同蒲铁路过境穿城所需而建。1995 年后，县城建设加快，建成区面积不断扩展，北同蒲铁路沿线两侧被纳入城市建设范围， 立交桥建设成为城市建设的一项重要内容。2000 年后，县政府先后投资约 10 亿元，新修了三座立交涵洞和三座高架桥。

新华大桥 投资 6000 万元修建。该桥于 2003 年月 6 动工，2004 年 9 月竣。大桥为 7 跨钢筋混凝土结构，主桥长 245 米，桥宽 24 米，桥高 11 米。该桥改善了城市布局，扩大城市规模起到积极作用。

壬山高架桥 投资 8000 万元施工修建。该桥于 2006 年初筹建，2007 年 10 月 28 日竣工，全长 118.8 米，桥宽 35 米，其中桥面 30 米。

怀安大桥 投资 1.3 亿元施工修建。2008 年底筹建，2011 年 6 月竣工通车。桥梁全长 1573.24 米，桥宽 50.6 米。其中，行车道宽度 28 米，双侧分隔带各 2.3 米，非机动车道两侧各 6 米，人行道和桥栏杆双侧各 3 米。大桥沟通县城东西。

第三节　供水 供气 供热 照明

供水 县城给水过去一直采用鹅毛河洪积扇裙边缘地下水。1977 年以前，县城居民及各机关单位用水方式均为凿井提水。1975 年，成立县自来水公司（位于县城西北），开始分段铺设自来水供水管道，经过两年建设，到 1977 年开始正式向县城供水。自来水公司有高位蓄水池 3 个，容量 1500 吨，生产水井4眼，压力车间1座，供水管线总长66.52公里，日产水3120吨，年供水量为56.1万吨。县城日用水量2000吨。其中：生产用水600吨，生活用水1400吨，人均日用水14升。居民供水普及率达95%。水质符合国家规定标准。此外，县城内还有雁北瓷厂、雁北铸造厂、火车站、化肥厂、肉联厂等单位自凿深水井，以供急用。20世纪90年代，县委、县政府为满足人民群众的用水需求，持续加大投入，尤其是在水源井、输水管、清水池等相关设施建设方面，成绩较大。其中，1990年开始筹建二水厂，经过三年时间，陆续完成水厂勘探、申批和水源井（3眼）开凿、清水池（两座500立方）建设、管道（DN4005公里）铺设工程，于1992年通水使用。

进入21世纪，全县经济社会发展步伐加快，自来水需求量明显增加。为适应城市发展和居民生活需要，县委、县政府于2002年组织力量完成了四水厂的勘探、申报事项，但由于资金、技术等原因，四水厂直到2008年才投入使用。期间，为解决城市供水不足的问题，2005年，在县委、县政府的支持下，自来水公司的输水管网与由县水利局管辖、主要用于农村生活用水的三水厂并网，使县城自来水水厂的供应量日增3000吨，有效缓解了城市居民自来水供水不足的局面。

从2007年始，县自来水公司先后投资3000余万元，逐步完成了20000多户居民的分户供水改造工程。在收费上，除1999年到2004年五年间，曾实行职工分片承包收费的办法外，大部分时间实行集中统一管理。2009年，公司实行集中管理、微机服务的办法，用户可以就近到不同街道的水费营业厅交费。2010年，组建引黄供水有限公司并上马建设水厂，工程总投资约4.16亿元，同步建设水厂两个，其中北七里寨水厂为生活用水厂，投资额2.06亿元，供水管道总长约20公里，其中主干管道10公里，日供水能力5000立方米。

2012年，县自来水公司有水厂3座、水源井22眼、清水池8座、DN75以上的供水管线80多公里，各种固定资产达8000余万元，总蓄水量约15000立方米，县城的自来水普及率达到95%以上。

供气 20世纪80年代以来，县城有少数居民开始使用罐装液化气。随着时间的推移，使用液化气的群众逐渐增加。但是，由于液化气成本较高，普及程度还不高，农村基本是空白。

2005 年 10 月 19 日，民营企业—怀仁县金源天然气公司成立，注册资金 780 万元，2012 年在职职工 67 人，建有长输高压管道 5.3 公里、门站一座，固定资产 6000 万元，共计敷设输气管线 266.81 公里。2005 年后，县城居民开始使用天然气，用户数量快速增长，到 2012 年，有居民用户 30344 家、工业用户 33 家、商业用户 175 家，日供气量 10 万立方米，县城气化率约 60%。

供热　1995 年以前，县城居民冬季取暖全部是通过燃煤火炉子和火炕解决，部分政府机关和企事业单位采用锅炉集中取暖。

1995 年，县委、县政府决定成立供热公司实行集中供热。当年供热面积达到 5 万平方米。经过持续建设，到 2012 年，县热源厂已经成为山西省县级城镇规模最大、自动化程度最高、配套设施最齐全、设计标准最高的环保达标热源厂，供热能力为 720 万平方米，实际供热总面积为 560 万平方米。热用户达到 391184 户，其中党政机关、企事业单位 99 户，面积 54 万平方米；商用 3669 户，面积为 90 万平方米；居民 35350 户，面积 416 万平方米。

照明　20 世纪 60 年代初始，县城部分居民和机关单位开始用上电灯。1965 年，红旗东街首批安装路灯 10 余盏。之后，先后在柴市巷、云路街、学校前街等安装路灯 30 余盏。到 1968 年，县城居民照明全部用上了电灯。1973 年后，随着主要街道的整修，路灯安装渐多。1985 年，县城有 37 条街巷安装了路灯，共有路灯 334 盏，其中高汞灯 31 盏，水银灯 233 盏，白炽灯 70 盏。路灯灯距 45—50 米。由于维护要求不高、灯具简单、数量较少等原因，路灯的安装、管理、维护都由县市政公司负责。1986 年成立路灯所，照明灯具数量缓慢增加，部分主干道安装了亮度高，穿透性能好的钠灯。

1996 年，在县城四条主要街道上安装了不同类型的路灯 220 基，使县城的路灯照明迈上了新的台阶。到 2001 年，政府在 20 多条城市道路上安装了包括花灯、水晶灯、高杆灯、莲花灯、射灯、单臂灯、双臂灯、中杆灯、艺术门灯、丰收灯，LED 灯杆造型灯在内的各种灯具总数约 2000 盏，路灯覆盖了县城70%的建成区。

2002年，随着城市建设的继续推进，在环城道路及县城周边进行路灯安装。

2011年，先后在县城10条新开的道路上共计安装双光源路灯、钠灯、锥型灯、射树灯、中华灯和大型灯组以及各种景观灯、普通路灯共计6500盏。其中，怀贤街的60基（1500盏）中华灯成为县城一大夜景。先后铺设电缆约59公里，新安装500千伏安和600千伏箱式变压器各一台。

2012年，共计安装10米和12米的双臂双光源路灯、中华灯和其它不同类型的灯具1460余盏，铺设电缆17.5公里，安装台式变压器6台，更换台式变压器为箱式变压器1台。截至2012年底，怀仁县城照明线路达到68条，全长95公里，电缆总长1905公里，共有路灯195685盏，总负荷2.75万千瓦。

第四节 绿化 美化

城市卫生 1960年县政府成立卫生队，负责县城主要街道的清洁工作。各机关单位的环境，坚持每星期六下午大扫除。当时县城公共卫生设施有公共厕所16个，垃圾箱30个，果皮箱50个。1985年，县卫生队职工发展到61人，负责清洁面积22.2万平方米，日清运垃圾70余吨，所有垃圾全部运往县城北一个自然坑倾倒销毁。

2010年，县政府投资6800万元开工建设生活垃圾无害化处理场，处理工艺为改良型厌氧卫生填埋方式，日处理垃圾300吨，填埋场库容198万立方米，填埋年限为20年。

2011年，县环卫中心成立，取代原来的卫生队。中心共有环卫工人600多人，各种清扫、运输、洒水、压缩、收集、摆臂等车辆100多台（其中大型清扫车3台）、手推车100余辆、固定垃圾池150多个、水冲式公厕17座、密闭垃圾桶2000多个、果皮箱1900多个、摆臂箱20多个。中心承担着县城建成区6条主干道、24条非主干道、58条背街小巷，总计长124815米、面积342万平方米的清理保洁任务，人均清保面积达900平方米，日清运垃圾达420立方米。

县城各街道划分六大块，垃圾实现密闭清运、不落地管理。在沿街门店投入200多辆脚踏三轮车，由环卫工人用脚踏三轮车一天四次，定时沿门店收集垃圾。在居民区，投入20多辆收集车，分早晚两次，上门定时收集垃圾。在人口居住密集、收集车难以到达的居民区，摆设了20多个摆臂箱，由摆臂车一天三次清运。在主干道，沿街设置密闭垃圾桶桶站，由压缩式垃圾车一天两次收集清运。县城垃圾收集率和密闭清运率达到100%。

园林绿化 1980年以前，县城主要街道多栽植杨树。1980年以后，有6条主干街道先后改植垂柳。1983年沿行道树建铁栏花池种花，各机关单位院内栽植杨树、垂柳、柏树等。1985年县城街道有行道树2485株，各机关栽植风景树11.2万株。县城有绿地2195亩，其中公共绿地113亩。绿地覆盖率为20.9%。1985年，县政府在新华路南段建绿化面积达16.4万平方米的人民公园。

1995年以后，县城绿化逐步形成园林建设、道路花带、行道树、单位院落及居民点相结合的整体绿化。到2000年，县城共计种植行道树4万株，修建花带2万平方米，新增园林绿化4万平方米。

2000年到2008年，先后改造、新建了仁人广场、北坛公园等10多个公园、广场。包括道路、庭院等形式的绿化，县城绿化总面积约100万平方米。

2009年到2012年，县城的绿化工作呈现出高速发展的态势。短短三年时间，县城内不同类型的公园、不同规模的广场、不同等级的道路、不同性质的庭院等的绿化总面积达到248万平方米。县城建成区绿化覆盖率达到40%。绿地率达到36.9%。人均公园绿地面积为10.80平方米。

第五节 居民住宅和机关办公场所

居民 本县县城居民一般聚居于县城内；农村群众以长期以来自然形成的村落聚居。从20世纪70年代起，县城居民住宅及机关单位开始向旧县城外围的西、北、南三面逐渐延伸发展，逐年共建了府后、东南台、西南台、西小寨路等居民区。1984 年，在新华路（现为仁人路）北段兴建了第一座居民住宅楼（原雁北矿业公司所建）。1985 年房屋普查统计，县城住宅面积共 165499.5 平方米。其中，房管部门直管住宅面积 18031.8 平方米，全民所有制单位自管住宅面积 64006.3 平方米，集体所有制单位自管住宅面积 9028.3 平方米，私人住宅面积 74433.1 平方米。人均居住面积 5 平方米。1986 年以前，居民住宅主要有 4 种来源：一是机关干部、职工申请住公房。二是企事业单位建房分给本单位职工；或职工集资，单位建房。三是城区内的居民申请宅基地自建住房。四是少部分干部职工或经商人员通过购买地皮自建住房。

随着国家城镇住房制度改革的深化，原国有房产、部分单位兴建的住房及一些私人开发的住房，也陆续作为商品房进入交易市场。到 2012 年，在县城先后建成规模较大的住宅区上百个，共开发商品住宅房约 10000 套，总建筑面积约 150 万平方米。

景沂苑 占地面积 121 亩，建筑面积 10.7 万平方米。2005 年 4 月开工建设，2008 年 8 月竣工。总投资 1.5 亿元。全部为 7 层，共计 762 户。景沂苑不仅是全县首家成立物业公司的居民小区，配套设施较为齐全，包括幼儿园、会所等，而且公用空地面积较大，绿化率达到 40%。

同仁家园 总投资共计 11.46 亿元。其中，一区总用地面积 113622 平方米，总建筑面积 135269 平方米（其中住宅建筑面积 104512 平方米，商铺建筑面积 28420 平方米），规划总户数为 1196 户。建筑密度 30%，容积率 1.47，绿地率为 30%。二区总用地面积 227241 平方米，总建筑面积 270187 平方米（其中住宅建筑面积 233444 平方米，商铺建筑面积 32485 平方米），规划总户数为 2662 户。建筑密度 26%，容积率 1.4，绿地率为 30%。一、二两区总车位数共计 1470 个。

怀贤商业步行街 总用地面积 17431.735 平方米。其中，A 区总建筑面积 61010 平方米（其中住宅建筑面积 42294.55 平方米，商铺建筑面积 13033.52 平方米）。规划总户数为 342 户。建筑密度 26.47%，容积率 2.96，绿地率为 35.24%。建筑高度 73.55 米。地下停车位 102 个，地下储物房 66 个。B

区总建筑面积 62621 平方米（其中住宅建筑面积 34321.6 平方米，商铺建筑面积 11567.39 平方米）。规划总户数为 266 户。建筑密度 21.0%，容积率 2.39，绿地率为 38.4%。建筑高度 73.55 米。地下停车位 90 个，地下储物房 55 个。道路包括纵一路宽 8 米，全长 844 米；纵二路宽 24 米，全长 1172 米；纵三路宽 10 米，全长 871 米；中央大街宽 24 米，全长 750 米。配套设施包括活动中心建筑面积 5475.26 平方米，其中地下车库 2539 平方米；幼儿园建筑面积 5475.26 平方米，其中地下车库 2539 平方米；综合服务楼 2 栋建筑面积 5970.6 平方米，其中地下车库 982.36 平方米。

机关办公场所 1949 年以前，官衙都建在县城内，而且相对集中于一处。中华人民共和国成立后，人民政府及其所属机关办公场所多占用过去的官衙、教堂、私塾房等。到 20 世纪 60 年代，部分机关单位建设了新的办公场地，多为平房。从 70 年代中期开始，沿县城主要街道开始兴建楼房。1976 年建成邮电局办公楼。1982 年建成服装厂、农业银行办公楼。1983 年建成矿业公司办公楼、雁北瓷厂职工楼、百货大楼。1984 年建成乡镇局办公楼、云城服务楼。1985 年建成县政府、工商局、卫生局、市政公司、矿业公司等办公楼和新华大楼、云州服务楼、新华书店楼、一中教学楼等。到 1985 年，机关办公楼房建筑面积共计达到 33744 平方米。进入 21 世纪，县机关办公场所由于年代已久或便民设施的缺乏，有的在原址进行重建，有的进行选址新建。

第二章　乡村建设

第一节　乡镇建设

20 世纪 50 年代，金沙滩镇政府在第三作村兴建办公院落一座、金沙滩中学一所。县政府在吴家窑镇域内建陶瓷厂和煤矿各一个。在小峪镇兴建小峪煤矿。在河头乡、鹅毛口镇各建中学一所。新家园乡兴建办公院落一座。在城关乡（不含县城区内）建中学一所。

60 年代，在金沙滩、亲和、新家园、何家堡、海北头建供销合作社及纺织百货、副食文具、生产资料等商店；在金沙滩域内建农牧场、林厂，建礼堂一座，卫生院一座；在城关乡域内建化肥厂、良种场、苗圃、建材厂等。毛皂、海北头、新家园各建机械厂 1 个。

70 年代，各公社均在驻地新建卫生院一座。新建城关、鹅毛口、何家堡、新家园、毛皂、里八庄、海北头公社机关，金沙滩、亲和公社机关的驻地作了改建。在亲和、何家堡、海北头、马辛庄、里八庄、城关公社各建中学一所。在城关公社境内建雁北林科所、怀仁二中、教师进修学校、外贸肉联厂。在鹅毛口公社境内建县水泥厂、大同市焦煤矿、公社机械厂及社队煤矿 7 座。在何家堡公社境内建县洪涛山林场、矾水湾煤矿。在新家园公社境内建雁北矿山机械厂、雁北矿山救护队、雁北粮油机械厂、小峪煤矿医院、兴红峪煤矿、榆叶湾煤矿。在吴家窑公社境内，建东兴、二南窑、红旗等 12 座社队煤矿及公社矿机厂，又建砂石矿、吴家窑瓷厂办公楼。在金沙滩公社驻地建矿业公司车队。在海北头公社境内建县砖瓦厂。在小峪镇建纺织百货、副食文具、生产资料等商店，建小峪煤矿办公楼、职工单身住宅楼、影剧院等。

1980 年到 1985 年，新建吴家窑镇、河头乡机关，其余乡镇机关均作了扩建。在城关乡境内建县职业中学、第四中学、光荣院、县啤酒厂。在鹅毛口镇境内建窑子头、柴沟、石井、王卞庄、新胜、虎龙沟等 6 座煤矿。在何家堡乡境内建 11 万伏变电站、清凉山水泥厂和教场沟、西寺沟、南窑沟、寺儿沟等 4 座村办煤矿，新建了百货纺织、副食文具等商店，在乡驻地新建了汽修厂、沙发厂等乡办企业。在新家园乡境内建王昌沟等两座村办煤矿，建雁北王坪煤矿。在吴家窑镇境内建东寺沟、大南沟等 7 座煤矿。吴家窑、金沙滩、亲和、新家园、毛皂、里八庄乡各新建中学一所。

1985 年，全县各乡镇建设中，独立建筑用地共为 21868 亩。其中，城关乡为 1899.8 亩，鹅毛口镇为 2445 亩，何家堡乡为 1104.7 亩，新家园乡为 1395.7 亩，亲和乡为 2292 亩，吴家窑镇为 1063.9 亩，金沙滩镇为 1209.7 亩，海北头乡为3041.2亩，马辛庄乡为448.8亩，毛皂镇为5690.9亩，里八庄乡为559.4亩，河头乡为236.7亩，国营及其他为479.5亩。

2000年，按照国家“撤乡并镇”要求，全县原来的13个乡镇合并为10个乡镇（城关镇和鹅毛口镇合为云中镇，新家园乡和小峪镇合为新家园乡，毛皂镇和里八庄乡合为毛皂镇）。在经济发展和思想解放双重力量推动下，乡镇建设不断加快。经过十年左右的建设发展，到2010年前后，全县各乡镇在原来的基础上，全部修建了高等级的公路，通了客运班车，普遍通了有线电视，建起百货超市、邮电支局、文化站、信用社等，部分乡镇新建了办公楼。

第二节　村庄建设

1949年以前，本县农村大多数均建有各种庙宇和乐楼等公共建筑。1949年以后，破除封建迷信，陆续拆除了庙宇或改作它用。20世纪50年代初期，农民在经济上翻了身，川区的房屋结构一般为土木结构的平房，亦有碹土窑的。山区多为土石结构的窑房，也有土木结构的平房。鹅毛口村有一处石门、石窗的石结构院落。1965年起，农村建设进行统一规划，各大队按照新建设规划逐年实施。农民建房均为单门独户的小院，新建房屋多为北房，房屋结构后墙多改用砖砌，屋顶用石灰及灰渣混合磙压而成。建房每户一般为三间或五间。与此同时，全县农村逐步兴建了许多公共设施，各生产大队均兴建了办公室、仓库、小学校、供销社、牲畜饲养处等。

1980年后，农村新建的房屋由土木结构转向砖木或砖混结构，多为一出水房，屋顶一般用方砖盖或用水泥抹面，也有盖起脊瓦房。砖混结构房屋，外装饰一般使用水刷石，也有用瓷砖贴门面、窗边。窗户多改为全面玻璃窗。内装饰一般用麻刀和泥修饰墙壁。1982年，鹅毛口镇中街村兴建起全县第一座农民住宅楼，共三幢120间。小磨村农民全部新建起住房。至1985年，全县70%的农民新建了房屋，建筑面积达256多平方米。住宅建设发展较快的鹅毛口、吴家窑两镇，有90%的农民新建了住宅，发展较慢的马辛庄乡，农民新建住宅也有30%。加上旧有住宅，全县农村住宅建筑面积380万平方米，人均住宅面积23.63平方米，其中居住面积270万平方米，人均建筑面积约16平方米。

1985年普查，全县农村居民住宅占地46408.5亩。其中，城关乡为2918.7亩，鹅毛口镇为2441亩，何家堡乡为3582亩，新家园乡为6393.1亩，吴家窑镇为1619.5亩，金沙滩镇为6795.8亩，亲和乡为5856.3亩，海北头乡为4272.4亩，马辛庄乡为3563.4亩，毛皂镇为2142.4亩，里八庄乡为2348.1亩，河头乡为3875.8亩。

20世纪90年代，全县163个行政村中，90%的村建有学校、卫生所，农户住宅多为砖木结构，道路基本是土路。90年代后，农村道路逐渐出现水泥和柏油路，商品经济逐渐活跃起来。农民房屋建筑结构也发生很大变化，住房逐渐由土木结构转变为砖混结构，室内装潢趋向考究，地面有水磨石、油漆打蜡等。

2012年底，全县各村普遍建起了超市、诊所、文化室、篮球场等。尤其是学校建设引人注目，公寓式、楼房式、封闭式的学校逐年增加，各种社会管理组织也在不断健全完善。95%以上的村浇筑了沥青路面或者水泥路面，部分村安装了路灯。90%的农村居民饮用自来水，全县农村新建住房建筑总面积超过1600万平方米，人均住宅面积约30平方米。

第三节　社会主义新农村建设

2006年，按照“生产发展、生活宽裕、乡风文明、村容整洁、管理民主”的社会主义新农村建设要求，本县坚持统筹城乡经济社会发展的思路，以农民持续增收为核心，以农业产业化水平提高和农民素质提升为重点，全面发展农村社会事业。

县委、县政府注重新农村布局规划，要求村庄规划与经济社会发展规划、土地利用规划和道路系统规划等，引导村庄合理、高效、集约发展。积极开展新一轮乡镇规划和村庄总体规划的编制工作。要求凡是新村建设，严格按照规划在规划区内进行；对不符合规划要求的，坚决不予审批，不准建设。坚持以人为本、相对集中、节约用地的原则，加强与土地利用总体规划、产业布局规划、基本农田保护规划、城镇体系规划以及交通、水利、教育等规划相衔接。建房设计充分考虑农民住房、杂物堆放实际，并逐步撤并小型村，整理空心村，搬迁偏远村。

2012 年底，在各级政府的扶持下，用于新农村规划、示范村建设、配套基础设施建设的资金达上百亿元。对在推进新农村建设中建房的农户，在宅基地安排、水电户头费、小区配套设施等方面予以优惠和考虑。将“农村改厕、沼气国债工程、村村通工程”等涉农项目与开展“乡村规划整治”结合起来，提高设施的共享度和综合效益，整体推进农业和农村基础设施建设。全县有 2 万户农民完成了改厕；3000 多户完成了改圈；1.5 万户农民进行了沼气池建设；所有农村实现了“村村通”“户户通”，总里程 1 万公里；半数村寨安装了路灯；各村清理垃圾 8 万多吨、路障 500 多个、柴垛 8000 多个，拆除破旧、遗弃和危险建筑物 500 多处，拆除有碍交通和村容村貌的建筑物和堆放物 300 余处。

下寨村 下寨村地处县城东部 3 公里处，全村有 1630 人，4290 亩耕地，以废旧钢铁回收、冶炼、加工、运输为四大主导产业，农民生活水平有了明显提高。2007 年，全村农民经济总收入 6860 万元，人均纯收入达 6310 元。2006 年以来，新建新村住房 140 套，旧房拆迁改造 60 多套。先后投资了 30 多万元新建村委会一处，投资 15 万元建起了舞台，投资 10 多万元建起了文化娱乐活动室和图书阅览室。投资 263 万元用于村民居住环境的改善。其中新建道路 6 公里，投资 17 万元进行了街道硬化。投资 24.3 万元完成了下水工程主管道 804 米，支管道工程 2126 米。投资 15.5 万元挖井坑 155 个，绿化道路 1500 米，栽种松柏树 1800 棵。投资 36 万元完成 660 户自来水入户工程。村庄主要街道全部安装了路灯。建设沼气池 110 多个并全部交付使用。投资 9 万元粉刷墙壁 2.2 万平方米。投资 52 万元整理街道 1.7 万平方米。投资 1 万元清理垃圾 1085 立方米。

峙峰山新村 峙峰山旧村位于县城南的两狼山谷中。全村 256 户，1206

人，由于地处山区，农业基础薄弱、周边煤矿多等原因，造成水资源短缺，生态环境和人居环境较差，给人民群众生存、生产、生活带来诸多不便。新村选址于县城南23公里处。按照统一设计、统一审批、统一标准、统一施工的要求，每套房院总占地273平方米，住房建筑面积84平方米，均为砖混结构，外墙贴瓷砖，大门楼及房檐挂琉璃瓦。首期峙峰山村移民搬迁工程于2004年动工兴建，住宅与基础设施建设同步展开，建设居民住宅120套。2006年，完成96套居民住宅任务，基本实现了峙峰山旧村整体搬迁。同时基础设施和社会公益事业日渐完善，新村上下水道贯通，主干街道硬化、亮化、净化，65盏路灯照亮全村大街小巷，48个垃圾箱遍布全村主干支街道。低压电网进村，并进行了扩容改造，通过了全省首批电气化示范新农村村验收。道路两侧，环新村四周绿化，绿化总面积达35.8亩，大于省定社会主义新农村绿化指标，标志性超越雕塑设置在村西街中央，其他52座小雕塑点缀在全村各处。50吨水塔矗立在村西北角，建有白色西式四柱门楼。健身广场、生态公园更使新村锦上添花。

第三章　建筑施工

第一节　建筑企业

本县从事建筑行业者古来有之，建筑工匠按不同工种分为泥匠、木匠两大类。所有工匠在适宜施工的季节里游走于县城和农村，承揽工程（俗称营生）。建筑工艺、结构较简单，而且民间建设房屋多呈现为互帮互助的状况。随着社会的发展进步，尤其是中华人民共和国成立后，特别是改革开放以来，城乡建设步伐加快，建筑施工业进入前所未有的发展时期，专业的建筑施工队伍应运而生。

1986年，全县共有建筑施工企业两家，职工300人，其中集体建筑企业1家，职工180人。1990年以后，民营建筑企业迅速兴起，经过五、六年时间的变化发展，到2000年前后，全县新增民营建筑企业11家，固定资产达到8亿元，流动资金达到5亿元。在民营企业的从业人员超过5000人。据2012年统计，全县有资质的建筑企业有16家，固定资产达30亿元，从业人员约1.3万余人。

第二节 建筑管理

招标投标 1997年6月，县人民政府成立建设工程招标投标领导小组，并下发文件，对工程报建、招投标范围、招投标程序、评标议标等均作出具体规定。1986—2000年，全县总投资50万元以上工程项目共计20项。2000—2012年，投资100万元以上的工程200个。所有工程均实行招投标，招投标工程率为100%。

质量管理 1996年11月，县建设工程质量监督站成立。专门负责全县建筑工程质量监督管理。质量管理主要把好三关：把好设计、施工关，凡无资无照设计、施工严格查处。把好工程基础、主体结构质量关和工程竣工质量等级关。1996—2012年，全县受监单位工程1780个，竣工面积363万平方米，工作量70亿元，竣工验收合格率100%，其中优良工程31个，面积18.5万平方米。

行业管理 2006年，县建筑市场领导小组成立。4月下发文件，对建筑勘察设计、承发包、施工、装饰、施工质量、质量监督等均作出具体规定，使县域建筑市场逐步走上规范化。县建设局负责对建筑市场的管理监督，严格按国家规定标准检查和验收工程，防止粗制滥造，维护建筑者利益，稳定建筑市场。

第四章　房地产业

第一节　房屋建设

民国 37 年（1948）5 月，县城内凡是原国民党县政府占有的房产，均由人民政府接管，由县民政科管理。1958 年 8 月，成立城关房产办公室。以 60 平方米为起点，在县城经租房屋 797 间，计 117150 平方米。此后，县财政每年拨款 3 万余元，维修公产房。截至 1985 年，累计维修公房 7100 间，14.2 万平方米。

1975 年，县房管部门始为干部职工新建住房 522 间，计 1.04 万 平方米。分配给 105 户干部职工居住，并按月征收房租。房租标准是每月每平方米北房 5 分，东、西下房 4 分，南房 3 分。1975 年到 1985 年，共建职工住房 1408 间，计 28160 平方米。1985 年，县城房管部门直管公房面积 18031.8 平方米，全民所有制单位自管公房面积 6.4 万平方米，集体所有制单位自管公房面积0.9万平方米。县城总人口约3万人，实有房屋建筑面积约45 万平方米，其中住宅建筑面积 30 万平方米，人均居住面积 15 平方米。

1990 年后，随着国民经济建设事业的发展，县直各机关企事业单位每年投入大量资金用于房屋建设，并且开始招商引资，大搞房地产开发。同时，鼓励城镇居民建房和欢迎农民进城安家落户、开店办企业，加快了房屋建设。其中 1991 年到 1995 年，县城居民各种形式的建房面积就达 60 万平方米，为 1986 年县城房屋总面积的 1.5 倍。

2000 年底，县城内立项的建设项目约 400 个，建成房屋面积约 140 万平方米，其中商业门面、商业用房 35 万平方米，商品住宅 90 多万平方米。

在房屋建设中，随着社会经济的发展，新材料、新工艺、新技术不断推广应用，钢筋混凝土结构的楼房成为房屋建设的主体。2010 年以前，商业、办公、教学、医疗、住宅楼房多为3～6层，以混合结构为主。2010年后，二、三十层的楼群开始出现，并且越来越多，成为房屋建设的新宠和发展方向。

第二节 房产开发

1986年，县城建局成立房地产开发公司，并首次进行商品房开发。地址位于县城东北部口泉路南，房屋为一家一户的平房。所用材料是砖木和少量的水泥。自此，房地产开发逐步走向商品化、市场化。期间，房地产开发公司共进行了三次开发（1986—1989年681间；1989—1992年180间；1992—1996年在怀河路南继续开发两层式楼房230套）。随着市场经济的发展，民营房地产开发商进入市场并逐步成为主体，城建局所属的房地产开发公司和二轻局所属的工程公司退出房地产开发行列。

20世纪90年代后期，不同规模、不同类型的民间开发项目开始涉足其间，据统计，2000—2012年底，大型的房地产开发项目就超过400个，建成房屋面积约140万平方米，其中商业门面、商业用房35万平方米，商品住宅90多万平方米。

第三节 房产销售

1985年，县政府成立公产房屋作价领导组，对职工居住的公产房全部丈量，评估作价，开始出售。出售办法是个人出房价的三分之一，其余由国家和单位补贴，凡购买公房者，只有使用权，没有产权。

1986年以后，县房地产管理部门负责房地产交易，主要管理城镇公私房屋的买卖、转让、出租、抵押及房地产流通过程中的各种经营活动，并提供有关房地产法律、政策咨询，展示行情，接受有关房产交易和经营管理的委托代理业务，对房地产经营活动进行指导和监督。1986—2012年，开展交易约5万次，交易面积200万平方米，其中楼房每平方米均为2600元，交易金额4.5亿元。

房地产交易主要是县域内的私有住房，民间交易仍以合同为主，偷漏契税现象时有发生。

第五编

经济综述

第一章 生产关系变革

域内在漫长的封建社会实行土地私有制度，严重制约当地经济发展。

早在抗日战争时期，本县人民在中国共产党领导下，便进行了生产关系变革，至1956年，经历减租减息、土地制度改革、对工商业的社会主义改造等重大变革，使经济取得较快发展。1958年人民公社化运动在变更生产关系中严重失误，部分公社把集体所有制冒进为全民所有制，各项经济指标下滑。自1959年冬至1963年，人民公社化中的一些错误做法得以纠正，经济有所发展。至1982年，人民公社体制取消，建立乡镇行政机构，实行有中国特色的社会主义市场经济体制，完成一系列生产关系变革。

第一节 封建土地制度

明洪武二十四年（1391），全县共有耕地214344亩，人均耕地16.4亩。正德七年（1512），耕地184227亩，人均21.9亩。嘉靖四十年（1561），有耕地150833亩。明万历十九年（1591），清丈出额正成熟地82252亩，额内折征地51538亩，两项共有耕地133790亩。

清顺治三年（1646），《山西赋役全书》载，全县耕地382964亩，人均耕地10.7亩。

民国22年（1933），《山西大观》载，全县有耕地405178亩，人均耕地5.3亩。民国25年（1936），全县有耕地604865亩，其中水地12954亩。

中华人民共和国成立后，大力恢复和发展农业，兴修水利，全县耕地增加，水地迅速发展。1949年，全县有耕地654508亩，农业人口人均耕地6.5亩。1952年，查田定产，全县有耕地673548亩，人均耕地6.4亩。1954—1959年，全县有耕地690050亩，人均耕地6.8亩。1964年，全县有耕地760332亩，人均耕地6.5亩。1970年，全县有耕地657526亩，人均耕地4.7亩。1971年，河头乡划入本县，增加耕地57357亩，全县有耕地671769亩，人均耕地4.7亩。1985年，全县有耕地634504亩，人均耕地4亩。2005年全县有耕地65.2万亩。2012年全县农作物总播种面积73.5万亩，粮食作物播种面积60.4万亩。

封建土地制度，使土地、牲畜等主要生产资料掌握在地主阶级手中，贫苦农民少有甚至没有土地。以于家园村为例，民国38年（1949）统计，全村有耕地7956.5亩，有农户267户，908人，其中富户21户，96人，占总农户的7.9%，占总人口的10.6%，占有耕地2876.5亩，占总耕地的36.2%，人均占有耕地30亩；中等户57户，265人，占总农户的21.3%，占总人口的29.2%，占有耕地2650亩，占总耕地的33.3%，人均占有耕地10亩；贫户189户，547人，占总农户的70.8%，占总人口的60.2%，占有耕地2430亩，占总耕地的30.5%，人均占有耕地4.4亩，富户人均耕地是贫户的7倍。本县的地主，有所谓“土”地主与“洋”地主之分。“土”地主以土地租佃为主，兼营商业或高利贷。住有深宅大院，雇有保镖护院，有的还把持村政权、宗族权，对贫苦农民实行经济、政治、宗族的压迫和剥削。“洋”地主是在外地设有一定规模的工商业字号，兼营土地。

地主对农民的重利盘剥有4种方式：一是租佃制。地主拥有土地和其他生产资料，除雇佣劳力自营一部分外，大部分土地由佃户或贫农租佃。每年分一次或两次提取租佃金，租佃金占收获总量的50~70%。二是定租制。地主把占有的土地全部按固定租额租出。三是雇工。雇工有长工、短工两种，长工常年为地主“扛活”，雇主管吃饭，年终给几百斤粮食作为工钱；短工则多在农忙季节从事单项劳务，工钱多为定额定金，有的日给几斤小米或钱若干，也有的管吃，按“印象”赏赐。四是高利贷。有的地主、富农在农村或城镇办起钱庄、银号放高利贷，办起粮店，囤积居奇，大发荒年财。

第二节 土地改革

民国36年（1947）1月，本县在鹅毛口、赵庄、路庄等14个村进行首次土地改革实验。同年3月在七区（现属山阴）进行二次土改实验。7月在四、五、六区和吴家窑市的83个村庄开展土改。民国37年（1948）春，土地改革进行复查纠偏。1949年12月，土地改革在一、二、三区的41个村庄展开，1952年2月结束，并颁发了土地证、房产证。土地改革中，贫农、下中农共分得土地30多万亩，人均3.3亩，实现了“耕者有其田”。

第三节 农业合作化

本县农村早在抗日战争时期，中共地方组织就组织变工队、临时互助组，以克服一家一户难以胜任的农活，此为农业合作化开端。中华人民共和国成立后，农村通过建立农业互助组、初级农业生产合作社、高级农业生产合作社，完成农业社会主义改造。

农业生产互助组（简称“互助组”） 1949年，冯庄村遭水灾，村党支部为领导群众抗灾救灾，在自愿互利的基础上，组织起21个男子互助组和10个妇女互助组。1950年，全县共有8个常年互助组，入组138户。1951年，全县有10%的农户组织起了常年的、临时的、季节性的等多种形式的互助组。1952年，互助组发展到1574个，入组8793户，占总农户的34.6%。1953年，全县巩固互助组793个。1954年，全县互助组发展到4678个，有34544户参加互助组，占全县组织起来农户的55%。

互助组初建时，多数为临时性或季节性的换工劳动互助，后发展为常年互助组，组内农副业全面互助合作，实行以工换工，计价结算。

初级农业生产合作社（简称“初级社”） 1952年春，冯庄村马益谦组织14户农民，办起全县第一个初级农业生产合作社，社内有土地866.3亩。1953年1月，全县先后办起12个初级社，巩固下来的有冯庄村马益谦社，魏庄村戈有谦社，尚希庄村李九旦社，赵庄村孙日云社，小营村（今属大同市南郊区）周日和社和西关李天有社等6个。

1954年夏，在北辛村进行建社试点后，又办起44个初级社，全县初级社发展到50个，入社农户1546户，占全县农户的6%。1954年底，全县（大仁县）共办起147个初级社，其中赵何乡、曹四老庄乡及陈庄乡、官堡乡、马家小村乡5个乡村办起初级社，有20个村的初级社入户农户达70%到80%，入社农户6487户，占全县农户总数的10.4%。1955年10月，大仁县初级社发展到805个，入社农户49447户，占全县总农户的77%。

初级社在管理上，实行土地作价入社分红，统一经营，按劳动规定记工分。农副产品分配比例，人口占七成，劳力另加三成，现金分配按劳动得分平均分配。

高级农业生产合作社（简称“高级社”）1956年1月，全县（大仁县）办起374个高级社，入社农户57800户，占全县总农户的90.3%。高级社的土地、耕畜、农具作价归社所有。

高级社为独立核算单位，实行“按劳分配，多劳多得”的分配原则。下分若干生产队，以队作业。在管理方法上，在按劳动规定记分的基础上，实行“三定一奖”（定产、定工、定投资，超产奖励），“三包一奖”（包产、包工、包投资，超产奖励）

人民公社 1958年9月，全县（大仁县）建立了41个人民公社，将原395个高级社改为生产大队，以生产大队为核算单位。同年11月，大仁县并入大同市郊区，建立8个人民公社，不久又划为25个人民公社。1960年1月，恢复怀仁区，全区建立了7个人民公社，146个生产大队，497个生产队。此后，在贯彻中共中央《农村人民公社工作条例（草案）》和《关于改变农村人民公社基本核算单位的指示》的过程中，对已建立的人民公社逐步作了调整，到1965年12月恢复怀仁县，全县调整为11个人民公社，140个生产大队，841个生产队。此期间，执行“三级（公社、大队、生产队）所有，队（生产队）为基础”的原则，将组织生产和收益分配统一起来，有60%的生产队实行以生产队为基本核算单位进行单独核算。

1971年底，全县为12个人民公社，下属160个生产大队，有生产队743个。

1982年，全县有12个人民公社，有生产大队163个，生产队711个，基本核算单位692个，其中以生产大队核算的22个，以生产队核算的670个，占基本核算单位总数的96.8%。

1984 年，人民公社被乡（镇）村的建制所代替，由乡（镇）村管理委员会负责。

第四节 工商业改造

域内无资本主义工业，1953—1956 年对工商业社会主义改造仅限于对个体手工业和个体私营商业。

私营商业 民国 10 年(1921)，全县从商者有 1835 人。民国 24 年(1935)，有商人 934 人。民国 25 年（1936），全县有大、小私营商户 214 户，从业人员 513 人，挂牌商号 64 家。主要行业有粮食、副食、山货、铁货等 7 大行业。

民国 26 年（1937）9 月，日军侵占怀仁后，崞县、忻州等地在本县经商者大都返回故地，店铺关闭，整个商业市场萧条，如刘晏庄村，于同年 11 月遭日军洗劫后，万和源等商号全都倒闭。民国 29 年（1940），全县有商号 32 户，比抗日战争前减少了 50%。

民国 37 年（1948）5 月怀仁解放后，商业复苏。1949 年，全县有杂货、面行、成衣店、肉店等 15 个行业，工商业户 293 户，资本总额 3148.4 万元(旧币）。1951 年，贯彻国家“利用、限制、改造”的政策，全县商业户降为 267 户，从业人员 1297 人，资本总额 71912 万元（旧币）。

1953 年始，对私营商业实行社会主义改造，改造 7 户私营商业。年底，全县有私营商业 231 户，从业人员 265 人。

1955 年，贯彻中央“统筹兼顾、全面安排、积极改造”的方针，对私营商业进行普查登记，全县有纯商业 394 户，从业人员 566 人，资金 78611 元。经过经销、合作等形式的社会主义改造，改造了棉布、百货、文具、副食等六个行业，改造 168 户，275 人。到 1956 年底，全县私营商业降为 70 户，从业人员 80 人，资金 4705 元。其中小商小贩 39 户。

集体商业 1955—1956 年，在对私营工商业进行的社会主义改造中，全县商户除直接过渡到国营公司、供销合作社及个人自营者外，其余 366 人，成立了20个合作商店，11个合作小组，2个公私合营商店，11个代购代销店，成为在国营和供销合作商业领导下的集体所有制商业单位，共有流动资金45807元。1956年营业总额1505883元，利润总额228404元。1957年，有集体合作商店39个，从业人员250人。1958年，合作商店、合作小组及代购代销店多数并入国营商店和供销合作社，保留合作商店（小组）3个，从业人员25人，资金2100元。

供销合作社 1949年初，成立县供销社。同年6月改称县供销合作社，有工作人员10人，资金20857万元（旧币）。年销售额为62732万元（旧币），占全县商业销售总额的4.6%，是私营商业销售额的4.9%。1950年12月，以路庄、吴家窑两村为试点，联合附近的尚希庄、碗窑等18个村，成立了两个基层供销合作社，入股社员1946人，股金为7051880元（旧币）。1951年春，以清水河、宋家庄、盐丰营、小峪口、里八庄、鹅毛口、高镇子等9个村为中心，联合72个村，建立了9个供销合作社。全县共有社员11643人，股金为66908680元（旧币）。供销合作社实行民主管理，设立社员小组583个，有社员代表595人，理事134人，监事92人。1952年，成立联村供销合作社1个，分销处21个，发展社员40585人。1953年，全县供销合作社增到34个，有社员3万余人。年销售额1614325万元（旧币），占全县商业销售总额的38.8%。1954年7月，县供销合作社并入商业局。1956年，各农业生产合作社成立供销合作社（代销店）13个。1959年成立7个人民公社供销合作社。

个体私营商业的社会主义改造 1953年年初，贯彻落实国家对私营工商业"利用、限制、改造"政策，首先取缔私营粮商，然后将烟、酒、百货业先后以经销、代销形式纳入国家计划轨道，并开始商品明码出售，合理议价。

1955年，按国家关于对私营工商业社会主义改造"统筹兼顾，全面安排，积极改造"政策，先进行3个试点，组建2个合作饭馆、1个百货合作商店，而后试点经验在全县推广。对个体私营户采取公私合营、组建合作店（组）、由供销合作社吸收录用、为供销社经销代销等形式进行社会主义工商业改造。至1956年，改造私营商业535户，涉及资金7.69万元，其中实行公私合营

19户，加入合作店90户，加入合作组133户，由供销社录用127户158人，经销、代销166户。改造私营饮食业202户，涉及资金2.86万元，其中实行公私合营3户，加入合作饭馆3户，加入合作小组11户，由供销社录用180户246人，接收供销社指导的单干户5户。至1956年12月，全县完成对个体私营商业的社会主义改造。

第二章 经济体制改革

1978年中共十一届三中全会后，本县开始一系列经济体制改革。改革从农业开始，继而深入到商业、工业、金融业等领域。随着改革逐步深入，初步建立起社会主义市场经济体制，推动县域国民经济快速发展。

第一节 农业体制改革

本县农业体制改革经历4个阶段，即联产计酬、第一轮承包、第二轮承包、完善承包。联产计酬是改革尝试，第一、二轮承包是全面实施“大包干”，第四阶段是对“大包干”予以完善，解决“调地”（根据家庭人口变化，调整各户责任田数量）过频和承包地转租问题。

联产计酬 中共十一届三中全会后，县委、县政府在部分村庄示范、推广家庭联产计酬责任制。联产计酬的形式有联产到组、联产到户、联产到劳力、联产到专业队。同时，对特别贫困村，则把联产计酬简化为“包干到户”，把一定数量土地承包给农户，农户把所收获的农作物按额定数量向生产队缴纳后，剩余归己。1980年，在王庄、尚希庄、宋庄、下海子、张家堡、吴家窑等生产大队进行生产责任制的试点工作。1981年，全县农村普遍实行生产责任制，其中有53个生产大队，262个生产队实行以队作业、定额计酬；有35个生产大队，124个生产队实行分组作业，联产计酬；有75个生产大队，

341 个生产队实行承包到劳、联产计酬。

第一轮承包 1980 年中共中央 75 号文件下达后，1982 年本县实行“大包干”的生产队增至 329 个，16884 户，分别占生产队总数的 46.3%，占总农户的 38.9%。“大包干”一般是以生产队为单位，好田和差田搭配，按人口平均承包，负责交纳农业税和应摊分的社、队提留款，其余收获归己，即如农民所说的“缴了国家集体的，剩下都是自己的”。“大包干”深受农民欢迎，称“大包干，富得快，直来直去真明白”。不赞成“大包干”的错误言论则是“辛辛苦苦几十年，一夜回到解放前”。联产承包自此迅速向纵深发展。1982 年，中共中央第一个农村 1 号文件(即《全国农村工作会议纪要》)下达后，进一步推动了本县农村改革。1983 年年初，有 563 个生产队实行“大包干”，占生产队总数的 97.7%。同时，将原属村集体的林业、农机、工副业等也陆续承包到户。同年 12 月，向承包户发放土地承包使用证。到 1984 年，全县农村普遍实行“大包干”家庭联产承包责任制。

家庭联产承包责任制改变了生产关系，农民有了生产自主权，生产积极性空前高涨。全县推行“大包干”后的 1982 年，涌现出产万斤粮农户 63 户。收入超万元农户 102 户。全县三分之一的农民盖了新房。1988 年同 1978 年相比，全县农业总产值增长 3.36 倍，农民人均收入增长 4.99 倍。

第二轮承包 第一轮土地承包期限为 15~17 年，1998—2000 年陆续到期。1997 年 8 月 27 日，中共中央办公厅、国务院办公厅印发《关于进一步稳定和完善农村土地承包关系的通知》，强调“在第一轮土地承包到期后，土地承包期再延长 30 年”“延长土地承包期后，乡镇人民政府农业承包合同主管部门要及时向农户颁发由县或县级以上人民政府统一印制的土地承包经营权证书”，同时，认真整顿“两田制”（大部分土地承包到户，少量土地由村集体掌握、收取租金），严格控制和管理“机动地”（作为村集体储备地，用于户增减人口时调整）。1998 年 11 月 24 日，县委、县政府印发《关于进一步稳定和完善土地承包关系，延长土地承包期工作的安排意见》，在全县开始土地第二轮承包，承包期为 30 年。此项工作从 1998 年下半年开始，到 2001 年春天基本结束。

完善承包 “大包干”极大地调动了农民生产积极性，但有些农户由于劳力外出打工或其他原因，无力耕种，便将部分或全部耕地租出。2003 年 3 月 11 日起施行的《中华人民共和国农村土地承包法》使农村土地承包关系以法律形式固定下来，使农村土地承包经营权流转按有关规定全面落实。土地承包经营权流转年限及流转金（租赁金）由双方协定，按协定经营者向原承包者缴纳租赁金，到期归回经营权。

第二节 工业企业体制改革

怀仁县工业企业体制改革经历承包制和产权改革两个阶段。1982 年起实行的承包制改革，打破计划经济模式，给予企业一定经营自主权，但未能解决企业产权这一核心问题。1998 年起实行的企业产权体制改革，使绝大部分公有制企业改制为民营，并妥善解决体制转变中有关问题。

承包制 1982 年，县办企业开始改革，借鉴农业土地承包责任制经验，建立企业承包责任制。当年 12 月，实行怀仁县工业局《关于企业利润承包试行办法》。1983 年 2 月，推行怀仁县工业局《关于经营承包责任制试行办法》。1984 年 5 月，对经营承包责任制细化为 30 条改革规定。1986 年，这一改革在全县铺开，一般是确定上缴基数，确定年递增比例或确定几年基数不变。企业则对车间、班组实行内部承包，车间班组则对职工实行计件工资、浮动工资或基本工资加奖励工资。1987 年，县工业系统 28 家企业先后与县经济委员会签订承包合同。其间，县办企业基本确定承包厂长负责制，初步打破“大锅饭”管理体制，为企业注入活力。

产权改革 前一阶段改革，未能解决企业产权这一根本问题，实行的股份制仍是共有股份为主体。自 20 世纪 90 年代后期，随着市场竞争加剧，民营企业兴起，本县国有、集体企业经营艰难。1998 年，县有关部门通过对有代表性的 36 家国有、集体企业进行调查，发现这些厂家账面总资产 5544.9 万元，总负债 7330 万元，资不抵债 1785.1 万元。县委、县政府按照国家有关政策，借鉴外地经验，开始进行大规模企业产权改革，改革范畴涵盖全部公有产权企业，最终目的是建立产权明晰、管理科学的现代企业管理制度。改革方式或出售、或破产、或重组，然后建立股份制企业。在这一过程中，公有资本退出，民间资本进入，形成产权多元化民营企业。1998年确定公有产权改制企业24家，至2006年，完成改制19家，占79.1%。

本县根据县情出台改制4种形式8项政策，重点解决两个难点。4种形式：企业出售突出一次性产权转让和公开拍卖；资产租赁突出资产赎买；实行股份制突出大股东控股；生产要素重组突出职工买断工龄。8项政策：资产评估、产权界定、实行股份制、拍卖出售、职工社会保险、职工买断工龄、改制费用等详细政策条文。两个难点：防止企业资产流失和妥善安置改制企业职工。为防止资产流失，采取3项措施：一是严格资产清查程序。清查由部门“一把手”直接负责到底，并签字盖章，资产评估之前要予以抽查，抽查面要达到70%，清查结果必须与职工见面，否则推倒重来。二是规范资产评估行为。资产评估聘请专门机构人员实施，对产权界定、大额资产评估、呆账死账核销和有争议问题，评估人员与县体制改革办公室（简称“体改办”）共同协商，评估结果由体改办对评估报告的格式、科目、数据逐项核对无误后方有效。三是严格审批方案。不触动企业产权的不批，未经职工大会讨论通过的不批，债权主办银行不同意、债务分割不科学的不批。为妥善安置职工采取两项措施：一是男职工年满52周岁、女职工年满45周岁可以办理内部退养手续，内部退养期间每人每月发放生活费120元，至国家规定退休年龄时正式办理退休手续。改制时从企业资金中划出足够数额的职工养老金一次性交县社会保险所，届时由保险所发给退休职工。二是未达内部退养年龄的职工按工龄给予买断工龄费，企业和职工双向选择就业或自谋职业。

2012年，全县规模以上企业有60家，其中11家国有企业，49家为民营企业。

第三节　商贸流通体制改革

怀仁县商贸流通体制的改革始于1979年，以百货纺织品公司所属零售门市部为试点，进行国营商业体制改革，推行了以销售额、利润额为考核依据的提成奖励办法。1980 年，贯彻《零售企业管理条例》，进行流通体制的改革，扩大企业的经营、费用、进货、人事、残次品处理等自主权。1981 年，国营商业系统所属 67 个商店，全部实行经营责任制。当年实现利润 81.3 万元。

1960 年 12 月，恢复县供销合作社，当年全县共建立供销社 87 个。自此，县、社、队三级供销合作商业体系基本形成。

1978 年，新的集体性质的商店迅速发展。1979 年有集体商店 13 个，从业人员 42 人。1983 年增至 110 个，从业人员 135 人。1985 年增至 155 个，从业人员 459 人，自有资金 120 多万元，营业额 300 多万元。

1983 年，进行清股分红，扩股集资，变“官办”为民办，加强横向经济联合，扩大经营范围和服务领域，千方百计为工农业生产和人民群众生活提供系列化服务。1987 年以后，供销系统各基层单位由集体经营逐步实行个人经营承包责任制，基层单位原柜组人员自由组合实行经营承包，占用集体的商品每年上缴资金占用费，从计划经济转变为市场经济。从 1985 年到 2005 年，主要经济指标名列全省同行业前茅。同年，国营商业企业全面推行经营承包责任制。国营商业系统有 20 个核算单位，52 个商店（门市部）实行了利润大包干，超利分成；家庭承包，定额上缴；亏损包干，超亏不补，减亏提成等形式的经营承包制。

1984 年，国营商业实行批发机构与零售机构分家、脱钩，把商业经营权还给企业，企业实行经理负责制。同时划小零售企业核算单位，将国营商业企业部分转为国有集营、租赁经营、集有集营等企业。当年，全系统实现利润 129.5 万元，上缴利税 82.1 万元，职工人均创利 2316 元。

1985 年，燃料公司、烟草公司划出，全县国营商业共有机构 75 个，职工 901 人。其中企业管理机构 8 个，职工 109 人；企业经营机构 67 个，职工 792 人。在企业经营机构中，农副产品采购机构 8 个，职工 145 人；工业品批发机构 6 个，职工 182 人；商品零售机构 42 个，职工 316 人（其中国有集营企业 8 个，职工 131 人）；其他经营机构 11 个，职工 149 人。国营商业多集中于县城，共有 53 个，职工 771 人，集镇和农村有 22 个，职工 130 人。

年销售额3381万元，占全县商业、饮食业、服务业年销售总额的32.2%。

第四节　宏观调控体制改革

宏观调控体制改革，主要包括计划、财政、税务、物价和金融等体制改革。

计划体制改革　1949年新中国成立后至1978年，实行计划经济，落实省、地下达的各项指令性经济指标，对工业、农业、商业实行统一计划管理政策。工业管理计划包括固定资产投入、原材料供应和产品调拨。基本建设项目要全部实施国家指令性计划，县执行省、地下达的投资指标。县内企事业单位基本建设项目，须首先报县计划委员会，经综合平衡后报地、市申请立项后方可施工，资金由财政拨款、专项专用。农业生产管理计划主要体现在种植计划和产业生产结构上。县、公社、大队要逐一落实上一级关于农、林、牧、副、渔和农业内部粮、棉、油等作物种植计划，以保证有关任务指标完成。商业管理计划主要体现在各种商品的计划分配上。在商品计划分配中，工业生产资料和建筑材料由县计划委员会统一计划分配；农业生产资料通过县供销社统一计划分配；生活资料食盐、棉麻由县供销社统一计划管理；粮油由县粮食局按国家规定“统购统销”政策计划管理；其他商品由县商业局、供销社按国家分配计划分别施以统一管理。1978年后，这种计划管理模式逐步向指导性计划和市场调节方向发展。

1981年，本县实行农业联产承包责任制，对农业生产通过分配征购任务和下达指导性种植计划，宏观调控农业种植。农业结构则通过政府指导性计划和市场调节进行调整。工业生产由于对企业实行承包制或租赁制，政府对企业主要通过利税征收，予以宏观管理，其生产经营由市场调节。企事业单位基本建设项目的立项仍由县计划委员会实行计划管理，对行政事业单位基本建设项目严格控制；但对生产企业资金由拨改贷或自筹，经营法人自主权扩大，对固定资产投资投入的计划管理相对放宽。商业领域由县计划行政管理部门管理分配商品逐步减少，其中，商业、供销系统取消棉纺织品、自行车、手表、缝纫机等限量凭票供应和计划分配；计划委员会和县物资局取消对农机、柴油、化肥、农药等计划分配； 粮食局取消对城镇非农业人口粮油的凭票证定量供应。至 1995 年，原来由国家施以计划分配管理商品中，除棉花、食盐、烟草仍由国家计划管理外，其余均可自由流通，由市场调节。

随着市场经济的不断发展和完善， 本县对经济管理逐步实施计划管理和市场调节相结合、以市场管理为主的机制。对于经济发展目标、经济结构、产业结构调整、布局调整、固定资产投资规模等关系本县的重大经济活动，主要发挥计划调节的作用；对于企业大量的生产经营活动、一般性技术改造、小型建设项目、产品结构调整和农村的小型农田水利建设、种植计划安排及农、林、副、渔比例调整，主要由市场调节，发挥基层自主权。

财政体制改革 中共十一届三中全会后，县财政体制进行一系列改革，其中以利改税、建立乡镇财政为重点改革内容。

“利改税”改革：新中国成立初期至 1983 年，国有企业利润全部上缴财政，支出由财政划拨；继而是企业按利润一定比例留成、大部分上缴财政。怀仁县 1983 年实行的第一步利税改革，由上缴利润改为缴纳税金。是时，全县纳入预算管理的国有企业 31 家，实施改革的 28 家。第一步改革是以税代利，或税、利并存。1985 年实施第二步利改税改革，改革为单一税收形式。在 1983 年利改税基础上，以是年年底数据为准，再调整各种加减因素，作为计税基数。大中型企业按利润 55% 比例纳税，小型企业按新八级超额累进税纳税， 改革方案经上一级财政部门批准后实施。改革企业 38 家，其中大中型企业 7 家（化肥厂、电业局、五金公司、百货公司、食品公司、燃料公司、物资局），小型企业 31 家。

建立乡镇财政：1949 —1956 年， 在乡镇设财政助理员 1 名，负责农业税征收造册、领报经费等。1958 年人民公社代替乡镇政权，大部分财政业务由公社秘书代之。1961 年 6 月，公社划小、数量增加，仅部分公社设有财政助理员。1966 —1978 年，国家财政拨付公社的各项资金逐年增加，遂健全公社财政机构，充实专职财政人员。

1984 年开始，在全县 13 个乡镇普遍建立财政所，建立乡级财政。乡镇财政划分收入范围，明确财政体制，改革原来以“统收统支”、“大锅饭”

为主的体制。乡镇财政收支范围，包括预算内、预算外和乡镇自有资金3部分。乡镇财政预算内资金收入包括工商各税、农业税收和其他收入（城建税、罚没收入）；支出包括农林水等部门事业费、科教文卫等部门事业费、乡镇行政人员经费和其他部门事业费。各项事业费拨款、社会救济、自然灾害救济等专项支出由县财政统一掌握，乡镇财政负责监督和使用。乡镇财政预算外资金收入项目主要有农业税附加、教育费附加收入、固定资产变价收入和支农周转金；支出包括教育附加费、农业税附加。乡镇财政自有资金收入主要是乡镇企业上缴利润、乡镇公益事业统筹资金、超生户所缴社会抚养费和乡自有资金存款利息收入；支出主要是发展乡镇企业投资，文化、教育、科学、卫生等事业费补助及公共设施投资等。13个乡镇实行3种财政管理体制：一是“一年一定，定收定支，收支挂钩，总额分成”；二是“一年一定，定收定支，支出下拨，超收分成，超支不补，短收自负，结余留存”；三是“定收定支，收支包干，定额上解”。2001年，随着乡镇合并，13个财政所合并为10个。

税务体制改革 改革开放以来，税务体制多次改革，其中实施中央税收和地方税收的分税制是较大改革；农村费改税的税费改革规范了对农民有关款项收取；免除农业税则废除了数千年种地纳税法规。

实施分税制：1994年，国家实行分税制，将税务局分立为国家税务局和地方税务局。中央税收和地方税收分别由国家税务局和地方税务局负责征收。税制改革按照统一税法，公平税赋、简化税制、合理分权、理顺分配关系、规范分配方式、保障财政收入的原则，逐步建立起符合社会主义市场经济要求的税制体系。税制由原来的32个减少至18个。至2012年年底，怀仁县国、地税局征收的税种共有17种。其中，国税局征收税种有6个：增值税、营业税、消费税、企业所得税、外商投资企业和外国企业所得税、个人存款利息所得税；地税局征收的税种有11个：营业税、印花税、城市维护建设税、车船使用税、固定资产投资方向调节税、企业所得税、个人所得税、城镇土地使用税、土地增值税、屠宰税、房产税。属中央税收的全部纳入中央金库，属地方税收的全部纳入地方金库。中央对地方上划税收以1993年基数全部返还，之后，对增长部分按一定比例返还。

农村税费改革：农村在土地集体经营时期，由生产队向国家缴纳农业税，核定每亩应缴量，按土地数量缴纳。此外，向生产队提留一定比例公积金和公益金。实行家庭联产承包责任制后，承包土地户除依法向国家缴纳农业税外，还要向乡缴纳乡统筹，向村缴纳村提留。乡统筹、村提留金额以不超过农民年纯收入的5%为准。乡统筹包括教育附加费、计划生育费、民兵训练费、优抚费、乡村道路集资费等5项，村提留包括公积金、公益金、管理费等3项，简称“三提五统”。

由于部分乡、村向农民收取乡统筹、村提留款机制欠规范，收取金额动辄加码，存在乱收费现象，加重了农民负担。2000年，按照中央和省关于农村费改税政策进行改革。具体内容是取消乡统筹、农村教育集资等所有专门面向农民征收的行政事业性收费和政府性基金、集资，取消屠宰税，取消统一规定的劳动积累工和义务工；调整农业税收政策，调整农业特产税收政策；改革村提留征收使用办法，以新农业税的20%统一收取。费税改革制，取消“五统”，将“三提”以税收形式固定下来，而且由财政部门主管，依法治税、以率计税。农民凭财政部门出具“完税证”可以拒绝有偿服务以外的任何收费，从根本上解决了对农民乱收费现象，减轻了农民负担。2001年，农民人均负担由改革前的158元降低为123元，减负35元。

调减和免除农业税：2003年，怀仁县农业税率降至6.3%，入库农业税3108.9万元，农业人口人均98.2元；2004年，按省政府规定调减为3.3%，入库农业税1798.3万元；2005年调减为1.3%，入库696.1万元；2006年全部取消农业税。

物价调整与体制改革　1950年6月，依据中央贸易部全国第一次物价会议所制定的产、运、销三者互利的价格政策，逐步健全分级管理制度。1953年始，国家先后对粮、棉、纱、布实行统购统销，且逐步建立计划经济的价格体系。

1959—1961年三年经济困难时期，由于工农业生产下降，消费品货源不足，特别是副食品供应更为紧缺，致使物价猛涨。为此，怀仁县物价行政管理部门根据中央“当年平衡，略有回笼”经济方针和上级有关物价“大部不动，小部调整”精神，对计划价格体制有所触动。在坚决稳定 18 种基本生活用品价格同时，对部分商品实行高价销售，敞开供应。1961 年 9 月，按国家规定对糖果、糕点、砂糖、酒、自行车、钟表、针织品等 8 种商品价格实行高价销售。随着国民经济好转，到 1965 年，高价商品恢复价格。1969 年 12 月，按商业部和国家计划委员会通知，降低中药价格。

20 世纪 80 年代初，对单一的计划价格管理模式开始改革。1981 年，在国家计划指导下，对三类农副产品和完成收购任务后允许上市的一、二类农副产品，实行议购议销，打破单一计划价格。

1983 年，对农民完成统购派购任务后的产品和非统购派购产品允许多渠道经营。农产品可以进城，可以出县、出省，取消其外运由归口行政单位审批的规定。凡属国家收购任务以外的农副产品，购销价格可以随行就市，有升有降。主要农副产品收购结算办法逐步改为按牌价加价固定比例计价。随后，将小杂粮、小油料改统购为议购。当年 3 月，对 9 类 353 种小商品放开价格，实行市场调节。1984 年 10 月，执行国家物价局通知，对小商品价格全部放开。

1989 年起，物价管理逐渐由直接管理转变为间接管理。国家统一定价逐渐减少，绝大多数商品价格由市场调节，必要时物价部门采取干预措施。将价格权限放给企业，由经营企业根据市场情况自主定价，政府有关行政管理部门进行宏观控制、检查、监督。

1991 年，依据建立社会主义市场经济体制要求，以市场价格为主的价格机制开始建立。同年 5 月，粮食价格改革，平价粮油提价。1992 年 4 月，再次调整粮食统销价格，原则是购销同价，城镇粮食供应继续执行凭证、凭票定量供应。1993 年 5 月 1 日起，放开城乡粮食统销价格，停止粮票流通。1994 年 6 月起，提高国家原定购粮食的收购价格和销售价格。

煤炭价格改革始于 1992 年。提高民用燃料销售价格，调整计划内工业用煤和煤炭价格补贴。翌年，放开煤炭价格，同时开始石油价格改革，计划外成品油改批次定价为季节综合销售价格。1993 年，放开计划外石油价格，计划内高价油多价并轨。1994年，成品油出厂价格和销售价格实行计划内外并轨，一律实行国家定价。

1994年，改革化肥价格管理办法。按照市场形成价格原则，对原统配化肥的国家统一定价、地方管理的化肥价格和计划外化肥的最高限价，统一改为国家规定出厂中准价格和上下浮动幅度，由企业在国家规定范围内自主确定出厂价格。出厂价格管理权限在市、地以上物价行政管理部门。地产化肥以外的其他化肥，调拨和销售价格均按进价加费用加微利3%原则制定。所有化肥销售价格都必须报同级物价部门审批后方可执行。当地生产的化肥，要首先满足当地农业需要，任何企业不得高于规定价格销往区外。生产企业在国家规定的浮动幅度内调整价格超过5%时，要把调价理由及成本、价格调整情况向负责监审的物价行政管理部门备案。

1996年，放开公路货运价格。同年，调整邮政资费标准。到2000年，大部分商品价格均放开，实行市场调节。

第三章　经济结构

1949年前，怀仁县农业、商业、手工业均为私有制。20世纪40年代，虽然有些村庄建立一些农业互帮组，但土地仍属私有。中华人民共和国成立之初，虽然产生一些公有制经济，但不占主导地位。1953年，农村开始建立农业生产合作社，土地归集体经营，工业、商业亦开始组织手工业合作社和商业合作社，走集体经营之路。经过1953—1956年对农业、手工业、资本主义工商业社会主义改造，域内农业、手工业、商业基本实现生产资料公有制，私有经济形式基本消失，形成单一公有制的全民和集体所有制，存在30余年。本县兴建大批公有制企业，奠定域内经济基础，但存在“大锅饭”弊端。1978年中共十一届三中全会后，农业改革集体经营模式，把土地所有权与经营权分离，所有权仍属村集体，经营权属农户，建立土地承包责任制；工业、商业实施产权制度改革，所有权由国有、集体所有改为民营私有制，同时鼓励私人兴办工商业。所有制形式大幅度由公有制向私有制转换，形成国有、集体、民营等多种经济成分并存的所有制经济结构。

第一节　所有制结构

全民所有制经济　国有商业随着国家对粮食、物资、商业的计划管理而发展起来。1949 年，在县城建立了以经销粮食为主的两个国营商店，有职工 15 人，资金 26312 万元（旧币）。1950 年国家对煤炭、钢铁、木材、化工物资实施计划调拨。1953 年国家对粮食实行统购统销。这些举措使国有商业快速发展壮大。1953 年国有商业社会商品零售总额 828871 万元（旧币），占全县商业销售总额的 19.9%。1953—1956 年对私营商业改造后，集体商业发展加快。1957 年，国有商业增至 20 个，职工 115 人。1965 年，国营商业有百货、药材、烟酒、蔬菜、食品、燃料等六个专业公司和小峪商店，职工 244 人，年商品销售总额 714 万元，占全县社会商品零售总额 59.6%。中共十一届三中全会后，国有商业开始承包、租赁等改革，发展加快，但私营商业的产生与发展，使其所占比例缩减。随着改革开放的深入，社会主义市场经济逐步形成。1989—1998 年是国有商业大发展时期，但相对于私营商业、集体商业，所占比例进一步缩小。1998—2006 年，本县进行企业产权制度改革，国有商业企业陆续改制为民营性质，国有商业规模缩小。

1949—2012 年，域内国有工业经历从无到有、由弱变强。

集体所有制经济　集体所有制商业于 1949 年 10 月起步。1955—1956 年对私营个体商业进行社会主义改造。1959—1961 年三年经济困难时期，集体商业发展缓慢，但相对于国有商业的衰减，其所占比例增大。成立了 20 个合作商店，11 个合作小组，2 个公私合营商店，11 个代购代销店。1957 年有集体合作商业点 39 个，从业人员 250 人。经过对 1958 年“大跃进”错误政策调整，自 1961 年始，全县商业平稳发展，集体商业相对发展较快。1979 年，有集体商店 13 个，从业人员 42 人，1985 年增至 155 个，从业人员459人，营业额300多万元。改革开放后，乡镇村开始兴办集体商业，1989年集体商业完成社会商品零售总额5225万元，但由于私营商业迅速兴起与发展，集体商业占比由1978年的55.02%下降为35.62%。1989—1996年，县、乡、村兴办集体商业网点迅速增多，企业内部改革逐步深化，集体商业规模、营业额大幅提升。同时，由于私营商业发展更快，集体商业所占比例进一步减少，1996年，集体商业社会商品零售总额达7197万元，是1989年的1.38倍，但仅占全县总额2.72亿元的26.5%。1997—2006年，开展企业产权制度改革，集体商业企业陆续改制为民营企业，其规模及营业额大幅度减少。2004年，集体商业完成社会商品零售总额1567万元，占全县总额7.58亿元的2.07%。2006年，集体商业基本消失。

私有制经济 新中国成立之初，怀仁县除抗日战争、解放战争期间共产党领导的县政府兴办的少许公有制商业品外，绝大部分是私有性质。1953年，对私营商业进行社会主义改造，全县有私营商业231户，从业人员265人。实现社会商品零售额1500万元（旧币）。1956年私营商业绝大部分纳入集体商业，另有部分非完全集体性质的合作商业。至1968年，此类合作商业完成社会商品零售额为14万元。至1978年，私营商业店铺销声匿迹，只有一些走街串巷的小商小贩。“文化大革命”期间，小商小贩亦被当做“资本主义尾巴”割掉。1978年中共十一届三中全会给私营商业带来了春天，私营性质的个体户、联户商业网点应运而生。1984年，个体商业完成社会商品零售额758万元，占全县总额8155万元的9.29%。至1989年，私营商业完成商品零售额1720万元，是1984年的2.27倍。但相对于国有、集体所有制商业还属弱势， 仅占全县总额1.47亿元的11.73%，至1998年，私营商业相对于国有、集体所有制商业已占近半壁江山。是年，完成商品零售额1.79亿元，是1989年的10.4倍，占全县总额3.74亿元的47.82%，是发展最快的经济类型。1998年后，随着公有制商业企业产权制度改革，大批国有、集体商业改制为民营私有，私有商业迅速扩张。2004年，私营商业完成商品零售总额5.58亿元，是1998年的3.12倍，所占比例亦大幅攀升，占全县总额7.58亿元的73.61%。至2006年，全县商业零售领域基本实现民营化。

第二节 产业结构

历史上域内传统农业占统治地位。1949 年，怀仁县地区农业生产总值 2396 万元，占全县地区生产总值 2481 万元的 96.6%。其中第一产业 2396 万元，第二、三产业 85 万元；粮食总产 5.4 万吨。1950—1957 年，经过 3 年经济恢复和第一个五年计划，本县开始建立一批公有制工业、商业和其他服务业，使第二、三产业所占比例有所提高，但农业所占比例仍是“大头”。1957 年，地区生产总值达 3428 万元，第一产业、第二产业、第三产业分别占全县地区生产总值 72.96%、14.79%、12.25%，第一产业比 1949 年降低超过 23 个百分点，第二、三产业比 1949 年分别提高 14.5 个百分点和 9.1 个百分点。1958—1975 年，经过“二五”计划、三年调整、“三五”和“四五”计划，这种农业为主状况开始转变。1975 年，地区生产总值 6792 万元中，一产比例下降到 44.67%，二产比例上升到 43.76%，三产维持在 11.57%。“五五”计划的 1976—1980 年，由于 70 年代初，乡镇企业起步，又由于国家提出大力发展“五小”（小化肥、小农药、小钢铁、小水泥、小水电）工业，本县开始建立一批工业企业，第一产业所占比例进一步降低。至 1980 年，地区生产总值 9342 万元中，农业比例降至 43.46%，第二、三产业比例之和升至 56.54%。“六五”计划的 1981—1985 年，由于 1981 年本县实行农业家庭联产承包责任制，促进农业大丰收，使第一产业占比再次加大。1985 年，地区生产总值达 2.30 亿元，第一产业所占比例升至 59.23%，二产业比例降至 28.21%，三产业比例为 12.56%。1987—2012 年，随着改革深入，产业结构调整，本县二、三产业发展加快。期间第二产业比例由 39.55% 升至 52.27%；第三产业由 14.45% 升至 32.84%；第一产业比例由 46.01% 降至 14.90%。2012 年，地区生产总值为 190 亿元，一、二、三产在地区生产总值中比例大体是 15：52：33。

第一产业 1949 年农业总产值 2396 万元，其中种植业为 2015 万元，占 84.94%，林、牧、渔、副业共占 15.06%。至 1970 年，种植业比重始终占

80% 左右。之后，随着村、户副业兴起，副业比重大幅度攀升，农业比重大幅下降。1978 年， 副业比重升至 57.76%， 种植业比重下降至 38.23%。至 1980 年，种植业比重持续在 50% 以下，林、牧、副、渔业占到 50% 以上。

1981 年，农村实行家庭联产承包责任制，使 1982 年种植业飙升至 1.11 亿元，占农业总产值 1.63 亿元的 68.1%。1985 年始，村及村以下工业，即原来的农村副业产值改归工业统计，只有其中的农村服务业产值仍归农业统计范畴，使种植业比重再次升至 80% 左右。进入 21 世纪以来，国家给予农业更多优惠政策，农民种田积极性增强；同时农业内部调整产业结构步伐加快，林业实施种、护、收连续承包政策，牧业私人养殖规模趋大。这一方面使种植业比例上升，另一方面使其他产业绝对值增大，但所占比例下降。2013 年，农业总产值达 52.31 亿元。

第二产业　1949—2010 年，工业基本从零增至规模以上工业总产值 129.8 亿元，工业增加值 54 亿元，实现利税 21.2 亿元。

1949—1961 年，域内只有粮、油、副食品加工和少量服装、鞋类生产等轻工业，没有重工业。1962—1970 年，逐渐建立一些机械加工业， 生产小型农机具和加工机械零件， 重工业比重升至 1970 年的 10.7%。

1971—1980 年，建立铸造、冶金、电力、化工、建材等行业，重工业比重由 20.5% 升至 44.1%。之后至 1996 年，重工业比重总体呈上升趋势，升至 48.1%。1997—2010 年，统计部门不再对重、轻工业分别统计，但域内形成煤炭、陶瓷、化工、建材、乳品、制药、电力等主要行业。

建筑业于 1954 年成立县建筑合作社，规模很小，产值很低。1978 年以来，其发展较快。2000 年，全县有民营建筑企业 11 家，固定资产达 8 亿元，流动资金达 5 亿元，从业人员达 5000 余人。

第三产业　在中华人民共和国成立后较长时期内， 域内第三产业的社会保障、教育科技、生产服务、公用事业等方面比较薄弱。1978 年，以来，第三产业发展较快。同时，不断拓宽新领域，信息业、咨询业、广告业、房地产业逐步兴起，在国民经济中发挥着越来越重要的作用。

1978 年，第三产业产值为 1005 万元，占地区生产总值 8937 万元的

11.2%。至2000年，第三产业产值为17.11亿元，占地区生产总值52.09亿元的32.8%。其中交通运输、仓储及邮电通信业为3.62亿元，占21.2%；批发和零售贸易、餐饮业为7.31亿元，占42.7%；金融保险业为9752万元，占5.7%；科学研究和综合技术服务业为92万元，占0.05%；房地产业为1.54亿元，占9%；卫生、体育、社会福利事业为4769万元，占2.8%；教育、文艺及广播电影电视业为5318万元，占3.1%，其他占15.45%。

第三节　投资结构

中国人民共和国成立至1978年改革开放前，投资主体是国家和集体。1978年改革开放至2012年，在国家、集体加大投资的同时，民营经济组织、港澳台商和其他经济组织开始加大固定资产投资。多元化投资使投资规模日益扩大，投资结构不断优化，拉动了经济增长和社会事业的发展。

投资规模　1949—1978年，虽然经历“大跃进”和“文化大革命”等特定的历史时期，但国家和集体投入较多资金用于公有制经济，30年累计投资4145.2万元，建成一批重点工程，为经济发展奠定了基础。

1978—1980年，改革开放兴起，加大了投资力度和规模，3年投资达200多万元。

“六五”期间（1981—1985年），县委、县政府提出建设工业强县的目标。“四个轮子”（县办、乡办、村办、户办）一齐转政策，使固定资产投资加快。期间，累计完成固定资产投资1.05亿元，是1949—1978年30年总投资的2.5倍。

“七五”期间（1986—1990年），改革和建设相互促进，累计完成固定资产投资1.56亿元，是“六五”期间投资的1.5倍。

“八五”期间（1991—1995年），1992年以邓小平重要谈话和中共十四大为标志，改革开放和现代化建设进入新阶段，投资较快增长，尤其1992年全县投资比1990年增长2.6倍，5年累计完成投资11.18亿元，是“七五”期间投资的7.2倍。

“九五”期间（1996—2000年），1995年9月28日，中共十四届五中全会通过《关于国民经济和社会发展“九五”计划和2010年远景目标建议》。全县经济在“九五”期间进入新一轮增长周期，工业化、城市化进程加快，电力、交通运输、邮电通讯等基础设施建设投入加大，房地产业蓬勃发展，民间投资逐渐活跃，投资规模不断扩大，5年累计完成投资49.76亿元，是“八五”期间投资的4.5倍。

“十五”期间（2001—2005年），是初步确立社会主义市场经济体制、改革开放和现代化建设的全新阶段，经济结构的战略性调整贯穿于整个“十五”计划，“十五”期间，累计完成投资95.22亿元，是“九五”期间投资的1.9倍。

2012年，以科学发展观统揽经济社会发展全局，加快“三区八园”建设，努力推进第三产业发展，使经济继续保持较快增长，社会事业全面发展。是年，完成投资166.11亿元。

投资结构 1949—1977年，多数年份年投资额在4~200万元间，个别年份在300~400万元。投资方向一般是先农业、后工业，大部分年份农业投资高于工业投资，农业在国民经济中占据主导地位。自1978年起固定资产投资方向转向以工业为主。是年，固定资产投资147.4万元，其中第一产业投资25万元，占17%；第二产业投资91.3万元，占62%；第三产业投资31.1万元，占21%。三类产业投资比例为17:62:21。

20世纪80年代至2012年，固定资产投资在总量迅速扩大的同时，调整投资结构，稳定发展农业、加快发展工业、大力发展第三产业，投资向二、三产业倾斜，使投资结构逐渐趋于合理。2005年，固定资产投资为169031万元，其中一产20310万元，二产112584万元，三产36137万元，比例为12:67:21。2009年，固定资产投资为422795万元，其中一产23004万元，二产297126万元，三产102665万元，比例为5:70:25。2012年，固定资产投资为869061万元，其中一产69994万元，二产230062万元，三产569005万元，比例为8:27:65。在二、三产业内部，投资也向优势产业、新兴产业、较大项目倾斜。

投资主体 1949 年至改革开放初，特别是期间的 1956 年“一化三改”后，域内投资由国家和集体包揽，投向公有制经济。1978 年，固定资产投资 147.35 万元，国家和集体投资占 100%。1978 年中共十一届三中全会以后至 2006 年，投资主体逐渐由国家、集体向私人转化，私人投资比例由不足 10% 起步，逐步扩大到近 70%，同期，国家和集体投资比例逐渐缩小至 30% 左右。

第四节 招商引资

域内招商引资起步于本世纪初，通过建立组织，制定政策，对外宣传，开展商务活动，进行招商引资，促进区域经济发展。

2003 年，通过招商引资、新建投资 500 万元以上项目 14 个，完成 11 个，完成投资 1.7 亿元，续建投资 500 万元以上项目 8 个，已完成 6 个，完成投资 1.1 亿元。总投资 2.8 亿元。2004 年，招商引资共涉及全县 118 个单位，其中县直单位 77 个，乡镇及街道办事处、项目基地、试验区 15 个，条管单位 26 个。全年共联系到 500 万元以上的各类招商引资项目 78 个，协议和意向性投资额 208.52 亿元。在建或已建成的项目 34 项，总投资 28.59 亿元，到位资金 10.92 亿元。2005 年，新联系招商引资项目 20 项，投资总额 34 亿元。已开工建设的项目 16 项，投资额 31.85 亿元，到位资金 2.11 亿元。

2006 年，已建成、在建及正做开工前准备工作的招商项目 10 项，合同引资 16.83 亿元，到位资金 5700 万元。意向性项目 8 项，协议引资 32.36 亿元。2007 年，参加西洽会、上海项目撮合会、第二届中博会、佛山陶瓷招商会、珠洽会、煤博会、呼和浩特民族产品博览会等国家和省、自治区、市政府组织的各类招商引资会 10 余次，签订投资合作合同 18 项，合同引资 51.7 亿元。在第八届“中国·怀仁陶瓷文化节”期间，精心组织“招商引资新闻发布会暨项目签约仪式”，向国家、省、市各新闻媒体的记者及各地客商介绍怀仁的基本情况，并对达成投资合作意向的项目进行现场签约。共签订投资合作合同 9 项，合同引资 34.1 亿元。全年在国家和省政府组织开展的各类招商洽谈会上，累计签订投资合同22项，合作意向1项。项目总投资11.97亿美元。2008年，联系到投资500万元以上的招商引资项目145项，合同、协议引资额315.26亿元。其中已经建成的70项，合同、协议引资额48.86亿元；正在建设的42项，合同、协议引资额75.09亿元；正做前期准备工作的14项，合同、协议引资额110.93亿元；意向性项目19项，合同、协议引资额80.39亿元。2009年，参加港洽会、沪洽会、珠洽会、中博会、煤博会等大型招商引资活动，签订投资合作项目48项，引资总额194.28亿元。编制了以宣传怀仁、推荐怀仁为主题的《怀仁欢迎您》画册和《魅力怀仁》光盘及招商引资项目册。

2010年，全县共引入大小项目22项，引资总额125亿元。其中，大型项目15个，引资总额100.4亿元，已落地建设的招商引资项目10个，总投资25.4亿元。2011年，通过各种途径，特别是在第六届中博会上，签约1000万元以上大型招商项目19项，意向引资额达到202.7亿元。实现落地项目10项，到位资金59.6亿元。2012年，立足本县区位和交通优势，继续加大招商引资力度，并适当提高项目的准入门槛，对优质投资项目的建设给予支持和优先。共参加省、市组织的四次大型招商引资洽谈会，签约项目27个，总投资724.6亿元。完成落地项目21个，全县外来投资到位92.69亿元。

附：怀仁县招商引资考核办法（2010年）

为了充分调动全社会各方面招商引资的积极性，促进我县经济的大突破、大发展，扎实有效地推动“123458”科学发展战略的顺利实施，加快“撤县设市”步伐，根据县委、县政府招商引资政策规定，特制定本办法。

一、考核内容

各单位或个人引进的各类项目、资金。

二、考核标准

（一）项目各类招商项目必须符合下列条件：

1、必须是县外来怀投资的项目（500万元以上）；

2、必须符合国家产业政策和我县招商引资政策；

3、有项目可研报告或项目建议书及相关的立项手续；

4、有当年项目投资额度的投资构成明细表及相应设备、设施、物资、资金到位证明、银行进账单、资产评估报告、资产转移证明等；

5、必须经县招商引资促进委员会批准，在各类招商引资会议上签约，并已开工建设的项目。

（二）资金

引进的各类专项资金、有偿资金和无偿资金必须符合下列条件：

1、必须是县外的资金；

2、必须是已经到位的资金（有上级批文、拨款进账单或借款合同及资金进账单）。

三、考核程序

1、由县考核领导组统一安排考核。

2、被考核单位或个人，应准备相关的考核证明资料（包括：项目法人的身份证明、引资单位或个人身份证明、资金来源、资金进账单等）接受考核。

3、初步考核结束后，县招商引资局将会同发展改革局、经济局、财政局、审计局、城建局、环保局、税务局、中小企业局、物价局等有关部门对引进的项目和资金进行认定核实。

4、考核结果由招商引资局统一汇总，并报县招商引资促进委员会，作为兑现招商引资奖励政策的主要依据。

四、考核要求

1、凡两个或两个以上单位或个人引进同一个项目的，必须有双方或多方的书面认定，并明确引资比例，否则不予考核。

2、凡列入考核范围的项目、资金，有关部门必须提供切实可靠的资料证明，否则不予考核。

3、凡虚报、瞒报、假报项目、资金的，给予通报批评。

第六编

农　业

第一章 种植业

第一节 耕地

明洪武二十四年（1391），全县共有耕地214344亩，人均耕地16. 4亩。正德七年（1512），耕地184227亩，人均21.9亩。嘉靖四十年（1561），耕地150833亩。万历十九年（1591），清丈出额正成熟地82252亩，额内折征地51538亩，两项共有耕地133790亩。《山西赋役全书》载，清顺治三年（1646）全县耕地382964亩，人均耕地10.7亩。

民国期间，本县耕地以旱地为主，水地较少。《山西大观》载，民国22年（1933）县有耕地405178亩，人均耕地5.3亩。《中国实业志·山西卷》载，民国25年（1936），全县有耕地604865亩，其中水地12954亩。

中华人民共和国成立后，大力恢复和发展农业，兴修水利，全县耕地增加，水浇地迅速发展。1949年，全县有耕地654508亩，其中水地74968亩，农业人口人均耕地6.5亩（人均水地0.7亩）。1952年查田定产，对全县耕地丈量核实，查实有耕地673548亩，其中水地88456亩，农业人口平均6.4亩（人均水地0.8亩）。1960年，全县有耕地690050亩，其中水地164474亩，农业人口人均耕地6.8亩（人均水地1.6亩）。国民经济暂时困难时期，允许农民开垦荒地，自己耕作。同時，集体大力修水库，建高灌站，发展水浇地，全县耕地增加，水地面积扩大。1964年达到760332亩，其中水地178173亩，农业人口人均耕地6.5亩（人均水地1.5亩）。“文化大革命”时期，禁止农民自己耕作小块地，零碎小块地弃耕。1970年全县有耕地657526亩，其中水地为204367亩， 农业人口人均耕地4.7亩（人均水地1.5亩）。比1964年减少耕地102806亩。1971年河头乡划入本县，增加耕地57357亩，全县有耕地671769亩，农业人口人均耕地4.7亩。其中水地193478亩，人均水地 1.4 亩。

随着人口的急剧增长，乡镇工业的发展，国家、集体及个人基建占地的增加，以及退耕造林、退耕改牧等因素，耕地逐渐减少。1985 年，全县有耕地 634504 亩，其中水地 294618 亩，农业人口人均耕地 4 亩（人均水地 1.8 亩）。1986 年到 2004 年，全县耕地总面积持续下降，从 1986 年的 63.45 万亩下降到 1997 年的 59.3584 万亩，至 2004 年降到 53.95 万亩。随着国家对农业产业的重视和补贴力度的加大，特别是 2006 年取消农业税以后，农民种地的积极性逐步调动起来，耕地总面积开始逐渐增加。2006 年耕地总面积为 65.1 万亩，2008 年为 68.59 万亩，2011 年为 72.76 万亩，2012 年为 72.94 万亩。

第二节 劳力

民国 10 年（1921），全县有劳力 23662 人，每个劳力平均耕作 17 亩耕地。民国 24 年（1935），全县有劳力 38293 人，其中男劳力 25121 人，女劳力 13172 人，每个劳力平均耕作 15.8 亩耕地。

1949 年，全县有农村劳力 34845 人，其中男劳力 23046 人，女劳力 11799 人，占农村人口的 38%，每个劳力平均耕作耕地 18.8 亩。1953 年，全县有农村劳动力 37892 人，其中男劳力 24749 人，女劳力 13143 人，占农村人口的 39%，每个劳力平均耕作耕地 17.8 亩。1960 年，全县有农村劳力 34525 人，其中男劳力 21125 人，女劳力 13400 人，占农村总人口的 34%，每个劳力平均耕作耕地 20 亩。1970 年，全县有农村劳力 48660 人，其中男劳力 34396 人，女劳力 14264 人，占农村总人口的 35%，每个劳力平均耕作耕地 13.5 亩。1980 年，全县有农村劳力 51908 人，其中男劳力 34778 人，女劳力 17130 人，每个劳力平均耕作耕地 14.1 亩。

1981 年农村实行生产责任制后，农业生产由单一的自然经济向商品经济转化。农村劳动力也多渠道转化，除部分务农外，有的长年务工经商，有的专门跑运输，有的承揽搞建筑，有的农忙务农，农闲经商、做工。1982

年统计，全县有农村劳力54395人，其中从事农、林、牧、副业的44516人，占总劳力的81.8%；从事工业劳动的3606人，占总劳力的6.6%；从事建筑业的697人，占总劳力的1.3%；从事交通运输业的991人，占总劳力的1.8%；从事商业、饮食服务业的117人，占总劳力的0.2%；从事文教、卫生和社会福利事业的700人，占总劳力的1.3%；外出做临时工和亦工亦农的2365人，占总劳力的4.3%；从事其他杂务的1383人，占总劳力的2.5%。按农村劳力总数计算，每个劳力平均负担耕地12.3亩；按从事农、林、牧、副业实有劳力计算，每个劳力平均负担耕地15亩。

随着农村经济政策的逐步放宽，乡镇工业迅速发展，农村劳力的分配发生了显著变化。1985年，全县有农村劳力61636人（男劳力35780人，女劳力25856人），其中从事农、林、牧业的40227人，占总劳力的65.3%，比1982年下降16.5%；从事工业生产的8155人，占总劳力的13.2%，比1982年增长1倍；从事建筑业的1810人，占总劳力的2.9%，比1982年增1.6%；从事交通运输的2781人，占总劳力的4.5%，比1982年增长2.7%；从事商业、饮食服务业的1185人，占总劳力的1.9%，比1982年增长1.7%；从事文教、卫生和社会福利事业的1052人，占总劳力的1.7%；外出做临时工的4152人，占总劳力的6.7%；从事其他杂务的2274人，占总劳力的3.7%。按农村劳力总数计算，每个劳力平均负担耕地10.3亩；按从事农、林、牧实有劳力计算，每个劳力平均负担耕地15.8亩。

1986年以后，疏通流通渠道，大力发展商品生产。积极改变农业生产条件，合理调整产业结构，农村经济持续、稳定、协调发展。是年，全县有农村劳力62335人（男劳力35910人，女劳力26425人），其中从事农、林、牧业的41026人，占总劳力的65.8%，比1981年下降16%；从事工业生产的9095人，占总劳力的15%，是1981年的2.3倍；从事建筑业的2659人，占总劳力的4.3%，比1981年增加3%；从事交通运输的2940人，占总劳力的4.7%，比1981年增长2.9%；从事商业、饮食服务业的1300人，占总劳力的2.1%，是1981年的10倍。按农村劳力总数计算，每个劳力平均负担耕地10.2亩；按从事农、林、牧实有劳力计算，每个劳力平均负担耕地 15.46 亩。

2000 年以后，随着改革开放的进一步深入，工农业生产条件有了进一步提高，农民的从业结构发生了明显变化。全县乡村从业人数由 2000 年的 72784 人增加到 2012 年的 84912 人，其中从事农、林、牧业的由 47319 人减少到 43565 人，占总劳力的 51%，比 2000 年下降 14%；从事工业生产的由 5652 人增加到 11454 人，占总劳力的 13.5%；从事建筑业的由 2774 人增加到 8052 人，占总劳力的 9.5%，比 2000 年增加 5.7%；从事交通运输和邮电通讯业的由 5207 人增加到 8666 人，占总劳力的 10.2%，比 2000 年增长 4%；从事商业、饮食服务业的人员基本趋于平衡。按农村劳力总数计算，每个劳力平均负担耕地由 2000 年的 8.3 亩增加到 2012 年的 8.7 亩；按从事农、林、牧实有劳力计算，每个劳力平均负担耕地由 2000 年的 12.7 亩增加到 2012 年的 17 亩。

第三节　农业机械

传统工具 怀仁县的农具有犁（木犁、铁犁）、耧（三腿）、地梳、磨竿、车（木轮，现极少见）、锄（大、小、宽、窄多种）、镰刀、连枷、杈（铁、木）、木锨、簸箕、刮耙、耙子，铁锹（长、方、圆头多种）、镢、抓子、碌碡、辘轳、撑杆、磙子、砘轱轳、石磨、石碾、木榨、风车、手推车（开路、土簸箕）、铡刀等。

据大量出土石器（尖状器、刮削器）等考证，在旧石器晚期、新石器时代，先人就在这块土地上生息繁衍，打造磨制了许多石器工具，开始用于原始农耕生产。商代发明使用磨嘴子犁、用牛拉耕田等，特别是域内农村工匠艺人多，木匠、铁匠、铜匠手艺世代相传。战国时期，冶铁技术应用于农耕，木犁头戴上铁犁铧，农耕生产工具向前推进了一大步，进入广泛推广使用的铁犁耕时期。以黄河流域为推广区域，逐渐创造并使用了多种犁，并发明创造出可同时播三行小杂粮的三脚耧（现在本县一些农村仍沿用古老的三脚耧播种谷黍、豆类、胡麻等作物）。唐代，黄河流域创制了曲辕犁，本县人引进应用并沿用至今。宋、元时，本县人在石井开铁矿冶铁，主要铸生活用具和生产耕作铸件，此时的铁木结构农具已得到迅速普及应用。据考证，构造简单的“连枷”（脱粒工具），至今仍被不少农户用于谷、豆、莜麦的脱粒。之后，推广应用了石碾、石磨加工粮食。明清时期，铁木结构的农具品种增多，应用耕作栽培技术有了极大的改善，主要发展延伸到提水、运输、耕整、种植、加工、收获等领域。之后逐渐有独轮车，发展到花轱辘车。20 世纪 30—40 年代，县域内农具的生产制造主要由一些铁匠铺、炼铁（翻砂）炉手工作坊和木匠承担。1945 年，城乡富有之家使用胶轮大马车，是最高级的运输工具。中华人民共和国成立前本县农村大户（富户）有私人马车近 50 辆，牛车百辆，亦农亦运，以农为主。

农机　中华人民共和国成立之后，县政府为尽快恢复因战争破坏造成的农业生产资料严重缺乏现状，统筹发放农具贷款，积极扶持和大力帮助农民制造和购买农业生产急需的农具，逐步解决农具短缺问题。1952 年，冯庄村马益谦小组使用新式步犁和单管喷雾器。1954 年，推广双轮双铧犁，十行播种机、马拉提水车等畜力新式农具。山西省农业厅在毛皂镇毛皂村两滩开办农业实验站，购置农村土地做新式机具试验田，机械围垦，引十里河水排盐改碱造地。1955 年使用双轮双铧犁和铁制链筒式水车。1958 年怀仁金沙滩农牧场成立，与国营金沙滩林场都成为新农具试点单位。通过试点，使全县新式机具的推广使用率逐年递增，扩大了耕地面积，提高了复种指数，减轻了农民劳动强度，推动了农业生产的发展。1961 年，怀仁区成立区营拖拉机站，有拖拉机 12 台，其中东方红 4 台、伏克斯 4 台。1970 年，县国营农机站全部下放给人民公社和生产大队集体经营。全县 13 个公社都成立了农机站（机械厂）。

20 世纪 70 年代以后，在农业学大寨和建设高产、稳产田的运动推动下，农业耕作机械、排灌机械和粮食加工机械，随着农村用电的普及发展很快，特别是动力排灌机械增长迅速，农村农副产品加工机械化得到了很大发展。碾米、磨面、脱粒、锄草等机械化基本上可以满足农村日常生产生活需要。同时，拖拉机与挂车的供应量增多，全县农机总动力增长很快，运输机械化很快发展起来。1979 年，全县拥有大中型拖拉机 341 台 /1277 千瓦，小型拖拉机 95 台 /691 千瓦。其中 13 个公社有大中型拖拉机 283 台 /9199 千瓦，小型拖拉机 53 台 /321 千瓦；县营单位有大中型拖拉机 25 台 /669 千瓦，小型拖拉机 26 台 /229 千瓦；地市驻县单位有大中型拖拉机 33 台 /1410 千瓦，小型拖拉机 16 台 /141 千瓦。是年，引进第一台“北京丰收—2 型”小麦联合收割机。1987 年，全县拥有各种农业机械 4000 台（件），推广各类播种机 118 台，推广地膜覆盖机 25 台，小麦收割机 6 台。农副产品加工和排灌机械达到 2765 台。1988 年，全县农业机械总动力为 11.18 万千瓦，拥有大中型拖拉机 709 台 /25385 千瓦，小型拖拉机 603 台 /6066 千瓦，分别是 1979 年的 2 倍和 6.3 倍。排灌机械 2111 台，收获机械 332 台（其中联合收割机 1 台，机动收割机 8 台，机动脱粒机 323 台），农副产品加工机械 1113 台（其中碾米机 298 台，磨面机 450 台，榨油机 101 台，淀粉加工机械等 264 台）。1989—1990 年，全县购置小麦联合收割机 3 台，参加全省跨区作业。

1991 年，引进 140 型小麦割晒机，推广小麦、胡麻、莜麦机械化收获。1992 年， 推广机播地膜玉米的种植，全县铺膜机发展到 89 台。1995 年，全县农业机械总动力为 15.48 万千瓦，拥有大中型拖拉机 282 台 /12405 千瓦，小型拖拉机 988 台 /10844 千瓦，机引农具车配大型拖拉机 403 台，配套犁 245 台，旋耕机 11 台，耙 76 台，播种机 18 台，镇压器 12 台，秸秆粉碎还田机 21 台，化肥深施机 7 台，配小型拖拉机 861 台，配套犁 573 台，旋耕机 1 台，耙 25 台，播种机 111 台，机引铺膜机 137 台，秸秆粉碎还田机 4 台。排灌机械 2004 台，收获机械 278 台，农副产品加工机械 1279 台，农用汽车 690 辆，机动三轮车 2370 辆。1999 年全县机铺膜玉米总播面积达到 12.5 万亩，占到全县玉米总播面积的 62%；引进推广秸秆还田机 5 台，示范推广机械化秸秆还田面积 0.8 万亩。

2001 年秋，本县申报承担了国家农业部机械化保护性耕作项目，项目区新增大中型拖拉机 15 台，小型拖拉机 2 台；新增保护性耕作机具 61 台（件）。2003—2005 年，共引进发展装备牧草收获机械 26 台，牧草播种机械 100 多台（套），玉米收获机 2 台。2005 年，全县农业机械原值达到 20783 万元，比 2000 年翻了一番；农业机械净值达到 16725 万元，同比增长 46.6%；农业机械总动力达到 28.64 万千瓦，同比增长 34.6%；人均农机总动力 1.51 千瓦，同比增长 31%。拖拉机保有量为 2210 台，同比增长 15.5%。其中大中型拖拉机 631 台，同比增长 8.3%；配套机械 3858 台（件），同比增长 18.52%，配套比为 1:1.7。

2006 年，新增大中型拖拉机 66 台，小型拖拉机 114 台，拖拉机保有量 2385 台。其中大中型拖拉机 697 台，小型拖拉机 1688 台。新增配套农机具 585 台（部），玉米收获机械 1 台，微耕机 8 台。播种机 567 台，精量播种机 449 台，秸秆还田机 39 台，全县配套机具总量 4437 台（部），农业机械原值 22305 万元，农机总动力 30.76 万千瓦，每百亩耕地平均动力 46 千瓦。全县农机户总数 9872 个，农机服务维修网点 44 个。其中二级修理点 9 个，三级修理点 35 个。农机维修从业人员 236 名，农机配件销售服务点 31 个，农机销售从业人员 92 人。农机综合经营总收入 9115 万元，其中，农机作业总收入 7245 万元。2007 年，新增拖拉机 125 台，其中小四轮 72 台。农业配套机具 309 台，其中旋耕机 53 台、播种机 79 台。全县拥有各类拖拉机 2503 台，其中大中型拖拉机 743 台，小型拖拉机 1760 台。配套农机具 4384 台，农机配套比为 1∶1.75，农机总动力 31.8 万千瓦，每百亩耕地平均动力 57.8 千瓦，农机化综合水平 60%。基本实现了主要粮食作物耕、整、播种全程机械化作业。特别是成功引入日本产甜菜联合收获机 1 台，自制小四轮牵引的甜菜收获机 1 台，当年完成甜菜机收 70 亩；从山东引入大棚卷帘机 1 台、微耕机 2 台，设施农业机械化实现了零的突破。

2010 年，全县拥有各类拖拉机 3132 台（大中型 1372 台，小型 1760 台），配套农机具 8066 台（件），农机总动力 40.12 万千瓦，全县机耕面积 65 万亩，机播 60 万亩，机收 16.8 万亩，机深松 2.5 万亩，机械化保护性耕作 3.5 万亩，秸秆还田 19.2 万亩，耕、整地机械化水平 100%，播种机械化水平 92%，收获机械化水平 25.8%。综合机械化水平 74.9%，高于全国 26 个百分点，全省 27 个百分点。主要粮食作物耕播、田间中耕、收获环节基本实现了机械化作业。2012 年，全县农业机械净值 24527 万元，农机总动力 44929

万千瓦，百亩耕地平均动力 69.12 千瓦，综合机械化水平达 82.3%。全县拖拉机总量 3385 台，配套农机具 9191 台（套）。全县耕、整地机械化水平 100%。播种机械化水平 97%。收获机械化水平 44%。全年新增拖拉机 252 台，其中 100 马力以上 15 台。新增玉米联合收获机 132 台，保有量达到 175 台。农机综合经营总收入 3.2 亿元。

第四节 农作物

怀仁县农作物种植历来以粮食作物为主，播种面积占全县农作物播种总面积的 79% 至 92%。夏收粮食作物以莜麦为主，其次为小麦、大麦。1949 年以后逐渐以小麦为主，莜麦、大麦鲜为种植。秋收粮食作物以高粱、谷子为主，次为黍子、马铃薯。1949 年后，以玉米为主，其次为谷子、黍子。豆类有黑豆、绿豆、豌豆、豇豆、小豆等。

民国 24 年（1935），全县粮食播种面积 1233266 亩（混作、复播面积均重复统计在内），产粮 633.425 万公斤，平均亩产 51.35 公斤。

1949 年，粮食播种面积 608186 亩，产粮 5500.08 万斤，平均亩产 90.4 斤。1953 年播种 625274 亩，产粮 5929 万斤，平均亩产 95 斤。此后，粮食产量连续 6 年上升。1959 年播种 621852 亩，产粮 6220 万斤，平均亩产 100 斤。1960 年起，连续 3 年旱灾，粮食欠收。1962 年播种 632504 亩，产粮 4120 万斤，平均亩产 65 斤。1963 年，落实“调整、巩固、充实、提高”八字方针，调整生产布局，粮食生产得到恢复和发展。1964 年播种 668913 亩，产粮 6196 万斤，平均亩产 93 斤。之后，大力发展水利事业，加强农田基本建设，同时限制发展多种经营，粮食产量逐年上升。1973 年播种 625451 亩，产粮 10671 万斤，平均亩产 171 斤。1979 年播种 629688 亩，产粮 16817 万斤，平均亩产 267 斤。农村实行生产责任制后，调动了广大农民的生产积极性，粮食生产稳步发展。1984 年播种 649330 亩，产粮 18990 万斤，平均亩产 292 斤。其间逐步完善生产责任制，耕地相对向种田能手集中，以利发展粮食生产。1985 年播种 459714 亩，产粮 15365 万斤，平均亩产 334 斤。其中播种 350

亩以上，产粮20万斤以上的粮食生产大户4户，粮食播种面积50亩以上，产万斤粮以上的粮食生产专业户216户。1986年农作物总播面积为587550亩，粮食作物播种面积为450750亩，占农作物总播面积的76.7%，粮食总产量为13346万斤，平均亩产148斤。

2000年，农作物总播面积为604350亩，粮食作物播种面积为408300亩，占农作物总播面积的67.6%，粮食总产量为16556万斤，平均亩产203斤。2006年取消农业税，国家对种粮农户增加了粮食直接补贴、良种补贴和农资综合补贴，全县粮食生产呈现出良好的发展形势。2011年，农作物总播面积达到743089亩，粮食作物播种面积为607982亩，占农作物总播面积的81.8%，粮食总产量为26888万斤，平均亩产230斤。2012年，粮食作物播种面积为60.14万亩，占农作物总播面积的82%，粮食总产量为27145万斤，平均亩产246斤。全县粮食生产水平在不断上升的同时，粮食作物的种植结构也发生了较大变化，玉米种植面积逐步扩大，小麦种植面积缩小直至不种，绿豆种植面积逐年扩大。到2012年，全县基本形成了玉米和以绿豆为主的小杂粮占主导地位的粮食生产新格局。

小麦 民国24年（1935）全县播种14425亩，总产124.1万斤，平均亩产87斤。20世纪50年代前，小麦品种甚为单调，农民每年收割时拣籽粒饱满麦穗单打单收，留为次年籽种，名为本地麦。60年代以后，陆续引进的品种有晋春2号、晋春3号、晋春4号、晋春5号、晋春6号、晋春7号、雁北7号、雁北806号，科春14号等。70年代又先后引进京红5号、京红8号、京红9号、6082，墨叶等10余个优良品种。80年代以种植欧柔、墨卡、墨沙、玉兰、五一号等优良品种为主，实现小麦优种化。1983年，全县播种17583亩，良种推广17229亩，占播种面积的98%。1985年播种60434亩，优种推广59233亩，占播种面积的98%，总产小麦2898万斤，平均亩产479.6斤。1986年播种30500亩，占全县农作物播种面积的5%。1995年播种17480亩，占全县农作物播种面积的3%。1999年播种1049亩，占全县农作物播种面积的0.17%。到2005年以后全县基本不种小麦。

玉米 民国24年（1935），黄玉米和白玉米有2个品种，种植3606亩，总产36.8万斤，平均亩产102斤。1954年开始引进优种，引进美国金皇后。1956年引进大马牙。1957年优种播种13220亩，总产226.5万斤，平均亩产171斤。1959年引进朝鲜白马牙，未能推广。1960年后，陆续引进维尔156、冀双55号、双跃150、四双1号、忻黄单45等10余个优种。1970年后，优种中杂44较受农民青睐，并以大队建立育种基地、“两杂”制种田。此外还先后引进忻三交、晋单2号、雁农2号、铁塔4号、京早7号等优种。1978年大面积玉米基本实现优种化，全县播种253446亩，总产9277万斤，平均亩产366斤。1979年以后引进的优种达20多个。农民以种植同单2号、同单7号、同单10号居多。1983年，全县总播面积158685亩，良种推广154771亩，占总播面积的97%。1985年共有玉米品种23个，同单7号、同单10号等7个品种为大面积种植品种。是年播种113425亩，其中良种推广112290亩，占播种面积的99%。随着玉米良种的逐步推广，玉米杂交种子已被农民接受，玉米种植面积逐年扩大。1995年推广玉米品种20多个，同单7号、同单10号、中单2号、雁单14等品种为大面积种植品种。当年播种面积126900亩，良种推广100%，总产6052万斤。到2012年，推广玉米品种达40多个，大丰26号、先玉335、强盛16、强盛12、强盛49、长城706、双宝16、长城799等品种为大面积种植品种。当年播种443702亩，平均亩产521斤。

谷子 民国年间有压塌车、三变化、二白谷、三白谷、紫杆等品种。按米质分有硬谷和软谷两种；按色泽分有黄、青、白三类。民国24年（1935）播种243787亩，总产2023.4万斤，平均亩产83斤。1949年播种188027亩，总产1918.1万斤，平均亩产102斤。20世纪60年代，陆续引进张纯一、东方亮、早二白、大同2号等优种。1969年播种169088亩，总产2391.9万斤，平均亩产141斤。70年代又先后引进黄谷1号、白谷4号、大黄谷、宣农3号、牛缰绳、三交化、竹叶青等17个优种。1983年总播147717亩，其中良种推广134224亩，占总播面积的91%。1985年共有谷子品种28个，其中大面积种植品种有大黄谷、宣农3号、牛缰绳等5个品种。是年种植109007亩，其中良种播种107282亩，占总播面积的98%。进入90年代，随着市场经济的繁荣和就业渠道的多元化发展，农村进城务工人数逐年增加，农民对劳动力成本计算业成常态，谷子由于整个生长周期用工较多，农民种植的面积也在逐年减少。1990 年大面积种植大黄谷、三白谷、晋谷 3 号等品种，是年种植面积 84000 亩，其中良种播种面积占总播面积的 99%，总产 2976 万斤。1995 年引入沁州黄。2005 年种植面积为 19650 亩，总产 511 万斤。从 2008 年开始，本县引入杂交谷子品种张杂谷 3 号、张杂谷 4 号、张杂谷 8 号，这些品种亩植株数少，单株分蘖 4–7 个，成株单株结穗 4–7 个，是高产品种。2012 年，全县谷子种植面积仅 18930 亩。

高粱 民国 24 年（1935）种植 189692 亩，总产 1233 万斤，平均亩产 61 斤，品种有金圪旦、二列脖、狼尾高等。质地分软、硬两种。1949 年种植 75929 亩，总产 728. 3 万斤，平均亩产 96 斤。20 世纪 60 年代以后，陆续引进新杂 5 号、晋杂 10 号、武大郎、同杂 2 号、二鹅黄等优种。1983 年总播面积 13501 亩， 其中良种推广 10824 亩， 占总播面积的 80%。1985 年种植 8371 亩，其中良种推广 7735 亩，占种植面积的 92%，总产 142 万斤，平均亩产 184 斤。1986 年种植面积 6750 亩，占农作物播种面积的 1.2%，总产 67.8 万斤，平均亩产 100.4 斤。随着人民生活水平的提高，高粱已逐步退出人们的餐桌，主要用作饲料，种植面积逐年缩小。1995 年种植面积 5550 亩，占农作物播种面积的 0.9%，总产 84 万斤，平均亩产 151 斤。2005 年种植面积 2400 亩，占农作物播种面积的 0.36%，总产 55.4 万斤，平均亩产 231 斤。2012 年种植面积 7143.7 亩，占农作物播种面积的 0.96%，由于优良品种的使用，总产 361 万斤，平均亩产 505 斤。

马铃薯 民国 24 年（1935），播种 68520 亩，总产 4029 万斤，平均亩产 588 斤。品种有小叶白，紫皮皮等。1949 年播种 71564 亩，总产 825.2 万斤，平均亩产 115 斤。20 世纪 50 年代引进里外黄、虎头白、圆叶青等品种。60 年代引进的品种有吉小白、红叶、68 红、友谊 5 号、东方红、双季 1 号等。70 年代以后，陆续引进的品种有宁紫 7 号、同薯 8 号、同薯 9 号、同薯 15 号、晋薯 2 号、晋薯 4 号、晋薯 5 号、大叶白、姑娘红、三层楼等。1982 年总播面积 34296 亩，其中良种推广 25400 亩，占总播面积的 74.1%。1985 年播种44757亩，其中良种推广41065亩，占总播面积的92%，总产1031万斤，平均亩产251斤。随着人民生活水平的提高，农民的种植结构也发生了显著变化，马铃薯亦粮亦菜的功能逐步转为菜用，种植面积也有较大变化，种植品种也在不断更新换代，在种植同薯、晋薯系列的同时，1995年引入紫花白，2003年引入克星1号，2008年开始引入荷兰14、荷兰15、夏波蒂、大西洋等优良品种。1988年，播种面积48400亩，其中良种推广面积占总播面积的95%，总产1604万斤，平均亩产349斤。2000年，播种面积46497亩，良种推广面积占总播面积的98%，总产642万斤，平均亩产141斤。2005年，播种面积19493亩，全部推广良种，总产641万斤。2012年，播种面积9461亩，总产321万斤。

甜菜 1949年播种35亩，总产5.47万斤，平均亩产1563斤。此后，甜菜播种面积不断扩大，到1969年，播种面积增到6750亩，占经济作物播种总面积的12%左右，是年总产687.73万斤，平均亩产1019斤。1985年，播种14200亩，总产4640万斤，平均亩产3268斤。1986年播种面积19350亩，占农作物总播面积的3.3%，总产6436万斤，平均亩产3326斤。1992年，推广使用甜菜新品种及纸筒育苗技术，延长甜菜生育期，甜菜单产显著提高。1998年，播种面积56100亩，占农作物总播面积的9.4%，总产21969万斤，平均亩产3916斤。此后几年间，由于受收购价格的影响，种植面积有所减少，2005年播种面积仅6000亩，占农作物总播面积的0.9%，总产2938万斤。2006年，大同糖厂、应县糖厂与本县甜菜种植户签订种植合同，产品享受保护价，农民的种植积极性提高，是年甜菜播种面积达17200亩，占农作物总播面积的2.6%，总产8911万斤。2012年甜菜播种面积达27708亩，占农作物总播面积的3.7%，总产14766万斤。

瓜菜类 本县适宜种植的蔬菜品种繁多，主要有胡萝卜、白萝卜、黄萝卜、白菜、菠菜、芥菜、茴子白、茄子、青椒、芹菜、西红柿、蔓菁、韭菜、辣椒、芫荽、葱、蒜、西葫芦、豆角、水萝卜等30多种。瓜类有西瓜、香瓜、菜瓜、倭瓜、黄瓜等。民国24年（1935），菜、瓜播种面积有2080亩。1949年，播种面积9373亩，占农作物总播种面积的1.4%。1960年，蔬菜播种面积28573亩，总产3003.5万斤，平均亩产1051斤；瓜类播种面积4203亩，总产307.96万斤，平均亩产733斤。1970年蔬菜播种面积6300亩，总产1682.66万斤，平均亩产2671斤；瓜类播种面积6118亩，总产721.98万斤，平均亩产1180斤。瓜、菜播种面积占农作物总播种面积的1%。1980年，瓜、菜播种面积14182亩，占农作物总播面积的1.9%。其中蔬菜播种7160亩，总产1997.39万斤，平均亩产2790斤；瓜类播种7022亩，总产643.66万斤，平均亩产917斤。1985年，瓜、菜播种22287亩，占农作物总播面积的3.8%。其中蔬菜播种12377亩，总产4540万斤，平均亩产3668斤；瓜类播种9910亩，总产1181万斤，平均亩产8443斤。1986年以后，全县瓜、菜种植面积逐年扩大。1995年，瓜、菜播种面积61873亩，占农作物总播面积的10.7%。其中蔬菜播种35992亩，总产15100万斤，瓜类播种25881亩，总产21851万斤。2000年，全县瓜、菜播种122959亩，占农作物总播面积的20.3%。其中蔬菜播种面积51366亩，总产29606万斤；瓜类播种71593亩，总产24024万斤。所产瓜、菜开始销往外省市。2006年，全县瓜、菜播种90921亩，占农作物总播面积的14%。其中蔬菜播种面积44024亩，总产8911万斤；瓜类播种46897亩，总产16482万斤。2011年，全县瓜、菜播种93071亩，占农作物总播面积的12.5%。其中蔬菜播种面积60972亩，总产38952万斤；瓜类播种32098亩，总产10250万斤。2012年，全县瓜、菜播种面积96732.2亩，占农作物总播面积的7.96%。其中蔬菜播种面积58596.6亩，总产量40202.8万斤；瓜类播种面积38135.6亩，总产12876万斤。瓜、菜种植分布相对集中，形成规模化。其中金沙滩镇田庄、干沟、安宿疃以生产圆白菜、胡萝卜为主。新家园乡路庄、尚希庄等村以生产西瓜、青椒、胡萝卜、大葱为主。毛皂镇边店、大寨、前村等村以生产圆白菜、青椒、尖椒、胡萝卜、大白菜、葱头为主。马辛庄乡马辛庄、马庄、智民庄等村以生产西瓜、香瓜为主，特别是芝麻蜜香瓜，已成为怀仁香瓜的品牌。河头乡王庄、张家堡、小昌城、李家小村以种植青椒、胡萝卜为主；东寺庄、东昌城、新桥等村以种植西瓜、香瓜为主。

胡麻 1949年全县播种24061亩，总产73.13万斤，平均亩产30斤。

1973年后，先后引进晋亚2号、晋亚3号、晋亚4号、尚义大桃、雁杂4号、大同5号49—99等优种。1980年播种37790亩，总产4.1万斤，平均亩产38斤。此后，又陆续引进多籽、白胡麻等品种。1983年总播55531亩，其中良种推广55103亩，占总播面积的99%。1985年共有15个品种，播种面积以大同5号居多。全县播种51045亩，其中良种推广面积49860亩，占总播面积的98%，总产311万斤，平均亩产62斤。1986年，播种22800亩，占农作物总播面积的3.9%，总产164万斤，平均亩产72斤。此后数年间，胡麻在农民的收入中所占的比例逐年减少，种植面积也在减少。1995年，播种14522亩，占农作物总播面积的2.5%，总产90万斤。2005年，播种2205亩，占农作物总播面积的0.3%，总产26万斤，平均亩产118斤。2012年，播种6678亩，占农作物总播面积的1%，总产53万斤，平均亩产80斤。

油菜籽 民国24年（1935）播种72126亩，总产310.1万斤，平均亩产43斤。1949年播种57亩，总产0.22万斤，平均亩产39斤。1956年播种228亩，总产1.13万斤，平均亩产50斤。1970年播种380亩，总产3.66万斤，平均亩产96斤。1985年播种4851亩，总产72万斤，平均亩产148斤。1986年，播种800亩，占油料总播面积的1.2%，总产20万斤，平均亩产250斤。此后，油菜籽播种面积逐年缩小，到2009年，全县播种面积只有461亩，占油料播种面积的3.7%，总产2408万斤。

改革开放前，本县经济作物以胡麻、甜菜为主，次为白麻、油菜、蓖麻、蔬菜、瓜类、烟叶、葵花、黑芥、药材等。经济作物播种面积历年平均约占全县农作物总面积的10%左右。改革开放以后，全县种植结构发生了很大变化，经济作物的种植区域规模化，种植种类在减少，温室蔬菜、食用菌、花卉等作物种植成为农民收入的又一重要来源。经济作物播种面积历年平均约占全县农作物总面积的25%左右。

其他作物 主要有苜蓿，其次草木樨、沙打旺、紫穗槐、芦苇等大牲畜青饲料和绿肥作物。1949年播种面积8047亩，占农作物播种总面积的1.2%。1960年为10152亩，占播种总面积的1.4%。1970年为7577亩，占播种总面积的1.2%。1980年为7797亩，占播种总面积的1%。1985年为22644亩，占播种总面积的3.9%，其中苜蓿播种面积为2704亩，占播种面积的11.9%。青饲料除苜蓿外，本县还习惯种植草玉米、草谷子、草高粱等作物。1986年，青饲料总播面积31900亩，占农作物总播面积的5.4%。1995年，青饲料总播面积1794亩，占农作物总播面积的0.3%。2009年，青饲料总播面积1536亩，占农作物总播面积的0.2%。2012年，饲草种植种类有玉米、苜蓿、燕麦，总面积达到1万多亩。

第五节　设施农业

怀仁县设施农业起步于20世纪90年代初，以日光温室的建设为标志。1993年在城关镇北七里寨村建起日光温室13栋，以种植黄瓜和小菜为主。1998年，在何家堡村连片建设日光温室100栋，占地面积250亩，以种植黄瓜和小菜为主，有个别农户种植平菇和香菇。1999年，全县大棚蔬菜播种面积170亩，总产量263.4万斤，平均亩产1033斤。2000年，全县有各类温室18060平方米（种植面积27亩），其中玻璃连栋温室60平方米，塑料温室18000平方米，各类大棚蔬菜播种面积125亩，总产量135万斤。城关镇南七里寨村连片建设日光温室50栋，先以种植黄瓜和小菜为主，后来发展为以食用菌种植户占多数。2002年，全县各类温室54000平方米，均为“73155”型日光温室。

2008年以后，建设棚型改为山东Ⅳ型。先后建设了云中镇城内设施农业园区、新家园乡路庄设施农业园区和赵麻寨设施农业园区、亲和乡石庄村设施农业园区。当年新建日光温室661个（种植面积6亩），大拱棚398个（种植面积10亩），智能化连栋温室9000平方米（其中城内园区2处7000平方米，路庄园区2000平方米）。当年种植了黄瓜、西葫芦（品种为法拉丽、冬玉、东胜）、西红柿、茄子、青椒、尖椒（品种为千一）、芹菜等蔬菜。2009年先后在云中镇东关、新家园乡北辛村、马辛庄乡鲁沟村、新家园乡路庄村、亲和乡石庄村和周家窑村、毛皂镇柳东营建设了设施农业园区。当年新建日光温室461个（种植面积6亩），在良种场新建生贵式移动大棚

25 个（种植面积 1 亩）。2010 年先后建设了云中镇城内设施农业园区二期、何家堡乡何家堡设施农业园区、亲和乡安大庄设施农业园区，当年新建日光温室 310 个（种植面积 0.6 亩）。2012 年底全县共有各类大棚 3658 个，设施蔬菜面积发展到 2831.4 亩。其中日光温室面积 1229.4 亩，大中小棚面积 1602 亩。主要类型有“73155”型日光温室、下凹式日光温室、1028 型塑料大棚、生贵式移动大棚等。

第二章　养殖业

第一节　饲养概况

怀仁县饲养的牛、马、驴、骡向来多以使役为目的。民国 22 年（1933），全县有大牲畜 5658 头。1949 年，全县有大牲畜 7908 头。1950 年后，人民政府扶持农民发展生产，鼓励饲养大牲畜，严格制止宰杀耕畜，到 1954 年增加到 10028 头。以后的 30 年间，大牲畜饲养量呈稳定增长状态。1985 年大牲畜总头数为 16340 头（匹）。1986 年，全县有大牲畜 15660 头（匹），其中役用畜 11782 头（匹），占大牲畜数的 75%。随着农业机械化的逐步推广，役用畜所占比例越来越低，2012 年大牲畜有 37302 头（匹），其中役用畜 15877 头（匹），占大牲畜数的 43%。

牛 本县饲养的牛多为蒙古牛。民国 22 年（1933），全县共有牛 2976 头。由于军阀混战，大量宰杀，次年仅有 791 头。1949 年有 4821 头。1953 年，全县有牛 5757 头。此后一直稳定地发展。1971 年有 9167 头。随着农业机械化程度的不断提高，牛的饲养量逐渐下降，到 1980 年，减少到 6992 头。1982 年，农村实行了生产责任制，耕牛饲养又有所增加。同时，农家开始购进喂养乳牛。是年，全县有牛 7212 头，其中乳牛 267 头。因市场上牛肉的需求量日益增大，宰杀耕牛的现象时有发生，造成耕牛大量减少。1985

年有牛 5816 头，其中能繁殖的母牛 1210 头，乳牛 1426 头。1986 年全县有牛 5879 头，其中奶牛 1414 头。20 世纪 90 年代后期开始引进荷斯坦奶牛品种。随着全省雁门关生态畜牧经济区建设项目的实施， 再加上 2002 年山西蒙牛雁门乳业有限责任公司的引进投产，奶牛业快速发展，2003 年奶牛饲养量 7666 头。2010 年增至 1.2 万头，2012 年为 1.42 万头。

马 多为蒙古马。民国 22 年（1933），全县有马 444 匹。1949 年为 216 匹。1950 年后逐渐增多，1958 年猛增到 1016 匹。1978 年有 1858 匹。1980 年有 2109 匹。1983 年为 1841 匹。1985 年 1339 匹，其中能繁殖的母畜 477 匹。1986 年，全县有马 1030 匹，此后逐年减少，到 2009 年仅存 65 匹。2012 年为 15 匹，主要用于游人骑玩。

驴 多为小灰驴。民国 22 年（1933），全县有驴 1274 头。1949 年为 2372 头。1967 年增至 4745 头。以后一直保持在 4000 头左右。1980 年有 3896 头。1985 年有 3284 头，其中能繁殖的母畜 1112 头。1986 年有驴 3118 头，之后的数年间，时有增减。2000 年有 4333 头。2010 年有 3129 头。2012 年为 3792 头，其功能由畜力向食用方向转移。

骡 民国 22 年（1933），全县有骡 964 头。1949 年为 467 头。此后发展较快，1959 年为 1318 头。1966 年增至 2138 头。1970 年为 3154 头。1980 年有 6490 头。1985 年有 5901 头。1986 年有 5633 头，之后的数年间，时有增减。2000 年有 6310 头，2010 年有 2754 头，2012 年有 3391 头。

骆驼 本县农家亦有饲养骆驼者，主要用于运输。1949 年有 32 峰。此后逐渐发展，1954 年增至 88 峰。尔后逐年减少，1968 年仅剩 1 峰。1970 年后绝迹。

猪 民国 22 年（1933），本县共有存栏猪 1406 头。1949 年为 2871 头。1953 年存栏 3923 头。1958 年为发展肥料生产，政府鼓励生猪饲养，1959 年生猪存栏猛增到 10503 头。在三年暂时困难时期，生猪饲养急剧下降，1963 年生猪存栏仅 1692 头。20 世纪 70 年代，生产大队兴办集体养猪场，生猪饲养量快速发展。1979 年生猪存栏 24261 头。1980 年后有所下降，1984 年生猪存栏 8230 头。1985 年生猪存栏 11614 头。1986 年生猪存栏 21804 头，品种多为巴克夏。从90年代开始大力推行科学养猪，生猪生产得以较快发展，品种多为大白、长白和杜洛克。2000年生猪存栏108892头。2010年生猪存栏23万头。2012年生猪存栏25.5万头。

兔 家兔饲养始于民国年间。民国23年（1934）全县饲养兔91只。1958年后农家养兔业迅速发展，先后引进了青紫蓝兔、大耳白兔等优种。20世纪70年代兴办集体兔场，主要品种有长毛兔、黑油兔、熊猫兔、法比兔等10多个。1969年全县活兔收购量达23.76万只。1981年全县有兔26946只。1984年有12845只。1985年有69461只。1999年活兔收购量达98643只。进入21世纪，由于没有出口业务，全县已无集中饲养家兔的现象。市场上的兔肉全部由外地调入。农民家中零散饲养若干只也仅供自己食用，故无确切的统计数据。

鸡 本县家禽饲养以蛋鸡为主，肉鸡、鸭、鹅数量很少。鸡种多为右玉边鸡。民国22年（1933）全县有鸡43696只，次年为26599只。1949年后陆续购进饲养的鸡种有九斤黄、澳洲黑、来亨、白洛克、红羽、星杂288、星杂579、京白等。1974年清水河、宋庄等大队办养鸡场，还购进饲养英国火鸡。1981年全县有鸡119762只。1983年69313只。1984年全县出现了427个养鸡专业户，鸡的饲养量猛增到677589只。1985年全县有家禽502418只。1986年全县饲养蛋鸡603493只，以后时有增减，2000年有507294只。2010年有85万只。2012年有88.6万只。20世纪80年代蛋鸡品种多为“288”，90年代多为京白，2000年以后多为海兰褐。

鱼 1959年，本县开始在水库中放养鱼，共投放鱼苗40万尾。1960年再次在水库中投放鱼苗416万尾。此后，每修筑一座水库就投放一批鱼苗。1964年，周家窑水库开始捕捞，最大鱼10余斤。1972年起，全县各养鱼水库开始捕捞，当年捕鱼3000斤，收入1050元。此后，逐年进行捕捞。1984年下米庄水库投资2027元，修建了一个鱼种孵化池和两个育种池。1985年，放养的鱼种有草鱼、鲢鱼、鳙鱼、鲤鱼、鲫鱼、鲶鱼等。鱼苗皆从浙江、福建购进。山西省水利厅向河头乡提供4万元周转资金，在河头、王庄、中柳会、小昌城等村兴建5个鱼塘，工程总投工1.12万个，动土6.8万立方，总投资

5.43万元。可养水面积132.5亩，10月投放鱼苗放养，成为本县商品鱼生产基地。是年，全县养鱼水面积2800亩。

养蜂 民国23年（1934）全县养蜂1811箱。此后一直未有养蜂者，1978年后，每年夏、秋季常有外地人前来本县养蜂。1984年，第三作村亦有人试养，因收入不佳放弃。

养蚕 1949年后，民间青少年有养蚕者，但饲养极少，仅作为一种业余爱好，为观赏而饲养。

第二节 饲养方法

怀仁县畜禽饲养素来以农家个人饲养为主。大牲畜农忙时舍养，农闲时组群放牧。羊多数常年组群放牧，冬春补饲。部分农家的羊除归群放牧外，夏、秋舍羊1~2只，俗称“引羊”，也叫“羔羊”。入冬宰杀，自家食用。因这样喂养的羊肉质鲜嫩、脂肪低、膻味小、口感好、营养全，所以农户逐步扩大养殖规模，由家养变圈养，逐渐形成具有地方特色的“怀仁羔羊肉”闻名品牌。猪习惯于杂食圈养。鸡多庭院散养。1980年始有笼养鸡。

1956年农业合作化后，大牲畜作价归集体所有，由生产队选派饲养员统一管理饲养。1975年，生产大队集体试办“三场”（猪场、鸡场、兔场），全县兴建猪场89个，鸡场20个，兔场10个。1981年后，生产大队的畜禽全部作价售给社员，畜禽的饲养又恢复了农民分散饲养的原状。与家庭和集体饲养并存的还有国营饲养。1960年兴建了金沙滩农牧场，以农为主，辅之以饲养猪、羊等家畜，每年可提供仔猪500余头，羊存栏保持在500只左右。1966年兴建了怀仁县良种场，除培育农作物优种外，兼营家畜饲养，年平均可向社会提供仔猪200头。1981年又兴建了农工商畜牧场，以饲养黑白花奶牛为主，1985年有奶牛100头，年产鲜奶17万公斤。存栏猪100头，可提供仔猪250头左右。同年兴建了县种鸡场，年饲养量为2000只左右，可提供蛋雏5000只，肉雏1500只。20世纪90年代后期，本县育肥羔羊产业逐步发展，规模逐年扩大，以亲和乡南小寨村为中心向周边辐射带动。

2009年，全县羔羊存栏120万只。2011年为200万只。2012年发展到260万只。

农作物谷子、玉米、黍子、豆类的秸秆，是大牲畜及羊的主要饲草，少量有夏季打的“晒草”。农忙时，大牲畜加饲麻饼、豆饼、油籽饼或高粱、玉米、黑豆等。1969年推广猪的糖化饲料。1980年推广储青饲草。1982年推广猪、牛、鸡三种畜禽的配合饲料。1985年，县饲料公司生产配合饲料400吨，供不应求。20世纪90年代以后，随着养殖数量的不断增长，开始大面积推广配合饲料以及秸秆青、黄贮饲喂技术，饲养方式由传统的放牧、散养向舍饲、集约化为主的方向转变。

第三节　产品产量

怀仁县畜产品产量呈逐年增长的态势。1986年，全县肉类总产量1347.7吨，禽蛋总产量1500吨，奶类总产量342.7吨。1996年，全县肉类总产量4502吨，禽蛋总产量2095吨，奶类总产量432吨。2006年，全县肉类总产量1.15万吨，禽蛋总产量3026吨，奶类总产量2.5万吨。2011年，全县肉类总产量4.7万吨，禽蛋总产量8210吨，奶类总产量4万吨。2012年，全县肉类总产量5.1万吨，禽蛋总产量8723吨，奶类总产量4.7万吨。

第四节　特种养殖

1999年怀仁县开始兴起特种养殖。先后饲养鸵鸟16只，狐狸370多只，水貂1000多只，獭兔1000多只，黑斑蛙1000多只，梅花鹿200多只，鹧鸪、鹌鹑、肉鸽、野鸭、珍珠鸡、七彩山鸡等1万多只，但由于自然环境、饲料来源、市场把握、生产经营以及引种等因素的影响，除梅花鹿外，其它特种养殖都没有持续发展下去。梅花鹿养殖主要集中在马辛庄乡杨岭村的同仁鹿场，曾尝试生产加工鹿茸酒和鹿血酒，后停产。2011年饲养梅花鹿110只，其中公鹿30只、母鹿80只，以出售鹿茸、仔鹿为主。2012年饲养梅花鹿

142 只，其中公鹿 42 只、母鹿 100 只。

第五节　羔羊养殖

怀仁县饲养的羊种原属蒙古羊，分绵羊和山羊两种，以绵羊为主，山羊饲养数量很少。山羊主要分布在吴家窑、鹅毛口、河头等山区乡镇。民国22年（1933），全县有羊 19821 只，次年为 281434 只。1949 年为 29267 只。以后 10 年逐年增加，至 1959 年增至 44425 只，农村户均 0.06 只。1973 年为 583107 只。1984 年为 60220 只。1985 年全县养羊 47206 只，其中繁殖母羊 37389 只，奶羊 316 只。1986 年饲养 67025 只。2000 年存栏 180129 只，品种多为蒙古羊。2001 年以后引进小尾寒羊、无角道赛特、杜泊羊、萨福克、乌珠穆沁羊、杜京杂交羊、京白羊等肉羊品种。2005 年肉羊饲养量为 30.6 万只。2010 年肉羊饲养量为 122.9 万只。2011 年肉羊饲养量为 205.6 万只。2012 年为 260 万只。

2010 年，怀仁县被省政府确定为全省“一县一业”肉羊养殖示范基地县。2011 年，县财政投入资金 7500 多万元，扶持肉羊产业发展。其中用于能繁母羊调购补贴 2000 万元，每调购 1 只能繁母羊补贴 100 元。由县财政担保1000 万元，为农民提供养羊贷款 3000 万元。全县肉羊养殖小区水、电、路、绿化等投入 4500 多万元。组织举办怀仁县首届肉羊养殖暨羊肉美食文化节。为乡镇兽医站公开招用大中专畜牧兽医院校毕业生 30 名。“怀仁羔羊肉”中国地理标志证明商标成功通过国家工商总局商标局核准注册。有 7 家企业注册了“珂泰”、“晋彝”、“桑干河”、“黄花梁”、“云州”、“雁新”、“喜全”羊肉商品商标。2012 年，全县肉羊饲养量达到 260 万只，农民养羊人均纯收入达到 1700 元，占农民人均纯收入的 18%。全县累计建有标准化规模养殖小区 208 个，棚圈面积达到 41.6 万平方米。养殖专业合作社发展到 189 家。建成具有现代屠宰加工条件的生产线 4 条，配建冷藏和急冻库 72 个，年屠宰加工能力达到 200 多万只。年交易羊皮 180 万张，加工交易羊肠 150 万根。产品主要包括法式十二肋排、蝴蝶排、里脊、太阳卷、前后腱膀等 30 多个系列品牌，远销到北京、河北、山东、内蒙古、新疆、太原、大同等省、自治区、市。

1986—2012 年怀仁县羔羊养殖发展情况统计表

表 6-1　　单位：只

年份	1986	1990	1995	2000	2005	2009	2010	2011	2012
饲养量	67025	100165	121427	180129	306214	448559	1229240	2056000	2600000
农民人均	0.4	0.6	0.7	1	1.8	2.5	6.6	11	15

第三章 水利

第一节 灌溉设施

引水 清嘉庆年间，大峪河沿岸开有十三亩地渠、凹地渠、淤泥滩渠、定襄渠等引水工程。光绪十六年（1890），王坪村开筑南渠和东渠，引大峪河水溉田。民国 28 年（1939），尚希庄、路庄等村在王坪村东开筑下渠，引大峪河水溉田。1956 年，县政府组织第三作、新家园、石庄一带的群众，沿大峪河大搞引水工程，至 1958 年，共开筑了 13 条清、洪水两用渠，总长 4.9 万米。1968 年以后，以村发展小型灌溉区，至 1985 年，大峪河流域有吴家窑、王坪、大峪口、北辛村、南辛村、路庄 6 个灌区。开筑引水干渠 6 条，支渠 15 条，总长 40.3 公里，动土 2.64 万立方米，投资 14.2 万元，可灌溉面积 1.56 万亩。

民国 15 年（1926），鹅毛口村东开有富民渠，引鹅毛河水溉田。1958 年开筑了 3 条渠，分别为联合渠，在鹅毛口村东，长 4000 米；合福渠，在鹅毛口村北，长 3500 米；跃进渠，在里八庄村南，长 1.1 万米。至 1985 年，鹅毛河流域共有 4 个灌区，有干渠 5 条，支渠 80 条，总长 17.18 公里，投资37.1万元，可灌溉面积5800余亩。

民国年间，河头一带即开始引桑干河水溉田。1952年，海北头乡组织群众开渠引桑，至1956年，共开筑6条渠，总长1.08万米，可灌溉面积2870亩。主要有西渠，在上海子村东，长2300米，引水量每秒1立方米；富渠，在高镇子，长2000米，引水量每秒1.5立方米。至1985年，桑干河流域有4个灌区，4条干渠，总长16公里，投资8万多元，可灌溉面积4000亩。

1969年以后，马辛庄乡组织群众开始引御河水溉田，至1985年，御河流域有4个灌区，有引水渠6条，总长22公里，可灌溉面积2150亩。

1972年，县革命委员会组织鹅毛口、城关等公社群众近千人在鹅毛口村山脚下，搞截潜流工程，意在蓄引山泉水溉田，历时数月，耗资数万未见效益，后工程报废。

蓄水 1949年前，域内西部山区村庄、沿山村庄，及东部海北头、曹四老庄一带多有池泊（俗称麻伙）。距今700多年的南小寨村永宁寺在建筑时，庙东挖有池泊。县城龙泉街南端有一池泊，大约亩许，系明代挖成，距今300余年。北辛村关公庙前的池泊，挖成于明末清初，距今300余年。1949年，全县有大小池泊70余个，最大亩许，一般为400多平方米。池泊均属周边居民公用，池水主要供牲畜饮用。1960年后，县政府组－织人畜饮水困难村庄的群众建设饮用水工程，池泊多数废弃，只有极少数村庄继续使用。1985年，全县仅有池泊数十个，占地面积22.5亩。

提水 水井提水工具在1949年以前多用辘轳或撑杆，用人力提水。1950年，使用解放式水车，以人力或畜力提水，日可浇地2～3亩。1956年，水车始用柴油机、锅驼机带动。1960年，城关附近部分水井始用电动水泵提水。1965年以后，普遍使用电动机、离心泵、潜水泵、深井泵等提水，实现了提水工具机械化。1949年前，境内村庄普遍有1～2眼石砌水井，主要供人畜饮用，用于溉田的水井极少。1956年在东关举办56型机井凿井训练班，推广凿井新技术，并在教场凿成一眼56型半自流深井，井深80米。邀雁北农科所在毛皂村西凿井3眼。1957年，县成立了凿井队，在南晏庄凿1眼半自流深井。1960年，全县有配套机电深井20眼。1963年，有配套机电深井63眼。1964年始，发展人力回旋式井，俗称大锅锥井，井壁全用砖砌，一般井深在10米以上。同年11月，山西省凿井队在南辛村凿深井2眼，并配套；在南小寨村凿深井6眼未成；在清水河村南凿深井1眼，成为自流井，解决了村民饮水问题。1965年引进丰收型动力冲击式打井机，在于家园村试凿成功，井深126米，井中装水泥管井壁。是年，配套机电深井发展到174眼。之后，大锅锥凿井、机械凿井技术在全县普遍推广。1971年，县重建专业凿井队，水井数量迅速增加。是年，全县有配套机电井840眼。1973年，亲和公社集中打井建井，合并远浇。1975年，全县有配套机电井1922眼。1980年，配套机电井发展到2368眼。农村实行责任制后，部分水井因管理不善等原因废弃。到2012年，全县有水井1702眼，配套机电水井1629眼，其中机凿深井418眼。灌溉面积289434亩。

第二节　水库建设

1958年起，本县开始拦河筑坝，兴建水库，至2012年，共建设水库48座，其中，因泥土淤积、水源枯竭等原因，先后报废33座，现保留15座，总蓄水量3624万立方米，年有效灌溉面积约6.4万亩。

下米庄水库　位于下米庄村北。1958年10月，由大同市水利局设计并负责施工，1961年完工。主坝长550米，顶宽5米，高13.84米。副坝2座，顶宽5米，高7.8米，长410米，控制流域面积340.1平方公里，库容1300万立方米。1964年，山西省水利厅认为其抗洪能力低，批准炸坝废弃，主坝决口底宽30米。1966年11月，马辛庄公社组织劳力，重新修复利用。1969年开始放养鱼，可养水面积1500亩，年平均捕捞8000斤，亩均单产5斤。1979年3月6日，主坝出现滑坡后，在坝外进行加固，经逐年维修改造，1980年大坝工程达到设计标准。2007年，省有关部门批复总投资2500万元进行改造。工程完工后，水库防洪标准可由现在的百年一遇提高到千年一遇。同时原6米涵洞改造后，可实现水库灌区提闸自流灌溉，受益区3个乡镇

19个村2.7万亩农作物可适时灌溉。2008年，实施下米庄水库大坝除险加固工程、溢洪道工程、混凝土防渗墙工程、消力池基坑工程等。新增水浇地面积1.27万亩，改善恢复水浇地面积6.8万亩，新增节水面积0.68万亩。

磨道河水库 位于磨道河村西。1958年3月开工，1959年2月完工。坝高6米，顶宽5米，长200米，库容30万立方米。共完成土方1.5万立方米，投资10万元。年灌溉面积2580亩。

万金桥一库 位于万金桥村西南。1958年3月建，1975年扩建，1977年2月建成。坝高16米，顶宽15米，长1200米，完成土方11.5万立方米，总投资30万元。库容580万立方米，有效灌溉面积2200亩。

下湿庄水库 位于下湿庄村西。1963年建。坝高6米，顶宽7米，长150米。完成土方1.4万立方米，投资1.2万元。库容30万立方米，有效灌溉面积1500亩。

新家园一库 位于新家园村南。1968年建。坝高4.5米，顶宽4米，长150米。完成土方1.3万立方米，投资1.4万元。库容30万立方米，有效灌溉面积3000亩。

南阜一库 位于南阜村西。1968年建。坝高10米，顶宽4米，长120米。完成土方4.5万立方米，石方300立方米。投资4万元。库容量40万立方米，有效灌溉面积1500亩。

周家窑二库 位于周家窑村北。1969年建。坝高10米，顶宽8米，长120米，完成土方4万立方米，石方600立方米。投资5万元。库容50万立方米，有效灌溉面积3650亩。

马庄水库 位于马庄村西。1969年建。坝高6米，顶宽4米，长285米，共完成土方5万立方米，石方50立方米。配筑干渠两条，长8公里，其中防渗渠4公里，投资5万元。库容104万立方米，有效灌溉面积800亩。库中养有鱼，放养水面100亩。

争气水库 位于万金桥村南。1970年1月开工，1971年2月建成。坝高6.7米，顶宽7米，长135米，块石护坡。完成土方3.1万立方米，石方600立方米。配建干渠3条，长17公里，其中防渗渠16.5公里。投资6万元。

库容 120 万立方米，年有效灌溉面积 5250 亩。

柳东营水库 位于柳东营村东。1970 年 10 月开工，1971 年 9 月完工。坝高 7 米，顶宽 5 米，长 230 米，砌石护坡。配建干渠 5 条，支渠 5 条，长 8 公里，其中防渗渠 6 公里。共完成土方 4 万立方米，总投资 25 万元。库容 110 万立方米，年有效灌溉面积 2500 亩。

石庄二库 位于石庄村西。1972 年开工兴建，1973 年建成。坝高 8 米，顶宽 7 米，长 120 米。完成土方 4 万立方米，投资 5.5 万元。库容 120 万立方米，年有效灌溉面积 800 亩。

另外还有万金桥水库（1975 年完工，库容 604 立方米），周家窑一库（1958 年建，库容 20 万立方米），万金桥二库（1958 年建，50 万立方米），石庄一库（1964 年建，库容 20 万立方米），南阜二库（1968 年建，库容 20 万立方米），下湿庄二库（1972 年建，库容 25 万立万米），新家园二库（1972 年建，库容 20 万立方米），赵麻寨水库（1972 年建，库容 20 万立方米），段家堡水库（1972 年建，库容 15 万立方米）。废弃的水库有：宋家庄、晏头、里八庄、霸王店等村水库。

云东水库 2003 年完成。水库占地 127 亩，分一库、二库、三库，设计容量 15.3 万立方米，共挖填土方 13.317 万立方米，砌石 1.333 万立方米。水库不仅拦蓄上游河水增加了城市水面面积，而且增加水浇地 0.2 万亩。云东节水灌溉工程，先完成管灌 8.6 公里，配套渠系放水口 23 处，喷灌 300 亩，新增节水面积 1500 亩。

首都水资源项目 2004 年实施一沟、两山、四大片。“一沟”是大峪河沟道工程，共完成护地坝、护底坝 7.7 公里，引水渠道 3.8 公里，垫滩造地 4 公顷，谷坊 122 座，完成土石方 15.3 万立方米。“两山”是吴家窑五指山、河头龙首山完成生物工程 1.68 万亩，修筑梯田 0.323 万亩，封禁治理 7.3 万亩，道路绿化 13.3 公里。“四大片”是金沙滩镇新疆杨乔木林片，云中镇新疆杨柠条乔灌混交片，毛皂、马辛庄柠条苜蓿灌草片，河头乡盐碱地种植灌木片。实施“四河两库”防汛工程的维修加固，恢复水源工程 19 处，完成实灌面积 28 万亩。

首都水资源可持续利用项目 2005年完成，投资820万元，治理面积39.4平方公里。京津风沙源治理项目，完成小流域治理面积0.8万亩。节水灌溉工程，完成云中、河头、金沙滩三个片节水灌溉面积1.37万亩，其中管灌0.8万亩，喷灌0.27万亩，渠灌0.3万亩，工程铺设输水管道62公里，新修防渗渠13.6公里。

节水园区建设 2005年以来，完成渠道防渗1900米，建井房4座，过路桥3座，节水面积500亩。在鲁沟村节水园区完成渠道防渗4150米，配套建筑物14处。在新家园乡节水园区实施了赵麻寨和路庄100个大棚的水源和管道配套工程，打井2眼，铺设管道5148米。在云中镇城内村节水园区完成了100个大棚的水源和管道配套工程，新打井1眼，铺设管道5287米。共完成渠道清淤124公里，修复水毁工程57处，新打机井11眼、微型井109眼，维修旧井27眼，维修机电设备346台（套），新建防渗渠68.3公里，维修防渗渠79公里，恢复水源工程12处，架设高低压线路17公里，新增水浇地面积1.27万亩，改善恢复水浇地面积6.8万亩，新增节水面积1.53万亩。

2010年，重点实施马庄、仝庄、小盐坊、南米庄、毛皂、河头、秀女村、田庄、北窑村等村节水园区工程。当年，管灌工程已全部完成，渠道防渗工程完成28.9公里。2012年，全县共铺开各类农田水利基本建设工程95项，完成渠道清淤124公里，修复水毁工程57处，新打机井53眼、微型井75眼，维修旧井24眼，维修机电设备349台（套），新建防渗渠86.3公里，维修防渗渠91公里，恢复水源工程12处，架设高低压线路21公里，新增水浇地面积0.15万亩，改善恢复水浇地面积7.8万亩，新增节水面积0.58万亩。

第三节 水土保持

水土流失 1949年前，本县水土流失严重，因地貌不同，水土流失原因及程度不同，可分为五个区域。分别是（1）土石山区。西部山区北起羊圈沟，南至魏庄，南北长约40公里，东西宽约10公里；东部的甲车沟、黄土坡一带山区，每年雨季沿山区裸露表土层，常遭暴雨冲刷。（2）边山峪口区。西部北起北信庄，南至南家堡，南北长约40公里，东西宽约2公里；东部下峪一带，山区洪水冲刷成26条较大的沟壑，山坡石砂地年年冲刷减少。每年春、冬两季，常有30余个大风日，风起沙扬，表土随风流失。（3）黄土丘陵缓坡风沙区。县南黄花岭一带，北起安宿疃，南至一间房，东自南阜，西抵兴旺庄，南北长约5公里，东西宽约10公里。有民谣曰：一年一场风，从春刮到冬，立夏起尘活埋人，三年两头没收成。（4）冲积平川灌区。境内有1.0数条河流，每到汛期，河水暴涨，冲刷河流沿岸，下游常遭水患。（5）平川干旱区。海北头、河头、马辛庄一带，土壤不断盐碱化，可耕地逐年减少。全县水土流失面积47.85万亩，占全县耕地总面积的27.6%。其中土石山区、边山峪口区为31.35万亩，黄土丘陵缓坡风沙区为3.6万亩，冲积平灌、平旱区为12.9万亩。全县平均年土壤侵蚀量为121.16万吨。水土流失主要原因有自然因素和人为因素：自然因素是洪水冲刷，大风吹刮；人为因素是盲目开垦，破坏植被，而对水土保持及土资源的保护、利用不重视，致使水土流失日益严重。

综合治理 1956年农业合作化后，把水土保持列为生产计划的主要项目，各乡、社均制定了水土保持规划，当年以黄花梁为中心，组织万人大会战，营造防护林带17条，长20多公里，治理水土流失面积0.5万亩。1958年，大搞水利水保工程，修筑中、小型水库5座，水保面积达72万亩（大仁县）。1971年，大搞以建设水平梯田为中心的农田水利基本建设工程，新建水平梯田1.1万亩，打地埂16388条，总长170万米。此后，逐年以社、队大搞以改土治水为中心，变“三跑田”为“三保田”为内容的农田基本建设。1977年，开始治理大南山，每年秋季组织县级机关干部职工上山植树。1980年开始以小流域为单位的综合治理。至1985年底，全县累计治理水土流失面积15.75万亩，占水土流失面积的32.9%。其中建梯田1.8万亩，沟坝治理面积0.9万亩，水浇地4.1万亩，造林治理8.95万亩。2007年以后，在五指山和龙首山共完成生态工程1.68万亩，机修梯田0.37万亩，封禁治理7.3万亩，道路绿化59.6公里。完成金沙滩镇新疆杨乔木林片、云中镇新疆杨乔木林片、新疆杨柠条乔灌混交片和毛皂、马辛庄柠条苜蓿灌草片。

完成小流域总治理面积153.3平方公里，种植乔灌林8.18万亩，经济林0.24万亩，全县水土保持和生态条件得到了改善。

第四节 人畜饮水工程

域内有11个乡镇的43个村庄人畜饮用水困难，计40365人、4292头大牲畜。其中，有39个村庄是因水质不纯、污染严重，水中含有氟、砷、硫酸根离子、镁离子等有害物而超过国家规定的饮用水标准。经防疫部门检测，其中含氟量在0.5~1之间的村庄有18个，含氟量在1~2之间的村庄有15个，重度含氟的村庄有6个。

从20世纪60年代起，县委、县政府组织人畜饮用水困难村庄的群众兴建饮用水工程。至1985年，全县共兴建人畜饮用水工程35处，其中一类工程24处，二类工程4处，三类工程4处，四类工程3处，总投工11.3万个，完成工程量累计16.9万立方米。累计投资142.22万元，其中国家投资77.87万元。解决了39个村38060人和3964头大牲畜的饮用水问题。

2003年，完成饮水解困工程5处，分别是赵庄集中供水工程，河头集中供水工程， 海北头集中供水工程，北辛村水源工程和路庄供水工程，解决了8个村3100人的饮水困难。2005年，完成亲和、峙峰山新村等5个村人畜饮水工程配套建设，新建水塔一座、蓄水池2座，新打机井3眼，砌筑井台628个，检查井42个，铺设各类输水管道67.31公里，架高压线4.7公里，安装自动化控制系统1处。2006年，实施“西水东调”工程，建成了云中集中供水站，解决了云中、海北头两乡镇的供水问题。2007年，编制了《怀仁县农田水利基本建设“十一五”规划》《怀仁县“西水东调”总体规划》《怀仁县农村饮水安全总体规划》《怀仁县节水灌溉总体规划》《怀仁县中小型水库除险加固工程规划设计》和《怀仁县首都水资源可持续利用项目一期二期水保、节水工程规划设计》等规划和设计。全年共打水源井42眼，建蓄水池7座，水塔9座，安装变频控制设备6台， 铺设各类输水管道1016.32公里， 架设高低压线路138.71公里，完成土石方138.06万立方米，使年供水能力达到460万立方米。共解决了71个村11.03万人、2.36万头牲畜的饮水困难和饮水安全问题。

2008年，共完成20个村2.6万人、0.6万头牲畜的饮水和饮水安全问题。其中新打机井12眼，建1000立方米蓄水池2座，高位水池1座，铺设各类PE管道214.8公里，自来水入户3408户。2009年，解决30个村3.2万人的饮水安全问题。2010年，实施20个村的人畜饮水工程。共完成水源井11眼，水塔4座，蓄水池3座，村口管理房和井房21间，安装潜水泵11台，架设高低压线路7.6公里，安装PE主管道106.32公里，支管及入户管道162.34公里。2012年，完成14个村的饮水安全工程，投资854万元（其中：中央474万元；省补188万元；市配套62.9万元；县配套94万元；农民自筹35.1万元），解决了2.01万人的饮水不安全问题。

第五节 水系建设

本县属于内陆干旱少雨县份，水资源严重短缺。2010年以来，县委、县政府为了破解“水瓶颈”制约，本着一条水系就是一道风景线、一根文化链、一条经济带和打造生态水系、提升城市品位、改善生态环境、提高群众幸福指数的原则，大力实施兴水战略，构建水系框架，大做水系文章。通过对现有城市特色资源，尤其是水系资源进行规划、整合，构建与之相适应的空间形态和发展布局。委托北京大学设计院和省水利勘察设计院规划设计了“七大水系”（口泉河、鹅毛河、清凉河、磨道河、大峪河、金沙河、桑干河）和“三大湿地公园”（磨道河、清凉河、鹅毛河），整个工程概算73亿元。这些工程完工后，全县水面和湿地面积将由过去的5500亩扩大到7万亩，占到全县平川面积的6%。

在整个水系建设中，按照“调、节、保、蓄”的治水战略，确立了河道水系建设优先利用地表水、严格控制地下水、高效配置引黄水、科学利用污废水、大力推行节约用水的思路，以恢复完善为重点，合理利用水资源。通过水系建设，实现生态修复，涵养地下水源，缓解水库干涸，增加湿地面积，加强灌溉能力，改善区域气候，促进经济社会和资源环境的协调发展，全力打造生态旅游、观光农业、休闲度假为一体的“晋北独特风景水城”品牌，并以此带动招商引资，推进生态城市建设，推动城乡一体化发展。

口泉河水系工程 2010年8月开工。口泉河水系流域面积502平方公里。至年底，完成了下米庄水库、马庄水库的除险加固工程，初步完成了马港水库的维修工程，提高了这三座水库的储蓄水能力，增加了河道水域、湿地面积，改善了该区域的水生态环境，大大提高了防洪能力。同时，建设完成了下米庄水库向新发村水库、黎寨提水泵站调水输水管道26公里。2012年开工建设马港水库除险加固工程，工程全部完工后，湿地水面面积可达9585亩。

鹅毛河水系工程 2012年1月开工。鹅毛河流域面积376平方公里。工程地处鹅毛河中下游，位于县城以东4.5公里处，呈南北走向，全长39.6公里，其中县城段长度为11.5公里。工程规划建设范围涉及毛皂、马辛庄、海北头三个乡镇的12个村庄，规划总面积52平方公里，其中水面和湿地面积3万亩。按照“北疏、南拓、西延、东扩”的规划思路进行，开工以来，首先对鹅毛河上游（鹅毛口—北同铺铁路大桥）河道进行治理，（治理长度13.1公里）， 然后对下游的新发村水库工程进行了除险加固。通过治理，加大了上游的行洪排洪能力，提高了县城防汛防洪标准，增加了新发村水库的蓄水能力，扩大了水库的供水能力和范围。鹅毛河湿地公园共设一轴（以水为轴）、两带（沿两侧绿化带状发展）、三结点（国际生态会议、乐活主题旅游、生态宜居）、九板块（水中游乐、云中主题酒店、湿地水岸生态、东海温泉会议、晋北创意文化、鹅毛滨水休闲、洛哈思游乐、全域水岸生活、乐活体育度假）、十二个沿河发展区（望景水岸花墅、云水湾驳岸、海人水岸、渔乐码头、望归灯塔、葵园、印象怀仁、疯狂阿凡达、时空历险记、白鹅湾别院、碧水湾艺墅、飞行指挥塔等），工程概算投资26亿元。整个工程拟分三期建设，工期为五年。其中一期工程重点实施了“东扩、北疏”，进行了河道清淤、堤防加固、道路硬化、环湖绿化以及拦蓄水工程等，涉及一桥、两路、三坝、四个湖区。完成了马港水库大坝至下米庄水库大坝右岸、下米庄水库大坝至毛皂高速公路连接线左右岸、新发村水库大坝至里八庄水库左岸的削坡整修工程，秀女村水库至里八庄水库的引水工程以及鹅毛河湿地公园清泉村北部水面东扩工程和清泉自流井引水工程。

清凉河水系工程 2011年开工。清凉河水系流域面积65平方公里。为纵贯县城的一条重要水源景观带，是集生态、休闲、景观为一体的新的水系和湿地公园。公园北起怀贤街，南至国益酒店东南侧，跨两街（怀贤街、怀安大街）一路（仁德路），分为东湖、西湖、南湖和怀安大街与仁德路十字路口四部分，占地总面积1850亩，其中湖面面积395亩，绿化硬化面积1455亩，概算投资3.9亿元。（1）东湖占地696亩，湖面面积156亩，绿化硬化面积540亩，湖边新修5米宽的沿湖道路4765米，修建了仁德广场；（2）西湖占地273亩，湖面面积174亩，绿化硬化面积99亩，沿湖新修5米宽的绕湖道路2680米和10米宽的绿化带，修建了4道溢水坝桥；（3）南湖占地782亩，湖面65亩，绿化硬化面积717亩，在金水桥外建提升泵站1座，提水至西湖上游，形成循环水系；（4）怀安大街与仁德路十字路口占地99亩，在四个街角进行绿化美化，打造成与周边建筑物有机结合、风格各异、独具匠心的城市景观。同时对清凉河水系的云东景观湖进行清淤加固，并新建环城水系、丰火台湿地公园。

磨道河水系工程 2010年开工。磨道河水系流域面积241平方公里。对该河进行综合治理，改扩建了水库（一库）大坝，新建了六座拦水溢流坝、六座交通桥，同时对库区进行防渗处理，在正常蓄水位以下采用干砌石护坡，正常蓄水位以上设水平马道、采用草皮护坡，堤顶设草皮、白玉栏杆、环保砖人行道、环库公路等；结合水保生态建设工程，对水库库区进行绿化与美化，新建水上游乐区，依托原有的河道、滩涂、堤坝建成令公湖、天波湖、忠义湖、翰林湖、金水湖、金沙湖、玉龙潭等十处库区湿地水域景观。水面和湿地面积达8850亩，蓄水量1130万立方米，周围配套实施园林绿化工程，并建令公塔等亭台楼阁，是集生态景观、农田灌溉、休闲娱乐为一体的人水和谐的区域景观。2012年4月开工建设磨道河二号库除险加固工程，目前正在实施，年底前竣工。

大峪河水系工程 2012年开工。大峪河水系流域面积325平方公里。工程规划主体布局以防洪为主，开发利用雨洪水资源并重。具体工程为改造大峪河东干渠分洪工程以提高大峪河的分洪能力，兴建大峪河节制闸来控制并运用该河的洪水，实现洪水资源化的目标。年底，大峪河东干渠分洪改造工程完工。大峪河节制闸工程已完成了地质勘测、安全鉴定等前期工作，工程竣工后，水面和湿地面积可达 12135 亩。

金沙河水系工程 2012 年 11 月开工。金沙河水系流域面积 125 平方公里。规划面积 3000 亩，其中水面和湿地面积 2000 亩。完成清淤开挖，建设金沙滩湿地公园（禅缘湖），环湖绿化、道路硬化等。

桑干河水系工程 2012 年开工。根据水系建设规划中鹅毛河湿地公园“南拓”的思路，拟在鹅毛河入桑干河口处的桑干河上下游，通过兴建拦蓄工程、河道堤岸整修、河道疏浚、滩涂开发等工程建设河滨湿地。规划面积 5000 亩，其中水面和湿地面积 3600 亩。

第七编

林 业

第一章 森林资源保护

第一节 资源状况

民国 24 年（1935），全县有成片林 2299 处，树木总数为 126613 株。1985 年，全县林地面积 316520.3 亩，其中有林地 219506.2 亩，灌木林 14675.2 亩，疏林地 19880.8 亩，未成林造林地 46690.2 亩，迹地 3263.4 亩，苗圃 12504.5 亩。有林地中用材林 185904.8 亩，其中：天然林 222.5 亩，人工造林 185682.3 亩，防护林 33601.4 亩。木材积累量为 51.5 万立方米，森林覆盖率为 34.7%。

1992 年，全县林业用地 20356.7 公顷。有林地面积 13105.4 公顷，其中用材林为 6136 公顷，防护林 6177.2 公顷，经济林 792.2 公顷。林地面积 3786 公顷。灌木林面积 420.4 公顷。全县未成林造林地面积 1619.7 公顷。苗圃地面积 482.6 公顷。按权属分，集体林业用地面积 13923.4 公顷，国营林业用地面积 6433.3 公顷。

2002 年，全县林业用地 34348.1 公顷，有林地面积 13200 公顷，其中用材林 6200 公顷，防护林 6200 公顷。全县疏林地面积 3753 公顷。灌木林面积 450 公顷。四旁植树 1650 万株。农田林网控制面积 70 万亩。全县重点生态保护区（禁伐区）林地面积 2397.3 公顷，主要分布于吴家窑镇、龙首山、洪涛山、河流两岸及公路两侧。一般生态保护区（限伐区）林地面积 30746.8 公顷，主要分布于全县 10 个乡镇。商品林经营区 1307.5 公顷，主要分布于金沙滩、河头、马辛庄等乡镇。

2011 年，全县林业用地面积为 44177.12 公顷，其中有林地 21728.07 公顷，疏林地 1060.02 公顷，灌木林地（特灌）9421.39 公顷，未成林地 6908 公顷（人工造林未成林地 4698.46 公顷，封育未成林地 2209.4 公顷），苗圃地 383.27 公顷，宜林地 463.82 公顷，林业辅助用地 22.55 公顷。活立木蓄积量 51730.66 立方米。

2012 年，全县新增人工造林面积 2800 公顷，新封无林地和疏林地 667 公顷。

第二节 护林防火

1949年以前，怀仁县护林防火以个体户自管为主。1956年农业合作化后，林木归国家或集体所有，国有林由林场管理，各生产大队配护林员。1975 年，《护林法试行草案》颁布实施。各生产大队均制定《护林公约》，配备护林员 3~5 名，全县有护林员近千人。1978 年，实行林木采伐审批手续，采伐更新由林业部门统一管理。1979 年成立县护林防火指挥部，各公社均成立了相应的领导组。1985 年，全县有护林员 493 人，其中专职护林员 275 人，兼职护林员 218 人。1990 年，开始实施限额采伐制度。2000 年，全县建有森林防火瞭望哨 4 座，用于护林防火卫星电话 2 台，对讲机 10 部，森林防火巡逻车 2 辆，风力灭火机 15 部，打耙 50 余把。

2012 年底已建成防火隔离带 350 公里，新建防火隔离带 400 公里，机耕林带 20000 余亩，拉网封育面积 10.6 万亩，清理林区杂物 500 吨。护林防火坚持“预防为主、积极消灭”的方针，充分依靠法治、依靠科技、依靠群众，严格火源管理，推行行政领导负责制、二十四小时值班制度、巡逻护山制度、火情报告制度、指挥调度制度。建设了三级森林防火梯队，以县林业局三十名干部职工组成的专业灭火队伍为第一梯队，以乡镇干部牵头村级领导配合森林防火为第二梯队，以各机关、厂矿、企事业单位职工和当地人民群众、民兵组成森林防火第三梯队。按照森林防火工作属地管理的原则，划分十二个森林防火责任区：金沙滩森林防火责任区、吴家窑森林防火责任区、新家园森林防火责任区、何家堡森林防火责任区、云中森林防火责任区、毛皂森林防火责任区、马辛庄森林防火责任区、河头森林防火责任区、海北头森林防火责任区、亲和森林防火责任区、洪涛山林场森林防火责任区、县中心苗圃森林防火责任区，责任区组长由当地行政一把手担任。

第三节　病虫害防治

怀仁县森林病虫害防治以人工防治与化学防治相结合为主，对重灾区实施彻底砍伐或切片熏蒸或就地烧毁，对轻灾区通过释放虫害天敌和喷洒药物进行防治。

用材林主要病虫害　针对杨树的有腐烂病、蛀干性光肩星天牛、杨园蚧等。针对樟子松、油松的有松球果象虫、松苗立枯病、松树红蜘蛛等。针对柳树的有柳树网蝽、柳树带化病等。针对柠条、紫穗槐等灌木类的有柠条虎天牛、柠条荚螟、柠条豆象、柠条小蜂、金龟子、象鼻虫等。

1981 年，在尚希庄、石庄、甄庄、毛皂、洪涛山林场建立了 5 个森林病虫害测报点。同时，购置了 6 台高压喷雾器，对主要病虫害进行化学防治。1982 年，在尚希庄村进行了肿腿蜂防治青杨天牛试验。1983 年至 1985 年，全县对成片林普遍进行修枝防治，清除病源，阻止病虫害扩散。1985 年成立了县森林检疫站，严格苗木出圃检疫。1986 年至 2000 年，全县森林年均发生病虫害 7 万亩，防治面积平均达到 42.3 万亩。2000 年，对 208 国道怀仁段、怀应公路两侧受蛀干性光肩星天牛危害严重的行道树进行了集中砍伐改造。

经济林主要病虫害　主要有苹果腐烂病、葡萄白腐病、苹果白粉病、梨白粉病、皱叶病等 11 种；虫害主要有食叶性害虫、食心性害虫、螨类害虫、金龟类害虫、蚜虫类害虫等 8 类 29 种。

苹果腐烂病　1968 年，下寨农场果园发生该病，死亡苹果树 3.3%，其中，国光苹果树发病率 54.3%，黄香蕉 25%，祝光 18.8%。病发后，在果树发芽前喷打 0.5% 的五氯酚钠和石硫合剂混合液，保护树干。果树站用果腐灵 4 号液涂抹伤疤，下寨农场用不脱酚酰油原液涂抹伤疤，效果较好。1988 年，县果树站购置 843 康复剂，对石庄、尚希庄的 300 余亩苹果树进行腐烂病防治，取得良好效果。1967 年，调查发现玫瑰香发病率为 33.61%，龙眼发病率为

7.7%。县果树站采用200倍等量式波尔多液喷打防治，病情基本得到控制。后采用福美双喷打后，降低了发病率。主要有天幕毛虫、苹果巢虫、梨星毛虫、舟型毛虫、金毛虫等，县果树站多采用在幼虫阶段，剪掉有群集附着枝条，集中烧毁。春秋两季刮除毒蛾卵块，集中烧毁。

第四节 封山育林

怀仁县从2002年开始实施封山育林工程，到2011年共完成建设面积135067亩。其中2002年完成20067亩，工程建设地点在云中镇、河头乡、吴家窑镇、新家园乡。2003年完成35000亩，工程建设地点在云中镇、河头乡、吴家窑镇、新家园乡。2004年完成20000亩，其中新家园乡完成1200亩、河头乡完成10000亩、何家堡乡完成3800亩、云中镇完成5000亩。2005年完成15000亩，建设地点在云中镇。2006年完成5000亩，建设地点在金沙滩镇。2007年完成5000亩，建设地点在金沙滩镇马庄村。2008年完成10000亩，建设地点在金沙滩镇。2009年完成10000亩，建设地点在马辛庄乡、海北头乡、河头乡。2010年完成10000亩，其中金沙滩镇完成6380亩、新家园乡完成3620亩。2011年完成5000亩，建设地点在金沙滩镇。2012年，全县封山育林面积达117990亩。

第二章 植树造林

第一节 树种

本土树种 小叶杨、毛白杨、山杨、山阴柳、杞柳、白榆、柽柳、醋柳、臭椿、桦树、桑树、山楂、山桃、山杏、胡榛子、绣线菊、杜梨、酸枣、李、杏、槟果、沙果、梨、葡萄、枸杞、照山白。

引进树种　刺槐，1953年由桑干河造林站曹庄作业组引进，金沙滩、亲和都有种植。紫穗槐，1953年引进，新家园一带、北同蒲铁路两侧均有种植。复叶槭，1953年引进。青杨，1957年由雁北瓷厂引进。箭杆杨，1958年由黎寨村引进。垂柳、龙须柳，1958年由大仁一中引进。国槐、玫瑰、丁香，1958年引进。黑春子、山丁子，1960年引进。加拿大杨，1965年由下寨农场引进。美杨，1965年由雁北地区林科所引进。群众杨、合作杨、新疆杨、银白杨、优胜杨、北京杨、钻天杨等16个品种，1965年由县苗圃引进。云杉、侧柏、地柏、桧柏、龙柏、黄栌等，1965年引进。白榆，1966年由县苗圃、雁北林科所引进，有孟县白榆、常州白榆、定陶白榆、保定白榆等数个品种。樟河柳，1967年由县苗圃引进，1974年大面积栽植于亲和乡清水河村一带。1968年引进旱杨。1974年引进意大利214杨、白蜡、梓树、卫矛、暴马丁香。此后还引进了沙兰杨、河杨、54杨、少先队杨、69杨、白皮柳、柏林柳、乌柳等数十个品种。1978年引进沙枣、火炬、文冠果、小叶榛、连翘等。1979年引进油松、华北落叶松、樟子松、杜松等。此后还引进有皂角、五角枫、三角枫、湿地松、紫椴、辽东栎、珍珠梅、榆叶梅等数十个品种。1983年，雁北林科所进行白榆种源和优良单株对比试验。1985年种源试验面积60亩，对比试验面积80亩。

经济树　1957年至1985年，陆续引进11类果树品种共计292种，经筛选，1985年保留有116个品种，其种类和品种有：

苹果：伏锦、金花、伏花皮、黄魁、早生旭、红沙果、金冠、祝光、倭锦、青龙、赤阳、秋力蒙、大中甜、金塔干、鸡冠、瑞光、迎秋、红花、梨形旭、可览、洋红子、花嫁、花道、大珊瑚、印度、深红桔平、红元帅、红玉、优等、大国光、小国光、克拉普、梅择、红海棠、胡似类、丁露香、赤龙、蒙派斯、红魁、甜黄魁、红印度、西红柿、冰糖、辽优、锦红、老笃、甜酸、黄太平、白水晶、白海棠、紫云、金红、人民、酸梅莫夫卡、格勒米斯克等56个品种。

梨：鸭梨、苹果梨、香蕉梨、今春秋、明月、红肖、廿世纪、二宫白、猪嘴、大香水、小香水、南果、半斤酥、大黄梨、京白梨、花盖、金盖酥、身不知、谢花甜、朝鲜洋梨、兴城一号等21个品种。

葡萄：瓶儿、玫瑰香、龙眼、无核黑、红鸡蛋、大甜水、牛奶、秋白、零旦、马奶、沙巴珍珠、罗马尼亚、粉红太妃、巴尔斯基、红鸡心、黑鸡心、无核白、巨丰等18个品种。

红枣：郎枣、壶瓶枣、极枣、骏枣、团枣、木枣、油枣、婆婆枣等18个品种。

杏：大鸡蛋、二圆杏、青皮杏、叫驴蛋、羊粪蛋、桃接杏、京杏、山药蛋等8个品种。

槟沙果：大红袍、大沙果、夏甜果、秋甜果等4个品种。

李：大接李、二圆李、土李、玉皇李等4个品种。

桃：毛桃

此外还有黑梁子、文冠果、沙枣等10个果类品种。

1992年，县果树中心成立，当年引进硕丰梨，在亲和乡石庄村、城关栽植试种1000余亩。

2007年，从辽宁引进寒富士苹果，在宋庄、跃进两村试种1200余亩。

2011年，怀仁县林果中心协会成立。至2012年底，协会先后引进华县大接杏、凯特、金太阳、白水、香白等杏类品种，在金沙滩镇、何家堡乡栽植面积达6000余亩。

主要天然植被群落

禾草型植物群落：该群落以禾本科、莎草科植物占优势，混有蒿类，大多分布在向阳斜缓坡，陡坡麓积物等一些肥力较好的小区域内，范围不大，盖度0.3～0.5，生长不良。

百里香旱生植物群落：在百里香占优势的群落中，混有羊胡子草、艾蒿等，多生长在梁峁坡地或山地上，分布面积较广，盖度在0.4～0.5，生长不良。

醋柳灌草丛植物群落：西部海拔较高的山地，土壤较肥沃，人为破坏较少，多形成以黄刺梅、醋柳、绣线菊、虎榛子、狗尾草、针茅等为主的植物群落，并出现中生植物，盖度在0.5~0.7，长势尚好。

主要人工植被

乔木：以油松、樟子松为主，大多栽植在海拔1100米以上的西部土石山区和平川区，生长良好。其次以杨树为主，分布较广，品种较多。以小叶杨面积最多，但生长差；群众杨、合作杨等生长较好，多分布在河谷阶地。此外，还有新疆杨、柳树、侧柏、杏树等人工林及零星的刺槐、沙枣、复叶槭、丁香、桃叶卫茅等。

人工灌木：主要有柠条、紫穗槐、沙棘、柽柳等。柠条在本县梁峁、沟坡、沙地均有生长，是优良的固沙植物和放牧饲料。

古树

旱柳 何家堡乡宋庄村一株旱柳，树高20.5米，树围156厘米，冠幅15米，树龄559年，为本县境内年代最古、树围最大树木；同期另一株旱柳，树高17米，树围133.75厘米，冠幅亦为15米。林业局已设置铁艺围栏对其实施重点保护。云中镇秦城村一旱柳，树高16.7米，树围114厘米，冠幅12米，树龄258年。云中镇管庄村一旱柳，树高10.5米，树围106厘米，冠幅15米，树龄160年。

侧柏 新家园乡新家园村一株侧柏，树高10米，树围188厘米，冠幅20米，树龄294年。另一株侧柏，树高9米，树围1.69米，冠幅16米，树龄258年。林业局已设置铁艺围栏、避雷设施对其进行重点保护。

小叶杨 毛皂镇王家堡村一株小叶杨，树高16米，树围134厘米，冠幅24米，树龄236年。吴家窑镇吴家窑村一株小叶杨，树高25米，树围98.2厘米，冠幅22米，树龄214年。马辛庄乡大井村一株小叶杨，树高15米，树围112厘米，冠幅11米，树龄146年。

国槐 云中镇甄庄村一株小叶杨，树高22.6米，树围76.4厘米，冠幅8米，树龄125年。云中镇北窑村一株国槐，树高14.5米，树围82.8厘米，冠幅20米，树龄297年。何家堡乡何家堡村一株国槐，树高23米，树围63.69厘米，冠幅22米，树龄150年。

第二节 人工造林

据《实业统计》载，民国 22 年（1933），全县有零星植树 166895 株。民国 23 年（1934），植树 80025 株。民国时期，境内一些富豪之家即在荒山、荒坡、荒滩上植树造林。造林较多的有赵麻寨的常端、周家窑的周吉甫、安宿疃的王选和吴家窑的唐郁等。

1949 年始，每年春季组织一次造林活动，对荒山、荒坡、荒滩进行绿化。1952 年，在黄花梁造林 16321 亩。1953 年至 1958 年春，在金沙滩造林 11.8 万亩，其中国营造林 6.5 万亩，群众合作造林 5.3 万亩。

1953 年，县政府组织第三作、尚希庄、刘晏庄、新家园、曹四老庄、亲和等 6 个乡的 55 个农业社，在黄花梁及金沙滩一带统一规划，营造护田防风林网，在金沙滩营造护田林网 77 条，长 109 公里，林网面积 2.6 万亩，在黄花梁营造护田林带 3 条，长 45 公里，护田面积 4.5 万亩。

1965 年，各生产队自行规划，营造护田林网 100 万株。1977 年至 1979 年，开通护田林网主干路 74 条，长 87 公里，田间路 220 条，长 2590 公里，把全县 132 万亩农田和宜林地划分成 375 亩的丰产方 3536 块，沿田间路、渠营造农田林网树 350 万株，全县人均植树 19 株。1979 年，怀仁县被国家林业部评为“平原绿化先进县”。1983 年推广大苗定植，加快了农田林网建设步伐。

1984 年，全县 97% 的农田建起了林网。1985 年，营造农田防护林 12189 亩，全县农田林网总面积达 67.64 万亩，农田林网实有树 1252.66 万株，占宜林网面积的 95.7%。1986 年，完成新建林网 31 万亩。1987 年，完成新建林网 23.5 万亩。1988 年，完成新建林网 26.8 万亩。1989 年，完成新建林网 28.4 万亩。

1990 年完成造林 2.19 万亩。1991 年完成造林 2.6 万亩。1992 年完成造林 3.6 万亩。1993 年完成造林 2.6 万亩。1994 年完成造林 2.7 万亩。1995 年完成造林 2.4 万亩，1996 年完成造林 2.76 万亩。1997 年完成造林 4.83 万亩。

1998 年完成造林 3.97 万亩。1999 年完成造林 4.06 万亩。

2000 年，共完成造林 2.69 万亩。投入 300 万元购置苗木，完成大片造林 2.1 万亩，育苗 1200 亩，林网更新 160 公里，完善通道绿化 52 公里，大运、怀应路段补栽各种树木 12 万株，县城内新栽和补栽树木 2600 株。2001 年完成造林 2.2 万亩，育苗 2685 亩。2002 年完成造林 4.54 万亩，育苗 2010 亩。2003 年完成造林 5.54 万亩，育苗 1455 亩。2004 年完成造林 1.85 万亩，育苗 1995 亩。2005 年完成造林 8895 亩，育苗 1950 亩。2006 年完成造林 4 万亩，育苗 4500 亩。2007 年完成造林 2.55 万亩，育苗 4275 亩。2008 年完成造林 2.9 万亩，育苗 4000 亩。2009 年完成造林 1.36 万亩，育苗 4000 亩。2010 年完成造林 1.96 万亩，育苗 3500 亩。2011 年，完成造林 3.5 万亩。2012 年，完成造林 5.2 万亩。

第三节 退耕还林

2002 年，怀仁县正式启动退耕还林工程。2002—2006 年，共完成退耕还林面积 11.3 万亩，其中退耕地造林 6.3 万亩，匹配荒山荒地造林 5 万亩，工程涉及 10 个乡镇、94 个村、8595 个农户。其中 2002 年完成 7 万亩，2003 年完成 1.4 万亩，2004 年完成 1.6 万亩，2005 年完成退耕造林 0.3 万亩，2006 年完成退耕地造林 1 万亩。2002—2011 年，本县按照国家退耕还林补偿政策，向退耕还林户发放医教补助共计 924.89 万元、粮食兑现共计 686.38 万公斤、现金补助共计 5472.31 万元、生活补助共计 506.52 万元、管护费共计 147.24 万元。

2011 年至 2012 年，实施退耕还林补植补造项目，项目总投资 122.5 万元，其中中央专项资金 35 万元，地方配套 73.5 万元，农民自筹 14 万元。全县完成退耕还林补植补造 0.7 万亩，涉及云中镇、吴家窑镇、亲和乡、何家堡乡、毛皂镇 5 个乡镇 14 个村，退耕户 878 户。生态移民项目总投资 947.1 万元，其中中央专项补助资金 115.5 万元，地方配套 462 万元，农民自筹 369.6 万元。完成生态移民 231 人。全年共发放退耕还林粮食和现金补助 311.82 万元。

第四节　林业生态工程

城市绿化工程　2012年，以环城公路为框架，在两侧大密度栽植4米高的油松12行，主林带外侧配以卫矛、榆叶梅、云杉等小乔木为主的景观绿化带。共完成环城公路绿化里程49.8公里，栽植高规格油松19.3万株；沿线新建景观绿化带108处，栽植景观小乔木56万株。按照"一街一景、一路一品"的设计理念，怀义、怀安等六条主轴大街以河北杨、大油松、大北京桧为主要绿化树种，人行道与车行道之间营造景观绿化带。同时以爬地柏铺底，大街两侧栽植高5米的油松与胸径10厘米的柳树，立体与平面绿化相结合，常绿树种与丁香、玫瑰等花灌木相搭配，达到四季常青、三季有花的效果；仁爱路等七条主干城市道路两侧，新建花坛5700处，以红叶小檗、水蜡、紫叶矮樱、金叶榆等花灌木、小乔木为主，点缀西府海棠等景观树种，花坛外侧栽植胸径10厘米的白蜡、国槐等引进树种，高低错落、绿美结合。此外，40余家单位，在办公区附近累计栽植景观乔木5.8万株、花灌木310万丛、花卉220万丛。

金沙滩生态经济园林工程　总投资50亿元，纵贯洪涛山系，北起大同市南郊区塔山矿、南至山阴县郭庄村，全长65公里，总面积50万亩，分五期实施。项目由国家林业局林业规划设计院设计，特色是针阔混交、绿美结合、立体栽植，造林与置景并重，生态与经济并举。一期工程2009年开工，2010年完工，投资4亿元，新造生态林6.5万亩，栽植树木715万株。二期工程2010年开工，2011年完工，投资6.5亿元，新造林10万亩，栽植树木1100万株。三、四、五期工程已作规划待实施。项目中生态林主要树种有油松、樟子松、新疆杨、国槐、杜松、侧柏、火炬、山桃、山杏等，经济林主要树种有凯特杏、香白杏、大接杏、精太阳杏、寒富士苹果等。林区规划中的万亩钙果基地，至2012年底，已经完成植树1000亩。

第五节 经济林建设

明万历时期，县南二十里处，有薛御史果园，植有果树百余株。清嘉庆时期，郝家寨村栽植有槟沙果树。民国22年（1933），全县有各种果树80294株。民国24年（1935），栽植果树6089株。果树有山桃、杏、李、沙果、桑砧、小枣、酸枣、葡萄、秋子、无花果、梨、红枣等，全县共有1万多株，其中以杏为最多。《中国实业志·山西卷》载，民国25年（1936），栽果树7000株，葡萄112株，李1230株。全县产水果173.2万斤，其中果子159.2万斤，葡萄1.7万斤，李12.3万斤。

1949年，郝家寨、何家堡、宋庄、北窑村、北辛村、周家窑、王坪等28村保留有杏、李、桃、苹果等各种经济林3431亩。年产水果64.39万斤，其中苹果2.53万斤，葡萄1.52万斤，梨0.04万斤。1950年产水果65.14万斤。1957年，山西省农业厅在县城东关建果树园艺站，专事果树栽培。有职工18人。

1958年，全县栽植果树1244亩。1959年，全县经济林实有面积10745亩。1960年产水果55.55万斤。1963年始，先后从唐山果园、陕西农学院、山东葡萄试验站等单位引进苹果、葡萄、梨、桃、李、核桃等11类288个品种，试验栽植。1968年，全县经济林因管理不善，成活率低，面积降为1043亩。1970年后，开始大力发展社队果园，到1980年的十年间，全县共兴建果园104个，其中生产队果园99个，国营果园5个。总面积为8520亩，百亩以上果园34个，50亩以上果园17个。年产水果61.86万斤。1978年产水果34.64万斤，其中苹果13.5万斤，梨5.41万斤。

1980年，产水果73.65万斤。1985年，全县经济林面积7531亩，其中农村果园6296亩，国营及其它果园1235亩。苹果园占地面积5425亩，梨园843亩，葡萄园577亩，杏、李子等其它果园686亩。此外有零星果树8022株，其中苹果树4822株，梨树716株，其它树2484株。全县产水果1190.92万斤，其中苹果815.63万斤，梨179.07万斤，葡萄20.3万斤，沙果62.8万斤，杏74.22万斤。在水果总产中，国营金沙滩农牧场、农工商公司等果园生产405.32万斤，农村果园产水果785.6万斤。

1986年，由政府投资，从阳高调回葡萄苗20万株，发展葡萄种植面积900余亩。从辽宁、太原地区、河曲县调回苹果苗18万株，发展苹果种植面积3200余亩。1987年，全县经济林面积达6333.5亩，89363株，水果产量275.736万斤。其中苹果4039亩，58988株，产量121.695万斤；梨813亩，9769株，产量50.755万斤；葡萄200亩，2524株，产量4.35万斤；槟果839亩，9364株，产量21.36万斤；沙果产量5.28万斤；杏308亩，2224株，产量29.59万斤。全县庭院果树4316株，产量37.7万斤，其中苹果888株，产量11.025万斤，梨670株，产量4.2万斤，葡萄1735株，产量2.362万斤，槟果4株，产量200斤，杏968株，产量19.76万斤，李51株，产量4000斤。1988年，全县果树共310761株，其中结果树62517株，产量297.7万斤，其中苹果树87107株，结果36973株，产量128.498万斤；梨树14335株，结果9823株，产量68.085万斤；槟沙果树8529株，结果8363株，产量37.08万斤；葡萄196135株，结果3181株，产量2.722万斤；桃树、李树、杏树共4655株，结果4177株，产量30.563万斤；庭院果树苹果产量10.33万斤，葡萄产量1.45万斤，李产量1.68万斤，杏产量4.58万斤，枣产量1.4万斤。1989年，全县水果产量302.783万斤，其中苹果145.8万斤，梨51.13万斤，葡萄2.6万斤，李2.71万斤，槟沙果47.1万斤，桃0.81万斤，杏13.823万斤。庭院果树苹果产量22.7万斤，梨5.46万斤，葡萄2.275万斤，李0.185万斤，槟沙果0.16万斤，桃0.14万斤，杏7.885万斤，枣0.5万斤。

1990年，全县水果产量1300.465万斤，其中苹果587.975万斤，梨329.5万斤，葡萄47.1万斤，李19万斤，槟沙果146.1万斤，杏42.35万斤。庭院水果产量128.44万斤，其中苹果36.175万斤，梨34.075万斤，葡萄100.925万斤，李2.55万斤，槟沙果6.75万斤，桃0.6万斤，杏36.865万斤，枣0.5万斤。1991年，全县水果产量296.35万斤，其中苹果103.43万斤，梨51.75万斤，葡萄25.02万斤，李3.49万斤，槟沙果55.47万斤，杏24.11万斤。庭院水果产量33.08万斤，其中苹果9.08万斤，梨9.005万斤，葡萄 3.67 万斤，李 1.7 万斤，槟沙果 3 万斤，桃 0.17 万斤，杏 6.38 万斤，枣 0.075 万斤。1992 年，全县水果产量 190.668 万斤，其中苹果 53.76 万斤，梨 38.31 万斤， 葡萄 12.46 万斤， 李 3.7 万斤， 槟沙果 19.69 万斤，杏 17.28 万斤。庭院水果产量 45.468 万斤，其中苹果 13.368 万斤，梨 16.835 万斤，葡萄 3.245 万斤，李 1.945 万斤，槟沙果 2.63 万斤，桃 0.15 万斤，杏 7.195 万斤，枣 0.1 万斤。同年 4 月，怀仁县果树中心成立（正科建制）。1993 年，全县新栽经济林面积 3.23 万亩，852132 株，其中苹果树 1.55 万亩，52.04 万株；梨树 700 亩，2.3 万株；葡萄 100 亩，2 万株；李子树 104 亩，3700 株；仁用杏 1.15 万亩，27.23 万株；杏树 370 亩，1.15 万株；枣树 30 亩，800 株；槟沙果树 2 亩，50 株，其它面积 10 亩，500 株。1994 年， 全县新栽经济林面积 1.36 万亩，43.97 万株。其中苹果树 7135 亩，29.72 万株；梨树 400 亩，1.2 万株；仁用杏 5338 亩，11.92 万株；京杏 450 亩，1.13 万株。2007 年，全县经济林总面积 7300 亩，结果面积 1900 亩，果品总产量达到 14.8 万公斤，总收入 25 万元。

2011 年春季，在金沙滩镇孟庄、刘晏庄、铺上等村，栽植杏树 4000 亩，22 万株，品种有香白、大接杏、金太阳、凯特等。秋季，在何家堡乡跃进、何家堡、赵庄等村栽植挂果大杏树 1200 亩，6 万余株，实现当年栽植，当年挂果。2011 年底统计，全县经济林面积 16467.95 亩，其中水果面积 15267.95 亩，水果产量 646.5 万公斤：苹果树 640.95 亩，产量 16.9 万公斤；梨树 336 亩，产量 9.9 万公斤；葡萄 259.95 亩，产量 10.8 万公斤；红枣树 483 亩，产量 0.72 万公斤；沙果树 109.95 亩，产量 14.5 万公斤；其它水果树 2438.1 亩，产量 171.84 公斤。干果 1200 亩。全县庭院果树 28345 株，其中苹果树 4616 株，梨树 1985 株，葡萄 5945 株，桃树 865 株，杏树 11180 株，李子树 3754 株。干果树 5745 株，其中红枣树 5538 株，仁用杏 201 株，桃树、柿子树 6 株。

第三章 经营管理

第一节 机构

1946年，县人民政府林业机构称造林站。1954年，县人民政府成立农林水局，下设林业股，主管全县林业工作。1956年，林业股改为林业科。1959年，成立农业建设局，林业科撤销。1964年，成立农林水电局，专设一名分管林业干部。1977年，农林水电局撤销，成立县林业局。2011年，县林业局下设8个内设机构：办公室、森林资源管理保护股、植树造林股、森林火办公室、森林病虫害防治站（与野生动物保护站，二站统一办公）、林业站（与林业技术推广站、林业调查设计队，三站统一办公）、林场苗圃管理站、怀仁县公安局森林派出所。全县十个乡镇均设有林业工作站。

第二节 管理

中华人民共和国成立后，怀仁县林地权属主要是国营和集体为主。1992年调查结果，集体林业用地面积20.89万亩，国营林业用地面积9.65万亩。

2002年，全县林权管理结构大致可分为七个类型：省属林场林权，主要有桑干河丰产林实验局所属的落阵营林场和金沙滩林场。市属林业科学研究所林权，分布于云中镇、海北头乡、毛皂镇。县国有洪涛山林场，主要集中于何家堡乡宋庄村西、洪涛山下。集体造林林权，本县历年义务植树完成的植树造林，均按地属关系，下放到有关乡村。私有林权，主要有农民在房前屋后、承包地栽植的零星树木，林权归己。京津风沙源治理工程造林林权，由集体完成治理工程造林，林权归集体所有，由承包户和民营企业完成的造林，林权归造林者所有。退耕还林林权，按照“个体承包”和“谁退耕、谁造林、谁拥有”的原则归退耕户所有。

2009 年 4 月，按照省、市统一部署，正式启动了集体林权制度主体改革工作。统计数据显示，本县有林业用地 63.32 万亩，其中集体林地 41.84 万亩，全县集体林改工作涉及 10 个乡（镇）123 个村 34842 户 114337 人。依据中央、省的政策规定，将集体的林木所用权和林地使用权落实到户、联户和其他经营主体，真正实现了“山有其主、主有其权、权有其责、责有其利”。此次林改，全县未纳入林改面积 5.33 万亩，另有 0.06 万亩系坟、渠地等。纳入林改范围的集体林地面积 35.99 万亩，确权面积 35.99 万亩（含林改前确权面积 12.63 万亩），产权明晰率 100%；林改确权面积 23.36 万亩，家庭承包经营率 82%；完成林地勘界确权的行政村 123 个，完成承包合同签订的行政村 123 个，签订承包合同 6620 份，林权证发放 6946 本，宗地数 10113 宗，发证到户 33448 户。发证面积 34.13 万亩，发证率 95%。全县共发生林权争议面积 0.45 万亩，已全部处理。

第三节　林场　苗圃

1953 年以前，怀仁县植树所用苗木一般采用自生根孽苗或野生苗木。1953 年，金沙滩林场开始采用杨树扦插育苗和刺槐、复叶槭等树种的播种育苗。1959 年，亲和公社育苗 3 亩。1965 年，全县育苗面积达 173 亩。1966 年，全县育苗面积 628 亩。1969 年，全县育苗面积下降为 124 亩。1971 年，各生产大队均建立苗圃，全县育苗面积 627 亩。1975 年育苗 1675 亩。1980 年育苗 5166 亩。1983 年，全县有 966 个育苗专业户，当年育苗 9798 亩，其中育苗 10 亩以上的专业户 438 户，占全县当年总育苗面积的 43%。1985 年全县育苗 3226.8 亩。育苗以杨树为主，此外还有槐、榆、油松、落叶松、侧柏、柳、复叶槭等。2012 年，全县有专业苗圃 8 家，育苗面积 2800 亩，树木品种主要有油松、樟子松、新疆杨、垂柳、漳河柳、旱柳、国槐、刺槐、桧柏、侧柏等，花、灌木品种主要有丁香、连翘、榆叶梅、水蜡、红叶小檗等。

金沙滩林场　金沙滩林场（原省属林场）地跨怀仁、山阴、应县、浑源四县，隶属于山西省杨树丰产林实验局，属京津风沙源治理工程区和国家重点公益林保护区， 场部驻金沙滩镇第三作村， 经营面积 167800 亩。始建于 1952 年，初称雁北桑干河造林站曹庄作业组。1953 年始，在场部育苗 20 余亩，苗种有杨树、刺槐、复叶槭等，此后陆续增加育苗面积，苗种有侧柏、油松、落叶松、加拿大杨等 20 多种。1960 年更名为金沙滩林场，下设上小河、米寨、田家坊、李庄、白塘、黄花梁、安宿疃、金沙滩、洪涛山 9 个作业组。从 1965 年开始，进行小老树改造。1980 年 9 月，由雁北行署划归山西省杨树丰产林实验局， 开始进行杨树速生丰产林的营造。1985 年，同德意志联邦共和国技术合作公司合作，兴建一座现代化高级育苗温室，面积 120 平方米，攻研丰产林营造和育苗。有职工 185 人，经营森林面积 17.3 万亩，其中杨树速生丰产林 2.2 万亩，针叶林 0.8 万亩。2012 年底有在职干部 38 人，合同制职工 81 人，离退休人员 66 人。固定资产净值 130 万元。林业用地面积 167000 亩，共涉及 19 个林班，1397 个小班。其中针叶树 9790 亩，阔叶树 97810 亩，疏林地 1490 亩，灌木地 1870 亩，未成林地（幼林地）53450 亩，苗圃地 2600 亩。“十五”期间完成营林生产任务 93187 亩，其中京津风沙源治理工程飞播造林任务 68187 亩， 封山育林 25000 亩， 实施国家重点公益林管护任务 50000 亩。

洪涛山林场 原县林场，位于县城西南部，跨涉桑干河流域、何家堡乡和新家园乡，东西宽约 25 公里，南北长 10.5 公里，经营面积 25 万亩。1979 年建， 隶属于县人民政府， 场部驻何家堡乡宋家庄村西。至 1985 年，累计营造杨树速生丰产林 280 亩，荒山造林 1 万亩，营建 50 亩果园 1 个，育苗 70 余亩，苗种主要有油松、落叶松、樟子松等 10 多个品种。1985 年有职工 110 人，经营森林面积 1.5 万亩，年产各种苗木 50 万株。2012 年底有在职干部 3 人，工人 14 人，离退休人员 4 人。固定资产净值 128 万元。林业用地面积 20 万亩，共涉及 4 个营林区，28 个林班，103 个小班。其中有林地占 50%，疏林地占 40%，灌木林地占 9%，未成林地占 0.1%（苗圃地），无立木林地占 0.9%（宜林地和辅助生产用地），森林覆盖率 59.5%，活立木总蓄积量 86 万立方米。“十五”期间完成营林生产任务 5.3 万亩。其中京津风沙源治理工程飞播造林 1.3 万亩，封山育林 4 万亩。

落阵营林场 跨涉两市（大同、朔州）三县（大同、怀仁、浑源）。东西宽约 47.5 公里，南北长 48.5 公里，经营面积 13.22 万亩。林场隶属桑干河杨树丰产林实验局，属国家重点公益林保护区，场部驻大同市大同县倍加造镇。2012 年底有在职干部 25 人，职工 62 人，离退休 44 人。固定资产 340 万元。林业用地 13.22 万亩，活立木蓄积 7.39 万立方米，共涉及 32 个林班，1092 个小班。有林地 4.43 万亩（其中防护林 3.07 万亩，用材林 1.36 万亩），疏林地 1.2 万亩，未成林造林地 1 万亩，苗圃地 0.09 万亩，宜林地 6.5 万亩。“十五”期间完成京津风沙源治理工程 64480 亩。其中科技示范造林 5000 亩，飞播造林 46480 亩，封山育林 13000 亩。完成德援项目延长期造林补植 23437 亩。

金沙滩万亩育苗基地 始建于 2007 年 4 月，基地涉及六个作业区，分布于金沙滩镇的日中城、胡寨、田庄、翰林庄、尚南头和新家园乡的赵麻寨等村。土地经营面积 1.05 万亩，总投资 1.2 亿元， 年均销售各类优质苗木 230 万株。2012 年底，有阔叶树育苗区 0.25 万亩、针叶树育苗区 0.35 万亩、花灌木育苗区 0.2 万亩、苗木繁育区 0.2 万亩，育苗总面积 1 万亩，培育苗木种类有 8 大类 15 个系列 30 个品种，育苗总量达到 2800 万株。

怀仁县第一苗圃 简称县苗圃。1965 年建，地址在管庄村北，占地 100 亩，有职工 6 人，当年育苗 2 亩，品种为杨榆。因盐碱下湿地，育苗失败。1967 年 10 月移建甄庄村南，占地 200 亩，职工 9 人，育苗 15 亩，品种有沙枣、臭椿、白蜡、刺槐、复叶槭。1972 年购置土地 190 亩，陆续扩大育苗面积。1975 年育苗 130 亩，育有加拿大杨、箭杨、美杨、群众杨、合作杨、小黑杨、新疆杨、油松、落叶松、桧柏、侧柏等 30 多个品种。1985 年，经营面积 743 亩，有职工 36 人，拖拉机、脱粒机等各种机械 15 台，养羊 200 只，鸡 700 只，育有优胜杨、侧柏、油松等 30 多个品种，年出苗木 20 万株，主要供应本县植树造林和各机关单位的四旁绿化，纯收入 5 万余元。2012 年底，苗圃固定资产 147 万元，在职职工 20 人，退休职工 9 人，有日光温室 500 平方米，机井 4 眼，防渗渠 6500 米，变压器 3 台，拖拉机 1 台，办公用房 340 平方米，其他用房520平方米。苗圃经营面积1643亩（1985年以前征用土地743亩、1990年租赁甄庄村土地900亩）。有林地238亩，育苗960亩，品种主要以新疆杨、油松、樟子松等生态绿化苗木为主，此外还培育有国槐、柳树、云杉、桧柏、侧柏、杜松、榆叶梅、丁香、金叶榆、卫矛、山桃、金银木等园林绿化景观树种。年出圃苗木50万株，产值150万元。苗木主要供应本县林业生态建设工程造林、城市园林绿化、道路绿化，部分产品辐射朔同及内蒙古等周边地区。其中新疆杨育苗面积300余亩，为朔同地区重要的良种培育基地。

怀仁县第二苗圃 始建于2009年，位于陈家堡村东1公里处，占地2300亩。有房屋32间，水井6眼，变压器3台，输电线路2000米，防渗渠10000米。2012年有林地1000亩，其中科技支撑林800亩。育苗700亩，各类苗木累计达413万株。主要品种有新疆杨、云杉、侧柏、油松、樟子松、山桃、白榆、柠条、紫穗槐、丁香等。

此外，1959年，亲和公社清水河村建立全县第一个生产大队苗圃。1965年，社队苗圃发展到19个。1972年，各生产大队均建立了苗圃，共计163个，育苗面积800余亩。此后育苗面积逐年增加。1978年，社队苗圃育苗面积达6100亩，育有杨、榆、柳等10多个品种。1981年后，社队苗圃逐渐实行个体承包经营。1983年有育苗专业户966户，育有杨、榆、刺槐等多个品种。1985年，全县育苗专业户锐减至4户，兼营育苗者350户，育苗2000余亩，品种主要有杨、榆、侧柏、落叶松等。

第八编

工 业

第一章 电力 冶炼 机械

第一节 电力

1960年成立怀仁城关变电站。1966年3月，成立怀仁供电所。1973年成立怀仁县电业局，先后属于大同供电局、雁同电力公司。1993年7月1日，怀仁县电业局划归朔州供电分公司（局）管辖。1997年9月，根据省公司（局）晋电劳字（1997）38号文件通知精神，怀仁县电业局同时称“山西省电力公司怀仁供电支公司”，与怀仁县电业局两块牌子，一套人员，隶属于朔州供电分公司直管。主要负责怀仁县行政区划内的电力供应和电网建设任务。

2012年底，有35千伏变电站6座，10千伏开闭所2座。变电站、开闭所无人化率达100%。有变压器12台16400千伏安，35输电线路13条103041.85公里，10千伏安线路38条1015.022公里。

用电 域内首次用电始于民国31年（1942）夏，日本侵略者从大同口泉岩岭发电厂沿西山坡架设了一趟高压线路到鹅毛口，并在鹅毛口后街修建变电站，占地5亩。岩岭电通过这个电站输送到鹅毛口村西张瓦沟“昭和”煤矿井下，供采煤用。另一趟输送到怀仁县城，供日伪政权机关照明用。民国34年（1945）夏，变电站被怀仁武工队烧毁。

发电 1955年冬，县电影队购置两台15千瓦柴油发电机，用于放映电影发电。因放映电影场次有限，每场电影发电3度左右，年发电量1500度左右。1965年增加一台发电机，年发电量2500千瓦时左右。1978年，农村人民公社均成立电影队，配备700千瓦柴油发电机，每场电影发电量1.5千瓦时。此时，因农村普遍供电，只在停电时才需发电，年发电量减少到1000千瓦时左右。1982年，县邮电局购回一台4110型24千瓦柴油发电机，停电时运行发电，供本局通讯生产用，年发电量为500千瓦时左右。

输电 1958年7月，县城南建起城关变电站，安装1000千伏安变压器1台，同时，架设城关变电站至下寨、何家堡10千伏输电线路2条，主干线路总长31.59公里。主要使用大同平旺发电厂发出的电。1962年架设县城至飞机场35千伏线路1条，全长10.76公里。1966年架设亲和路、秦城路10千伏线路2条，全长26.82公里。1968年架设金沙滩东、西2条10千伏线路，全长18.36公里。1969年架设新家园路，水泥厂路10千伏线路2条，全长14.76公里；架设县城至王庄35千伏线路1条，全长23.25公里。是年，全县有35千伏线路3条，10千伏线路9条，输电线路总长132.24公里。1964年起，农村社队自筹资金新建低压输电线路，至1969年，全县架设低压线路总长47公里。

1970年10月，王庄变电站建成主变1台，总容量1000千伏安。同时，架设河头路10千伏线路1条，全长9.99公里。1973年架设焦煤矿路10千伏线路1条，全长8.8公里，架设化肥厂路和万金桥路35千伏线路2条，全长19.75公里。1974年架设92部队路10千伏线路1条，全长19.43公里。1979年4月，陈家堡变电站建成主变1台，总容量3200千伏安。1981年6月，11万变电站（位于全福寨村）建成主变1台，总容量2万千伏安。同年，城关变电站停运。1984年12月，鹅毛口变电站建成运营。1985年，全县架设10千伏输电线路14条，主干线长74.86公里。农村低压输电线路全长760.94公里，全县输电线路总长980.4公里。有变电站4个，主变7台，总容量60400千伏安。另外，有峙峰山煤矿、芦子沟煤矿、小峪煤矿、大同市焦煤矿等35千伏安变电站8个。

供电 1960年4月10日，城关变电站与大同热电厂接网，供县城、下寨农场和何家堡村照明用电。次年，增供郝家寨、磨道河、宋庄、新家园等10个村照明用电。1965年，城内、东关等大队的部分生产队使用电。1967年全县141个生产大队，有107个大队通电，配变压器152台，总容量6080千伏安。1975年全县163个大队，有160个大队通电，只剩河头公社的甲车沟、黄土坡和朝阳3个大队未通电，全县全年供电量为3282.12万千瓦时，售电量3062.35万千瓦时，电费收入222.84万元。1978年全县供电量5023.74

万千瓦时，售电量4462.07万千瓦时，电费收入317.51万元。1980年全县农村全部通电，年供电量6574.81万千瓦时，售电量6047.46万千瓦时，电费收入409.73万元。1985年，全县年供电量11094.16万千瓦时，电费收入888.61万元，线路损耗率14.01%，平均电价为每千度79.34元。1985年底，全县共安装配电变压器840台，总容量79815千伏安。

电网建设　2007年，建设县级城镇电网。6月，三里庄110万千瓦变站开工建设，10月投入运营，确保城镇新增负荷供应。投运35开柴沟变电站，110开怀仁站2号主变增容改造任务，更换35开鹅毛口2号主变。铁西、嘉明两座开闭所和县城6条10开线路，实现了手拉手供电。完成海北头、清水河等15个村的电气化施工任务，22个村的路灯亮化工程。12月，经国家电网公司、省政府有关部门的电气化县验收，怀仁县成为全省首个新农村电气化县。

2008年，完成秦城线、铁西线、云州西街电缆入地工程，完成城网改造任务和老旧设备的改造。完成峙峰山等15个电气化试点村的施工任务和10个村的路灯亮化工程。2009年，完成用电工程104项，安装变压器63台，总容量20555开，架设10开线路188.101开，敷设高压电缆8666米，敷设低压电缆10110米。

2012年，完善修订了《怀仁县电网改造2011—2013年升级规划》，涉及4个乡镇和金沙滩煤炭工业园区用电的翰林庄110千伏变电站，陈家堡、高镇子、柴沟站增容改造工程。完成17个村的户表改造工程和4个村的电气化建设。启动了新一轮农村电网改造项目，配合完成9个村的改造工程和25个村的路灯亮化工程。

经济指标　2007年售电量完成52247万千瓦时，综合线损率完成6.79%，平均电价完成0.39元/千瓦时，内部利润完成53.7万元。收回历年欠费559万元。2008年，受理户数2570户，装接容量28265开。2009年，供电量完成50387.84万千瓦时，售电量完成46379.18万千瓦时，平均电价完成0.63元/千瓦时。综合线损率完成7.96%，实收电费24937.79万元。2010年，供电量完成63144.01万千瓦时，售电量完成56745.8万千瓦时，综合线损率完成 8.68%，电费回收 33496.528 万元。

2012 年，供电量完成 69979.37 万千瓦时，售电量 62611.59 万千瓦时，平均电价完成 530.47 元 / 千瓦时，综合线损率完成 10.53%。

第二节 冶炼 机械

冶炼 早在 700 多年前的元代，县西部清凉山、锦屏山、芦子山一带设冶户立炉炼铁。铁矿主要储藏于县西部山区。据统计，悟道沟、鹅毛口、楼子口、吴家窑、禅房一带铁矿石总储量约为 125 万吨，含铁量可达 20% ~ 50%。

清末，城内及东关有翻砂铸造厂 3 家，皆为小本经营，主要铸造火盖、火圈、锅盆、犁铧等生活和生产用品。民国年间，县城始有小型冶炼厂出现，均用坩埚炼铁，铸造铁锅、火炉、铁犁铧等，比较出名的有西关庞昔龄的"铧炉"，生产犁铧、火炉、铁锅。东关炭路马大奴的翻砂炉，生产熬碱、熬盐大锅。其产品质量好、价格低，经久耐用，深得用户的好评，除本县经销，还远销内蒙包头、集宁和应县、山阴一带。

民国 20 年（1931），县城铁匠炉增至 6 家，农村各集镇及较大村庄有铁匠炉 23 家。全县城乡有铁匠师傅约 90 人左右。主要生产锄头、铁锹、铡刀、镰刀、勺子、火铲、菜刀等生产和生活用品。民国末年，全县有翻砂铸造业 8 家，从业人员 40 余人。锻制铁制产品出名的工匠师傅有：西关贺大铁的铁锹，城内庞二旦的锄头、镰刀，东关马二奴的菜刀，这些名匠师博的手艺多为家庭祖传，有独特的锻造工艺，全县年产铁制小农具和生活用具 5 万件左右。

1949 年 10 月以后，锻造业、铸造业发展很快，城乡均有。县城东关、城内、西关有 18 家，尤其是郝世珍、贺茂堂、李志、刘印、王春等 5 家翻砂铸造业，池政瑞、贺增良、贺金、李云浦等 4 家熟铁加工业很有名气。这 9 家有师傅和徒弟 40 余人。1955 年，实行公私合营时，组成两个手工业联营合作社，分别起名"六车间"、"七车间"，1956 年两个车间合并后，人员分别留"八一机械厂"、"雁北机械铸造厂"。1953 年，城内、东关两个农业社成立翻砂组，从事铸造业人员20余人。这种小集体翻砂组和铁匠炉延续到1985年，全县翻砂组和铁匠炉达到13个，从业人员37人。其中村办2个，6人；个体11个，31人。生产铁制小农具和生活用具57.52万件。1985年，全县有冶炼铸造点15个（县属2个、村办4个、个体9个），从业人员403人。

20世纪50年代末在开展总路线、大跃进，人民公社运动的同时，掀起大炼钢铁热潮。机关干部、企事业职工、学校师生等各行各业和农村部分村民组成万人会战大军，分别在鹅毛口、芦子沟、小峪口、吴家窑、王坪、县城西门外等处土法上马建炼铁小高炉、土高炉，不分昼夜大炼钢铁。据统计，全县共建小高炉23个、土高炉2300个、其它炉500个，日产量最高达到470吨。全县组织两次大会战，参加炼铁生产人数达4万余人，生产生铁160吨、毛铁282.12吨。与此同时，动员干部群众自动捐献铁锅、炒勺，甚至将旧家具上的铜锁、铜合页等献出砸碎，抵顶炼钢任务。但是，炼出的生铁质量差、废品多。

20世纪70年代，为解决境内原料短缺，金属制品厂冶炼再生铁，年产200多吨。雁北铸造厂炼钢、浇铸铸钢件，年产铸钢件779.56吨。一些村办、联办及个体办的翻砂厂，采用传统旧式冶炼、浇铸方式浇铸民用产品，但规模普遍不大。

20世纪80年代末，下寨村部分村民收购本县及周边地区的废旧钢铁，然后熔炼，加工成不同型号的钢筋出售，鼎盛时有20多家。产品除本县外还销往大同、河北等地。但因产品质量不稳定，达不到使用标准，生产2年后逐渐萧条。到90年代后期被政府取缔。

机械 怀仁县的机械工业兴起于20世纪50年代。1954年4月，在县城西关建起怀仁县机械厂。1956年，上级政府在县城西门外建起农业机械修理厂。之后，农业机械修造工业逐渐发展起来。1965年，农村各公社相继建起农业机械修理厂。1969年5月，建起怀仁县“七一”农机修造厂。1970年1月，吴家窑公社建起矿山机械修理厂。

70年代初，雁北行署在小峪口村兴建雁北地区煤矿机械修理厂和粮油机械厂（1981年撤销）。1978年，全县机械工业产值达到967.09万元，占工业总产值的16.4%。80年代，本县的机械工业从单一的农业机械修理和制造开始向多方面发展，开始加工通用零部件、工业专用设备、电器机械器材等金属机械。到1990年，全县有县、乡两级机械工业企业23个，其中县属企业16个，机械工业总产值达到892万元。20世纪末，县域机械工业企业逐步萎缩，渐次消失。

第二章 建材 化工

第一节 建材

砖瓦 民国年间，怀仁县就有烧制砖瓦的作坊，但无翔实记载。

1956年，部分农村高级农业生产合作社建砖瓦厂16个，从业人员350人，年产青砖274.11万块、青瓦13.59万片，年产值7.6万元。是年，亲和乡石庄村砖瓦生产社成立，属乡村联办企业。1960年以后，部分生产大队办起砖厂，到1965年，全县共有砖瓦厂46个，年产青砖3290万块。1969年，县砖瓦厂年产青砖121.56万块，年产值40.13万元。1970年增加生产机制红瓦和机制红砖。产品销往大同口泉一带的矿区，部分供城乡民用盖房。

1978年以后，农村村民兴建住宅，由过去土木结构改为砖木或青砖、水泥结构，砖的使用量大增。一些乡镇陆续办起砖瓦厂，有乡村联办、村办、个体办等多种形式。1980年，全县年产青红砖15929.23万块、瓦676万片。1985年，全县砖瓦厂增加到77个。其中县办1个、乡镇办7个、村办61个、个体及联办8个。从业人员4607人，其中县砖瓦厂625人、乡镇砖瓦厂328人、村办砖瓦厂3383人、个体及联办砖瓦厂271人。年产砖16614.47万块、瓦889.59万片。其中县砖瓦厂产砖5346.07万块、瓦429.15万片；乡镇砖瓦厂产砖1263.4万块、瓦113.6万片；村办砖瓦厂产砖10005.4万块，瓦346.82万片。全县砖瓦工业年产值473.56万元，其中县产值287.06万元、乡镇产值 186.5 万元。年末固定资产总值 310.68 万元，其中县砖瓦厂 177.18 万元、乡镇砖瓦厂 133.5 万元。县、乡镇上缴利税 28.4 万元。

随着怀仁城市建设的力度不断加大，砖的需求量大幅度提升，对砖的质量要求更为严格，各项指标必须符合标准。在竞争中，许多乡镇砖瓦厂纷纷倒闭。砖瓦生产走向集体化、规模化、区域化经营的道路。20 世纪末，全县砖瓦厂主要集中在土质较好的海北头乡高镇子村一带。除县砖瓦厂外，有王永祥、魏胜、魏保和、东海（齐日斌）等 10 余家私营砖瓦厂。这些砖瓦厂生产的砖主要供应全县的建筑工程。

石灰　怀仁县西部山区烧制石灰的历史长久。民国 20 年（1931）前后，鹅毛口、羊圈沟、悟道、吴家窑等沿山及山区村有 10 多个石灰窑，年产石灰 1000 多吨。1956 年，由农业社组织专人采石烧制，全县有 17 个初级农业社经营石灰生产，有石灰窑 43 个，从业人员 130 人，年产石灰 4300 吨。石灰生产一直沿用传统烧制技术，是山区农村的一项主要工副业。

1978 年后，农村村民大规模兴建住房，使用石灰量猛增，石灰生产迅速发展。1985 年，全县石灰厂增加到 53 个，其中乡镇办 3 个、村办 4 个、个体及联办 46 个，有石灰窑 100 多个，从业人员 595 人。年产石灰 10.74 万吨。统计产值的 3 个乡镇石灰厂年产值共 13.75 万元。1985 年石灰细加工装袋，提高石灰质量，增加销售数量。随着建筑市场以建楼房为主，石灰用量逐渐减少，石灰生产也随之逐渐减少。

石料　1949 年以前，山区农民建房或碹窑洞，均在当地山上采石取料。有的以采石为业，在当地或拉运到川区出售。中华人民共和国成立后，无专业从事石料生产的企业，有建筑单位需要石料者，生产大队临时组织专人开采，石料多为块石或片石；生产大队建筑房屋、修防渗渠，碹井用石料，派社员开采；社员自用，与他人合伙开采。1984 年，鹅毛口、新家园等乡镇先后办起 2 个石料厂，并购回小型破碎粉石机，生产不同规格的石料。同时，也出现一批村办及个体联办的石料厂。1985 年，全县有石料厂 25 个，其中乡镇办 2 个、村办 8 个、个体及联办 15 个。从业人员 437 人，其中乡镇 92 人、村办 249 人、个体及联办 96 人。年产石料 45.33 万立方米。统计产值的两个乡镇石料厂，年产值17.25万元，年末固定资产总值为5.3万元，实现利润10.1万元。

20世纪末，随着城镇化发展，全县石料厂规模逐渐扩大，大部分为民营企业。上规模、有执照的有22家，主要集中在鹅毛口山区一带。2010年，随着建筑市场的发展，铺路、建楼需要大量石子，使石料供不应求，石料产量达到400万吨。为了防治环境污染，县委、县政府制定限产限建的措施。2012年有7家石料厂在生产经营，其它均名存实亡。

砂子 1975年，里八庄乡在里八庄村开办砂厂，年产1万立方米粗砂。1980年，毛皂镇的后村，里八庄乡的秀女村先后办起砂厂。亲和乡的曹四老庄村、海北头乡的陈庄村派专人管理出售当地河床的细砂。1985年底，全县有砂厂5个，其中乡镇办1个、村办4个。从业人员32人。年产粗砂5.96万立方米。里八庄乡砂厂年产粗砂2.5万立方米， 年产值8.4万元，实现利润2.5万元。1986年以后，个体砂厂发展很快，如清水河村、南晏庄村、鹅毛口的南、北、中街村、新家园村、马辛庄村等地均有在当地河槽建厂挖砂。进入21世纪，随着对私挖滥建状况的整顿，全县大部分砂厂被关闭。建筑工地所需砂子从大同和周边地区购回，特别是黄砂、纯砂实行定量供货。

水泥及水泥构件 1970年10月，先后建“一厂”（县水泥厂）、“两企业”（石棉水泥制管厂、怀仁县建材厂），以及私营的跃胜预制厂。到1985年，全县有水泥企业8个，其中县属全民所有制企业2个、县属集体所有制企业1个、乡镇企业2个、村办企业2个、个体企业1个。从业人员447人，其中县属全民职工261人、县属集体职工75人、乡镇工人56人、村办工人28人、个体工人27人。全县年产水泥11291吨，水泥预制板6000块、空心楼板300余块。统计产值的县、乡镇所属5个水泥企业，年产值250.61万元，其中，县属3个水泥企业年产值183.61万元，乡镇水泥企业产值67万元。

进入21世纪，随着市场竞争机制的不断发展，一些小型、落后的水泥构件厂逐渐关闭。截至2012年底，全县有规模水泥厂2个，即怀仁县宏丰建材有限责任公司（原县水泥厂）、大同煤矿集团建材有限责任公司。

耐火材料 1958年，吴家窑陶瓷厂内设耐火材料车间1个，有职工40人，主要生产特异型、普异型、普型耐火砖、耐火骨料、钢渣粉和耐火土，年产1000吨，产品销往大同各矿区。1985年，城关镇街道陶瓷厂生产普通耐火砖，年产10吨，产各种耐火材料制品1842.3吨。同时，生产古建筑和民用街门楼的琉璃瓦，年产2万多件。

第二节 化工

盐化 民国时期，每年五月至九月，小盐坊、边店、柳东营、大滩头、海北头一带， 常有农民取低洼盐碱地的表层土熬制硝及土碱。民国24年（1935），全县有熬盐者55户，盐锅71口，其中熬制红盐23口，熬制白盐24口，熬制化盐24口，年产盐189.7万斤，其中白盐135万斤，红盐41.4万斤。1956年，盐锅收归集体，有大盐坊等7个村经营熬盐。1970年以后，全部停业。

糠醛 1980年，城关公社兴建了一座糠醛厂，位于县城东关，次年县政府接收，投资100万元，继续兴建。1982年1月建成投产，时有职工99人，集体所有制企业，隶属县二轻局。1982年产糠醛500吨，产品销往日本，利润总额2.5万元。后因原料不足，产品销路受阻，1985年停产。在以后的时间里走向破产，厂房占地入围城市建设规划，随即被征用。

塑料 1985年4月， 河头乡兴旺村建塑料丝厂1个， 从业人员8人，年产塑料丝10吨，工业总产值6万元，利润总额1.5万。不久后停产。1990年，城内村南菜园办起私营塑料袋厂，不到2年倒闭。

化肥 1969年，吴家窑、清泉两个生产大队用土法生产氧化煤，县革委会召开现场会在全县推广。1971年县化肥厂生产合成氨906.78吨，碳酸氢铵3150吨。1976年，新家园公社办起腐肥厂，土法生产腐植酸氨土化肥。1985年，全县有土化肥厂38个（俗称煤粉厂），从业人员458人。其中乡镇办12个，从业人员188人；村办26个，从业人员270人。年产腐殖酸氨（煤粉加工而成）7.75万吨。

医药化工 进入21世纪以后，不断有新型化工企业落户怀仁县，填补了本县医药化工生产的空白。2012年底，在金沙滩医药化工园区落户的企业有5家。

第三章 食品加工

第一节 粮油加工

粮食加工 1949年以前，怀仁县粮油加工均使用传统的石磨、石碾、人推或畜拉碾米磨面。《中国实业志·山西卷》载：全县有14家畜力磨坊，有职工14人，石磨14盘，年加工面粉20万斤，年产值8000元（银元）。《经济年鉴》载：民国24年（1935），全县有制米作坊3家，资本总额305元（银元），年产量为153石。在农村，石碾作坊较为普通，一般村庄均有10余个，村民们轮流推碾磨面，供自家食用。1955年使用柴油发电机带动石磨碾米磨面。1965年有了小型磨面机，以电力为动力加工粮食。1968年，各村大都设立了粮食加工作坊，安装了磨面机、碾米机、全部改用电力带动，石磨、石碾逐渐被淘汰。1970年，县粮食局在县城建粮食加工厂1个，有职工26人，购置万能磨粉机、挂面机等粮食加工机械57台，1972年投产，年加工粮食508.8万斤，年产值47.38万元。除部分供应全县非农业人口外，小米、黄米外调雁北各县。1972年，全县农村社队有磨面机287台，碾米机119台，实现了粮食机械化加工。1980年，农村粮食加工作坊多承包给社员经营，同时先后出现了一批小型的个体粮食加工专业户。1985年底，全县有全民所有制粮食加工企业一个，职工36人，年产值169.5万元；村办米面加工作坊154个，从业人员308人；个体粮食加工专业户60户，从业人员100人。全县年加工各种粮食3000万斤左右。1985年，县粮食加工厂试营加工方便面，一度时期特别火爆。随着时间的推移，县粮食加工厂粮食加工量逐渐减少，市场的面粉、大米等由外地大量涌入，到2000年基本停产。

油料加工 1949年以前，境内一直使用传统的石磨畜力粉碎油料籽，用传统的木榨人力榨油。据《中国实业志·山西卷》载：民国24年（1935），全县有榨油坊30家，年产油3721担，年产值44600元（银元），榨油用胡麻籽5226石，油菜籽6565石。《经济年鉴》载：民国24年（1935年），县城有榨油坊3家，资本总额150元（银元）。年产量5000斤。1956年后，油料加工由社队经营，每年秋后开榨，冬末结束。全县有季节性榨油坊31个，油料加工视当年油籽产量而定。1967年始用榨油机榨油。1971年全县有17台榨油机。1972年，县粮食加工厂设榨油车间，满足供应非农业人口及市场需求。1980年，全县有榨油机60台。1985年，全县有榨油机94台，有村办和个体及联办油料加工企业47家，从业人员144人，全县加工生产各种植物油391.65吨。其中粮食加工厂生产75.8吨，乡村油坊生产315.85吨。

20世纪90年代初，本县海北头乡黎寨村村民自办榨油作坊，形成油料加工专业村。全村共有二、三十家榨油作坊，一度时期享誉周边县区。后来随着色拉油市场的开辟，精细加工代替粗放加工，该村油料加工优势渐失，到21世纪初，境内油料加工作坊大都停产、停业。

第二节 副食品加工

豆腐 民国时期，怀仁县常年生产的永久性豆腐作坊较少。每年腊月，各村有1至2家豆腐坊开火，为本村人加工豆腐。民国24年（1935），全县有永久性豆腐坊27家，季节性豆腐坊86家。1960年后，豆腐坊由生产大队经营，全县有常年生产的豆腐坊32家，冬季临时生产的豆腐坊93个。豆腐原料主要为黑豆，次为黄豆（大豆）。原料的粉碎及磨制，多用传统的人力石磨。1975年后，大多使用电动磨浆机，点制豆腐多用老浆，使用卤水者较少。1985年，全县有常年生产豆腐的村办豆腐坊16个，从业人员42人，联办及个体专业户31个，从业人员96人。季节性的生产豆腐个体户78户。除县城及较大集镇定点销售外，大多数专业户走村串户出售，全县年产豆腐500多万斤。值得指出的是，本县新家园的豆腐比较出名，不少外地人慕名来买。原因是村里的水质好，做出的豆腐越煮越嫩又煮不烂。进入21世纪以后，新家园豆腐特别走红，村里出现了八、九家专门经营豆腐的专业户，生意兴隆，远近闻名。全县的豆腐生产大都以户专营，或蔬菜门市订购，满足全县市场需求。

粉条 境内每个家庭均能加工生产。每年秋季家家户户磨制山药粉，逢年过节、婚丧嫁娶、亲友上门、平时改善生活，均自家加工，全县每年加工生产粉条300万斤左右。1980年，县城有10余个粉条加工专业户，设摊出售。最多的日加工粉条150斤，最少的加工60斤。2012年，县城有生产粉条专业户23家，年生产粉条7000万斤左右。怀仁的粉条质量上乘，是怀仁特产“羊杂”中必备原料。怀仁产的粉条口碑较好，京、津、冀、太原等地的客人都很欣赏。

肉丸 土豆淀粉和熟肉汤制做的形如汤元之类的熟食，属怀仁县城流传几百年的风味小吃。出名的有城内人称“二葫芦” 的张姓人家做的肉丸香气引人，生意最好。县城制做肉丸的有十几家，均规模不大，以街头小吃的形式进行出售。

糕点 糖果 民国20年（1931）县城的“万兴魁”、“万兴荣”、“永丰泉”等私人商号均加工糕点。品种有糖干炉、麻花、点心、酥籽片等。前店后坊，自产自售，产量不详。较有名气的有宋姓、田姓、郝姓等几家。县城有十余家糖坊生产麻糖，原料以小米为主，草麦次之。主要品种有白麻糖、黑麻糖、夹心麻糖等。东关白麻糖坊的麻糖，以甜、酥、脆，不沾牙享有盛名。

豆酱 酱菜 境内农家制作豆酱、酱菜由来已久。多数农家每年入夏皆晒酱，少数人家在冬季熏制，主要是供自家食用。原料以黑豆为主。多则30～40斤，少则10～20斤。全县年均生产豆酱3万斤左右。20世纪60年代后，多数人家以酱油代替豆酱，家庭自制豆酱渐少。1963年，县副食品加工厂开始生产酱油、豆酱。年产豆酱32.55吨， 酱油133.2吨。1966年生产豆酱59.12吨，1979年生产酱油586.24吨。1981年，县城有1个个体酱菜加工专业户。1985年，全县有酱菜酱油生产专业户5个，从业人员18人。年产海白菜、酱辣角等各种酱菜3000多斤，酱油40余吨。20世纪末，人们食用豆酱、酱油基本上到超市购买，全部是外地产品。

肉食 1958年，怀仁县建立食品站，后各公社陆续建立6个食品站，宰杀猪、羊，大部分均出售生肉，少量加工成熟肉出售。1975年，县肉联加工厂建成投产。加工生产冻兔肉，产品销往法国、美国、西德、意大利、比利时等国家。年加工生产冻兔肉200吨左右。1980年后，出现了一批个体经营的肉食加工专业户，加工生产熏（烤）肉、酱牛肉、烤猪蹄、熏鸡、羊杂等。1984年11月，县二轻局建起京风肉食加工厂，加工生产灌肠、香肠、辣肠、小肚、酱牛肉等肉食食品。1985年，全县有肉食加工企业213个。后因市场竞争，县肉联加工厂生产渐渐萎缩，导致最后停业破产。1990年以后，私营加工熟肉的商贩逐渐增多，城乡均有个体专卖熟肉店或推车在街上摆摊售卖熟肉的摊贩。

2012年，全县羔羊饲养量达到300万只，年产羔羊肉5万多吨，羊肉数量的增加，带动了羔羊肉深加工。全县使用“怀仁羔羊肉”统一商标，有8家企业打造出“珂泰”、“晋羊”、“绿之源”、“百草香”、“桑干河”、“黄花果”、“雁新”、“云州”等10个品牌羊肉。经过分割、挑选、整形装盒、速冻等八道工序精细加工，生产5大类60个品种。产品远销北京、天津、内蒙、河北、新疆等地。

食用菌 1984年，何家堡乡建立银耳厂，金沙滩镇开办食用菌厂，当年生产银耳1000斤，蘑菇3000斤。1985年，全县有食用菌厂4个，其中乡镇办2个，村办1个，个体专业户1个。年产银耳、蘑菇等2.5万斤，年产值4万元，其中乡镇企业产值3.5万元。20世纪90年代后期，乡镇办的食用菌厂全部停产，随着兴起的是农民自建场地培育各种食用菌类，供应县城市场。

第三节 酿酒 酿醋

酿酒 清末，县城老字号“万义诚”缸坊由马锡麟创办，后其子马振德继承。“万义诚”不仅酿白酒、黄酒，还从事榨油、磨粉等，雇用大师傅

10人，伙计10多人，杂工20多人。日均产白酒200多斤，黄酒50多斤，葫油100多斤，豆粉70多斤。在县城繁华地段有店铺10余间，由于生意兴隆，资产扩大，将何家堡村人张布洲在县城开办的“德义诚”缸坊以股份制收购兼并，基本上垄断了怀仁县的酿酒业。后因给经商朋友担保借款，将缸坊、铺面还债破产而倒闭。

怀仁酿酒原料，白酒以高粱、小米为主,;黄酒以黄米为主、大麦次之。《中国实业志山西卷》载:“民国24年(1935),全县有酒坊8家,从业人员38人,资本额10490元银元，年产酒81600斤。

1936年怀仁县酿酒生产情况表

表8-1

项目 字号	地址	组织	资本额	职工	年产量	
					产量（斤）	产值（银元）
德兴茂	西街	独资	1000	6	9900	1188
万义诚	西街	独资	600	4	7900	948
义 记	西街	独资	780	4	8400	1008
聚义恒	东街	独资	520	4	7500	900
万泰长	东街	独资	600	4	7800	936
万和源	刘晏庄	独资	540	4	6900	828
德兴恒	城内	合资	6050	8	27400	3288
中兴泉	鹅毛口	合资	400	4	5800	696

1951年，国家对酒类实行专卖，定厂生产，私营酒坊全部停业。1958年，县副食加工厂设酿酒车间，酿造散装白酒，年均酿酒3至4吨。1970年，县粮食加工厂设酿酒车间，酿造白酒，年酿酒2至3吨。到20世纪80年代初，建起县啤酒厂。

酿醋 怀仁县酿醋源远流长，且较为普遍，大家小户多自酿自用。1963年，县副食加工厂设酿醋车间1个，当年产食醋125.33吨。1980年，年酿醋 368.81 吨。1985 年全县有 5 个个体酿醋户，从业人员 25 人，年产食醋 150 吨，年产值 10 万元。1990 年县副食加工厂和太原联营酿醋，年产 80 吨。

第四章 轻工业

第一节 服装 制鞋

服装 民国 10 年（1921）后，县城有估衣铺 3 家，缝制少量成衣出售。有"毛毛匠"擀毡子、做毡帽子、毡靴等。一些手艺人走村串户缝制羊皮袄、裤。城乡均有以缝衣为业的妇女，受雇于他人，做针线活挣钱糊口。一般农民所穿的衣服，多由家庭主妇自裁自缝。民国 37 年（1948），县城有裁缝铺 6 家。1954 年 3 月，在对手工业的社会主义改造时，县城的部分个体裁缝铺组织起缝纫生产合作社，时有职工 21 人，缝纫机 10 台，主要承揽来料加工衣服。1958 年，各生产大队陆续组织专业缝纫组，为本大队农民加工衣服，按件以工分折价付费。1977 年，全县有 125 个生产大队成立缝纫组。1978 年后，农民家庭购买缝纫机的渐多，一般衣服均可自缝，各大队的缝纫组先后停办。出现了一批个体服装加工户。

20 世纪 80 年代，群众追求服装的美观大方、新颖时髦，多数让专业缝纫技术人员加工，或买成衣穿。一时服装业大兴。江苏、浙江缝纫专业人员纷纷来怀仁开办裁缝店（铺），引进南方的缝衣技术。大多数村庄均有 2 至 3 个服装加工户。吴家窑、金沙滩、小峪、鹅毛口等较大集镇均有 5 至 6 个。县城的服装加工店铺达 40 多个（户）。1985 年底，全县有服装加工企业 394 个（户），其中县属集体企业 1 个，乡镇 1 个，个体 392 个，从业人员 896 人（其中江浙个体人员 159 人）。县属企业年产服装 4.47 万件，产值 100.77 万元，乡镇年产服装 5000 件，年产值 3 万元。

20 世纪末期，县人穿衣以购买成品为主，无论老少很少有人去缝制衣裤。

服装加工店（铺）逐渐减少，到 2012 年留存的几家亦以修改和织补衣服小损坏为主。

制鞋 民国 10 年（1921），县城有鞋帽铺 4 家，吴家窑、鹅毛口等较大集镇有 2 至 3 家鞋铺，一些大村也有以钉绱鞋为业者。农村毛毛匠也兼营缝制各种皮鞋、毡靴。城乡妇女在家纳鞋底、做鞋帮，做男人穿的牛鼻子鞋、妇女布鞋、小孩虎头鞋。民国 37 年（1948），县城有私营鞋铺 4 家。1954 年，在对手工业进行社会主义改造中，任丙权等 12 个鞋匠组织成立“鞋业生产合作小组”。主要生产纯服尼帮红胶底布鞋，当年生产各种布鞋、皮鞋 8018 双，年产值 2 万元。1956 年，任丙权鞋业小组和高奇的钉鞋组合并，更名为”鞋业生产合作社”，有职工 24 人，年产各种鞋 1.99 万双，产值 4 万元。同年，全县较大的高级农业生产合作社组织起 17 个钉绱鞋组，为社员服务。1960 年，鞋业社归县手工业管理局，更名为“怀仁县制鞋厂” 。年产布鞋 2.93 万双、皮鞋 100 余双，年产值 6.75 万元。农村各生产大队钉绱鞋组发展到 46 个。到 1985 年，全县有鞋帽加工作坊 179 个（家），其中县属集体所有制企业 1 个，职工 190 人。个体钉绱鞋户 178 个，从业人员 188 人。县制鞋厂年产布鞋 69.46 万双、皮鞋 7921 双，年产值 250.19 万元，产品销售额 217.76 万元，实现利润 23.01 万元，年末固定资产总值 33.8 万元。

第二节 纺织

域内城乡居民素有手捻棉线、毛线的习惯，农家户户自备有捻线用的“扒吊” ，家庭主妇闲暇时多数自己捻线，自家织袜子穿用。

1949 年后，农家捻线者逐渐减少，后来绝迹。多数妇女从市场购棉线，毛线，自制围巾、台布、手套等。近年来，家庭用毛棉织品在市场上购买。

1982 年成立“怀仁县第一针织厂”，为城关乡办企业。建厂初有职工 30 人，当年生产尼纶成衣 1000 件，1984 年增加生产腈纶成衣。1985 年有职工 73 人，生产尼纶、腈纶成衣 2 万件，年产值 30 万元，年末固定资产总值 20 万元，产品多销于本县城乡。同年，新家园乡创办塑编厂，生产编织塑料袋，主要产品销到县内各煤粉厂。有职工64人，年产值12万元，年末固定资产总值12.1万元。1983年，新家园乡又创办手套厂，主要纺织手套。1985年产值2万元，年末固定资产总值0.68万元。1990年后，这些乡镇所办的纺织企业相继停产，不复存在。

第三节 皮麻

民国35年（1946），县城有皮麻铺3家，其中，张记皮麻铺开设于民国初期，有工人5人，年产皮麻制品3000斤。皮麻铺主要生产车马挽具、皮鞭、鞭梢、粗细麻绳等。此外，吴家窑、鹅毛口、石庄等较大村镇均有1至2家“绳匠”，走村串户进行季节性生产。

1954年3月，在对手工业进行社会主义改造时，张德仁等12个皮匠组织皮麻生产合作社（初名“皮麻生产小组”）。1961年更名为“皮麻毛织生产合作社”。1962年完成工业产值6.09万元。1963年购置5台毛衣机、1台弹毛机，增加机织毛衣和弹花生产业务。同年还购置攒绳和纺坯机械设备，实现机械化生产。1967年产牛挽具1.5万件，农用麻绳20.6吨，年产值16.83万元。1970年产车马挽具1.02万件、麻绳37.83吨，年产值25.54万元。1974年产车马挽具1.49万件、麻绳11.74吨，年产值11.49万元。1973年，增加织地毯生产，由更名后的县地毯厂生产经营。1975年至1977年，皮麻生产由县地毯厂兼营，年产车马挽具1.60万件、麻绳14.98吨，年产值16.13万元，实现利润2.26万元，分别受到国家、省、地、县的表彰，被评为县先进企业。1978年尼龙绳大量上市，麻绳原料紧缺，销路减少，年生产麻绳6.26吨，次年停产。1980年，地毯厂皮麻车间生产车马挽具1.65万件，次年停业。1981年后皮麻业停产。1973年至1983年共生产出口地毯6699平方米，创产值163.6万元，为国家创汇55万元。

第四节　木器

民国时期，境内多数村庄有1至2个制作木器家具的工匠，仅限于在当地制作木器家具，修理农具；有的做笼箩等小型炊具，有的盖房立架，制做门窗，桌椅板凳。

民国36年（1947）春，贺仁继在东关马王庙开设木匠铺，有匠人9名，定做或承揽制作木器家具。1955年，组织县城个体木匠，成立“城关镇木器生产合作社”，毛皂开设木制厂，主要生产风箱、门窗、办公桌、棺材等。多数在城乡销售，少量产品销往内蒙古集宁一带。1957年，两个厂社合并，成为县内唯一的木器生产厂家，有职工78人，年产值10.78万元。1958年，各生产大队纷纷建立木业组。1960年，全县有83个大队建立木业组，从业人员450余人。主要为本大队建房、修理制作农具。1980年，全县办起了一批乡村和个体木器加工企业。1985年，办理登记手续的加工企业10个，其中，县属集体所有制企业1个，乡镇办1个，村办3个，个体及联办5个。从业人员170人。此外，全县尚有850个木工长年或临时在村或走乡串户，或外出到口泉一带矿区制作木器家具、盖房、制门窗。年生产木器家具上万件，产值180余万元。

第五节　造纸　印刷

造纸　怀仁造纸业始于清光绪十八年（1892）。县城西关有造纸作坊，原料用旧麻绳、莜麦秸、蒲草等，生产白麻纸（规格有长条纸，尺八纸，高头纸）、草纸、包装纸。产量不大，仅供本地用。民国25年（1936），县城西关、东关有任氏、马氏、王氏纸坊等4家，属小型手工作坊。有工人16人，资本总额500元（银元），年产白麻纸1.8万刀，草纸2万余张，包装纸6000余张，产值4219元（银元）。规模最大的是任纸坊，年产纸6135刀。产品除供本县城乡民用外，一少部分销往应县一带。

1949年以后，私营纸坊归怀仁县合作总店管理。1984年8月，刘晏庄村办起造纸厂，生产包装纸。1985年3月，马辛庄村办起纸箱厂生产纸箱。同年年底，全县有造纸企业3个，年产机制纸和白板纸616吨。其中县造纸厂年产纸166吨，年产值24.07万元，产品销售收入23.3万元，利润2.4万元，年末固定资产原值24.54万元；刘晏庄造纸厂年产值67.5万元；马辛庄纸箱厂年产值50万元。后来，刘晏庄造纸厂、马辛庄纸箱厂皆因原料不足，成本过高，销路不畅等原因，相继关门停产。

印刷 民国37年（1948），怀仁县政府有一台油印机，以手工刻蜡版专门印刷县委、县政府的各种材料和文件。1953年11月，河北蔚县的吕仲由浑源迁居怀仁，在县城东门口创办“三成石印局”后迁至牛市巷南口东。使用石印机印刷，承揽各机关的表格、发票等印刷业务。至1958年底，全县有印刷厂8个，其中县属集体所有制1个，乡镇办2个，校办3个，个体联办2个，从业人员144人。其中县属企业职工65人。

随着社会发展，文化事业的需求，私营印刷业不断增加。1990年牛涛办起西关印刷厂，承揽社会各界的印刷业务。1995年城内小学、新家园中学创办校内印刷室，专印学生作业本、考试试卷、教学教案等，均采用铅字排版印刷。进入20世纪90年代，私营电脑打字印刷遍布县城各主要街道。2012年底已发展到30多家门店，从业人员120余人。主要有“施乐电脑打字部”、“翰林广告部”、“天马彩印中心”等。

第六节 主要企业简介

晋北机械铸造厂 1956年5月成立。地址在县城新建北路西侧，占地面积41460平方米，建筑面积5200平方米。曾先后更名为“大仁县农具修造厂”、“大同市农具机械厂”、“雁北农具大修厂”、“雁北机械铸造厂”、“晋北机械铸造厂”等。系地、市直属国有全民企业。1985年下放归怀仁县。有铸钢、主修、机加工、锻工和热处理车间，生产技术、政工劳资、供销业务和综合办公室4个科室。有各种机器、工艺设备70台件，主要产品有煤车轮、碰头、链轮、辎重轮等 50 多种，年铸造加工钢铁 22 万吨左右。曾生产水泵、拖车、拖拉机链轨销、汽车法兰等，兼修各种拖拉机、汽车。拥有固定资产 1703.43 万元。全厂在册职工 307 人，其中退休工人 143 人。20 世纪 70—80 年代，是雁北地区规模最大、设备最全、技术力量最强的地面工业。曾荣获“山西省机械铸造工业先进集体”等荣誉称号，受到大同市、雁北地区、朔州市党政部门的表彰。1999 年 1 月至 2002 年 3 月，由于受经济大气候影响，该厂亏损严重，长期拖欠工人工资，难以维持生存，处于停产状态，厂党委提出改制方案。2003 年 2 月，经县企业改制领导组审核，报县委、县政府批准，由国有资产管理局清产核资审查账目。2004 年 8 月，对外拍卖陈旧废弃设备和异型轧钢机具。至此，晋北机械铸造厂停产关闭。

怀仁县金属制品厂 位于县城新建北路东侧。前身是 1970 年 5 月成立的城关镇新华街铸造厂。1976 年由街办企业转为二轻集体企业，改名为“怀仁县金属制品厂”。职工最多时 51 人。1970 年，城关镇组织街道 14 名妇女在新华街铸造厂的基础上成立金属制品厂，生产铁盆、保温火炉、炉盘、火圈等 14 个类型 40 多个品种。保温火炉深受雁同、忻州、张家口等地区用户的欢迎。1985 年，全年生产保温炉 13322 个全部销出。从建厂到 1986 年，完成工业总产值 418.15 万元，实现利润 52.34 万元，上缴管理费 6 万元，工商税和所得税 38.86 万元。从 1982 年到 1987 年，多次受到雁北地区、怀仁县委、县政府的表彰，1979 年被省政府命名为“大庆式企业”。2001 年，该厂实行划块拍卖土地，职工买断工龄补偿安置的改制。

怀仁县五金车辆厂 前身是 1954 年成立的黑白铁业生产小组。曾先后更名为“怀仁县铁业合作工厂”、“怀仁县五金厂”、“怀仁县五金车辆厂”等。厂址位于新建北路与天合街交叉路口东北角。占地面积 6400 平方米，建筑面积 1900 平方米。1954 年由李英、陈钦元等 4 家个体黑白铁匠组成的黑口铁业小组，1955 年成立大仁县黑白铁业生产合作社。有职工 7 人，资金 150 元。1958 年与当时的车辆社、铁业社、翻砂社 4 个单位合并改名“怀仁县铁业合作工厂”。1983 年与县车辆厂合并为“怀仁县五金车辆厂”。该厂设生产、供销、财务 3 个办公室和电焊、黑白、镀锌、机锻 4 个车间，以及补胎、电机修理、自行车修理3个门市部。有职工89名。主要设备有车床2台、摇臂钻床1台、牛头刨床2台、空气锤2台、摩擦压力机2台，各种大小不同的冲床8台、电焊机5台。主要产品有工业锹、铁皮制品、低压线路、铁制平车上棚、日用茶炉等。1979年全省工业锹质量评比会在该厂召开，其生产的尖头铁锹、方头铁锹分别名列第一，受到省政府的表彰。1984年完成产值70.2万元，实现利润6.05万元。2010年，企业改制，拍卖厂址土地，职工买断工龄补偿安置。

怀仁县冷轧带钢厂 建于1962年。最初为大同市怀仁区电器社。先后与钟表社、车辆修配厂合并。厂址位于县城北街，占地面积12988平方米，建筑面积2534平方米。属二轻集体企业。有固定资产103.64万元，流动资金42.31万元。设行政、生产、供销、财务4个办公室，有轧压、酸洗、卷管、裁剪、热轧、机修等6个车间，职工104人。主要产品有冷轧带钢、薄壁焊管，螺纹钢、圆钢、扁钢、线材，钢木家具7大类32个品种。产品远销天津、山东、新疆、内蒙古等13个省、市、自治区，年生产加工钢材2000吨以上。1980年，经技术革新并引进先进工艺，增加高频焊管、冷轧圆钢等项目。1981年生产成品钢916吨，年产值80.09万元，实现利润5.13万元，年末固定资产总值78.32万元。其生产由手工操作发展为半机械化、机械化生产，产量逐年增长。1987年总产值91.13万元。20世纪90年代，随着市场经济发展，产品销路不畅。2004年，该厂进行了对所占土地划块拍卖、上缴职工养老保险的企业改制。

怀仁县机械厂 建于1954年。位于县城北街，占地面积19295平方米，建筑面积4500平方米。前身是城关翻砂合作小组，曾先后更名为，“大同市怀仁区铁业合作工厂”、“怀仁县农业机械厂”、“怀仁县八一机械厂”等，属二轻集体企业。厂内设生产技术、供销财务、政工劳资3个科室，机、钳、铸、锻、模型、板金6个车间。主要设备有金属切削机床26台、锻压机床3台。职工125人。主要产品280型磨面机、330型碾米机。1974年，转向生产陶瓷机械，如200型练泥机、400型真空泵、125双缸泥浆泵、100匣钵成型机等。1979年始生产矿用产品，如翻斗式矿车、300提升机螺旋输送机等产品。从

1965年到1985年产值1200万元，创利润10.6万元。20世纪末期，该厂实行了划块拍卖土地，趸交职工养老保险的改制。

怀仁县农机修造厂 建于1969年，曾名“七一修造厂”。位于县城矿业街，占地面积12500平方米，建筑面积1860平方米。属全民所有制企业，隶属县农机局，归县委农村工作部管辖。主要生产农用潜水泵，1971年投产，生产水泵48台。到1985年，有职工130人，生产水泵506台，产品销往本省各县和内蒙集宁等地。产值1403万元，产品销售收入98万元，创利润15万元，固定资产总值81万元。2001年企业进行改制，机械设备拍卖，补发职工工资，工人下岗，该厂关闭。

雁北煤矿机械修理厂 1970年建厂，位于小峪口村南。隶属雁北行署管辖，是全民所有制企业。1973年投产，时有职工156人。主要产品有矿车、调度绞车、回柱绞车，专供原雁北地区所属煤矿用。1975年产矿车271台，产值52.77万元。1985年产矿车360台，产值157.26万元，产品销售收入144.38万元，创利润19.48万元，年末固定资产总值300.13万元。1990年迁进县城，建在迎宾西街北侧，占地面积6500平方米，建筑面积2350平方米。1993年改名“朔州市煤矿修理厂”。2005年归大同煤矿集团有限责任公司管理。

雁北粮油机械厂 1970年建厂，位于小峪口村南。隶属雁北行署管辖，是全民所有制企业。1974年投产，以生产缝口机架、烘干机为主，年产40台。1975年有职工51人，年产值19.36万元。1980年产值15万元，固定资产总值45.7万元。1981年撤销。

怀仁县利达建材有限责任公司 前身为怀仁县地方国营砖瓦厂，1969年建厂。主厂曾3次迁址，初建在南窑村，1975年迁县城东北，1977年迁高镇子村，1983年迁海北头村东。分厂在毛皂村（1985年至1995年）。1997年企业改制，更名“怀仁县利达建材有限责任公司”。下设“三科一室”即销售、财务、节能科、办公室，1个生产车间。有员工260人，其中全民合同制工人60名，农民工200名。年生产黏土烧结砖8000万块，销售收入2000万元，上缴利税49万元，是全县建材行业的骨干企业。2000年成功生产煤矸石实心砖，质量符合国家标准。年可节约原煤2500吨，万块砖成本可降200元。2008年投资10万元进行设备改造，更新老式锅炉，日用煤由5吨降为3吨，年可节约煤500吨；改造进料口，由原来输送带供料变为推土机直接供料，日节电100度，年节约用电3万度，减少电费1.5万元。2010年研制煤矸空心砖，逐渐淘汰实心砖。该厂曾多次受到省、市、县党政部门的表彰，1984年被雁北行署授予“全区建材行业集体三等功”，1986年被国家建材局授予“全国建材系统先进企业”称号。

怀仁县宏丰建材有限责任公司 前身为怀仁县水泥厂，建于1970年10月，属县办国有企业。位于鹅毛口南街南部，占地面积11万平方米，建筑面积6.5万平方米。年产水泥25 ~ 30万吨，拥有固定资产8735万元。职工520人。2000年3月改制为“怀仁县宏丰建材有限责任公司”，生产规模为40埃木/2.5埃木立筒预热器回转窑，生产拓夏牌32.5通用硅酸盐水泥，生产能力22万吨。

大同煤矿集团建材有限责任公司 建于2010年10月，厂址在何家堡乡赵庄村。总投资9.2亿元，以生产干法水泥熟料生产线为主，以水泥粉磨站、预制品加工、混凝土添加剂3个分厂为主，年生产高标号水泥240万吨。年销售收入5亿元。该项目利用电炉渣、粉煤灰和脱硫石膏等工业废料作为水泥生产用的替代原料与混合材，实现了减量化、再利用、资源化。

怀仁县石棉水泥管厂 建于1972年10月，位于怀鹅路和208国道交叉口。属县办国有企业。占地面积2.5万平方米，建筑面积1.35万平方米。产品有水泥电杆、水泥井管、石棉压力管。1975年有职工238人，生产水泥管40200米、水泥杆1479根，年产值83.09万元。1993年改为“怀仁县脱水蔬菜厂”，经营到2000年，因原料、质量等原因，市场销售不畅，停产关闭。

怀仁县建材厂 位于矿业东街路北，占地面积1.68万平方米，建筑面积8200平方米。1984年8月投产，主要加工生产水磨石地砖、地围砖、楼梯板等水泥制品。有职工75人。年产水磨石地砖1.8万平方米、地围砖6000平方米、楼梯板3200平方米，年产值22.8万元。2003年该厂实行土地划块拍卖，趸交养老保险的改制。地毯车间继续生产。

怀仁县跃胜实业公司 前身是怀仁县跃胜预制厂。建于1983年。位于怀应公路东侧五里滩，占地面积700多亩，建筑面积5000平方米。注册资金6000万元，总资产3亿元。从业人员300余人。属私营建材企业，公司下设年生产6万平方米的混凝土预制构件厂1个，容量8万立方米油库1座，铁路专用线1.5公里，加油站8个，在北京设飞宇网站，飞宇软件开发公司和北京凤凰岭示范果园等。主要产品有各种型号水泥预制板、水泥电线杆、水泥排水管、深井管、大型屋面板、路沿砖、环保砖和水泥构件等。经销汽油、柴油、煤油、润滑油等。年产值1300余万元，实现利润200万元，上缴利税20万元。

怀仁县明星高岭土有限责任公司 成立于2004年8月。位于新家园乡南辛村北，占地面积1.5万平方米。拥有资产1.14亿元。有员工500余人。该公司自主研发生产10多种产品。利用高岭土为原料，经精选、研磨、除杂、分级煅烧等工序，以325目锻烧为主体，生产600目、800目、1250目、3000目等5个规格的产品。这些产品具有高白度、高分散、高遮盖等特点，用于造纸、涂料、油漆、油墨、橡胶、塑料、电子、化工、石油、耐火材料及制作分子筛，洗衣粉助剂，可代替立德粉和钛西粉等产品，还可依客户需求进行改性处理，以满足功能性填料的要求。广泛用于冶金、矿产、机械、食品、建材、陶瓷、卫浴等行业。

山西宝杰耐火保温材料有限公司 成立于2010年。位于新家园乡南辛村北，占地面积25亩。有职工110人。2012年7月投产，投资300万元。拥有3条硅酸铝纤维制品8000吨生产线，1条硅酸铝真空成形制品生产线，6座煅烧高岭土环式节能窑。年可实现产值5000万元，利税1000万元。该公司采用自产优质精选煅烧高岭土、氧化铝粉、石英砂等原材料，生产硅酸铝耐火纤维针刺毯、毡、板等产品，广泛用于陶瓷窑炉、化工、冶金、电力、航空等行业的高温部位隔热保温。

怀仁县天龙耐火保温材料有限公司 建于2010年。位于新家园乡小峪口村西，占地面积30亩。有职工50人。2012年6月投产。总投资3000万元。

以3万吨煅烧煤矸石原料为项目，年实现产值2000万元，利税600万元。

怀仁县化肥厂 位于县城西部。1966年7月开始兴建，1968年建成投产，全民所有制企业，隶属县经委。年生产能力4000吨。主要产品为合成氨和碳酸氢铵。1971年有职工285人。生产合成氨906吨，碳铵3146吨，年产值50.3万元。1979年第一次技术改造后，生产能力有明显提高。1980年生产合成氨5244吨，碳铵20315吨。1982年第二次技术改造和扩建，改建成1万吨合成氨生产线。1985年有职工498人，年产合成氨3035.14吨，农用氮肥2098.91吨，总产值191.35万元，产品销售收入1963万元，年末固定资产总值1273万元。以后，随着市场经济的发展，怀仁县化肥厂又经过了几次升级技术改进。但终因竞争乏力，生产出的化肥成本高，销路窄，无法维持正常生产，于2009年5月停产，2011年4月破产。

山西诺成制药有限公司 2008年9月成立。公司占地面积330亩，现有员工308人，其中专业技术人员84人。主要生产非PUC挤膜软袋大输液，袋瓶大输液，玻璃瓶大输液以及国际最先进的塑料安瓿水针。其中塑料安瓿水针和1000毫升输液塑料瓶填补了国内空白，非PUC挤膜软袋大输液填补了山西省的空白。

山西国世源药业有限公司 占地面积151亩，注册资金3000万元。公司是朔州市首家以基因工程药物研究、开发、生产、销售为一体的现代生物工程，属中药提取等综合制剂的医药企业。公司拥有从事研发及生产的管理人员108人，其中博士生2人，硕士4人，本科生30人，专科生60人，中专以上学历占员工总数的95%以上。

大同同星抗生素有限责任公司生物分公司 三期工程总投资5.5亿元，生产抗生素原料药系列产品。其中：一期工程投资2.8亿元，建设年产5000吨土霉素原料药生产项目；二期工程计划投资1.2亿元，建设年产12万吨玉米粉项目；三期工程计划投资1.5亿元，建设年产200吨的他汀类原料药项目等。2009年，一期工程已经竣工投产，年可实现产值3.5亿元，利税3500万元。

山西玉龙化工有限公司 2007年在怀仁医药工业园投资的以医药中间体

为主要发展方向的精细化工企业。占地面积700亩，拥有员工130人。建成了年产1000吨甲基生产线一条，550吨三素环生产线一条及附属设施。2008年投产，年产值1.2亿元，利税3000万元。公司的发展定位于强化科研实力，深度发展精细化工和基础有机化工。2012年，公司与中国科学院上海有机化学研究所建立了长期战略合作伙伴关系，并投资建设“中科院上海有机所朔州研发中心”。基础有机化工——年产乙撑胺1万吨项目，预算投资5亿元。

山西华元医药集团有限公司 是一家以营销为龙头，新产品研发为先导，集科研、生产、营销为一体的现代化高新技术企业。总投资6亿元，占地300亩，建设内容包括现代化中药产业基地，保健食品生产车间、头孢粉针制剂车间、化学药品口服固体制剂车间。其中第一期工程主要进行现代化中药产业基地及整体基础设施建设；第二期工程主要进行保健食品生产车间建设；第三期工程主要进行头孢粉针制剂的化学药品口服固体制剂车间建设。2012年投资22076万元，进行一期工程建设。

怀仁县龙首山粮油贸易有限责任公司 成立于2005年。是一家专门从事粮食收购、销售、储备、进出口业务的民营粮油贸易企业。现有员工85人，总资产8200万元，年收购发运原粮10万吨。该公司采取“公司+基地+农户”的生产经营模式，以集约化、产业化、科技化为手段，概算总投资2亿元，建设小杂粮及饲料加工项目，年可加工4万吨小杂粮（黍子1万吨、荞麦2万吨、芸豆1万吨）和10万吨羊饲料，年销售收入可达5亿元，利税3000万元，可吸纳500人就业，同时使广大农户在产业化经营中得到更多实惠，经济和社会效益显著。

怀仁县副食品加工厂 1958年建，时有职工30人。主要生产饼干、月饼、油旋及酱油、醋、糖块、冰棍等。1963年后，根据市场需求，陆续增加生产蛋糕、点心、桂花酥、大杂、糖饼等60多种产品。1965年，有职工33人，年生产糕点233.09吨，酱油80.8吨，年产值26.75万元。1975年有职工61人，年生产糕点326.87吨，酱油245.5吨，年产值59.89万元。之后，不断改进生产工艺，产品质量大有改观。1978年，山西省革委会命名该厂为“大庆式企业”。1980年，副食品加工厂生产的蛋糕、味醋获全省同类产品第二名。桂花酥、大杂、提浆饼、糖干炉获省优质产品称号。1985年产值64.4万元，年产各种糕点500吨。随着市场经济规模的不断扩大，副食品加工厂生产也实行了承包责任制，但竞争力不强，一直徘徊在低水平线上。2012年工厂进行改制，企业停产，车间、库房出租，租金上缴职工养老保险。

山西晋利糖果有限责任公司 位于县城东南，成立于2002年，占地面积30余亩。总投资3336万元，注册资金500万元，年销售收入1433万元。有员工200多人，其中大中专毕业生及专业技术人员30多人。生产硬糖、奶糖、酥糖、软糖等传统糖果盒和带色工艺糖果4个系列100多种产品，销售网络遍布全国20多个省市，经销商达到200多家，与北京义利、上海冠生园、广州、福建等国内知名大型糖果企业建立了合作关系。2010年2月，该公司产品在德国科隆国际糖果及休闲食品展览会上，受到参展商的一致赞扬，以及欧、美等国的青睐，与荷兰、比利时、澳大利亚、加拿大达成订货协议，建立了出口贸易关系。2012年，公司获得GS证书和国家进出口卫生检查证书，并通过了HACCP—22000和ISO9000国际质量管理体系认证。晋利糖果被列入《山西名优产品大全》，公司先后被授予“市场农产品加工龙头企业”、“民营企业先进集体”、“山西省质量信誉AAA企业”等称号。“晋利”被评为“山西省驰名商标”、“山西省名牌产品”。

山西雁门乳业有限责任公司 位于怀仁县云东经济园区，占地13.3万平方米，拥有总资产1.97亿元。公司有员工1072人，其中大中专毕业生及专业技术人员406人。该公司采用一流的先进设备，高科技的数字化管理，与蒙牛集团在品牌与资源、技术与管理上实现了强强联合。2012年，加工鲜奶5万吨，生产“利乐砖”2亿件，冰激凌2.5万吨，实现利税3000万元，安排就业人员1200人。

怀仁县啤酒厂 1984年5月筹建。位于县城北，占地7.86万平方米，建筑面积1400平方米。厂内有糖化、发酵、动力、灌装包装车间和化验室。职工256人。1985年6日投产，和北京啤酒厂联营生产，设计年产啤酒5000吨。采用糖化发酵法生产低浓度“雁京”牌鲜啤酒，当年产啤酒3200吨。除供应本县城乡外，销往应县、山阴、河北、内蒙等省区50多个市、县，同年获山西省同类产品第二名。1988年3月与大同云岗啤酒厂联营，走集团化经营之路，生产“大雁”牌啤酒1700吨，年产值139.8万元，实现利润70万元。1989年5月获得“全国啤酒行业质量优胜奖”。1992年10月获得“国家轻工行业评比质量第一”的殊荣。1993年生产的“大雁”牌啤酒改名为“金沙滩”牌，生产啤酒1500吨。同时，生产“仁酒”牌白酒，年产30吨。同年更名“山西省怀仁酒厂”。后因资金短缺，设备老化，原料缺乏，竞争无力，1995年处于停产状态，2012年6月依法破产。

怀仁县东瑞酿造有限责任公司 2008年12月成立。地址在金沙滩镇刘晏庄村西南，占地面积20亩，属民营企业。拥有厂房5900平方米，注册资金50万元，固定资产820万元，有职工48人。生产的醋用天然的深井水，原料以高粱、麸皮、谷壳、稻壳、大麦、豌豆等为主，采用微生物固态法经瓷缸自然发酵，运用传统的工艺流程熏制而成。成功注册“金栋”牌商标，年产食用醋2000吨，年销售收入450万元，每年实现利税90万元。产品销往朔同地区、内蒙，河北、甘肃等地。

怀仁县服装厂 前身是缝纫社，成立于1954年，位于旧县城东街南。后在新华北路东建新厂，占地面积1.06万平方米，建筑面积2290平方米。1961年，加工各种服装1.25万件，年产值11万元。1964年，缝纫机由人工脚蹬改为配备电机传动，实现半机械化生产。1966年开始小批量生产劳保服装、工作服，年生产各种服装3.45万件，年产值26.8万元。1978年改名为“怀仁县服装厂”。1981年，购置高速平缝机60台、蒸气烫机、钉扣机等专用设备，开始大批量生产成衣。1982年，生产的“丰收”牌化纤女裤获省优产品，在华北五省市服装评比中，名列第二。1983年化纤女西服获省优产品，太空棉防寒服畅销雁北、忻州各县，被列为省轻工业厅山西服装生产重点基地。1984年11月，县服装厂设计的男式多用冬装、夹克式西装、开肩领男套服、女式春秋半大衣等产品，在全省首届服装设计评比中，获设计明星奖。1996年以后，在市场竞争中，渐失优势，生产萎缩，关门停业。2001年，改为二轻科工贸公司，属股份制企业。2004年，在二轻企业改制中，拍卖厂内土地，上缴职工养老保险，职工买断工龄，到龄由县社保部门负责办理退休和领取养老金。

怀仁县制鞋厂 占地面积5610平方米，建筑面积3230平方米。前身是1954年由12名个体制鞋手工业者组织起来的“城关鞋业生产合作社”。1956年组建成“鞋业生产合作社”，1956年下半年和缝纫社合并改为“鞋帽缝纫社”，1957年分开恢复“鞋业社”，1958年划归东风人民公社管理，1960年和皮麻社合并改为“怀仁区制鞋皮麻毛织合作工厂”，1961年和皮麻社分开，改为“怀仁区制鞋生产合作社”，1978年改为“怀仁县制鞋厂”。内设生产、供销、行政、财务4个科室和合布、裁案、机帮、注塑4个车间。先后生产翻毛皮鞋、注塑鞋，年生产80万双。产品由雁北地区百货站经销，销往陕西、内蒙、甘肃、河北、京、津等地。1980年生产的红、黑两种平绒女一根带坡跟鞋远销美国、日本、阿根廷、尼泊尔、阿富汗等国家。1980年生产注塑鞋24.91万双，年产值77.66万元，被列为省二轻厅重点企业之一。1984年出口注塑鞋20万双。1986年县制鞋厂生产的“山雁”牌注塑一根带半坡跟布鞋在全省32家鞋厂产品评比中，32项检验内容得分97.9分，名列第一，被省政府命名为优质产品。主要设备有注塑机4台，造粒机2台，缝纫机120台，包缝机14台，捏合机1台，合布机1台，有汽车3辆，固定资产总值35万元。20世纪末期被市场所淘汰，进入停产状态。2004年制鞋厂整体搬迁和商业城兑换，用出租门市的租金解决企业职工的养老保险。

怀仁县地毯厂 前身是皮麻社，成立于1954年，占地面积7741平方米，建筑面积1684平方米。1961年同鞋业社合并，成为“怀仁县制鞋皮麻毛织生产合作工厂”的一个车间。1962年同鞋业社分开改为“怀仁县皮麻毛织生产合作社”。1963年开始承揽毛衣加工业务。1973年恢复地毯生产。1975年更名为“怀仁县地毯厂”，属二轻集体企业。以生产地毯为主，兼营皮业、麻绳及织毛衣、网被套等生产项目。有职工105人。1983年由于压缩地毯出口，产品无销路，原料无来源等原因，停止地毯生产。1984年上马水磨石和儿童皮鞋两项产品。于1985年分为“怀仁县建筑材料厂”和“怀仁县皮鞋厂”，因销路不畅，生产经营赔钱，1986年10月全部停产，水磨石、儿童皮鞋分别移交县建筑工程公司和县制鞋厂经营，同年12月又恢复地毯生产。1989年被吴家窑砂石矿兼并。2003年企业改制时，实行划块拍卖土地，为职工上缴养老保险。

怀仁县木制厂 前身是“城关镇木制生产合作社”，1955年4月成立，占地面积3.26万平方米，建筑面积2325平方米，有房屋81间。主要设备有大小带锯机各1台，木工打眼机3台，木工刨床3台，开榫机和开槽机各1台，圆盘锯2台。辅助机器有锉锯机、压锯机5台，总值8.7万元。主要产品有办公用品、学生桌凳、家用木器、钢木家具、木制农具等8类115种，产品绝大多数在本县城乡销售。1958年改为“大同市郊区怀仁建筑工程器材加工厂”。1961年，改为“大同市怀仁区木器生产合作社”，属二轻集体所有制企业。1965年厂名改为“怀仁县木器生产合作社”。1967年改为“怀仁县木制合作工厂”。1972年4月改为“怀仁县木制厂”，职工人数达到208人。1975年5月木制厂和建筑工程队分家，木制厂留下工人67人。1985年产值26.6万元，利润3.05万元，销售额25.09万元。1988年划入吴家窑陶瓷厂，实行兼并重组。2003年进行改制，实行划块拍卖土地，上缴职工养老保险金。

怀仁县造纸厂 1954年办起“怀仁县纸业生产合作社”，简称纸业社。位于县城新华路，占地面积7741平方米，建筑面积1864平方米。1957年并入县印刷厂，成为县印刷厂的一个车间。1958年归东风人民公社管理。1966年从县印刷厂分出，为集体所有制企业，隶属二轻局管理，时有职工39人。主要产品土纸、白麻纸、草纸，年产量20吨。1976年增加生产机制纸（全开白大板纸，红、绿、黄彩色纸）等。是年，生产土纸15.98吨，机制纸18.28吨。1980年产土纸26.6吨，年产值9.28万元。1982年至1985年又与县印刷厂合并。2002年5月改制，划块拍卖土地，职工买断工龄。

怀仁县印刷厂 位于县城新华北路东侧，占地面积6624平方米，建筑面积1034平方米。1954年成立“怀仁县印刷合作小组”。1956年更名为“怀仁县印刷合作工厂”。1961年改为“文印合作社”。1978年更名为“怀仁县印刷厂”。厂内设财务、供销、生产和办公等科室，主要设备有铸字机、对开平台印刷机、打样机、烫金机、四开彩色胶印机、全开裁纸机。主要业务是印刷账本、学生作业本、单据、文件、材料和其它办公用品。20世纪70—80年代，是县印刷厂的辉煌时期，引进先进技术和设备，生产采用半机械化作业，提高生产效率。2007年，随着二轻企业全面改制，县印刷厂实行划块拍卖土地，趸交职工养老保金。

怀仁县工艺美术厂　建于1980年。位于县城新华北路东，占地面积2400平方米，建筑面积600平方米。厂内设木工、绘画、制镜、盆景4个车间和办公室，一个门市部。产品有电刻花水银镜、彩色风景镜、石膏彩塑工艺品、电镀拉花、塑料盆景等8大类20多个品种。从建厂到1986年完成工业总产值40.9万元，实现利润3.93万元，上缴利税3.54万元，固定资产总值18.63万元。2002年，二轻企业改制后停产关门。后县城拆迁时拍卖土地，上缴职工养老保险。

怀仁县无线电元件厂　1969年建厂，前身是驻怀某部随军家属办起的“五七”工厂。该厂是为解决随军家属就业问题，经军地协商报雁北行署批准建厂。厂址在距县城10公里的南小寨村南（飞机场内家属区）。占地面积3000平方米，建筑面积640平方米。起初，由军队22名家属办厂，属集体所有制企业。主要生产电容器，当年生产13.91万支。1971年1月更名为“2690元件厂”，有职工80人，年产电容器87.56万支，年产值24.86万元，实现利润9.19万元。产品销往北京、天津、上海、陕西、湖南等14个省、市，供货给生产黑白电视机和收录机厂家。1978年，经省政府检查鉴定，产品合格率为95%，获质量信得过产品称号。1979年获全省同类产品第一名，评为省优质产品。1980年更名为“怀仁县无线电元件厂”，属县二轻局管理。当年生产电容器329.66万支，年产值132.2万元。1984年在全省社会主义劳动竞赛中，荣立集体二等功。1985年，有职工148人，年生产电容器779.73万支，年产值60.04万元，产品销售收入55.45万元，实现利润10.17万元。1998年，根据有关指示精神，撤销该厂。

第九编

煤 炭

第一章 煤田

第一节 勘探

境内的西部山区，蕴藏着较为丰富的煤炭资源，其煤田属大同煤田。

怀仁县煤炭资源的普查勘探从 20 世纪初已经开始，此后于 1954—1956 年、1958—1960 年、1980—1982 年先后对鹅毛口Ⅰ Ⅲ区、鹅毛口Ⅱ区、鹅毛口Ⅳ区、芦子沟井田、东沟井田、小峪井田、王坪井田、吴家窑普查勘探区、峙峰山煤矿井田等 9 个勘探区进行普遍勘探。对含煤地区进行了精查，精查矿区有：小峪勘探区（含王坪井田、小峪井田，芦子沟井田）、鹅毛口Ⅰ Ⅲ区、鹅毛口Ⅱ区、鹅毛口Ⅳ区、魏家沟精查区。全县含煤面积约 131.2 平方公里，占全县国土面积的 10.8%。

第二节 煤层 煤质

境内煤田系双纪沉积煤田，成煤期为晚古生代上石炭纪和早二叠纪，侏罗纪大同组在本区出露极少，目前尚无工业意义。赋存煤炭地层一为上石炭纪太原组，一为早二叠纪山西组。整个煤田走向大致为北东 60° ，地层向西北方向倾斜。煤层埋藏深度由东向西变化 0~300 米，赋存有 15 层煤。

上石炭纪太原组 含煤 11 层，含煤地质厚为 68.84 米 ~113.97 米，平均为 86.64 米。煤层总厚度为 0~59.99 米，平均厚度约 32.49 米。各煤层间变化不大，厚度较为稳定，埋藏深度距地表一般为 20 米左右。除上 3 层均不达开采度，经济价值不大外，其余 8 层均具较高的经济价值。其中：4# 层（俗称丈炭）、5# 层（俗称麻花）、8# 层（俗称大行）、9# 层（俗称小行）为主要开采层。

早二叠纪山西组 含煤4层，其中只有1号层局部达可开采度，煤层厚度为0~2.95米，平均厚度为1.59米，其余三层均不达可开采度，一般厚度为0.05米~0.4米，局部地段呈凸镜体，经济价值不大。

境内煤炭含矸率在20~25%之间，含硫在0.3~1.0%之间，挥发分为21~46%，发热量达3500~5200大卡，为优质动力煤和化工用煤。

第三节 储量分布

怀仁县煤田分布在西部山区大同煤田中部东南边缘。东西长20多公里，南北宽4–6公里，探明地质储量35.56亿吨，其中精查地质储量为28.5亿吨，可采储量为15.41亿吨。

经2006—2009年资源整合兼并重组后，全县保留的6座煤矿储量分布及煤层煤质情况如下：

连顺玺达柴沟煤业有限公司：井田面积20.0895平方公里，保有地质储量36971万吨。可采储量19732万吨。

连顺玺达柴沟煤业所属煤质情况表

表9-1

项目 煤层	类别	水分 Mad（%）	灰分 Ad（%）	挥发分 Vadf（%）	含石硫 std（%）	发热量 Qgrd（mg/kg）
3	原煤	1.34–1.59	22.49–23.55	38.86–39.88	0.27–0.46	23.40–24.96
		1.46	23.12	39.24	0.37	23.99
5（3+5）	原煤	0.97–1.92	20.84–29.92	38.86–38.64	0.22–1.44	18.17–26.73
		1.51	24.18	37.39	0.73	24.83
8	原煤	0.44–1.95	16.95–33.74	34.32–38.20	1.15–1.97	19.75–27.21
		1.15	25.34	36.52	1.55	24.00

山西怀仁中能芦子沟煤业有限责任公司：井田面积17.0634平方公里，保有地质储量39784万吨，可采储量21033万吨。

山西怀仁中能芦子沟煤业所属煤质情况表

表 9-2

项目 煤层	灰分 Ad%（%）	热量 Qgr，DMJ/kg（%）	挥发分 Vdaf%（%）	含硫 std%（%）
2#	25.17	24.54	37.64	0.41
3#	20.55	25.82	39.96	0.48
5#	25.21	23.92	37.63	0.42
8#	21.35	26.17	41.18	1.01

山西怀仁峙峰山煤业有限责任公司：井田面积 16.154 平方公里，保有地质储量 36171 万吨，可采储量 21703 万吨。

山西怀仁峙峰山煤业所属煤质情况表

表 9-3

项目 煤层	类别	水分 （Mad）（%）	灰分 （ad）（%）	挥发 （vdaf）（%）	固定碳 （fcd）（%）	含石硫 （std）（%）	发热量 （Qnet.ar） （%）
山 4	原	0.90–2.48	18.48–41.94	25.49–42.11	32.57–41.81	0.24–1.21	17.53–22.80
		1.67	31.69	38.71	38.75	0.46	20.83
3	原	1.26–2.26	25.72–39.35	38.46–42.23	35.87–45.06	0.29–1.31	18.73–25.43
		1.74	32.68	39.96	39.22	0.58	21.16
5	原	1.09–1.97	21.77–38.90	39.01–41.80	36.06–47.14	0.37–0.66	18.60–25.83
		1.58	31.93	40.62	40.38	0.48	21.78
8	原	1.02–1.96	24.08–39.92	36.65–43.00	35.59–45.20	0.36–2.26	18.21–26.12
		1.58	31.76	39.65	40.49	0.96	21.90

山西南窑晋通砂石煤业有限责任公司：井田面积 4.100 平方公里，保有地质储量 6860 万吨，可采储量 2965 万吨。

山西南窑晋通砂石煤业所属煤质情况表

表 9-4

项目 煤层	工业分析（原煤）					胶质层指数		视密度 t/m3	煤类
	水分 mad（%）	灰分 ad（%）	挥发分 vadf（%）	含硫 st.d（%）	发热量 Qgr.d（%）	X	Y		
山 4	2.69–1.18	39.43–10.10	42.85–38.11	2.94–0.31	17.60	58–40	13–0	1.33–1.59	QM
	2.00	28.00	40.00	0.47		57	12	1.42	
2	2.18–1.34	40.52–15.21	44.99–31.72	1.90–0.15	32.23	58–44.5	15–0	1.37–1.71	QM
	1.90	30.0	39.00	0.46		53	13	1.50	
3	2.34–1.54	33.04–18.05	40.63–39.17	0.42–0.41		54.2–	16–12	1.38–1.42	QM
	1.67	27.00	39.68	0.41		29		1.40	
5–1	2.51–1.37	33.39–10.54	46.36–33.12	0.53–0.36	32.24	52.5–46.5	15–10	1.32–1.71	QM
	1.90	24.00	40.00	0.45		50	12	1.43	
5	2.18–0.99	39.89–12.97	46.18–33.33	2.38–0.26	32.24	70–43	19–0	1.32–1.71	QM
	1.80	28.00	38.00	0.40		60	11	1.43	
	2.08–0.99	39.47–17.64	44.84–38.88	2.63–0.08	30.10	74–49.5	13.5–6.5	1.43–1.70	QM
8	1.60	28.00	38	0.90		53	13	1.50	

山西怀仁中能芦子沟何家堡煤业有限责任公司：井田面积 5.2909 平方公里，保有地质储量 6230 万吨，可采储量 3326 万吨。

山西怀仁中能芦子沟何家堡煤业所属煤质情况表

表 9-5

项目 煤层	水分 Mad（%）	灰分 Ad（%）	挥发分 Vadf（%）	含硫 std（%）	发热量 Qgrd（%）	粘结指数
2#	2.39	21.30	42.48	0.68	24.23	46
4#	2.34	35.54	42.48	0.39	20.02	56
5#	1.04–3.13	23.69–37.18	29.27–40.82	0.37–0.70	18.93–21.88	52
	平均 1.91	平均 30.68	平均 36.92	平均 0.46	平均 20.65	
8#	0.66–2.99	15.02–40.97	24.36–45.15	0.61–1.61	17.73–37.01	46
	平均 1.76	平均 26.47	平均 37.86	平均 1.03	平均 27.68	
9#	0.96–2.32	20.5–55.14	37.74–40.15	0.37–1.10	26.07	50
	平均 1.71	平均 36.41	平均 38.83	平均 0.74		

山西怀仁峙峰山吴家窑煤业有限责任公司：井田面积 5.2254 平方公里，保有地质储量 3263 万吨，可采储量 1698 万吨。

山西怀仁峙峰山吴家窑煤业所属煤质情况表

表 9-6

项目 煤层	水分 Mad（%）	灰分 Ad（%）	挥发分 Vadf（%）	含硫 std（%）	发热量 Qgrd（%）	粘结指数
5#-1		21.11	0.42	39.31	27.7	
5#	1.08-3.37	8.96-34.89	0.41-1.52	35.18-41.62	27.45	41-71 平均 58.67
	平均 2.34	平均 21.87	平均 0.87	平均 38.92	平均 29.67	
8#	0.68-2.4	18.24-33.38	1.84-3.86	34.22-46.34	18.40-25.47	42-71 平均 55.33
	平均 1.77	平均 24.76	平均 2.49	平均 37.40	平均 22.54	

第二章 开 采

第一节 沿革

怀仁县煤炭开采利用历史较为悠久，最早开采年代已不可考。据《山西矿务志略》载，境内最早的煤窑是班某开办的太平窑，矿区面积 40 余亩，资本额 300 元（银元）。清初，孟华在鸦儿崖村（现属口泉）南双井沟开煤窑一座，矿区面积 60 余亩，资本额 300 元（银元）。清光绪二十一年（1895），全县有煤窑 7 座。

民国初、中期，随着民族工业的兴起，境内采煤业逐渐发达。除本县人投资开办煤窑外，崞县、寿阳及广东、安徽等省人士也纷纷来怀仁投资开办煤窑。民国 9 年（1920），境内煤窑达 71 座。其中注册开采的有义昌公司（崞县张树德）等 21 个，未注册开采的有大同公司（广东曹家祥）等 36 个，未呈报立案的有长兴隆煤窑（本县李丙寅）等 14 个。民国 22 年（1933），全县有煤窑17座，次年增加到20座。到1949年9月底，由于开采技术落后，加之社会动荡不安，全县仅剩煤窑2座。

中华人民共和国成立后，境内煤炭开采大体经历了四个阶段。

第一阶段1949年10月—1964年。煤炭资源收归国有，国民经济恢复时期。煤炭开采只限于地方国营。实行按计划、逐步投资、逐步发展的方针。经过十多年的发展，域内煤窑数量从1953年的3座发展到1964年的7座。

第二阶段1965—1978年。实行国家、集体同时投资开发的方针。本县根据煤炭资源较为丰富的实际，在不破坏资源、不影响国有企业和县营煤矿发展的同时，实行社、村独办，社社联营的办法开办煤矿，发展社队企业、增加集体收入。到1978年，全县县营、社村集体煤矿达到19座，县境内共有煤矿22座。

第三阶段中共十一届三中全会后至2004年。随着以改革农业管理体制为突破口，农村经济政策的逐步放开搞活，在“有水快流，先上车，后买票”管理模式驱动下，全县多点布设，小型矿为主的县、社、队三级开发的乡镇煤矿、村办煤矿、联营煤矿异军突起，迅速发展。1980年全县煤矿猛增到46座（国营3座、乡村43座）。1985年，县境内煤矿达到59座（其中包括国家办3座，地市营2座、县营5座、乡村49座）。1990年各类煤矿达到65座。其中属本县管理的58座、军办3座、市管3座、大同市1座。较大型煤矿有小峪煤矿、王坪煤矿、芦子沟煤矿和峙峰山煤矿。1999年4月，县政府发出《关于全面整顿矿业秩序的通知》和《怀仁县整顿矿业秩序实施方案》，重点解决“三无”即无证开采、无证经销、无证勘察矿产资源的活动，依法打击偷税漏税行为，维护矿产资源国家所有权，创造良好矿业秩序，达到“关井压产”的目的。全县先后关闭乡村煤矿29座。2004年，全县境内有煤矿36座。

第四阶段2005—2009年。进行资源整合和兼并重组。按照山西省政府关于“资源整合、关小上大、联合改造、淘汰落后、优化结构”的指导方针，2005年9月至2007年5月，经省有关部门批准，将全县38座煤矿（不含同煤集团6座煤矿）压减为14座。2009年8月，经山西省煤矿企业兼并重组整合工作领导组办公室批准，县管煤矿兼并重组整合为6座年产90万吨以上综合机械化大矿。至此，县域煤炭工业步上了建设现代化煤炭企业的轨道。

1985年怀仁县主要煤矿统计表

表9-7

类别	煤矿名称	隶属关系	地理位置	建矿年份	井田面积（平方公里）	地质储量（万吨）	年产量（万吨）	工业总产值（万元）	利税（万元）	年末固定资产总值（万元）	职工（人）
县营营集体煤矿	峙峰山煤矿	县属国营	峙峰山村西	1951	16.14	45071	43.4	828.76	207.9	799.16	773
	芦子沟煤矿	县属国营	芦子沟村南，1982年移至村西	1958	8.5	19000	44.9	1232.89	371.54	792.14	807
	吴家窑砂石矿	二轻局集体	吴家窑村西	1964	3.86	1018.1	25	455	105.87	498.45	585
	王卞庄煤矿	原为海北头、鹅毛口两乡联营，1985年归县营	王卞庄村南	1980	4	9449.5	0.81				157
	柴沟煤矿	初为县、乡村三级联营，1985年归县营	王卞庄村北	1982	5.4	12758	1.42				500
	虎龙沟煤矿	县属国营	羊圈沟村东北	1984	4	9215.5	1.23				86
乡镇联营煤矿	窑子头煤矿	亲和、海北头、马辛庄3乡联办	王卞庄村东北	1981	1.6	9807	1.36				450
	石井联营煤矿	马辛庄、毛皂、里八庄3乡（镇）联办	窑子头村南	1982	1.88	5857	7.3				210

续表（1）

类别	煤矿名称	隶属关系	地理位置	建矿年份	井田面积（平方公里）	地质储量（万吨）	年产量（万吨）	工业总产值（万元）	利税（万元）	年末固定资产总值（万元）	职工（人）
乡镇煤矿	老牛湾煤矿	鹅毛口镇营	小磨村西北	1971	2.16	3931	14.9	222.17			92
	马营湾煤矿	金沙滩镇营	吴家窑村西	1972	0.51	89.4	12.1	181.27			143
	矾水湾煤矿	何家堡乡营	悟道村西	1974	1.8	4796	13	193.7			83
	陈家峪煤矿	城关乡营	小磨村北	1978	2.2	4011	15	208.6			230
	东兴煤矿	吴家窑镇营	碗窑村北	1977	0.98	4500	22.2	398.5			123
	大南沟煤矿	亲和乡营	峙峰山村西	1978	0.45	1190	12.9	201.97			63
	黄米沟煤矿	河头乡营	窑子头村西	1979	2.4	2890	8	116.31			175
	新红峪煤矿	新家园乡营	东山村南	1981	0.5	210	6.7	108.57			145
	李家湾煤矿	马辛庄乡营	峙峰山村北	1980	0.26	459	10	73.28			121
	东寺沟煤矿	毛皂镇营	芦子沟村北	1980	0.94	2606	6	86			267
	振兴煤矿	海北头乡营	峙峰山村东北	1984	0.32	837	3.4	62.07			184
企业煤矿	红旗煤矿	金沙滩农牧场营	碗窑村西北	1979	0.21	378	13.2	242.43			121
	新胜煤矿	农工商联合公司营	小磨村西	1980	0.57	635	17.7	263			173
地营煤矿	小峪煤矿	初为省公安厅营，1954年移交雁北地区管理。1957年由山西省地方煤炭局管理。1959年成立小峪矿务局，称小峪煤矿。1962年矿务局撤销，改由雁北行署管理。	小峪村南	1953	15.1	39273.3	73 1960年 120 1985年	3149.56	441.51	5634.19	4350
	王坪煤矿	煤炭部投资	王坪村	1984			108（设计能力）				

第二节 采运技术

民国以前，怀仁县煤矿均为土法开采，煤窑巷道低矮狭窄，全靠人工采掘。矿工下窑，手提油灯照明，用镢头刨，篓子背运。运煤多为双手着地，往外爬行。煤窑大多是一横洞，无通风设备和安全设施，塌方、漏水、瓦斯爆炸等事故时有发生。

民国初年，部分煤窑拓宽巷道，煤窑坑筒改为斜井，由坑口凿石阶至煤层，开伙岔，采煤改为分段分层采掘。运煤多数仍是人用篓背，少数则为牲畜驮运或小车拉运。民国9年(1920)，同宝公司煤窑购回75马力立式涡轮机两台，用高车提运。采煤方法未变。

1949年后，采掘方法逐步改进，煤矿设备不断更新。1952年起，采用人工打眼、炸药放炮落煤的方法采掘。1953年，平巷煤矿运煤改人背为畜力车拉运，采煤方法由残柱式改为刀柱式采掘。煤炭回收率提高10%。1956年，县营峙峰山煤矿、芦子沟煤矿始用蒸气绞车拉运、提升。1962年，井下运输改为无极绞车，配设使用调度绞车，井上提运改用电绞车。1970年，井下采煤使用电钻打眼，电雷管引爆落煤之法采掘。之后，县、乡、村三级煤矿逐年进行矿井井筒和运输、提升的扩建和改造。1979年，先后有矾水湾、陈家峪等13座乡镇煤矿完成改造。到1980年，除羊圈沟村办煤矿仍用畜力拉运外，其余煤矿的大巷运输全部实现了机械化，均使用11.4千瓦或254千瓦调度绞车。井上提升全部使用绞车，其中无极绞车提运的煤矿3座，其余为有轨矿车提运。

20世纪90年代末到21世纪初，境内煤矿数量迅速增加，煤炭采运技术的提升和进步却十分缓慢，只有部分规模较大的煤矿装备了煤机装机、刮板输送机和矿车运输。从2007年开始，经过资源整合兼并重组，单独保留或经整合的11座煤矿，全部取消炮采，实现综掘综采，全部采用皮带输送机运输，实现了煤炭采运技术的大突破、大跨越。2008年总投资6.9亿元的联顺玺达能源有限公司柴沟煤矿一期工程300万吨/年，已按设计要求建成。安全设施及配套工程居全市行业领先水平。投资2.2亿元的芦子沟煤矿120万吨/年高效高产技改工程通过相关部门的竣工验收。该矿采煤方法的成功实践，为全县煤矿树立了榜样，推进了全县采煤方法改革的进程。投资6300万元的峙峰山煤矿技改工程批准联合试运转。

年产300万吨的怀仁联顺玺达柴沟煤业有限公司的采运技术，代表了这一时期的领先水平。开拓方式：矿井采用斜井开拓，共建有三个井筒。主斜井担负全矿井的煤炭提升任务，同时兼作进风井及矿井的安全出口。副斜井为胶轮车运输斜井，担负全矿井材料、设备及人员的运输任务，同时兼作进风及矿井的安全出口。回风斜井担负全矿的回风任务，也作为矿井的安全出口。采掘系统：矿井装备有一个综采放顶煤工作面，两个综掘工作面。井下采用胶带运输机运输，辅助运输采用无轨防爆胶轮车运输。工作面采用单一倾向长壁布置，后退式开采，放顶煤的采煤方法。综采工作面安装有MGTY400/930—WD型采煤机一台、SGZ1000/1400型前部输送机一部、SGZ1200/1400型后部输送机一部，采用ZF13000/22/35型正四连杆四柱支撑掩护式低位放顶煤液压支架和ZFG/13000/22/35型反四杆四柱支撑掩护式放顶煤过渡液压支架支护。工作面配备了KJ—377型矿压观测设施对工作压力实施连续监测。掘进工作面采用S200M综掘机掘进，DSJ—1000毫米带式输送机运输。提升运输系统：主提升系统采用主斜井胶带输送机带宽1200毫米，型号为ST3150S（阻燃抗撕裂），主电机功率2×1350千瓦，10千伏，输送量2000吨/小时，铺设长度1700米。

第三节　井下设施

煤矿设施投入的多少，决定着煤矿生产规模和安全程度，各个时期有所不同。过去，主持煤矿生产的窑主本着少投资、挣大钱的宗旨，基本上是油灯照明，镢刨篓背，煤矿安全系数极差，伤亡事故率极高。在怀仁县历史上，也仅有民国5年（1916），广兴公司购回24马力两极竖锅炉一具，抽水机一台，用于井下排水和通风的记载。中华人民共和国成立后，境内煤炭生产持续发展，逐渐成为县、乡、村三级经济收入的重要组成部分。对煤矿井下的各种设施不断进行改善，投资不断增加，管理不断加强。

1954年，峙峰山、芦子沟煤矿井下开始使用风机通风，水车排水。1960年，井下照明改用电石灯。排水改用柴油机带动水泵抽水。1970年后，多数矿井改用电动机带动水泵抽水，井下主要巷道安装电灯照明。1979年，绝大多数煤矿工作面改用矿灯照明。1980年，各煤矿安装轴流式或离心式风机。1985年，各煤矿除主巷道安有主风机外，井下小巷及工作面亦安有主风机和副风机。全县煤矿共安装有各种风机300多台。峙峰山、芦子沟两矿开始使用耙斗装煤机，实现半机械化作业。20世纪90年代末，部分煤矿井下安装阻燃输送皮带运煤，较大型煤矿实现了双回路供电。2004年煤炭资源整合和煤矿兼并重组之后，县域内保留下的11座煤矿，全部按现代化矿井标准进行改造和建设，其井下设施虽有差异，但机械化水平已绝非昔日可比。以联顺玺达柴沟煤业为例，提升运输系统设施：主提升系统采用主斜井为1200毫米胶带输送机，顺槽采用一部DSJ120/150/2×250型可伸缩胶带输送机与主斜井皮带搭接。掘进工作面采用S200M型综掘机掘进。普通物料及设备配备了3辆WCQ-3A轻型无轨胶轮车装载。大型设备（采煤机、液压支架等）和长材料采用WC40Y型无轨胶轮车装载。人员乘坐配备了3辆TY6/20FB型客货胶轮车。工作面搬家倒面采用ED30SH型支架铲运车完成。装载辅助运输系统使用的无轨胶轮车均为防爆型。通风系统设施：采用中央分列式通风方式。回风斜井井口安设2台对旋轴流式通风机（型号BDK618 Ⅱ -8-No.29, 功率500KW× 2,10KV）。矿井采用分区通风系统，掘进工作面通风均采用局部通风机压入式通风，掘进工作面局扇采用双风机、双电源自动切换，矿井总进风量84立方米/秒。排水系统设备：在主斜井井底运输石门附近设有中央水泵房和主、副水仓，有效容量为2080立方米。泵房安装MD280-43×6型主排水泵3台，配套电机功率355KW，为一台使用，一台检修，一台备用。排水管路选用D213毫米无缝钢管，将井下涌水排至地面处理站。供水系统设施：水源分为两部分。地面生活用水由深井取自第四系浅层水，地面设2个容积为300立方米静压水池；选煤厂生产用水及井下消防洒水利用井下水进行处理后作为供水水源，地面设有2个容积为400立方米的消防静压水池，水量可随时补充，能满足井上、井下消防用水。供电系统设施：在工业场地设一座35/10KV变电站，担负矿井全部负荷的用电，双回路供电。变电站内设SZ10-16000/3535±3×2.5%/10.5KV型16000KVA电力变压器两台，一运一备，保证全矿井安全负荷用电。井下采用10KV高压供电，下井电缆采用双回路WYJV-8.7/10-3×180型矿用交联聚氯乙烯绝缘电缆。监控系统设施：装备有一套KJ101N型安全监控系统，KJ101安全监控系统分站23台，其中地面2台，井下21台。各类传感器106台，其中甲烷传感器27台，风速传感器16台，烟雾传感器1台，风门状态传感器8套，风机开停传感器8台，负压传感器3台，温度传感器14台，水位传感器2台，粉尘传感器3台，馈电状态传感器4台，风筒状态传感器2台，一氧化碳传感器12台，断电器6台。产量监控系统为SF-2000型，人员定位系统为KJ222（A）。压风系统设施：在副斜井附近建有一座压风机房，安装有2台GA132-7.5螺杆式空气压缩机，一台工作，一台备用。单台压风机额定排气量24.1立方米/秒，额定压力0.75Mpa，额定功率132KW。该压风机房主要向井下提供压风。通讯联络系统设施：型号为JSY2000-H，能力为256门，现使用160门。其中外线直通16门，井上下、矿内外通信畅通。

1986年5月29日下午，鹅毛口老牛湾煤矿3号井发生瓦斯爆炸事故，死亡18人，轻伤3人，直接经济损失20多万元。引起煤层瓦斯爆炸主要是没有合理的通风系统。1995年5月22日上午，陈家峪煤矿井下发生瓦斯爆炸，井下15名矿工7人脱险，8人遇难。事故发生后，县委、县政府及主管部门在加大监管力度的同时也加大了安全投入。

第四节　矿区建设

1949年以后，怀仁县的煤炭产业由弱到强，逐渐成为县域经济不可替代的龙头支柱产业。煤炭企业由过去的设备简陋、产能低下、技术落后，通过逐年投资建设，使矿区的生产生活条件和设施得到了不断改善。1978年后，县、社煤矿先后架设了35千伏主干输电线路，使各煤矿的电力供应得到了充分保证。从1982年起，对矿区通讯设施进行了改造和更新，初步实现了中继线直达化和水泥杆化。各矿有了电话专线，井下安有防爆电话，通讯指挥系统不断完善。同时，对本县的骨干煤矿如芦子沟、峙峰山以及乡镇联营煤矿进行改建和扩建，原煤产量不断上升。峙峰山、芦子沟、王坪三条铁路专用线陆续通车，极大地改善了各煤矿生产和运输条件。芦子沟煤矿、峙峰山煤矿先后进入国家二级企业的行列。

境内煤炭资源整合和兼并重组完成后，着力于各煤炭企业的质量标准化建设。到2012年，柴沟煤矿、砂石煤矿2座矿井已按一级安全质量标准建成。2矿机械化程度达到了100%。芦子沟、峙峰山2座煤矿达到了二级安全质量标准化矿井。芦子沟煤业300万吨/年项目已领取开工报告，向新的更高的台阶迈进。何家堡煤业、吴家窑煤业2个年产90万吨的矿井领取开工报告。各煤炭企业按照规程和标准化要求，开展了以岗位专业达标和企业达标为内容的安全标准化建设工作。按照设计要求，全县所有煤矿建成投产后，机械化程度全部达到100%。

在矿区建设的过程中，按照县委、县政府《关于怀仁县2007年六大林业工程建设的实施方案》的要求，完成了全县煤炭系统矿（厂）区造林绿化规划，完成了全年2520亩矿区周边造林绿化任务。同时，对矿区及周边脏、乱、差环境进行了集中整治，使矿区面貌发生了巨大变化。在矿区生产建设的同时，各矿还改造、兴建了调度楼、办公楼、宿舍楼、住宅楼。矿上为职工建起了健身房、阅览室、职工文化活动中心、理发室等，丰富了职工的业余文化生活。

第五节　原煤产量

怀仁县自有煤炭开采历史以来至民国21年（1932），仅有煤窑数量记载，无产量统计。民国22年（1933），全县有煤窑17座，年产量39489吨，为本县煤炭行业有史以来的第一次产量统计。次年全县有煤窑20座，年产煤

43547吨。1949年，由于社会动荡，全县仅剩煤窑2座，年产煤0.41万吨，年产值17.4万元。

1949年后，境内煤矿体制由私营变革为国营和集体所有，有了煤炭工业的产值统计。加之生产设备和采煤方法的逐渐革新，原煤产量不断上升。1951年兴建峙峰山煤矿，“一五”期间，兴建小峪煤矿和芦子沟煤矿。1957年，全县地方国营和集体煤矿共5座，年产原煤29.26万吨，产值432.34万元。“二五”时期，年产量最高达到64.69万吨。1963年至“文化大革命”前，平均年产为67.51万吨。“四五”时期，年均产量为119.4万吨。1978年，全县共有各类煤矿22座，年产煤166.97万吨，产值2729.56万元。次年，煤炭产量突破200万吨，从此，煤炭工业的主体优势逐渐形成。

中共十一届三中全会以后，怀仁县煤炭工业进入快速发展时期，根据“统一规划、合理布局、山川联合，全面发展”的采掘方针，相继建成了石井、王卞庄、柴沟、窑子头等一批规模较大的联营煤矿（后归县营）。“五五”时期，全县煤炭产量年均176.28万吨。到“六五”时期，年均上升到了435.22万吨。1988年10月，国家“七五”期间，投资2.06亿元兴建的全国62个现代化样板矿井之一的王坪煤矿建成投产，年设计能力为180万吨。1990年，境内各类型煤矿达到59座，产煤744.59万吨，产值3.11亿元，占到了全县工业总产值的78.56%。煤炭工业成为了全县经济发展的支柱产业。

1999年，国家实行“关井压产、以销定产”的政策，全县先后关闭乡村煤矿23座。2004年，全县境内有煤矿36座。煤炭产量有所影响。“九五”时期，全县年均产量379.6万吨，“十五”时期，年均产量为388.3万吨。“十一五”期间，正是本县进入煤炭资源整合和兼并重组的煤炭产业第二次创业的时期，其改革力度前所未有，除少数几座大中型煤矿可维持正常生产外，绝大多数煤矿处于停产待整状态。据统计，县营煤矿2007年产量为161万吨，2008年为391万吨，2009年为348.18万吨。2010年，兼并重组及现代化矿井建设基本完成，煤炭产量有了大幅度增长，全年产煤突破千万吨大关，达1071.8万吨，产值35.7亿元。2012年全年产煤1675万吨，产值突破55亿元。

1977-2012 年怀仁县原煤产量统计表

表 9-8

年份	原煤产量（万吨）	年度	原煤产量（万吨）
1977	141.2	1995	522
1978	167	1996	615
1979	201	1997	549
1980	250	1998	269
1981	314	1999	254
1982	355	2000	211
1983	399	2001	253.4
1984	490	2002	252
1985	617	2003	257
1986	544	2004	510.3
1987	554	2005	669
1988	561	2006	675
1989	663	2007	645
1990	745	2008	861.3
1991	702	2009	758
1992	763	2010	1072
1993	745	2011	1575
1994	542	2012	1675

第六节　资源整合和兼并重组

资源整合 20 世纪 80—90 年代，县域内快速建成的乡村煤矿，逐渐暴露出诸多问题。一是小型煤矿井田面积小，有 62% 的煤矿生产能力在 9 万吨以下，48% 的煤矿井田面积在 0.5 平方公里以下，矿井后备储量不足，服务年限短，造成投资浪费。二是小型煤矿采掘工艺落后，以房柱式开采为主，回采率低，资源损失严重，造成煤炭资源的极大浪费。三是煤矿之间越界和非法开采等现象时有发生，管理水平落后，安全生产没有保证，事故频发，管理难度大。四是小型煤矿无序生产对生态环境的破坏十分严重，而治理力度不足。

2004 年，县委、县政府针对本县煤炭工业存在的问题，从转变经济增长方式，建设环境友好型、资源节约型社会，实现可持续发展的战略高度，提出利用 3–5 年时间“关小、改中、建大，实施资源整合，推进采煤方法改革”的发展煤炭工业的总体思路，并开始谋划、研究、探索煤炭资源整合工作。2005 年，向省政府上报了《怀仁县煤炭资源整合方案》。同年 9 月，山西省煤炭资源整合和有偿使用领导组办公室以晋煤综合办审 [2005]1 号文件，正式批复了本县的煤炭资源整合方案，并把怀仁县确定为全省煤炭资源整合的试点县。同时还指出：“怀仁县对煤炭资源整合和有偿使用工作认识到位，起步较早，措施坚决，有前瞻性，在全省有示范意义”。

资源整合就是对全县煤矿的资源进行统一整合，淘汰低产能矿井，对保留煤矿进行技术改造。将现有 38 座煤矿（不含同煤集团监管经营的煤矿）压减为 10 座，压减比例为 74%。实施整合的煤矿 29 座（其中市营 2 座、县营 4 座），单独保留的煤矿 4 座（其中县营 3 座），关闭淘汰的煤矿 5 座，不再保留生产能力 9 万吨以下的煤矿。最终保留的 10 座煤矿规划生产能力全部达到 30 万吨 / 年以上。适当扩大矿区面积，现有 38 座煤矿和矿区总面积为 70.60 平方公里，整合后 10 座煤矿矿区总面积扩大为 76.14 平方公里。在整合中增扩杨树湾等 16 座已关闭煤矿的资源。

整个资源整合工作分两期进行，资源整合完成后，生产能力由 681 万吨 / 年提升到 840 万吨 / 年。整合后保留的煤矿和井型为年产 30 万吨煤矿 4 座（牛头岭煤矿、二南窑煤矿、芦北煤矿、大南沟煤矿），年产 45 万吨煤矿 2 座（东兴煤矿、矾水湾煤矿），年产 90 万吨煤矿 1 座（砂石煤矿），年产 120 万吨煤矿 2 座（芦子沟煤矿、峙峰山煤矿），年产 300 万吨煤矿 1 座（柴沟煤矿）。鉴于县境内拟建坑口电厂等其它综合项目，年消耗原煤 800 万吨左右，上级相关部门同意以上项目落实后，再对矿井进行二期改造，使全县煤炭生产能力提升至 1500 万吨 / 年。二期改造矿井为柴沟煤矿 300~600 万吨 / 年，芦子沟煤矿 120~300 万吨 / 年，峙峰山煤矿 120~300 万吨 / 年。整合保留的煤矿要全部实现壁式开采，提高机械化水平和回采工艺，采区回采率达到75%以上。达到一井一面，两个安全出口，矿井提升、运输、通风、排水、供电等生产系统及装备相应配套，安全生产水平要有显著提高。

在资源整合积极推进的过程中，2007年5月，本县对煤炭资源整合和有偿使用方案作了部分调整，并得到了省里的批复。主要调整内容为：一是保留煤矿增加4座。由狼儿峪、元宝沟煤矿整合为A煤矿，由东山村、大东沟煤矿整合为B煤矿，虎龙沟煤矿单独保留，马营湾煤矿单独保留。二是柴沟煤矿生产能力由300万吨/年调整为240万吨/年。新整合的A煤矿、B煤矿生产能为均为21万吨/年。芦子沟煤矿、峙峰山煤矿按原整合方案一期生产能力批准。

兼并重组 在全县煤炭企业按照资源整合方案积极推进的过程中，山西省政府作出了彻底改变全省“多、小、散、乱”的产业格局，提高煤炭产业集中度和产业水平，实现煤炭工业的转型发展，煤矿企业必须兼并重组的重大战略决策。2009年，按照省、市关于煤矿企业兼并重组的要求，经省煤矿企业兼并重组整合工作领导组[2009]11号文件批复，将全县14座煤矿（其中列入政策性关闭2座）兼并重组整合为5个主体7座生产能力90万吨/年以上的大中型煤矿企业。井田面积83.0682平方公里，保有地质储量172963万吨，产能达到1290万吨。

重组整合的7个矿井分为三个类型：一是整合（协议转让）3座。山西煤炭运销集团虎龙沟煤业有限公司整合山西怀仁睿和兴业煤业有限公司，矿井能力120万吨/年；山西怀仁峙峰山煤业有限公司整合山西怀仁振兴大南窑煤业有限公司，矿井能力300万吨/年；山西中能芦子沟煤业有限公司整合山西财路煤业有限公司，矿井能力300万吨/年。二是控股、参股2座。山西怀仁中能芦子沟何家堡煤业有限公司由中能芦子沟煤业有限公司作为主体，参股经营，矿井能力90万吨/年；山西怀仁峙峰山吴家窑煤业有限公司由峙峰山煤业有限公司作为主体参股经营，矿井能力90万吨/年。三是单独保留矿井2座。山西连顺玺达柴沟煤业有限公司，矿井能力300万吨/年；山西怀仁南窑晋通矿石煤业有限公司，矿井能力90万吨/年。

整合关闭矿井 5 处分别是：山西怀仁财路煤业有限公司、山西嘉美盛煤业有限公司、山西怀仁二南窑煤业有限公司、山西睿和兴业煤业有限公司、山西怀仁振兴大南窑煤业有限公司。2009 年底前由县政府按“六条标准”实施关闭到位。

经煤炭资源整合和兼并重组，到 2009 年，县域内加上同煤集团管理经营的 5 座煤矿（朔煤王坪煤电有限公司、朔煤小峪煤矿、大同市焦煤矿、新峪煤矿、挖金湾虎龙沟煤业有限公司），共有煤矿 11 座。设计生产能力 1800 万吨 / 年，井田面积 122.6478 平方公里，地质储量 28.5672 亿吨，可采储量 15.41 亿吨。

从煤炭资源整合、有偿使用到兼并重组，是怀仁县煤炭工业发展的一个重要里程碑。从此开始，全县煤炭开采进入了第二次创业的艰辛历程。各煤炭企业在完成兼并重组的相关手续后，其资金投放、矿山建设、采掘技术、机械设备、煤矿安全的投入和改造力度达到了空前的水平，炮采、炮掘从此成为历史，全县煤炭企业翻开了现代化矿井建设的崭新一页。

怀仁县煤矿资源整合和有偿使用情况一览表

表 9-9

类型	序号	整合后矿山名称	整合前矿山名称	原矿区面积（km^2）	原保有储量（万吨）	原生产能力（万吨/年）	原开米煤层	整合后矿区面积（km^2）	新增矿区面积（km^2）	整合后生产能力（万吨/年）	整合后新增生产能力（万吨/年）	整合后保有资源储量（万吨）C 至 2005 年底	新增矿区面积与整合前面积比	新增生产能力与整合前生产能力比	整合后开米煤层	备注
整合矿井	1	怀仁县地方国营柴沟煤矿（第一期整合）怀仁县地方国营柴沟煤矿（第二期整合）	怀仁县地方国营柴沟煤矿	5.3289	12296	30	4#5#8#9#	16.6968	2.0542	240	120	38137.49	1490	317%	4#5#8#9#	此次调整，将虎龙沟联营煤矿调整为单独保留煤矿，将关闭的狼儿峪煤矿和元宝沟煤矿整合为一个煤矿（整合 A 煤矿），将剩余的煤矿整合为一个煤矿。比原方案核准意见多出两座煤矿。
			怀仁县国营王卞庄煤矿	4.2224	14013	30	4#5#8#9#									
			怀仁县地方国营石井煤矿	1.8866	4205	21	4#5#8#9#									
			怀仁县云中镇半沟煤矿	0.551	385	6	4#5#8#									
			怀仁县小磨掏新胜煤矿	0.6452	738	9	4#5#8#									
			怀仁县河头乡黄米沟煤矿	1.6288	2236	15	4#5#8#									
			怀仁县云中镇麻叶山煤矿	0.3797	359	9	4#5#									
			杨树湾煤矿（关闭矿）													
			铁匠沟煤矿（关闭）													
			合计	14.6426	34232	120										
	2	怀仁县吴家窑镇东兴煤矿（一期整合）	怀仁县吴家窑东兴煤矿	0.9673	884.22	21		3.0406	1.33	45	15	2192.82	78%	50%	4#5#8#	此次不调整，已划界
			怀仁县新家园乡镇新红峪煤矿	0.7433	509	9										
			灰尘沟煤矿													
			新路煤矿（关闭矿）													
			热窑湾煤矿（关闭矿）													
			后山坡煤矿（关闭矿）													
			合计	1.7106	1393.22	30										
	3	怀仁县新家园乡镇牛头岭煤矿（一期	怀仁新家园乡镇牛头岭煤矿	0.5801	452.1	6	5#	2.4098	0.2286	30	6	2901.49	0%	25%	4#5#8#	此次不调整，已发米矿
			怀仁县新家园乡镇大东窨煤矿	0.8993	449	6	5#8#									
			# 仁湛新家园乡镇财路煤矿	0.2397	524	6	4#5#8#									
			怀仁县新家园乡镇自土沟煤矿	0.4621	1044	6	5#8#									
			合计	2.1812	2469.1	24										

续表 9-9（1）

类型	序号	整合后矿山名称	整合前矿山名称（暂定）	原矿区面积（km^2）	原保有储量（万吨）	原生产能力（万吨/年）	原开采煤层	整合后矿区面积（km^2）	新增矿区面积（km^2）	整合后的生产能力（万吨/年）	整合后新增生产能力（万吨）	整合玎保也资源储量（万吨）至2005年底	新增矿区面积与整合前面积比	新增生产能力与整合前生产能力比	整合后开采煤层	备注
整合矿井	4	怀仁县何家堡乡峙儿沟煤矿（二期整合）	怀仁县何家堡乡楼子口煤矿	0.2899	518	6	4#5#8#	2.7151	1.6558	30	9	2340	156%	42%	4#5#8#	此次不调整，已发采矿许可证
			怀仁县何家堡乡西寺沟煤矿	0.3969	601	6	4#5#8#									
			怀仁县何家堡乡峙儿沟煤矿	0.3725	317	9										
			教场沟煤矿（关闭矿）													
			东寺沟煤矿（关闭矿）													
			贵条沟煤矿（已关闭）													
			牛心山煤矿（关闭矿）													
			合计	1.0593	1436	21										
	5	怀仁县吴家窑镇吴家窑村二南窑煤矿（二期整	怀仁县吴家窑镇吴家窑村二南窑煤矿	0.9993	1346	15	4#5#8#	1.8458	0	30	-12	3674.35	0%	-29%	4#5#8#	此次不调整，已划界
			怀仁县吴家窑镇峙峰山村联营煤矿	0.315	936	9	4#5#8#									
			朔州市红旗煤矿	0.2627	522	9	5#8#									
			怀仁县马辛庄乡李家湾煤矿	0.2688	874	9	1#4#5#8#									
			合计	1.8458	3678	42										
	6	怀仁县亲和乡大南沟联营煤矿（二期整合）	怀仁县亲和乡大南沟煤矿	0.4813	712.7	15	1–5#、8#	0.8641	0	30	0	1514.87		50%	1#2#3#4#5#8#	此次调整，将马营湾煤矿调整为单独保留煤矿，将剩余的煤矿继续整合为一个煤矿，比原方案核准意见多一座煤矿
			怀仁县海北头乡振兴煤矿	0.2473	464.14	9	2–5#8#									
			怀仁县吴家窑镇窑子头村悬儿沟煤矿	0.1355	338	6	4#5#8#									
			合计	0.8641	1514.84	30										
	7	整合A煤矿	怀仁县云中镇狼儿峪煤矿	1.5217	2104	9	4#5#8#									此次调整
			怀仁县云中镇元宝沟煤矿	1.2644	226.52	9	4#5#8#									
			合计	2.7861	2330.52	18										
	8	整合B煤矿	怀仁县吴家窑镇东山村煤矿	0.2641	227	9	5#8#	0.6862	0.24	21	6	1048.64	54	100%	5#8#	此次调整，将原关闭的东山村煤矿和王坪村大东沟煤矿整合为一座煤矿，比原方案多出一座煤矿
			怀仁县新家园乡镇王坪村大东沟煤矿	0.1821	342.04	6	5#8#									
			红山峪煤矿（关闭矿）													
			合计	0.4462	619.04	15										

续表 9-9（2）

类型	型号	整合后矿山名称（暂定）	整合前矿山名称	原矿区面积（km^2）	原保有储量（万吨）	原生产能力（万吨/年）	原开采煤层	整合后矿区面积（km^2）	新增矿区面积（km^2）	整合后生产能力（万吨/年）	整合后新增生产能力（万吨/年）	整合后保有资源储量（万吨）（至2005年底）	新增矿区面积与整合前面积比	新增生产能力与整合前生产能力比	整合后开采煤层	备注
单独保留矿井	9	怀仁县地方国营芦子沟煤矿（第一期整合）	怀仁县地方国营芦子沟煤矿	14.6915	38089	120	2#3#4#5#8#	14.6915	0	120	180	38089	0%	150%	2#3#4#5#8#	此次不调整，已发采矿许可证
			合计	14.6915	38089	120										
	10	怀仁县地方国营峙峰山煤矿（第一期整合）	怀仁县地方国营峙峰山煤矿	13.0023	31243	120	16#19#21#22#–K 11#–2、25#	13.0023	0	120	180	31243	0%	150%	16#19#21#–1、11#–2、25#	此次不调整，已发采矿许可证
			合计	13.0023	31243	120										
	11	怀仁县何家堡乡矾水湾煤矿（一期整合）	怀仁县何家堡乡矾水湾煤矿	2.0376	2280	15	4#5#8#9#	2.5495	0.535	45	30	4245.25	26%	200%	4#5#8#9#	此次不调整，已发米矿许可证
			南窑沟煤矿（关闭矿）													
			大南梁煤矿（关闭矿）													
			合计	2.0376	2280	15										
	12	怀仁县地方国营砂石煤矿（一期整合）	怀仁地方国营砂石煤矿	4.0052	6343	30	1#2#3#4#5#8#	4.7101	0.7049	90	60	6404.5	18%	200%	1#2#3#4#5#8#	此次调整，能力提升为90万吨/年
			榆树沟煤矿（关闭）													
			合计	4.0052	6343	30										
	13	怀仁县虎龙沟联营煤矿	怀仁县虎龙沟联营煤矿	8.9604	20287	30	4#5#8#	8.9604	0	30	0	20287	0%	0%	4#5#8#	
	14	怀仁县金沙滩镇马营湾煤矿	怀仁县金沙滩镇马营湾煤矿	0.5254	1109.07	15	4#5#8#	0.5254	0	15	0	1540.07	0%	0%	4#5#8#	
淘汰关闭矿井	1	怀仁县云中镇卧羊台煤矿		0.2886		6	4#5#8#									
	2	怀仁县新家园乡镇桦林沟煤矿		0.3556		9	5#									
	3	怀仁县云中镇小偏岭煤矿		0.3972		6	4#5#8#									
		总计		69.81	147023.79	681	4#5#8#	75.2756	5.4656	837	156	154600.47	7.8%	23%		

怀仁县煤矿企业兼并重组矿井明细表

表 9—10

编号	重组整合主体企业/地方骨干企业	重组后煤矿企业预核准名称	建设性质	序号	重组前煤矿名称	估算矿区面积（km²）			批准开采煤层（号）		估算保有资源/储量（Mt）			矿井能力（万吨/年）			矿区范围
						重组前	重组后	新增	重组前	重组后	重组前	重组后	新增	重组前	重组后	新增	
	合计					73.1608	83.0682	9.9074			1447.38	1729.63	282.25	921	1290	369	
1	山西煤炭运销集团有限公司	山西煤炭运销集团有限公司虎龙沟联营煤矿	整合	1	怀仁县虎龙沟联营煤矿	8.9217	12.214	0.526	4、5、8	4、5、8、	144.12	173.68	9.77	120	120	–21	1，4422580.00,19670128.0 2,4422608.00,19674150.00 3,4421706.00,19674046.00 4,4420265.00,19674010.00 5,4420250.00,19673110.00 6,4419879.00,19673098.00 7,4419996.00,19672293.00 8,4420135.00,19671050.00 9,4420190.00,19670782.00 10,4420149.00,19668070.0
				2	山西怀仁睿和兴业煤业有限责任公司	2.7663			4、5、8		19.79			21			
2	山西怀仁峙峰山煤业有限责任公司	山西怀仁峙峰山煤业有限责任公司	整合	3	山西怀仁峙峰山煤业有限责任公司	13.2099	16.157	2.0831	山4、3（2–3）、4、5、5、8	山4、3（2–3）、5上、5、8	322.89	361.71	28.29	120	300	150	1,4412072.00,19653412.00 2,4411431.00,19656255.00 3,4409523.00,19655505.00 4,4408466.00,19657633.00 5，4408490.00,19657633.00 6,4408526.00,19658279 7,4407824.00,19658171.00 8,4407819.00,19657549.00 9,4406813.00,19657551.00, 10，4406563.00,19657571.00 11,4406362.00,19657515.0 12,4406102.00,19657515.0 13,4406109.00,19657319.0 14,4406095.00,19656519.0 15,4406019.00,19655560.0 16,4406512.00,19654531.0 17,4406512.00,19654000.0 18,4406835.00，,19654000.00 19,4406850.00,19654930.00 20，4407270.00,19654923.00 21,4407255.00，19653993.00 22,4407674.00,19653985.00 23、4400104.00,19653946.00 24,4410096.00,19653445.00
				4	山西怀仁振兴大南窑煤业有限责任公司	0.864			1、2、3、4、5、8		10.53			30			

续表 9-10（1）

<table>
<tr><th rowspan="2">编号</th><th rowspan="2">重组整合主体企业/地方骨干企业</th><th rowspan="2">重组后煤矿企业预核准名称</th><th rowspan="2">建设性质</th><th rowspan="2">序号</th><th rowspan="2">重组前煤矿名称</th><th colspan="3">估算矿区面积（km^2）</th><th colspan="2">批准开采煤层（号）</th><th colspan="3">估算保有资源/储量（Mt）</th><th colspan="3">矿井能力（万吨/年）</th><th rowspan="2">矿区范围</th></tr>
<tr><th>重组前</th><th>重组后</th><th>新增</th><th>重组前</th><th>重组后</th><th>重组前</th><th>重组后</th><th>新增</th><th>重组前</th><th>重组后</th><th>新增</th></tr>
<tr><td rowspan="2">3</td><td rowspan="2">山西怀仁峙峰山煤业有限责任公司</td><td rowspan="2">山西怀仁峙峰山吴家窑煤业有限公司（暂定名）</td><td rowspan="2">整合</td><td>5</td><td>怀仁县东兴煤业有限公司</td><td>3.3895</td><td rowspan="2">5.4724</td><td rowspan="2">0.2472</td><td>4、5、8</td><td rowspan="2">4、5、8</td><td>25.09</td><td rowspan="2">47.42</td><td rowspan="2">6.45</td><td>45</td><td rowspan="2">90</td><td rowspan="2">15</td><td rowspan="2">1.4407805.00,19657559.00
2.4407826.00.19658834.00
3.4406920.00.19658788.00
4.4406584.00.19658792.00
5.4406594.00.19659195.00
6.4406844.00.19659191.00
7.4407348.00.19659423.00
8.4407041.00.19659460.00
9.4407345.00.19660849.00
10.4407224.00.19660888.00
11.4407276.00.19661269.00
12.4406970.00.19661500.00
13.4407054.00.19661729.00
14.4406214.00.19661743.00
15.4405950.00.19660917.00
16,4405915•00,19659306.00
17.4406064.00.19658584.00
18.4406240.00.19658578.00
19.4406256.00.19658317.00
20.4406255.00.19658317.0 0
21.4406362.00.19657515.00
22.4406563.00.19657571.00
23.4407244.00.19657553.00</td></tr>
<tr><td>6</td><td>山西怀仁二南窑煤业有限公司</td><td>1.8357</td><td>4、5、8</td><td>15.88</td><td>30</td></tr>
</table>

续表 9-10（2）

编号	重组整合 主体企业 / 地方骨干 企业	重组后煤 矿企业预 核准名称	建设性质	序号	重组前 煤矿名称	估算矿区面积（km2）			批准开采煤层（号）		估算保有资源 / 储量（Mt）			矿井能力（万吨 / 年）			矿区范围
						重组前	重组后	新增	重组前	重组后	重组前	重组后	新增	重组前	重组后	新增	
4	山西怀仁中能芦子沟何家堡煤业有限责任公司	山西怀仁中能芦子沟何家堡 煤业有限责任 公司	整合	7	山西怀仁中 能芦子沟煤 业有限责任 公司	14.6327	17.0425	0	山 4、2、3、5、8	2、3、4、5、8	380.89	406.78	0	120	300	150	1.4416720.00.19661750.00 2.4414757.00.19667118.00 3.4414654.00.19666990.00 4.4414577.00.19667121.00 5.4414342.00.19666835.00 6.4414448.00.19666623.00 7.4413873.00.19666366.00 8.4413567.00.19666011.00 9.4413056.00.19666549.00 10.4412736.00.19666510.00 11.4411999.00.19666714.00 12.4411514.00.19666432.00 13.4410292.00.19665202.00 14.4410185.00.19664757.00 15.4409981.00.19664508.00 16.4410520.00.19663808.00 17.4411091.00.19663892.00 18.4411774.00.19663740.00 19.4411673.00.19663675.00 20.4411736.00.19663598.00 21.4411833.00.19663669.00 22.4411951.00.19663547.00 23.4412180.00.19663519.00 24.4412083.00.19663740.00 25.4413670.00.19663795.00 26.4415025.00.19662320.00 27.4415639.00.19661764.00 （矿井大部分位于鹅毛口、吴家窑县级地 质遗迹保护地）
				8	山西怀仁 财路煤业有限责任 公司	2.4098			4.5.8		25.89			30			

续表 9-10（3）

编号	重组整合主体企业/地方骨干企业	重组后煤矿企业预核准名称	建设性质	序号	重组前煤矿名称	估算矿区面积（km2）			批准开采煤层（号）		估算保有资源/储量（Mt）			矿井能力（万吨/年）			矿区范围
						重组前	重组后	新增	重组前	重组后	重组前	重组后	新增	重组前	重组后	新增	
5	山西怀仁中能芦子沟何家堡煤业有限责任公司	山西怀仁中能芦子沟何家堡煤业有限责任公司	整合	9	山西嘉美盛煤业有限责任公司	2.5061	5.2645	0	2.4.5.8.9	4.5.8.9	40.71	64.11	0	45	90	15	1.4415214.00,19666370.00 2.4415261.00.19669181.00 3.4414843.00.19669338.00 4.4413774.00.19668756.00 5.4413725.00.19668857.00 6.4412942.00.19668040.00 7.4412833.00.19667551.00 8.4412816.00.19667101.00 9.4412440.00.19666592.00 10.4412736.00.19666510.00 11.4413056.00.19666549.00 12.4413604.00.19666990.00 13.4413873.00.19666366.00 14.4414448.00.19666623.00 15.4414432.00.19666835.00 16.4414577.00.19667121.00 17.4414654.00.19666990.00 18.4414757.00.19667118.00 19.4415034.00.19666373.00 （矿井大部分位于鹅毛口－吴家窑县级地质遗迹保护地，与大同怀仁县小峪口－悟道村水泥用石灰岩矿探矿权出让部分重叠）
				10	山西怀仁财路煤业有限责任公司	2.7584			4.5.8		23.4			30			

续表 9-10（4）

编号	重组整合主体企业/地方骨干企业	重组后煤矿企业预核准名称	建设性质	序号	重组如煤矿名称	估算矿区面积（km^2）			批准开采煤层（号）		估算保有资源/储量（Mt）			矿井能力（万吨/年）			矿区范围
						重组前	重组后	新增	重组前	重组后	重组前	重组后	新增	重组前	重组后	新增	
6	山西怀仁联顺玺达柴沟煤业有限公司	怀仁联顺玺达能源有限公司柴沟煤业有限公司	单保	11	怀仁联顺玺达能源有限公司柴沟煤矿	15.1129	22.164	7.0511	3、5、8、8	3、5、8、8	371.06	608.8	237.74	240	300	60	1.4420149.00.19668070.00 2.4420190.00.19670782.00 3.4420135.00.19671050.00 4.4419996.00.19672293.00 5.4419879.00.19673098.00 6.4419841.00.19673796.00 7.4417873.00.19672841.00 8.4418020.00.19672678.00 9.4418161.00.19672736.00 10.4418286.00.19672404.00 11.4417951.00.19672411.00 12.4418000.00.19671468.00 13.4416446.00.19671245.00 14.4417662.00.19670561.00 15.4416156.00.19669727.00 16.4417142.00.19669407.00 17.4416539.00.19668612.00 18.4416325.00.19668735.00 19.4415746.00.19667678.00 20.4415445.00.19667880.00 21.4415690.00.19665537.00 22.4416567.00.19665860.00 23.4416577.00.19667029.00 24.4416795.00.19667436.00 25.4417316.00.1966337.300 26.4419172.00.19666306.00 27.4419728.00.19667733.00
7	山西怀仁南窑晋通砂石煤业有限公司	山西怀仁南窑晋通砂石煤业有限公司	单保	12	山西怀仁南窑晋通砂石煤业有限公司	4.7538	4.7538	0	1、2、3、4、5、8、	1、2、3、4、5、8、	67.13	67.13	0	90	90	0	1.4408490.00.19657920.00 2.4410705.00.19658763.00 3.4410625.00.19659137.00 4.4410541.00.19659139.00 5.4410097.00.19660654.00 6.4409136.00.19660670.00 7.4409088.00.19658978.00 8.4408869.00. 19659027.00 9.4407824.00. 19659140.00 10.4407824.00. 19658171.00 11.4408526.00. 19658279.00

第三章 加工 转化

第一节 腐殖酸及煤粉加工

怀仁县历史上以销原煤为主，极少进行煤炭的再加工利用。1969 年，吴家窑、清泉两个大队，用自然氧化煤粉同硝酸，氨水合成生产氧化煤。同年 7 月，县革命委员会召开现场会，推广生产氧化煤的经验。此后，各公社均迅速办起氧化煤厂，山区、半山区的部分村庄也陆续开办了氧化煤厂。1978 年始，转为以煤炭为原料的腐殖酸加工。当年全县开办乡村腐殖酸厂 80 个，加工生产腐殖酸肥料 48.35 万吨。1980 年转为煤粉加工，全县共有 83 个煤粉厂，生产袋装煤粉，销往京、津、沪地区。1985 年销售煤粉 5 万吨，每吨平均售价 50 元，比销原煤增值 1.7 倍。全县乡（镇）煤粉厂总产值达 352.93 万元。20 世纪 90 年代末期，随着市场的变化，煤粉加工逐步退出。

第二节 炼焦

元代，县人在清凉山、芦子山上置利国铁冶。1958 年在清理堆积的废矿渣时，从中发现有不少的焦炭，证明在元代即已经利用焦炭熔铁，炼焦业已较发达。1956 年，经 115 队勘探，清凉山下储藏有较优质的配焦煤。1970 年，大同市在石井村南建焦煤矿，设计能力为 30 万吨，但因洗选设备不全，煤中夹石多，一直未能从事炼焦。1971 年，芦子沟煤矿在采煤的同时，开始用土法炼焦，当年产焦炭 2660 吨。次年炼焦炭 4187 吨。1976 年炼焦 3840 吨。1979 年炼焦炭 20 吨。1980 年停炼。1985 年，河头、石井两村开办焦化厂，从业人员 40 人，年炼焦炭 8000 吨，产值 54.05 万元。

利用煤炭资源优势，进行煤炭的加工利用，增加它的附加值，一直是本县寻求的一个方向。在反复论证的基础上，1993年7月1日，怀仁县煤化实业公司第一焦化厂奠基开工。该厂是由城关镇兴建的大型乡镇企业，由雁北煤化设计院设计，第十三冶金工程公司负责施工，采用国内一流设备。工程占地68亩，投资750万元，分两期建设。工程全部竣工后，可年产焦炭10万吨，煤气1500万立方米，产值1000万元，利税360万元，转化煤炭40万吨。1994年3月29日，芦子沟煤矿焦化厂奠基，这是国家科委批准立项的国家级星火项目之一。该项目采用原雁北煤炭设计院低温干馏专利技术进行煤炭深加工。主要产品半焦主要用于铁合金行业，煤气用于陶瓷行业和居民生活。这两个项目由于种种原因没有取得更大进展，于2003年进行搬迁改造。2012年从保护环境的角度出发，境内已无炼焦企业的存在。

第三节　碳铵

利用煤干馏原理，把煤直接气化，经合成氨，氨合成碳铵后，产值可比原煤提高4~5倍。始建于1966年的化肥厂，1970年投产。在煤炭深加工的过程中，县化肥厂曾先后用本县烟煤和阳泉无烟煤以及焦炭生产碳铵。每年可消化本地煤炭20多万吨。2011年，因企业亏损，在重组无望的情况下，宣告破产。

第四节　精洗　筛选

煤炭洗选是利用煤和杂质（矸石）的物理、化学性质的差异，通过物理、化学或微生物分选的方法使煤和杂质有效分离，并加工成质量均匀、用途不同的煤炭产品的一种加工技术。为了进一步提高煤炭质量，提高煤炭利用效率，优化产品结构，1995年8月份，县域内第一个煤炭洗选企业—连顺洗煤有限公司在宋庄村东南破土动工，次年9月开业。该公司由怀仁县煤炭运销公司和古交市连顺洗煤焦化有限公司联营，总投资3000万元，占地160亩，年可消化煤炭160万吨，洗煤120万吨。

2006年，县政府《关于怀仁县国民经济和社会发展第十一个五年计划规化纲要的报告》中明确指出：要把发展循环经济，建设资源节约型、环境友好型社会和实现可持续发展作为今后的调产方向。在整合煤矿的基础上，加大煤炭洗选力度，提高煤炭附加值。中共怀仁县委、县政府在进一步调整和优化工业结构的工作中，提出了煤炭行业要加快资源整合，进一步促进煤炭集中化、集约化、洁净化和现代化生产，把煤炭的生产、加工、运销作为一个产业的完整链条加以培育和发展，进一步发挥其支柱产业的重要支撑作用。在《规划纲要》的指导下，本县有条件的煤矿在矿井建设和技术改造过程中，都同时加紧了配套洗煤厂的建设工作。此后，峙峰山煤业、南窑煤业、南窑出口煤站等6座洗煤厂的建设进入了发展的快车道。2008年，王坪矿区年入洗能力300万吨的洗煤厂、省煤炭进出口公司在大峪口建设的300万吨洗煤厂、矿业公司金沙滩集运站300万吨洗煤厂相继建成，本县煤炭的洗选能力有了一个大的飞跃。小峪煤矿洗煤厂经技术改造，原煤入洗后，灰分降低至22%，发热量提升至5200 ~ 5500大卡/千克。其附产品煤矸石经1300度高温煅烧成莫来石，成为新型铝硅耐火材料，可作为陶瓷、结晶釉和一般铸造吸铸的填料、涂料，是航空、轮船、汽车等高精密机械不可或缺的原料，产品远销各地。2010年9月，柴沟煤矿通过综合竣工验收，其年入洗能力300万吨的洗煤厂也成为本县洗煤项目的样板工程。该选煤厂主要设备全部采用国内外最先进的技术。动筛车间采用了动筛跳汰机自动选矸；主洗车间模块结构，洗选工艺先进高效；监控系统可在线检测煤流数量、质量、仓位、煤泥水浓度和流量，可实现全厂设备的集中启动和停车；装车系统可实现自动快速定量装车。用人少、生产效率高，是一座优质高效选煤厂。截至到2012年统计，全县已有煤炭洗选企业35家，成为本县煤炭加工，提高煤炭附加值的主要途径。

第五节 电力建设

电力建设是煤炭转化的又一条途径，怀仁县作了许多探索和尝试。1988

年3月，经过前期考察，兴办电厂工作拉开帷幕。3月14日，联营电厂集资动员大会在县政府会议厅召开。县五套班子领导，驻怀厂矿、各部、委、局办负责人，各乡镇长，各专业户代表共600余人参加会议。会上，县五套班子领导每人集资600元，各部、委、局、乡镇领导每人集资200~500元，厂矿、驻怀单位领导纷纷表态集资，当场集资300多万元。机关干部、厂矿、职工普遍每人集资一个月工资，农民以户集资，数目不等，充分反映了县政府对煤炭转化的渴望和广大人民群众对电力建设的巨大热情。但由于诸多条件不成熟，集资建电厂经过一段筹备后搁置。

2007年7月，由同煤集团和国电电力发展股份有限公司以6:4的比例共同投资成立的（2012年控股方变更为山西漳泽电力股份有限公司，控股比例不变）同煤国电王坪发电公司开始筹建工作。公司位于本县新家园乡王坪村。一期工程建设2×200MW超高压直接空冷凝气式汽轮发电机组，主厂区占地面积约341亩。成为域内唯一一家大型发电企业。该公司是典型的煤矸石综合利用坑口电厂，以当地劣质煤和毗邻王坪洗煤厂的洗中煤及煤矸石为燃料，采用循环流化床锅炉、直接空冷、炉内喷钙及炉外石灰石湿法烟气脱硫、高效除尘、废水零排放等优势技术进行发电，是资源综合利用绿色环保项目。该项目2010年3月开工建设，到2011年8月底累计投资15.35亿元。1#2#机组分别于2011年9月1日、10月10日一次通过72+24小时满负荷试运行，成功并网发电。项目投产达效后，年可供电19.98亿千瓦时。

王坪煤电公司前身是王坪煤矿，位于本县王坪村。1997年根据省、市建立现代企业制度要求，企业改制为王坪煤电有限责任公司，2004年参组同煤集团。该公司坚持绿色循环、科技高效发展的理念，在做强做大煤炭主业的基础上，加快了转型煤炭利用项目建设步伐。2012年该公司生产原煤200多万吨，销售洗煤147万吨，2×20万千瓦矸石发电机组也进入了平稳运行的阶段。以上述两家电厂成功并网发电为标志，县域内煤炭综合利用的路子有了重大突破。

第四章 销售 储运

第一节 销售

《山西矿务志略》载，民国年间，境内所产煤炭除在本县销售外，多销于内蒙古的丰镇、隆生庄、二道河一带。1949 年后，鹅毛口一带煤炭多销于应县、山阴等地。1980 年以后，本县煤炭大量销往北京、天津、江苏、浙江等省、市，当年外销 66 万吨。1981 年销售 108.3 万吨。1983 年销售 184.68 万吨。1985 年外销 336.2 万吨，内销 23.63 万吨，外销占全县煤炭总产量的 70.6%，内销占 15.5%。

1993 年，随着怀仁县煤矿数量和产量的不断增加以及当时的经济形势的影响，出现了煤炭款严重拖欠的局面，对全县的煤炭销售工作产生了重大影响。据当年 8 月份统计，全县煤炭系统外单位拖欠金额已逾 8500 万元，其中部队欠款达 6500 万元。为尽快清理煤炭外欠款，县委、县政府专门成立由县长任组长的清欠工作领导组，下设办公室，专抓此项工作。县领导分成 4 个小组，会同煤运公司、宋庄煤站、南窑集运站等有关部门，摸清外欠款情况，进行清欠。要求在清欠工作中，既要把握政策，又要掌握方法，必要时付诸法律。通过集中清欠，使外欠款严重的问题有所缓解。

1998 年，全国煤炭市场走进了低谷阶段，在煤炭市场不景气的情况下，中共怀仁县委、县政府为了应对煤炭销售的困难局面，决定对全县上站煤实行“五统一”管理，即统一计划、统一运输、统一价格、统一结算时间、统一票据。规范煤炭运销秩序，提高煤炭企业经济效益，促进全县煤炭工业的健康发展。“五统一”的举措，对全县煤炭销售打破困难局面起到了积极的破解作用。

2005 年之后，随着煤炭企业资源整合、兼并重组的逐步完成以及煤炭洗选能力、运输能力的大步跨越，加之县境内煤质的特殊性，使全县煤炭销售步入了一个广阔的天地。产品集中销往京、津、唐、沪、江、浙等华北、华东、东南及东北地区，广泛应用于电力、冶金、化工、民用及其他行业。据统计，2012 年全县共销售煤炭达 1 亿吨。

第二节 储运

中华人民共和国成立初，域内煤炭产量较少，积存甚微。20 世纪 60 年代后，每年全县最多有 3~5 万吨煤存于各煤矿煤场。1980 年，全县存煤 33.42 万吨，占当年煤产量的 23%。1983 年全县存煤 105.68 万吨，其中矿存煤 46.45 万吨，煤站存煤 59.23 万吨，存煤占煤炭总产量的 36.4%。1985 年全县存煤 190.59 万吨，其中矿存煤 82.72 万吨，煤站存煤 107.85 万吨，存煤占煤炭总产量的 40%。90 年代以前由于产销失调，存煤逐年增多，储存条件较差，自燃、水冲现象时有发生。如 1973 年，芦子沟煤矿被洪水冲走原煤 600 吨，焦炭 300 吨，焦炭末 50 吨；1984 年，热窑湾煤矿煤堆自燃，烧煤 1 万吨。因存煤多，销售困难，每年有五、六座煤矿被迫断续生产。

1949 年后，内销煤主要是畜力车拉运，外销煤依托铁路运输。1984 年 4 月，怀仁县成立京津运销站，组织汽车长途运输，全部运往秦皇岛出口。到年底共运煤 25.4 万吨。1985 年 1 月，因卸煤困难停运。同期成立县煤炭运输管理指挥部，组织运输车辆，由煤矿运至火车站，通过铁路发运。1985 年，全县共建有金沙滩、宋家庄、南窑、芦子沟、峙峰山 5 个煤炭发运站，有货位 151 个，日装车能力 8450 吨，年吞吐量 402 万吨，全年发运原煤 333.3 万吨（不包括金沙滩煤站、南窑煤站发运邻县煤 39.8 万吨）。

1981 年 12 月，芦子沟煤矿铁路专用线建成通车。该线从大同焦煤矿铁路专用线接轨，到芦子沟煤矿全长 14.3 公里，使芦子沟及沿线社队煤矿的原煤输出量由 17 万吨增加到 70 万吨。1986 年 11 月，峙峰山铁路专用线建成通车。该专用线从北同蒲小峪编组站接轨，全长 16.2 公里。由于该项目地形复杂，桥涵隧道众多，历时 6 年建成。这两条铁路专用线的建成通车，不仅使本县的煤炭发运能力有了很大提高，而且也缓解了境内储煤场不足的矛盾。1987 年 11 月，南窑煤炭集运站铁路专用线开工建设，次年 10 月建成营运。该项工程是全国重点建设项目大秦铁路西端配套工程，该站具有储煤、计量、装车三功能一体化的桶仓，其桶仓可储煤 1 万吨，年发运煤 400 万吨。该站的建成，沟通了全县 37 座煤矿的煤炭运销，为本县煤炭外运又添通道。

2004 年，国怀精煤公司 2 万吨运煤重载列车开通。在此前后，金沙滩煤炭集运站，南窑煤业有限公司、方川集运站、芦子沟煤业、宋庄煤站等大型煤站开工兴建或进行技术改造，并陆续开通了万吨重载运煤列车。全县铁路外运能力达到了 1200 万吨，使本县的煤炭储运进入一个新的发展阶段。与此同时，县政府组织政法等五部门联合行动，于 2004 年 6 月展开了取缔大运公路和 208 国道两侧非法储煤场的专项行动。共取缔非法煤场点 232 处，拆除房屋 867 间 3900 平方米，没收煤炭 141 吨，并投入 20 多万元进行土地复垦，恢复耕地 650 亩，彻底净化了储运市场。

2012 年，县委、县政府提出了以“煤成亿吨”为主线，建设华北煤炭物流基地的奋斗目标。是年，全县煤炭发运站已达到 20 座（包括在建 2 座），其中万吨大列发运站 12 个，2 万吨大列发运站 5 个，年发运能力达到了 8000 万吨。境内又建成大型煤炭洗选、储配物流中心两个：一是由山西煤炭运销集团朔州怀仁有限公司与朔州市金沙滩农牧厂合资新建的怀仁县煤炭储配物流中心，占地 400 亩，建设规模为年储备煤炭 200 万吨；二是建设了金沙滩煤炭洗选配送园区，占地 2000 亩，年生产销售能力达 2000 万吨。至此全县煤炭发运能力达到了 1 亿吨。煤炭洗选、物流配送中心的建成，从根本上改变了煤炭洗选小、散、乱、低的格局，实现了本县境内煤炭洗选加工产业的集中统一销售管理，规范了煤炭洗选加工和运销秩序，并且其经营面已经辐射华北、华中、京、津、唐地区煤炭市场。

第五章 经营 管理

第一节 生产管理

1949年以前，境内煤矿由私人自由经营，建矿与生产无主管部门。

20世纪50年代，只允许开办县营煤矿，开矿与生产坚持“统一规划、合理安排”的方针，坚持规程，按章办事。县工商科对工业实行计划管理，各企业年初订计划，年中检查，年终总结，逐渐形成制度。60年代，县营和集体经营同时并存，由于集体办矿经费短缺，经验不足，县主管部门重点解决和处理因陋就简，不顾安全挖煤赚钱的问题。70年代，本县煤炭工业有了较大的发展。“无煤社可到有煤社办矿”，各公社一哄而上，争夺资源，甚至不经批准就上马。一段时期内生产管理比较混乱。县政府及煤炭管理部门针对存在的问题，进行整顿，合理安排矿点，制止乱采乱挖，稳定了生产秩序。

80年代初期，在“有水快流”“先上车后买票”政策的驱动下，形成了社社有煤矿，村办矿不断增加的局面。煤炭开采进入了快速发展的时期。全县乡镇煤矿、乡镇联营煤矿、企业办煤矿、国营集体煤矿达到58座，加上军办煤矿3座、朔州市营煤矿3座、大同市煤矿1座，县境内共有煤矿65座。在超常发展，无序生产的过程中，“打地道战”，超层越界问题不断发生，一段时期生产管理比较混乱。针对这一状况，县政府连续三次调整煤炭主管部门，进一步加强对煤炭生产的管理。1983年成立怀仁县煤炭公司，1984年，为改变多部门多头管理煤炭工作的局面，并进一步加强全县煤炭产、运、销、供管理，将怀仁县煤炭公司、怀仁县工业局以及怀仁县社队企业管理局管理社队煤矿业务的职能“合三为一”，组建怀仁县煤炭工业公司，同时撤销怀仁县工业局。1987年6月，成立怀仁县煤炭工业局和怀仁县煤炭运销公司，同时撤销怀仁县煤炭工业公司。怀仁县煤炭工业局与怀仁县煤炭运销公司实行两块牌子，一套人马，履行全县地方国营煤矿、集体煤矿、联营煤矿、社队煤矿的产、运、销、供管理工作的职能。1991 年 10 月，由于实行政企分家，怀仁县煤炭运销公司与怀仁县煤炭工业局分离，独立经营。1986 年 5 月，峙峰山煤矿在全国地方国营煤矿的矿级竞赛中第三次夺魁，连续安全生产 1555 天，累计生产原煤 167 万吨，受到煤炭工业部的表彰。1988 年，全矿资金盈亏增减率达 10.12%，比国家二级企业标准增长近 10 倍，人均盈亏增减额 1020 元，比国家标准增长 29 倍，其余指标均为全国同类煤矿先进水平。1987 年 11 月，芦子沟煤矿一期扩建工程竣工，完成投资 1947 万元，生产能力由原来的 14 万吨提高到 56 万吨。同年，作为全省乡镇煤矿重点改扩建工程之一的窑子头煤矿通过验收，产能由 2 万吨提高到 21 万吨。1989 年 2 月，峙峰山、芦子沟两煤矿双双跨进国家二级企业行列，成为全省煤炭系统的第三和第四个国家二级企业。峙峰山煤矿以安全、生产两大系统为管理层次，把各项指标落到实处，创造了一系列过硬指标。

1990 年，全县加大对矿产资源的管理力度，对全县 60 座煤矿进行了采矿权登记，并发放采矿许可证，发证率达到 98.3%，全县煤炭企业实现了有证开采，合法办矿。并先后封闭了 20 多处未经批准的露天采矿点，处理 2 起私挖滥采风化煤事件，调处矿界纠纷 8 起，有效控制了私采乱挖现象，使矿产资源管理工作走上了正轨。在这一时期，按照雁北地区对 6 个重点产煤县煤炭发展总体规划的要求，本着“合理利用资源，稳定发展”的方针，制订了发展计划。对有发展前景的社、队煤矿列为重点保护和改造矿井，增加投资，加大开发力度；对不具备安全生产基本条件的矿井，限产停产整顿；对私办矿井，一经发现，立即关闭；对储量不多的矿井，重点进行采煤技术改革，延长矿井寿命，减少损失。全县煤矿生产出现了多而不乱、建矿有手续、生产有规程、产量稳步增长、效益不断提高的局面。国有煤矿企业成为煤炭企业矿井和技术改造的重点，企业的生产管理水平显著提高。

2005 年之后，县政府周密部署，加大力度，稳步推进煤矿企业资源整合、兼并重组工作，对建设矿井按照相关要求和矿井设计严格监管。对全县应关闭煤矿的7座矿井，按照关井“六条标准”实施了彻底关闭。对竣工投产或进行联合试运转的企业加强采掘计划的审核和检查，保证了煤炭企业的健康发展。

第二节　体制改革

1980年，随着全县经济体制改革的全面展开，县委、县政府就制约经济发展，以及同社会生产力发展要求不相适应的煤炭行业僵化经济管理体制的改革，进行了调研和探索。首先在峙峰山煤矿进行了扩大自主权的试点工作，主要实行基数利润留成和增长利润留成的办法，企业有权将生产发展基金、基本折旧基金、修理费用合理地使用起来，用于挖潜、革新、改造，为煤炭企业的技术改造，升等创优注入新的活力。

1992年之后，煤炭企业以劳动、人事、工资三项制度改革为核心，进一步转换经营机制和推进企业产权制度的改革。2001年12月，柴沟煤矿托管经营整体拍卖竞标会成功举行。联顺洗煤公司以高出底价一倍的价位（100万元）夺标，一次性买断柴沟煤矿50年的经营权。2002年，以股份制和股份合作制改造为主要形式的改制在峙峰山煤矿、芦子沟煤矿、砂石矿、虎龙沟煤矿以及完成验收的乡镇煤矿企业同时启动。是年12月，峙峰山煤业有限公司成立。该公司由中煤环海有限公司、晋煤实业开发总公司及原峙峰山煤矿三方分别入股600万元、300万元、100万元构成。2003年，南窑集运站实行股份制改造，整体买断砂石煤矿。虎龙沟煤矿及宋庄煤站整体出让给市煤运公司。2004年，招商引资引进昆明永泰国青有限公司1000万吨矿井整合项目（即柴沟煤矿整合项目）。通过上述改制，使本县煤炭企业逐步向现代化企业发展，活力增强，潜力释放，更加显示了煤炭作为本县当家产业对全县经济建设的突出贡献。

第三节　职工教育

1950年，县营煤矿建立后，由于全县文化基础总体落后，加之煤矿工作环境差、安全保障水平低，因此招收的工人文化水平很低。随着扫盲工作的展开，在职工中开展文化学习，使职工文化水平有了一些提高。1978年前，县营煤矿优先招收城市待业青年和退役军人，不足部分从农村有计划招收。凡招收工人经体检、政审合格，录用为全民所有制工人，工人文化程度有了较大提高。而乡镇、村办煤矿的工人则仍以农民为主。1985年，县经委在鹅毛口创办了煤炭技术班，专门对煤炭企业主要领导干部及关键岗位的工人进行技术培训。此后煤炭主管部门通过举办学习班、培训班、岗位练兵、技术比武等多种形式，加强职工教育。经过各种技术培训，企业职工基本能适应当时的机械修理和机械操作。

进入21世纪，特别是煤炭企业进入二次创业阶段之后，随着大量现代化设备的使用，知识就是生产力已经成为各煤矿企业的共识，因而在职工招收中，有专业学校学习或培训经历的人员受到青睐。为了适应煤矿新技术、新设备、新工艺、新材料运用的需要，不断提高煤炭从业人员的安全意识、整体素质和操作水平，各煤矿积极派遣人员参加上级组织的各类培训。2007年，各煤矿有22人参加了“653”工程高级研讨培训班，7名矿级领导参加了省、市组织的培训，有282名特殊工种人员参加了上级培训，3人参加了全省组织的入井人员定位系统培训，1人参加全省产量监测监控系统培训。县煤炭工业局也组织力量对全县矿井进行了井下人员全员脱产培训，培训职工762人，培训率达到100%。同时，还给煤矿职工发放《煤矿职工手册》1500多册。2008年，全县进一步展开了对煤炭企业职工的培训和安全知识宣传普及工作。全年共举办特种作业人员培训班8期，培训457人，其中安检员64人，瓦斯检查员70人，采煤机司机16人，井下电、钳工24人，爆破工84人，主提升设备操作工75人，瓦斯监控48人，安全管理人员76人。有48人参加了市组织的“五长”采煤技术培训，196人参加了市特种技能培训，20人参加了省级矿长安全资格培训，煤矿“五长”复训35人，特种技能考评员培训29人。参加矿级领导“五长”学历提升教育111人，27人参加了国家“653”工程研讨班。是年，开展了“全国安全生产月”活动，在县中心广场设置大型展版5块，设立宣传咨询点5个，印发资料15000份，悬挂标语 35 条，进行煤矿安全生产教育，营造了安全生产的氛围。

2012 年，根据企业生产、技术及其它实际需要，共举办特种人员培训班 7 期，培训人员 218 人次；举办其它从业人员培训班 10 期，培训人员 1552 人次；举办技能鉴定培训 9 期，培训人员 365 人次；举办一线基层班组长培训班 1 期，培训人员 95 人次。全县煤矿矿长、安全管理人员、特种作业人员全部达到持证上岗。从业人员实行岗前培训，持证上岗达 100%。劳动用工备案率、劳动合同签订率、职工培训率、参加工伤保险率均达到 100%。11 月统计，由县监管的 6 座煤矿中，煤矿“六长”36 人全部达到大专以上文化程度，其中本科学历占到 50%。

第四节　安全管理

1949 年以前，煤矿重效益、轻安全，只顾赚钱，鲜少投入，矿井设备简陋，煤炭生产仅凭工人的经验以老带新，矿工安全根本无法得到保障。1949 年后，域内随着煤炭工业的发展，主管部门先后为工商科、工业局、煤炭工业公司、煤炭工业管理局、煤炭工业局。煤矿安全一直成为主管部门的头等大事。不断进行机构调整，加强管理职能，改善安全设施，使煤炭企业的安全水平逐步提高。

20 世纪 80 年代以后，怀仁县煤炭管理部门根据安全生产和技术要求，严格执行“三不准”：一是达不到“六消灭”（消灭独眼井生产、明火照明、明火放炮、自然通风、明刀闸）标准的，不准生产；二是没有完整的安全、操作和作业三大规程的，不准生产；三是没有建立健全经济和安全生产责任制的，不准生产。把百万吨死亡率作为衡量各矿安全管理的主要标准，加大考核力度，严格奖惩。进而促进了安全生产，减少了违章作业造成的伤亡事故。主管部门还根据季节的不同特点对煤矿生产的影响，及时召开安全工作会议，促使煤炭企业牢固树立安全第一的思想，提高重视安全的自觉性。1992 年 4 月 20—26 日，县政府在鹅毛口镇举办了“煤炭安全生产反思周”活动。各煤矿正、副矿长，乡村分管领导，五大工种人员，部分职工代表 250 多人参加活动。吸取三交河“4·12”事故和古交铁磨沟事故以及本县历次煤矿事故的教训，广泛宣传煤炭安全生产的重要意义，增强安全意识，消除事故隐患，搞好安全生产。反思周期间，各矿对照安全生产规程，认真寻找本矿在安全生产上的差距和存在问题，制定切实可行的整改措施。4月29日起，县委、县政府抽调150人组成检查组，用9天时间对全县61座煤矿从煤矿领导跟班、值班、通风、密闭、矿界管理、瓦斯监测、作业规程、机电设备、运输设备及管理，爆炸物品管理、五大工种人员是否持证上岗等16个方面，进行全面大检查，发现问题现场解决。通过此次集中检查活动，全县煤炭安全生产水平上了一个新台阶。

在资源整合和兼并重组期间及完成之后，随着煤矿机械化水平的提高，质量标准化的大力推进，全县采取多项有力举措，强化安全监管，不断提高监管水平。2007年，煤炭管理部门内部进行了全员安全风险抵押。各煤矿也层层签订安全责任状，进行安全责任分解，明确各级、各岗位的安全职责。对3座煤矿的采掘计划进行严格审查，并建立了煤矿图纸交换制度。依照《煤矿安全规程》，进行了年度瓦斯等级鉴定，严格执行瓦斯管理的相关制度。坚持24小时值班，确保安全监控系统四级联网传输安全运行，在线率始终保持在100%，有效地防止了瓦斯事故的发生。坚持“预测预报、有疑必探、先探后掘、先治后采”的原则，建立健全了探放水制度，做到了有标志、有记录、有档案，杜绝了水患事故的发生。进一步强化煤炭纠察执法检查巡视制度，全县检查各类煤矿230多座次，下达整改意见110份，纠察执法面达到了100%，重大节假日巡查检查面达到100%。是年，县营煤矿产原煤161万吨，百万吨死亡率为0.62%。

2008年继续完善安全生产责任制。县政府与各县管煤矿签订了安全工作目标责任状，乡镇与所属煤矿签订了安全目标责任状，强化了煤矿企业的安全主体责任。严格执行业主、矿领导跟班带班制度，坚持执行煤炭、安监、乡镇三方联合驻矿监管制度，坚持安全例会制度，坚持每月一次的安全大检查和隐患排查治理报告制度。县煤炭纠察队加大煤炭销售票据的管理力度，对销售票的发放、回收、上缴等工作专人专管，建立台账；加大对全县已关闭矿井的巡查力度，防止死灰复燃；对资源整合未取得开工报告的煤矿一律加封上锁，只准通风、排水、隐患排查，严厉打击非法违法生产和建设行为。据统计，各煤矿投入不断加大，严格按照有关规定提取了安全费用，该年度用于安全的费用达到1.7亿元，其中柴沟煤矿1亿元，虎龙沟煤矿3000万元，芦子沟、峙峰山两座煤矿3000万元，其它资源整合煤矿1000万元。芦子沟等8座煤矿安装了远程视频监控系统。是年1—11月，县营煤矿产原煤391万吨，未发生伤亡事故。

2010年，全县以落实“两个主体责任”（煤矿安全企业主体责任，煤矿安全政府监管主体责任）为重点，采取多项措施，强化日常监管，坚持“五到位”：一是现场监管到位。各煤矿严格执行领导带班下井制度，健全完善每日汇报、下井公示、下井档案管理、隐患排查治理、井下交接班等制度，建立了“五人包保小组”监管体系，聘请煤炭专家对煤矿现场管理存在的突出问题以及重点工作进行现场指导和专项检查，坚持安全例会制度，进一步强化煤矿隐患排查治理工作，加强火工品的管理。二是培训教育落实到位。三是各项制度落实到位。四是执法检查落实到位。五是安全投入落实到位。2012年，全县深入开展“安全生产年”活动，强化“三项行动”（安全生产执法、治理、宣教）和“三项建设”（安全生产法制体制、保障能力、监察队伍），各项安全监管措施的认真落实，使全县煤炭企业安全生产管理水平上升到了一个新水平，2011年和2012年连续两年实现安全生产和建设无事故、零死亡。

第五节　以煤为基多元发展

煤炭工业作为怀仁县的支柱产业，在全县的经济社会发展中做出了突出的贡献。2010年以来，在县委、县政府调整优化产业结构，推进转型发展重大战略方针的指引下，各煤炭企业在做强做大主业的同时充分发挥自身优势，审时度势，迈出了以煤为基多元发展的步伐。

2010年10月，同煤集团日产4500t/d熟料新型干法水泥生产线在境内建成投产。该项目是山西省“十一五”规划的重点工程，项目充分利用和消化塔山及境内王坪电厂电炉渣、粉煤灰和脱硫石膏等工业废渣作为水泥生产用的替代原料和混合材，实现了减量化、再利用、资源化。同时它也标志着域内首个煤炭循环经济园区闭合链正式完成。由中能芦子沟煤业有限公司投资2500万元参股的中芦晋昌水泥有限公司，年产粉末60万吨，进入试生产阶段。2011年10月投资5000万元的山西中芦费兰德服饰有限责任公司建成投产。该公司引进内蒙古费兰德服饰有限公司的品牌和技术，机械化流水作业，年加工30万套高中低档服装。成为集服装设计、加工、销售于一体的综合性服饰公司。首批安排600多名职工子女就业。2012年，按照县委、县政府“以煤扶瓷、煤瓷结合、瓷成精品”的战略决策，峙峰山煤业、柴沟煤业等4家煤炭企业与4家陶瓷企业联合发展建起了陶瓷厂。柴沟煤业投资5000万元，筹建矿山机械维修厂。朔州煤电矿用阻燃输送带项目进展顺利。是年，仅县营煤矿投资到非煤企业的资金就达3亿元之多。就其发展趋势来看，由煤炭企业多元发展兴建的企业，将为县域经济创造出更多的价值，做出新的贡献。

第六章　重点煤矿简介

2012年，县境内有煤矿11座，设计能力1800万吨/年。其中县属煤矿6座，设计能力1170万吨/年。同煤集团所属煤矿5座，设计能力630万吨/年。

第一节　县营煤矿

山西怀仁中能芦子沟煤业有限责任公司　前身为怀仁县地方国营芦子沟煤矿，始建于1950年。公司位于何家堡乡西部山区，距大运公路6公里，距县城11公里。井田面积17.0634平方公里，批准主采煤层为4#、2#、3#、4#、5#、8#。保有储量39836万吨，可采储量为21033万吨，矿井规模300万吨/年，设计服务年限为53.9年。矿井采用平硐~斜井混合开拓方式，近距离煤层联合开采。回采工作面采用长壁式综合机械化低位放顶煤一次采全高的采煤方法，液压支架支护采场顶板，采空区采用全部垮落法管理。主提升采用10T架线式电机车牵引3T底卸式矿车提升。主运输为暗斜井带式输送。销售方式为经本矿铁路专用线销售。

山西怀仁峙峰山煤业有限责任公司 前身为怀仁县地方国营峙峰山煤矿，始建于1951年。公司位于吴家窑镇，距石凉公路8公里，距县城30公里。井田面积16.1541平方公里。主采煤层为山4#、3#、4#、5#、8#。保有储量36171万吨，矿井规模300万吨/年。矿井开拓方式为斜井开拓，回采工作面采用综合机械化开采，胶带输送机及刮板输送机运输，掩护式液压支架支护顶板，巷道掘进采用综合掘进机割煤，胶带输送机运煤。销售方式经本矿铁路专用线销售。

山西怀仁联顺玺达柴沟煤业有限公司 位于云中镇窑子头村南，怀左公路旁，距县城15公里。井田面积20.0895平方公里，保有地质储量43366万吨，主采煤层3#、5#、8#–1.8#。矿井规模300万吨/年，服务年限49.6年。矿井开拓方式为斜井开拓，工作面采用单一倾向长壁布置、后退式开采、放顶煤的采煤方式，综合机械化采煤，综掘机掘进。主提升系统采用主斜井胶带输送机，辅助运输以无轨胶轮车运输方式为主。销售方式经山西怀仁中联煤炭集运站销售。

山西怀仁南窑晋通砂石煤业有限责任公司 前身为怀仁县地方国营砂石煤矿，始建于1964年。公司位于吴家窑镇吴家窑村，石凉公路旁，距县城35公里。办矿主体为山西怀仁南窑煤业有限责任公司，井田面积4.1004平方公里，保有地质储量6841万吨。批准开采1#、2#、3#、4#、5#、8#煤层。设计生产能力90万吨/年，开采年限23.6年。矿井开拓方式为斜井开拓。回采工作面采用综合机械化开采，胶带输送机及刮板输送机运输，掩护式液压支架支护顶板。巷道掘进采用综合掘进机割煤，胶带输送机运煤。提升运输系统采用大倾角带式输送机。销售方式经怀仁南窑煤炭集运站销售。

山西怀仁中能芦子沟何家堡煤业有限责任公司 位于何家堡乡西部山区，距大运公路8公里，距县城14公里，距怀仁南窑煤炭集运站8公里、距宋家庄煤炭发运站12公里。该公司由山西怀仁兴何煤业有限责任公司和山西嘉美盛煤业有限公司重组整合而成。办矿主体为山西怀仁中能芦子沟煤业有限责任公司。井田面积5.2909平方公里，保有地质储量6245万吨，可采储量3326万吨，可采煤层2#、4#、5#、8#、9#。设计能力90万吨/年，服务年限为26.40年。目前为建设矿井。按照初步设计，矿井采用斜井开拓，采用综合机械化放顶煤采煤方法，全部垮落法管理顶板。

山西怀仁峙峰山吴家窑煤业有限公司 位于吴家窑镇吴家窑村西，石凉公路旁，距县城35公里，距大峪口发煤站8公里，距金沙滩煤炭集运站15公里。该公司由山西怀仁东兴煤业有限公司和山西怀仁二南窑煤业有限公司整合而成。办矿主体企业为山西怀仁峙峰山煤业有限责任公司。井田面积5.2254平方公里，保有地质储量4410万吨，可采储量1698万吨，可采煤层4#、5#、8#。设计能力90万吨/年，服务年限为14.5年。目前为建设矿井。按照初步设计，矿井采用斜井开拓，采煤方法采用综采放顶煤一次采全高工艺，顶板管理均为全部垮落法。销售方式经峙峰山煤业有限公司铁路专用线销售。

第二节 同煤集团所属煤矿

朔煤小峪煤矿 位于大同煤田中部的东南边缘，始建于1954年，核定生产能力210万吨/年。井田面积15.1449平方公里，保有地质储量44374万吨，可采储量33400万吨，可采煤层5#煤质优良，是特低硫环保型优质动力煤。铁路专用线与北同蒲电气化铁路相连。

朔煤王坪煤电有限责任公司 矿井于1984年10月开工建设，1988年10月竣工投产。是国家“七五”期间建设的全国62个大型现代化样板矿井之一。年设计生产能力180万吨，完成基本建设投资2.6亿元。2004年初，正式加盟大同煤矿集团。公司矿井位于大同煤田东南边缘，井田面积为 8.9043 平方公里，保有地质储量 17296 万吨，可采储量 11700 万吨。为低沼气矿井。全井田分两水平平硐开拓，生产方式为综合机械化采煤。煤流分级入筒仓装车外销，专用电气化铁路从筒仓与北同蒲宋家庄车站接轨，万吨重载列车可直接装运。

同煤挖金湾虎龙沟煤业有限公司 位于鹅毛口中街村西北部，始建于 1984 年，设计能力为 30 万吨 / 年。1995 年，该矿与陈家峪、老牛湾三矿联营，成立虎龙沟联营煤矿，1998 年投产。2007 年，经资源整合批准为单独保留矿井，并由挖金湾煤业公司正式接管经营。2009 年 8 月兼并山西怀仁睿和兴业煤业有限责任公司。整合后设计能力为 120 万吨 / 年。井田面积 12.2147 平方公里，井田内赋存石炭纪 5#、8# 两层煤。全井田累计探明资源储量为 13712 万吨，可采储量 8679 万吨。该矿进行机械化改造。

大同市焦煤矿有限责任公司 位于石井村南，前身为大同市焦煤矿，始建于 1970 年。2009 年，同煤集团参股焦煤矿。2010 年，进行机械化升级改造，生产能力由 45 万吨 / 年，提升为 90 万吨 / 年。井田面积 19.455 平方公里，保有地质储量 57012 万吨，矿井开拓方式为平硐暗斜井，采用机轨合一的运输方式，综合机械化开采。

同煤新峪煤矿 位于鹅毛口中街村西 1 公里，南接大运二级公路，距北同蒲铁路 8 公里，矿区紧邻怀左公路，1968 年投产。最早为天津警备区军办煤矿，名为“五七”煤矿。1993 年 12 月移交朔州市，归应县人民政府管辖，更名兴应煤矿。1997 年委托朔州小峪煤矿管理，更名为朔州市新峪煤矿。2004 年划归同煤集团朔州煤电公司管辖，企业性质为国有企业。井田面积 1.4674 平方公里，保有地质储量 176 万吨，可采储量 88 万吨，批采煤层为 4#、5#、8#。矿井设计能力 30 万吨 / 年。按设计能力计算含关闭矿井储量服务年限约为 6 年。

第十编

陶瓷

第一章 概况

第一节 原料

怀仁县具有发展陶瓷工业得天独厚的条件和优势。陶瓷生产不可或缺的煤炭伴生物高岭土、铝矾土在境内分布广泛、储量丰富、质量上乘。尤其是吴家窑、峙峰山一带的高岭土（又名大同土），因其含铝量高、含铁量低，烧后白度高，属极品高岭土。经勘探，全县高岭土地质储量达 2.2 亿吨以上，主要分布于县境西部山区。

第二节 沿革

生生不息的千年窑火，传承了厚重不俗的怀仁陶瓷文化。20 世纪 60 年代，古人类学专家贾兰坡先生在怀仁县鹅毛口瓜地沟古石器制造场遗址一带考古时，发现了 3 片古代红泥陶片，厚约 0.6–0.8 厘米，以加砂剔刺纹、划纹、粗细绳纹为装饰。2005 年在下峪村南一处黄土高坡上（下峪遗址）发现大量盆、罐等器物残陶片，陶片以灰陶为主，有少量夹沙陶、红陶，陶片上多细绳纹，粗绳纹极少，有篦纹及少许附加堆纹。文物所工作人员进一步对下峪遗址进行考古调查，发现一处残缺的古陶器烧制遗址，烧结层厚约 23 厘米，长约 2 米。在遗址上同时还发现 1 件磨制精美的制陶瓷器，可视为怀仁县制陶历史起源不晚于西周，或可上溯至新石器时期晚期。

《大明一统志》记载："锦屏山在怀仁县西南二十五里，山旧有瓷窑"。考古发现的制陶遗址有小峪、张瓦沟、吴家窑三处；始于金代，历经元、明两代。烧瓷以黑釉为主，弦纹瓶及罐等器物胎体厚重，装饰有粗线条划花及剔花两种，有雁北地区特色。现今碗窑古窑、小峪制陶遗址已被列为省级文物保护对象。

《中国陶瓷史·历代名窑》记载："怀仁窑：在今山西怀仁，故名。"在怀仁，以窑为地名、村名的有数十处之多，至今在陶瓷界颇有名气的有碗窑、吴家窑村等。碗窑村至今保存有5座较为完整的明、清时期圆锥型直焰窑。怀仁窑在历史上因生产黑釉瓷特别是油滴釉瓷著称，被称为"北方陶瓷圣地"。而明代吴家窑赵氏兄弟烧制的五彩琉璃瓷不仅成就了大同九龙壁雄冠九州的精美绝伦，也赢得了"邑中匠作之事，绝少惊奇，唯陶埴一技，独擅北方"的殊荣。《中国陶瓷史》记载："黑釉剔花……其中以雁北地区最为突出。……大同、怀仁、乡宁等窑风格粗放，纹饰简练，除黑釉外，还有茶叶末釉，器物亦以瓶罐为主。"

《中国的瓷器》一书"中国历代陶瓷窑址一览表"中，记录有怀仁窑，其所在地标注为"山西省怀仁县小峪、吴家窑"。所谓怀仁窑其实是三处不同的窑址，分别为吴家窑瓷窑、小峪瓷窑和张瓦沟瓷窑。

怀仁瓷器烧制历史从辽金时期开始，经元、明两代至清代时，唯吴家窑一枝独秀。瓷器以褐釉、黑釉为主，釉色乌黑晶莹、光泽强，产量较大，兼烧白釉、白底酱花、白底黑花、酱釉、茶叶末釉、青釉、黄釉及少量油滴釉，装饰方法多为弦纹、蔓草纹、黑釉剔花、刻花。器物种类有碗、灯碗、盘、坛、罐、盆、枕、鸡腿壶、梅瓶、弦纹瓶等，曾出土过黑釉小瓷羊玩具1件、小兔毫盏1件及仿钧釉瓷碗等。产品胎体厚重，耐高温。辽金时代在烧制过程中，如碗、盘类产品，采用中心一周刮釉的叠烧法，形成涩圈，具有北方地区瓷窑装烧方法特色。所产白瓷，因胎体白度差，多在釉下施一层化妆土，以提高白度。

《中国实业志·山西卷》载："明末清初，张毛圪塔村（现名碗窑）开办有4家陶器窑厂。清同治年间，全县烧陶窑户多达50余家。"

民国25年（1936），全县有陶器窑厂14家，资本总额2330元（银元），工人86人。当时最大生产厂家是刘丕吉陶器窑厂，资本额250元（银元），工人8人，年产陶器5.6万件，产品以碗、坛、缸、瓮为大宗。

民国37年（1948），全县共有陶器生产作坊39个，从业人员150余人。

作坊多集中于碗窑村和吴家窑村，碗窑村绝大多数人从事陶器生产。

1949年1月，怀仁县人民政府在碗窑村组织私营陶器作坊，成立了怀仁县碗厂，后改名为吴家窑瓷厂。1957年6月，山西省轻工局在县城西关兴建了大同瓷厂，后改名为雁北瓷厂。1974年，兴建了怀仁县陶瓷厂和城关镇知青陶瓷厂。1975年兴建了雁北地区陶瓷研究所。据统计，1985年全县共有4家陶瓷生产厂家，1个陶瓷研究所。

20世纪90年代，怀仁陶瓷进入快速发展期，民营陶瓷企业异军突起，并逐渐成为全县陶瓷行业发展的主力军。发展至2011年底，全县共有陶瓷企业32家，生产线69条，集体所有制企业仅剩吴家窑陶瓷厂1家。为发展陶瓷行业，怀仁县人民政府从2000年至2007年，连续举办8届“中国·怀仁陶瓷”文化艺术节。2005年怀仁县被授予“山西省日用陶瓷生产出口基地”。2010年12月，“怀仁陶瓷”地理证明商标获得批准。2011年6月，怀仁县与江西景德镇陶瓷工艺美术职业学院正式签订联合办学协议，并呈报省、市、国家教育部备案，筹备成立“怀仁陶瓷技术职业学院”。2011年3月，怀仁县第十五届人民代表大会通过“瓷成精品，做强产业”决议，把陶瓷发展列入怀仁县“十二五”发展规划，并开始付诸实施，7月份制定并推行“以煤扶瓷，煤瓷联合”政策，9月份峙峰山煤矿与恒源瓷业签约联合建设陶瓷原料深加工项目，11月份朔州煤电与天磊高岭土签约联合，柴沟煤矿与玉珑瓷业签约联合，芦子沟煤矿与佳美乐陶瓷签约联合，虎龙沟煤矿与吴家窑瓷厂达成签约意向。

第二章 生 产

第一节 生产技术

陶瓷生产工序复杂、技术要求很高，大致可分为原料加工、成型、烧成、检选彩烤、选包五个步骤。

原料加工 古法是将软矸、硬矸等原料放入碾泥石槽，加水后用畜力牵引石碾反复碾压成稀糊状，导入晾泥池（又名澄泥池）进行沉淀，放水后晾晒至半干，用泥叉反复摔打进行练泥（也称叉泥），然后切块放在揉泥台进行揉制，排尽空气，形成软硬适中、可塑性强的泥土以备制坯之用。现在工艺将石英、长石、黏土等原料按要求拣选配料后，通过石轮机进行粗粉碎、球磨机研磨、榨泥机滤泥、真空练泥机练泥后送入成型车间。

成型 也称制坯。古法多在铺满细沙土的火灶上进行，将练好的泥放在轮盘之上，边旋转边捏塑，至所需的形状后，移置于烧火的土炕上进行热干。在半干时进行修坯，干燥后吊釉，釉干后入窑。现在工艺改用机械化设备进行滚压成型，链式干燥，人工修坯后机器自动施釉，部分产品采用模具灌浆，多为流水线作业方式。

烧成 将上好釉的坯体放入笼盔（也称匣钵），置入窑中高温烧制出成品。生产窑分为直焰窑、倒焰窑、隧道窑三种。窑温控制是烧成的关键，旧时工人在窑口放置黑釉蛋，并观察其在高温下的流动变化掌控窑温。现在多用热电偶温度计进行温度监测。

拣选彩烤 将烧制出的产品，从笼盔中取出，按质量分出等级，进行贴花、彩绘，入窑后进行适度（800℃左右）低温烧烤，出窑后送入包装车间。

选包 将成品按质量分出等级，分级包装送入库房或销售。

本县代表性陶瓷工艺有：

油滴釉 黑釉特殊品种，属结晶釉，又称“雨点”或“滴珠”，创烧于宋代。特点是在釉面上散布着许多具有银灰色金属光泽的小圆点，大小不一，大的直径达数毫米，小的只有针尖大小，形似油滴，故名“油滴釉”。釉料主要以本地特有的含铁量较高的黄土为主，烧制温度在1300℃左右，其烧制难度在于形成油滴的温度范围窄，约±20℃左右，如控制不当，就不能烧制出满意的产品。法国集美博物馆现存的1件怀仁产油滴釉碗，上海博物馆现存的1件怀仁产油滴釉碗，均为传世精品。2012年，吴家窑陶瓷厂马有、李增平等人通过挖掘传统配方，多次实验，成功烧制出具有怀仁特色的油滴釉碗、瓶、坛系列产品。其中油滴釉细口瓶，在第十五届中国工艺美术大师作品暨国际艺术精品博览会（扬州）上，获“中国原创—百花杯”金奖。

琉璃瓷 早在明代，怀仁琉璃制作工艺就已登峰造极。全国最为著名的三大全琉璃单体建筑之一的大同九龙壁即建成于这一时期，所用的五彩琉璃瓷就是由本县吴家窑赵氏兄弟烧制。近代，本县琉璃行业发展趋缓。直至20世纪90年代，怀仁县福鑫琉璃瓷有限公司成立后，组织研发人员对汉代、北魏、隋唐、宋辽、明清等不同朝代的琉璃制品进行反复研究，成功研制出具有不同时期风格特点的琉璃产品，被广泛用于古建筑修复及仿古建筑的兴建，怀仁的琉璃艺术才重新焕发出新的光彩。省城晋祠公园主体建筑的修复、呼和浩特大昭寺“四柱七楼”牌楼恢复重建、呼伦贝尔市海拉尔市甘珠尔庙建筑群、河北省张家口市云泉寺的重建、金沙滩旅游区仿古建筑群等等，均采用本县福鑫琉璃产品。2005年，高仿“唐三彩”三花马研发并烧制成功，可谓揭琉璃古法之神秘，泛千年釉色之银斑，传盛唐匠心之精巧，汇雕塑技法之大成，成为现代陶瓷工艺收藏之精品。

怀仁县琉璃产品以大而恢宏、小而细腻、线条流畅、色彩鲜艳，耐温差、抗风化见长。品种主要以大众化的瓦勾、滴水、猫头、脊、兽、吻、琉璃砖、宝顶等生产为主，多采用流水线作业，而较大的工艺品如龙、凤、狮、天马、狻猊等则用纯手工方法制作，颜色有红、黄、绿、蓝、紫、白、粉等单色，也有赭黄、茄紫等复色。

第二节 产品种类

1949年前，各陶器窑厂生产陶瓷产品以碗、坛、缸、瓮为主。至1953年，以生产日用粗瓷制品碗、壶、盘为主。1958年后，改以生产日用细瓷制品为主，有杯、盘、碗、壶四大类百余个品种。21世纪以后，陶瓷种类有日用瓷、包装瓷、酒店瓷、建筑瓷、艺术瓷等，其中日用瓷品种主要有精陶、高白瓷、玉珑瓷、黑釉瓷、色釉瓷、釉中彩、炻瓷、骨质瓷、锂质瓷、凸花瓷等10大类一千多个花色品种。

日用瓷 怀仁日用瓷销售遍及全国，尤其在“三北”地区最受欢迎，销量最大。进入21世纪以后，怀仁陶瓷提档升级，声名鹊起，日用瓷转向成套餐具生产销售，以碗、盘、壶、杯、碟、烟灰缸多种类组合成套，进入各大超市和专卖店，并销往欧美、中东、东南亚等二十多个国家和地区。

包装瓷 怀仁包装瓷的生产始于20世纪60年代，最初由大同瓷厂以胡昭明为代表的专业技术研发人员与山西杏花村汾酒厂合作，研发出一系列的酒瓶包装瓷，随后又发展了醋、药品等包装瓷。进入21世纪以后，包装瓷的年产值已超亿元。其中代表性的产品有杏花村汾酒集团的青花瓷酒瓶、汾酒原浆金花酒坛、山西梨花春、内蒙河套王、东胜鄂尔多斯、东北黑土地、陕西麟州坊、长安刻花瓷瓶等。

建筑瓷 怀仁建筑瓷以琉璃瓷最为驰名。举世闻名的大同“九龙壁”就是用怀仁琉璃瓷建成的，久遭风侵而颜色不衰，常历雨淋而风采依旧。在引进了自动冲压成型技术，改进了干燥烧成工艺之后，各地的仿古建筑更以怀仁琉璃瓷为上乘之选，产品远销朝鲜、韩国、蒙古等国家。墙砖、地砖的生产在品质上也达到国内同行业的领先水平。

第三节 产品数量

《中国实业志·山西卷》载，民国25年（1936），全县陶瓷产品产量54.935万件。

1953年，全县日用陶瓷产量为191.48万件，1960年产量为370.83万件，1970年产量为674.74万件，1980年产量为1254.48万件，1985年产量为1454.57万件。1990年产量为2218.22万件。2011年，全县有陶瓷企业35家，生产线73条，年生产日用瓷8.6亿件，包装瓷2000万件，琉璃瓷600万件，地砖450万平方米。产值33.4亿元。

第三章 园区建设

第一节 园区

云东经济技术园区 位于县城东南部，规划于21世纪初，占地约3500亩。2003年园区入驻陶瓷、化工等企业共计38家，资产总额3.5亿元，年实现产值近27亿元，实现利税2000万元。佳美乐陶瓷有限公司、山西福鑫琉璃瓷有限公司等一大批实力雄厚企业先后入驻该园。

金沙滩陶瓷工业园区 在县委、县政府“瓷成精品、以煤扶瓷”政策的推动下，2012年8月，金沙滩陶瓷工业园区获准成立。园区跨新家园、金沙滩两个乡镇，南北长约14公里，东西宽约3公里。2012年底，园区建成区面积约1.6万亩，建成循环道路10公里，厂区围栏15公里，入驻企业63家，投资规模300亿元，其中陶瓷企业45家，共有生产线90条，年生产陶瓷18亿件，其中日用陶瓷9亿件，居全国第七位。园区建成陶瓷展厅2个，金沙滩物流中心1个、陶瓷技术研发中心1个，实现了“产、学、研、展、销”五位一体。2012年怀仁县被授予“山西省日用陶瓷外贸转型升级示范基地”。

第二节 主要企业

吴家窑陶瓷厂 位于碗窑村西。1949年1月成立，时称怀仁县碗厂，有职工70人，产品主要为碗、盘。1952年划归雁北地区管理。1954年划归大仁县管理，改称国营大仁瓷厂。1958年，吴家窑碗业生产合作社并入，安装使用球磨机和机轮，改手工作业为半机械化生产。1959年试制生产细瓷，产品种类有57种。1962年改为集体所有制企业，称吴家窑陶瓷厂。1972年开始生产出口瓷，产品有盖杯、松竹梅坛、象壶、晋碗等20多个品种，产品销往美国、日本、法国、德国、香港、东南亚等二十多个国家和地区。1975 年 11 月，68 米长隧道窑建成投产，配套窑棚 1700 平方米，成型车间 1943 平方米，包装车间 1600 平方米，库房 660 平方米，年产量达 700 万件。1982 年试制生产炻瓷产品，当年生产出口瓷 220 万件。1985 年，共有职工 519 人，年产陶瓷制品 671.15 万件，耐火材料制品 1832.3 吨，产值 375 万元，实现利税 23 万元，固定资产净值 124 万元。1987 年，“七头提梁”茶具获得“轻工部优质产品奖”。同年，兴建 56 米隧道窑 1 座，配套车间 2370 平方米，32 米单筒烤花窑 1 座，配套车间 640 平方米，企业职工 660 人，年产陶瓷制品 1450 万件，耐火材料制品 2072.52 吨，产值 736 万元，实现利税 42 万元，固定资产净值 660.8 万元。1988 年，被评为全国轻工业出口创汇先进企业，并获得“金龙腾飞奖”。2008 年，投资 800 万元进行了生产工艺改造，建成煤气发生炉 1 座，72 米煤气节能隧道窑 1 座，实现了煤改气。改造后，年产高档日用瓷 1500 万件。多年来吴家窑陶瓷厂一直坚持技改为先，有多款产品荣获国家或省级奖项。如：山西省工艺美术大师、吴家窑瓷厂技术科科长李增平设计的“七彩窑变瓶”，在第二届中国陶瓷文化艺术创意精品展览会上，获“大地奖”银奖；“仁和如意瓶”获首届山西省工艺美术博览会“唐都晋艺杯”金奖。

雁北瓷厂 位于县城西关。1957 年 6 月建厂，1959 年建成投产。时称大同瓷厂，为山西省轻工局直属全民所有制企业。同年底划归大同市管理。1970 年划归雁北地区管理。1975 年改称雁北地区瓷厂，产品以杯、盘、碗、壶为主，部分产品出口海外。1980 年增加了陶瓷酒瓶和釉面瓷砖产品。1985 年归怀仁县管理，有职工 1482 人，年产陶瓷制品 740.64 万件，出口量占总产量的 30 ~ 50%。年产值 459.79 万元，实现利润 25.91 万元，固定资产净值 632.06 万元。2003 年，被怀仁县嘉明有限责任公司兼并。

怀仁县陶瓷厂 旧址位于县城东北。县属全民所有制企业，原为县砖瓦厂的一个附属陶瓷车间，1974 年从县砖瓦厂分出成立，以生产日用陶瓷碗、壶为主。1977 年生产日用陶瓷 160.88 万件。1979 年转产马赛克。1981 年增加釉面砖生产线，当年生产釉面砖 2640.93 平方米、马赛克 56189.28 平方米。

1985年，有职工262人，产值110.14万元，实现利润11.42万元，固定资产净值114.04万元。1995年瓷厂停产。1996年，瓷厂以4条倒焰窑资产作价53万元入股，私人集资10万元，组建成立怀仁县玉泉股份公司。2002年瓷厂所持股份由东方陶瓷有限责任公司收购。1997年3月苏佐调任厂长前，瓷厂仅银行负债金额就达851万元。1999年11月，瓷厂引进外资，由河北唐山金仪陶瓷有限公司承租经营，安排下岗职工就业150余人。2011年7月县陶瓷厂宣告破产。

城关镇街道陶瓷厂 位于县城西关南端。1974年由城关镇贺增禄组织30名城镇居民创办，生产民用碗和盖杯，1979年停办。1981年，城关镇同吴家窑瓷厂联营重新开办，以生产民用碗和小方壶为主。1985年有职工54人，年产日用陶瓷38.3万件，耐火材料制品10吨，产值37.95万元。2002年，华艺陶瓷有限公司通过竞拍取得经营权。

雁北地区陶瓷研究所 始建于1975年，是在原雁北地区瓷厂研究室的基础上组建成立的，隶属雁北地区轻工局，主要生产酒具、茶具、艺术品瓷等，年产量为6万件，全所共有30多人，其中专业技术人员有18人。2000年实行改制，更名为美裕陶瓷有限责任公司。

2012年底，已建成的民营陶瓷企业有：佳美乐陶瓷有限责任公司、祥和陶瓷有限责任公司、永祥瓷业有限责任公司、盛益陶瓷有限责任公司等。

第十一编

交通　通讯

第一十卷

尺牍 题跋

第一章 道 路

第一节 古道

清代，怀仁县通行的驿道主要有5条：一是由县城往南经全福寨、磨道河、宋家庄、薛家庄（今新家园）、尚希庄、第三作至盐丰营，入山阴县郑家庄，通往太原，全长35公里。二是由县城往北经三里庄、柳东营、里八庄至秀女村，通往直隶宣化大道，全长15公里。三是由陈家堡，经刘晏庄、兴旺庄、大峪口、碗窑至吴家窑，经右玉通往归化的大路，全长20公里。四是由西安堡经旧站、小昌城至应县三门城，全长30公里。五是由县城经南晏庄、冯庄、清水河、薛家店至应县韩家坊，通往应县的大路，全长20公里。

民国时期，怀仁县的大道延续清代所筑之道，增加县城至周边乡村的大道：北面有县城经秦城到大同的大道，全长约12公里；县城至口泉的大道，全长约20公里；南面有县城至清水河村的大道，全长约10公里；县城至万金桥村的大道，全长约9公里；西面有县城至鹅毛口村的大道，全长约10公里。东面有县城至海北头村的大道，全长约10公里。

中华人民共和国成立后，所有大道逐渐由砂石土路改铺水泥或沥青路。

第二节 干线公路

中华人民共和国成立后，全县有公路3条，总长46公里，均为砂石路。一是往东经下寨、陈庄、南米庄至马辛庄，全程20公里。二是往南经郝家寨、万金桥、周家窑，石庄至南阜，全程18公里。三是往北经北七里寨、甄庄至秦城，全程8公里。1985年以后，境内通行公路增加到15条，通车里程242公里。其中，三级公路114.5公里，占路线总长的47.3%；四级公路 127.5 公里，占路线总长的 52.7%。水泥路面 15.4 公里，沥青路面 132.1 公里，砂石路面 94.5 公里，分别占路线总长的 6.2%、55%、38.8%。1990 年以后，全县公路建设步伐加快。到 2012 年，全县境内通车里程 1421 公里。其中高速公路 37 公里，国省干线公路 180 公里，县公路 10 条 191 公里，乡公路 692 公里，村公路 358 公里，公路密度达 115 公里 / 百平方公里。

208 国道怀仁段 北起秀女村，从县城西部穿过，至山阴王家堡，全长 44 公里，呈南北走向。此线清代即形成大车道，原名（大）同太（原）公路，曾名阳（明堡）集（宁）公路。民国 27 年（1938）改铺为砂石路。1963 年境内段加宽加高，整修路面。1968 年铺为生石灰拌黄土、砂砾路面。1971 年宋庄至全福寨段改线，境内段铺为沥青路面，路基宽 8.5 米，路面宽 7 米，为 3 级公路。2003 年至 2005 年，县城段拓宽改造 6 公里，路面宽 27 米，同时安装上下水、马路砖、路灯。此路在 1990 年大运路通车后改为大（同）阳（明堡）线，1996 年又改为 208 国道。至 2012 年历年维修继续使用，属 2 级公路，日交通量 5000 至 1.5 万辆。

大运高速公路怀仁段 全长 36.40 公里，2012 年通车。在县境内设有毛皂互通、怀仁互通 2 个站。有下米庄水库大桥、鹅毛河大桥、小峪河大桥、大石线立交桥，通道 57 处，涵洞 46 个。2012 年日交通量 6 万至 10 万辆。

大（同）忻（州）线怀仁段 起于秀女村，与大同市南郊相接，由北向南纵贯全境，至山阴县，全长 44 公里，南北走向。路基宽度 12 米，路面宽度 9 米，水泥路面，有桥梁 27 座，670.80 米，涵洞 118 个，1698.82 米。此线是山西省 1989 年至 1990 年建设大运公路时所建。通车后改为 208 国道，1996 年线路调整时改为省道。2012 年日交通量 5000 至 1.5 万辆。

大（同）石（咀）线怀仁段 起于大同市南郊区榆林村，由北向南纵贯全境，境内长 33.5 公里。1958 年全线改造，加长加宽路面。1964 年南晏庄、薛家店一带部分线路翻修改造。1968 年铺为砂石路面。1974 年县城至田家坊段铺为沥青路面。1976 年，全线铺为沥青路面，定为三级公路。1992 年，将鹅毛口到怀仁县城段 4 公里改造为 2 级水泥混凝土路面。2012 年日交通量 5000 至 1.5 辆。

宁（鲁）应（县）线怀仁段 由西南进入县城，东入应县境，境内长25公里，呈东西走向。1969年5月列入战备公路，全线开工修筑，始为砂石路面。1975年铺为沥青路面，定为三级公路。同年改为左（云）沙（河）公路。1980年大同公路分局将陈家堡至左云界段改造为二级水泥混凝土路面。2004年陈家堡至应县段拓宽改造为二级公路。2012年日交通量5000至1.5万辆。

县道 2012年底境内有11条，全长221.34公里。除县城通往乡村的公路外，2012年修建完工的县城内环城公路全长23.6公里，路宽30米，配置上下水，铺马路砖，安路灯等设施，投资近亿元。

乡道 乡道多在原大车道、田间路基础上修筑。20世纪70年代，各公社规划，将各乡道路修成公路雏形。90年代始经过开展全民义务修路，里程增加，质量提高。到2012年底，全县有乡镇公路114条，759.7公里。其中一级公路21.2公里，二级公路118.9公里，三级公路205公里，四级公路414.6公里。

村道 通乡（村）干线的农村公路，包括农村的街道。1949年以前，农村没有公路，仅有历史留下的乡村大道或田间小路。1960年至1996年30多年，随着干线公路，县公路铺水泥、沥青路面之际，一些沿途村首先通公路，但没有村与干线公路的连接线，村中街道仍是砂土路。1997年—2002年启动实施村村通工程。由县、乡、村投资，县交通局和乡镇村组织建设，到2012年底村村实现了通油路。境内村道共224条，全长411.1公里。

2012年怀仁县境内公路情况一览表

表11-1

路线名称	境内里程（公里）	等级公路（公里）			路基
		二级	三级	四级	
怀仁一应县	27.62		27.62		水泥路
宋家庄一左云界	25.55	9.64	15.91		水泥路
云中镇一马辛庄	19.52	7.30	8.50	3.41	水泥路
南小寨一小略镇	27.52		27.52		水泥路
大忻线一郝家寨	21.71	21.71			水泥路

续表（1）

路线名称	境内里程	等级公路（公里）			路基
	（公里）	二级	三级	四级	
亲和一金沙滩	15.05		15.05		水泥路
宋家庄一王家堡	25.69		25.69		水泥路
河头一大石线	14.22	14.22			水泥路
鳌石一镇子梁	11.47		11.47		水泥路
西韩岭一黄庄	24.62		24.62		水泥路
口泉一毛皂	8.32	8.32			水泥路
合计	222.29	61.19	156.38	3.41	

第三节　专线公路

2012年底，境内共有专线公路10条，34公里。

大同焦煤矿专线　起点位于国道208线K186+975处，中与大忻线K30+750相交，经西小寨、南窑集运站、石井村至大同市焦煤矿，全长6.55公里，建于1975年。由大同市焦煤矿投资70万元，建成三级油路且桥涵配套，碎石灰土路基，沥青路面，路基幅度宽度8.5至10.4米，路面幅度宽度7米，绿化里程4.77公里。

芦子沟煤矿专线　北由石井村接轨经跃进村、楼子口村到芦子沟煤矿、芦子沟村，全长9.07公里。建于1980年。由芦子沟煤矿投资90万元，建成三级油路，基层为20厘米厚的碎石灰土，沥青路面，路基宽7.5至8.4米，路面宽6米。

峙峰山专线　始于碗窑村，经吴家窑村、马营湾矿、峙峰山村至峙峰山矿，全长3.95公里。此路原为旧时煤矿路，1977年7月，由峙峰山矿投资80余万元，将其改造为三级路。碎石灰土基层，沥青路面，路基宽7.5米，路面宽6米。2005年由峙峰山煤矿自筹资金，将碗窑村至煤矿坑口段4.5公里改造为25厘米厚，7米宽水泥路。

宋庄煤站专线　西起208国道K195+207处，在K2+046处与北同蒲铁路交汇至宋庄煤站，全长3.5公里。此线建于1974年，属三级油路。1995年，宋庄煤站筹资350余万元，将其改建为20厘米厚混凝土路面的三级公路，路基宽 8.5 米，路面宽 7 米。绿化里程 2.046 公里。

王坪煤矿专线 起点位于大忻线 K41+055 处，途经南辛村、北辛村，与王坪煤矿铁路支线相连，全长 4.21 公里。此线原为大车道，1995 年由新家园乡投义务工 1500 多人、王坪煤矿投资 20 多万元，将其改造为能够晴雨通车的三级砂石路，且桥涵配套。1996 年，王坪煤矿又投资 200 万元，将原砂石路面改建为 20 厘米厚混凝土路面，标准仍为三级公路，其路基宽 8.5 米，路面宽 7 米。

县水泥厂专线 起点位于县水泥厂门口，经南街村至中街村，终点与大石线 K17+920 相连，全长 1.104 公里。1993 年 9 月怀仁县水泥厂投资 60 万元修建，为三级平微区标准水泥路，路基宽 8.5 至 9.0 米，路面宽 7 至 9 米，绿化里程 0.15 公里。

金沙滩煤炭集运站专线 起点为 208 国道 K206+520 处，经陈家堡村、孟庄村、第三作村至金沙滩煤站，全长 2.58 公里。由金沙滩煤炭集运站筹资 300 万元，于 1996 年 5 月 15 日开工，8 月 20 日完工，大同公路局承建，碎石灰土基层，水泥混凝土面层，路基宽 12 米，路面宽 9 米，属二级公路，绿化里程 1.97 公里。

南窑集运站专线 始于大忻线 K30+750 处，至南窑煤炭集运站，全长 1.5 公里。由南窑煤炭集运站投资 180 万元，于 1994 年 6 月修建，工期 2 个月，建成二级水泥混凝土路面。路基宽 12~15.5 米，路面宽 9—14 米，绿化里程 0.65 公里。

南窑煤站专线 始于大石线 K20+270 处，经南窑村、南窑出口煤站，跨越焦煤矿铁路支线至南窑煤站，全长 2 公里。此线原为砂石路。1979 年由雁北矿业公司与城关公社政府共同投资 30 万元，由县公路站施工，将其改造为 18 厘米厚碎石灰土基层，3 厘米厚沥青路面的三级油路。1994 年，由朔州矿业公司投资 180 万元，将其提高为二级水泥路。路基宽 12 米，路面宽 9 米，绿化里程 0.65 公里。

西山坡 30 万亩绿化防护林专线 北起云中镇石井村，南至新家园乡路庄村，2007 年开工，完成 47 公里，2009 年完成 57 公里，2010 年全部竣工，共104公里水泥路。投资510万元。

鹅毛口—峙峰山煤矿专用线 2008年建成，全长33公里。投资850万元。

清凉山旅游专线 2008年建成，全长8公里，标准路面宽12米，路基厚15厘米，沥青二级路。投资8200万元。

下米庄水库旅游专线 2010年完成，全程6.1公里，二级砂石路。投资170万元。

金沙滩、清凉寺、鹅毛口旅游专线 2011年建成。全程27.5公里，三级沥青路面。投资8200万元。

金沙滩生态园区内水泥路 2010年建成，全长16.5公里。投资825万元。

朔州市生态观光旅游专线 怀仁段全长37.4公里。2011年完成22.4公里，2012年完成15公里。投资3300万元。

养殖园区道路 2012年建成南小寨养殖园区和家园养殖园区水泥路20.5公里。投资775万元。

第四节 城市道路

民国35年（1946）8月，县城内有东西大街1条，东西大巷2条，南北小巷8条，大街为砂石路，小巷为土路。

1967年，开通西关红旗西街，铺沥青路面。1973年，整修拓宽东西向红旗街，铺沥青路面。1979年，拆除西城墙，填外城壕，开筑南北向新华路，至1982年，新华路初具规模。同年，修矿业街，铺水泥路面4800平方米，修下水道600米。红旗西街铺油路面7000平方米，修下水道640米。1983年始，先后整修建设路、体育街、矿业街、府后巷、云路街、观巷。至1985年，整修县城街道13条，均铺为水泥或沥青路面，巷18条，总长14.29公里，占地面积16.6万平方米。县城人均道路6.06平方米。1987年，投资9.4万元，完成旧城北街7条巷道路面改造工程，改修路1371米，混凝土铺路面积5783平方米。1989年，开通对外交通枢纽南立交桥，铺油路面2644米，面积21152平方米。同年，开通四化街，修简易路面800米，面积16000平方米，硬化老干部家属区和气象街家属区路面。治理东关南街路面，铺混凝土六棱砖380多米，面积1254平方米。硬化顺城巷、观巷、体育街等路面，共铺混凝土六棱砖775米，面积4440平方米。

1990年，建成高标准的四化街，全长960米，宽50米，铺沥青路面2813平方米。红旗东街铺沥青路面500米，面积3700平方米，铺混凝土方砖300米，1650平方米。新修矿业东街，面积5400平方米。1992年，投资150万元，拓宽怀应公路，长609米。拓宽同太路，长1997米。硬化炭路巷，长371米。硬化玉皇庙巷，长326米。硬化西南台巷，长760米。以上两路三巷共计面积18929平方米。同年，还新修开发公司商品房到税务局门前简易路，长640米，面积5673平方米。新开四化西街，长1130米。新开新华南路，长713米。1993年，投资300多万元，改建新建四化西街、新华南路、四化南巷、农贸市场东街，建成新华北路路基、南环路路基、建设路南段路基、东环路路基、四化街东段路基、长征路路基，并建成开发北路共11条道路，全长18.6公里，总面积318929平方米。其中铺油路3条，长2.3公里。混凝土路面1条，长0.4公里。基础路7条，长15.9公里。1994年，投资523万元，续建和新建新华北路、大同路、建设路、六小路、四化东街、新华南路、体育南街2巷、二中北巷，体育北街一巷、物资局家属楼，拓宽同太路共11条，全长6.45公里，面积8.68万平方米。1995年，续建青年路、长征路，铺油面积3453.6平方米，美化人行道12049平方米，修补路面14490平方米。1999年，新建拓宽县城道路6条，长8.7公里。

2000年，拓宽改造云州西街。路面由原来的10米拓宽到26米，路中设置绿化隔离带宽6米，安装6头华灯48套，丰收灯9组，广告灯箱130个，配套供热、电讯、供排水等基础设施。同年，完成云州东街向东延伸工程，与怀仁一中东的新兴路接通，长900米，宽12米，铺设沥青路面11880平方米。完成南立交桥南路工程，北起迎宾街，南至南环路，长1470米，宽16米，铺沥青路面，面积23520平方米。完成青年路修建工程，北起天合街，南至迎宾街，长457米，宽14米，沥青路面，面积6398平方米。完成新兴路工程，北起云中东街，南至一中，长840米宽14米，沥青路面，面积11760平方米。

2001年，拓宽云州东街。完成新华路拓宽改造工程。2002年，完成迎新街拆迁工程，该路东接旧怀河路，西贯建设南路，长1450米，宽30米，完成桥东街拆迁改造工程，同年，完成南环路建设工程和怀应路拓宽改造工程。

2003年，完成高速公路连接线工程，西起迎宾街东头，东至烽火台高速公路，长7000米，宽32.5米，沥青路面，面积227500平方米。完成新华北路工程，南起国税局，北至大运公路，全长2500米，宽27米，中间设置6米隔离带，沥青路面，安置路灯，下水、人行道。2004年，完成南环路延伸，长3800米，宽30米，水泥混凝土路面。完成东环南路1500米，宽30米水泥混凝土路面。完成东环北路2880米，宽30米，沥青路面，南起连接线，北至新发村。完成长征路拓宽改造1470米，宽44.6米，隔离带2.3米。完成新华南路延伸1320米，宽20米，水泥混凝土路面。完成开发南路780米，宽20米，水泥混凝土路面。以上工程都安装路灯，埋设下水，铺人行道彩砖。

2005年，投资2134.9万元，完成东环南路、南环路延伸工程，全长5463.7米，路面宽30米，双向8车道。2009年，改造迎宾街，长2480米，道路宽32.5米。改造新建北路，长1200米，路面宽25米。2010年，投资2.1亿元，改造主干道5.7公里。2011年，投资1.9亿元，新建、改造道路3条7.7公里。2012年，投资1.36亿元改造怀安大街长5300米。投资1900万元，改造仁德路长4930米。投资3735万元，建设仁爱路延伸和仁信街延伸段，长2000米。是年底，县城道路总长度83.7公里，形成“六横七纵”的城市交通网络。

第五节　农村道路

从2003年起，山西省政府启动村村通水泥（沥青）路工程。每建设1公里通村油路（水泥路），省投资2万元，市投资3万元，县投资3万元，其余由乡镇和村自筹。2003—2005年，全县建设通村水泥（油）路328公里，每公里平均投资18万元，累计投资5700万元。其中，县交通局组织乡镇和村建设180公里，国家投资、县城改造拓展、企业和民间投资建设148公里。新增通水泥（沥青）路村55个，铺水泥（沥青）路158公里。

2006年，建设通村水泥路农村街道188公里，全县达到147个村，占162个行政村的92%。有80个村的主要街道铺通水泥路，占全县行政村的50%。其中有6个村实现户户通水泥路。2007年，建设通村水泥路增加到153个。2008年，完成连村网络化公路253公里，全县162个行政村全部实现村村通水泥路。同时，完成26个社会主义新农村重点推进村水泥路180公里。2009年，投资1600万元，建设公路80公里，实现村村通水泥（油）路全覆盖。2010年，投资1300万元完成石庄至翰林庄公路，路长15公里。建设下米庄水库旅游路，路长6.1公里，投资170万元，完成基础砂石路面。2011年，农村街巷硬化全面开工，投资3725万元，完成38个村街巷硬化里程197公里。2012年底，域内农村公路有27条，全长329.5公里。

西（韩岭）毛（皂）线 1958年建成，长4公里，为泥结碎石路面，1982年铺为沥青路面，定为四级公路。

怀（仁）河（头）线 1979年建成，长23.5公里。始为黄土路面。1982年改造为泥结碎石路面。1985年，县城至海北头段铺为沥青路面，定为三级公路。2003年新铺水泥（沥青），路面宽度由原来7.5米扩建到8.5米。

何（家堡）悟（道）线 长7公里，原为大道。1981年加高加宽路面，并铺为沥青路面，定为四级公路。

里（八庄）河（头）线 1983年建成，长26.5公里。为泥结碎石路面，定为四级公路。

应（县）册（田）线 1983年建成，长11.5公里，为泥结碎石路面，定为四级公路。

周家窑—晏头—下湿庄线 1983年建成，长13公里，为四级公路。

208国道—兴旺—盐丰营—日中城线 1992年建成，长15公里，为4级公路。

怀（仁）左（云）线—羊圈沟—虎龙沟线 1993年建成，长7公里，为四级公路。

一间房—小东庄线 1993 年建成，长 3 公里，为四级公路。

大忻线—南家堡—滋润—大峪口线 1993 年建成，长 20 公里，为四级公路。

杜庄—古家坡线 1994 年建成，长 5 公里，为四级公路。

管庄—高速路连接线 1994 年建成，长 6 公里，为四级公路。

上海子—下海子—黎寨线 1994 年建成，长 9 公里，为四级公路。

尚南头—曹庄—翰林庄线 1995 年建成，长 7 公里，为三级公路。

薛家店—赵麻寨线 1995 年建成，长 13 公里，为四级公路。

支家小村—东作里—柳东营线 1995 年建成，长 9 公里，为四级公路。

海北头—怀（仁）马（辛庄）线 1996 年建成，长 4 公里，为四级公路。

高速路连接线—黎寨线 2002 年建成，长 2 公里，为沥青路面。

怀（仁）马（辛庄）线 2005 年建成，长 18 公里，为水泥路。

黄（庄）温（庄）线 2007 年建成，长 27 公里，为水泥路。

亲（和）新（家园）线 2007 年建成，长 20 公里，为水泥路。

石（庄）翰（林庄）线 2010 年建成，长 15 公里，为 3 级水泥路。

海（北头）清（泉）线 2010 年建成，长 6.4 公里，为水泥路。

208 国道—柳东营—下米庄水库线 2011 年建成，长 9.8 公里，为水泥路。

下米庄水库至鲁沟村线 2011 年建成，长 5.1 公里，为水泥路。

金（沙滩）鹅（毛口）线 2011 年建成，长 27.5 公里，为沥青路面。

黄（庄）河（头）线 2012 年建成，长 15 公里，为水泥路。

第二章 铁路 航空

第一节 铁路

民国 21 年（1932）11 月怀仁境内始有铁路，为同（大同）蒲（风陵渡）

铁路怀仁段。北起秀女村，南至山阴棋道地，境内线长44公里。于民国25年（1936）建成通车，为窄轨铁路。民国27年（1938年）10月至次年6月，改建为标准轨铁道。1951年7月21日修复通车。属一级铁路。境内设里八庄、怀仁、宋家庄、金沙滩（原称尚希庄）4个车站。1986年建成复线。1988年建成电气化铁路。怀仁站内设八股道，年发送货物量400万吨，发送旅客25万人次。2012年大运高速铁路通车，在怀仁境内有36.4公里，设怀仁东站。

2012年底，境内铁路专用线共有9条，线长95.7公里。

小峪煤矿专用线 由同蒲铁路宋家庄站接轨，至小峪煤矿矿区，全程13.4公里。1960年建成通车，定为三级专用线，设小峪口编组站。

丙148专用线 1962年建成通车，走行线长10公里，为三级专用线。

宋家庄煤站专用线 北由宋家庄站接轨，南至宋家庄煤站，走行线长1.5公里，1980年建成通车，为三级专用线。

大同市焦煤矿专用线 东由怀仁站接轨，经西小寨、南窑村、石井至矿区，走行线长8.3公里，1981年建成通车，为三级专用线。

芦子沟煤矿专用线 北由石井接轨，经悟道至楼子口，走行线长7.1公里，1981年建成通车，为三级专用线。

南窑煤站专用线 西由大同市焦煤矿接轨，至南窑煤站，走行线长1.3公里，1985年建成通车，为三级专用线。

亿斤粮库专用线 西由大同市焦煤矿接轨，至南窑亿斤粮库，走行线长1公里，1985年建成通车，为三级专用线。

峙峰山煤矿专用线 北由小峪口编组站接轨，经王坪至峙峰山，全长16.2公里，1981年由煤炭部武汉设计研究院设计，1982年动工建筑，1985年完成基础工程开始铺轨，1986年建成通车，为三级专用线。

木材公司专用线 东由怀仁站接轨至木材公司，走行线长0.5公里，1985年动工建筑，完成基础工程，1986年建成通车。1995年木材公司破产停运。

第二节　航空

1994 年 4 月 16 日，位于怀仁县亲和乡南小寨村南的机场开通民用航线。首次开通的航线是大同—北京、大同—西安，每周一、六各往返飞一个航班，由大同民航运营。约 3 年后，大同民航在他处新建设的航站楼建成后，该机场所有民用航班随之取消。

第三章　桥 梁

第一节　古道 桥

清代怀仁建有桥梁 5 座。均为石砌拱形桥，至民国末年废弃。分别为：建于万历十一年（1583）的南阳桥，在县城南 90 里的甘庄（今属山阴县），道光六年（1826 年）重修，为西通右玉、朔州，东入应县、山阴必经之桥。嘉庆二十一年（1816 年）建的三里桥，在县城东三里庄村，跨三里河。清光绪年间建的西安桥，在距城 30 里的西安堡村，跨桑干河。古道桥在大峪口内。偏岭桥（今属山阴县）始建年代不详，距县城 70 里。

第二节　公路 铁路桥

2012 年底，县境内有公路桥梁 105 座，全长 4322.9 米。其中，208 国道有公路桥梁 21 座，481.4 米。大运高速公路有桥梁 22 座，2225 米。大忻线有桥梁 27 座，670.8 米。大石线有桥梁 6 座，83.5 米。宁应线有桥梁 3 座，162.5 米。县道桥梁 7 座，351.7 米。乡道有桥梁 12 座，192 米。

里八庄公路桥 位于里八庄村西，1971 年建成，为双曲拱桥，水泥灌注桩，跨径 15 米，桥长 56.2 米，桥宽 7 米，高 4 米，载重 13 吨。

王家堡公路桥 位于王家堡村东，1971 年建成，为双曲拱桥，水泥灌注桩，跨径 15 米，桥长 72 米，桥宽 7 米，高 5.1 米，载重 13 吨。

磨道河公路桥 位于磨道河村西，1971 年建成，为石拱桥，单孔跨径 8 米，桥长 36.5 米，桥宽 7 米，高 7.1 米，载重 13 吨。

尚希庄公路桥 位于尚希庄村西，1971 年建成，为石拱桥，单孔跨径 6.5 米，桥长 70 米，桥宽 7 米，高 6.6 米，载重 13 吨。

碗窑公路桥 位于碗窑村西，1971 年建成，为混凝板桥，石砌台墩，单孔跨径 15 米，桥长 79.4 米，桥宽 7.5 米，高 5.8 米，载重 13 吨。

新桥村桑干河大桥 1971 年动工，1976 年建成通车，下部构造为钻孔灌注桩结构，上部构造为双曲拱桥，全长 300 米，由 16 孔组成，单孔跨径 15 米，桥面宽度 7.5 米，高度 8.4 米，载重量 13 吨。2007 年 4 月在桥西 50 米处开工新建河头桑干河大桥，桥长 300 米，12 根桥柱，引道长 580 米，桥宽 8 米，可通行 55 吨车辆。

2012 年底，境内有铁路桥 4 座。

里八庄铁路桥 位于里八庄村北，始建于民国 24 年（1935），为砖砌桥墩。1952 年改造加固，改为 12 孔水泥墩，桥长 143.2 米。

磨道河铁路桥 位于磨道河村东，始建于民国 24 年（1935），为砖砌桥墩。1960 年改造加固，改为 6 孔石砌桥墩，桥长 86.4 米。

赵麻寨铁路桥 位于赵麻寨村西，始建于民国 24 年（1935），为砖砌桥墩。1955 年改造为石砌 8 孔桥墩，桥长 101.8 米。

峙峰山专线碗窑铁路桥 位于碗窑村南，1985 年建成。8 孔，全长 216 米，桥墩高 30 米，水泥浇灌，桥梁为重庆桥梁厂特制，山西省水工局二处承建。

2012 年怀仁县公路桥梁一览表

表 11-2

桥梁名称	桥梁类型	所在乡镇	长度（米）	宽度（米）	最大载重量（吨）	桥梁结构	建筑年代
海北头立交桥	公路桥	海北头乡	108	13.25	20	钢混	2002

续表（1）

桥梁名称	桥梁类型	所在乡镇	长度（米）	宽度（米）	最大载重量（吨）	桥梁结构	建筑年代
桑干河大桥	公路桥	河头乡	800	9	20	钢混	2007
烽火台立交桥	公路桥	海北头乡	69	12	20	钢混	2002
小略桥	公路桥	新家园乡	40	8.5	15	钢混	1970
温庄立交桥	公路桥	毛皂镇	99	12	20	钢混	2002
毛皂立交桥	公路桥	毛皂镇	84	11	20	钢混	2002
互通立交桥	公路桥	海北头乡	69	12	20	钢混	2002
小略河桥	公路桥	新家园乡	46	8.5	15	钢混	1993
草地立交桥	公路桥	海北头乡	85.6	11	20	钢混	2002
无名桥	公路桥	云中镇	40.1	8.7	15	钢混	1989
无名桥	公路桥	吴家窑镇	85	7.5	15	钢混	1977

第三节　立交桥

2012 年底，境内有 5 座立交桥，分别为跨同蒲铁路的县城南立交桥、北立交桥、新华路高架立交桥、壬山高架大桥、怀安大街高架大桥。

南立交桥：1987 年修建，2011 年因怀安大桥通车后此桥废止。

北立交桥：1987 年修建，县城通 208 国道之交通要道。

新华路高架立交桥：位于县城北部，南起气象站，北至大运二级路和 208 国道。2003 年 6 月 18 日奠基开工，2004 年 9 月 13 日竣工通车，总投资 2500 万元。全长 2761 米，由桥南路、高架桥、桥北路组成。桥南路长 700 米，宽 18 米。桥北路长 1511 米，宽 50 米。跨铁路和 208 国道。高架桥长 550 米，宽 20.24 米，桥净空最高度 8.25 米。桥梁为预应力混凝土结构，共 7 孔，每孔 35 米，主干道及大桥铺油面积 8800 平方米，人行道硬化 12000 平方米，安装路灯 182 盏，铺设电缆 5600 米。大桥绿化栽植各种树木 3858 棵，种植各种花卉 3.3 万株。

壬山高架大桥：位于县城东北，县职业中学东侧。2006 年 5 月动工，

2007年10月竣工通车，总投资8000万元。全长118.8米，宽35米。由桥东路、高架桥、桥西路组成。桥净空高11米。桥梁为预应力混凝土结构，主干道及大桥铺油面积6500平方米，安装路灯150盏。

怀安街大桥：位于县城西南部，与208国道交汇。2008年11月动工，2011年6月竣工通车，总投资1.3亿元。全长157.328米，宽50.6米。由桥东路，高架桥、桥西路组成。中间行车道宽28米，双侧隔离带各2.3米，两侧各6米非机动车道，双侧各3米人行道和桥栏杆，桥净空高11米。桥梁为预应力混凝土结构，主干道及大桥铺油面积7500平方米，安装路灯160盏。

第四章 运 输

第一节 运输工具

早在1万年以前的新石器时代，境内鹅毛口地区有先人聚居，人们主要打制不同类型的石器，用于生产和生活。以木棒、兽皮、藤蔓等为运输工具，后逐渐通过驯服马、牛等动物作为驮载工具。进入奴隶和封建社会后，随着战争的频繁发生，战车开始出现，后不断改进为运输车辆，载运方式主要以人、畜力为主。

民国19年（1930），域内出现三轮车、黄包车和自行车等运输工具，本县传统的独轮车也开始使用橡胶轮胎和滚珠轴承。民国27年（1938），境内始有汽车出现。但在很长时间，运输仍以各种非机动车为主要工具。

1949年以后，怀仁县汽车数量逐渐增多，并开始取代非机动车辆，成为主要交通运输工具。1978年，中共十一届三中全会以后，随着改革开放和市场经济的发展，各类运输工具不断更新换代。进入20世纪90年代后，畜力车在县城被淘汰，农村也逐渐减少。同时，各种类型的专用汽车相继问世，并且不断增加。货运汽车向大吨位、系列化发展，客运汽车向多功能、高档次、舒适、豪华发展。特别是2000年以后，汽车开始逐渐走入百姓家，尤其是青年人购车自驾成为时尚，女同志开车的人数也在逐年增加。

人力运输工具 域内原始运输方式主要以人力运输为主，形式有提、背、扛、挑、抬等。进而发展到用绳索系物拖拽，以木橇载物滑移，有些原始的运输方式，一直沿袭至今。民国以前，县城及吴家窑、鹅毛口等较大集镇有轿、轿车、驮脚作为运输工具。桑干河沿岸村庄有脚夫，专背旅客过河。民国22年（1933）本县有载客的马、驴、骡约300余匹，轿和轿车40多辆，年客运量2000多人次。20世纪60年代以后绝迹。

20世纪70年代，人力运输工具主要靠人背篓、扁担、柳筐、水桶等日常用的工具。农村用的较多，特别是山区，吴家窑、碗窑、峙峰山、窑子头、鹅毛口、小峪口等山区人民群众生活运输多用此工具。平川农村农民种地也用这些工具，80年代已罕见使用。

人力运输半机械化工具主要有独轮车、小平车、自行车；机动车有电动车、摩托车等。独轮车在60年代就已经消失，小平车逐渐减少，只在建筑工地上还使用。从70年代以后自行车、电动车、摩托车成为人民群众日常生活中不可离开的运输工具，尤其是自行车家家户户均有，也标志着人民群众生活水平的提高。

畜力运输工具 域内使用畜力运输历史悠久，种类较多，直到20世纪70年代仍然可见，80年代以后逐渐不用。畜力运输工具主要畜力是：牛、马、驴、骡、骆驼等。依靠牵引的车辆有：旱板车、铁轮车、马车。

旱板车：多用于农村短途运输，1949年10月中华人民共和国成立以前域内普遍使用，多为牛拉。全县大小村庄均有。后来这种车被胶轮车代替，80年代初期绝迹。

铁轮车：亦称大车、花轱辘车。在本县历史悠久，民国时期多以牛驾驶，故称牛车。此后转向由骡、马为主要驾车兽力，1匹驾辕，2至3匹拉套，主要用于远途运输。全县80%的村均有，20世纪80年代后期绝迹。

胶轮车：俗称“胶皮车”，在铁轮车基础上发展起来的，以马为主要畜力故称马车。前胜运输社（集体企业）曾有马车30多辆，专为跑运输之用。

各村均有，多者8至10辆，少者3至5辆。1980年全县拥有胶轮车1758辆，小平车3774辆，货运量36.38万吨，货运周转量441.81万吨/公里，2000年以后由农用机动车取代。

二马车：介于平车与胶轮大车之间的车。本县农村常用拉田送粪，20世纪80年代后期绝迹。

轿车：一种畜力和人力兼用的运输工具，用于短途运送人员或娶亲之用，1949年前有钱人家必备轿车，中华人民共和国成立后绝迹。

机动车 民国20年（1931），由“晋北汽车联营合作社”的客运汽车途经本县。民国27年（1938），境内始有军用运输汽车。20世纪50年代后期，出现摩托车，主要用于邮政传递。1960年始有大轿车运输旅客。1961年省农业厅分配给怀仁县5台中型拖拉机，用于农业生产，农闲时用于运输。1969年始购小型手扶拖拉机，用于农业生产。1970年全县有载货汽车6辆。1972年县交通局购进大轿车一辆，用于旅客的城乡运输。1985年全县有载货汽车98辆，大中型拖拉机637台，小型手扶拖拉机350台。随着经济社会的发展，进内机动车的数量和种类急剧增加，个人纷纷购置各种机动车用于生产和生活。2004年全县共有各种汽车3654辆，各种类型的拖拉机2880台。2012年底，全县有各类轿车、载重卡车、各类工程用车、特种行业的专业用车和农用机动车等约15.73万辆。

第二节 客运

民国时期，县城及吴家窑、鹅毛口等较大集镇均有轿车、驮脚。桑干河沿岸有脚夫背送旅客过河。长途客运主要以畜力车辆运输为主，但车费较高，一般群众稀有乘坐。

汽车客运 民国20年（1931），大同市“晋北汽车联营合作社”发车应县，途经怀仁，开始汽车客运业务。民国24年（1935），大同到太原的客运汽车（大卡车）途经怀仁营运旅客。1951年7月，察哈尔省联运运输公司雁北分公司成立，本县客运业务由该公司经营。年底在本县设立汽车站。客运汽车（卡车）通车路线有大同到怀仁、怀仁到应县，客运量不大。1960年始用大轿车，年客运量2000多人次。此后，逐年增加通车路段，过往客运车辆渐次增多。

20世纪70年代初期，大同到怀仁的班车，车型全部为35座的大型客车，并且增开了大同经怀仁、应县、浑源到广灵的班车，以及大同经浑源、应县、怀仁再返回大同的班车，极大方便了本县民众的出行。1970年，本县日客流量100多人次，年客运量5000多人次。1972年，县交通局购进大轿车一辆，用于城乡间的客运，年客运量1580人次，旅客周转量6.85万人/公里。1978年增至3辆大轿车，客运量94360人次，旅客周转量216.73万人/公里。1984年，芦子沟煤矿购置大轿车一辆，增开芦子沟至县城班车，年客运量4.5万人次，旅客周转量20.8万人/公里。1982年后，出现私人小面包车专营长途客运。到1985年底，怀仁汽车站过往车辆60个车次，营运路线有怀仁到大同、怀仁到应县、怀仁到左云、怀仁到小峪、南小寨机场到大同、王坪煤矿到大同等，另外有大同、石家庄、繁峙、浑源等地的过往车辆，营运里程1000多公里，年客运量59278人次，旅客周转量124.1万人/公里。90年代之后，个体客运户迅速增加，国营集体运输市场逐渐萎缩。此期间，运营秩序相对较散。2003年，新建综合汽车站后，打开了连通周边各地的通道。2010年以来，新增怀仁—太原，怀仁—北京，怀仁—集宁、包头，怀仁—灵丘、广灵等多条通外线路。2012年，从怀仁发往大同、太原、朔州、山阴、应县、浑源、包头，北京等地的车辆日达56个车次，营运里程12400公里。

火车客运 民国29年（1940），在县城建火车站，途经车次有大同—太原的701—702次客车，大同—宁武的741—742次客车，客运量不大。之后，由于战事影响停运。1951年北同蒲铁路修复通车后，怀仁站再次开始营运业务，日经过旅客列车两对。20世纪70年代增加到3对。1985年过往旅客列车增加到5对，有大同—太原341/342、343/344、537/538、大同—岢岚的529/530，太原—包头的537/538。境内4个火车站（金沙滩、宋家庄、怀仁、里八庄），年旅客总发运量40万人次。此后，逐年增加。1990年后，由于城乡居民旅游、农民外出务工、大中专学生往返学校，客流量显著增加，每年旅客发运量约120万人次。2005年年客运量355万人次，旅客周转量

18145万人/公里。2008年年客运量412万人次，旅客周转量20000万人/公里。2010年年客运量470万人次，旅客周转量20123万人/公里。2012年年客运量508万人次，旅客周转量21048万人/公里。2012年，大运高速铁路通车后，设怀仁东站，本县民众出行首选乘坐高铁。

城乡客运 始于1972年。客运的车辆是县交通局当年购进的1辆大轿车。1973年经营的路线主要是县城到金沙滩、吴家窑路段，年客运量1580人次，旅客周转量6.85万人/公里。1978年增到3辆大轿车，增开县城到小峪班车，年客运量34331人次，旅客周转量为128.58万人/公里。1980年裁为2辆，增加上述路段班车次数，年客运量934366人次，旅客周转量216.73万人/公里，1984年停运。1982年开始出现个体客运，1985年增加3辆，主要经营线路是县城到金沙滩、吴家窑，县城到王坪、小峪。1984年，芦子沟煤矿购进1辆大轿车，增开芦子沟到县城班车，年客运量4.5万人次，旅客周转量20.8万人/公里。此后数年，城乡营运车辆、路线逐年增加，到2004年，全县城乡营运客车共46辆，日营运旅客1678人次，营运路线扩大到全县10个乡镇的162个村，范围700平方公里。2005年10月建成金沙滩客运站，沿线18个村安装候车棚并运行，年客运量3.1万人次。2006年9月建成河头乡客运站，沿线18个村安装候车棚，年客运量3.8万人次。2008年建成毛皂客运站，沿线14个村安装候车棚。2012年全县实现100%乡镇，98%的行政村通客班车。

市内客运 始于20世纪80年代后期，以二轮摩托车为主，集中在火车站和汽车站前接送旅客。90年代之后，随着城市面积的不断扩大，县城内开始大量出现货运三轮机动车跑出租，因其顶棚外饰用彩色塑料布包装而成，域内群众称之为“大花轿”。以后，这种车辆逐年增加。到1997年底，全县共有客运“大花轿”890辆。2000年后，“大花轿”被载人三轮摩托车所代替，主要车型有“万虎王中王”、“银钢之星”、“银翔”、“海陵”等，收费一般为2～5元。2000年底，全县共有各类客运三轮摩托车1300多辆。是年民营企业嘉乐客运公司成立，开始营运市内公共交通，6辆甲醇客车，开辟线路3条。包括左环、右环6对，票价0.5元/人。2004年底，嘉乐公司拥有大轿车15辆，开辟线路10条。2010年彻底取缔载人三轮摩托车。2012年4月市内公交实行财政出资、企业运营、居民免费乘车的运营模式。2012年底，县城内共开通公交线路5条，营运车辆达45辆，日客运量2~3万人次。

出租汽车 怀仁县汽车出租业始于20世纪90年代，车型初为“夏利”、“大发”，后渐为“桑塔纳”车型所代替，停车点主要在火车站广场东侧、中国银行怀仁县支行附近、汽车站及迎宾广场东侧。乘坐以协商价格为主。2010年开始安装计价器，起步价为5元，每公里1.2元，3公里计价。长途营运分打表、包价两种。2012年底，有出租公司3家（顺达2家、嘉乐1家），出租汽车620辆，年客运量达6.95万人次。

第三节　货运

人畜力货运 1949年前，怀仁境内的货物运输，山区主要靠人背、肩挑、畜驮，川区主要靠人背、畜驮、小车推、大车拉运。清光绪年间，背炭者500人左右，年运煤300多万斤。肩挑贸易者100余人。民国九年（1920）背炭者3000人以上，年运煤2000万斤。肩挑贸易者150余人，小车运输贸易者4500余人。煤运量6000多万斤。用于驮运的牲畜1700余头。1950年全县有胶轮大车59辆，小平车330辆，货运量9.03万吨，货物周转量135.46万吨/公里。1953年有胶轮大车125辆、小平车364辆，货运量2376万吨，货物周转量403.24万吨/公里。1960年有胶轮大车401辆，小平车1003辆，货运量36.98万吨，货物周转量为768.31万吨/公里。1970年有胶轮大车1345辆、小平车1881辆，货运量39.56万吨，货物周转量781.84万吨/公里。1980年有胶轮大车1758辆，小平车3774辆，货运量36.38万吨，货物周转量441.81万吨/公里。1985年，畜力运输完成货运量129.5万吨，货物周转量1409.7万吨/公里。1990年后，畜力运输完全被机动车运输所代替。

公路货运 1964年，全县有载货汽车2辆，年货运量3.08万吨，货物周转量 76.98 万吨 / 公里。以后逐年增加，但数量不多，到 1970 年全县仅有载货汽车 6 辆，年货运量 101.43 吨，货物周转量 217.64 万吨 / 公里。1980 年，全县共有载货汽车 96 辆，年货运量 108.07 万吨，货物周转量 1885.93 万吨 / 公里。1985 年有一运、二运、三运和昌运等 4 个公司。载货汽车 98 辆（载重吨位 638 吨），挂车 61 辆（吨位 284 吨），年货运量 600.6 万吨，货物周转量 7731.4 万吨 / 公里。厂矿、企事业单位有载货汽车 199 辆（吨位 1126 吨），年货运量 131.7 万吨。农用载货汽车 445 辆。货运中，小型拖拉机 866 台。20 世纪 90 年代，随着市场经济的深入发展，货物运输量开始快速增加。同时，货运业务也由国营、集体经营逐渐转变为国营、集体、个体共同经营。1997 年，全县共有载货汽车 1518 辆，完成货运量 900 万吨，货物周转量 33329 万吨 / 公里。2002 年前后，4 个国有集体运输企业先后改制停业。个体私营运输和集体运输成为运输业的主力军。2004 年底，全县共有载货汽车 1264 辆，其中个体养车 745 辆，占 59%。共有轮式拖拉机 80 台，载货挂车 915 辆。2012 年，全县货运车辆 4000 多辆，民营货运车队 15 家，一、二类维修企业 8 家，驾驶员培训学校 1 所，汽修厂 37 家，危险品运输企业 1 家。货运量 983 万吨，货运周转量 51123 万吨 / 公里。

铁路货运 始于北同蒲铁路修复之后，主要以运送煤炭为主。境内 4 个火车站共有货场 4 个，货位 85 个。2005 年年货运量 355 万吨，货运周转量 66012 万吨 / 公里。2008 年年货运量 395 万吨，货运周转量 70004 万吨 / 公里。2010 年年货运量 390 万吨，货运周转量 70207 万吨 / 公里。2012 年年货运量 408 万吨，货运周转量 72045 万吨 / 公里。

第五章 交通管理

第一节 机构

民国之前，境内设有驿站，具体负责交通管理事宜。民国2年（1913）地方裁驿，交通管理由县署长官负责。

1949年10月以后，县人民政府的民政科、农林科等机构先后兼办道路交通管理。1955年设立交通科。1958年设交通局，主要负责道路修建、交通运输工作。1967年3月，撤销交通局。1971年，重新设置。2009年更名为交通运输局。下属有道路运输管理所、路政管理所、交通监理所、交通征费稽查所、县乡道路养护管理中心、城市客运及出租车行业管理办公室和6个企业（第一、二、三运输公司、交通知青汽车修理厂、交通开发公司、装卸搬运公司）。1987年，根据山西省交通厅的指示，交通监理所分家，三分之二的人员和财产移交公安局成为公安局属下的交通警察大队，三分之一的人员和财产留下另组成交通征费稽查所，这两个单位均为条管单位，地方事务由交通局管理。

20世纪80年代以后，交通局工作职能也随之由原来的指导修路、管理本单位运输企业，扩大为道路建设养护、社会客货运输管理、收取各种交通规费和本单位所属企业的管理，内部设直属管理部门和内设股室。由于个体客货运输的增加，交通局开始对其进行宏观管理，交通局的工作重心转移到县乡公路建设方面。

怀仁县装卸搬运社：1950年成立，始称搬运工会。1957年归大同铁路装卸作业所管辖。1959年归县交通局管理，为集体所有制企业。主要承担怀仁火车站的货物装卸搬运。1975年开始机械作业。1983年，装煤作业区由怀仁站迁到南窑煤台，全部实现机械化作业。1985年完成装卸量174.8万吨，总收入198.9万元，实现利润86.8万元。1995年装卸作业总量146.26万吨，产值333.47万元，实现利润45.64万元，全员劳效14624元，八项主要经济考核指标连续九年居全省行业之首。2005年至2012年组建新的领导班子后，开展追债清欠，厉行节约，盘活资产，稳定发展的活动。通过退融资、清工资、清产核资、增加工资、济困扶贫、整顿火车站装卸联队，建立职工福利事业，改善职工食堂，新建职工澡堂等。

怀仁县运输社：1956年成立，始称前胜社。1958年有胶轮马车100余辆。1970年改为运输社。1984年胶轮马车全部淘汰，有载货汽车32辆，以境内短途煤炭运输为主。1985年货运量21.2万吨，货物周转量557万吨/公里，运输收入133.57万元，实现利润30.13万元。1987年改为怀仁县第三汽车运输公司。1995年改制后停业。

怀仁县第一汽车运输公司：1975年成立，有载货汽车8辆。1985年有载货汽车42辆，大客车2辆，年货运量33.8万吨，货物周转量886.5万吨/公里，运输收入233.76万元，固定资产180万元。1995年改制后停业。

怀仁县第二汽车运输公司：1984年成立，有载货汽车23辆，年货运量11.9万吨，货物周转量403万吨/公里，运输收入117.8万元，实现利润14.27万元，固定资产120万元。1995年改制后停业。

第二节 路政管理

1951年成立怀仁公路养护段。1972年县交通局设交通管理站，负责全县的公路养护和征收公路养路费及管理畜力车的运输。20世纪60年代末期，路面质量逐渐改善，禁止铁木轮车上公路行驶，雨后禁止一切车辆通行的规定逐渐废止，新增加公路界内，不得开垦耕种、筑堤蓄水，木桥附近禁燃烟火，公路禁止堆放杂物等规定。1973年，根据山西省革命委员会《关于加强公路路政管理的通告》的精神，除重申原有规章外，新增公路路面不准打场晒粮，不准堆放物品，不准横跨公路开挖明渠，不准拆除、移动公路标志，严禁砍伐公路两侧树木等条款。是年，成立了王家堡、陈家堡、南晏庄、田庄、吴家窑、南窑等 8 个养路道班。

1979 年，随着全县公路里程和机动车的逐年增加，县交通局成立道路办公室，同时成立管庄、河头、马辛庄、毛皂、前村 5 个养路队，负责境内县、乡公路养护。1985 年，道路办改为道路科，又增加黄庄、朝阳、智民庄 3 个养路队。1986 年增加到 8 个养路队，有职工 190 人。交通管理站负责道路管理与养护、交通监理、规费征收三项工作。1989 年，根据省、市交通部门有关精神，交通管理站分解为运输管理站、交通监理所和公路管理站。在道路养护和路政管理上，国道、省道由公路站负责，县道、乡道由县交通局负责。

1986 年，公路养护站更名为公路管理段。20 世纪 80 年代末期，随着县境公路里程的逐年增加，公路养护任务不断加大，为了维护公路良好状况，交通局对养护工作开始实行承包责任制，与各养路队定任务指标、定工程量、定奖惩制度、定劳动报酬。进入 90 年代后，干线公路已经油面化、二级化，养护任务、养护方法与以往泥土路、砂石路大为不同。因此，由原来的每人 1 公里的养护任务调整为每人养护 2—3 公里。

2004 年，交通局养护的县、乡公路增加到 5 条 81 公里，仍实行以队承包，以人核算的办法，一般是土路每人养护 1 公里，油路每人养护 2 公里，全县设置 5 个养路队。2010 年，县乡村三级公路养护总里程 1200 公里，沥青路面补坑槽 9200 平方米，整修路肩 117.9 公里，恢复里程碑 200 公里，清理道路塌方 2500 立方米，安装警示柱 1600 个，更新、完善干线公路各种标志牌 360 处。2012 年，养护公路总里程 1345 公里。其中县道 206 公里、乡道 742 公里、村道 397 公里。路面翻修 3000 平方米，修补路面坑槽 1 万平方米，整修路肩 138 公里，维修道路附属设施 36 处，设置各种警示标志、标牌 130 处，安装减速带 170 米。

第三节　客 货运管理

客运管理　1979 年以来，县交通部门对营运车辆注册登记，严格查验，建立管理档案，按照规定颁发机动车辆行车证及营运许可证，加强日常监督管理。1985 年，对长途营运线路在 200 公里以上的客运班车、旅游客运车、长期在山区和低等级道路上行驶的客运车辆，进行综合性能检测和车辆技术等级评定。2002 年，加强对旅游车辆、校车和单位接送车的管理，严把驾驶人资质和车辆安全性能关。交警部门实行备案制度，建立驾驶人、车辆基础档案，对发生的违法行为，及时抄告相关部门和单位。整治载客三轮车，健全安全生产机构，落实安全生产责任制度，严把车辆安全性能关，并由交警部门对驾驶员有关情况进行备案。2011 年，县城主要街道增设候车点 80 个，新建候车厅 67 座。县城公交车辆全部实行双语报站。定点检查学校周围和车站等黑车出入频繁的区域，规范道路运输市场秩序，排除严重的安全隐患。全面检查客运班车，查堵易燃易爆危险品上车。加大乡村客运管理，治理公路“三乱”，严厉打击黑车非法营运行为，取缔私设停车点，清理挂靠车辆，加强客运站场、机动车辆维修和驾驶员培训的管理。加强对出租汽车、公交车的服务质量，经营行为，车容、车貌等的日常管理。

2012 年，重新规划公交车运行线路，划设公交车停车位，张贴公交车线路牌和线路图，新增大型公交车 16 辆，新建公交车候车亭 35 座。同年举办 5 期出租车驾驶员、公交车驾驶员及司乘人员岗位培训 700 余人次。更换和张贴出租车驾驶员服务监督卡及出租车价签，喷注举报电话和监督电话，健全和规范出租车驾驶员档案。加强公交车、出租车运营秩序整顿，重点打击乱要价、拒载、拼客、不打表等违规行为，抓好公交车准点率、卫生、服务、双语报站等日常管理工作。

货运管理 2007 年，进一步明确各托运点和卸货点业主的管理责任，签订安全管理责任状。2010 年，建立货物安全抽检机制，试行分片包干，货运站进出口抽查检查，定期不定期随机巡逻检查等工作措施，建立完善抽查检查和发现警情后的联动处置等机制，严格对托运企业和卸货点的监管。取缔无证照经营企业，督促无证照企业主动申办相关手续，严格责任倒查，依法追究法律责任。2012 年，公布举报电话，开展联合整治。加强危险品、剧毒化学品公路运输通行证管理，严查驾驶员、押运员和装卸管理人员的从业资格证，严禁无证车辆运行，随时掌握货物运输动态。

第四节 安全管理

20世纪60年代，道路交通安全管理工作由交通局内部的交通安全委员会负责，主要是维护重大节日的道路交通安全，交通事故则由公路站负责处理。1986年，县交警大队成立，成为全县交通管理的主管部门。县交警大队参照国家、省、市颁发的一系列交通法规和历年有关交通事故的处理方法，逐渐形成了一套完善、规范的交通安全管理制度。90年代之后，随着道路状况改善和机动车辆的大量增加，交通事故发生率开始呈上升趋势。1997年，县交警大队共受理各类交通事故201起，其中重大32起，一般139起，轻微30起。2004年，境内发生各类交通事故122起，其中重大29起，一般91起，轻微的2起，死亡30人，伤152人，直接经济损失696.81万元。

2012年，举办驾驶员安全培训班5期，培训1300人次，开展安全演练6场，参加人员420人次，提高交通安全意识。全县7家乡村客运公司、5家城市客运公司、5家汽修企业，分别签订了《安全生产承诺书》。全年共发生各类交通事故98起，直接经济损失537.4万元。

第五节 征费

养路费原由县交通监理所征收。1962年公路站成立后，此项工作即由公路站负责。1979年成立监理站，专门负责征收养路费。1985年起，农用车、拖拉机养路费由县交通局拖拉机征费站负责征收，汽车、特种车养路费由征费所负责征收。1987年成立怀仁县交通征费稽查所，为垂直管理的事业单位，主要负责征收汽车公路养路费、货运附加费、车辆购置附加费。1991年成立怀仁县陈家堡交通征费稽查站，1991年至1993年，各项征收费用统一上交到交通征费稽查所。1994年独立为垂直管理事业单位，主要负责征收金沙滩、吴家窑的汽车公路养路费、货运附加费、车辆购置附加费。费改税后所征收费用交国税局。

养路费 1957年，本县机动车交费按营业额的4%计征，按月缴费，每吨每月交费32元，按次交费，每吨/公路征收0.03元。兽力车每月单套4元，双套6元，3套8元。1960年，为运价的4%—8%，兽力车一般不超4%。1963年，按运费的7%计征不变外，对按月缴纳者改为每吨位56元，按此征费者每吨/公里0.05元。1979年9月，以营业额的10%计征，按月征费者，每吨位每月70元；兽力车仍执行按营业额的9%计征，按月缴费者每月每辆10元；各机关企业自用车辆按费额减半征收；农村生产队的拖拉机按汽车费率的20%征收。

1985年2月，专业运输部门的营运车辆按每月营业额的12.5%缴纳。汽车每月每吨位由原来的80元提高到100元。拖拉机按汽车征费额的40%征收。1987年，专业运输部门营运车辆按营业额的14%计征。汽车每月每吨位110元，拖拉机按汽车征收费额的40%计征。1991年开征车辆养路附加费。1994年7月，公路养路费由原标准每吨每月150元（包括养路附加费40元/吨月）提高到170元，二轮摩托车每月征收5元，侧三轮摩托车每月征收10元。对拖拉机按汽车调整后费额标准的60%征收，即每吨每月102元。车辆养路附加费停止征收。

公路货运补偿费 1991年，本县开征公路货运补偿费，以弥补因大吨位超载、超限、超流造成公路、桥梁的损坏，并筹集交通发展资金。货运补偿费征收的范围是，凡在境内行驶的货运汽车，除党政机关、学校、人民团体自用的生活用车，军队、武警自用的装备货车，承建和公路部门用于道路修建的工程用车、养护用车免征外，其余一律收取。征收标准：一是以吨公里计算，分3个档次，载重5吨以下的货运车辆每公里0.015元，5~8吨的0.02元，8吨以上的0.03元；二是按标准核定载重吨位计征，分3个档次，5吨以下的每吨每月20元，5~8吨的30元，8吨以上的45元。无核定吨位的车辆按发动机15千瓦折合1吨计征。后经调整，不再按吨公里收取。

车辆购置附加费 1985年开征，征收的对象是所有购置车辆的单位和个人，每辆车只征一次。国内生产或组装的车辆，缴纳实际销售价格的10%；

国外进口的车辆购置附加费的车辆为15%。此项征费由大同监理所征收。1994年变更征费标准费率，由原国产10%，进口15%，统一为10%，本县的此项费用由朔州市车辆购置附加费征收办公室征收。

新增车辆费 自1993年1月起，在全省范围内新购或新转入的车辆，由车辆购置者和使用者一次性缴纳新增车辆费。征收的标准为国产或国内组装车每辆2000元，进口车辆每辆3000元；挂车1吨以上的1000元；摩托、轻骑每车50元，二轮每车100元，三轮农用车每车200元。本县此项费用由朔州市专门机构收取，上缴后全额用于公路建设。

车辆通行费 1991年，根据山西省交通厅通知，以集资、贷款等形式修建的高等级商品公路、桥梁等处设收费站，收取车辆通行费。经上级批准，境内在鹅毛口和吴家窑设2个收费站，开始收取车辆通行费。2002年，大运高速公路大（同）新（广武）段建成通车，在怀仁境内设立县城、毛皂镇两个互通口开始收费，标准为按1吨、1~7吨、7~14吨、14吨以上、39吨以上5个等级，分别以每公里0.2、0.3、0.4、0.6、2.0元收取，由山西省高速公路管理局负责。

道路运输管理费 1974年7月，本县开始收取运输管理费。凡在本县范围内经营运输业务的车辆及农村社队的从事副业生产的车辆，均按营运总收入的2%征收。1978年，对运输管理费提取的范围和费率重新规定：机关、厂矿和企事业单位的车辆，农村各种运输工具和搬运装卸劳力，凡是参加社会物资运输和搬运装卸，发生运费结算或者是变相进行运费结算的，一律按照规定要求收取2%的管理费。经批准自办调度托运的物资，按营业额收入的0.5%收取管理费，但承运本部门以外的物资，仍按2%收取管理费。1983年对提取运输管理费的费率作了调整：运输管理费按运输营业额征收，最多不得超过运输营业额的1%。对可以考核营业收入的专业运输企业、社会单位专业的营运车辆，按不超过营业收入总额1%的比例计征；对难以按营业额计算的车辆或临时参加营业运输的汽车、拖拉机可以按照车辆的载重吨位、座位进行折算征收，即分别每吨为每月5 ~ 7元，每座位每月1元。1990年以后，载重汽车（含挂车）8~11元/吨月，拖拉机7~9元/吨月；客车大型 1~1.4 元 / 座月，小型 1.6~2 元 / 座月，中型 1.4~1.6 元 / 座月。1994 年以后征收标准由 1% 调整为 0.7%。2005 年，完成运输管理费征收 180 万元，拖拉机养路费 234 万元，公路通行费 285 万元。

客运站场建设费 从 1988 年 9 月 1 日起，本县运行的客车每月每座 9 元，跨省、县运行的客车每月每座 10 元。计时包车每座每小时 0.05 元。1992 年，因燃油价格放开，运费调整。客运附加费率由 0.003 元 / 人公里增至 0.005 元 / 人公里。本县运营的每座每月 15 元，跨省县运营的每座每月 17 元，计时包座每小时 0.08 元。1993 年，将客运附加费改为客运站场建设费，并再次调高征收标准，费率提高到每人公里 0.015 元。在本县运营的由每座每月 15 元调为 45 元，跨省、县运营的调为每座每月 50 元，此费上解 70%，县留 30%。

第六节　治超

根据《国务院办公厅关于加强车辆超限超载治理的通知》精神，本县建立健全公路管理体系，路面治超监控网络，路面执法协作和联合治超机构。2004 年，设立治理超载超限检查站 1 个，流动检查站 3 个，检查 20.8 万辆载重车，查出超限超载车辆 1.1 万辆，卸煤 1.2 万吨。2005 年至 2008 年屡年加强治超工作。2009 年，按照拉网式无缝隙治超的要求，通过部门牵头，严查严管，加大处罚力度，全县超载超限控制率达到 100%。2010 年，与 49 家企业签订责任状，开展联合专项整治行动 8 次，两个治超站共检查运输车辆 53000 辆。非法超载超限控制率达 100%。2012 年，公路巡查 2400 多公里，138 人次，发放《公路法》《路政管理条例》宣传资料 300 余份，安装警示牌 206 块，维护了路容路貌及路产路权的完整，确保公路路面状况完好和公路交通安全。

第六章 邮 政

第一节 机构

驿站 明代，怀仁县在圪塔头堡设邮政驿站，后移建在县城西北隅。驿站设驿丞1人，驿马1匹，建驿亭，传递公文，转运官物，接待过往官吏。明嘉靖年间，移建县城东关。明万历二年（1574）复移县城内。清乾隆年间，西安驿有驿丞1人，驿马35匹，马夫17人。除驿站外，东关、薛家庄（今新家园）、盐丰营设有3个塘站，共有驿马36匹，马夫18人。薛家庄塘站设台官1人，镇标委派。另有投递铺和民办的民信局。共有投递铺4个，总铺设在县城，另有陈庄铺、西安堡铺、黄庄铺。东关设有养济院。小昌城村曾设投递铺。

局所 民国5年（1916），怀仁县撤销邮政驿站、塘站、投递铺，设村镇投递柜5个，后改为村镇投递区段。民国24年（1935），境内设3等邮局1个，邮政代办所1个。民国26年（1937），日军侵占怀仁，设邮政局1个，有职员3人，专门办理日军驻军及侨民邮务。

民国34年（1945）6月，中共晋察冀怀仁县民主政府建邮政局，地址设在麻峪口村（今归大同县），开辟大同—麻峪口—怀仁的邮路，沟通了怀仁敌占区与境内各根据地的通讯联络。民国35年（1946）9月，同晋绥怀仁县政府合并后重建邮政局，地址设在吴家窑。1948年5月，怀仁县解放后，民主政府的邮政局由吴家窑迁至县城牛市巷，后在西关建新址。1953年7月，邮政局同电话局合并，改称邮电局，同时增设鹅毛口、吴家窑两个邮政代办所。1958年增设金沙滩、毛皂、小峪3个邮政代办所。1961年增设南小寨邮政代办所。1969年，下辖的6个邮政代办所改为邮电所。1983年7月，县邮政局同县电话站合并称怀仁县邮电局。1989年12月，分设县邮政局和县电信局。1990年，邮政、电信合并称怀仁县邮电局。1998年10月，县邮电局再次分为邮政局和电信局。为国有企业，条管单位。1999年，县电信局改为移动公司。随着邮政通信机构的不断改制，后分出邮政管理、邮政储蓄、电信、移动、网通、联通等公司。2010年6月，县邮政局改为县邮政管理局。

怀仁县邮政管理局：2010年成立，原设在县邮政局，后撤销归市邮政管理局。现设“怀仁速递物流公司”，属市邮政管理局管辖。主要业务是承办快递物流，为客户提供国内电子商务快件、到付和代收货款、签单返还、保价、短信提示和仓储服务等。2012年业务收入136.5万元。

怀仁县邮政储蓄银行：2008年成立“怀仁县邮政储蓄银行迎宾街支行”，位于县城怀安西大街路北。2012年升级后改为“怀仁县邮政储蓄支行”，迁移到怀安东大街，为国有企业，条管单位。内设机构有综合管理部、“三农”金融部、营业部。2012年全年储蓄收入完成34480.41万元，理财1096.34万元，基金159.48万元。发出绿卡5023张，短信服务320户。

第二节　邮路

明、清时期，投递由驿站的驿丞派马夫，分路投递公文、信件、转运包裹。民国时期，投递由邮政代办所派邮差投递信件、公文。抗日战争和解放战争时期，怀仁县民主政府建立邮政局，开辟邮路，沟通敌占区与各根据地的通讯联络，传递信件、公文。民间书信靠托人代捎或传递。

1949年，全县开辟邮路6条。其中畜力邮路2条：县局至口泉、县局至吴家窑，为每日兼程班。步行邮路4条：县局至马营为三日班，县局至第三作为隔日班，县局至西万庄、清水河各为每日班，邮路总长150公里。1950年，县邮政局购置2辆自行车，畜力班改为车班。并开辟6条邮路：县局至一区城关、二区秦城、三区曹四老庄、四区宋家庄、五区吴家窑、六区第三作，邮路总长86公里。1952年以后，逐年调整邮路，更新投递工具。1965年增开摩托车邮路32公里，自行车邮路642公里，共674公里。1970年678公里。1975年686公里。1985年，境内共有邮路20条，总长736公里。

1990 年至 2012 年，邮政工作逐步改进投递工具，由自行车、摩托车改为电动自行车，邮递员在县城划片投递直送邮户。农村由县局派邮政专用车分别运送到 10 个乡镇邮政所，然后由邮政所分别投递到 162 个村，基本每日投递一次，再由村委会直接通知本人。邮件包括信件、报刊杂志、包裹等。

第三节 业务

邮政业务包括：函件、包裹、汇兑、邮票和信封发售、报刊发行、机要通讯等。2005 年以后，增加快递物流。

函件 1949 年以后，邮政函件包括平信、挂号信、特种挂号信。特种挂号函件，专为用户邮寄各种证件、票证、组织、户口、粮食关系、个人档案等。各种函件的邮递时间和方法，按全国统一规定执行。

1965—2012 年怀仁县邮政函件统计表

表 11-3 单位：万件

年份	出口量	进口量	转口量
1965	36.2	39.8	1.9
1970	45.3	43.2	3.8
1975	68.8	55.8	5
1980	90	59.4	36.7
1985	98.9	92.2	27.9
1990	80.5	78.6	23.5
1995	73.2	70	21.5
2000	65.8	62.4	20
2005	50.2	52.5	18.5
2010	55.2	46.8	19.3
2012	57.42	50	20.5

包裹 1949 年以后，邮寄包裹分普通、保价 2 种。普通包裹以书刊为主，保价包裹以衣服、鞋帽、药品、日用品等价值贵重的物品为主。

汇兑 分信汇和电汇2种。信汇又分普通汇票、快件汇票、限额汇票和银行专用票等。

1965—2012年怀仁县包裹邮寄统计表

表11-4　　单位：万件

年份	出口量	进口量	转口量
1965	0.4	0.6	0.1
1970	1.2	1.6	0.6
1975	1.8	2.8	0.3
1980	0.9	1.7	1.3
1985	0.8	1.8	1
1990	1.5	2.2	1.6
1995	2.3	2.6	2
2000	2.8	2.5	2.2
2005	3.5	3	2.6
2010	3	3.5	2.8
2012	3.8	3.2	2

1965—2012年怀仁县汇票、电汇统计表

表11-5　　单位：万件

年份	出口量	进口量
1965	2.3	1.2
1970	2	1.5
1975	2.2	1.2
1980	2.7	1.4
1985	4	1.6
1990	3.5	2
1995	3.2	2.3
2000	3.6	2.8
2005	3	2.5
2010	3.8	2.9
2012	3.6	3

邮票发售 1949年10月以前无邮票，使用“印花”票或盖章办法。中华人民共和国成立后，邮票由国家邮电部统一印制，在全国发行。本县流通使用的邮票有1分、2分、3分、4分、8分、10分、20分、30分、100分、200分等10种。1960年后使用邮票以8分、1角、2角为主。邮票的出售从1965年到1985年基本上每年持平。1965年出售52360枚，1975年出售48650枚，1985年出售48710枚。从1990年以后，平信明显减少，每年出售邮票不足1万枚，普通挂号和特种挂号增多。1995年出售35210枚。2000年出售20135枚。2005年出售18520枚。2010年出售17520枚。2012年出售16875枚。其中由集邮爱好者收藏的特种邮票、纪念邮票占主要部分，年收入524.79万元。

报刊发行 中华人民共和国成立初期，境内无报刊发行。大同市邮政部门在怀仁县城内柴市巷设立报纸代销处发行报刊。1950年由县邮电局发行报刊。报纸有《察哈尔报》《工人报》《农民报》，年发行量仅50余份。1955年以后，报刊发行的种类和数量逐年增加。1971年报纸发行量7577份，刊物发行量1709份。1980年发行报纸71种，发行量10755份，每百人拥有6份。发行刊物523种，发行量8700份。1985年以后，《人民日报》《山西日报》《山西工人报》《山西农民报》和《求是》《前进》等报刊增订数大幅增加。1993年以后增加《人民代表报》《参考消息》《山西政协报》《山西晚报》《政府法制》《山西画报》《朔州日报》《法制日报》《新华每日电讯》等报刊。2012年全县累计订阅各种报纸1375种，刊物2614种，报刊发行量约115312份。

1985—2012年怀仁县报刊发行量统计表

表 11-6

年份	报纸（种）	发行量（份）	刊物（种）	发行量（份）
1985	260	31935	1231	30762
1990	376	52530	1650	32650
1995	585	85620	1780	34258
2000	910	248525	1850	56820

续表（1）

年份	报纸（种）	发行量（份）	刊物（种）	发行量（份）
2005	1120	365210	2150	82105
2012	1375	5881721	2614	115312

快递物流 2005年，县邮政局分出快递物流业务，成立快递公司，组织快递员上门给用户送货。随着电子商务的快速发展，快递业务逐年增加。到2012年底，境内从事快递业务的有“县速递物流公司”、“汇通”、“中通”、“韵达”、“优速”、“圆通”、“顺风”等快递物流站15家。年平均办理快递件3.6万余件，货物总值1200余万元。

第七章 通 讯

第一节 电话

怀仁县使用电话始于民国27年（1938）。抗日战争时期，在日伪县政府有一台手摇电话机，专为日伪政权服务。1949年10月以后，党政机关、企业、厂矿、学校陆续安装电话。

市内电话 1950年，县政府内设电话站，有12门磁石交换机1台，有用户4户，全部为手摇电话机，服务于县政府、办公室、后勤部等单位日常通话。1953年，电话站并归县邮电局，改设50门磁石交换机，用户增至11户，服务于县政府及有关部门。1964年，县内铺设电话电缆100对，7.0波长公里，电杆25根，线路3杆公里，实有用户135户。1971年增装100门磁石交换机3台，实有用户156户。1975年增至4台。1978年铺出局管道30米12孔，实有用户217户。1982年增装500门纵横制交换机，原磁石交换机改为自动交换机，县内电话机由手摇改为拨号，实有用户294户。1985年，县邮电局内交换机容量1000门，电缆增至600对，9.1波长公里，电话线路 24 杆公里，电杆 489 根，架空明线 75 对公里，接入用户话机 464 部，实有用户 466 户。

1990 年，县直各部门、企事业单位、厂矿、学校和部分居民家庭安装电话，用户达 1500 余户。县城居民安装家庭固定电话，占县城居民总户数的 10%。1993 年，电话机由拨号改为按键，县城居民安装电话用户占实有户数的 40%。1994 年，县城家庭电话基本普及，有 85% 的城市居民安装电话。1996 年以后，随着“大哥大”、“小灵通”、“BP”机等通讯工具的大量使用，家庭固定电话逐年减少。2006 年，全县党政机关、企事业、厂矿、学校、城乡家庭等保留固定电话有 35200 部。2012 年移动电话使用更加普及，固定电话使用量呈逐步减少趋势，全县城乡有固定电话用户为 26486 户。

1952 年，农村开始架设电话线路，先架设县城至各区政府所在地的线路，到 1953 年，全县 6 个区政府全部通话。区政府与县局均使用 1 台 50 门磁石交换机，农村电话线路单线长 86 公里。1964 年至 1965 年，全县 10 个公社安装磁石交换机 10 台。农村电话线路架通到各生产大队，实有用户 146 户。1982 年，全县农村电话装机总容量 840 门。其中县局 410 门、公社 430 门。县局装载波电话终端机 10 部，农村电话直达线路 17 条。是年，各公社通往各生产大队的电话线路更换双线。1985 年，全县农村电话线路总长度 628 公里，其中县局 116 公里，公社 512 公里。明线长度 897 对公里，其中县局 212 对公里，公社 685 对公里。全县社、队有电话机 316 部，其中有 116 部接入县邮电局。2000 年以后，农村村民大多数安装电话，安装电话户占全县村民总户数的 60%。2005 年，随着移动电话的普及，农村家庭固定电话逐渐减少。2012 年底，全县农村村民有固定电话 31500 部。

长途电话 1953 年，怀仁县开办长途电话业务，时有怀仁—大同、怀仁—山阴长途电话线路 2 条，为单条线路，共计 81 公里。1954 年由原单线改为双向线线路。1970 年开通怀仁—应县长途线路。1975 年，购置 B45C 型单路载波机两端，长途电话实行载波通讯，怀仁—大同、怀仁—应县 2 条长途线路改为载波电路。1980 年，将怀仁—大同的单路载波电路改装为 2M301 三路载波机一端，增设怀仁—应县单路载波机一端。1982 年，长途电话单独设台，配有400门磁式交换机1台，新置500门纵横制交换机1台。增开怀仁—口泉长途线路。是年，共有长途线路8条，其中明线载波线路4条，实线传输线路4条。1984年，增装2M305十二路载波机一端。怀仁—大同长途线路由3路换为12路载波机，怀仁—应县长途电话线路由单路换为3路。同时开办出租长途线路业务，向县公安局出租怀仁—大同明线载波线路1条。1985年，有怀仁—大同、怀仁—应县、怀仁—朔县长途电话线路10条，又出租给怀仁县委怀仁—大同明线载波线路1条。20世纪90年代中期，本县使用的程控电话并入全国网运营，长途区号为0349，电话号码也升为7位数字。

会议电话 始于1954年，召开电话会议用电话机单独进行。1960年，用收音机改装会议电话机，全县7个公社用会议电话。1965年，利用县广播站设备，汇接会议电话到各生产大队。1970年，安装1部半导体会议电话机。1974年前，会议电话汇接机一直是单向送话，1975年采用双向会议电话汇接机。1985—1995年，全县有13个电话会议室，县局1个，12个乡（镇）各1个。2011年，县委、县政府在会议厅安装电视电话设备，可收听收看国家、省、市召开的电话会议。

移动电话 20世纪90年代以后，县邮电局经营的移动通信工具有：

大哥大：手提电话的俗称，1995年至2000年间出现和大量使用。由于其价格昂贵，多为企业家和个体户使用，成为一种“身份”的象征，很多人以拥有一部“大哥大”为荣，成为一种炫耀攀比的消费。全县用户最高时约有500多户。后随着智能手机等新型通讯工具的出现而被淘汰。

BP机：出现于1996年，该机分数字和汉字两种。据不完全统计，全县有用户4760户。1998年以后被“小灵通”机逐渐取而代之。

对讲机：1996年，县公安局交警大队开始使用对讲机，用于指挥、疏通车辆。2000年以后，城建市容管理、环卫管理、建筑工地和宾馆、酒店等服务行业均使用对讲机。

小灵通：出现于1998年，据不完全统计，全县城乡用户最高时达4.5万户。2002年随着智能手机的普及逐渐停止使用。

智能手机：2000年起，成为人们生活、工作的主要通信工具而被大量使用。2012年底，“小米”“三星”“苹果”等各种品牌的智能手机充斥市场，全县共有手机用户355957户。其中移动公司257200户，联通公司70684户，电信公司28073户。

第二节　电报　传真

电报 民国26年（1937），日军侵占怀仁后，设电话局，借助电话开展电报业务。民国34年（1945）停办。

1953年前，县邮电局仍借助电话开展话传电报，由话务员代办电报业务。1957年，购置“莫尔斯”人工电报机1台，开通怀仁—大同单线电报线路。1960年，吴家窑、毛皂两个邮电所开办电报业务。1976年，县邮电局报务更换成电传打字机，添置55A型电传打字机1台，设立报务组，有报务员5人。1979年增设电传打字机1台，报务员7人。1982年，电报电路由有线电路改装成单程载波机。1985年，金沙滩、亲和邮电支局开办电报业务。1985年，县局新建载波机房，改装成4路载波机。小峪邮电所开办电报业务。是年，本县有55A型无线报话机2台，直对大同开通无线电路2条；55A型电传打字机2台，对大同开通有线电路1条。全县电报业务量，出口量为31641份，进口量31074份，转口量8873份，电报挂号46份。1996年以后，随着固定电话、“小灵通”、手机的使用，电报需求量逐年减少，到1998年基本停用。

传真 1979年，县委购置一台一类传真机，直通雁北地委。1985年，县委增设“7700型”三类传真机1台。1990年，为实现办公自动化，县直各委、办、局均配备传真机。2000年以后，街面私营电脑打印门市也备有传真机。至2012年，全县传真机使用普及率达85%。

第三节 互联网

1986—1990 年，全县使用电脑开通互联网的单位主要是统计、财政、国地税等部门。1995 年以后，县直机关、企业、学校、团体普遍配备电脑，用以打印资料，储存资料，查找信息、制作表格等，逐渐实现办公自动化。据不完全统计，至 2012 年，全县各单位有电脑 3760 余台使用互联网。2000 年以后，城乡居民家里购置安装电脑约 12.8 万台，占总户数的 90% 以上，互联网已成为城乡居民生活中不可缺失的部分。经营管理互联网的单位有：联通通讯公司、移动通讯公司和电信通讯公司。

怀仁县联通通讯公司：1994 年 5 月成立，1999 年分出网通通讯公司。2004 年 1 月改名为“怀仁县网通通讯公司”。2009 年 1 月，网通、联通合并，改名为“怀仁县联通通讯公司”，为国有企业条管单位。2003 年以来，拥有帧中继网、分组交换网、数字数据网、atm 宽带网、多媒体通讯网、国际互联网等多种先进的通讯网络。2012 年底，下属基站 146 个，接入网站 155 个。铺设光缆 784.67 皮长公里，管道 132.76 孔公里，电缆 160143.52 皮长公里，楼宇综合布线 3728 皮长公里，栽电杆路长 3822 杆程公里。拥有宽带 3500 门，主线普及率达 20.96%。2012 年底，发展 2G 用户 51387 户，3G 用户 13509 户，发展宽带用户 24642 户。

怀仁县移动通讯公司：1999 年成立，是怀仁县移动通讯量最大的企业。为国有企业条管单位。下属通讯基站 230 个，其中大站 163 个、小站 67 个、新建站 17 个，县城 65 个小区宽带全覆盖，农村互联网 22 个。至 2012 年，累计发展移动电话客户 25.12 万户，其中 2G 客户 23.4 万户，3G 客户 1.8 万户，4G 客户 8200 户，发展宽带用户 6500 户，全年各项收入总计 12400 万元。

怀仁县电信通讯公司：2003 年 8 月成立，为国有企业条管单位。2012 年底，有下属基层站 47 个，分布在县城和大部分农村。网上移动用户 28073 户，宽带用户 12111 户。全年总收入 1895 万元。

第十二编

商 贸

第二十章

风　疹

第一章 商业体制

第一节 国营商业

民国35年(1946)底，晋绥五分区贸易局在本县吴家窑设立“怀仁口岸”，开展经济贸易，为国营商业性质。县民主政府成立贸易局，配合怀仁口岸开展贸易。

1949年，在县城建立以经销粮食为主的两个国营商店，有职工15人，资金26312元（旧币，以下内容表述至1954年以前的货币金额均为旧币），年销售额为5280万元。1951年成立酒类专卖公司。1952年成立花纱布公司，是年，全县国营商业机构增至4家，职工35人，资金26260万元，年销售额增到212896万元。

1953年，在对私营商业的社会主义改造中，有6名私商(资金1891万元)转为国营商业。是年，国营商业增加到5个，从业人员61人，资金111994万元，年销售额为828871万元。同年，国营商业担负起全县市场的全部批发业务，占据了市场的主导地位。1954年国家对棉布实行统购统销，进一步加强了国营商业的领导作用。1955年，国营商业年销售额增至3387390万元，占全县商业销售总额的51.4%。1956年成立蔬菜、煤建、木材、贸易、针织品等专业公司和相应的商店。是年，国营商业增至15家，职工299人，资金100.34万元。至此，国营商业在县域市场占绝对优势。1957年3月成立县商业局，加强对全县国营商业的行政领导。是年，国营商业增至20家，职工315人。

1965年，国营商业系统有百货、药材、烟酒、蔬菜、食品、燃料等6个专业公司和小峪商店、副食加工厂。年商品销售额714万元，占全县商品零售额的59.6%。县城的“东方红副食烟酒门市部”、“女子百货纺织商店”

成为全县居民购物的必去之处。1969 年成立五金交电公司。1971 年，国营商业系统共有 8 个专业公司（百货、烟酒、蔬菜、药材、食品、石油、五金交电、饮食服务），1 个副食加工厂和 1 个直属商店（工农兵百货商店）。1976 年，集体商业烟酒合作总店转归国营商业。1978 年，医药公司划归县卫生局领导。1980 年，烟草公司划归条管，增加糖酒专卖公司、懋隆商场、贸易中心。

1979 年，以百货纺织品公司所属零售门市部为试点，对国营商业体制进行改革，推进了以销售额和利润额为考核依据的提成奖励办法。1980 年，贯彻《零售企业管理条例》，进行流通体制的改革，扩大企业的经营费用、进货、人事、残次品处理等自主权。在懋隆、兴昌、东城、鸣明、锦屏、百货二店、贸易中心、满店香、知青等 9 个商店（场）进行试点。1981 年，国营商业系统所属 67 个商店全部实行经营责任制。当年，实现利润 81.3 万元。1983 年，国营商业企业全面推行经营承包责任制，全系统有 20 个独立核算单位，52 个商店（门市部）实行了利润包干，超利分成；家庭承包，定额上缴；亏损包干，超额不补，减亏提成等形式的经营承包制。

1984 年，国营商业实行批发机构与零售机构分家、脱钩，把商业经营权还给企业，企业实行经理负责制。同时，划小零售企业核算单位，将国营商业企业部分转为国有集营、租赁经营、集有集营等企业。当年，全系统实现利润 129.5 万元，上缴利税 82.1 万元。1985 年，燃料公司、烟草公司划出。全县共有 75 个国营商业机构，职工 901 人。在企业经营机构中，农副产品采购机构 8 个，工业品批发机构 6 个，商业零售机构 42 个，其他经营机构 11 个。国营商业机构县城有 53 个，农村和集镇有 22 个，年销售总额 3381 万元，占全县商业、饮食业、服务业年销量总额的 32.3%。

随着社会主义市场经济的建立和逐步完善，进入 21 世纪，逐渐形成国有、集体、私营商业并存竞争之势，全县国有商业企业全部改制为民营企业。2003 年，县商业局改称商业总公司。通过吸纳社会资金，盘活商用土地存量，商店面积由小变大，经营面积由原来的 10450 平方米，增加到 12550 平方米。营业额由 1993 年的 3000 万元增加到 5768 万元，增长 92%。商业服务人员由过去的固定工资模式变为招聘效益制模式。职工和企业实行双向选择。

2007年，配合县城改造，拆迁商贸宾馆、饮食合作总店，建起综合商贸楼。2008年，拆除商业大楼、东城、锦屏、鸣明商店。2009年，投资1.6万元建起蔬菜瓜果批发市场，新建长36米、宽12米的塑钢交易棚，并投入使用。2011年，商业总公司筹资150万元新建标准化生猪屠宰厂，于同年6月投入运行。2012年完善生猪屠宰厂的后续工程，投资130万元建成污水处理站。

县商业局下属企业有：

百货纺织品公司：1953年成立，称百货公司。1963年同纺织品公司（1954年成立花纱布公司，1956年成立针织品公司，同年合并为纺织品公司）合并，改称百货纺织品批发公司。当年商品销售总额为128万元，实现利润1.2万元，库存总额46万元。1969年在县城设工农兵百货零售商店，1979年有职工58人，经营商品品种6700多种，商品销售总额539万元。1980年增设锦屏商店。1981年增设兴昌百货商场，共有职工125人。1984年，懋隆（工农兵百货零售商店）、锦屏、兴昌三个零售商店从公司分出，独立核算，公司只保留批发业务。1985年，商品销售总额为471万元，实现利润13万元，库存总额332万元。1990—1997年经改制成为承租企业，由内部职工承包经营，年均销售额280万元，利润12万元。2003年随县城改造拆迁而停业改制。

五交化批发公司：1963年由百货公司分出。1969年在县城设立1个零售商店（明鸣五交化商场）。是年，全公司商品销售总额为62万元，实现利润3.2万元，年末库存总额为22万元。1979年商品销售总额为168万元，利润7.2万元，库存总额53万元。经营商品2687种。1980年增设东城商店。1984年，公司所属2个商店实行独立核算，公司只保留批发业务。1985年，商品销售总额为251.6万元，实现利润14.7万元，年末库存总额为116万元。1991年—1997年，年均销售额为230万元，实现利润12万元，库存额36万元。2003年随县城改造拆迁而停业改制。

饮食服务公司：1961年成立。1975年下设旅店2个、澡堂1个、饭店3个、照相馆 1 个、理发店 2 个，有职工 80 人。年平均实现利润 30 万元。1985—1995 年，年平均实现利润 45 万元，最高年 65 万元，最低年 12 万元。2003 年在县城改造中拆迁置换建起商铺，向社会出租，所收租金用于上交职工养老金和发给职工基本生活费之用。之后该企业不复存在。

蔬菜公司：1952 年成立。1971 年有职工 32 人，年销售额 44.7 万元。1972 年与糖酒公司合并。1974 年复置，当年收购蔬菜总量 303 万斤。1979 年在县城设 5 个蔬菜门市部，年销售额 46 万元。收购蔬菜总量 453 万斤。1985 年有零售门市部 6 个，年销售总额 83 万元，实现利润 1.5 万元，库存量 29.5 万元。1990—1997 年，年均销售额 80 万元，最高年 110 万元，最低年 65 万元。年均实现利润 1 万元，最高年 3 万元，最低年 4000 元。1998 年进行改制，菜库、办公室等场地由内部职工承租。2002 年随县城改造拆除，所属土地进行拍卖，用于商品楼的开发，从此该企业不存在。

糖酒副食批发公司：1956 年成立，有职工 25 人。1963 年商品销售总额 57 万元，利润 2.86 万元，库存 30 万元。1972 年同蔬菜公司合并，1974 年又分出。1979 年有职工 38 人，经营商品 330 种，年销售额 340 万元，利润 11.5 万元，库存额 53 万元。1982 年改称副食品批发公司。1983 年改称糖业烟酒副食品批发公司。1984 年成立烟草专卖公司，归条管。1985—1990 年，年均销售额 123 万元，利润 20 万元，库存额 28 万元。1981—1997 年，年均销售额 89 万元，利润 23 万元，库存 85 万元。1997 年改制后，由职工承包经营，年销售额 60 万元，利润 16 万元。2000 年宣布破产。

食品公司：1954 年成立，经营猪、牛、羊、鲜蛋等农副产品的收购与销售。1965 年，收购生猪 3294 头，羊 3235 只，鲜蛋 1978 担。商品销售总额 111.7 万元，亏损 19 万元。1979 年有职工 53 人，年收购总额 64.6 万元，销售总额 106.9 万元，亏损 14.9 万元。1984 年下设有 6 个购销站和 3 个零售门市部。1985 年增加到 8 个购销站，7 个门市部，1 个屠宰车间，有职工 74 人。年商品收购总额 95 万元，销售总额 254.8 万元，实现利润 10 万元，库存总额 62.7 万元。1990 年至 1995 年，随着市场搞活放开，私营购销猪、牛、鸡逐步占领市场。但是，为了城乡群众吃到放心肉，食品公司始终实行定点屠宰，由畜牧、商业、食品检查等部门严格检查检疫，然后投放市场。1997年改制后，县政府出资新建标准化屠宰场，为城乡群众服务。公司之后不复存在。

懋隆商场：1969 年成立，时称工农兵百货零售商店。1973 年改为百货一店，1985 年改为懋隆商场。占地面积 1800 平方米，是当时县城最大的商场。有职工 72 人。销售商品有百货、五金、纺织、针织、鞋帽、烟酒、文具等 23 类 3000 个品种。1984 年至 1997 年 14 年中，商品销售额年均 335 万元，最高是 1995 年 559 万元，最低是 1997 年 162 万元。实现利润年均 19.8 万元，最高是 1995 年 33.5 万元，最低是 1987 年 10.3 万元。库存额年均 39.5 万元，最高是 1992 年 63 万元，最低是 1989 年 23.5 万元。1998 年改制，由内部职工承租经营。2001 年县城改造拆迁，职工集资合股，原址重建 4 层商贸大楼，向社会出租经营。商场不复存在。

副食品加工厂：1958 年成立，原名副食品综合加工厂。设有醋、酱油、糕点、酿酒车间，占地面积 8134 平方米。主要生产糕点、味醋、酱油、糖块、冰棍等。糕点品种有糖干炉、麻花、蛋糕、点心、桂花酥、饼干、月饼、油旋、大杂等 60 多种产品以及豆酱、酱菜等。1965 年产糕点 233.09 吨，酱油 80.8 吨，产值 26.75 万元。1975 年产糕点 362.87 吨，酱油 245.5 吨，产值 59.89 万元。1980 年，生产的蛋糕、味醋获全省同类产品第二名。1985 年产各种糕点 500 吨，产值 64.4 万元。1994 年与北京长城酿造厂联营制作味醋、酱油，年产醋 500 余吨，酱油 1500 吨，年均销售额 200 万元，实现利润 11 万元。2000 年后改制为福满堂醋业有限公司，与商业局脱钩，成为民营企业，年销售额 85 万元，实现利润 4 万元。从 1990 年至 2000 年，年均亏损 3 至 4 万元。2012 年厂内部分车间向社会出租经营。

第二节 集体商业

1955—1956 年，在对私营工商业进行的社会主义改造中，全县工商户除直接过渡到国营公司、供销合作社及个人自营者外，其余 366 人成立了

20个合作商店、11个合作小组、2个公私合营商店、11个代购代销店，成为在国营和供销合作商业领导下的集体所有制商业单位。共有流动资金45807元。1956年营业总额1505883元，利润228404元。

1957年有集体合作商店39个，从业人员250人。1958年合作商店、合作小组及代购代销店多数并入国营商业和供销合作社，保留合作商店（小组）3个，从业人员25人，资金2100元。

1960—1970年有集体商店43个，从业人员82人。1983年有集体商店110个，从业人员135人。1985年有集体商店155个，从业人员459人，流动资金120多万元，营业额300多万元。1990年，在个体户和民营商业的冲击下，集体商业经营呈下滑趋势。2002—2012年，集体商业在市场经济的大潮中完成了凤凰涅槃。

怀仁县供销合作社：1949年6月成立，有资金20857万元（旧币），年销售额62732万元。1950年12月，以路庄、吴家窑2村为试点，联合附近的尚希庄、碗窑等18个村成立了2个基层供销合作社，入股社员1946人，股金7051880元（旧币）。1951年，以清水河、宋家庄、盐丰营、小峪口、里八庄、鹅毛口、高镇子等9个村为中心，联合72个村，建立了9个基层供销合作社，全县共有社员11643人，股金为66908680元（旧币）。供销社实行民主管理，设立社员小组583个，有社员代表595人，理事134人，监事92人。1952年成立联村供销合作社1个，分销处21个，发展社员40585人。1953年，全县基层供销社增加到34个，有社员3万余人。年销售额1614325万元（旧币），占全县商业销售总额的38.8%。1954年7月，县供销社并入商业局。1956年，各农业生产合作社成立供销合作社（代销店）13个。1959年成立7个人民公社供销合作社。

1960年12月，恢复县供销合作社。是年，全县共有基层供销合作社87个，县、社、队三级供销合作商业体系基本形成。1967年3月，县供销社与商业局第二次合并。1975年8月再度从商业局分出，成立县供销合作社。下设生产资料、副食日杂、农产品3个公司和12个人民公社供销社。1977年共有职工386人。1983年，供销社实行体制改革，进行清股分红，扩股集资。

全县供销系统有机构 148 个，共有职工 579 人。1984 年，增设贸易货栈和综合贸易公司。是年，有专业公司 5 个（生产资料，副食日杂，农产品，贸易货栈，综合贸易），乡镇供销社 14 个，商业机构 154 个，有职工 617 人。

1987 年以后，供销系统各基层单位由集体经营逐步实行个人经营承包责任制，基层单位原柜组人员自由组合实行经营承包，承包集体的商品，每年上缴资金占用费。1988 年全县供销商品销售额 3801 万元。1989 年以后，陆续成立了废旧物资回收公司、液化气公司、汽车配件公司、新华服务大楼综合服务部、益民商店、同仁商场、知青商店、小峪商店、王坪商店、工业品批零二部、开元大厦、商贸中心等 12 个企业。1994 年底，供销合作社形成由 9 个公司、6 个商场（店）、1 个饭店、12 个基层供销社、120 多个商业门店、74 个农村代购代销店、1 个综合服务部等组成的商业集团。

2005 年销售额 9624.9 万元，实现利润 197 万元。2008 年以后，采取自营、合作、加盟等多种形式，加快农村便民超市建设工程。重点改造 8 个乡镇 37 个"万村千乡市场工程"农家便民店，新增营业面积 1800 平方米，扶持新建供销专业合作社 5 个。2010 年销售额 11058.7 万元，实现利税 235 万元。2012 年全县 162 个行政村建起了便民超市（店），实现"五统一"，即统一门店、统一装修、统一设计、统一货配送、统一经营的服务方式，年商品销售总额 1.37 亿元。形成县、乡、村的日用消费品和农村生产资料的经营网络。全县建成 2 个县级配送中心 ,6 个乡镇农资连锁中心站，182 个农村便民连锁超市（店）。同时，开拓农副产品收购、再生资源回收、农村网络以及代办通讯、保险、旅游、惠农卡等多种项目服务，实现"新网工程，一店多能"。

怀仁县合作商店：1956 年由私营的"联丰号"、"泰隆号"、"义盛隆"3 家合并成立。有饮食、烟酒、钟表、镶牙、理发、照相、染布、造纸、刻字、旅店、饭店等 11 个行业和中西医联诊所，共 32 个店铺和门市部，从业人员 326 人。1989 年分为饮食服务总店和烟酒副食杂货总店，由县商业局管辖。是年，饮食服务总店销售额 26 万元，实现利润 8 万元；烟酒副食杂货总店销售额 38 万元，实现利润 10 万元。1997 年以后改制为由内部职工承包租赁经营。

县供销合作社所属企业有：

生产资料公司：1953 年成立，始称生产资料经理部。经营车马挽具、中小农具、各种粮食籽种等。1958 年始，大量经营化肥、农药，供应全县农村。1971 年改称生产资料公司，增加经营农机具、地膜、菜籽等 6 类生产资料约 600 多个品种。1985 年固定资产 17 万元，流动资金 14 万元，商品销售额 250 余万元，利润 11 万元。1990 年至 1997 年是鼎盛时期，以经营复合肥为主，年均销售额 320 万元，利润 30 万元。1997 年上半年改制为股份制企业，以销售复合肥等肥料为主，为农业生产和农民种地服务。

土产日杂公司：1953 年成立，始称农产品经理部。主要经营畜产品、农副土特产品、日杂用品和回收废旧物资等。1958 年更名为农产品公司。1981 年改称土产日杂公司，经营商品有 15 类 1500 多个品种。1985 年固定资产 18 万元，流动资金 20 万元，年销售额 400 万元，实现利润 22 万元。1991 年以后以经营烟花爆竹为主，年均销售额 95 万元，实现利润 25 万元。1997 年租赁给本单位职工经营。现有职工 26 人。每年烟花爆竹销售额 50 万元。

盐业专卖公司：1953 年成立，始称副食品经理部。主要经营肉食、禽蛋、食盐、干鲜果、调味品等。1958 年更名为副食品公司。1981 年改称副食果品公司，增加经营议价粮油、海味水产、糖酒罐头等类商品。1985 年固定资产 10 万元，流动资金 15 万元。销售额 500 余万元，利润 17 万元。1990 年改称盐业专卖公司，供应城乡食用盐。2012 年有职工 18 人。年均销售食盐 80 吨，销售额 24 万元，利润 5 万元。

综合贸易公司：1960 年成立，前身是贸易货栈。主要经营轮胎、棉布、针织品等类商品。1971 年撤销。1984 年复置，同副食果品公司合署办公。1985 年分出，经营大小百货、针纺用品、文化用品、鞋帽服装、五金交电、家用电器等 6 大类 2000 余个品种。1985 年固定资产 15 万元，流动资金 10 万元，销售额 450 万元，利润 15 万元。1990 年至 1995 年，年均商品销售额为 300 万元。1996 年撤销。

废旧物资回收公司：1989 年成立，负责回收城乡废钢铁、废金属、废旧书本报刊、废塑料制品、废玻璃等。有职工12人。年均回收30余类130余种废旧物资，年实现利润12万元。1992年撤销。

开元大厦：1993年5月动工，1994年10月竣工并运行，建筑面积7950平方米，主楼5层，附楼4层。1994年至1996年，一至三层经营化妆品、日用百货、鞋帽服装、五交化电器等，约有650个摊位，1.5万余个品种。四层设游戏厅、射击厅、镭射厅、录像厅、舞厅、台球馆、音乐茶座等。五层为办公区域。整个大厦拥有从业人员600余人，是当时全县最大的集购物、娱乐、休闲为一体的商贸大厦。1997年以后，由原来的自营和出租两种经营方式改革为全部出租。供销社职工退出经营，由部分退休职工和社会人士承包经营，取消娱乐场所。2000年有从业人员1200余人，有1000余个摊位，商品有百货、服装、布匹、鞋帽、床上用品、家电、化妆品、糕点、糖果、玩具等。1998—2012年，年均销售额达1600余万元，利润280余万元。

新华服务大楼：1988年运行。该楼分南北两部分，北侧为供销社机关办公，南侧系集旅店、饭店为一体的服务企业。有职工18人。始由供销社经营，1997年后由内部职工承包经营。2000年后，改向社会出租，供销社收取租金，用于职工上缴养老保险金。

1985—2010年怀仁县供销社销售情况统计表

表12-1

年份	销售额（万元）	营业网点（个）	职工人数（人）
1985	3697.9	124	617
1990	3894.0	141	592
1995	9625.5	141	705
2000	8057.5	141	740
2005	9624.9	141	695
2010	10586.7	105	614

1965—2012年怀仁县供销合作社主要农业生产资料供应情况统计表

表 12-2

年份 \ 数额 \ 品名	化肥（吨）	农药（吨）	农业动力机械		拖拉机		手扶拖拉机	
			台	马力	混合台	马力	混合台	马力
1965	136	375	58	528		3178		
1970	2293	2740	288	2766	323	965		
1975	3374	63400	425	5937	25	1574	13	156
1978	6942	98700	456	5997	45	908	11	132
1981	13711	112000	165	2321	19	2798	3	36
1983	11250	115000	153	1673	50	740	59	708
1985	8556	18000	105	867	12		38	489
1995	11437	27651	243	2874	87.4		67	
2005	13054	30527	627	13270	103		54	
2010	13941	29350	723	23890	217		32	
2012	16021	26873	892	30820	253		27	

第三节　私营商业

民国10年（1921），全县从事商业者1835人。民国24年（1935），有商人934人。民国25年（1936），全县有私营商户214户，从业人员513人，挂牌商号64家。主要经营粮食、副食、山货、铁制品等。经营者大体分为两部分，一部分是来自忻州、定襄、崞县的张涛、侯晋、李贵明、郭朝聘、常瑞祥、王直等以经营棉土布为主兼营百货，以“庆恒成”、“大德裕”、“宝发恒”、“庆茂隆”等商号为代表。另一部分是本地人刘焕彩、王文焕、马振德、李福、刘祥、李应祯、苑贵禄、安忠义、郭秉昌、张春华、高吉升等经营的“六成行”，即缸坊（酿酒、醋）、油坊、粉坊，糖坊、豆腐坊、染布坊和皮匠、毡匠、杂货店、马车店等，以“泰隆号”、“德合隆”、“万义诚”、“德庆成”、“义盛和”、“双义成”等商号为代表。县城内有3处煤炭交易市场，分别在西关前街、东关玉皇庙前和城内衙门口。煤炭从西山煤窑运到县城交易，供居民日常生活所用。城内大察院是粮食交易市场。

除本县的粮食外，还有来自左云、右玉、内蒙丰镇、集宁等地的粮食，品种以小麦、莜麦、谷子、高粱、黍子为主，也有豆类、土豆等。

民国26年（1937）9月，日军侵占怀仁后，崞县、忻州等地在本县经商者大都返回原籍，店铺关闭，加之日军的疯狂掠夺，整个商业市场呈萧条状况。民国29年（1940），全县仅有商号32户，比抗战前减少50%。

民国37年（1948）5月，怀仁县获得解放。在人民政府的关怀扶持下，工商业逐步恢复和发展，市场中心由东关十字街逐步向城内转移，摊位数量和从业人员都迅速增加。1949年全县有杂货、面行、成衣店、肉铺等15个行业，工商业户293户，从业人员620人，资本总额3148.4万元（旧人民币）。

1951年贯彻国家“利用、限制、改造”的政策，全县商业户降为267户，从业人员1297人，资本总额71912万元（旧币）。有商业、饮食业、手工业、服务业等。1952年增加皮车运输业，有皮车（胶轮大车）20余辆，且多数是“四套”皮车（驾辕，拉套4匹骡马）。1953年，对私营工商业进行社会主义改造，改造7户私营企业。是年全县有私营工商业42个行业，231户，从业人员265人。1955年，全县有商业户394户，从业人员566人，资金78611元。经过“经销、合作”等形式的社会主义改造，改造了棉布、百货、文具、副食等6个行业，168户275人。1956年，全县私营商业有70户，从业人员80人，资金4705元。其中小商小贩39户。

1966年“文化大革命”开始后，私营商业全部取消。1978年改革开放以后，随着市场经济的不断发展，私营（民营）企业迅猛发展，个体商铺、民营厂家逐年增加。1980年，全县有证个体商户6户，从业人员8人。1984年增至1134户，从业人员3311人，营业额318万元。1985年增至1667户，从业人员4858人，年营业额708万元。

2005年，全县有私营企业210家，注册资金23235万元；个体工商户4726户，注册资金22047万元。2006年全县有民营企业238家，注册资金36292万元；个体工商户5008户，注册资金24749万元。2007年有民营企业277户，注册资金40492万元；个体工商户6374户，注册资金38720万元。2008年有民营企业419户，注册资金55078万元；个体工商户3592户，注册资金 20517.8 万元。2010 年有民营企业 515 户，注册资金 130761 万元；个体工商户 7448 户，注册资金 34087 万元。

2012 年，全县有民营企业 858 个，个体工商户 12840 户，从业人员 32520 人。在民营企业中建立党组织 84 个。其中 1 个陶瓷工业园区党工委，39 个企业党支部，5 个联合企业党支部，2 个派员组建党支部，19 个村企联建党支部，20 家社区企业联合党支部，派出 186 名党建指导员。有 5 个企业的 7 件商标为“山西省著名商标”，有 50 多家企业拥有自主商标，“一企一标”的发展已现雏形。

第四节　商贸场所

庙会　20 世纪 60 至 80 年代，公社（乡镇）依照传统习惯，每年在夏末秋初季节举办为期 15—20 天的庙会，有时延长到 30 天。如金沙滩镇的“六月六”庙会，吴家窑镇的“三月十八”庙会。庙会期间，邀请省、县晋剧团等文艺团体演出助兴。来自本地或周边乡村的客商，摆摊设点，销售各种货物，满足农村群众的购物需要。

物资交流会　1970—2000 年，每年 8 月中旬在县城举办物资交流大会暨牲畜交易会，会期 15 天左右，由县工商局、文化局、商业局、供销社等部门组织举办。按指定地址，划分摊点。举办部门还邀请太原、大同晋剧团，河北廊坊马戏团及外地文艺团体前来演出，为大会助兴。特别是每天下午、晚上，在露天舞台演出戏曲，很受广大戏迷和中老年人的欢迎。物资交流会的举办既满足了城乡群众的购物要求，又丰富了民众文化生活。以 1995 年为例，物资交流大会 15 天接待本地和外地商户 450 家，商品销售额达 3000 万元，税收 400 多万元，购物和游逛的群众达 6 万余人次。

商业城（街）　1975 年，城内大队投资建起“晋北大市场”，占地 1.8 万平方米，出租商铺 100 余间，吸纳商户 100 多户，经营百货、五金、鞋帽、化妆品、劳保用品和小型修理等近千余种，均是群众日常使用的中、低档商品。经营到 2008 年因县城改造拆迁而终止。1980 年，县工商局在县城中心建起“商业城”，占地 9000 余平方米，商铺 150 余间，吸纳商户 80 户，经营床上用品、百货纺织和小型修理等，到 2012 年底尚有私营商户 30 余户。1985 年火车站北大同路曾设百货批发一条街，主要店铺由县供销社职工经营。2012 年怀贤街商业步行街建成并投入运营。

西农贸市场 1990 年，县城原新建路中段西由贸易中心建起蔬菜批发市场，占地 6000 平方米，院内周围有商铺 60 余间，中间有钢架搭建的大棚摊点。全院吸纳商户 120 多户，2010 年，迁移到县城南“蔬菜大市场”。新市场是县城最大的高标准市场，占地 2 万余平方米，建商铺 500 多间，吸纳商户 1000 余户，以经营蔬菜、瓜果、肉类为主。2001 年，新华路中段东部，城内村建起东农贸市场，占地 3000 余平米，商铺 50 余间，吸纳商户 80 余人。2005 年，气象站广场周围设贸易市场。2012 年全县固定和临时农贸交易市场共有 9 处。其中临时农贸交易市场多设在居民较集中、且交通便利、有大面积空地的地方，交易时间多为早上 5—9 点，以蔬菜等农副产品为主。

商场 2000 年以来，随着市场经济的不断发展壮大，配合县城改造，大型商场逐渐增加。规模较大的有开元大厦、天丰商厦、宏亮商场、万人商厦、华为商场以及天宇、新东亚、乾丰、金凤、和平、全友、美之居等大型家电家具商场。

超市 2005 年以来，县城大型超市逐年增加，分布在县城主要街道和各个居民住宅区附近。规模较大的有家家利、客都、美特好、薄利等超市。小型超市遍布城乡，极大地方便了民众的日常生活。

第二章 商品购销

第一节 购进

民国时期，域内购进商品主要有三大类：一是木材、铁、五金、棉花、土布、煤油、日用品、食用品等使用类；二是水旱烟、纸烟、酒、茶叶、海菜等奢侈类；三是纸张、熟药、杂货、文具等消耗品类。

民国35年（1946）至民国37年（1948），民主政府主要经营粮食、土布、棉花、纸张、食盐、火柴等百余种商品。全县购进额约3000000万元（旧币）。1949年，流通渠道扩大，商业网点增多，经营商品增加到千余种。1956年，国营商业各专业公司相继建立，商品实行归口经营，农村农具需求量日增，经营商品增加到2000余种。1965年，国营商业部门经营的商品增加到4000余种，全县纯购进总额为171.7万元。

1978年后，乡镇企业、个体及联办工商业迅速发展，人民生活不断提高，各种商品、机械配件、电子工业商品、家用电器需求急剧增长，国营及供销部门经营商品品种近万种。1981年，全县商品纯购进总额1730.4万元。1983年为2428.4万元。1985年为2734.4万元。1990年购进商品总额3245.2万元。1995年为3651.2万元。2000年为3823.4万元。2005年为4653万元。2012年为6802.4万元。

农副产品收购，在民国时期主要有三大类：一为食用类，包括粮食、油料等；二为畜产品类，包括羊毛、牛皮、生猪、鲜蛋等；三为废旧物资类，包括废铜、废铁、废橡胶等近百种。1949年后，农产品收购量逐年增加。1965年全县农副产品购进总额87.6万元。1970年为110万元。1975年为130.6万元。1980年为270.8万元。1985年为716.7万元。1990年以后，个体经济进入农产品收购领域，农副产品收购完全市场化。2012年，供销社完成商品购进总额0.98亿元，完成农业生产资料商品供应总额0.45亿元，盐类商品供应120万元，购进烟花爆竹0.16亿元。

第二节 销售

民国时期，怀仁县有吴家窑和县城2个市场。吴家窑是销往外地商品的主要市场，销售额大于县城。据《山西省晋北区商业经济调查资料汇编》载，民国25年（1936），吴家窑销售总额为334691元（银元），县城销售额为

64595元（银元）。

1949年县城销售额为44357万元（旧币）。1952年吴家窑销售额为587518万元（旧币），县城为599490万元（旧币）。1956年吴家窑为806574元，县城为4080852元。1970年全县销售总额974万元，其中生产资料销售285.12万元。1975年销售总额1273.7万元，其中生产资料销售662.8万元。1981年纯销售总额4049.78万元，其中生产资料销售708.61万元。1985年纯销售总额7108.37万元，其中生产资料销售872.84万元。1995年社会消费零售总额为0.93亿元。2004年社会消费零售总额为12.39亿元。2008年为24.5亿元。2010年社会消费零售总额为33.4亿元。2012年社会消费零售总额为38.4亿元。

1955—1983年，本县商品流通实行凭证供应。中共十一届三中全会以后逐步取消计划经济，实行社会主义市场经济。

附：在计划经济中的几种主要票证

布票：1955年起，怀仁县流通的由省商业厅印发的布票有1寸、3寸、5寸、1尺、5尺、7尺、10尺等7种。发放布票标准是1956年起，农民及干部职工每人每年18尺。时有“穿不穿，丈八布”之说。结婚时每人增发15尺。死亡后给家属补助布票30尺。生育第一胎发给24尺，二胎发18尺。1981年以前，限在山西省流通。1982年后可在全国通用。1983年10月取消。

购棉证：1955年起，农业人口用棉，以生产大队或生产队人口统一核算，一般每人售棉花1—2斤。城镇非农业人口及干部职工，按人发购棉证，每人每年1斤。生育一胎补助2斤，二胎补助1斤。结婚每人补助1斤，死亡后给家属补助3斤。社会用棉及失火、失盗、丢损等特殊情况，则申请酌情解决。购棉证由本县印制报上级备案。1983年取消。

购货券：1960年起对流通工业品凭票供应。生活必需品如火柴、煤油、食糖等实行定量供应，按量发给购货券，凭购货券购买。部分紧俏商品一为凭购货券供应，二为分配供应。对糖果、砂糖、白酒、自行车、缝纫机等以及部分粮食实行高价供应。以后对卷烟、肉食、肥皂等商品均实行定量供应。

一般农业人口以生产大队或生产队按人口（或户）统一核算，城镇非农业人口及干部职工发给由本县印刷的购货券（商品供应证），凭证购买。1978年取消。

1949—2012 年怀仁县供销社食品类商品社会零售量统计表

表 12-3

年份	粮食（万斤）	食用植物油（万斤）	猪肉（市斤）	牛肉（市斤）	羊肉（市斤）	食糖（市斤）	食盐（万斤）	卷烟（箱）	茶叶（斤）	酒（斤）	鲜蛋（担）
1949	301	4.99	58	127	60	26	29.17	671	1200	11500	
1950	317	5.12	62	129	89	91	30.12	731	1300	18000	
1955	1537	14.96	265	50	71	519	52.19	4441	1600	85000	
1960	1487	13.13	23	13	3	60	214.23	4377	8600	80000	
1965	1331	25.04	11186	205	4012	11.4	73.99	7655	3200	162	1469
1970	1308	21.17	9132	151	2237	109.56	101.39	1156	5000	12320	1462
1975	1435	25.77	6130	71	1768	1230	152.96	2123	8600	31600	1495
1978	1244	22.56	10805	199	3807	1808.7	142.23	3374	12000	421924	1887
1980	1431	27.53	22092	56	2090	6164.34	200.5	5123	16500	553226	1951
1983	1579	52.78	14230 头		1304 只	8686	235.92	5666	17300	663400	721
1985	3352	59.2	11703 头	174 头	446 只	3780	212.3	4661	34800	1040000	70
1995	5743	74.8	30874 头	473 头	13740 只	5793	432.7	6392	59761	423 万斤	193
2005	7431	96.3	58763 头	684 头	23 万只	8970	547.8	9867	83642	837 万斤	347
2010	7984	124	67954 头	725 头	187 万只	9214	573	12463	89750	986 万斤	476
2012	8196	137	68420 头	706 头	200 万只	9370	571	15072	92376	1087 万斤	483

1949—2012 年怀仁县供销社衣着类商品社会零售量统计表

表 12-4

年份	棉布（千米）	袜子（打）	汗衫背心（打）	卫生衫裤（打）	棉毛衫裤（打）	呢绒（米）	绸缎（米）	毛线（斤）	月交鞋（万双）
1949	204	1800	15	8				3	1.2
1950	220	2007	40	213			15	4	2.8

续表（1）

年份	棉布（千米）	袜子（打）	汗衫背心（打）	卫生衫裤（打）	棉毛衫裤（打）	呢绒（米）	绸缎（米）	毛线（斤）	月交鞋（万双）
1955	422	3362	194	163	41		283	124	28.44
1960	842	22583	5943	2370	1643	1546	3782	956	260.82
1965	678.8	3061	698	70	85	9566	12941	1774	126.37
1970	926.9		1800	372	399	4012	25718	2128	240.82
1975	997.1		3271	1184	1375	5610	24904	2191	254.17
1978	1050.7		4817	1245	1863	3651	3587	3394	229.04
1980	1027.5	2168	6005	1376	2500	6265	26990	1903	205.38
1983	1009.4	1308	8140	760	6030	37800	87200	5573	450
1985	831.1	16090	7430	1950	6640	57700	85800	9617	884
1995	874	37946	9372	3745	5274	78431	98743	12974	765
2005	673	39827	9861	3827	4362	64576	74982	9864	531
2010	372	43651	9876	3912	2130	43710	57264	3751	246
2012	247	43827	9765	3726	1873	28700	43591	1032	157

1949—2012年怀仁县供销社日用电器类商品社会零售量统计表

表12-5

年份	肥皂（打）	火柴（件）	自行车（辆）	缝纫机（架）	机制纸（吨）	手表（只）	电视机（台）	电风扇（台）	洗衣机（台）	电冰箱（台）	收音机（台）
1949	39.7	324.78			0.42						
1950	81.4	486.27			0.54						
1955	309.5	106.68	167	9	86.1						7
1960	4537	2606	417	217	21.45						75
1965	1230	1096	746	191	47.28	317					14
1970	1893		910	206	40.37	391					80
1975	3999	2652	1403	378	77.15	716					219
1978	4067	2030	2183	565	48.79	1284					1107
1981	6585	3113	3247	1221	69.14	3882	212				6434

续表（1）

年份	肥皂（打）	火柴（件）	自行车（辆）	缝纫机（架）	机制纸（吨）	手表（只）	电视机（台）	电风扇（台）	洗衣机（台）	电冰箱（台）	收音机（台）
1984	8515	6094	5690	1719	37	7020	2071	95	188	7	2380
1985	10082	4131	5298	1120	1.6	7964	3864	325	747	134	919
1995	10973	2107	8741	1286	27	18742	16392	1893	6270	4381	130
2005	9746	873	3761	982	53	293351	14510	2706	8761	7203	65
2010	8031	510	1270	321	89	27310	13716	1670	8936	7425	32
2012	6415	306	1406	247	106	25017	12073	1365	9031	7618	20

第三章　粮油经营

第一节　机构组成

1937—1949 年，县区民主政府设粮秣委员，后设粮食科（股）。1953 年成立县粮食局，负责全县粮食流通和粮油储备工作。

粮食局改制前，下属企业有直属库、亲和粮站、小峪粮站、新家园粮站、金沙滩粮站、吴家窑粮站、海北头粮站、河头粮站、毛皂粮站、中转储备库、县直粮食储备库、科丰粮食购销中心、西关粮店、城内粮店、气象站粮店、“三八”粮店、小峪粮店、王坪粮店、劳动服务公司、议购议销公司、粮油贸易公司、饲料公司、国营面粉厂（粮食加工厂）、华飞食品厂（方便面厂）、汽车队、修建队等 26 个。2007 年，随着粮食流通体制全面改革的进行，全县国有粮食企业全部改制，通过市场竞争、拍卖的方式退出市场。

直属库：建于 1950 年。管辖 4 个乡镇，40 个村的粮油收购任务，负责工业、饲料、副食、餐饮、集体单位职工以及驻军粮食供应，粮油进、出口中转，各级储备粮的收购、储备任务。2007 年改制停业。

亲和粮站：建于 1955 年。负责亲和乡 16 个村的粮油收购、储存和本辖区内城镇居民的粮食供应。2007年改制停业。

新家园粮站：建于1955年。负责新家园乡15个村的粮油收购、储存和本辖区内城镇居民的粮食供应。2007年改制停业。

金沙滩粮站：建于1955年。负责金沙滩镇25个自然村的粮油收购、储存及周边居民的粮食供应。2007年改制停业。

吴家窑粮站：建于1957年。负责峙峰山煤矿、砂石煤矿、吴家窑陶瓷厂职工家属和辖区居民的粮食供应，以及吴家窑镇返销粮的供应；1967年建大峪口粮库，负责备战备荒时期的战备粮库存。1994年取消统销政策后，主要负责政策性粮油的收购、储备、储存。2007年改制停业。

毛皂粮站：建于1957年。负责毛皂镇、马辛庄乡27个自然村的粮油收购、储存及周边居民口粮供应。2007年改制停业。

河头粮站：建于1957年。负责全乡21个自然村的粮油代购、储存业务和居民口粮供应。2007年改制停业。

小峪粮站：建于1968年。负责小峪、芦子沟两个矿区的职工及居民的口粮供应。1999年租赁原某部队坦克库，主要业务是储备粮及代储粮业务。2007年改制停业。

海北头粮站：建于1974年。负责海北头乡14个自然村的粮油收购、储存及居民口粮供应。2007年改制停业。

中转储备库：建于1978年，由中央和山西省粮食厅专项拨款，雁北行署粮食局组织施工。该库区占地面积10万平方米，建筑面积约5万平方米，共有仓库6幢18个单位，设计容量4500万公斤，库内建有铁路专线。归属雁北行署粮食局直管。1993年7月，归朔州市粮食局直管，主要职能是负责各级储备粮的存储和周边县的粮食中转任务。

科丰粮食购销中心：2005年成立。下属的9个粮站、库改为收储点，收支均由购销中心审核批准，分别记账核算。2007年改制停业。

粮食储备库：2008年9月开工，2010年11月投入使用，2012年仍在运行。占地面积86亩，库内建有103米×27米平房仓6座，21米×20米立式钢结构筒仓4座，100米×60米钢板式周转仓1个，设计仓容量1.25亿公斤。

库内配置粮情电子测控系统、机械通风降温系统、环流熏蒸系统和库区电子监控系统以及输运机、烘干机、汽车衡、清理筛、吸粮机等仓储机械。库区还建有综合办公楼一座，设有化验室。承担着全县原粮购销，县级调控粮代收、储备，市级储备粮代储以及平抑局部市场粮价的任务，是晋北最大的县级粮食储备库。

西关粮油食品店：建于1970年。1989年与城关门市部分离，1993年与“三八”粮油食品店合并，下设2个门市部。负责县城内部分城镇居民的口粮供应。2003年，城市改造进行拆迁重建，2007年改制。

城内粮油食品店：建于1953年。前身是城关粮店第一门市部。负责县城内部分城镇居民的口粮供应工作。1989年从城关门市分离为独立核算企业。2003年根据城市改造进行拆迁，在原址重建商住楼。

小峪粮油食品店：建于1986年。下设小峪矿区门市部、芦子沟矿区门市部和小峪口门市部，负责供应周边居民口粮。1994年取消统购统销推向市场，1999年全部人员分离。

1950—2009年怀仁县粮站、粮库基本情况一览表

表12-6　　单位：平方米、间、吨、台

项目／单位	始建年代	占地面积	建造面积	硬化面积	运输机	仓库情况				
						间数	面积	使用面积	设计仓容	实际仓容
直属库	1950	33599	8777	15569	4	37	6841	6128	1872.5	934
新家园粮站	1957	32515	3061	4500	2	30	2801	2324	575	357
金沙滩粮站	1957	13004	2030	5100	2	12	1419	1211	315	186
河头粮站	1957	15337	2996	10100	3	18	2344	2023	554	342
海北头粮站	1974	14300	1504	3400	2	8	1008	898	375	108
毛皂粮站	1957	10585	2070	1851	3	10	1271	1089	380	175
亲和粮站	1957	10245	1155	3800	3	6	1005	921	300	120
吴家窑粮站	1957	10508	1864	1188	2	18	1615	1382	311.5	213
小峪粮站	1957	3804	426	1540	5	2	360	304	60	50
县直储备库	2009	57000	30000			11	24366		12500	

王坪粮油食品店：建于1989年。由王坪煤矿建门市部3间、仓库及办公室。负责供应本矿区职工家属口粮，1994年后与小峪粮站合并。

气象站粮油食品店：建于1990年。负责供应附近居民口粮。1994年后关停。

“三八”粮油食品店：建于1989年。负责供应附近居民口粮，1993年合并于西关粮油食品店。

粮油贸易公司：1986年由原粮食局劳动服务公司改为怀仁县粮食议购议销公司，1989年更名为粮油贸易公司。下设经营网点4个，是全县最大的国有议价粮油购销企业，从事议价粮油购销及多种经营业务。2004年县城改造拆除，在原地建商品楼。2007年改制。

金丰粮油加工有限责任公司：建于1962年。前身是怀仁县粮食加工厂。1994年技改为面粉车间，更名为怀仁县国营面粉厂。2002年更名为怀仁县金丰粮油加工有限责任公司。设有面粉车间、碾米车间、玉米面车间、莜面车间、挂面车间、榨油车间、白酒车间和机修车间，以及兑换门市等。2007年改制后不复存在。

饲料公司：建于1984年。从事全县猪、鸡配混合饲料生产、加工、销售。1997年作为全县国有粮食企业改制试点单位，改为股份制民营企业。

华飞食品厂：（又称方便面厂）1991年改造原饲料公司生产车间建成，除生产设备与生产车间外，无任何辅助设备。2000年停产。2007年改制。

粮食局汽车队：成立于1970年。主要从事粮食系统计划经济时内部粮油调拨的运输任务。1992年粮食市场放开后，失去其功能，处于停业状态。2007年改制。

粮食局修建队：成立于1975年。负责全县粮食系统站库的工程建筑及维修业务。1992年粮食市场放开后，失去其功能，后撤销。

1970—1191 年怀仁县粮油经营性企业基本情况一览表

表 12-7　　单位：人、万斤、万元、吨、名

项目 单位	创始时间	职工人数	商业经营量工业产量运输周转量	年收入	资产总量
合计		173		917.46	771.47
西关粮店	1970	18	1959	111.61	52.23
城内粮店	1954	14	1075	35.64	26.58
气象站粮店	1990	12	710	16.07	23.33
三八粮店	1990	9			2.59
小略粮店	1968	14	1388	55.93	31.76
王坪粮店	1989	5	715	19.06	17.37
粮贸公司	1986	14	2686	150.96	119.12
面粉厂	1962	26	6180	306.42	251.05
汽车队	1970	10	3330	10.19	16.95
词料公司	1984	19	2334	182.91	72.04
修建队	1975	5			12.31
方便面厂	1991	27		28.68	146.14

第二节　征购 销售

征购 明朝以税征收粮食，分夏、秋两季征收。洪武二十四年（1391），征收夏麦 5258 石 1 斗，豌豆 93 石 6 斗，秋粮米 7297 石 7 斗。万历二十八年（1600），征收夏麦 5716 石 6 斗，秋粮米 4262 石 5 斗。

清朝按原额及开垦实在成熟地征收。康熙时期年实征本色米 193 石 2 斗，本色豆 158 石 9 斗。乾隆时改征银两，有时也征收粮食。乾隆四十年（1755）征收本色豆 1325 石。乾隆四十三年（1778）征收本色米 2231 石 9 斗。光绪十三年（1887）征米 451 石 4 斗，征豆 756 石。

民国时期军阀混战，以公粮名义强行摊派征收粮食。日军侵占怀仁后，从民国33年（1944）起，实行“征一购二附加三”的办法，即每亩粮食征米一石，购买二石，附加三斗地方粮。民众苦不堪言。

民国34年（1945），民主政府在解放区实行派征公粮的办法征收，是年征公粮78万斤，其中解交上级米票8.09万斤，便条26.6万斤。次年征公粮96.2万斤，其中解交上级米票47.2万斤，便条4.07万斤。

民国37年（1948）怀仁解放后，执行晋绥第五专署公粮征收办法，计分摊粮进行征收。征收累进比例是全户收入每人除5斗米外，余粮按户计比例，余粮两石以下者征5%，两石至两石五斗者征6%，以此累进，余粮每增五斗加征1%，最高增至50%，再不累进。1949年，全县征收小麦、小米、高粱等粮食196450石，其中国家征收38368石；征购油料1241石。

1952—1964年，按照国需民有的原则依率计征，全县共征收粮食100494石，油料2090石。其中国家征收粮食81355石，油料1014石。1953年实行粮食、油料计划收购和计划供应。本县征购办法是按照农户的粮田定产量，除去公粮和口粮、牲畜饲料、籽种用粮，剩余粮按百分比率作为定购粮，一定三年不变。山区执行低税率的乡，每人负担每亩应征7.5公斤小米（折18斤原粮），其他山区以10.05公斤小米（折26斤原粮）征购。川区每人负担每亩应征10.05公斤小米（折原粮28斤）。统购余粮的比例是山区80%，川区85%，富农95%。1954年全县统购粮食873.5万公斤，油料125.5万公斤。1954年按照国家统购统销政策，公粮（农业税）包括在征购任务之内一并征收。是年全县征收粮食990万公斤。1955年至1964年实行“定产、定购、定销”，即根据农业社和农户耕种土地的好坏，自然条件，参照近年评定单位面积当年产量评定产量，计算余缺。对余粮社、户实行统购，从定产中扣除籽种、口粮、饲料后，按80—90%定购，正常年景三年不变。增产不增购，受灾酌减。对缺粮社、户按照“何时缺粮何时供应，当地有什么粮供应什么粮”的原则实行定销供应。执行“三定”的10年中，全县共征购粮食6535万公斤，年均653.5万公斤。

1965—1971年，粮食征购实行“一定三年”，即确定征购数，三年不变。每年落实征购任务时，上一级政府在分配基数上增加5%~10%的机动数，用于以丰补歉。全县征购任务基数为465万公斤。1972年实行“一定五年”，即把征购任务分配到生产大队，五年不变。全县年征购任务为1510万公斤。其中小麦40万公斤，油料12.5万公斤。1976年全县征购1850.12万公斤。1979年全县征购2443万公斤。

1981—1983年，实行“征购、销售、调拨三年包干”。即将征购、超购、预付定额、农业税等落实到生产大队，签订合同三年不变。1983年全县征购粮食705万公斤，超售粮食1419.5万公斤。1985年取消粮食统购，改为合同定购，即播种前与农民协商，签订分品种订购合同，价格实行“倒三七”，三成按统购价，七成按统购价加50%征购，超过定购任务按超购价付款。全县定购任务1013万公斤，议购任务150万公斤。全县收购粮食710.5万公斤，油料630万公斤。1988年国家实行“粮油购、销、调、财务包干，一定三年不变”，并与农民签订奖售平价柴油、化肥、预购定金“三挂钩”合同。

1992—1997年，国家放开小麦、稻谷、玉米以外的其他杂粮，待收购任务完成后，允许私营粮食经营企业和个人经营粮油。粮食收购市场放开后，国有粮食企业在保证政策性粮油经营外，开展食品加工和多种经营。1996年，国家为保证农民得到更多实惠，成立“农业发展银行”，负责粮食企业的资金管理，保护价收购政策不变。

1998年，粮食部门实行税征粮、合同订购粮、保护价粮食的多种征购。敞开征购、顺价销售、资金封闭运行。1998—2002年，国家多次提高粮食收购价格，实行户交户结，不准代扣农业税以外的任何税费，并按保护价敞开收购农民余粮。1989—1997年，国有粮食企业收购粮油18981万公斤，平均每年2109万公斤。1998—2002年，国有粮食企业收购粮食9637万公斤，平均每年1927万公斤。2003年国家取消玉米保护价收购，原粮市场彻底放开。2003—2012年，国有粮食企业收购粮食156.6亿公斤，平均每年156558万公斤。其中2003年收购粮食2500万公斤，实现毛利49万元。在退耕还林工作上，保质、及时、足额地供应粮食，共发放退耕粮食173万公斤。

销售 怀仁县粮油销售有集市、店、站、返销、定销、议销、奖售等形式。

集市：民国时期，县城和吴家窑为域内主要粮食集散中心市场。农民在市场自行销售余粮，换取家庭生活和生产必需品。民国24年（1935），全县销售粮食367198石。民国25年（1936），县城粮食销售量为365.96万斤，食油为6.35万斤；吴家窑粮食销售量为14.8万斤，油料为3450斤。1952年，县城粮食销售量为4万斤，食油为7.9万斤；吴家窑粮食销售量为15.7万斤，油料为3900斤。1958年，吴家窑市场销售粮食25.38万斤，油料4350斤。

1953年实行统购统销，取消粮食市场自由贸易，粮食集市关闭。1955年执行“三定”政策，恢复建立了县城、第三作、吴家窑、新家园等16个初级粮食市场。当年上市粮食5万斤，马铃薯2万斤。1965年粮食交易集市减缩为6个。1975年初粮食集市关闭。1978年重新开放粮食交易集市3个。1985年交易集市增至7个。1986年以后粮食交易进入私营粮店。

店 站：民国25年（1936），全县有53个店铺经营粮食购销业务，年销售额为154089元（银元），占商业销售总额的7.4%。1949年，全县有60个店铺经营粮油购销业务。年销售额116203元（银元），占全县年商业销售总额的8.2%。1953年全县共有55个粮店，其中国营粮店2个。年销售额为488007万元（旧币），占商业销售总额的11.7%。在对私营工商业进行的社会主义改造中，私营粮店全部取消。1954年，2个国营粮店年销售额为896481万元（旧币），占商业销售总额的13.8%。1955年以后，先后建立了新家园、金沙滩、亲和、小峪等粮站和粮店。1978年后，经营粮油购销的集体和个体粮油店迅速发展。1985年全县共有集体和个体粮油店47个。以后逐年增加，到2012年，全县共有粮油销售点187个。

返销：1955年推行粮食“定产、定购、定销”政策，农村人口粮食标准不分大人小孩，平均分配，每人留口粮360斤。时有“够不够（吃），三百六”之说。此外，对参加集体生产劳动力，按劳动所得的工分（10分为1个工），分配给劳动补贴粮（俗称跟工粮），每个工补助粮食2至4两不等。1957年改为按年龄大小分类分成分配口粮，1—3岁为一成，4—6岁为六成，7—9岁为八成，10岁以上为大口（十成）。1970年起，按人、劳划分比例平均分配，一般按劳三成、人七成的比例分配，也有以“劳二人八”、“劳四人六”的比例分配。1982年，农村实行生产责任制后，以上分配制度均废除。1965—1979年，共返销粮食3905.72万斤，年均260.38万斤。1980年以后，实行联产承包责任制后，取消返销粮。

农村人口口粮：1956年全县农业人口平均口粮为392斤，1960年为254斤。1961年为213斤。1965年为279斤。1970年为326斤。1975年为411斤。1979年为459斤。1980年为435斤。1985年以后，农村村民粮食自给自足，自由调剂。1956年农业合作化后，农村人口的食用油以生产大队为单位，按人平均分配，每年人均2—5斤不等。部分村除按人分配外，尚按投工分配，一般为每百个工分配1斤。1985年以后，农村人口食用油不再由村集体供给。

定销：1953年，实行分级定量供应。对儿童供应分八个类别：不满1周岁每月供应9斤，1周岁供11斤，2周岁供13斤，3周岁供18斤，5周岁供21斤，6周岁供25斤，8周岁供27斤，10周岁以上供28斤。1980年以前城镇居民每人每月供应27斤，1981年后增加副食补贴1斤，在此基础上，对从事特殊工作的定量增供工种粮。体力劳动者分为轻体力、重体力、特重体力3等，每等分为甲、乙、丙3级，工种粮最低增供5斤，最高20斤。初中学生供35斤，高中学生为34斤。1954—1980年，对非农业人口定销粮食19726万斤，年均730.6万斤。非农业人口的食油供应，每人每月3两至1斤不等，一般每月为半斤。每年中秋节、元旦、春节等节日增加供应半斤至1斤不等。1957—1980年，对非农业人口定销食油222.67万斤，年均9.28万斤。

议销：1963年实行粮油议价销售，即按议价收购调入的粮食、食油，本着“随行就市，高进高出”原则销售，1966年停止。1978年恢复议购议销。1983年全县议价销售粮食776万斤，食油3.01万斤。1985年议价销售粮食取消。

奖售：1961年起，按国家规定对出售农副产品者实行奖售粮食的政策。1973年前，交售贸易粮（不包括征购部分），奖售棉布、食糖等物品。

1974年起，实行以核算单位（生产队或生产大队）计算，超额完成征购任务后，按超额比例奖售自行车、缝纫机、化肥等商品。1981年起，确定定购基数，基数以外执行统购价以奖售售粮。有的年份按超购粮油返销部分粮食，作为奖励。1961年至1985年，对农村奖售粮食968万斤，年均48.4万斤。1961年起，出售生猪奖励粮食，实行分等级奖售的办法，各年情形不同，一般分为4等，每头生猪奖售粮食在30—100斤之间。此外，生产大队还对出售生猪的社员按出售生猪毛重另外加奖，各村奖励多少不等，一般毛重1斤奖售粮食2—5两。

补助粮（油）：1954年起，对干部职工出差、下乡、参加劳动及各种会议给予定量粮（油）补助，每人每日补助粮食3两。1978年起执行山西省规定的27个补助项目。

工商用粮（油）：1954年起，工业和商业用粮油，纳入计划供应轨道，由各用粮油单位根据所需，编报年度、季度计划，经政府主管部门批准后执行。所供粮食按规定收取粮票，不收粮票者，价格略高。1982年后，市场出售食品大多不收粮票。

1954—1985年，全县补助粮及工商用粮累计为8979万斤，年均332.56万斤。

籽种、饲料、牲畜用粮：1956年农业合作化后，各生产大队每年都要扣留一定数量的籽种、饲料及牲畜用粮。1980年实行生产责任制后，停止提留。1965—1979年，全县农村生产大队累计扣留使用籽种、饲料、牲畜用粮24432.81万斤，年均1628.85万斤。

2008年完成粮食收购6780万公斤，实现销售5760万元。2009年，共销售库存粮2600万公斤，实现销售收入4000万元。2011年销售粮食1亿斤，产销衔接完成4500万斤，建立了放心粮油配送中心，120个经销网点进行改造升级。组建了粮食流通管理稽查队，维护了粮食流通秩序平稳运行。2012年，全县销售粮食1.27亿斤，完成粮食产销衔接调入8000万斤，占总任务的177%。

附：粮票 民国34年（1945），县内流通的有边区人民政府印发的粮票，票面以小米为折算标准，习惯上称为“米票”，主要供军队和干部使用。1950年，山西省财政厅印发的粮票只限于下乡干部派饭使用，在省内流通。1953年11月后，在本县流通的粮票有3种，一种是山西省粮票，面额有1两、2两、半斤、1斤、2斤、5斤、10斤等，在本省流通。一种是全国粮票，面额为半斤、1斤、3斤、5斤等，在全国流通。一种是军用粮票，专供部队使用。1958年10月至1964年12月，本县划归大同市，曾流通使用过大同市粮票。1960年后，本县印制粮食划拨单，在县内流通。其方法是在所在地粮站粜粮，开划拨单，交由工作单位（办理临时粮食供应手续）按划拨量供应。

山西省粮票和全国统一粮票在境内流通至1993年。随着粮食价格的放开，粮票停止市场流通，从流通领域进入收藏领域。

第三节 调运 储存

调运 1949年前，粮食调运以盈利为目的。1953年起，粮油调运主要是调运余缺调剂品种（1956年后调拨南方的大米，晋南及进口面粉），调剂粗细粮（1978年后调拨四川、江苏、浙江、运城的面粉、大米），调运优种。

调入：境内主要生产玉米和小杂粮，人民群众生活所需的面粉、大米主要靠外调。1953年起，每年调入面粉、大米1500多万公斤。中共十一届三中全会以后，粮油市场放开，私营及个体粮店的成品粮油主要来源是东北粳米，河北、山东的优质面粉和内蒙、右玉的胡麻油。1981—1985年，全县累计调入粮食4270.5万公斤，年均854万公斤。其中小麦1188万公斤，面粉706万公斤，大米206.5万公斤；1985—1992年，国有粮食企业调入粮油（贸易粮油）11733万公斤，年均1467万公斤。1993—2002年，国有粮食企业调入粮油12004万公斤，年均3001万公斤。随着人民生活逐步提高，玉米面基本退出了民众的餐桌，食油也向色拉油、调和油发展。

调出：境内生产的玉米，除部分用于出口及本地饲料、制药等用粮外，大部分需外销外调。1953年统计，全县全年调出粮食3285.6万公斤，其中小米 522.7 万公斤，谷子 651.5 万公斤，绿豆 650 万公斤，黑豆 183 万公斤，高粱 1074.6 万公斤，蚕豆 159.9 万公斤，其它粮食 14 万公斤。1985—1992 年，国有粮食企业调出粮油 14215 万公斤（贸易粮油），年均 1777 万公斤。1993—2002 年，调出 1384 万公斤，年均 138 万公斤。2003—2006 年，调出 1467 万公斤，年均 367 万公斤。

运输：粮食运输主要靠肩担、驴（骡）驮和人、畜力车拉运。1961 年，县粮食局有了第一部载货汽车，1970 年成立了县粮食局汽车队，当时有载货汽车 3 部，载重量不到 10 吨。到 1989 年有汽车 5 部，拖车 2 部，载重量 30 吨，年周转量达 33.3 万吨公里。分散在各粮站、库、店、厂、公司的载货汽车最多时达 14 部，载重量共计 60 吨。1991 年全县粮食系统拥有各种机动车辆 25 部。1995—2007 年，全县粮食系统有各种机动车辆 20 部，2007 年改制后不存在。

储存 民国以前，境内官方和民间有“广丰仓”、“社仓”、“义仓”等。

广丰仓：明成化年间建，位于县城东北角，有仓廒 28 间。清乾隆九年（1744），补旧增新，新建仓廒 9 座 27 间，内储定额谷 1.1 万石。光绪五年（1879），贮谷 8902 石。

社仓 义仓：县城有两处各贮 956 石。清光绪四年（1878），县城有两处，贮存火谷 956 石。出借于民，免民欠谷 815 石，贮谷 141 石。光绪十三年（1887），征收米豆 1207 石，解交朔平府常丰仓 610 石，贮县仓米豆 597 石。

中华人民共和国成立后，陆续建成县、乡镇、村和市级粮库。

县城粮库：1952 年，在县城西关建粮食直属库，至 1985 年，直属库共建房式仓 66 间、拱圆仓 60 间、苏仓 30 间，砖窑仓 30 间、窑库 7 间、厂棚 20 间，总计建筑面积 10479 平方米，库容量 11275 万公斤。县粮食局所属粮油商店历年兴建仓库 23 间，建筑面积 656 平方米，实际仓容量 176 万公斤，1986—2006 年，有房式仓库 144 间，仓容量 6000 万斤。2007 年县城改造时拆除。

乡镇粮库：1955 年后，先后建立新家园、金沙滩、亲和等 7 个粮站，各粮站均建有粮库，共有仓库 309 间，建筑面积为 11632 平方米，仓容量

15500万公斤。1967年，在大峪口建粮库1所，有仓库43间，建筑面积1853平方米，仓容量400万公斤。1990年以后乡镇粮库不再存粮。

村（生产大队）属粮库：1956年农业合作化后，各农业社（生产大队）均陆续兴建了仓库。大村大队一般为20间左右，小村也建有7—10间。1979年，全县162个生产大队建有粮库2440余间，可储粮3000万斤。1980年后村属粮不再存粮。

市属粮库：1979年，国家商业部及省、地联合投资600万元，在南窑村兴建粮库1所，1980年投入使用，成为本县主要的存粮之处。1993年由朔州市粮食局管理。

1965年起，农村社、队在保证完成国家粮食征购，留足社员口粮、饲料、籽种等用粮外，根据丰年多留、灾年少留的原则，集体以人平均提留一定数量的粮食入仓储备。储备方法：一是交到国库里代储。1963—1970年，对储粮有困难的生产队由国家代为保管粮油。1970年国库代储粮食933.5万公斤，食油2.5万公斤。1971年，根据山西省粮食部门规定，动支储备粮要报公社审查，经县委、县政府批准。用途限于灾年作种子、社员口粮和饲料。1979年以后，粮食产量、库存逐年增加。1984年全县粮食总产9495万公斤，收购3660万公斤。粮食企业租赁原生产大队仓库和社会闲散库房，雇用储粮专业户，民代国储粮食1300万公斤。1985年增加到1940万公斤。二是社队设立专库储备。1965—1979年，全县累计储粮6640.41万公斤，年均储粮474.32万公斤。1981年，农村集体储备粮全部下放给农民，集体不留储备粮，农民个人仓储渐多。大多数农民均有粮仓，90%的农民均储有近一年的粮食。2004年建立县级调控粮制度。储备粮每三年轮换一次，推陈储新，所需资金通过专业银行划转解决，发生的费用按规定由各级财政拨补，年终清算。2005年以后，由农民自存粮，自主决定售粮。

周转库存：1985—1988年，在粮食收购价格上实行定购议购，在销售上实行定量供应和议价供应双轨制。在收购上取消统购，改为合同定购。1987年实行“三挂钩”办法，1989年改为国家定购，1994年、1996年国家又两次大幅度提高定购价格。在销售上，除1988年非农业定量人员基本口粮、部分用粮、大中专、中学生定量标准口粮保证供应外，其余用粮全部改为议价供应和市场调节。由于仓库容量严重不足，先后租赁原某部队坦克库、某空军飞机场大型修理库，存粮2300万公斤，并争取省财政拨款新建仓容量450万公斤。1998年库存粮食7741万公斤。1999年库存粮食8292万公斤，其中露天存放4700万公斤。1992—2012年，在河头、海北头、毛皂、小峪等粮站新建仓库6栋44间，增加仓库容量420万公斤。维修直属库及吴家窑、金沙滩、亲和、小峪仓库86间，修理及新建水泥晒场43000平方米，购置安装大型粮食烘干机2套，汽车地磅、输运机等。由于"一符六无"活动的深入开展，"四无粮仓"建设有新的突破。在粮源渠道增多，质量复杂，库存增加，且露天存放数量大，仓库设施严重不足的情况下，采取科学保粮等措施，保证了储粮的安全。

怀仁县民间传统储粮的方法有：

粮仓：农民在闲房（东、西厢房或耳房）中用土坯或砖砌粮仓，储粮于内。

木柜：置于房中（多在堂房），存放粮食。20世纪70年代，农家兴在堂屋筑砖砌、水泥抹面的水泥柜储粮。

瓮：农民家中，除水瓮、菜缸外，家中有摆设的各种瓮，皆用于储粮。

缸、坛、罐：豆类、小麦等少量的粮食多用缸、坛、罐储存，置于房中。

地窖：院中挖一地窖，主要储存马铃薯，20世纪80年代兴用砖砌地窖。

1988—2008年怀仁县国有粮食企业粮食销售情况统计表

表12-8　　单位：万公斤

品种 年度	合计	面粉	大米	其他成品粮	玉米	杂粮	大豆	食油
1988	12213	5843	171	1269	3086	1503	95	246
1989	12605	5911	464	1381	3019	1551	81	198
1990	12691	6371	449	2748	1327	1457	67	272
1991	10221	1854	316	1929	3662	1988	92	380
1992	25947	6979	453	3300	13908	1047	174	86
1993	16009	5044	604	1461	7356	1144	192	208

续表（1）

年度\品种	合计	面粉	大米	其他成品粮	玉米	杂粮	大豆	食油
1994	23510	11296	222	3394	4929	1115	116	238
1995	23055	7515	1066	3568	9444	1168	175	119
1996	13546	5350	560	1681	5495	264	137	59
1997	13654	1602	507	1372	9930	79	147	17
1998	3576	711	609	359	1778	102	152	17
1999	1122	388	184	233	270	46	158	16
2000	30002	2109	277	754	26563	262	149	33
2001	26439	762	228	1194	26255	273	153	32
2002	18002	822	210	1210	17939	321	137	29
2003	68245	776	231	1240	66929	437	130	30
2004	18949	669	227	3106	15046	421	128	31
2005	27603	731	234	3927	27598	538	127	28
2006	49184	842	236	4530	49165	617	131	32
2007	13844	963	229	6892	13844	683	136	31
2008	20292	987	235	8182	12110	716	139	32

说明：2009 年以后，企业改制不再销售。

第四节　供应

1949 年以后，怀仁县的成品粮油来源，一是当地生产的小杂粮，如谷子、黍子、杂豆、胡麻籽等，二是靠外县、外省计划调拨，主要有面粉、大米、食油等。1953 年 11 月，国家实行粮油统购统销政策。在农村对余粮户实行粮食计划收购（简称统购），即按规定留足农民口粮、种子、饲料等用粮外，由粮食部门按定价统一收购，保障城乡人民生活的必需，稳定市场。对城镇居民和农村缺粮人口实行计划供应（简称统销），即城镇非农业人口按工种或年龄定量供应；农村缺粮人口按年平均计算留足口粮，不足部分实行返销粮供应。菜农以及种植经济作物的农民按规定供应。由国家严格控制粮食市场，严禁私人经营粮食。实行在中央统一管理下由中央与地方分工管理，即

“统一领导，分级管理”政策。由国家掌握粮源，控制销售，在年度之间、季节之间、地区之间和品种之间进行余缺调剂。

城镇居民口粮供应 1955年，根据国务院颁发的《市镇粮食定量供应凭证购买暂行办法》，按工种和年龄定量供应。一般人员每人每月（按成品粮）14公斤（其中面粉等细粮为15%），食油每人每月按0.15公斤供应，特殊工种在量上和细粮比例上按规定增加供应，如体力劳动者，大中专学生和中学生、煤矿井下工人等。特殊节假日调剂细粮或增供食油等比例不等。1984年9月1日起，定量人口的细粮比率由原来的15%调整为60%。1988年执行购、销、调财务包干后，平价粮食销售只保证非农业人口每月14公斤的基本口粮，部队、大中专、中学生现行口粮，种猪继续按平价供应。对工种粮、糕点、副食、酿造、城乡饲料等各种补助粮改为议价供应和市场调节。工种粮平价差价由职工所在单位按月随工资发放。1992年国家取消粮油供应，停止粮票使用，放开销售市场，只保留粮食供应手续。

工商行业用粮供应 1949年以后，怀仁县工商行业用粮主要包括药品、手工业、酿造、副食品加工用粮等。凡以粮食为主要原料或辅助原料的工业生产单位所需的粮食均为工业用粮。如制药、味精、酒精、淀粉等行业。食品行业包括熟食品、豆制品、酱油、醋、白酒等。糕点行业包括面包、饼干、点心等。饮食业包括馒头、面食、烧饼、米饭、窝头等。糕点、饮食业折收粮票，并按70%的细粮，30%的粗粮供应。1981年以后全部改为细粮，大部分收取粮票。副食业如豆制品，酿造业如酱油、醋、白酒等，粮食部门保证按计划供应。从1984年7月1日起，国家对酿造用粮改为议价供应。同年8月1日起，对饲料（专用、育肥）和饮食、糕点、副食工业使用的粮油维持1983年供应水平，超过部分一律改供议价粮油。糕点供应免收粮票。从1985年4月1日起，工业用粮一律改为议价供应。对接待旅游、外宾的单位，以及火车、机场等餐厅用粮，从1986年1月1日起改供议价粮。1988年对糕点、副食、酿造、城乡饲料等各项用粮全部放开，改为议价供应及市场调节，只保留熟食业（凭粮票购买部分）。从1992年起工业用量全部改为议价供应或市场调节。

牲畜用粮供应 国家实行市镇粮食计划供应时，对城市运输业牲畜、食品公司经营的牲畜、种畜以及动物园畜禽均实行计划供应，主要是供应麸皮、豆饼，少数供应粮食，至1963年底结束。牲畜用粮供应，由养殖户自备自用。1984年—1992年，为发展养殖业，粮食部门对饲料公司供应平价玉米，1993年以后停止供应。

军队用粮供应 1970—2000年，当地驻军的粮油集中由直属库供应。主要方式有两种，一是凭军队的平价购粮票供应，供应时收取货款。二是凭军队的定额供给粮油票供应，购买时持有团以上后勤部门的证明文件，一般按票面品种供应，也可调剂品种，不收取货款，价款逐级汇总上报，与财政部门或部队总后勤部门结算。2001年以后，驻军直接从市场购买，不再由粮食部门供应。

第四章 对外贸易

第一节 出口商品

怀仁县对外经济贸易主要输出商品有20余种，以粮食、胡麻油、鸡蛋、畜产品为主。民国24年（1935）输出莜麦51320石，胡麻14200石，豌豆8000石，扁豆2000石，大豆1000石，小麦1700石，谷子350石，生猪3550头，牛355头，羊7500只，羊皮4000张，羊毛15000斤，鸡蛋150万斤，胡麻油50万斤，粉面13万斤，药材7000斤。民国26年（1937）日军侵占以后，境内对外贸易遭到破坏。1949年以前，外贸商品全由私商收购，到外地转卖。中华人民共和国成立后，随着国民经济的恢复和发展，域内的工矿产品和农副产品由县政府有组织地对外贸易。改革开放后出口贸易发展迅速，出口商品由农副产品转为陶瓷、糖果、活性炭、医药等工业制品为主。2012年对外贸易完成966万美元。其中出口688万美元，进口278万美元。

怀仁县出口商品主要有陶瓷、高岭土、兔肉、羊肉、牛肉、猪肠衣、玉米、红芸豆、活性炭、糖果、医药化工产品等。

日用瓷 1963年开始出口，品种有杯、盘、碗、壶等4大类30余种，主要销往东南亚各国，优等产品13头配套茶具远销挪威。1978年出口523.58万件。1978—1985年，累计出口2380.81万件，年均297.6万件。进入21世纪以来，玉珑、嘉明、华缶、金仪、嘉吉、东兴等一批民营陶瓷企业生产的高档强化瓷、精品骨质瓷等日用瓷大量出口。主要销往日本、东南亚、西欧等国家和地区。2008年出口创汇377.2万美元，2009年出口创汇234.2万美元，2012年出口创汇166.7万美元。

黑釉瓷 1972年由吴家窑陶瓷厂开始生产并出口。产品有海螺烟缸、芙蓉烟缸、盖杯、松竹梅坛子等10余种，当年出口25.21万件。1976年增加20头朝阳餐具，15头力士咖啡具，15头丰收茶具、高脚啤酒杯等成套出口产品，年出口60.56万件。1981年增加7头提梁茶具等产品，出口量达到176.41万件。1985年出口黑釉瓷产品共有43个品种，产品远销美国、加拿大、比利时、法国、香港等国家和地区。1978年至1985年，累计出口1020万件，年均127.5万件。1990年后该厂转产改制，出口业务停止。

地毯 1973年开始由地毯厂生产，天津口岸包销出口，产品销往美国、日本及西欧等国家和地区。1983年停止出口。累计出口地毯66890平方米，出口总值163.6万元，创外汇55万元。

冻兔肉 1975年由县肉联加工厂生产，通过外贸部门出口。产品主要销往法国、美国、意大利等国家，当年出口62.1吨。1978—1984年，累计出口冻兔肉1221吨，年均174.4吨。1985停止出口。

羊肠衣 2010年，嘉鑫畜产品加工有限公司年产加工羊肠衣150万条，创利润500万元。2012年，瑞誉畜产品有限公司年产羊肠衣100万条，创利润100万元。制作各种弓、弦、医用缝合线等产品50多种，出口德国、日本、美国、丹麦等国家。

涤纶电容器 1978年由县无线电元件厂生产，经北京外贸部门出口，销往香港。1978—1981年累计出口294万支，总值17.01万元，创汇8万元。

1981年停止出口。

注塑鞋 1981年由县制鞋厂生产，通过天津口岸出口，产品有红、黑平绒女一根带坡跟注塑鞋三种，远销美国、日本、阿根廷、尼泊尔、阿富汗等国家。1981—1984年，累计出口9.7万双，总值33.3万元。1984年停止出口。

糠醛 1983年由县糠醛厂生产，经天津口岸出口，主要销往日本。1983年—1985年累计出口1190.4吨，年均396.8吨。1986年停止出口。

玉米 1985—2003年累计出口玉米6555万公斤。其中1985年和1986年出口2279万公斤。2004—2012年，累计出口玉米7500万公斤，平均每年出口937.5万公斤。

糖果 晋利糖果公司生产的“晋利”牌糖果，从2009年起开始出口，销往美国、英国、加拿大等国家和地区，至2012年，出口300多集装箱的产品，创汇700多万美元。

活性炭 以环宇净化材料公司为主，2001年自营出口以来，年均创汇2000万元，产品主要销往日本、新加坡、韩国和西欧。2002—2012年共创汇1.8亿元。

高岭土 以宝洁耐火材料公司为主，2010年自营出口以来，出口3.5万吨，创汇700万美元。2012年出口3.8万吨，创汇760万美元。产品主要销往东南亚一带。

第二节　贸易方式及管理

贸易方式 一是自找贸易单位出口。1972年以前，一般由出口单位直接和口岸公司及省、地外贸部门联系，手续繁杂，费用较高，渠道不畅，出口商品主要是农副土特产品和少数陶瓷产品。二是外贸系统收购出口。1972年怀仁县组建外贸公司，专门为本地产品寻找出口途径，办理相关手续，从而理顺关系，提高了效率。20世纪70年代，外贸公司扶持和建立出口商品生产基地，扩大商品货源。主要产品有玉米、陶瓷、牛肉、羊肉、高岭土等。三是外贸企业自营出口。1993年后，国家为增加出口，给予部分企业产品自主出口经营权。1998年进一步放宽企业出口经营权，对于符合出口对象要求的生产企业实行登记制，即企业通过市有关部门和海关办理相关手续即可自营出口。境内办理自营出口许可证的企业主要有环宇公司、玉珑陶瓷公司、晋利糖果公司，宝洁耐火材料公司等。至2012年，全县外贸出口企业达10余家。

贸易管理 1953年，域内对外贸易由供销合作社农产品经理部进行收购并转售上一级外贸部门。1972年组建外贸公司，大力扶持和建立出口商品生产基地，扩大货源。20世纪80年代，由外贸公司和财贸委负责外贸管理。进入21世纪，由县经信局牵头，努力做好沟通信息，帮扶生产，提高产品质量和协调疏通等工作。组织外贸工作人员学习报关出口程序，深入企业商家调查研究，把域内名优产品汇集成册，发至相关口岸，让出境报关人员及入境客商了解产品性能，促进内销产品转外销。同时，在太原、北京、天津等地聘请信息联络员，建立联络网，及时与外贸海关部门沟通信息，有针对性地组织商品生产，促进外贸出口。曾有5家企业引进资金630万元，新项目2个，先进技术2项。扶持企业提高产品质量，参加相关省、部名优产品的评选，以增加出口额。扩大对外宣传，详解域内出口产品的特点，在企业与外商之间牵线搭桥，努力扩大外贸对象，建设外向型经济。

第十三编

旅游与服务业

第一章　旅游业

怀仁县居民的休闲旅游从20世纪80年代后开始盛行。游览山西的名胜古迹和全国的著名旅游景点。特别火爆的有华东五省游，华南云贵川游，海南深圳游，内蒙古大草原游。90年代出现到港澳台、西欧各国游。2012年境内有旅行商业机构：大同中国旅行社、山西友谊国际旅行社、大运国旅社、神舟旅行社、霞飞旅行社、商务旅行社等8家。年接待旅客5000~6000人。

第一节　旅游资源

怀仁县旅游资源有7个主类，20个亚类。按照现代旅游业发展的需求，境内旅游资源分为三大类型。一是以清凉山旅游区为代表的休闲度假类，气候宜人，环境清幽，自然人文巧妙结合。农历四月初八庙会小有名气，是消夏避暑的生态旅游地。二是以王皓疃、西安堡为代表的民俗体验类，古城堡遗址及居民建筑原汁原味，具有淳朴的塞北传统居所特征，开展包括食、住、行、游、购、娱一体化的民俗观光体验旅游活动。三是以金沙滩为代表的历史文化观光度假类，集军事文化、民俗民庆、佛教文化、温泉度假于一体的旅游区，满足游客探幽寻古、抚今追昔，休闲度假的旅游需求。

怀仁县有文物保护点10个，即鹅毛口古石器场遗址、小峪辽金时期瓷窑遗址、清凉山华严寺砖塔、两狼山古战场遗址、日中城汉墓群、丹阳王墓、吴家窑雕窝寺、南小寨永宁寺和具有独特性的元宵节大旺火民俗文化，金沙滩古疆场文化等，在全国也具有一定影响，在晋北佛教古建筑旅游圈内，其古疆文化和节事文化具有不可替代的重要地位，其自然风光是重要部分。境内的旅游发展战略定位是大同市的环城休憩区、晋北佛教古建筑旅游的中转站，其形象定位是“塞外怀古，天下怀仁”。

怀仁县旅游资源等级情况表

表 13-1

等级	优良级旅游资源		普通级旅游资源		
	五级	四级	三级	二级	一级
数量	2	1	4	4	
名称	金沙滩 清凉山	元宵节 大旺火	两狼山、永宁寺 王皓疃、西安堡	丹阳王墓、日中城、下米庄水库、鹅毛 口遗址	未列的其它 旅游资源

怀仁县主要旅游资源评价情况表

表 13-2

评价项目	评价分数	金沙滩	清凉山	酿山	永宁寺	丹阳王墓	元宵节大旺火	王皓疃	西安堡	日中城	下米庄水库	鹅毛口遗址
资源要素价值85分	30	25	26	23	21	10	25	20	20	10	15	8
	25	21	20	17	16	16	20	14	15	15	10	16
	15	15	18	9	8	8	12	10	10	10	8	8
	10	8	8	6	6	6	7	6	7	5	5	4
	5	5	5	4	4	4	5	4	5	4	4	4
资源影响力15分	10	8	7	3	3	3	7	4	3	3	3	3
	5	5	4	4	4	5	5	5	5	5	4	3
安全		3	3	3	3		3					
总分		90	91	69	66	52	84	63	65	52	49	46

怀仁县旅游资源分类情况表

表 13-3

主类	亚类	代表性旅游资源
A 地文景观	AA 综合 A 然旅游地	清凉山、两狼山、台墩山
	AC 地址地貌过程行迹	清凉山峰、两狼山峰、大南山等
B 水城风光	BA 河段	桑干河、大峪河、小峪河、清凉河
	BD 泉	清凉山、锅头钵儿水、金沙滩温泉

续表（1）

主类	亚类	代表性旅游资源
C 生场景观	CA 树木	清凉山、两狼山、金沙滩的 杨、柳、榆、松柏等树林
	CC 花卉地	林间花卉、地椒椒花
	CD 野生动物栖息地	雉鸡、石鸡、豺、熊、狼、獾子、黄鼠狼、 狐狸
D 气象与气候景观	DA 光现象	两狼山日出
	DB 天气与气象现象	四季风光、清凉山
E 遗址遗迹	EB 社会经济文化活动遗址	鹅毛口古石器制造场遗址、日中城遗址、西安堡遗址、小峪大东窑陶瓷遗址、鹅毛口张瓦沟陶瓷遗址等
F 建筑与设施	FA 综合人文旅游地	关帝庙、永宁夺、北坛公园、烽火台公园
	FC 景观建筑与附属建筑	清凉山华严寺砖塔、白衣寺砖塔、西安堡、王皓疃
	FD 居住地区社区	西安堡、王皓疃、庞家大院
	FE 归葬地	金沙滩汉墓群、丹阳卫墓、张诩墓、卫汝 濂墓、工尔扬夫妇合葬墓
	FF 交通建筑	攀山古道
	FG 水工建筑	下米庄水库
G 旅游商品	GA 地方旅游商品	黑釉瓷器
	HA 人事记录	杨家将、辽太祖阿保机与后妞王李克用
	HB 民间习俗	庙会、元宵节大旺火、特色饮食
	HC 现代节庆	中国·怀仁陶瓷文化节

怀仁县的旅游业重点可概括为三个“1234”，即稳定一个旅游市场；培育 1 个服务中心，（怀仁县旅游服务中心），举办 1 个民间节庆（元宵节大旺火）打造“中国旺火之乡”、“仁义之乡”、“忠烈之乡”；协调两个重要关系（旅游开发和文物保护、局部发展和整体发展）；建设两个城市公园（北坛公园和烽火台生态公园）；开发两个特色乡村（王皓疃、西安堡）；确立三大旅游主题（古疆场、生态休闲、民俗文化）；打造三条精品路线（东线—民俗文化体验度假旅游线、西线—生态休闲度假旅游线；南线—历史文

化观光度假旅游线），创建三大旅游企业；完善四个旅游景点（清凉山生态度假旅游区、金沙滩古疆场观光度假旅游区、两狼山旅游区、永宁寺旅游区）；培育四个旅游景点（日中城汉墓群、丹阳王墓、北方民居庞家大院、下米庄水库度假村）；完善四个保障体系（组织管理、人力资源、资金投入、生态环境）。

第二节　景点规划

怀仁县旅游业的发展，兴起于改革开放之初，大致经历了事业型起步阶段（1971—1997 年）；事业化向产业化转变的过度性阶段（1997—2007 年），纵深发展调整性阶段（2008—2012 年）。“十一五”期间的经济快速发展，旅游业有了较大的飞跃，但与全省和相邻的大同市、忻州市乃至朔州市整个地区的旅游业相比，仍处于初级阶段。本县交通便利，旅游资源丰富，发展和建设旅游业有人文资源景观和自然资源景观，有 10 余个各级文物保护点，均有较高的艺术观赏和开发价值。

在旅游景区的布局上致力于形成“四区、四点、三线、三题、两园、两村、一节、一心”的空间格局。“四区”即清凉山生态旅游区、金沙滩生态旅游区、两狼山生态旅游区、永宁寺佛教旅游区；“四点”即金沙滩汉墓群、丹阳王墓、北方民居庞家大院、下米庄水库度假村；“三线”即东线（民俗文化体验度假旅游线）、西线（生态休闲度假旅游线）、南线（历史文化观光度假旅游线）“三题”即古疆场、生态休闲、民俗文化三个主题；“两园”即北坛公园、烽火台生态公园；“两村”即王皓疃村、西安堡村传统古村落；“一节”即“怀想仁人”，“怀德、怀礼、怀善、怀义”为内容的陶瓷文化艺术节；“一心”即怀仁县城旅游和商贸接待服务中心。

注重开发新农村建设与乡村游联动旅游。开发挖掘现存完好的自然村落，通过包装、整合后恢复正宗、古朴、原始的生活场景、劳动工具、房屋建筑、服饰、礼仪、婚嫁节庆、民间曲艺和风味小吃等。保留原有的民族风貌，把乡村中的大片农田、花卉、树木林区、农舍、示范养殖基地、农业产业化园区和人文景观有机地结合起来，发展“农家乐”为特色的乡村旅游。开发绿色有机食品，增加农民收入，提高生活水平。开展开辟土地、牲畜、树木领养项目，丰富旅游内容。让城镇居民和机关工作人员利用双休日、节假日携全家老小到乡村农民的土地上耕种劳作、喂养牲畜、给经济林树木施肥、剪枝、浇灌等，体验农村田园生活和享受丰收的喜悦。

第三节 旅游服务

交通 2006年，打通县域旅游对外交通通道，改善县城与重点景区之间和各景区之间的交通环境。新建和改造农村公路870公里，其中县公路36公里，乡公路382公里，村公路452公里。

接待 完善县城一级服务中心和金沙滩、王皓疃二级服务中心的旅游接待设施建设，提高旅游接待能力。一批星级酒店相继出现。

购物 推出四大类旅游商品：民间手工艺品、陶瓷、剪纸、根雕、刺绣以及石制、木制的各种民族工艺品。与杨家将相关的纪念品、民间文化纪念品；各种反映怀仁自然风光、历史文化、风土人情的邮品，音像制品、书籍等；文化宣传品和纪念币、吉祥符、首日封、明信片、自然风光照等文化习俗、大众旅游商品。

旅行社 2005年以后，境内旅行社和大同、太原及省外旅行社联营对接，形成旅游点线，开展旅行社业务，配备和培训导游人员。

第四节 旅游管理

2010年，成立怀仁县旅游局。设在金沙滩生态旅游园区内，主要负责园区管理，绿化植树，工程建设；接待上级来宾和客人参观考察；宣传怀仁县旅游业，扩大和提高怀仁旅游景区的知名度。

怀仁县制定了一系列关于旅游业的管理制度：《景区安全保护制度》《环境卫生管理规定》《景区森林防火责任制》《景区安全管理制度》《旅游管

理条例》《景区特殊情况的安全应急预案》《旅游突发事件及重大安全事故应急救援预案》《景区质量管理制度》《游客接待中心工作制度》《讲解员管理制度》等。

第二章 服务业

民国年间境内的服务业主要有旅店、理发、洗浴、照相、镶牙等，以私人经营为主。集中在县城有7—8家，其余游走在乡间服务于城乡居民。1950年，经过对资本主义工商业的改造，实行公私合营，形成国营和合作两种类型的服务业。国营型的服务行业有商业局下属的饮食服务公司，该公司管辖旅店、照相、饭店、理发、澡堂等行业。集体所有制服务行业有合作总店下属的饭店、旅店、理发、澡堂、照相、镶牙等，为城乡居民和外来人员服务。1978年后，县城人口逐步增加，原有的国营、合作性服务行业不能满足社会需求和群众的意愿，在国营、合作性服务业改制的状态下，逐渐增加了私营服务业，如饭店、旅店、理发、照相、修理、洗浴、歌舞厅等。尤其是歌舞娱乐行业，在1988年至1998年间，全县歌舞厅发展到160多家，其中县城130多家。1998年以后，经过全面整顿，现留下领取营业执照的6~7家。2005年以后，经济体制的多次改革，公有制服务业陆续改制、转租和对外承包，原有的国营、合作服务业全部改制为民营企业。

第一节 餐饮业

民国25年（1936），县城从事餐饮业的14家，从业人员22人，其中面铺4家，主要制作风味小吃、糖干炉、麻花等。1955年增加到40家，从业人员50余人。1956年对私营餐饮业进行社会主义改造后，分别组成大众饭店1个，公私合营和合作饮食业小组11个，从业人员65人。1971年成立县饮食服务公司，年销售额为25万元。1978年以后，个体饮食业兴起。1981年全县有饮食业经营点16个，从业人员111人，其中个体饮食业7个，零售额63.53万元。1985年饮食业增加到212个，从业人员553人，零售额为15371万元，其中县城有165个，农村41个。20世纪90年代以来，网点数量多，规模逐步扩大，市场逐步扩展。规模较大的酒店有老爷庙饭店、金鹰酒店、江南大酒店、燕川饭店、亚泰饭店和云隆大酒店等。2012年，县城各条街道小巷有许多小饭馆、小吃摊点及风味小吃店，如贵府饭店、幸福酒楼，老翟饭店、仁泰酒店、大胖火锅、爱尚羊杂店、喜洋洋火锅、大众烧鸡公等约120多家。还有怀仁特色小吃，如刘二凉粉店、刘源削面馆、宋氏糖干炉店，以及羊杂米糕等家庭小吃部，遍布各街各巷，不计其数。

祥宇酒店：1988年建立，是全县最早的大型私营星级酒店，位于仁里路和怀安大街交叉口，占地面积6300平方米，内设餐厅、住宿、洗浴、歌舞厅，有床位400张，可容纳600余人同时就餐。

国益酒店：1995年建成，是集餐饮、住宿、洗浴、健身、娱乐等为一体的四星级酒店。占地面积18500平方米，装饰富丽堂皇，设计舒适高雅，设施功能齐全，是商务旅行、举办会议、宴请宾客、包办酒席的理想之地。酒店有大餐厅3个，小餐厅30间，商务套、豪华套客房150间，大小会议室5个，还有大酒吧、咖啡厅、棋牌室、精品屋、游泳池、停车场等配套服务设施。酒店桑拿部提供针刺浴、水锤浴、药浴、盐浴等洗浴服务项目。酒店有国宴、粤、湘、川等菜系，具有民族特色的地方风味，还有巴西烧烤等菜肴。酒店可容纳600余人开会，500余人住宿，2000余人就餐。

名佳花园酒店：1996年建成，是一所集住宿、餐饮、桑拿为一体的四星级别墅式花园酒店。建筑面积2万平方米。酒店秉承以客为尊，以人为本，诚实守信，不断创新的经营理念，实行技能化管理和人性化管理。酒店特设高级政务套房16套，商务标准间17套，共计33套。餐饮可同时容纳1000人就餐，设有中餐厅、自助餐厅、宴会大厅、豪华包厢等。

云海生态园：2006年建成，占地面积3万平方米。园内采用江南风格装饰，种植有日本罗汉松、中东海枣、椰子树、芒果树等热带树种。有猴子、鹦鹉及各种鸟类和鱼类。八层石山，亭台楼阁，小桥流水，鸟语花香。内设高中档雅间28套，区域就餐点6处，可同时容纳1000人就餐。生态园游泳馆是按照国际标准设计建造的游泳、娱乐、训练场所，还设有台球室、健身房、商品部等休闲娱乐场所。

第二节　旅馆业

清代境内无旅馆。官吏来怀仁由官府接待，食宿在官衙。客商到县由有关商户负责食宿。民国时期，大多数农村设有临时留人小店，县城和集镇有车马大店，供过往商客食宿，县城较大的车马大店是“三和店”。1949年，全县有车马大店、留人小店41个，从业人员约120人。

1950年，城西门外的贺家旅店，火车站旁的合作旅店，为当时最大的旅店。1960年后沿交通要道的生产大队均建立车马大店。至1968年增加到49个，从业人员200余人。1969年，建起县政府招待所，专供开会、留宿旅客之用。后来在县招待所东侧又建起小招待所，专门接待上级来宾，地、市级会议。可接纳1000余人的会议，600人住宿，1000人就餐。县招待所属科级事业单位，直属县政府管理。1977年建成的怀仁县宾馆和农工商公司招待所、县供销社新华招待所均属公有制事业单位。1978年以后个体投资旅馆业日增，到1985年，全县有公有制旅馆9家，从业人员60余人；个体民营旅馆12家，从业人员70余人。

1990年以后，县城火车站、汽车站附近和各条大街，小宾馆、旅店（社）星罗棋布。较大的除国益、祥宇外，有乾丰、平安、鸿丰、嘉乐、雅鑫、鸿运、玉茂、新春、云州商务、芒果等宾馆旅馆（店）等40多家，这些私营旅馆（店）可留宿旅客约3000余人。2012年，全县城乡旅馆（店）达到180多家，从业人员2000余人，可接待旅客1.5万余人次。这些旅店经县消防、公安、工商部门的长期监督管理和安全检查，基本上达到舒适、安全，使游客来的满意，住的放心。

第三节　娱乐业

1949 年，怀仁县娱乐业有业余剧团、鼓匠班，在春节、元宵节、居民盖房和红白喜事时进行演出。20 世纪 90 年代后，县城网吧、酒吧、游戏厅、KTV 包间、舞厅、麻将馆等逐步增多，2000 年有皇城俱乐部、云州舞厅等娱乐业经营点 30 多家。针对老年人的爱好和兴趣，县城有棋牌室、音乐茶座，老年活动中心等 200 多处。2005—2007 年，以离退休干部、职工为主成立的老年歌友合唱团、金秋艺术团、戏迷票友俱乐部经常活动。截至 2012 年底，有婚庆公司、锣鼓队、军乐队、轻音乐队、鼓匠班等 20 多家，为婚庆、生日、庆寿，民俗活动进行有偿服务。

第四节　修理业

民国时期，境内的修理业以手工为主，如修铁轮车、修鞋等。改革开放以后，由于汽车、摩托车、电动车、家电等产品的增多而逐步扩大的修理行业，可分为大型机械修理，家电、摩托车及电动车修理，农业机械修理三部分。

大型机械、车辆修理：据 2012 年统计，全县大货车 1000 多辆，客运大、中巴车 300 余辆，面包车 2000 余辆，小轿车 3 万余辆（含自驾车），摩托车 15000 辆，电动车 2 万余辆，给修理行业带来发展空间。较大型的汽车修理行有大众、万通、洪达汽车修理公司或养护中心。出售汽车并修理的有鑫运、大运、大同恒山、云山等服务部（站）20 多家，从业人员 400 余人。同时，出现洗车行、汽车美容服务部有偿服务。

民用家电修理：2000 年以来，城乡家用电器逐步增加，电视、电脑、电冰箱、洗衣机及新型厨具成为城乡居民不可缺少的生活用品，普及到千家万户，随之而来的各种家电修理业应运而生。如新东亚、乾丰、迎喜、贵清等修理部 80 家，从业人员约 350 余人。

农业机械修理：1980 年，由县农业局下属农机维修公司和各乡镇农机站负责维修各种农业机械，如收割机、锄草机、脱粒机、地膜覆盖机等。2005年以后，以个体为主的农机维修网点，维修设备和维修水平不断发展和提高，全县民营农机修造网基本形成，发展到50余家，从业人员达200余人，年维修各种农机具1400余台。

其它小型修理业，如眼镜、钟表、自行车、黑白铁加工、钉鞋、日用品修理等，在民国时期由私人经营。1949年后，增加集体性质的修理业。1960年有3家。1970年城关镇街道妇女办起小型修理企业，如箩笼、簸箕、黑白铁加工等5个。二轻局下属五金车辆厂、工艺美术厂等3个。1980年后，城乡普及广播、电视后，出现私营家电修理业10余家。1985年底，小型修理业有319个，从业人员755人。2000年有560个，从业人员850余人。2012年底，各种小型修理业达600个，从业人员1000多人。

第五节　洗理 美容业

民国时期，县城有理发业5家，从业人员12人。吴家窑、鹅毛口等集镇均有数家“剃头铺”。农村有不少“剃头匠”，挑担走乡串户，为群众剃头。1958年后，多数生产大队建立理发室。1971年，县饮食服务公司成立国营理发店，开始使用电推子理发。1978年后，增加妇女烫发。1985年，国营集体理发店有24个，个体理发店100余家，从业人员约300余人。随着县城人口增加，人民生活需求，追求上档次、高品位，此行业逐步扩大，出现了理发、烫发、染发、焗油、美容、洗头、纹眉、纹身、洗浴等服务项目，遍布县城各条街巷，农村也随之跟进。2012年，全县约350余家，从业人员1800余人。仅理发门店有211家，从业人员1000余人。

民国时期，县城仅有澡堂1家，1949年以后逐步发展到10余家。1970年，县饮食服务公司建立大众澡堂。随后，私营澡堂如雨后春笋，遍布城乡，到1995年有40多家。2012年，全县洗浴业增加桑拿、熏蒸、盐浴、冲浪式搓澡、足疗、按摩等服务项目，较大的有九龙洗浴会馆，东海洗浴中心，生态园洗浴部，新腾飞浴场等。妇女美容服务业较大的有顶级女人美容部、美之然美容室等。

2000年以后健身服务行业在县城逐步兴起，配备跑步机和各种健身器材，以及跆拳道、瑜伽、健美操吸引中青年和学生锻炼健身，减肥。2012年，县城有20余家，从业人员80余人。

第六节 照相业

民国30年（1941），县城王进儒开办“文珍”照相馆，是怀仁最早的照相馆。1956年，合作商店办起公私合营照相馆1个，由丁璧负责经营。1972年后相继开办“东风”（国营）、“延文”（私营）照相馆。1982年照相馆增多，除使用“120”、“135”黑白机，开始有转机，可照会议集体照。1984年出现彩照。1990年，个体照相经营点21个，从业人员30余人。20世纪80年代后，国营东风照相馆改制经营。新建起的民营照相馆（部）和婚纱影楼有春蓉、东风、红粉佳人、七彩等15家。21世纪，随着家庭相机和智能手机的普及，照相已成为居民随时随地的事情。2012年全县有影楼18家，经营有户籍照、身份证照、全家福照、学生毕业照、生活照、婚纱照、团体照、儿童艺术照，并可制作光碟、U盘作为留念和收藏。

第七节 中介服务 广告业

境内中介服务，古已有之。在买卖双方担任联系、沟通之责任并收取一定的报酬，俗称“牙”，如“房牙”、“炭牙”、“牛牙”等。2000年以后，劳动部门按照市场经济的形势发展，不再按计划、有指标的招工，安排就业，只留下职业介绍所，协助服务于企业和用人单位发布就业广告、就业宣传、输出劳务等。2005年，县城出现涉足诸多领域的私营中介服务机构。如树人职业介绍部，为用人单位进行报名、审查、订合同、输送劳务。2012年，全县有信息劳务等中介服务部13个。

怀仁县的广告业发展较快，大体有4种形式：一是信息广告公司。如人本信息广告公司编印的《市场信息报》，登载各种业务和租售房的广告，每月一刊，四开，8至14版，通过邮局传递或由专人送各单位、街巷各商铺。二是电子屏幕广告。如国元传媒广告、开元广告、方正广告公司。在繁华街头、十字路口设置电子大屏幕流动播放各种业务广告。三是传单广告。企业、商铺自制的彩色传单，安排或雇佣专人沿街给过路人散发或到住户家门、沿门送递。四是流动广告。有的商家雇佣3至6辆挂有广告牌并自带扩音器的小型汽车，沿街行驶，边行边播放录音和广告词。也有组织人员骑电动车，插广告旗巡回大街做广告宣传。21世纪有方正传媒LED宣传车，将下载好的视屏滚动播放，车厢三面都可看到，给人以视觉冲击，形式独特，成为亮点。但也存在“牛皮癣”小广告屡禁不止的问题。

第八节　租赁　拍卖　家政服务业

怀仁县的租赁业主要是运输、装载、铲车、吊车等，2012年底有10余家租赁公司。如恒祥机械租赁公司，大同浩海集团驻鲁沟村农用机械租赁公司，向集体或私人出租。按日或小时收取租赁费，方便了用户需要。如挖沟机在农村挖坑栽树，建房者挖地基，速度快，效果好，是深受用户欢迎的一种机械。

怀仁县典当拍卖行业规模小，数量少，如佳德拍卖有限公司，仅承揽拍卖房地产、商铺等业务。

怀仁县的家政服务公司随着居民生活水平提高，住房面积增加，特别是2006年以来，楼房建筑发展很快。居民搬家，洗刷行业迅速出现，如晋升搬家公司、为民家政服务部等。家政公司承揽搬家、内外墙粉刷、擦玻璃、疏通上下水管道、安装护窗、维修安装暖气、卫生洁具、清洗油烟机等业务。成为为城镇居民服务的新兴行业。

第九节　装潢　打字复印业

怀仁县装潢业兴起于20世纪90年代中后期，特别是2000年以后，县城建设日新月异，居民居住条件大有改善，加上县城改造，拆除平房，拆迁户和城乡居民住进新居，装潢行业应运而生。这个行业有两种形式：一是组建公司，承揽楼房装潢。全县有8家。从设计、泥工、木工、电工、油漆工全部承包。按装潢面积计算工料价格。二是零星泥工、木工、电工、水暖工承揽装潢工程，全县约有300至500人。这些工匠以工种分期装潢，按市场价格计算装潢面积，此种形式的装潢人员被居民雇用的多，是装潢业的主力军。

打字复印业兴起很快，20世纪90年代仅有2家，2012年发展到30余家。如施乐、方正、鸿运等，从业人员约60余人。承揽打印、刻字、复印文件资料、印制小册子、结婚、生日请柬、复印身份证、名片、会议桌签等业务。近年来，新增加电子喷绘、扫描，适用于舞台布景、会议会标、展板、横幅标语、结婚、生日庆典、户外广告等制作。

1953年，河北省蔚县的吕仲来怀仁城东门口创办“三成石印局”。1954年，县工商联接收改名为复兴印刷局。1955年改组为怀仁印刷合作小组，归工商局领导。1956年归县手工业联社领导，改名为大仁县手工业联合社印刷合作工厂。1963年改为文印合作社。1978年改为怀仁县印刷厂，2007年改制后拍卖土地停业拆迁。20世纪80年代城内小学、怀仁一中办印刷厂，主要印刷本校学生作业本、教师教案本及复习考试题（卷）。后来，个体印刷业逐步发展，成立最早的是西关大队牛涛印刷厂，1995年后又成立苏生惠陶瓷贴花印刷厂，刘润兰天马彩印中心，可承揽账簿表格、书报、广告、展板和宣传品等印刷业务。

第十四编

财税　金融

第一章 财政

第一节 财政体制

清代，县署设户房，俗称钱粮房，掌管全县田赋及杂税征收。税额以田赋为主，其它税收所占比例很小。财政实行统收统支，除按核定留少部分归县开支外，其余全部上解。

民国初年，县财政沿袭清制。民国 9 年（1920），正式建立县财政，县设主计 1 人，管理财政。县财政收支，根据省政府公布的县地方公款局通行规则办理。民国 17 年（1928），颁行国家、地方财政收支划分标准，县财政收入由省政府统制，县财政支出由省政府核定拨给。民国 30 年（1941），国民政府发布了《改正财政收支系统实施纲要》，将地方税收划归县财政自筹自给。民国 35 年（1946），国民政府颁布《财政收支系统法》，实行中央、省（市）、县三级财政体制，县政府专设了财政科。

民国 37 年（1948）5 月，怀仁解放，县人民政府设财政科，县级财政收支实行统收统支制度。凡属收入，全部上交；支出经上级专署核定，由收入中留用抵拨，按月向上级结算报销。县属学校、医院、农场以及优待军烈属、乡镇行政经费等费用，均不列入国家财政开支，由县在地方附加内统收统支，自求收支平衡。

1952 年，根据中央关于整顿地方财政的指示精神，将乡镇各项支出，纳入县财政预算管理，取消了县地方附加。1953 年，改为中央、省、县三级财政管理体制，建立了县级地方财政。归县固定收入的项目有：货物税、商品流通税、印花税、利息所得税、工商业税、屠宰税、交易税、文化娱乐税等 8 项。归县管理的支出项目有：经济建设费、社会文教科学费、行政管理费及其它支出 4 项。1955 年，省对县财政预算项目实行“总额控制、基本包干”的体制，即县预算核定后，一般不追加，由县在预算总额内自行调剂解决。同时，把工商管理税、农业税以不同比例划归县，以增加县分成比例收入。1957年，省对县财政实行“总额控制、收支包干、结余分成”的体制，凡有结余者，四成留县，六成交省。同年，开征车船使用税，并纳入县财政收入项目。1958年，实行“以收定支，三年不变”的财政体制。1959年，改为“总额分成，一年一定”的财政体制，即“收支下放，计划包干，地区调剂，总额分成，一年一定”。1971年执行“定收定支，收支包干，差额补贴，结余留用，一年一定”的财政体制。1974年，执行“收入按固定比例留成，超收另定分成比例，支出按指标包干”的体制，地方留成比例最高为6%，最低为1.9%；县财政超收部分另定的分成比例，留县一般为20%左右，最高不超出30%。1976年，执行“定收定支，收支挂钩，总额分成，一年一定”的财政体制。1978年，县财政按上级核定预算任务，执行“增收分成，收支挂钩”的财政体制。1980年，执行“划分收支，分级包干”的财政体制，分成比例或补贴数额确定后，一定5年不变。

1985年，县财政执行两种财政体制：对经济富裕、基础较好的乡镇，执行“定收定支，收支挂钩，超收分成，结余留用，一年一定”的体制，而对经济状况及基础较差的乡镇，执行“核定收支，收入上交，支出下拨，超收分成，结余留用，一年一定”的体制。各乡镇均建立了乡镇财政。同时，县对所属行政机关、文教、科技、卫生等事业单位试行预算包干、超支不补、结余上交的办法，进一步发挥了县财政和各单位管理国家预算的积极性。1986—1993年，沿用1985年制定的财政体制，即：“划分收支、分级包干、定额上解”。该体制无疑是一种放权让利，补足营养的良方，为本县的经济发展起到了积极的推动作用。

1994年实行以“分权、分税、分机构”为核心的分税制改革，总体框架是“三分一返一转移”（划分收入、划分支出、分设税务机构、实行税收返还、转移支付制度），财政收入划分固定收入和共享收入。将消费税划为中央固定税种，增值税作为中央与地方共享税种，75%上缴中央，25%留归县有，其余税种为地方固定税种。为了适用分税制改革，于同年6月成立了怀仁县地税局。同时增值税、消费税收入以1993年为基数，实行税收返还并逐年递增，递增率按以上划两税平均增长率的1:0.3系数确定。此次财政体制调整将收入中增长最活跃、最稳定的增值税划归中央，增强了中央政府的宏观调控能力，但同时也给地方财政造成了一定影响，放缓了县级财力增长的步伐。

2002年中央实行所得税体制改革，对企业所得税和个人所得税收入，中央与地方按比例分享。同年省对县级财政体制也进行了较大调整，增值税分享比例发生了变化为：中央75%，省级8.75%，县级16.25%；2008年又进行了调整，省级下放1.25%，县级上划1.25%，划归市级，留县比例为15%。企业所得税、个人所得税分享比例为：中央60%，省级12%，市级4%，县级24%。资源税、营业税、城镇土地使用税：省级30%，市级10%，县级60%。此次财政体制改革增强了省级财政的调控能力，但对县级财力又造成了不同程度的削弱。2003年随着农村税费改革制度的实施，农业税全部取消，交粮、纳税的制度彻底退出财政收入舞台。

2007年，山西省全面调整、规范省、市、县财政体制，采取了为县级财政“蛋糕多留一块，激励放大一些”的政策，并在35个国家重点扶贫开发县实行“省直管县”财政改革试点。此次财政体制改革的主要内容可以用“五个一”来概括：“一减少”，即减少省、市、县税收收入共享范围；“一降低”，即降低省财政分享收入的比例；“一返还”，即建立增收返还机制，增大县级多收多得；“一改革”，即对35个国家重点扶贫开发县实行“省直管县”财政管理体制改革；“一规范”，即规范市、县财政体制。其目的在于加强县级财力，鼓励县域积极培植财源、增强造血功能和自我发展能力，解决影响县域和谐发展的突出问题。此次调整从数量和增量上影响最大，而且它的影响也是长期的，从机制上解决了增强县级财力的问题。2012年本县也纳入了“省直管县”财政体制行列。

从财政内部体制的变化来看，1985年成立了乡财政所，从社会招聘48名人员充实乡镇财政，建立乡金库，完善乡镇财政体系。1992年组建成立控办、农税股、会计师事务所、国有资产管理局和商业股。随着经济社会的快速发展，1997年财政局相继成立了经建、社保机构，强化基本建设投资管理，促进社会保障制度的全面完善。同时为强化财政监督管理，适应党风廉政建设需要，成立怀仁县会计核算中心。全县176个行政事业单位的财务全部划归会计核算中心管理。这既规范了财务管理，又为在源头上抑制腐败现象奠定了基础。但也存在着一定的问题。因此该中心按照县委、县政府的要求，2010年集体转轨，将会计核算中心转为政府采购中心。另外，为适应财政体制的改革，全面推行国库集中支付，2010年成立国库股，并于2012年8月份全部实行了国库集中支付制度。随着机构的不断完善，使财政功能更加齐全，为县域经济发展提供了强有力的保障。

第二节　财政收入

明代，财政收入以征收田赋为主。洪武二十四年（1391），实征粮（麦、豆、米）12649石6斗。万历二十八年（1600）实征粮9339石2斗，实征银2226.6两。

清代，因袭明制。顺治三年（1646），实征银5504.8两。乾隆三十九年（1774），实征银8758.7两。光绪六年（1880），实征银8379.1两。

民国时期，各种捐税有所增加，收入仍以田赋为主。民国4年（1915），按照田赋原额改征银元，当年实征银元23328元。其中田赋收入18784元，占总额的80.5%；各项捐税收入4544元，占总额的19.5%。据《山西省第三次财政统计》载，民国4年（1915）至民国10年（1921）的7年中，共收入180625元，年均25803.6元。其中田赋收入133664元，占总额的74%；各项捐税收入46961元，占总额的26%。收入最少的民国6年（1917）为22741元，收入最多的民国8年（1919）为29533元。

中华人民共和国成立后，财政收入主要来自企业收入、各种税收及其它收入。1949年至1985年的37年中，全县财政收入累计20651.9万元，年均558.2万元。其中，收入最多的1985年为3389.5万元，比最少的1949年的22万元增长了154倍。

在财政收入累计中，企业收入的28个年份统计，共收入88.6万元占总收入的0.4%。各项税收为19439.5万元，年均525.4万元，占总收入的94.1%。其中工商税收16717.5万元，年均451.8万元，占总收入的80.9%，占各项税收的86%，农业税收1757.6万元，年均47.5万元，占总收入的8.5%，占各项税收的9%；其它收入32个年份累计192.3万元，年均6万元，占总收入的0.9%。

1986年至2011年，财政收入累计完成117.28亿元，年均4.69亿元。1991年财政收入首次突破5000万元大关，达到5093万元，1996年财政收入突破亿元大关，达到13533万元。2005年财政收入突破5亿元大关，达到63030万元，2006年财政收入突破10亿元大关，达到104385万元，2011年财政收入突破20亿元大关，达到了200833万元，平均五年翻一番。

1986—2011年怀仁县财政收入统计表

表14-1　　　　　　　　　　　　　　　　　　　　单位：万元

项目 年份	总收入	上交部分	上级补助	一般预算	工商税	农业税	企业所得税	企业调节税	专款收入	其他收入
1986	3592		474	3592	3144	69	334	9	11	46
1991	5093		1152	5093	4359	113	489	30	51	147
1995	7411		2717	7411	4109	127	2243		354	653
1996	13533	2052	3191	8481	5145	262	2289		194	711
2000	14920	7216	3655	7704	6027	232	724		279	530
2001	16474	7809	2073	8665	5565	224	2173		233	562
2002	20224	13082	8279	7142	5588	446			387	721
2003	22007	14098	9074	7909	5834	709			466	900
2004	30219	20656	12849	9563	7053	336			789	1385
2005	63030	45894	13622	17136	13709	110			1231	2086
2006	104385	73046	20302	31338	22082	234			3352	2670
2007	131721	88080	29651	43641	25660	504			3575	13902
2008	178678	125116	35046	53562	35190	262			4476	13634
2009	130435	89333	44851	41102	41413	285			5240	14160
2010	160544	109554	53269	50990	34809	259			4978	10944
2011	200833	138296	70244	62537	50151	1813			1369	9204

第三节 财政支出

清乾隆三十九年(1774),核定全县支出银2579两。其中驿站支银1413两,官俸、役食、祭祀、杂支等银1166两。光绪六年（1880），核定全县支出银1120两。支出项目有：知县、典史、训导等俸银116两，廪生粮银174两，皂隶、快手、捕役、库子等109人工食银696两，祭银86两，乡饮酒礼等支银48两。清代县财政收入，绝大部分上解。乾隆三十九年（1774），共上解5135两。其中起运户部4732两，解交布政司403两。

民国10年（1921），县财政支出为20500元。其中内务费8279元，占总支出的40.4%；财务费2315元，占总支出11.3%；教育费7123元，占总支出的34.7%；实业费1396元，占总支出的6.8%；司法费1156元，占总支出的5.6%；行政预备资金231元，占总支出的1.2%。民国32年（1943），县财政编成预算支出223717元，其中岁出经常部210446元，岁出临时部13271元。民国37年（1948），县人民政府按照“统筹兼顾，全面安排，量入为出，厉行节约”的原则，合理安排财政支出。1949年起，县财政支出分4类12项，即经济建设、社会及文化教育、行政管理和其它支出等。总支出11万元。其中经济建设（农业）支出1万元，社会、文教支出5万元，行政管理支出5万元。1954年增加文化及优抚支出;1955年起增加工业投资;1965年增加广播事业费；1966年增加体育事业费；1967年增加城市公用事业维护费。各项支出虽时支时停，但项目至今未变。

1949年至1985年，全县财政累计总支出14817.1万元，年均400.5万元，占全县财政累计总收入的71.7%。其中支出最多的1984年为2435.3万元，最少的1949年为11万元。

在累计总支出中，经济建设项累计支出4742.8万元，占累计总支出的32.1%，年均128.2万元。支出最多的1982年为579万元，支出最少的有4个年份（1949年至1951年和1962年）各为1万元。其中工业投资，21个年份共投资1298.7万元，占支出总额的8.8%,占经济建设支出的27.4%，年均61.8万元。投资最多的1982年为320.6万元，最少的1955和1966年各为1万元。农林水投资，37个年份共2990.3万元，占全县累计支出总额的20.2%，占经济建设投资类总额的63%，年均80.8万元。投资最多的1984年为298.8万元，最少的有4个年份，各为1万元。城市公用事业费，19个年份共投资228万元，占全县累计支出总额的1.5%，占经济建设投资类总额的4.8%，年均12万元。投资最多的1985年为67万元，最少的1967年为5万元。交通事业5个年份共投资3.9万元。

社会、文教及科学类支出累计4728.8万元，占全县累计支出总额的31.8%，年均127.8万元。支出最多的1984年为612.3万元，最少的1949年为5万元。其中教育事业，36个年份投资2770.2万元，占全县累计支出总额的18.7%，年均74.9万元。支出最多的1984年为401.5万元，最少的1949年为3万元。卫生事业及公费医疗，37年投资772.3万元，占全县累计支出总额的5.2%，年均20.9万元。支出最多的1984年为116.5万元，最少的1949年至1952年4个年份各为1万元。文化事业，28个年份共支出133.2万元，占全县累计支出总额的0.9%，年均4.76万元。支出最多的1984年为25.4万元，1954年至1969年间，年均支1万元。社会救济和福利，37个年份共支出480.6万元，占总额的3.2%，年均13万元。支出最多的1966年为53万元，支出最少的1949年为1万元。

行政管理费共支出2392.4万元，占全县累计支出总额的16.2%，年均104.6万元。支出最多的1984年为853.8万元，最少的1959年等5个年份各1万元。

1960年起，县财政收支相抵，始有结余。至1985年的26年中，共结余3036.6万元，年均116.8万元，结余最多的1983年为654.1万元，最少的1971年为0.3万元。累计上解国库6643.5万元，年均255.5万元。最多的1985年为1629.5万元，最少的1973年为90.8万元。1981年、1982年，中央向本县财政借款159.5万元。

1986—2011 年怀仁县财政支出情况统计表

表 14-2 单位：万元

项目 年份	总支出	经济建设	社会、文教卫生及科学事业	社会保障	行政管理	其他支出	社会保险基金	上解支出
1986	2393	426	861		370	575		1689
1991	3909	946	1253		937	656	50	1879
1995	7923	1503	2716		2295	880	418	2261
1996	9191	2383	2976		2563	927	500	2760
2000	7727	1362	3111	254	2553	297		3090
2001	108782	1446	4839	371	3838	275		3274
2002	13643	2447	5882	624	251	357		3274
2003	13470	2328	5856	343	4219	616		3274
2004	19145	3911	8212	634	5457	561		3245
2005	25223	4755	9898	298	8538	1202		3274
2006	44014	14525	13860	938	12214	1294		3274
2007	29009	19821	20402	5763	16677	6346		2759
2008	88527	23651	27539	5105	24010	8222		2759
2009	83680	13242	333147	8690	19241	9190		2759
2010	100335	21089	36367	7639	20177	15063		2759
2011	139848	25915	47155	10125	21560	25117		2759

第四节 监督 检查

1986 年至 1998 年，按照中央、省、市的安排部署，每年开展财政、税收、物价大检查，13 年累计检查 520 个单位。

1986 年至 2012 年，财政部门加强财政内部的监督检查，每年对乡镇财政所和局各股室的账务进行两次检查。

1999 年至 2012 年，分别开展会计信息质量检查，检查单位累计 46 个；《山西省会计管理条例》执法检查，检查单位 46 个。组织人员对预算外资金的票据进行专项检查，平均每年检查单位 125 个。

2009 年组织人员对 2007 年至 2009 年中央、省、市下达的强农惠农资金进行检查，检查单位 17 个。

2009 年至 2012 年开展“小金库”治理工作检查，检查单位 64 个。

第二章 税务

域内税收制度由来已久。封建社会朝代更替，税制不一，税法有别，但有田则赋、有力则役为其主旨。1949 年 10 月，全国实行统一税收政策，对税收机构实行统一管理。工商税由县税务局征收。1966—1976 年，改复税制为单一税制，税务机关被裁撤，税收工作受到干扰。1978 年后，按照国家颁布的一系列税收法规，深化税收制度改革，建立服务于市场经济的税收体系，每年税收任务完成较好。1994 年，国家实行分税制，成立国家税务局和地方税务局。2012 年，由国家税务局征收税种含增值税、消费税等 6 种，由地方税务局征收税种含印花税、车船使用税、城镇维护建设税等 11 种。是年，全县税收总额达 22.8 亿元。

第一节 税收制度

明代税收，分夏税秋粮两种，两次征收麦、豆、米、草等。

清顺治十四年（1657 年）沿用“一条鞭法”，税额以明万历时为准，将役并入田赋一起征收，称“地丁银”，分为正供（即赋）、杂办（即役）。怀仁赋税收入以康、乾两朝为最盛，同治三年（1864 年）至宣统三年（1911 年）则衰。清末民初，法令日繁，新税新捐多如牛毛。

民国时期，沿用清末“地丁银”制度。此时，由于战乱连年，农业凋敝，经济滞缓，而地方费用又需筹集，遂于正税外多设附加，名目繁多的附加最多超过正税的 10 倍。

抗日战争时期，怀仁县抗日民主政府废除民国时期苛捐杂税，实行“合理负担”，继而实行“公平负担”、统一累进税等政策，保证抗战所需。

中华人民共和国成立后，于 1950 年 1 月颁布《全国税政实施要则》，建立新中国第一个税收制度。新税制规定征收14种税。当时本县执行7种，即：货物税、工商税、利息所得税、印花税、交易税、屠宰税、特种消费行为税等。1953年1月1日，对原工商税制进行修正、简化，所得税实行“公私区别对待、繁简不同”政策。当时全国税种有14种，怀仁县执行9种。1958年，国家税制进一步简化，共征收9种，本县执行7种，即工商统一、工商所得、牲畜交易、车船使用牌照、屠宰、文化娱乐、集市交易等税。1973年，税制结构进一步简化，把原工商统一税及其附加、城市房产税、车船使用牌照税、屠宰税等合并为工商税，盐税列为工商税科目。

1978—1982年国家先后制定个人所得税、中外合资经营企业所得税、外国企业所得税等税法。1983年4月，对国有企业征收所得税。1984年9月，国务院发布产品、增值、营业、盐税等4个条例，将原工商税一分为四，并制定资源税。此后，陆续发布实施的税种包括：1985年征收集体企业所得、城市维护建设、国有企业工资调节、国有企业奖金、集体企业奖金、城乡个体工商业户所得、房产、车船使用等税；1986年征收个人收入调节税；1987年征收耕地占用、私营企业所得、印花、城镇土地使用等税；1988年征收筵席税；1991年征收固定资产投资方向调节税等。对国营企业实行利改税，并逐步建立健全复税制。1994年，国家实行分税制，原税务局分为国家税务局和地方税务局，分别征收中央税收和地方税收。税制改革按照统一税法、公平税负、简化税制、合理分权、理顺分配关系、规范分配方式、保障财政收入的指导思想，逐步建立起符合社会主义市场经济的税制体系。至2012年年底，怀仁县征收的税种共17种。其中，国家税务局征收增值、营业（金融企业）、消费、企业所得、外商投资企业和外国企业所得、个人存款利息所得等6种；地方税务局征收营业、印花、城市维护建设、车船使用、固定资产投资方向调节、企业所得、个人所得、城镇土地使用、土地增值、屠宰、房产税等共计11种。

第二节 税种 税率

清至民国时期税种 税率

清末，怀仁县有农业税、当税、牙贴税、房地税、牛税、猪羊税、布花烟税、商税等。民国初，除正税加附加税外，还设有国民捐、巡警捐、自治捐、房捐、妓捐、铺捐、斗捐、油捐、屠捐、戏捐、庙捐、会捐、牛马捐等不一而足，甚至实行新政，还征“要政加价”。

民国初年，开征烟酒税。民国 4 年（1915），买契按价征税 6 分（税率为 6%），附加 6 厘，典契按价征税 3 分，附加费 3 厘，每张契纸收费 5 角大洋，注册 1 角大洋。是年，开征屠宰税，每头猪 0.3 元大洋，每头牛 1 元大洋。民国 5 年（1916），县代中央征收车辆牌照税，每年四季核照，每季纳税。民国 16 年（1927），房捐税率为每月 1 平方丈（约 10.89 平方米）5 分至 1 角大洋。民国 30 年（1941），房捐税按租金征 5%~10%。民国 25 年（1936），开征所得税。课税范围：第一类，营利事业依其所得 ,100~1000 元（法币），税率为 3%，1000 元以上至 2500 元 , 税率 4%，以此累至税率 20% 为限。第二类，薪给报酬所得 , 以每月收入 30 元（法币）为起征点 , 课 0.5%，分级起额累进制，月收入增课 2% ~ 20%。第三类，证券利息所得，不劳而重课，一律课 5%。民国 28 年（1939），把原有烟酒税合并改称货税。翌年，开征遗产税，采用比例累进两种税率，500 ~ 5000 元（法币）者征 1% 的比例税，超过 5000 元者除按 1% 的比例税率纳税外，另征起额累进税。此税分十六级，按级累进 1% ~ 50%。民国 30 年（1941），原牙贴税、当贴税、屠宰税等，一律改称营业牌照税。按年征收，税率依资本划分等级者，全年最高不得超过资本额 5%，依营业总收入额划分等级者，全年不得超过上年营业总额 2.5%。是年，征收使用牌照税，原车船捐及其他使用牌照税性质的税捐改称使用牌照税。征收标准，人畜力车，每辆不超过 10 元（法币），汽车每辆不超过 80 元（法币）。同时，开征行为取缔税，凡应取缔行为均按价加征，由顾客负担，征收标准，筵席不超过原价 10%，电影、戏剧及娱乐场所不超过原价30%。民国36年（1947），开征印花税，涉及契约、簿据、人事凭证、洋酒、酒精等。

农业税 明代税收，分夏税秋粮两种。洪武二十四年（1391），夏税征麦5258石，豌豆93石；秋粮征米7297石。万历二十八年（1600），征夏秋税粮9338石。

清代，税收称田赋，和人丁税分别征收。顺治三年（1646）全县开垦成熟地382960亩，征夏秋税粮351石，人丁税银5504两。康熙五十年（1711）新生人丁不加赋。雍正五年（1727），推行“摊丁入地”，“地丁合一”的征收办法。乾隆二十九年（1774），全县实征均徭银1279两，实征地丁银324两，同田成熟地102921亩，实征税粮244石。光绪五年（1879）征地丁银362两，次年征地丁银8004两。

民国时期，仍沿清制，对农民征收田赋，田赋分地丁、米折、豆折、征收费及县附加税。税收改征银元。民国4年（1915），实征田赋18784元。民国10年（1921）征收20514元。有时也按粮银征收部分粮食和实物。民国36年（1947）经过土地改革，人民政府改田赋为农业税，又称公粮。在征收政策上，贯彻“国需民有、依率计征、合理负担”的原则，经多次改革，降低了人民负担。

中华人民共和国成立后税种 税率

1949年，全县实征农业税金额为21万元（银元），占农业总产值的1.4%；1957年为58万元，占农业总产值的3.5%；1965年为31万元，占2.4%；1970年为41万元，占1.8%；1978年为35万元，占1%；1985年为81.9万元，占1.5%。

牲畜交易税 1949年开征，1950年并入交易税，1953年成为独立税种，1973年停征，1983年1月恢复征收，且按成交金额的5%向买方征收。

屠宰税 1950年12月实行从价依率计征，税率10%。1962年后改从量计征。1973年纳入工商税。怀仁县于1985年重新开征，猪每头4元，羊每只0.8元，菜牛每头6元。1997年1月1日实施《山西省屠宰税代征代缴暂行办法》。2002年4月29日停征屠宰税。

印花税 1952年开征，1953年并入工商税。1956年对印花税率进行调整。1958年并入工商统一税。1988年10月恢复征收，最高税率1%，最低0.03%。1994年国地税分设后，由地税局延续征管，因税目不同，税率最低0.5‰，最高5‰。

工商业税 包括营业税、产品税、所得税。1950年后，税率按营业总收入额的2.5%～3%计算。1958年，将营业税并入工商统一税，所得税成为独立的工商所得税。

工商所得税 1958年开征，1973年后个体工商户实行14级累进税率。1984年，工商所得税税目分别纳入国营企业所得税、集体企业所得税、私营企业所得税、城乡个体工商业户所得税。

工商统一税 1958年开征，将原工商业税中的商品流通税、货物税、营业税、印花税合并为工商统一税。

工商税 1973年将原向企业征收的工商统一税及附加、车船使用牌照税、屠宰税合并为工商税，并对一些税率进行调整。煤油由7.5%调为8%，农机由5%调为3%，砖瓦由11%调为10%，印刷工业由3%调为5%。1984年取消工商税，改为产品税、营业税。

车船使用牌照税 1957年开征，1973年并入工商税，后停征保留税种。乘人汽车每辆每季4～15元，马车每季1～8元，人力车每辆每季0.3～6元，自行车每辆每季0.5～1元。1986年9月15日，国务院发布《中华人民共和国车船使用税暂行条例》，同年10月1日起实施。年税额因车辆类别不同分别按辆、自重吨位划定，自行车停止征税。

集市交易税 1962年开征，1964年停征。

产品税 1984年10月开征。凡从事生产和进口的单位和个人均缴纳，为比例税率。

增值税 1984年10月开征。凡从事生产和进口以及委托加工应税产品的单位和个人均缴纳，对产品销售收入全值中增值部分课税，税率在8%～45%之间。1994年1月，施行新的增值税法，以增值额为征收对象，基本税率为17%、低税率为13%、零税率适用于出口货物。对小规模纳税人实行简易办法，征收率为6%。

营业税 1949年后，实行营业税制。1958年并入工商统一税,1973年并入工商税。1984年10月成为独立税种。本县于1986年恢复征收营业税。

1994年后，营业税归地税部门征收。涉及税目为交通运输业、建筑业、金融保险业、邮电通信业、文化体育娱乐业、服务业，转让无形资产等。其中金融保险营业税部分归国税征收（主要征收对象是农村信用社）。直至2003年年底，归国税征收部分逐步取消。营业税最高税率为20%，最低为3%。

国营企业所得税 1983年10月开征，征收对象是国营企业的生产经营所得和其他所得。纳税单位按照年度收入总额，减除成本费用，允许在所得税前列支的税金和营业外支出余额，为应纳税所得额。该税种征缴税率为比例税率和累进税率两种。

国营企业调节税 1983年10月开征。对部分国营企业缴纳所得税后利润超过规定合理留利部分进行调节。该税于1993年年底废止。

集体企业所得税 1985年4月开征，各独立核算的城乡集体企业为集体企业所得税的纳税人。税率按8级超额累进税率计征。

城乡个体工商户所得税 1986年开征。实行10级超额累进税率，1994年税制改革后改为个人所得税，归地方税务局征收。

个人收入调节税 1987年1月开征。实行5级超额累进税率，1994年税制改革后改为个人所得税，归地方税务局征收。

城市维护建设税 1985年3月开征。1994年分税后由地方税务局续征。缴纳产品税、增值税、营业税的单位和个人为纳税人。城市维护建设税的征缴税率，市区为7%，县城、建制镇为5%，其他区域为1%。

固定资产投资方向调节税 1991年开征。在中华人民共和国境内进行固定资产投资的单位和个人为纳税人，税率为0% ~ 30%。2000年1月，此税停征。

个人所得税 1994年开征。该税种由个人所得税、城乡个体工商户所得税、个人收入调节税合并演化而来。采用比例税率和超额累进税率计征。实行比例税率为20%，实行超额累进税率最低为5%，最高为45%。2005年1月1日前，个人所得税每月费用扣除标准为800元，超过800元部分纳所得税，2005年1月1日后，每月扣除标准提高到1600元。

土地增值税 1994年1月开征。凡转让国有土地使用权、地上建筑物及附属物，并取得收入的单位和个人为土地增值税纳税人。实行4级超额累进税率，最低税率为30%，最高为60%。

企业所得税 1994年1月开征，由地方税务局征收。是对实行独立经济核算、有生产经营所得和其他所得的内资企业征收税种。采用33%的法定比例税率，并实行18%和27%两档优惠税率。自2002年1月1日起，新办理税务登记企业，企业所得税由国家税务局征收。

消费税 1994年开征。以从事生产和进口消费品（石油类、小汽车、烟酒、化妆品、首饰）的单位和个人为纳税人，采用比例税率和定额税率，实行从量和从价两种方式计征，税率从3%～40%分10个档次。

所得税 1994年1月开征。仅指中央企业所得税。包括铁道部门、各银行总行和保险总公司集中缴纳的所得税以及地方银行、外资银行、非银行金融企业缴纳的所得税。税率统一为33%。

个人存款利息所得税 从1999年11月1日起开征此税种，征收对象为个人在国内存储人民币、外币的利息所得，税率为20%。

外商投资企业和外国企业所得税 1991年7月1日起开始施行，该项所得税征收对象是外商投资企业和外国企业从事生产、经营所得和其他所得，其税率统一为30%。

城镇土地使用税 1994年12月1日实施。涉及征收对象主要是城区内用于经营生产的单位企业用地。税额，城区每平方米2元，建制镇每平方米1.5元。

房产税 2003年开征。其计税依据是依照房产原值一次减除10%～30%后的余值计算缴纳；房产出租的，依房产租金收入为房产税的计税依据。房产税税率分别为1.2%和12%。

第三节　税务管理

明清时期，税收由县衙设置的稽征处负责管理。将应纳田赋、丁役、杂税造册登记。规定各项税款按时缴纳，逾期不交者由稽征处催办，并处以罚款。民国时期，沿用清制征管办法。中共领导的县抗日民主政府建立后，设置财政科负责征稽事宜。

1950年，政务院颁布《全国税收实施要则》，本县私营企业踊跃纳税。1951年抗美援朝时，全县工商界代表订出爱国公约，工商业者集体纳税，使税金及时入库。1952年，按照“税收实施要则”，本县开展工商业税收普查，查补偷税工作，清理漏税金额1008万元（旧币）。1953年后，按照《税则》，对工商业户加强进货账簿及发货票管理。“文化大革命”期间，税收管理机构精简，一些制度废除，税收管理受到影响。1978年后，税收工作不断加强，税务登记、纳税鉴定、纳税申报、税款征收、账务管理、票证管理、税务检查、违章处理等依法开展。

税务登记　纳税人自领取营业执照之日起30日内，向当地税务机关办理税务登记。经营过程中发生转让、改组、分设、合并、联营、迁移、歇业破产以及其他需要改变税务登记情况时，亦须30日内办理变更登记、重新登记或注销登记。这项工作“文化大革命”期间一度中断，1978年后逐步恢复。1992年，本县重新进行税务登记。至2012年，国税部门共发放税务登记证2751个，其中国有企业41个、集体企业79个、私营企业367个、个体业户2194个、其他70个；地税部门发放登记证5937个，其中长期的5401个、3个月以内的536个。

纳税鉴定　纳税人向主管税务机关申报纳税鉴定。鉴定内容包括经营方式、经营范围、产品名称、性能、用途以及收入所得和其他应税项目。鉴定前纳税人如实填写纳税鉴定申报表，税务机关依法进行审核，确定其适用的税种、税目、税率、纳税环节、计税依据、纳税期限和征收方式等，发给纳税鉴定书，交纳税人依照执行。

纳税申报 纳税人按照税务机关核定的纳税期限，如实向主管税务机关报送申报表、财务会计报表和有关纳税资料。经税务机关审定后，纳税人即填写纳税缴款书，按期缴纳税款，并作为开具纳税凭证的依据。1993 年前纳税申报率为 93% ~ 95%，到 2012 年年底，国税局、地税局申报率均达 100%。

税款征收 税务机关依照法律、行政法规的规定征收税款。不得违犯法规开征、停征、多征或少征。税款征收方式主要实行查账、查定、查验、定期定额征收以及代征、代扣、代缴等方式。在征收过程中，对纳税人有逃避纳税行为的，税务机关可以采取税收保全措施。对已经偷逃或漏征的税款，税务机关在一定时期内有权追征。对纳税人申请缓缴税款的，须经省级税务机关批准。

发票管理 新中国成立初，税务机关对工商企业使用的发票加盖核准使用章，后改为由税务机关统一印制发票。1981 年 2 月，制定“怀仁县统一发货票管理办法”，统一发票编号、登记，建立发票领、用、存放和定期清点核实制度。1994 年，新税制实施后，发票管理更为严格。税务部门进行有关培训，强化纳税人专用发票意识，加大专用发票的交叉稽核力度。每年组织较大规模检查 2—3 次，逐户逐份逐项检查。2006 年始用微机开票。

税收减免 在特殊情况下可对某些纳税人和征税对象给予减免税，以示鼓励或照顾。农业税的征收中有灾情减免和社会减免。灾情减免是在纳税人的农作物遭受水、旱、风、雹或其他自然灾害，按照歉收程度减征或免征。社会减免是对因某种特殊的社会原因造成生产、生活困难的农民给予减免税照顾。在工商各税减免中，根据国家历年有关规定，对国家专卖事业、贫苦艺匠及家庭副业免税；对供销、消费合作社按 2% 的税率缴纳，并减征税额 20%；农民自产货品由区、乡政府核发自产自销证明，免征临时营业税；对直接为农业生产服务的加工、修理业务，一般不征工商统一税。

税务检查 域内税务机关依法对纳税人、扣缴义务人履行纳税义务、扣缴税款义务等情况及时检查和处理，方式为自查、抽查和联查等。从 1986 年开始，执行国务院《中华人民共和国税收征收管理暂行条例》，对纳税户分类定期依法进行纳税检查。1988 年，设立由县人民检察院与县税务局联合行动的税务检察室，专事税务检察，依法打击偷税、漏税行为。1990 年，设稽查大队，1998 年，升格为稽查局，进一步加强税务检查工作。

第三章 金融

第一节 银行

货币流通 清代，怀仁流通的货币是制钱、银两和银元，以银两为单位。清末，流通的货币以银两、银元为主币，铜元、制钱为辅币。常见的有“龙洋”和光绪铜元（每枚当制钱 20 文）。辛亥革命后，银元流行增多，常见的有“鹰洋”“孙洋”“袁洋”“站人”等。

民国 8 年（1919），开始流行山西省银行发行的纸币（老省钞），与银元等值。民国 21 年（1932）始，流行山西省银行发行的“新省钞”。民国 25 年（1936）后，流通少量的“法币”（中国银行、中央银行、交通银行、中国农民银行发行的钞票）。抗日战争期间，同时流通的有山西省银行发行的晋钞，三银号发行的银钱票，以及日伪晋北实业银行发行的蒙疆币。民国 34 年（1945）至民国 37 年（1948），域内流通的主要货币是解放区西北农民银行发行的“农钞”和山西省银行发行的“晋钞”。其间还流通有本县商会委托刘晏庄“天盛厚”发行的天盛币，以及晋察冀边区、北海边区发行的边区币。其时，纸币泛滥，通货膨胀，货币均贬值，银元也又有流通。民国 37 年（1948）12 月 1 日，中国人民银行成立，发行第一套人民币。从此，其它纸币均停止流通，兑换收回。人民币兑换冀币、北海币均为 1:100，兑边币为 1:1000，兑西农币为 1:2000，各种地方币收兑工作于 1954 年底停止。人民币成为本县流行的统一货币。

信贷 民国时期，当铺（或钱庄）均为当地绅士、富户及外地富商开设，贷款实行高利。其形式主要有：一为借钱抵押房屋、土地，到期不能偿还，债主将所抵房屋、土地收去；一为典房押地，以房地估价借钱，有钱可赎回；一为劳役利，以服劳役代利，至还清；一为倒灌利，借钱时债主预扣利钱；一为利滚利，逾期利变本合并计息等。其中，以动产押放为主，以“上架”（押款）重、轻而决定放款多寡。《中国实业志·山西卷》载，当铺之利率，按月计算为三分、二分半、二分。当铺利计月利办法，除开票即计一月外，满月后的零日又有三种计法：一为过三不过四，即满月过三天不计息，第四天即作二月计算，也有过四不过五，或过五不过六计算；一为满月作两个月或不满月作月计利；一为半月以下为加利，超半月加一月利。因高利盘剥，丧失土地或破产者屡见不鲜。民国36年（1947），人民政府明令废除高利贷。中华人民共和国成立后，银行贷款以支持对国计民生有利的资金不足者为对象，强调信贷要有30%以上的自有资金比例和“因地制宜、择优扶持、有借有还”原则，坚持“三查”（贷前调查、贷时审查、贷后检查）制度，不同时期放贷重点不同。随着国民经济恢复和发展，银行对农业、工商业贷款不断增加。

农业贷款 1950年初期，银行、信用社工作重点，主要有国营农业贷款、集体农业贷款、乡镇企业贷款、农户贷款、支持信用社贷款。国民经济恢复时期，农业贷款主要用于帮助农民购买牲畜和农具，发放原则是“用途正当，保证重点”。

1953—1957年，大力发展农业互助生产合作社，农业贷款由扶持个体农民为主转向扶持农业互助组、合作社为主。1958—1962年，农业贷款主要用于支持人民公社发展农业生产，以发放生产费用和农用基本建设项目用款为主，解决社队生产资金不足。贷款周期长，资金使用率低。1966—1967年，农业贷款只支持集体农业经济，只讲支持穷队，不讲归还能力，一些贷款形成呆账。

中共十一届三中全会后，银行、信用社健全各项信贷制度，积极支持农民发展商品生产，扶持多种经营和发展家庭副业。1979年起，乡镇企业贷款逐步占主导地位，农业贷款也从过去支持集体生产转为支持千家万户，由主要支持粮食生产转变为支持农、林、牧、副、渔多种经营。1981 年农村实行生产责任制后，农业投资空前增加，同时许多乡镇上项目，大搞商品经营，银行加大信贷投放，促进农村经济发展。到 1985 年年末，农业贷款和乡镇企业贷款余额有较大增长，达 16196.5 万元。

20 世纪末及 21 世纪初，金融部门把推进农业结构调整和增加农民收入作为投放重点，国家实施积极的财政政策和稳健的货币政策，加大对农业的投入，为加快社会主义新农村建设的步伐，提供良好的金融服务。2003 年发放支农贷款 2100 万元，2005 年发放支农贷款 3900 万元，2008 年发放支农贷款 5000 万元，2012 年发放支农贷款达 7.86 亿元。

工业贷款 1950 年，银行对国营工业贷款分为定额、超定额、结算、大修理、中短期设备、物资供销、集体工业、个体工业等 8 种。

国民经济恢复时期，根据“发展经济、保障供给”财政工作方针和城乡互助、内外交流政策，工商信贷原则为“先公后私”、“先工后商”，重点扶持私营工商业向集体过渡。企业贷款不需保人，只盖单位公章、立借据即可。各工业企业贷款额规模小，贷款人能按期归还。“一五”期间，按照财政、银行资金分口供应原则，定额内流动资金由财政拨付，企业正常生产所需季节性、临时性资金由银行贷款解决。1954 年 11 月取消工业定额贷款，有关政策制度和措施逐步得到完善。

1958 年“大跃进”期间，一些信贷资金管理制度被废除，取消正常贷款审批程序，由信贷员决定贷款发放；企业在银行借款和结算账户合并，贷款发放大幅增加。1961 年 7 月，根据中国人民银行总行指示，取消“全额信贷”政策，恢复指标管理，并恢复贷款审批制度、“三查”制度和信贷经济活动分析制度。

“文化大革命”期间，银行信贷制度被废除，信贷计划、信贷监督流于形式，大量贷款被挤占挪用或因管理不善而损失。

1978 年后，严格贷款管理，完善各项制度。1979 年，中国人民银行总行提出“区别对待、择优限劣”原则。1981 年，调整贷款政策，对企业分类排队，扶优限劣。1983 年 7 月，银行对企业流动资金实行统一供应和管理。1985 年年末，工业贷款达 156 万元。1988 年由于通货膨胀，国家实行“适度从紧”货币政策，即信贷“控制总量，保证重点，压缩一般，适时调节”，银行按这一政策保证了效益好的企业正常生产需要。1993 年实行“定贷”制度，严把贷款投向，帮助企业提高经济效益。1996—1999 年，物价指数在经济快速发展拉动下持续走高，通货膨胀压力增大，贷款规模一再突破计划。

2000—2002 年，国家切实加强金融监管，推进利率市场化，改革外币管理体制，推进个人信用制度建设，鼓励商业银行进行金融业务品种创新。域内银行贯彻执行了国家有关金融政策。2006 年，央行继续实施“宽货币，紧信贷”政策。年内 3 次上调存款准备金率 1.5 个百分点，保持货币信贷合理增长，两次上调基准利率，长期利率上调幅度大于短期利率上调幅度。同时为进一步推进商业性个人贷款利率市场化，商业性个人住房贷款利率下限由贷款基准利率的 0.9% 下调为 0.85%，充分发挥利率杠杆调节作用。至 2012 年年底，本县工业贷款余额达 10.3 亿元。

商业贷款 县人民银行发放商业贷款始于 1950 年，其时重点支持私营商业的发展。1952 年后，商业贷款重点逐步转向国营商业，以增加库存，扩大销售，发挥国营商业的主导作用。贷款有商品流转、农副产品采购、中短期设备等项目。1954 年起，对国营、供销商业增加了结算、超计划商品储备的贷款。商业贷款包括国营商业、供销、粮食、外贸以及其它商业贷款 5 个方面。1962 年 3 月，国务院要求加强信贷监管，压缩不合理放款，7 月停止全额信贷，并实行存、贷账户分管。1962 年商业贷款为 104.3 万元。同时，财政增加对企业拨补资金，企业内部积极核销损失，贷款逐步回落。之后随着经济发展贷款额逐渐增多。

1979 年，实行“以销定贷”政策，银行积极清理收回挪用资金。1983 年 7 月起，企业流动资金全部由银行供应管理，贷款余额稳步增加，1985 年达 2646.8 万元。1987 年，增加商业企业信用评估，对商业企业分类排队，择优扶植。自 1991 年以后，国有商业、供销合作社贷款科目合并。1993 年，实行“定贷”制度，严把贷款投向，择优扶持，促使商业企业提高经营效益。

1998年，中央银行取消信贷指令性计划，信贷规模逐步演变成中央银行货币政策的中介目标之一。银行积极支持商业、供销企业进行体制改革。2000—2012年，国家继续实行积极的财政政策和稳健货币政策。以加入世界贸易组织为契机，增加产品外销，扩大对外开放，提高国内企业知名度，银行加大对商业企业扶持力度。

存款 中华人民共和国成立后，域内存款总额除个别年份下降外，多数年份增长。特别是中共十一届三中全会后，经济迅速发展，人均收入显著提高，银行存款亦大幅度增长。

储蓄政策及余额 1950年，中国人民银行怀仁县支行（简称“县人行”）开始办理储蓄业务，分货币储蓄和折实储蓄两类。1952年开办“定活两便”储蓄，个人存款扣5%所得税。1955年，储蓄种类有定活两便，零存整取、建设储蓄、活期储蓄四种。1956年后，在较大单位、乡村设立储蓄代办点，聘用代办员，以方便群众，增大储蓄量。“文化大革命”中，曾将储蓄获息当做不劳而获的剥削行为加以批判，储蓄额有所下降。1972年，中国人民银行总行修订储蓄章程，把储蓄原则改为“存款自愿，取款自由，存款有息，为储户保密”，纠正“文化大革命”中推行的错误做法。

中共十一届三中全会后，城乡居民收入明显增加，各银行存款余额稳步上升。1979年始，央行调高储蓄利率，储蓄额增长，到1980年12月，域内城镇储蓄存款余额达353万元。1985年4月1日，中国人民银行提高定期储蓄利率为一年期5.1厘、三年期6厘、五年期6.6厘。各家金融机构争揽存款，百姓踊跃储蓄。1985年年末，城镇储蓄余额1421.9万元。

1988年银行加强网点建设，县人行为各专业银行和邮政储蓄审批储蓄网点14个，增加储蓄种类，进行多种形式的储蓄改革；积极改善服务，业务处理逐步实现电子化，安装自动取款机，开办通存通兑、银行卡等业务，增强储蓄能力。同时，存款亦增长较快。2005年，全县金融机构各项存款余额为37.1亿元，其中居民储蓄28.8亿元。2006年，全县金融机构各项存款余额为45.2亿元，其中居民储蓄34.8亿元。2009年，全县金融机构各项存款余额为84.8亿元。2012年，全县金融机构各项存款余额达131亿元。

单位存款 县人行于1950年开始办理单位存款。单位存款主要分企业存款和财政性存款两类。企业存款为企业闲置流动资金和专用资金，财政性存款包括财政金库存款、机关团体存款和特种存款等。企业存款分活期、定期两种，均有利息，按季结算。中华人民共和国成立后，银行对国有企业实行现金管理。“一五”时期对国有工商企业进行社会主义改造，银行对企业管理加强，企业存款有较大增长。1960年银行实行“存贷下放，计划包干，差额管理，统一调度”的管理体制，使存款业务增加。三年经济调整时期，企业存款有所下降。20世纪80年代后，国民经济全面发展，银行信贷管理体制不断完善，企业存款快速增长。

金融监管

加强稽核监察：20世纪80年代中期，域内出现无序设立金融机构、提高存贷利率、招揽储蓄存款等不良现象。人民银行怀仁县支行根据上级有关文件对此予以纠正。1995年，国家公布实施《中华人民共和国银行法》《中华人民共和国商业银行法》《中华人民共和国票据法》，境内依法进行金融监管。2004年1月，经上级银行业监督管理部门批准，成立朔州银监分局怀仁办事处，对辖区金融部门实行专门监管。

建立应急机制：朔州银监分局怀仁办事处制订《怀仁县农村信用社风险处置预案》《农村信用社重大事项备案制度》《国有商业银行机构突发事件及重大事项报告制度》等制度。成立风险处置领导小组，做到对挤提、诈骗、高管人员违规、大额资金运用等潜在风险及时预警，早发现、早处置，对突发风险作出快速反应和有效控制。

机构变更审批和管理：强化对银行业机构高级管理人员任职资格考核与管理，规范银行业机构健康发展要素。先后办理银行业机构市场准入5家、退出3家、迁址3家，主要负责人变更8家，高级管理人员任职资格审查26人。

实施现场检查：至2012年，办事处先后对市辖银行业金融机构贷款业务、存款业务、中间业务、内部控制等开展现场检查29项，累计检查工作日866个，检查金融机构40个。对发现问题提出限期整改意见131条，并跟踪检查，增强监管实效，保证监管措施有效落实。

征信管理：利用银行信贷登记咨询系统，通过对金融机构信贷业务和借款人信息登记，全面反映借款人资信情况，为金融机构提供借款人资信咨询服务，并对金融机构和借款人信贷行为进行监控。

国库管理：国库机构是按照国家统一领导，分级管理财政体制设立的。组织管理国库工作，是人民银行一项重要职责。1987年改革票据清算制度，缩短在途时间，加快国库收入进度，由原来5日报结改为日报结，保证国库款项及时收缴入库。

反假货币：根据国务院反假货币工作联席会议部署，人民银行怀仁县支行加强辖区人民币管理与反假人员培训。截至2012年年底，培训具有反假从业资格人员122人，具有“三师”（货币鉴定师、鉴别师、识别师）资格专业在岗人员187人。同时各营业机构均配置验钞机等，加强科学防范。形成金融机构、企事业会计人员以及广大居民协同联动的反假货币长效机制。

金融机构

当铺：《晋政辑要》载，清光绪十三年（1887），本县有当铺3家。民国10年（1921），全县有当铺4家。其中县城3家，农村1家。民国24年（1935），县城有张元开办的当铺1家，股东4人，4股，资金4800元（银元），架本金额为2900元。民国25年（1936），县城有当铺3家，共有资金188706元，其中自印钞票5391元，从业人员33人，为应县、大同、忻州人开办，年存当余额166200元，月息2分，年收利息39888元，纯利34146元。民国26年（1937），日军入侵怀仁后，当铺停业。

钱庄：民国24年（1935），刘晏庄村“天盛厚”自印钞票，经营放款业务，兑换银两。日军入侵怀仁后停业。

实业银行：民国29年（1940）6月，日伪晋北实业银行在怀仁县城设立支行，办理私营工商业的存款、放款，隶属张家口总行管辖。民国34年（1945）9月，随日军撤离怀仁而关闭。

人民银行：1949年10月，中国人民银行怀仁县支行正式成立。1950年初，吴家窑营业所迁至刘晏庄，同年秋裁撤。同年12月，在农村（各区所在地）设立6个金融合作小组。1952年改设金沙滩、吴家窑、城关3个营业所。

1954 年 7 月，大同、怀仁两县合并后，怀仁支行撤销，改为怀仁办事处，辖东风、金沙滩、卫星等 3 个公社银行。1960 年 1 月，怀仁由大郊区分出，公社银行改称信用合作社，辖城关、鹅毛口、新家园、金沙滩、亲和、海北头、毛皂等 7 个公社信用社。1965 年 4 月，县农业银行并入。同年 8 月恢复怀仁支行。1969 年秋并入县财政局。1971 年 8 月分出。1979 年底，县农业银行分出，下辖公社信用社划归县农业银行。

1984 年起，中国人民银行怀仁县支行单独行使中央人民银行职能，是全县金融业务的中心，成为领导、协调、稽核各专业银行及其它金融机构的专业事业机构，并承担代理财政金库、掌握货币发行、办理出纳结算、组织存款、发放货款等业务。

农业银行：于 1963 年 7 月成立，1965 年 4 月并入县人民银行。1979 年 6 月从县人民银行分出，辖 12 个公社信用社和 6 个营业所。主要办理农村全民和集体所有制企、事业单位的各项存款及农村个人储蓄业务。

建设银行：1975 年前，县内基本建设资金管理，由中国人民银行怀仁支行兼办。1975 年成立中国人民建设银行怀仁县支行，地址在县城体育东街，承担办理发放基本建设投资和贷款，管理基建工程项目，审查工程预决算等业务。

工商银行：1984 年 1 月成立中国工商银行怀仁县支行，地址在县城红旗西街，以筹集社会闲散资金、吸收存款、发放工商企业贷款、办理结算等业务为主。

信用合作社：1952 年，本县首先在城关、金沙滩、吴家窑建立了 3 个信用合作社，1954 年实行乡乡建社，信用合作社增至 38 个。1958 年成立人民公社，信用合作社合并改为公社银行。1960 年以公社建信用社，全县有 7 个信用社。1985 年，成立怀仁县农村信用合作联合社，辖 12 个乡镇信用社。

中国银行：1988 年 6 月成立，前身为中国银行怀仁分理处，隶属中国银行朔州支行。1989 年 7 月划归中国银行大同支行。1990 年 5 月划归中国银行雁北支行。1993 年 7 月划归朔州市支行。1995 年升格为中国银行怀仁县支行。2005 年股改上市，更名为中国银行股份有限公司怀仁支行。主要业务包括本地外币存贷款、理财产品销售、贵金属销售、代理保险业务以及出国金融服务等。

农业发展银行：1996年成立，从县农业银行分出。主要办理农村贷款、代收车辆保险、信贷资产财产保险等业务。重点是粮食储备贷款、农业基础设施贷款、农村小企业贷款等。

银行业金融机构监督管理办事处：2010年成立，受省、市银监局双重管理。主要负责防范银行业风险，开展监督管理工作，促进银行业安全、稳健、高效运行。

第二节　保险

1952年前，怀仁县保险业务由雁北保险公司办理。1952年，县人民银行内设保险股，办理保险业务。1957年底停办。1980年底，县人民银行设信贷股，恢复代办保险业务。1984年10月成立怀仁县保险公司，内设办公室和计财、城市业务和农村业务等4个股室，开办了企业财产、运输工具、第三者责任、家庭财产、货物运输保险和各种人身、种植业等项保险业务。

1996年4月，中国人寿保险股份有限公司怀仁县支公司成立，主要开办健康保险、年金保险、分红保险、个人普通寿险、家庭财产险、意外伤害险等6大类百余种保险产品。1997年，分为人寿、财产保险两大公司，通过专业的寿险个人代理人拓展人寿保险业务。同年9月，又与教育部门联合开展中、小学生平安保险。至2012年，域内保险机构发展到6家，服务网点、中介代理网点达40余家，主要险种日趋齐全。

第三节　证券

抗日战争时期，中共领导的根据地发行边区建设公债和抗战建国公债两种。民国30年（1941），晋察冀边区发行建设公债，券面为10、50、100、500元边币4种，年息5厘。从民国32年（1943）11月1日起，分五期还本付息。每年11月1日还本一次，每次偿还总额的20%。民国34年（1945），晋察冀边区行政公署发行抗战建国公债，分甲、乙、丙、丁4种，券面分别为边币10万、5万、1万、0.5万元，发行对象主要是地主、集镇商人和农民富户。办法是协商动员、自觉自愿，随时交款或交实物折款，当场发放债券。此公债已于1951年8月至10月偿还本息。

1950年发行第一期公债，称人民胜利折实公债。公债的实物折价是以上海、天津、汉口、西安、广州、重庆六大城市平均批发价格计算，每“1分”（公债的标准单位）为大米3公斤或面粉0.5公斤、白细布1.33米、煤8公斤，按折价币发行。债券面额分为1分、10分、100分、500分4种，年息5厘。从1951年起，每年3月31日还本付息，分五次还清。当年，全县推销人民胜利折实公债6.1亿元（折合现人民币6.1万元），推销对象主要是城镇工商户、教工、富裕农民。此公债已于1956年11月底还清。

1954年开始发行国家经济建设公债，年息为四厘，息随本分五年偿还，每年还总额20%。1955年至1958年发行的经济建设公债以10年为偿还期，不论中签与否，均可凭票取息。全县共完成10年期经济建设公债70.4万元，且于1966年还清。

1981年1月，国务院常务会议通过《中华人民共和国国库券条例》，是年域内始发行国库券，且为单位公购。1982年后发行的国库券分为单位公购和个人购买。1982—1985年，公购任务按照各单位上年预算外资金收入一定额度（5万元以上）分配，分配比例1.4%，企事业单位略高，机关团体和乡镇略低。个人购买对象是城镇、农村居民和行政、企事业单位干部职工，推销办法是分配任务和自愿认购相结合。1998年后，怀仁县财政部门不再负责国库券发行工作。

自1999年起，国库券发行由域内各国有银行承销。2001年，域内各银行始代售基金，且基金项目随着时间的推移呈增长趋势。至2012年，域内各金融机构代售基金种类达60余种。

第十五编

综合经济管理

第一章 计划 统计

第一节 计划

1957年5月，成立怀仁县计划委员会。1997年6月改为怀仁县计划经济贸易委员会。1997年9月改为怀仁县计划委员会。2002年8月改为怀仁县发展计划局。2005年4月更名为怀仁县发展和改革局。

计划体制改革 1986年，随着经济体制改革由农村向城市转移，由农业向国民经济各个领域推进，计划管理体制在实践中逐步形成国家计划与市场调节相结合的模式。其主要特征是：农业生产完全脱离指令性计划；工业生产指令性计划缩减80%，20%改为指导性计划；统一调拨的物资品种缩减90%；基本建设审批权限放宽；生产经营性建设项目投资由拨款改为贷款；企业经营选择、执行计划、产品自销等方面的自主权扩大；围绕社会经济发展目标，综合运用价格、税收、利率、工资，财政补贴等经济杠杆，促使计划实现。针对1987年、1988年出现的“经济过热”现象，1989年后，计划部门采取“集中计划管理权限，加强宏观调控”等措施，在治理经济环境，整顿经济秩序，促进结构调整，实现总量平衡，提高经济效益等方面发挥作用。1992年10月以后，随着社会主义市场经济体制确立，计划管理体制发生了实质性变化。主要特征是：继续减少生产及流通领域指令性计划，统一调拨物资品种再缩减80%，农副产品和工业日用消费品绝大多数实行市场调节；进一步下放建设项目的审批权限，实行项目业主责任制和工程招标承包制，把项目实施的经营管理推向市场，根据建设项目的性质，实行投资方向调节税制度；实行两年流动计划的管理方法，即安排一年，预测两年，衔接五年。在年度计划中设置宏观经济调控目标，计划覆盖的范围，从偏重生产建设和国有经济转向社会再生产全过程和国民经济领域整体管理。

规划编制实施 1986年以来，先后编制“七五”“八五”“九五”“十五”“十一五”“十二五”时期的计划，以及每年的年度计划。按照计划要求，在历届县委、县政府的正确领导下，经过全县广大干部群众的齐心协力、努力奋战，基本上完成了几个五年计划确定的任务目标。2010年，根据2009年全县经济社会发展状况对结构优化与经济发展，民生改善与社会发展，生态建设与可持续发展等三个方面的32项指标进行了全面的汇总、分析、评估。在此基础上，根据“十一五”规划确定的奋斗目标和县委“123458”科学发展战略，以及县政府2010年工作思路，编制出《怀仁2010年国民经济和社会发展计划》，并经县十四届人代会第四次会议审议通过。发改委加强对经济运行和社会发展态势的监测，及时对经济社会发展过程中出现的各种苗头进行评估分析，确保全县经济社会发展在健康的轨道上运行。2012年，县委、县政府牢牢把握转型跨越发展这条主线，紧紧围绕富民强县和再造一个新怀仁的奋斗目标，坚持“十成”思路，建设“三区八园”，全力推进“四化一体东部新区”建设，创新实干，以建设“大县城、小集镇、新农村”为目标，初步实现了转型跨越发展。同时把建设“幸福怀仁”提升到战略层面，使各项工作都有新的突破，新的进展。

批复立项情况 2010年，全县共批复立项73个项目，总投资230027.4万元。资金来源：申报上级资金29383.1万元，银行贷款32286万元，自筹资金168358.3万元。审批类项目41个，总投资为137961万元。核准类项目13个，总投资为25805.1万元。备案类项目18个，总投资为66261.3万元。

项目进展情况 除参加省市组织的项目检查外，县相关部门先后共7次组织专业人员20余人次对全县各类建设项目进行实地检测检查，了解项目进展情况，共检查各类建设项目36项。

严格规范秩序 认真执行国务院和省人民政府关于固定资产投资项目的监管工作规定。规范投资项目建设，探索建立项目管理联动机制，加强项目统计和信息管理，努力强化项目的监管检查工作，严格规范办理程序，完善办理手续。

开设“绿色通道” 2010年，全县实施和启动的重点工程共有53个项目，总投资153.9亿元，当年计划投资53.21亿元。其中续建项目20项，总投资82.3亿元，当年计划投资20亿元。新建项目33项，总投资71.6亿元，当年计划投资33.21亿元。

2010年，全县重点工程实际开工建设项目43项，累计完成投资56.72亿元，占年度投资计划的106.6%。其中续建工程开工项目20项，累计完成投资22.48亿元，占年度投资计划的112.9%；新建工程开工项目23项，累计完成投资34.34亿元，占年度投资计划的102.9%。重点工程未开工项目10项。其中省级重点工程涉怀项目一项，市级重点工程3项，市级重点工程涉怀项目4项，县级重点工程2项。全县共引入大小项目22项，引资总额125亿元。其中大型项目15个，引资总额100.4亿元，已落地建设的招商引资项目10个，总投资25.4亿元。大型项目主要有：国电电力2×35万千瓦煤矸石热电联供项目，中芦水泥粉磨站项目，绿色生态科技园，中能芦子沟煤业公司矿井300万吨改造项目，晋煤怀仁县峙峰山矿井改造300万吨项目，连顺玺达煤业公司矿井改造240万吨项目，华元医药集团头孢类药物、中药基地项目，国世源药业马来酸挂哌齐特药生产项目，康洁司乐参拍洗液系列产品项目，恒源瓷业陶瓷生产线项目，同星医药集团医药添加剂项目，晋利糖果厂花色工艺糖果均匀挂道改造项目，忆斌适用油加工生产项目，南小寨肉羊及皮毛加工项目，百万吨油页岩，高油煤清洁利用项目等。

2011年，全县实施和启动的重点工程共有54个项目，总投资229.15亿元。其中布局在“三区八园”的重点工程项目29个，总投资146.98亿元。西山煤电工业区7个，总投资45.08亿元；肉羊养殖区2个，总投资14.8亿元；煤炭物流园2个，总投资25亿元；陶瓷建材工业区3个，总投资7.21亿元；化工医药园7个，总投资26.49亿元；皮革物流园2个，总投资22.49亿元；食品加工园3个，总投资12.6亿元；科技教育园1个，总投资0.21亿元；生态旅游园2个，总投资4.44亿元。全年“三区八园”开工项目22个，开工率75.86%，本年度累计完成投资36.87亿元，完成年度投资计划的135.1%。其中西山煤电工业区6个，投资18.81亿元，完成年度投资计划的110.71%；肉羊养殖区2个，投资2.12亿元；煤炭物流园一个，累计完成投资 1.34 亿元；陶瓷建材工业区 3 个，累计完成投资 1.73 亿元；化工医药园 5 个，年完成 7.31 亿元；皮革物流园 2 个，投资 2.81 亿元；食品加工园一个，年投资 0.31 亿元；生态旅游园 2 个，投资 0.79 亿元。

2012 年底实现落地项目 10 项，中国·怀仁海宁皮革城、江苏雨润集团屠宰生产线综合项目、中芦“费兰德”制衣公司服装加工项目、环宇活性炭公司活性炭改造工程、陶瓷职业技术学院、大同煤炭集团朔州煤电公司同朔小区、昌顺商品混凝土有限责任公司预搅拌混凝土项目、鑫忆源天然气加气站、华能能源交通产业公司工业广场输煤系统项目等。

按照扩权强县试点的审批权限，直接批复类项目 48 项，涉及金额 183973.55 万元；直接核准类项目 23 项，涉及金额 186533.4 万元；直接备案类项目 15 项，涉及金额 94985.35 万元；直接上报可行性研究报告 6 项，涉及金额 105464.91 万元，上报项目申请报告 11 项，涉及金额 5984 万元；直接上报资金请示 17 项，涉及金额 47507.06 万元。拟申请资金 29980 万元，目前已争取回上级资金 1 亿多元，其中中央预算内投资 2000 多万元，省煤炭可持续发展基金 8000 多万元。招商引资签约项目 27 个，总引资 724.6 亿元。全年实施重点工程 69 项，覆盖了产业转型，基础设施建设，社会公共服务，生态环保，节能减排和民生工程等九大领域，总投资 332.62 亿元。

第二节 统计

1978 年怀仁县统计局成立。1987 年更名为怀仁县统计委员会，1997 年恢复为怀仁县统计局。

农业普查 1996 年 1 月 1 日—12 月 31 日，进行第一次全国农业普查。其对象是全县范围内各类农业生产单位、农村住户、乡镇企业、建制村和乡镇。调查项目 38 个，指标 687 个。主要项目有农村住户规模、非农村住户类农业生产经营单位的规模与结构、非农乡镇企业的规模与结构、社区环境、农村从业人员、农业机械、主要畜禽存出栏、耕地面积等。

2006 年 1 月 1 日—12 月 31 日，进行第二次农业普查。普查对象为本县全部农村户口、城镇农业生产经营户、农业生产经营单位、村民委员会和乡镇人民政府。普查主要内容包括：农业生产条件、农业生产经营活动、农业土地利用、农村劳动力及就业、农村基础设施、农村社会服务、农村居民生活，以及乡镇、村民委员会和社区环境等方面的情况。

第二次农业普查主要数据：

（1）农业生产经营户3.22万户，比重15.5%；农业生产经营单位43个，比重18.4%。

（2）农业从业人员数量及构成：农业从业人员4.85万人，其中男占48.5%，女占51.5%。

（3）农业从业人员文化程度构成：文盲6.6%、小学39.8%、初中48.3%、高中4.7%、大专及以上0.6%。

（4）农业技术人员331人，其中：初级235人，中级79人，高级17人。

（5）主要农业机械数量：大中型拖拉机395台，小型拖拉机2041台，大中型拖拉机配套农具416台，小型拖拉机配套农具1182台，联合收割机19台。

（6）农业机械使用情况：机耕面积79.8%，机电灌溉面积39%，喷灌面积0.05%，机播面积59.5%，机收面积0.3%。

（7）农村基础设施建设和基本社会服务：①交通，有火车站的乡镇占30%，有二级公路通过的乡镇占60%，距离一级公路或高速公路出入口在50公里之内乡镇达100%，能在1小时内到达县政府的乡镇达100%，通公路的行政村达100%，通公路的自然村达100%。按进村公路路面类型分：水泥路面占35.8%，柏油路面占34%，沙石路面占18.5%，砖、石板及其它路面占11.7%；按村内主要道路路面类型分：水泥路面占31.5%，柏油路面占13%，沙石路面占25.9%，砖、石板及其它路面占29.6%，村内主要道路有路灯的村占22.2%。已经完成农村电网改造的乡镇，通电的村，通电话的村、通电的自然村、通电话的自然村均达到100%。②文化教育设施，有文化教育设施的乡镇或村比重：有职业技术学校的占20%，有公园的乡镇占30%，有广播电视站的乡镇占30%。按距离分：村内有小学的占88.9%，距校1～

3公里的占7.4%，4 ~ 5公里的占1.9%，6 ~ 10公里的占1.9%。按村离中学的距离分：村内有中学的占4.3%，距校1 ~ 3公里占39.5%，4 ~ 5公里占24.7%，6 ~ 10公里占24.7%；11 ~ 20公里占6.8%。能接收电视节目的村达100%，安装有线电视的村占8%，有幼儿园、托儿所的村占57.4%。有体育健身场所的村占5.6%，有图书室、文化站的村占9.9%，有农民业余文化组织的村占8%，能接收电视节目的自然村达100%。③社会福利设施，实施集中供水的镇或村占50%，有医院、卫生院的乡镇达100%，有敬老院的乡镇占50%，有卫生室的村占87%，具有行医资格证书医生的村占83.3%，有综合市场的乡镇占60%。④农村劳动力，农村劳动力资源总量10.86万人。其中男性占52.6%，女性占47.4%。文盲占3.8%，小学占27.8%，初中占57.4%，高中占10.1%，大专及以上占0.9%。农村从业人口总量8.36万人。其中第一产业占56.2%，第二产业占17.1%，第三产业占26.7%。外出从业劳动力总量1.28万人。其中男性占80%，女性占20%。

人口普查 2010年11月1日，全国第六次人口普查的标准时间本县主要数据为：

全县常住人口为326849人，同第五次全国人口普查2000年11月1日零时的286054人相比，十年共增加40795人，增长14.26%。家庭户113113户，家庭户人口为301849人，平均每个家庭户的人口为2.67人，比2000年第五次全国人口普查的3.58人减少0.91人。常住人口中男性为171147人，占52.36%；女性人口为155702人，占47.64%。总人口性别比由2000年第五次全国人口普查的110.96%下降为109.92%。

年龄构成：0—14岁人口为59681人，占18.26%；15—64岁人口为240279人，占73.51%，65岁及以上人口为22612人，占6.92%。同2000年第五次人口普查相比，0—14岁人口比重下降9.78个百分点，15—64岁人口的比重上升7.49个百分点，65岁以上人口的比重上升0.99个百分点。

全县常住人口中，具有大学（指大专以上）文化程度的人口为15166人；具有高中（含中专）程度的人口为55580人；具有初中程度的人口为149627人；具有小学程度的人口为74374人（包括各类学校的毕业生，肄业生和在校生）。

同2000年第五次人口普查相比，每10万人中具有大学程度的由1832人上升为4640人；具有高中程度的由10192人上升为17005人；具有初中程度的由37521人上升为45779人；具有小学程度的由32439人下降为22755人。文盲人口（15岁及以上不识字的人）为11624人，同2000年第五次全国人口普查相比，文盲人口减少10688人，文盲率由7.79%下降为3.56%，下降4.23个百分点。

城市化水平：全县常住人口中，城镇人口为166231人，乡村人口为160618人，调整后的城市化率为50.86%，同第五次人口普查相比，城镇人口增加42789人，乡村人口减少1994人，城市化率提高7.71个百分点。

基本单位普查 第一次全国基本单位普查，标准时点为1996年12月31日。普查结果显示，1996年来，全县共有各类法人单位1083个，其中企业875个，事业113个，机关49个，社团27个，基层群众自治组织19个。产业活动单位937个，其中生产经营单位897个，非经营单位40个。

第二次全国基本单位普查，标准时点为2001年12月31日。全县共有各类法人单位2394个，其中企业1612个，事业704个，机关164个，社团71个，基层群众自治组织256个。产业活动单位1043个，其中生产经营单位438个，非经营单位605个。

经济普查 第一次全国经济普查，标准时点为2004年12月31日。普查结果显示，全县共有各类法人单位1007个，其中企业755个，从业人员58129人，其中女性18736人。事业199个，从业人员7462人，其中女性3639人。机关53个，从业人员2585人，其中女性612人。产业活动单位1138个，从业人员58564人。

第二次全国经济普查标准时点为2008年12月31日，普查结果显示，全县共有各类法人单位670个，其中企业318个，从业人员30480人，其中女性5009人；事业244个，从业人员7322人，其中女性3786人；机关108个，从业人员4420人，其中女性1276人。产业活动单位715个，从业人员3575人，个体户18190户，从业人员26500余人。

2009年，完成了县域人口变动和劳动力抽样调查、社区调查、群众安全感调查、妇女儿童监测调查、乡镇基本情况调查和城乡划分清查等专项调查，发布了2008年国民经济和社会发展统计公报，整理编印了《2008年统计年鉴》等资料。

统计监督 1986年以后，统计报表数据质量检查制度逐步建立和完善。进入90年代，随着经济主体和利益主体的多元化，在统计数据上弄虚作假等违法现象不断增加。因此，统计执法力度随之加大，除定期检查外，对拒报、迟报、瞒报、虚报等违法行为，分情况给予通报批评或行政处分，并责令纠正。根据新颁布的《中华人民共和国统计法》，对弄虚作假等行为增加经济处罚之措施，进一步加大了执法力度。通过执法监督，统计质量大大提高。

第二章 工商行政

第一节 机构

民国肇始，县城成立商会，协调产销价格，保护商民利益，负责市场管理。日军侵占怀仁后，商会名存实亡。

民国34年（1945）10月，县人民政府成立贸易局，管理市场，教育工商业者遵守边区政府的政策，取缔投机倒把活动，处理违法经营。

1949年10月，县政府设立工商科，管理全县工商业以及市场的交换贸易活动，并积极扶持私营工商业恢复生产经营。在恢复国民经济和社会主义“三大改造”时期，工商行政管理部门在稳定县域市场物价，开展城乡物资交流，保护工商业者合法经营，打击投机倒把，贯彻对资本主义工商业的利用、限制、改造政策，引导私营工商业逐步走上国家资本主义，推行全行业公私合营等方面做了大量工作。1955年社会主义改造基本完成后，工商行政管理机构被撤并。工商管理的重点转向维护统一市场，保护合法经营，活跃物资交流。1973年，怀仁县工商局正式成立，各乡镇设工商行政管理机构，配备管理人员。1979年以后，工商行政管理职能逐步扩大。1980年起，允许农民进城摆摊设点，并对全县工业企业进行了全面的普查登记，建立经济户口，核准登记的工业企业188个。1985年，全县核准登记的工商户达1133户。

1998年12月，县工商行政管理试行省级以下垂直管理。2006年，根据省工商局的安排，县局对派出机构进行了调整，由原来的8个派出机构精简为5个工商所，其中3个副科级工商所。

第二节 市场管理

1949年10月，县政府成立工商科，管理全县工商业1495户，以及市场的交换贸易活动，并积极扶持其发展生产。对资金有困难的工商户，以贷款的方式解决其困难，并对私营工业产品通过加工订货，对主要农副产品实行收购，进行有效管理。1952年，结合“三反”、“五反”运动，对工商界抬高物价、偷税漏税、行贿受贿等违法活动进行了严厉打击，查处了非法加工经营制品和贩卖毒品的活动。1953年后，改造私营批发商，严禁私商经营统购统销物资，严厉打击私商哄抬物价、拒售、囤积、套购等行为。1955年，对农民自产自销产品予以维护，市场管理略微宽松。1957—1959年，对无证商贩加以取缔，查处市场投机违法案。1960年，调整对小商贩和个体手工业政策、集市贸易政策。1964年，成立打击投机倒把领导组及办公室，查处投机倒把案件420起，整顿取缔无证商贩521户。1966—1976年，市场管理实行“五不准”，个体工商业被当做“资本主义尾巴”全部割掉，集市贸易被视为“产生资本主义的土壤”而取消。1978—1985年，逐步放宽市场管理政策，允许农民进城摆摊设点，允许长途贩运，市场管理的立足点放在疏导上。

1992年，县工商局牵头兴办了以商业城、晋北大市场为代表的大型集贸市场，推动了集贸市场的繁荣。1993年，为加强对各类商品交易市场的管理，维护正常的流通秩序，加快培育和完善社会主义市场体系，开办商品交易市场实行登记管理制度，登记机关为工商行政管理局。开办市场的主体随之多元化，各类市场纷纷兴建，较大的有亲和乡南小寨村生羊屠宰市场、高镇子村建筑材料市场、大同路小商品批发市场等。

2001年，县工商局在“人员、产权、债券、债务”四分离的基础上，彻底实现管理市场和开办市场两项职能分离脱钩。对秦城、甄庄两大废旧拆车市场进行了集中整治。没收拼装旧汽车4辆，旧汽车零部件约16吨。2002年，以大同路小商品批发市场为重点，全面整顿集贸市场，促进了市场秩序的公平竞争繁荣有序。共捣毁制售“三无”冰袋窝点2家，捣毁制售“三无”糕点窝点3家，捣毁制售“三无”小食品窝点3家，捣毁制售假酒窝点1家，涉案总额达26万元。2003年，在抗击“非典”斗争中，查处各类违法案件11起，没收非法销售的“甲酚皂”消毒液130瓶；没收无厂名、产地及标识的消毒液56瓶；扣留云州西街新贸药店自制药品原料23公斤；没收药材公司平价药店、迎宾广场康佳药店和西关卫生院销售的生物性药品43瓶；查封了无照经营的建军诊所，没收劣质中成药25公斤。涉案总标值1.6万元。

2004年，为打击传销和变相传销，开展了三次专项执法行动，端掉一个传销窝点，遣散传销人员60多人。2005年，开展“红盾护农”行动，检查种子公司、生产资料公司及个体种子经销户的5大类、32个品种的种子。2008年，对全县246家奶粉经营户排查清理，并采取堵源截流，查奶粉经销商、全面排查封存上市问题奶粉，严格督查规范退货处理等措施，有效保障了奶粉市场安全。

2012年，配合创建国家卫生县城的工作，加强对“五小”行业的监督，坚持索证索票制度，强化日常巡查，一铺一店地落实卫生标准。构建食品安全监管快速反应机制，切实解决群众最关心的利益问题。2013年，整治经营者利用合同格式条款侵害消费者合法权益的行为，创造公平有序的市场消费环境，对全县银行、电信业合同格式条款开展为期半年的专项整治行动。

第三节 商标管理

1977年5月以前,怀仁县产品很少用商标。同年5月20日,开始商标管理,要求凡在本县的企事业单位生产的产品,使用商标、标牌、标签、厂名、记号、装潢、包装等,均需办理商标注册和登记备案手续。各企业凡需注册的商标,统一由县工商局审查,报省工商局查询后,由地区工商局发给注册证。凡是不使用商标而使用标牌、标签、厂名、记号、装潢、包装等的单位,均到县工商局办理登记备案手续。未经办理商标注册、登记备案的产品,一律不准出厂,商业部门不得收购经销,物价主管部门不予审批价格,印刷部门不得承印等。

1982年2月,《中华人民共和国商标法》颁布后,随着市场经济的发展,县工商部门开始对企业申请商标加强管理。至2012年底,报批国家工商行政管理局商标局注册商标272个。其中有7家被评为省级著名商标:怀仁县宏丰建材有限责任公司的"拓厦"、朔州市世嘉实业有限公司的"金沙狮"、山西省晋利糖果有限责任公司的"郝氏"、山西盛华泉食品饮料有限责任公司的"盛华泉"、怀仁县万澳富牧业有限责任公司的"万澳富"、山西省诺成制药有限公司的"育宁糖"、怀仁县恒源瓷业有限公司的"万毅"等商标。

第四节 广告管理

1994年,《中华人民共和国广告法》颁布后,怀仁县加强对广告业的监管。1996—1999年,发现并制止了一批严重虚假违法广告。对药品、医疗、保健食品广告进行了集中整治。

2000—2007年,在域内查处违法广告案件34起,罚没款2.46万元。年检3家广告经营单位,设置公共广告栏5个,清理县城墙壁等处乱贴的广告200多条。对县城内所有临街门店按街道统一标准、统一色调、统一位置进行了全面规划,并登记备案。同时加大力度宣传县政府《整体规范户外广告牌匾通告》，全面展开户外广告牌匾整治工作，登记备案广告牌匾1568户。

2010—2012年，在县城开展户外广告牌匾的整治工作，更换1182户，撤除不规范广告牌匾1.5万平方米。配合创建国家级卫生县城的工作，对全县所有地段的广告牌匾进行了全面升级上档改造，着力打造“一街一景、一楼一线、一店一匾”的风格及白天观景、晚上观灯的特色广告景观，让户外广告成为城市的“亮点”。共对主干线上305家商户的灯箱广告的字体完成了修缮和美化，并对3260块，约39836.352平方米户外广告进行了整治。全县广告经营额从0.56万元增加到100余万元，广告经营单位从1家发展到115家。

第五节 企业登记管理

民国24年（1935），全县有工商户158户。1950年底，全县登记发证的工商户有468个。1955年摸底登记，共有工商业户1528个。1957年，全县登记的工商业户179个。1963年，对地方国营、公私合营、合作社营和个体工商业户再次进行清理、整顿和登记发证。

1966—1969年，企业登记中断。营业执照时发时停。1970年12月，对基层供销社、合作商店、合作小组、社队办工业企业、街道办工业企业、服务业和个体工商业等重新颁发工商营业证。全县共有829个经营单位核发或换发了新证照。

1980年，对全县工业企业进行全面普查登记，建立经济户口，核实登记的工业企业188个。1981年9月，对商业、饮食服务业、运输业进行登记，共核发营业执照463个。1983年，登记发证的工商企业共210个。1985年，全县共有全民企业82户，注册资金15.5亿元，从业人员13536人；集体企业265户，注册资金1亿元，从业人员14346人；个体工商户有2133户，从业人员5787人，注册资金972.2万元。

2012年12月，全县有个体工商户12051户，从业人员28328人，注册资金5.3亿元。私营企业已发展到885户，从业人员7304人，注册资金达27.71亿元。

第三章 质量技术监督

第一节 机构

1952年，设度量衡管理所。1956年6月，更名为大仁县计量所，隶属县商业局。1963年，更名为怀仁区计量管理所。1965年，更名为怀仁县标准计量管理所，隶属县科技局。1971年交由县钟表社经营。1988年11月，设立怀仁县标准计量管理局，隶属怀仁县科学技术委员会。1992年4月，更名为怀仁县技术监督局。1997年6月改为怀仁县技术监督中心，挂技术监督局牌子，为县属事业单位。

1999年12月1日，更名为怀仁县质量技术监督局。1993年成立"怀仁县企事业单位和社会团体统一代码标识制度领导组"，办公室设在县质量技术监督局。怀仁县煤炭领导组办公室，怀仁县农业标准化领导组办公室，怀仁县质量兴县领导组办公室，怀仁县名牌战略领导组办公室和怀仁县标准化战略领导组办公室均设在县质量技术监督局。

第二节 计量管理

20世纪60年代，开展计量检定维修工作。1991年开展衡器、压力表、血压计、瓦斯计、长度检定工作。以后又新添计量标准器与设备，开展汽车车速、里程表、天平、加油机的检定工作。2008年，对全县80多家使用计量器具的单位建立动态的强检计量器具档案，普查率达到了90%以上。2009年，在涉及民生计量器具的专项检查中，重点对医用计量器具、粮食收购计量器具和建筑工地用计量器具进行专项检查。检查粮食收购站6家，销售点2家，建筑工地5家，所用的计量器具全部进行了鉴定，受检率达到了100%。在对加油站专项检查中，执法人员共检查了26家加油站使用的106台加油机，有3家加油站未经检定擅自使用加油机，分别处以1000元罚款，并责令其限期检定。2012年共检定地中衡133台次，台（案）称367台次，加油机380台次，压力表115块，天平24台次，合格率96%，普检率达98%。

第三节 标准化管理

1989年4月1日《中华人民共和国标准化法》颁布实施后，对全县的生产企业执行标准情况进行普查整顿，停止地方标准的制订，对企业产品标准管理进行标准登记、备案。2007年4月，针对县域实际起草地方标准《梅花鹿标准化养殖实施方案》，并下发各养殖户组织实施。在农产品加工方面，组织山西品升食品有限公司，新家园乡、河头乡申报国家级农业标准化示范区。怀仁种鹿场省级标准化示范区通过验收。为更好地服务农业，推广标准化种植、无公害蔬菜种植技术，先后出台了《梅花鹿养殖技术规范》《玉米地膜覆盖栽培技术规范》《奶牛养殖管理技术规范》等。

统一代码标识是技术监督部门赋予每一个机关团体和企事业单位在全国范围内唯一的始终不变的法定代码标识，在银行、税务、财政、计划、统计、物资、公安等部门的有关业务领域中强制执行应用，全面记录其社会经济行为。1993年开始办理代码工作，到2012年底，全县已办理各类代码4788个。其中机关118个，企业1087个，事业222个，社团46个，专业合作社651个，个体2426个，企业法人190个，民办企业48个。

第四节 质量监督检验

1988年1月设立产品质量监督检验站，1989年1月更名为产品质量监督检验所。按照产品标准，对全县范围内的产品进行监督检验和委托检验。为调解产品质量纠纷提供公正、科学的第三方仲裁检验数据，为实施质量监督检查提供公正、合理的技术检验依据。

2003—2006年，先后共检查生产经销企业1000余家次，查处违法案件400余起，没收销毁超期劣质食品、劣质轮胎、农机器具等七大类13个品种的假冒伪劣商品3万余件，货值金额达10余万元。

2007年，开展产品质量和食品安全专项整治行动，巡查食品加工小作坊85家，签订《食品质量安全承诺书》67份。建议取缔无证照小作坊18家。捣毁一个伪劣食品醋生产黑窝点，没收劣质食醋9吨，备案食品添加物质40多种。

2008年，为净化市场环境，开展了3C行政执法专项检查，查处25家，封存无3C和假冒用3C标志的产品10余件，处罚不法商0.25万元罚款，有效地维护了消费者合法权益。在农资、农机配件产品专项打假行动中，共出动执法人员140多人次，检查生产经销企业36家，查处违法案件25起，收缴罚款1.81万元，为农民挽回经济损失5万多元。

2012年，共检查特种设备使用单位53家，其中液化石油气充装站2家，氧气充装站1家，锅炉使用单位43家，电梯使用单位7家，检查在用电梯22部。在建材专项打假工作中，重点对水泥、电线电缆、建筑扣件、钢材进行了检查，没收劣质电线电缆600米。组织司炉工培训班，全县共有75名司炉工参加了培训，提高司炉工素质。

第四章 物价管理

第一节 机构

民国初，县商会成立后，商品价格由商会会同各行业公议协商。民国34年（1945）10月，县贸易局成立后，根据边区政府经济政策，禁止私商投机垄断，哄抬物价。

1952 年，县人民政府设工商科，根据国家牌价，实行物价管理，并对粮食、食油等主要物资执行以批发价指导收购、零售价稳定市场。1954 年，国家对粮、油、棉、布等主要生活消费品实行统购统销，对零售商采取核定销货额和各类商品进销差异，对批发商采取缩小地区差价的办法，监督私商执行国家物价政策，保证市场物价的稳定。1957 年，县成立物价委员会，物价管理由市场调节转为计划管理为主。1959 年后经济比例失调，物价失控，集市贸易价格成倍上涨。1960 年，小米、小麦、莜面每斤价高达 5~6 元。1961 年起，贯彻“稳定物价，稳定市场”的方针，对粮、棉、油、肉类、食糖实行凭票定量供应，对副食、糕点及部分工业品等实行高价（议价）分配销售。1964 年，对三类物资的进货差价和批零差价，零星产品和部分小商品价格均进行了调整。1966 年，调整了面粉、小米、玉米面等 19 种粮食统销价格，提高幅度为 17.2%；对小麦、谷子、高粱等 25 种粮食的统购价格进行调整，提高幅度为 11.3%。调价后，购销差价和经营亏损由国家补贴。

1979 年，怀仁县物价局成立，负责县域内的价格监管、价费调控、市场物价稳定等工作，维护国家、企业和消费者的价格权利不受侵害，保持市场价费秩序和物价总水平的基本稳定，为县域经济发展创造良好的环境。

第二节 管理监督

1979—1984 年执行以计划价格为主，其它方式为补充的管理机制。按照国家和省物价局的规定，采取对 18 种主要农副产品提高收购价格，并提高肉、蛋、禽、菜、奶等 8 种副食品价格，对 16 种机电产品实行浮动价格，对 318 种小商品实行工商业协商定价，对 696 种小商品实行国家指导价。本县制定了保温炉、食糖、糖果、啤酒和煤矿坑口煤价格等，并查处了雁北矿业公司压低装卸费标准等价格违法行为。

1985—1991 年，国家以下放价格管理权限为主，同时继续对国家管理的价格进行调整，采取以放为主，以调为辅的原则，在有计划的商品经济思想指导下，实行计划价格和自由价格并重的管理模式。以缩小计划价格为重点，对计划价格进行了较大的改革，并适当提高了部分重要商品计划价格。这一时期，本县物价管理按照国家、省的规定，把粮食价格由统派购改为合同定购，由政府定价。合同定购以外的粮食由农民自由上市，价格随行就市。如果市场粮价低于原统购价，仍按原统购价敞开收购，以保护农民利益。生猪、蔬菜、水产品也逐步取消派购，实行自由交易、随行就市。同时开始征收煤炭能源基地建设基金和水资源费，加强对煤炭价格的管理。随后，又取消生猪派购，肉价实行议购议销，放开鸡蛋、蔬菜价格和牛、羊肉价格。1989 年物价出现大幅度上涨，零售物价指数上升到 20% 以上。为严格控制物价上涨，实行生猪、鸡蛋最低保护价，水产品、水果控制批零差率、进批差率，饮食业从严控制毛利率，集贸市场实行最高限价，同时开展了财政税收物价大检查。

1992—2000 年，进一步转换价格形成机制，建立以市场价格为主的价格机制。按照上级物价部门的精神，提高粮食定购价，制定了供暖价格，成立煤炭价格稽查队，同时逐步放开煤炭价格，调整了自来水价格，整顿了经营服务业价格。并在整顿的基础上，发放了行政事业性和经营服务许可证，价格认证工作开始步入轨道。

2001—2012 年，加大对少数重要商品、垄断性商品、资源稀缺型商品和民生服务价格的管理力度，制定市场规则，维护市场秩序，积极推进政府调定价决策民主化、科学化、法制化，建立和完善了价格听证制度和公示制度。按照这一精神，2001—2006 年，以清费治乱减负为工作重点，坚持依法制价，标本兼治，重在治本，从管理、制度和监督等方面加大对乱收费的治理力度，全县收费单位从原来的 32 家减为 24 家，收费项目从 238 项减为 102 项，应收项目改为不收项目 92 项，多项收费合并为一项收费的有 10 项，按差率幅度收费的变为固定收费的 21 项，取消收费项目 34 项，降低收费项目 4 项，并对所有收费单位实行了收费许可证和公示制度，同时还编制了怀仁县行政事业单位收费目录，使收费工作步入了良性发展轨道。

2007—2012 年，6 年累计征收价格调节基金 4500 多万元，为平抑市场物价发挥了极其重要的作用。共计检查行政事业企业单位和经营单位 292 个，出动检查 587 人次，查出违规金额 338.2 万元，受理价格投诉 49 次，视不同情节分别给予限期整改、退还用户、没收违法所得和罚款处理。共计受理价格认证 480 件，认证标的 45092.8 万元，出具价格认证结论书 480 份，没有一起行政复议或申诉。2007—2012 年，每年利用 3 月 15 日消费维权日，5 月 1 日《价格法》颁布周年日，10 月 1 日国庆节和 12 月 4 日法律宣传日，宣传价格法律法规，累计发放宣传资料 17300 份，挂横幅 64 条，接受价格咨询 640 人次，调解价格矛盾 85 起。2007 年以后，先后强化价格监测、分析、预警、预报工作，清费治乱减负工作，价格诚信商店药店建设工作和明码标价工作，免费发放标价签 5 万余片；开展“价格服务进商店、进医院、进学校”等活动，推进了怀仁县文明化进程。2008 年调整了全县商业供暖价格。2009 年调整了公用供热价格和公路客运票价。2010 年制定了出租车价格。2011 年调整了自来水价格和天然气价格。2012 年调整了供电、供暖价格。

第五章 国土资源

第一节 机构

怀仁县国土资源管理机构前身为土地管理局，专门负责全县土地管理工作。此前，全县土地管理职能由县农业局土地管理办公室履行。1990 年 3 月，专门成立了县矿产资源管理局。1993 年更名为县地质矿产局。1997 年 6 月，原土地管理局和县地质矿产局合并，重新组建了县土地矿产资源管理局。2002 年 7 月，撤销原土地矿产资源管理局，组建怀仁县国土资源局。

下属事业单位 6 个，有地产交易所、地质技术测绘站、土地收购储备中心、征地事务所、土地开发站、执法大队。乡镇国土资源所 6 个，有云中国土资源所、何家堡国土资源所、金沙滩国土资源所、毛皂国土资源所、海北头国土资源所和新家园国土资源所。

第二节 土地征管

土地总量 2002年底，全县国土总面积1817190.3亩。按用途分，其中：农用地1395313亩，占土地总量的76.78%。农用地中，耕地837902.7亩，园地7592.9亩，林地352702.8亩，牧草地149084.3亩，其它农用地48030.5亩。建设用地147941.5亩，占土地总量的8.14%。建设用地中，居民涉及独立工矿用地130797.9亩，交通用地12043.8亩，水利设施用地5099.8亩。未利用地273935.6亩，占土地总量的15.08%。未利用地中，未利用土地222680.8亩，其它用地51254.8亩。

土地报批 1988—2002年，全县累计批准建设用地179宗。1999年1月1日新《土地管理法》实施前，全县共审批建设用地177宗，面积3359.936亩（耕地1555.33亩，其它1804.606亩）。其中国家建设征用83宗，面积2376.336亩；乡镇建设征用23宗，面积135.55亩；出让71宗，面积848.05亩。1999年1月1日新法实施后到2002年，全县共审批建设用地3171.85亩，其中耕地2944.71亩，其它227.14亩。1988年大运二级公路征地820.91亩，其中荒地35.17亩，耕地785.73亩。2001年大运高速公路征地2878.73亩，其中耕地2651.59亩，其它227.14亩。

地籍管理 2006年，聘请省第三地质工程勘察院一处技术人员与县土地局通力协作，利用1:10000城区航摄影图作为工作底图，开展了全县城镇地籍调查工作。经过两年多的努力，共调查宗地面积19平方公里，完成了本县城镇地籍调查任务并通过了省厅验收。2008年，开展了第二次土地调查，聘请资质单位经过两年的努力，到2009年底，第二次土地调查内业、外业及建库工作全部完成，并通过了国土资源部组织的核查验收。2011年全县开展了市、县接边工作，到2012年底，这项工作已基本完成。2012年，开展了农村集体土地确权发证工作，同时，还加强了国有土地使用权确权发证工作。到2012年底，全县162个自然村农村集体土地所有权调查划界工作全部完成，超额完成了省国土资源厅下达的任务，发证率99.4%，并通过了省厅验收。全县国有土地使用权应发证9380本，已发9380本，发证率100%；全县集体建设用地使用权应发证1752本，已发1752本，发证率达到100%；全县宅基地应发证50287本，已发49829本，发证率99.09%。地籍档案管理纳入了信息化、制度化、规范化的管理轨道。

规划管理 1990年，县土地部门编制了第一部《怀仁县土地利用总体规划》(1990—2000年)，规划期限为10年。1998年，按照中央11号文件及省、市各级有关文件和规划要求，结合《怀仁县国民经济和社会发展“九五”计划和2010年远景目标纲要》，对原总体规划进行了重新编修，编制了《怀仁县土地利用总体规划》（1996—2010年），规划期限为14年。规划基准年为1996年，近期规划为2000年，规划目标为2010年，展望到2030年，于1998年6月获得省政府批准，并已全面开始实施。原城关镇乡级土地利用总体规划也已通过省、市验收。

耕地保护 1986年6月25日《土地管理法》颁布实施以来，历届政府对耕地保护工作都十分重视。县土地管理部门遵照“十分珍惜和合理利用每寸土地，切实保护耕地”的基本国策，认真贯彻《土地管理法》和《中共中央国务院关于进一步加强土地管理切实保护耕地的通知》文件精神，从国家粮食安全的政治高度出发，结合本县的实际，狠抓耕地保护，特别是保护基本农田。实行了“三无”乡镇责任制，加大城镇存量土地挖潜改造的力度，对农地和非农地实行严格的用途管制，建设用地尽量少占或不占耕地，严格执行建设用地“占一补一”的规定，到2012年底，全县耕地面积保护在837902.7亩，基本农田保护在811270.1亩，为确保全县粮食安全和农村稳定做出了重要贡献。

土地开发整理 1989年成立土地开发站，专门负责全县土地开发复垦整理工作。本着“投资少、见效快、经济合理性、技术可操作性”的科学态度，因地制宜地制定了《怀仁县土地开发计划》。坚持“占一补一”、“谁开发，谁受益”的原则。1991年，县土地管理局在毛皂附近办起了农场，实行种、养、加工发展。2001年，在嘉明陶瓷有限责任公司农牧分公司建成了国家级土地开发整理项目一个，落实资金1192.9万元，整理土地10000亩。截至2012年，全县累计开发复垦土地6000多亩。在保证经济建设用地的前提下，确保了全县耕地总量动态平衡。

土地使用制度改革 1998年，县委、县政府提出了“三年建设一个新怀仁”的奋斗目标。县国土资源部门针对本县国有土地闲置低效利用的实际，积极深化土地使用制度改革，全面实施经营城市战略。通过土地收购储备、土地置换等手段，采取“退二进三”的办法，最大限度地盘活城市国有土地资产。全县先后25次成功招标拍卖和挂牌出让国有土地322宗，面积19.2万平方米，收缴国土收益8486.925万元，平均每平方米442.84元，出让金最高价每平方米4950元，创造了全省县城土地拍卖最高纪录，用土地出让金进行城市基础设施建设，吸引社会投资8.9亿元，实现相关产业增加值10亿多元。盘活城市存量土地相对累计节约耕地300多亩，不仅保持了全县耕地总量动态平衡，而且实现了以土地资产拉动经济发展的目标。2001年，借鉴浙江的经验，在全省率先建成了集体建设用地依法流转试点，首次将新家园中学70亩土地进行了流转，获得土地收益70万元，使多年闲置的“死地”得到了重新利用。

执法监督管理 1997年，全县开始大规模的土地清查活动。重点对原街心公园违法占地进行依法查处，使这起土地违法案件得到了妥善处理。2002年，进行较大规模的土地市场秩序治理整顿工作，进一步规范了全县土地市场秩序。至2012年底，全县累计查处违法占地300多宗，调处土地权属纠纷400起，行政拘留3人，有4名村干部先后被撤职，全县土地违法案件查处率达到100%，结案率80%以上，土地管理秩序实现了全面好转。

第三节 矿产资源管理

采矿权管理 1990年县矿产资源管理局组建后，对全县矿山企业采矿秩序进行了全面规范，共为113个矿山企业报批下发了采矿许可证，使矿山企业实现了依法办矿，全县矿山企业持证率90%以上。2001年，根据国家对煤矿进行关井压产的要求，结合企业改制，先后为47座煤矿因企业法人名称更换、报批换发了采矿许可证，为全县矿山企业采矿权实行依法流转奠定了基础。

开发管理 1990年，县矿管部门把矿业秩序治理整顿工作作为一项突出任务去抓，全县先后制定了矿业秩序基本好转、全面好转和根本好转分期工作目标。从1995年开始，全县先后进行了五次以上大规模的治理整顿工作，累计关闭“死灰复燃”的私开矿点36座次，取缔露天风化煤场24处（次），调处采矿权属纠纷15起，解决一证多井口（采场）矿山12家，处以罚款2亿元，行政拘留3人。1997年，全县矿业秩序实现全面好转。为了进一步提高矿山资源回收率，有效减少资源浪费，2002年10月，县国土部门在全县煤矿中全面实施了矿产资源储量块段管理制度，定期交换图纸，全县煤矿年可相对减少动用储量1000 ~ 1500万吨。

按照国家矿产资源补偿费征收管理规定，从1995年开始，县矿产资源局在县境内所有矿山企业全面开征矿产资源补偿费。到2012年底，累计征收矿产资源补偿费988.8万元，全额就地上缴国库，圆满完成了上级下达的任务。征缴工作在全省领先，多次受到国家和省市国土部门的表彰和嘉奖。

规划管理 2002年，为了实现现代化建设第三步战略目标，加速全县经济的发展，根据全县产业结构调整的需求并依据省市矿产资源规划和《怀仁县矿产资源国民经济发展第十个五年计划纲要》，县国土资源局聘请地勘专家学者，结合本县的资源特点，首次编制了《2001—2010年怀仁县矿产资源规划》，对本县矿产资源勘测、开发利用与矿山生态环境保护及恢复进行了规划，建立起了与县域经济和社会可持续发展目标相适应的矿业经济新格局，为促进全县经济结构战略性调整提供了科学的指南。规划期限：近期2001—2005年，远期2010—2015年。规划基准年为2000年。

地质环境整治 2000年，县土地矿产部门对本县境内发生的地质灾害进行专项调查，发现因煤矿采空区造成地面塌陷面积184.086公顷（市营68.32公顷），其中破坏耕地74.46公顷（市营30.5公顷）；沙坡地0.4公顷，荒地3.78公顷（市营0.69公顷）；林地23公顷（市营5.8公顷）；其它未利用土地82.446公顷（市营31.33公顷）。造成人员伤亡2人（市营1人）。

埋压设备合325万元，破坏公路（矿区公路）路面4处1300平方米，输电线路160米，职工宿舍、办公楼4000平方米，村民房屋倒塌裂缝较严重的96户，轻微房屋（窑洞）裂缝76户，合计房屋（窑洞）685间，煤炭生产减产、停产损失达2342万吨，地表裂缝81处（市营22处），地裂缝总长度4500米，塌陷坑52个（市营7个），总计经济损失1.5亿元（市营1亿元）。1999年，郝家坪村因煤矿采空区塌陷、村庄整体搬迁到新家园村一带。2001年，何家堡乡芦子沟村亦因煤矿采空区塌陷造成有害气体外泄而整体搬迁至跃进村附近。两村搬迁，各级累计投资达400多万元。

1999年开始，全县开展了地质灾害预防和治理工作，县国土资源部门聘请勘查专家对全县地质环境开展了全面调查评价，2001年12月编制完成了《怀仁县矿山环境保护调查整治报告》，对全县矿山尾矿、固体废料、土地复垦、地质灾害的整治工作进行了分析、计划和规划，提出了建议。

第六章 安全生产监督

第一节 机构

怀仁县安全生产监督管理局是在原怀仁县煤炭工业局的基础上于2002年成立，当时是两块牌子，一套人马。之前，各行各业的安全工作由主管部门监管，没有主管部门的行业由县劳动局安监站监管。2002年5月1日起，安监局由对煤矿安全直接监管，扩展到对非煤炭企业、危化行业、烟花爆竹进行直接监管，对其它行业按照《安全生产法》的规定，实行综合监管。

2005年7月1日两局分家，成为两个各自独立的行政局。主要职能调整为原县安全生产监督管理局（煤炭工业局）承担的安全生产监督管理职能划归县安全生产监督管理局承担。

2010年两家合为一家，为怀仁县安全生产监督管理局，实际上还各自行使原职能。2011 年 5 月正式确定为安全生产监督管理局，其主要职能除煤炭行业的安全由直接监管变为综合监管，并对冶金、有色、机械、轻工、建材、烟草、纺织、商贸等 8 大行业进行直接监管外，其它职能基本没有变化。其它行业的安全监管职能主要由行业主管部门行政。

第二节 煤炭行业安全管理

20 世纪 80 年代初，本县煤炭行业迅速发展壮大，重点产煤乡镇都设立安监站，主要对煤矿的安全工作进行监管。后因煤炭资源进行整合，全县煤矿从原来的60多座减少到6座，都成为股份制公司，分布在4个乡镇。2008年，各乡镇均设置了安监站，其职能不仅对煤矿安全进行监管，而且扩展到对区域内所有安全生产工作实施全面监管。2011 年，各村（社区）设立了以村委会主任（社区负责人）为组长的安全生产领导小组，对本村（社区）的安全工作进行监督管理，形成了县、乡、村、企四级安全监管网络。

2002 年以来，坚持“安全第一、预防为主、综合治理”的方针，全县生产安全状况有了明显改观，安全事故起数和死亡人数持续下降，安全生产形势逐年好转。10 多年来，全县煤矿生产发生事故 5 起，死亡 5 人，地面发生事故 1 起，死亡 1 人。

2003 年，县政府与各乡镇、各涉安部门签订了安全生产目标责任状，实行安全生产风险抵押金责任制。各单位与企业、企业内部层层通过签订目标责任书的形式，将县政府下达的安全责任制层层分解，逐级落实，形成了“横向到边、纵向到底”、安全责任一级抓一级、逐级负责的安全生产责任体系。县政府安委会办公室每半年组织进行一次考核验收，将考核结果进行全县通报，并作为奖惩兑现的依据，实行“一票否决”制。

2010 年，安监局制作了行业承诺书，在煤矿、非煤矿山企业、危化生产经营企业、烟花爆竹等十七个重点行业与领域的 296 家企业实行了法定代表人安全生产承诺制，由企业主向政府签订安全生产承诺书，严格落实安全生产“两个主题责任”。对全县煤矿、非煤矿山企业、危化生产经营企业、烟花爆竹等重点行业企业的法人、分管安全负责人、安全机构负责人以及安全监管责任单位、分管领导和监管小组全部落实包保责任制，并在《今日怀仁》、怀仁电视台、怀仁网站等媒体上予以公示。尤其对6家煤矿、2家危化生产企业与2家危化储存企业实行了分管县长，煤炭、安监主要负责人以及分管领导、直接监管人员、企业法人挂牌督办安全生产责任制。为强化政府和企业两个主体责任，对县乡两级政府、各行业主管部门、各企业的主要负责人、班子成员均实行了安全生产“一岗双制”目标责任制。

第三节 非煤矿山安全管理

2002年以来，坚持“依法整治、巩固提高、务实求效”的原则，不断巩固深化危险化学品、非煤矿山、烟花爆竹、公众聚集场所为重点的安全生产专项整治。到2012年底，道路交通发生死亡事故34起，死亡40人。

2004年，在非煤矿山、危险化学品、烟花爆竹、建筑等高危行业实行了安全许可制度，这些行业的企业生产经营前必须严格按照各自申领《安全生产许可证》的标准，逐条逐项进行软件设施的配套与完善，缺什么补什么，经中介机构评估合格，相关部门验收通过，申领《安全生产许可证》后，方可生产经营。到2006年底，全县所有危化生产经营企业、烟花爆竹生产经营企业、非煤矿山企业与建筑施工企业都经过完善改造，申领了《安全生产许可证》。

2009年开始用三年多的时间对分布在非煤矿山、危化与烟花爆竹等行业的所有40家一类企业进行强制性关闭和取缔；对排查的二类企业下达强制停产措施决定书；对其主要设备设施进行贴封上锁；对非煤矿山中的二类企业，通知公安部门停供火工品，电力部门停供生产用电，并督促其积极整改；对三类企业，采取明查暗访、随机督查、三级联动等多种方式开展工作，促进专项整治的深入开展。对省市督查组检查出的问题，组织执法人员进行跟踪排查，逐条落实，对整改结果逐级上报并予以销号。对一时难以解决的问题均已做到责任人、措施、资金、时限、预案“五落实”，从而保证安全隐患的整改率达100%，有力地保证了全县安全生产。十多年间，先后关闭取缔因资源整合而关停的煤矿48座，烟花爆竹生产企业2个，2012年取缔河头非法采沙点6处，捣毁采沙船3艘，取缔清泉等村非法加油站2处。

第四节 硬件建设和应急方案

2002—2012年，全县企业不断强化安全基础、安全装备、安全技术与安全科技投入。累计安全投入达十亿多元，煤炭投入量尤其大。

2011年，按照省政府“五落实”、“五消灭”、“一加强”的要求，全面加强乡镇安全监管站软硬件建设，强化乡镇安监人员培训，强化辖区内的安全监管，强化村级安全监管体系的建立健全。2012年，经过市安监局组织的验收组检查验收，全县有5个乡镇、154个自然村和社区达到“安全乡村”建设要求。

在全县煤矿、非煤矿山、危化、烟花爆竹、轻工、商贸等行业的企业中，所有生产的煤矿、所有41家生产经营的危化企业、2家烟花爆竹批发企业、24家非煤矿企业、14家陶瓷企业、15家商贸企业、1家建材企业建成安全质量标准化企业，提高企业本质安全。不断完善全县安全生产事故应急救援预案，并要求各相关部门与企业按要求每年制定并完善安全生产事故应急救援总预案与各专业应急救援分预案，并每年在煤矿、消防队、学校、跃胜实业公司、玉珑化工等单位组织应急救援演练，不断提高全县预防和处理重特大事故能力。县里每年举办的元宵灯火晚会以及高考、中考等大型活动，都制定安全应急预案，现场布控应急救援人员和消防、救护车辆，确保万无一失。

2012年，聘请中介机构对煤矿、煤炭洗选、危化等企业的作业场所、职业危害进行科学检测、评价与申报工作，完善用人单位职业健康的各项规章制度，实现了企业职业危害防治工作的进一步好转。114家企业完成职业危害的检测、评价与申报工作。

围绕提高干部职工对安全工作的认识和全民安全意识，积极开展形式多样的安全宣传教育活动：（1）利用电视、电台、报纸、网络等媒体，不间断地进行各种安全知识宣传和各种安全活动的推广报道；（2）开展安全科技、安全法律、安全文化“三下乡”活动。（3）在各大超市、饭店、集贸市场、烟花爆竹销售摊点等处，张贴相关安全知识挂图和标语，有效提高了全县人民的安全防范意识，杜绝食物中毒、爆炸等事故的发生。（4）开展声势浩大的安全生产月活动。在每年6月的安全生产月咨询日上，组织煤炭、住建、消防等各涉安部门与各乡镇，在迎宾广场共同举办安全咨询日活动。活动现场设置咨询台、宣传台，安全展板展示区、安全消防设施使用示范区，进行宣传资料散发、安全知识宣传、安全知识参观、安全宣传车绕城宣传等活动。另外在安全月中还开展“警示教育周”、“应急演练周”、“职业病防治宣传周”、“安全文化普及周”等系列宣传教育活动，并开展“知责、履责”安全生产无事故竞赛、“平安家庭”创建等活动，促使安全生产优化。（5）加强对企业干部职工安全知识教育培训力度。2002—2012年，先后送出6400多人参加省市举办的企业主要负责人、安全管理人员、安全监管执法人员、特种作业人员安全资格培训；安监、煤炭、消防等部门组织工程技术人员深入到陶瓷、危化、煤矿等企业开展全员培训班，培训人员8万多人次。

第五节 食品药品监督管理

2002年4月，怀仁县食品药品监督管理局成立，实行省以下垂直管理。2005年2月，在原有人员、机构、设备的基础上组建成立“朔州市食品药品监督管理局怀仁分局”，负责对全县食品、保健品、化妆品安全管理的综合监督，负责对本行政区内药品、医疗器械研制、生产流通及使用的全过程监督管理。2009年底，朔州市食品药品监督管理局怀仁分局成建制移交怀仁县地方人民政府，实行与卫生局一个机构，两块牌子的工作格局。2011年5月，成立“怀仁县食品药品监督管理局”，进一步扩大了工作范围，承担全县食品卫生许可及餐饮业、食堂等消费环节食品的安全监管和保健食品、化妆品的卫生监督管理职责。

严格药品监管　强化执法力度 2011年，共监督检查各级各类医疗机构

127家次，药品生产经营企业69家次。开展非药品冒充药品监督检查，出动执法人员244人次，检查单位265家次。开展基本药物质量专项检查，共检查医疗机构68家，检查药品823批次。加大稽查工作力度，打击制售伪劣药品和医疗器械的违法案件12起。推进农村药品“两网”建设，培训协管员109人，择优确定7家药品批发企业为供应商，保证了辖区药品、源头药品质量安全。2012年，对全县50多家药店进行检查，并实施电子远程监管，对外公布24小时举报电话，坚持值班制度，推行食品安全公示制度。镉超标事件在本县没有发生。查处药品案件9起，罚款3万元。

强化综合协调　净化餐饮市场　严把餐饮服务许可证源头关。2012年共发餐饮服务许可证480家，现场核查率、建档率达100%。查处无证经营餐饮单位90家，查处集体用餐配送单位一家。

加强日常监督　突出重点整治　全县分五个片区，实行网格化监管，监管覆盖率达100%。对全县范围内各类学校、托幼机构食堂及周边餐饮单位进行全面的食品安全隐患排查及整顿工作。对县城区建筑工地食堂进行全面排查，对不符合条件且难以整改的责令关停。整治大大改进了工地食堂餐饮安全状况，有力地保障了农民工群体的身体健康。做好重大活动期间食品安全保障工作。为春节、“五一”、清凉山旅游节、县“两会”、中高考及政府接待等重大活动提供了食品安全保障。在重大节日及重大活动期间，全县没发生一例食品安全事件。

加强宣传工作　增强群众安全意识　设立咨询台、分发宣传资料，进行食品安全法律法规以及食品安全知识的广泛宣传。2012年发放《食品安全法》《饮食用药安全知识手册》《饮食卫生误区》《如何识别食品质量》《食品安全知识》《食品腐败变质》《中小学生饮食安全》等宣传资料1500余份，接受群众咨询100余人次。利用每年一度的“药品安全月”，普及安全合理用药知识、食品安全等基本知识。

第七章 审计监督

第一节 机构

1983年6月，筹建怀仁县审计局，同年7月15日正式成立。负责本地区范围内的审计工作。主要是对县直各部门、事业单位和乡镇人民政府预算执行情况及预算外资金管理、使用情况进行审计监督，对全县国有及国有控股企业，使用国有资产数额较大企业资产、负债、损益情况进行审计监督。

第二节 各项审计

1983—2012年，审计部门坚持依法审计，积极履行监督职能，共审计单位2834个，查出违纪金额4.05亿元。审计罚款322万元，收缴260.4万元；固定资产投资审计核减1.5亿元；提交综合性报告、信息情况389篇，其中被上级新闻单位采纳7篇。通过对财政收支以及经济活动的审计监督，在严肃财经法纪，提高经济效益，加强宏观调控和管理，保证全县经济建设顺利进行方面发挥了积极的作用。

财政预算审计 1996年起，县审计局开展同级财政预算执行审计，并向县政府提交审计结果报告，向县人大常委会作审计工作报告，接受审议。1996—2010年6月，对县财政局、地税局、国税局等多个部门的财政预算执行情况和其它财政收支情况进行审计，发现的主要问题是行政事业单位收费未纳入预算管理，财政违规出借财政资金，无证收费、欠征欠收、少数单位截留挪用专项资金等。1996—2012年，共审计321个部门、单位，共查出违规违纪金额10621万元。

金融审计 1996—2012年，先后对本县信用联社所属信用分社、中行、保险公司等23个金融单位的年度资产、负债、损益情况进行就地审计。审计查明，各金融单位存在以贷还贷、违规异地贷款、利息计算不正确、正常贷款隐藏不良贷款、会计核算科目归属不准确等问题，共查出违规违纪金额3486万元。

经济责任审计 从1987年实行厂长（经理）离任经济责任审计和1998年开展的县级以下党政领导干部任期经济责任审计制度以来，截止到2012年底，先后对60名企业领导干部和163名党政领导干部开展了经济责任审计，共查出违纪违规金额2579万元。

固定资产审计 截至2012年，审计局对264个单位的基础设施建设情况进行审计。报审投资金额12.16亿元，审计核减高估冒算工程金额1.5亿元，综合审减率为12%。

专项资金和其它项目审计 2000—2012年，注重救灾救济、社保、环保、造林、农业、教育、科技、城建等民生专项资金审计，先后对2003个行政事业单位和企业进行了专项资金或年度审计，通过审计发现企业欠缴养老基金严重，欠缴、少提政府应交税费及基金，少计利息收入，财政补贴和配套资金没有及时到位，矿产资源补偿费未及时上解各级金库，预算外收入应缴未缴财政专户，未将社会抚养费纳入预算管理，用专项款弥补办公经费等问题。

第十六编

政治体制改革

第一章 行政体制改革

第一节 党政机构设置

1949年3月，怀仁县委、县政府驻地从吴家窑迁到怀仁县城，隶属晋绥地委、专署领导。同年5月，怀仁属山阴中心县领导。9月怀仁划归察哈尔省管辖。1952年12月归山西省管辖。

1949年3月—1950年12月，县委设书记1人，副书记兼组织部长1人，宣传部长1人。县政府设县长1人，副县长1–2人，下设办公室、财政科、教育科、公安局、民政科等办事机构。1950—1954年，县委设书记1人，组织部长1人，宣传部长1人；县政府设县长、副县长各1人，设办公室、财政科、教育科、税务局、公安局等办事机构。

1954年7月26日，怀仁县、大同县合并为大仁县。县委设第一书记1人，副书记数人，书记处书记若干人。除原设组织部、宣传部外，增设统战部、纪律检查委员会。县政府改称县人民委员会，设县长1人，副县长3人，设办公室、人事科、民政科、财政科、卫生科、公安局、工业局、交通局、邮电局、农业局、教育局等11个办事机构。

1955—1958年10月，大仁县委、县政府领导职数保持在5–7人，办事机构11–13个。1960年1月1日设怀仁区，区委在原有机构的基础上，增设区直机关党委、区委党校，撤销工交部、财贸部；县政府在原有机构基础上增设计划委员会、统计局、粮食局、文教局等机构。1964年12月5日，恢复怀仁县，内设机构与以前相同。

1967年3月，中共怀仁县委被“造反派”夺权。成立中共怀仁县核心小组，行使县委职权。核心小组设组长1人，副组长1人，设办公室、政治部。县政府改称“革命委员会”，设主任1人，副主任5人，办事机构有办公室、政治处、人民武装动员处，政治处下辖计划、财贸、工交、农林水电、文教卫生、无产阶级专政等6个委员会，1968年10月改为办事组、政工组、业务组、保卫组。

1969—1982年，县委办事机构有办公室、组织部、宣传部、纪检委、统战部、工交政治部、农村工作部、财贸组织部；县政府设办公室、经济委员会、农业委员会、财贸委员会、计划委员会、科学技术委员会、文教委员会及各委下属行政局。

1983年，县委设办公室、组织部、宣传部、纪检委、统战部、政法委、机关党委、政研室、对台办公室、保密委员会、党校、工交政治部、农村工作部、财贸政治部、综合治理办公室；县政府设办公室、经济委员会、农业委员会、财贸委员会、计划委员会、科学技术委员会及各委员会下属行政局，增设打击经济犯罪办公室，农业学大寨办公室，落实政策办公室；人大常委会、政协委员会单设，分别内设专门委员会、办公室；群众团体有总工会、妇联会、团委、科学技术协会、工商业联合会等机构。

第二节 政企分开

1983—1997年，怀仁县推行政企分开工作，改变以政代企，政企不分的情况。企业内部设党组织（即党委、党支部）、管委会（即矿务委员会，厂务委员会），取消交叉任职。政府主管部门与所办经济实体和直属企业解除行政隶属关系，不直接插手企业生产和经营活动。

1998—2004年，根据中共中央、国务院《关于经济体制改革的若干问题的通知》的精神，全县国有企业主动参与经济体制改革，成立以股份制为主的董事会、监事会，企业重大问题由董事会集体研究决定，同时，加强基层工会组织，充分发挥职工维护合法权益的作用。

2005—2012年，全县国有企业的领导体制形成，建立党委或党支部、董事会。有限责任公司分别设党委（或党支部）书记、总经理、工会主席。民营企业参照国有企业，成立同样的机构，但董事长和总经理一人兼职现象较多。

第二章 县级机构改革

第一节 1983年党政机构改革

1983年9月党政机构进行初步改革。根据上级有关精神，怀仁县用3个月时间进行党政机构的改革工作。此次改革延续到1997年，重点解决机构设置和领导干部配备问题。坚持从政治素质好的干部中挑选领导人才，严把政治关、年龄关、文化关，对县级党政机构进行大幅度调整，将党政机关由52个减少到43个。党政分设的主要方式，一是减少重叠机构，如财委，建委等；二是合并业务相连的机构，如宣传部和文教部合并；三是行政改为事业的机构，如供销社改为县供销合作联合社，二轻局改为手工业联社，外贸局改为外贸公司；四是取消不必要的机构，如知青办、爱卫办、多种经营办、地震办、打击经济犯罪办公室等。同时，根据工作需要增设税务局。在精简机构的同时，还注重精简领导干部的职数。县委常委由原来11人减为7人，正副县长由原来5人减为3人，县直机关部、委、局干部职数由149人减为104人，各公社正副职领导干部由原来95人减为85人。通过机构改革，全县的领导班子在革命化、年轻化、知识化、专业化方面迈出了新的步伐。

第二节 1997年党政机构改革

1997年，根据省、市有关精神对县级党政机构进行改革。此次改革延续到2002年。

改革前县级党政机构共有91个。其中县委机构16个，政府机构59个，人大机构6个，政协机构2个，群团机构6个，其他机构（法院、检察院）2个。县级党政机关实有人员1957人（含公、检、法、司364人），其中干部1268人，工人 689 人。

改革后怀仁县设置党政机构 30 个。其中县委机构 7 个，分别是纪律检查委员会（与监察委员会合署办公，实行一个机构，两块牌子）。县委办公室、组织部、宣传部、统一战线工作部、政法委员会（与社会治安综合治理委员会办公室一个机构，两块牌子）、农村工作领导小组办公室（挂县委农村工作委员会和县政府农业委员会牌子）；县政府组成部门 23 个，分别是办公室、计划经济贸易委员会、教育委员会、科学技术委员会、公安局、监察委员会（与纪律检查委员会合署办公）、民政局、财政局（挂国有资产管理局牌子）、人事局、劳动局、卫生局、计划生育委员会、审计局、统计局、工商行政管理局、物价局、司法局、城乡建设环境保护局、煤炭工业局、文化体育运动委员会、土地矿产资源管理局、粮食局、交通局。地方税务局为县政府直属机构。机构编制委员会办公室是机构编制委员会的常设办事机构，与人事局合署。

1997 年，根据上级有关精神，县级党政机构具体调整如下：撤销县委政策研究室、县委机要保密室、县委督促检查室、县委台湾工作办公室、保密局，行政职能划归县委办公室；撤销知识分子工作办公室、县直机关工作委员会，行政职能划归县委组织部；撤销老干部管理局，成立老干部服务中心，改为事业单位，行政职能划归组织部；撤销农村工作部，成立农村工作领导小组办公室，挂县委农村工作委员会和县政府农业委员会牌子；撤销计划委员会、经济委员会、财贸委员会、经济技术协作办公室，成立计划经济贸易委员会；撤销绿化委员会办公室，行政职能划归农业委员会；撤销经济体制改革委员会办公室、信访局，行政职能划归政府办公室；撤销国防教育委员会办公室，行政职能划归政府办公室；撤销机关事务管理局，成立机关后勤服务中心，改为事业单位，行政职能划归政府办公室；撤销农业机械管理局、农业局、畜牧局、水利水保局、林业局、乡镇企业管理局，成立农机服务中心、农业服务中心、畜牧服务中心、水利服务中心、林业服务中心、乡镇企业服务中心，均改为事业单位，仍可挂各局的牌子；撤销土地管理局、地质矿产局，成立土地矿产资源管理局；撤销税收财务物价大检查办公室，行政职能划归财政局；撤销环境保护局，行政职能划归城乡建设环境保护局；

撤销地震局，行政职能划归科学技术委员会；撤销科技干部局，行政职能划归人事局；撤销文化局、体育运动委员会、广播电视局，成立文化体育运动委员会；撤销二轻工业局，成立城镇集体工业联社，挂二轻行业总会牌子；撤销物资局、商业局，成立物资总公司、商业总公司，改为企业单位；撤销爱国卫生运动委员会办公室，行政职能划归卫生局；撤销农业技术推广中心、果树开发服务中心，行政职能划归农业服务中心；撤销外贸局，保留外贸公司，行政职能划归计划经济贸易委员会；撤销医药管理局，行政职能划归卫生局；技术监督局改为技术监督中心，挂技术监督局牌子，改为县直属事业单位；县供销合作联合社改为事业编制；档案局改为档案馆，挂档案局牌子，改为县直属事业单位；统计委员会更名为统计局，教育局更名为教育委员会；煤炭工业管理局更名为煤炭工业局；编制委员会办公室更名为机构编制委员会办公室；科协、文联为群众团体组织，使用事业编制；老龄问题工作委员会、残疾人联合会定性为群众团体，划出政府行政机关，使用事业编制；县委通讯组定性为事业单位，使用事业编制；成立县委机关后勤服务中心，隶属县委办公室管理；成立环境保护所，隶属城乡建设环境保护局管理；成立保安公司，隶属公安局管理；成立煤炭供销公司，定性为股级企业单位，隶属煤炭工业局管理。

1997年县级各机关人员编制比例为：县委机关占15%，政府机关占78%，人大、政协、工会、共青团、妇联等机关占7%。县委设常委11名，其中书记1名，副书记3名；县政府设县长1名，副县长4名，另增设专管煤炭工业的副县长1名。

按照中央确定的分类标准，怀仁县为三类县，核定县级机关行政编制500名（不含地税局编制）。全县13个乡镇中，一类乡镇1个，二类乡镇11个，三类乡镇1个。核定乡镇机关行政编制352名（含乡镇财政所编制，不含乡镇地税所编制）。县、乡两级行政编制总额为852名。

根据上级有关规定，人大、政协、法院、检察院的机构按各自的组织法和中央的有关规定设置；工会、共青团、妇联等人民团体的机构按各自章程和中央的有关规定设置。

第三节 2002年党政机构改革

2002年6月，根据上级有关规定对县级党政机构进行了调整。此次改革延续到2005年。

县委：县机构编制委员会办公室为县机构编制委员会的常设办事机构，既是县委的工作机构，又是县政府的工作机构，列入县委序列；县委组织部挂老干部局、县直属机关工作委员会牌；县委办公室挂县委、县政府信访局牌子。

县政府：计划委员会更名为发展计划局；经济贸易委员会更名为经济贸易局；教育委员会更名为教育局；土地矿产资源管理局更名为国土资源局；科学技术委员会更名为科学技术局;文化体育运动委员会更名为文化体育局;在劳动局的基础上组建劳动和社会保障局，将人事局管理的机关事业单位社会保险、民政局管理的农村社会保险、各行业统筹的社会保险以及卫生局管理的医疗保险等职能划归劳动和社会保障局，实行各种社会保险工作的统一管理；以煤炭工业局为基础，组建安全生产监督管理局，挂煤炭工业局牌子，原经济贸易委员会和劳动局承担的安全生产监督管理职能划归安全生产监督管理局；不再保留物价局，行政职能并入发展计划局，在发展计划局挂物价局牌子；不再保留计划生育委员会、卫生局，组建计划生育卫生局；不再保留城乡建设环境保护局，组建建设局、环境保护局；在农业服务中心、水利服务中心、林业服务中心的基础上，分别组建农牧局、水利局、林业局。原农机服务中心、畜牧服务中心和乡镇企业服务中心承担的行政职能划归农牧局；县委农村工作领导小组办公室与农牧局一个机构，两块牌子，不再保留县委农村工作委员会、县政府农业委员会的牌子；财政局不再挂国有资产管理局牌子。

调整后县委设置纪律检查委员会和6个工作部门：纪律检查委员会（监察委员会与其合署办公）；办公室（挂信访局牌子）、组织部（挂直属机关工作委员会、老干部局牌子）、宣传部、统一战线工作部、政法委员会（社会治安综合治理委员会办公室与其合署办公）、机构编制委员会办公室。县政府设置25个工作部门：办公室、发展计划局（挂物价局牌子）、经济贸易局、教育局、科学技术局、公安局、监察委员会（纪律检查委员会机关与其合署办公，列入政府机构序列，不计入政府机构个数）、民政局、司法局、财政局、人事局、劳动和社会保障局、国土资源局、建设局、环境保护局、交通局、农牧局（县委农村工作领导小组办公室与其一个机构，两块牌子）、水利局、林业局、文化体育局、计划生育卫生局、统计局、审计局、粮食局、安全生产监督管理局（挂煤炭工业局牌子）、民营企业局、县公安局交通管理股（挂县公安局交通警察大队牌子，为公安局内设机构，保留原规格）。

县直机关行政编制由472名减为378名，精简20%。县级各类机关人员编制比例分别为：县委机关占20%，政府机关占70%，其它机关（含人大、政协以及工会、共青团、妇联等）占10%。公安、司法、法院、检察院使用政法专项编制，编制单列，不使用县直行政编制。

县委设常委11人，其中书记1人，副书记4人（含县长）；县政府设县长1人，副县长5人（含非党1人）。党政工作部门领导职数一般为2—3人，政府机构的综合部门可增加党总支（党支部）书记，党政机构不设技术行政职务和助理职务。

第四节 2005年政府机构改革

2004年，根据上级有关精神对全县政府机构进行了改革。此次改革延续到2009年。

县政府将县发展计划局改组为县发展和改革局，为县政府工作部门，正科级建制。发展和改革局主要承担研究拟订、组织实施全县经济和社会发展战略，搞好经济总量平衡，指导和推进总体经济体制改革等职能，将县经济贸易局承担的重要工业品、原材料进出口计划编制等职能划归县发展和改革局。县经济贸易局更名为经济局，挂县商务局牌子（一个机构，两块牌子），将县财政局承担的国有企业资产管理职能划归县经济局承担。将县计划生育卫生局更名为县人口和计划生育局（县卫生局与其合署办公，一个机构，两块牌子）。在县委统一战线工作部挂县民族宗教事务局牌子（一个机构，两块牌子）。将县乡镇企业服务中心更名为县中小企业局，县民营局更名为县民营经济发展局，挂靠在县中小企业局（一个机构，两块牌子），为县政府直属事业单位，正科级建制，承担中小企业有关服务职能。县安全生产监督管理局和县煤炭工业局分别单独设立，均为县政府工作部门，正科级建制。

县政府设置25个工作部门：办公室、发展和改革局（内挂物价局牌子）、经济局（内挂商务局牌子）、教育局、科学技术局、公安局、监察委员会（纪律检查委员会与其合署办公，列入政府机构序列，不计政府机构个数）、民政局、司法局、财政局、人事局、劳动和社会保障局、国土资源局、建设局、交通局、农牧局（县委农村工作领导小组办公室与其一个机构，两块牌子）、水利局、林业局、文化体育局、人口和计划生育局（含卫生局）、审计局、环境保护局、统计局、安全生产监督管理局、粮食局、煤炭工业局。

人员编制为县行政编制，总额和更名的县政府工作部门的人员编制不变，新设立机构的人员编制在“三定”方案中核定。领导职数，各机构的领导职数仍按晋发【2001】14号文件执行。

第五节 2009年政府机构改革

2009年，根据上级有关精神对政府机构进行了相应的改革，此次改革延续到2011年。

改革前全县共设置行政机构40个。其中党委部门7个，政府部门25个，群团组织4个，法院、检察院各1个，人大工作机构7个，政协工作机构4个。使用事业编制的群团组织：乡6个，镇4个。全县共有行政编制1001名。其中县直地方行政编制416名，政法专项编制333名，乡镇行政编制252名。

改革后县政府设置23个工作部门：办公室（内挂人民防空办公室牌子）、发展和改革局（内挂物价局牌子）、经济和信息化局（内挂商务局牌子）、教育局、科技文化广电体育局、公安局、监察局（纪律检查委员会与其合署办公，列入政府机构序列，不计入政府机构个数）、民政局、司法局、财政局、人力资源和社会保障局、国土资源局、环境保护局、住房保障和城乡建设管理局、交通运输局、农业委员会（内挂县委农村工作领导组办公室牌子）、水利局、林业局、卫生局（食品药品监督管理局与其一个机构两块牌子）、人口和计划生育局、审计局、统计局、安全生产监督管理局（内挂煤炭工业局牌子）、粮食局。

县政府组建农业委员会，挂县委农村工作领导组办公室牌子。将农牧局、农业服务中心、畜牧兽医服务中心、农机服务中心等机构承担的行政职能以及中小企业局承担的农产品加工及质量监督管理等行政职能整合划入农业委员会，不再保留农牧局。畜牧兽医局更名为畜牧兽医服务中心，与农机服务中心一并由县政府直属事业机构改为隶属于农业委员会管理的事业单位，对外不再称局，承担相应的职能，其机构规格不变。组建经济和信息化局，挂商务局牌子，将经济局、二轻行业总会（城镇集体工业联合社）承担的行政职能和中小企业局承担的工业管理方面的行政职能整合划入经济和信息化局，不再保留经济局。中小企业局更名为中小企业服务中心（民营经济发展服务中心），与二轻行业总会（城镇集体工业联合社）一并由县政府直属事业机构改为隶属于经济和信息化局管理的事业单位，承担相应的职能，其机构规格不变。组建人力资源和社会保障局，将县人事局、劳动和社会保障局的职责进行整合，划入人力资源和社会保障局，不再保留县人事局、县劳动和社会保障局。组建住房保障和城乡建设管理局，不再保留建设局。组建交通运输局，将交通局的职责、建设局承担的城市客运及出租车行业管理职责整合划入交通运输局，不再保留交通局。组建科技文化广电体育局，承担新闻出版管理职能。将科学技术局、文化体育局以及广播电视中心的行政职能进行整合，划入科技文化广电体育局，不再保留科学技术局、文化体育局。人口和计划生育局与卫生局分设。食品药品监督管理局不再实行省级以下垂直管理，成建制移交县政府管理，与卫生局实行一个机构，两块牌子。将煤炭工业局的职责整合到安全生产监督管理局，安全生产监督管理局挂煤炭工业局牌子。县人民政府办公室挂县人民防空办公室牌子。

第六节 机构调整

1997年、2002年、2005年和2009年四次大型党政机构改革之外，对部分行政事业单位进行了拆并、整合、更名等一系列调整。

1997年9月，根据上级有关精神，撤销怀仁县计划经济贸易委员会，成立怀仁县计划委员会、怀仁县经济贸易委员会。

2011年，根据上级关于事业单位清理规范和分类改革有关文件精神，对部分机构进行了撤并整合。具体情况是：县卫生局和药监局不再实行一个机构，两块牌子，分别单独设置卫生局和食品药品监督管理局，均为县政府工作部门；撤并县委、县政府接待处，金沙滩农经试验区管委会，新闻中心、怀仁报社、县广播电视中心；整合组建市容市貌管理局（挂城市管理监察执法队牌子）、园林局、城市环卫服务中心、煤炭技术服务中心（挂煤炭工业局牌子）、科技服务中心（挂科学技术局牌子）、物价监督检查中心（挂物价局牌子）、广播电视新闻中心、旅游服务中心（挂怀仁县旅游局牌子）；怀仁县科技文化广电体育局更名为怀仁县文化体育出版局；疾病预防控制中心、供热公司、自来水公司由股级建制升级为正科级建制。

2009年，公安机关设执法勤务、综合管理、监管场所及派出所设置、后勤保障机构。执法勤务机构包括指挥中心（挂办公室牌子）、国内安全保卫大队、治安管理大队（挂爆炸危险品监管大队、人口管理办公室牌子）、刑事侦查大队、交通管理大队、经济犯罪侦查大队、禁毒大队（挂县禁毒委员会办公室牌子）、巡逻警察大队。综合管理机构包括政工监督室（挂督察大队牌子）、法制室、警务保障室。监管场所及派出所设置有看守所、拘留所、派出所（云中派出所、云西派出所、云东派出所、何家堡派出所、新家园派出所、吴家窑派出所、金沙滩派出所、亲和派出所、海北头派出所、河头派出所、马辛庄派出所、毛皂派出所、鹅毛口派出所、里八庄派出所、小峪派出所）。成立怀仁县公安局后勤保障中心。县公安局和交通管理大队领导职数按机构改革“三定”方案执行。

2000年10月，县委对部分领导干部职位进行公开选拔，竞选包括物资公司经理、乡镇企业服务中心主任、外贸公司经理、雁北瓷厂厂长等4个职位，经笔试，按成绩各职位录取前5名，进行面试，对优秀者进行任命和聘任。2003年，对二中校长、物资公司总经理进行公开选聘。在大学毕业生中，公开招考录用26名机关事业单位工作人员。2004年，通过公开招考，录用32名机关工作人员，聘用30名乡镇计生助理员。2005年，通过严格报名和考试，将10名大学生安置在10个乡镇副职岗位上。2008年，公开报考聘用大学生村官78名，为村党支部副书记或村委会副主任。

第三章 乡镇机构改革

第一节 1997年乡镇机构改革

1997年，根据上级有关规定，对全县乡镇机构进行改革。乡镇机构改革与县级党政机构改革同步进行。此次改革延续到2010年。改革的重点是建立健全农业社会化服务体系，把农业急需的产前、产中、产后服务项目兴办起来，真正加强为农村服务的功能；理顺县与乡、镇之间的事权关系，将农机、农技、林业、经营管理、畜牧兽医、水利水保、广播、食品站等事业单位和技术服务性的机构和人员交由乡镇管理；财政所、卫生院等专业性较强的机构和人员由乡镇和县主管部门实行双重领导，原则上以乡镇为主；工商、税务、粮站等部门和人员由县主管部门和乡镇实行双重领导，以主管部门为主；银行、公安派出所、邮电、法庭等管理体制不变。

根据上级规定，全县乡、镇分类核定为一类乡镇1个（城关镇），二类乡镇11个，三类乡镇1个（里八庄乡）。一类乡镇可设4至5个综合办事机构，分别是党政办公室、经济办公室、社会事务办公室、乡村建设办公室。二类乡镇设1至2个综合办事机构，分别是综合办公室、经济办公室。三类乡镇设1个综合办事机构综合办公室。二、三类乡镇根据工作需要，可设若干助理员，分别是民政、财政、科教文卫、计生、乡村建设等。

各乡镇的人员编制，由县机构改革领导组按照各乡、镇1995年人口、工农业总产值、土地面积3项指标的综合指数来确定。乡镇党委委员设5至7名，其中书记1名，副书记1名；乡镇政府设乡镇长1名，副乡镇长1至2名。一类乡镇政府可增设副乡镇长1名。根据本县实际，此次机构改革领导职数维持现状，日后逐步过渡到上级规定限额内。乡镇人大机构的设置，按上级有关文件规定执行。

第二节 2010年乡镇机构改革

2010年，以推进乡镇职能转变为重点对乡镇机构进行改革。乡镇要贯彻落实好中国共产党和国家在农村的各项方针政策和法律法规，做好农业、农村、农民工作。改革后，乡镇的主要职能是促进经济发展，增加农民收入；强化公共服务，着力改善民生；加强社会管理，维护农村稳定；推进基层民主，促进农村和谐。此外，还要做好安全生产、环境保护等有关方面的工作。

改革明确划分了县乡政府之间的事权和各自的责任，推动了权责一致。对乡镇的考核由县委、县政府统一组织实施。改革按照乡镇的主要职责建立了科学的考核指标体系，不属于乡镇职能的事项，不再列入考核范围。改革制定了对乡镇党政领导的“一票否决”事项。县直部门派驻乡镇的行政、事业机构，要接受乡镇党委、政府的统一指导和协调，其主要负责人的任免，要事先征求乡镇党委、政府的意见。

按照精简统一效能的原则，各乡镇机构统一设置为党政工作办公室（挂社会治安综合治理办公室牌子）、经济发展办公室（挂安全生产监督管理办公室牌子）、社会事务办公室（挂人口和计划生育办公室牌子）。整合现有乡镇事业站所，将承担的行政管理职能划归乡政府，生产经营性职能分离出去，公益性职能重新整合。其中农业技术推广、畜牧兽医、水利水保、农机管理等技术服务机构纳入县级职能部门服务网络，按区域综合设置，其机构、人员及经费由县级有关部门统一管理。其他中心站所整合为一个事业机构，名称为乡镇农村综合便民服务中心，人、财、物由乡镇管理。保留计划生育服务站。改革后乡镇一律不设自收自支事业单位。

全县乡镇行政编制总额为252名，事业编制总额为239名。核定乡镇党委、人大、政府领导职数为9名，其中党委书记1名，副书记2名（其中1名兼任乡镇长、1名兼任政协联络组长），纪委书记1名，人大主席1名，乡镇长1名（不计职数），副乡镇长4名。

根据村民自治的选举办法，组织村民公开选举村民委员会。从1990年起，每3年对全县162个行政村进行一次村民选举。在乡镇党委、政府的直接领导和乡镇人大的具体指导下，通过召开村民代表大会，选出村民委员会，村民委员会由5至7人组成，同时，选出村委会主任。

2003年，全县进行第六届村民委员会换届选举。第一批共有94个村完成换届选举，占全县行政村总数的58%。新一届村委会共有419人，其中共党员314人，占77.7%，妇女23人，占0.57%，高中及高中以上文化的223人，占53.2%，40岁以下的170人，41岁至50岁的249人。

2005年，全县第七届村民委员会换届选举，162个行政村全部完成换届选举。此次选举注重年轻化、知识化，选出“两委”成员平均年龄在38岁左右，文化程度均在初中以上。实行“两委”（村党支部委员会，村民委员会）班子“一人挑”，即村党支部书记和村委会主任由一人担任。村党支部委员会和村民委员会委员交叉任职，实现“一元化”领导。

第十七编

中国共产党地方组织

第一章 组织机构

第一节 县委及其工作部门

1937年9月，八路军120师358旅716团派遣雁北支队（亦称宋支队）在右玉、山阴、朔县、怀仁四县接壤地带开辟创建洪涛山抗日根据地，在大同、怀仁、左云三县接壤地创建大怀左抗日根据地，开展中国共产党领导下的抗日救亡运动。1938年5月，在洪涛山抗日根据地南端成立中共右山朔怀县委，同年7月撤销。8月重新成立中共右山怀中心县委。6月在大怀左抗日根据地西北部成立中共大怀左县委，1940年2月，中共大怀左县委遭到破坏。6月，成立中共大怀县委，8月中断工作。10月，中共右山怀中心县委撤销，同时成立中共怀仁县委。1941年9月撤销。同时成立中共怀仁县工委。1942年7月工作中断。1945年4月，东部成立中共晋察冀怀仁县工委。6月，改称中共晋察冀怀仁县委。同年10月，怀仁县西部成立中共晋绥怀仁县委，1946年3月撤销，同时成立中共山怀县委。7月撤销，恢复中共晋绥怀仁县委。9月，同中共晋察冀怀仁县委合并，成立中共怀仁县委。

1954年7月26日，成立中共大仁县委。同年，成立中共怀仁县委监察委员会。1958年10月15日，大仁县撤销，设立中共大同市郊区委员会（亦称大郊区）。1960年1月1日，大郊区委撤销，设中共怀仁区委，隶属中共大同市委。

1964年12月5日，怀仁区撤销，成立中共怀仁县委。1965年中共怀仁县委监察委员会改为中共怀仁县委纪律检查委员会。1967年3月23日，中共怀仁县委被造反派夺权，成立中共怀仁县核心小组（行使县委职权）。同年5月，改为中共怀仁县革命委员会核心小组。1971年2月，撤销核心小组，恢复中共怀仁县委。1978年5月，恢复成立中共怀仁县委纪律检查委员会。

1983 年 10 月，行政机构改革时，县委下属部门撤销财贸部，文教部，增设政法委、党史研究办公室、老干部局、对台办公室。原信访办公室改为信访局。中共怀仁县委纪律检查委员会改为中共怀仁县纪律检查委员会。1985 年，中共怀仁县委的办事机构有县委办公室、组织部、纪检委、宣传部、县直机关党委、工交政治部、农村工作部、财贸工作部、文教工作部、党史研究办公室、政策研究室、老干部局、信访局、保密委员会办公室、对台办公室、党校、打击经济领域犯罪活动办公室等。1993 年撤销政策研究室、打击经济领域犯罪活动办公室。2004 年设“610”办公室。

2012 年，中共怀仁县委内设办事机构有：县委办公室、组织部、纪检委、宣传部、政法委、统战部、综治办、党史研究室、老干部局、信访局、保密局、党校、对台办公室、“610”办公室和机关党委、经贸系统党委、农业系统党委、财税系统党委、教育系统党委、煤炭系统党委等。

1949—2012 年中共怀仁县委所属工作部门一览表

表 17-1

年份	1949-1960	1961-1982	1983-2000	2001-2012
机构设置	县委办公室	县委办公室	县委办公室	县委办公室
	统战部	统战部	统战部	统战部
	县委监察委员会	县委纪律检查委员会	县纪律检查委员会	县纪律检查委员会
	农村工作部	农村工作部	农村工作委员会	农业系统党委
	工业部	工交政治部	经济委员会	经贸系统党委
	财贸部	财贸政治部	财贸委员会	财税系统党委
	文教部	文教部		教育系统党委
		组织部（科）	组织部	组织部
		宣传部（科）	宣传部	宣传部
		机关党委	机关党委	机关党委
		党校	党校	党校
		政策研究室	政策研究室	
		信访办公室	信访局	（同政府信访局合并）
			党史研究室	党史（地方志）办公室

续表（1）

年份	1949–1960	1961–1982	1983–2000	2001–2012
机构设置			对台办公室	（归县委办公室）
			保密委员会	保密局
			老干部局	老干部局
			打击经济犯罪办公室 1986 年（撤销）	
				610 办公室
				煤炭系统党委

说明：1966 年 5 月至 1976 年 5 月“文化大革命”时期，成立中共怀仁县委核心小组，下设办公室、政治部、“五·七”干校。

第二节 基层组织

1938 年 5 月，本县最早成立农村基层党支部的是羊圈沟、窑子头、鹅毛口 3 个村。1938 年 8 月，中共大怀左县委在大怀左根据地秘密建立了 15 个农村党支部。1939 年 1 月，在南深井村（属左云县）、鹅毛口设南区和北区两个区委。

1948 年 5 月 26 日，怀仁县解放后，全县设 7 个区委，相继在楼子口、大峪口、王坪、滋润、吴家窑、石庄、南阜、南小寨、王庄、大井、安寺、海子洼、全庄、南米庄、杨岭等村建立了 35 个党支部。

1949 年 9 月，吴家窑碗业生产合作社建立全县企业的第一个党支部。是年底，全县有 6 个区委，97 个党支部。

1953 年 10 月，全县设立乡镇党支部 38 个，村党支部 106 个。1955 年，大仁县有 37 个乡总支、7 个乡支部、389 个农村分支部。其中怀仁有 129 个农村分支部，46 个村党小组。

1958 年，设 8 个公社党委、405 个村党支部。

1960 年，大同市怀仁郊区设公社党委 7 个、县直机关党委 1 个、村党支部 199 个。

1965 年，全县农村以生产大队为单位，全部建立党支部。期间，相继在金沙滩农牧场、木制社、吴家窑砂石矿等县属企业建立党支部。全县共有276个基层党支部。

1973年，在农村生产大队设党支部。企业有县化肥厂、峙峰山煤矿、芦子沟煤矿、雁北瓷厂、雁北铸造厂等改设党委。厂矿以车间、班组开始建立党支部。全县共有333个基层党支部。

1985年，全县有基层党支部535个。

1996年，全县有基层党支部539个。

2012年，全县有基层党支部526个，党总支35个，党委19个。

1949-2011年怀仁县基层党组织情况统计表

表17-2　　单位：个

项目＼年度	总数	党委	党总支	党支部
1949	97			97
1950	120			120
1953	106			106
1955	130		1	129
1960	199	8		191
1961	196	8	1	187
1962	196	8	1	187
1963	202	11	2	189
1964	194	11	2	181
1965	207	12	3	192
1972	300	15	9	276
1973	363	21	9	333
1974	389	21	14	354
1975	439	28	14	397
1976	447	27	15	401
1977	457	26	16	415
1978	461	25	18	418
1979	473	24	19	430

续表（1）

年度 项目	总数	党委	党总支	党支部
1980	489	24	16	449
1980	505	24	19	462
1982	512	25	19	468
1983	510	26	20	464
1984	558	26	21	511
1985	584	26	23	535
1986	593	27	22	544
1987	623	27	22	574
1988	629	25	17	587
1989	670	26	30	614
1990	680	25	35	620
1991	705	25	34	646
1992	725	33	38	654
1993	720	27	39	654
1994	576	25	19	532
1995	586	24	20	542
1996	587	24	24	539
1997	559	24	26	549
1998	613	24	26	563
1999	613	24	26	563
2000	603	24	26	553
2001	598	18	27	553
2002	598	18	27	553
2003	598	17	28	553
2004	588	17	17	553
2005	589	17	29	543
2006	534	17	31	486
2007	532	17	32	483
2008	533	18	32	483
2010	580	19	35	526
2012	580	19	35	526

第二章 重要会议

第一节 党员代表大会

由于区划变动，中共怀仁县委召开党代会3次，中共大仁县委召开党代会2次，中共怀仁区委召开党代会2次，中共怀仁县委召开党代会11届。1949—2011年间不在届内，单独召开的怀仁县党员代表大会4次。

1949—2012年怀仁县历次党员代表大会情况统计表

表17-3

届别	会议时间	应到代表（人）	实到代表（人）	列席代表（人）	会议事项
怀仁县首次党代会	1949.12.5-7	145	118	37	通过《农业生产和党的建设 问题》《冬季工作决议案》。
怀仁县第二次党代会	1951.12.17-19		128		审议政府工作报告，通过《关于整 顿党的基层组织加强党的宣传教 育工作的决议》。
怀仁县第三次党代会	1952.7.23-26		118	34	通过《关于进一步明确农村经济发展的方向组织起来走互助合作的道路》。
大仁县第一次党代会	1955.1.15-20	290	225	90	1、总结1954年党的工作；2、选举县委委员16名，候补委 员4名，出席省党代会代表5名；选举书记1名，副书记2名，常委5名;3、通过3个协议。
大仁县第二次党代会	1957.8.20-25	260	225	30	1、听取审议县委工作报告；2、通过《关于进一步巩固农村 社会主义阵地进行社会主义教 育的决议》。
怀仁区第一次党代会	1961.11.20-23	185	179	23	1、审议《建区两年来的工作报告》；选举区委委员18名，区纪检 委员8名，出席大同市四次党代 会代表41名，候补代表18名；3、选举第一书记1名，书记处书 记3名，常委8名。

续表（1）

届别	会议时间	应到代表（人）	实到代表（人）	列席代表（人）	会议事项
怀仁区第二次党代会	1964.3.21–4.2	215	210	38	1、审议上届县委工作报告；2、选举县委委员 18 名，候补委员 1 名，书记 1 名、副书记 1 名，常委 8 名；3、选举出席大同市党代会代表32名,候补代表3名。
怀仁县党员代表大会	1968.11.20–28	491	401	48	1、传达党的八届十二中全会精神；2、审议县革委会公报，通过《关于召开生产队以上革命委员会党员代表大会的决议》。
怀仁县第三次党代会	1971.2.16–28	262	252	100	1、审议县核心小组工作报告;2、选举县委委员 21 名、候补委员 4 名、书记 1 名、副书记 2 名、常委 7 名。
怀仁县第四次党代会	1978.6.26–29	370	358	58	1、审议上届县委工作报告；2、通过《关于树雄心，立壮志，奋勇建设大寨县的决定》3、选举县委委员 24 名，候补委员 3 名，书记 1 名，副书记 4 名，常委 11 名。县纪委书记1名,副书记1名,常委 7 名。
怀仁县党员代表大会	1983.7.20–21	240	222		选举出席省 8 届党代会代表 1 名。
怀仁县第五次党代会	1987.6.3–5	350	337	20	1、审议上届县委。县纪委工作报告；2、选举县委委员 23 名，候补委员 4 名，书记 1 名，副书记 4 名，常委 8 名；3、选举县纪委委员 13 名，书记 1 名，副书记 2 名，常委 7 名。
怀仁县第六次党代会	1990.6.8–10	380	372	28	1、审议上届县委、县纪委工作报告；2、讨论通过《怀仁县国民经济和社会发展计划（草案）报告》；3、选举县委委员 23 名、候补委员 2 名、书记 1 名、副书记 4 名、常委 10 名。选举县纪委委员 13 名、书记 1 名、副书记 1 名、常委 6 名。
怀仁县党员代表大会	1990.9.28	169	148		选举出席山西省第六次党员代表大会代表 2 名。
怀仁县第七次党代会	1993.5.11–13	400	350	58	1、听取审议上届县委、县纪委工作报告；2、选举县委委员 25 名、候补委员 4 名、书记 1 名、副书记 4 名、常委 11 名；3、选举县纪委委员 15 名、书记 1 名，副书记 2 名，常委 7 名。

续表（2）

届别	会议时间	应到代表（人）	实到代表（人）	列席代表（人）	会议事项
怀仁县第八次党代会	1998.5.20–22	400	390	58	1、听取审议上届县委、县纪委工作报告；2、选举县委委员 26 名、候补 委员 4 名、书记 1 名、副书记 5 名、常委 12 名；3、选举县纪委委员 15 名、书 记 1 名、副书记 2 名、常委 7 名。
怀仁县党员代表大会	1999.5.27	178	159		选举出席朔州市第三次党 代表大会代表 52 名。
怀仁县第九次党代会	2003.7.3–5	350	335	65	1、审议上届县委、县纪委工 作报告；2、选举县委委员 26 名、候补 委员 4 名、书记 1 名、副书记 3 名、常委 11 名；3、选举县纪委委员 15 名、书 记 1 名、副书记 3 名、常委 7 名。
怀仁县第十次党代会	2006.6.28–29	350	348	64	1、审议上届县委、县纪委工 作报告；2、选举县委委员 35 名、候补 委员 4 名、书记 1 名、副书记 3 名、常委 10 名；3、选举县纪委委员 15 名、书 记 1 名、副书记 2 名、常委 7 名；4、选举出席朔州市第四次党 员代表大会代表 56 名。
怀仁县 第十一次党代会	2011.5.27–28	350	348	65	1、审议上届县委、县纪委工 作报告；2、选举县委委员 35 名、候 补委员 5 名、书记 1 名、副书记 2 名、常委 10 名；3、选举县纪委委员 15 名、 书记 1 名、副书记 3 名、常 委 7 名；4、选举出席朔州市第五次 党代会代表 62 名。

第二节 县委组织沿革及历任领导名录

1938—2012 年中共怀仁县委历任领导一览表

表 17–4

时间	机构名称	职务	姓名	籍贯	任职时间
1938.5~1938.8	中共右山朔怀县委	书记	贺德胜（鲁平）	陕西延川	1938.5~1938.8
		组织部长	王挺	陕西神木	1938.5~1938.8
		宣传部长	柏玉生	汾西	1938.5~1938.8

续表（1）

时间	机构名称	职务	姓名	籍贯	任职时间
1938.8~1940.1	中共右山怀中心县委	书记	龙鸣（冯凯）	四川宜宾	1938.8~1939.5
			李登瀛	陕西神木	1939.5~1939.12
			王海之（凤城）	辽宁凤城	1939.12~1940.1
		代理书记	麻胡（苏恒）		1940.1~1940.10
		副书记	陈华		1940.2~1940.10
		委员、组织部长	王振业		1938.8~1939.5
		委员、宣传部长	柏玉生	汾西	1938.8~1939.5
		委员、城工部长	王宝	平鲁	1940.2~1940.10
		委员	韩雁如	内蒙土默特右旗	1938.8~1939.5
			杨明正（敏箴）	右玉	1939.6~1940.1
		委员	张鲁平		1939.12~1940.10
			王焕光	汾阳	1940.1~1940.10
1938.6~1940.6	中共大怀左县委	书记	苏兴	河南陕县	1938.6~1939.7
			范平	夏县	1939.7~1940.6
		组织部长	孟吉成	大同县	1938.6~1938.8
			黑耀华	平鲁	1938.6~1940.6
		宣传部长	吴秉彝	右玉	1938.7~1940.2
		民运部长	马浩	曲沃	1939.7~1940.6
1940.6~1940.8	中共大怀县委	书记	刘耀宗（白奇）	内蒙丰镇	1940.6~1940.10
		组织部长	黑耀华	平鲁	1940.6~1940.10
		宣传部长	马浩	曲沃	1940.6~1940.10
1940.10~1941.9	中共怀仁县委	书记	宇洪	沁县	1940.10~1941.9
		组织部长	黑耀华	平鲁	1940.10~1941.9
		宣传部长	马浩	曲沃	1940.10~1941.9
1941.9~1942.7	中共怀仁县工委（路西）	书记	杨明正（敏箴）	右玉	1941.9~1942.1
		组织部长	黑耀华	平鲁	1941.9~1942.7
		宣传部长	苏兴	河南陕县	1941.9~1942.3

续表（2）

时间	机构名称	职务	姓名	籍贯	任职时间
1945.1~1945.6	中共怀仁县工委（路东）	书记	杨子安	怀仁	1945.1~1945.4
		委员	李玉堂	应县	1945.1~1945.6
			左步云	应县	1945.1~1945.6
			张振杰	河北曲阳	1945.1~1945.6
			黄天标	怀仁	1945.1~1945.6
1945.6~1945.8	中共怀仁县委（路东）	书记	杨子安	怀仁	1945.6~1945.8
		副书记	胡辰祥	河北平山	1945.9 ~1945.11
		委员、组织部长	郜志远	河北平山	1945.11~1946.9
		委员、宣传部长	崔考文	河北定县	1945.6~1945.8
		委员、城工部长	赵祥	河北定县	1945.9~1946.6
		委员	杨志清		1946.6~1946.9
			孟广胜	大同县	1945.8~1946.1
			李玉堂	应县	1946.1~1946.9
1945.9~1946.9	中共怀仁县委（路东）	书记	牛连璧		1945.9~1945.11
			刘书祥	五台	1945.11~1946.9
		副书记	杨子安	怀仁	1945.9~1946.1
			胡辰祥	河北平山	1945.8~1946.9
		委员、组织部长	董宏	繁峙	1945.9~1946.6
		委员、宣传部长	崔考文	河北定县	1945.8~1946.1
		委员、城工部长	赵祥		1945.8~1946.9
		委员	胡震声	五台	1948.8~1946.4
			李玉堂	应县	1945.8~1946.9
			杨志清		1948.8–1946.1
			王顺祥	河北平山	1945.8–1946.9
			徐毅		1946.1–1946.9
			白孝忠	灵丘	1946.6–1946.9
1945.10~1946.3	中共怀仁县委（路西）	书记	王尚志	平鲁	1945.10~1945.11
			马浩	曲沃	1945.11~1946.3
		副书记	马浩	曲沃	1945.10~1945.11
			何长修	河北高阳	1945.10~1946.3
		委员、组织部长	吴亮明	陕西清涧	1945.10~1946.3
		委员、宣传部长	孙德醯		1945.10~1946.3

续表（3）

时间	机构名称	职务	姓名	籍贯	任职时间
1946.3~1946.7	中共山怀县委	书记	王尚志	平鲁	1946.3~1946.7
		副书记	马浩	曲沃	1946.3~1946.7
			吴亮明	陕西清涧	1946.3~1946.7
		委员	李滋润	平鲁	1946.3~1946.7
			余平	山阴	1946.3~1946.7
1946.7~1947.2	中共怀仁县委（路西）	书记	马浩	曲沃	1946.7~1947.2
		委员、组织部长	吴亮明	陕西清涧	1946.7~1947.2
		委员、宣传部长	孙德醽		1946.7~1947.2
		委员	李滋润	平鲁	1946.7~1947.2
			马华亭		1946.7~1947.2
			张如岗	陕西佳县	1946.7~1947.2
1947.2~1949.9	中共怀仁县委	书记	陈少山	定襄	1947.2~1947.8
			马浩	曲沃	1947.8~1947.11
			康庄	岢岚	1947.11~1947.12
			裴周玉	湖南平江	1947.12~1948.1
			张如岗	陕西佳县	1948.1~1948.8
			刘志	陕西清涧	1948.8~1949.3
			王治元	岢岚	1949.3~1949.9
		副书记	章叶频	内蒙呼和浩特	1948.2~1949.5
			罗铭	介休	1949.1~1949.5
			吴亮明	陕西清涧	1946.9~1947.12
		委员	李滋润	平鲁	1946.9~1947.12
			沈浩	平鲁	1946.9~1949.9
			马华亭		1946.9~1946.12
			汪贤财	湖北天门	1947.1~1948.8
			梁瑞亭	陕西延川	194 8.2~1948.9
			韩文彬	岢岚	1948.8~1949.9
			张一平	岢岚	1948.9~1949.3
			贺呈祥	河曲	1949.2~1949.9
			贺广文	河北清苑	1949.6~1949.9
		委员、组织部长	张思敬	河北威县	1948.10~1949.9
		委员、宣传部长	高呈	曲沃	1949.1~1949.6

续表（4）

时间	机构名称	职务	姓名	籍贯	任职时间
1949.10~1954.7	中共怀二县委（上级任命）	书记	王治元	岢岚县	1949.10~1951.10
		代理书记	贺广文	河北威县	1951.10~1952.3
			王子华	浑源	1952.3~1954.1
			臧新	河北完县	1954.1~1954.7
		副书记	高呈	代县	1953.3~1954.4
			郭增	繁峙	1954.1~1954.7
			李化民	灵丘	1954.7~1954.9
			沈浩	平鲁	1949.10~1954.5
		委员、组织部长	张思敬	曲沃	1949.10~1951.2
			李春荷	浑源	1951.2–1954.7
		委员、宣传部长	贺广文	河北威县	1949.10~1952.3
			薛珊	灵丘	1952.3~1953.1
		委员	贺呈祥	河北清苑	1949.10~1952.7
			韩文彬	岢岚	1949.10~1951.1
			石建峰		1950.1~1952.3
			孙世贤	灵丘	1951.1~1954.7
			刘元化	灵丘	1950.1–1952.7
			赵宝华		1952.7~1953.12
			刘誓	灵丘	1952.7~1954.7
			高呈	代县	1953.3~1954.4
			韩龙	灵丘	1953.3~1954.7
			朱佩	平鲁	1953.1~1954.7
			袁步森	保德	1954.3~1954.7
			贺文勇	繁峙	1954.1~1954.7
1954.7~1956.4	中共大仁县委（一次党代会选举产生）	书记	臧新	河北完县	1954.7~1957.8
		副书记	李春荷	浑源	1954.7~1956.4
			郭增	繁峙	1954.7~1955.8
		常委	李化民	灵丘	1954.7~1956.4
			张进义	浑源	1954.7~1955.2
			陈喜茂（任命）	繁峙	1956.2~1957.8
			刘平（任命）		1956.5~1956.8

续表（5）

时间	机构名称	职务	姓名	籍贯	任职时间
1954.7~1956.4	中共大仁县委（一次党代会选举产生）	常委	张绪（任命）	大同县	1956.5~1956.8
			孙元（任命）		1956.11~1957.4
			李廷赋（任命）	阳城	1957.4~1957.8
1956.4~1959.12	中共大仁县委（二届党代会选举产生）	第一书记	臧新	河北完县	1956.4~1959.12
		书记处书记	陈喜茂	繁峙	1956.4~1959.12
			李廷赋	阳城	1956.4~1959.12
			于吉才	大同县	1956.4~1959.12
			陈培国	灵丘	1956.4~1959.12
		常委、组织部长	乔梓	朔县	1956.4~1959.12
		常委、宣传部长	朱佩	平鲁	1956.4~1959.12
		常委	赵凯		1956.4~1959.12
			郭兴恒		1956.4~1959.12
1960.1~1961.11	中共大郊区委（上级任命）	第一书记	牛诚	浑源	1960.1~1960.12
		书记处书记	陈喜茂	繁峙	1960.1~1961.11
			金若（女）	大同市	1960.1~1961.2
			李秀民	河北新乐	1960.1~1960.8
			王子奇	浑源	1960.1~1961.11
			张绪	大同县	1960.1~1961.11
			刘玉桥	河北完县	1960.1~1961.11
		常委	徐玉振	河北完县	1960.1~1961.11
			李守德	浑源	1960.1~1961.11
			周佃	灵丘	1960.1~1961.11
			张秀川	河北徐水	1960.1~1961.11
			张桓	灵丘	1960.1~1960.12
			贺呈祥	河北清苑	1960.1~1960.11
1961.11~1964.3	中共怀仁区委（一次党代会选举产生）	第一书记	王居仁	浑源	1961.11~1964.3
		书记处书记	刘玉桥	河北完县	1961.11~1962.9
			陈喜茂	繁峙	1961.11~1962.12
			张绪	大同县	1961.11~1963.5
		常委、组织部长	徐玉振	河北完县	1961.11~1964.3

续表（6）

时间	机构名称	职务	姓名	籍贯	任职时间
1961.11~1964.3	中共怀仁区委（一次党代会选举产生）	常委、财贸部长	周佃	灵丘	1961.11~1964.3
		常委、工交部长	李守德	浑源	1961.11~1964.3
		常委	张秀川	河北徐水	1961.11~1964.3
1964.3~1967.3	中共怀仁区委（二次党代会选举产生）	书记	王居仁	浑源	1964.3~1964.12
			关毅	汾阳	1965.3~1967.3
		副书记	于吉才	大同县	1964.3–1964.9
			郭寅祥	浑源	1965.7–1967.3
			张连文	河北易县	1965.9~1967.3
		常委	苗兴义	灵丘	1964.3~1964.12
			张秀川	河北徐水	1964.3~1964.12
		常委、纪检书记	张绪	大同县	1964.3~1964.12
		常委、公安指导员	徐玉振	河北完县	1964.3~1964.12
		常委、财贸部长	周佃	灵丘	1964.3~1964.12
		常委、工交部长	李守德	浑源	1964.3~1964.12
1967.3~1971.2	中共怀仁县革命委员会 核心小组（上级任命）	组长	张连文	河北易县	1967.3~1971.2
		副组长	杨生福	内蒙商都	1967.3~1971.2
			张绪	大同县	1967.3~1971.2
			高鹏鸣	浑源	1967.3~1971.2
			孟昭敏	河北涞水	1967.3~1971.2
1971.2~1976.10	中共怀仁县委（三次党代会选举产生）	书记	杨生福	内蒙商都	1971.2~1975.1
			陈喜茂（任命）	繁峙	1975.1~1977.1
		副书记	张连文	河北易县	1971.2~1971.12
			韩瑜	繁峙	1971.2~1975.11
			杜泉	朔县	1972.1~1974.1
		常委	关毅	汾阳	1971.2~1976.12
			孙森	河北乐亭	1971.2~1973.9
			李培元	大同县	1971.2~1976.10
1976.10~1978.6	中共怀仁县委（上级任命）	书记	王建功	河北望都	1977.6~1978.6
		副书记	刘彩京	怀仁	1976.10~1978.6
			沈鸿猷	浑源	1978.6~1983.9

续表（7）

时间	机构名称	职务	姓名	籍贯	任职时间
1976.10~1978.6	中共怀仁县委（上级任命）	常委、组织部长	姚文明	右玉	1976.10~1978.4
			乔义	应县	1978.4~1978.6
		常委、财贸部长	陈颐	怀仁	1976.10~1978.6
		常委、武装部长	杜泉	朔县	1978.4~1978.6
		常委	李培元	大同县	1976.10~1978.6
			张荣	怀仁	1976.10~1978.6
			杨生福	内蒙商都	1976.10~1978.6
			姚生金	怀仁	1978.4~1978.6
			刘日观	山阴	1978.4~1978.6
1978.6~1983.9	中共怀仁县委（四次党代会选举产生）	书记	王建功	河北望都	1978.6~1980.8
			王瑾	山阴	1980.8~1983.9
		副书记	刘采京	怀仁	1978.6~1979.5
			王瑾	山阴	1978.6~1980.8
			姚文明	右玉	1978.6~1983.9
			李培元	大同县	1978.6~1979.8
			郭谦（任命）	大同新荣	1979.8~1983.9
			熊希亮（任命）	浑源	1980.8~1983.9
			刘印昌（任命）	大同县	1980.8~1983.9
		常委	杨生福	内蒙商都	1978.6~1981.11
			姚生金	怀仁	1978.6~1983.9
			刘日观	山阴	1978.6~1983.9
		常委、组织部长	乔义	应县	1978.6~1983.9
		常委、财贸部长	陈颐	怀仁	1978.6~1983.9
		常委、武装部长	杜泉	朔县	1978.6~1981.1
		常委、武装部政委	于跃文（任命）	阳曲	1981.11~1983.4
		常委、宣传部长	弋启（任命）	大同县	1982.9~1983.9
		常委、县委办主任	张谦（任命）	怀仁	1982.9~1983.9
1983.9~1987.6	中共怀仁县委（上级任命）	书记	熊希亮	浑源	1983.9~1986.12
			赵恭	繁峙	1986.12~1987.6
		副书记	阎锡爵	河北束鹿	1983.9~1987.10
			张谦	怀仁	1983.9~1987.6

续表（8）

时间	机构名称	职务	姓名	籍贯	任职时间
1983.9~1987.6	中共怀仁县委（上级任命）	副书记	王焕富	阳高	1983.9~1987.6
			王雅安	垣曲	1985.3~1987.2
			刘采京	怀仁	1986.2~1987.6
		常委、组织部长	石美	大同南郊	1983.9~1987.10
		常委、纪检书记	朱夺月	怀仁	1983.9~1985.6
			寇玉宝	大同县	1986.6~1987.10
		常委、武装部政委	赵玉柱	原平	1983.9~1987.6
		常委、县委办主任	朱生障	怀仁	1983.9~1986.1
			李田山	山阴	1986.1~1987.2
1987.6~1990.6	中共怀仁县委（五次党代会 选举产生）	书记	赵恭	繁峙	1987.6~1989.1
			阎锡爵（任命）	河北束鹿	1989.1~1990.6
		副书记	阎锡爵	河北束鹿	1987.10~1989.1
			张谦	怀仁	1987.6~1987.8
			王焕富	阳高	1987.10~1990.6
			刘采京	怀仁	1987.10~1989.1
		常委、纪检书记	寇玉宝	大同县	1987.10~1990.6
		常委、组织部长	石美	大同南郊	1987.10~1990.6
		常委、宣传部长	解廷香（任命）	山阴	1987.10~1990.6
		常委、武装部	赵玉柱	原平	1987.10~1988.5
		政委	郝林与（任命）	山阴	1988.5~1990.6
		常委、宣传部长	武来俊（任命）	朔城区	1989.4~1990.6
1990.6~1993.5	中共怀仁县委（六次党代会选举产生）	书记	阎锡爵	河北束鹿	1990.6~1991.12
			姚焕斗（任命）	应县	1991.12~1993.5
		副书记	任济	浑源	1990.6~1993.3
			王焕富	阳高	1990.6~1993.3
			韩忠荣	平鲁	1990.6~1993.5
			寇玉宝	大同县	1990.6~1993.5
			马占俊（任命）	怀仁	1993.3~1993.5
		常委、纪检书记	郭悦	山阴	1990.6~1993.3
		常委、组织部长	石美	大同南郊	1990.6~1993.3
		常委	解廷香（女）	山阴	1990.6~1992.6

续表（9）

时间	机构名称	职务	姓名	籍贯	任职时间
1990.6~1993.5	中共怀仁县委（六次党代会选举产生）	常委、武装部政委	郝林与	山阴	1990.6~1992.6
		常委、宣传部长	武来俊	朔城区	1990.6~1993.5
			司永恒（任命）	怀仁	1993.3~1993.5
		常委、纪检书记	李健夫（任命）	灵丘	1993.3~1993.5
		常委、组织部长	韩效华（任命）	繁峙	1993.3~1993.5
		常委、县委办主任	管钊（任命）	怀仁	1990.6~1993.4
			周志强（任命）	怀仁	1993.3~1993.5
1993.5–1998.4	中共怀仁县委（七次党代会选举产生）	书记	姚焕斗	应县	1993.5~1994.11
			李洲（任命）	灵丘	1994.11~1998.5
		副书记	韩忠荣	平鲁区	1993.5~1998.1
			寇玉宝	大同县	1993.5~1998.4
			马占俊	怀仁	1993.5~1996.8
			李耀章（挂职）	山阴	1995.1~1998.4
			杨魁（任命）	阳高	1997.3~1998.4
			张兴元（挂职）	宁武	1997.3~1998.4
			李健夫	灵丘	1997.3~1998.4
		常委、纪检书记	武来俊	朔城区	1993.5~1998.4
			李恒仁（任命）	应县	1998.4~1999.4
		常委、组织部长	韩效华	繁峙	1993.5~1998.4
		常委、宣传部长	司永恒	怀仁	1993.5~1998.4
		常委、政法委书记	李志斌（任命）	怀仁	1997.3~1998.4
			赵成林（任命）	朔城区	1998.4~1999.4
		常委、武装部政委	解瑜	朔城区	1993.5~1996.4
			李政（任命）	广灵	1996.4~1998.4
		常委、县委办主任	周志强	怀仁	1993.5~1997.3
			边明（任命）	怀仁	1997.3~1998.4
1998.4–2003.5	中共怀仁县委（八次党代会选举产生）	书记	韩忠荣	平鲁区	1998.4~2003.5
		副书记	李发	山阴	1998.4~2003.5
			李耀章	山阴	1998.4~2003.5
			杨魁	阳高	1998.4~2003.5
			李健夫	灵丘	1998.4~2003.5
			张兴元（挂职）	宁武	1998.4~2003.5

续表(10)

时间	机构名称	职务	姓名	籍贯	任职时间
1998.4–2003.5	中共怀仁县委（八次党代会选举产生）	常委、宣传部长	司永恒	怀仁	1998.4~2003.5
		常委、纪检书记	李恒仁	应县	1998.4~2003.5
		常委、组织部长	韩效华	繁峙	1998.4~2003.5
		常委、武装部政委	李政	广灵	1998.4~2003.5
		常委、政法委书记	赵成林	朔城区	1998.4~2003.5
		常委、县委办主任	池锐	怀仁	1998.4~2003.5
2003.5–2006.6	中共怀仁县委（九次党代会选举产生）	书记	李发	山阴	2003.5~2006.8
		副书记	武彪（任命）	平鲁区	2002.8~2003.6
			李锦	朔城区	2003.6~2006.6
			李健夫	灵丘	2003.5~2006.6
			郭文新	山阴	2003.5~2006.6
		常委、纪检书记	李恒仁	应县	2003.5~2006.6
		常委、组织部长	韩效华	繁峙	2003.5~2006.6
		常委、宣传部长	孟新平	灵丘	2003.5~2006.6
		常委、政法委书记	赵成林	朔城区	2003.5~2006.6
		常委、武装部部长	刘文亮	应县	2003.5~2006.6
		常委、县委办主任	邱文录	大同南郊	2003.5~2006.6
		常委、云中镇书记	刁少波	怀仁	2003.5~2006.6
2006.6—2011.4	中共怀仁县委(第十次党代会选举产生)	书记	李锦	朔城区	2006.6—2008.1
			牛志忠	平鲁区	2008.5—2011.4
		副书记	牛志忠	平鲁区	2006.6—2008.5
			郭文新	山阴	2006.6—2008.5
			王智杰	朔城区	2009.1—2011.4
			王彦平（女）	黎城	2010.2—2011.4
			赵玺（挂职）	平鲁区	2008.11—2011.4
		常委、纪委书记	李恒仁	应县	2006.6—2011.3
		常委、组织部长	李启军	浑源	2006.6—2011.3
		常委、宣传部长	孟新平	灵丘	2006.6—2011.4
		常委、政法委书记	曹步清	怀仁	2006.6—2011.4
		常委、常务副县长	司永恒	怀仁	2006.6—2011.4
		常委、武装部政委	李日明	平鲁区	2006.6—2008.5
		常委、武装部部长	梁峰	灵丘	2008.5—2011.4
		常 委	何勇儒	原平	2006.6—2011.4

续表(11)

时间	机构名称	职务	姓名	籍贯	任职时间
2011.4–2012.12	中共怀仁县委（十一次党代会选举产生）	书记	王智杰	朔城区	2011.4–2012.12
		副书记	吴秀玲（女）	文水	2011.4–2012.12
		副书记	王彦平（女）	黎城	2011.4–2012.12
		副书记	赵玺（挂职）	平鲁	2011.4–2011.12
		常委、副县长	司永恒	怀仁	2011.4–2012.12
		常委、纪检书记	李启军	浑源	2011.3–2012.12
		常委、组织部长	吴文莉（女）	朔城区	2011.3–2012.12
		常委、宣传部长	梁文晓	朔城区	2011.4–2012.12
		常委、政法委书记	王万波	灵丘	2011.4–2012.12
		常委、统战部长	陈志刚	灵丘	2011.4–2012.12
		常委、武装部政委	常增宝	浑源	2011.4–2012.12

增 录

时间	机构名称	职务	姓名	籍贯	任职时间
2013.1—2016.7	中共怀仁县委(第十一次党代会选举产生)	书记	王智杰	朔城区	2013.1—2014.2
		书记	齐海斌	陕西岐山	2015.7—2016.7
		副书记	吴秀玲（女）	文水	2013.1—2015.12
		副书记	苏斌如	朔城区	2016.1—2016.7
		副书记	王彦平（女）	黎城	2013.1—2015.12
		副书记	王鑫	平鲁区	2016.1—2016.7
		副书记	潘浩敏（挂职）	浙江台州	2015.1—2016.7
		常委、纪委书记	李启军	浑源	2013.1—2016.5
		常委、纪委书记	张乐祥	朔城区	2016.5—2016.7
		常委、组织部长	吴文莉（女）	朔城区	2013.1—2015.12
		常委、组织部长	孙涛	朔城区	2016.1—2016.7
		常委、宣传部长	梁文晓	朔城区	2013.1—2016.6
		常委、宣传部长	武春兰（女）	朔城区	2016.6—2016.7
		常委、政法委书记	王万波	灵丘	2013.1—2016.7
		常委、统战部长	陈志刚	灵丘	2013.1—2016.5
		常委、武装部长	常增宝	浑源	2013.1—2013.10
		常委、武装部长	阎天兵	运城	2013.10—2016.7

增录（1）

时间	机构名称	职务	姓名	籍贯	任职时间
2013.1—2016.7	中共怀仁县委（第十一次党代会选举产生）	常委、常务副县长	司永恒	怀仁	2013.1—2015.5
			陈志刚	灵丘	2015.5—2016.7
		常委、县委办主任	刘宏武	广灵	2016.1—2016.8
2016.8—2016.12	中共怀仁县委（第十二次党代会选举产生）	书记	刘亮	五台	2016.8—2016.12
		副书记	苏斌如	朔城区	2016.8—2016.12
			王鑫	朔城区	2016.8—2016.12
			潘浩敏（挂职）	浙江台州	2016.8—2016.12
		常委、纪委书记	张乐祥	朔城区	2016.8—2016.12
		常委、组织部长	孙涛	朔城区	2016.8—2016.12
		常委、宣传部长	武春兰（女）	朔城区	2016.8—2016.12
		常委、政法委书记	王万波	灵丘	2016.8—2016.12
		常委、统战部长	刘鹏	应县	2016.8—2016.12
		常委、武装部长	阎天兵	运城	2016.8—2016.12
		常委、常务副县长	陈志刚	灵丘	2016.8—2016.12

1978—2012 年中共怀仁县纪委历任领导一览表

表 17-5

时间	机构名称	职务	姓名	籍贯	任职时间
1978.6-1983.9	中共怀仁县纪委（四次党代会选举产生）	纪检书记	姚文明	右玉	1978.3-1983.9
		副书记	谭存英	灵丘	1978.3-1983.9
			李进先（任命）	怀仁	1978.3-1983.9
		常委	乔义	应县	1980.5~1983.9
			马裕天	怀仁	1978.3-1983.9
			田吉	怀仁	1978.3-1983.9
			纪丕文	怀仁	1978.3-1983.9
			辛职	大同南郊	1978.3-1983.9
			徐清发（任命）	怀仁	1978.3-1982.9
			范志广（任命）	怀仁	1981.9-1984.6
			刘学文（任命）	怀仁	1981.3-1983.7

续表（1）

时间	机构名称	职务	姓名	籍贯	任职时间
1983.9–1987.6	中共怀仁县纪委（县委任命）	书记	朱夺月	怀仁	1983.9–1987.6
		副书记	马裕天	怀仁	1983.9–1987.6
		常委	辛职	大同南郊	1983.9–1987.6
			牛兴岐	怀仁	1983.9–1987.6
			丰相	怀仁	1983.9–1987.6
1987.6–1990.6	中共怀仁县纪委（五次党代会选举产生）	书记	寇玉宝	大同县	1985.6–1990.6
		副书记	马裕天	怀仁	1987.6–1997.10
			马锡勤	怀仁	1987.6–1990.6
			杨吉儒（任命）	怀仁	1987.6–1990.6
		常委	丰相	怀仁	1987.6–1990.6
			张栋	阳高	1987.6–1990.6
			于德兴	怀仁	1987.6–1990.6
			刘文春	怀仁	1987.6–1990.6
1990.6–1993.5	中共怀仁县纪委（六次党代会选举产生）	书记	郭悦	山阴	1990.6–1993.5
		副书记	马锡勤	怀仁	1990.6–1993.5
			曹福谋（任命）	怀仁	1990.6–1993.5
		常委	刘文春	怀仁	1990.6–1993.5
			赵永军	应县	1990.6–1993.5
			张汝成	阳高	1990.6–1993.5
			连卫忠	怀仁	1990.6–1993.5
1993.5–1997.5	中共怀仁县纪委（七次党代会选举产生）	书记	李健夫	灵丘	1993.5–1997.5
		副书记	曹福谋	怀仁	1993.5–1997.5
			石进才	怀仁	1993.5–1997.5
		常委	赵永军	应县	1993.5–1997.5
			张汝成	阳高	1993.5–1997.5
			于文龙	怀仁	1993.5–1997.5
			李守信	怀仁	1993.5–1997.5
1997.5–1998.5	中共怀仁县纪委（县委任命）	书记	武来俊	朔城区	1997.5–1998.5
		副书记	石进才	怀仁	1997.5–1998.5
			田平	怀仁	1997.5–1998.5
			武桂珍（女）	怀仁	1997.5–1998.5
			贺日平	怀仁	1997.5–1998.5
		常委	赵永军	应县	1997.5–1998.5
			陈茂元	阳高	1997.5–1998.5
			赵耀宇	朔城区	1997.5–1998.5
			孟煜祖	怀仁	1997.5–1998.5
			潘保雁	河北保定	1997.5–1998.5

续表（2）

时间	机构名称	职务	姓名	籍贯	任职时间
1998.6–2003.7	中共怀仁县纪委（八次党代会选举产生）	书记	李恒仁	应县	1998.6–2003.7
		副书记	石进才	怀仁	1998.6–2003.7
			贺日平	怀仁	1998.6–2003.7
		常委	陈茂元	阳高	1998.6–2003.7
			孟煜祖	怀仁	1998.6–2003.7
			潘保雁	河北保定	1998.6–2003.7
2003.7–2006.7	中共怀仁县纪委（九次党代会选举产生）	书记	李恒仁	应县	2003.7–2006.7
		副书记	赵德儒	怀仁	2003.7–2006.7
			韩占权	怀仁	2003.7–2006.7
			赵永军	应县	2003.7–2006.7
		常委	孟煜祖	怀仁	2003.7–2006.7
			李海荣（女）	山阴	2003.7–2006.7
			李志远	怀仁	2003.7–2006.7
2006.7–2011.5	中共怀仁县纪委（十次党代会选举产生）	书记	李恒仁	应县	2006.7–2010.5
		副书记	韩占权	怀仁	2006.5–2011.5
			赵永军	应县	2006.5–2011.5
			孟煜祖	怀仁	2006.5–2011.5
		常委	李海荣（女）	山阴	2006.5–2011.5
			李志远	怀仁	2006.5–2011.5
2011.5–2012.12	中共怀仁县纪委（十一次党代会选举产生）	书记	李启军	浑源	2011.5–2012.12
		副书记	聂秉臻	怀仁	2011.5–2012.12
			孟煜祖	怀仁	2011.5–2012.12
			李志远	怀仁	2011.5–2012.12
		常委	黄卫红	怀仁	2011.5–2012.12
			黄沁天	怀仁	2011.5–2012.12
			刘东	怀仁	2011.5–2012.12

增 录

时 间	机构名称	职 务	姓 名	籍 贯	任职时间
2013.1–2016.7	中共怀仁县纪委（第十一次党代会选举产生）	书 记	李启军	浑 源	2011.3–2016.5
			张乐祥	朔城区	2016.5–2016.7
		副书记	聂秉臻	怀 仁	2013.1–2013.9
			齐 雷	怀 仁	2013.9–2016.8
			孟煜祖	怀 仁	2013.1–2016.7
			李志远	怀 仁	2013.1–2016.7
		常 委	黄卫红	怀 仁	2013.1–2016.7
			黄沁天	怀 仁	2013.1–2013.9
			刘 东	怀 仁	2013.1–2016.7
			邓 涛	怀 仁	2013.9–2016.7

增录（1）

时 间	机构名称	职 务	姓 名	籍 贯	任职时间
2016.8–2016.12	中共怀仁县纪委（第十二次党代会选举产生）	书 记	张乐祥	朔城区	2016.8–2016.12
		副书记	孟煜祖	怀 仁	2016.8–2016.12
			李志远	怀 仁	2016.8–2016.12
		常 委	黄红卫	怀 仁	2016.8–2016.12
			刘 东	怀 仁	2016.8–2016.12
			邓 涛	怀 仁	2016.8–2016.12
			李立威	怀 仁	2016.8–2016.12

第三章 组织建设

第一节 党员

民国 14 年（1925）12 月，杨松青（鹅毛口中街村人）在广州黄埔军官学校学习期间加入中国共产党，是本县最早的共产党员。民国 26 年（1937）以后，在外地的怀仁籍青年王廷弼、陈希贤、仝玉一（女，又名仝一）、禾万仞、张继堂、曹新（原名曹生堂）、谷正华（原名谷文正）、张弢等先后加入中国共产党。

民国 27 年（1938）5 月，中共大怀左县委和中共大怀县委相继成立之后，在农村发展党员。羊圈沟村张元、窑子头村马涛、鹅毛口村孟静仁（女，原名孟元贞）、吴家窑村邢培兰（女）、大峪口村仝启等 20 余人先后加入中国共产党。至 1941 年，山怀县有党员 121 人，大怀左县有党员 100 人，到 1946 年 5 月，党员发展到 385 人。

民国 36 年（1947），在土地改革运动中，大部分村庄吸收贫下中农积极分子入党，至 1949 年 6 月，先后发展党员 153 人，全县共有党员 703 人，占全县总人口 27907 人的 0.25%。

中华人民共和国成立后，每年都有各行各业的先进分子要求加入中国共产党。经党组织考察培养，将其中年满 18 岁的工人、农民、军人、知识分子和其他社会阶层的先进分子吸收为中国共产党党员。每年在“七一”和元旦期间各发展一批。至2012年，全县有党员12758名，其中妇女党员1985名，少数民族党员5名。

1949—2012年怀仁县党员情况统计表

表17-6　　单位：人

年度＼项目	总数	性别		民族	
		男	女	汉族	少数民族
1949	703	665	38	703	
1950	1355	1300	55	1355	
1953	1540	1455	85	1540	
1955	1930	1810	120	1930	
1960	2011	1873	138	2011	
1961	2099	1951	148	2098	1
1962	2231	2089	142	2230	1
1963	2293	2143	150	2292	1
1964	2238	2099	139	2237	1
1965	2203	2062	141	2202	1
1972	4652	4141	511	4651	1
1973	5460	4872	588	5455	5
1974	6074	5412	662	6069	5
1975	6288	5798	677	6284	4
1976	6531	5798	733	6526	5
1977	6828	6056	772	6825	3
1978	6988	6206	782	6983	5
1979	7250	6471	779	7245	5
1980	7475	6675	800	7470	5
1981	7623	6836	787	7617	6
1982	7775	6987	788	7768	7
1983	7862	7066	796	7855	7
1984	8250	7446	804	8243	7

续表（1）

项目 年度	总数	性别		民族	
		男	女	汉族	少数民族
1985	8658	7833	825	8650	8
1986	9210	8443	867	9202	8
1987	9511	8629	882	9502	9
1988	9732	8805	927	9722	10
1989	9990	9072	918	9980	10
1990	10237	9219	918	10230	7
1991	10601	9672	929	10579	22
1992	10843	9871	972	10836	7
1993	11122	10148	974	11115	7
1994	9565	8621	944	9560	5
1995	9747	8786	961	9742	5
1996	10002	9971	1031	9996	6
1997	10261	9184	1077	10255	6
1998	10197	9117	1080	10192	5
1999	10338	9201	1117	10333	5
2000	10475	9319	1156	10471	4
2001	10640	9447	1193	10636	4
2002	10799	9606	1188	10795	4
2003	10925	9565	1360	10921	4
2004	10989	9620	1369	10985	4
2005	11002	9573	1429	10998	4
2006	11350	9885	1565	11346	4
2007	11683	10064	1619	11679	4
2008	11966	10265	1701	11961	5
2010	12824	10874	1950	12820	4
2011	12462	10821	1941	12457	5
2012	12758	11023	1985	12753	5

第二节 党员管理

怀仁县的中共党员始终坚持“一课三会”，牢记入党誓词，不断加强自身建设，发挥先锋模范作用。2005年，全县239个党政机关和企事业单位，373个党组织，6362名党员参加第一、二批先进性教育活动。175个基层党组织，4627名党员参加第三批先进性教育活动。2007年，全县党员进行“增强忧患意识”的学习教育。举办65期培训班，对3500余名党员进行政治理论培训。8月底，全县规模以上非公企业56家全部建立党组织，发展非公企业党员18人。组织农村4000余名党员开展“设岗定责”、“结对帮扶”活动，有3600名党员分别联系1–2名困难户，为群众办实事，帮助困难户脱贫。2008年，全县培训基层党员1000人次，农村基层党员参训率达92%。2009年，开展党组织和党员信息库建设，对全县579个基层党组织，12274名党员进行信息采集。2010年，组织部门发放《创先争优活动手册》《创新争优学习资料汇编》4000余册，以支部为单位组织全县党员学习。

2011年，开展创先争优活动。为党员定权责、立规矩，开展“四定”（即定发展规划、定任务目标、定党员岗位、定民主监督）、“三评”（即党员互评、群众测评、乡镇考评）活动。对党员干部进行严考核、真评议、两挂钩（即考核结果与绩效报酬、评优授奖挂钩），激发全县党员干部创新争优的热情。

2012年，全县基层党组织采取基层党组织自评、党员群众测评、基层党组织互评、上级领导点评、党工委量化考核、公示评议结果的“四评一考一公示”方式，完成分类定级工作。在农村，根据地域特征、产业特点和党组织党员队伍状况，不断优化配置人才资源。在社区，针对进城务工党员进社区，下岗失业党员、离退休职工党员回社区的实际，及时撤销38家关停企业党组织。通过组织找党员、党员找组织、党员找党员等多种途径，按照活动和居住范围，及时将1000多名流动党员的组织关系迁入云中镇15个社区居委会，编入党员服务网络和社区党员自愿服务队。先后排查非公经济组织4642个，民办学校32所，新建非公经济党组织28个，民办学校党组织13个。将4189户个体工商户中的157名党员，12个农村非公小企业中的13名党员全部挂靠所在社区和农村党组织。对没有党员的335家非公企业，11所民办学校，选派153名党建指导员，指导开展党的工作，有35家陶瓷企业纳入金沙滩陶瓷工业园区党工委。

第三节 干部管理

中华人民共和国成立初期，干部没有编制，根据需要由上级委任、招考录用、自愿参加等形式组织干部队伍。1966—1971年期间，注重干部的阶级成份和家庭出身，对家庭出身好、有“造反”和“反潮流”精神的干部提拔重用。1978—2002年，干部要求知识化、革命化、专业化、年轻化，对干部采取民主评议、民意测试等方式推荐使用。

2004年，县委推进干部人事制度改革，严格执行《党政干部选拔任用工作条例》，坚持正确的用人工作导向。通过公开招考，补充了33名机关工作人员。2005年，选派大学生到乡镇任职，经报名，严格审查，统一考试合格的10名大学生分别安排在10个乡镇的副职岗位上。

2007—2009年，举办副科级以上干部培训班3期，专职党务干部培训班1期，优秀妇女干部培训班1期，农村党支部书记培训班2期，农机培训班72期，参训人员5000人次。

2011年以后，县委组织部从全县转型跨越发展和社会稳定的大局出发，加强各级领导班子和干部队伍建设，全面提升干部队伍的整体工作水平，为县域经济社会又好又快发展提供组织保证和人才支撑。一是加强跟踪管理，巩固换届成果。对换届后的各级干部加强教育培训、作风建设、目标责任考核、监督管理等方面的跟踪管理，促使换届提拔的一批年轻干部忠于职守，秉公用权。二是加大监督力度，提高选任公信度。县委组织部利用电视、报纸等媒介，加大对干部选拔任用政策法规的宣传力度，增强干部选任工作的公开透明度。认真开展“一报告两评议”，以各级干部为重点，特别是关键部门、关键岗位的领导干部，切实加强日常管理监督，纪律检查监督，经济责任审计监督，来信来访监督，定期召开监督联席会议，分析研究情况，关口前移，把监督贯彻于干部队伍建设的全过程，有效提高选人用人的满意度和公信度。三是搞好统筹管理，促进后备干部建设。把行政机关一般公务员、机关事业单位股级干部、优秀专业技术人才纳入到公开推选后备干部的范围，通过民主推荐，产生了150多名后备干部。有26名后备干部被提拔为乡镇和县直机关，事业单位的副科级干部。四是严格标准要求，加强干部档案管理。对全员干部进行“三龄两历”（年龄、工龄、党龄，学历、简历）的认定和干部档案基本信息电子扫描录入工作，开展干部身份的审核认定工作，实行干部任前档案审核制度。五是强化教育培训，提高干部队伍整体素质。

第四节 基层组织建设

怀仁县基层党组织最早成立于1938年，有羊圈沟、窑子头等农村党支部。1949年以前，党组织处于地下活动的状态，党员的组织活动只能秘密不定期举行。1949年以后，基层党组织按照县委的安排，以支部为单位，定期召开组织生活会，开展批评与自我批评，一般每月或每季一次。1966年“文化大革命”运动开始后，基层党组织受到冲击，党员的组织生活未能正常进行。1977年以后，党的组织生活逐渐恢复。以党支部为单位，开展“一课三会”（即党课、党内民主生活会、党员大会、党支部的组织生活会）活动。1983年以后，推行“校、室、日”（即党校、党员活动室、党组织生活日）活动，坚持每月一次生活会，不定期召开民主生活会，邀请党外人士参加。

1984年，开展“党员联户”活动，各级党组织普遍建立政治责任制。用三年时间对党的作风和组织进行一次全面整顿。举办2期党员训练班，第一期是县级机关党员干部和农村党支部以上的党员；第二期以系统党组、公社（乡）党委为单位，对普通党员进行培训。全县参训党员共5570人，占全县党员总数的80%。按照“统一思想，整顿作风，加强纪律，纯洁组织”的要求，进行党组织的思想作风整顿。1987年开展为期3个月的整纪工作，使全县广大党员执行党的纪律的自觉性得到进一步加强。

1993年，县委发出《关于进一步加强各级领导班子思想作风建设的意见》。以牢固树立全心全意为人民服务的思想为内容，以提高执行民主集中制的自觉性为重点，以提高各级领导班子整体素质为手段，以促进和推动全县经济发展进程为目的，逐步实现各级领导班子思想作风建设的制度化、经常化、规范化。1994年，贯彻中央《关于加强农村基层组织建设的通知》，提出“五个好”（即建设一个好班子，培养锻炼一支好队伍，选准一条发展经济的好路子，完善一个好的经营制度，健全一套好的管理制度）的要求。推广何家堡乡党委的“三级达双标”活动，把党建与经济建设有机结合。

2000年5月至7月，在基层党组织中开展“三讲”（即讲学习、讲政治、讲正气）教育活动。历时75天，召开各种座谈会10余次，个别谈话、谈心300多人次，收集群众意见和建议7274条，制定出台8个整改文件。同年12日，开展“三讲”回头看活动，出现“三种变化”、“三个好转”，即工作思想方法有变化，结构调整有变化，财政状况有变化；工作作风有所好转，社会治安有所好转，干群关系有所好转。2001年3月至6月，开展“三个代表”重要思想学习活动。学习分两个阶段进行，第一阶段是125个行政事业单位的党员5515人，第二阶段是10个乡镇162个行政村和部分国有企业的党员干部先后参加学教活动。2003年，开展“三级联创”活动，以创建先进县、“六好”乡镇党委、“五好”农村党支部为目标，强化党性，严格考核。年底，全县有4个基层党组织被市委评为先进基层党组织，1个乡镇被评为“六好”乡镇，1名乡党委书记被评为“六好”乡党委书记。

2005年1月—2006年6月，开展保持共产党员先进性教育活动。分三批进行。一是全县239个党政机关和企事业单位，373个党组织，6362名党员参加的第一、二批先进性教育活动；二是175个基层党组织，4627名党员参加第三批教育活动。2007年，分四批对全县副科级以上实职干部和农村党支部书记集中进行中共十七大报告学习培训，受训人数980人次；分三期对乡镇、政法、县直机关公务员进行培训，受训人数达98%。同时，指导各基层根据各自的实际，举办培训班65期，对3500余名党员干部进行政治理论和岗位技能培训。2008 年全年举办副科以上干部培训班 5 期，专职党务干部培训班 1 期，优秀妇女干部培训班 1 期，农村党支部书记培训班 2 期，实用技术培训班 72 期，培训 5000 多人次，培训基层党员 1200 人次，农村基层党员参训率达 92%。

2010—2011 年，开展“创先争优”活动，即创建先进党支部，争当优秀共产党员。以“创先争优”为形式，广泛开展“党性教育”活动、“岗位奉献”活动、“服务群众”活动、“亮牌示范”活动、“组织创新”活动，集中培训机关党员 1100 名，选树创先争优示范点 32 个。2012 年，农村基层党组织根据地域特征、产业特点和党组织、党员队伍状况等因素，不断优化基层党组织和党员人才资源配置。云中镇东关村党总支升格为村党委，15 个村党支部升格为党总支；并调整建立种植、养殖、运输、商贸等行业党支部和专业合作社党支部 56 个；新建非公经济党组织 28 个，民办学校党组织 13 个。

第五节 党校

1959 年以前怀仁县未成立党校，以基层支部为单位，对党员进行集中培训，内容是以全面学习中共基本知识为主，结合贯彻党的方针、政策和学习各行各业的业务。同时以会代训，对各区委委员、基层党支部委员、各村村长进行轮训。主要是学习农业税收政策，《婚姻法》及苏联共产党党史。1960 年，中共怀仁区委党校成立。1964 年改为中共怀仁县委党校。1966 年“文化大革命”开始后，怀仁县委党校撤销。1969 年设中共怀仁县核心小组“五、七”干校。1971 年“五、七”干校撤销后，恢复成立怀仁县委党校。

1971—1978 年，党校共轮训基层党员干部 13 期 4000 多人次，主要进行“以阶级斗争为纲”的路线教育。1979—1985 年，对农村支部书记、公社党委委员及县级机关科级以上领导干部培训 15 次 4800 多人次。1986—2008 年，根据党在不同时期的方针政策和工作重点，在县委和上级党校的直接领导下，坚持培训、轮训党员干部，每年有计划安排，每次有培训重点。

2010年7月，中共怀仁县委党校实行校务委员会领导体制。同年成立怀仁县行政学校，同县委党校合署办公，实行“一套人马，两块牌子”的模式，县委常委、常务副县长任校长。

党校电大工作站：1984年成立电大教育经历三个阶段，一是普通教育阶段。这一时期招收2期大专脱产班，实行全日制教学模式，按照教育部门有关规定进行教学管理。二是成人自考教育阶段。由省电大统一编印教材，学员自学，统一命题结业考试。三是按中央电大招生和办学政策，坚持开放教育的教学管理过程。2005年秋季招生32人。2010年招生144人（本科56人，专科88人）。2011年春季招生107人（本科47人，专科60人）。2012年底，电大工作站共招生1005人。其中毕业651人，在校生354人。

党校函授工作站：1988年成立。函授站坚持“从严办学、质量第一”的宗旨，恪守掌握理论、丰富知识、增强党性、提高能力的函授教学理念，开展教学工作。办学过程中严把入学、面授、辅导、作业、考试、毕业各关口，确保函授教育的质量。2012年底，毕业学员1607人（其中本科生428人，专科生1179人），尚在学习的55人。

第六节 党史编研

1981年7月17日，成立怀仁县革命和党史资料征集整理领导组，下设办公室，进行地方党史资料征集。

1981年7月和11月，通过两次集中的大型党史资料征集活动，县委党史研究室整理编撰出版《中国共产党怀仁县简史》《怀仁人物》《为怀仁作出贡献的人》《劲松长青》《杨松青》《回忆王廷弼同志》《中国共产党怀仁县组织史资料（1937.8—1998.4）》等资料。

2007年5月，由县委党史研究室编撰，中央文献出版社出版的《中国共产党山西省怀仁县历史大事记述》（1922年春—2006年12月）问世。2008年8月，党史研究室整理出版《怀仁县抗日战争时期经济损失调研资料汇编》。2011年6月，县党史研究室编撰，中央党史出版社出版《中国共产党怀仁县历史》，该书全面完整地记述了怀仁县地方党组织的奋斗历程，为纪念中国共产党建党90周年献上一份厚礼。

第七节 老干部工作

1983年11月怀仁县老干部局成立以后坚持抓好老干部“两个待遇”（即政治、生活）的落实，做好老干部安置、慰问和思想政治工作。坚持抓好老干部活动中心的管理，组织指导老干部开展积极向上的文体活动；坚持抓好老干部党支部的建设，组织学习党的路线、方针、政策，召开民主生活会，党员大会，深入家访，加强老干部党员教育管理。2012年底，全县离退休老干部共1956人，其中离休干部105人，退休干部1851人。女干部278人。

1985年以后，老干部局在落实老干部的政治待遇和生活待遇的同时，注重政治学习。以老干部基层党支部为主，除坚持集体学习制度外，采取座谈讨论、送学上门、老年大学上课、征订老年报刊等形式，扩大学习普及面，订阅《人民日报》《山西日报》《朔州日报》《求是》《中国老年报》《老年文汇报》和《医疗健康》等报刊10余种1800余份。对身体状况差，行动不便的老干部进行走访，帮其克服困难，交心谈心，及时把新的老干部政策和县委、县政府的重大决策向他们传达；对身体较好的老干部不定期家访，督促其参加政治学习，并交流思想，了解思想动向，征求意见，确保思想稳定；对退而不休、发挥余热的老干部进行走访，总结事迹，树立典型，激励他们发挥更大的作用。开展争创“五好”离退休干部党支部，争当“四好”离退休干部党员活动。以创建活动为载体，不断提高全县老干部党支部组织建设水平和离退休老干部的思想建设水平。

1990年以后，县委老干部工作领导组定期召开离退休老干部座谈会、情况通报会，并通过上门走访、节日慰问、组织参观等活动，向老干部征求意见和建议，及时了解离退休老干部发挥作用的情况，协调解决工作中遇到的实际问题。对离休干部的医药费全部实行县财政统筹管理，定期报销。全县离退休干部结合自己的特长和优势，积极参加当地社会公益活动。据统计，全县有1150名老干部参与各项活动。其中有180名老干部通过讲党史、上党课、回忆革命历史等形式，对青年干部职工进行教育；有35名老干部参加社会团体工作；有300名老干部受聘或义务参加基层党组织建设；有150名老干部从事社会治安工作；有52名老干部参与农村的“村务”管理和各种理事会、议事会，当好社会治安员、民事调解员、政策宣传员，信访接待员，宣传党的方针政策，维护社会稳定；有200名老干部参加各类社会公益活动，充当志愿者，为社会公益事业服务；有60名老干部从事科技咨询、各种农业技术服务；有950名老干部带头从事种植、养殖为主的家庭经济开发；有80名老干部带头领办创办各类经济实体，为城乡一体化、农业现代化作出应有的贡献。

2011年6月，县四套班子领导对全县离休干部进行走访慰问，带着党和政府对老干部的关怀和温暖，主动征求、虚心听取老同志的意见和建议，送去中组部的慰问信和“建党90周年纪念章”。“七一”前夕，老干部局组织老干部召开庆祝建党90周年座谈会，学习党的历史。举办全县离退休干部金婚50年婚纱摄影纪念活动。举办全县离退休干部参加的健身体育运动会，比赛项目有中国象棋、乒乓球、台球、门球及书画展。2012年，组织离退休老干部开展学习杨善洲的先进事迹，召开专题座谈会，激发老干部保持晚节，永不变色。

第四章 宣传工作

第一节 宣传机构

报刊 1955年2月，中共大仁县委创办机关报《大仁小报》。报社设在县委。八开四版周刊铅印。每期3000—3500份。到1958年10月停刊，共出刊27期，刊登207篇稿件。

1966年5月，由工人代表委员会、农民代表委员会、红卫兵代表委员会创办《工农兵战报》。报社设在县革委。为八开两版，钢版刻印。不定期出刊，至1978底停刊，出刊10期。

1985年3月，由中共怀仁县委办公室创办《怀仁快报》。报社设在县委办。为四开四版油印。不定期出刊。每期印发150余份，每年出刊100余期，至1994年停刊。

1995年6月，县委创办机关报《怀仁报》，四开四版，每周一期。2001年5月改为《今日怀仁》，同年6月改对开四版。2010年2月改为《幸福怀仁》，报社设在广播电视中心，至2012年底已出刊327期。

广播电台 1951年初，县政府配有一台直流电收音机和一名收音员，供县委县政府领导及机关干部收听重要新闻。1956年3月成立县广播有线放大站。配有50瓦扩音机一台，县城主要街道架设广播线路，安装40余只舌簧喇叭，定期转播中央和省广播电台的节目，时有工作人员5人。1964年5月，县人民广播电台成立。配有500瓦扩音机2台，810型录音机3台，利用电话线路传输广播信号。全县农村安装广播喇叭1500只，每日早晚各播音2次，4小时。其中有30分钟直播本县的新闻。1969年11月至12月，因广播站址搬迁中断播音。1970年1月恢复播音，有500瓦扩音机4台，601型录音机5台，工作人员增到10人。同年，各公社均成立广播放大站，利用电话线载波传输广播信号，农村用户利用输电线传输，全县农村安装广播喇叭1.5万只。1972—1978年，全县农村架设水泥杆有线广播专线1127杆公里，安装广播喇叭37142只。各公社放大站设备更新为500瓦扩音器，增添录音机，配有线务员、广播员各1名。1980年7月起，全县进行广播线路标准化、广播喇叭网络化的建设。到1983年底，从县到公社，公社到大队的广播线路全部架起水泥杆专线传输线路，线路总长581杆公里，安装喇叭37600只，普及率达95%，通响率93%。

1984年9月1日，县广播站更名为怀仁县人民广播电台(仍为有线广播)。每日早、午、晚三次播音7小时10分。除定时转播中央、省台的部分广播节目外，自办《怀仁新闻》《各乡镇联播》《政策与时事》《农村新事》等

15个节目。同年，各乡镇广播放大站更名为广播电视站，自办《本乡镇新闻》《致富信息》等节目。1985年，县广播电台建起调频广播台，调频功率发射50瓦。县城和城关、何家堡、海北头等乡镇可用调频收音机接收县台有线广播节目，调频波段为FM101兆赫。1996年停止使用。2010年重新启动，覆盖怀仁和周边县区。城乡居民除中老年人使用小型收机收听，城市公交车、出租车、自驾车等都可以收听到怀仁新闻。

电视台 2002年8月，县政府投资63万元，由北京广播电视设备制造厂承建怀仁广播电视塔，塔高86米。全县广播电视覆盖率达到100%，有效电视节目达到40余套，节目质量明显提高。2003年，投资540万元改造网络升级工程，改造用户1万户。2007年完成有线电视二期工程，新建主杆线5公里，工作站80个。有线电视年容量1.6万户，新增用户3000户，乡镇实现村村通，县城数字电视用户达到3000户。2008年，投资30多万元新增新闻采访录制设备，对电视制作室、演播室进行彻底改造，新建100平方米的有线电视收费大厅，方便广大群众缴费。2009年，新增有线电视用户3000余户，完成6个住宅区的入网工程。投资80万元，为播出房安装12路广播插播机器1套，新增非线性编辑机3套，摄像机4台和其它采编设备。2012年，全县有线数字电视用户县城全覆盖，可以收看60多套卫星电视节目。电视台自办节目时间每日约6小时。其中每天晚上8点播放15–20分钟的怀仁新闻，次日中午12点重播。

第二节 宣传报道

怀仁县宣传报道以向党报党刊投稿和自办报为主。最早的稿件是刊登在1935年1月28日的《西北建设导报》上题为《怀仁成立新民工厂，农民将有新归宿》的通讯报道。1940年至1949年，县级机关干部向中共晋绥边区主办的《晋绥日报》投稿，刊登怀仁县通讯报道稿件69件。

1949—1950年，围绕抗美援朝、爱国增产、征集兵员等中心工作，全县组织5350余人的宣传队伍，深入农村，通过讲演、座谈会等形式进行宣传。经过宣传，有133个村订立爱国公约。全县划为26个游行区进行“五一”示威游行和签约活动，参加游行的群众达72530人，占全县总人口的70%。1950年3月—1954年12月，开展爱国竞赛宣传活动，县委组织152名宣传员分赴农村宣传，并在基层训练宣传员4117名。在为期一个月的宣传活动中，召开群众大会、座谈会642次，剧团下乡演出65场，放映幻灯片27次，全县受到教育达51150余人次。到1952年底，怀仁县在《察哈尔日报》上刊登各类稿件107件。1951年《人民日报》刊登怀仁县冯庄村村民、全国农业劳动模范马益谦《我知道了工人阶级为啥是领导阶级》的署名文章，是怀仁县最早被中央报刊采用的稿件。1955年1月，开展以反对美蒋条约和完成征集兵员任务为主要内容的时事政治宣传活动。县委组织宣传骨干6908人，深入农村发动群众，使人民群众在《告世界人民书》签字活动中受到一次爱国主义教育。

1969年县委成立通讯组。12个公社都配备有一名专职通讯员。1970年，较大的生产大队也成立通讯组，配有兼职通讯员。全县形成县、社、村三级通讯网络。1983年10月，县委通讯组撤销，设立新闻科。1984年成立《雁北日报》驻怀记者站。1985年底，全县有乡镇、厂矿、机关通讯组52个，业余通讯员97人。1985—2000年，全县平均每年发稿3000余件，其中，市级以上报纸800件。

2003—2006年，以每年召开“中国·怀仁陶瓷文化节”为机遇，邀请国内20余家新闻媒体，对怀仁县招商引资、城市建设、精神文明建设以及改革开放以来的新举措，全方位多角度地进行宣传。在各种新闻媒体刊登播发各类稿件3000余篇。

2007年，怀仁县发出电视新闻稿件8000余条，《今日怀仁》报出刊53期，在《朔州日报》头版头条刊登20余篇。在市级以上新闻媒体刊登播发各类稿件3000余篇。2008—2009年，在省、市广播电视台播发稿件190件，专题节目50余期。在县广播电视台播出《怀仁新闻》260期，《一周要闻》95期，专题节目60期，新闻2500余条。2010—2012年，每年发出新闻稿件2500至3000余篇。其中被市级以上报刊登载1100至1300余篇，向市以上电视台选送稿件20至30多篇。

第三节 理论教育

1949—1979年，围绕历次政治运动，宣传党的路线、方针、政策，宣传党中央、国务院的一系列指示、决定、决议。每年举办县直机关党员干部培训班，由宣传部理论科负责讲课、辅导。1980年以后，宣传部依托县委党校组织授课教师为参加培训的党员干部上课或辅导。农村乡镇党委举办党员干部培训班，宣传部门应邀派员授课或辅导。每年到10个乡镇下乡15—20次，参加听课的人数约占党员数的80—90%。

2003—2005年，宣传部会同组织部、党校举办副科级以上领导干部培训班，参加人数约600余人次，接受中共十六大、十六届三中全会精神的教育。加强对县委机关干部每周二、五理论学习的辅导。每年组织理论教学深入基层集中辅导80余次。2006年对党员干部进行《江泽民文选》的学习辅导。共授课32次，受训党员干部达3000余人次。2007年，宣传部、检察院、教育局、司法局、团委、妇联等联合开展了“送理论进校园”“送法制入校园”“创业青少年维权岗”以及《未成年人保护法》知识竞赛活动。2008年，开展“学习贯彻党的十七大精神，进一步解放思想”大讨论活动，为期三个月，先后抽调理论教员6名，分赴10个乡镇和各厂矿、县直各委、局等有关单位专题辅导100多场，受教育干部职工达2000多人。

2010年，开展万名学生文明交通宣传员创建活动，开展“送法律进校园”“远离黑网吧”“大手牵小手”“雏鹰行动”等未成年人教育主题实践活动。9月，组织“唱响怀仁”合唱比赛，县直机关、企事业单位13支队伍参加，前6名代表队参加朔州市首届合唱艺术节，获得金奖2名，银奖、铜奖各1名的优秀成绩。2011年，围绕科学发展观理论，宣传胡锦涛“七一”重要讲话精神、中共十七届六中全会精神和省第十次党代会精神。举办大型主题演讲、党史知识竞赛，“红色七月”大型书画展，“红心向党”文体活动，“红旗飘飘”歌咏比赛，“党在我心中”万名中小学生日记、绘画、书法、摄影系列活动，“红色之恋”歌舞晚会，“永远跟党走”干部群众红色经典歌曲大合唱等活动。2012 年，在党员干部培训班上，宣讲中共理论创新成果，推广学习型党组织建设的好经验、好典型，开展保持党的纯洁性教育活动。推动送戏曲、送图书、送电影“三下乡”活动，是年，深入农村社区演出 26 场。162 个行政村的农家书屋实现全覆盖。

第五章 纪律检查

第一节 党风廉政建设

1993 年 10 月—2001 年 12 月，按照中纪委二次全会精神，县委确定了“教育领先，监督调控，惩处清障，源头扼制，保护发展”的二十字方针，积极探索新形势下党风廉政建设的方法，大力治标，着力治本，为全县的改革发展创造良好的环境。

1993 年 3 月，县委、县政府制定《关于规范企业法定代表人的二十一条规定》，规范了企业法定代表人行为准则。《规定》的实施，在一定程度上对党政机关及其工作人员和企业主要负责人从制度上约束，对推动全县经济发展起到积极的作用。这个经验被《中国纪检监察报》登载，并在全国推广。

2000 年年初，县委、县政府对重点行业和部门本着理清思路、细化方法、硬化措施、夯实内容的原则展开行风评议工作。2001 年 10 月，由县纪委组织社会各界人士重点对劳动、人事、财政、计划四部门行业作风建设情况进行民主评议。

2000 年 2 月，县便民服务中心投入运行，有 30 个行政职能部门进驻，进行行政审批事项的集中办理。中心实行微机管理，自动化办公，28 个窗口联网运行，大厅办公超市式服务。集中办理行政审批、证明办理、联合年检、集中收费、投诉受理等 28 大类 42 项业务。并通过大型电子显示屏幕连续为顾客提供滚动信息服务，台式电子触摸屏为用户提供随机信息查询。

2000年8月，成立县会计核算中心，全面推行集中收付制度，对全县85家行政事业单位集中发挥财务管理职能。各单位原有的245名财务人员的工作，由中心的12名工作人员承担。

2000年9月，县委、县政府对重点企业实行特派稽查制度。稽查特派员通过考核择优录用，由县长聘任，享有听取企业负责人有关财务、资产状况、经营管理状况的汇报，检查企业财务和资产状况，参与企业有关会议等权利。首批稽查特派员进驻南窑集运站、宋庄煤站、芦子沟煤矿、峙峰山煤矿、化肥厂、雁北瓷厂、雁北铸造厂、吴家窑瓷厂等8家企业。企业特派员制度的建立和实施，从多方面加强了对企业的监管，同时，对企业党风廉政建设也起到积极的促进作用。

2003年，编发《纪检监察信息》200余期，在新闻媒体发表稿件900余件，撰写5篇党风廉政理论调研文章。在《怀仁报》开办“反腐倡廉‘五个一’教育活动”。在电视台开办“廉政之声”“党风廉政大家说”等五个专栏，开办《反腐强声》等三个专栏。对全县442名副科级干部进行为期7天的廉政培训。2005年，对全县178所成建制学校，全面督导检查“一费制”执行情况。2008年，在原有便民服务中心的基础上，组建政务大厅，有22个行政事业单位纳入窗口管理，公开办理事项144项，办理各种事宜31000件。2009年，开展煤焦领域反腐败专项斗争，全县2600人自我申报，清缴查处各类资金10279.69万元。其中涉案12件，查处19人。

2010年，坚持把查办案件作为反腐倡廉建设的重点工作，对腐败行为保持高压态势，受理群众来信来访和电话举报38件（次），接受上级纪检监察机关交办要结果案件8件，督办案件6件。截至2012年，制定了《县委常委会议事规则》《县委常委深入基层调查研究制度》《县委常委民主决策制度》《党政班子及全体成员集体廉政承诺制度》《加强和接受党内外监管制度》《民主生活会制度》《述职述廉制度》《接待群众来信来访制度》《廉洁自律规定》《机关工作人员十不准》《机关建设八项规定》《行政机关及其工作人员行政不作为问责办法》《行政效能监察执行办法》《改进作风提高效率的若干规定》《农村基层党风廉政建设的实施意见》等一系列反腐败制度。是年，开展干部作风督查 48 次，发现相关问题 30 个，下发监察建议书 86 份，对 29 名相关责任人给予党纪处分，其中科级干部 12 名。

第二节 违纪案件查处

中华人民共和国成立初期，县政府成立监察委员会，主要任务是监察国家机关公职人员是否履行职责，检举违法违纪的机关和人员。根据群众举报、人民来信，配合各种运动，受理机关人员的贪污受贿、失职渎职、违法乱纪、玩忽职守等案件。1959 年监察委员会撤销，其职能归政府人事局办理，“文化大革命”中由县革委会政治部办理。1988 年 7 月成立县监察局。1989 年监察局撤销，合并到县纪律检查委员会，成立监察委员会，原县监察局人员归并到县纪检委，负责党员干部和行政机关人员的违纪违法案件查处结案工作。

1956 年，对 350 名犯有吸食毒品、隐瞒历史、泄密失密、偷盗、赌博等方面错误的党员进行处分。其中开除党籍的 150 人，撤销党内职务的 6 人。1957 年受理案件 182 件，结案 170 件，对 86 件案件的 86 名党员给予处分。其中开除党籍 26 人，免于处分 84 人。1958—1961 年，在历次政治运动中，全县受党纪处分的党员和党员干部 477 人。1961 年 12 月—1962 年 10 月，对从 1949 年以后在历次政治运动中受处分的党员进行甄别平反，共甄别 1390 人，占应甄别 1428 人的 97.7%。经甄别，对原处理错或基本错的 564 人，原处理部分错的 322 人，均予以纠正。

1967—1976 年“文化大革命”期间，县委被“造反派”夺权，县委纪检委停止案件查处工作。

1978 年 6 月，恢复县委纪律检查委员会，配备 6 名工作人员，按照党“实事求是、有错必纠”的原则，着手平反冤、假、错案。至 1980 年 10 月，共受理复查“反右”“四清”“文化大革命”运动中的案件 125 件，纠正 64 件，占 51.2%。1981—1983 年，对党员和领导干部建私房、多占住房的歪风进行查处。对102名干部、职工所建390间私房进行全面审查。1985年，对滥发奖金的问题进行查处，全县1218名干部、职工退出多发的奖金533730元，占应退款总数的99.1%。同时，查处各类经济案件19件，涉案人员19人，涉案金额71149元，有7人受到党纪处分。

1992年，在抓党风廉政建设“三件事”（违纪占房建房、违规购买小汽车、违法办理农转非）工作中，查处有关“三件事”案件12件，涉及干部职工13人，给予党纪处分8人，政纪处分2人，刑事处分1人。1993—1996年，按照中纪委二次会议关于反腐败斗争的指示精神，加大案件查处工作力度，四年间，全县共立查案件81件，有68人受到党政纪处分。1997—2000年，立案53件，结案48件，其中大要案31件，有52人受到党政纪处分，其中行政撤职4人。2001—2003年，立案查处50件，其中大要案25件，结案45件，处分违纪人员43人，追缴赃款3.2万元，挽回经济损失87万元。对全县581名超计划生育干部职工给予党政纪处分。

2004年，在落实党风廉政责任制中，对86人进行责任追究。其中诫勉提醒57人，组织处理12人，党纪处分17人，其中科级干部7人。2005年，初查案件29件，立案查处19件，结案18件。其中大要案14件，处分党员干部22人。2007年，初查核实各类违纪案件22件，立案查结20件，其中大案10件。处分违纪人员20人，其中乡科级9人。2008年，查处各种违纪案件40件，立案查结40件。处分违纪人员41人，其中科级干部8人。2009年，在开展煤焦领域反腐败斗争中，查处涉煤案件12件，查处19人，其中正副科级6人，有1人被追究法律责任。

2010年，初步核实各类违纪案件56件，立案查处46件，结案46件。处分违纪人员64人，其中科级干部15人。2011年，初步核实案件37件，立案37件，结案37件，其中大要案件13件。处分人员48人，其中乡科级干部12人。2012年，初步核实案件65件，立案62件，结案62件，其中大要案件25件。处分违纪人员76人，涉及科级干部19人。

第三节 专项治理与纠风

1986年5月，开展狠刹讲排场、摆阔气、铺张浪费大吃大喝歪风专项治理活动。1987年，县纪委作出《关于反对铺张浪费、大操大办婚丧事宜和禁止领导干部上下班用车接送的通知》，并展开治理行动。1988年，县纪委作出《关于严禁用公款请客送礼的规定》，进行自上而下的检查。1989年，对违纪乱购小汽车风进行整治。1990年，开展清理党政机关干部违法违纪建私房和多占住房工作。7月，成立怀仁县纠正行业不正之风领导组及办公室，主要解决群众反映的乱摊派、乱罚款、乱收费以及吃拿卡要等行业不正之风问题。1992年，突出抓清理公款吃喝送礼、公费送子女上学、大操大办婚丧事、拖欠公款、违反计划生育、违法违纪农转非、违法违纪贷款、违纪购买小汽车等十项任务的落实。1993年，对全县29个党政机关兴办的37家经济实体进行清查。1994年，对全县党政机关、企事业单位的小汽车进行定编和清理，清理公款安装住宅电话，清理集资建房，对全县58个单位进行统计执法大检查，对农村财务管理情况进行为期一个月的检查整顿。1995年，对领导干部用车挂军警车牌的现象进行清理。

1997年，县委、县政府先后制定了《关于发扬艰苦奋斗精神，制止奢侈浪费的若干规定》《关于贯彻执行县委、县政府关于领导干部廉洁自律的若干规定的实施细则》《关于严格控制用公费安装住宅电话和报销话费的规定》《关于严格控制为领导机关、领导干部配备、更换小汽车的补充规定》，并成立检查组，对各项规定的贯彻落实情况进行全面检查和清理。1998年，开展治理公路“三乱”工作，对全县75个报表单位进行统计法专项检查。1999年，开展制止公路“三乱”，治理中小学乱收费，医疗市场整顿，减轻农民负担，减轻企业负担，党政机关干部借用小汽车和移动电话的“两清”工作以及民主评议行风等活动。

2000年制定了《关于对违规小汽车进行处理和加强小汽车管理的若干规定》《关于领导干部不准私自驾驶公车的规定》《关于制止大操大办的规

定》等，对领导干部廉洁自律方面存在的问题进行认真清理。2002年，制定了《关于整治中小学乱收费滥订资料的管理意见》的文件，并进行了专项整治。2003年，制定了《关于规范公路执法行为，保证南环路畅通无阻，维护县城道路和高速公路连接线路况的通告》，并定期不定期上路进行排查。2004年3月15日，采取“组建万人库，抽取千人评”的办法，对县直机关政风行风情况进行民主测评。

2005年，开展清理纠正国家机关工作人员和国有企业负责人投资入股煤矿工作。2007年，对全县行政事业单位现有小汽车进行清理。按照省市《关于开展党政机关办公楼等楼堂馆所建设项目清理工作的通知》精神，对全县楼堂馆所建设项目进行清理。对县直部门和事业单位落实“收支两条线”规定的情况进行专项检查。2008年，开展党政机关公务用车问题专项治理和清理规范庆典、研讨会、论坛活动工作。开展清理纠正个人“小灵通”与单位办公电话捆绑使用问题。开展煤焦领域反腐败专项斗争。对全县煤炭发展基金贷款进行清理。2009年，对本县中央扩大内需促进经济项目进行检查。开展建设用地容积率管理监督检查。开展工程建设领域突出问题专项治理工作。

2010年，按照省委提出的“五个严禁”的紧急通知，对全县的洗浴中心、歌厅、游泳馆、棋牌室进行突击检查，开展“小金库”专项治理工作，开展信访举报“双清双查”工作，开展集中清理国家公职人员逾期拖欠农村信用社贷款工作。2011年，开展治理公务用车和“小金库”专项治理工作，开展土地矿产卫片执法检查工作，开展全省基层涉及信访工作“百日会战”活动，对全县市容市貌环境、交通秩序等工作进行督查整改，对全县各乡镇、厂矿、企业的上班、工作开展等情况进行检查，对县城内棋牌室进行突击检查，重点检查党员干部参与赌博问题。

第四节 来信来访

1955年，县政府建立群众来信来访的登记、转办、汇报等制度。由信访办公室收到群众来信1396件，接待群众来访842件，处理1993件。1956年接待群众来信来访5235件（次），处理5066件。1957—1965年，来信来访转入“反右派”“四清”运动。1966—1976年，接待群众来信来访的工作受派性干扰，被迫中断。1978年10月，县委确定每周星期六为群众来信来访接待日，县委常委轮流接待群众来访。至1979年9月，共受理信访案件2553件，处理2535件。

1981年，处理群众来信来访的案件2650件。1984年规定每月5日、15日、25日，县委、政府、人大、纪检委负责人轮流接待上访群众，及时解决群众反映的问题。1985年3月，全县14个乡镇、70个部、委、局和厂矿，175个村（街道居委会）均成立信访领导组，设办公室，全县共配备专、兼职信访工作人员770人。是年，共受理信访案件746件（次），处理651件。县信访局同乡（镇）签订信访工作责任制，做到“中、小问题不出乡（镇），大问题不出县”。

1986—1996年，受理来信来访案件平均每年850件（次）。2011年5月开通“廉政网”，通过互联网受理群众举报信件。1997—2012年，受理来信来访案件平均每年940件（次）。

第六章 统一战线

第一节 统战宣传

怀仁县的统战宣传工作始于抗日战争时期。1938年，在中共大怀左县委直接领导下，坚持抗日民族统一战线政策，指导“牺盟会”“动委会”进行抗日宣传组织活动，开展武装斗争。1946年，中共右山怀中心县委增设城工部，专做统一战线工作，1948年8月，因干部支援新区撤销。

中华人民共和国成立以后，统战工作在中国共产党的领导下，继续发挥应有的作用。1954年10月，中共大仁县委设统一战线工作部（简称统战部）。1956年，县委统战部具体组织和领导私营工商业的社会主义改造，宣传引导基督教、天主教等宗教界人士遵纪守法，爱国爱党。1960年撤销县委统战部。1979年7月，恢复县委统战部。按照党的统战政策，相继为各方面人士500余人落实政策。其中落实起义投诚人员政策74人，纠正错划右派43人，落实原工商业人员政策55人。为28户受株连家属子女解决城镇户口193人，返还宗教房产13间，解决部分非党知识分子夫妻分居、调整工资、住房、生活困难等问题，为134人清理了档案。落实政策工作持续到1982年底。

1986年以后，县委统战部为扩大统战宣传，订阅《中央统战动态》，印发中央领导关于统战工作的讲话，举办《统战理论与政策》专题讲座、报告会，编发《统战工作情况》，围绕重要活动进行广播、电视报道。订购《统一战线党课简明读本》，分发到各乡镇、县直各部门、各单位，进行广泛深入的统战宣传工作。1996年，订阅《山西统一战线》165份，编印统战宣传材料2500份，翻印《中共中央关于坚持和完善中国共产党领导的多党合作和政治协商制度的意见》500份。电视台、电台播放统战方面知识和活动24次，主办统战知识专栏10期，写出各类信息42条，有的被省、市、县报刊登载。

2007—2008年，统战部订阅《中国统一战线》《山西统一战线》《中国宗教》等杂志150多册，党外人士人手一册。2009年2月，在全县非公有制经济人士中，宣传开展“结对帮村，服务三农”活动，全县51家非公有制企业100多人帮扶农村，实施光彩项目16个，累计投资2000多万元，帮助2.7万农民脱贫。

2010—2012年，加强无党派人士工作，宣传发挥党外人士的特殊优势作用。全县党外人士向有关部门提交各类议案、提案60件，反映社情民意、意见和建议120多条，撰写各类调研报告10多篇。宣传党的宗教政策和相关的法律法规，开展宗教人员认定和备案工作。调查乱建寺庙工作，全县10个乡镇有60处责成乡镇予以取缔和拆除。排查宗教领域隐患，强化宗教活动场所消防安全和维稳工作。对符合要求的18处宗教活动场所发放铜质标牌、宗教活动场所登记证。

第二节 民主党派工作

中华人民共和国成立后，民主党派工作在县委领导下，逐步走上正轨。1988年，建立非党派代表人士档案。全县共有统战对象14088人。其中非党知识分子（中专以上，最低有初级技术职称）956人，起义投诚的原国民党军政人员254人，无党派知名人士26人，工商业者35人，基督教徒156人，归侨8人，侨眷35人。1989年4月28日，县委统战部联合县委组织部作出《关于认真做好党外干部选拔培养使用工作的通知》，对做好党外干部的选拔培养使用，配备范围、标准，加强合作共事等提出明确要求。1991年，建立党外后备干部队伍，协调县畜牧局为5名党外知识分子解决住房问题。

1992年以后，每年组织党外人士代表集中学习，召开座谈会，组织参观，对农业生产、工矿企业、乡镇企业和村镇建设等方面的情况进行视察，广泛征求党外人士意见和建议。先后选拔80名非党后备干部参加县委党校后备干部培训班。1996年，组织6户私营企业在旧城改造中投资300万元，建起3000平方米的“万人商厦”大楼。发动部分民营企业捐资3000元，为亲和乡曹四老庄村学校购置课桌30套。1997年，积极引导民营企业家参加光彩事业。王跃胜为阎家寨村投资40万元建起小学。李万荣、刘国强分别为怀仁一中捐资1万元，建立助学基金。1998年，王跃胜为南方灾区捐资1万元，丰新兰为全县残疾人捐资5000元。

2001年2月，县纪委、检察院、教委等11个执纪执法部门聘请党外特约监督员11人。县委印发《关于县委领导与非公有制经济代表人结对交友、县政府领导结对联系民营企业的安排意见》，有11名县委领导与11名民营企业家结成对子，9名县政府领导与17家民营企业建立对口联系关系。2007年，在非公经济人士中开展“结对帮村，服务三农”活动，支持51家非公企业在修路、建房、农田等基础设施建设和教育、医疗、文化等领域进行投资。2008年，开展统一战线“凝聚力工程”系列活动。先后召开五次座谈会、民主协商会、情况通报会，听取党外人士的意见和建议，收到各类意见和建议 100 多条。组建 35 人组成的党外后备干部人才库，为县人大、政协领导班子推荐配备党外领导干部。开展“强素质，树形象”活动，批准 3 名统战干部和 8 名非公经济代表人士担任县工商联副会长、秘书长和常委。开展“新晋商，新形象”活动，开展“智力兴怀”活动，参加活动 100 多人次。发放各类宣传资料 2000 多份，科技图书 300 多册，为 500 多名农民义诊，赠送 5000 多元药品。

2010 年 1 月，全县非公经济人士发出“关爱‘三老’、感恩奉献”的倡议，有 30 名非公经济人士与 50 名“三老”结对进行扶助和支持。全县参与新农村建设的非公经济人士有 100 多人，实施光彩项目 16 个，投入资金累计达 2000 多万元。投入各类帮扶资金 130 多万元。9 月，开展“春雨行动”，为邵坤坤等 3 名贫困大学生捐资 3000 元助学金。2011 年 8 月，向 1700 多名贫困学生资助 1000 多万元。2012 年，向 1630 名贫困学生资助 1100 多万元。

第三节 对台事务

1983 年 10 月，成立中共怀仁县委台湾工作办公室，属中共怀仁县委和县对台领导小组领导。1987 年，成立怀仁县台湾同胞接待处。

对台办成立以后，一是搞好对台宣传，从 1984 年以来，向《人民日报·海外版》《羊城晚报·港澳海外版》及中央人民广播电台《海峡之声》等报刊和电台报送文字、图片及稿件 200 多篇，被各类报刊和电台采用 120 多篇。其中《塞外云州火龙城》于 1984 年被《人民日报·海外版》采用，《金沙滩上春风暖，两姓解除千年愁》被《团结报》和中央人民广播电台采用。二是摸清中华人民共和国成立以前怀仁县在台人员名单及其在大陆的家属情况。1996 年底统计，全县赴台人员共 19 人，其中女 4 人，男 15 人。原籍在县城的 11 人，在农村的 8 人（大峪口 5 人、北辛村 1 人、路庄 1 人、鹅毛口 1 人）。19 人中，军界 4 人、政界 9 人、退休闲居家中的 3 人、居住美国的 2 人、去世 1 人。全县共有台属 31 户，其中在外地的 21 人，本县

20人。自开放探亲政策以后，怀仁县先后接待去台探亲人员28人次，大部分是子女和亲属。

1988年以后，帮助11户台胞与大陆亲属建立通信联系。接待6名回大陆探亲的台胞，其中张锦诚是第一位回乡探亲的台胞。针对第一代台胞多数亡故，少数退休闲居的情况，经详查青壮年的第二、三代台胞台属32户，106人。2004年初，台胞邓治平先生代表父亲邓启（原国民党少将）、伯父邓励豪（原国民党立法委员）回乡祭祖，受到县政协、县委统战部的热情接待。同年7月邓启先生在台北病逝，县政府、县政协、县委统战部联合发函表示慰问。

2010年，怀仁县赴台湾进行经贸交流活动。2011年3月，举办“情牵两岸话团圆”大型征文活动，参与单位20多家，共征集文稿8650篇。

第四节 宗教事务

20世纪60年代，民族宗教事务工作由县委统战部管理。1988年，设民族宗教事务局。全县有基督教“三自”爱国委员会、天主教爱国会，佛教协会三个宗教团体。基督教“三自”爱委会成立于1995年6月，有委员13人，正式注册教徒2700多人，非正式教徒约3000多人，信教群众6000多人。天主教爱国会成立于1984年11月，教徒500多人。佛教协会成立于1998年9月，有信徒1万余人。

1994年10月，召开全县宗教工作会议，组织各宗教活动场所的人员认真学习《宗教活动场所管理条例》。1997年，在宗教界开展的扶贫济困献爱心活动中，基督教“三自”爱委会和佛教协会共捐款5040元。佛教界为清凉山维修工程捐资10万元，为灾区群众捐资794元，衣物375件。

1998年，开展创“文明堂点”，做“文明教徒”的双文明活动，全县涌现出文明堂点7处，文明教徒500多人。是年，建立信教群众和宗教活动点管理档案。全县共有信教群众1.2万人，对其中4957名正式教徒进行登记。有宗教活动点17处，其中佛教6处，基督教8处，天主教3处。同时，指导各教会制定章程、建立教徒受洗（戒）审查批准登记制度、住庙僧尼等级制度、活动点批准制度，进一步规范对宗教事务的管理。

1999 年 6 月 5 日、11 月 27 日，举办 2 期宗教界人士法律知识培训班。在宗教界开展爱国主义、社会主义为主题的“和平杯”统战知识竞赛。制定了《宗教活动场所审批条例》《僧尼人员去留审批制度》《正式教徒登记备案制度》《协会章程》等地方性法规和《关于进一步做好宗教工作若干问题的意见》。全县 17 个宗教活动点建立起各项规章制度。

2005 年，召开全县贯彻宗教法律法规培训会，县乡村三级宗教工作干部、宗教团体负责人共 42 人参加会议。同年 6 月 24 日，对宗教干部和宗教界人士 250 人进行《宗教事务管理条例》专题培训，散发宣传资料 500 多份。2007 年 1 月，在开展“三进一奔”（宗教政策、法律法规、科学技术进场所，信教群众致富奔小康）活动中，县佛教协会向宋家庄等 4 个村的敬老院捐赠价值 1.4 万元的新被褥、衣服、鞋帽。2008 年 2 月，县宗教团体为南方遭受冰雪灾害地区捐款 2.2 万元，为四川地震灾区捐款 18 万元。同年 11 月 24 日，经批准设立怀仁县崇国寺、殊胜寺、天竺禅寺等寺院。

2010 年，制定处置宗教突发性群众事件的应急工作预案，确保各种宗教活动安全进行。2011 年，召开全县宗教界崇尚科学铲除邪教工作会议，打击非法宗教活动。县政府宗教科在基督教五里滩教堂举办了全县宗教骨干及后备力量的政策法规培训班，参加培训的有三个宗教协会的委员及全县 15 个宗教活动点负责人和部分宗教后备力量共 60 多人。举办宗教工作“两支队伍”培训班 2 次，培训宗教工作干部和宗教界人士 320 人次；举办 3 期民间非营利组织会计制度培训班，对 75 名宗教团体、宗教活动场所的负责人和财务人员进行培训。

截至 2012 年，全县有佛教、基督教、天主教信徒约 1.58 万人，占全县总人口的 5.27%。其中佛教信徒 1.1 万人，基督教徒 4400 余人，天主教徒 400 人。有教职人员 14 人（佛教 11 人，基督教 3 人）。在信教群众中，近 90% 分布在农村，80% 是农民，女性信教的占 70%，年龄 36 至 60 岁的占 65%。

2012年怀仁县宗教活动场所分布情况表

表 17-7

教别	名称	类别	负责人	地址	教职人员（人）	教徒（人）	登记（成立）情况	
							编号	登记成立时间
	基督教“三自”爱国委员会	团体	纪桂梅	云中镇五里滩基督 教堂				1984.5
基督教	温庄基督教堂	教堂	弓继连	毛皂镇温庄		170	（99）1号	1999.4
	鹅毛口基督教堂	教堂	杨有山	云中镇南街村		130	（99）2号	1999.4
	王坪基督教堂	教堂	安桂芬	新家园乡王坪村		320	（99）3号	1999.4
	李家小村基督教堂	教堂	张玉泉	河头乡李家小村		203	（99）4号	1999.4
	小略基督教堂	教堂	苏小虎	新家园乡小略村		246	（99）5号	1999.4
	大场面基督教堂	教堂	陈翠兰	云中镇城内村		440	（99）6号	1999.4
	五里滩基督教堂	教堂	石安乐	云中镇东关村	3	550	（99）7号	1999.4
	吴家窑基督教堂	教堂	孙美英	吴家窑镇吴家窑村		193	（晋）02551号	2004.10
	亲和基督教堂	教堂	杨天元	亲和乡清水河村		99	（晋）02552号	2004.10
	金沙滩基督教堂	教堂	闫正梅	金沙滩镇第三作村		189	（晋）02553号	2004.10
天主教	怀仁县天主教爱国会	团体	郭巨保	新家园乡小峪天主教堂				2000.5
	小略天主教堂	教堂	郭巨保	新家园乡小略村			（99）8号	1999.4
	新发村天主教堂	教堂	宋文忠	海北头乡新发村			（99）9号	1999.4
	智民庄天主教堂	教堂	安海	马辛庄乡智民庄			（99）10号	1999.4
佛教	怀仁县佛教协会	团体	杨海叶	云中镇白衣寺				1998.9
	白衣寺	教堂	释圆慧	云中镇东关村	3	920	（99）11号	1999.4
	仁济寺	教堂	释义普	毛皂镇温庄村	2	580	（99）12号	1999.4
	清凉寺	教堂	释宗证	清凉山	1	800	（99）13号	1999.4
	永宁寺	教堂	释义兴	亲和乡南小寨村	1	720	（99）14号	1999.4
	忠义寺	教堂	释然法	云中镇南街村	1	230	（99）15号	1999.4
	普化寺	教堂	孙成娥	马辛庄乡南米庄		140	（99）16号	1999.4
	大通寺	教堂	释觉悟	河头乡小昌城	2	200	（01）16号	2001.9
	法喜寺	教堂	释义常	马辛庄乡小盐坊村	1	90	（99）13号	2004.10

第十八编

地方人民代表大会

第一章 人大代表

第一节 选举程序

怀仁县人民代表的选举，严格按照法律规定进行。1949 年初期，怀仁县各界人民代表会议的代表，是由社会各界民众推荐协商选举产生。一是建立选举机构，县成立选举领导组，制定选举办法，划分选区；二是各村推荐代表参加县选举报县委审批；三是召开县人民代表大会选出代表；四是颁发代表资格证书。一至六届人代会代表为间接选举。一是建立选举机构，县、乡镇（公社）成立选举委员会，制定选举方案，进行集中培训，宣传动员，选区划分等；二是进行选民登记，选民资格审查，公布选民名单，填发选民证；三是讨论酝酿代表候选人，召开选举大会，选举产生乡镇（公社）人大代表；四是召开乡镇（公社）人民代表大会，选举出席县人民代表大会代表。七届人代会以后代表为直接选举。一是建立县、乡镇（公社）选举工作指导组，制定选举工作方案，宣传发动，培训骨干，做好各项准备工作；二是划分选区，分配代表名额，选民登记，贴榜公布选民名单；三是按法定程序提名、推荐、酝酿、确定代表候选人，并张榜公布；四是召开选区选民大会，投票选举代表，资格审查后颁发代表证书。

第二节 换届选举

民国 27 年（1938），大怀左县在抗日根据地内村庄选举党、政、军各界人士代表 30 人，在上山井村（属左云）召开各界人士代表会议，选举产生大同、怀仁两县抗日民主政府。民国 37 年（1948）3 月，全县 138 个村的选民选举出 413 名代表出席人民政府在吴家窑召开的人民代表大会。

中华人民共和国成立以后，怀仁县的换届选举可分为不定期（1959 年以前）、三年一届（1960 年 -1993 年）、五年一届（1993 年以后）三种形式。

1952—2011 年怀仁县选举代表情况一览表

表 18-1

选举时间	全县总人口（人）	登记选民人数（人）	参选选民人数（人）	占选民总数百分比（%）	选出代表人数（人）
1952.9	113677	75426	72583	95.3	159
1954.2–6	112742	64428	55371	85.9	90
1956.4–10	105821	76815	69210	90.1	187
1958.3–5	19201	125857	112906	94.9	199
1960.3–5	117562	126982	118653	93.5	107
1963.4–5	118186	66920	59606	89.1	121
1965.7–8	123746	67127	62127	92.5	135
1980.3–5	175627	98567	95628	97.0	231
1984.1–3	188816	112854	110223	97.7	221
1987.2–4	190114	117938	85674	72.6	138
1990.2–4	198192	130505	125343	96.05	170
1993.3–5	221572	139911	131948	94.3	172
1998.3–5	237202	148850	143302	96.3	165
2003.4–6	259283	171128	161960	94.6	166
2007.3–4	273055	182201	168536	92.5	167
2011.3–4	319520	224081	219599	9.8	168

第二章 代表会议

第一节 县人民代表大会

由于区划变动，怀仁县人民代表大会界别名称分别是怀仁县一届至二届，大仁县一届至三届，怀仁区四届至五届，怀仁县六届至十五届。

1950—2012年怀仁县人民代表大会情况一览表

表18-2　　单位：人

届次	会议时间	届内召开会议次数	主要内容
怀仁县一届各界人民代表会议	1950.1-1952.9	10	1. 听取和审议工作报告 2. 选举县人大常委会主席1名，副主席2名，常务委员11名
怀仁县二届各界人民代表会议	1952.9-1954.9	5	1. 听取和审议工作报告3个 2. 选举县人大常委会主席1名，副主席2名， 常务委员11名
大仁县第一届人民代表大会	1954.9-1956.12	3	1. 听取和审议工作报告3个 2. 通过决议2个 3. 选举县人委会县长1名，副县长3名委员17名， 法院院长1名
大仁县第二届人民代表大会	1956.12-1958.5	3	1. 听取和审议工作报告7个 2. 通过决议7个 3. 选举县人委会县长1名，副县长3名委员16名，法院院长1名
大仁县（大郊区、怀仁区）第三届人民代表大会	1958.5-1960.5	3	1. 听取和审议工作报告2个 2. 通过决议4个 3. 选举县人委会县长1名，副县长4名委员16名，法院院长1名
怀仁区第四届人民代表大会	1960.5-1964.6	4	1. 听取和审议工作报告10个 2. 通过决议14个 3. 选举区人委会区长1名，副区长3名委员13名，法院院长1名

续表（1）

届次	会议时间	届内召开会议次数	主要内容
怀仁区第五届人民代表大会	1964.6–1965.12	1	1. 听取和审议工作报告 2 个 2. 通过决议 3 个 3. 选举区人委会区长 1 名，副区长 2 名委员 12 名，法院院长 1 名
怀仁县第六届人民代表大会	预计在 1965 年底以前召开，各项筹备工作已就绪。因进行“四清”和“文化大革命”运动，未能如期召开		
怀仁县第七届人民代表大会	1980.6–1984.7	3	1. 听取和审议工作报告 14 个 2. 通过决议 14 个 3. 选举怀仁县国家机关领导人员 23 名 4. 选举出席山西省第六届人代会代表 5 名
怀仁县第八届人民代表大会	1984.7–1987.6	3	1. 听取和审议工作报告 17 个 2. 通过决议 17 个 3. 选举怀仁县国家机关领导人员 20 名
怀仁县第九届人民代表大会	1987.6–1990.5	4	1. 听取和审议工作报告 18 个 2. 通过决议 18 个 3. 选举怀仁县国家机关领导人员 22 名 4. 选举出席山西省第七届人代会代表 4 名
怀仁县第十届人民代表大会	1990.6–1993.5	4	1. 听取和审议工作报告 18 个 2. 通过决议 18 个 3. 选举怀仁县国家机关领导人员 23 名 4. 选举出席山西省第八届人代会代表 5 名
怀仁县第十一届人民代表大会	1993.6–1998.5	5	1. 听取和审议工作报告 30 个 2. 通过决议 30 个 3. 选举怀、仁县国家机关领导人员 30 名 4. 选举出席朔州市第二届人代会代表 50 名
怀仁县第十二届人民代表大会	1998.5–2003.6	5	1. 听取和审议工作报告 30 个 2. 通过决议 28 个 3. 选举怀仁县国家机关领导人员 35 名 4. 选举出席朔州市第三届人代会代表 53 名
怀仁县第十三届人民代表大会	2003.7–2007.5	4	1. 听取和审议工作报告 24 个 2. 通过决议 24 个 3. 选举怀、仁县国家机关领导人员 30 名 4. 选举出席朔州市第四届人代会代表 53 名
怀仁县第十四届人民代表大会	2007.5–2011.6	4	1. 听取和审议工作报告 24 个 2. 通过决议 24 个 3. 选举怀、仁县国家机关领导人员 33 名 4. 选举出席朔州市第五届人代会代表 53 名
怀仁县第十五届人民代表大会	2011.6–2012.12	6	1. 听取和审议工作报告 36 个 2. 通过决议 36 个 3. 选举怀、仁县国家机关领导人员 36 名 4. 选举出席朔州市第六届人代会代表 52 名

第二节 乡镇人民代表大会

1954年，乡镇人民代表大会由乡镇人民政府召集。1958年成立人民 公社，由公社管理委员会召集。“文化大革命”期间，公社建立革命委员 会，人民代表大会终止活动。1980 年人民公社恢复召开人民代表大会会 议。1990 年 2 月，设立乡镇人大工作联络组，后改为乡镇人大主席团。 1996 年，乡镇人大主席团主席改为乡镇人民代表大会主席。

1981 年 5 月，人民公社人民代表大会恢复后，到 2011 年 5 月，全县 10 个乡镇，分别召开第七届至第十六届乡镇人民代表大会。会议期间推选乡镇人民代表大会主席团主持大会，会议听取和审议乡镇人民政府 工作报告、乡镇人大主席团工作报告、乡镇财政预决算报告，并作出相 应的决议。会议选举产生正副乡镇长、乡镇人大主席团常委主席。 会议收到代表的建议和意见，提供有关部门处理。同时，选举出席县人 民代表大会代表。乡镇人民代表大会，每届召开一至五次例行会议。

全县各乡镇历届人民代表大会在县、乡（镇）党委的领导下，认真履行职责，在加强基层政权建设，推进基层民主政治建设，推动乡镇经济 和社会发展中，发挥了重要的作用。

第三章 县人大常委会

第一节 组成人员与机构

怀仁县第一届各界人民代表大会第一次会议于 1950 年 1 月中旬召开。会议选举出主席：沈浩，副主席：王治元、刘元化，常委委员 11 人：于福海、马益谦、王文焕、王治元、邓新民、石林（女）、师绍业、刘元化、杨富林、李守德、沈浩。

怀仁县第二届各界人民代表大会第一次会议于 1952 年 9 月 8 日 至 10 日召开。会议选举出主席：沈浩，副主席：王子华、薛珊；常务委员 11 人：于福海、马益谦、王子华、王文焕、王志英（女）、邓新民、师绍业、李守德、沈浩、韩生秀、薛珊。

大仁县第一届人民代表大会第一次会议于 1955 年 1 月 30 日至 2 月 3 日召开。会议选举出县长：范崇礼，副县长：张凤翔、胡启生、陈师 舜，常委委员 17 人：马鸣盛、王安仁、田秉溪、刘占荣、刘廷耀、刘振汉、孙建胜、张喜吉、陈喜茂、陈臻、苑荣翰、孟将、剧世保、梁秀平（女）、管廷铭、霍生文、戴文彦。

大仁县第二届人民代表大会第一次会议于 1956 年 12 月 21 日至 25 曰召开。会议选举出县长：郭兴恒，副县长：张凤翔、胡启生、陈师舜， 常务委员 16 人：马鸣盛、王安仁、田秉溪、刘廷耀、杜志勤、杨富林、李素 兰（女）、陈喜茂、陈臻、苑荣翰、袁恩、剧世保、管廷铭、霍生文、戴文彦、戴玉龙。

大仁县第三届人民代表大会第一次会议于 1958 年 5 月 27 日至 30 日召开。会议选举出县长：郭兴恒，副县长：于吉才、剧世保、贺文勇、陈师舜，常委委员 16 人：王安仁、乔梓、刘誓、刘廷耀、杜志勤、杨富林、李连科、李素兰（女）、陈臻、苑荣翰、段显光、宫平德、袁恩、解全忠、管廷铭、戴文彦。

大同市郊区第三届人民代表大会第二次会议于 1958 年 11 月 26 日至 27 日召开。会议选举出区长：徐新，副区长：徐培国、剧世保、王子 奇、张桓、贺文勇、陈师舜，委员 12 人：王安仁、刘廷耀、杜志勤、李佃忠、 陈臻、苑荣翰、段显光、贾淑芳（女）、梁效增、解全忠、臧新、戴文彦。

怀仁区第三届人民代表大会第三次会议于 1960 年 2 月 5 日至 8 日召开。会议选举出区长：王子奇，副区长：张桓、孟昭敏、段显光，委员 13 人：王安仁、牛诚、刘廷耀、杜强、李淑、武耀昌、苑荣翰、赵明山、贺呈 祥、盖凤梧、韩启昌、温翠仙（女）、高润生。

怀仁区第四届人民代表大会第一次会议于 1960 年 5 月 13 日至 15 日召开。会议选举出区长：王子奇，副区长：张桓、孟昭敏、段显光，常务委员 13 人

：王安仁、牛诚、刘廷耀、杜强、李淑、武耀昌、苑荣翰、赵明山、贺呈祥、高润生、盖凤梧、韩启昌、温翠仙（女）。

怀仁县第四届人民代表大会第二次会议于1961年4月15日至17日召开。会议选举出区长：苗兴义，副区长：张秀川、孟昭敏、段显光，委员13人：王安仁、王居仁、刘廷耀、杜泉、杜强、李培元、李淑、苑荣翰、赵明山、高润生、韩启昌、韩炳南、温翠仙（女）。

怀仁区第五届人民代表大会第一次会议于1964年6月21日至23日召开。会议选举出区长：苗兴义，副区长：张秀川、孟昭敏，常务委员12人：王安仁、刘廷耀、张海鸿、苑荣翰、胡家齐、徐振玉、高润生、黄福元、韩炳南、韩瑜、温翠仙（女）、薛凤仪。

怀仁县第六届人民代表大会，按照上级指示应于1965年底以前召开。各公社（镇）人民代表大会选举工作从7月15日到8月15日全部结束。县人委会对第六届人民代表大会和人委会组成人员均提出安排意见。但是，由于当时正开展“四清”运动，致使会议延期，紧接着开展“文化大革命”运动，第六届人民代表大会未能召开。

怀仁县第七至十五届人大常委会组成人员一览表

表 18-3

届别	职务	姓名	籍贯	任职时间	工作单位及职务
第七届	主任	姚文明	右玉	1980.7–1984.7	
	副主任	王文轩	广灵	1980.7–1984.7	
		陈颐	怀仁	1980.7–1983.4	
		李守德	浑源	1980.7–1984.7	
		李耀堂	朔县	1980.7–1984.7	
		杨兴奎	怀仁	1980.7–1984.7	
		王汉章	河北阳原	1980.7–1984.7	县人大法工委主任
		王兴国	灵丘	1980.7–1984.7	县计划委员会主任
		郭天柱	河津	1980.7–1984.7	县人大办公室副主任
		袁颖芳（女）	怀仁	1980.7–1984.7	县地毯厂副厂长
		韩德富	浑源	1980.7–1984.7	县总工会副主席

续表（1）

届别	职务	姓名	籍贯	任职时间	工作单位及职务
第七届	副主任	薛秉钧	浑源	1980.7–1984.7	县人大办公室主任
		魏文进	怀仁	1980.7–1984.7	金沙滩向阳大队支部书记
第八届	主任	姚文明	右玉	1984.7–1987.6	
	副主任	杨茂盛	大同市	1984.7–1987.6	
		高选	大同市	1984.7–1987.6	
		卢增良	河北灵寿	1984.7–1987.6	
		郭宝	怀仁	1984.7–1987.6	
		郭谦	大同市	1985.12–1987.6	
	常委	王菊（女）	怀仁	1984.7–1987.6	县一中教师
		王汉章	河北阳原	1984.7–1987.6	县人大法工委主任
		石永钦	怀仁	1984.7–1987.6	县中医院副院长
		李云世	怀仁	1984.7–1987.6	新家园乡副乡长
		庞乃明	怀仁	1984.7–1987.6	县人大财经工委主任
		张歧山	怀仁	1984.7–1987.6	吴家窑大队党支书
		封福才	大同市	1984.7–1987.6	县人大农工委主任
		袁颖芳（女）	怀仁	1984.7–1987.6	县地毯厂副厂长
第九届	主任	姚文明	右玉	1987.6–1990.6	
	副主任	杨茂盛	大同市	1987.6–1990.6	
		卢增良	河北灵寿	1987.6–1990.6	
		马裕天	怀仁	1987.6–1990.6	
	常委	尹殿平	怀仁	1987.6–1990.6	县峙峰山煤矿矿长
		石永钦	怀仁	1987.6–1990.6	县中医院副院长
		李孝康	大同市	1987.6–1990.6	县人大农工委主任
		杨丕儒	怀仁	1987.6–1990.6	县一中校长
		张歧山	怀仁	1987.6–1990.6	吴家窑村党支部书记
		赵有	怀仁	1987.6–1988.6	县人大财经工委主任
		席俊英（女）	繁峙	1987.6–1990.6	县委宣传部副部长
		黄标	怀仁	1987.6–1990.6	县法院院长
		梁珍	怀仁	1987.6–1990.6	县人大法工委主任
		田钟玉	山阴	1987.6–1990.6	县总工会主席
		孙二权	怀仁	1987.6–1990.6	县陶瓷厂厂长

续表（2）

届别	职务	姓名	籍贯	任职时间	工作单位及职务
第十届	主任	姚文明	右玉	1990.6–1993.6	
	副主任	杨茂盛	大同市	1990.6–1993.6	
		马裕天	怀仁	1990.6–1993.6	
		黄标	怀仁	1990.6–1993.6	
		苏世山	怀仁	1990.6–1993.6	
	常委	尹殿平	怀仁	1990.6–1991.11	峙峰山煤矿矿长
		田钟玉	山阴	1990.6–1993.6	县总工会主席
		乔守莲（女）	怀仁	1990.6–1993.6	县农业局科长
		刘国琪	怀仁	1990.6–1993.6	县人大财经工委主任
		杨丕儒	怀仁	1990.6–1993.6	县一中校长
		李孝康	大同市	1990.6–1993.6	县人大办公室主任
		张歧山	怀仁	1990.6–1993.6	吴家窑村党支部书记
		孟桂兰（女）	怀仁	1990.6–1993.6	南窑村村民
		席俊英（女）	繁峙	1990.6–1992.10	县委宣传部副部长
		梁珍	怀仁	1990.6–1993.6	县人大法工委主任
第十一届	主任	王焕富	阳高	1993.6–1998.5	
	副主任	苏世山	怀仁	1993.6–1998.5	
		高登瑞	应县	1993.6–1996.5	
		于德新	怀仁	1993.6–1996.5	
		黄珍源	怀仁	1993.6–1998.5	
		段汝成	怀仁	1996.5–1998.5	
		李文	怀仁	1996.5–1998.5	
	常委	薛成敬	怀仁	1993.6–1998.5	县人大办公室主任
		梁珍	怀仁	1993.6–1998.5	县人大法工委主任
		刘国琪	怀仁	1993.6–1998.5	县人大财经工委主任
		周月琴（女）	怀仁	1993.6–1998.5	县体委副主任
		王官仁	怀仁	1993.6–1998.5	峙峰山煤矿矿长
		王辉祖	怀仁	1993.6–1993.7	县人事局书记
		武果梅（女）	怀仁	1993.6–1998.5	县妇联会主任
		吴守孝	应县	1993.6–1998.5	怀仁一中教师
		赵子符	应县	1993.6–1998.5	县水泥厂厂长

续表（3）

届别	职务	姓名	籍贯	任职时间	工作单位及职务
第十一届	常委	庞德忠	怀仁	1994.4–1998.5	西关村党支部书记
		刘秀芳(女)	大同市	1993.6–1998.5	县医院医生
第十二届	主任	王焕富	阳高	1998.5–2001.9	
		李耀章	山阴	2001.9–2003.7	
	副主任	段汝成	怀仁	1998.5–2001.9	
		李文	怀仁	1998.5–2003.7	
		庞玉春	怀仁	1998.5–2001.9	
		乔守莲(女)	怀仁	1998.5–1999.3	
		魏润	怀仁	1999.5–2003.7	
		席俊英(女)	繁峙	2001.9–2003.7	
		周月琴(女)	怀仁	2001.9–2003.7	
		高玉仙(女)	怀仁	2001.9–2003.7	
	常委	刘德智	怀仁	1998.5–2003.7	县人大办公室主任
		苏芳	怀仁	1998.5–2003.7	县人大法工委主任
		刘浩吉	怀仁	1998.5–2003.7	县人大科教文卫工委主任
		辛建业	大同南郊	1998.5–2003.7	县人大财经工委主任
		韩效华	繁峙	1998.5–2003.7	县委组织部部长
		武果梅(女)	怀仁	1998.5–2003.7	县妇联主任
		庞德忠	怀仁	1998.5–2003.7	西关村党支部书记
		苏日德	怀仁	1998.5–2003.7	峙峰山煤矿矿长
		邢明山	怀仁	1998.5–1999.5	宋庄煤站站长
		赵霞枝	朔城区	1998.5–2003.7	县医院副院长
		曾丽红(女)	四川	1998.5–2003.7	县工行干部
		刘粉花(女)	怀仁	1998.5–2003.7	六小教师
		曹来应	怀仁	2002.4–2003.7	县人武部副部长
第十三届	主任	李耀章	山阴	2003.7–2007.5	
	副主任	席俊英(女)	繁峙	2003.7–2007.5	
		魏润	怀仁	2003.7–2007.5	
		周月琴(女)	怀仁	2003.7–2007.5	

续表（4）

届别	职务	姓名	籍贯	任职时间	工作单位及职务
第十三届	副主任	高玉仙(女)	怀仁	2003.7–2007.5	
		李宏发	怀仁	2003.7–2007.5	
		李文	怀仁	2003.7–2007.5	
	常委	乔日和	怀仁	2003.7–2007.5	县人大农工委主任
		王世玉	怀仁	2003.7–2007.5	县人大办公室主任
		刘浩吉	怀仁	2003.7–2007.5	县人大科教文卫工委主任
		辛建业	大同南郊	2003.7–2007.5	县人大财经工委主任
		李改生	怀仁	2003.7–2007.5	县医院院长
		李日娥(女)	怀仁	2003.7–2007.5	县总工会主席
		郭日平	怀仁	2003.7–2007.5	芦子沟煤矿矿长
		石志权	怀仁	2003.7–2007.5	县委宣传部干事
		丰新兰(女)	怀仁	2003.7–2007.5	跃胜实业有限公司董事长
		岳有	怀仁	2003.7–2007.5	马辛庄乡人大主席团主席
第十四届	主任	韩效华	繁峙	2007.5–2011.6	
	副主任	李志斌	怀仁	2007.5–2011.6	
		魏润	怀仁	2007.5–2011.6	
		周月琴(女)	怀仁	2007.5–2011.6	
		李宏发	怀仁	2007.5–2011.6	
	常委	纪宏生	怀仁	2007.5–2011.6	县人大办公室主任
		夏利平	怀仁	2007.5–2011.6	县人大人事工委主任
		石永忠	怀仁	2007.5–2011.6	县人大法工委主任
		王旭东	怀仁	2007.5–2011.6	县人大财经工委主任
		管利峰(女)	怀仁	2007.5–2011.6	县妇联主席
		辛超	大同市	2007.5–2011.6	县人大农工委主任
		潘永俊	怀仁	2007.5–2011.6	县人大城环工委主任
		丰新兰(女)	怀仁	2007.5–2011.6	跃胜实业有限公司董事长
		郭日平	怀仁	2007.5–2011.6	芦子沟煤矿矿长
		郭占平	怀仁	2007.5–2011.6	国益大酒店经理
		刘卫民	怀仁	2007.5–2011.6	县委组织部副部长
		姜世广	怀仁	2007.5–2011.6	团县委书记

续表（5）

届别	职务	姓名	籍贯	任职时间	工作单位及职务
第十四届	常委	栗玉顺	怀仁	2007.5–2011.6	国怀煤业有限公司董事长
		秦美香（女）	怀仁	2007.5–2011.6	海北头乡联校校长
		李来兵	怀仁	2007.5–2011.6	县广电中心副主任
		谭红（女）	朔城区	2007.5–2011.6	县邮政局干部
		李海荣（女）	山阴	2007.5–2011.6	云中镇人大主席团主席
		刘志东	大同县	2007.5–2011.6	毛皂镇人大主席团主席
		田勇	怀仁	2010.4–2011.6	县委组织部副部长
		岳占山	怀仁	2010.4–2011.6	金沙滩镇人大主席团主席
		许谦	怀仁	2010.4–2011.6	鲁沟村党支部书记
第十五届	主任	韩效华	繁峙	2011.6–2012.12	
	副主任	孟新平	灵丘	2011.6–2012.12	
		王维国	广灵	2011.6–2012.12	
		池銳	怀仁	2011.6–2012.12	
		魏润	怀仁	2011.6–2012.12	
		周月琴（女）	怀仁	2011.6–2012.12	
		曹步清	怀仁	2011.6–2012.12	
	常委	马振刚	怀仁	2011.6–2012.12	县中医院副院长
		丰新兰（女）	怀仁	2011.6–2012.12	跃胜实业有限公司董事长
		王旭东	怀仁	2011.6–2012.12	县人大财经工委主任
		石永忠	怀仁	2011.6–2012.12	县人大法工委主任
		白富强	怀仁	2011.6–2012.12	县人大办公室副主任
		朱玉泽	怀仁	2011.6–2012.12	犇康养殖有限公司董事长
		刘建富	怀仁	2011.6–2012.12	县人大人事工委主任
		纪宏生	怀仁	2011.6–2012.12	县人大办公室主任
		李立新	怀仁	2011.6–2012.12	县委组织部副部长
		李来兵	怀仁	2011.6–2012.12	县广电中心副主任
		李海荣（女）	山阴	2011.6–2012.12	云中镇人大主席团主席
		辛超	大同市	2011.6–2012.12	县人大农工委主任
		郎慧婷（女）	吉林珲春	2011.6–2012.12	毛皂镇副镇长
		郭全恒	天镇	2011.6–2012.12	县七中董事长
		郭春华	怀仁	2011.6–2012.12	亲和乡人大主席团主席
		管利峰（女）	怀仁	2011.6–2012.12	县妇联主席

增 录

届 次	职 务	姓 名	籍 贯	任职时间	工作单位及职务
第十五届 2013.1-2016.6	主 任	韩效华	繁 峙	2013.1-2015.5	
		司永恒	怀 仁	2015.5-2016.6	
	副主任	魏 润	怀 仁	2013.1-2016.6	
		周月琴(女)	怀 仁	2013.1-2016.6	
		孟新平	灵 丘	2013.1-2016.6	
		曹步清	怀 仁	2013.1-2015.5	
		池 锐	怀 仁	2013.1-2015.5	
		王维国	灵 丘	2013.1-2016.6	
		邱文禄	大同南郊	2015.11-2016.6	
	委 员	纪宏生	怀 仁	2011.5-2016.8	县人大常委会办公室主任
		马振纲	怀 仁	2011.5-2016.8	县中医院副院长
		丰新兰(女)	怀 仁	2011.5-2016.8	跃胜建材公司董事长
		王旭东	怀 仁	2011.5-2016.8	县人大财经委主任
		石永忠	怀 仁	2011.5-2016.8	县人大法制委主任
		白富强	怀 仁	2011.5-2016.8	县人大城工委主任
		朱玉泽	怀 仁	2011.5-2016.8	犇康奶牛有限公司董事长
		刘建富	怀 仁	2011.5-2016.8	县人大人事委主任
		李立新	怀 仁	2011.5-2016.8	县委组织部副部长
		李来兵	怀 仁	2011.5-2016.8	县广电中心副主任
		李海荣(女)	山 阴	2011.5-2016.8	云中镇人大主席团主席
		辛 超	怀 仁	2011.5-2016.8	县人大法工委主任
		郎慧婷(女)	吉林珲春	2011.5-2016.8	县监察局副局长
		郭全恒	山 阴	2011.5-2016.8	怀仁七中董事长
		郭春华	怀 仁	2011.5-2016.8	县发改局局长
		管利峰(女)	怀 仁	2011.5-2016.8	县妇联会主任
	主 任	司永恒	怀 仁	2016.6-2016.12	
	副主任	周月琴(女)	怀 仁	2016.6-2016.12	
		邱文禄	大同南郊	2016.6-2016.122	
		刁少波	怀 仁	2016.6-2016.12	
		李日娥(女)	怀 仁	2016.6-2016.12	
	委 员	纪宏生	怀 仁	2016.6-2016.12	县人大办公室主任
		于仲谦	怀 仁	2016.6-2016.12	县人大农工委主 任

增录（1）

届 次	职 务	姓 名	籍 贯	任职时间	工作单位及职务
第十六届 2016.6–2016.12	委员	王 军	怀 仁	2016.6–2016.12	新家园乡人大主席
		王三喜	怀 仁	2016.6–2016.12	马辛庄乡人大主席
		王旭东	怀 仁	2016.6–2016.12	县人大财经工委主任
		王军全	平鲁区	2016.6–2016.12	何家堡乡人大主席
		王兴海	怀 仁	2016.6–2016.12	县人民医院院长
		王国军	怀 仁	2016.6–2016.12	毛皂镇人大主席
		王鹏辉	怀 仁	2016.6–2016.122	亲和乡人大主席
		石永忠	怀 仁	2016.6–2016.12	县人大法制委主任
		石振禄	大同南郊	2016.6–2016.12	金沙滩镇人大主席
		仝贵军	怀 仁	2016.6–2016.12	县一中校长
		白富强	怀 仁	2016.6–2016.12	县人大城环工委主任
		池大杰	怀 仁	2016.6–2016.12	吴家窑镇人大主席
		朱 彩（女）	怀 仁	2016.6–2016.12	金沙滩铺上村书记
		朱玉泽	怀 仁	2016.6–2016.12	犇康乳业公司经理
		朱宏君	怀 仁	2016.6–2016.12	毛皂镇王家堡村书记
		刘建富	怀 仁	2016.6–2016.122	县人大人事工委主任
		李 云	怀 仁	2016.6–2016.12	大众汽配有限公司董事长
		李立新	怀 仁	2016.6–2016.12	县人社局局长
		张 丽（女）	怀 仁	2016.6–2016.12	县科协副主席
		张启俊	怀 仁	2016.6–2016.12	海北头乡人大主席
		吴云雁(女)	怀 仁	2016.6–2016.12	云中镇人大主席
		杨 勇	怀 仁	2016.6–2016.12	峙峰山煤业董事长
		杨晓梅(女)	怀 仁	2016.6–2016.12	县林业局高级工程师
		柴广义	怀 仁	2016.6–2016.12	县人大城工委主任
		黄 力	怀 仁	2016.6–2016.122	河头乡人大主席
		管利峰(女)	怀 仁	2016.6–2016.12	县妇联主任

2012年底县人大常委会常设机构有办公室、法制工作委员会、财政经济工作委员会、农业和农村工作委员会、教科文卫工作委员会、人事 代表工作委员会、城乡建设环境保护工作委员会。

第二节 常务委员会会议

常委会会议每两个月至少举行一次。举行会议时，县政府及所属有关部门负责人、县法院和检察院负责人、县人大常委会工作机构负责人列席会议，并邀请县政协负责人、部分乡镇人大主席和部分人大代表列席会议。从1980年7月至2012年6月，怀仁县七至十五届人大常委会共召开常委会会议195次，听取和审议“一府两院”和有关部门工作报告382个，做出决议、决定73项，任命县人大常委会工作机构负责人51人（次），免去县人大常委会工作机构负责人38人（次），决定任命政府组成人员444人（次），任命县人民法院、县人民检察院工作人员226人（次），任命县人民法院陪审员13人（次），免去“一府两院”工作人员255人（次），撤销职务1人，接受辞职46人（次）。

第四章 主要工作

第一节 工作综述

七届人大 全面分析了粉碎“江青反革命集团”三年来全县的大好形势和存在的问题，明确地提出今后三年内调整和发展国民经济的任务，以及实现任务的指导方针和措施，具体落实四化建设在怀仁的任务和要求。

八届人大 一是组织干部群众学习新宪法，提高对宪法的认识，增强遵守宪法的自觉性。要求各机关部门、各级干部积极学习和宣传宪法，防止发生违背宪法和法律的行为。二是深入调查研究了解和掌握农村集体经济、经济管理体制、生产责任制、管理自主权等实施情况和农村经济建设的发展情况。三是先后召开10次常委会，讨论重大事项，任命70名县政府组成人员和“两院”审判、检察人员；免去33名国家机关工作人员的职务。四是围绕中国共产党的中心工作和人民群众普遍关心的问题，提出建议和要求。

九届人大 一是先后召开了7次常委会会议，听取和审议教育、财贸、农业等10多个系统和部门的工作。二是检查《会计法》《统计法》《经济合同法》《药品管理法》《食品卫生法》等法律的执行情况。三是到海北头、河头、马辛庄等乡进行视察和检查，解决代表议案和意见涉及到的土地赔偿费等十几个问题。四是学习宣传贯彻全国人大常委会《关于加强法制教育、维护安定团结的决定》，在全县开展法制教育活动。

十届人大 一是依法对“一府两院”加强法律监督和工作监督。先后召开7次常委会议，听取和审议县政府15项工作报告、县法院和县检察院两项工作报告，作出13项决议和决定。二是加强和完善各级人民代表大会的制度，制定和健全联系代表制度、主任会议制度、例会制度、任免制度、“一室三委”工作制度、机关岗位责任制度和学习制度，提高工作效率和质量。三是在13个乡镇设立人大工作联络站，作为县人大常委会的派出机构，承办县人大委托的工作，各联络站配齐了组长。四是为代表参政议政搞好服务，征求人民代表意见、建议100余件。

十一届人大 一是在深化农村改革方面提出许多意见和建议。明确农民承担费用的项目和数额，清理废止农民不合理负担文件30个，减轻农民负担31万元。二是听取和审议政府关于《企业法》和《全民所有制工业企业转换经营机制条例》实施情况、煤炭安全生产情况、整顿煤炭市场情况、环境保护工作情况的报告，提出政府转变机制，搞好宏观调控，企业转变机制，推行股份经营，为经济发展创造良好的环境等审议意见。三是开展执法检查和视察，评议执法机关的工作。将172名县人大代表编为14个代表小组，为每个小组订阅一份《人民代表报》，组织各小组集体学习。

十二届人大 一是在全县干部职工和执法人员中开展学法活动。对工商、技术监督、农委系统和各乡镇663名工作人员进行法律知识考试。作出《关于深入开展第三个五年法制教育的决议》《关于加强行政执法工作的决议》。二是先后对《农业法》《义务教育法》《矿山安全法》等50多部法律、法规的执行情况进行60多次检查。对查出的问题以《监督意见书》形式送达县政府，督促有关部门进行查处。三是听取和评议政府部门专题报告62个，开展视察活动6次，评议工作4次，涉及计划、财政、农业、科技、教育、环保、城建、审判、检察和企业改革等29个方面。四是审议通过《县“九五”农田水利基本建设规划》。五是在《人民代表报》《山西人大》等刊物上发表工作研究文章10多篇，自办《怀仁人大工作》《信息选编》，同全国30多个县级人大进行资料交流。

十三届人大 一是配合省、市人大常委会和政府开展执法检查30多次。二是召开常委会议36次，听取和审议“一府两院”工作报告56个，开展社交活动8次，评议工作3次，对政府2个机关开展质询。三是开展调研活动，书写民情日记，撰写理论文章5章，编写人大工作通报和新闻稿件。在《怀仁报》开辟《民主法制》宣传专栏，登载法制稿件30多篇。四是制定《怀仁县人大常委会组成人员联系代表制度》。

十四届人大 一是组织开展《行政处罚法》《环境保护法》等30多种法律法规的执法检查。二是召开常委会议24次，听取审议“一府两院”工作报告32个，参与组织省、市人大代表在本县视察活动17次。三是接待和受理人民群众来信来访570人（次），对反映的典型案件和共性问题进行跟踪督办。四是通过《怀仁县人民政府关于推进煤炭企业资源整合和有偿使用的实施意见》《怀仁县生态畜牧和基本农田建设“十一五”规划》《怀仁县县城城镇总体规划》等决议。

十五届人大 一是对《矿产资源法》《煤炭法》《安全生产法》等法律法规进行检查。二是听取和审议政府、法院、检察院等工作部门41项专题报告。三是组织部分人大代表视察恒源瓷业公司、煤炭物流区、西山坡生态园区等项目，听取专题报告，提出意见和建议。四是通过《怀仁县社会主义新农村建设总体规划》《金沙滩生态旅游区总体概念规划》。五是举办地方人大设立常委会30周年座谈会，编撰《怀仁县人大志》，自办《怀仁人大信息》《怀仁人大常委会会刊》，增进与外省市区人大的交流和联系。

第二节 决定重大事项和执法检查

县人大常委会自1980年7月成立以后，紧紧围绕县委的中心工作，对政治、经济、教育、科学、文化、卫生、环境和资源保护、民政、民族以及城建等方面的重大事项做出决定决议。1985年以后，县人大常委会连续实施普及法律常识的五年规划。依法履行职责，协助县政府开展法制宣传，普及法律常识，为推进依法治县进程，促进经济社会协调稳定发展，发挥了地方国家权力机关应有的作用。1996年12月18日，县八届人大常委会十六次会议，批准《怀仁县普及法律常识四年规划》，全县普法工作由准备阶段转入实施阶段。1991年4月11日，县十届人大常委会六次会议作出的《关于继续深入开展法制宣传教育的决议》。1998年6月25日，县十一届人大常委会第二十二次会议作出《关于开展第三个五年法制宣传教育规划的决议》。2000年，对全县781名副科级以上领导干部进行法律知识考试，对1369名一般干部进行验收考试。合格率达到96%。并发普法合格证。

2002年3月28日，县十二届人大常委会二十七次会议，听取和审议县政府《关于开展法制宣传教育和依法治县的第四个五年规划的报告》，作出《关于加强公民法制教育，全面履行“四五”普法规划的决议》。2007年8月，通过《怀仁县2006年至2010年依法治县工作的规划》和《关于加强法制宣传教育的决议》。

执法检查是人大常委会开展法制宣传工作的一种有效形式，也是促进“一府两院”及所属工作部门更好地贯彻宪法和法律法规，实施依法治县的一项重要工作内容。历届县人大常委会把执法检查放在十分重要的位置，坚持常抓不懈，并力求在深度和实效上下功夫。到2012年底，历届县人大常委会先后对100余部法律法规的执行情况进行了依法检查。

第三节 工作监督

县人大常委会通过听取和审议工作报告、听取述职报告、评议、质询、下达监督意见书等形式对工作进行监督检查。

1991年9月，对基层的“七所八站”进行评议。自此，陆续开展对“一府两院”的评议工作。

1994年1月开始，在县人大常委会的审议意见中，选择一些经过一段时间能够改正，能见到实效的问题整理成文，以《监督意见书》的形式下达给相关部门督促其整改落实。截至2012年12月，县人大常委会下达《监督意见书》《法律监督书》50多次。

1999年10月9日，县十二届人大常委会十次会议就县城管理存在的问题对城建、交警大队提出质询案并听取和审议了被质询机关主要负责人的答复。对办理有难度，办理后反馈不明确，影响审议意见办理效果的，采取归纳整理、确定办理、跟踪办理的办法。建立“调研求深，审议求细，督查求实，票决求真”的审议报告工作票决制。采取分数测评法，满意的60分以上，不满意的60分以下，取其平均值为测评结果，对满意度不高的要求整改。

截至2012年，县人大常委会共听取和审议县政府、县法院、县检察院以及有关部门的工作报告382个。其中财经方面154个，农业和农村方面52个，科教文卫方面62个，城市建设和环境保护方面14个，政法和政权建设方面62个，其他方面38个。下达审议意见书120份。

第四节 人事任免与议案办理

1980年9月起，县人大常委会遵照“四化”目标和德才兼备原则，按照县委意图依法对县政府所属行政事业单位、法院、检察院的人事进行任免，并加强对被任命人员的有效监督，实行任前法律考试、签订年度目标责任书、递交年度述职报告、评议等项制度。每年年终听取县政府组成人员及所属部门的主要负责人、法院院长、检察院检察长的工作述职报告。在县人大常委会上，经县人大常委会组成人员评议、无记名投票，通过后进行任命仪式，颁发任命书。对得票未超过到会县人大常委会组成人员半数者，暂缓任命。对所有被任命人员进行述职评议，肯定成绩，指出不足，提出改进措施。

县人大代表认真履职，建言献策。县七届人大共收到建议 58 条，办结 58 条。县八届人大共收到建议 122 条，办结 114 条，因相关政策未能及时办结 8 条。县九届人大共收到建议 119 条，办结 102 条，因相关政策未能及时办结 17 条。县十届人大共收到建议 85 条，办结 72 条，因相关政策未能及时办结 13 条。县十一届人大共收到建议 151 条，办结 146 条，因相关政策未能及时办结 5 条。县十二届人大共收到建议 136 条，办结 110 条，因相关政策未能及时办结 26 条。县十三届人大共收到建议 117 条，办结 107 条，因相关政策未能及时办结 10 条。县十四届人大共收到建议 107 条，办结 100 条，因相关政策未能及时办结 7 条。

第五节　调研视察和来信来访

1980 年县人大常委会成立以后，十分重视群众来信来访，历届常委会都设有一名副主任分管此项工作，办公室具体承办来信的处理和来访人员的接待。

1987 年以后，县人大常委会由正副主任、常委和部分代表组成视察组，坚持每年一至两次视察工作。视察的范围逐年扩大，有城建、工矿企业、商贸、粮食、供销、中小学校、公检法部门、财政税务和乡镇村办企业等各行各业。至 2012 年底，视察调查 43 次。

1993 年，来信来访工作划归政治法律工作委员会，凡受理的案件都由法工委初审，提出处理意见，送分管副主任审阅，交主任批示后转交有关部门办理。2006 年以后，县人大常委会针对收到和接待的来信来访逐渐增多的实际，制订完善了《受理人民群众申诉意见的规定》，开通信访接待电话，实行主任接待日，来信来访领导批阅和来信来访接待电话定期分析等，为来信群众讲解政策、宣传法律、化解矛盾、协调办理。至2012年12月，共接待人民群众来访1100人次，受理人民群众来信920余件。对群众提出的各种建议、批评和意见，认真听取并积极采纳。对各类控告、申诉等案件，区别不同情况，依照法律规定，转交法院和检察院查证事实，依法处理。对重大疑难案件，依法组织调查，实施个案监督，提出处理意见，并督促有关部门处理。

第六节 指导乡镇人大工作

1990年，乡镇设立人大主席团，配备人大主席。县人大常委会把帮助和指导乡镇人大工作，作为完善人民代表大会制度的一项重要工作来抓。一是帮助乡镇人大加强制度建设。针对乡镇人大的实际情况，协助各乡镇制定了《乡镇人大主席团职责》《常务主席、副主席职责》《主席团会议制度》《联系代表和视察制度》《学习制度》等各项制度。二是为乡镇人大开展工作创造条件。县人大常委会积极争取县乡两级党委对乡镇人大工作的领导和支持，提高政治待遇，乡镇人大主席列席乡镇党委会议，并参与乡镇政府重大决策；充实工作人员，各乡镇人大全部设立办公室，选配办公室主任和工作人员；改善办公条件，保证活动经费，乡镇党委、政府对人大工作实行“四优先”，即人员配备优先、办公用房优先、活动经费优先、工作用车优先。人大主席开展活动和日常工作所需经费给予保证。三是领导包点。县人大常委会副主任、内设工委主任分片包点联系指导乡镇人大工作，不定期地深入所包乡镇了解工作情况，指导乡镇人大开展各项工作。四是列席县人大常委会会议。乡镇人大主席轮流列席，参加审议政府工作报告，参与投票表决。五是指导乡镇开好人代会。根据全县工作安排部署，适时要求各乡镇召开人民代表大会，并派出副主任到会指导，确保会议程序符合法律规定。六是指导乡镇人大依法搞好换届选举。县人大常委会严格依照选举法、地方组织法的有关规定，认真指导各乡镇换届选举工作，确保所有乡镇都按法定程序、法定时间完成换届选举任务。七是组织乡镇人大主席外出参观学习外地乡镇人大工作经验，开阔眼界、解放思想、创新工作。八是总结经验，典型带动，召开全县乡镇人大工作研讨会，编印《怀仁县乡镇人大工作经验汇编》。

第七节 组织代表开展活动

历届县人大常委会在闭会期间组织代表开展活动，为代表履行职责行使权利发挥作用创造条件，从而提高代表的自身素质，增强代表的履职能力。将全县人大代表以乡镇为单位编成学习活动小组，指定乡镇人大主席为组长，经常开展定期或不定期的学习活动。从1995年起，县人大常委会每年给每位县人大代表订一份《人民代表报》。定期编印《怀仁人大工作》《信息选编》。先后3次印发《法律法规选编》《部分法律法规汇编》等学习资料。在政治方面，以学习每个历史时期党的路线，方针和政策为主。县七届人大以后，围绕改革开放，重点学习邓小平理论、“三个代表”重要思想、科学发展观，1989年四项基本原则教育，2000年“三讲”教育，2005年共产党员先进性教育，2009年学习实践科学发展观活动，2012年转型发展，跨越发展的学习。在法律方面，以《宪法》为核心内容，学习依法治国，建设社会主义法治国家的重大方针，学习人民代表大会制度建设方面的法律法规。县七届人大以后，先后举办35次规模不同的培训班、研讨会、法治讲座、知识竞赛等，学习《选举法》《地方组织法》《代表法》《监督法》等。

第八节 工作联系与交流

县人大常委会设立以后，与许多省、市、县人大常委会建立来往关系，互相寄送各种资料，相互借鉴。到2012年底，县人大常委会与安徽省濉溪县、肥西县，内蒙古自治区包头市、四子王旗，辽宁省辽阳市、锦西市，河南省新密市，天津市宝坻县，湖北省黄冈市，陕西省华县，河北省正定市，广东省深圳市罗湖区，北京市石景山区，云南省昆明市以及山西省晋城市、侯马市、高平市、清徐县、灵石县、繁峙县、大同市等12个省的19个市、37个县（区）

人大常委会保持书信来往，互相寄送各自创办的刊物、文件等材料。县人大常委会有计划有组织地分期分批派出相关人员参加全国、省、市人大举办的专题培训、研讨会。

县人大常委会多次接待来自省内外地方人大工作人员前来考察、参观。据不完全统计，县七届人大以后，接待外地组团来怀仁的各地人大工作人员120多批，约1000余人。县人大常委会多次派出学习组、考察团赴各地人大常委会学习取经。2003—2012年，县人大常委会主任或副主任带队，组织各乡镇人大主席、机关科室干部和部分人大代表460人（次）赴外地人大常委会学习、考察。

历届县人大常委会重视地方人大工作研究，一是以坚持和完善人民代表大会制度为出发点，利用各种会议、会刊、简报、报刊、电视等媒介宣传人大制度、人大理论，不断提高全社会对人民代表大会制度的认识；二是积极探索、努力实践、不断开创地方人大工作新局面，注意以点代带面，总结提高，并开展与兄弟市县的学习交流活动；三是坚持理论指导实践的原则，注重加强地方人大理论探讨研究，学习人大理论，结合实际，撰写理论文章，从不同层面、不同角度对如何坚持完善人民代表大会制度，如何依法行使权利进行探索。1980—2012年，通过在县级以上报刊发表文章，由常委会机关编发会刊、公报、简报刊登材料，在省、市级各种会议上交流工作经验等途径，促进地方人大理论研究工作不断深化，对指导地方人大工作，提高地方人大工作水平起到了积极作用。

第十九编

地方政府

第一章 政府组成

第一节 政权机构

明清时期，怀仁设县衙，共30余人组成。有知县、县丞、典史、教谕、训导、仓场大使、驿丞、都司各1人。设有“六房三班”：吏、户、礼、兵、刑、工房各1人；快班3至4人，壮班人数不定，皂班4至5人。

民国7年（1918）称县公署，有10余人组成。有知县、承政、承审、主计、督学、宣传各1人。公署下设警察所、劝学所、征收局、煤厘局、差局、稽缉队等6个机构，编制60余人。民国22年（1933）改称县政府，有县长、秘书、文牍、收发各1人，设有总务科财务科（后改财政科）、教育科（局）、建设科（局）、警察局等，在册人员130余人。

民国26年（1937）9月，日军侵占怀仁后，次年改称县公署。有县长1人，参事官1人（日本人），总务科6人，财政科13人，民生科15人，警务科37人。民国32年（1943），伪县公署有县长1人，参事官4人（日本人），翻译1人，总务科（辖总务、文书、庶务、弘报等股）22人，民政科（辖教育、土木、财务、劳动、土地、行政等股）51人，实业科（辖粮谷股、工商股、农林股、屠宰场、养鸡场）17人，特产科（分烟政、盐务、稽查等股）12人，警务科（分警务股、司法股、经济股、卫生股、警备股、警察署）120人。

民国35年（1946），光复后改称县政府，有县长1人，秘书1人，民政科8人，建设科3人，教育科6人，政卫团28人。

民国27年（1938）7月，西部山区成立怀仁县抗日民主政府。11月成立大怀左县行政委员会。民国29年（1940）在县境南部与山阴、右玉接壤地带成立右山怀中心县抗日民主政府，有县长1人，设一科、二科、三科、四科和公安局，在册13人，同年10月撤销。民国30年（1941）1月，成立怀仁县抗日民主政府，有县长1人，副县长1人，设一、二、三科和交通局、公安局、警卫队等，在册14人。次年8月，主要干部到后方整风，民主政府工作中断。民国34年(1945)6月，县东部成立晋察冀怀仁县抗日民主政府，有县长1人，教育科、财政科、实业科、公安局、禁烟局（科）长各1人。同年9月，县西部成立晋绥怀仁县民主政府，有县长、副县长、秘书各1人，下设财政科、民教科、贸易局、税务局等机构，在册13人。1946年3月，晋绥怀仁县民主政府撤销，成立山怀县民主政府，有县长1人，副县长1人，下设财政科、民政科、教育科、建设科、保卫科、税务局、贸易局等机构，在册18人。同年7月撤销山怀县民主政府，成立晋绥怀仁县民主政府。同年9月，同晋察冀怀仁县民主政府合并成立怀仁县民主政府，有县长1人，副县长1人，下设财政科、教育科、税务局、公安局等机构。

1949—2012年怀仁县人民政府工作部门名称变更情况一览表

表19-1

1949-1960	1961-1979	1980-2000	2001-2012
政府办公室	政府办公室	政府办公室	政府办公室
统计科（局）	统计局	统计局	统计局
民政科	民政局	民政局	民政局
建设科	城乡建设局	城乡建设环保局	住房和城乡建设局
邮政科（局）	邮政局	邮政局	邮政局（条管）
农林科	农业局	农业局	农业服务中心
水利科	水利局	水利局	水利服务局
工商科	工商局	工商局	工商局（条管）
粮食科	粮食局	粮食局	粮食局
卫生科	卫生局	卫生局	卫生局
司法科	司法科	司法局	司法局
供销社	供销社	供销社	供销联社
人行怀仁支行	人行怀仁支行	人行怀仁支行	人行怀仁支行（条管）
工业科（工交局）	工业局	工业局	

续表（1）

1949–1960	1961–1979	1980–2000	2001–2012
交通科（局）	交通局	交通局	交通运输局
财政科	财政局	财政局	财政局
商业科（局）	商业局	商业局	商业总公司
人事科	人事局	人事局	人力资源和社会保障局
税务局	税务局	税务局	国税局、地税局（条管）
文教局	教育局	教育局	教育局
农建局		农业开发办公室	农业开发办公室
公安局	公安局	公安局	公安局
计划委员会	计划委员会	计划委员会	发展改革局
档案室	档案室	档案室	档案局
		审计局	审计局
劳资组	劳动局	劳动局	人力资源和社会保障局
	物价局	物价局	物价监督中心
	物资局	物资局	物资总公司
	畜牧局	畜牧局	畜牧服务中心
	农机局	农机局	农机服务中心
	林业局	林业局	林业服务中心
	电业局	电业局	供电公司
	文化局	文化体育局	文化体育出版局
		机关事务管理局	后勤服务中心
		县志（党史）办公室	县志（党史）办公室
	爱卫会	爱卫会办公室	
	经济委员会	经济委员会	经济和信息局
		煤炭工业管理局	煤炭工业管理局
手工业管理局	手工业管理局	二轻工业局	二轻行业总会
		煤矿安全监察局	安全监察局
农村工作办公室	农村工作委员会	农村工作委员会	农村工作委员会
		农业区划办公室	区划办公室

续表（2）

1949–1960	1961–1979	1980–2000	2001–2012
	财贸委员会	财贸委员会	
	科学技术委员会	科学技术委员会	科学技术局
广播站	广播站	广播电视局	广播电视新闻中心
	体育运动委员会	体育运动委员会	
	计划生育委员会	计划生育委员会	人口和计划生育局
	社队企业管理局	乡镇企业管理局	中小企业服务中心
		烟草专卖局	烟草专卖局（条管）
		农工商联合公司	
	信访办公室	信访局	信访局
	外贸局	外贸公司	
		环境保护局	环境保护局
	气象站	气象局	气象局
	科学技术办公室	科学技术委员会	科技服务中心
	地震办公室	地震局	地震局
	工商行政管理局	工商行政管理局	工商行政管理局
		矿产资源管理局	国土资源局（条管）
		计量监督局	质量技术监督局（条管）
		老龄工作委员会	老龄工作委员会
			食品药品监督局

说明：1966 年 5 月—1976 年 10 月“文化大革命”期间成立县革命委员会，下设办公室、政治处，管辖计划、财贸、工交、农村水电、文教卫生、无产阶级专政 6 个委员会。后改设办事组、政工组、生产组、保卫组。

条管的单位不列入表内。如：怀仁农行、工行、中行、建行、人寿、财产保险公司、电信、网通、联通、铁通、移动公司等。

第二节 人员组成

民国时期，政府县长均由上一级政权机构任命，组成人员由县长录用。抗日民主政府的组成人员全部由上级任命产生。20 世纪 80 年代以后，县政府组成人员由党委提名，县人民代表大会选举产生。

1921-1948 年怀仁县民国政府最高行政长官一览表

表 19-2

政府名称	职务	姓名	籍贯	任职时间
怀仁县县衙	知县	高知亮		1912-1913
		景匡		1914-1915
		黄廷槐		1915-1917
		许樾		1917--1918
怀仁县公署	知县	郭 泌		1919-1920
		陈凤标	临汾	1920-1921
		毛凤岗	河津	1922-1923
		王剑章		1924-1925
		赵维丁		1925-1926
		夏寅国		1926-1927
		孙吕璋		1928-1931
		薛贵林		1932-1933
怀仁县政府	县长	赵佐清	交城	1933.2-1933.12
		安继三		1933.12-1934.1
		许家骏		1934.1-1935.8
怀仁县政府	县长	贾寿德		1935.8-1937.12
		李玉山		1938.1-1941.12
		韩雨亭	新绛	1945.9-1947.4
		刘佩	五台	1947.4-1948.3
		韩克定	太原	1948.3-1949.5

1937—1949 年怀仁县民主政府组成人员一览表

表 19-3

政府名称	职务	姓名	籍贯	任职时间
怀仁县抗日民主政府	县长	谷五申	怀仁	1938.7-1938.10
大怀左县行政委员会	县长	左才	左云	1939.10~1940.1
	副县长	孟广胜	大同县	1938.11-1940.2

续表（1）

政府名称	职务	姓名	籍贯	任职时间
右山怀中心县抗日民主政府	县长	王焕光	汾阳	1940.1–1941.1
		苏兴	河南陕县	1941.1–1942.3
		宋国栋	宁武	1942.3–1945.6
晋察冀怀仁县抗日民主政府	县长	胡辰祥	河北平山	1945.6–1945.9
		何长修	河北高阳	1945.9–1946.3
	副县长	徐子彬	交城	1945.9–1946.3
山怀县民主政府	县长	李滋润	平鲁	1946.3–1946.7
	副县长	徐子彬	交城	1946.3–1946.7
怀仁县民主政府	县长	李滋润	平鲁	1946.7–1949.11
		梁瑞亭	陕西延川	1947.11–1948.8
		张一平	河曲	1948.9–1949.3
		沈浩	平鲁	1949.3–1949.9
	副县长	范程		1949.7–1949.8

1949—2012 年怀仁县人民政府组成人员一览表

表 19-4

政府名称	职务	姓名	籍贯	任职时间
怀仁县人民政府（各界人民代表大会第一次会议选举产生）	县长	沈浩	平鲁	1949.10–1954.5
		袁步澧（任命）		1954.5–1954.7
	副县长	王建国	灵丘	1952.10–1952.12
		王志英	灵丘	1953.3–1954.12
怀仁县人民政府（第二届各界人民代表大会第一次会议选举产生）	县长	张进义（任命）	浑源	1954.8–1955.1
	副县长	王志英（任命）	灵丘	1952.9–1955.1
		田生（任命）		1954.7–1954.12
		刘占荣（女）（任命）	河曲	1954.7–1955.2
大仁县人民委员会（一届二次人代会 选举产生）	县长	范崇礼	黎城	1955.1–1956.3
		徐继祥（任命）	繁峙	1956.3–1956.12

续表（1）

政府名称	职务	姓名	籍贯	任职时间
大仁县人民委员会（一届二次人代会 选举产生）	副县长	张凤翔	右玉	1955.1–1957.12
		胡启生	河北阜平	1955.1–1957.12
		陈师舜	大同市	1955.1–1957.12
大仁县人民委员会（二届一次人代会 选举产生）	县长	郭兴恒	定襄	1956.12–1958.5
	副县长	陈师舜	大同市	1956.12–1958.5
		胡启生	河北阜平	1956.12–1958.3
		张凤翔	右玉	1956.12–1957.10
		孙建胜（任命）	灵丘	1957.1–1958.4
		于吉才	大同县	1957.11–1958.5
		徐培国	大同市	1958.1–1958.5
大仁县人民委员会（三届一次人代会 选举产生）	县长	郭兴恒	定襄	1958.5–1958.11
	副县长	于吉才	大同县	1958.5–1958.11
		剧世保	山阴	1958.5–1958.11
		贺文勇	繁峙	1958.5–1958.11
		陈师舜	大同市	1958.5–1958.11
大同市郊区人民委员会（三届二次人代会 选举产生）	区长	徐新	定襄	1958.11—1959.12
	副区长	徐培国	大同市	1958.11—1959.12
		剧世保	山阴	1958.11—1959.12
		王子奇	浑源	1958.11—1959.12
		张桓	灵丘	1958.11—1959.12
		贺文勇	繁峙	1958.11—1959.12
		陈师舜	大同市	1958.11—1959.12
怀仁区人民委员会（三届三次人代会 选举产生）	区长	王子奇	浑源	1960.1–1960.5
	副区长	张桓	灵丘	1960.1–1960.5
		段显光	繁峙	1960.1–1960.5

续表（2）

政府名称	职务	姓名	籍贯	任职时间
怀仁区人民委员会（四届一次人代会 选举产生）	区长	王子奇	浑源	1960.5–1960.9
		刘玉桥	河北完县	1960.9–1961.4
	副区长	张桓	灵丘	1960.5–1961.4
		段显光	繁峙	1960.5–1961.4
		孟昭敏	河北涞水	1960.5–1961.4
怀仁区人民委员会（四届二次人代会 选举产生）	区长	苗兴义	灵丘	1961.4–1964.6
	副区长	张秀川	河北徐水	1961.4–1964.6
		孟昭敏	河北涞水	1961.4–1964.6
		段显光	繁峙	1961.4–1964.6
怀仁县人民委员会（五届一次人代会 选举产生）	县长	苗兴义	灵丘	1964.6–1967.3
	副县长	张秀川	河北徐水	1964.6–1966.8
		孟昭敏	河北涞水	1964.6–1967.3
怀仁县革命委员会	主任	张连文	河北易县	1967.3–1967.5
	副主任	孟昭敏	河北涞水	1967.3–1967.5
		杨生福	内蒙商都	1967.3–1967.5
怀仁县革命委员会	主任	杨生福	内蒙商都	1967.5–1972.8
		关 毅	汾阳	1972.8–1973.3
		苗继池	灵丘	1973.3–1974.1
		师 广	应县	1974.1–1975.11
		沈鸿猷	浑源	1975.11–1976.10
	副主任	张连文	河北易县	1967.5–1972.6
		隋永华		1967.5–1969.3
		李培元	大同县	1967.5–1976.10
		孟昭敏	河北涞水	1967.5–1971.3

续表（3）

政府名称	职务	姓名	籍贯	任职时间
怀仁县革命委员会	副主任	高鹏鸣	浑源	1967.5–1971.3
		杜泉	朔县	1967.5–1972.8
		张绪	大同县	1969.3–1970.9
		韩瑜	繁峙	1971.3–1976.10
		王瑾	山阴	1971.3–1976.10
		张秀川	河北徐水	1972.8–1976.10
		贾佑	河北阳原	1972.12–1975.9
		刘采京	怀仁	1972.3–1976.10
		刘玉英（女）	灵丘	1974.11–1976.10
		张荣	大同县	1975.3–1976.10
怀仁县革命委员会	主任	沈鸿猷	浑源	1976.10.1978.1
		王瑾	山阴	1978.1–1980.6
	副主任	王瑾	山阴	1976.10–1978.1
		韩瑜	繁峙	1976.10–1977.5
		张秀川	河北徐水	1976.10–1978.9
		刘采京	怀仁	1976.10–1979.5
		刘玉英（女）	灵丘	1976.10–1978.6
		张荣	大同县	1976.10–1979.6
		姚生金	怀仁	1978.6–1980.6
		刘日观	山阴	1978.6–1980.6
怀仁县人民政府（七届一次人代会选举产生）	县长	王瑾	山阴	1980.6–1983.5
		熊希亮(任命)	浑源	1983.5–1983.10
	副县长	姚生金	怀仁	1980.6–1983.10
		刘日观	山阴	1980.6–1983.10

续表（4）

政府名称	职务	姓名	籍贯	任职时间
怀仁县人民政府（七届一次人代会选举产生）	副县长	朱生璋	怀仁	1980.6–1983.10
		熊希亮	浑源	1980.4–1983.5
		弋启	大同县	1983.4–1984.7
		潘贵	怀仁	1983.10–1984.7
		冯善庭	怀仁	1983.10–1984.7
怀仁县人民政府（八届一次人代会选举产生）	县长	阎锡爵	河北束鹿	1984.7–1987.6
	副县长	弋启	大同县	1984.7–1987.6
		潘贵	怀仁	1984.7–1987.6
		冯善庭	怀仁	1984.7–1987.6
		马占俊	怀仁	1985.1–1987.6
		解廷香（女）	山阴	1985.4–1987.6
怀仁县人民政府（九届一次人代会 选举产生）	县长	阎锡爵	河北束鹿	1987.6–1989.7
	代县长	任济	浑源	1989.8–1990.6
	副县长	弋启	大同县	1987.10–1990.6
		潘贵	怀仁	1987.10–1990.6
		冯善庭	怀仁	1987.10–1990.6
		马占俊	怀仁	1987.10–1990.6
		尚瑾（女）（挂职）	山阴	1989.1–1990.6
		王森（任命）	怀仁	1989.3–1990.6
怀仁县人民政府（十届一次人代会 选举产生）	县长	任济	浑源	1990.6–1993.3
	代县长	李洲	灵丘	1993.3–1993.6
	副县长	潘贵	怀仁	1990.6–1993.6
		冯善庭	怀仁	1990.6–1993.4
		马占俊	怀仁	1990.6–1993.4

续表（5）

政府名称	职务	姓名	籍贯	任职时间
怀仁县人民政府（十届一次人代会 选举产生）	副县长	王森	怀仁	1990.6–1993.6
		尚瑾（女）（挂职）	山阴	1990.6–1991.3
		解廷香（女）	山阴	1991.6–1991.12
		王振明	北京平谷	1991.9–1993.6
		席俊英（女）	繁峙	1992.10–1993.6
		管钊	怀仁	1993.4–1993.6
		侯新生	左云	1993.4–1993.6
怀仁县人民政府（十一届一次人代会 选举产生	县长	李洲	灵丘	1993.6–1994.11
	代县长	韩忠荣	平鲁区	1994.11–1998.4
	副县长	潘贵	怀仁	1993.6–1996.5
		王森	怀仁	1993.6–1998.4
		王振明	北京平谷	1993.6–1995.3
		席俊英（女）	繁峙	1993.6–1998.4
		管钊	怀仁	1993.6–1997.3
		侯新生	左云	1993.6–1997.8
		赵润虎		1993.10–1995.4
		尹殿平	怀仁	1994.11–1998.4
		李恒仁	应县	1999.7–1998.4
		解瑜	朔城区	1996.8–1998.4
		周志强	怀仁	1997.3–1998.4
怀仁县人民政府（十二届一次人代会 选举产生）	县长	李发	山阴	1998.4–2000.3
	代县长	张耀生	应县	2000.3–2001.9
		武彪	平鲁区	2001.9–2003.6
	副县长	王森	怀仁	1998.4–2003.6

续表（6）

政府名称	职务	姓名	籍贯	任职时间
怀仁县人民政府（十二届一次人代会 选举产生）	副县长	席俊英（女）	繁峙	1998.4–2003.6
		尹殿平	怀仁	1998.4–2003.6
		周志强	怀仁	1998.4–2003.6
		李志斌	怀仁	1998.4–2003.6
		边明	怀仁	1998.4–2003.6
		孟新平	灵丘	1998.4–2003.6
		陈官（挂职）	应县	2001.9–2005.7
怀仁县人民政府（十三届一次人代会 选举产生	县长	李锦	朔城区	2003.7–2005.1
	代县长	牛志忠	平鲁区	2005.1–2007.5
	副县长	王森	怀仁	2003.7–2004.9
		周志强	怀仁	2003.7–2004.9
		司永恒	怀仁	2003.7–2004.9
		李志斌	怀仁	2003.7–2004.9
		边明	怀仁	2003.7–2004.9
		池锐	怀仁	2003.7–2004.9
		曹步清	怀仁	2003.7–2004.9
		乔守莲（女）	怀仁	2003.7–2004.9
		陈官（挂职）	应县	2003.7–2004.9
怀仁县人民政府（十四届一次人代会 选举产生）	县长	牛志忠	平鲁区	2005.1–2009.1
	代县长	王智杰	朔城区	2009.1–2011.5
	副县长	司永恒	怀仁	2004.9–2011.5
		池锐	怀仁	2004.9–2011.5
		乔守莲（女）	怀仁	2004.9–2011.5
		邱文禄	大同南郊	2004.9–2011.5

续表（7）

政府名称	职务	姓名	籍贯	任职时间
怀仁县人民政府（十四届一次人代会 选举产生）	副县长	刁少波	怀仁	2004.9-2011.5
		周忠爱(挂职)	应县	2004.9-2011.5
怀仁县人民政府（十五届一次人代会 选举产生）	县长	吴秀玲	文水	2011.6-2012.12
	常务副县长	司永恒	怀仁	2011.6-2012.12
	副县长	邱文禄	大同南郊	2011.6-2012.12
		刁少波	怀仁	2011.6-2012.12
		何勇儒	原平	2011.6-2012.12
		张向明	左云	2011.6-2012.12

增 录

政府名称	职务	姓名	籍贯	任职时间
怀仁县人民政府（十五届一次人代会选举产生）	县长	吴秀玲（女）	文水	2013.1—2015.12
	代县长	苏斌如	朔城区	2016.1—2016.5
	常务副县长	司永恒	怀仁	2013.1—2015.5
		陈志刚	灵丘	2015.11—2016.6
	副县长	张向明	左云	2013.1—2016.5
		刁少波	怀仁	2013.1—2016.5
		邱文禄	大同南郊	2013.1—2016.5
		何勇儒	原平	2013.1—2016.5
		王俊	平鲁区	2015.12—2016.5
		张波（挂职）	陕西西安	2013.5—2014.12
怀仁县人民政府（十六届一次人代会选举产生）	县长	苏斌如	朔城区	2016.6—2016.12
	常务副县长	陈志刚	灵丘	2016.6—2016.12

增录（1）

政府名称	职务	姓名	籍贯	任职时间
怀仁县人民政府（十六届一次人代会选举产生）	副县长	张向明	左云	2016.6—2016.12
		王俊	平鲁区	2016.6—2016.12
		刘宏武	广灵	2016.6—2016.12
		谭金花（女）	朔城区	2016.6—2016.12
		许震	山阴	2016.6—2016.12

第三节 乡级政权

清代，怀仁县实行里甲制。顺治十六年（1659），全县设9里，后裁减为8里。光绪三十二年（1906）设10里2佃。里设“里长”，每里辖甲若干，甲有“甲首”，甲管各村，村首称“公直”。里长、甲首、公直负责督促税粮，处理公事，传喻政令，调解纠纷。

民国初期，实施闾邻制，里长只管催粮派差，其余政务由村长、闾长处理。怀仁县设有4个行政区：城关为一区，鹅毛口为二区，曹四老庄为三区，刘晏庄为四区。各区下设村公所，有村长1人。全县共有村长128人。25户为一闾，5户为一邻，各设闾长、邻长1人。

民国26年（1937）9月，日军侵占怀仁后，设联合村（街）公所9个，每个村（街）公所有村长1人，助理1人，司计、县指导员、甲指导员各1人。下设总务系、自卫系、经济系和青年队。下辖80个编村（原行政村合并），各编村设村公所，村民会议等机构。各编村有主村1个，附村1—2个。

抗日战争时期，中国共产党领导的人民政府实行区村制，在大怀左抗日根据地建立两个行政委员会，1941年改为区公所。1946年全县建7个区公所。

民国35年（1946），乡（街）公所有乡（街）长1人，乡秘书、乡队长、特派员、地籍员，户籍员各1人，乡警若干人。下辖的主村改为治村（也称行政村），附村改为居村（也称自然村）。每个治村设村长1人，民教指导员1人，秘书、地籍员、户籍员各1人，村警3—5人。治村以下分设保、甲，全县共有保669个，甲3046个，每保、甲各设保长、甲长1人。

1950年，全县设6个区政府。1953年时区下设38个乡（街）政府。1954年7月区政府撤销，乡政府直属县政府领导，大仁县有41个乡（镇）政府。1958年11月撤销乡政府，改建人民公社。1959年3月并为8个公社。1967年3月至1980年6月公社称为“革命委员会”。1980年7月改称人民公社、生产大队。1984年5月政社分开，人民公社改称乡、镇政府，生产大队改称村民委员会。1985年，全县有14个乡（镇）政府，163个村民委员会。1990年全县有13个乡（镇）政府，163个行政村民委员会。2012年全县有10个乡（镇）政府，162个行政村民委员会。

1958—2012年怀仁县乡镇（公社）、村（大队）、街道居委会一览表

表19-5　　单位：个

年份	乡镇（公社）	行政村（大队）	街道居委会	备注
1958	16	157		
1959	8	141		
1960	8	141		
1963	11	137		
1965	13	141	8	增设城关、小峪镇
1971	14	161	8	河头公社划归怀仁
1973	14	163	8	新建朝阳、向阳村
1984	14	163	8	社改乡
1985	14	163	8	
1990	13	163	8	
1995	13	163	8	
2000	13	162	8	
2005	10	162	8	
2010	10	162	18	
2012	10	162	21	

第二章 政事要略

第一节 民国时期

减租减息 抗日战争时期，县委、县政府组织工作组深入农村，以村分别组织贫农会、长工会，开展“二五减租”和“增加工钱”斗争。1946年3月，县委、县政府为巩固扩大反奸清算、减租减息运动成果，积极领导和发动群众进一步把这一斗争引向深入。在贫苦农民“翻身要翻过，不翻不得活”“有仇报仇，有冤伸冤”的呼声中，在高店、鲁沟、南米庄等20个村掀起联合大斗争。在第三作、东作里、海北头等平川地区的村庄展开清算斗争。这一时期，全县有148个村庄实行增加工钱，60个村庄进行减租减息，18个村庄进行减息，65个村庄进行清算斗争。通过反奸清算、减租减息，无地种的佃雇农得到了房屋、土地、牲口、粮食，废除了对雇工的额外剥削。稳定了群众的情绪，同时，在斗争中也加强了基层政权建设。共产党掌握的村级政权增加到82个，敌我两面政权村31个，敌掌握的政权村只占少部分。

首批土改试验 1946年6月，县委、县政府遵照《五四指示》和地委会议精神，把解决解放区的土地问题作为“我党目前最基本的历史任务”和“目前一切工作的最基本环节”，迅速开展了土地改革运动。1947年1月，中共晋绥五地委派米嘉凡、罗温如二同志率领3旅干部战士10余人到怀仁指导土改。发动群众，分配土地，建立党组织，组织生产。同时县委抽调县区干部20余人与地委干部组成30余人的土改工作团。尽管土改工作团在发动群众方面做了一定的工作，但在斗地主、分田地问题上，多数村庄如赵庄、路庄、大峪口、尚希庄等村，对地主基本上没有作任何斗争，有的村如尚希庄关押斗争1名不法地主，60名群众不是积极参加斗争，而是集体请求释放。清算出地主的土地和财产群众不敢耕种，不敢要。有的村庄虽斗出了一些果实，但未全部兑现，分配也草草结束。此次土改试点工作历时40余天。

二次土改试验 1947年3月，中共晋绥五地委在王老沟村（现属山阴县）召开各县县委书记和区委书记会议。这次会议总结前段土改试点工作，认为怀仁的前段土改“缩手缩脚”“满足现状”，存在“右”的倾向。针对这种情况，中共晋绥五地委决定在七区后石门，、庄窝两村进行二次土改试验。县土改工作团分3个组进村开展土改工作。在二次土改试验中，工作组的大量工作是发动群众斗地主搬石头，挖“底财”“清三代”。在实际工作中，为保障工作顺利进行，土改村将地富分子全部扣押起来，使运动一开始斗争就比较激烈。期间，有的地富分子为逃避斗争，纷纷外逃；有的用美人计，或用金钱收买，以逃避斗争；有的串通搞假斗争，企图蒙混过关。特别是在扣押地主时，庄窝村支部书记暗地通风报信，放跑了7户。马营、腰寨、山村、张家堡4个村逃跑了20多个地富分子。7月23日，马营村联合召开斗争地主大会，在“铲除恶霸不留根，农民起来大翻身”的呼声中，一些人大打出手，打死了恶霸地主。在马营村联合斗争的影响下，芍药沟、偏岭、张家堡、下石井等村群众要求进行土改。由于七区土改试验中出现了一些过激斗争，而没有及时制止和纠正，所以斗争愈演愈烈，捆绑、吊打现象不断出现，非正常死亡时有发生。据统计，七区土改中，打死和自杀的有55人。对此，县委和上级党委采取紧急措施，认真总结经验教训，随后在实际工作中逐步纠正过来。路庄村农会在斗争地主时，只注重浮财，不注重土地分配，群众反映强烈。土改工作团进驻路庄后，改组村农会，采取民主评议方法，将清算出的18顷土地，分给138户无地或少地的贫雇农。

沿边山区村的土改 1947年9月，以县委副书记马浩为首，再次组织40余人的土改工作团，划分为4个小组对83个村进行土改。一是组织群众学习《土地法大纲》《告农民书》，广泛发动群众。二是召开农民代表会议，成立贫农协会组织。三是通过算账、算剥削量、以此来划成份。通过查“三代”初步划定斗争对象。四是分配胜利果实。以五区（路庄、大峪口、尚希庄、南辛村、北辛村等12个村）为试点，清算出地、富的旱地3346.3亩，水地5667.5亩，园地1493亩，果树园29亩；牛31头，骡子24头，马14匹，羊115只；赤金2斤，银元6974块，碎银11.3两，元宝6个，大烟土190.5两。这个时期的土改，在斗争地主、富农，挖底财的问题上，逼供、肉刑等过火行为也屡有发生。

土改纠偏工作 1948年，县委决定，对部分在土改和“三查”中错划成份、受到不当处分和错误处理的干部进行平反；对占地、富总数33%的被错划的236户为改变为中农，并给予经济上的赔偿；释放被扣押的人员；对被错当敌人斗争致死的党员、干部和部队指挥员，追认为烈士，给予抚恤。通过纠偏，土改中逃亡的中农大部分返回，地富分子外出的相继回到村子，返回的逃亡户共333户，纠偏后返乡的217户。

新区土改 1949年12月中旬，县委在二区、三区和城关区的41个村进行土改。土改是从组织生产入手，在组织生产的同时，发动群众进行土改的。其工作步骤：一是召开村民大会，讲清土改的有关政策，并以各种不同的会议，对群众进行阶级教育；二是选举农民代表，召开农民代表会，成立农民协会组织；三是划分阶级定成份；四是没收、征收和分配土地；五是进行复查和动员生产。除地富分子外，其他人则采取自报公议、农协会审查、贴榜公布的办法划定成份。各村在广泛宣传党的土改政策的基础上进行登记，对土地进行合理分配。二区共2885户，划定地主57户，富农116户，占总户数的6%。三区共1680户，划定地主24户，富农51户，占总户数的4.4%。1950年6月30日颁布的《中华人民共和国土地改革法》为解放区实行土地改革提供了法律依据，加上前几次的经验教训，使新区土改工作比较平稳，没有发生大的偏差，所以又称和平土改。

生产自救 1948年2月，县委发动群众开展生产自救运动，包括互济互助、抢耕抢种、开垦荒地、兴修水利、植树造林等。从县区到自然村层层都建立了生产支前委员会，掌握生产情况，随时进行指导。一是开展变工互助活动；二是组织妇女参加生产劳动，发动各村妇女挖野菜、养鸡、刨草根、喂牲畜等；三是包粮代耕，解决军工烈属的生产困难；四是实行粮食借贷，解决群众急需。全县集中2108个民工参加做工，修复公路70多里。共动员3500个劳力到大同、口泉及本县的煤窑打工。发动群众采山货、编柳筐，熬硝、制碱、烧砖、打柴等。组织群众跑运输，推销土特产。

征兵扩军 解放战争中，怀仁人民踊跃参军参战。1948 年 3 月，全县报名参军的青年达 832 人。七区（马营）只用 10 天时间就完成 54 名新兵动员的任务。同年 6 月，中共晋绥分局、行署、军区联合发布《参军动员令》，全县掀起“参军当模范，参战要当先”的热潮，先后有 500 多名青年应征入伍，有 370 名补充到野战军 43 团，剩余的补充到怀仁支队。同年 8 月，怀仁支队 2000 余人在吴家窑整训后，奉命改编为野战军 13 旅 46 团，随军出征，参加全国解放战争。

支前参战 1948 年 8 月，成立怀仁县“支前委员会”，动员组织群众抢修公路、运送粮草等。在察绥战役中，全县动员 40 余辆大车、100 多头毛驴驮子、300 多民工、200 多民兵，组织远征担架队、运输队支援前线。在吴家窑设立粮站，储存粮食一万多斤，食盐一万多斤。同年 9 月大同战役打响后，本县共动员民工 86330 人次，畜工 60100 个。组织 200 余人的担架队支前转运伤员，筹集慰劳品 2593 万元（旧币）。为前方运送粮食 16.7 余万斤，整修公路 40 余里，桥梁 6 座。

支援新区 在解放战争中，县委、县政府先后组织三批干部支援新区。1948 年 8 月，由县委书记张如岗带队的 20 多名县区干部，北上绥远。1949 年 5 月，县委副书记罗明带领独立营一连战士和县区干部 100 余名，随专署南下，开赴新区。1949 年 8 月，县委选调 44 名干部，开赴新区工作。

第二节 中华人民共和国时期

镇压反革命 1949 年 3 月—1951 年 6 月，全县开展了镇压反革命运动。整个镇反工作，包括取缔封建会道门、剿匪和惩治反革命分子。经过内查外调和群众的检举揭发，全县统一行动，进行 2 次大逮捕和全面重点登记。全县 152 个自然村有一贯道组织 97 个，设有佛堂 88 处，有一贯道徒 5428 人，点传师、坛主 251 人。经过镇压，取缔道徒 3397 人，逮捕土匪 16 人，强制游离分子 250 人参加生产劳动。共查处各类反革命分子 549 人。判处死刑的

54名，判处有期徒刑的107名，回村管制改造的191名，转送外地处理的14名，教育释放126名。

"三反五反"运动 1951年12月至1952年7月，开展反对贪污、反对浪费、反对官僚主义的"三反"运动。经过学习动员、检举坦白、重点交待、分析复查、追赃定案五个阶段，共查出有贪污问题的96人，有贪污行为的296人，查出贪污总额3805万元（旧币）。贪污款中入库现款15931万元，房屋土地物品折款2658万元，总计追回贪污款18589万元。对贪污分子依法判处有期徒刑的15人，撤职的7人，清洗4人，开除党籍5人，党内警告处分3人。干部的官僚主义作风得到纠正。与此同时，在工商界开展了反行贿、反偷税漏税、反盗窃国家财产、反偷工减料、反盗窃国家经济情报的"五反"运动，没收了不法工商业者的非法所得，回击了资产阶级在经济领域向新生的人民政权发动的猖狂进攻。

肃毒 1952年8月—11月，全县逮捕主犯177人。其中城关镇114人，农村63人。处以死刑1人，有期徒刑149人，管制释放27人，集中教育119人。收缴毒品4250两，缴获毒资银元1020元，人民币835万元（旧币）。没收个别毒贩的财产和牲畜。

社会主义改造 1951年，对全县农业、手工业和私营商业开始进行大规模的社会主义改造。对农业的改造经历了互助合作、初级农业生产合作和高级农业生产合作三个阶段。到1952年，在自愿互利的原则下，全县共组织互助组1574个，入组农户6515户，占全县总户数的25.7%。到1954年6月，全县共建立50个初级社。1955年，大仁县共有初级社805个，入社农户49447户，占全县总农户的77%。1956年1月，全县753个初级社转为374个高级社，入社户57800户，占全县总农户的90.3%。1955年12月—1956年2月，全县手工业和私营商业经过经销合作、公私合营等形式，全部得到改造。共组织手工业合作社（组）49个，合作合营商店（小组）33个，代销户114户，公私合营者32户。三大改造的完成，结束了几千年的生产资料私有制，极大地调动了工人、农民的积极性，生产力得到解放。

宣传《婚姻法》 1953年1月28日，县政府成立"贯彻《婚姻法》运动委员会”。3月10日至14日，以贯彻《婚姻法》为主要内容，对20个农村的241名党员进行整训。结合典型案例，联系实际，贯彻《婚姻法》。3月底，组织1200人在各村展开宣传活动，印发宣传提纲，通过各种会议，利用广播、黑板报、墙板报、幻灯、说唱、戏剧等形式，如上演《小二黑结婚》《新事新办》等剧目，教唱《妇女翻身歌》《自由结婚就是好》等歌曲，使《婚姻法》家喻户晓。

开展爱国丰产竞赛运动 1952年4月，县政府响应察哈尔省委的号召，在全县范围内掀起一个以“增加生产，厉行节约，支援中国人民志愿军”为中心内容的爱国丰产竞赛运动。全县有1个国营农场，1个农业合作社，684个常年互助组，3672个季节性互助组，6814个单干户参加竞赛，开展突击月活动。政府组织237名下乡干部，199名教员，1416名学生担任宣传员，分片包干，深入宣传。制订爱国公约和生产计划，开展人与人、户与户、组与组、村与村的挑应战活动。学习劳动模范的先进事迹，推广农业劳动模范马益谦（冯庄村人）、李九旦（尚希庄村人）、王天和（南辛村人）、彭巧生（女，赵庄村人）等人先进经验。对12个重点村进行种小麦评比，评出何家堡、赵庄2个村，彭广林、武志升等5个丰产组，王全（东关村人）等25个丰产户。1953年全县农业生产获得好收成，粮食总产5929.17万斤，比1952年、1949年分别增长4%和7.23%。

支援抗美援朝 1950年11月，县委、县政府组织干部群众响应党中央“抗美援朝，保家卫国”的号召，利用各种形式进行抗美援朝宣传。截至12月30日，举办形势报告会158次，各种讲座2582次，召开群众集会6093次，控诉、签名、订立公约大会2101次，印发宣传材料1502份，出动秧歌队283个、业余剧团40个，演出2889场次。在123个村演出节目，90个村安装屋顶广播，全县受教育人数达69650人次。1951年5月1日，全县划分26个游行区，有72535人参加游行示威，占全县人口70%。同时，开展拥军优属活动，掀起捐款、捐物、捐粮食的高潮。1952年1月，有300名青年踊跃报名参加中国人民志愿军。

建立新的教育制度 1952—1955年，县政府废除“私塾”，建立县、村学校。

县城设完小 1 所，各大村设小学，如鹅毛口村、刘晏庄村等。实行国家统一的教学大纲、教科书、教学管理，确立党对学校的全面领导。按照国家规定进行课程改革和教学改革，大力发展小学、中学和兴办工农业余教育，成立工农速成学校和各类业余学校，开办干部文化补习学校（班），开展扫盲运动。在城关、秦城、曹四老庄、宋庄、第三作、吴家窑等区先后开设 6 所区干部文化补习班，5 所工人文化补习班。

建立农村广播站 1954 年 5 月，为贯彻中国共产党的第二次全国宣传工作会议精神，使农村广大农民及时听到党中央的声音，搞好党的路线、方针、政策的宣传教育，县政府在曹四老庄建立广播收音站。之后，陆续在海北头、尚希庄、于家园、石庄、清水河、大峪口、里八庄、刘晏庄、吴家窑等村也建立起广播收音站。

“肃反”运动 从 1956 年 4 月至 1958 年 5 月，分三批进行肃清反革命分子的群众性政治运动。采取审查档案定对象，老实坦白写自传，重点对象群众斗，甄别定案和复查的方法，共查处反革命分子、坏分子 136 人。其中判处有期徒刑的 55 人，管制劳动管制的 24 人。

“反右”斗争 从 1957 年 7 月起，在全县范围内开展了声势浩大的大辩论，发动群众检举揭发“右派言行”。有 80 人因对个别基层干部提出意见和指责或因思想消沉说怪话而被划为右派分子，其中有 55 人戴右派分子“帽子”交群众斗争。10 月运动结束。1980 年，根据中央通知，对错划的右派分子全部予以平反。

全民整风运动 1957 年 10 月—1958 年 8 月，开展全民整风运动。在县级机关和农村 122 个农业合作社进行。采取大鸣、大放、大字报、大辩论等形式，发动群众揭发问题，共提意见 30495 条。其中属于正确和基本正确的意见 28452 条。结合整风，精简机关编余人员 311 人。动员工商界和各界人士主动献宝支援社会主义建设事业，共交出白洋 2416 元，人民币 2856 元，元宝 1 个，钻戒首饰及其它物资折款 6375 元。

“大跃进”运动 1958 年 6 月 22 日，县委、县政府在全县农业生产“大跃进”动员大会上，向全县人民提出“千方百计，挖掘潜力，亩产争取 162

斤，总产完成两亿四”的口号。大仁县6个片，24个乡，32个合作社展开了挑应战竞赛，农业生产“大跃进”，再掀高潮。8月，全县组织3万人的检查促进大军，深入田间进行插旗评比，放所谓的高产“卫星”。在“大跃进”年代的3年中，全县出现了大炼钢铁、深翻土地、大办食堂的高潮。（1）大炼钢铁。在鹅毛口、芦子沟、小峪口、吴家窑、王坪等村和县城西门外，到处建土高炉，办炼铁厂，全县共建土高炉23个，土炉2300个，其它炉500个，开展丰产日活动，最高日产量达7吨。1958年10月，先后组织两次战役，参加炼钢铁的人数达4万余人，生产纯铁16吨。（2）深翻土地。“地挖三尺深，黄土变成金”是深翻土地的口号。1958年11月，全县8个大公社是深翻土地的重点，深翻土地的标准是水浇地深1至2尺，旱地2至3尺，其目的是疏松土壤，保持水分。（3）大办食堂。提出“取消城乡差别”、“一夜进入共产主义社会”的口号，从县城到农村社队，刮起了大办集体食堂之风，城市居民、农村社员一律到食堂排队买饭，集中吃饭。全县共办起食堂573个，其中农村283个。在公共食堂起伙的有19526户58698人，分别占全县总户数85.7%，总人口的70.5%。当时每人每天4两原粮，只好以“低标准、瓜菜代”解决肚皮问题。为度过饥荒，推广了“人造肉”“小球藻”等代食品和杨、杏树叶、高粱壳、玉米皮、老牛草等代食品，不少人因营养不良发生浮肿。由于三年困难时期，集体食堂无法再办，随即解散。

人民公社化运动 1958年8月26日建起全县第一个农村人民公社—东方红人民公社。原来的395个农业生产合作社，合并成41个人民公社。1965年调整为11个人民公社，140个生产大队，841个生产队。1971年—1982年，全县调整为12个人民公社，163个生产大队，711个生产队。1984年，政社合一的人民公社被乡镇建制所代替。在建设人民公社的高潮中，广大群众献宝集资支援公社大办工业，据统计，全县捐出白洋11000块，赤金3.5两，元宝16个，收废铜6.7万斤，废铁56万斤。私有生产资料入社归集体所有的有各种大小车辆425辆，肉猪2175头，羊50585只，大牲畜1044头，林木有大片林30469亩，零星树499000株，果木林1244亩，零星果树12439株。

社会主义教育运动 1964年11月，怀仁县在北辛村等23个村进行“四清”（清政治、清经济、清组织、清思想）试点。1965年9月，全县11个公社141个大队的“四清”全面展开。查出1883名干部犯有“四不清”错误，清出经济总值103万元，粮食1191万斤。3104名犯有多吃多占的干部退款40万元。有237人受到党纪处分和群众管制。运动中，全县打水井1000多眼，修筑水库29处，建高灌站17处，扩大水浇地8.5万亩，平川区改良盐碱地5531亩，建成旱涝保收农田3万亩。山区丘陵打旱土井25眼，建设大寨田3万多亩，营造大片林3.3万亩，四旁植树100万株，发展经济林33万亩，种植杞柳670亩，芦苇439亩，苜蓿760亩。此次运动对解决干部工作作风和经营管理方面的问题起到了一定的作用，在改变生产条件和破除封建迷信，树立社会主义新思想、新文化、新道德、新风尚等方面，取得了一定的成绩。

农业学大寨运动 1964年6月，兴起农业学大寨运动。1967年组织1200多名生产队以上干部前往大寨参观学习后，开展了全民性的农田水利基本建设。当年打井205眼，修建高灌站及水库等水利工程370处，防渗渠57条，新增保浇地2.83万亩。1968年推广大寨管理模式，全县有83个大队的406个生产队实行自报公议工分，20个大队的81个生产队实行大寨式管理。1971年兴起建设“大寨田”的热潮，为“达纲、过河、跨江”（指粮食亩产或人均占有粮食的指标分别是400斤、600斤、800斤和1000斤、1200斤、1500斤）而奋斗。至1973年，全县平整土地42万亩次，改良盐碱滩4.9万亩，建成大寨式的基本农田29万亩。当年全县粮食总产量首次突破一亿大关，河头公社人均产量过“黄河”。1977年4月，县委作出《关于奋战一年建成大寨县的决定》，以改土治水为中心，建设高产稳产田44万亩。5个公社、55个大队成为“大寨式”的社、队，全县实现了“七增一降”（粮油、收入、贡献、积累、口粮、储备、人均分配增，生产费用下降）。1978年3月，中共山西省委批准怀仁县初步建成大寨县。

“一打三反” 即打击反革命破坏、反贪污盗窃、反铺张浪费、反投机倒把。1969年9月至1970年10月，全县揭出大要案10起，全部破案。一般案件167起，破获120起，揭出定案特务15人，历史反革命12人，现行反革命3人。共判刑12人，处决2人，逮捕8人，拘留37人，从宽处理12人。

揭出经济总额 6 万元，粮票 2.2 万斤，粮食 1.57 万斤，布证 2000 尺，涉及 311 人。

“双打”运动和平反冤假错案 1979 年 1 月，开展打击阶段敌人破坏活动，打击资本主义势力猖狂进攻的（简称“双打”）运动。至 4 月底，公判 38 名，批斗 18 名罪行严重、民愤极大的刑事犯罪分子。全县共写大字报 1400 张，揭发问题 1.2 万多条，批斗有破坏活动的阶级敌人 135 人，破获各种案件 109 起，检举揭发有经济问题的 123 人，涉案总额 8.4 万元，粮食 1.36 万多斤。结合“双打”运动，进行了清工、清库、清欠、清财工作，全县退出违规记工 1.58 万个，清理拖欠 64 万元，归还公物 2790 多件，退赔款 7500 多元、粮食 6200 多斤。同年 12 月，共受理信访案件 2578 件，全错平反的 1238 件，改错纠正的 780 件，维持原判的 553 件。已经处理的 2571 件中，有 149 人恢复公职，558 户改变成份，恢复非农业户口的 36 人，改变党纪处分的 174 人，解除刑事处分的 61 人，对“文化大革命”“四清”运动中的 65 件死人案件，重新给予结论并作妥善处理。

治理整顿经济秩序 1989 年，经查证落实犯有贪污、挪用、多吃多占错误的干部 106 人。其中依法查办 11 人，追回贪污款 12.5 万元、挪用款 15.3 万元、多吃多占多领工资 5.5 万元。兑现 194 份多年未兑现的合同，收回在兑现款 99.6 万元。1990 年 7 月，清理整顿“三乱”（乱收费、乱摊派、乱罚款），有 12 个不合理项目得到纠正，对有罚款收费权的单位统一进行清理登记，为 37 个单位发放《收费许可证》。1989 年，查处土地案件 47 起，节约用地 89 亩，关停效益低下、污染严重的砖瓦窑 8 处。1990 年 10 月，经过 3 次税收财务物价大检查，共检查 270 个行政事业单位，查处有问题单位 42 个，查获偷税漏税 22.5 万元，入库 16.5 万元。1992 年，检查国营、集体工商企业 1103 个，个体工商户 3409 户，查处各种违章违法案件 105 起，查获销毁假冒伪劣商品 8 大类 30 多个品种，总价值 6.2 万元，罚款 2.1 万元。

抗击“非典” 2003 年春夏之交，组织全县人民紧急行动起来抗击“非典”。在 24 小时内对全县公共场所完成首次消毒任务。各网吧、歌厅、舞厅、小吃摊全部停业。县医院、中医院集中时间搞好宣传，使预防“非典”知识家喻户晓，人人皆知。4月25日，县委、县政府提出加强“非典”防治工作的“五项措施”和“七条纪律”。全县各部门、各单位积极投入到抗击“非典”的战斗中，社会各界为防治“非典”捐资献物30多万元。全县境内未发生一例非典型肺炎病例。

抗击“禽流感”及“蝗灾” 2004年2月，面对高致病性禽流感的流行趋势，县财政投款5万元用于购买防治物资，建立禽流感防治物资储备库。畜牧、公安、工商、质检四部门联合执法检查，深入到全县各家禽屠宰点和贩运户，宣传防疫知识，及时注射疫苗。各乡镇采取紧急措施，加强预防工作。省防治禽流感工作督查组检查了海北头、云中、何家堡3个乡镇，实地察看了海北头、清泉、西关、三里庄等村养鸡场的预防工作情况。同年6月，全县发生大面积蝗虫和草地螟灾害，受灾面积分别为38万亩和37万亩。县委、县政府及时组织力量抗击灾害，争取回省、市防治农药6.8吨，从县财政拨出专款购置手动喷雾器100台，生物防治农药1.5吨，全部无偿发放到各村、场、户，科学指导农民进行群防群治。对洪涛山一带涉及4个乡镇23个村的大蝗灾区采取飞机灭蝗的办法，历时3天，飞行6架次，防治面积9万亩，防治效果达95%以上，确保了农业生产的安全发展。

实施“招商引资” 2003年，合同、协议和意向性投资总额达208.5亿元，引进资金上亿元，符合产业政策的项目18个，计划总投资193.85亿元。较大的是：国电4×60万千瓦机组项目，同煤集团2×20万千瓦机组项目，10万吨硅锰合金，200万吨水泥项目，晋煤2×12.5万千瓦热电联供项目，省煤炭进出口公司300万吨洗煤厂和2万吨大列项目，昆明永泰国青有限公司1000万吨煤炭整合，30万吨甲醇项目，中国化工建设总公司清洁高温致密型焦项目，山西圣山公司15条PVC强力输送带项目，山东东营新材料公司6亿件的陶瓷大市场等13个。2004年，联系到500万元以上的招商引资项目78个，协议和意向性投资208.52亿元。正在建设或已建成的项目34项，投资28.59亿元，到位资金10.92亿元。已签订合同或协议，正在做前期准备工作的项目25项，投资173.66亿元。2005年，联系到招商引资项目20项，投资总额34亿元。已开工建设项目16项，投资31.85亿元，到位资金

2.11亿元。2006年，在建和正做开工前准备工作的招商项目10项，合同引资16.83亿元，到位资金5700万元，意向性项目8项，协议引资32.36亿元。2007年，签订投资合作合同项目18项，合同引资51.7亿元。本县陶瓷节期间，签订投资合作合同9项，合同引资34.1亿元。2008年，联系投资500万元以上项目145项，合同协议引资总额315.26亿元。已建成的70项，合同、协议引资额48.86亿元。正建项目42项，合同、协议引资额75.09亿元，正做前期工作14项，合同、协议引资额110.93亿元。意向性项目19项，合同、协议引资额80.39亿元。2009年，签订投资合作项目48项，引资额194.28亿元。已建成项目16个，投资额31.25亿元，到位资金25.47亿元。正建项目17个，投资额74.45亿元，到位资金35.3亿元。正做准备工作项目11个，投资额84.12亿元，到位资金35.3亿元。2010年，引资项目22项，投资总额125亿元。其中大型项目15个，引资额100.4亿元，已落地建设项目10个，投资25.4亿元。2011年，签约1000万元以上大型招商项目19项，意向引资额202.7亿元，落地项目10项，续建和新建大型项目到位资金59.6亿元。2012年，签约项目27个，引资724.6亿元，落地项目21个，到位资金94.23亿元。

建设“一区六园”发展非煤产业 2008年至2012年四年期间，围绕转型跨越发展，以“富民强县、撤县设市”为总目标，抓好“三项建设”（生态、设施、畜牧），培育“一区六园”，大力发展非煤产业，共铺开重点工程43项，累计投资56.72亿元。煤电工业区：以兼并重组后的7座煤矿为主体，加上王坪、小峪、焦煤矿等4座煤矿，以及投资20亿元的同煤王坪2×20万千瓦煤矸石发电机组项目，投资40亿元的国电2×35万千瓦煤矸石热电项目的入驻及达产后，年生产原煤可达2000万吨，年发运原煤1400万吨。建材工业园：以同煤投资9亿元，日产4500吨新型干法水泥熟料生产线项目，宏丰建材厂、清凉山水泥厂等企业为重点，全年产值可达6.5亿元。陶瓷工业园：全县陶瓷企业达到45家，100余条生产线，年产日用陶瓷10亿件，地砖600万平方米，琉璃瓦600万件，包装瓷2000万件。以投资3亿元的恒源瓷业和投资2亿元的晶屹陶瓷为重点，全年日用瓷产量可达3亿件，产值达4亿元。园区内设置占地2000亩的煤炭洗选配送区，入驻20家洗煤选煤企业，年洗选配送煤可达1000万吨以上，可解决当地农民就业岗位1500个，实现利润2亿多元。制药工业园：以投资8000万元的诺成制药，同星、珠海亿邦、华四创生等6家制药企业为重点，总投资达19亿元，全部达产后，可实现产值74亿元，税金7亿元。化工工业园：以玉龙化工企业为重点，年产值可达3亿元。生态旅游园：以金沙滩生态旅游区和清凉山生态旅游区为重点，高起点规划，高投入建设，为群众旅游观光提供休闲场所。

羔羊养殖 2007—2009年，全县在发展奶牛养殖业的同时，重点发展养羊产业。2011年，全县有羔羊养殖园区208个，其中万只养殖场20个，饲养量达205.6万只，肉羊产值占整个畜牧业产值的50%以上。2012年，按照“政府扶持搞服务，大户牵头建小区，做强百里产业带，千家万户发羊财”的发展思路，积极扶持养殖专业合作社。全县累计有638个养殖园区，棚圈面积达127.6万平方米，饲养羔羊400万只，农民人均养羊纯收入达到3160元。先后建成金沙滩、清凉山、五洲、瑞誉、嘉兴等多家大中型羊产品加工企业，年屠宰加工能力达到600万只。打造桑干河、云州等10多个品牌，五大类60个风格羊产品远销全国各地和港澳地区。形成羊绒、羊毛加工、皮毛加工、肠衣加工等完整产业链。怀仁县被省委、省政府命名为全省“一县一业”肉羊养殖示范基地。注册中国地理标志认证商标“怀仁羔羊”。

实现农村“五个全覆盖” 2008—2012年，全县农村实现“五个全覆盖”。（1）村村通水泥路全覆盖。10个乡镇159个行政村，在县交通部门的帮助和配合下，修通乡村水泥路50公里，村连村公路15公里，实现了村通水泥路率和通班车率两个100%。（2）农村饮水安全全覆盖。解决了19个村、2.6万人、1.6万头大牲畜的饮水困难和饮水安全问题。（3）村级卫生室建设全覆盖。全县10个乡镇健全卫生院，新建103个村级卫生室，乡村两级卫生室配备了乡村医生和医疗器械，方便农民就近看病，实行新型农村合作医疗制度和大病住院报销医药费80%的制度。（4）农村学校危房安全改造全覆盖。18所农村中、小学校的危房全部改造，怀仁二中、五中的配套工程，农村5所寄宿制小学的改造工程基本完成。（5）收看卫星电视全覆盖。全县 3860 户农民安装有线电视，入户前端基本完成。无线电视网全覆盖。

完善城市功能 2006 年至 2010 年五年内累计完成投资 35.7 亿元，实施 33 项城市扩容提质工程，对迎宾街、云州街、新建南路、新兴南路、新华路等城市主干道进行改造。2007 年对云州东街旧城改造，修建北坛森林公园，改造人民公园，新建贯通北环路的壬山大桥。实施了城市美化亮化和供排水工程，城市绿化覆盖率达到 35% 以上。2010 年以后，改造县城主干道，完成怀安大桥、人民公园、烽火台广场、仁德公园 40 多项城建重点工程。城市主干道商铺更换大橱窗，电线管网全部入地。县城建成区面积由原来 18.1 平方公里扩大到 25 平方公里，县城居住人口由原来的 16.9 万人，增加到 21 万人，城镇化率提高到 52.6%。2012 年，以创建国家卫生县城为契机，总投资 130 亿元，实施 29 项城建重点工程。投资 112 亿元建成清凉河现代服务商贸物流园区。投资 2.95 亿元实施怀安大街和仁爱路延伸，怀运街和仁德路改造。投资 38.5 亿元完成 9 大城市棚户区改造工程。2009—2011 年三年中，种植各类花卉灌木 174.5 万株，创建园林单位 67 个，造林面积 100.09 万平方米，县城绿化面积 800 万平方米，城市绿化覆盖率 40.34%。

依托"一城八区"实施"招商富县" 在 2007 年"一区六园"基础上，县委、县政府以实现"十成"为目标（羊成商品、瓷成精品、煤成亿吨、县成森林、村成社区、校成殿堂，林成风景，水成公园、路成网络、人成名片），发展"一城八区"，（大县城，金沙滩煤炭物流循环园区、金沙滩陶瓷工业园区，清凉河现代商贸物流园区，南小寨羔羊养殖园区，金沙滩医药化工园区，金沙滩生态经济园林区，金沙滩生态观光园区，科技教育园区）。确定和实施重点工程 66 项，总投资 330.62 亿元。2009 年打造亿吨煤大县，引进玉龙集团的 90 万吨矿井和 600 万吨发煤站。引进金海洋集团的发运能力 600 万吨金沙滩发煤站。建设 500 万吨同煤焦煤矿。正常运营后，全县运煤可达亿吨，成为华北地区最大的煤炭物流基地。2010 年，打造现代日用瓷都，成功注册"怀仁陶瓷"中国地理标志商标，举办幸福怀仁陶瓷精品展，提升怀仁县陶瓷知名度。实施"以煤扶瓷，煤瓷联合"的战略，5 家煤炭企业与 5 家陶瓷企业实现联合发展。投资 20 亿元，新上 15 家陶瓷生产企业，72 条生产线。

全县陶瓷生产线达到100条，产量达到10亿件。全县11家煤矿企业在园区内各建一家投资5000万元以上陶瓷企业。2011年，引进1000万元以上的项目19项，引资额达202.7亿元。2012年，在第七届中博会上引资75.1亿元。其中投资20亿元的同煤王坪电厂，投资5000万元的诺成软袋输液生产线，投资5000万元的中芦煤业制衣项目已建成投产。投资23亿元的中国怀仁·海宁皮革城，投资13亿元的雨润食品加工园正在建设。投资7亿元的西华元医药集团产业基地项目，投资5.2亿元的金沙滩固废综合利用项目，投资2亿元的同煤朔州电力宏力再生项目，投资1.2亿元的金沙滩商贸物流服务园区已开工建设。

园林生态建设 2009年以后，实施西山经济林区工程建设。推广“一矿一企绿化一山一沟”“挖一吨煤栽一棵树”的做法，采取煤矿出资，林业部门组织，专业队造林，“六·二·二”付款的模式，建设金沙滩生态经济林园区。该园区北端从云中镇秦城村起，南至山阴县郭庄村界，总面积50万亩，投资50亿元，分五期实施。截至2012年底，已投资21亿元，造林30万亩，栽植各类树木4115万株。重点实施了“一带两山三路十片”环县城生态圈建设工程，打造200公里的林业生态圈。2011年秋到2012年春，在何家堡乡栽植“京杏”“寒富士”等经济林木5000亩，每亩可直接为当地农民增加收入3000元。投资73亿元，建设口泉河、鹅毛河、清凉河、磨道河、大峪河、金沙河“六大水系”，以及清凉河、磨道河、口泉河“三大湿地公园”，全县水域面积由原来的0.55万亩扩大到7万亩，形成城水相依，水系相连的人文景观。2012年，沿208国道的53个村的环村林带，院落屋后的杨柳，成片的蔬菜园和玉米种植基地，正向绿树成荫，花香四溢的绿色长廊发展。县城二级以上空气质量达到351天。“蓝天碧水”工程深入推进。

提升社会管理水平 2011年，县城设置21个社区202个网格进行管理。社区做到统一运用网络化管理。实行多网合一，一网多格，一格多员，全员参与，杜绝了“一管了事，一推了事”的现象。2012年，县政府实行“政府买票，市民乘车，企业营运”的公交运行新模式，让广大民众实实在在得到“幸福怀仁”的实惠。

增强社会保障能力 2011年，企业、行政、事业、城镇职工、城镇居民医疗五大社会保障基金收缴达9854.6万元，累计结余3.17亿元。纳入城市低保9543人，标准每人每月307元。农村低保13324人，标准每人每月612元。社会救助、救灾、救济力度不断加大，发放城市大病救助金198万元，农村医疗救助金180.1万元，各类优抚资金388万元，农村救灾物质452万元，农村五保户供养金131.9万元。新农合人数16.2211万人，参合率达到93.52%。大病统筹补贴7027人，金额929.8万元。

发展教育卫生事业 2012年底，全县有中、小学校136所（民营学校36所）。其中高中4所，职高2所、初中11所、小学119所。在校学生8.53万人。乡镇卫生院13所，其中中心卫生所4所，一般卫生所6所，社区卫生所4所，有医务人员204人；农村卫生所162个，从医乡村医生220人。2011年完成一中教学楼、四中公寓楼、南窑村寄小教学楼、特教中心教学楼的主体工程。朔州陶瓷职业技术学院已完成拆迁工作。2012年高考二本B类以上达到4843人，连续21年蝉联全市第一。2009年投资3500万元，改建县人民医院，建筑面积37600平方米，病床300张。

第三节 施政绩效

怀仁县人民政府以“为人民服务”为根本宗旨，在发展生产，改善人民生活，进行社会公益事业和基础设施建设诸方面，落实县委的重大决策。根据实际情况出台相关政策并组织实施，推动域内经济建设和社会各项事业协调发展取得了一定的成绩。2003年以后，荣获了上级的多次各项表彰和奖励。

1949—2012年怀仁县国民经济情况一览表

表19-6

年份	地区生产总值（亿元）	财政总收入（亿元）	城镇居民人均收入（元）	农民人均纯收入（元）	社会消费零售总额（亿元）	全社会固定资产投资（亿元）
1949		0.0022				
1955		0.0141				

续表（1）

年份	地区生产总值（亿元）	财政总收入（亿元）	城镇居民人均收入（元）	农民人均纯收入（元）	社会消费零售总额（亿元）	全社会固定资产投资（亿元）
1960		0.0214				
1965		0.0192				
1970		0.0240				
1975		0.0520				
1980		0.1054				
1985		0.3389				
2002	24.34	2.02	5508	2802		
2003	30.13	2.33	6496	3148		
2004	34	3.02	7183	3402		
2005	40.3	6.3	8020	4044		
2006	57.3	10.44	9490	4502	19.2	23.9
2007	74.49	13.17	11836	5282	23.64	34.36
2008	88.3	17.86	14322	6579	28.5	40.1
2009	92.77	13.04	15772	6380	33.4	42.28
2010	108.27	16.05	17351	7276		19.5
2011	123.4	18.2	19607	8450	41.6	62.5
2012	166	22.6	23167	10220	52	78

2003—2012 年怀仁县获得表彰和荣誉一览表

表 19-7

时间	表彰部门	荣誉名称
2003.3	省委、省政府、省军区	双拥模范县
2003.10	省委、省政府	农村小康建设十强县
2004.8	国家科技部门	科技进步先进县
2005.4	省政府	民营经济先进县
2005.11	省精神文明建设指导委员会	文明县城
2006.5	省委、省政府	新农村建设先进县
2006.7	省政府	义务教育标准建设先进县

续表（1）

时间	表彰部门	荣誉名称
2006.7	省政府	学校危房改造先进县
2006.10	省委、省政府	平安建设先进县
2006.12	省委、省政府	政风行风评议先进县
2006.12	省委农村工作领导组	农田基本建设”禹王杯”奖
2006.12	省委农村工作领导组	生态农业先进县
2007.3	农业部	可持续发展实验先进县
2007.5	中纪委	政风公开先进县
2007.6	农业部	农机化管理示范县
2007.6	农业部	保护性耕作示范县
2007.8	农业部	农业技术推广体系运行创新试点县
2007.10	省政府	园林县城先进县
2007.12	省精神文明建设指导委员会	文明和谐创新工作先进县
2007.10	省政府	卫生先进县城
2007.4	省政府	农民增收先进县
2007.5	省委农村工作领导组	沼气建设先进县
2007.7	省政府	造林绿化先进县
2007.8	省政府	科教兴县先进县
2007.10	省科技厅	新农村建设科技示范县
2007.11	省委农村工作领导组	农村电气化先进县
2007.12	国务院	中国中部百强县
2007.12	国务院	环渤海循环经济竞争力百强县
2008.3	省精神文明建设指导委员会	文明县城
2008.5	国务院	国家可持续发展试验区
2008.7	省政府	十佳卫生县城
2008.8	省政府	城乡环境卫生洁净工程先进县
2008.11	省委、省政府	人口和计划生育责任制考核先进县
2009.8	省委、省政府	和谐社会建设先进县
2009.12	中央精神文明建设指导委员会	文明县城

续表（2）

时间	表彰部门	荣誉名称
2010.10	农业部	农田水利基本建设先进县
2010.10	中央宣传部、司法部	全国法制宣传先进县
2011.5	省政府	农村”五个全覆盖”村级卫生室工程先进县
2011.6	省劳动竞赛委员会	集体一等功
2011.7	国务院	国家级非物质文化遗产（大旺火）
2011.4	省委、省政府、省军区	双拥模范县
2011.8	省政府	“十一五"实施”蓝天碧水工程”先进县
2011.11	科技部	科技进步先进县
2011.11	文化部	2011-2012 年度“中国民间文化艺术之乡”
2011.2	省委农村工作领导组	2010 年集体林牧制度改革先进集团、2010 年度农机化先进生产集体
2011.6	省治理非法超限超载车辆领导组	治超工作先进县
2011.12	省爱国卫生运动委员会	省级卫生县城
2011.12	人口和计划生育委员会	计划生育优质服务先进县
2011.12	国土资源部	国土资源节约集约模范县
2012.1	省委农村工作领导组	“一县一业”先进县
2012.2	省委农村工作领导组	2011 年度全省农机化生产先进县
2012.3	省委、省政府	2011 年度县域经济发展先进县

第三章 事务管理

第一节 外事 侨务

1983 年，县政府成立侨民工作小组。时任县人民医院儿科主任、副主任医师钟捷贤（1993 年病逝）因广州出生，香港成长，当时按侨民对待，被选为县侨民工作小组组长。以后怀仁县无侨民，该组织的工作终止。

第二节 机关事务

1985 年 5 月 1 日，成立机关事务管理局。1997 年 6 月 3 日，改为机关后勤服务中心。

车辆管理：事务局成立之初，县委、政府各有 2 部小车，供干部下乡使用。1985 年 7 月购置了蓝鸟、柯柔娜和海狮面包 3 部车，212 吉普车 4 部。县领导用车实行派车制，上级来本县的工作人员，由事务局负责派车接送。1987 年，事务局组建小车队，在局办公室建立派车栏，及时标明时间、出差地点、司机、车号。随着公务车辆的增加，领导用车和司机相对固定，派车制度结束。小车队只负责车辆的维修、加油、年检、车辆的购置更新等项工作。1998 年，为了节约支开，减少办公经费支出，对县级以上领导干部乘坐的车辆实行定额经费包干。2002 年购置了 2 辆 24 座的丰田面包车，用于检查、观摩、接待。2009 年对公务车辆进行更新，基本保证了县委、县政府组织下乡检查工作或集体外出所需的交通工具。2012 年，县级四套班子领导人员基本固定车辆，每人均有工作用车。

财务管理：事务局成立之初，下设财务室，负责县委、县政府所属单位的代发工资和车辆维修、保养等费用和办公用品的采购管理；下设总务室，对县委、县政府所属单位的办公用品，统一购买，以代金券的形式，发到各单位，各单位可以凭代金券到总务室领取办公用品。各单位对自己的办公经费没有直接支配权，所有开支均由事务局管理，所有花销都要由事务局批示。2000 年 9 月，全县行政、事业单位的财物统一归县财政局结算中心，设立财务联络员，负责结算中心和单位财务方面的沟通联系。2010 年以后，由结算中心重新将财务划归后勤中心管理。

第三节 档案

整理归档：1955 年建立县档案室，开始收集整理档案。1956 年，县委、县政府要求全县各乡镇、机关事业单位、学校和社会团体广泛征集1919—1949年（大革命时期、抗日战争时期、解放战争时期）中共怀仁县委、怀仁县政府所形成的历史档案。到1957年底，全县整理立卷938件。1963年6月，县档案室改为档案馆，开始系统地收集档案，并在各公社、机关单位、厂矿择定档案管理员。每年年底向县档案馆送交一次文书档案。1965年开始收集整理各生产大队的文书档案。1966年“四清”运动结束后，共收集1.3万件档案资料，整理归档7400件，立卷310件。期间，各大队普遍收集整理了村史、社史、家史及地主富农的剥削史，送交县档案馆保存的共392件。1984年，对历史积存的文书档案全面整理，同时，重建了档案管理制度。1985年，县档案馆有档案32个卷宗，8600卷。其中永久卷4170个，长期卷4130个，事业卷350个，各种文献资料1200册，立卷3911卷。年底，县直机关单位有档案室103个，专、兼职管理人员103人。

社会开放：1965年，全年接待查阅档案者500人次，提供查阅各种档案200卷。1966年，县委“四清”办公室利用馆藏档案资料编写了《怀仁县党的建设历史》。1978年至1980年在平反冤假错案中，接待查阅档案者1500人次，提供查阅档案1100卷。1986年，县档案馆根据主卷特征，对所收藏档案统一编制案卷目录和卷号，向社会开放。至2012年，累计接待查阅档案者1870人次，提供查阅档案18150卷，复制各种资料1650页。

馆藏收集：截至2000年，有馆藏资料11305卷。其中文书6224卷，报纸2126卷，资料2955卷。2007年，有馆藏资料34072卷（件）。其中文书7687卷，报纸2126卷，资料2955卷，土地证21304份，接受县委、县政府及机要档案1320件，整理出800多卷革命历史档案。2008年，馆藏资料累计35521卷（件）。其中文书9936卷（件），报纸2126卷，资料2155卷，土地证21304件。2009年，馆藏各种资料5.1万卷（件）。其中文书15415卷（件），报纸32126卷，资料2155卷，

管理服务：2003—2004年，档案局对基层各部门、各单位的档案进行规范整理，对城建、环保等7个单位的档案帮助整理归档。并对县委、县政府从1986年以来的文书档案归档整理，形成534卷。为怀仁一中整理档案

2600卷，云中派出所850卷，使这两个单位的档案管理达到省三级标准。2005—2006年，协助县国税局、消防大队规范档案5000多卷，完成晋升省一级标准。协助县煤管局整理档案达到省三级标准。配合协助县清房办，突击完成清房档案归档任务。利用土地档案，从历史角度认定、解决了金沙滩盐丰营、里八庄乡温庄村与邻村土地纠纷。2007—2012年，为《山西改革开放30年成就》（怀仁农村部分），县公安局撰写的《山西政法70年》（怀仁部分）及《怀仁文史》杂志提供大量的资料、图片。为县纪检委等9个单位档案升级达标，人行怀仁支行等10个单位档案达省一级标准，县审计局等7个单位档案达省二级标准，环保局等15个单位档案达省三级标准，为怀仁一中全省示范高中验收，“四清”借调干部落实政策，县旧城改造，农村土地纠纷等提供了多领域服务。

第四节 地方志

《怀仁县志》创修于明万历五年（1577），由知县杨守介发起，二十九年成书。全书共上下两卷，设建置沿革、分野、疆域、形胜、山川、风俗、城池、村堡、关塞、津梁、烽堠、宗藩、公署、坊牌、学校、仓场、驿递、铺舍、神祠、庙祠、陵墓、寺观、土产、户口、田赋、土贡、武备、屯田、古迹、祥异、宦绩、寓贤、人物、孝行、荐举、科第、贡荫、烈女、仙释、圣朝制敕、古今文章等41目，计27千字。今北京首都图书馆、美国国会图书馆有藏本。

清同治四年（1865年），训导张映壁主持进行修编，篇目与万历志基本相同，在贡荫、圣朝制敕、古今文章等篇目中增加了部分内容。全书共上下两卷，今北京、太原有藏本。

清光绪七年（1881年），知县李长华主持，教谕郝敦囷、举人姜利仁等14人纂修。光绪九年（1883年）书成，但未开雕刊印，书稿共12卷。

清光绪三十年（1904年），知县汪大浣主持，马蕃撰。在光绪九年成志稿的基础上，续补20余年事，光绪三十二年（1906年）书成，全书13卷，计 8 万字。今本县、南京等地有藏本。

民国年间（具体时间不详），师泽民进行纂修，书成未刊印，志搞已佚。同在民国年间，曾重印清同治四年本，前北京京师图书馆和本县有藏本。

1980 年，编撰出版《怀仁县标准化地名录》。1984 年，县志办公室主任周子君主持了对清光绪三十二年县志进行重新标点、注释、重排印刷。

1985—1990 年，编辑出版内部资料《怀仁县史志资料》1~7 期，1988 年编辑出版《怀仁县新志注解》。

1980 年，县政府成立县志编纂委员会，设办公室，抽调专人，拨出专款，具体实施新中国第一轮县志的编修。期间，县志办专门举办了培训班，邀请史志界名家讲学，对部门志编写人员进行业务培训。1986 年，编成 80 万字的初稿，并陆续打印，分发相关部门和人员征求意见。1989 年，成立县志编审委员会，从政治观点、文字表述等方面对志稿逐字逐句进行全面审查修改。1990 年，召开《怀仁县志》初稿评议会。会后，修志人员夜以继日，增删校补，纠谬核误。新中国第一部《怀仁县志》经五订篇目，四易其稿，终于在 1992 年付梓出版。

2004 年以后，编辑出版《怀仁年鉴》（2003—2012 卷）。2007 年，由县志办公室主任杨志雁主持，将清光绪三十二年县志进行再版，并将竖排改为横排。对原文通假字、同音字、同义字进行勘校，以方便阅读。一些部门、行业志相继出版，极大地丰富和完善了域内的地情资料。有《怀仁县人大志》《怀仁县政协志》《怀仁县军事志》《怀仁革命老区志》《怀仁地税志》《风雨兼程—怀仁县装卸搬运公司 65 年发展史》等。

附：怀仁县日伪时期 1939.9—1945.8 年伪县长名录

名　称	职务	姓名	籍贯	任职时间
怀仁县公署	县长	李丙寅	怀仁	1937.9-1940.2
		阎大本	大同市	1941.2-1944.3
		刘学斌	东北	1944.3-1945.8

第二十编

地方人民政协

第一章　政协委员

第一节　委员的产生

县政协委员按照党内外及其他比例规定确定，以协商推荐的方式产生。由各党派、各人民团体、各界别协商提名推荐，经县政协党组会同县委组织部、统战部对推荐的名单进行综合评定，并同各推荐方协商形成建议名单，提交县政协常务委员会进行协商表决通过。

1984 年 7 月怀仁县政协成立。一至三届每届任期 3 年，四至五届每届任期 5 年，六至七届每届任期 4 年。政协委员历届不断增加，一届一次会议时 35 名，届末 50 名；二届一次会议时 57 名，届末 70 名；三届一次会议时 65 名，届末 74 名；四届一次会议时 74 名，届末 99 名；五届一次会议时 99 名，届末 119 名；六届一次会议时 136 名，届末 136 名；七届一次会议时 155 名，届末 155 名；八届一次会议时有委员 154 名。八届县政协委员的构成为男 104 名，女 50 名（占 32%）；汉族 152 名，少数民族 2 名（占 1.3%）；中共党员 62 名，非党人士 92 名（占 60%）；具有大专以上学历的 127 名，其中本科以上学历 66 名（占 42.8%）。委员平均年龄 39.7 岁。

第二节　组成界别

政协怀仁县委员会由中国共产党、各民主党派、无党派人士、人民团体、各少数民族和各界代表及特别邀请人士组成。设若干界别，界别由一届 14 个增加到八届 18 个。其中党派和团体类 7 个，即中共、无党派、工会、妇联、共青团、工商联、科协，特邀与界别类 11 个，即特邀人士、经济界、教育界、科技界、文艺界、农业界、体育界、新闻界、医药卫生界、宗教界、少数民族界等。县政协委员基本涵盖了怀仁县社会各阶层、各方面，充分体现了政协广泛团结、包容各界的特点。

第二章 政协会议

第一节 全体委员会议

一届一次会议 于1984年7月18日至24日在县政府会议厅召开。出席会议的委员35人。与会委员听取了关于《中国人民政治协商会议第一届怀仁县委员会第一次会议筹备工作情况及今后工作意见》的报告。列席了县人大八届一次会议，听取并讨论了《政府工作报告》和其它报告。会议选举产生了县政协领导机构：主席1名、副主席3名，常务委员7名。通过了会议的各项决议和报告，完成了组建县政协的历史使命。

二届一次会议 于1987年6月21日至27日在怀仁宾馆召开。出席会议的委员57人。与会委员听取并审议了《县政协常委会工作报告》和《提案工作办理情况的报告》。列席了县人大九届一次会议，听取并讨论了《政府工作报告》和其它报告。会议选举产生了新一届县政协领导机构：主席1名、副主席4名，常务委员6名。通过了会议的各项决议和报告。

三届一次会议 于1990年6月13日至16日在怀仁宾馆召开。出席会议的委员65人。与会委员听取并审议了《县政协常委会工作报告》和《提案工作办理情况的报告》。列席了县人大十届一次会议，听取并讨论了《政府工作报告》和其它报告。会议选举产生了新一届县政协领导机构：主席1名、副主席4名，常务委员8名。通过了会议的各项决议和报告。

四届一次会议 于1993年6月6日至9日在县委五楼会议室召开。出席会议的委员74人。与会委员听取并审议了《县政协常委会工作报告》和《提案工作办理情况的报告》。列席了县人大十一届一次会议，听取并讨论了《政府工作报告》和其它报告。会议选举产生了新一届县政协领导机构：主席1名、副主席4名，常务委员10名。通过了会议的各项决议和报告。1996年5月，四届四次会议上县政协主席因到龄，辞去主席、常务委员职务，会议补选了县政协主席。

五届一次会议　于1998年5月25日至27日在县委五楼会议室召开。出席会议的委员99人。与会委员听取并审议了《县政协常委会工作报告》和《提案工作办理情况的报告》。列席了县人大十二届一次会议，听取并讨论了《政府工作报告》和其它报告。会议选举产生了新一届县政协领导机构：主席1名、副主席4名，常务委员12名。通过了会议的各项决议和报告。2000年4月，五届三次会议上1名常务委员请辞，会议补选常务委员1名。2001年9月，五届四次会议上2名县政协副主席因到龄和工作变动辞去副主席、常务委员职务，会议补选县政协副主席3名、县政协常务委员5名。

六届一次会议　于2003年7月4日至5日在县会议中心召开。出席会议的委员136人。与会委员听取并审议了《县政协常委会工作报告》和《提案工作办理情况的报告》。列席了县人大十三届一次会议，听取并讨论了《政府工作报告》和其它报告。会议选举产生了新一届县政协领导机构：主席1名、副主席5名，常务委员16名。通过了会议的各项决议和报告。

七届一次会议　于2007年5月15日至17日在县会议中心召开。出席会议的委员155人。与会委员听取并审议了《县政协常委会工作报告》和《提案工作办理情况的报告》。列席了县人大十四届一次会议，听取并讨论了《政府工作报告》和其它报告。会议选举产生了新一届县政协领导机构：主席1名、副主席4名，常务委员22名。通过了会议的各项决议和报告。

八届一次会议　于2011年6月9日至12日在县会议中心召开。出席会议的委员154人。与会委员听取并审议了《县政协常委会工作报告》和《提案工作办理情况的报告》，政协委员进行大会发言。列席了县人大十五届一次会议，听取并讨论了《政府工作报告》和其它报告。会议选举产生了新一届县政协领导机构：主席1名、副主席3名，常务委员22名。通过了会议的各项决议和报告。2014年5月，八届四次会议补选县政协副主席1名。

第二节 常务委员会议

1987—2012 年县政协常务委员会议一览表

表 20-1

届次		会议时间	列席人员	会议事项
政协第二届怀仁县委员会常务委员会议	第一次	1987.6.27		1、研究通过了主席、副主席工作分工； 2、将县政协原下设的"三会八组"改为九个工作委员会，通过了各工作委员会组成人员和工作任务。
	第二次	1987.8.7		1、围绕县委提出的"兴怀富民"战略，听取了政协常的意见建议； 2、对委员深人基层调查研究作出安排部署。
	第二次	1988.3.25		审议通过二届二次会议议程、日程等有关事项。
	第四次	1988.4.21		对主席、副主席分工和下设的九个工作委员会机构设置及组成人员进行了调整，明确了各工作委员会的工作职责。
	第五次	1988.6.8		学习贯彻十三届二中全会精神，并就政协组织进一步加强社会主义精神文明建设进行了讨论。
	第六次	1989.3.16		审议通过二届三次会议议程、日程等有关事项。
	第七次	1990.3.27		座谈讨论《中共怀仁县委关于贯彻中央治理整顿深化改革决定的实施意见（征求意见稿）》，对《实施意见》提出12条意见和建议。
	第八次	1990.5.19		1、研究召开县政协三届一次会议有关事宜； 2、通过了县政协三届一次会议召开的时间、地点、日程、议程等。
政协第三届怀仁县委员会常务委员会议	第一次	1990.6.15		1、研究通过了主席、副主席工作分工； 2、将原来政协委员会下设的9个工作委会增加至10个，并通过了各工作委员会组成人员名单。
	第二次	1990.9.26		学习贯彻党的十三届六中全会精神和《中共中央关于坚持和完善中国共产党领导的多党合作和政治协商制度的意见》。
	第二次	1991.4.16		审议通过三届二次会议议程、日程等有关事项。
	第四次	1991.8.1		就常委带队组织委员深人乡镇和工交企业调研视察作出安排部署。

续表（1）

届次		会议时间	列席人员	会议事项
政协第三届怀仁县委员会常务委员会议	第五次	1992.2.28		审议通过三届三次会议议程、日程等有关事项。
	第六次	1992.7.21		集中学习邓小平同志南巡讲话和江泽民总书记在中央党校发表的重要讲话精神。
	第七次	1992.12.10		专题讨论政协工作制度化建设等事项。
	第八次	1993.5.18		审议通过四届一次会议议程、日程等有关换届事项。
政协第四届怀仁县委员会常务委员会议	第一次	1993.6.11		研究通过主席、副主席工作分工，并讨论通过四届政协工作要点。
	第二次	1993.8.3		1、对提案工作、调研视察工作和机关自身建设等方面工作进行讨论； 2、对各项工作下一步的开展作出安排部署。
	第三次	1994.4.5		审议通过四届二次会议议程、日程等有关事项。
	第四次	1994.6.27		就常委分界别带队调研视察作出安排部署。
	第五次	1994.12.28		传达学习省政协常委会议精神。
	第六次	1995.3.17		审议通过四届三次会议议程、日程等有关事项。
	第七次	1995.7.10		就政协拓宽工作领域、加大民主监督力度进行协商讨论。
	第八次	1995.10.9		就委员围绕县委政府中心工作开展调查研究作出安排部署。
	第九次	1996.4.23		审议通过四届四次会议议程、日程等有关事项。
	第十次	1996.5.22		讨论通过政协年度工作要点。
	第十一次	1996.7.16		就常委带队视察调研作出安排部署。
	第十二次	1996.12.30		总结政协一年来的工作，并听取政协常委对政协工作的意见、建议。
	第十三次	1997.3.27		审议通过四届五次会议议程、日程等有关事项。
	第十四次	1997.6.20		就下半年调研视察工作作出安排部署。
	第十五次	1997.7.23		就加强政协提案和社情民意信息工作作出安排部署。
	第十六次	1997.8.20		通过增补刘志勇、连彩霞为四届政协委员的决定。
	第十七次	1997.11.26		就下半年组织的视察调研听取相关负责同志的情况汇报。
	第十八次	1998.5.7		审议通过五届一次会议议程、日程等有关换届事项。

续表（2）

届次		会议时间	列席人员	会议事项
政协第五届怀仁县委员会常务委员会议	第一次	1998.5.27	机关室委主任、副主任	1、通报主席、副主席分工情况； 2、协商通过本届委员会设置祖国统一工 作委员会、提案工作委员会、经济工作委 员会、教育工作委员会、农业科技工作委 员会、医药卫生工作委员会、青妇工作委 员会、法制工作委员会、文史资料工作委 员会、文化体育工作委员会等十个工作 委员会组成人员及主要职责； 3、安排部署近期工作。
	第二次	1998.7.23		协商通过政协《工作规则》，通报政协委员 视察安排。
	第三次	1998.12.18	机关室委主任、副主任和部分 政协委员	1、座谈改革开放二十年来取得的成就， 传达省市政协工作会议精神； 2、解瑜主席作总结讲话。
	第四次	1999.5.13		1、声讨北约导弹袭击中国驻南斯拉夫联 盟大使馆的暴行； 2、协商通过五届五次主席会议通过的关 于五届二次会议的各项决议。
	第五次	1999.6.23	机关室委主任、副主任	1、市政协三届一次会议精神； 2、传达省委书记田成平关于政协工作的讲 话； 3、安排下半年的工作。
	第九次	2000.4.7	机关室委主任、副主任	协商通过县政协五届三次会议常委工 作报告、提案工作报告、闭幕讲话等会议 材料和会议议程、日程、逐日执行主席、秘 书长、组织机构、委员分组办法、列席人员 名单等。
	第十次	2000.4.14	机关室委主任、副主任	协商通过五届县政协常委会 2000 年工 作要点。
	第十一次	2001.9.9	政协党组成员赵德礼、田平及县政协机关副科以上干 部	1、协商通过五届九次、十次主席会议议定的提 交政协常委会议协商通过的各项决议； 2、协商通过孙吉因到龄和周月琴因调动辞去 政协副主席、常务委员的申请，决定提交全体 委员会表决； 3、协商通过副主席、常务委员候选人名单，决定 田平、赵德礼、曹希全为副主席候选人； 4、协商通过县政协五届四次会议议程、日程、 选举办法、总监票人、计票人名单。
	第十二次	2001.9.11		通过关于增选王金万等5人为五届县政协 常委的建议名单。
	第十三次	2001.10.18	机关副科以上干部	学习十五届六中全会精神，安排部署提案、社 情民意工作。
	第十四次	2002.4.12	机关副科以上干部	协商通过五届十三次主席会议议定的各项事宜。
	第十五次	2002.4.19	机关副科以上干部	审议通过政协常委会 2002 年工作要点。
	第十六次	2003.6.26	办公室、提案委主任	协商通过五届十七次、十八次主席会议通过 的各项决议。

续表（3）

届次		会议时间	列席人员	会议事项
政协第六届怀仁县委员会常务委员会议	第一次	2003.7.6	机关室委主任、副主任。	通过政协第六届怀仁县委员会常务委员会2003年工作要点。
	第二次	2003.12.10	政协机关室委主任、副主任及县农委、经委、民营企业局、工商联负责人。	1、传达山西省委政协工作会议精神； 2、分别听取金沙滩镇、民营企业局关于金沙 滩镇和全县民营企业发展情况的汇报； 3、协商通过政协常委会向县委、县政府报送《加快民营经济发展，全面建设小康社会》 的建议案。
	第三次	2004.5.21	机关室委主任、副主任	1、通报县委常委会议精神； 2、协商通过怀仁县政协六届二次会议工作报 告、议程、日程等； 3、审议通过《政协怀仁县委员会关于加强政 协委员队伍建设的实施意见》。
	第四次	2004.5.29		审议通过政协怀仁县委员会常务委员会2004年工作要点，安排全年重点工作。
	第五次	2004.10.12	机关室委主任、副主任和部分政协委员	学习中共十六届四中全会精神。
	第六次	2004.12.20	机关室委主任、副主任	审议通过怀仁县政协六届三次会议工作报 告、议程、日程、逐日执行主席、大会主持人、 秘书长、组织机构、分组名单及召集人等有 关事宜。
	第七次	2005 .1.11	机关室委主任、副主任	审议通过县政协常委会2005年工作要点。
	第八次	2005.10.20		学习讨论中共中央关于“十一五”规划的建 议。
	第九次	2006.2.15	机关室委主任、副主任	审议通过县政协六届四次全会工作报告 和讲话。
	第十次	2006.3.15		1、审议通过六届四次全会上所作的常委会工作报 告、提案工作报告、六届四次全会议程和日程、大 会逐日执行主席名单、大会主持人、秘书长、副秘 书长、组织机构、会议编组名单、列席人员名单； 2、会议决定增补刘学权、王禹、王敬峰（女）、吴云 雁（女）、郝贤卿、管永等6人为六届政协委员。
	第十一次	2006 .3.21		审议通过六届常委会2006年工作要点。

续表（4）

届次		会议时间	列席人员	会议事项
政协第七届怀仁县委员会常务委员会议	第一次	2007.5.30	往届各位主席、副主席，乡镇政协联络组组长	1、审议通过“政协第七届怀仁县委员会常务委 员会 2007 年工作要点”； 2、研究确定主席、副主席、常务委员工作分工。
	第二次	2007.9.14		1、听取副县长刁少波关于全县新农村建设的情 况通报； 2、听取王俊副主席所作的《关于进一步推进全 县社会主义新农村建设的建议报告》； 3、听取王建荣、魏建营、杨兰芝、杨晓梅等四名委员就如何发展农村经济、增加农民收人、重视农村 教育、搞好乡村绿化等问题的发言； 4、周志强主席作总结讲话。
	第三次	2008.4.11		1、审议通过准备提交县政协七届二次全会讨论通过 的常委会工作报告和提案工作情况报告（讨论稿）； 2、报告七届二次会议筹备情况。
	第四次	2008 .9 .24		1、听取县计生、卫生、药监三个单位的工作情况汇报； 2、听取县政府乔守莲副县长就上述三个单位工作情 况通报； 3、杨雨峰、张全武、陈义等政协委员先后在会上发言； 4、周志强主席作总结讲话。
	第五次	2008.12.29		1、通报县政协 2008 年工作总结及 2009 年工作安排； 2、周志强主席作总结讲话。
	第六次	2009.1.21		传达学习省政协十届二次全会精神，并研究其它事项。
	第七次	2009.3.25		传达学习全国政协十一届二次会议和 省、市政协领导讲话精神。
	第八次	2009.5.13		1、审议通过准备提交县政协七届三次全 会讨论通过的县政协常委会工作报告和 提案工作情况报告（讨论稿）； 2、报告七届三次会议的筹备情况。
	第九次	2009.7.20		1、安排部署调研视察全县重点工程项目 工作； 2、研究其它事项。
	第十次	2009.12.25	县政协、县委统战部、县工商联机关干部及乡镇政协联络组组长	1、周志强主席总结县政协 2009 年工作 并安排 2010 年工作； 2、县委常委、常务副县长司永恒通报 2009 年全县经济工作情况。

续表（5）

届次		会议时间	列席人员	会议事项
政协第七届怀仁县委员会常务委员会议	第十一次	2010.4.13		1、审议通过准备提交县政协七届四次 全会讨论通过的常委会工作报告和提案 工作情况报告； 2、报告七届四次会议筹备情况。
	第十二次	2010.7.28	乡镇政协联络组组长	1、传达省委书记袁纯清在省政协调研时 的重要讲话精神； 2、传达省委书记袁纯清在朔州调研视察 时的重要讲话精神; 3、审议通过县政协《关于开展“双百（委 员进百家，百题大调研）活动的实施意 见》（草案）。
	第十三次	2010.12.28	县委常委何勇儒 及县政协、县委统 战部、县工商联机 关干部及乡镇政 协联络组组长	1、周志强主席总结县政协 2010 年的工 作并对 2011 年的工作作安排部署； 2、司永恒副县长通报全县 2010 年经济 工作、社会发展情况及 2011 年政府工作总体安排部署。
	第十四次	2011.6.2		1、县委组织部作县政协第八届委员会委 员构成情况的说明; 2、审议通过八届县政协委员名单； 3、就八届一次会议筹备情况进行说明。
政协第八届怀仁县委员会常务委员会议	第一次	2011.7.6	乡镇政协联络组组长	1、传达学习中共中央胡锦涛总书记“七 一”讲话精神； 2、审议通过县政协 =“2011 年下半年 工作安排意见”和“关于主席、常务委员、 专门委员会会议及界别活动制度”。
	第二次	2011.8.29	乡镇政协联络组组长	研究部署关于开展“察百姓情、建惠民 言、办利民事”及送戏、送医、送法三下乡 活动有关事宜，并决定择机开展相关活动。
	第三次	2011.9.8		审议通过县政协《关于全县社会管理创 新工作的调研报告》。
	第四次	2011.12.6	乡镇政协联络组组长	1、听取县委常委、常务副县长司永恒通 报全县重点工程建设情况以及 2012 年 全县工作的总体思路、目标任务等； 2、审议通过县政协关于全县重点工程视 察情况的调研报告; 3、周志强主席作总结讲话。

续表（6）

届次		会议时间	列席人员	会议事项
政协第八届怀仁县委员会常务委员会议	第五次	2012.3.14		1、作《关于县政协八届二次会议筹备情 况的说明》； 2、作《八届二次会议常委会报告》和《2012 年常委会工作要点》的起草说 明。
	第六次	2012.4.25		1、听取八届二次会议各小组关于政 协两个报告、政府工作报告以及县委 王智杰书记讲话讨论情况的汇报； 2、审议大会三个决议（草案）； 3、审议政协第 怀仁县委员会提 案委员会关于八届二次会议提案审 查情况的报告（草案）。
	第七次	2012.12.3	乡镇政协联络组 组长	1、传达学习中共十八大精神； 2、审议通过县政协《关于提案工作的实 施办法》《关于反映社情民意信息工作的 实施细则》《关于委员履职的有关规定》3 个文件。

第三章 县政协领导机构

第一节 常务委员会组成人员

1984—2012 年县政协常务委员会组成人员一览表

表 20-2

届次	职务	姓名	籍贯	任职时间	备注
第一届	主席	刘印昌	大同县	1984.7–1987.6	
	副主席	贺仁福	应县	1984.7–1987.6	县委统战部部长
		王定邦	怀仁	1984.7–1987.6	怀仁一中教师
		高润生	内蒙五原县	1984.7–1987.6	县职工医院副院长
	常委	刘佳	山阴	1984.7–1987.6	县政协办公室主任
		郭志诚	怀仁	1984.7–1987.6	县委组织部巡视员
		何钦	浙江义乌县	1984.7–1987.6	县交通局副局长
		刘明俊	辽宁辽中县	1984.7–1987.6	县畜牧局兽医师

续表（1）

届次	职务	姓名	籍贯	任职时间	备注
第一届	常委	苏崇祯（女）	湖北沔阳县	1984.7–1987.6	雁北铸造厂科长
		管悦	怀仁	1984.7–1987.6	县中医院副院长
		丁东元	临县	1984.7–1987.6	县农工商公司办公室副主任
第二届	主席	郭谦	大同市	1987.6–1990.6	
	副主席	贺仁福	应县	1987.6–1990.6	县委统战部部长
		郭宝	怀仁	1987.6–1990.6	
		王定邦	怀仁	1987.6–1990.6	怀仁一中教师
		孙吉	怀仁	1987.6–1990.6	县畜牧局兽医师
	常委	刘佳	山阴	1987.6–1990.6	县政协办公室主任
		何钦	浙江义乌县	1987.6–1990.6	县交通局副局长
		张映星	浑源	1987.6–1990.6	县委组织部副部长
		周月琴（女）	怀仁	1987.6–1990.6	县体委教练员
		胡富恩	定襄	1987.6–1990.6	县防疫站站长
		焦钺	太原	1987.6–1990.6	怀仁一中教师
第三届	主席	郭谦	大同市	1990.6–1993.6	
	副主席	贺仁福	应县	1990.6–1993.6	县委统战部部长
		郭宝	怀仁	1990.6–1993.6	
		孙吉	怀仁	1990.6–1993.6	县畜牧局兽医师
		胡富恩	定襄	1990.6–1993.6	县防疫站站长
	常委	王世玉	怀仁	1990.6–1993.6	县政协办公室主任
		王跃胜	怀仁	1990.6–1993.6	朔州市跃胜实业公司董事长
		石青山	怀仁	1990.6–1993.6	县畜牧局兽医站站长
		田贵明	怀仁	1990.6–1993.6	县政协提案委主任
		任永明	浑源	1990.6–1993.6	县农业局植保站站长
		周月琴（女）	怀仁	1990.6–1993.6	县体委教练员
		张志平	怀仁	1990.6–1993.6	怀仁一中教师
		张映星	浑源	1990.6–1993.6	县委组织部副部长

续表（2）

届次	职务	姓名	籍贯	任职时间	备注
第四届	主席	任济	浑源	1993.6–1996.5	
		潘贵	怀仁	1996.5–1998.5	
	副主席	孟吉	怀仁	1993.6–1998.5	县委统战部部长
		孙吉	怀仁	1993.6–1998.5	县畜牧局兽医师
		胡富恩	定襄	1993.6–1998.5	县防疫站站长
		乔守莲（女）	怀仁	1993.6–1998.5	
	常委	王世玉	怀仁	1993.6–1997.7	县政协办公室主任
		田贵明	怀仁	1993.6–1998.5	县政协提案委主任
		任永明	浑源	1993.6–1998.5	县农业局植保站站长
		石青山	怀仁	1993.6–1998.5	县畜牧局兽医站站长
		张志平	怀仁	1993.6–1998.5	怀仁一中教师
		魏有	怀仁	1993.6–1998.5	县委组织部副部长
		李宏亮	怀仁	1993.6–1998.5	天丰大厦董事长
		宫志成	应县	1993.6–1998.5	基督教“三自”药店负责人
		纪建国	应县	1993.6–1998.5	县交通局总工程师
		石永钦	怀仁	1993.6–1998.5	县中医院副院长
第五届	主席	解瑜	朔城区	1998.5–2003.7	
	副主席	刘廷义	怀仁	1998.5–2003.7	县委统战部部长
		武桂珍（女）	怀仁	1998.5–2003.7	
		孙吉	怀仁	1998.5–2001.9	
		周月琴（女）	怀仁	1998.5–2001.9	
		赵德礼	怀仁	2001.9–2003.7	
		田平	怀仁	2001.9–2003.7	
		曹希全	怀仁	2001.9–2003.7	
	常委	王平	怀仁	1998.5–2003.7	县政协办公室主任

续表（3）

届次	职务	姓名	籍贯	任职时间	备注
第五届	常委	田贵明	怀仁	1998.5–2003.7	县政协提案委主任
		石青山	怀仁	1998.5–2003.7	县畜牧局兽医站站长
		张志平	怀仁	1998.5–2003.7	怀仁一中教师
		魏有	怀仁	1998.5–2003.7	县委组织部副部长
		宫志成	应县	1998.5–2003.7	基督教“三自”药店负责人
		李建华	怀仁	1998.5–2003.7	毛皂法庭副庭长
		陈义	怀仁	1998.5–2003.7	光华家俱公司董事长
		张招娣（女）	怀仁	1998.5–2003.7	阳光酒店总经理
		张月珍（女）	怀仁	1998.5–2003.7	县妇保站副站长
		马立功	怀仁	1998.5–2003.7	县工行股长
		王跃胜	怀仁	1998.5–2003.7	朔州市跃胜实业公司董事长
		郝丽云	怀仁	1998.5–2003.7	怀仁报社记者
		张全武	怀仁	2001.9–2003.7	县电视台新闻部主任
		薛国利	应县	2001.9–2003.7	国利大酒店负责人
		王金万	左云	2001.9–2003.7	雁门乳业公司董事长
		连彩霞（女）	怀仁	2001.9–2003.7	县委宣传部干部
第六届	主席	解瑜	朔城区	2003.7–2007.5	
	副主席	刘廷义	怀仁	2003.7–2007.5	县委统战部部长
		武桂珍（女）	怀仁	2003.7–2007.5	
		赵德礼	怀仁	2003.7–2007.5	
		田平	怀仁	2003.7–2007.5	
		曹希全	怀仁	2003.7–2007.5	
	常委	项继新	怀仁	2003.7–2007.5	县政协办公室主任
		杜桂兰（女）	怀仁	2003.7–2007.5	县直机关工委书记
		仝贵宝	怀仁	2003.7–2007.5	县化肥厂厂长
		仝守利	怀仁	2003.7–2007.5	县统计局计算站站长

续表（4）

届次	职务	姓名	籍贯	任职时间	备注
第六届	常委	李建华	怀仁	2003.7–2007.5	新家园法庭庭长
		连彩霞（女）	怀仁	2003.7–2007.5	县环保局副局长
		薄香清（女）	应县	2003.7–2007.5	七彩图片社总经理
		马军	怀仁	2003.7–2007.5	县中安化工公司生产处副处长
		张招娣（女）	怀仁	2003.7–2007.5	阳光建筑安装公司经理
		薛国利	应县	2003.7–2007.5	国利大酒店负责人
		陈义	怀仁	2003.7–2007.5	光华家俱公司董事长
		吴喜红	怀仁	2003.7–2007.5	嘉乐汽车公司经理
		张全武	怀仁	2003.7–2007.5	县广电中心新闻部主任
		张月珍（女）	怀仁	2003.7–2007.5	县妇保站副站长
		蒋海萍（女）	怀仁	2003.7–2007.5	县医院中医科医生
		郝二梅（女）	怀仁	2003.7–2007.5	怀仁九小董事长
第七届	主席	周志强	怀仁	2006.5–2011.6	
	副主席	边明	怀仁	2006.5–2011.6	
		曹希全	怀仁	2006.5–2011.6	
		王俊	平鲁	2006.5–2011.6	
		连彩霞（女）	怀仁	2006.5–2011.6	
	常委	马润英（女）	怀仁	2006.5–2011.6	碧华焦化有限公司董事长
		马军	怀仁	2006.5–2011.6	中安化工公司副总经理
		马振纲	怀仁	2006.5–2011.6	县中医院副院长
		王平	怀仁	2006.5–2011.6	县工商联合会会长
		王敬峰	怀仁	2006.5–2011.6	县政协经济委主任
		仝守利	怀仁	2006.5–2011.6	县统计局计算站站长
		齐兴荣	怀仁	2006.5–2011.6	县委组织部副部长
		李子成	怀仁	2006.5–2011.6	县政协提案委主任
		李建华	怀仁	2006.5–2011.6	县法院立案庭庭长

续表（5）

届次	职务	姓名	籍贯	任职时间	备注
第七届	常委	张月珍（女）	怀仁	2006.5–2011.6	县妇保站副站长
		张招娣（女）	怀仁	2006.5–2011.6	阳光酒店总经理
		张全武	怀仁	2006.5–2011.6	县广电中心文艺部主任
		张志诚	怀仁	2006.5–2011.6	县政协办公室主任
		张彩兰（女）	怀仁	2006.5–2011.6	县档案局副局长
		吴喜红	怀仁	2006.5–2011.6	嘉乐汽车公司董事长
		陈义	怀仁	2006.5–2011.6	华光家俱有限公司董事长
		陈学东	山阴	2006.5–2011.6	县经济局工程师
		苑冬梅（女）	山阴	2006.5–2011.6	县妇联主席
		郝二梅（女）	怀仁	2006.5–2011.6	怀仁九小校长
		贾如泽	怀仁	2006.5–2011.6	县政协文史委主任
		阎鹏德	山阴	2006.5–2011.6	县司法局副局长
		薄香清（女）	应县	2006.5–2011.6	七彩图片社经理
第八届	主席	周志强	怀仁	2011.6–2012.12	
	副主席	乔守莲（女）	怀仁	2011.6–2012.12	
		朱玉罡	怀仁	2011.6–2012.12	
		李日娥（女）	怀仁	2011.6–2012.12	
	常委	马润英（女）	怀仁	2011.6–2012.12	碧华焦化有限公司董事长
		王东升	阳高	2011.6–2012.12	县总工会主席
		王敬峰（女）	怀仁	2011.6–2012.12	县政协经济委主任
		任波	怀仁	2011.6–2012.12	光明眼科医院院长
		齐兴荣	怀仁	2011.6–2012.12	县工商联主席
		纪桂梅（女）	怀仁	2011.6–2012.12	县基督“三自”委员会主任
		李贵明	河北阳原	2011.6–2012.12	县委组织部副部长
		李霜梅（女）	山阴	2011.6–2012.12	县计生局副局长
		杨占峰	山阴	2011.6–2012.12	宏丰建材公司总经理

续表（6）

届次	职务	姓名	籍贯	任职时间	备注
第八届	常委	吴卫朋	怀仁	2011.6–2012.12	宝芝灵药业公司总经理
		吴喜红	怀仁	2011.6–2012.12	嘉乐出租车公司董事长
		张志诚	怀仁	2011.6–2012.12	县政协办公室主任
		张彩兰（女）	怀仁	2011.6–2012.12	县档案局副局长
		苑慧平	怀仁	2011.6–2012.12	县书画摄影家协会主席
		林建	山阴	2011.6–2012.12	县政协提案委主任
		周日芳（女）	大同	2011.6–2012.12	日芳贸易公司总经理
		孟秀文	怀仁	2011.6–2012.12	永利商贸公司总经理
		郝二梅（女）	怀仁	2011.6–2012.12	怀仁九小校长
		贺建军	怀仁	2011.6–2012.12	县委统战部副部长
		贾如泽	怀仁	2011.6–2012.12	县政协文史委主任
		郭海燕（女）	怀仁	2011.6–2012.12	县三小校长
		薄香清（女）	应县	2011.6–2012.12	三兴养殖公司总经理

增 录

届次	职 务	姓 名	籍 贯	任职时间	工作单位	职 务
第八届 2013.1–2016.6	主 席	周志强	怀 仁	2013.1–2016.6		
	副主席	乔守莲（女）	怀 仁	2013.1–2016.6		
		李日娥（女）	怀 仁	2013.1–2016.6		
		王克非	山 阴	2013.8–2016.6		
		朱玉罡	怀 仁	2013.1–2016.6		
	常 委	张志诚	怀 仁	2011.5–2016.6	县政府办公室	主 任
		马润英（女）	怀 仁	2011.5–2016.6	碧华焦化公司	董事长
		王东升	大同县	2011.5–2016.6	县工会	主 席
		王敬峰（女）	怀 仁	2011.5–2016.6	县政协经济委	主 任
		任 波	怀 仁	2011.5–2016.6	光明眼科医院	院 长

增录（1）

届次	职 务	姓 名	籍 贯	任职时间	工作单位	职 务
第八届 2013.1–2016.6	常 委	齐兴荣	怀 仁	2011.5–2016.6	县工商联党组	书 记
		纪贵梅（女）	怀 仁	2011.5–2016.6	基督教三自爱委会	主 任
		李贵明	怀 仁	2011.5–2016.6	县委组织部	副部长
		李霞梅（女）	山 阴	2011.5–2016.6	县卫生计生局	副局长
		杨占峰	山 阴	2011.5–2016.6	宏丰建材公司	总经理
		吴卫朋	怀 仁	2011.5–2016.6	宝芝林药业公司	总经理
		吴喜红	怀 仁	2011.5–2016.6	嘉乐出租车公司	董事长
		张彩兰（女）	怀 仁	2011.5–2016.6	县档案局	副局长
		苑慧平	怀 仁	2011.5–2016.6	县书画摄影协会协会	主 席
		林 健	山 阴	2011.5–2016.6	县政协提案委	主 任
		周日芳（女）	大同县	2011.5–2016.6	日芳商贸公司	董事长
		孟秀文	怀 仁	2011.5–2016.6	永利商贸公司	总经理
		郝二梅（女）	怀 仁	2011.5–2016.6	县九小	校 长
		贺建军	怀 仁	2011.5–2016.6	县委统战部	副部长
		贾如泽	怀 仁	2011.5–2016.6	县政协文史委	主 任
		郭海燕（女）	怀 仁	2011.5–2016.6	县三小	校 长
		薄清香（女）	应 县	2011.5–2016.6	养殖公司	总经理
第九届 2016.6–2016.12	主 席	朱玉罡	怀 仁	2016.6–2016.12		
	副主席	王克非	山 阴	2016.6–2016.12		
		韩占权	怀 仁	2016.6–2016.12		
		贾如泽	怀 仁	2016.6–2016.12		
	常 委	张志诚	怀 仁	2016.6–2016.12	县政协办公室	主 任
		于玉凤（女）	怀 仁	2016.6–2016.12	康泰人寿保险公司	总经理
		王 昕	怀 仁	2016.6–2016.12	朔美羊肉业公司	经 理
		王 强	怀 仁	2016.6–2016.12	县工会	副主席
		王敬峰（女）	怀 仁	2016.6–2016.12	县政协经济委	主 任

增录（2）

届次	职 务	姓 名	籍 贯	任职时间	工作单位	职 务
第九届 2016.6–2016.12	常 委	任 波	怀 仁	2016.6–2016.12	眼科医院	院 长
		刘 霞（女）	怀 仁	2016.9–2016.12	县政协文史委	主任
		齐兴荣	怀 仁	2016.6–2016.12	县工商联	书 记
		安 杨	怀 仁	2016.6–2016.12	县广电中心	副主任
		李霜梅（女）	山 阴	2016.6–2016.12	县卫生计生局	副主任科员
		张金友	怀 仁	2016.6–2016.12	市文联朔风杂志社	编 辑
		张秀峰	怀 仁	2016.6–2016.12	云中镇	副镇长
		林 建	山 阴	2016.6–2016.12	县政协提案委	主 任
		周日芳（女）	大同县	2016.6–2016.12	县日芳商贸公司	董事长
		郎慧婷（女）	吉林珲春	2016.6–2016.12	河头乡	乡 长
		赵杰文	怀 仁	2016.6–2016.12	红美陶瓷有限公司	董事长
		胡晓龙	怀 仁	2016.6–2016.12	县一中物理教研组	组 长
		段 平	怀 仁	2016.6–2016.12	县委组织部	副部长
		贺建军	怀 仁	2016.6–2016.12	县委统战部	常务副部长
		郭书萍	怀 仁	2016.6–2016.12	学斋文化艺术学校	董事长
		郭海燕	怀 仁	2016.6–2016.12	县三小	校 长
		海 洋	怀 仁	2016.6–2016.12	县发改局	副局长
		曹海仙（女）	怀 仁	2016.6–2016.12	海婷律师事务所	主 任
		麻 润	怀 仁	2016.6–2016.12	刻瓷艺术工作室	总经理
		渠 红	内 蒙	2016.6–2016.12	祥和陶瓷公司	董事长
		敬多加（女）	侯 马	2016.6–2016.12	县基督教会	牧 师

第二节 县政协内设机构

政协第一届 怀仁县委员会下设办公室，主任：刘佳。

政协第二届 怀仁县委员会下设办公室，主任：刘佳，副主任：田贵明、王世玉。

政协第三届 怀仁县委员会下设办公室、提案工作委员会。办公室主任：王世玉，副主任：田贵明、王世玉、乔佩华（女）；提案工作委员会主任：田贵明，副主任：李子成。

政协第四届 怀仁县委员会下设办公室、提案工作委员会。办公室主任：王世玉；提案工作委员会主任：田贵明，副主任：李子成。

政协第五届 怀仁县委员会下设办公室、提案工作委员会、经济委员会、文史资料委员会。办公室主任：先后为王平、项继新，副主任：贾如泽、王敬峰（女）；提案工作委员会主任：先后为田贵明、李子成，副主任：李子成；经济委员会主任：贺建军；文史资料委员会主任：贾如泽、副主任：吴云雁（女）。

政协第六届 怀仁县委员会下设办公室、提案工作委员会、经济委员会、文史资料委员会。办公室主任：先后为项继新、张志诚，副主任：王敬峰（女）；提案工作委员会主任：李子成；经济委员会主任：先后为贺建军、赵有、王敬峰（女）；文史资料委员会主任：贾如泽，副主任：吴云雁（女）。

政协第七届 怀仁县委员会下设办公室、提案工作委员会、经济委员会、文史资料委员会。办公室主任：张志诚，副主任：海洋；提案工作委员会主任：李子成；经济委员会主任：王敬峰（女）；文史资料委员会主任：贾如泽。

政协第八届 怀仁县委员会下设办公室、提案工作委员会、经济委员会、文史资料委员会。办公室主任：张志诚，副主任：刘东梅（女）；提案工作委员会主任：林建；经济委员会主任：王敬峰（女）；文史资料委员会主任：贾如泽。

第四章 主要工作

第一节 工作综述

政协第一届怀仁县委员会 经中共怀仁县委报请原中共雁北地委批准，于1984年7月筹备成立。一是组织委员学习《政协章程》，及时传达贯彻全国、省、地区召开的政协、统战工作会议精神，为委员们订阅《人民政协报》《山西政协报》等学习资料，不断增强委员对政协工作的认识。二是就全县人民群众所关心的生产、生活、教育、卫生、市场物价、农村医疗、青少年教育等重大问题，进行了7次调研，并提出780余条建设性的意见和建议，为县委、县政府决策提供重要参考。三是向党委、政府及有关部门提出提案87件，其中“办好职业中学”“为教师农户家属解决商品粮供应问题”等提案在全县引起很大反响，促进了问题的解决。

政协第二届怀仁县委员会 一是组织委员围绕全县工交、财贸、农业、教育、卫生、市场物价和社会综合治理等方面开展调研视察20多次，共提出26条建议，受到县委、县政府的高度重视。二是会同县委、县人大、县政府起草制定了《关于贯彻执行〈山西省办理人大代表建议、政协委员提案的暂行规定〉的意见》；制定了《关于政治协商、民主监督工作的暂行规定》。三是加强政协宣传报道工作，被省电台、省政协报、雁北电台《雁北报》采用稿件30多篇；编印《工作简报》《协商·监督》40多期，其中有32期的内容被雁北地委统战部主办的《雁北统战》刊物转发。

政协第三届怀仁县委员会 一是积极履行职能，对全县政治、经济和人民生产生活中重大事项进行协商议政；通过政协派人参加部门会议，对部门工作进行监督议政。二是组织委员开展调研视察活动20余次，撰写调研报告20多篇，涉及工业、农业、商业、文教、卫生及人民生产生活等多个方面。

三是加强提案工作，服务经济建设，部分提案引起了县委、县政府的高度重视，县委常委会和政府办公会进行了专门研究，并责成有关部门进行认真办理，收到了明显的成效。

政协第四届怀仁县委员会　一是组织委员会同政府有关职能部门开展检查、督查等活动，通过政协委员受聘担任监督员，在涉及群众切身利益的行业和领域进行重点监督。二是组织委员开展调研视察23次，涉及工业、农业、财贸、文教、卫生及人民生产、生活等许多领域。三是加强机关自身建设，帮助委员解决工作和生活中的实际困难，改善机关办公条件。四是引进西宁高原农药厂的设备和专业技术人员，在怀仁试办农药分厂。

政协第五届怀仁县委员会　一是改革全委会闭幕讲话方式和内容，实行专题议政，提出各种意见和建议680余条。二是积极参与全县中心工作，先后联系8个乡镇、15个村、43个重点项目，协助县委、县政府抓了雁北瓷厂搬迁、企业改制、城市建设、风沙源治理等工作。三是先后20多次以界别组织委员分系统对工业、农业、财贸、文教卫生、民营经济、农村工作等进行视察，向县委、县政府报送专题视察报告30多个，提出建设性建议158条；组织“三下乡”活动6次，深入70多个乡村，举办科技培训班20余次，向农民提供信息150条，赠送科技图书8000多册，帮助农民医病200多例；围绕民营经济发展撰写调研文章50多篇，共为民营企业排解纠纷80多起，融资近4000万元，提供科技、经济信息188条，引进经济合作项目10个，提出合理化建议80多条。四是向省、市政协报送社情民意信息1000多条。先后向纪检、公安、司法等30多个部门推荐30多名政协委员担任行风监督员，开展评议30多次，提出意见和建议319条。五是增设经济委员会、文史资料委员会两个专委会；建立和完善了《中共怀仁县政协党组工作制度》《政协怀仁县委员会工作规则》《专委会工作规则》《提案征集督办办法》《县政协五届委员会主席、副主席的工作职责》《政协机关办事制度》等十多项规章制度。拍摄电视专题片《共铸辉煌》。

政协第六届怀仁县委员会　一是开展保持共产党员先进性教育活动。二是建言献策，共提出各种意见和建议510多条；先后20多次组织委员对重点工程进行调研和视察，形成了《关于对怀仁县传统陶瓷产业发展的调研报告》等50多个调研视察报告；帮助民营企业排解纠纷60起，提供各类信息210条；通过与沿海、周边政协和商会的联谊，引入项目3个。三是组织政协委员参加全县“千人行风评议活动”；完成县委、县政府交给政协的对全县村村通油路、农村中小学危房改造的调研督查工作。四是出台《中共怀仁县委关于进一步加强新时期人民政协工作的决定》，先后召开各界人士新年联谊会、纪念抗日战争胜利60周年座谈会和县政协成立20周年座谈会等重要会议；拍摄电视专题片《同心协力》。五是建立规章制度21项共275条，编印《政协怀仁县委员会规章制度汇编》；协助省、市政协征集晋商史料8篇；编纂《怀仁县政协志》。

政协第七届怀仁县委员会 一是开展“双百”活动，政协委员议政发言32人次，共提出各种意见和建议503条；撰写《关于教育和卫生工作的视察报告》等8篇调研报告。二是开展“提案面对面”活动，促进提案中热点、难点问题的落实；向省、市政协报送各类信息310条，自办编发58期《社情民意信息》，其中《加强基层农业科技推广队伍建设》等48篇社情民意信息被省、市政协采用；组织政协委员380人次对执法、执纪部门和政府“窗口”单位进行民主评议，20名政协委员被政府职能部门聘为特约监督员。三是组织委员分期分批赴上海、广东、湖南等地学习考察；参加晋冀鲁豫县级政协第30—31次联谊会；承办全市乡镇政协工作经验交流会、市政协五届七次常委会、晋冀鲁豫县级政协第32次联谊会等会议；举办纪念人民政协成立60周年和县政协成立25周年座谈会及书画展活动；举办纪念抗日战争胜利65周年座谈会；组队参加市政协组织的“活力朔州”国际女篮对抗赛和“党旗飘扬”红歌演唱会；编辑出版《怀仁文史》及人物传记等文史资料。四是研究制定常委会议、主席会议、专门委员会会议《工作规则》，协助县委制定《中共怀仁县委关于加强乡镇政协工作的意见》，出台《乡镇政协联络组工作暂行规定》。

政协第八届怀仁县委员会 一是政协委员在各次会议上作议政发言35人次；就农业农村工作、重点工程建设、民生事业发展等重点课题进行调研，梳理形成《关于全县农业农村工作情况的调研报告》等15个调研报告；协助省、市政协完成《关于怀仁县产业结构调整情况的调查报告》等5个调研报告。二是主席、副主席现场督办落实提案，先后推荐50多名委员受邀担任民主监督员，共向省、市政协报送各类信息329条，自办编发《社情民意信息》73期。三是组织开展“察百姓情、建惠民言、办利民事”的三送一帮扶（送医、送法、送戏，帮扶贫困户）活动；开展“送科技、送文化、送医疗、送法律”和“酷暑送清凉”下乡服务活动，现场义诊2700多人次，接受咨询1300多人次，发放宣传资料2.6万份；配合民盟山西省委太原师范学院开展“示范助学”活动；编撰出版《怀仁文史》及人物传记、史料等文史资料。四是召开乡镇政协工作推进会；参加纪念中国共产党成立90周年“颂党恩”红歌演唱会；举办纪念县政协成立30周年座谈会及书法美术展览；协助省政协完成《建设“幸福怀仁”跟踪调查》和《树起“一面旗帜”引领“一条道路”》两篇长篇通讯；设立《山西政协报》怀仁通联站，累计刊发各类文章、报道30余篇；参加晋冀鲁豫20县（市、区）政协第33—39次工作经验交流会。五是协助县委制定《中共怀仁县委关于贯彻〈中共朔州市委关于进一步规范政治协商的有关规程（试行）〉的实施意见》等3个文件，完善《关于提案工作的实施意见》《关于加强社情民意信息工作的意见》《关于委员履职考核办法》《关于主席、副主席按界别联系委员的规定》《关于进一步改进文风会风的规定》等规章制度。

第二节　提案办理

1984年7月，县政协成立后积极提案履行职责，各党派、团体和政协委员围绕全县经济社会发展和民生事业改善，本着“知无不言、言无不尽”的精神，向县委、县政府及有关部门建言献策、献智出力，提案内容涉及经济建设、科教文卫体、城建环保、党群、政法、劳动人事等各个方面。

1987—2012 年县政协提案办理情况统计表

表 20-3

届别	起止时间	提案总数（件）	立案数（件）	办复率（%）
第二届政协	1987.6—1990.6	103	93	97
第三届政协	1990.6—1993.6	136	126	100
第四届政协	1993.6—1998.5	230	167	100
第五届政协	1998.5—2003.7	263	229	100
第六届政协	6003.7—6007.5	251	201	100
第七届政协	2007.5—2011.6	335	301	100
第八届政协	2011.6—2012.12	150	137	100

第三节 调研视察

县政协充分发挥“政治协商、民主监督”职能，主席、副主席、常委及各界别委员深入实际、联系群众、了解社会、反映民意，进行视察、参观和调研，就各项事业和群众生活的重要问题进行研究，以建议案、调研报告、视察报告等形式向党政部门反馈意见建议，促进相关工作的落实。

政协第一届怀仁县委员会 组织相关界别委员到城关乡、交通局、林业局、自来水公司等实现“五化”（绿化、美化、香化、硬化、净化）的单位调研视察；到农村调研“两户一体”（专业户、重点户、经济联合体）工作；对芦子沟煤矿、宋庄煤站、亲和乡给水工程等进行调研视察；深入金沙滩、毛皂两个镇医院和周家窑、大寨两个村卫生所，对农村医药卫生工作中存在的问题进行调研；到鹅毛口、海北头、城关等乡镇的 6 所中小学，就全县中小学存在的问题进行调研视察；到乡镇、农村、厂矿、企事业单位等就全县贯彻食品卫生法情况进行专项视察；到峙峰山煤矿调研视察；到河头乡新桥村调查了解人畜吃水方面存在的困难。

政协第二届怀仁县委员会 组织相关界别委员针对城镇中小学校管理和治安状况进行调研视察；到全县 7 所中学、18 所小学进行调研视察，并总结了金沙滩镇第三作小学的教学管理经验，向全县推广；到直接关系群众生活的粮食部门、农贸市场、糖酒公司、个体商店进行视察；对50多所中小学进行视察，提出了教育改革的可行性方案，并帮助部分学校解决了危房改造、经费紧缺、民办教师工资兑现难等问题；会同工商、爱卫会等部门进行了五次饮食业卫生大检查。对经济、农业、教育、市场管理等方面进行调研视察。

政协第三届怀仁县委员会 组织相关界别委员对30多个村庄的农业生产情况进行视察，提出挖掘本县农业生产潜力的意见；对县城市容市貌管理情况、市场管理及全县治安情况进行视察；对全县卫生情况进行视察；对县直中学的教学情况进行视察；就全县煤炭生产的现状及发展后劲进行调研；就科技兴农项目推广工作进行调研视察；到亲和、新家园、海北头3个乡，对农业生产情况及乡镇卫生院、中学进行视察；就山区教育发展情况和乡镇煤炭企业生产情况，到鹅毛口和吴家窑两镇进行视察；会同防疫站、爱卫会、工商局等职能部门组成联合检查组，对7家国营、集体商业企业，5所职工食堂，4所中学，110多家饮食服务业店铺摊点和其他一些公共场所进行视察和检查；到机电公司、懋隆商场、新家园供销社、雁北机械铸造厂、县化肥厂等5个改革试点单位进行深化农村改革的调查研究；到城关、金沙滩、何家堡、新家园、海北头、亲和6个乡镇，对部分乡镇企业进行调研视察后，针对性地提出了发展壮大乡镇企业的建设性意见；到各乡镇和粮食部门，就与粮食相关的问题进行专题调研；视察部分中小学教学、生活情况，提出具体改进意见；到何家堡、吴家窑、鹅毛口乡镇办的10个煤矿和峙峰山、芦子沟、窑子头、王卞庄煤矿以及南窑集运站、宋庄煤站等单位进行安全生产观摩视察。

政协第四届怀仁县委员会 组织相关界别委员到30多个村庄、10多个乡镇企业，就农业和农村工作进行视察，协助解决农业生产中存在的困难；到县水泥厂、云兴化工厂、化肥厂、南窑集运站、吴家窑陶瓷厂、峙峰山和芦子沟煤矿进行视察；会同县人大对工矿企业进行环境保护执法大检查；会同县人大对计划免疫工作做抽样调查和视察；配合市政协到小峪、王坪煤矿和部分县营煤矿进行视察；到化肥厂、水泥厂、懋隆商场等国有企业进行视察，对企业内部改革和技改工程提出合理化建议；到40多个村庄，对计划免疫工作进行调研视察；对工业、农业、教育和财贸系统进行视察；对秋冬农田基本建设进行指导和检查；到各乡镇对全县教育“两基”工作开展情况进行调研视察；到卫生局、县医院等单位和亲和、马辛庄等部分乡村，对三级医疗保健机构设置、人员结构、技术装备、经费使用、居民就医等情况进行调查；对全县工业、农业、城建、教育等方面的工作进行调研视察。

政协第五届怀仁县委员会 组织相关界别委员到跃胜实业公司、嘉明陶瓷有限公司、金鹰大酒店等6家民营企业和法院法庭、公安监所、城关一警区等5个政法工作单位进行视察；先后到王卞庄煤矿、石井煤矿、水泥厂、南窑煤炭集运站、南窑联合煤站、峙峰山煤矿、宋庄煤站、交通局、陶研所、芦子沟煤矿、利达建材有限公司、工商银行、商业总公司、供销社、化肥厂、自来水公司、供热公司、城建局、园林队和朔州市矿业公司南窑出口煤站进行视察；到城关中学、南窑小学、何家堡中学、鹅毛口中学、职业中学、郝家寨小学、县二小、六小、一中、二中等10所城乡中小学校，副食品加工厂、中医院、县卫校等3个卫生单位，图书馆、广播电台、电视台、有线电视台、业余体校等5个文化体育单位及县城农贸市场进行视察；到县粮食直属库、小峪粮站、亲和粮站等地进行视察；到县粮食局、供销社、国税局、地税局等财贸单位进行视察；对林业、水利工作以及县化肥厂进行视察调研；对部分民营企业进行视察；围绕全县经济发展软环境进行调研并向县委、县政府报送《我县经济发展环境中存在的问题及建议》；调研全县产业结构调整工作；视察便民服务中心、一中云东校区、财政结算中心等单位；到一中云东校区、七中、广播电视中心等单位，就社会办学和广播电视工作进行视察；对蒙牛雁门乳业公司、明鑫陶瓷有限公司、伟远陶瓷有限公司等民营企业进行视察；视察了1999年至2002年底的城市重点建设项目；围绕传统陶瓷产业发展进行调研。

政协第六届怀仁县委员会 组织相关界别委员到县防疫站、何家堡乡卫生院，视察调研“非典”及疾病预防工作；到清凉寺、永宁寺、五里滩基督教堂、王坪天主教堂等宗教活动场所视察调研宗教工作；视察金沙滩嘉明陶瓷公司、世嘉陶瓷公司、犇康乳业公司、绿博苗木公司、力源乳业公司、金弟花炮厂等民营企业；到亲和乡、环保局、交通局等单位视察调研计划生育工作；到海北头乡烽火台村、下寨村、便民服务大厅、县合作医疗办、疾病防控中心视察调研农村合作医疗和疾病防控工作；到亲和乡万金桥村，新家园乡路庄村、尚希庄村，金沙滩镇盐丰营村、曹庄村，视察沼气建设、无公害瓜菜示范园区、二元变三元种植结构调整示范基地等重点工程和农业服务中心劳动力转移培训基地、农业有害生物预警控制办公大楼基建工程；到秀女村、里八庄、国怀精煤有限公司、新铺煤站，视察毛皂镇工作，并参观大片林、经济作物、计划生育和重点工业调产项目；对公安局办公大楼、“三队五所”（武警中队、交警大队、消防大队和看守所、拘留所、云中派出所、云西派出所、云东派出所）的管理和建设情况以及县城交通管理秩序状况等工作进行视察；到永宁寺、西安堡、大通寺、法喜寺、仁济寺、白衣寺等宗教活动场所进行视察；视察中能芦子沟煤业有限责任公司、峙峰山煤业有限责任公司、中安化工有限责任公司、县环保局等单位，就建设环境友好型社会进行调研；就新农村建设进行调研。

政协第七届怀仁县委员会　组织相关界别委员到城镇一小、六小、二中、河头乡东寺庄寄宿制小学、小峪中学和新家园寄宿制小学，就义务教育经费保障情况进行视察调研；到马辛庄乡鲁沟村视察新农村建设情况；就全县基层医疗体系建设进行调研；对全县环境保护、节能减排以及招商引资工作进行调研视察；就农村计划生育、乡村卫生状况和食品药品工作到新家园、何家堡、毛皂、马辛庄、海北头、亲和等6个乡镇进行调研视察；到云中镇农业园区，云中镇、何家堡乡、金沙滩镇农机推广综合服务站和兴旺庄村大片玉米机收现场，就农机工作进行调研视察；赴北坛森林公园、新建的第三中学、县垃圾处理厂、迎宾高架桥、廉租房建设工程、同煤水泥厂和清凉山生态旅游区等全县重点工程项目进行视察；到何家堡、新家园、金沙滩、亲和等乡镇，就设施农业、农机服务、畜牧业发展等方面的情况进行调研视察。

政协第八届怀仁县委员会　组织相关界别委员到马辛庄乡鲁沟村、海北头乡黎寨村肉羊养殖专业合作社、亲和乡南小寨村肉羊养殖园区、金沙滩镇向阳新路渠林路配套及特色农业项目、新家园乡鑫海肉羊养殖园区、路庄村设施农业园区、西山30万亩生态经济林区、恒源陶瓷公司、磨道河丰阜湿地公园、云中镇设施农业园区进行观摩，就全县农业、农村工作进行调研视察；先后视察了18处重点工程现场和16处“创卫”工作点；对全县重点工程项目及农村环境整治情况进行调研视察；组成“食品药品卫生安全”视察调研组，对全县食品药品卫生安全工作开展专题视察调研；组成“农村环境卫生整治”专题视察调研组，到15个村就乡村环境卫生整治工作进行调研；组成“社区服务管理”专题视察调研组，先后到云中、新家园5个社区管理中心，就社区管理服务工作情况进行调研；组织农业等界别的委员对全县生态畜牧业发展情况及存在问题开展调研。

第四节 联谊及工作交流活动

加强政协组织之间的联谊及工作交流活动是拓宽政协工作、解放思想、开阔视野的重要渠道。县政协从第七届以后，注重加强与各地政协组织之间的友好往来，增进工作联谊联络，积极对外推荐宣传怀仁。2009年以后，参加了11次晋冀鲁豫县级政协联谊暨工作交流会议。2010年9月26日至28日，县政协承办了晋冀鲁豫县级政协第32次联谊暨工作交流会议，并以“如何提高县级政协参政议政的实效性”为主题进行了工作经验交流，晋冀鲁豫4省18个县（市、区）政协同仁90余人出席会议。七届、八届县政协还为归侨侨眷及全国各地的怀仁籍贤达按期寄发《怀仁文史》，以文会友，寻根访亲，牵线搭桥，加强沟通、交流和宣传。

第五节 指导乡镇政协工作

2003年，怀仁县在全市率先设立乡镇政协联络组（正科级建制）。2004年12月，省委、市委、县委分别发文，给予机构编制，县委同时下文任命了10名乡镇政协联络组长，由乡镇副书记兼任。乡镇政协联络组是县政协在基层工作的延伸机构，受县政协和乡镇党委双重领导，行政隶属于乡镇党委，业务隶属于县政协，负责开展本乡镇的政协工作。为推动联络组工作，中共怀仁县委出台了《关于加强乡镇政协工作的意见》，县政协制定了《怀仁县政协乡镇联络组工作暂行办法》，并召开了“乡镇政协工作推进会”，督促各乡镇政协联络组加强阵地、队伍和制度建设，组织开展政协各项工作和活动。

第六节　文史征集

1990年1月，三届县政协编撰出版《怀仁文史资料》1辑。

1998年，五届县政协创办《社情民意》简报，每年编报10至12期。

2007年4月，六届县政协收集整理怀仁晋商史料9篇；编撰《怀仁县政协志》。

2008年以后，七届县政协开始编撰《怀仁文史》，每年2辑；编《政协社情民意信息》简报58期；整理编辑《怀仁政协年鉴》4辑；编辑出版人物传记《杨子安》及《从一大到十七大——中共组织史资料简编》。

2012年底，八届县政协编撰《怀仁文史》；编《政协社情民意信息》；编辑《怀仁政协年鉴》；编撰出版人物传记《杨松青》《无悔人生——老八路余平的革命生涯》《永恒的记忆》《高葆珍》及《怀仁政协三十年》《怀仁县政协组织史资料简编》《怀仁抗战史》等作品；编撰出版《三晋石刻大全·怀仁县卷》1部。

第二十一编

党派和社会团体

第一章 中国国民党和其他党派

第一节 中国国民党

民国 17 年（1928），国民党在怀仁县设县党部，不久撤销。民国 34 年（1945）9 月，再次筹备组建国民党怀仁县党部，由魏懿德、王树勋、马斯锡、师海天、姜甫庭 5 人组成筹备委员会。魏懿德任筹备委员会代书记长，后王开甫接任。

民国 35 年（1946），国民党怀仁县党部正式成立，符文泰（朔县人）为书记长。下设城内北街、城内南街、东关、西关区分部及县党部区分部、妇女区分部。同年，怀仁县国民党参议会成立。议长师海天，副议长刘桂林、韩永祥，参议员王树勋等 17 人，候补参议员数人。下设秘书、文书、事务员各 1 人。民国 36 年（1947）4 月解散。

第二节 其他党派

民族革命同志会怀仁县分会 民国 33 年（1944），阎锡山为维护其在山西的统治地位，组建政治性群众组织“中国民族革命同志会山西省总会”。民国 34 年（1945）11 月，民族革命同志会怀仁县分会成立，丁宁为主任特派员，以后，范文达、王聘贤（均为孝义县人）先后为主任特派员。下设组织科、宣训科、政工科、妇女会等机构，各科（会）设科长 1 人。民国 36 年（1947），县分会在册 15 人，县属城关、乡村、学校均设特派员。民族革命同志会怀仁县分会设有武装特务组织，称怀仁县政治保卫团（政卫团），于民国 34 年（1945）10 月成立，团长吕尚卿（应县人），下设有区团长 3 人，村团长 20 人。民国 37 年（1948）民族革命同志会怀仁县分会随着旧政权的瓦解而解散。

三民主义青年团怀仁县团部（三青团）民国35年（1946）成立，李恒山（大同市人）任主任，在职人员6人。民国36年（1947）并入国民党怀仁县党部。该组织是国民党青年组织之一。

第二章 社会团体

第一节 抗日团体

牺牲救国同盟会怀仁县分会（1937.5–1937.9）。民国26年（1937）7月，山西牺盟总会派张建中、孙培贵（均为中共党员）来怀仁组建县牺盟分会。在青年学生、教职员、农民、手工业工人中开展抗日救国宣传和“一大枚”铜钱捐款活动，发展牺盟会员，在东关、尚希庄等地建立了牺盟小组。同年9月14日，日军入侵，特派员奉命撤离，怀仁县牺盟分会的活动暂告结束。

右山朔怀战地动员委员会（1938.5–1938.8）。民国26年（1937）9月，中国共产党为推进抗日民族统一战线，实行全民抗战，动员民众，武装民众，在绥、察和西北沦陷区成立战地总会。民国27年（1938）5月，右山朔怀县动委会成立，主任柏玉生，副主任李生龙。同年8月，随同中共右山朔怀县委一并撤销。

牺牲救国同盟会右山怀中心县分会（1938.8–1940.1）。民国27年（1938）8月，根据牺盟晋绥边工委的指示组建牺盟右山怀中心县分会。特派员先后是苏兴、郝登选、王孝、穆林、贺朝福。牺盟分会先后驻沈家小窝、黑龙池、王老沟等地。1940年1月撤销。

右山朔怀县抗日救国会（1937.12–1938.2）。民国26年（1937）12月，在史家屯村组建了右山朔怀县抗日救国会，雁北支队政治科长胡突兼任主任。同时以区设置组织、宣传、武装、妇女、粮食委员。民国27年（1938）2月，主要负责人归队，救国会撤销。

右山怀中心县抗日联合会 （1940.6–1940.10）。民国 29 年（1940）6 月，中共右山怀中心县委根据中共晋绥边地委的指示，成立右山怀中心县抗日救国联合委员会，主任王磊，又名白履荫，隶属中共右山怀中心县委和晋绥第十一专署双重领导。下设农救会，秘书李富才，青救会，秘书郭德懋。各区设抗联会，同年 10 月撤销。

怀仁县（路东）抗日联合会 （1945.7–1945.8）。民国 34 年（1945）7 月，怀仁县（路东）抗联会成立，主任胡震声，属中共怀仁县（路东）工委和冀晋第五分区抗联会双重领导。设农运部，部长郭江川；青运部，部长谷文波。

大怀左抗日救国委员会 （1938.1–1938.5）。民国 26 年（1937）8 月，八路军 120 师 716 旅 358 团宋时轮支队开赴大怀左地区开展抗日救国斗争。11 月，成立大怀左抗日救国会，刘国梁任主席，曹和、韩良佐任副主席，下设组织部、宣传部、除奸部、分配部等机构，同时建立了 3 个区救国会，窑洞村、峰子涧一带为一区，羊坊、秦城一带为二区，南深井一带为三区。

大怀左战地动员委员会 （1938.5–1938.11）。民国 27 年（1938）5 月中共晋西北区党委派苏兴来到大怀左地区开展抗日斗争，改组大怀左救国委员会，成立大怀左战地动员委员会，苏兴任主任，曹和、韩良佐任副主任，同年 11 月解散。

怀仁县战地动员委员会 （1939.1–1939.6）。民国 28 年（1939）1 月，山西省战地动员总会晋绥边区办事处派刘栻等 10 余人来怀仁县开展抗日斗争，成立县动委会，刘栻任主任，李玉山任副主任。下设组织部、宣传部、武装部、除奸部、分配部等机构，各有部长 1 人。同时在鹅毛口、刘晏庄、夏家马营（现属山阴县）成立三个区。同年 6 月怀仁县战地动委会撤销。

右山怀中心县农民救国委员会 （1939.12–1940.6）。民国 28 年（1939）12 月，根据上级指示精神，中共右山怀中心县委组建右山怀中心县农民救国委员会，秘书李高才。次年 5 月，右山怀中心县抗联会组建后，农救会改为抗联会的下属组织。

大怀左县青年救国委员会 （1938.5–1938.7）。民国 27 年（1938）5 月，

大怀左县青年救国委员会成立，秘书张谊，隶属中共大怀左县委领导。同年9月，主要负责人调离，青救会工作中断。

大怀左县妇女救国委员会 （1938.6–1938.11）。民国27年（1938）6月，大怀左县妇女救国委员会成立，秘书孟元贞（女，又名孟静仁）。组织全县妇女冲破封建势力的束缚，为抗日救国贡献力量，同年11年，妇救会撤销。

右山怀中心县妇女救国委员会（1939.8–1940.6）。民国28年（1939）8月，右山怀中心县妇女救国委员会成立，秘书何秀兰，属中共右山怀中心县委和晋绥中心区妇救会双重领导。下辖4个区妇救会，65个村妇救会。民国29年（1940）3月，右山怀中心县抗联会成立后，改为抗联会的下属组织，3个区动委会，各有主任1人。同年6月，阎锡山下令取消动委会，县动委会停止工作，妇救会撤销。

大怀左县抗日救国工人联合会 民国27年（1938）1月，在怀仁县羊圈沟村成立大怀左县抗日救国工人联合会，左才任秘书。同年11月，因主要负责人调离，工作中断。民国35年（1946）3月，山怀县成立工人救国联合会，赵建峰任主任。同年7月年撤销。1949年4月怀仁县工人救国联合会成立，路丕昌任主任。

第二节 工商联

怀仁县工商业联合会原称怀仁县商会，于1949年10月成立。1952年4月，县商会改称县工商联。

县工商联第一届会员代表大会于1952年4月召开。出席会议的代表26人，代表417个工商业户686名工商业者，选举怀仁县工商联第一届常务委员会。选出常委11人，苑荣翰为主任委员，王文焕、石连成为副主任委员。

县工商联第二届会员代表大会于1954年3月召开。出席会议代表22人，选举怀仁县工商联第二届常务委员会，选出常委11名，苑荣翰为主任委员，王文焕、石连成为副主任委员。同年7月，大同、怀仁两县合并为大仁县，维持原怀仁县工商联领导机构人员不变，将怀仁县工商联改为大仁县工商联。

大仁县工商联第一届会员代表大会于1956年7月召开。选举大仁县工商联第一届常务委员会，苑荣翰为主任委员，王文焕、白玺为副主任委员，选出常委13名。

怀仁区工商联于1960年1月成立。经中共怀仁区委任命苑荣翰为主任委员，王文焕、白玺为副主任委员。1964年12月，改称怀仁县工商联，领导机构人员未变。

怀仁县工商联第五届会员代表大会于1989年9月召开。出席会议代表84人，选举怀仁县工商联第五届执行委员会，选出执委21名，郭宝为主任委员，张征、王跃胜、李生金、宋培兴为副主任委员，王云中为秘书长。

怀仁县工商联第六届会员代表大会于1993年2月27日召开。出席会议代表63人，选举产生怀仁县工商联第六届执行委员会。选出执委21名，李鸿亮为主任委员，王云中、张征、王跃胜、师仓、刘学文为副主任委员，刘学文为秘书长，杨世斌为党组书记。

怀仁县工商联第七届会员代表大会于1998年9月16日召开。出席会议代表60人，选出第七届执委会委员23名，王跃胜为名誉会长，刘学文为会长，贺建军、师仓、陈义、刘国强、管金山、丰新兰（女）为副会长，贺建军兼秘书长。

怀仁县工商联第八届会员代表大会于2003年3月27日召开，出席会议代表70人，选出怀仁县第八届执委会委员43名，会长刘学文、王平，丰新兰（女）、陈义、曹希全、何钊太、王金万、郭礼忠、毛贵成、齐日平为副会长，贺英为秘书长。

怀仁县工商联第九届会员代表大会于2007年12月26日召开。选出执委委员45名，会长王平、齐兴荣，贺英、刘丽霞（女）、栗玉顺、何钊太、陈义、王金万、赵日、毛贵成、刘明山、贾玉兰（女）、齐日斌、王连伟、李云为副会长，卢元玲（女）为秘书长，贺建军为党组书记。

怀仁县工商联第十次会员代表大会于2012年1月13日召开，选举第十届执委会委员62名，乔守莲（女）任主席，齐兴荣任党组书记兼第一副主席，刘丽霞（女）、丰新兰（女）、王志军、王连伟、文建宏、李云、李猛、李文、刘秀峰、齐日斌、吴喜宏、周日芳（女）、郭书萍、郭占萍、赵日、渠江、薛有平为副主席，卢元玲（女）为秘书长。

第三节 工 会

1949年4月成立怀仁县工人联合会。1951年1月，根据《中华全国总工会章程》召开县工会第一次代表大会，发展基层工会组织。1952年，陆续在砖瓦厂、碗窑合作社等10个厂矿建立基层工会，发展会员2400余人。1954年后，县总工会先后更名为大仁县总工会、大同市郊区总工会、怀仁区总工会。1964年恢复怀仁县总工会。1967年1月"文化大革命"期间，工会被撤销。1968年6月，成立怀仁县革命职工代表委员会（简称工代会），1970年2月解体。1973年5月恢复县总工会，随之基层工会也陆续恢复。到1979年，基层工会发展到94个，会员达4000余人。1980到1984年，总工会和有关单位联合举办日语、英语等学习班，提高了职工的文化素质。同时，对基层工会进行整顿，建立"职工之家"，组建教育、交通、二轻、粮食、供销、乡镇、商业、农委、政法等9个系统工会。1985年全县共有基层工会146个，占应建工会组织单位的91%，有工会小组558个，有"职工之家"119个，有会员5600名。

2003年，实施《怀仁县总工会关于<山西省总工会工作规范>的实施细则》，县总工会组织3次法制培训班，新建基层工会31个，新发展会员1560名，新配备基层工会主席18名。在开展"推行平等协商集体合同制度和工资集体协商月"活动中，帮助全县156家企业建立了平等协商集体合同制度，建制率达到91%。有102家企业签订专项工资集体协议，其中新建企业42家。2005年，在民营企业天丰商厦、国怀精煤有限责任公司，东兴煤矿等组建工会组织，新增会员1380名。全县民营企业建会率达95%。在200人以上的企事业单位全部配备专职工会主席，享受同级副职待遇。2007年成立困难职工救助中心，有1.6万名干部职工参加职工大病医疗互助活动，为22名患病职工发放互助补偿金4.3万元。开通12315职工维权热线电话。健全困难职工档案，进行网络化管理，筹措“送温暖”资金 8 万元，走访慰问困难职工 1341 人次。举办“金秋助学”活动，筹措资金 4.5 万元，为 35 名特困职工子女发放助学金。2008 年，全县有工会组织 405 个，新发展会员 25962 人。企业、街道、乡镇建会率达 100%，女职工委员会组建率 90%。在依法维护职工的经济利益和民主权利方面，县总工会协调专人组成调查组开展最低工资标准大调查。采取多种形式开展职工维权保障宣传，发放《农民工维权条例》《劳动合同法》《工会法》等宣传资料，并与有关部门和企业协商解决存在问题。

2010 年，开展创五星级标准基层工会，全县达标的有 3 个。与 82 家民营企业签订共同约定书，维护职工的劳动经济权益和民主权利，督促企业签订劳动合同 1200 多份。处理企业职工和农民工来信来访 52 人次，处理各类劳动纠纷案件 25 件。举办农民工技能培训班 8 期，参训人员 1300 多人。配合劳动部门举办创业就业培训班 3 期，参训人员 80 余人。筹资 12.8 万元，帮助 65 名困难职工子女解决上学难问题。2012 年筹资 13 万元，资助孤残和双残家庭的中小学生 40 多名。开展职工大病医疗互助活动，有 5349 人参加，47 名大病患者得到救助，领取补偿金 82.8 万元。组织技能培训、技术比武、岗位练兵职工 1 万余人次，培训下岗失业人员、农民工 2500 人次。10 个乡镇建立职工书屋，在大中型企业组织开展职工文体活动，形成以乒乓球、健美操、书法等为代表的职工文体项目。落实完善困难职工档案，办理“一卡通”1140 户，“晋工龙卡”1014 户。用于帮助困难职工的救助金达 30 万元。

第四节　共青团　少先队

中国共产主义青年团怀仁县委员会　1948 年 6 月成立，向文德任书记。次年 4 月，在城内一完小进行基层建团工作，发展青年团员 23 名，并成立了团支部。1950 年，各区建立团委，各村普遍建立团支部。

1954 年 7 月，与大同县团县委合并为大仁县团县委。1955 年 3 月 26 日，召开共青团大仁县第一届代表大会。会议选举产生共青团大仁县委员会和出席山西省团代会代表，韩瑜任书记。团县委下设青委会和学校部。到年底，全县共有团总支部103个，分支部373个，团小组576个，团员7403人。1960年改称怀仁区团委。1967年团县委因“文化大革命”停止活动。1968年6月组建“红代会”，1970年2月解体。1971年恢复团县委。1977年7月26日，召开共青团怀仁县第二次代表大会，选举产生共青团怀仁县委，王茂林为书记。1985年全县有团员8160人，团委30个，团总支12个，团支部379个，团小组1047个，团干部435人，其中专职团干32人。建立乡镇团校14个，基层团支部建立“青年之家”290个。

1990年后，团县委健全青年工作委员会、团建工作例会、党建带团建目标责任制、团建工作联系点等四项制度，开展“学雷锋做好事”“民族精神代代传”“青少年入团宣誓仪式”“18岁成人仪式”“大学生三下乡”等系列实践教育活动，引导教育青少年增强民族自豪感、自尊心和自信心。深入贯彻《公民道德建设实施纲要》，开展为贫困地区献爱心，“一帮一结对，手拉手”“真情帮困进万家”等道德实践活动，引导青少年在体验中养成良好的行为习惯，在实践中提高思想道德境界。至2006年共举办专职团干和理论宣传骨干培训班8期，培训人员2845人次。组织举办理论学习讲座23期，参加学习人数达5万余人。

2008年，团县委为20名农村贫困学生争取每人每年城市低保600元，为14名高考学生每人申请4000元的上大学费用。成立青年就业创业服务中心，免费为全县未就业青年提供相关招工信息，与太原、大同、朔州等三市及全县48家私营企业建立用工关系，为全县青年提供355个用工岗位。2009年，为63名农村创业青年解决小额信贷资金150余万元，推动创业项目13项。2010年6月，团县委与《山西青年报》社联合在全县中小学开展《弟子规》巡讲活动，弘扬中华民族传统文化。8月，针对本县西南部干旱和四川玉树地震，组织部分中小学开展“捐献一瓶水，奉献一份爱”活动和“情系玉树，共渡难关”的主题活动，捐款捐物达24825元。2011年，组织开展永远跟党走，喜迎建党90周年，新青年、新风采青少年才艺大赛。“五四”期间，组织全县12所中学的200多名团员青年到西山坡30万亩生态林基地义务植树。2012年，全县有基层团总支62个，团支部874个，有团员38436人。乡镇团委配齐了班子成员，年龄结构优化。全县162个行政村配备大学生村官团支部书记。

中国少年先锋队　1938—1945年抗日战争时期，境内大部分乡村都建立儿童团组织，年龄一般为10–16岁。儿童团设团长、副团长，受县、区青救会领导。1951年3月，全县各小学校先后建立少先队组织，最早的组建人是团县委学校部部长管少藩，大队辅导员王定邦、孟恒山。1955年，少先队员有1.19万人，占在校儿童的54.7%，组建少先队组织的小学266所，占全县小学的57.9%，共组建40个少先大队、304个少先中队。1985年有少先队队员1.73万人。1996年有少先队员2.23万人。2007年有少先队员2.86万人。2008年，全县公立、民营中小学175所，在校学生8.8万人，参加少先队的有3.26万人。

第五节　妇联会

1938年，大怀左县抗日救国妇女联合会成立，孟元贞任秘书。1946年6月，成立怀仁县妇女救国联合会，樊喜平任主任。1950年县妇救会改称怀仁县妇女联合委员会。1954年以后称民主妇女联合会、怀仁区妇女联合会。1958年人民公社成立后，各公社建立妇联会，配有专职妇联主任1人。1964年全县各村开始建立妇联会组织。1966年县妇联会被撤销。1973年3月恢复成立怀仁县妇女联合委员会。

20世纪80年代，动员广大妇女大力发展商品经济和社会福利事业，出现了许多“女能人”。1985年，全县从事庭院商品生产的妇女达33024人，从事第三产业的妇女5630人，妇女组建育红班64个，托儿所67个，抱娃娃班1172个，缝纫组59个，妇女在各条战线发挥了“半边天”作用。

进入21世纪，县妇联努力实现妇女工作的新跨越，引深“双学双比”“巾帼建国”“文明家庭”三项活动。举办科技培训班，聘请技术专家、养猪女状元、女企业家授课，使80%的农村妇女得到培训。县妇联以剑铭律师事务所为依托，成立了13个家庭调解中心，1个法律援助服务站。受理各类妇女儿童维权信访案件，结案率达到95%以上。2007年以后，县妇联针对农村妇女的现状，创新“双学双比”活动，引深“巾帼科技致富工程”和“巾帼扶持工程”，建立健全科技培训网络、科技服务网络、合作经济网络、扶贫救助网络。至2009年，举办各种类型培训班10期，共培训人员2000人次。在农村妇女中，开展种植、养殖、创办龙头项目竞赛活动，建设“三八”绿色工程基地，有效地提高了妇女参与社会实践的能力。全县共有“妇字号”龙头企业5个，“三八”绿色基地10处，科技示范基地5处。涌现出女企业家、女经纪人500余人。配合农机中心、劳动局等部门不定期地为农村剩余妇女劳动力、城镇失业下岗妇女进行政策咨询，发布致富就业信息及科技服务指导，培训19期1206人，劳务输出980人次。受理妇女群众来信来访维权案件20多件，30多人次。与县文联共同开展“万名妇女健身”活动，参与妇女达2万人次。联合农业部门举办瓜果蔬菜种植、牲畜养殖等实用技术培训班3期，参训妇女300余人。

2010年，以贯彻“两法”“两纲”为主线，开展争创“零家庭暴力村”活动，切实维护妇女儿童的合法权益。全县评选表彰好媳妇、好婆婆100户，文明和谐家庭130个，平安家庭100户，慢性病综合防控示范家庭200户。实施“春蕾计划”，开展“恒爱行动”和“爱心助学”活动，成立社区家长学校80多所，充分发挥妇女“半边天”作用。2011年，开展“五五普法”宣传教育，通过普法宣传，提高妇女法制意识，推进防艾、禁毒、防邪、综治工作。全县各级妇女组织以“平安家庭”“无毒家庭”“零暴力家庭”为内容，进行创建活动。是年，表彰低碳绿色家庭200个，平安家庭100个，文明和谐家庭130个。同时建立了“巾帼文明岗”“妇女之家”“维权示范站”。2012年，组织全县妇女参与创建全国卫生县城。引导帮助妇女转变观念，创建现代化农业科技示范基地5个，女大学生创业实践基地2个，举办妇女创业培训班2期，参加人数300余人。推进“送温暖、献爱心”活动，为留守儿童、贫困儿童捐献学习用品书包125个，学生字典150本，各类儿童书籍1457册，价值3万余元。筹资2万多元，资助贫困学生50多人。

第六节　科学技术协会

1958年7月成立怀仁县科学技术协会。1964年12月同县科学技术委员会合署办公。“文化大革命”期间县科协停止活动，1980年9月恢复。1990年全县10个乡镇成立科普协会，162个村成立科普小组。

2003年，组织青少年积极参加第七届山西省青少年科技创新大赛，怀仁一中2名同学获二等奖，4名同学获三等奖。在“非典”期间，以“依靠科学，战胜非典”为主题，在全县农村、机关、中小学和厂矿企业发放科学防治“非典”资料1万份，宣传挂图6000多幅。2005年，在服务“三农”活动中，组织10名农技专家和100多名科技人员下乡到田间地头为农民服务，发放科普宣传资料26种6000余份，赠送科技图书1000余册，科技光盘162盘，举办各类科技培训班40多期，服务群众4.1万人次；为云中镇城内科学示范农场引进各类农作物新品种1000多个，完成国家、省、市、县试验示范项目1062项，推广繁育各种作物优种200万公斤。2007年，县科协与妇联、移动公司联合实施“山西省百万农民电脑科普培训工程”，组织山西大学商务学院48名大学生科普志愿者，分赴10个乡镇，110个行政村，利用116个免费网络文化站点，通过乡村集中培训、现场辅导等多种形式，培训农民5350名。2009年，县科协和县一中共同开展科技小论文、小发明、小制作和数理化实验操作等活动，经组织评审，评选出科技竞赛项目一等奖12件，二等奖23件，三等奖36件；优秀科技实践活动一等奖3件，二等奖9件，三等奖12件。

2011年，围绕“节约能源资源，保护生态环境，保障安全健康”这一主题，制作与群众生活、健康、安全等有关科普宣传展板，在各乡镇、村进行巡回展出，共展出各种科普展板36块。在全县建起科普惠农信息栏12个，定期更换科普挂图460套。为农民送去《养羊》《养猪》《奶牛科学饲养问答》《猪病虫害防治》等图书3000多本。组织开展“十乡百村万户科普行”和“百名科技人员进大棚”咨询服务活动，组织3支农村科普服务队，深入各乡镇、村，到田间，进大棚，入果园现场指导，当面咨询，累计达120场次，直接受益人数13200人次。2012年，聘请农业专家对农村基层干部和村民进行实用技术培训26期，培训人员2300人次。向农民赠送《农业实用技术千题解》《种植》《养殖》等科技图书2600多册。组织3支农村科普工作服务队到果园、进大棚，对农民进行现场指导和当面答疑解惑，获益村民达1.2万人。

第七节 残疾人联合会

1989年12月，成立怀仁县残疾人联合会。1995年5月，设残疾人劳动服务所。1998年7月，10个乡镇全部成立残疾人联合会，并设专职理事长。2012年成立公益自愿者协会。

2003年，全县有残疾人9153人。其中农村低保3433人，贫困残疾3264人，特困残废1017人。2005年，为残疾人发放钉鞋机100台，并进行技术培训，有3433名农村残疾人在年底全部享受低保。2007年，全县共有贫困残疾人8264人，为3433名特困残疾人进行建档并办理低保手续，有2631名残疾人得到不同程度的救助和照顾。其中农村残疾人1759人，发放补助金额2.29万元。教育部门为105名残疾学生减免学费3450元。工商、税务部门为自谋职业残疾人减免各种费用21万元。特教中心为10名残疾儿童减免学费1700元。2009年，全县10个乡镇、3个街道办事处均建立残联、残疾人服务站、助残志愿者联络站、社区服务站。全县3433名特困残疾人全部得到社会保障。完成360例白内障复明手术，免费为100名残疾人安装假肢，配备助听器、助行器。对2631名残疾人给予不同程度的救助和照顾。农村残疾人得到社会救助金额2.29万元。2010年，完成白内障手术370例，减免手术费28.5万元；为残疾人捐赠轮椅100辆，拐杖330根，腋杖100付，为特困残疾人安装假肢26例；为113户残疾人改造危房；为112名贫困残疾人发放机动车轮椅燃油补助4.48万元。发放残疾人证580本。

2011年，全县共有残疾人19560人，约占全县总人口的6.11%。其中肢体残疾8975人，视力残疾2139人，听力残疾3933人，精神残疾507人，智力残疾 1803 人，综合残疾 2163 人。2012 年发放轮椅 150 辆，助听器 109 台，其他辅助器材 2000 余件，免费做白内障手术 130 例，免费安装假肢 16 例。办残疾人证 1800 本。争取阳光家园计划项目 5.4 万元。为 119 名下肢残疾人员争取燃油补助 3 万元。为 130 名贫困精神病人争取资金 15 万元，用于服药和住院治疗。募捐 15 万元解决考入福建中医大学残疾户家庭的大学生何金荣入学 3 年的学费问题。为 16 户贫困残疾人进行家庭无障碍改造。培训残疾人康复协调员 160 人次，对 190 名残疾人进行职业技能培训。

第八节　文学艺术界联合会

1985 年 7 月成立怀仁县文学艺术界联合会，内设办公室、编辑部、创联部，下辖作家协会、书画摄影协会、音乐舞蹈协会。1990 年创刊《金沙滩》杂志，每年出 1–2 期。2001 年创刊《怀仁文艺报》，每年出 3 至 5 期。2003 年，全县文学创作者在市级以上报刊发表各类文学作品 50 多篇（首）。张献清的国画《金秋映月》入选中国书画报社举办的盛世国风 2003 中国书画年展，师玉堂创作的大型木雕釉彩作品《九龙壁》参加山西省首届民间工艺美术博览会，并被评为金奖。2005 年，有 20 名书画作者的作品参加朔州市国庆书画展。在朔同地区联合举办的“禹王杯”书法大赛中本县书法爱好者有 9 人入选参赛。完成《三晋石刻总目》（怀仁部分）的石刻收集整理工作，共收集编目碑刻 102 件，形成文字 30 万字，辑成《怀仁县石刻总目汇编》《怀仁县碑文辑录》。

2007 年，开通“怀仁文联在线”博客网站，本县 20 件书画作品入选朔州市广场文化节书画摄影作品展。有 10 名书画爱好者的作品入选“山西焦煤杯”全省反腐倡廉书画作品展。2008—2010 年，组织作品参加“金海洋”杯首届晋北地区书画大赛、首届“永乐宫全国书画大赛”、“山西省首届青年书协优秀会员作品展”、第二届“永乐宫全国书画大赛”、“朔州市建市 20 周年大型书画展”等。张献清的国画《山水》入选中央电视台书画频道主办的“龙荞杯”全国中国画四条屏艺术展并获优秀奖，其作品应邀参加加拿大中华文化研究会主办的第四届加拿大中华诗书画大展。2011 年，本县文学创作者在市级以上报刊杂志发表各类文学作品 148 篇（首）。有 6 名书画爱好者作品入选“太行书风”晋、冀、豫三省书法作品联展。有 2 名书画爱好者作品入选山西省青年书法家协会作品展。有 1 名书画爱好者作品入选“黄河魂 · 太行情”山西省书法美术作品展。2012 年，编辑出版《幸福怀仁之歌》《怀仁文化》。本县文学创作者在市级以上报刊发表各类文学作品 68 篇（首）。有 6 名摄影爱好者的作品参加山西省群众摄影作品展。歌颂怀仁这一方水土的歌曲《欢乐元宵节》《美丽怀仁我的家》制作完成，由电视台向全县播放。

第九节 红十字会

2011 年 5 月，怀仁县红十字学会正式挂牌。曾由县卫生局代管。分管副县长任县红十字会主任，副主任是县委任命的专职干部，属社会团体性质。工作职能是组织“三献”活动，即献血、献血干细胞、献人体器官，协助有关部门做好应急救援、救护和人道主义援助。

第十节 其他组织

造纸业行会 清朝光绪年间，怀仁县造纸业有 4 个厂家，各家选 1 人为代表组成行会。行会会长由资本雄厚，深孚众望者担任，每年公推 1 人担任，负责保护行业利益。每年农历三月十八日，这四家造纸行业在县城东关北阁龙王庙举行祭祀活动。

炭行 清朝末期，鹅毛口、吴家窑 2 个集镇设炭行，负责煤炭的管理销售和收税任务。

菜农行会 民国初期，县城设菜农行会，由种菜的农民公推 1 人为会长，各家摊钱解决行会的支出费用。每年农历六月初六，在县城东关北阁龙王庙举行例会，为公众唱戏三天。

牙行会　牙子，相当于现代的经纪人。民国初期，县城设有牙行会，其中有粮牙、炭牙、牲畜牙，是专门协助买主和卖主交易而收取佣金的中介人。

商会　民国8年（1919）县城商民成立商会。“九一八”事变以后，为抵制日货，商会在“天兴厚”店专营国货，并采取降低商品价格和税率的办法抵制日货，还组织人员查封日货。民国26年（1937）日军入侵怀仁，商会自行解散。民国35年（1946）又成立怀仁县商会，张晋任会长，下设有文书、干事各1人。民国37年（1948年）5月，随着旧政权的瓦解而解体。

个体工商业劳动者协会　1983年2月成立。设在县工商局，宋培兴任会长，有委员11人。1985年，乡镇均成立工商业劳动者协会，全县共有会员5287人。县、乡（镇）两级协会负责领导会员遵纪守法、照章纳税。

消费者协会　1983年5月成立，设在县工商局。会长由工商局一名副职领导担任，会员吸纳社会各界人士参加，约20—30人。每届3—5年，由县工商局组织选举产生。至2012年底，会员发展到60余人。

贫下中农协会　1965年社会主义教育“四清”运动中，在各生产大队建立贫下中农协会，主要任务是协助社教干部在本大队“清政治、清经济、清组织、清思想”，并用忆苦思甜的方式，对干部、群众进行阶级教育。“文化大革命”中参与农村各项管理工作，成为生产大队领导班子中的主要成员。1975年9月，成立县贫下中农协会。1982年，农村地主、富农经落实政策全部摘帽后，该协会取消。

怀仁县党史研究会　1984年4月成立，旨在组织离退休老干部对本县党的历史进行资料征集和研究，共有会员11人。后并入党史研究室，隶属县委办公室管理。

怀仁县县志研究会　1984年3月成立，后与党史研究室合并，隶属县政府办公室管理。

怀仁县三晋文化研究会　2008年5月成立，会员以县政协文史资料委员会成员为主，吸收热心研究怀仁历史的社会人士参加。隶属县政协管理。

1992—2012年怀仁县社会团体成立情况一览表

表 21-1

名称	成立时间	负责人姓名	成员人数
关心下一代工作委员会	1992.7	苏世山 李耀章	26
老区建设促进会	1995.6	姚文明 苏世山	13
武术研究协会	2003.5	王云	5
女企业家协会	2003.7	丰新兰	6
老年体育协会	2001.5	刘浩禹 赵德礼	6
老龄人才交流中心	2006.3	王焕富 高玉仙	9
老年学会	2007.2	高玉仙	6
县域经济促进会	2008.5	王森	3
扶贫基金协会	2006.3	段汝成	3
蔬菜协会	2008.8	田平	5
陶瓷行业协会	2010.8	边明	10
肉羊养殖协会	2010.10	李宏发	10
林果协会	2011.4	朱玉罡	10
教育协会	2011.6	周志强	10
招商引资协会	2011.6	曹步清	10
文化艺术协会	2012.4	孟新平	10
文化协会	2012.4	池锐	10
城市管理协会	2012.7	段汝成	10
餐饮管理协会	2012.7	潘贵	12

第二十二编

公安 司法

第十二章

[illegible]安谷

第一章　社会治安综合治理

第一节　工作机构

1982 年，成立中共怀仁县委政法委员会。主要承担领导、组织、协调、指导、监督政法各部门和政法工作的职能，维护社会稳定。1991 年，成立怀仁县社会治安综合治理委员会办公室。13 个乡（镇）成立了以乡（镇）党委书记为首的社会治安综合治理委员会。配备了专抓社会治安综合治理的党委副书记，主要办理综治委交办的诸事项，负责组织、推动、领导、督促落实社会治安综合治理工作的各项任务、措施，向县综治委汇报工作；调查研究社会治安情况，向县综治委提出建议；组织、协调、督促、检查全县铁路护路联防工作。

第二节　综合治理

1982 年全县开始在重点村建立巡逻队，实行夜间巡逻。1985 年，重新调整了县乡社会治安综合治理领导组。全县共调整各级领导组 235 个，成员 986 人。开展遵纪守法光荣户评比活动，共评出光荣户 13118 户，占全县总户数的 30%。1986 年，整顿加强基层基础工作，建立起一支 2000 余人的基层综合治理队伍。在县城内试行“重点区设专职治安员，中心区实行户巷联防，单位加强保卫力量，派出所干警分片包干”的治安防范措施。1987 年，创办政法业务党校。采取“加强领导打主动战，齐抓共管打总体战，持之以恒打持久战”的方法，积极推动社会治安综合治理各项措施的落实。1988 年，督促帮助各乡镇和单位建立不同形式的治安责任制，落实专项承包。1989 年，建立和完善治安承包责任制，在全县自上而下推行县、乡、村三级治安承包责任制，签订《治安目标责任书》。是年，地委、行署把本县列入社会治安综合治理年内达“洪洞、义井”标准县之一。1990年，做好亚运会安全保卫工作。全县以“一城、二线、三沟、四界”为重点，即：县城，铁路、公路沿线，吴家窑、小峪、鹅毛口三条沟，怀仁县四周，落实打、防、建、教、管、改措施。推行农村、内部单位、城镇居民区和公共场所四种类型治安承包责任制。建有基层治保组织416个，其中治保会213个，调委会177个，治安队22个，经济民警队4个，拥有成员1600余人。1991年，开展两个“百日会战”。1993年，坚持“打防并举、标本兼治”的原则，在县城由城关镇党委、政府挂帅，城关镇派出所具体负责组织干警和治安员、巡逻队三支队伍，在繁华街道设立四个治安岗亭，划分五个警务区，依托岗亭三支队伍一起抓防范；在工矿企业集中的吴家窑、小峪、鹅毛口三个乡镇建立了镇、矿、村治安联防办公制度；在单位采取人防与物防相结合，教育和管理相结合的方法，落实“三道防线”（夜间双人值班、有巡逻人员、重要部位安装报警器），“四化措施”（门要铁皮化、窗要栏杆化、锁要保险化、墙要坚固化）。1994年，实施“13851”工程，即在三年内创建治安模范县城，三个治安模范乡镇，八个治安模范单位，五十个治安模范村，一万个治安模范户。

2002年，乡镇统一成立“一会两办一队”，农村统一设立“一组两会一队”，全部落实人员和制度，挂综治委、综治办和矛调办牌子。开展群防群治、地铁联防、警民联防、跨界联防、店铺联防。2003年，有巡逻队218支，1566名队员。建成安全文明小区49个，安全文明村122个。2004年，设立警务区49个，组建25支90人的110快速反应巡逻队。把110、120、119三台合一，成立统一的指挥中心。2005年，在主要街道、农贸市场安装了16个探头，实行24小时监控，投资300万元建设高清晰数字化监控中心，组建5支治安巡逻队。2006年，成立49个警务区，组建156支1600人的农村治安巡逻队，开展“十户五互”联户联防活动。组建50人的县城治安巡逻队，下设6个中队，配备2辆依维柯警车，2辆面包车、4辆警用摩托车。2007年，建成全县治安视频监控系统。2009年，成立县矛盾纠纷排查调处中心和组建乡镇综治中心。在县城主要道路、广场、居民区、复杂场所安装探头，配备显示屏，完善接处警系统、录音录时系统、综合显示系统、指挥调度系统和远程视频监控系统。

推行网格化管理理念，将全县划分为470格，撤销原有的三个街道办事处，重新将县城区域划分为15个社区居委会，162个网格，各社区居委会均制定了相应工作流程及各类工作职责，公开招聘400余名网格助管员参与社区服务工作。2012年，依托网格管理，在全县范围内推行实施“10406”项目工程，即构建社会矛盾化解体系，构建社会安全预防体系，构建社会服务保障体系，构建流动人口服务管理体系，构建重点人群社会帮教体系，构建社会治安防控体系，构建社会管理基层基础建设体系，构建互联网及新兴媒体管理体系，构建社会管理法制保障体系，构建网格化管理体系等为主的十大体系；40个建设项目；健全基层平安建设推进机制，健全基层综治组织机制，健全政法综治信息平台统揽机制，健全政法干警教育培训机制，健全政法综治和法制宣传教育机制等六大机制。

第三节　专项治理

严打整治　1985年，从重从快打击刑事犯罪活动，共破获现案和积案173起，抓获犯罪分子83人。1986年，组织开展“双打”斗争。1987年，先后组织反盗窃斗争，维护夏季治安秩序，打击偷税抗税斗争，打击流氓、卖淫、嫖客、拐卖妇女儿童斗争。1988年，开展“反盗窃、刹赌风、抓防范、保春耕”专项斗争和维护夏季治安秩序严打专项斗争。1989年，组织开展打击盗窃、破坏水电通讯设施专项斗争，保卫春耕生产；打击盗伐林木，春季集中打击，统一行动；打击流窜犯；打击拐卖妇女犯罪活动；打击、查禁、取缔“六害”等六次专项斗争。1990年，开展打击盗窃破坏农用“三项”设施斗争。1992年，开展“春季双打”“夏季严打”“冬季攻势”专项斗争，开展破案会战和抓逃犯会战。抓获各类违法犯罪分子169名，其中在逃犯28名。1994年，开展“反盗禁赌”、打击“车匪路霸”、整顿城镇社会治安秩序等区域性专项斗争和夏季严打、冬季严打、集中整治农村社会治安斗争。配合有关部门对废旧收购市场、医药市场、蔬菜批发市场和县城交通秩序进行整顿。1995年，开展春季严打，夏季“南征北战”和秋冬“严打整治”斗争。1996年，开展“严打整治”“集中追捕在逃犯”“打击车匪路霸”“打团扫恶集中行动”专项斗争。1997年，开展“打击车匪路霸和盗窃摩托车”“打击盗窃农村机电设施”“扫除黄赌毒”专项斗争。1998年，开展“打击车匪路霸”“百日大会战”专项斗争。2002年，开展打击盗窃、流氓恶势力、村霸、路霸犯罪活动。2003年，开展“打击盗抢机动车辆犯罪”“打击车匪路霸”“打击撬盗居民住宅犯罪”“打击两抢”专项斗争。对盗砍树木、破坏水机电设施和校园及周边环境进行清查整治。2004年，开展“打击盗抢机动车辆犯罪”“夏季严打”斗争。特别是侦破了“11·23特大抢劫案”“11·28”飞车抢夺案，受到省、市公安厅、局的通报表彰。2005年，开展“打击盗窃破坏农村水机电设施违法犯罪活动”“打击撬盗居民住宅犯罪活动”斗争。侦破“4·13”重特大盗割、破坏高低压输电线路案。2009年，开展严打整治百日攻坚战、打击“三电”、打拐、打击多发性侵财犯罪、打击电信诈骗、打击组织强迫妇女卖淫斗争。破获跨“两省三市”拐卖儿童案。开展网吧专项整治，防范打击涉枪涉爆专项行动。2010年，部署百日攻坚、县城治安整治防控、打击整治发票犯罪、扫黄打非、治爆缉枪专项斗争。2012年，开展“春雷行动”“三打两禁一整治”“民爆物品安全整治”“清网行动”“校园安全整治”专项行动。

普法宣传 1985年，全县组织起一支1105人的普法队伍，其中宣传员678人，报告员185人，专职宣传干部283人。全县开辟法制橱窗、黑板报专栏610块，6540期，出动宣传车流动展览两次，印发宣传资料13814份。11月，组织法制宣讲团巡回各乡镇和单位讲法，受众达1万人次。1986年，全县二分之一的科局级干部接受脱产培训，95%以上的干部参加“九法一条例”学习，工人、城镇居民和农民参加普法学习4万余人。160所中小学开设了法制教育和思想品德课。1987年，举办县级五套班子领导干部学法班一期，培训29人；副经理以上干部学法班一期，培训1600人；乡镇举办农村干部学法班30期，培训干部2200人；举办厂矿、企业干部学法班17期，培训干部1200人。组织两部宣传车到乡镇和厂矿巡回宣讲10天，举办广播、电视讲座200次，出黑板报、专栏、橱窗1000多期，购买各种法律书籍2000多册，全县受教育人数150000人。1989年，全县85%以上干部学完“十法一例”，领取了普法结业证书，并转入“十法六例”学习。1990年，建立县、乡两级普法领导小组，农村建立普法夜校，配备法制宣传员700名、报告员600名。1993年，开展以宪法为核心，专业法为重点的“二五”普法工作，印发宣传材料14000份，发放自编自印的《二十一个法律合订本》3000册，组织开展普法文艺巡回演出5场，出动宣传车30台次，举办法制报告会190场。1998年，举办3期企业法人经济法律知识培训班，2期妇女干部法律知识培训班，2次大型法律知识宣传活动，开展依法治理315510示范工程活动。

2003年，开展“非典”预防宣传。在县文化广场以“学习宣传宪法，推进民主法制建设”为主题开展“12·4”法制宣传；部分学校配备了法制副校长。2006年，开展送法上门活动，发放《普法手册》《公民道德规范》，为193所中小学校配备法制副校长，通过“小手拉大手，一生带一户”扩大宣传范围。2009年，共举办校园法制报告会269场，培训班45场次，法制征文4万多份，散发宣传单3万份。2010年，进行电视广播讲话27次，举办法制讲座35场，出法制专栏252期，制作横幅347条，设置法律咨询台62个，印发法制宣传材料6万份。2012年，以“法律六进”和“主题教育”实践活动为载体，组织专人坚持阵地前移，深入学校、矿区、商场、田间地头、企业等，送法上门，采取现场解答、咨询服务、散发法制宣传单等方式开展普法宣传教育。

第二章 公 安

第一节 治安管理

禁娼 民国 26 年（1937），日军侵占怀仁，随军带有娼妓，住在县城，给怀仁地方造成精神污染，淫乱之风,亦有效尤。虽无有妓院，但城乡出现了暗娼。1949 年后，取缔娼妓，嫖娼宿妓之风稍敛。1980 年后，县城内又有暗娼出现。1982 年，县公安局依法处理了卖淫窝点的首犯，对其他 10 余名男女分别给予行政拘留和警告的处罚。2003 年,处理卖淫、嫖娼案件 19 起，2009 年处理 18 起，2010 年处理 15 起，2012 年公安机关处理卖淫、嫖娼案件 14 起。

反动党团骨干登记 1951 年 5 月—8 月，县司法机关以重点登记、普遍审查为原则，对反动党团分子进行登记，共登记 2145 人，其中军队系统，团长以下班长以上 289 人，士兵 1223 人；政卫系统县级以下科员以上 303 人，一般职员 106 人，党团及其它组织成员 224 人。

取缔反动封建会道门 民国 37 年（1948）11 月，民主政府开始从思想上分化瓦解一贯道。次年 3 月始，对一贯道重点调查、收集资料，对个别事实明显的反动头目实行逮捕审讯，重点取缔，一般头目及道徒在群众大会上公开声明退道。1951 年 3 月取缔一贯道，捕获道首及道徒 203 人。9 名道首被判处死刑，26 名道首被判处有期徒刑，122 名道首、道徒受管制，教育后释放 50 人，3397 名道徒公开声明退道。同时，取缔佛教，捕获教长、教徒 13 人，登记的 76 名教徒退教。取缔家礼（清福道），捕获道首 3 名，49 名道徒退道。取缔青红帮，捕获道首 4 名，40 名道徒退道。1964 年，取缔洪福道，捕获道首数名，道徒均退道。

禁赌 民国年间，当局也曾下令禁赌。民国 12 年（1923），查获赌博犯

82人。次年，查获赌博犯99人。但屡禁不止，甚至抓、赌勾结，明禁暗窝，致使赌风难息。20世纪30年代，时有借庙会唱戏之机，开设赌场，聚众赌博。1949年后，人民政府以教育为主，加强管理。此后三十年，赌博之风基本禁绝。1980年后，赌风又起。赌具除骰子、宝盒、麻将、纸牌、扑克外，还有台球等。尤其是利用麻将搞赌博，更是风行。1982年，在严厉打击各种刑事犯罪斗争中，先后查出赌场20余家，参赌者300余人，均区别轻重给予经济罚款和刑事处理。赌风稍有收敛，但未能根绝。1985年查获重大赌博案3起，参赌者100余人，麻将赌博仍屡见不鲜。1986年抓赌21场，没收赌资4万余元。1997年，查封取缔带有赌博性质的电子游戏厅9家。1999年查封取缔带有赌博性质电子游戏厅7家。2003年查封取缔9家，2009年查封取缔7家，2010年查封取缔6家，2012年查封取缔带有赌博性质的电子游戏厅5家。

禁毒 1994年，集中开展铲除罂粟的统一行动。全县共清查50多个村庄，160多户，铲除罂粟108565株，查获违法犯罪人员167名。2003年，抓获涉毒违法犯罪人员79名，其中刑事拘留32名，已劳教复吸人员2名，强制戒毒31名，行政拘留27名，发放禁毒宣传材料5100余份。2005年，打击处理涉毒违法犯罪人员59名。2006年，立毒品案件7起，破获6起，打击处理涉毒违法犯罪人员74名。2007年，开展禁毒预防、禁吸戒毒、堵源截流、禁毒严打、禁毒严管五项斗争，共立毒品案件11起，破获11起，抓获涉毒违法犯罪嫌疑人17名，刑事拘留16名，逮捕1人。2008年，强制戒毒115人。2009年，认真落实“四禁并举、堵源截流、严格执法、标本兼治”的禁毒方针，以收戒吸毒人员、查禁毒品为重点，坚决遏制毒品蔓延，共查破贩毒案件4起，刑事拘留5人，收戒吸毒人员103人，治安处罚29人，铲除罂粟810株，对73名吸食者予以强戒，对21名复吸者予以劳动教养。2012年，强制戒毒、社区戒毒109人。

第二节 户籍管理

1950年，怀仁县进行户口调查、登记，掌握重点人口动态。1952年，结合第一次人口普查工作，农村开始建立户口登记簿，对出生、死亡人员随时进行登记注册。1956年高级合作化后，各农业社普遍建立了户口登记簿，农村户口由农业社管理。1964年第二次人口普查后，农村户口分别由各所属公社管理，出生、死亡人员由生产队申报，公社随时注册登记，迁出、迁入人员均需经公社办理登记手续。城镇非农业人口的户口统一由城关派出所管理。1983年，各乡镇的户口均移交乡（镇）派出所统一管理。1989年至1992年5月底，全县共办理农转非户口776人。其中招工转户313人，随军家属转户211人，煤矿井下工家属转户135人，科技干部家属转户1人，民办教师转正转户50人，落实政策转户35人，地区奖励指标转户6人。1992年，按照省委文件规定，注销20户48人，交清罚款后，改办自理口粮户5户11人，保留城镇户口22户40人，收回罚款15.3万元。1994年，实施农村户口城市化管理的"七个一"工程，即一村一图（村政平面图）、一户一册（户口本）、一户一档、一户一相（全家照）、一院一号（门牌号）、一人一证（身份证）、一人一档（重点人口）。城关、小峪、吴家窑三镇还购置了微机，实现户口管理电脑化。2006年，全县人口信息系统建设基本完成。2009年，对"人在户不在""一人多户""错码错证"等问题进行整改，对漏登、漏报户口进行补录。开展"二代证"换发工作。2011年，本县有非农业人口99352人，农业人口187197人，迁入2671人，迁出1601人。

1975年，对全县外来人口进行全面普查，对其中身份不明的或盲流人口进行收容遣返。随着经济搞活，外来人口急剧增加。1984年春季始，县公安局实行暂住人口登记，暂住人口由所在地派出所办理登记手续。1985年，全县有暂住人口9041人（未办理临时户口的暂住人口未统计在内）。1986年，对11687名暂住人口实行临时户口登记。1987年，对137个包工队的暂住人口及13500名暂住人口的临时户口进行专人登记管理。1996年建立暂住人口档案。2009年登记暂住、流动人口2.1万人（次），发放暂住证7700本，全部录入微机管理。2012年，设立15个流动人口服务管理工作站，先后发放流动人口服务管理信息卡6万余份，完成网上录入23182份。

第三节 刑事侦查

1984年，发生刑事案件50起。1985年，发生刑事案件40起，抓获犯罪分子83人，破获各类刑事案件158起。其中破现案30起，破积案128起，是往年破案的3倍，特别是挖出一个15人参加，隐藏6年之久的重大盗枪、持枪抢劫集团。1986年，发生刑事案件68起，抓获各类刑事犯罪分子92人，打掉犯罪团伙15个。1987年，发生各类刑事案件47起，破获刑事案件41起，破获重大案件19起，抓获各类犯罪分子134人，摧毁犯罪团伙9个，涉及犯罪成员48人。1989年，发生各类刑事案件73起，破获61起，抓获各类违法犯罪分子214人，打掉违法犯罪团伙14个。

1991年，破获各类刑事案件104起，抓获在逃犯19人，协助外地公安机关破获刑事案件16起，其中重大案件7起，共缴获赃款11.2万元。1992年，破获各类刑事案件66起，其中重特大案件40起，打掉犯罪团伙28个，涉及成员128人。破获积案48起，协外破案16起。1993年，发生刑事案件65起，破案49起，其中重大案件发生43起，破获积案36起，协助外地公安机关破获刑事案件28起。1994年，破获各类刑事案件125起，破获积、漏、隐患案62起，协助外地公安机关破案58起。1995年，破获各类刑事案件260起，其中破积案65起，协助外地公安机关破案47起。1996年，破获各类刑事案件264起，其中现案139起，破获大要案件98起，破历年积、隐、漏案件97起，协助外地公安机关破案28起，抓捕各类犯罪嫌疑人424人，打掉各类犯罪团伙35个，涉及成员249人。1997年，破获各类刑事案件84起，其中破重特大案件43起，打掉各类犯罪团伙10个，涉及成员58人，侦破积案47起。1999年，破获各类刑事案件68起，重特大案件34起，打掉各类犯罪团伙13个，涉及成员44人。

2000年，破获各类刑事案件86起，其中破重特大案件57起，打掉各类犯罪团伙11个，涉及成员56人。2002年，发生刑事案件89起，破获刑事案件75起，其中破获重特大刑事案件15起，打掉各类团伙6个，抓获各类犯罪嫌疑人132人，其中追捕在逃犯26人。2004年，破获各类刑事案件352起，其中重特大刑事案件75起，命案5起全部破获，抓捕各类犯罪嫌疑人177人，其中抓获在逃犯87人，网上逃犯22人。2005年，破获各类刑事案件393起，破获重特大案件86起，打掉犯罪团伙11个，抓获各类犯罪嫌疑人292人，刑拘283人。2006年，破获各类刑事案件217起，抓获犯罪嫌疑人279人，刑事拘留252人，缴获赃款、赃物总额达50多万元，打掉犯罪团伙10个，涉及成员47人，抓获在逃犯38人。2007年，破获各类刑事案件334起，抓获犯罪嫌疑人342人，刑事拘留305人，打掉犯罪团伙13个，涉及成员67人，抓获52人。2008年，破获各类刑事案件287起，刑事拘留246人，侦破命案4起，抓获网上逃犯117人。2009年，侦破刑事案件612起，刑事拘留319人，执行逮捕258人，抓获逃犯118人，劳动教养13人。

2010年，侦破各类刑事案件457起，其中侦破命案9起，刑事拘留329人，抓获逃犯112人，发生命案7起，侦破9起，其中侦破积案2起，侦破“两抢一盗”案件101起，打掉团伙12个。2012年，侦破各类刑事案件586起，其中侦破命案11起，打掉恶势力团伙2个，抓获涉案成员11人，打掉“两抢一盗”团伙12个，刑事拘留258人，抓获逃犯130人，劳动教养16人，清网行动中抓获逃犯77人。

第四节 经济侦查

2000年9月公安局成立经侦大队，针对经济领域的违法犯罪行为进行打击。当年立案1起，破案1起。开展打击假发票、传销、假币专项行动，破获一起串通投标案。2001年，立案1起，破案1起。开展打击假银行卡、假冒伪劣、商业贿赂等行动。2002年，立案5起，破案1起。开展打击假发票、假银行卡、假币专项行动。2003年，立案4起，破案3起。开展打击传销、逃税、假银行卡专项行动。2004年，立案9起，破案4起。开展打击假发票、假冒农资、假币专项行动。2005年，立案7起，破案6起。开展打击假发票、传销、逃税专项行动。2006年，立案8起，破案5起。开展打击假发票、逃税、制售假冒伪劣商品专项行动。2007 年，立案 5 起，破案 3 起。开展打击假银行卡、传销、网络侵权盗版专项行动。2008 年，立案 5 起，破案 3 起。开展打击假发票、传销、商业贿赂专项行动。2009 年，立案 19 起，破案 17 起。开展打击假币、逃税、商业贿赂专项行动。

2010 年，立案 20 起，破案 12 起。破获煤焦、建筑领域经济犯罪 4 起，侦破假发票案件 2 起，查获假发票 34400 张，侦破诈骗案件 6 起，共查处犯罪嫌疑人 15 名。开展 5 项专项行动：打击涉众型经济犯罪专项行动、打击假银行卡犯罪“天网”专项行动、打击侵犯知识产权和制售伪劣商品犯罪“亮剑”行动、打击假发票专项行动和打击假币专项行动。2011 年，立案 17 起，破案 13 起。2012 年开展打击涉众型经济犯罪、打击假银行卡犯罪“天网”专项行动、打击制售假冒伪劣食品药品犯罪“亮剑”专项行动、打击假发票专项行动、“清网”专项行动和打击非法集资专项行动。

第五节 消防

1983 年 1 月，公安局始设消防股，下设消防中队 1 个。承担全县的消防工作。1992 年 12 月，怀仁县消防大队经武警山西省总队消防局委员会批准，归属于朔州市消防支队领导。1993 年，集中警力对全县的商业网点进行了一次突击检查。国庆期间，针对施工单位普遍放假，容易忽视防火安全的特点，对全县各单位的基建现场进行了一次安全检查。1994 年，对县城区的消防水源及消防通道进行专项治理，对全县的消防器材维修企业及个体摊点进行清理整顿。1997 年，消防大队向社会公开实行服务承诺，服务承诺的内容涉及火灾接警出动、文明灭火、防火检查、建筑工程审核、易燃易爆化学物品管理、部队管理等。1998 年 3 月，怀仁县消防大队成立党总支。1999 年，开展百日消防安全大检查。2000 年，县消防中队购置 1 辆重型水罐消防车。启用新版“火灾及灭火救援信息管理系统”。2001 年，县消防中队成功处置一起二硫化碳泄漏火灾事故。2004 年 9 月，成功解救三名落水儿童，受到支队集体嘉奖。2006 年 1 月，筹备新建消防站，购入消防车两辆，支队配发抢险救援车1辆。2009年，县消防大队全体官兵备战新中国成立六十周年安保，检查消防重点单位273家次，督促整改隐患539处。2010年，落实公安部构筑全社会消防安全“防火墙”工程，开展校园消防安全大检查，督促整改火灾隐患170个，举办消防宣教、灭火演练活动11场次，所有学校落实了监督员包片制度。2012年，开展为期五个月的“清剿火患”战役。

第六节 交通管理

1950—1978年，公安部门配合公路管理部门，依照交通管理规定及有关条例，对公路、护路树木、公路用地；公路附属建筑物桥涵、标志、里程碑等实行保护管理。清除公路上有碍行车安全的堆积物及公路两侧违章建筑，保证公路畅通。1979年12月，建立怀仁交通监理站，初建时有5人，同怀仁公路管理段合署办公。1981年分出，改称怀仁汽车监理分所。交通监理站建立后，严格执行车辆登记、报户、转户手续，核发行车证。

1964年后，整修公路标号志，在主要交通要道口增设标志。1978年，在公路沿线安设宣传标语牌，以提醒过往车辆，自觉遵守交通规则。1981年制定了县城交通规则，并在县城主要道路，如建设路、体育街等安设交通岗楼，严禁大型卡车在主要街道上行驶。1983年起，每逢春运和秋收季节，县政府组织交通、公安等有关部门，出动宣传车辆，宣传交通规则，县城主要街道悬挂长期性过路标语，禁止在公路上打场、晒粮、堆积杂物等。交通监理人员及养路工亦在公路上流动检查，对违章者进行批评教育，严重者给以罚款或拘留处分，确保公路畅通。

1987年7月，怀仁县公安交通警察大队正式挂牌成立。9月，大队正式实行事故押款财务统一管理制度。11月23日，经县委组织部批准，设立交警大队党支部，在局党委直接领导下工作。1989年9月，对“三无”车辆（无牌、无证、无照）进行集中整治。

1990年1月，在208线里八庄段设第一个交警基层执勤、报警点，把管理与服务向基层推进。1991年7月26日，按照省公安厅和省编委《关于各级公安机关交通警察队更改名称的通知》，正式更名为怀仁县公安局交通警察大队。1995 年 12 月，大队在县城摆放隔离墩 1400 多米，并投资 12 万元增设护栏 210 米。1996 年 4 月，朔州市公安局学济南交警经验交流现场会在大队召开。同年 11 月，大队被省公安厅评为全省学济南交警“三基”工作先进集体。1998 年 12 月，集中开展打击走私、盗窃、抢劫机动车犯罪集中统一行动。

2001 年 4 月，开展治理超载的违法行为。2005 年 4 月，交警监控指挥中心大楼举行奠基仪式。7 月，启用新版“道路交通违法管理信息系统”，罚缴分离机制开始运转，车辆违法信息大联网。两台太阳能移动红、绿信号灯亮相街头。2009 年，以县城、城郊和农村地区道路为重点，进一步引深“五整顿、三加强”和“一降两保”工作，严厉打击无牌无证、假牌假证、套牌挪号等“黑车”非法上路等行为，先后对 25 个危险路段、事故隐患路段进行排查，对县城交通秩序进行整治，破获交通肇事案 11 起，抓获交通肇事逃逸犯罪嫌疑人 3 人。2010 年，推进交通安全宣传、路面执法管控、违章查究和隐患排查，严厉查处超速行驶、车辆超员、无牌无证、报废车辆上路、违章停放等违法行为。2012 年，查处无证驾驶和醉酒驾驶 59 起，收缴假牌套牌 49 副，假证 123 本，查扣无牌无证、假牌假证、挪套号牌、遮挡号牌车辆 359 台次，纠正各类违章 458 次，查处超员、违停等客车 390 辆，查处超速、安全设施不全等货车 6099 起，查纠行人、非机动车违法行为 5 万余起，查获被盗汽车 7 辆、被盗摩托车 6 辆。

第三章 检 察

第一节 刑事检察

1981—1985 年，受理公安机关提请逮捕案件 403 件 601 人，审查批准逮捕366件539人。1986—1989年，受理公安机关提请逮捕案件145件231人，批准逮捕140件218人；受理公安机关移送起诉案件162件253人，向法院提起公诉123件193人，依法向雁北检察院移送审查起诉6件12人。1990年6月，刑事检察科分为刑事侦查检察科和刑事审判检察科。1990—1992年，受理公安机关提请逮捕案件137件340人，批准逮捕130件315人；受理公安机关移送审查起诉案件164件310人，向法院提起公诉111件194人，移送雁北检察院审查起诉11件60人。1993年，受理公安机关提请逮捕案件55件131人，批准逮捕50件133人；受理公安机关移送审查起诉案件54件90人，向法院提起公诉40件59人。1994—1996年，县检察院组织专门力量，对涉及盗墓、拐卖妇女儿童的案件不纠缠细枝末节，快捕快诉，一个由100多名人犯组成的犯罪团伙被挖出，受到了法律的严惩。1996年4月，开展“打团扫恶”专项斗争，至1998年5月，共打击各类刑事犯罪团伙30个，依法批准逮捕严重刑事犯罪嫌疑人109人，极大地震慑了团伙犯罪和恶势力犯罪。1999—2002年，受理公安机关提请批准逮捕案件238件510人，批准逮捕234件501人；受理公安机关移送审查起诉案件307件507人，向法院提起公诉282件477人，向朔州市检察院移送重大刑事案件20件51人。2003—2006年，共受理公安机关提请批准逮捕案件299件561人，批准逮捕287件259人。受理公安机关移送审查起诉案件434件652人，向法院提起公诉377件527人。2007—2012年，受理公安机关提请批准逮捕案件731件891人，批准逮捕708件878人；受理公安机关移送审查起诉956件1361人，向法院提起公诉867件1132人。

第二节 反贪污贿赂

1982年起，检察院对贪污、贿赂、重大责任事故等案件，直接进行侦查起诉，至1985年共办理38件39人，为国家挽回经济损失12.6万元。1986年至1995年7月，经济检察科共办理贪污、挪用等犯罪案件70余件。1995年7月，反贪污贿赂局挂牌成立。截至2000年，办理贪污贿赂案件

108件，其中大要案占60%，科级干部50多人，为国家挽回经济损失600多万元。2001—2009年，办理贪污贿赂案件85件，其中大要案占53%，科级干部涉罪案件37件，通过办案为国家挽回经济损失1500多万元。2009—2012年，办理贪污贿赂案件26件，其中科级干部犯罪案件17件，大案占60%，办理涉农领域职务犯罪9件10人。

第三节 控告申诉

1995年，成立控告申诉检察科，受理群众来信、接待群众来访、化解各种矛盾纠纷。1995—2004年，受理来信来访279件，接待来访群众550人。2004年4、5月间，针对群众反映强烈的农村财务管理混乱的问题，县检察院派人深入农村调查研究，提出有关检察建议，并在党报上发表《农村财务管理混乱的原因分析》一文，引起市县有关部门的重视。2005—2007年，受理来信来访126件，接待来访群众214人。2008年，由县检察院牵头，各乡镇综治办负责，在全县范围内建立信访联络点，聘请162名信访联络员，形成县、乡、村三级信访网络。是年，受理来信来访45件，其中处理告急访5件，集体访2件，接待来访群众80人。2009—2012年，受理来信来访105件，接待来访群众186人。2010年，建立了“疑难信访会诊”“点名接访”等制度，畅通了信访渠道，方便了群众信访。

第四节 监所检察

1980年，县检察院设立监所检察科，同时在县看守所进行派驻检察，行使监管场所和刑罚执行过程中职务犯罪的侦查权，对监管活动和刑罚执行是否合法进行监督。1992年8月，县检察院配合县看守所、武警中队开展打击“牢头狱霸”专项行动，狠狠打击了看守所内牢头狱霸等影响监区稳定的突出问题，保障了在押人员的合法权益。2003年9月，清理看守所长期以来的超期羁押问题，首次实现超期羁押“零”记录。2007年9月，开展核查纠正监外执行罪犯脱管、漏管专项行动，建议法院对18名脱管罪犯依法予以收监。2010年，大力加强监所检察信息化建设，到年底，实现驻所检察与看守所信息系统联网。2012年10月，在云中镇成立社区矫正检察联络室，加强与云中镇社区服务中心的联系，对社区矫正各项工作进行全面监督。

第五节 民事行政检察

1995年8月，县检察院设立民事行政检察科，正式受理民事行政案件。2003年11月，县检察院代表国家提起首起公益诉讼案，对金沙滩镇政府擅自处置国有资产案提起公诉，怀仁县人民法院一审判决金沙滩镇政府与他人签订的房地产买卖合同无效。2008年，配合新《劳动合同法》的实施，与工商、劳动等部门联合开展劳动执法专项检查，为农民工追讨回欠薪76万元，并帮助30位川籍农民工返乡参加抗震救灾。2009年，在云中镇等乡镇建立民事行政检察联络点，延伸民事行政检察职能。编印《惠民政策100问》，并深入有关村、镇散发该书1000多册。2012年，深入县信用联社对不良贷款进行摸底，对贷款金额大、有偿还能力的，督促信用联社起诉5件，保护了集体资产安全。

第六节 预防职务犯罪

2003年12月，怀仁县预防职务犯罪领导组成立，领导组办公室设在检察院反贪局。检察院立足检察职能，有效开展预防职务犯罪工作，共建立预防联络点50个，聘任预防工作联络员50多名。在县委党校、朔州煤电公司等地设立警示教育基地20多个，开展预防职务犯罪讲座40多次。2007年12月，开通预防职务犯罪工作网站。2009年12月，邀请预防工作成员单位负责人召开全县预防职务犯罪座谈会，并举办了预防职务犯罪专场晚会。2010年12月，在县文化活动中心成功举办全县预防职务犯罪书画展。2012

年，举办预防职务犯罪展览10多次，开展预防调查并提出预防建议200多次，开展行贿犯罪档案查询工作，提供查询100多人次。

第七节 反渎职侵权

2002年8月，检察院法纪检察科更名为渎职侵权检察科，2006年10月，撤销渎职侵权检察科，成立反渎职侵权检察局。

1986—2001年，共立案侦查玩忽职守、徇私舞弊等渎职侵权案件78件89人。1992年3月7日，县文化馆展览厅发生重大火灾事故，六万元公私财产化为灰烬。县检察院法纪检察科对该案立案侦查，是年10月移送起诉。1995年4月6日，朔州市小峪煤矿第二小学发生特大火灾事故，烧死29名学生、重伤1人，县检察院立即对事故原因进行调查，对直接责任人依法逮捕并提起公诉。2002—2011年，立案侦查玩忽职守等渎职侵权案件36件41人。2012年3月，在县会议中心举办“全国检察机关惩治和预防渎职侵权犯罪展览怀仁巡展”活动，全县县直机关干部、各乡镇干部共计300多人参观了展览。

第四章 审 判

1949年10月前的案件审判，由知县亲审，虽依法按律，实为县官一言断案。1949年10月后，案件由审判长1人、审判员1至2人，按照程序进行初审，再由县委书记、县长、公安局长、法院院长、武装部长及人民代表等人组成的裁判研究委员会作最后审定。

1955年起，实行人民陪审员制度，同审判长1人、审判员数人组成合议庭，按照法律程序进行公开审判。全县民主选举人民陪审员170人。1968年中止。

1973年起，审判是由审判长1人、审判员1至2人、助理审判员1至2

人、书记员 1 至 2 人组成办案小组，进行审理。1980 年恢复人民陪审员制度，同审判长、审判员组成合议庭公开审判。

第一节 刑事审判

1950 年，综合审判庭审结一审刑事案件 486 件，其中毒犯案件 202 件，占 41%，审结后上诉案 19 件，占 3.9%。1951 年底，对 659 名反革命罪犯进行审判，判处死刑 54 人，死缓 3 人，有期徒刑 99 人。1960—1965 年一审审结刑事案件 318 件。1973 年分设刑事审判庭。1975—1985 年（不含 1976 年和 1984 年），一审审结刑事案件 369 案 532 人。1986—1990 年，受理并审结刑事案件 172 案 283 人。1991—1995 年，受理并审结刑事案件 222 案 389 人。1996—2000 年，受理并审结刑事案件 265 案 411 人。2001 年—2005 年，受理并审结刑事案件 448 案 650 人。2006—2010 年，受理并审结刑事案件 760 案 1060 人。2012 年受理并审结刑事案件 200 案 271 人。

第二节 民商事审判

1950 年起，民商事案件由综合审判庭审理。是年审结一审民事案件 537 件，其中审结婚姻案件 366 件，占民事案件的 68.2%。1959 年至 1965 年，审结一审民事案件 1139 件，其中婚姻案件 1011 件，占民事案件的 88.8%。1973 年设立民事审判庭。1975 年至 1985 年，审结一审民事案件 865 件，其中婚姻案件 342 件，占审结民事案件的 39.5%。1980 年后，随着国家经济政策的开放、搞活，各行各业的经济交往日益增多，彼此签订的经济合同大量增加。为及时、妥善解决经济交往中的各类经济纠纷案件，1982 年，县人民法院成立经济审判庭，开展经济审判工作。1983 年至 1985 年，共收受经济案 134 案，结办一审经济案件 129 件，占受理总数的 96.2%。其中，调解结案的 105 件，占结办一审经济案的 81%。

1986—2012年怀仁县民商事案件审判情况一览表

表22-1

年份	受理民商事案件（件）	审结（件）	结案率（%）	受理民事案件（件）	审结（件）	结案率（%）	受理经济案件（件）	审结（件）	结案率（%）	诉讼标的（万元）
1986	270	237	87.8	166	144	92.8	104	83	79.8	
1987	214	207	96.3	147	146	99.4	48	41	88	
1988	204	199	97.4	111	111	100	93	88	94.6	
1989	238	227	94.4	133	131	98.4	104	94	91.4	248.47
1990	188	184	98.4	129	128	99.2	49	47	96.6	164.46
1991	339	330	97.3	149	146	98	180	174	97	396
1992	282	269	94.4	136	129	94	146	140	94.9	661
1993	373	326	87.4	266	243	94	107	73	68	4498.9
1994	346	321	90.2	271	244	90	84	77	91	2478.73
1994	336	321	94.4	237	226	94.3	99	94	96	400
1996	473	446	97	344	344	96.9	218	212	97.2	
1997	494	473	94.7	402	384	94.4	92	89	96.7	
1998	423	407	96.2	349	346	96.4	64	61	94.3	488.24
1999	482	473	98.1	418	411	98.3	64	62	96.9	1018.37
2000	443	440	97.1	384	374	97.1	68	66	97	1016
2001	614	491	96.1	471	449	94.3	144	142	98.6	823
2002	461	443	98							1008
2003	309	299	97							140
2004	399	391	98	296	289	98	103	102	99	980
2004	322	314	98							1072
2006	344	337	98							1231
2007	439	421	96							1486
2008	346	342	96							2341
2009	391	374	96							2400
2010	421	411	97.6							2400
2011	633	621	98							2700
2012	647	648	98.6							3200

第三节 行政审判

1987 年 10 月，怀仁县人民法院增设行政审判庭，审判第一审行政案件；审查行政机关申请强制执行案件；办理行政赔偿案件；办理其他行政审判工作事宜；办理行政赔偿委员会受理的国家赔偿案件；执行赔偿委员会决定事项；办理其他赔偿工作事宜。

1989—2012 年怀仁县行政案件审判情况一览表

表 22-2

年份	受理案件（件）	审结（件）	年份	受理案件（件）	审结（件）
1989	14	14	2002	6	6
1991	3	3	2003	6	6
1994	1	1	2005	2	2
1995	3	3	2006	2	2
1996	1	1	2007	1	1
1997	2	2	2008	2	2
1998	1	1	2009	3	3
1999	6	6	2011	6	6
2000	4	4	2012	1	1
2001	6	6			

第四节 案件执行

1991 年，怀仁县人民法院成立执行庭，2003 年改为执行局，主要承担民事案件、刑事附带民事案件、非诉行政案件的执行。

第五节 审判监督

1973 年始，县法院对 1949 年以来经法院审判判刑、判管涉及到的有关历史案件和其它刑事案件进行复查，纠正冤、假、错案。至 1985 年，共复查处理申诉案件174案200人。其中反革命案81案81人，起义投诚案30案30人，普通刑事案63案89人。均作了平反纠正。

1987年，复查处理历史案件12案37人，复查处理刑事申诉案件10案18人。1988年，复查处理申诉案件11案32人。1989年，复查处理刑事申诉案件18案24人。1990年，复查处理刑事申诉案件8案10人。1992年，复查刑事申诉案件1件。2005年，查处刑事申诉案件1案1人。2007年，查处刑事申诉案件1案1人。

1991—2012年怀仁县执行案件情况一览表

表22-3

年份	受理执行案件（件）	执结（件）	执结率（%）	非诉行政执行案件（件）
1991	36	33	94	15
1992	64	59	93.1	8
1993	95	82	86.3	
1994	51	48	94	53
1995	75	63	84	10
1996	410	389	94.9	42
1997	385	359	93.2	54
1998				8
1999	166	150	90.3	6
2000	189	183	96.8	
200 1	186	179	96.2	58
2002	213	204	95.6	45
2003	37	34	92	3
2004	51	47	93	450
2005	51	50	98	85
2006	76	72	95	43
2007	76	73	96	40
2008	58	56	96	38
2009	51	50	98	4
2010	62	61	98.8	31
2011	95	91	96	
2012	89	85	95.5	

第五章 司 法

第一节 司法机构

清代，知县总理县政，亲视司法，设有快、壮、皂三班。

民国肇始，县设司法科、民刑科，置红笔师爷，专事案件审理和社会治安管理。民国6年（1917）改为承审科和承政科。民国19年（1930）改为警察署。民国35年（1946）分设公安局和警察局，民国37年（1948）5月，随着旧政权的崩溃而瓦解。

民国29年（1940），县抗日民主政府成立公安局，有局长1人，不久撤销。民国34年（1945），重新成立公安局。次年，公安局内设侦察、预审、秘书3股和看守所、公安队。民国36年（1947）在吴家窑、城关设立派出所。

1949年设司法科。1950年7月改司法科为人民法院，下设综合审判庭。同时成立怀仁县裁判研究委员会，负责对法院审判的案件进行最终审定。1953年，法院内增设人民接待室，解决人民群众来信来访的问题。

1954年，设立人民检察院，有检察长1人，书记员数人，开展案件侦察、审判等监督工作。从此，公、检、法三家自成体系，互相配合，互相监督，各司其职。

1967年3月23日，“文化大革命”中的“造反派”夺了公、检、法的权，成立了“无产阶级专政委员会”。同年8月，改为中国人民解放军怀仁县军事管制小组，下设办公室和侦察、治安、审判3个组。1969年10月改为保卫组。

1973年10月，撤销保卫组，恢复人民法院和公安局。1978年恢复人民检察院。1981年7月成立怀仁县司法局。1985年，公安局内设办公室、政保股、治安股、预审股、消防股、内保股、看守所和县中队等机构，在13个乡镇设有派出所。检察院设有办公室和刑事、经济、法纪、监所5个科（室）。

法院设有办公室、刑事审判庭、民事审判庭、经济审判庭。在海北头、金沙滩、新家园、城关、毛皂5个乡（镇）设立法庭。司法局下设有法律顾问处和公证处，13个乡镇均配备了专职司法助理员1人。自此，公、检、法、司机构基本建立健全。

2012年，公安局内设机构12个，分别是：指挥中心、政工监督室、法制科、刑警大队、巡警大队、治安大队、经侦大队、国保大队、禁毒大队、看守所、拘留所、交通警察大队。基层派出所15个：云东派出所、云中派出所、云西派出所、鹅毛口派出所、何家堡派出所、小峪派出所、吴家窑派出所、金沙滩派出所、新家园派出所、亲和派出所、海北头派出所、河头派出所、马辛庄派出所、毛皂派出所、里八庄派出所。

检察院内设机构13个，分别是：办公室、政工科、反贪污贿赂局、反渎职侵权局、侦查监督科、公诉科、控告申诉检察科、民事行政检察科、监所检察科、技术室、云中镇检察室、法警队、案件管理中心。

法院内设机构14个，分别是：立案庭、刑事审判庭、民事审判一庭、民事审判二庭、民事审判三庭、行政审判庭、审判监督庭、执行局、执行一庭、执行二庭、司法警察大队、研究室、办公室、政治处。派驻法庭4个，分别是：金沙滩人民法庭、海北头人民法庭、新家园人民法庭、毛皂人民法庭

司法局内设股室4个，分别是：办公室、宣传教育股、基层工作股、公证处；事业单位2个，分别是：法律援助中心、律师事务所；乡镇司法所10个，分别是：云中司法所、何家堡司法所、海北头司法所、亲和司法所、金沙滩司法所、吴家窑司法所、毛皂司法所、河头司法所、新家园司法所、马辛庄司法所。

第二节 法制教育

1982年，在县内各中等学校开设了每周1到2个课时的法律常识课。1983年7月，编印《新〈宪法〉是治国安邦的总章程》《我国公民的基本权利和基本义务》等26种，4.3万份专题宣传材料，组织10名宣传骨干，

深入农村、厂矿、学校宣讲《宪法》。同时，选择21个典型案例，绘制图片展览，流动展出宣传，受教育人数达6万人。是年，公安局收到80多条检举揭发材料和线索，有9名刑事犯罪分子主动投案自首。群众见义勇为，当场抓获24名犯罪分子。

1984年12月，成立县普及法律常识领导组，培训配备法制宣传员521人，法制报告员85人。组成5个法制宣讲团，深入基层宣讲，受教育人数1万人次。结合法制宣传，全县城乡普遍开展评选遵纪守法光荣户活动，共评选出13118户遵纪守法光荣户。1985年，各乡、村成立普法领导小组121个，配备法制宣传员637人、报告员185人。138所小学在思想品德课中，增加了法制启蒙教育。

1981—1985年，在开展法制宣传中，共印发各种法制宣传资料70785份，举办专题法制讲座4312次，刊出法制宣传专栏、板报8612期，宣传橱窗174期，举办法律知识报告会286场，办图片展览26次，解答法律咨询1137人次，订阅法制报刊3546份，购买法律书籍31500册。全县11万有接受教育能力的公民普遍受到了法制教育。

1991年5月，县司法局组织三个法律宣传小组，深入各乡镇、街道宣传“二五”普法重要意义、指导思想、主要目标和工作原则。共发放宣传资料20000多份。1992年初，县政府与各乡镇签订普法责任书，明确普法职责。6月21—25日，在芦子沟煤矿进行普法骨干培训班，对全县218名普法骨干进行上岗培训并颁发了普法合格证。1993年7月，对全县统计人员进行为期3天的《统计法》培训。9月，对全县187名中小学正副校长进行法制培训。“二五”普法期间，受教育12万人次，重点学习宣传《宪法》《民法》等16部法律。1996年4月制定“三五”普法宣传规划和年度计划。1997年，举办38期法制宣传班，受教育人数达到40000余人。1998年，县司法局成立法律顾问团，参加企改。公证处为改制企业起草章程56份，公证83份。

2000年，全县干部职工参加全市组织的“三五”普法验收考试。“三五”普法期间，全县培养普法骨干3100名。2001年，县委、县政府制定“四五”普法规划，县人大作出关于加强普法宣传的决定。普法规划包括全民法律意识向法律素质转变，行政手段管理向法律手段管理转变等内容。2003年，县司法局组织普法讲师团深入乡镇、学校发放宣传书籍3000余本。2004年，对科级以上干部分三期进行《行政许可法》培训，受训人数达1100余名。12月4日，在文化广场进行大规模法制宣传活动，发放宣传资料40000余份，解答群众法律咨询240人次。2005年，举办县处级法制宣传讲座一期、公务员培训班三期，重点学习《公务员法》《行政许可法》《国家赔偿法》等法律。12·4法制宣传活动中，共发放宣传资料113000份，解答法律咨询380人次。是年，全县2700名公职人员参加全市“四五”普法知识考试，2690人领取普法合格证。

2006年5月，县委、县政府在会议中心启动“五五”普法行动，县政府和十个乡镇签订普法责任状。7月，县法律援助中心在下寨劳教所成立援助站。9月，在县六中举行“远离毒品、网吧”法律知识讲座。2008年3月，县司法局、县依法治县领导组办公室组织三个法律宣传小组，分别深入芦子沟煤业、峙峰山煤业、砂石矿、柴沟矿、一中、七中、七小、峪宏中学等单位进行法律知识宣传讲课，深受群众欢迎。2009年，司法局法律宣传小组和县煤管局在芦子沟矿、柴沟矿、峙峰山煤业、砂石矿，结合煤矿开展的安全培训进行法律知识培训。8月，县依法治县领导组对南窑煤站、南晏庄村、十一中、县烟草专卖局、环保局等单位进行“五五”普法情况了解座谈，对存在问题进行更正和指导，对短缺内容、资料及时进行补缺。年底组织进行全县年度法律知识考试。2010年4月，在县城南北立交桥上设置法制宣传大型喷绘3处，对各主要干道法制宣传标语重新进行粉刷。6月，对全县十个乡镇司法所法制宣传情况进行全面检查，查漏补缺。7月—9月，对全县10个乡镇、32个农村、6所学校、29个行政事业单位进行“五五”普法验收考核。2012年，对10个乡镇、9个学校、29个行政事业单位进行普法考核。

第三节 人民调解

1954年，本县以乡为单位，建立了38个人民调解委员会，每个调委会由5—7名委员组成，共有调解委员220人。1966年后，调委会瘫痪。1973年，公社（镇）逐步恢复调委会机构、职能。1978年始，生产大队建立调委会，百人以上的厂矿也相继建立调委会。1982年，全县共建立调委会212个，有调解委员830人，其中农村调委会166个，调解员546人；城镇街道调委会10个，调解员34人；厂矿调委会36个，调解员250人。是年共调处各类民事纠纷案件348起，防止非正常死亡17起。1985年，司法局设调解股，13个乡镇均配备专职司法助理员1人。是年共调处各类民事和经济纠纷案400起，防止非正常死亡2起。1999年，司法局设立基层股，加强对13个乡镇司法助理员的培训和人民调解组织的管理，是年共化解民间纠纷38件，防止纠纷激化55件。2002年，调解矛盾纠纷300件，成功280件，成功率达93%。

2003年，全县成立有168个人民调解委员会，刻制了人民调解委员会专用章，举办了第一期人民调解业务培训班，人民调解网络进一步得到健全完善。2004年，调解民事纠纷431起，成功420起，成功率达97%。2005年，积极申请新建金沙滩、毛皂、河头、亲和、吴家窑5个乡镇司法所。为乡镇配备了年龄在45岁以下，具有中专以上学历的工作人员20名。是年调解纠纷180起，成功175起，成功率达98%。2006年，围绕“人民调解年”这一主题，深入开展人民调解工作。共调解纠纷210起，成功196起，成功率达98%，挽回经济损失20多万元，防止民间激化案件36件，防止群体性械斗5起。2007年，全县有调委会181个，其中村调委会159个，乡镇街道调委会13个，企事业单位调委会9个，共有调解员840人，共调解矛盾纠纷430起，成功420起，履行350件，其中主要有婚姻家庭纠纷170起，邻里纠纷130起，土地承包纠纷5起，宅基地纠纷25起，防止民间纠纷转化为刑事案件的10件。

2010年，调解纠纷240起。其中邻里纠纷24起，婚姻家庭纠纷82起，房屋宅基地纠纷13起，合同纠纷12起，生产经营纠纷25起，损害赔偿纠纷19起，征地搬迁纠纷43起，其他纠纷22起。调解成功228起，调解成功率达95%。5月，成立交通事故调解委员会。2012年，共排查出矛盾纠纷

315件，调解成功315件，调解成功率达100%。全县10个基层司法所全部配备了电脑、打印机、扫描仪、传真机、复印机、照相机、电视机、摩托车，开通了电话、互联网。全县建成七个标准较高的规范化司法所。

第四节　律师事务

1956年，县人民法院设立法律顾问处，开展刑事案件辩护、民事案件代理、法律咨询、代写法律文书等工作。1958年中止。1980年恢复律师制度，成立法律顾问处，配有专、兼职律师各1人。1985年7月，改为律师事务所，始为3个企业担当常年法律顾问，代理经济纠纷调解等非诉讼经济法律事务。是年，承办县农工商联合公司同河北徐水环东综合经销部发生的买彩电纠纷案，为农工商知青门市部挽回经济损失14.74万元。后改名为山西剑铭律师事务所，律师从业人员5名，学历均为法律本科。先后为同煤集团小峪煤矿、怀仁中安化工有限公司、怀仁县宏丰建材有限公司、怀仁县电信局、邮政局、移动通讯公司、国税局、住建局、环保局、交通局、交警大队、拆迁办、嘉明陶瓷有限责任公司等单位担任常年法律顾问。至2012年，累计为法律顾问单位代理诉讼案件120多起，出具法律意见书60多份，修改、起草合同1000多份，累计为法律顾问单位挽回经济损失达1亿元。累计代理刑事案件600多件，代理民事案件1000多起，代写法律文书9000多件，义务解答法律咨询10万多人次。

第五节　公证事务

1956年，县人民法院设立公证室，开始办理民间公证业务，1958年取消。1982年，成立怀仁县公证处，有公证员1人，承办民间公证业务和经济合同公证。是年办理公证98件，其中承包合同17件、建筑合同公证28件。2012年有工作人员12名，其中执业公证员6人，法律本科学历6人，专科4人。业务范围包括声明、委托、继承、赠与、遗嘱、收养、财产分割、抵押借款、房产转让、租赁、承包、拍卖、招标、提存、证据保全等多个类别，涉及土地、煤矿、金融、房地产等多个领域。累计办理各类经济、民事公证案件10多万件，涉及经济标的上百亿元。2003年，公证业务转至便民大厅（现更名为政务大厅管理中心），设立公证窗口，纳入中心管理。

第六节 法律服务

2002年，全县10家基层法律服务所，12名基层法律服务工作者，以“农”字为主题，针对热点问题，提供全方位的法律服务。2005年，与有关单位和村协调，不定期开展下乡排查工作，开展排查12次，帮教15人。2006年，参与帮教活动50多起次。2007年，共代理诉讼业务85件，非诉讼案件80件，代写法律文书162份，解答法律咨询142人次，为企业担任法律顾问2家。

2010年3月，社区矫正工作启动。累计接收社区矫正人员188人，解除35人，没发生一起脱管、漏管事件。累计接收刑释解教人员42起，全部建立了档案。为9名刑释解教人员开展引导性安置就业。5月，开通服刑在教人员信息核查系统，对全县250多名服刑在教人员的身份、住址等基本信息进行全面核实，并上报数据。2012年，累计接收社区矫正人员298人，累计解除109人。累计接收刑释解教人员52人。

第二十三编

军事

第一章 军事地理

第一节 军事地位

怀仁县地处大同盆地中心，交通十分发达，北同蒲铁路、二广高速公路、大运二级公路、208 国道纵贯南北，石凉公路横跨东西，乡村公路四通八达。境内有机场一个，大小河流 14 条。境内三分山，七分川，自古以来就是兵家用武之地。鹅毛口为用兵之要冲，大峪口称阻敌之屏障。史书记载：“是邑也，北直大漠，南带雁门，西边宁武，东障紫荆，实郡城之外屏，列邑之襟喉也。据此坚城，临河而守，敌欲窥浑、应则我蹑其后，欲走大同则我卫其前。”几千年来，怀仁地区战事频繁，从少数民族的寇边入侵，到金沙滩杨家将的精忠报国，从民国时期的军阀混战，到抗战时期的保家卫国，怀仁人民历经了坎坷磨难和战争洗礼。

第二节 防务 设施

明洪武十六年（1383）指挥桑桂因旧城增筑。永乐九年（1411）指挥于忠重修。周三里零六步，高三丈，壕深一丈，置东西二门。成化元年（1465）守备指挥姜裕增修月城二座。嘉靖三十四年（1555）县侯殷宗虞、守备景希贤因旧帮修高三尺，阔三尺，南北添工字墩二座。隆庆四年（1570）县侯刘邦彦、守备叶继文增高大墙四尺，女墙特用砖砌。万历二年（1574），知县杨守介、守备邸然委托省祭郝录，典长马栋等率众督修。石基高三尺，厚三尺五寸，砖高三丈八尺，厚七尺，根阔三丈五尺，顶阔一丈四尺，女墙高六尺。东西月城，亦皆砖包，高二丈，根阔一丈四尺，顶阔八尺。门二：东曰保泰，曰柔远，西曰西宁。门上各建楼橹。东匾“瞻日拱辰”，西匾“戢内宁外”。北工字墩建玄帝庙，南工字墩建魁星楼。四隅各置楼三间，东西敌台二座，南北各一座。垣周七百三十七丈九尺，池深二丈，阔数丈。外壕深二丈，阔三丈。旧有南门，后拓基于外，内留古城一道门。清朝时屡加修葺。至咸丰三年（1853），知县萧钰补苴完善。东关墙土筑，高二丈，根阔一丈五尺，周四百余丈。西关墙土筑，高一丈，根阔一丈五尺，周三百余丈。关门三座，清朝时只有西面关墙尚存。民国35年（1946）8月，怀仁首次解放时，人民政府组织群众拆除大部分城墙。除县城之外，历史上各村均不同程度地建有土堡、烽堠等，为当时的屯兵之所。如西安堡土堡，明代时修建砖包大墙四百余丈，高三丈，垛高六尺，池深一丈。门二：南曰“金汤”，北曰“镇朔”，校场、官署、驿站俱备。烽堠，俗称“烽火台”，分台、墩两种。台即烽火台，有警报时，白天放烟，夜晚点火。墩也称堠，以瞭望为主。到了明代，怀仁台、墩星罗棋布，现今遗存很少。

重要隘口

鹅毛口：鹅毛口村西，宽度100～150米，长度7000米，高度1150～1250米。南北多山且缓，现今沿沟依势建有公路，为境内通左云县之重要隘口。

大峪口：大峪口村西北，宽度150～200米，长度7000米，高度1170～1200米，峪沟弯曲、狭小，山势悬崖较多而高。今建有公路，是通往左云、右玉的重要隘口。

楼子口：楼子口村西，宽度45～55米，长度3000米，高度1300米，两侧山势窄而缓。

小峪口：小峪口村西，宽度80～120米，长度2500米，高度1160～1250米，南北辟山，峪内弯曲，不规则，现有宋庄通小峪矿的铁路和公路。

重要制高点

清凉山：位于悟道村西3公里处。山顶有辽代砖塔，海拔1647米。

台墩山：位于城西南小峪村西北2公里处。海拔1621米，山顶为长方形，面积有200平方米，山顶系土石山，可通视全县。

瞭高山：位于城西南禅房村西2公里处。海拔1746米，顶部突形，坡度较缓，黄土覆盖，可展望全县。

五龙岗：位于县城南偏西 20 度左右。海拔 1677 米，顶部突形，坡度较缓，黄土覆盖，可展望全县。

黄花岭：位于县城西南韭畦村东南 3 公里处。海拔 1153 米，顶部突形，坡度较缓，黄土覆盖，可展望全县。

第二章 兵 役

第一节 募兵

清末民初，军队组织者插旗招募兵员。当兵者多为养家糊口，有被强行抓走者，也有矢志从戎者。

民国 33 年（1944），阎锡山推行“兵农合一”。规定凡 18 岁到 47 岁的男子，除免役、交役（交纳一定的军费）、禁役、停役者外，一律编为预备役，每 3 人为一组，抽其中 1 人入伍服役，称常备兵，2 人种地，称国民兵。国民兵每年除负担 3 个人应出的徭役和地租外，还要给在役壮丁家属付出一定量粮食。阎锡山用此法，先后在本县征兵 1500 余人。同时，“爱乡团”拔壮丁 500 余人。全县成年男子绝大多数成为国民兵。

第二节 志愿兵

民国 26 年（1937）10 月，共产党领导的八路军 120 师宋时轮支队进入怀仁县西部地区开展抗日斗争，时有百余名青年踊跃报名，自愿参加抗日游击队。次年 2 月，域内有 30 余名青年报名参加察绥游击军二支队。同年 4 月，大怀左抗日游击大队 500 余名青年参加八路军 120 师。五月，大、怀、左地区有 600 余名青年报名参加了大怀左游击队，抗击日军的侵略。

民国35年（1946），怀仁县有450余人参军，编入晋绥军区2团。民国36年（1947）至民国37年（1948），怀仁县有2000余人自愿参军，编入中国人民解放军14旅46团。

1950年至1952年，怀仁县有600余名青年报名参加中国人民志愿军，赴朝鲜作战。

第三节 义务兵

1955年，国家实行义务兵役制。之后，怀仁县在历年的征兵工作中，都严把兵员质量关，保质保量圆满完成征兵任务。1963年至2011年连续49年征兵无责任和政治退兵，多次受到北京军区的表彰。

1954—2012年怀仁县义务兵役情况一览表

表23-1　　单位：人

年份	征兵数	年份	征兵数	年份	征兵
1954	181	1955	205	1956	160
1957	260	1958	410	1959	320
1960	155	1961	365	1962	85
1963	170	1964	290	1965	305
1968	290	1969	290	1970	240
1972	310	1973	120	1974	180
1976	190	1978	260	1979	200
1980	195	1982	142	1983	209
1984	119	1985	120	1986	117
1987	110	1989	110	1990	247
1991	100	1992	100	1993	135
1994	141	1995	110	1996	145
1997	147	1998	110	1999	148
2000	140	2001	129	2002	120
2003	130	2004	120	2005	150
2006	150	2007	146	2008	136
2009	153	2010	134	2011	112
2012	118				

预备役 1951年，全县有预备兵员2274人。1953年有预备兵员8367人。1965年有预备兵员874人。1969年有预备兵员3018人。1975年有预备兵员5510人。1981年有预备兵员22600人，其中一类预备兵员3000余人，二类预备兵员19000余人。1985年有预备兵员3600余人。2012年，全县预备役编组为两个连，分别是何家堡乡警卫侦察连和金沙滩镇修理连，隶属朔州军分区。

第三章 机构 武装

第一节 军事机构

怀仁县在古代为北方的军事要地。历代统治者都在此设立军事机构，派军驻防。汉时设都尉治所，北魏设置“军镇”，隋设总管府，唐设“军”“守捉”，金设西京路大同府兵马都部署司，元立万户府。

明代，怀仁置卫所，隶山西行都指挥使司（治所在大同）。怀仁营驻防怀仁，设都司1员，后改守备。洪熙元年（1425），在应州设安东中屯卫（初设在东胜州），下辖2所，分守应州、浑源州、怀仁县三城。明代中期以后，卫所制度渐行废弛，军事机构分为四级，即镇、道、路、城堡。怀仁城隶大同道井坪路。

清代，设怀仁营（属绿旗兵），长官为守备。雍正十年（1732）改设都司佥书。咸丰五年（1855）仍改设守备1员，设外委2名，额内外委2员。分防营汛16处。西安堡在顺治时设操守1员，归怀仁守备管领，咸丰四年（1854）裁汰。

民国30年（1941）5月，中国共产党领导的八路军在朔县成立晋西北军区第5军分区，司令员郭鹏，政委胡全，参谋长刘华香，政治部主任陈云开，副主任胡亦民。辖区含怀仁地区。

民国 31 年（1942）9 月，晋西北军区改为晋绥军区，晋西北军区第 5 军分区改称晋绥军区第 5 军分区。12 月，晋绥第 5 军分区与绥远大青山骑兵支队合并，组成塞北军分区，司令员姚喆，政委高克林，副司令员郭鹏，副政委张达志，参谋长邓家泰，政治部主任曾锦云，编制 2000 人。下辖三个团，并将 5 分区改为雁北支队部，领导怀仁等县的军事斗争。民国 33 年（1944）3 月，雁北支队部撤销。

民国 34 年（1945）8 月，在左云恢复晋绥军区第 5 军分区，司令员王赤军，政委李登瀛，副司令员范忠祥，参谋长周智高，政治部副主任沈新发。下辖骑兵大队、清河支队。辖区有山怀（怀仁）等县。

民国 37 年（1948）4 月，再次恢复晋绥军第 5 军分区。12 月，晋绥军区第 5 军分区改为雁北军分区，直属晋绥军区。

民国 38 年（1949）5 月，五寨、离石、雁北、雁南 4 个军分区合并成立五寨中心军分区。9 月，西雁北地区划归察哈尔省，东、西雁北合并，军事工作统归雁北军分区。

中华人民共和国成立后，设人民武装部，县人民武装部为正团级单位，属军分区和县委双重领导。怀仁县武装部隶属雁北军分区。1993 年 7 月，雁北地区与大同市合并，怀仁县划归朔州市，怀仁县人民武装部隶属朔州军分区。

2012 年，县武装部下辖 10 个基层武装部，分别为：云中镇人民武装部、何家堡乡人民武装部、亲和乡人民武装部、毛皂镇人民武装部、海北头乡人民武装部、吴家窑镇人民武装部、河头乡人民武装部、金沙滩镇人民武装部、马辛庄乡人民武装部、新家园乡人民武装部。

第二节 地方武装

民国 26 年（1937）11 月，八路军 120 师宋时轮支队在怀仁县组建大怀左游击大队，由中共党员王再兴任政委、蔺子明任大队长。下辖大同、怀仁、左云 3 个游击中队，共约 500 余人。次年 5 月，全部编入 120 师。

民国27年（1938）5月，大怀左动委会在怀仁县组建大怀左抗日游击队，刘旺任队长。不久改为大怀左抗日游击队第九连，8月又改为大怀左抗日游击队第九挺进队，后又改为独立六支队第六连，张太德任连长。民国29年（1940）2月，张太德叛变革命，该连编入120师。同年7月，358旅除奸科长裴周玉在怀仁县组建大怀左游击支队，约600余人，支队长罗成章，政委项德俊。同年8月开赴五寨，编入358旅。

民国34年（1945）4月，中共晋察冀怀仁县委组建12人的怀仁县武工队（称小武工队）。在此基础上，6月，以雁北支队三连为主，重新组建，9月改称怀仁县大队，约170余人，李玉堂任大队长。次年8月，编入晋察冀军区12团。同年9月，怀仁县民主政府组建怀仁县大队，张岫山任大队长，先后3次分别向晋绥第5军分区2团和大怀支队输送兵员450余人。同期，大峪口项步道等组织成立“怀仁县反共复仇爱乡团”，约200人，王茂勋任团长，活动于本县。次年11月在安大庄一带抢粮，被绥蒙军区骑1旅3团击溃。

民国35年（1946）3月，晋绥第2军分区派出40余名干部、战士，在本县组建大怀支队，马华亭任支队长，后发展到200余人。次年12月与怀仁县大队合并，改称怀仁支队，汪贤才任支队长。民国37年（1948）8月，全支队约2000人，编入中国人民解放军14旅46团。

民国36年（1947）2月，怀仁县政府（阎锡山）组建怀仁县保警大队，约200人，王廷椿任大队长。次年4月，护送给养车队到应县，在清水河一带被绥蒙骑1旅3团围歼击溃。同年，怀仁县政府（阎锡山）组建怀仁县骑兵中队，约100人，田映芳任中队长。次年5月在韩家岭被击溃。同年秋，怀仁县政府（阎锡山）组建怀仁县复仇奋斗团，又称黑摸队，共60人，李如梅任团长。次年10月，在吴家窑一带被歼。同年冬，怀仁县民主政府组建怀仁县独立营，约200人，宋潮任营长。次年8月，南下四川，支援新区建设。

第三节 驻军

明成化十八年（1482），大同总兵周玺分兵3000余人驻守怀仁。正德十一年（1516），大同总兵泉振率兵驻守怀仁。隆庆三年（1569），怀仁营驻防怀仁，原额官军1315人。逐年淘汰，至万历年间实有官军633人。崇祯七年（1634），大同总兵曹文诏防守怀仁。

清，怀仁营驻防怀仁。设守备1员。咸丰五年（1855），有马战兵、步战兵62人，改设外委2员，额内外委2员。分防巡营16处，每处营房10间，官厅1间，烟墩5个，墩台1座，望楼1间，牌坊1架。西安堡在顺治时设操守1员，归怀仁守备管领，驻防官兵100名，咸丰四年（1854）裁汰。

民国15年(1926)夏，国民军冯玉祥一部由张子江、宋哲元带领驻全福寨、柳东营一带，半月余撤离。

民国18年（1929），奉军一部由张作相、唐二和带领攻占怀仁，驻守县城月余。同年11月，八路军120师宋时轮支队500余人，驻吴家窑、鹅毛口、下山井一带，次年春奉命东进平西。

民国27年（1938）5月，八路军120师358旅除奸科长裴周玉带60余人驻秦城、羊坊一带。

民国34年（1945）9月，国民军38师3团由团长徐营带领驻县城。同年，晋绥军区27团由教导员何长修带30余人驻吴家窑一带。

民国35年（1946）5月，绥蒙军区骑1旅3团由鲁平带领驻吴家窑一带。7月，晋绥5分区2团驻鹅毛口一带；晋察冀5分区胡仁奎、刘文昭率领300余人，驻小峪口、大峪口一带；晋绥军区3旅约1500人，驻海北头一带；晋察冀军区12团、13团驻石庄、下湿庄一带。杨成武纵队一部驻里八庄、秀女村一带。同年冬，国民军38师2团驻县城。次年3月，国民军38师1团接替2团驻县城，民国36年（1947）3月撤离。

民国36年（1947）4月，晋绥军区独立3旅9团驻县城。

1958年，中国人民解放军2591部队入驻南小寨、清水河、冯庄、石庄一带。至 2011 年，先后有 3575 部队、2690 部队、7401 部队、39614 部队、38503 部队、92325 部队驻扎。

1977 年起，中国人民解放军 52892 部队驻县城西郊，1998 年裁军撤销。

1950 年 5 月，雁北地区组建怀仁县公安队。1953 年 12 月，改为中国人民解放军山西省总队怀仁县中队。1959 年 4 月，改为雁北行署公安处人民武装警察支队怀仁县中队。1962 年 2 月，改为雁北大队怀仁县公安中队。1963 年 2 月，改为中国人民公安部队山西省公安总队怀仁县中队。1966 年 7 月，驻怀仁县公安部队改编为中国人民解放军山西省总队怀仁县中队，属怀仁县人民武装部领导。1975 年后归怀仁县公安局和雁北支队双重领导。1976 年 1 月，改为怀仁县人民武装警察中队。1983 年 1 月，改编为中国人民武装警察部队山西省总队雁北地区支队怀仁县中队，简称武警怀仁县中队，受怀仁县委和山西省武装警察总队雁北支队双重领导。1993 年 7 月 10 日，怀仁县划归朔州市管辖，武警怀仁中队改由中共怀仁县委和山西省武装警察部队朔州支队双重领导。武警怀仁中队主要担负怀仁县看守所的外围武装警戒任务，负责看押看守、武装押解、武装追捕、武装抓捕等临时警务，此外还担负着重大节日、敏感期和特殊时期的战备任务。

1983 年 1 月，怀仁县消防股筹备成立，为公安局领导下的独立机构。下设消防中队 1 个，驻军营路 1 号。1996 年改制为怀仁县公安消防大队，直属中国人民武装警察部队朔州市消防支队。主要担负全县社会消防监督检查、火灾事故扑救和社会抢险救援、火灾事故查处、消防宣传教育培训等任务。1998 年 2 月，支队在县苗圃租赁土地 25 亩，房屋 40 间，组建支队农副业生产基地，部队的副食品供应实现了部分自给。2001 年 5 月 3 日，成功处置一起二硫化碳泄漏火灾事故。2006 年 1 月筹备新建消防站，购入消防车两辆，支队配发抢险救援车 1 辆。2007 年 1 月，大队全部搬迁入仁爱南路（原新兴南路）新营房办公。2010 年落实公安部构筑全社会消防安全“防火墙”工程。2012 年开展为期五个月的“清剿火患”战役。

第四章 民 兵

第一节 建制

民国26年（1937）10月，大怀左抗日救国委员会在楼子口一带山区村庄建立抗日救国自卫队，武装青年农民300余人。

民国27年（1938）5月，八路军358旅裴周玉武装工作团在羊坊、秦城、鹅毛口等10余村组建农民抗日自卫队，武装青年农民400余人。

民国34年（1945）6月，中共怀仁县委（属晋察冀）在麻峪口、海北头、鹅毛口、大峪口等地建立区武装委员会，设主任1人，武装青年农民1000余人。同年11月，中共怀仁县委（属晋绥边区）建立四、五、七区3个区民兵大队，以行政村建立16个民兵中队，时有民兵500余人。

民国37年（1948）5月，全县138个村，都建立民兵组织——自卫队，时有民兵3000余人。

1951年3月，整顿村民兵自卫队。整顿后的民兵自卫队共有19099人，各村自卫队配设了专职自卫队长、副队长等干部，全县共配备专职干部3755人。1953年，村自卫队改称民兵连，设指导员（村支书兼任）、连长。连下分排、班。全县18岁至25岁的男、女青年共14478人，有8367人编入民兵组织，占全县总人口的7.9%。1958年，将年满18周岁至35周岁的男性公民和18周岁至30周岁的女性公民，身体健康，政治合格，均吸收为民兵。其中18周岁至25周岁的男、女公民又编为基干民兵。其时，县组建民兵师，各公社组建民兵团（共12个），邻近生产大队联合组建民兵营（全县共编为36个营），以生产大队建民兵连（共134个），生产队为民兵排。各机关、团体、厂矿、学校、企事业单位，根据人数多寡，分别组建民兵团、营、连、排、班。

1965年，对全县民兵组织进行整顿。整顿后全县有民兵34000人，其中基干民兵16400人，武装基干民兵874人。武装基干民兵编为14个排，20个班，其余为普通民兵。共有民兵干部2600人，其中党员、团员占30%，复员、退伍军人占14%。1969年，县组建民兵独立团（在全县基干民兵中选配），县武装部长兼任团长，县委书记兼任政委。设3个营、11个连，共有民兵3018人。

1975年9月，实行战时兵员动员，县组建武装基干民兵团。设3个营、33个连，共有民兵1400人。后扩建汽车独立营1个，450人；通讯营1个，300人；步兵连14个，2340人；空军连14个，1022人。共有民兵5510人。1976年，根据雁北军分区《关于民兵组织落实的几点要求》的精神，对全县民兵重新编组，民兵年龄扩大到男性为16周岁至40周岁，女性为16周岁至35周岁。县组建民兵师，各公社组建民兵团。全县44413名民兵，编为170个连，共配备排长以上干部3616人。同时，县组建武装基干团，以公社组建11个武装基干营，从各民兵连选配基干民兵6016人。

1981年，落实中央军委的战备措施，改革民兵组建制度，取消民兵师。18至28岁的公民编为基干民兵。县组建武装基干民兵团，各公社组建民兵团和武装基干民兵营。基干民兵为一类预备役，普通民兵为二类预备役。1985年，全县有民兵15240人，其中基干民兵3400人。设为14个营、161个连。配备排以上干部652人。1989年，由云中镇、矿山救护队共80名基干民兵组成怀仁县民兵应急分队。2004年，民兵应急分队由原来的80人扩编为94人。主要担负全县自然灾害的抗灾、抢险任务和重要目标保护任务以及重点警戒区域的社会治安任务。

1996年，全县有民兵16482人，其中基干民兵3089人，普通民兵13076人，女民兵317人。辖民兵营40个，民兵连154个，配备排以上干部860人。

2001年，全县有民兵14323人，其中基干民兵2300人（含女民兵120人），普通民兵12023人。辖民兵营38个，民兵连131个，配备排以上干部662人。2006年至2010年，全县民兵保持在13523人，其中基干民兵1500人（含女民兵150人），28个分队，普通民兵12023人。2011年，全县有民兵12398人，其中基干民兵1125人，（含女民兵110人），普通民兵11273人。2012年，全县有民兵13523人，其中普通民兵12398人，基干民兵1160人（女基干民兵110人）。

第二节 训练

抗日战争和解放战争期间，民兵的训练多以使用武器和学习隐蔽常识为主，在实践中加以锻炼。

1951年11月，全县民兵整组后，以自卫队为单位，由复员军人担任军事教员，进行军事技能、队列等科目的训练。

1962年2月12日至3月14日，对92名民兵营、连长进行为期30天的政治、军事常识的学习和队列、射击等科目的训练。同年12月，对46名民兵连（营）长进行半个月的军事集训。此后，每年冬季，各民兵连利用早、晚，对民兵进行为期月余的训练。1966年9月，在新家园村对473名民兵干部进行为期10天的实弹射击训练。1969年，对武装基干民兵进行专门军事训练，分别训练炮兵132人，坦克兵12人，通讯兵60人，工程兵47人，化学兵6人，铁道兵4人，运输兵39人，卫生人员25人，军械人员8人，空军13人，海军7人，共有353名武装基干民兵接受专业军事技术训练。

1970年夏，县武装部在清水河兵营进行反空降训练。1975年，县武装部和亲和公社武装部组织全公社民兵在南小寨进行实弹射击比赛。

1980年8月至1981年5月，雁北军分区以大同防卫战役为背景，在黄花梁组织民兵进行反空袭、反空降试验性演习。本县有6个民兵连的405名民兵接受了技、战术训练，并参加演习。此后，民兵的训练改为周期训练，以训练民兵连、排干部为主，每年10至20天，两年为一周期。1958年至1982年，本县连续24年民兵训练无事故，受到山西省军区表彰。1984年7月，在县城南新建民兵训练基地，设教学生活区和训练射击区，一次可供250人训练和食宿。当年训练民兵干部150余人。1989年，怀仁县民兵应急分队组建。训练主要围绕“应急”进行强化应急作战任务和应付突发事件的能力。

1995年，结合纪念“五四”“八一”“抗日战争胜利五十周年庆典”，全县11个单位组织民兵开展射击、军体等训练比赛，并参加省军区、市军分区射击大比武。同年，利用中心联校开展科学种田知识教育97次，开展国防教育、政治教育1530余次，参加民兵达8000余人。1996年，县武装部协助预备役二团圆满完成应急分队160多名人员为期3周的复训任务，结合预备役二团的训练，完成50名民兵干部和60名专业技术人员的训练任务。8月份，配合预备役二团完成空降演习。同时，组织10名基干民兵进行射击训练，并在全市五套班子“八一”军事日表演中取得优异成绩。

2000年，“民箭—2000”在怀仁武装部研制成功，并多次参加北京军区和省军区组织的大型军事演习。2009年8月1日，组织民兵参加省军区组织的山西省应对多重安全威胁军警民联合实兵演练。2011年8月1日，“民箭—2000”分队参加省军区组织的“省军民联合综合防卫体系建设研究性演练”，取得良好成绩，县人武部被表彰为全省民兵训练先进单位。同年，组织人员参加了“探索—2011”演习。

2012年2月27日至3月7日，县人武部组织16名专武干部参加朔州市委组织部和军分区联合组织的专武干部和预备役军官能力集训活动，取得了全区第一的好成绩。2012年底，县人武部被省军区授予“一类人民武装部”“先进人民武装部”荣誉。

此外，县人武部和县教育局对全县范围内的高中学生进行在校军训，教练员由县人武部和县武警中队、空15师的干部和士官担任。把军事知识、军事技能与政治思想教育、品质教育、政策纪律教育、法制观念教育有机结合起来，旨在达到练兵与育人相结合。

第三节 重要活动

民国27年（1938）2月17日，大峪口民兵自卫队消灭前来征粮的日军及伪警察28人。不久，吴家窑民兵配合宋支队在吴家窑击毙安设据点日军18人。

民国34年(1945)4月,鹅毛口民兵配合县武工队烧毁鹅毛口日军变电站,击毙日军2人、伪警察7人。5月,薛家庄、宋家庄民兵配合县武工队袭击宋家庄车站,打死日军及伪警察10余人,烧毁汽车2辆。同期,晏头村民兵先后三次破坏宋家庄附近铁路,炸毁磨道河村附近铁路桥。八月,万金桥民兵30余人,在磨道河北破坏铁路70余米,使由大同开往太原的一列铁甲车出轨。

民国35年(1946)4月,路庄民兵袭击宋家庄车站,打死阎军12人。同年9月,在围攻大同战役中,怀仁县组织450名民兵,1000多名担架队员,轮流在前线服务。先后抢救伤员40余人,抢修道路20多条(次),参战民兵毙伤阎军20余人,缴获步枪64支,轻、重机枪3挺,手榴弹200多枚,骡马5匹。

民国36年(1947)4月,怀仁县民兵开展地雷战竞赛活动。大峪口民兵一次俘虏阎军8人,边清国小组屡建战功,受到上级表扬。

1951年3月,民兵配合司法部门抓获土匪、反革命分子38人。

1964年至1965年,各村民兵成立突击队,进行农田大型水利工程建设,先后修建水库5座,打井400余眼。1969年开展战备工作,民兵挖地道2000余条,长10余万米。

1970年3月起,全县民兵连队开展"创四好"(政治思想好、三八作风好、生产训练好、生活管理好)活动。清水河民兵营被评为北京军区"四好"先进集体,民兵营教导员刘采京受到党和国家领导人的接见。1974年,民兵千余人修筑怀(仁)应(县)公路怀仁段,历时5个月。

1982年,民兵连队创办"联合学校",组织民兵不定期学政治、学文化、学军事、学科学技术。清水河民兵营创办政治联合学校的经验分别受到中国人民解放军总政治部、北京军区和中共山西省委的表扬。同年,县武装部组织民兵40余人,研制成功防雹土火箭,北京军区给予充分肯定,并命名为"八〇一民箭"。

1995年,在三项建设和植树造林活动中,全县组织民兵造林突击队120个,完成重点农建工程42处,兴修乡村公路200公里,营造大片林1.5万亩,零星植树603株。4月6日，小峪煤矿发生学生春游火灾，县人武部在第一时间组织270多名基干民兵紧急扑救。1996年，全县共组织民兵突击队、造林队154个，完成重点工段27处，兴修乡村公路40公里，营造大片林1万余亩，路旁植树100多万株。组织发动民兵开展“百连千户万人达小康”活动，号召广大民兵带头勤劳致富、科技致富，民兵加工业户发展到1000多户，运输户发展到2600户，蔬菜种植户发展到700户，为全县经济发展起到了积极推动作用。1997年，城关镇城内村民兵连长温来喜坚持十年办好“民兵科技农场”，为广大农民提供优种和丰产经验。7月24日，在省委、省政府、省军区组织召开的民兵英模代表大会上，温来喜被授予“优秀民兵连长标兵”称号。“八〇—民箭”在参加军分区组织的庆“八一”军事汇报表演中成绩突出，被授予“组织严密，成绩优异”锦旗一面，在代表军分区参加省军区组织的军事汇报表演中，被省军区授予“庆回归、迎八一”军事汇报表演技术精湛锦旗一面。1998年，为做好应付局部战争和突发事件的兵员动员，提高战时综合保障能力和城市防护能力，围绕人民政府所在地、公（铁）路沿线、重要目标附近、大村庄及厂矿编组基干民兵队伍，以军事斗争准备为牵引，实行重点建设，对预备役部队、民兵高炮、通信、防化等骨干队伍进行了优先编配。

2000年，武装部组织民兵研制“民箭—2000”，先后派人到65集团军、27集团军等处参观学习，经过100多次的试验，历时60天，终于研制成功“民箭—2000”，并制弹600多枚。9月份在军分区为上级首长进行汇报表演。2006年，“民箭—2000”分队先后参加攻坚—2006、砺剑—2006、检验—2006三项大型军事活动，获得山西省民兵预备役部队建设成果展示活动表演奖。2007年，“民箭—2000”分队参加北京军区“军交—2007”交通专业保障点验、省军区“八一军事汇报演示”和“晋城市防空演示”等大型活动，“民箭—2000”分队再次获得“军事训练成果汇报表演奖”。2008年，“民箭—2000”分队参加了省军区组织的“联动—2008B”大型活动。2010年3月，县专武干部参加朔州市组织的专武干部集训，并取得了综合第一名的成绩。2012年4月9日，朔州市委议军会议在怀仁县人武部召开，会议对2012年军分区的主要工作进行了安排部署。

第四节 国防动员

1996年8月，根据山西省委、省政府、省军区《关于成立省和各地、市、县国防动员委员会的通知》，怀仁县成立了国防动员委员会。国防动员委员会领导机构设第一书记1名，由县委书记兼任，主任1名，由县长兼任，副主任4名，由人武部部长、人武部政委、县委分管副书记、县政府分管副县长分别兼任。国防动员委员会下设5个办公室：县人民武装动员办公室、县经贸动员办公室、县人民防空办公室、县交通战备办公室、县国防动员办公室。办公室主任由职能单位负责人或科室主任兼任。

国防动员委员会主要职能是人民武装动员、经济动员、交通战备动员、人民防空动员等。人民武装动员是根据作战需要，使所有的武装力量由平时体制转为战时体制，负责预备役部队动员，增加地区作战兵力，完成区域性作战任务，并负责做好相应的武器装备动员和后勤物质筹备动员等。经济动员是根据作战需要制定并领导实施战时经济计划，保障军事工业部门生产，加强粮食生产和储备等，保障军需供给。交通战备动员是根据作战需要编制各种交通运输线及运输工具，保障军队机动，兵员、军品供给，居民疏散、工厂搬迁等的运输需要。人民防空动员是根据作战需要发动和组织人民群众防备敌人空袭，做到提前预警，有计划地疏散城市人口，保护城市交通枢纽和重要目标，负责组织医疗、消防、防化、防疫、通信、运输等专业队伍做好抢修、救护、预防等工作，消除突袭后果，以保障战略后方的国民经济设施免受或减少损失。人民防空动员还负责人防工程的建设和维护。1969年，贯彻毛泽东主席关于“深挖洞、广积粮、不称霸”的指示，怀仁县共挖地道5条，总长约10万米，将1城（怀仁县城）、1社（金沙滩公社）、3口（大峪口、小峪口、鹅毛口）、4区（战斗防区）连成一片。

第五章 兵 事

第一节 古代兵事

晋建兴四年（316），代王猗卢带兵攻打新平城（今日中城），讨伐六修。猗卢兵败，逃匿民家，被六修杀死。继之，猗卢子普根再度出兵讨伐六修。

北魏孝昌年间（525–527），敕勒部斛律金统所部万余人，在黄花梁一带被杜洛周击败。

齐天保五年（554），柔然寇肆州，齐文宣王高洋自晋阳讨之，至恒州黄瓜堆（今黄花梁），双方交战，伏尸25里，文宣王获奄罗辰妻子及牲畜3万多。

唐垂棋四年（687），突厥进犯朔州，黑齿常之在黄花梁截击，突厥溃败。

明成化十八年（1482），火筛亦思马大举入侵。大同总兵周玺率3000兵士，在下米庄一带与之交战。经激烈鏖战，亦思马败走。

明嘉靖三十一年（1552），俺答万骑入塞，到管庄一带大肆抢掠，中军指挥王恭带兵抵御，鏖战数日，王恭力屈而死。

明崇祯七年（1634）七月，清兵入大同境，攻占得胜堡后，遂围攻怀仁县城。大同总兵曹文诏率兵驻守怀仁县城，双方僵持月余，攻防战斗不断。清兵久攻不下，退走。

第二节 近现代兵事

清宣统三年（1911）十二月十一日，杨沛林、贾英、王建基率忻宁代公团敢死队，同于凤山炮队约300人，由怀仁出发援大同，在秀女村一带与清毅军遭遇，双方激战三时，王建基、贾英阵亡。

民国18年（1929）奉军一部由张作相率领，攻打县城，炸毁西城墙一处，占领县城，晋军败退。

民国26年（1937）11月，宋时轮支队在鸦儿崖（现属口泉）公路伏击日军车队，烧毁汽车一辆，击毙日军12人，获重机枪一挺，长短枪20余支。

民国30年（1941）7月19日，驻怀仁、左云的日军及警察百余人，分五路围剿右南根据地，晋绥5分区司令员郭鹏率部在口前、郭家庄（现均属山阴）一带与之展开激战，毙敌甚多，粉碎日军的围剿。

民国33年（1944）2月，晋察冀军区12团在高镇子村袭击驻守高镇子的日军及警察，击毙15人，获长短枪20余支。

民国34年（1945）7月，驻县城日军及直辖队百余人，前往海北头一带抢掠，晋察冀军区35团在高镇子一带设伏截击，击毙日军等17人，俘警察署长以下16人，获步枪40余支。

民国35年（1946）5月23日，驻守在赵麻寨据点的阎锡山军队50多人，在薛家庄、南铺一带抢粮，抓壮丁，骚扰百姓。是日夜，解放军21团3连及骑兵大队在路庄村外河沟设伏。次日八时，阎军200余人由赵麻寨出发，欲往路庄、北辛村一带抢劫，行至路庄村西时，解放军三连一排在路庄村东发起攻击，截断阎军退路，解放军二排在村西正面迎击，骑兵大队迂回南北，包抄阎军，经过3小时的激战，打死阎军少校团副以下官兵34人，打伤28人，俘虏11人，阎军狼狈逃回赵麻寨。

同年7月9日，绥蒙军区部队两个团集结鹅毛口，开始做攻打县城准备。11日晨，首次攻打县城未克。15日，晋察冀军区12团攻占郝家寨、薛家店、冯庄等村；晋绥军区2团及大怀支队攻占磨道河、宋家庄等村；27日解放军3旅一部攻占清泉、郑庄等村；28日，晋察冀军区13团攻占石庄、下湿庄等村；绥蒙军区一部攻占管庄、秀女村，8月1日攻占毛皂村，至此，完成对县城的包围，扫清了外围阎军。8月2日晚8时，由晋绥军区司令员王赤军指挥，向县城发起总攻。晋绥军区2团在城西担任主攻，晋察冀军区12团在城东担任主攻。9时许，12团率先攻克东门。驻守县城的38师一部从西门突围，企图逃往大同。在西小寨、南窑村一带被2团及大怀支队分割围歼，怀仁县城首次获得解放。是役，毙伤阎军200余人，俘42人，缴获轻重机枪各4挺，小炮3门，步枪160多支，骡马28匹。8月3日，大怀支队配合晋察冀军区12团解放口泉，战斗中，歼俘阎军张仲汉部1300余人，获大炮1门，重机枪6挺，轻机枪16挺，长短枪300余支，电台1部，骡马30匹。9月16日，县民主政府撤离县城，阎军38师1团抢占县城。11月21日，晋绥军区以两个团的兵力围攻怀仁县城，守城阎军闻风逃离。次年2月1日，阎军38师2团再度占领县城。

民国36年（1947）4月15日，驻守应县阎军暂编独立步兵1团特务排长王儒率部包围新桥村，杀害大同八区区长以下干部12人。18日，驻怀阎军38师1团2营营长杨尔勤率部前往清水河一带抢劫，遭大怀支队袭击，此役大怀支队阵亡6人，阎军陈尸数十具。

同年6月27日，驻守大同、怀仁阎军38师千余人南下侵犯岱岳镇。晋绥五分区2团与绥蒙骑兵旅，在康建明旅长指挥下，在大峪口村西设伏截击。中午时，阎军进至大峪口村旁，就地休息，并派人进村抢劫造饭。2团1连从东发起攻击，阎军向大峪口村西山上移动，进入埋伏圈。双方展开激战，至下午5时结束。战斗结果，阎军死亡300余人。二团及参战五区区小队亦死伤40余人。9月20日，驻怀阎军38师1团3营带40辆大车到鹅毛口抢炭，大怀支队设伏截击，此役毙伤阎军30余人，俘副官以下39人，大怀支队有10人负伤。21日，驻怀阎军再次调集百余兵力前往鹅毛口抢炭，遭到绥蒙军区2团阻击，阎军死伤90余人。10月22日，驻怀阎军及县骑兵中队千余人，到曹四老庄一带抢粮，遭到绥南步兵7团两路夹击，阎军死亡10余人，7团亦有伤亡。11月上旬，绥蒙骑1旅3团在清水河一带截击护送给养车队的怀仁县保警队和爱乡团。战斗持续两小时，击毙保警队大队长以下50余人，俘150余人。3团阵亡排长以下10人，伤19人。

民国37年（1948）6月，怀仁支队一排，在指导员赵桐带领下，驻窑子坡，担任口泉市政府保卫工作，遭驻大同阎军38师包围。怀仁支队战士在数十倍阎军的包围中，打退了阎军的一次又一次进攻，掩护口泉市政府安全转移，战斗持续5小时，怀仁支队的23名官兵全部阵亡。

附一：清军血洗吴家窑

清顺治四年（1647）十二月初三日，大同总兵姜瓖密约山西各州县举兵抗清。姜瓖本大明朝旧将，明崇祯时期任宣化、大同总兵。清军入关，姜投降清廷，仍为大同总兵。此次举兵反清，引起清朝上下的强烈不满，清政府恨之入骨，必欲置之死地而后快。姜瓖的反清约定得到左卫副将林世昌，助马参将李向尧响应。同月二十一日，清政府命敬谨亲王尼堪、端重亲王博洛带兵征剿。五年（1648）正月庚辰日，尼堪、博洛夹攻左卫，林世昌与战不利，退守卫城。清军用红衣大炮日夜攻城，急切不能下。不久，博洛奉命驰援代州，军到马道头，博洛第三子名叫阿博逊带领护卫4名先往吴家窑探察军情，途中被李自成部将张天琳（绰号过天星）的部下击杀。李自成起义失败后，部将张天琳率部分起义军辗转来到吴家窑一带驻守偏岭村，坚持同清军游击作战。博洛率大军至，怒而屠杀吴家窑居民300余人，号哭之声震动邻村。军过，乡人聚尸埋于大庙前，后人称为“万人坑”。大庙，又称明净寺，坐落在吴家窑南街窑沟出水洞南侧，坐西向东，建于明洪武年间，距今已有600余年历史。明净寺有深厚的历史渊源。明太祖朱元璋推翻元朝，将蒙古统治者赶出中原，以外长城为界，将大同一带收归明朝。为纪念扩土有功，在吴家窑建明净寺，以为明朝一方净土。此次清兵屠杀吴家窑居民于大庙前的“万人坑”一事说明，当时被清军屠杀的平民百姓至少千余人葬身于“万人坑”，清军的血腥屠杀，玷污了明净寺一方神圣净土，大庙是这段历史的见证者。其后，清护军统领鳌拜也加入左云战事，李向尧全家殉难，林世昌战死。4月癸巳日城破，左卫城亦遭屠城之劫，元气大伤，虽清政府再建，终未能复原旧观。

附二：辛亥革命在怀仁

1911年10月29日，以阎锡山为首的山西辛亥革命起义军取得了太原起义的成功，随即组成以阎锡山为大都督的山西军政府。山西军政府派北路军司令张瑜会同续桐溪领导的“忻代宁公团”取道代州进攻雁门关，夺取大同。大同总兵王得胜调集大批清军防守雁门关。11月30日，同盟会大同支部见此决定当晚起义，大同光复。12月1日成立大同军政府，标志辛亥革命在大同取得初步胜利。同年 11 月初，同盟会会员李嵩山（代州人）来怀仁进行宣传活动，大力宣传推翻清王朝、实现共和，进行民主革命的主张，使“三民主义”深入人心，为怀仁播下了辛亥革命的种子。

1911 年 12 月 4 日，续桐溪、弓富魁率“忻代宁公团”快速北上，攻占并进驻怀仁，于次日进驻大同城，使大同辛亥革命的成果牢牢掌握在革命党人的手里。12 月 6 日，王建基、贾英奉阎锡山之命率兵驰援大同，在怀仁与北路军张瑜会师。这时候，大同城被清毅军包围形势吃紧，与此同时，清军防备革命军援助大同的军事部署也很到位。王建基、张瑜援同受阻，会师后停留怀仁，为协调军事行动，遂成立军事统一指挥部，怀仁成了山西革命军北伐援同的大本营。12 月 11 日，杨沛霖、王建基、贾英率敢死队同于凤山的炮队约 300 多人由怀仁出发，北上支援大同。清军亦有防范，派兵阻截。两军于怀仁秀女村相遇，展开激战。从早 7 时一直战斗到晚 8 时，革命军伤亡 60 多人，清军死伤 200 多人。战斗中，王建基身先士卒，勇猛冲杀，身中数弹阵亡，贾英亦牺牲。革命军回驻怀仁。在驻怀仁革命军的有力配合下，续桐溪指挥“忻代宁公团”与大同城中的同盟会员及革命军坚持打防御战，齐心合力守城，屡拒诱降，甚至半夜派勇士缒城而出袭击清军，有力地保卫了大同的革命成果。在 40 多天的对峙中，大同革命军以数千之众，抗万余久练之清军，虽屡屡濒临危境，但守志愈来愈坚，斗志愈来愈强，使清军一筹莫展，无可奈何。这种局面的形成，与驻守怀仁的革命军不断袭扰清军，频频进行援助是分不开的。

1912 年 1 月初，杨沛霖投奔驻扎在保德县的阎锡山时，所率领的数百名革命军，时称“怀仁军团”。这支有怀仁男儿参加的革命军队伍随即跟随阎锡山夺取包头、托克托城等地，为其后来重返山西，正式就任山西大都督作出了贡献。

附三：日军制造刘晏庄惨案

1937 年 10 月，八路军 120 师宋支队为打击日寇侵华的嚣张气焰，鼓舞人民群众的抗日斗志，烧毁了刘晏庄村南同太公路的 3 号桥和 7 号桥，意欲切断日军的交通运输线。日军抓不到八路军战士就迁怒于刘晏庄村民。同年

11月3日下午2时许，驻山阴县岱岳镇的日军300人，全副武装分乘24辆汽车，闯入刘晏庄村。日军分三路从东、南、北三个方向进村，见人就杀，见房就烧，见财物就抢，制造了一起骇人听闻、惨绝人寰的血腥惨案——刘晏庄惨案。

日军一进村，就提着汽油桶到处点火烧房子。一位名叫任六子的村民被三名日军押着推进正点燃的自家屋内活活烧死。袁才才一家三口全被日军枪杀，8岁的儿子死在刺刀下。袁三女一家三口，男的被打死，女的被强奸后杀死，他们三岁的小女儿竟被日本鬼子用刺刀挑起来摔死。袁二洋和连生瑞的爷爷被日军用刀割下头。袁志成的母亲被刺刀活活捅死。王进忠一家四口被烧死2口，枪杀2口。魏州成一家4口被杀3口。在这次惨案中绝户的有6家，就连村中耶稣教堂（瑞典人办的）也没躲过，教堂被烧，女信徒被杀。最惨的是村南下道，有70多人全部被枪杀在这里，横七竖八躺了一地。有个小土窑子。里边就有七、八个死人。其中李二江一家就死了5人，他本人躲到旁边的水井里才幸免于难。位于村北阁庙上的袁桂成见日军滥杀无辜，提刀反抗，结果被日军残杀。黄喜昌老汉当时正在庙上，见袁桂成被残杀，随即拿刀与日军搏斗，被日军扣在1000多斤重的大钟下，活活烧死。

到下午6时，仅半天时间，日军烧毁刘晏庄村院落63处，民房300多间，杀害群众108人，抢掠牛、羊、衣物等不计其数。

附四：侵华日军罪行实录

民国26年（1937）9月13日，日军一部由大同入侵怀仁秀女村，沿途烧毁民房百余间，强奸妇女10余人。同月，日本察哈尔第十五旅团一部侵占县城、尚希庄、第三作等地。

民国27年（1938）4月，八路军宋时轮支队班长韩荣等3人，在田庄村征集军需时被日军抓获，被剖腹杀害于村头。

民国27年（1938）8月9日，日军百余人，乘11辆汽车，抢劫南七里寨，抢走大部分农具和耕畜，百余名百姓惨遭毒打。

民国27年（1938）10月，叛徒任宏安（原察绥游击军战士）带领日军围剿石井村，村长陈堂德及八路军战士陈希贞等人遇难。

民国28年（1939）春，日军大抓民夫，修筑鹅毛口至怀仁公路，南窑村孟福旦不愿为日军效劳，被殴打活埋。

民国 29 年（1940）4 月，日军扫荡悟道村，赵庄行政村支部书记邢焕文及 27 团民运股长王占山等 3 人被围困在煤窑中遇难。

民国 29 年（1940）9 月，日军捉获抗日干部李艾后，将其头砍下，悬于东关城头，恫吓百姓。

民国 29 年（1940）12 月，日军在鹅毛口村西张瓦沟开建矿井，掠夺煤炭资源，强迫东北难民及本地百姓 2000 余人为其采煤。据调查，先后有百余人因矿井塌方或饥饿丧命。

民国 32 年（1943）2 月，山怀武工队队长向广胜带 5 名队员在南祖村（现属山阴）活动，驻马营日军将其包围在一窑房中，点燃莜麦秆，将 5 人活活熏死。

第二十四编

综合政务管理

第四十二章

[illegible]

第一章 民 政

第一节 拥军优属

怀仁县民政工作始于抗日战争时期，1938年，晋绥怀仁县抗日民主政府内设民政科。1949年，民政科改为民政局。“文化大革命”期间，取消民政局。1978年恢复设置民政局。

拥军 怀仁县的拥军工作历史悠久，1938—1945年，怀仁县为抗日民主政府和八路军出动民工6230余人，出动担架600余副，运输车辆150余辆，投入畜力26100余个，做军鞋5000余双，上交军粮300余担。1946—1949年解放战争期间，怀仁县支前民工有18633人，投入畜力60900余个。仅大同战役就动员民工2586人，担架200余副，运输车辆300余辆，慰问品2590万元（旧币），上交军粮16.7万余斤。在解放应县战役中，怀仁县支前民工3200余人，投入畜力1150余个，组织担架100余副，上交军粮4.85万余斤。

怀仁县境内驻有海、陆、空三个军种，怀仁人民视驻军为亲人，急驻军所急，帮驻军所需，积极与驻军沟通。县委、政府每年“八一”、春节慰问部队，把满载怀仁人民深情的慰问品、慰问金送到子弟兵手中。帮助部队解决具体困难。多年来被国家、省授予“双拥模范县”的荣誉。

2005年，开通县城和驻空军某部的拥军邮政专线。原来每周工作5天投递报刊和信件改为每周7天。2006年10月，中国人民解放军第27集团军演习部队途经怀仁县，县有关部门协调配合，对演习部队途经怀仁县的30公里路段实施全程保障，并送去10台电脑，10台彩电，200余箱矿泉水等价值12万元的慰问品。2007年，县民政局被全国双拥工作领导组和民政部、解放军总政治部授予“爱国拥军模范单位”的荣誉称号。2009年，县双拥领导组自编自演音乐快板“双拥凯歌奏和谐”录制成 MTV，由省双拥办推荐参加全国双拥办组织的文艺表演。2010 年建立《怀仁双拥网》网站。

2011 年 5 月，怀仁县第 6 次被省委、省政府、省军区命名为“全省双拥模范县”。亲和乡、县民政局被授予“爱国拥军模范单位”的荣誉称号。

优属 民国 37 年（1948），县民主政府对为革命事业牺牲的烈士进行登记，全县共有 213 人，对退役荣誉军人进行评残登记有 128 人。是年，对 133 户革命烈士家属和荣誉军人给予优抚，发给烈属每户 400 斤小米，荣誉军人每户发给 100—380 斤小米。1949 年优抚 102 户，发优抚粮 26813 斤。1950 年，对无劳动能力烈军属的土地，实行代耕制，由村集体临时派工帮助烈军属耕种。1953 年，全县有烈军属及三等残废以上的荣誉军人 2206 户。其中有 362 户享受供给制，716 户享受代耕土地 12249 亩。发给实物补助和子女入学助学金 9297.44 万元（旧币）。享受优抚的烈军属户占烈军属总户数的 48.9%。

1956—1977 年，全县普遍实行优待劳动日的制度。军属按全劳动力收入的三分之一至三分之二，每年进行一次评优补助劳动日，参加统一分配；烈属和军属以社员生活中等水平为标准，由集体补助其家庭收入，不足部分的劳动日参加统一分配。

1978 年起，除优待劳动日外，对部分烈军属优抚现金。1979 年有烈属、病故军人家属、失踪军人家属共 195 户 247 人，其中享受定期优抚补助 25 户 29 人，每户优抚现金 1056 元。5020 名烈军属 2 次享受临时优抚现金 39156 元。1851 名烈军属享受优待劳动日补助 92090 个，人均 58 个劳动日。6692 名复员军人 2 次享受临时优抚补助 52584 元，抚恤在农村的二等以上伤残荣誉军人 68 人，发放抚恤金 15406 元，人均 226.5 元。83 名荣誉军人享受三等残废优抚金 80507 元，人均 97 元。88 名荣誉军人享受在职残废优待补助 2714 元，人均 30.84 元。全年共发放优抚金 118762 元。

1982 年，全部改为优抚现金制度，优抚办法分为定期定量补助和临时补助两种。烈属按每月城市 25 元、农村 23 元优抚；复原军人分别补 13 元、15 元、17 元三个等级；现役军人从入伍到退役，其家属享受每年一次性优抚补助。全县有优抚对象 9045 人。其中有 513 名烈军属和荣誉军人享受定期定量补助，全年发放优抚金 17.1 万元。

1983 年以后，县委、县政府坚持每逢建军节、新年、春节等重要节日对军烈属和荣誉军人进行节日慰问。县、乡、村各级党组织采取召开座谈会、登门慰问、打扫卫生、送礼品慰问金、解决实际困难等多种形式开展拥军优属活动。

2003—2012 年怀仁县优抚烈军属和伤残军人统计表

表 24-1　　单位：万元、人

项目 年份	优抚人员		伤残军人	
	人数	抚恤补助	人数	伤残补助
2003	861	281	198	43
2004	852	260	148	38
2005	831	275	150	48
2006	810	262	152	49
2007	785	250	154	65
2008	758	265	158	89
2009	624	275.3	162	109
2010	736	441	151	122
2011	561	376.8	145	132
2012	527	368	137	138

第二节 救灾 救济

救灾 1954 年，全县遭遇几十年不遇的涝灾，连阴雨一直下了半个月，下得房倒屋塌，庄稼绝收。县政府下拨救灾款 15 万元，发放救灾粮 3.6 万斤。组织群众抗灾救灾。1979 年，旱、水、风、雹、病虫害并发，受灾面积 5.4 万亩，受灾人口 90709 人，其中特重灾民 4.5 万人。县政府发放救灾款 26 万元，救灾粮 2 万斤。1983 年严重春旱，受灾面积 42 万亩，夏秋遭受雹灾，受灾面积 11 万亩，总计受灾面积 53 万亩，县政府在广泛发动群众抗灾救灾的同时，发放救灾救济款 102771 元，救济粮 1 万斤，棉布 15000 尺，棉花 1100 斤。

1984年，春旱、风、雹、虫害并发，全县受灾面积56.54万亩，灾民1795人，发放救灾款61400元。1985年，发放救灾款54552元。

2003—2012年怀仁县救灾情况统计表

表24-2　　单位：万亩、个、人、万元

项目 年份	受灾面积	绝收面积	涉及村庄	受灾人口	经济损失	灾害类型	救灾款
2003	48	3.5	115	12.5	3360	虫灾	25
2004	42	2.6	96	15.8	1800	旱灾	30
2005	50	11.5	162	13.6	3600	旱灾	72
2006	65	21.5	92	9.3	4900	虫灾	55.8
2007	46.2	16.4	85	9.1	1.85	雹灾	80
2009	52.6	19	65	3.36	1.97	旱灾	81.5
2010	48.2		16	11.9	0.69	雹灾	92.3
2012	21.3	2.1	15	2.4	0.99	雹灾	77.4

农村困难户救济　1952年发放救济款93万元（旧币），救灾粮220万斤。1953年发放救济款28万元（旧币）。1977年发放救济款8.7万元。1980年救济3691户149911人（次），发放救济款20920元。1981年救济2921户，16912人（次），发放救济款15980元。1982年2月，成立扶贫扶优领导组，以人均收入不足130元的44个村9396户农民为对象，进行重点扶贫。年底有36个村8868户人均收入超200元，摆脱贫困。1983年，将人均收入不足150元的21个村4185户农民作为贫困对象，县乡两级政府采取将各种好经营、易盈利的承包项目优先包给贫困村（户）；发放低息、无息贷款，优先照顾贫困村（户）；为贫困村（户）垫资或减免部分税收等措施，帮助贫困村（户）脱贫致富。是年，有17个村2516户村民人均收入达250元，基本脱贫。两年中，全县用于扶贫资金900万元，县农业银行用于扶贫贷款430万元，占农贷总数的30%。1985年，全县建立4个扶贫基金会，筹集扶贫资金582.3万元，扶持发展加工、运输、采矿、建筑等经济联合体379个，

集体企业500个。1990年以后，扶贫工作由县农委下设扶贫办公室专门负责，对农村贫困户给予优惠政策，发展养殖、种植业实施“造血”扶贫。

城镇困难户救济 1949年起，对城镇居民及孤寡困难户实行定期定量救济和临时救济。1979年有城镇困难户160户640人。定期定量救济32户42人，发放救济款3484元，户均108.88元；临时救济167人（次），发放救济款1876元，人均11.23元。1980年城镇临时救济284人（次），发放救济款1176元。1984年，共定期定量救济188户229人，发放救济款253556元，临时救济1142人（次），发放救济款9932元。进入21世纪，城镇困难户全部纳入社会保障体系，实现应保尽保。

职工救济 1957年，对退职的47名职工发给一次性退职补助。1965年，实行按月发放精减退职工人原工资40%的退职救济。1979年，有142人享受此类救济，发放救济款47529元。1983年，有108人享受此类救济，发放救济款30582元。1979年至1983年，共发放老职工定期救济款180101元，每年平均救济108人（次），1020元。进入21世纪，职工退休全部进入养老保险范围内，且逐年提高发放标准，实现老有所养。

五保户救济 境内对无依无靠，失去劳动能力的老弱病残人员，实行保吃、穿、住、医、葬的“五保”办法，基层申报，民政部门审批、检查落实“五保”情况，由生产大队为“五保户”提供服务。1956年以后，五保对象由所在农业社定期给予救济，包括粮食、衣物及煤炭等。1958年，五保户对象由生产大队集体食堂供养。1960年以后“五保”对象由所在大队按社员的平均生活水平给予粮食、衣物等救济。1979年，全县有五保户395户726人，集体供给生活救济款44040元，人均60.66元。20世纪80年代，农村“五保户”的供养方试逐渐改为敬老院，乡、村两级统筹经费，每个“五保户”的生活费、医疗费全免，统一解决行李、衣服、生活用品。1982年，全县实行社会保障制度，“五保户”列入社会保障范围内，人均生活费年平均500元以上。1990年有“五保户”1280人，全县12个乡镇办敬老院11个，入院率达80%。到2012年，全县10个乡镇全部办起敬老院，村级办起46个，入院人数1150人。

2003—2011 年怀仁县农村社会保障实施情况统计表

表 24-3　　　　单位：户、人、万元

项目 / 年份	农村五保户			农村低保户			农村特困户			60 周岁以上老人	
	户数	人数	发放金额	户数	人数	发放金额	户数	人数	发放金额	人数	发放金额
2003	1150	1302	30				2351	4254	80		
2004	1150	1302	30				2213	4678	71		
2005	1150	1302	27.2				2213	4678	93.8		
2006	980	1302	130.2		11170	223.4	2213	4678	90		
2007	980			279	11170	391	2283	4710	98		
2008	980	1580	124.3	311	12425	760.4				16342	29.4
2009	986	1560	133.2	532	13324	815.4	1591	3211	321.1	16310	30
2010	970	252	新农合		13356	1111.2	1570	3200	290	16300	28
2011	970	319	新农合		14471	1933	1570	3200	290	16280	26

2006—2012 年怀仁县医疗救助金发放情况统计表

表 24-4　　　　单位：人、万元

项目 / 年份	大病救助		农村特困户医疗	
	人数	救助金	人数	救助金
2006			1370	25.3
2007	96	15.6	6480	6.5
2008	137	25.3	6480	13
2009	535	181.1	6430	6.1
2010	116	27.7	3405	6.8
2011	137	31.4	6390	7.5
2012	283	47.6	5724	6.4

2003—2011 年怀仁县城市社会保障实施情况统计表

表 24-5　　　　单位：户、人、万元

项目 / 年份	城市低保户			救助流浪人员		救助孤儿		城市困难户	
	户数	人数	发放金额	人数	发放金额	人数	发放金额	人数	发放金额
2003	2024	6087	158						

续表（1）

年份＼项目	城市低保户			救助流浪人员		救助孤儿		城市困难户	
	户数	人数	发放金额	人数	发放金额	人数	发放金额	人数	发放金额
2004	2314	7127	527						
2005	2257	8336	790			236	23.6		
2006	3254	9258	877.6						
2007	3573	9543	878	81	1.8				
2008	3590	10067	987	183	3.6			237	4.7
2009	4257	11877	1389.6	76	2				
2010	4257	11877	1389.6						
2011	4257	11877	1410			211	81		

第三节　复退军人安置

1949年以后，对复员到农村的军人，多数安置在村担任村干部（村党支部书记或副职）。1965年开始向全民和集体所有制厂矿、企事业单位安置工作。20世纪80—90年代，城镇非农业户口的志愿兵，在部队军龄6年以上的，因工、因战斗、因病残疾、二等功以上的复员退役军人基本上全部经县政府批准，由县劳动部门安置。以1985年为例，是年接收复员退役军人110人，由县民政部门安置在国营、集体厂矿工作的45人，其余均由乡政府和村委会安排乡村所属企业工作。

2004—2011年怀仁县接收安置复退军人情况一览表

表24-6　　单位：人、万元

年份	退伍兵	志愿兵	农村义务兵	城镇义务兵	发放补偿金
2004	39	8	30		
2005	65	130	20	59	
2006	40	12	40	65	174
2007	13	10	85	61	23.4
2008	42	6	75	15	32.3
2009	40	28	90	68	28.7

续表（1）

年份	退伍兵	志愿兵	农村义务兵	城镇义务兵	发放补偿金
2010	30	10	45	50	24.3
2011	14	6	81	45	11.6

第四节　支边　移民

支边　民国37年（1948）8月，民主政府抽调县、区干部20余人，由县委书记张如岗带队北上绥远，支援新区解放事业。次年6月，再次抽调县、区干部及其独立营战士约200余人，由晋绥五专署专员李滋润带队南下，支援西康建设。

1976年，怀仁县先后派出朱夺月、陈相、贾丙富、阎锡爵4名干部，赴坦桑尼亚传授技术，完成任务后陆续回县。1979年4月，本县选派彭宏、杨兴、田国栋等8名工农兵学员赴藏工作，截至1981年底陆续回县5人，有3人留藏工作。同年5月，雁北地区组织党政干部支援边疆建设，本县选派县委副书记刘采京、县纪委常委刘学文援藏，在那曲地区工作至1981年回县。

移民　1950年3月15日，怀仁县接收北京移民64户254人，分别安置在城内、宋庄、北信庄、刘晏庄等23个村。各村为移民分配了土地和住房，移民共分得土地1530.8亩，人均6亩，分得住房108间，户均1.7间。1953年以后，大部分移民陆续迁回北京，极少数留居。1972年，魏庄村15户居民移居干沟村北，建新村向阳村。1974年，黄土坡、甲车沟两村共100名居民移居河头村东北，建新村朝阳。1982年，小磨村10户居民移居到鹅毛口北二里处建新村，到1985年全村74户居民全部移居新村。1984年，接收蒙古人民共和国归国的侨民4户8人，县政府为每户分配住房两间，并全部安排了工作。进入21世纪，王卞庄、芦子沟、郝家坪、峙峰山、马庄、禅房、魏庄等村因煤矿采空造成塌陷，全部村民从山区移民搬迁到平川生产生活。

第五节 婚姻登记

1950年5月1日《中华人民共和国婚姻法》实施，由各区人民政府办理婚姻登记。1954年改由乡人民政府办理婚姻登记。1958年后婚姻登记由公社民政干部负责办理。据统计1981年结婚登记2994对，复婚登记7对，离婚登记10对。1983年结婚登记2092对，复婚登记20对，离婚登记32对。1984年以后，婚姻登记由乡镇民政助理员专门办理。是年结婚登记1698对，复婚登记10对，离婚登记28对。1985年结婚登记1060对，复婚登记8对，离婚登记34对。

2003—2011年怀仁县婚姻登记情况一览表

表24-7 单位：对

年份	结婚	离婚
2003	2020	121
2004	1110	161
2005	1150	145
2006	1880	155
2007	1550	155
2008	1980	123
2009	2180	135
2010	2365	189
2011	1915	181

第六节 地名普查

1982年8月，怀仁县地名普查办公室成立。编印《怀仁县标准化地名》。2003年5月，随着县城改造拆迁，对原有街路和新建的街路重新进行命名。

县城内南北主干路起名为“路”，东西主干路起名为“街”，如，新华街（分南北）、云州街（分东西），迎宾街（分东西）、东环路改为长征路。2005年，对县城街、路、巷、主要建筑、小区、广场、住户门牌进行全面摸底调查。县城共有主干街38条、主干路28条、小巷517条，商铺4万多户。2006年对调查摸底登记的主干街、主干路、小巷和商铺制挂门牌和地名牌。2007年制定《怀仁县县城标准地名标志设置的安排意见》。建立乡镇边界标志地名设置定期走访制度，加强两地接合部有关边界问题的检查、指导，收集整理各种文件、图表、技术资料、数据库，推动平安边界建设的开展。2009年，开展界桩设置及县城标准地名设置工作，对县城街、路、巷、居民区、楼、住户门牌、广场、重点建筑等进行逐一造册登记核实。

2010年，县民政局与应县民政局对怀仁、应县两县之间的行政区域界线进行联合调查。同年对10个乡镇的地名标志设置情况进行调查，其中毛皂镇、吴家窑镇等6个乡镇设立地点标志牌。2011年，县民政局与山阴县民政局，对两县行政区域界线进行联合调查。同年11月编印《怀仁县地图》。县政府组织社会人士，邀请民政部地名研究所，清华大学专家学者，对县城12条骨干街道进行重新命名。这次命名本着“挖掘怀仁历史、体现怀仁特色、彰显怀仁未来、方便怀仁群众”的原则，对县城“六纵六横”主干道进行了重新命名。

第二章 劳动和社会保障

第一节 就业

社会就业 1949年以后，全民所有制单位吸收录用干部职工7469人，城镇集体所有制单位吸收录用447人。1958年，部分农村青年流往外地自行就业。1962年全县精简职工1444名，其中由全民所有制转为集体所有制工人909名。接收外地返乡人员5317人。怀仁县煤矿录用146人，城镇街道工厂录用15人。1964—1965年推行合同制临时工制度。1966年实施亦工亦农的用工制度。从1964年至1970年，全县共录用合同制工和临时工1415人。1960年10月至1970年10月间，共录用正式干部、职工537人。

1971年，根据国家政策规定，对常年在生产工作岗位上的临时工、轮换工转为固定工。全县全民所有制企业的1000人，集体所有制企业的600人均转为固定工。1972年，录用小学教师156人，长期代课教师转为公办教师10人。1973年以后，县政府宏观控制招工指标，根据工矿企业的生产需要，每年列计划下达招工指标，招收录用新工人（全民所有制合同工和集体所有制合同工）100至300人左右，民办教师、代课教师转为公办教师20至50人左右。1978年，实行退休职工子女顶替接班制度，每年顶替接班100人左右。1985年，以工代干人员转为干部29人，转为合同制干部38人。

1994年以后，县政府不再定计划给企业下达招工指标，实行企业选工人，工人选企业的双向选择，采取灵活招工。企业自主录用工人，劳动部门审办招工手续，保存工人档案，作为工人退休时办理手续的依据。随着经济体制改革的不断发展，企业直接向社会招工，补充员工队伍的不足。特别是有技术的、复转军人、大学毕业生优先录用，彻底改变了政府调控、劳动部门招工、定向安排工作的做法。

2005年，全年新增就业岗位2565个，向外输出各类人员198人，发出《再就业优惠本》1145本，为再就业人员减免各种税费85万元。城镇登记失业率控制在3%以内。2007年，新增就业岗位2234个，培训职工4720人，培训下岗失业人员1270人，职业资格鉴定550人。2008年，新增就业岗位3250个，下岗失业人员再就业1095人，安排零就业家庭人员108户成功就业。开发公益性岗位296个，发放《再就业优惠证》1325本。2009年，新增就业岗位3987个，安置下岗事业人员1257人，失业率控制在1.89%。举办创业培训班4期，培训学员125人，有28人创办企业，吸收就业人员387人。

2010年，新增就业岗位3560个，失业率控制在1.7%以内。下岗失业人员再就业950人。举办招聘会9场，为17家用人单位成功介绍人员712人，向外输送人员 51 人，安排高校毕业生参加就业见习 131 人。安排 357 名困难就业人员充实到县社会保障、教育、计生、民政、街道社区等基层单位工作。2011 年，新增就业岗位 3895 个，失业率控制在 1.9% 以内。安置大学生到公益性岗位工作 209 人。通过“三支一扶”的方式，为高校毕业生提供就业岗位 20 个；为军转干部子女和下岗失业人员提供公益性岗位 203 个；转移农村劳动力就业 3695 人。2012 年 6 月，新增就业岗位 4937 个。城镇失业人员再就业 796 人，困难职工再就业 294 人，开发公益性岗位 417 个，失业登记率 1.8%。为 572 人安置就业。举办创业培训班 12 期，培训各类人员 8136 人，实现创业带就业 975 人。

第二节 知识青年上山下乡

1964 年 5 月，中共怀仁区委按照省委的指示精神，动员城镇知识青年上山下乡，插队插场参加农业生产劳动。8 月底，全区共动员 50 名（男 24 人、女 26 人）城镇知识青年奔赴农业生产第一线。其中插队 10 人，插场 40 人（金沙滩农牧场 32 人，山阴农牧场 2 人，下寨农场 2 人，雁北果树站 1 人，毛皂甜菜育种场 3 人）。1965 年，城关镇和小峪镇共动员知识青年 84 人，分别插队到城关公社东关大队 31 人、吴家窑公社吴家窑大队 38 人、碗窑大队 15 人。1966 年，城关镇动员知识青年 17 名插队到亲和公社曹四老庄大队。

1968 年 10 月，怀仁县革命委员会组织“老三届”初、高中毕业的城镇知识青年上山下乡插队落户。先后有怀仁中学、金沙滩中学、新家园中学、怀仁民中、小峪矿中学等五所学校的 425 名初、高中毕业生奔赴农村插队落户，接受贫下中农的再教育。同年 12 月，本县接收安置北京市西城区的北京 56 中、铁二中、安德路中学的 668 名学生。与此同时还接收了来自大同市第一中学、第二中学、机车厂中学、水泥厂中学、铁路中学的 684 名学生插队落户。是年，全县共接收安置本县和外地知青 1777 人，安置在 12 个公社的 57 个生产大队。北京知青被集中安置在 6 个公社的 23 个生产大队。分别是何家堡公社的磨道河、宋庄、楼子口，毛皂公社的毛皂、温庄、大寨、扬谷庄、李家场，河头公社的东昌城、中柳会，新家园公社的新家园、赵麻寨、尚希庄、南铺，马辛庄公社的马庄、仝庄、小盐坊、大盐坊、海子洼、智民庄，鹅毛口公社的中街和北街等生产大队。起初知青的住宿全部借用社员的房子分散居住，吃饭集中在食堂，自己起伙。参加生产劳动则由生产大队分配到各生产小队，由生产小队安排农活。1969 年 10 月底，各知青点陆续建起连栋排房 526 间，除吴家窑、碗窑大队外，其余各知青点都搬入了新居，实现了集中居住、学习和生活。

1969 年 11 月，怀仁县革委会下发《关于认真做好知识青年生活管理工作的通知》。要求一是坚持办好集体食堂，这样有利于安排好学习时间，有利于增强集体观念，而且对于节约开支和劳动力都有很大好处。对个别分散起伙，把粮菜发给个人单独起灶的，要立即纠正，办灶原则一般以大队办灶为宜；二是关于吃粮标准，按照所在生产大队单身劳力平均吃粮标准分配（包括基本口粮、按劳所得部分、自留地人均产量），每人每月高于 44 斤原粮的，按生产队的标准分配，低于 44 斤的，按 44 斤供应，生产大队无力补足时，可减少征购任务或由粮食部门补足。食用油由所在生产大队分配；三是粮食分配与掌握，口粮标准不能低于 44 斤原粮，指标到人，大队统一保管，统一调剂粮食标准，按月出库。同时，各大队要安排好冬季蔬菜贮存和管理，保证今冬明春食用；四是炊事员由大队选派一名觉悟高，作风正派、为人正直、有做饭技术的贫下中农当老师，报酬由大队承担，知青中选若干人，定期轮流做饭，报酬由上灶人员均摊；五是上灶生活标准保持在每月 8 元左右，先由大队垫支，年终分配扣除。对于长期不回队参加抓革命、促生产，不安心农村插队的，领粮必须交付现款；六是不能挫伤知青的劳动积极性，必须同工同酬；七是加强领导，各社队要确定专人管理知识青年再教育工作，大队必须建立“三结合”（大队干部、贫下中农代表、知识青年）领导小组，把知青的再教育工作纳入革命委员会议事日程，发现问题及时解决。到年底，将由各公社分散管理的知青档案，由县统一收缴管理。

1970 年 7 月 4 日至 7 日，怀仁县革委会召开全县上山下乡知识青年讲用会。知青代表和有关社、队领导出席会议。会议介绍了知青工作中的有关情况，总结了一年半以来知识青年上山下乡工作的经验。7 月 14 日，中共怀仁县核心小组批转办事组《关于下乡知识青年工作前段情况的简结及当前工作的几点意见》，充分肯定了知识青年在广阔天地里进行世界观改造的三大变化，思想觉悟大变化、阶级觉悟大提高、革命意志大提高。是年，全县有 358 名知青出席了省、区、县学代会。涌现出来的先进集体有“三大革命当闯将，越是艰险越向前”的胡寨大队知青；有“学习解放军，在创四好大道上阔步前进”的清水河大队知青；有“为革命大搞科学种田，决心改变低产面貌”的王家堡大队知青；有“扎根山区，艰苦创业”的楼子口大队知青。孙炎、张佃亮、陈广恩、张建华、武秀萍、姜雅兰、张素琳等知青成为先进代表人物。有 3 名知青加入中国共产党，有 2 名知青担任大队支部书记和支部副书记，有 18 名知青被选为大队党组织和革命委员会成员，有 162 名知青被选为共青团、民兵组织、妇女组织、生产队干部，有多名知青被培养为学习毛主席著作辅导员、民办教师、赤脚医生和科学实验员。

1970 年以后，部分知青通过参军、转点（转到外省市县插队）、病退回城等方式开始陆续离开农村。1971 年开始有针对专门知青的招工指标。据 1972 年底统计，全县离开农村的知青人数达到 1177 人，占知青总数的 62.7%。其中：参军 46 人，占 3.9%；升学 101 人，占 8.5%；各种原因返城 35 人，占 3%；招工 597 人，占 50.7%；其他 398 人，占 33.8%。在招生（工农兵学员）工作中，本县给北京籍知青以政策倾斜，县知识青年上山下乡办公室对北京籍知青家庭状况进行了大量、细致的函调工作。在经过群众推荐、组织批准、学校审查、文化考核等程序后，在 1972 年大专院校招收的 31 名知青中，北京知青占到了 27 人；中等专业学校招收的 18 人中，北京知青占到了 14 人；大同师范学校招收的 42 人中，北京知青占到了 10 人。

1973 年 1 月 12 日，北京市知青慰问团对在本县农村参加农业生产劳动的北京籍知青进行慰问。他们到各知青点看望慰问知青、召集座谈会，并同县领导商讨解决存在问题的方法。6 月，县委召开了以北京籍知青为主的全县知青座谈会。7 月，县委成立知识青年上山下乡工作领导组，由县革委副主任李培元、政工组副组长郭志成任领导小组正副组长。成员有保卫组、财政局、计委、团县委、县妇联和安置办公室（后称知识青年上山下乡办公室）七个部门的领导组成。县委要求各公社要有一名党委成员分管此项工作，各大队党支部要切实抓好上山下乡知识青年工作。同时强调要以阶级斗争为纲，确实解决好实际困难，加强管理教育，充分发挥知青的生力军作用。整顿健全“三结合”领导小组，团、妇、民兵、治保等组织要协助党支部做好插队青年工作。在中共怀仁县委向雁北地委呈报知青工作总结报告中指出：在贯彻执行毛主席关于“知识青年到农村去”的伟大指示中，全县各级党组织做了不少工作，也积累了经验，取得了一定成绩。本县广大知青在各级党组织的关怀教育下，经过贫下中农的再教育，成为建设社会主义新农村的一支生力军。全县1878名上山下乡知青中，19人入党，190人入团，4人被选拔为国家干部，42人参加到各级领导班子中，有50人参军，33人迈进了新型的社会主义大学，76人进入中等专业学校，还有809人走上了其他工作岗位。知青中的先进集体和模范个人大批涌现。有11个知青小组、231名知青分别被评为县、社、队的模范集体和劳动模范。诸如“扎根农村干革命，斗争实践炼红心”的赵麻寨大队知青集体；“胸怀朝阳心向党，三大革命运动中当闯将”的胡寨大队党支部副书记、县委候补委员孙日兵；“刻苦改造世界观，全心全意为人民服务”的赤脚医生孙炎等。

按照1973年8月4日中发（1973）30号文件和山西省制定的《知识青年上山下乡初步规划和若干问题的试行规定（草案）》的精神，本县以城关镇和小峪镇为基础展开了知识青年上山下乡再动员工作。将任务分解到各有关单位。召开各局、各大单位负责人会议，并实行了“三包”，即厂矿包职工，机关包干部，街道包居民进行动员，形成了全党抓动员的局面。县委明确提出，各单位其他工作上去了，动员工作上不去，就是没有执行好毛主席的革命路线，要求领导带好头，党组织要做好家属工作，要作出保证。同时，还选择补充了8个知青点，要求有关社队做好迎接工作。11月14日，召开全县知青上山下乡欢送大会，有223名知青落户农村。1974年插队落户的有133人，1976年289人。1977年143人。

1975年，北京市委调拨部分农业机械和生活用具，先后三次无偿支援本县北京籍知青安置所在大队，表示对北京籍知青的亲切关怀和对知青安置点所在大队的无私援助。先后支援的农机具及生活用具有：手扶拖拉机、手推车内外胎、小米碾米机、扬场机、面粉机、铡草机、机动喷雾器、马车轮胎、缝纫机、照明电线、农村动力电线、农业水泵及配套设备、电动机、稻麦收割机等，分配给了北京知青点所在的磨道河、尚希庄、扬谷庄、毛皂、大寨、东昌城、小盐坊、新家园、智民庄，温庄、中街、李家场、楼子口等13个大队。同年，全县动员城镇青年125人去国营农、林、牧场插场落户，分别去往金沙滩农牧场，林科所、恒山林场，毛皂农科所等。这部分人到期转正定级，成为正式职工，不再另行分配工作。

怀仁县在这一时期先后创办了小峪煤矿知青农林场和县知青创业队，共接收安置了150多名知青。县知青创业队创办于1975年，以县果树站奶牛场为基础，有土地120亩，果树2200余棵。到1977年，创业队达到了40多人。知青统一变为集体户，第一年吃国家供应粮，此后逐步达到自给。在创业队参加生产劳动的知青与在农村插对的知青相比，在管理教育上专门配备了国家干部任指导员和队长，在生产生活上还有一些上拨经费给予支撑，为丰富业余生活，还添置了扬琴、二胡等乐器和其他娱乐工具。

1975年6月底，在村知青442人，其中男149人，女293人，女知青占到了三分之二。其中生活能够自给的14人，基本自给的185人。有58人与当地社员或知青之间结了婚，并有28人生育了子女。为了解决知青生活困难，县知青办分别情况给予适当的困难补助。补助标准分为三类，（1）无劳动工的少补，分别为40元、60元、80元；（2）有劳动工的多补，分别为90元、110元、130元；（3）因病和特殊困难的，分别为130元、150元、170元。因病14人，共补助2230元。特殊困难的146人，共补助9350元。其时全县劳动力平均年收入为69元。各知青点所在公社工分值最高的河头为0.89元，最低的新家园公社和海北头公社，均为0.50元。

1975年12月，根据形势和任务的需要，县委进一步调整充实了知识青年上山下乡领导组，领导组由王建功、张荣、田仲玉、郭志成、王茂林、朱生璋、王春海、陈颐、杨柏青、杨茂盛、韩德富、董树连、张富文、李鸿敏

15名同志组成，王建功任组长，张荣、田仲玉任副组长。县委要求必须进一步抓好知识青年的管理教育工作，特别强调要认真落实党对知青的政策，切实做好动员和分配工作。在知识青年中的招生、招工、征兵等要按照计划，由知识青年上山下乡办公室统一推荐调配。

1976年8月，就贯彻落实全省知青代表会议精神，总结交流全县知青工作的经验，坚持知识青年上山下乡的正确方向，表彰先进树立榜样，怀仁县委召开了上山下乡知识青年农业学大寨积极分子代表会议。知青代表116人，知青集体代表6个、各公社和部分大队的负责同志及知青家长代表共201人出席会议。1978年底，全县有729名知青坚持在农村。1979年底，在农村结婚的128人的193个子女全部按政策转为非农业户口，吃上了商品粮。1980年1月，全县在乡知青190人。

1981年底，怀仁县以及接受外地的上山下乡知青已全部离开农村，返城就业。

第三节 社会保险

1987年，从全民所有制企业开始参加执行职工养老、失业、待业、工伤、医疗保险。1990年，集体（二轻）企业也开始执行该制度。至2000年底，养老、失业、工伤、医疗、生育等保险金的积累近4000万元。

2003年，征缴企业职工养老保险1757万元，给2074名退休工人发放养老金1170万元，基金滚存结余2070万元。机关事业征缴105万元。有129个单位参加医疗保险，参保职工10086人，覆盖率63%。有140219名农民参加农村合作医疗保险，占全县农业总人口的80.27%。2004年，全部实行社会化发放。对定点医院、定点零售药店加强服务协商管理，初步构建基本医疗保险服务体系。为雁北机械铸造厂、县陶瓷公司的521名失业职工按时足额发放失业金115.6万元；农村养老保险参保农民有10042人，全年征缴养老保险费35万元。2005年底，全县社会保险积累达5270万元，支付各项社保基金2420万元。

2007年，企业退休人员三年调整养老保险待遇全部到位，人均增资280元。共为3012名退休人员增资1012万元。冬季取暖补贴费全部到位，每人由80元调整为700元。发出补贴228万元。全县143名临时幼儿教师纳入机关事业单位养老体系。为符合条件的898名失业人员发放失业保险金449万元。各种社会保险基金征缴额为6884.7万元，支付5074.2万元，滚存结余9927.1万元。社会保障覆盖率达85%。2008年，各项社会保险基金累计滚存结余12739万元，支付6411万元。为3386名退休工人调整退休待遇，人均增资92元。支付企业养老保险费344万元。2009年，为325名退休人员支出养老保险费850万元。各项社会保险征收11641万元，支付8374.9万元，累计结余1.79亿元。全县3242户企业（其中规模以上企业315户）建立用工数据库，共调查用人单位206户，涉及劳动者20651人，受理投诉案件93件，责令用人单位补签劳动合同270人，补缴各种社会保险费53万元，补发1352名劳动者被拖欠工资219.4万元。

2003—2012年怀仁县各类社会保险征缴、支付情况一览表（1）

表24-8　　单位：人、万元

类别/项目/年份	企业养老保险				机关事业养老保险				农村养老保险			
	参保人数	征缴	支付	累计结余	参保人数	征缴	支付	累计结余	参保人数	征缴	支付	累计结余
2003	2074	1757	1170	2070	1520	105						
2004	1998	1590	1300	2560	1730	221			10042	35		369
2005	12945	1831	1500	3150	1975	497.7			11231	28		380
2006	13560	1865	1650	3350	2250	525			12211	32		420
2007	13900	4125	3283	5539	2744	1077	618.6	1798.8	14000	80	6.625	453.6
2008	14510	5347	4213	6590	2600	1196	765	2058	14500	115	5	495
2009	16687	7327	5341	10851	2445	1110	850	2460	16057	115	6.9	511
2010	22020	8466	6865	13660	2146	1221	979	2755	20110	66.27	25.36	552.7
2011	22910	10700	8888	15400	2504	1487	1038	3217	91052	1964	754.8	1761
2012	25443	11700	10971	16800	2524	1361	1186	3454	100346	3140	1642	3866

2003—2012年怀仁县各类社会保险征缴、支付情况一览表（2）

表 24-9　　单位：人、万元

类别 / 项目 / 年份	城镇居民养老保险				城镇职工、居民医疗保险				失业保险			
	参保人数	征缴	支付	累计结余	参保人数	征缴	支付	累计结余	参保人数	征缴	支付	累计结余
2003					10086				1560	170		
2004					11330	215			1720	178		
2005					12100	411			1931	211		
2006					12550	520			21600	280		
2007					13000	1031	533	1369	22000	397	449	534
2008					34033	1458	725		22000	640	415	414
2009					42140	2309	1560	3140	26055	510	456	396
2010					43194	2658	2070		26100	452	257	603
2011	24290	271.5	48.44	223	61623	4075	3187	4658	26200	2300	554	2300
2012	6350	356	120	864	67350	5540	4117	6020	37035	751	944	1878

2007—2012年怀仁县各类社会保险征缴、支付情况一览表（3）

表 24-10　　单位：人、万元

类别 / 项目 / 年份	工伤保险					生育保险				保险基金总额		
	参保人数	其中农民工	征缴	支付	累计结余	参保人数	征缴	支付	累计结余	总收人	总支出	累计结余
2007	13000	8000	168	164	226	408	6.7	4	16	6884.7	5074.2	9927.1
2008	15000		313	158	351	410	8	5	17.5	8250.5	6411	12739
2009	16704	11000	259	150	494	418	11	11	18	11641	8374.9	1.79亿
2010	19250		417	200	715	8000	50	9	59	13325	10405	22115
2011	20150	12720	537	400	864	10086	50	3	116	2.14亿	1.49亿	2.85亿
2012	31900		580	500	900	26000	126	7	235	23555	19487	34017

第四节 劳动管理和职业培训

2005年，县人力资源和社会保障局内设劳动保障监察大队。劳动监察巡察123户（次），涉及职工8295人，下达整改指令书24份，补签劳动合同书608份，受理案件360件，清欠农民工工资297.43万元，涉及农民2479人。2006年接待咨询300人次，受理监察案件30起，为360名农民工讨回拖欠工资65万元，受理劳动仲裁案件9件。2010年，开展劳动用工专项整治，清查黑砖窑，检查建筑企业劳动用工，共检查用人单位300户，涉及职工17616人，办结举报投诉案件83起，受理劳动争议案件12起，为675名农民工追回拖欠工资188.9万元。2012年，受理农民工拖欠工资投诉案件125件，全部结案，为1184名农民工追回拖欠工资1123.98万元；对全县2580名煤矿职工的劳动合同备案书进行审查，受理劳动争议案件14起，接待来信来访76人次，回复办结率100%。全县企业用工劳动合同签订率达到98.5%。

1956年，国家颁布《职工劳动保护条例》后，全县企业逐步改善职工劳动条件，保护劳动者在生产中的安全与健康。20世纪80年代，劳动局设劳保科、监察科，负责劳动安全法规的贯彻落实，对职工的安全生产、劳动保护、技术培训、质量检验及事故进行检查处理。1985年，峙峰山、芦子沟等大中型煤矿内设劳保、技术、安监等科室，配备专兼职人员，实行分片巡回检查。特别是井口坑下作业，确定一名矿领导，专抓安全检查工作。制订《防机电事故紧急措施》《安全检查制度》《顶板管理措施》等规章制度。定期培训安监员、瓦斯员、机电员等特殊工种，签发合格证，持证上岗。对不安全苗头及时处理整改。对安全有特殊贡献者奖励，对失职、渎职者处罚。1990年以后，全县煤矿死亡率逐年下降，煤矿百万吨死亡率下降到0.84%。

2007年，培训职工4720人，培训下岗失业人员1270人，农村劳动力技能培训1700人，职业资格鉴定550人。2009年，培训在岗职工3950人，下岗失业人员再就业培训1855人，农村劳动力技能培训1850人。实现创业劳动就业758人，职业资格技能鉴定689人。2011年，职业技能提升培训4561人，劳动力技能培训1005人，下岗失业人员职业培训1608人，农村劳动力技能培训1409人，职业技能鉴定680人，举办创业培训班6期，培训学员180人，实现创业带动就业942人。2012年，培训各类人员8136人，职业技能鉴定680人，举办创业培训班12期，培训学员360人，实现创业带动就业975人。

第五节 管理机构

2001年以前，劳动局设劳动服务公司（正股级）、矿山安全监察站（正股级）、办公室、社会保险所、人事调配、工资审批、锅炉监察等下属单位，负责全县招工调动、企业工资审批、锅炉监察、收缴发放企业养老、失业、医疗保险金等。人事局设办公室、人事档案室、行政事业养老保险股、安置调配股、工资审批股、职称评定股、人才开发中心等单位，负责全县干部职工工资审批、提级、调资、行政、差补和自收自支事业单位干部职工养老保险费的收缴、发放，初、中、高级职称的评定、上报审批工作及大中专学生安置、干部调动等工作。

2002年，劳动局改为劳动和社会保障局，主要工作以管理各种社会保障为主，有机关事业养老保险、企业养老保险、失业保险、职工医疗保险、农村养老保险、城镇居民养老保险、城镇居民医疗保险等。原矿山安全监察站职能移交煤炭工业局，锅炉安全监察职能移交质监局。2010年5月以后，劳动和社会保障局与人事局合并为人力资源和社会保障局，综合负责全县社会保障、人事安置调配、职称评定、行政事业干部和职工档案管理等工作。

第三章 人力资源

第一节 干部人事管理

调配 1949年以后，全县干部由县委组织部和县政府人事局调配，企业工人由县劳动局调配。1976年至1984年，怀仁县接收安置军转干部93人，分配大中专毕业生387人。1984年从农民中吸收录用29人为干部，工人转为干部33人。1985年接收安置军转干部8人，分配大中专等毕业生113人，调配干部90余人次。2007年，调整副科级以上干部94人，提拔61人，公开考聘村官38人。2009年，调整干部309人次，其中提拔116人，35岁以下的青年干部占50%。2011年，调整干部214人次，其中平调85人，提拔59人。2012年，调整科级干部106人次，平调15人，提拔35人。

考察 1949—1965年，县委组织部通过查阅干部档案，召集座谈等方式，独立对干部进行考察，对德才兼备的干部委以重任。1966—1976年，在群众运动中考察和识别干部，注重干部的阶级成分和家庭出身，对家庭出身好，敢于"造反"的干部提拔重用。1978年以后，对干部的考察采取民主测评、民意测验、群众推荐等方式，对干部素质进行全面考核和分析，对符合"革命化、知识化、专业化、年轻化"（简称"四化"）的干部，提拔重用。

任免 1949—1980年，科（局）级干部的人事任免，由县委、县政府研究决定行文任免，公司经理级干部的人事任免由单位上报县委组织部和政府人事局后，经县委、政府审议通过后决定。1980年6月，县人大常委会成立后，县政府正科（局）长由县委推荐任免名单，县长提请县人大常委会通过，并下达任免通知，颁发任命书。副科（局）长、厂长、经理及股级干部，根据县委提名，由县人事局提请县长办公会议通过，县长签发任免通知，人事局承办任免事宜。县委正副科（局）长由县委组织部提名，县委常委会议研究决定，组织部承办任免事宜，经理及股级干部由组织部常务会议研究决定，送县人事局备案。1983 年以后，下放人事任免权，经理及股级干部由所属科（局）决定。

离退休 1956 年开始按国家规定实行干部职工退休退职。1985 年，全县有离休干部 175 人，退休干部 761 人。2011 年，县委、县政府慰问新中国成立前入党的老党员并发放补贴 248568 元。走访慰问 99 名老党员，发放慰问金 198000 元。2012 年，全县离退休干部 2215 人，其中离休干部 105 人，退休干部 2110 人，其中退休女干部 288 人。

人才开发交流 1995 年 8 月，成立怀仁县人才开发服务中心、怀仁县人才市场，实行两块牌，一套人马，合署办公，隶属县人事局。主要职责是掌握交流人才信息，培训人才，为人才的合理交流牵线搭桥，做好人才推荐工作，搞好出国人员的政治审查，接收管理大中专毕业生档案。2011 年，县人才交流中心办公室管理大学（含大专）学生档案 1582 件，管理聘用制干部档案 972 件，其中乡镇 481 件。2012 年，接收大学生档案 678 件，转走 12 件。共为 150 名毕业生及流动人员办理人事代理手续。

选聘大学生村官 2006 年以后，先后分 6 批选聘大学生村官 216 人。有 103 人考取省内外公务员和事业单位工作人员，5 人因考核不合格被解聘。2011 年，在岗大学生村官 108 人。其中男 45 人，女 63 人；研究生 2 人，大学本科 55 人，大专 51 人；党员 86 人。同年在县乡换届中 10 人当选为县十一次党代会代表，26 人担任乡镇党代会代表，8 人担任乡镇人代会代表；在村“两委”换届选举中，有 102 名大学生村官当选为“两委”班子成员。其中担任村党支部书记 8 人，副书记 9 人，村党组织委员 20 人；村委会主任 7 人，副主任 28 人，村委委员 47 人，书记、主任“一肩挑”2 人。2012 年，有 17 名大学生村官被录用为公务员，有 13 名大学生村官被录用为县乡事业单位工作人员。

公务员 2011 年，怀仁县按照公务员法管理的党政群机关共有 46 个，其中党委工作部门 7 个，政府工作部门 24 个，乡镇机关 10 个以及人大、政协、法院、检察院和工商联 5 个；参照公务员法管理的事业单位共有 20 个，其中党群系统10个，政府系统10个。

全县共核定行政编制1010名，其中党政群团417名，政法341名，乡镇252名；参照公务员管理的事业单位核定编制192名，其中党群系统72名，政府系统120名。

全县共登记公务员851名，其中党政群机关357名，政法机关273名，乡镇机关252名；参照公务员管理的事业单位登记108名，其中党群系统49名，政府系统59名。

第二节 工资福利

工资 1946年9月，民主政府的党政工作人员实行供给制。县、区党政干部不论职务高低，每人每天供给小米2斤，每年供给单衣、衬衣各一套，三个月一双鞋，两年一套棉衣。1949年以后实行“小包干”供给制，不分职务等级，由国家供给衣服，每人每月供给小米450斤。

1952年12月，党政工作人员进行定职定级，实行工资制。以粮食、棉花、食油、白布、煤炭、食盐、火柴等七种商品的平均价为一个分值，以职务级别定分值，以分值定工资。是年，全民所有制单位职工工资总额50.21亿元（旧币），每个职工年平均工资273万元（旧币）。

1954年8月，按规定级别，实行薪金制，全县全民所有制单位工资总额157.53亿元（旧币），职工年平均工资423万元（旧币）。1956年，机关事业单位实行职务等级工资制，企业工人实行八级工资制。是年，全县工资总额168.05万元。1963年为部分工作人员调整工资，调整后全县工资总额475.89万元，职工年平均工资增到433元。

1971年、1977年、1979年给部分工作人员三次调整工资，重点解决工作多年工资偏低问题。1985年，对国家机关、企事业单位的工作人员，实行结构工资制（分为基础工资、职务工资和工龄补贴三部分）。全民企事业升级4573人，人均月增资21.11元。集体企业升级2443人，人均月增资17.23元。1990年以后，根据上级有关政策对行政事业、企业的干部、职工及时调整工资。全县企业从2002—2012年，连续10年调整职工工资，每年平均上调10%。机关事业单位从2006—2012年连续6年调整干部职工工资，每年平均上调8%。

冬季取暖补贴 1956年开始对家居城镇的职工发给冬季取暖补贴费。每年发给5个月20元的烤火取暖补贴费，后增为38.5元。1978年改为不分职工家庭居住城镇或乡村，全部发给取暖补贴费。2000年以后，取暖费逐年增加，2012年，县处级2600元，科局级2400元，一般职工1700元，企业职工1400元。

公费医疗 1949年以后，实行职工医疗费实报实销制度。其中工人家属可享受医疗费的60%的公费。1953年实行半费制，由行政部门和职工个人分别负担50%。1958年以后，职工医疗费提升到可报销70%。1980年以后，对大病医疗（指住院治疗）全报销，门诊治疗的报销80%。2000年以后，实行医疗保险，实行分级报销。在本县县级人民医院就医者报销70%，到外地县级以上医院报销50%，凭住院转院介绍、支出药费清单、诊断书到人社部门报销。一般门诊凭用药收据报销。

节假日工资 中华人民共和国成立以后，对行政事业单位的干部职工实行星期日和法定节假日休息工资照发的制度。企业职工在公休日加班者，发给本人计时工资的150%。法定节假日加班者发给200%。同时职工在婚假、探亲假、丧葬假、妇女产假期间享受假期待遇。

第四章 社会管理的创新

第一节 社会管理

2011年以后，怀仁县紧紧围绕“维护重要战略机遇和社会稳定”的总体目标，按照“村成社区”的思路，以解决影响社会和谐稳定突出问题为突破口，以加强和完善政府为主导的维护群众利益机制、基层社会管理服务体系，加强和完善公共安全体系、信息网络管理、思想道德建设、社区（网格）规划建设、流动人口服务管理、经济社会组织服务管理为重点，不断提高社会管理科学化水平，促进社会公平正义，保持社会良好秩序，建设和谐稳定怀仁。坚持“八项原则”，即坚持以人为本、服务优先的原则；坚持统筹兼顾、动态协调的原则；坚持多方参与、齐抓共管的原则；坚持立足实际、大胆创新的原则；坚持真抓实干、务求实效的原则；坚持关口前移、源头治理的原则；坚持依法管理、综合施策的原则；坚持科学管理、提高效率的原则。构建“十大体系”，即社会矛盾化解社会全预防、社会服务保障、流动人口服务管理、重点人群社会帮教、社会治安防控、社会管理服务、基层基础建设、互联网及新型媒体管理、社会管理法制保障、网络化管理等社会管理体系。

第二节 社区管理

2010 年，全县设立 21 个社区居委会，划分为 202 个网格，确立县、乡（镇）、两委（村民委员会和社区委员会）、网格（小区）四级服务管理模式。以社区党组织为核心，社区居委会为基础，小区（网格）工作为依托，加快推进社区管理体制、功能和工作转型，确保有组织管事，有人员干事，有场地议事，有条件办事。在管理力量配置上，21 个社区居委会建立党组织，同时加强社区服务力量，强化职能部门服务延伸，派与居民日常生活密切相关的人社、住建、卫生、计生、民政、司法、工商、老龄委、公安、教育、文化、残联、法院等 13 个职能部门进驻社区，按照“职能在社区，人员在社区，服务在社区”的要求，实现服务重心下移，管理职能的延伸。

社区管理方面：推行“一员多能，一岗多责”的网络化管理模式，以社区网格为单位，在每个网格中配置 2 名素质高、责任心强的助理员，及时了解社情民意，排查化解矛盾，维护社会秩序。将镇村干部、民警、助理员、保安等各类工作人员全部纳入网络，做到工作统一安排，人员统一管理，资金统一调配，场地统一使用。同时，按照“三室”（党建活动室，综合信息稳定办公室，社区综合服务室）“一厅”（便民服务大厅）“一中心”（文化活动中心）的标准投资3000多万元，为每个居委会设置办公场所。

社会管理服务体系方面：建成实有人口信息采集网络、民意信息采集网络、信息“群源”网络。实有人口信息网络是按照自购房屋和出租房屋，常住人口和暂住人口，农业人口和非农业人口分别建立台账，建立覆盖全县的人口和房屋数据信息库，实现社会管理底数清，情况明，服务好，管得住；民意信息采集网络是通过全县400多名助理员，120多名专职综治信息员，50名网监信息员，采取深入调研，随机下访，公示讨论的方式，负责定期收集社情民意的信息；信息“群源”网络是向全社会公布监管举报，设立奖励专项基金，对举报违法行为的人予以奖励，发现问题第一时间掌握，第一时间处理。

群众自我管理体系方面：乡镇、社区和企事业单位建立了200多支安保队、城市街道巡逻队、农村治安预防队。在农村和1000多个社区楼宇设立治安员、流动人口协管员。参加人口普查、情况收集、计生统计、换届选举等工作。每个社区均有一支3至5人的长期社会志愿者服务队，协助社区开展工作。同时，充分调动社区老党员、离退休老干部参与到社区服务管理中，形成社会管理共建共享的互动局面。

治安防控体系方面：构建动态环境下的治安防控体系，以及街面监控网、卡点拦截网、单位特防网、社区巡逻网等互联检测，有效地堵塞安全漏洞。

实有人口管理体系方面：2012年底，全县建立15个流动人口服务管理组。由乡镇书记任组长，形成政法委、综治办、公安、计生、民政、劳动、司法、工商等多部门协作的管理机制。每半月组织一次流动人口摸底排查工作，并解决流动人口在住房、就医、子女入学等方面的实际问题。重点人群由家庭与社区共同负责，易肇事肇祸精神病人、残孤儿童、吸毒人员、刑满释放人员等重点人群实施人性化管理。通过教育矫正、监督管理、帮困扶助、就业培训、心理矫治等措施，构建特殊人群管理服务新体系。

第二十五编

教育

第一章 私塾 书院

第一节 私塾

清乾隆五十九年（1794），岁贡王仲熊设教授徒，多有成就。王丕承聚徒讲学，出其门者多名下士。苑天植在县城收徒教授，为士林推崇。

清咸丰九年（1859），崞县举人李蔚华设帐赵麻寨，聚徒讲学十余载。

清末，私塾迅速发展，全县各村共设私塾64所。其形式一为官宦富豪设馆聘师，教其子弟，名为东馆；一为文人学士自己设馆，训课生徒，称为门馆；一为殷实之家合资共举，俗称团馆。私塾主要教授《三字经》《百家姓》《四书》《五经》等。另外，还要求学写文章，每日写仿（练毛笔字）。

第二节 书院

明初，县城东门外设立儒学。明洪武十三年（1380），移建县城内西北角。后经明正统年间、成化年间、正德十年（1515）、隆庆三年（1569）、万历年间和清顺治四年（1647）、康熙年间的多次修葺，至清乾隆年间，有讲堂、学舍等32楹。明永乐六年（1408）至清乾隆二十二年（1757），儒学生徒科考中举的共有27人，中进士的有刘晟、刘道、刘宓、刘文焕、王汝濂、张乃绂等6人。明洪武八年（1375），创建社学，聘师教授民间子弟。清咸丰六年（1856），知县赵德漳在县城内文庙西创建锦屏书院，“延师之有望者掌其教”。清咸丰九年（1859），县城内新建义学，有讲堂、宿舍6间。清光绪二十四年（1898），废除科举制度，在县城内城隍庙街创办学堂，民国初改为国民学校。

第二章 普通教育

第一节 学前教育

中华人民共和国成立后，域内幼儿教育始于1950年。一、二、三区各设幼稚班1个，共招收幼儿110名。1958年，全县各村均办起了幼儿园，但因条件不具备，多数夭折，到1959年仅剩下4所，入园幼儿83名。1960年，全县幼儿园发展到110所，每所有1个班，入园幼儿3319名，占应入园幼儿的72.2%。同年，县配有1名幼教视导员，专管全县幼儿教育工作。1963年，县委、县人委在县城开办1所幼儿园，位于县城内东操场，称城内幼儿园，有专职保育员1人，入园幼儿50名。到1964年，幼儿教师增到2人，在园幼儿80人，按年龄分为大、小2个班，开设识字、唱歌、手工、图画4门课程。1966年，全县幼儿园因校舍被各村挤占，减少到20所，入园幼儿1003名。这一时期幼儿园多数附设在各村的小学校内，称为育红班。

1975年，县政府把6周岁儿童的学前教育纳入教学计划。在各小学校中设立学前班，教师由所在生产大队配备，教学由学校统一领导，一律使用省编幼儿教材。课程设有语言、计算、音乐、游艺等。1978年，全县有幼儿园33所，39个教学班，幼儿教师55人，入园幼儿1504名。

1980年，城内幼儿园新建园址，更名为怀仁县职工幼儿园。在园幼儿80名，幼儿教师3人。是年，全县有幼儿园45所，共54个班，幼儿教师69人，入园幼儿1935人。1983年，县委、县政府对幼儿教育实行校舍、设备、投资“三优先”。1984年，全县投资181万元兴办幼教事业，新建幼儿园11所。是年，全县幼儿园116所，入园幼儿4079名，幼儿教师153名。1985年，县职工幼儿园更名机关幼儿园，确定为县级示范幼儿园，承担幼儿教学研究课题3个，实验课题2个，有幼儿教师21人，举办幼儿教师培训班2期，培训幼儿教师 80 人。是年，全县共有幼儿园 5 个，16 个教学班，附设在小学的学前班 123 个，幼儿教师 100 人，入园幼儿 4588 人。1983—1985 年，先后分期对 118 名幼儿教师进行专门培训，占幼儿教师总数的 56%。

1987 年 1 月，全县通过考核，有 44 名幼儿教师转为幼儿民办教师，享受县民办教师同等待遇。1988 年 2 月，县政府择优确定 69 人为县幼儿民办教师。是年，全县有公办幼儿园 4 所，教学班 168 个（其中，小学学前班 154 个），在园幼儿 5242 人，幼儿园教师 174 人。1989 年，教育局在县气象站东侧成立“怀仁县第二机关幼儿园——开发公司幼儿园”，始招 1 个班，20 多名幼儿，9 名教师。该学校 2 年后停办。是年，全县有幼儿园（班）198 个，在园幼儿 7769 人，教职工 230 人。

1990 年，全县 3~6 周岁幼儿入园率达 72.9%，幼儿教师半年培训率为 90% 以上。1991 年 6 月，县长办公会议确定 88 人为县幼儿民办教师。是年，全县有公办幼儿园 6 所，幼儿园和小学学前班共有教学班 252 个，在园幼儿 9260 人，教职工 268 人。1992 年，县计生委承建的怀仁县第一幼儿园（亦称“怀仁县幼教中心”），为首家自收自支的公办幼儿园。该园 1993 年 11 月开园招生，始招 6 个班，小、中、大班各 2 个，教师 12 人，保育员 6 人，后勤 3 人。此后，由于城镇小学办学规模所限，陆续取消了附设学前班，县城公办幼儿教育严重萎缩，民办幼儿园相继成立。农村中心幼儿园、农村小学学前班仍正常运行，适龄幼儿基本上都能入园（班）。1993 年“六一”节前，县教育局组织全县小学、幼儿园举办第二届“校园艺术节”，15 个乡镇教办（联校）、城镇 6 所小学和机关幼儿园都派出文艺队参加演出。1995 年，全县有公办幼儿园 49 所，其中教育部门办 48 所，计生委办 1 所；县城 1 所，农村 48 所。共有教学班 258 个，在园幼儿 7955 人，幼教教职工 330 人，幼儿入托入园率 86%。1999 年，全县有 146 所公办幼儿园，其中教育部门办 138 所，其他部门办 8 所；县城 1 所，农村 145 所。在园幼儿 6539 人。也有许多未注册的个体幼儿园（班）。适龄幼儿基本都能接受学前教育。

2003 年，据排查统计，县城内民办幼儿园达 100 多所，以家庭式的居多。是年，全县有公办幼儿园 3 所，其中县城 2 所，农村 1 所；教育部门办 1 所，其他部门办 2 所。在园（学前班）幼儿 5262 人。公办幼儿园教职工 23 人。

2012 年，全县共有 119 所民办幼儿园，已注册的有 5 所，分别是春芽幼儿园、江鑫幼儿园、育才幼儿园、际丰幼儿园和大地学校幼教部。县城有 53 所，农村有 66 所。农村公办幼儿园（学前班）有 73 所。全县适龄幼儿 14450 人，在园幼儿 9372 人，入园率 64.9%，其中公办幼儿园在园 2561 人，民办幼儿园在园 6811 人。

第二节 小学教育

民国元年（1912），怀仁县成立第一高等小学校，址设城内清代武衙门旧址，首任校长袁世臣。民国 3 年（1914），在县城观巷建立国民女子初等小学校，首任校长邓文兰，有学生 36 名。民国 7 年（1918），在县城文庙建立国民模范小学校，首任校长徐占廷。民国 8 年（1919），建立刘晏庄第二高小，招收高小生 1 个班 36 人，补习科 1 个班 52 人，首任校长李丙。同年，国民女校发展为两级女校，有高级科 1 个班 21 人，初级科 3 个班 110 人。民国 10 年（1921），全县学龄儿童总数 6352 人，有 4133 人就学，就学率为 65%。民国 14 年（1925），全县有公立男子小学校 131 所，校均学生 30 名；女子小学校 14 所，校均学生 29 名。有私立男子小学校 126 所，学生 3500 名；私立女子小学校 12 所，学生 320 名。私立小学办学经费均由学生负担，每年都有部分学生中途辍学。另有冬、春临时小学 35 所，学生 525 名。民国 18 年（1929），鹅毛口、曹四老庄分别设立怀仁第三、第四国民高等小学校。民国 24 年（1935），全县有国民初等学校 126 所，在校学生 3680 人，教职员 143 人；高等小学校 5 所，在校生 2464 人，教职员 22 人。

民国初期学制，初等小学为四年制，高等小学为三年制。民国 11 年（1922），高小改为二年制。课程设置：初小设 7 门，高小设 10 门，主要有修身、国事、算术、手工、体操等。民国 18 年（1929），高小增设党义课。民国 22 年（1933），各国民学校均增设公民训练课。民国 26 年（1937）9 月，日军侵占怀仁，各国民学校全部停办。民国 27 年（1938），原第一高等小学校复课。日伪县政府将其更名为“城内完全小学”，后迁址到崇国寺（即大寺庙）。同年中共地下党员师玉文办起私塾，有学生30名，半年后，因师离去而解散。次年，日伪政府在县城东关玉皇庙、西关马王庙、城内老爷庙又设立3所小学。民国29年（1940），伪县政府开办了鹅毛口、里八庄、日中城3所小学。民国31年（1942），恢复女子两级小学。各大村公所所在地均设高小1所。民国32年（1943），城内完全小学和女子小学合并成怀仁实验小学（址在城内龙泉街），为全县最大的学校。学校有13个班，教职员20余人。是年，全县有学校81所，教职员146人，在校生4457人。民国27年（1938）至民国34年（1945），日伪县政府在各学校推行奴化教育，但多数教师并不认真教授日伪课本的内容，常常教学生《千家诗》等一些古诗词以示抵制。抗日战争胜利后，各地学校陆续恢复。县实验小学更名为国民中心学校，民国37年（1948）2月停办。

1949年，全县125个行政村兴办学校80所，其中包括原有城关、吴家窑两所完小。在校学生2949人，教职员142人。完全小学为四、二分段制即初小4年，高小2年。初小设语文、算术、音乐、美术、体育5科，高小设政治、语文、算术、自然、地理、历史、音乐、美术、体育9科。国民中心学校更名为怀仁县第二完全小学。1950年，增设鹅毛口、曹四老庄和刘晏庄3所完全小学，又将部分私塾改为初小。县第二完全小学更名为怀仁县实验小学校，有教学班10个，在校学生400人，教职员16人。全县共有小学校89所，在校生6363人。1953年，贯彻中央“整顿巩固、重点发展、提高质量、稳步前进”的教育方针，对全县各学校进行整顿，确定刘晏庄完全小学为省重点学校。县实验小学更名为怀仁县第一完全小学，设初级班8个，高级班8个，在校学生700多名。经整顿全县共有学校136所，高、初级教学班245个，在校学生12956人，教职员254人。1954年，采用苏联教育模式，强调课堂、教师、教材三为主，确定城关完小、毛皂完小和秦城初小为实验重点学校，派专人负责指导工作。

1955年，县第一完全小学更名为城内小学。县委、县政府在大力发展和普及小学教育的同时，狠抓学校少年先锋队的组织建设。全县共有学校

461 所，建立少年先锋队的小学 266 所，占学校总数的 57.9%。建立少年先锋大队 40 个，中队 304 个，有少先队员 11876 人，占在校生 23414 名队龄儿童的 50.7%。是年，在全县 10 所完小重点试行“小学生守则”。1957 年，根据毛泽东提出的“教育必须为无产阶级政治服务，必须同生产劳动相结合”的教育方针，各学校普遍重视了对学生的思想政治教育和劳动教育，学校增设了劳动课。1958 年，全县有小学 131 所，教学班 409 个，在校学生 14200 人，公办教职员 364 人，民办教师 47 人，学龄儿童的入学率达到 95%。达到了乡乡有完小，村村有初小。

1965 年，全县小学发展到 142 所，在校学生 21300 人，公办教师 605 人，民办教师 308 人。其中，有 54 所小学办起了青少年夜校班，参加学习的达 2358 人；有 11 个山村小学办起了一揽子学校。1966 年，小峪煤矿、峙峰山煤矿、芦子沟煤矿建立 3 所矿办小学。“文化大革命”开始后，全县各小学高年级师生参加“大鸣、大放、大字报、大辩论”“破四旧，立四新”，停课闹革命，教学秩序被打乱。是年教育局利用暑假期间把全县小学教师和农业中学教师近千人，统一集中在城内小学，进行“文化大革命”，历时 75 天。后教育界称这次运动为“七十五天”。县人委发动贫下中农、职工、干部及其他群众揭发各地小学领导及教师的问题，有相当一部分教师被当做“坏分子”“黑帮”加以批判、斗争并游街示众。不久复课，但教学秩序仍不正常。全县小学将四、二分段改为五年一贯制。1967 年，农村小学采取“戴帽子”的方法，附设初中班，从校舍、设备、师资诸方面削弱了小学教育。是年开始实行春季招生。1968 年，各生产大队选派贫下中农代表管理学校，强调学生“兼学别样”。各农村学校大办小工厂、小农场，均建立了“学农基地”。各学校几乎每天都安排学生到生产队参加集体生产劳动，“接受贫下中农再教育”。1972 年，经过整顿，重视了文化课。不久，批判“智育第一”“分数挂帅”，教学秩序难入正轨。1975 年，提倡“教育学大寨”，文化课严重受阻，办农场成了学校的热门话题，全县共办小农场 3786 个，林场 1541 个，饲养场 2783 个。1977 年，恢复以公社为联合学区的联校长负责制，同时恢复各级教研室（组）和考试制度，使小学教育渐入正轨。次年，全县开始实行秋季始业。

1983年，县委、县政府制定了《关于教育工作若干问题的决定》，继续普及小学教育。强调学龄儿童的入学率、普及率、巩固率、毕业率（简称“四率”）。1984年，通过省政府普及初等教育检查验收，全县学龄儿童入学率为99.4%，巩固率为99.9%，普及率为98.9%，毕业率为96.4%，成为全省普及初等教育先进县，获得省人民政府颁发的《普及初等教育合格证书》。是年，县城城内学校、东关学校、西关学校、四小统一依次更名为城关第一小学、城关第二小学、城关第三小学、城关第四小学。1985年，全县有小学170所，在校学生24507人，教职员1089人。小学学龄儿童入学率为99.6%，巩固率为99.9%, 普及率为96,1%，毕业率为98.5%。基本实现村村有小学，乡乡有中心校，班班有教室，学生人人有课桌凳的目标。1986年，国家颁布《义务教育法》，本县依法实施九年义务教育。但由于当时小学是五年制，初中三年，实际上是八年义务教育。1987年，全县小学统一开展革命传统教育、爱国主义教育和坚持四项基本原则教育。1988年，全县四轨以上小学均成立政教处,加强德育管理,推行量化管理,进行教学改革。推行知识点教学和单元过关。积极开展“注音识字，提前读写”的教改实验。

1990年初，学校建立升国旗制度，开展升国旗、唱国歌等系列教育活动。1991年，全县组织开展中小学生“两史一情”（中国近代、现代史及国情）教育。参加全国中小学生绿化知识普及宣传教育活动和“党在我心中”读书竞赛活动。1995年4月6日，朔州市小峪煤矿第二小学组织部分学生进行“春游”活动，在野炊时引发山林大火，当场烧死学生29名，烧伤数名，造成重大伤亡事故。4月，成立怀仁县学校安全工作领导组，制定学校安全“三全”管理制度，各学校均开展了“安全日”“安全周”“安全月”活动。9月，省政府“两基”工作评估组对本县基本普及九年义务教育、基本扫除青壮年文盲工作进行检查评估，并通过验收。1996年全县开始实施素质教育，11月怀仁县被确认为全省12个德育示范县之一。1997年，本县被省教委确认为全省实施素质教育实验区，并通过全省普及实验教学县验收。1998年4月，全省实施素质教育实验区工作会议在怀仁县召开。9月，全县“两基”

工作通过省政府复查验收。是年，全县小学163所，在校学生28336人，教职员1934人。

2002年6月，在山西省首届特奥会上，本县代表队张伟等3名选手在跳远、铅球等比赛项目中，共获得3金、2银、1铜的好成绩，展示了素质教育的成果。9月，本县“两基”工作第三次通过省政府复查验收。2005年，本县逐步取消单师班和7人以下的教学点以及四级复式教学。2007年，云中镇海联寄小、金沙滩寄小、亲和寄小、河头寄小、马辛庄寄小相继建成并投入使用。2008年，吴家窑寄小、新家园寄小、海北头寄小、里八庄寄小建成并投入使用。截至2012年底，全县共建成寄宿制小学46所，其中城镇公立6所，私立11所；农村公立17所，私立7所；矿区5所。全县共有小学129所，特教中心1所，在校在册学生共有55160人，（其中包括入园幼儿9370人）。全县公办小学教职工1835人，民办学校2685人。公办教职工中，专任教师1641人，中师及以上学历达标率为100%。

1949—2012年怀仁县小学基本情况统计表

表 25-1

项目 / 年份	学校数（所）				班数（个）	教师人数（人）			在校学生（人）
	合计	公办	矿办	民办		公办学校		民办学校	
						公办	民办		
1949	24	24			120	80			2600
1950	40	40			140	130			3780
1960	138	138			421	310	49		15700
1970	65	65			563	446	449		20420
1975	77	75	2		758	440	526		26095
1980	112	105	7		840	432	548		27273
1985	170	163	7		883	583	506		24507
1990	174	166	8		985	586	379		25130
1995	175	167	8		1133	985	356		34173
2000	172	163	9		1121	1622			33263
2005	168	148	9	11	1274	2195		466	42407
2009	159	137	4	18	1385	2402		1808	52954
2010	152	130	4	18	1298	1801		2408	50669
2012	129	110	1	18	1081	1805		2685	45790

第三节 中学教育

初中教育 民国36年（1947），怀仁县创建了第一所中学——怀仁中学，址设城内大学堂（耶稣堂旧址），首任校长刘佩（县长兼任），教职员12人。民国37年（1948）2月，中学师生被国民党县政府挟持到大同市大有仓，择址上课。不久搬迁至大同市小南街。民国38年（1949）夏停办。

1955年秋，在原怀仁中学旧址新建初级中学——大仁中学。学校设6个教学班，招收学生230名；有教职员30人；首任校长王亮，教导主任邢兆麟，总务主任马凤华。同年，于县城东南新建校址。1956年，千千村成立大仁二中，大仁中学更名为大仁一中。同年，在刘晏庄小学、新家园小学办起附设初中班，共招收8个班，215名学生。1957年，全县有初中学生990名。1958年，在鹅毛口村设立一所戴帽中学，招收学生11名。年底，大仁一中更名为大同市第九初级中学校，简称大同九中。刘晏庄附设初中迁址第三作村建新校址，更名为大同市金沙滩初级中学校。1958年秋季，刘晏庄两个初中班转入大同九中，编为13、14班。原13–16班顺延编为15–18班。新家园设一耕读中学，址在新家园小学，招收1个班，40多人，次年，划归大同九中编为26班。是年，全县中学在校生1420人，教职员136人。1959年，大同九中被列为区省重点中学。

1961年，在新家园新建一所中学，由设在新家园小学的初中班组成。全县共有50个教学班，在校学生2471人，教职员102人。1962年，怀仁区有市属中学2所，即大同九中（怀仁中学）和大同十二中（金沙滩中学）。区属中学3所，即新家园中学、鹅毛口中学、河头中学。还有毛皂农业中学、海北头农牧中学等。1964年，原大同九中更名为怀仁中学，大同市金沙滩初级中学校更名为怀仁县金沙滩初级中学校。是年，全县共有初中班30个，在校学生1200人。1966年，根据就近入学的原则，各公社均开办初中，较大村庄在小学的基础上，开办“七年制学校”（俗称戴帽中学）。年底，全县有初中35所，69个教学班，本年招收新生1048人，在校学生3098人。

1970年秋，全县有条件的小学均开办“七年制”的（小学5年，初中2年）一揽子学校，初中发展到86所。1971年，县城各小学附设初中班全部迁入怀仁中学。1976年，县文教部和县委宣传部在怀仁中学联合创办怀仁县少年艺术学校，招收2个班，80名学生。1977年，全县有初中及“七年制”学校148所。1978年，对全县中学从布点、师资、设备等方面进行调整。到1980年，全县中学调整为72所。其中县属重点中学4所，社办初中9所，余为队办。

1983年，全县除吴家窑、刘晏庄两所“八年制”（1982年由七年制改为八年制）学校外，其余八年制学校全部取消初中班。1984年10月，怀仁三中成立。该校座落在县城东北端，有教职工49人，13个教学班，740名在校学生。是年，亲和中学停办高中。1985年，全县有初级中学21所（重点初中7所、乡办11所、矿办3所），162个教学班，当年招生2672人，毕业1792人，在校学生7356人，教师356人。1987年，新家园中学改办初中。是年，全县共建成7所重点初中，即金沙滩中学、新家园中学、亲和中学、河头中学、毛皂中学等5所农村中学和怀仁二中、怀仁三中2所城镇中学。初中实行“划档招生”，重点中学招生先于普通中学。1988年，为了加强初中学生行为规范养成教育，在中学校设立政教处。一中、二中、三中、四中等中学均开始设立治安值勤室。1989年，全县有初中21所，教学班144个，在校学生7748人，招生2024人，毕业2467人，专任教师481人。

1992年，县政府出台《关于加强九年义务教育初中阶段工作的意见》，规定有县直中学的金沙滩、新家园、亲和、河头、毛皂等乡镇，初中生暂由县直中学代招代管。全县各乡镇、矿区中学取消入学考试，实行划片招生，学生就近入学。1992—1995年，全县未设重点初中。1993年，全县有初中18所，其中教育部门办15所（城镇2所，农村13所），其它部门办3所（小峪、芦子沟、峙峰山矿各1所）。教学班163个，当年毕业1862人，招生3096人，在校学生8249人。有初中教职工595人，专任教师476人。专任教师中25岁以下106人，26~30岁168人，31~35岁89人，36~45岁76人，46~55岁36人，56~60岁1人。1994年，海北头乡下寨村成立了全县第一所民办中学——怀仁县进林中学。另外，刘晏庄村也成立一所（未经审批的）民办学校——昌明中学（初中）。是年，全县有初中18所（县城2所，农村13所，矿区3所，民办1所），教学班176个，在校学生6068人，招生3332人，毕业2070人，专任教师510人。1996年，新建怀仁五中，校址在何家堡乡郝家寨村东。1998年，怀仁作为朔州市唯一的中考加试体育县，实施中考体育统一测试。

2004年，怀仁县进入山西省第二批课改实验区。怀仁五中成为省教育厅挂牌的课改实验基地。是年，全县有初中28所，教育部门办15所，民办初中9所，其他部门办4所。教学班372个，在校学生21633人，当年招生7639人，毕业5609人。初中入学率达100%。2006年5月，县教育局出台《2006年度小学毕业暨初中招生工作的意见》。总的招生原则是公办初中划片招生，民办学校面向全县招收择校生，公办民助学校四中面向全县招生。全县招生统一管理，统一录取。6月25日举行小学毕业（及升学）考试。二中、五中划片招生完成普及任务后，因生源不足可面向农村自主招生，招收不超过该校招生规模20%的调节生。四中自主招生20%，教育局统一录取80%。民办学校自主招生20~40%，教育局统一录取60~80%。农村公办初中完成普及任务后不足部分自主招生。小学毕业及初中招生考试全县设19个考点（城镇7个、乡镇10个、矿区2个），297个考场，每个考场为30人（6×5排列），全县共有考生8874人。考试时间6月25日上午，考试科目为语文、数学、综合。语文80分钟，满分100分；数学70分钟，满分100分；综合50分钟（英语、社会、自然、思品），满分100分。是年，全县有初中21所，其中公办9所，民办9所，矿办3所。2009年，怀仁一中从统招计划中拿出50个名额，分配到二中、五中、云中中学、何家堡中学、吴家窑中学、金沙滩中学、小峪中学、亲和中学、海北头中学、王坪矿区中学和小峪矿区中学等11所公办初中。以上学校应届生考生可在指标范围内，享受一中分数线下降25分优惠。是年，全县有初中（公、民办）在校生31069人，教职工4069人。2012年，全县有初中19所，其中教育部门办8所，民办11所。共有教学班592个，当年招生13544人，在校学生38191人，教职工3077人，专任教师2319人。

2011年怀仁县初中基本情况统计表

表25-2

学校名称	办学类别	学校所在地	教职工人数（人）	专任教师（人）	班数（个）	在校学生人数（人）	初一（人）	初二（人）	初三（人）
四中	公办	县城	496	443	53	3699	1314	1475	914
五中	公办	县城	99	98	18	815	460	490	465
云中	公办	县城	117	101	44	1630	574	550	506
何中	公办	何家堡乡	30	47	6	443	69	86	68
小中	公办	小峪口村	33	40	3	101	33	44	46
毛中	公办	毛皂镇	35	15	4	155	77	78	0
小矿中	公办	小峪矿	63	48	4	144	0	37	105
王矿中	公办	王坪矿	61	56	4	138	56	48	54
小计	8所		734	600	116	6903	4381	4586	1936
峪宏	民办	县城	438	498	70	5146	1749	1768	1649
七中	民办	县城	445	436	64	4330	1460	1480	1390
九中	民办	县城	160	130	50	4810	1168	1030	614
十一中	民办	柳东营	160	149	66	4667	1473	1658	1536
正兴	民办	宋庄	165	140	35	4447	1047	833	587
际丰	民办	陈家堡	103	100	48	1741	671	694	376
十二中	民办	县城	168	96	49	1608	486	530	594
十三中	民办	河头乡	68	47	16	935	487	300	348
育才	民办	楼子口	83	65	15	837	430	444	365
大地	民办	新发开发区	305	436	61	3959	1345	1338	1496
巨子	民办	新发开发区	178	163	44	4808	1307	1501	0
小计	11所		4073	1648	476	31488	11163	11374	8751
总计	19所		4807	4448	594	38191	13544	13960	10687

说明：全县初中生中，外县籍学生21356人，占总数的78.83%

高中教育 1958年9月，大仁一中设高中班，招收1个班（40人）。年底，高中班学生并入大同一中。1965年9月，怀仁中学设高中班，招收1个班（40人）。1969年，各公社均开设高中，刘晏庄等大村开设“九年制学校”。怀仁中学试办二年制专业班，为农村服务。1970年，怀仁中学招收3个高中班。1971年，招收2个高中班。1972年，招收5个高中班。1973年春，怀仁中学统一考试，招收12个高中班，约600人。其中文艺班1个，体育班1个。

2002年怀仁县初中招生情况统计表

表25-3

学校名称	办学类别	学校所在地	招生班（个）	招生人数（人）	补习班人数（人）
二中	公办	县城	12	760	60
三中	公办	县城	8	525	70
四中	公办	县城	10	615	240
五中	公办	县城	12	760	35
职中（初中）	公办	县城	2	116	
云中	公办	县城	8	460	30
何中	公办	何家堡乡	4	230	
吴中	公办	吴家窑镇	2	79	
金中	公办	金沙滩镇	8	430	40
新中	公办	新家园乡	4	180	20
亲中	公办	亲和乡	4	152	
海中	公办	海北头乡	2	70	
河中	公办	河头乡	2	90	
毛中	公办	毛皂镇	2	80	
马中	公办	马辛庄乡	1	30	
小中	公办	小峪口	4	230	60
小计	16所		85	48 07	555
七中	民办	县城	10	610	
九中	民办	县城	8	336	
进林	民办	下寨	1	20	
正兴	民办	宋庄	3	170	
志英	民办	陈家堡	2	80	
嘉明	民办	南家堡	1	32	
生玉	民办	黄庄	1	60	
昌明	民办	刘晏庄	1	20	
育才	民办	楼子口	2	110	

续表（1）

学校名称	办学类别	学校所在地	招生班（个）	招生人数（人）	补习班人数（人）
峪宏	民办	小峪口	4	240	120
小计	10 所		33	1678	120
王矿中	矿办	王坪矿区	6	370	50
小矿一	矿办	小峪矿区	0	0	
小矿二	矿办	小峪矿区	4	220	70
小矿三	矿办	小峪矿区	0	0	
芦矿中	矿办	芦子沟矿区	1	60	
小计	4 所		11	650	120
全县总计	31 所		139	7135	795

1981 年，全县高中布点经过调整，保留怀仁一中、新家园中学、亲和中学 3 所高中。1985 年，怀仁县第一职业学校成立。1987 年，调整高中布局，撤销农村高中点，高中教育集中于县城举办。新家园中学由高中学校改办初中，高中班迁入新建的怀仁四中。1989 年，全县有高中 2 所，教学班 32 个，毕业生 545 人，当年招生 648 人，在校学生 1725 人，专任教师 131 人。1992 年，全县有高中 2 所，教学班 36 个，毕业生 613 人，招生 562 人，在校学生 1835 人，专任教师 148 人。1995 年，怀仁四中改制，由普通高中改为全县重点“公办民助”初中，高中班迁入怀仁一中。是年，怀仁一中在校生达 1500 余人，教职工 210 多人，其中专任教师 110 多人。此后一段时期，全县只有怀仁一中 1 所高中。1999 年 9 月，怀仁五中开办高中，始招 4 个高中班。一年后，五中停办高中，恢复城镇普通初中。

2000 年，全县第一所民办高中——怀仁六中成立，址在县城北白塘界，始为 8 轨制，后来增至 12 轨，是一所全日制民办普通高级中学。是年，怀仁四中改为四轨制高中学校，到2004年停办高中，恢复重点初中。2002年8月，怀仁一中云东校区建成并开始招生。该校区是 12 轨制普通高中，隶属怀仁一中，是一所由怀仁一中控股，教职工参股的股份合作制学校。是年，全县有高中 5 所，其中普通高中 4 所，职高 1 所；公办 2 所，民办 3 所；县城 4 所，农村 1 所。招生总班数 46 个，招生人数 2603 人，补习班 757 人，高中入学率达 62%。2012 年，全县有普通高中 6 所，其中公办 1 所，民办 5 所。在校学生23728人，其中公办学校3580人，民办学校20148人。教学班395个，其中公办学校63个，民办学校332个。教职工1580人，其中公办学校204人，民办学校1376人。参加高考学生9039人，二本B类以上达线4843人，达线率为53.57%。

1992—2011年怀仁县高考二本以上达线人数统计表

表 25-4

年份	人数	年份	人数	年份	人数	年份	人数
1992	88	1997	206	2002	666	2007	1575
1993	73	1998	317	2003	830	2008	1849
1994	107	1999	472	2004	1084	2009	2374
1995	110	2000	554	2005	1126	2010	3385
1996	131	2001	446	2006	1308	2011	3802

1955—2011年怀仁县普通中学基本情况一览表

表 25-5

年份	学校（所）	班数（个）	招生人数（人）	毕业人数（人）	在校生人数（人）	教职员（人）
1955	1	6	330		330	30
1956	1	12	330		660	
1957	1	18	330		990	
1958	2	20	450	330	1110	
1959	2	22	550	330	1336	
1960	2	24	620	330	1626	84
1961	3	26	620	430	1870	
1962	3	28	620	450	1840	
1963	3	30	620	480	2980	
1964	3	30	620	510	2100	
1965	3	30	620	510	2100	129
1966	35	69	1048		3098	
1967	34	68	487	646	3011	
1968	19	144	4511	761	5861	
1969	17	15		599	925	

续表（1）

年份	学校（所）	班数（个）	招生人数(人)	毕业人数(人)	在校生人数(人)	教职员（人）
1970	86	118	4026	96	3924	421
1971	94	137	2997	624	4347	
1972	12	226	5027	3059	8086	
1973	72	210	3394	2584	7670	
1974	67	178	3894	3655	7240	
1975	101	240	5363	3135	9055	509
1976	134	318	6661	3975	11643	
1977	148	381	7336	4949	13406	
1978	115	305	6048	4920	12024	
1979	114	283	4950	5600	10691	
1980	72	259	3225	1180	11704	608
1985	22	162	3233	2377	9129	596
1987	22	175	3291	3136	10257	706
1989	23	176	2690	3009	9673	794
1991	23	170	3240	3125	9264	822
1993	23	199	3656	2507	10097	804
1995	23	240	5439	3703	12601	1027
1997	25	324	6880	3859	18054	1244
1999	25	341	6916	5879	20088	1424
2001	27	358	7887	7090	20367	1577
2003	34	441	9701	6827	27355	2134
2005	34		12584	11536	35150	2721
2007	35	639	11291	11699	37758	3744
2008	36	703	13368	13501	40918	4474
2009	34	741	14341	15008	41854	4220
2010	28	879	15748	13839	44024	4221
2011	25	1208	19342	16227	50165	4912

2002年怀仁县普通高中招生情况统计表

表 25—6

学校名称	办学类别	学校所在地	班数（个）	招生人数（人）	补习班人数
一中	公办	县城	14	840	700
云东	民办	县城	12	660	

续表（1）

学校名称	办学类别	学校所在地	班数（个）	招生人数（人）	补习班人数
六中	民办	县城	4	230	
八中	民办	新家园乡	12	660	57
职中（高）	公办	县城	4	213	
合计	5		46	2603	757
入学比例	全县总入学率 62%，其中：公办学校入学率占 25%，民办学校占 37%。				

1977—1991 年怀仁县考入大中专学校人数统计表

表 25-7　　　　单位：人

年份	合计	大专	中专	中技
1977	245	53	167	25
1978	236	95	175	66
1979	354	101	201	52
1980	347	110	181	56
1981	254	98	130	26
1982	227	71	135	21
1983	226	140	70	16
1984	222	110	83	20
1985	272	178	71	23
1986	265	170	95	
1987	244	153	91	
1988	296	210	86	
1989	337	261	76	
1990	192	134	58	
1991	194	142	52	

附：怀仁一中简介

怀仁一中创办于 1955 年秋，地址在城内北街民国大学堂（耶稣堂旧址），原名大仁中学。建校初有 6 个初中班，教职员 30 人，首任校长王亮。1956 年，在东关兴建新校（现址），更名为大仁一中。1958 年迁入新校址，并设1个高中班。1959年更名为大同市第九中学，高中班并入大同一中。1961年，全校有12个初中教学班，在校学生868人，教职员74人。1964年，更名为怀仁中学，增招民办班1个，共有13个教学班，校长薛秉钧。1965年，增设高中班1个（40人），共有14个教学班。1966年，“文化大革命”开始后，停招学生。1968年10月，在校学生全部毕业离校。1969年春，学校招收7个专业班，学制二年。1970年，改办全日制高中，招收3个高中班。1972年3月，增招数学、语文、理化3个师资培训班，培训三个月结业后统一分配到农村中小学任教。1973年，面向全县统一考试择优录取高中生600名，12个教学班。之后，又恢复大队党支部推荐学生上高中。1975年招收8个高中班。从1973年开始，学校每年都在高中班中设特长班。1976年，县文教部和宣传部在怀仁中学创办了怀仁县少年艺术学校。少艺校人事由怀仁中学代理。1978年更名为怀仁一中，改为完全高中，校长杨丕儒。1979年获山西省教育战线先进集体称号。1978-1980年，学校连续三年面向全县招收三届重点初中班，每年2个班，100人，三年学制。1955-1983年，共招收、毕业89个初中班，4400余名学生。

1984年，新建一幢五层教学大楼，1985年投入使用。是年，有19个高中教学班，1238名在校学生，121名教职员。学校占地面积74538平方米，建筑面积12208平方米。有教室52个，实验室7个，图书室、阅览室各2个，藏图书2万余册。1965-1985年，共招收、毕业75个高中班。1977年恢复高考后，历年高考在全雁北地区名列前茅。1989年，山西省委、省政府授予怀仁一中“山西省先进学校”光荣称号。

1992年，仝庆任校长。1995年，学校扩轨，高一招生由8轨增至10轨，179班为甲、乙两个文科班，共11个教学班。是年，一中在校生1495人，专任老师106人。同年，被山西省人民政府评为“山西省德育示范学校”。1996—1997年被山西省精神文明建设指导委员会命名为“精神文明建设标兵单位”，1998年被山西省教委表彰为“规范化办学先进学校”。同年，学校“春晖工程”开始启动，对部分贫困学生给予生活资助。时任省委书记胡富国、省长孙文盛在朔州市委副书记、市长来玉龙的陪同下，视察怀仁一中。

2000年，蒋石文任校长。2002年，兴建怀仁一中云东校区。同年秋，云东校区招高一新生12个班，共720名学生，招理科补习班7个，共800人。

2003年，学校实施分层教学，开始在高一年级组建实验班（306、307班），9月，四中两个班并入，编为255甲、255乙。2004年，通过省示范高中专家组的验收，成为全省首批示范高中。2005年，举办50周年校庆，两校区在校学生、历届校友、领导、来宾及观礼团8000多人参加了庆典大会。2006年，学校与加拿大哥伦比亚国际学院缔结为友好学校，迈出了与国际教育交流的第一步。2007年，举办“山西省示范高中示范项目怀仁一中学案导学示范点展示”活动，来自全省10个地市的57所学校共480多位专家、领导、老师观摩了展示活动。9月，被教育部、人事部表彰为“全国教育系统先进集体”。10月，被山西省教育厅和北京军区政治部确立为“国防生生源基地”。2008年，被省教育厅确立为山西省普通高中新课程实验37所基地校之一，成为新课改的示范者。8月，被山西省社会事务调查中心授予“公众满意办学单位”的光荣称号。

2009年，王宝林出任校长。11月，山西省高中新课程实验课堂改革现场会在怀仁一中召开，学校“335”课堂教学模式受到全省同仁关注。2010年5月，教育部副部长陈小娅莅临学校视察，对学校德育和管理方面的成绩予以肯定。是年，学校有教学班60个，在校学生4000余人。2010年9月，怀仁一中三部投入使用。2011年7月，学校党总支被中组部授予“全国先进基层党组织”光荣称号。2009—2012年，学校面向社会招考聘用教师118人，从教育部直属师范院校直录免费师范生23人，师资力量得到进一步的充实和完善。

2012年，怀仁一中三校区共有教学班181个，在校学生10557人，教职工586人。其中迎宾校区有教学班63个，在校学生3580人，教职工204人；云东校区有教学班84个，在校学生4454人，教职工261人；云东北校区有教学班34个，在校学生2523人，教职工121人。

第三章 专业教育

第一节 职业教育

民国 6 年（1917），创办实业学校 1 所，址在城内，招收学员 36 人，教职员 2 人。同期开办 1 所商业学校，招收学员 36 人，教职员 2 人，学制一年。民国 8 年（1919），开办商业传习所 1 个，招收学员 20 人，专业传授织毯、缝纫技术。同年，第一国民高等小学校附设师范讲习班，学制一年，次年毕业，学生均派往农村国民学校任教。民国 21 年（1932），创办二年制男子师范学校，址在县城大寺庙院，王文藻任校长。开设国文、算术、儿童心理学、教育学、教育法 5 科。共招收 2 期 2 个班，民国 24 年（1935）停办。同期，国民女校也附设二年制女子简易师范班 1 个，有学员 14 人，民国 23 年（1934）学生毕业后停办。民国 32 年（1943），在县城开办师训班 1 个，学期半年。招收 41 名学员，1 期结业后停办。

1952 年，开办短期师资培训班，址在城内城隍庙。招收 1 个班，43 名学员，有 5 名教职员。开设政治、语文、数学、教学法、体育 5 科，学制二年。1953 年初，整顿裁减学生 20 余名，同大同县师训班合并为 1 个班（44 人），年底结业后停办。1957 年，创办农业职业学校。到 1959 年，全县共创办农业中学 11 所，在校学生 540 人。1959 年，在何家堡开办 1 个师训班，学制一年，招收 40 人。只办 1 期。

1969 年，怀仁中学增设农业、机电、水利、果林等 7 个专业班，学员由大队推荐，共招收 350 名，学制二年。只招一届。1972 年 3 月，怀仁中学增设教师培训班，面向全县招收 156 名高中毕业生，分语文、数学、理化 3 个教学班。学生 6 月 30 日培训结业后统一分配到农村中小学任教。1973 年，怀仁中学在招收的普通高中班中，设立 2 个特长班文艺班和体育班。1974 年，县体委创办业余少体校，开展篮球、足球、田径、乒乓球4个项目的训练。至1985年，共培训乒乓球队员1期12人，男女篮球、足球队员6期217人，先后向省级体工队输送队员3人，输送大中专体育系（班）学生42人，向地、市体育队输送队员11人。1975年，各社队纷纷举办农业学校。到1976年，全县办起50所，后陆续停办，只剩有尚希庄林校1所。

1976年4月，县文教部和宣传部联合创办怀仁县少年艺术学校，从全县招收13~15岁小学生80人，分音乐（20人）、戏剧（45人）、舞蹈（15人）3个专业班，有教职员10人，学制4年。1978年起，向专业艺术团体输送学员共75名。1980年在校生全部毕业后停办。

1985年，怀仁县第一职业学校成立，校址在城东南五里滩区（原县民兵训练基地），后迁至城北。同期，河头张家堡中学、金沙滩第三作中学均创办初级职业技术学校，毛皂成立怀仁县第二职业技术学校，鹅毛口中学和县经委联合创办煤炭职业技术班。是年底，全县共有6所职业技术学校，在校学生550人。县第一职业学校先后与经委、农委、卫生局、劳动服务公司等单位联合开办煤矿测绘、采煤、煤矿机电、农村会计、护士等专业班。其中举办三年制煤矿机电班1个，50人；自办一年制幼儿教师培训班1个，50人；举办乡村医生一年制短期培训班，1个班，约50多人。到1989年，已培养出煤炭、护士、会计、民办教师等各类人才341名，被省里确定为山西省合格职业学校。鹅毛口镇中学、毛皂镇中学、金沙滩镇农职中学、新家园乡农职中学、河头乡农职中学、吴家窑镇中学都试办“3+1”（初中3年，专业教育1年）班。鹅毛口镇中学职教工作以校养校，自办的氧化煤厂取得良好效益。全县6所农村职业中学为农村培养出技术人才2400多人。1992年，全县有二年制职业高中1所，3个班，150名学生。农村职业初中1所（河头），4个班，87名学生。2003年开始，县职业中学先后与天津市劳动经济学校、天津市高盛教育集团、天津市渤海职业技术学院等单位联合办学，举办“1+1”“1+2”“2+3”等多种形式的中专班和大专班，并在2011年完成“怀仁县陶瓷学院”建设项目的立项审批程序。

2003年，全县第一所民办职业高中——新华职业高中成立。该校是怀仁九中的一个校部。每年招有 1 个班，学生在本校上 2 年，到省外中专学校上 1 年，取得中专学历后就业。2007 年 7 月，巨子职业高中成立。2010 年 10 月，红宇职业高中成立。到 2012 年底，全县共有 4 所职业高中，在校学生 6152 人（不含补习生）。

2012 年怀仁县职业高中基本情况一览表

表 25-8

学校名称	办学类别	法人代表	校长	班数（个）	学生数（人）	教职工（人）	
						总数	其中教师
职业中学	公办	王立军	王立军	38	1973	133	126
新华职高	民办	李田山	柴增亮	14	696	56	10
巨子职高	民办	曹殿龙	张志平	9	448	44	41
红宇职高	民办	于善权	魏保国	14	761	117	91
合计				75	3878	350	268

附：尚希庄林校简介

尚希庄林校位于尚希庄村南，创办于 1976 年，为村办职业学校。建校初，从本村普通中学中招收 30 名学生，配有 1 名专职教师，3 名兼职教师，学制 3 年。开设政治、语文、数学、化学、林种苗学、造林学、森林病虫害防治、气象学、育种学等专业。1977 年以后，先后引进北京杨、群众杨、小黑杨、合作杨等树种，在全村推广栽植。1980 年，接受国家林科院下达的全国杨树良种选育协作攻关试验任务，对 800 个系号的杨树进行观察记载，对其中 10 余个理想系号进行繁殖试验，优种选优生长率超过当地最好杨树的 70%。1983 年，接受省林业厅下达的杨树品种密度对比试验、速生丰产林示范试验等 6 个研究项目，并出席了全国杨树良种选育经验交流会（长沙），受到表彰。建校以来，共栽果树 100 亩，培育出杨、柳、榆、槐、松、柏、梨等 20 多个树种近 100 万株。1988 年停办。

第二节 农民教育

民国初年，县城内设立注音字母传习所，在国民中传习注音字母。城内及各区创办洗心社 4 个，对学、商、工、农各界民众进行教育，不久停办。

1950 年，全县开办冬令学校（冬学）106 所，参加识字者达 8602 人。办起民校 28 所，参加学习者达 3056 人。1952 年，全县开办民校 129 所，参加文化学习者达 11861 人。未办起民校的村庄，在村小学校内设立 25 个扫盲班，参加识字者达 1403 人。单人最多识字 2986 个。1955 年，全县有民校 214 所，民校中有识字组 73 个，参加识字者有 438 人；普通识字班 83 个，有学员 2241 人；速成识字班 76 个，参加识字者有 2137 人；高小班 107 个，有学员 881 人。同年 10 月，对全县 490 名民校义教教师进行为期 13 天的集训，并交流了办民校的经验。年底，毕业高小生文化学习班 14 个，学员 93 人。1956 年，全县有扫盲班（组）858 个，入学人数达 22541 人。其中高小班 120 个，1513 人；初中班（组）9 个，105 人。

1957 年，全县（大仁县）共开办民校 338 所，有学员 26169 人。其中，扫盲班 519 个，学员 16277 人；扫盲小组 170 个，学员 1630 人；夜校班 60 个，学员 1253 人。保学学员 7009 人，参加政治学习的学员 30498 人。另外有业余文化学习学员 561 人，其中业余小学班 5 个，513 人，业余初中班（组）3 个，48 人。年底，达到扫盲毕业标准的有 2018 人，251 个小组，毕业 2293 人。1958 年，全县开办农民业余高小班（组）108 个，参加文化补习的有 2404 人；开办农民业余初中班（组）18 个，参加文化补习的有 130 人。126 个村开办了农民技术班，有学员 2513 人。全县参加扫盲学习的达 55196 人，经考试，有 2675 人达到扫盲标准。河头村成为全县第一个青壮年无盲村。

1964 年底，开展以贫下中农讲习所为中心的冬学活动。大同市委在本县举办讲习班，对生产大队领导和骨干分子进行训练。此外，本县还自办了 2 期讲习班，训练学员 543 人。讲习所主要是学习毛泽东著作等政治理论。1965 年，根据“农闲多办，农忙少办”的原则，全县开办了 108 个讲习所，参加学习的有16200人。1973年，讲习所（亦称文化室）改为政治夜校，遍布各生产大队，强调“阶级斗争年年讲、月月讲、日日讲”。政治夜校成为开展“阶级斗争的阵地”。

1980年10月，成立县工农教育委员会，各乡镇均配设专职业余教育指导员，并召开全县工农业余教育工作会议，制定了1980–1982年全县农民教育规划。1981年，县委和县人武部在亲和乡创办联合学校，组织农民学政治、学军事、学科学技术。1983年，制定全县扫盲工作责任制，各公社均成立联合学校领导组，有103个大队开办了联合学校。1984年8月，经雁北行署检查验收，全县少年、青年、壮年的非文盲率达98.6%，达到基本无盲县标准。1985年，山西省人民政府颁发了无盲县验收合格证书。是年，农民中有技术专长的“能人”，自筹资金开办理发、缝纫、孵鸡等学校（培训班）43个，参加学习者达194人。1986年，全县完成扫盲任务669人，举办95个业余文化技术班，建设了27个科技重点村。到1989年，全县已办起工农业余学校短训班287个，参加学习人数10130人；初级班55个，参加学习2708人；中级班15个，参加学习696人。全县71263名青壮年中已扫除文盲68832人，扫盲率达96.5%。

1992年，全县161个行政村创办农民文化技术学校161所，教学班415个，在校生8415人，结业班290个，结业生7219人。全县农村农民文化技术学校教师共378人，其中专职教师17人，兼职教师361人，成教干部17人。1994年1月，县政府作出《关于加强农民教育的意见》，要求各乡镇抓住冬春农闲时间，实行成教干部包村、扫盲教师包户、学生包家长的方式，动员每一个文盲都参加文化学习，并限期脱盲。年底，全县各乡镇非文盲率达98.5%。1995年，县、乡、村三级对尚未脱盲的1061人采取有效措施，利用农闲有利时节，大打扫盲大会战。1996年，农民教育坚持“一堵二扫三提高”的方针，在巩固提高扫盲成果的基础上，又不失时机地把农民教育的重点转移到技术教育上来，使1万人次受到农业科技知识培训，40%的新增劳力，30%的从业人员通过劳务市场和人才市场受到较为规范的技术培训。1997年，全县15000人次受到了比较正规的职业技术培训，100%的新增上岗人员受到了正规的职业技术教育。1999 年，全县总人口 169025 人，青壮年人口总数 87375 人，青壮年文盲 629 人，青壮年文盲率 0.72%。全县有县级农民文化技术学校 1 所，即县农广校。教师 8 人，专职教师 2 人。乡级农民文化技术学校 13 所，教师 45 人，专职教师 22 人。村级学校 154 所，办学面 95.65%，教师 231 人，专任教师 3 人。全县一年脱盲人数 262 人，非文盲率从 98.6% 上升到 99.3%，并且无一人复盲，无一新文盲产生。

2008—2012 年，随着社会主义新农村建设五个全覆盖的逐步推进，科技、教育、文化下乡成了农村的热门话题。农村文化室的逐步设立，科技知识的不断普及，远程教育手段的运用，使农村青壮年插上了知识的翅膀。科学种田、科学养殖、科学生产生活逐步被农民接受。

第三节 职工教育

中华人民共和国成立后，域内职工教育才开始起步。1950 年 3 月，在县城开办干部文化补习学校（简称“文补校”），设甲（相当于小学五年级）、乙（相当于小学三年级）2 个班，在校学员 95 人（县级机关干部）。同年 7 月，增设 1 个高小班，在校学员 93 人，配置专、兼职教师各 1 人。1951 年，开办城关、秦城、曹四老庄、宋庄、第三作、吴家窑等 6 所区干部文补校。1954 年，全县有 2 所文补校，设高小班 3 个、初中班 2 个，在校学员 590 人。1955 年，文补校在校学员 612 人。“文化大革命”中，学校停办。1980 年后，县委通过举办学习班、培训班、岗位练兵、技术比武等多种教育形式，加强职工业余教育。到 1985 年，全县有职工业余学校 2 所，110 个基层教学点，82 个业余夜校。职工业余学校校舍总面积达 29895 平方米，有专、兼（聘）职教师 139 人。1986 年，有 1227 名职工完成文化补课，1023 名职工完成技术补课。1988 年，全县青壮年职工基本普及初中教育。1990 年，基本达到高中水平。在职工技术补课中，1988 年，使四级工以上的职工普遍提高了一级，使中级技术等级标准的工人比例提高到 36% 以上，1990 年提高到 55% 以上。1988 年，各级企业经济管理干部有 45% 达大专管理业务水平，

1990 年上升到 88%。

1999 年，全县有 1 所职工成人文化技术学校（成人中专），即怀仁县电大函授站，教师 3 人，其中专职教师 1 人。县委党校从 1988 年开始实施函授教育。1988—2010 年，中央党校本科班累计招生 440 人，毕业 428 人；中央党校专科班累计招生 62 人，全部毕业；省委党校专科班累计招生 1361 人，毕业 1179 人。

1983 年开始，通过县教育局报名参加全国函授、自学考试的企事业职工、机关干部、社会青年、学校教师逐年增加。1990 年前后十年间，全县每年参加报考的人数达 3000 多人，各科参加考试的人数达 8000 多人次。考试涉及的专业达 30 多个，涵盖全县各行各业。中青年报名参加学历学习的人员达 95% 以上。近年来，参加函授、自考的人员均在网上报名，本县无法统计报名人数等相关信息，但通过和参加相关考试的人员了解得知，全县参加成人学历学习的人员仍在千人以上。

2008—2012 年，县劳动和社会保障局举办下岗职工和农民工再就业培训班 55 期，培训学员 14500 人。通过参加创业培训，有 230 人成功创办了自己的企业，吸纳 1280 名人员成功就业。同期，一些民间培训机构为劳动输出个体提供培训服务，主要包括电脑、加工业、服务业等方面的知识和技能。

第四节　特殊教育

怀仁县特殊教育始于 1976 年。当时雁北地区教育局在怀仁设立区级特殊教育学校——雁北地区聋哑学校。1977 年 3 月正式开学，面向雁北各县招生。首批招收 11 岁至 13 岁聋哑少年 52 人，分 3 个教学班，有教职员 9 人。学制为 5 年（小学），1984 年改为六年制小学。1993 年，学校更名为朔州市聋哑学校，隶属于朔州市教育局。课程设置有语文、会话、数学、体育、美术、思想品德、常识、劳动等 8 科。在校学生一律享受助学金，分 9 元、7 元和 6 元三个等级逐月发放。低年级学生进行直观教学和电视教学，有残余听力的学生配有助听器。

1980年，学校开展医教结合活动，根据针治聋哑病理论，对16名学生施教。1981年9月，选送23名学生到县地毯厂培训织毯。1982年，在校内开办地毯厂，产品出口美国。共织毯2352平方尺，产值56938.7元。1983年底停办。1985年，在校学生134人，分10个教学班，有教职员41人。学生在校以学习文化知识为主，毕业后择优安排一部分人到福利工厂就业，也有个别经济条件较好的升入初中继续学习。这种状况一直持续到20世纪90年代初，之后，学生的入学人数逐年减少。

2000年，在校学生有70余名。2007年11月，3600平方米的一幢四层教学楼竣工并投入使用。2008年，国家财政投入80万元为12个教室配备多媒体教学设备，为教师配备了8台办公用电脑，同时建成电脑教室。学校在小学教育的基础上，逐年增设了聋儿学前教育、语言康复训练、职业技能补偿教育等学科，开设了手工编织课、刺绣课，和怀仁县服装厂联合办起了缝纫实训基地。在对学生进行思想道德文化教育、身心缺陷补偿教育、职业技能教育的同时，积极开展丰富多彩的文化体育艺术活动，收到了很好的效果。2008年，该校学生表演的舞蹈《心韵》参加全国第五届盲、聋、培智学校文艺汇演，获国家四部委（教育部、文化部、广电总局、中残联）颁发的一等奖。学校篮球队获山西省聋人篮球锦标赛第三名，学生李泽星获得羽毛球男子单打第一名，常丽桃获得女子单打第一名。9月份，舞蹈《高歌》参加华北五省市青年舞蹈大赛，获表演一等奖。10月23日，舞蹈《呼唤》代表山西省计生系统参加国家计生委主办的《新人口礼赞——改革开放和人口发展》文艺晚会。2010年，在校学生有125人。教育部、中残联在12月把该校定为“全国特殊艺术人才培养基地”。

1988年，城关第四小学针对智力障碍和自闭症儿童进行培训，成立智障儿童“培智班”。培智班始招1个班，8名智障儿童，孟梅荣担任辅读班教师。在教学中，孟梅荣老师针对弱智儿童记忆力差、易遗忘的特点，采取“重复学习”“联想学习”“迁移学习”“分类学习”“积累学习”五种做法，增强学生记忆力。同年，雁北行署教育局在怀仁四小召开全区弱智教育现场会，观摩了孟梅荣的教学活动并录了像。同年暑假，孟梅荣带领2名学生参加了省里组织的弱智儿童夏令营活动，活动中演出了 2 个节目，深受营员们的欢迎。9 月 4 日，山西电视台《花儿朵朵》栏目报道了夏令营盛况，怀仁四小表演的节目出现了 2 个特写镜头。

1990 年，城关二小“聋儿语训班”开始招生。首批招聋儿 5 名，最大的 12 岁，最小的 5 岁，后来又招了三批。刘桂兰担任语训教师。到 1995 年，通过语训老师的精心培训，17 名聋儿都学会了日常生活用语，会说文明礼貌用语，会写字算数，会唱歌跳舞、会读写短文，受到家长的赞扬和社会的关注。1994 年，县政府决定将小学附设聋儿语训班和培智班合并集中于县机关幼儿园（城内北坛东街仓巷 22 号），成立怀仁县特教中心。面向社会招收 2 岁以上、有一定自理能力的聋儿和 6 周岁以上智障儿童。始招聋儿语训班 4 个，35 人，培智班 1 个，6 人。有教职工 14 人，其中专任教师 12 人。学校成立以来，针对个体因材施教，单独培训与集体互动相结合；以文学语、听说并举，心理康复与智能提升相促进。对学生进行听觉、呼吸、发音、言语、智力等训练，设置有语言、计算、音乐、体育、美术、手工等课程，进行心理康复教育与训练。2012 年，学校有 4 个教学班，其中 2 个语训班，23 名学生；2 个培智班，35 名学生。教职工 18 名，专任教师 15 名。教师中，中级以上职称的有 4 人，初级的有 7 人。学校先后毕业学生 100 多人，其中有 40 多人进入普通学校随班就读，30 多人成为社会自食其力的劳动者，20 余人已升入中等专业学校。

第四章 民办教育

第一节 发展概况

1994 年，怀仁县第一所民办初中——进林中学成立，开启域内民办教育发展之先河。1997 年 7 月，随着国家《社会力量办学条例》的颁发，域内民办、公办民助等办学形式相继问世。就民办教育而言，昌明中学、峪宏中学先后成立。2000 年成立第一所民办高中——怀仁六中。2001 年成立第一所民办小学——怀胜小学。随着《民办教育促进法》和《民办教育促进法实施条例》的颁布，本县的民办教育发展速度逐步加快。怀仁一中云东校区、七中、八中、八小、九小等学校相继成立。2002 年，全县民办学校已发展到 13 所，2004 年为 25 所，2007 年为 35 所，其中，高中 5 所，职高 2 所，初中 11 所，小学 17 所。面对民办教育的迅猛发展，县委、县政府审时度势，及时作出规范民办教育秩序的决定，提高了民办学校申办准入门槛，规范招生、收费、考试等办学行为，使全县民办教育得到平稳、有序运行。2012 年底，全县有 24 个民办教育机构兴办了 40 个民办中小学校。其中普通高中 6 所，职业高中 3 所，初中 11 所，小学 20 所。

第二节 办学理念和投资管理

域内民办学校创办者的办学理念一般是超前的。他们瞄准教育发展的趋势和学生择校难的现状，抢抓机遇，乘势而上。以先进的办学理念指导学校运作。峪宏中学秉承“求严务实，创新臻美”的校训，本着“以严治校，以德育人，以研导学”的办学理念，逐步走出一条制度化、规范化、素质化的办学之路。怀仁一中云东校区“以人为本，以学生发展为本，以全面实施素质教育为本”，着力打造环境优美、健康文明的和谐校园，创建全省乃至全国闻名的学校。怀仁六中“以德为船，以才为帆，乘风破浪，抵达彼岸”，“走进丑小鸭，飞出白天鹅”的座右铭，具有极强的感召力和影响力。由于办学理念的高定位，举办者对学校的投入力度都很大。少则数百万元，多则几千万元，超亿元的也有。到 2012 年，域内民办学校总投资达 12 亿元。学校的定位就是创办全省一流的校园，实行的是全日制寄宿制，封闭式管理，开放式教学。从办学水平上看，民办学校的高中优于初中，初中优于小学，城镇优于农村。全县民办学校具有办学规模大（多数学校在校生达千人以上），建设标准高（瞄准现代化、信息化，一次性投资，配套完整的教学设施，有语音室、电脑室、实验室、仪器室、图书室、多媒体教室等），建设速度快（多数学校仅用一年时间完成基本建设，当年建校，当年招生）等特点。在管理上实行董事会和校委会民主理校，量化管理，科学育人。对学生住宿一律实行公寓化管理。在办学模式上，实行“主体性”教学模式，倡导自主学习、合作学习、探究学习。在教育服务上，民办学校积极推崇爱心教育和真诚服务，为学生的生活提供舒适的成长空间。

民办学校教师的学历基本达标。教师培训主要以岗位培训为主。教师任用实行学校内部招聘制，合同制管理，结构工资加奖金。学校给教师交养老保险、医疗保险等。有的学校还建成教师住宅楼。

2012 年怀仁县民办学校基本情况统计表

表 25-9

学校名称	法人	校址	建校时间	层次	占地面积（亩）	建筑面积（m^2）	总投资（万元）
一中云东	王宝林	云东经济开发区	2002. 6	高中	206	58710	18000
云东北校区		新发经济开发区	2010. 9	高中	290	30000	
六中	潘贵	白塘界 C 号	2000. 6	高中	188	36540	2950
七中	郭全恒	云东经济开发区	2001. 7	初中	50	32928	3961
八中	姜克珍	新家园村西	2002. 7	高中	150	40000	6000
九中	李田山	军营路 38 号	2002. 7	初、小、职	480	90000	8000
际丰中学	李海	陈家堡村北	2001. 6	初、小	85	21000	3000
际丰云西		全福寨村南	2005. 7	小学	20	5600	700
十一初中	池建平	柳东营村西	2004. 6	初中	80	4000	5000
十一高中			2007. 6	高中	100	4000	8000
十二中	郭兆芬	郝家寨村南	2005. 7	初、小	117	47000	4850
十三中	石志宏	河头五里道	2007. 4	初、小	150	11000	500
峪宏	寇美	县诚长征路北段	1999. 9	初中	100	50000	6102
育才	韩奋军	鹅毛口村东	2001. 6	初中	70	25000	2100
正兴	祝占东	宋家庄村西	2001.6	初中	60	20000	2500
九小	郝二梅	云东经济开发区	2002.7	小学	30	20000	2800
九小西校		何家堡村	2006.2	小学	45	25000	2000

续表（1）

学校名称	法人	校址	建校时间	层次	占地面积（亩）	建筑面积（m^2）	总投资（万元）
十小	张银	白塘界	2004. 7	小学	40	24000	2400
十小嘉明		金沙滩南家堡	2001.9	小学	63	1 0000	970
华杰	王曰堂	新华南路	2004. 6	小学	24	18800	1550
红宇	于善权	五里滩区	2004. 6	小学	14	1 3000	2200
红宇职高		下寨劳教所北	2010.10	职高	100	36000	5000
海洋	张成	全福寨村东	2003.7	小学	15	5270	450
怀胜	陈佃江	陈家堡村西	2001.9	小学	50	6500	390
殿桥	周来斌	清水河村北	2004. 7	小学	30	1 0000	1100
大地高中	张进	新发经济开发区	2007.7	高、初、小	300	103174	12000
巨子初中	曹殿龙	新发经济开发区	2010.7	初中	180	1 3000	3000
巨子职高			2007.7	职高		17550	4500
巨子小学				小学		18000	4000
汇文	鲍珍祥	新铺村西	2008.3	小学	65	25890	3500
侨乡	王秀兰	南七里寨	2011.9	小学	25	11000	370
合计	23	28		38	3137	832962	120993

2012年怀仁县部分民办学校收费情况统计表

表 25-10　　　　单位：元／学期

学校名称	办学层次	学费	住宿费	资料费	生活费	杂费
八小	小学	700	400	150		180
九小	小学	800	400	150	1200	230
十小	小学	800	400	150		100
际丰小学	小学	600	400	200	1000	250
峪宏	初中	1000	300	200		510
七中	初中	1000	300	200		
际丰中学	初中	800	300	300		450
正兴	初中	800	200	200		230
巨子	初中	800	300	300		450
育才	初中	800	200	100		120
十一中	高中	4000	800	500		
红宇	职高	2000	400			

第五章 教 师

第一节 队伍

民国 6 年（1917），全县有小学教职员 85 人。民国 10 年（1921），有 198 人。民国 12 年（1923），有 204 人。民国 23 年（1934），有 165 人。教师多为清末秀才、童生。私塾由各村自聘，公立学校教师由县聘用。

1949 年，县人民政府任用小学教师 80 人，私立学校自聘教师 62 人。1953 年，全县有教职员 261 人。1955 年，有教职员 457 人，其中中学教师 30 人，小学 427 人。同年，培训义务教师 490 人，部分被分配到学校任正式教师。1958 年，大仁县有小学教师 635 人，其中完小教师 222 人，初小教师 413 人。教师中有共产党员 53 人，共青团员 220 人。

1960 年，全县有教职工 492 人，其中中学 84 人，小学 408 人；公办 443 人，民办 49 人。此后，逐年由国家分配初师、简师、速师、中师和大专院校学生充实教师队伍。1965 年，全县有教职工 1042 人，其中中学 129 人，小学 913 人。1966 年，“文化大革命”开始后，师范院校停止招生，聘用民办教师弥补师资短缺。当年，中学聘用民办教师 46 人，小学民办教师增加到 350 人。1970 年，全县有教职工 1316 人，其中公办教师 843 人，民办教师 473 人；中学教师 421 人，小学教师 895 人。1971 年后，逐年选送高初中毕业生及民办教师进行定向培养，充实教师队伍。1975 年，有 80 名民办教师转为公办教师。是年，全县有教职员 1475 人，其中公办教师 950 人，民办教师 525 人；中学教职员 509 人，小学教职员 966 人。1977 年，全县首批民办、代课教师 200 多人集中在何家堡乡通过统一考试，择优录取 20 人转为公办教师。此后一直到 2001 年，全县民办、代课教师均通过“培训 + 考试”方式转为公办教师。

1980年，全县有教职员1722人，其中公办1132人，民办590人；中学教师742人，小学教师980人。1986年，全县在职教职工1801人。其中中学教职工638人。专任教师中，高中120人，初中387人；学历达标教师中，高中6人，达标率5%；初中118人，达标率30.49%。农职中学教职工57人，专任教师39人（高职12人，初职27人），学历达标率，高职16.67%，初职0%。小学教职工1106人，专任教师978人，学历达标664人，达标率67.89%。1989年，全县在职教职工2261人。其中普通中学有教职工794人，专任教师612人（初中481人，高中131人）；职业中学有教职工61人，专任教师44人；小学有教职工1106人，专任教师1004人；幼儿园有教职工230人，专任教师224人；其余为教育局、进修校工作人员。

1995年，全县在职教职工3170人。其中高中216人，职中47人，初中879人，小学2028人，进修校58人，特教中心24人。中小学专任教师1989人，其中高中106人，学历合格率为35%;初中514人，学历合格率为87%;小学1369人，学历合格率为92.3%。

2004年，全县（公办教育）有教职工3574人，其中正式教职工2577人（以工代教271人），幼儿民办144人（县城1人，农村143人），占编代课522人（县城小学32人，农村小学490人），占编代职331人（县城中学167人，县城小学15人，农村中学138人，农村小学11人）。离退休教师549人。在正式教职工中，教育局58人（以工代教6人），进修校37人（以工代教6人），特教中心16人（以工代教3人），全县中小学在校正式教职工2466人（以工代教256人）。

2008年，全县教师按区域，县城中小学有在职正式教职工1063人（其中高中206人，初中418人，小学393人，第一职业中学46人），农村中小学有1403人（其中初中434人，小学969人）。按年龄结构，50周岁以上的有444人，46~49周岁的有285人，41~45周岁的有333人，40周岁以下的有1404人。按第一学历，本科109人，专科510人，中师1030人，高中及以下817人；第二学历，本科302人，专科1219人，中师873人，高中及以下72人。

2012年，全县公立学校教职员工3112人，年度新增29人（公开招聘）。管理人员24人，专业技术人员3025人（高级职称133人，中级职称1010人，初级职称1853人，未聘任29人；女1794人，党员762人，研究生6人，本科778人，专科1584人，中专597人，高中及以下60人；35岁以下743人，36~40岁735人，41~45岁551人，46~50岁374人，51~54岁358人，55岁及以上264人），工勤人员62人。2011—2012年，怀仁一中从教育部直属师范院校直录免费师范生23人。2009—2012年，县政府为怀仁一中公开招聘占编教师118人。

1985—1998年怀仁县大中专毕业生分配教育系统情况统计表

表25-11　　单位：人

年份	人数	年份	人数	年份	人数	年份	人数
1985	73	1989	71	1993	85	1997	108
1986	68	1990	74	1994	85	1998	112
1987	45	1991	57	1995	133		
1988	90	1992	95	1996	108		

2006—2011年怀仁县公开招聘公办教师情况表

表25-12　　单位：人

年份	人数	去向	年份	人数	去向
2006	100	农村中小学	2010	40	怀仁一中
	20	怀仁一中		60	樹中小学
2009	20	怀仁一中	2011	30	怀仁一中

1980—2001年怀仁县民办（代课）教师转正情况统计表

表25-13　　单位：人

年份	人数	转正方式	年份	人数	转正方式
1980	2	民师班	1993	25	占用1993年度增干指标
1981	9	民师班	1994	12	民师班
1982	4	民师班	1995	18	民师班
1983	2	民师班	1996	19	民师班

续表（1）

年份	人数	转正方式	年份	人数	转正方式
1984	21	民师班	1996	46	占用 1994 年度增干指标
1985	17	民师班	1997	24	民师班
1986	14	民师班	1997	67	占用 1995 年度增干指标
1987	21	民师班	1998	17	民师班
1988	41	民师班	1999	24	民师班
1989	29	民师班	1999	61	占用 1996 年度增干指标
1990	22	民师班	2000	28	民师班
1991	11	民师班	2000	92	占用 1997、1998 增干指标
1992	13	民师班	2001	23	民师班
1993	22	民师班			

第二节 培训

在职培训 1958 年，成立怀仁县教师函授师范分校，以乡为单位设 14 个辅导站，以中心校设立 41 个辅导小组，360 名教师进修中师。1960 年初，全县小学教师中学历不达标的 600 名教师参加进修校的函授学习。同年，县教育局举办教师培训班 1 期，培训教师 66 人。1961 年，在何家堡公社培训小学教师 20 人。1963 年，第一期中师函授班学员结业，600 人达到单科中师文化程度。1972 年 3 月，招收语文、数学、理化 3 个师资培训班，共计 156 人。到 6 月底培训结束后，全部分配到城乡中小学任教。1979 年，初中以上教师参加大专函授进修的 584 人。1981—1982 年参加中师函授进修的 240 人。1984 年，参加大专函授进修的 185 人，中师函授进修的 50 人。是年，全县有 170 名教师取得师专函授毕业证书。其中公办教师 128 人，民办教师 36 人，代课教师 6 人。1985 年，参加师专函授进修的 194 人中，有 89 人取得师专函授毕业证书。1980—1983 年，举办三期英语师资培训班，培训英语教师 57 名，结业后充实到部分中学任教。1982—1985 年，举办寒暑假短期培训班和离职短期培训班 7 期，参加进修培训教师 280 人。全县有 31 名教师参加了高等教育自学考试，有 16 人领取单科毕业合格证书。1986—1997 年，全县共举办大专函授班 11 期，中专班 11 期，培训班 16 期，全县受训教师达到2072人次，占全县教师总数的63%。取得本科学历的36人，专科学历的462人，中师学历的639人；取得专业合格证的457人；取得小学校长岗位合格证的176人。

2001年，县教委在暑期举办小学英语教师培训班，培训英语教师157人，充实到农村各个小学，使新学期全县小学三年级以上英语课全部开启。2003年新课改以来，教育局和进修校每年都要组织中小学教师参加继续教育和暑期教师培训班，全县年参与者达3000多人次。2011年10月，由教育局主办，聘请全国知名教育专家，在县文化活动中心组织为期2天的中小学班主任专题培训，受训者达3000人次。

20世纪80年代初期，域内开始教师学历达标培训。不同时期培训的重点各异。2000年以前，集中培训主要以学历达标为主，即小学教师达中师以上学历，初中教师专科以上，高中教师本科以上。2000年以后，由于教师的学历达标率基本上为100%，所以，知识更新成了培训的重点。全县教师均参加继续教育，教师接受继续教育率为100%。中华人民共和国成立以来，本县教师的集中培训和继续教育主要依靠县教师进修学校组织进行。

离职进修 县政府在立足“自培”的基础上，有计划、有步骤、按要求选送一些骨干教师外出深造，实行定向选择、定向培养。1983—1985年，共有36名中小学教师在大专院校离职进修，14名幼儿教师离职进修。1986—1997年，先后有140多名教师到山西大学、山西师大、省团校、省教育学院、雁北教育学院、雁北师专等学校离职进修。有11人获得本科学历，129人获得专科学历。

岗位培训 旨在大面积提高教师素质和业务能力，更新教学思想，优化教学方法，练好基本功夫，从而提高教学效益。1991年，县教育局在全县开展教学工作达标创优活动。从1994年起，全县统一定规划、定制度，把各项系统目标具体落实到每个学校、每个教研组、每个老师。坚持“全员参与、整体提高、分类推进、重点突破”的方针，周密部署、严格训练的方法，建立教师业务档案，建立健全各级教研组织机构和活动制度，保证人人过关。在具体活动中实行以优带差、以老带新。通过先培训学科带头人，然后给新教师讲示范课；请外地高级教师搞讲座、搞示范；组织教师观看全国特级教师示范课录像带、收听讲课录音；各学校、教办自己搞试验课、模拟课；评选教学标兵、教学能手（每三年一次，到1997年，已评选出教学标兵和教学能手170多名）等手段，使全县教师整体素质、业务水平显著提高，教学基本功达标率达到98%，创优教师达到30%以上。在2000年课堂教学练兵比武活动期间，全县13名中小学校长、教导主任讲了示范课，2800多名教师讲了6000多节公开课，3000多名教师进行了课堂比武，150多名教师参加了教学能手大赛，现场观摩受益教师达9500多人次。全县共评出达标课教师2470名，优质课教师1995名，教学能手一等奖、二等奖各30名，优秀奖60名。

2002年1月，怀仁县首届教师技能大赛在教委五楼会议室举行，比赛历时1个月。教师们通过展示钢笔字、粉笔字、毛笔字、简笔画、绘画、剪纸、舞蹈、唱歌、器乐以及充满激情的演讲等，充分展示了全县教师队伍的整体素质。2003年新课程改革以来，全县中小学教师的岗位练兵主要通过校本培训、示范观摩、经验交流等形式来实现。通过岗位练兵，全县教师队伍素质得到进一步提升。2012年，全县公办教师学历达标率100%，继续教育率100%。

怀仁县教师进修学校 原称文补校，1952年创办，有教师2人。校址在城内老爷庙。1958年改称函授学校（后又称红专学校），招收中师函授学员360人，分小学班、初中班。利用早、晚时间为入学的在职干部、工人学员授课。1960年改为教师进修学校，对全县教师实施函授教学。“文化大革命”时期停办。1979年，恢复进修校。同年从全县初中以上教师中招收大专函授学员584人，设中文、数学、物理、化学4个专业。1981—1982年，招收中师函授学员240人。1984年11月起，享受中等师范学校同等待遇。1985—1988年，有教职员31人，在校二年制民师班4个班（中文、数学、物理、化学）学员194人，毕业中文函授1个班89人。1992年，二年制中师函授班毕业156人，三年制大专函授班毕业233人。1994—1998年每年招收2个中师班，每班60多人，共举办4届约500余人。1998年，学校组织人员送教下乡，对农村教师进行三笔字（钢笔、粉笔、毛笔）、简笔画、普通话为主的教学基本功培训。每期 80 人，共举办 25 期。1998—1999 年，举办全县中小学教师计算机初级培训班，培训教师 3200 人次，教师培训率达 90% 以上。2006 年暑期，举办校长岗位培训班一期 2 个班，受训 98 人。从 2009 年起，学校与省厅有关单位合作，特邀省一级培训专家莅临怀仁培训教师达 2200 人次，班主任 500 余人。2012 年，举办培训班 9 期，对 2830 名中小学教师和 250 名中小学领导进行培训。年内，中小学教师教育技术能力远程培训达 2530 人，90% 以上的中小学教师参加了继续教育网上全员培训，圆满完成了继续教育培训任务。

第三节 待遇

公办教师 民国 9 年（1920），教师薪水分为 2 个档次，男女有别。高者，男月薪 11 元（银元，下同），女 5 元；低者男 3 元，女 2 元。民国 23 年（1934）—26 年（1937），按教师所在学校等级给薪。甲等学校教师年薪 80 元，乙等学校 70 元，丙等学校 60 元，简易学校 50 元，冬春学校 40 元。

1949—1952 年，教师实行供给制，每月供给小米 100~150 斤。1952 年 4 月，教师实行货币工资制，分高小、完小、初小 3 个类别，最高月薪 28 元（折合新币），最低 14 元。同年 9 月改为分值制。10 月公办教师享受公费医疗。1955 年，废除分值制，改为固定工资，教师月均工资额为 34.20 元。1956 年，给 17% 的中学教师和 41% 的小学教师增加一级工资。小学教师月工资多为小教 7~8 级，中学教师月工资多为中教 8~9 级。（五类地区，中教八级 51 元，九级 45 元）1975 年，全县有 80 名民办教师转为公办教师，月工资额 36.50 元。1978 年 10 月给 40% 的教师增加一级工资。1979 年 10 月给 2% 的优秀教师增加一级工资。同年 11 月给全县 43% 的中、小学教师增加一级工资。12 月，全县中、小学校实行班主任津贴，小学班主任教师每人每月 4 元，中学 5 元。1982 年，全县教职员普遍增加一级工资。其中 1966 年以前的中师毕业生，工资不足小教六级的教师增加两级工资，教师的最低月工资为42元。从1985年开始，教师享受教龄补贴。从1994年开始，教师工资比同级别机关干部上调10%。

2002年1月，教师工资由县财政统一发放。原乡镇财政收入中用于农村中小学教职工工资发放部分相应划拨上缴县财政，并按规定设立“工资资金专户”，使部分乡镇拖欠教师工资的现象得以彻底根除。2010年，农村教师工资实行工资卡发放，使教师领取工资非常便捷。2011年3月，教育局、财政局、信用联社联合印发文件《关于乡镇、矿区学校正式教职工及幼儿教师实行工资统一发放的通知》。

民办教师工资 这里特指公办学校里的民办教师。民办教师分为两部分，一类是教育部门聘用的民办教师，另一类是村里聘用的民办教师。一般来讲，“民办教师”特指教育部门聘用的民办教师，村里聘用的民办教师名曰“村民办”。村民办的工资由村里负担，实行工分加补贴（相当于一个中等劳力），多为日记8分工。从1963年起，每人每月再由国家补助4元。随着经济的发展，国家补助部分相继增加为14元（1972年）、18元（1980年）、20元（1982年）、38元（1984年）。1982年，各村停止工分补贴，均改为现金补助，小学教师多为38~45元，中学教师多为50~60元。1985年，全县民办教师月工资平均在65元以上，吴家窑、鹅毛口两镇的教师月平均工资在85元以上，到1995年达205元。三个贫困乡（马辛庄、毛皂、里八庄）的民办教师工资还略高于其它乡镇民办教师的工资。到2001年，全县民办教师通过自然减员、中师班进修等途径已全部转为公办教师。

占编代课教师工资 1986—1999年，占编代课教师的工资每人每月从38元相继提高到45元、64元、89元、110元、140元。2000年以后，学校逐步按上级要求取消了占编代课教师。

技术职称 1987年开始，进行教师职称的评聘工作。县主管部门是县科技干部管理局（科干局），隶属县科委，1997年，科干局划归县人事局。1989年，教育局和各乡镇教办、县直学校均成立了教师职称评聘领导组。1987—2011年，全县高级职称评定工作共进行了16次，有177名教师获得高级职称。还有3名教师荣获特级教师称号。中级职称（小教高级、中教一级）的评聘共进行了3次。2012年，全县教师中获得高级职称137人，中级职称1081人，初级职称1721人。

1987—2011年怀仁县教师高级职称评聘情况表

表25-14 单位：人

年份	人数	年份	人数	年份	人数	年份	人数
1987	4	2001	37	2006	16	2011	5
1988	5	2002	16	2007	20		
1992	3	2003	9	2008	9		
1997	1	2004	2	2009	28		
1998	10	2005	3	2010	9		

其它待遇 1984年，县政府为25年及以上教龄的教师签发《老教师优待证》，调供50%的细粮；给小教四级、中教三级的209名教师发放书报费和知识分子津贴费。是年，有104名教师加入中国共产党，8名教师当选为县人大代表或县政协委员。1980—1985年，有38户教师家属由农业户口转为非农业户口，安排教师家属及子女就业者133人。1988-1990年，凡参加函授、电大、自考的教师每结业1科，奖励人民币20元，在领取结业证的同时领取奖金。培训科目全部结业后再奖励200元。1980年和1989年分两次，县政府为一中中教五级教师兴建3间平房的小院，为普通教师兴建2间平房的小院，共建60余套。1989年，一中给毕业班的教师每人发放250元旅游费，组织教师到泰山、北京、青岛等地旅游度假。1990年秋，县财政拨款补贴为一中教师兴建教工家属楼。随后，二中、三中、四中、五中、城关中学、四小等都新建了教师家属院（楼）。2005年，县政府新建“教师苑”教师住宅小区，为全县600户教师解决住房问题。2012年，县委、县政府授予武占祥等10名教师为示范名师，每人奖金3万元；张转平等20名教师为先进教育工作者，每人奖金3000元；罗伟等20名教师为优秀班主任，每人奖金3000元；张玉霞等100名教师为优秀教师，每人奖金2000元。1980—2012年，本县教师有46人次当选县级以上人大代表和人大常委会委

员。1984—2012 年，本县教师有 73 人次当选县级以上政协委员和政协常委，有 1 人当选县政协副主席。

第六章 教育管理

第一节 行政管理

明清时期，县衙设教谕 1 人，训导 1 人，专管全县教育，组织全县童生考试（每三年一次）。院试考中者注册登记，称为生员。民国时期，县署设教育科，管理全县教育事宜。

1949 年，县人民政府设教育科（后改教育局），设视导员 5 人，分别负责一个区，去各小学督导，按期回局汇报。后以区建立联合学区，设联合校长。学区下分片建立中心校，设中心校长 1 人。各学校都设校长 1 人，规模较大的（中心校）均设教导处，统筹管理教育行政。1958 年 2 月，撤销联合学区，乡人民委员会设文教助理员，管理教育行政。1960 年，以公社改设联合校长。“文化大革命”期间，学校成立“革命委员会”，由工宣队和贫下中农代表管理教育行政。各公社成立教育革命领导组，统理全社各校教育事宜。1978 年，恢复校长和联校长负责制。

1985 年，各乡镇均设立教育办公室，统筹管理全乡各校教育行政。各校普遍设立教育基金（为奖励教师用）。县教育局设中教、小教、电教、业教、人事、工会、成人教育等科室，直接管理 8 所中学，以及各乡镇联校。各乡镇联校设联校长 1 人，专管本乡镇各校教育事宜。1986 年，各乡镇撤销联合学区，成立乡镇教育委员会，委员会下设教育办公室，简称“教办”。教办主任由乡镇分管教育的领导担任，副主任由教育系统内部产生（1990 年以后，教办主任由教育系统内部产生）。7 月，雁北行署决定小峪煤矿职工子弟学校教师调配、管理、教学业务指导划归怀仁县教育局管辖。是年，全县有9所县直中学，2所县直小学。1988年，教育局设德育办公室，加强学校思想政治教育和安全工作的管理。

1990年，县教育局德育办公室改为政教室。建立中小学学籍管理制度，统一全县中小学在校生的学籍管理。1992年，成立城镇联校，城镇小学变为县直学校。教育局直管的有中学11所，小学6所，教办（联校）14个。是年，进行农村中学布局调整，有县重点中学的乡镇，其乡镇中学划归当地县办中学，学生实行代招代管。1995年，取消农村重点中学，全县农村中学改革管理体制，实行乡（镇）主办，县、乡（镇）两级管理。1996年，县教育局成立普教室，负责全县的“普九”、中小学学籍管理、校舍安全、高中会考等。1997年11月，撤销县教育局，设立怀仁县教育委员会。教育内部的县直单位有高中1所，职中1所，城镇初中4所，农村中学13所，教办（联校）14个，还有幼儿园和进修校等35个教育单位。

2002年春，鹅毛口镇教办、里八庄乡教办、小峪镇教办被撤销，其所辖学校相应并入云中镇教办、毛皂镇教办和新家园乡教办。8月，撤销县教委，改设县教育局。教育局直管单位有公办中学17所，小学7所，教办（联校）11个，特教中心1所，进修校1所，民办学校13所。2007年4月，教育局成立义务教育经费保障中心，实行“校财局管”。接收小峪煤矿、王坪煤矿、大同市焦煤矿等10所子弟学校，学生6640人，教职工697人。2009年，进行初中管理体制改革，怀仁四中兼并怀仁二中，怀仁二中改为怀仁四中南校区。

2011年，县教育局组建考核办公室、纪审室和基础教育办公室（包括校安办、政教室、普教室）。撤销生源不景气的海北头中学、亲和中学和金沙滩中学，在校学生分流到五中等学校就读。金沙滩中学改办寄宿制小学。是年，教育局直管9所公办中学，8所城镇小学，5所矿区小学，11个教办（联校），进修校，特教中心，还有38所民办中小学，5个民办幼儿园。

在教育管理方面，1985年以后，强调基础教育、职业技术教育和成人教育三教统筹，协调发展。全县按照“三级办学，两级管理”的原则，围绕“两基规划”目标和要求，认真实施“普九”和扫盲及农民科技教育。1995年，制定《怀仁县贯彻〈中国教育改革和发展纲要〉的实施方案》。从1996年起，全县继续巩固提高“两基”成果，以全面实施素质教育为主旋律，以建设全省德育示范县为引领，以加强学校基础设施建设为保障，努力建设全省教育先进县。21世纪后，县委、县政府把工作重点转移到基础教育标准化建设和教育均衡发展上来—加大投资力度，积极进行农村教育资源重组和农村寄宿制学校建设；同步推进人事制度改革和新课标教学。着力从教育大县向教育强县迈进，强力打造文化怀仁，书香怀仁，确立并逐步实现“校成殿堂”的宏伟目标。

第二节 教学管理

民国2年（1913），县设教育会，师国定任会长，专管各校教学事宜。

1955年，县教育局设视导室，指导全县各校教学工作。“文化大革命”中，视导室更名为教育革命办公室，在各学校中开展以“兼学别样”“教育学大寨”为主要内容的教育革命活动，大办小工厂、小农场、小饲养场。1970年，贫下中农代表进驻学校，强调突出政治，开展“阶级斗争和路线斗争”的教育活动。

1980年，教育革命办公室更名为教学研究室，有5名工作人员，分组对高中、初中、小学、幼儿园等教育进行研究。在全县推广王政关于《课堂教学开发学生智力的几点做法》的经验。1982年，开展评选教学标兵的活动，全县共评出教学标兵26人。1983年，县教研室增加到12人，并把一中、二中、城关一、二、三、四小和悟道小学作为教学实验基地，开展多方面的教学研究。各联校、中心校也都确定各自的实验学校，制定教学上的常规要求，开展教材教法过关活动和赛讲活动。1984年，教育局倡导校长、教导主任代课，直接抓教学管理，代课的校长占全县校长总数的30%，教导主任占83%。同年，采取抽查教案、观摩教学等方法，对城关四所小学的教师进行业务考核，并召开小学作文教学座谈会。1985年，由教研室、联校教研组和学校教研组形成三级教研网，按照课堂教学质量标准，不定期深入各校检查分析，促进教学质量的提高。1986 年，评选出第二届中小学教学能手 30 名。1988 年，评选出第三届教学能手 42 名。

1991 年，开展“争十佳”活动，即说课、备课、讲课、作业批改、自习辅导、教学研究、师德建设、教学成绩、出勤、工作量等十个方面达标创优。各学校坚持“全员参与，整体提高；分类推进，重点突破；狠抓常规，主攻课堂；更新观念，改革教学”的“32 字方针”，促进“达标创优争十佳”活动的深入开展，涌现出一大批“十佳”教师。1996 年开始实施素质教育，深入开展教师基本功“双六个一”提高活动。教学常规从“备、讲、批、辅、考”扩展为“说（说课、说普通话）、备（备课）、讲（讲课）、批（批改）、辅（作业辅导）、考（单元过关及期中、期末对学生所学知识的考核、考查）、研（教学研究和教学改革的实验课题和论文及经验材料）、听（听课）、评（评课）、写（三笔字：粉笔字、钢笔字、毛笔字；简笔画）”十项全能。1998 年至 2000 年，培养选拔出年均 45 岁以下的市县骨干教师 300 名，学科带头人 100 名。

2000 年开始实施“师德建设和业务考核两本账”管理。全县共评选出达标课教师 2470 名，优质课教师 1995 名，教学能手一等奖 30 名，二等奖 30 名，优秀奖 60 名。2001 年，全县中小学学生实施“五个一”工程，即每周背诵一篇古诗文，每周画一幅画，每月唱一首歌，小学三年级以上学生每周背一句名人名言，每周写一张仿（毛笔字）。成功举办怀仁县首届教师技能及中小学生琴、诗、书、画大赛。2002 年，在小学三年级以上开始开设英语课。2005 年，开展以基础教育课程改革为主要内容的“三优”活动，即优质课堂教学、优秀教学设计、优秀教学成果评比选拔活动。2006 年，教育局下发《怀仁县中小学教学常规管理意见》，按总则、教学设计、课堂教学、作业布置和批改、辅导、评价和教研 7 个大项 52 条对教师的教学常规工作提出要求并实施管理。2008 年，教育局出台《怀仁县教育局教学成绩考核和奖励实施办法》（怀教发【2008】6 号），对教师的考勤、教学常规、教学实绩、教研活动进行考核。学校建立教师考核档案，逐人逐项考核，每学期考核两次，期末汇总，年终奖惩兑现。2010 年，教育局印发《关于在全县义务教育阶段学校推行业务考核的实施意见》，进一步加强对义务教育阶段中小学教学常规、教研教改工作的管理。12 月，一中两校区同时开始进行“335”课堂教学方式的实践。

第三节 教育经费

教育拨款 民国 6 年（1917），全县教育经费为 5252 元（银元）。民国 12 年（1923）为 1512 元。

中华人民共和国成立以来，全县教育经费主要依靠财政拨款，辅之以集资办学、勤工俭学、乡村两级投资以及厂矿资助等。1949 年，全县教育经费支出 3 万元，占全县总支出的 27%。1960 年，财政对教育的拨款为 37 万元，占财政总支出的 31.6%。1970 年教育拨款为 48 万元，占财政总支出的 22.4%。1980 年教育拨款为 132 万元，占财政总支出的 17.2%。1985 年教育拨款为 308.4 万元，占财政总支出的 15.3%。

1986 年以后，全县教育经费始终保持“三个增长”（财政对教育的拨款的增长高于财政经常性收入的增长；教育事业费逐年增长；学生平均公用经费逐年增长）。1992—1995 年，县财政对教育的投入分别为 749.91 万元、925.25 万元、1584.8 万元、1720.8 万元，教育投入约占财政总支出的 20% 以上，占教育总支出的 65% 以上；生均教育事业费分别为 327 元、377 元、513 元、810.7 元；生均公用经费分别为初中 86.7 元、88.5 元、88.5 元、106.58 元，小学 49.8 元、54.7 元、61.5 元、81.95 元。1999—2001 年，财政对教育的拨款分别为 1997.1 万元、2144 万元、3561 万元，教育总支出分别为 2894 万元、3228 万元、4671 万元。教育总支出中财政所占比例为 76.22%。城市教育费附加征收率 100%，农村教育费附加征收率达 50% 以上。

2000 年，启动贫困生救助机制，逐年加大“控辍保学”力度。2006 年，设立义务教育保障经费，对义务教育阶段学生实行“两免一补”（免杂费、免课本费，补助住宿学生生活费）。2007 年，义务教育保障经费小学生年均农村 107 元，县城 148 元，初中生年均农村 141 元，县城 182 元。贫困寄宿学生生活补贴，小学生年均250元，初中245元。全年贫困生生活补贴2460人次，38.4万元。贫困生免课本费86.3万元，免缴杂费65887人次，846.29万元。2008年，实施营养餐工程。从5月份开始，全县中小学生每天早晨免费供应一颗鸡蛋，秋季改为一袋牛奶。全年享受营养餐17654人，337.7万元。2012年，财政对教育的拨款是43594万元，财政对教育的拨款占财政总支出的33.59%，占全县GDP总量的3.25%。义务教育保障经费，小学生每生每年560元，初中生760元。寄宿制学生生活补贴，小学1000元，初中1250元，营养餐工程款由朔州市财政统一掌握，每生每天供应一袋饮用奶。

集资办学 20世纪80—90年代，在教育经费政府拨款不能满足教育日益增长的需求的情况下，集资办学渐兴，年集资总额平均达100多万元。大规模的集资近30多年就有4次。1984年，县委、县政府以新家园乡北辛村为试点，在新家园乡召开全县集资办学现场会，集资400多万元。1979—1985年，社会集资总额达958.75万元。1987年集资500多万元。1991年集资1000多万元。1995年，全县干部职工每人拿出个人一个月工资的30%，个体工商户拿出一个月营业额的10%，驻怀厂矿单位和全县企事业单位倾囊相助捐资助教，农民群众出钱、出力、投工、投料，在不到两个月的时间内，共集资1150多万元。

勤工俭学 学校勤工俭学在20世纪80—90年代比较盛行，也是教育考核的一个硬指标，为教育发展做出了较大贡献。1980—1985年，学校勤工俭学纯收入达108.49万元。90年代末，此项工作逐渐淡化。

此外，还有乡村两级投资（因本县执行的是三级办学，两级管理制），以及部分厂矿对所在地学校的资助（现金、煤炭、木料等），每年这部分经费统计起来远远超过县财政对教育的支出。

第四节 教育改革

教育方针 中华人民共和国成立后，怀仁县的办学方针是发扬延安抗大精神，倡导勤俭办学，即教学同生产劳动结合起来，学生一边学习，一边参加一些生产劳动，初步改变了以往教育脱离实际、脱离政治、脱离生产的弊端。1957年，按照“使受教育者在德育、智育、体育几方面都得到发展，成为有社会主义觉悟的、有文化的劳动者”的教育方针办学。1958年，强调“教育必须为无产阶级政治服务，必须同生产劳动相结合”的方针办学。1960年，提倡“教育要面向农村，服务农村”，多数学校采取白天劳动，晚上学习，或半天劳动半天学习。1962年，少数学校又出现了关门教学，片面追求升学率的现象。“文化大革命”期间，虽提倡“以学为主”，但在“兼学别样”中，教学时间大部分被“革命”替代。1975年，推广“朝农”经验，开展教育学大寨，要求各校办成大寨式学校，实行校队挂钩，大办厂、场，批判智育第一和师道尊严，否定单纯文化教育。全县共有校办农场3786个，林场1541个，饲养场2783个。1978年以后，经过拨乱反正，德、智、体全面发展的教育方针得到正确贯彻。1983年提出教育要面向现代化，面向世界，面向未来。本县制定《关于教育工作若干问题的决定》，从基础工作抓起，扎扎实实抓教育。

1995年《中华人民共和国教育法》明确规定，“教育必须为社会主义现代化建设服务，必须与生产劳动相结合，培养德、智、体等方面全面发展的社会主义事业的建设者和接班人”。怀仁县坚持“德育为首、教学为主、素质为本、全面发展”的办学思想和“校园平安、管理先进、行为规范、质量一流”的总体要求，开始实施素质教育。1997年，县教委制定全县素质教育千分考核评估方案。

21世纪以后，境内民办教育迅猛发展，使公立中小学实施素质教育严重受阻，“不能让孩子输在起跑线上”成为大多数家长的共识，学生负担不仅减不下来，而且在某些方面（作业量、在校时间、考试次数等）大有增加之势。从2001—2012年，县教育局紧紧围绕“两全”，加强教师师德建设，深化课堂教学改革，硬性规定在校时间，严厉打击乱订资料、有偿补课，着力加快寄宿制学校建设，促进城乡教育统筹、协调、均衡发展。

教学方针 清末及民国期间，多数学校的教学方法是让学生死记硬背。

1955 年，各校普遍采用苏联凯洛夫的“五环教学法”，（组织教学、提问和复习旧课导入新课、讲授新课、总结和巩固新课、布置作业）和 5 级计分制。1958 年以后，提倡突出政治。1960 年，加强讲读、写作和阅读指导。1962 年，提倡“精讲多练”的教学法。1964 年，推广“启发式”教学法。1968 年，强调按照毛泽东提出的“十大教授法”进行教学。1972 年，提倡双基教学，加强基础知识和基本技能训练。1977 年以后，恢复了备课、听课、教学观摩等制度，提倡教师吃透教材，摸清学生知识底子，由易到难，因材施教；提倡直观教学，加强实验教学；提倡课后（外）辅导，给差等生吃“偏饭”。1979 年，全县小学一年级语文课推广汉语拼音式教学法，算术课推广“三算”（口算、笔算、珠算）结合的教学法。1984 年，各校普遍应用“读读、议议、讲讲、练练”的课堂教学结构，使教师逐步从“满堂灌”的教学中解放出来，学生从作业堆里解脱出来。

1986—1995 年，全县中小学教学工作坚持“一二三四五”的教改总要求，扎实进行整体性教学改革。即瞄准一个主攻方向（课堂教学）；注意两个着眼点（智能因素和非智能因素）；坚持三个不准（不准拖堂、不准加重学生负担、不准自习复讲）；抓住四个环节（备、讲、批、辅）；达到五条标准（目的明确、重点突出、难点突破、组织严密、方法科学）。

从 1996 年开始，全县中小学全面实施素质教育，县教育主管部门大力改革课堂教学结构。一是改革教学方法。积极开展“模拟课、达标课、优质课”的三课实践活动。二是改革教学过程。使每个教师都能够较好地抓住知识的重点、难点、连接点，着力使学生掌握基础知识，形成科学的知识结构；抓住技能的训练点和智力的开发点，着力使学生形成多种特长技能；抓住思想品德的渗透点，着力使学生形成良好的思想品德和心理素质；抓住因材施教的关键点和学生进步的闪光点，着力使学生得到全面发展和全体发展。三是教学内容的改革。课堂内，严格执行国家颁发的中小学课程课时计划和教材的教学实施要求。课堂外，充分调动师生的聪明才智，积极开展制作、发明、科研活动。

2001 年，各学校统一实施“五个一”工程，明确规定每周学生课余时间需完成的学习任务。2003年实施新课程改革以来，围绕“三维”（知识与能力，过程与方法，情感、态度与价值观）目标开展课堂教学，倡导学生自主、合作、探究式学习。确立试点和模式，整体推进。

教材 清末私塾教材为《百家姓》《千字文》《四书》《五经》以及历代文选、诗词选等。民国6年（1917），本县初、高两级小学校开始使用教育部审定，商务印书馆出版的“新学制”课本，以后中华书局出版的“新课程标准”课本以及山西省印的“通俗白话”课本在本县交叉使用。1949年以后，使用国家统编教材。1966—1976年，采用山西省编教材，以毛泽东著作、语录为主要内容。1977年以后，采用教育部颁发的全国统一教材。1994年开始实施九年义务教育新课程计划，按照义务教育教学大纲实施教学。2003年以来开始实施新课程改革，按照新课程理念和新课程标准进行教学，各学校开始校本教材的研发。

学制和课程设置 民国初期，初等小学为四年制，高等小学为三年制。民国11年（1922），高小改为二年制。课程初小设7门，高小设10门，主要有修身、国事、算术、手工、体操等。民国18年（1929），高小增设党义课。民国22年（1933），各国民学校均增设公民训练课。

1949年后，小学学制为四二制，即初小四年，高小二年，均为春季始业。课程设置，初小设语文、算术、音乐、美术、体育5科，高小设政治、语文、算术、自然、地理、历史、音乐、美术、体育9科。1953年改为秋季始业。1966年起，全县小学为五年一贯制。1967年，中学改为二二制，即初中二年，高中二年，并改为春季始业。1978年改为秋季始业。1979年，初中恢复三年制。次年，高中恢复三年制（乡办高中1986年以前仍是二年制）。1984年，城关、鹅毛口、何家堡、新家园4个联校的35所小学新招一年级六年制，其余仍实行五年一贯制。1984年至1992年，全县小学学制为“双轨”（五、六年制）运行，1992—2002年，全县小学统一实行五年一贯制。2002年秋季开始统一为六年制。小学、初中实行九年一贯制。

1985—2002年，全县五年制小学课程设置与课时安排执行教育部《1981年全日制五年制小学教学计划课时调整表》，六年制小学执行教育部《1984

年全日制六年制小学教学计划课时调整表》，初中执行教育部《1981年全日制初中教学计划课时调整表》。2003年课改以后，中小学学科教学和活动执行教育部下发的《关于义务教育课程设置实验方案》。

课程包括学科类和活动类两部分，大部分由国家统一安排，也有一部分由地方安排。学科类课程以文化基础教育为主，在适当年级，因地制宜地渗透职业技术教育；以分科课为主，适当设置综合课；以必修课为主，初中阶段适当设置选修课；以按年级、学期安排的课为主，适当设置课时较少的短期课。小学阶段教育国家安排课程主要有思想品德、语文、数学、社会、自然、体育、音乐、美术、劳动等九科。2002年，在小学三年级以上开设英语课。初中阶段教育国家安排课程主要有思想政治、语文、数学、外语、历史、地理、物理、化学、生物、体育、音乐、美术、劳动技术等十三科，还开设职业指导课。活动包括晨会（夕会）、班团队活动、体育活动、科技文体活动、社会实践活动和学校传统活动等。进入21世纪，各级各类学校逐步开设了信息技术课。

开展新课程改革以来，按照新课标进行教学。小学学科课程主要有：品德与生活（1~3年级）、品德与社会（4~6年级）、语文、数学、体育、音乐、美术、外语等。初中学科课程主要有思想品德、语文、数学、物理、化学、生物、体育、音乐、美术、外语等。

考试制度 民国时期，各学校有中考、期考和毕业考试，1949年后因之，对学生的学习起到一定督促作用。“文化大革命”期间，废除沿用的考试制度，采用开卷考试制。1970年升学实行推荐选拔制。1977年恢复各种考试制度。在参加全国、全省统一举行的高考、中考之外，县、乡、校根据各自的实际，举行小考，期中、期末考试、模拟测验和单元测试。1997年以后，考试的形式也从闭卷考试变成闭卷、开卷相结合，以闭卷为主。评价学生从只注重终结式评价开始向终结式评价和过程式评价相结合。小学普遍实行等级评价学生的做法。

教育管理体制 1984年以来，本县开始进行教育管理体制改革。各乡镇成立教育委员会，下设办公室。办公室主任开始由乡镇分管教育的副职兼任，副主任在教育系统内部产生。后来，教办主任由教育局任命。实行“县、乡、村三级办学，县、乡（镇）两级管理”。20 世纪 90 年代中后期，在管理体制上强调“以县为主，首长负责”。21 世纪后，中央、省市县各级政府逐渐担负起主办和管理义务教育阶段学校的责任。在学校内部，普遍实行校长负责制、教师聘任制、岗位责任制、结构工资制。

第二十六编

科学　技术

第六十二夜

小赶　学样

第一章 机构队伍

第一节 组织机构

1958年6月，怀仁县科学技术普及协会（科协）成立，属社会群众学术性团体。1959年6月，县科学技术普及协会改称县科学技术协会。1966年因“文化大革命”运动工作中断，1978年7月县科学技术协会恢复。2002年，县科协内设办公室、普及股、学会。

1959年10月，怀仁县科学技术委员会（科委）成立。1966年“文化大革命”运动开始，科委工作中断。1971年10月，县革命委员会生产组下设科技办公室。1973年，科技办公室更名为科技局。1976年，科技局内设地震办公室。1979年12月分置，恢复县科学技术委员会。科委行使政府科技管理职能，下设办公室。1997年6月，县政府机构改革，地震办公室从县科委分离成立地震局。科委保留科技、职改两项职能。2001年12月，县科委更名为县科技局。2008年12月，县科技局撤销，同文化、广播、体育合并为县文化广电体育科技局。2009年，县科技局分离单设。2012年，县科技局内设办公室、业务股、生产力促进股。

1975年，除吴家窑、小峪镇外，城关、何家堡、新家园、金沙滩、亲和、海北头、河头、马辛庄、毛皂、里八庄等10个乡镇设农科站，每站2—3人，共26人。2012年，全县所有乡镇均设科研站，每站2—4人。负责指导、协调、帮助、服务本乡镇范围内各村的科研工作。专业技术人员约120余人。

1966年2月成立雁北地区林业科学研究所（林科所），隶属雁北行政公署林业局，位于三里庄村东。历年来开展林木良种选育、造林技术、森林保护、城乡园林花卉、林业机械等项研究，为雁北各县提供林业技术服务。全所拥有科研基地4000亩，试验苗圃300亩，各种试验树650亩。“小老树”

改造丰产技术、杨树良种的推广试验，分别于1981年、1983年获山西科学技术推广成果一等奖。1993年7月划归朔州市。

1968年成立雁北地区高寒作物研究所（高寒研究所），隶属雁北行政公署农业局，位于毛皂村。1970—1980年，主要研究适合北方种植的小麦、高粱优良品种。在城关公社城内大队多年搞试点，组建城内科研队，研究小麦、高粱、马铃薯等10多种优良品种，在雁北地区普遍推广。1986年划归雁北行署农业局。

1972年7月，怀仁县农机研究所成立。有职工6人，其中科技人员2人。1978年购进25台玉米播种机，在全县推广机播玉米。1979年研制成玉米施肥点播机，可一次性完成玉米开沟、点籽、施肥、复土、镇压5道工序。1982年，协助雁北地区农机研究所研制成中耕锄草机和植树挖坑机，并小批量生产，在雁北各县推广。1984年研制成地膜覆盖机。1985年底有职工13人，其中科技人员7人。2000年合并到县农机局。

1975年7月，雁北地区陶瓷研究所成立。陶研所研制的陶瓷产品主要有高白瓷、花釉、翡翠瓷、嫦娥奔月台灯、玉柱花烟具、八角荷花盆等70多个品种。1980年，玉柱茶具全省评比名列第一，被人民大会堂山西厅选用。1984年，龙壁挂、佛像等600多件产品选送日本展销。1985年，观音花瓶、母子双鹿台灯等20余种陶瓷艺术品在山西省和全国举办的各种工艺美术展览会、展销会上获奖。1998年改制。

1977年10月，怀仁县农业科学研究所成立。农科所主要以小麦、谷子、马铃薯、胡麻、大豆、玉米6种作物为研究对象，进行农作物的区域试验。1984年，进行地膜覆盖夏播小麦试验获得成功。1985年培育马铃薯脱毒原种1000斤。全所有职工10人，其中技术人员3人。2000年合并到县农业局。

第二节 科技队伍

怀仁县素有中医人才和各业能工巧匠。民国年间，有张氏、刘氏、李氏中医世家。20世纪50—60年代，全县建立了各种科技协会和科技小组，科技队伍成为社会主义建设的一支重要力量。1955 年全县有各类技术人员 148 人。1965 年，全县各生产大队均建立了农业科技小组，有农民科技人员 423 人。1979 年 7 月，县科学技术人员普查领导组对全县科技人员进行普查登记，对干部职工中的各类技术人员评定技术职称，共评定 260 人。其中获中级技术职称的 55 人（工程师 25 人，农艺师 15 人，畜牧师 6 人，兽医师 3 人，中级技师 6 人）；获初级技术职称的 155 人（助理工程师 53 人，助理农艺师 25 人，助理畜牧、兽医师 37 人）；获技术员职称的 90 人（畜牧技术员 20 人，农业技术员 14 人，林业技术员 1 人，农机技术员 13 人，水利技术员 6 人，工业技术员 36 人）。1985 年，全县共有各类科技人员（指获得技术职称的）661 人。其中中级 83 人，初级 239 人，技术员 339 人。科技人员分布范围是公交系统 278 人，农业系统 180 人，财贸系统 109 人，宣传系统 240 人，党政机关 151 人。此外，全县农村有农民科技人员 1385 人。1990—2000 年，全县各行业有各类科技人员 850 人。2001—2012 年有 1000 余人，农村有农民科技人员 2600 余人。

第二章 科普 科研

第一节 科普活动

1950年县政府组织70余名干部，深入各乡、村，利用黑板报、广播等形式，向群众宣传风、雨、雹、雷的形成和造成灾害的原因，破除迷信思想，树立相信科学意识。1952年，结合爱国丰产竞赛运动的开展，宣传推广浸种、拌种、防治病虫害的新技术。1959 年，县科学技术委员会和县科学技术普及协会成立后，编印《科技情报》《群众科学实验》《科学技术指导》等小册子，向群众介绍全国各地的科学信息和技术革新的新成果。

1960 年，以“农业八字宪法”为中心，在全县农村普及农业科学知识。

1964年，全县农村普遍通电，利用图片、幻灯等形式，普及宣传《安全用电知识》。1964年至1971年，全县普及推广马铃薯秋播留种、土法生产硝基腐殖酸铵和综合电子针疗器等新技术。试制并普及推广“六八一”膏剂、针剂、水剂治疗胃病、肝炎，成为省和中央的4个重点县之一。1971年3月，在城内、甄庄等大队建立了4个普及科学实验点。1973年，城内大队推广麦茬马铃薯育苗移栽新技术，获得山西省新技术推广奖。1979年，县科委创办《怀仁科技》，每月定期编发《怀仁科技资料目录》，根据农村的季节需要印发科技资料，至1985年共印发各种科普资料13600份。1983年至1985年，县科学技术协会组织科普协会会员深入农村进行科普宣传和技术培训，共举办培训班110期，科技培训8.6万人次，印发各种科技资料8.2万份，举办《学科学用科学》《靠科学能致富》等讲座284次，听讲者8万余人次，出科普板报1508期。1985年，邀请外地专家教授讲学29人次，传授技术54项，培训科技人员3440人。县科委和县计划生育指导站开辟宣传专栏和橱窗，利用图片向群众宣传少生、优生的好处和最新节育方法。

1990—2000年，随着国家“科教兴国”战略的不断深入发展，县委、县政府认真贯彻《中华人民共和国科学技术普及法》，传播科学思想，弘扬科学精神，积极推广先进实用的科学技术。2002年，开展社会化、群众性、综合性的“科技宣传月”活动，成立“科技下乡服务队”，举办“农业新技术革命”和“崇尚科学文明，反对愚昧迷信”等大型科技图书展览，发放科技图书和科技资料，放映科普影视节目。2003年，开展多方位大范围防控“非典”的科普宣传活动，举办科技讲座35场次，发放科技资料3万份，培训各类从业人员3.4万人次，并组织县、乡科技人员深入田间服务，解决技术问题90多个。2005年，开展“科技服务三农，共建小康社会”为主题的科技进村入户宣传活动，组织100多名农技专家开展实用技术下乡培训和咨询服务指导活动，发放科普宣传资料26种6000余份，赠送科技图书1000多本，举办各类科技培训班40余期，服务群众4.1万人次。

2007年，组织48名大学生科普志愿者，分赴全县10个乡镇110个行政村，利用移动公司提供的116个免费网络文化站点，通过报刊影视函授、多村集中培训、专家现场辅导等多种形式，对农民分期分批进行电脑培训，让农民与专家面对面，农业与科技零距离，农村与信息一点通。2008年，以“率先发展、科学发展，建设和谐奋进新怀仁”为主题，利用“科技活动周”“全国科普日”和科技文化卫生“三下乡”活动，通过召开现场会，举办科普专题讲座、科普展览、发放宣传资料等形式，引导广大农民以科技增收致富，用科技节约增效，提高全民科技素质。2009年，围绕“节约能源资源，保护生态环境，保障安全健康”的主题制作科普宣传展板5块，建科普惠农信息栏10个，发放科普知识书籍2000余册，资料3500余份，举办科技培训班65场次，培训人数2500余人，受教育人数达7000余人。

2011年，围绕县委、县政府提出的建设“三区八园”目标，实施“十成”战略，再造一个新怀仁的奋斗目标，重点围绕节约保护水资源，举行全国科普日怀仁系列活动。通过下乡送科普知识书籍和举办科普画廊，努力提高广大农民的科技意识和科技素质。2012年，围绕怀仁县肉用羊养殖和林木栽培举办了3次技术培训。

2002—2011年怀仁县科普工作一览表

表26-1

项目 年份	科普活动				科普宣传					科普培训	
	科普咨询（次）	科技推广（项）	科普讲座（次）	受益人数（人）	科普图书（册）	科普挂图（幅）	科普资料（份）	科普展板（块）	科普光盘（盘）	培训（场次）	受益人数（人次）
2002	50			50000	5000		6000	10	20	30	500
2003	100	20	6	36000		6000	15000			130	1400
2004	60	10		22000	20000	500	10000			80	850
2005	80		8	41000	1000	1300	60000		30	40	500
2006	130	10	10	46000	12000	1000	26000		35	100	1200
2007	100		12	45000	15400	5640	63000	30	20	43	600
2008	100		26	16200	10000	2800	50000	15	40	60	750
2009	80	6	20	13200	5400	1460	38000	16	20	120	1300
2010	120	10	10	20600	2700	4800	36000	26	15	38	700
2011	100	10	15	8600	600	600	3000	16	20	36	800

1983年，县政府成立农业技术推广领导组，各公社成立农业技术服务中心站，配备71名科技人员，向农民提供技术咨询服务。建立科技联系户，开展科学实验。当年全县有50名科技人员在66个生产大队同659户农民签订50份胡麻年产合同；有43名科技人员在74个生产大队同346户农民签订128份地膜覆盖合同；有85名科技人员在99个生产大队同17716户农民签订71份"瑞毒霉"防治谷子白发病合同；有45名科技人员在65个生产大队同8478户农民签订45份"拌种双"防治谷类黑穗病合同。全县有368名各类技术人员同6969户种植业、养殖业专业户、重点户建立联系，提供技术咨询。1984年采用招聘的办法，选拔65名回乡知识青年充实到12个乡镇农业技术推广站。全县平均2—3个村有1名技术推广员，向农民提供技术咨询服务。县科委情报资料室将全国26个省（市）的科技报道及有关资料剪裁3000余条装订成14个资料本，向科技人员和农民提供咨询服务。1985年—1990年，县科委每年组织2—3次科技咨询服务活动。根据农村生产季节组织农业、畜牧、农机、林业等部门的技术人员，给农民提供种植、养殖方面的技术指导，或发放科学种田、养殖技术资料。1991年—2010年，县科委牵头，县委宣传部组织文化、科技、卫生"三下乡"科技咨询服务活动，同农民面对面，零距离接触，直接解答农民的咨询。"三下乡"活动坚持做到每年1—2次，逢重大活动不定期地组织下乡。2011年以后，县科委采取"走基层、访农民、到实地、手把手"的方法，解答农民种植、养殖中的疑难问题。开通"科技咨询服务热线"，全天候为农民解疑释难。

第二节　科技交流与申报

2006年，怀仁县跻身山西省可持续发展实验区行列。2007年，申报国家可持续发展实验区。2008年1月18日，经科技部等15个部委联合评审批准，怀仁县成为国家可持续发展实验区。是年，怀仁县获准为全省5个新农村建设科技示范县，在10月28日召开的山西省新农村建设科技示范单位工作会议上受到省科技厅的表彰，资助奖金5万元，还批准亲和乡南小寨村为山西省新农村建设科技示范村，给予专项资金支持。2008年，全县申报专利20项，获得批准13项。重点选择和培养科技示范户50户，引进示范新品种18个，示范新技术3项。其中包括蝴蝶兰、大棚立体西瓜、南瓜嫁接黄瓜、饲草玉米、油桃、大京杏等和蔬菜、瓜果新品种。引进示范热带观赏鱼、蟾蜍、黄粉虫、蝇蛆、绿头鸭、青蛙等养殖动物新品种。2009年，大力发展高新技术产业，在安全生产上实现技术升级改造，使煤炭生产安全平稳发展。扶持诺成、玉龙、同星等一批新型医药企业入驻科技园区发展。帮助怀仁县四季青苗圃、山西宝杰耐火保温材料有限公司、怀仁县瑞通养殖专业合作社、怀仁县万澳畜牧业有限责任公司等11家企业申报的项目获得上级科技项目资金140万元。

2010年，为玉龙化工有限公司、晋利糖果厂、宝杰耐火材料有限公司、诺成制药有限公司等4家企业申报山西省民营科技型企业。组织开展朔州市科技奖励推荐工作，推荐项目15个。2011年，完成“十一五科技成就展”。撰写、申报国家科技计划社会发展科技发展领域生态修复项目；争取市级以上科技产业化发展项目13个，争取上级资金288万元。通过省科技厅审核，科技部认定本县为“2009—2010年度全国科技进步先进县”。2012年，建设农村科技信息站7个，安装信息化触摸屏一体机7台。申报华壬陶瓷、晋利糖果厂、恒源陶瓷厂3家企业为山西省民营科技型企业。邀请省畜牧兽医研究所专家在海北头乡、亲和乡、河头乡举办养羊技术培训班，培训农民2000余人。

2004—2008年怀仁县申报科技项目一览表

表 26—2

年份	申报项目	牵头单位
2004	2万吨/年联产甲醇项目	中安化工公司
2005	怀仁县农业信息化	县农业局
2005	民营企业家族制经营的形成演化史和发展前景	县科技局
2005	综合技术采煤	芦子沟煤矿
2005	窑尾油收光改用布袋收光	宏丰建材公司
2005	制造信息化	雁北乳业公司

续表（1）

年份	申报项目	牵头单位
2005	（9RFD）多功能揉草粉碎机	兴农机械厂
2005	优良种质利用技术推广	至诚种猪公司
2008	肉羊育肥技术推广及其他产业化	畜牧服务中心

第三节 青少年科技活动

1990 年以后，怀仁县青少年科普教育活动从中小学抓起，开展科技小发明、科技小制作、科技小论文、青少年环境科学实践等科技创新活动。2002 年，参加省科技、省教育厅、团省委、省环保局等单位联合举办的第 17 届山西省青少年科技创新大赛，有 4 名同学获得二等奖，3 名同学获得三等奖。2003 年，以怀仁一中为依托开展“五月科技周”科普活动。以“创新与实践”为主题，破除封建迷信，弘扬科学文明。组织广大青少年参加科技创新大赛，怀仁一中有 10 名同学获得省科技发明二、三等奖，怀仁一中获得组织二等奖，县科协获得优秀组织奖。

2005 年，县科协联合怀仁一中，开展以科技创新，科技小发明、小制作、小论文，生物百项知识竞赛，数理化实验操作，青少年科技传播和校园拒绝邪教等为内容的科技周活动。有 86 篇小论文，72 件小制作，94 名技能竞赛优胜者取得较好的名次。有 6 名同学在第 20 届山西省青少年科技创新大赛中获得二等奖和优秀奖。2006 年，有 5 名同学在第 21 届山西省青少年科技创作大赛中获得优秀奖。2009 年，邀请中国科学院、中国科学探险协会、《中国科学探险》杂志社、中国青藏高原研究会等部门的导师、教授、社长来怀仁一中作科普报告，促进青少年学科学，爱科学，用科学的创新意识。

2010 年，县科协和怀仁一中组织开展科普进校园活动，为广大学生送去天文地理、卫生防疫等丰富多彩的科技知识。举办怀仁县青少年科技创新大赛实践活动。

2011 年，举办怀仁县第二届青少年科技创新大赛实践活动，有 12 件作品获得大奖。其中一中学生李俊儒申报的电子闹钟“懒人秘书”获得第 26

届山西省青少年科技创新大赛一等奖。一小学生贺明辉、五小学生张敏菲申报的少年儿童科学幻想绘画作品获得三等奖。

2012年，成功举办第三届青少年科技创新大赛，收到参赛作品386件，评出科技制作科幻画项目2件，获奖学校7所，获奖学生17人。

第四节 测报

地震测报 1989年10月成立怀仁县地震局。1997年6月，撤销县地震局，与科委合并。2005年12月，恢复县地震局为全额事业单位。

监测预报：全县设有监测点16个。其中微观监测点1个，宏观监测点15个（分布在10个乡镇）。

震灾预报：县地震局针对本县实际制定《检测预防制度》6条。贯彻“主动、慎重、科学、有效”的防震减灾宣传方针，适时开展防震减灾知识的强化和应急宣传，针对不同对象在不同时期，采取不同的宣传措施和策略，进行防震减灾知识宣传教育活动。坚持每年5月12日“防震减灾日”和7月28日“纪念唐山大地震宣传周活动”，采取在报纸、电视等传媒上开辟专栏，宣传地震基本知识、地震应急和自救互救技能及地震谣传的识别等知识；举办大型宣传活动，悬挂宣传标语，设置宣传展板，设立防震减灾知识咨询台；制作防震减灾知识宣传专题片，深入城乡播放；推行防震减灾“进企业、进家庭”活动。推进以县城市区为重点的地震安全基础工作和重大工程抗震设防监管，使管理工作规范化。修订《怀仁县地震应急预案》，各乡镇、各部门和单位同时制订各自的地震应急预案，形成全县地震应急预案体系。组建应急救援队伍，制订《怀仁县应急救援队伍建设管理办法（试行）》，县应急办公室和县地震局共同制订《怀仁县地震救援队伍组建方案》。组建救援队3个，由县消防大队25人组成救援1队，由公安巡警队80人组成救援2队；由预备役官兵100人组成救援3队。根据县域人口密度情况，将仁义广场、人民公园建成2个紧急避难场所。其中仁义广场占地80亩，人民公园占地250亩，可容纳6—7万人避难，其它如体育馆、中小学操场、火车站广场、文化广场、气象广场、财富广场等设置为临时避难场所。

气象测报 1971年6月成立怀仁县气象站，后改为气象局。负责域内的气象测报，参与防灾减灾、开发和保护气象资源、开展气象服务等工作。1998年引进电视天气预报制作系统，在怀仁电视台开播怀仁天气预报节目，播放全县各乡镇24小时天气预报。2006年7月建成DYY11型自动气象站并开始试运行。2009年进入单轨运行。2010年全县10个乡镇全部建立了区域自动气象站。

气象观测：其项目有云、能见度、天气现象、空气温度、湿度、地面温度、日照、蒸发等气象观测，分每日8时、14时、20时进行观测记录。

气象预报：分为短期预报和中长期预报。短期预报分为24小时、48小时、72小时预报；中长期预报分为旬、月、季、年预报。

灾害性天气预报：本县设有灾害性天气信息预警系统，靠电话、短信平台、纸质专题向政府和公众公告。针对干旱和冰雹天气，采取人工影响天气进行预防，其手段主要依靠高炮和火箭进行增雨和防雹。

第五节 科技成果

省级奖

电子治疗母畜不孕症：家畜改良站兽医师孙吉，1978年开始，用电针治疗母马、母牛、母驴等七种畜禽不孕症。1985年6月通过省技术鉴定。

三合激素诱导乏情母牛发情，提高受胎率：家畜改良站兽医师孙吉、孟元新，1982年开始，用三合激素诱导乏情母牛。1985年6月通过省技术鉴定。

高白瓷试制：雁北地区陶瓷研究所工程师赵彦忠，于1978年研制成功。该瓷白度高、透明度好、彩面光滑。1978年获山西省科研成果四等奖。

谷子高产综合栽培：县科委于1978年在甄庄大队栽培成功。实验面积3.02亩。秋深耕地八寸，亩施农家肥150担，过磷酸钙80斤，硝铵15斤，选种大同白谷七号，行距1.5尺，株距0.4尺，亩留苗48000株。5月3日播种，苗长三到四叶松土，孕穗期浇水施肥30斤。平均亩产1012.8斤。获省科技成果四等奖。

高寒地区苹果冻害探讨：果树站农艺师王福民，经过20多年对果树受冻后表现的观察，提出雁北果树防冻意见，撰写的《高寒地区苹果冻害的探讨》论文，1979年获省科技成果三等奖。

大峪河流域综合治理：1979年开始，县林业局对大峪河流域进行综合治理。县境内大峪河流域，从山到川全部植树造林。山区栽植用材林，实行水土保持；川区栽植护岸林、防风林带，实行农田林网。1981年获省科技成果二等奖。

雁翠瓷实验：雁北地区陶瓷研究所工程师赵彦忠，于1982年试制成功。该瓷晶莹透明，隔瓷可见器皿液体水平面，热稳定性为200℃以上，吸水率为0.05%。1980年获轻工部重大发明四等奖。

耐火纤维毡：1982年，雁北机械铸造厂工人王世录采用硅酸铝耐火纤维毡对炉衬内侧粘贴耐火纤维毡，对2寸RJX75—9RJX30—9箱式电阻炉进行改造，缩短升温时间50%，节电30%，炉壳温度比改造前降低30度。1983年5月获省科技成果四等奖。

地（市）级奖

城育一号小麦：城内科研队利用“卡捷姆 × 欧柔”选育出“城育一号”小麦品种。1978年获地区科技成果三等奖。

玉米施肥点播机：1979年，县农机研究所研制成玉米施肥点播机。通过地区鉴定，批准生产。

橡塑合成鞋底：1984年，县二轻局王中光在县制鞋厂实验生产橡塑合成鞋底。10月通过地区鉴定。

国人趾骨数目X线照片1223例的观察：县医院放射科医师禾悦兴，在实际工作中，悉心观察研究，经九年对1223例足趾骨X线片观察统计，人体趾骨数目72.3%为26块，27.7%为28块，2例为22块。对第四趾观察统计：三节趾骨1138例，占93%；二节趾骨85例，占7%。对第五趾观察统计：三节趾骨338例，占27.7%；二节趾骨885例，占72.3%。1985年11月通过地区技术鉴定。

1979—1983年怀仁县科技成果（县级奖）一览表

表 26-3

时间	项 目	获奖单位或个人
1979年	采矿盘区380伏电压改造	峙峰山煤矿
	平洞掘进光面爆破	芦子沟煤矿
	电加热设备	工交部
	剪切机	五金厂
	冲槽机	农机修造厂
	”七六九”农药	城关农科站
	城育一号小麦品种	城内科研队
1981年	远红外技术推广应用	工交部
	变换工段节能制造	化肥厂
	回炉再生铁生产	金属制品厂
	光面爆破	芦子沟铁路指挥部
	釉面砖	县瓷厂
	压力容器封头砂爆炸成型	袁德武
	铜焊新工艺	张林聪
	矿井局部通风	张谦
	合成工段设备制造	化肥厂
	烟叶丰产栽培技术	日中城大队
	葵花丰产栽培技术	北铺大队
	谷子大面积丰产栽培技术	周家窑大队
	烟叶丰产栽培	石庄大队
	甜菜丰产栽培	海北头大队
	甜菜丰产栽培	黄庄大队
	谷子大面积丰产栽培	旧站大队
	谷子大面积丰产栽培	李家小村大队
	煤油灯孵小鸡	张明全
	谷子大面积丰产栽培	智民庄大队
	胡麻丰产栽培	杨岭大队
	胡麻丰产栽培	李家场大队
	宅薯一、二号，玉米宅单一二号品种栽培	大寨大队
	葵花丰产栽培	秀女村大队
	谷子大面积丰产栽培	霸王店大队
	农抗”769”生产及推广	里八庄公社农科站

续表（1）

时间	项 目	获奖单位或个人
	谷子大面积丰产栽培	北街大队
	谷子丰产栽培	甄庄大队
	小麦丰产栽培	城内三队
	谷子大面积丰产栽培	南七里寨
	拌种双新农药示范推广	农业局
	绵羊混合驱虫增重实验	畜牧局
	对主动脉瓣区杂音探讨	王学明
	动物断肢再植实验成功用于临床	县医院外科
1982 年	首位同步传动	峙峰山煤矿
	造气工段技术改造	化肥厂
	预热利用	吴家窑瓷厂
	工艺改造	地毯厂
	彩花工艺镜	工艺美术厂
	矿山贯通测量	芦子沟矿
	城市规划	杨建庭
	春小麦栽培	城内三队
	土壤普查	土肥站
	胡麻开发试验	纪学明
	胡麻开发试验	周继民
	碳磷钾配比试验	王连周
	春小麦新品种区域试验	王守才
	僵猪畜肥试验	田万义
	排盐改碱试验	韩巨贵
	黄牛改良	畜牧局
	新农药推广	技术站
	优种推广	种子公司
	新农药推广应用	金沙滩公社
	大面积综合丰产示范田	刘生祥
	机械化播种	农业局
	果树管理	农牧场
	谷子综合丰产示范田	毛皂公社
	新农药技术推广	城关公社
	开展综合丰产示范田	新家园农科站
	新农药推广应用	河头农科站
	新农药推广应用	马辛庄农科站

续表（2）

时间	项 目	获奖单位或个人
	大面积综合丰产示范田	鹅毛口农科站
	谷子大面积增产示范	熊有山
	综合丰产示范田	禾进海
	建立科学种田联系户	郝志武
	开展综合丰产示范田	韩乐平
	建立科学种田联系户	武尚吉
	推广综合栽培技术	周建平
	建立科学种田联系户	彭威项宝东
	推广综合丰产栽培技术	张端
	搅拌双推广应用	闫生旺
	开展大面积综合丰产栽培技术	王继贵
	搅拌双推广应用	郭文章庞花连
	建立科学种田示范户	杨文堂尹佃昌
	搅拌双推广应用	杨建录
	联产技术承包	施勇
	新农药微肥应用	齐建礼
1982 年	烟叶生产	毛天恩
	绵羊改良	杨廷富
	承包打井 50 眼	李固斌
	发展养殖专业户	孟元新
	小儿营养贫血调查	钟捷贤刘济
	454 例儿童蛔虫病临床营养	钟捷贤
	0.5% 腐殖酸钠溶液治疗烧伤 105 例疗效观察	孟盛
	中西医结合治疗肾炎	萧守贵张家循
	新技术推广应用	科委
	地秤校正新方法	计量所
1983 年	定量供给闸门锚杆支护	峙峰山矿
	废水处理工艺、三气回收装置	化肥厂
	金属锚杆支护在大断面破碎层中应用	李达
	利用轮窑余热干燥砖坯	赵国利
	编写《怀仁县土壤志》	土肥站
	新技术推广”瑞毒霉”	技术站
	引进新品种新技术种大白菜成功	毛天恩
	综合技术承包超产 31%	沈悦
	技术承包超产 33%	武尚吉

续表（3）

时间	项 目	获奖单位或个人
	胡麻亩产 467 斤	刘健全
	新技术推广	禾进海
	综合技术承包超产 37%	魏碧
	推广新技术地膜覆盖	亲和农科站
	技术承包超产 34%	田万义
	配合词料喂鸡实验	孟元新
	大面积推广胡麻丰产技术	杨增录
	夏播旱地小麦栽培试验	孟善桃
	繁殖玉米新品种 80–1 80–2	赵维庸
	繁殖玉米优种推广新技术	徐尚吉
	大面积胡麻高产丰产示范	刘生祥
	推广新技术地膜覆盖西瓜产值增 3 倍	王记
	技术承包超产 85.2%	郝志武
	创办农经服务公司	郭世华
	杨树大苗移栽	林业局
	杨树改良攻关试验	温秀王官甫
	冷拔钢筋	水泥制管厂
	引黄人晋济京工程总干线测量达到地质矿产部颁发的规范指标	陈布尧
	畜禽技术承包成活率 90%	刘明俊
	黄牛改良	栗华山武敬
	畜禽技术承包成活率 80%	李顺堂
	技术承包超产 101.6–295.8%	城关公社
1983 年	创高产典型	李桂林
	Zh–100X80 植树挖坑机	农机修造厂
1983	综合技术承包超产 31%	王记贵
	首次剖胸行肺叶修补术试验成功	县医院外科
	中西医结合治疗慢性胆囊炎、胆石症	萧守贵
	消寿汤治疗内寿 131 例，治愈率 90%	孟盛
	《试述护理质量控制法》	田青
	低张钦剂双重造影检查食道	禾悦兴
	枣庄栽培试验研究	王福民
	技术承包超产 71%	赵子符
	推广新技术”拌种双”	王辰生
	大面积推广地膜覆盖增产效果 30–50%	刘志恒

2008—2009年怀仁县科研成果（专利）一览表

表 26-4

时间	专利名称	专利权人	专利号
2008.10.31	猪饲料槽	苏宏	200820106442.4
2007.12.07	卫生洁具排水装置	魏富儒	
2008.10.25	甜菜收获机	李永录	
2006.06.13	油缸供油均分器	王明生	
2008.12.01	多功能犁	刘通	
2006.03.29	自制风、风洞、风轮、风力发电机组合	刘嘉	
2009.08.25	使用外观设计包装袋	韩存利	
2009.08.25	使用外观设计包装盒	韩存利	
2009.06.05	便器管道用水封塞件	魏富儒	
2009.11.09	节水便器	魏富儒	
2009.10.07	钢筋混凝土空心檩及其制造方法	袁玉山	
2009.10.07	钢筋混凝土空心梁及其制造方法	袁玉山	

怀仁县专利项目一览表

表 26-5

专利名称	专利权人姓名	专利号	申请日
中耕除草机	秦效成	200620024042.x	2006.4.5
磁控脉冲阀	魏富儒	200610126894.4	2006
饲草粉碎机改造	龚润平		2008
煤泥	秦效顺		
溢流脉冲排污阀	魏富儒		
冲抓铲刨打井锥头	秦效成		
香烟过滤倍增器	杨奇峰	20092003285.6	2009.6.11 （授权公告日 2010.5.12）
香烟自带小烟嘴	杨奇峰	200920103279.0	2009.6.11 （授权公告日 2010.5.12）
猪饲料槽	苏宏	200820106442.4	2008.10.31

续表（1）

专利名称	专利权人姓名	专利号	申请日
卫生洁具排水装置	魏富儒	200720138211.7	2007.12.7
甜菜收获机	李永录	200910074448.7	2008.10.15
油缸供油均分器	王明生	200610012832.0	2006.6.13
多功能犁	刘通	200820227939.9	2008.12.1
自制风、风洞、风轮、风力发电机组合	刘嘉	200610066071.7	2006.3.29
使用外观设计包装袋	韩存利	200930125577.5	2009.8.25
使用外观设计包装盒	韩存利	200930125576.0	2009.8.25
便器管道用水封塞件	魏富儒	200910074708.0	2009.6.5
节水便器	魏富儒	200910175432.5	2009.11.09
钢筋混凝土空心檩 及其制造方法	苑玉山		2009.10.7
钢筋混凝土空心梁 及其制造方法	苑玉山		2009.10.7

怀仁县科技发明登计表

表 26-6

申请号	申请日	发明项目	专利单位或个人
2006100128320	2006.6.13	油缸供油均分器	王明生
2010101368084	2010.3.31	天然北芪糊及其制备工艺	郭秀桥
2006100660717	2006.3.29	自制风、风洞、风轮、风力发电机组合	刘嘉
2010105571951	2010.11.24	精致哌嗪的方法	山西玉龙化工有限公司
2011102213009	2011.8.4	5%c 葡萄糖成人营养液及其制备方法	山西诺成制药有限公司
2011100494474	2011.3.2	防治变黄的复方乳酸钠葡萄糖注射液生产方法	山西诺成制药有限公司
2011100494493	2011.3.3	房主聚丙烯输液瓶灭菌变形的方法	山西诺成制药有限公司
2011102213032	2011.8.4	5% 葡萄糖儿童营养液及其制备方法	山西诺成制药有限公司
2011102212754	2011.8.4	5% 葡萄糖置换液及其制备方法	山西诺成制药有限公司

续表（1）

申请号	申请日	发明项目	专利单位或个人
2005100932736	2005.8.23	曰用陶瓷及其制备方法	怀仁嘉明陶瓷有限责任公司
2009100757379	2009.10.14	钢筋混凝土空心檩及其制作方法	袁玉山
2009100757364	2009.10.14	钢筋混凝土空心梁及其制作方法	袁玉山
2010105570107	2010.11.24	抑制乙二胺反应液结焦的方法	山西玉龙化工有限公司
2008101824499	2008.12.8	乙二胺的纯化方法	山西玉龙化工有限公司
2005100007683	2008.11.6	乙二胺和胺乙基哌嗪的联合制备方法	山西玉龙化工有限公司
2010105571932	2010.11.24	制备高纯度三乙烯二胺的方法	山西玉龙化工有限公司
2009102504698	2009.12.10	乙二胺的提纯方法	山西玉龙化工有限公司
2012102976334	2010.8.21	空压式玉米精量点播机	彭彪
2011104305359	2011.12.20	三乙烯二胺和乙醇胺混合物的分离方法	山西玉龙化工有限公司

第二十七编

文化

第一章 群众文化

第一节 组织网络

怀仁县群众文化组织已形成县、乡（镇）、村三级网络全覆盖。即县有文化馆、乡镇有文化站、村有文化室。

文化馆 1950年7月县建立文化馆。对群众开展宣传党和政府的有关方针政策及时事教育，组织群众开展文化活动。1952年馆内设立游艺室、图书阅览室，并组织10余人的文艺轻骑队，逢重大节日时演出。1968年，新建文化馆，且建有200平方米的展览厅。1970年举办“农业学大寨”及农业生产成果展览。1976年馆内设摄影组、美术组、文艺辅导和创作组。至1985年各组共举办了13期培训班，培训摄影、美术、戏剧创作人材418人。1986年，展览厅改为录像厅和台球馆，对外出租以补贴馆内办公经费。1990年展览厅因失火烧毁，后拆除。

2001年，文化馆搬迁到文化广场南部，设图书阅览室、美术组、摄影组、辅导组。图书馆图书存量达3.3万册，电子阅览室活动面积30平方米。主要负责组织安排县城传统节日的群众文化活动，选调基层文艺演出队集中汇演或到省市参赛。

文化站 乡镇文化站成立最早的是何家堡公社，成立于1978年7月。1979年，全县12个公社都建立文化站，每站配有专职文化干事1人。1980年，金沙滩公社文化中心站设立图书阅览室、新华书店、摄影部、影剧院，办起耍孩儿剧团，组织群众开展多种形式的文化活动。1981年、1982年分别被评为山西省和全国农村群众文化工作先进集体，受到文化部的表彰和奖励。1986年以来，县委、县政府重视乡镇文化站的建设和发展，撤乡并镇后，全县10个乡镇文化站得到巩固、充实、完善。2009年金沙滩综合文化站、云中镇综合文化站率先进行扩建。金沙滩综合文化站投资56万元，建筑面积300平方米。云中镇综合文化站投资45万元，建筑面积360平方米。配置了相应的文化基础设施。截至2012年底，其余8个乡镇文化站的基础建设全部完工并投入使用。总投资426万元，建筑面积2880平方米。10个乡镇文化站配备了100多万元的文化设备，如电脑、投影仪、电影放映机等。文化站成为农民学习、娱乐、休闲的场所，充分发挥了综合文化站在农村文化生活中的辐射作用，拓宽农民信息渠道，促进了农村精神文明建设。

文化室（文化活动场所）农村文化室的建立，既活跃了群众文化，又使社会主义思想文化占领农村的广大阵地。1950年少数农村建立文化室。1953年全县有农村文化室84个，占行政村总数的70%。文化室设有读报组、图书室、黑板报组，少数村办起业余剧团。20世纪60年代，各村文化室普遍设立广播组，安装高音喇叭，宣传政策，督促出工，通知事项。70年代，清水河大队、石庄大队的文化室办起“阶级教育展览”。1982年，文化室普遍增设电视室、游艺室、歌咏队。1985年全县有文化室163个。90年代后由于电视进入千家万户，电影下乡经常放映，文化室的活动逐步减少，仅是逢元宵节时，文化室集中组织文艺表演进行排练。

2010年，根据省委、省政府实现农村文化活动场所全覆盖工程的要求，文化室改为村级文化活动场所。全县162个行政村都建立健全了文化活动场所。活动场所中设有文化信息资源（即电脑）室，农民书屋、棋牌室、多功能活动室。配备图书、书架、电脑、影碟机、摄影仪等文化活动器材，有DVD设备22套，音像制品2200件。2012年，文化活动场所每天开放6小时以上，每个农家书屋藏书2000余册，报刊10余种。每个村活动室配置一套卡拉OK点唱设备，一套投影仪。

第二节 社火形式

踢鼓秧歌 始于清代末期。每队由18—24人组成，配有4—5人的乐队，主演称“落帽”，为元人打扮，戴红缨凉帽，穿团龙马褂，扎大带，戴髯口，手执拂尘，身挎串铃。其他角色分别称为扇公子，大脚婆，鼓子，拉花，和尚，先生，卖药的，赖老婆等，各个角色有各自的舞姿和套路。角色扮相多是《水浒传》《西游记》《白蛇传》《杨家将》中的人物。表演风格粗犷奔放、豪爽大气。表演方式有广场表演、街头表演、入户拜年、灯场游园、转旺火等。表演可在原地，也可在行进中分大、小场进行。大场队形有盘江山、四堵墙、凤凰单展翅、大十字等，行进中表演二龙戏水、蛇蜕皮等；小场队形有五马破曹、一鼓戏四花等，每段结束时，迅速排成字形，全体唱秧歌段子。1949 年以后，每年元宵节期间各村均组织踢鼓秧歌队，走街串巷表演和邻村互相对演数天。除此以外，还有贺生日、祝寿、拜女婿等时节表演。1985 年山西省舞蹈家协会将怀仁踢鼓秧歌收入《中国民间舞蹈集成·山西卷》。亲和乡石庄村、新家园乡赵麻寨村的踢鼓秧歌表演为县人称道。

喜乐 民国初期，本县有太平鼓、扇鼓、羊皮鼓、单鼓等民间鼓乐，融舞蹈、武术、杂技、曲艺、民歌、戏曲于一体，多用于祭祀活动。由最初的扇鼓，莲花落、霸王鞭、纸鞭等加入民乐伴奏形成。主要作品有《绣荷包》《绣花灯》《劝世》《救救民众》《闹元宵》等。20 世纪 80 年代经过加工整理的喜乐《闹元宵》《婆媳之间》曾参加省、地区文艺调演。1992 年 9 月本县喜乐代表队 400 多人，参加山西省首届民间文化艺术节，扇鼓表演获得二等奖。1995 年以后，各种喜乐减少，出现威风锣鼓，逢元宵节、重大庆祝活动组织演出。

腰鼓 民国后期，怀仁腰鼓（亦称花鼓）始盛行。表演形式有 1 人表演、8 人对打和 20—30 人的多人表演等。题材以《杨家将》为主进行编排。腰鼓多在广场表演，穿插在秧歌队伍里，并伴以唢呐曲牌和演唱伴奏，其特点声势浩大，场面壮观，气氛热烈，节奏明快。风格淳朴奔放，形象矫健威武。1950 年以后，以学校学生打腰鼓为主，每年“六一”国际儿童节，县城中、小学均有腰鼓表演，身穿各色彩装，背着花鼓，队伍宏大，表演整齐，行进在大街上，深受群众赞赏。城内小学腰鼓队表演最佳。1963 年，县文化馆组织 20 余人的花鼓队，参加雁北地区文艺调演，获集体表演一等奖。20 世纪 70 年代，逢年过节腰鼓盛行。80 年代后期逐步减少。1990 年以后出现中老年人组成的晨练腰鼓队，健身娱乐。

挠搁 民国初期，怀仁就有挠搁。表演形式为一个成人把铁架捆绑在腰背，铁架上站1—2个小孩扮作各种古典戏剧人物进行表演。也有由4人或6人抬着木制的大架子，上面固定长约2米象挠搁架一样的铁架，站着1—2个小孩进行抬搁表演，队伍人数有10—20人。挠搁和抬搁属街头和广场表演的民间舞蹈，在春节、元宵节进行活动。表演内容以《杨八姐游春》《杨门女将》《梁山伯与祝英台》等戏曲人物居多，表演特点是上下配合，融为一体、表演自然。此项活动盛行于20世纪60–70年代。

跑旱船 始于民国初期，旱船以3只彩船6人表演为主，也有5只彩船10人表演的形式。用木条和彩绸扎一彩船、艄公、俏妇各1人，随锣鼓节奏表演，也有配以管弦乐和唢呐伴奏。其内容与戏剧《打渔杀家》相似。唢呐吹奏悠扬婉转，锣鼓点铿锵有力，彩船装饰千姿百态，表演者碎步行进，行如流水，按蒜辫子队形穿梭走场，打四旋，绕八字，如云燕穿梭，游鱼入海。划船人腾挪闪跃，抖须舞桨，形象逼真。每逢元宵节是群众文化活动中必不可少的一项。城内村的跑旱船表演最佳。

舞龙 盛行于20世纪70年代，以双龙舞为主。其要法和龙灯一样，都是两条龙同时入场，以表演“二龙戏珠”为主要情节。经常由两个龙灯队对演，整个表演比单龙的气势雄浑，节奏强烈，情节感人。

舞狮 盛行于20世纪70年代，分文武两大类。文狮以刻划狮子的各种神态、动作为主，以神似为特点，动作模仿逼真，技巧示范准确，难度较大。武狮是依靠器械所做的高台动作，器械有高桌、梅花桩、板凳等。要求狮头、狮尾两个演员配合默契准确，保持稳定，以伴奏乐器中的大锣指挥，要求跳得高，落地轻，站得稳，拖得住。

高跷 流行于清代。模拟秧歌的舞蹈，形成高跷秧歌。人数不等，一般20人左右。高跷腿高3至5尺。高跷人物多以古代戏剧角色为主，如《梁山伯与祝英台》《西游记》《水浒传》《杨家将》等人物，“文化大革命”期间，扮成工农兵及英雄人物形象。表演随锣鼓节奏，在行进中呈两路队列。春节期间，两个村或几个村的高跷队集中在一起表演称为对耍。附近村的人们都来观看，场面十分热闹。高跷表演唯东关、西关村最佳，人数众多，场面气派。是群众文艺活动的一大亮点。

大头人秧歌 盛行于20世纪80年代。由30至50人组成，扭秧歌的人头戴类似头盔的面具，身穿各种颜色的服装，随着音乐节奏，有的两手拿花，有的拎扇子，有的提小灯笼进行舞蹈。是一种在元宵节街头、广场表演的舞蹈，给节日增加滑稽、搞笑、热闹的气氛。90年代后逐步减少。

骑竹马 民间称“骑毛驴”，起源于民国后期。女子在腰部前面装扮驴的前半身，后面装扮驴的后半身，扮成骑毛驴的形状，另有一名女子牵着毛驴边走边舞，不时地变换队形。一般由20—30人组成。通常骑毛驴和跑旱船、车车灯、舞狮合起来表演，显的红火热闹。是城乡元宵节群众文艺活动的主要项目之一。

车车灯 始于民国后期。表演者有3人一组或5人一组，用彩绸扎彩车，一人扮俏妇“坐”车上，一人扮老汉推，一人扮丑婆拉，或加二人扮丑角分列左右，随锣鼓表演。车车灯的表演以幽默逗乐为主，舞姿简单，滑稽风趣。在人们心目中，车车灯就是推小车的艺术翻版。县供销社的车车灯表演在全县首屈一指。

独龙杠 始于民国时期。主要于元宵节期间在街头表演。由3个人组成，两个强壮男子在肩上扛一根铁杠子，由一个身手敏捷的男子在杠上表演，杠上的男子时作“金鸡独立”，时作“犀牛望月”状，时站时蹲，跟上音乐有起有伏，音乐由唢呐队吹奏。表演特点是上下配合，犹如腾空。20世纪90年代后绝迹。

二鬼摔跤 始于民国时期。由一人表演，在背部绑以长板凳，板凳腿向后，人和板凳各穿长袍子，戴上头盔面具（阎罗殿的小鬼形象），除脚穿鞋，两手也穿鞋着地，表演时臀部、腰部上下起伏，呈摔跤状，随音乐伴奏表演，由于多在夜间表演，给人以阴森恐怖又逗乐好笑的感觉。20世纪90年代后绝迹。

哑汉背妻 始于民国时期。由一人扮饰二人，即演员胸前系哑汉上身道具，腰后系妻腿道具。上身表演妻动作，下身表演哑汉。同车车灯、跑旱船夹杂在一起，配乐作行路、过河等表演。1980年，曾参加雁北地区文艺汇演获一等奖。20 世纪 90 年代后绝迹。

彩车 始于 20 世纪 80 年代。宣传彩车，在汽车两旁、前后全部包装上有介绍某单位或某公司的简介、目标任务的版面，车上装有喇叭进行播音或放音乐。光电彩车是在宣传彩车的基础上，车四周装上灯光，车中央增加各种灯，集声、光、电于一体。歌舞彩车是在光电彩车的基础上，在车中央搭起一个平台，作为简易舞台，上面配有乐队，演员进行歌舞表演。特点是既增加节日喜庆的气氛吸引观众，又对本单位或公司进行宣传，已成为元宵节街头文艺表演的主要形式。

第三节 旺火

怀仁旺火（本地人称火龙）习俗是流行于县城及城郊农村一带的盛大民俗文化活动。进入农历腊月开始准备，活动以元宵节为高潮。明万历版《怀仁县志》载“正月，元旦，夙兴烧旺火，放爆竹。祀天地众神先祖毕，家众以次拜跪称寿，而后出拜族党、亲友、饮食相招，弥月乃止”。活动期间各街巷张灯结彩，搭彩门，垒旺火，或配以踢鼓子秧歌、道情、耍孩儿、喜乐、二人台，或表演舞狮、舞龙、挠搁等，城乡群众载歌载舞，共庆节日，祈求来年风调雨顺。

除夕旺火：农历除夕，居民均在院中垒有旺火。有的放四块砖为底座，上面垒炭，中间放柴，约 1 米高左右；有是放一大铁盆，里面装满土为底座，上面垒炭，中间放柴，高度 1—1.5 米不等；有的制作 1 米高三角形铁笼子，里面装炭，中间放柴。旺火外面均披挂彩色纸或布罩，贴红纸联“旺气冲天”，预示来年福旺、财旺、运气旺。子时全家老少都更换新衣服，点燃旺火，放爆竹。旺火在燃烧过大烟后要浇上酒和油的混合液体，取意“旺上加旺”。还要夹几块旺火上的炭放在炉灶里取意“接旺气”。旧时民间有用“齐火炭”的方式筹集旺火用煤的习惯。距县城较远的东部农村，因无煤或节俭原因，烧一、两捆高粱秸秆或玉米秸秆以示旺气。

元宵节旺火：20 世纪 50 年代，每年元宵节期间东关十字街、西关二郎庙前垒有大旺火。到80年代以后垒在主要街道十字路中间。底座直径4米左右，高10余米，用大块煤约110余吨。费时七八天，在正月十三垒成功。再罩上精美的“火龙罩”，装上彩色灯泡、灯管，顶部加吉祥物“金猴”，外面贴“旺气冲天”“火树银花”，或具有时代特色的标语。正月十五晚7—8点时，点燃大火龙。当火龙着的正旺时，观看旺火的人围着大旺火正转三圈，倒转三圈，以图平安吉利，消灾除病，心想事成。元宵之夜看旺火，转旺火已成为怀仁民众欢度元宵节不可缺失的一部分。其旺火有3个特点，一是选煤精良，每年元宵节前预选优质煤炭，经精心切割成方块；二是造型美观，将旺火垒成肚大、顶尖、内空的宝塔形状，达到煤燃烧净而旺火不塌；三是逐年增高，每年旺火比上年尺寸增10厘米，期望一年胜似一年。怀仁旺火坊间流传“东关的火龙像个塔，西关的火龙像个戳”。意思是东关的火龙像塔寺园的五檐六角密檐式砖塔，秀气挺拔，西关的火龙像二郎庙院中的砖塔，粗壮、敦实。（戳，怀仁方言指“立”“靠”直立之意，戳字无塔意之解）两处的塔成为一种固定的火龙风格。2009年，山西省正式确定怀仁县为“山西省首批民族传统节日保护示范地”。怀仁大旺火被称为“中华一绝”。2011年6月，怀仁元宵节社火活动被确定为第三批国家非物质文化遗产保护项目。

其它旺火：冬至的旺火，煤矿祭窑神，盼安全，图吉利。正月初二的旺火，旧时商家在商铺门口垒火龙接财神，图财运亨通。结婚仪式上的旺火，“娶媳妇点旺火，新郎小登科”。新娘进门前要点旺火，到旺火前转一圈才能进洞房，以辟邪化吉，祈望幸福。办丧事的旺火，逝者的棺木从家抬出去，就垒小旺火，垒好后不披旺火罩，目的是借旺火冲洗死者给家里带来的冷清和悲哀气氛，以求活着的人旺气沾身，时来运转。其它特殊情况的旺火如商铺开业、农村唱戏，或喜庆大事垒旺火，响爆竹，主要是取暖，照亮，娱乐，烘托气氛。

第二章 文学艺术

第一节 文学创作

明代，怀仁籍人王汝浃创作《甘泉》等记叙文，为本县有记载的最早的文学作品。清代，有习作诗文者，但有影响的作品很少。

民国时期，民间创作有快板、顺口溜、传说故事等作品。代表作品有《水淹雕窝寺》《小寡妇上坟》等。地处晋绥、晋察冀两个根据地的怀仁地区，一些进步人士编写爱国、拥军、唤起民众的优秀创作，对鼓舞民众斗争、抗敌保国起到很大作用。

1950年后，党政机关、学校、厂矿、农村利用墙报、黑板，组织机关干部、工人、农民创作发表一些结合时事的快板、顺口溜、诗歌等作品。1958年，在“三面红旗”（即总路线、大跃进、人民公社）的指引下，政府提出“占领社会主义文化阵地”，号召“人人写诗”，广大人民群众作诗写文，创作了大量的文艺作品，在省级以上报纸发表的就有《塞上人家幸福来》《如今金沙滩变江南》《十年绿化金沙滩》等10余首诗歌。1972年，县文化馆创办了不定期综合内部文艺刊物《怀仁文艺》，开辟了怀仁县第一个文学作品发表园地（当时是手刻钢板蜡纸，油印机印刷），1975年改为铅字排版印刷，1981年更名为《怀仁文化》。至1985年，共刊登100多名业余作者的1000余篇小说、戏剧、散文、诗歌等文学作品。1985年全县有小说、散文创作爱好者33人，戏剧曲艺创作爱好者6人，诗歌创作爱好者45人。其中杨生明、田明被中国戏剧家协会山西省分会吸收为会员。1986年，县文联主编的《金沙滩》创刊。1988年县文联主编的《怀仁文艺报》创刊。

2012年底，有省作家协会会员7人。张存平的小说《玉米林》，张全有的小说《悠远的山》，李来兵的小说《节日》《教师节》，雷云霞的小说《楼上的足音》，张巧珍的小说《走向彼岸》，分别在《山西文学》《青年文学》《火花》《人民文学》《中国作家》等杂志发表。宋旭的《北野诗选》，石晶的《蓝色忧伤》，庞乃高的《火炕》系列诗在不同时期相继出版。

获奖作品：2005 年，李来兵的中篇小说《一天》发表于《黄河》杂志，获优秀奖。2007 年郝丽云的中篇小说《不说命运》由作家出版社出版并获山西省精神文明“五个一工程”奖。彭冬梅的中篇小说《一只银镯子》获雁北“矿业杯”一等奖。2011 年 7 月，李日清的诗歌《难忘乡音》获第九届“中华杯”一等奖，《触摸煤壁》获同煤集团“放歌煤海”一等奖。

第二节 书画 摄影

书法 清末，增广生、苑天植的楷书出名，得到知县赏识。东关人马蕃，字瑞斋，举人出身，花翎五品衔，在福建为官，后辞职归故里，擅写楷书。怀仁城四牌楼题字以及张氏中医世家的药房匾额“广和育”均出自马蕃之手。民国时期，县城关帝庙和尚恩福的行书、草书，陈凤标的楷书称著一时。

1950 年以后，马尚德的小楷，马乃骧的行楷，张国名的正楷为世人称道。20 世纪 50–70 年代机关单位的牌匾先后由张国名和马乃骧提写。

1978 年后，县文化馆每年春节、国庆节均举办 1—2 次书法展览，习书之人渐多。1985 年全县有一定造诣的书法爱好者有 30 余名，如刘明珠的行书，石玉山的篆、草，武勋的硬笔书法，韩进林、马艾林的篆刻等。进入 21 世纪，书法爱好者逐渐增多，如常玉清的楷书，苑慧平的隶书，杨补斌的行书，安孝仁、韩冰峰的篆刻，胡昭明的隶书、行楷书，韩仁磊、韩少东、王亮的行书、草书。2005 年，苑慧平、胡昭明、杨补斌、韩少东、韩仁磊、韩冰峰等 6 人被山西省书法家协会吸收为会员。2008 年，苑慧平的隶书作品获得全国第三届永乐宫书画大赛优秀奖。2010 年，常玉青的书法作品入选《中国艺术家优秀书画作品选集》和《当代书画艺术大典》。

绘画 1949 年以前，本县城乡庙宇皆有壁画，富裕人家均有炕围画，但多数是邀请外地画匠绘画，极少出本地人之手。

1950年，县文化馆、中小学采取各种形式的教学、培训，全县爱好绘画的人才发展到70余人，文化馆马世全的绘画技能较高，常给人们画肖像画。1965年以后出现一批较有名气的绘画爱好者，如县文化馆王钧擅长漫画，以画技纯熟，寓意深刻取胜，在《人民日报》《美术》等37种省级以上刊物先后发表200多幅漫画作品，被聘为山西省漫画学会会员。孙富山专攻国画，以写意花鸟见长，创作的“葡萄”形象逼真，曾入选山西省黄河画院首届书画展和山西省迎春书画展。田全明专事陶瓷工艺壁画，他采用国画与西洋画相结合的手法，为天津虹桥区、山西省武装部队等绘制有《黄山揽胜》《江南春早》等大型陶瓷壁画。曹四老庄村张旺、东关村姜喜的炕围画，工整大方，不落俗套。悟道村李杰的油漆花鸟，色泽鲜艳，神形兼备。

20世纪80年代后期，张献清的国画《沙棘》，郭復新的国画《牡丹》，师玉堂的木雕《九龙壁》，李石志的釉下彩艺术陶瓷盘均入围国家、省级的美术展并获奖。2005年，张献清的作品《红妆素裹》入选中国作家协会和中国书画报社联合举办的“纪念中国工农红军长征胜利70周年”书画展，并获银奖。2008年，《山西老年书画集》收录了吴守孝、胡昭明、常玉清、潘鸿宾、孙富山、郭復新等人的书画作品。2010年，张存平作跋，安孝仁创作的反映怀仁民俗风情的16.6米国画长卷《小城记忆》已经告竣，长卷中绘有各类人物700余人。进入21世纪，县委宣传部、县文联、县文体局、县文化馆等多次联合举办全县书法绘画展览，激发了全县书法绘画爱好者的创作热情，弘扬了怀仁的文化内涵。2000年举办首届中国·怀仁陶瓷文化节展览。2002年举办庆祝建国53周年书法美术展览。2008年举办《今日怀仁》书法美术展览。2009年举办庆祝建国60周年书法美术展览。2009年举办庆祝县政协成立25周年《文苑书画展》。2011年举办纪念建党90周年《红色七月》书法美术展，举办《辉煌九九》书法美术展览。

摄影 1949年前，全县有一家王氏照像馆，承揽城乡群众摄单人照、全家福、结婚照，机关、学校团体合影照等业务。1950年后，县城私营照像馆发展到2家（王杰山、丁璧）。20世纪60年代，建立国营东风照像馆，后又有“延文”私营照像馆。1964年，县文化馆设立摄影组，主要拍摄新闻图片。

进入20世纪70年代，国营、私营照像馆由原来黑白照片变成彩色照片，增加艺术摄影。1974年王元、郝贵的作品《精雕细刻》参加山西省首届人像摄影艺术展览。1975年，肖恒山的《今日金沙滩》参加晋、冀、鲁、蒙四省、区摄影艺术展览。至1990年，他的50多幅艺术照片被省级以上报刊采用。王元的500多幅新闻图片被《人民日报》《晶报》等10多家省级以上报刊采用。肖恒山的《银线连北京》，王元的《展望》《白杨的风格》《亭亭玉立》《暮归》等8幅艺术摄影作品，入选《山西摄影》，《暮归》获二等奖。肖恒山、王元入选《中国摄影家大词典》。

进入90年代，“120”“135”小型照像机普及到机关、厂矿、学校，一些富裕城乡群众也有小型照像机，但大多数用来摄影记录工作成就，留住生活的脚步，作为时代的留念，艺术作品较少。国营、私营照像馆由普通摄影发展到婚纱照、全家福照、夕阳红照、儿童艺术照等。21世纪后，由于电子技术的发展，摄影亦步入寻常百姓生活之中，全县的摄影爱好者大增，他们走遍怀仁的山川村庄，为挖掘怀仁文化底蕴，弘扬先进文化爬山涉水，不辞劳苦，整理记录了大量的怀仁古今文化存证，新世纪新怀仁的巨大变化。

第三节 雕塑 剪纸 刺绣 面塑

雕塑 域内的庙宇内有泥雕神像，其形象栩栩如生。石雕多见于富贵人家大门外石狮子、石鼓，院内明柱下石基等，墓地里有石桌、石碑、石柱等。木雕多见于寺庙的佛座和富贵人家的门庭、暖阁以及木制家具。砖雕多见于庙宇和富贵人家影壁、墙沿、屋脊兽头等。如庞秉政院、张广修院、邓励豪院、马维龙院等四合院旧居，均有“三雕”。“文化大革命”期间的破“四旧”行动，对遗存的“三雕”损坏较大，现仅存的有南小寨村永宁寺的“二龙戏珠”碑头和石狮。

“怀想仁人”雕塑：2005年在县城迎宾广场雕塑起标志性的“怀想仁人”大型雕塑。由县政府出资，山西大学美术系教授张熙玉设计，雕塑的是唐代李克用与辽代耶律阿保机握手言和把酒言欢。雕塑高12.9米，座上像高8.6米，动用石材200多立方米，重约120多吨。

孔子塑像：2011年7月人民公园内雕塑“孔子像”。由山东省曲阜学院设计，底座高4.5米，像高6.5米，共计11米。孔子塑像下方刻有“怀德仁里”字样，宣扬“怀德怀礼，怀善怀义”的理念。

文殊塔：2012年9月建成。位于人民公园内，是一座仿辽八角十三层密檐式空心砖石塔。塔高68.9米，建在1.8米的八角形石砌平台之上，平台以上是两层八角形基座。下层基座浮雕十八罗汉及佛家讲经的一些场景，东西两面开设卷门可入塔室。上层基座稍小，每面以短柱隔为七座壶门形的龛。龛内浮雕文殊坐像，各龛之间及转角处均为浮雕金刚力士像。基座之上为平座部分，平座斗拱为仿木重拱偷心造，每面补间铺作四朵，平座勾塔上雕精美的缠枝莲，宝相花，万字纹等纹饰。平座之上用三层仰莲承托塔身。塔身平面八角形，八面间隔着隐作拱门和棂窗，门窗上部及两侧浮雕出天王、菩萨、天朗等神像，塔身阳角处的石柱上浮雕升龙。所有雕饰造型极为生动优美。塔身以上是十三层塔檐，檐下均施仿木结构的斗拱，各层塔檐自下而上逐层递减，轮廓线形成丰满柔和的美感。整座塔的造型格外雄伟壮丽稳重挺拔。

剪纸 剪纸历史悠久，农村妇女皆可为之。一种是端午节时用红纸剪公鸡，绿纸剪青蛙，公鸡大到尺许，小到方寸，神态各异。家家户户贴于门窗之上，青蛙贴于水缸上。每逢春节或婚嫁时剪窗花贴在窗户上。纸色一般用红、绿、蓝、黑，内容以喜庆图案为主，婚庆剪纸以大红喜字、龙凤呈祥、鸳鸯戏水图案为主。剪纸艺术风格高雅，行剪自如，形象逼真，夸张得体。怀仁剪纸以老年妇女为主，年轻人学剪纸的寥寥无几。安阳创作的“怀仁大旺火”，2010年入编《中国年俗剪纸大赛获奖作品集》，2011年创作的“百鸡图”“百年图”入编《山西民间剪纸作品选》。

刺绣 民国时期甚为流行，尤以农村妇女农闲时所为之。1949年前，刺绣品以儿童虎头鞋、成人荷包、烟兜、衣褶居多，构图简要，色调柔和，内容以花鸟为主。刺绣针法有单刺、双绣。1970年以后，刺绣发展到被面、枕套、门帘、桌布、缝纫机罩、电视机罩等，品种增多，家家户户均有一些刺绣品。

进入21世纪，刺绣以“十字绣”为主，绣出山水花鸟、名胜风景装玻璃框，悬挂在客厅、卧室、书房以供欣赏。

面塑 面塑逢节而做，流传较久，已成定俗。春节前，用小麦面粉捏塑石榴、寿桃、花馍，待节日期间食用，俗称“隔年饭”。元宵节时，家家户户用黄米面捏塑谷穗、黍穗，油炸食用，预祝丰收。农历七月十五（中元节）用面粉捏塑“面人”“面鱼”等，大者3—4斤，小者1—2两，上坟祭奠祖先。农历十月初一，用面粉捏“寒燕”。娶媳妇捏塑鱼、兔。小孩过满月、生日时亲戚捏塑牛、虎、鼠、兔等十二生肖馈赠。面塑一般农家妇女皆能为之。

第四节 音乐戏曲

1937年抗日战争爆发后，牺盟会的宣传队，到各村、学校教唱《抗日战歌》《流亡三部曲》《大刀向鬼子头上砍去》等歌曲。1949年后，以学校为主的群众性歌咏活动普遍开展。1956年后，农村民兵连、共青团的歌咏活动日渐盛行，特别是1958年，围绕总路线、大跃进、人民公社“三面红旗”为中心，全县群众性歌咏活动在城乡普遍开展。1966年大唱革命歌曲，如《东方红》《大海航行靠舵手》《毛主席语录歌》等，逢重大节日组织歌咏比赛。1977年5月，县文化局组织全县首届歌咏比赛，县直机关、厂矿、企事业单位、学校等30多支约10000余人参加。怀仁一中合唱团有1500人，是最大的合唱团。1979年改革开放以后，群众性演唱活动内容更丰富，形式更多样，参与群众更多。流行歌曲在青少年中广为传播。随着时代的发展，本县涌现出一大批音乐业余创作者。如安孝仁在1976年创作的《浑身劲头使不完》小剧，由雁北文工团排练，赴北京参加调演演唱，《县委书记下乡来》收入“山西省建国三十周年歌曲集”。田明于1983年创作的民歌《盼新人》，参加山西省民歌调演，获得三等奖。1986年，马东林作词、赵林军作曲的《金沙滩，我可爱的故乡》，郝丽云作词、赵林军作曲的《雁门关外我的家》，2006年由李锦作词、臧云飞谱曲的《美丽的怀仁》在怀仁电视台作为主题歌播放。2010年，刘忠山、彭彩霞的《怀仁民歌》表演获朔州市市民才艺大赛金奖。

鼓乐班：（八音会，县人称鼓匠班）起源于清代，由7—8人组成，乐器有唢呐、管子、笙、笛子、胡琴、小云锣、小鼓、鼓板、梆子等，后加长号、电子琴。从前主要服务于婚丧嫁娶，喜庆寿宴，生日满月，圆锁，春节、元宵节闹旺火等。现在一般主要服务于"白事"。演奏主要曲牌有《大乘经》《出队》《哭皇天》《苦伶仃》等，也有演奏耍孩儿、秧歌、晋剧等戏剧段子和流行歌曲的。1950年，县鼓匠艺人张培义受聘于内蒙古师范学院艺术系任教，内蒙古广播电台录制他吹奏的《打宫门》《杀楼》等戏剧的唢呐吹奏曲。2012年，全县有18个鼓乐班，从业人员约130余人。较出名的有曹四老庄村的夏大官，东作里村的王进录，赵麻寨村的辛致极等。

境内流行的剧种有晋剧、北路梆子、道情、大秧歌、二人台、耍孩儿、锣鼓秧歌戏等。1952年后，陆续传入本县的有相声、山东快书、潞南大鼓、天津快板等。1975年，本县马小六等登台演出相声、山东快书，1978年在雁北地区曲艺调演中获表演二等奖。

耍孩儿戏：是由金元时期盛行的《般涉调·耍孩儿》发展而来，其曲调受其他戏曲音乐和民歌的影响，主要调式有"喜拨子""梅花拨子""串儿"等，至今有600年以上的历史。早期演员皆系农民，农闲季节组织临时班社进行演出。流行于大同、怀仁、应县一带。怀仁主要流行于金沙滩、亲和、马辛庄一带。耍孩儿传统伴奏音乐分文武场，文场以板胡、笛子为主要伴奏乐器，旋律欢快活泼、婉转嘹亮；武场则使用大小锣、鼓、钹等。音乐伴奏与唱腔紧密结合，显得十分和谐。唱腔发音特点是使用后嗓音，声音从喉咙后部挤压发出，先咳后唱，浑厚有力。耍孩儿独特的演唱发音方法，欢快火爆的打击音乐，取材广泛的丰富剧目，别具一格的剧种风格，被专家称之为当今戏曲史上的"活化石"。代表剧目有《狮子洞》《打佛堂》《七人贤》等。

莲花落：清末民初，县人常因生活所迫，前往内蒙逃荒，俗称走口外。路途上人们把自己的苦难经历及所见所闻编成顺口溜，边打竹板边演唱，求得人们的同情并以此乞食。20世纪70年代，县文化馆对莲花落唱腔和曲目进行收集整理，配上二胡、三弦、扬琴等乐器搬上舞台演出。创作有《计划生育好》《我们厂里喜事多》等新曲目，参加雁北地区曲艺调演。现民间办婚丧及盖房上梁等事，仍有说莲花落者前往助兴。

民间班社：殿青班，清嘉庆十年（1805）在霸王店村成立。班主是任殿青、王殿世，剧种为北路梆子，有演职人员30余人，上演过《九件衣》《三娘教子》等剧目，先后活动10余年。晋剧班，清朝光绪二十八年（1902）在城内成立。班主武伟周、郭文英，有演职人员70人，上演过《铡美案》《烈女传》等剧目，1937年解散。耍孩儿班，民国初年在盐丰营村成立。班主田雨、赵祯，有演职人员40余人，上演过《狮子洞》《打佛堂》等剧目。民国16年（1927年）曾赴天津演出。因剧种局限，收入不佳，后破产解散。娃娃班，民国22年（1933年）在鹅毛口村成立。班主孟展雄，有演职人员30多人，因多是13—17岁的少年，群众称之“娃娃班”，演过《打金枝》《牧羊圈》《算粮》等剧目，先后活动8年之久。道情班，民国17年（1928）郝家寨村魏代、魏周组织成立。有演职人员40余人，上演过《刘全敬瓜》《高楼》《打金堂》等，数年后解散。

业余剧团：1949年，农村开始组织业余剧团，在农闲时的冬季排练，春节期间演出。当时较有名的有盐丰营、李家小村、仝庄等剧团。1953年县工会成立了业余晋剧团，有演员40余人，先后在阳方口及本县农村演出，上演剧目有《明公断》《牧羊圈》等。1954年，县工商联成立业余晋剧团。1957年，尚南头、北辛村成立秧歌剧团。1958年，城内大队成立二人台业余剧团。1962年，南窑村大队成立道情剧团。20世纪70年代后，县商业局、化肥厂等单位成立业余文艺宣传队，商业局宣传队曾多次参加雁北地区的文艺调演。1981年，金沙滩镇成立业余耍孩儿剧团。1985年，全县有40多个农村业余剧团，有演职人员1463人，服装、道具、乐器总值37.4万多元。其中有业余耍孩儿剧团13个，业余晋剧团19个，业余秧歌剧团5个，业余道情剧团2个。进入80年代末期，受流行音乐和电视、VCD等新媒体的冲击，这些业余剧团先后解散。有部分演员进入专业剧团，大部分回乡当农民。2000年，由刘翠叶、史朝相组织退休干部、教师、职工成立中老年歌友合唱团，人数约100多人，平均年龄60多岁，业余排练独唱、小合唱、大合唱等节目。

曾多次赴朔州市参加群众歌咏比赛活动。曾参加中央电视台《乡村大世界》专栏的节目录制。2008 年 3 月，段志忠等组织成立金秋艺术团，以中老年为主约 50 多人。2009 年，金秋艺术团到香港参加民间艺术歌咏比赛，获得金奖。

2004 年，由李永录、李俊堂组织成立民间票友戏曲俱乐部，自娱自乐。成员有 60 多人。成立以来以义演的形式演出过晋剧《芦花》《交印》《金水桥》《打金枝》，要孩儿《狮子洞》，二人台《卖油》等剧目。

怀仁县工农耍孩儿剧团：1950 年南辛村人辛致极联合邻村 30 余名耍孩儿艺人成立。1952 年改名为怀仁县工农剧团赴内蒙古包头市演出。1953 年赴太原参加山西省第一届戏曲观摩演出，上演《狮子洞》轰动省城。1954 年 5 月改为职业剧团，辛致极任团长，上演剧目有《法门寺》《对联珠》《千里送京娘》，移植剧目有《茶瓶计》《花木兰》等。1959 年改名为“大同市民间戏剧团”。

怀仁县晋剧团：1967 年成立，时称毛泽东思想宣传队，有演职人员 18 人，1972 年开始排演大型现代戏。1973 年改称怀仁县晋剧团，为集体所有制单位，实行自负盈亏。1976 年排演现代戏《朝阳沟》《李双双》。在大同、呼和浩特、雁北 13 县巡回演出 200 余场，场场爆满。同年，开始排演古装戏《十五贯》轰动全县。1982 年开始排演古装连本戏。1972 年至 1985 年上演剧目 39 个，其中传统戏 24 个（其中连本戏《济公传》8 本）现代戏 9 个，现代小戏 6 个。曾 10 次参加地区调演和汇演。后随着现代音乐的流行，戏曲市场不断萎缩，加上人员老化，剧团举步维艰。2006 年，县委、县政府对剧团采取优惠政策和补贴措施，支持剧团和省艺术院校联营，走联合办学之路以培养戏曲人才。2007 年 9 月招收 35 名学员的教学班，剧团自行培养学生 10 多人。2009 年，县晋剧团排练《扎西德勒》《打金枝》《宝莲灯》等剧目，在农村演出。2010 年参加市文化部门举办的小戏、小品、小剧种文艺演出，获得二等奖。2011 年 8 月改为“怀仁县晋剧文工团”，面向广大农村进行商业演出。

第三章 媒 体

第一节 图书馆藏

民国年间，县城师、马、刘、张四大家多有读书人，家中多有藏书，数量无法统计。1950 年县文化馆设立图书室，藏书 2000 册。1954 年藏书增至 1 万册。1964 年，农村各大队办有图书室，每个图书室藏书 1000 至 2000 册不等，全县藏书约 3 万册。“文化大革命”期间，各图书室所藏图书有部分被视为禁书焚毁，各大队图书室图书均为毛泽东著作和各种革命文艺刊物，藏书量大增，但无详细统计数字。1978 年 7 月县图书馆成立，开始有计划地整理和收藏书籍。1985 年县图书馆藏书 3 万册。农村有图书室 108 个，藏书约 4.69 万册。县直机关、县一中、二中等单位均有一定数量的藏书。随着人民生活的提高，爱好收藏书的人数增多。私人开始有计划地收藏书籍，1990 年私人藏书约 8 万册。2005 年，县图书馆搬迁到文化广场，图书馆有藏书 5 万册。2008 年建起电子阅览室，配备电脑 30 台。2012 年县图书馆统计现馆藏图书 5.6 万册，其中小说类 2 万册，杂志 2.2 万册，报纸 3.4 万份。私人藏书约 13 万册。

1950 年，县文化馆图书室配备有管理员 1 人，开展图书借阅活动。县直机关干部到阅览室借阅图书的每月约 300 多人次。1954 年，县文化馆图书室开辟有 50 平方米的阅览室，订有报纸、杂志 20 余种，借阅人员每月约 500 多人次。1978 年，图书馆正式成立后，借阅走上正轨，有固定读者 300 多人，全年借阅图书 6000 多人次，图书流通量 2.1 万册，期刊流通量 1 万册。1985 年，固定读者达到 1000 多人，全年借阅图书约 1.2 万人次，图书流通量 3.6 万册，期刊流通量 5 万册，年接待阅览读者达 3 万人次。1986 年，因文化馆阅览室对外出租，停止借阅业务。2000 年，县图书馆开始对外借阅书籍。但随着电脑的普及和电子读物的大量出现，图书借阅量逐年减少。

第二节 图书发行

民国时期，县人白三、王佩、石器汝、王达三等人，在县城开办书铺摆摊设点，出售四书五经和国语识字读物。1949 年，东关人白瑞、白启在县城内创办文化实用供应社，定点发行图书，1953 年文化实用供应社更名为大同市新华书店怀仁支店。1967 年，建立县新华书店，除定点发行外，还专门配有农村流供人员，走乡串村流动发行。1971 年，各公社和大村的供销社均设立图书经销点，方便各知识阶层的读书需求。是年全县各类图书发行销售总额 6.1 万元。1985 年发行图书 132.9 万册，总额 43.4 万元。其中课本教材 73.2 万册，政治读物 6.8 万册，文艺读物 36.3 万册，科技读物 8.6 万册，少儿读物 13.5 万册。1987 年全县有 13 个图书经销点，全年调入图书 99.1 万册，发行 74.1 万册，总额 23.7 万元。

1990 年有 56 家私营书摊，多数以杂志、娱乐性报刊为主。1996 年以后，县城规模较大的私营书店有“朝阳书店”“智慧书店”等，以经营教辅材料为主。

2012 年底，新华书店发行图书 415.63 万册。其中教学课本 246.4 万册，政治类 27.3 万册，文艺类 42.8 万册，科技类 25.6 万册，少儿读物类 73.5 万册。朝阳、智慧书店两家年发行图书约 293.1 万册。其中政治类 2.8 万册，文艺类 22.3 万册，科技类 6.5 万册，少儿读物 111.5 万册，小、初、高中学习辅导书 150 万册。

第三节 幻灯 电影 电视

幻灯 1951 年，山西省第 18 放映队，以煤气灯为光源在农村巡回放映幻灯。一般在放映电影前都要加放映幻灯片。

1954 年，高镇子村成立幻灯放映队，开展幻灯宣传。幻灯片有购买现成的，有自己绘制的，内容分故事情节和口号标语两类，主要是结合形势任务宣传动员，次年解散。1956 年，县农村放映队将煤气座灯投影改为聚光灯投影幻灯，在全县巡回放映。1970 年，各公社成立放映队，皆配备有聚光投影幻灯机。是年，城镇放映队制作反映本县战备工作的“三打”幻灯片，赴太原参加山西省军区的调演。1976 年后，各公社放映队均配备了有绘画基础的放映员，绘制彩色幻灯片，用多镜头光源幻灯机放映。1977—1978 年，县电影管理站举办 3 次幻灯培训班，对各公社放映员普遍进行 2—3 个月的绘制幻灯片技能培训。1977 年举办全县幻灯汇演。城关、河头、海北头 3 个放映队参加雁北地区幻灯调演。1980 年停演。

电影 民国 31 年（1942），在城内旧衙门的马号由侵华日军放映过无声电影。1951 年，山西省第 18 放映队和第 88 放映队来怀仁城乡定点巡回免费放映电影。1956 年，省 18 放映队下放本县管理，时有 16 毫米放映机一部，胶轮马车一辆，1101 型发电机一台，放映员郝录、马锡玖、白生德。1962 年成立城镇电影队，购置 35 毫米提包放映机一部，固定在县城放映。1966 年成立农村第二放映队。1970 年马辛庄公社成立放映队（8.75 毫米放映机）。1976 年，全县 12 个公社成立放映队，在本公社范围内各村巡回每月放映 1—2 场。同年农村放映队撤销。与此同时吴家窑瓷厂、芦子沟煤矿、小峪煤矿等成立电影放映队。1977 年经济条件较好的宋庄、清水河、周家窑、何家堡等生产大队成立放映队。农村放映队均使用 8.75 毫米放映机，公社放映队更换成 16 毫米放映机。观看电影成为城乡人民文化生活的重要内容。1978 年 7 月县城放映队将提包机更换为座机。1979 年以后县城放映队可放映宽银幕电影。1983 年开始放映立体电影。1985 年，全县有 80 个电影放映队，其中城镇队 1 个，乡镇放映队 14 个，厂矿放映队 17 个，村办放映队 48 个，年平均放映 3000 余场电影，观众 80 多万人次。随着电视等新媒体进入千家万户，去电影院看电影的人锐减。2000 年以后，在全县 10 个乡镇 162 个行政村循环免费放映电影，每年放映 1600 余场次。2010 年，县电影放映发行公司改制为县农村电影放映站，至 2012 年，下乡村放映 1930 余场。

2009 年 2 月，由县委、县政府和山西省青年信息中心、山西雁门文化传播有限公司、北京中视金贝壳影视文化艺术有限公司联合摄制的《大学生小村官》在本县开拍。影片讲述了当代大学生立志返乡担任村官，利用科学知识带领村民走上科技兴农之路的故事。2010 年 4 月，在太原理工大学同泽会堂举行首映式。2012 年 12 月，以本县场景方言拍摄了微电影《香火》。

电视 1975 年，县广播站拥有全县第一台电视机。1978 年，县投资 1 万元建设了电视差转台，县城居民可收看山西电视台节目。1980 年全县有电视机 850 台。随着经济的发展，居民家庭电视机由少到多，品种也由黑白发展到彩色大屏幕、背投镭射、液晶、等离子电视。1985 年全县共有电视机 1.4 万台。2005 年政府补贴家电下乡活动开展以后，农村家家户户都置换了电视机。2012 年底，全县户均拥有彩色电视 1.6 台。城乡群众收看电视主要有两种方式，一是县广电中心发送的有线数字电视节目，二是自己安装的小型卫星电视接收器，可收看 40—50 套节目。

第四章 文 物

1950 年县文化馆负责全县文物管理工作，1964 年文化馆设出土文物储藏室，开始收集文物。1980 年配备文物专管员 1 人。1983 年对全县文物进行摸底调查，登记造册。1988 年成立县文物管理所，负责发掘、考证、收藏、鉴定、管理文物和保护文化遗产。1999 年发现汉代文物遗址 30 余处，分布在杨谷庄，南彦庄、大寨、毛皂、古家坡、高镇子、秦城、陈庄、新家园、石庄、庄头等村。2012 年县域内属省级文物保护项目 4 处，市级文物保护项目 8 处，县级文物保护项目 25 处。

第一节 普查与发掘

日中城古墓遗址：1989 年、1990 年、2009 年先后 3 次在日中城遗址普查。

城北、城西一带发掘的古墓均是砖室墓，用“三顺一丁”的砌造法，属于东汉时期砖室墓的通常筑法，墓室中陶瓷礼器丰富。城北发现大量的方格纹板瓦和精美的瓦当。

虎龙沟战国钱币：1991 年，在鹅毛河流域的虎龙沟发现大量的窖藏战国钱币，有布币和刀币，布币的钱文种类较多。

杨谷庄村战国古墓群：1992 年，在毛皂镇杨谷庄村发现战国晚期的墓葬群。

陈庄村东周时代遗址：2008 年 12 月，在海北头乡陈庄村西、里八庄村河东岸占地面积 10 多万平方米范围内，发现东周时代陶器物。土层中有泥质灰陶器物片和少量夹沙陶片。陶片上多为细绳纹，少有粗绳纹。器物口沿有直口、侈口、盘口三种类型，器型为壶、盆、罐等生活用器。

温庄村战国古城遗址：2009 年 4 月，在毛皂镇温庄村东发现古城墙遗址。城墙保存较为完整，夯层清晰可见，内有很多陶器残片，据考是战国时期城墙遗址。

明朝烽火台：2009 年 7 月，引黄工程建尚希庄水库时，经省文物考古研究所考察，发现“火路墩”烽火台，高 2.2 米，距今 500 余年，为明朝防御瓦剌军入侵的军事设施残留，是山西境内现存的 1886 座烽烟台之一。由省长城保护专家、西安考古研究院、北京大学、西安大学专家共同论证后决定搬迁，经过两个月的扫描、划线、加固、切割、装箱、搬迁组装，整体顺利迁址。

日中城遗址：位于金沙滩镇日中城村南。传说东汉始建，北魏重建。北魏孝文帝时称小平城。城呈长方形，南北长 673 米，东西宽 600 米，城墙残存。考古学者疑为汉代所建的城池遗址，也有学者认为是北魏时建筑的小平城。史学家众说不一，有待考证。

西安堡遗址：位于海北头乡西安堡村。明天顺八年（1464）建，为驿地。隆庆三年（1569）设操守防御。明万历三十一年（1603）砖包堡墙。堡呈长方形，南北长 230 米，东西宽 200 米，设南、北二门，南门名“金汤”，北门“镇朔”。清顺治五年（1648），大同县移驻于此。顺治九年（1652）复迁大同。堡墙现存较完整。

关帝庙（亦称老爷庙）：位于县城牛市巷南端。始建于元延祐年间（1314—1320），占地面积约1000平方米。正殿坐西向东，内有关帝和其他塑像30余尊。明正德十二年（1517）铸造高4尺、圆径2尺的铁莲花置于殿前。万历三年（1575）重建。清光绪五年（1879）重修。殿前增竖石旗杆一对，建筑物有山门、廊庑、正殿、禅房等，均为砖木结构。1949年后，先后改作职工俱乐部名为“工会礼堂”，新华书店、广播站。20世纪60年代末拆除。

永宁寺：位于南小寨村东。元代建，占地面积1800平方米，寺院呈长方形。南北长90米，东西宽20米，分上、中、下三层佛殿。上殿为弥勒佛殿，中殿为大雄宝殿，下殿为梵王宫。寺院两侧建有禅房、库房等，建筑面积共764.5平方米。共塑有泥佛像60余尊，墙壁皆配有壁画。清同治二年（1863）重修。1956年南小寨村集体占用，改作粮库。1980年以后重新修复，2001年，经县文物管理所同意村委会再次修建，属县级文物保护单位。2010年升为市级文物保护单位。

华严寺砖塔：华严寺砖塔位于县城西11公里，海拔1647米的清凉山主峰上，通高10.8米，七檐八角密檐式，是清凉山旅游区的主要景观之一。砖塔整体古朴厚重，造型优美。塔座约1.5米高，为须弥座样式，在束腰上雕制出壶门样，里边雕有力士、仰莲纹、飞天等图样。须弥座上边是塔柱，塔柱呈八棱状。在正南的棱面上开券洞式门，可进入塔心室2.5米。塔心室内北半部也筑有须弥座，座上有塑像，顶部用青砖叠涩做出简约的藻井式样，并有彩绘。券洞门外的其余七个棱面都雕出直棂窗的拱形门的纹样，窗门交替偏列。塔柱上第一层檐置有仿木的斗拱、椽、飞等构件。七层檐共五十六个檐角都配以木质角梁，在梁头上置铁环，环上吊铃铎。华严寺砖塔的建造年代无精确记载，但从其造型风格和山间塔林上的铭文推断，应是辽代的建筑。1993年在省文物局的帮助下，对之又进行了全面修复。1996年，被省政府公布为省级重点文物保护单位。

白衣寺砖塔：位于县城东关村，始建年代待考。清乾隆五十一年（1786）重建，院内修砖塔，塔高14米，底9米，石砌底座，上均为青砖雕刻，五棱六角，20 世纪 70 年代初拆毁。

庞家大院：位于县城柴市巷路东。始建于明崇祯戊辰年（1628），占地面积 1800 平方米，内有 3 个大院，2 个小院。院套院，门串门，房屋相接，布局奇巧。清光绪庚子年（1900），慈禧、光绪西逃，路经本县曾居住此院。1949 年后曾先后被区公所、城关镇、东风人民公社、公安局、商业局、卫生局、文物管理所等单位占为办公场所。1988 年列为县级文物保护单位。1990 年被国家文物局考察后认定为北方标准民俗院落。2007 年由于县城改造，庞家大院随民房拆除。依照留下图纸和拍照原样，在他处另建为民俗院。

张诩墓：位于下寨村南，金大定二十四年（1184）营造，墓地占地 50 余亩，有石碑、石羊、石虎等，属县级保护文物。

王汝濂墓、王尔扬夫妇合葬墓：位于万金桥村南辉凤坡（地名），俗称为王家坟，占地面积 100 余亩。四周筑有土墙，内有牌楼、供桌、石羊、石虎，石碑林立，坟丘遍布。现大部分被毁，所剩石碑很少，属县级保护文物。

丹阳王墓：位于县城北 4 公里的大运公路边，属北魏时期。该墓分墓道、甬道、前后室和东西侧室。墓室平面呈长方形，墓室高 7.2 米，墓室前后室为 35 平方米，东西侧室为 27 平方米。墓室内有少量的砖，砖头刻有阳文魏体“丹阳王墓”。四条甬道壁及前后室的墙面花纹有类似宝相花、瑞兽、变形龙、凤、武士纹等共 15 种类型。在墓道和甬道交接处两边各有 1.5 平方米的壁画，绘着三面六臂手持武器的武士、瑞兽、花卉等。1994 年在省、市考古部门支持下，由县文物管理所于 1995 年将该墓复原。1986 年被列为省重点文物保护单位。

金沙滩汉墓群：位于金沙滩镇第三作村南和尚南头村西一带，属汉代大型封土的墓葬。现存 16 个，墓高 6—13 米，周长 50—90 米，封土的墓葬到处皆是，俗称“慌粮堆”。20 世纪 90 年代配合基建施工曾发掘 7 个大中型，30 余个小型墓葬。大中型墓都是砖室墓，分为单室墓，多室墓两种，由墓道、甬道、墓室组成。小型墓有竖穴土坑和砖室两种。随葬品主要有陶壶、陶耧、陶灶等，也有少量的釉陶、漆耳杯、漆盘、石桌、铜镜。曾出土汉代墓葬中罕见的铺地方花砖。为省级重点文物保护单位。

鹅毛口古石器工场遗址：位于鹅毛口村西 1 公里处的瓜地沟内。瓜地沟分大小两个，是桑干河的支流鹅毛口河的两条小冲沟。该遗址是一个石器制造场，面积约两万平方米。制作石器的原料以凝灰石为主，次为煌斑岩，极少数是石英岩。石器类型有砍砸器、尖状器、刮削器、龟背状斧形器、石斧、石铡、石镰等。绝大多数石器是打制的，其中有些造型很原始，而有些造型如石斧、石镰、石锤等具有新石器时代特征，属新石器早期。为省重点文物保护单位。

第二节 出土文物

1964 年至 1987 年，县文化馆收藏出土文物有 224 件。其中古化石 1 件，汉代铜器 3 件，铁器 3 件，陶瓷品 98 件，彩陶 3 件，石刻 1 件，明代砖瓦 45 件，春秋战国时期钱币 70 件，各个朝代 26 个年号的货币总计 1.3 万余枚。经省文物鉴定小组专家王银田、赵瑞民鉴定 386 件，其中属于二级品的有 3 件，三级品的 26 件。1988 年，县文物管理所成立后收藏参考文物 259 件，其中布币 44 件，刀币 215 件；实际文物 145 件，其中 3 级品 2 件，2 级品 3 件。2007 年 7 月，旧城改造时，在原四牌楼东街出土有宋代铜钱，金代大锭，清雍正、乾隆两个年号的钱币。原仓巷附近出土的金代陶罐、陶盆。原观巷发现一处辽、金残瓷窖坑。还有窖藏的宋代金碗、兔豪盏约数十件。

第三节 革命遗址

刘晏庄村死难同胞纪念亭：民国 26 年（1937）农历十月初三，日本侵略军屠杀刘晏庄村无辜群众 108 人，烧毁院落 63 处、房屋 300 余间，拉走牛羊无数，制造骇人听闻的惨案。2008 年 5 月，刘晏庄籍退休干部袁德茂捐资 6 万余元，修建纪念亭。内竖纪念碑，碑上刻着死难村民的名单。由县委、县政府挂牌，成为“爱国主义教育基地”。

尚希庄村阶级仇血泪史碑：民国 36 年（1947），国民党军三十八师和保警队进驻尚希庄村，杀害县农会主任任鸿章、区长刘柏林、村自卫队长李彩等 17 人。1966 年“四清”运动后期，村贫下中农协会在村南竖起石碑。碑高 108 厘米，宽 64 厘米，厚 14 厘米，一面刻有“阶级仇”，另一面刻有血泪史及碑文。

晋绥中共怀仁县委驻地：1937 年 7 月到 1939 年 8 月，中共怀仁县委、怀仁县政府驻地设在吴家窑村。

晋察冀中共怀仁县委驻地：1937 年 7 月到 1948 年，中共怀仁县委、怀仁县政府驻地设在百谷寨村。

第五章 文化体制改革及管理

第一节 文化体制改革

2011 年 8 月，开始对怀仁县晋剧团、怀仁县电影放映发行公司的转企改制工作。一是成立怀仁县文化体制改革和文化产业发展领导组；二是制定《怀仁县晋剧团体制改革实施方案》和《怀仁县电影放映发行公司体制改革实施方案》。

核销怀仁县晋剧团事业机构，注销事业单位法人代表，原晋剧团人员整体转入怀仁县晋剧文工团，身份不变，仍享受事业编制，其原遗留的 7 名退休人员，4 名遗属人员的工资待遇和福利由新成立的怀仁县晋剧文工团解决，县财政给予重点扶持。同时成立“怀仁县民间艺术培训中心”（同怀仁县晋剧文工团一套人员两块牌子）。怀仁县晋剧文工团性质为企业，原怀仁县晋剧团财产划入怀仁县晋剧文工团，原晋剧团债务 23 万元转入新成立的怀仁县晋剧文工团，原晋剧团招收的 30 名学员转入怀仁县晋剧文工团，按企业人员待遇，签订劳动合同，参加社会保险。

核销怀仁县电影放映发行公司事业机构，注销事业单位法人代表。成立

“怀仁县农村电影数字管理中心”（同怀仁县电影放映站一套人员两块牌子），为事业单位。原怀仁县电影放映发行公司人员整体转入，身份不变，仍享受事业编制。其8名退休人员，2名遗属和17名在职人员的工资待遇和福利，归新成立的怀仁县农村电影数字管理中心解决。

第二节 管理

文化市场 1996年11月，县文化局成立文化市场管理监察大队，2011年改为文化市场综合执法大队（副科级），成员9人，属事业单位。负责管理图书发行、音像制品、网吧、KTV、歌舞厅、复印打字、印刷等。截至2012年底，全县有网吧41家、歌厅迪厅25家、KTV7家、书店8家、印刷厂7家、复印打字80余家、音像销售点2家。

2011年，先后分4期培训游艺娱乐、歌舞娱乐、互联网服务、演出、印刷业等经营单位的从业人员1200余人，进行相关法律法规、业务知识和安全运营的培训学习。组织参加省、市各类培训25人次。开展“网吧春蕾专项整治活动”，对全县41家网吧进行检查，严查未成年人上网和未进行实名登记的违规经营活动。通过公开举报电话，接受社会监督，发动群众参与监督。查缴整治低俗音像制品，依法取缔销售非法音像制品的游商，治理无证摊点，控制进货渠道，维持市场秩序。2012年出动检查136人次，查缴盗版软件、光碟2200多张。整治非法报刊、教材、教辅、书籍、畅销书等各类侵权盗版制品，收缴各类盗版教辅材料200多册，收缴非法刊物、书籍9000多册。组织两次文化市场安全大检查，排查文化经营场所的安全隐患，重点检查是否有消防许可证、消防器材、消防通道、安全出口，消防人员培训及救援预案。

印刷出版 2011年，严查收缴政治性非法出版物，对书店、印刷厂、音像制品店等场所进行严查整治，从源头上控制非法出版和流通。开展封堵、查缴邪教宣传品和非法出版物及诋毁、歪曲现行政治体制改革的政治性非法出版物。对印刷业务承接、验证、制版、印刷、保管、交付、残次品销毁、运输等各个环节严格规范。杜绝淫秽书刊、“口袋本”、政治性非法出版物等违法侵权盗版书刊的印刷和流通。2012 年检查印刷企业 185 家次，打印复印单位 318 家次，未发现印刷非法淫秽书刊、政治性非法出版物。

文物 1988 年成立文物保护管理所，编制 8 人，属股级单位。对全县收集的各种文物按件注册登记建档案，并按重点和一般编号。凡建筑施工单位必须先申请文管所现场勘测地下有无文物，经现场勘测后，不影响保护文物的前提下，方可批准施工。如发现大型文物遗址，请示上级文物部门审查决定。文管所和有文物的乡镇、村、看护个人三方签订文物保护责任书，每年实地检查 3–4 次。

第六章 艺 文

第一节 古代诗词 碑文选录

咏清凉山

魏经伦

清凉山对射堂开，几欲临流问渡杯。
祇是阳城勤抚字，非缘孟尉不追陪。
盟虚鸾鹤惭逋客，望入烟云护梵台。
雪勒春寒花事晚，只今犹及看花来。

怀仁胜景四首

魏经伦

东海地龙

冬月时尝到海隈，
坚水忽裂响如雷。
此中若道无灵物，
用尽人工做不来。

西山石鼓

传闻石鼓未相安，
曾向西山寺里看。
试教儿童轻一击，
渊渊涧下动波澜。

榆鸦晚集

城南榆树久成林，
鸦闪斜阳万点金。
只谓升平多不扰，
似将如语向人音。

塔云占雨

高耸城西第一峰，
雁门迤北名山宗。
谁言本是无情物，
常把佳祥报老农。

（魏经伦：怀仁县人，明嘉靖十年辛卯科举人，任榆林府通判。）

过桑干河

马在田

一派洪涛天际来，
洄波急浪似奔雷。
日斜东渡无舟楫，
碧草黄沙满目哀。

（马在田，明直隶广平县人，隆庆元年任本县训导，后升河南襄城县教谕，两当县知县。）

怀仁道中

郭子直

苍茫关外路， 秋半已寒生。
树树见霜色， 山山闻水声。
数家茅结市， 一旅石为营。
向晚边尘起， 偏惊逐客情。

过桑干有感

郭子直

倚山台殿景偏幽， 风日宜人自可留。
顾我独惭黄绶尉， 与君同醉碧霞楼。
万家春树和烟绿， 一曲阳河抱郡流。
立马城东重分手， 仲宣何以答荆州。

（郭子直，明浙江海宁县人，辛未进士，原任礼部祠祭司主事，万历三年任本县典史，后升河南尉氏县知县。）

咏清凉山

王汝濂

东风几度野花开，山寺曾邀共举杯。
众鸟枝头空欲唤，轻云谷口枉思陪。
胜游何处寻三岛，遗迹从今忆五台。
说与碧桃休笑我，明年应待好春来。

（王汝濂，怀仁县人，明隆庆五年进士，由兵部主事升陕西按察副使，后辞官回乡。）

过薛庄驿

李文林

烟雨空蒙四月天，邮亭小住暂流连。
红腔唤酒情初畅，粉壁题诗墨尚鲜。
一路繁华花压帽，半村杨柳絮飞绵。
街头初唱西江曲，共解征鞍漫着鞭。

过大峪山

李文林

迢迢古路出云端，万笏崚嶒子细看。
径畔鸣泉秋苦雨，山头立马午生寒。
前峰已据秦关险，纵步遥知蜀道难。
丹桂仰攀今夕近，当头明月影团栾。

（李文林，怀仁县人，清廪生）

过鹅毛口

石声扬

入得鹅毛口，悠然心目开。
环村溪水隔，劈面土山陪。
水涨人呼渡，前滩雁叫回。
临崖几茅屋，夕照似楼台。
枕流兼漱石，并养不须欣。
人语滩声杂，天光水面分。
春来千树锦，雨后一溪云。
叹息幽栖好，无言对夕曛。

题城东古塔

石声扬

一塔独巍然，萧萧夕照开。
寺从何代废，园尚此时传。
断碣无人读，荒坟过客怜。
铃声终日语，也似泣桑田。

（石声扬，怀仁县人，清同治十二年拔贡。）

题清凉古寺

姜安仁

古寺浓云翠壁悬，剧怜清景兴陶然。
书中乐趣阶前草，槛外琴声石上泉。
夜月熔成千嶂雪，晨钟摇破半山烟。
平心静气闲来往，一任流光自转旋。

诗情应与地俱深，桃李秾时鸟弄音。
寺外烟霞开古画，塔前灯火印仙心。
昙云有意闲来往，宝月名情仰照临。
排闼送来青未了，好从静处学长吟。

（姜安仁，怀仁县人，清廪生）

吴家窑八景

蔺炳章

南屏叠翠

缓步当车出户庭，眼前环列翠围屏。
三峰笋插云间翠，两岸岚浮雨没青。
漫拟开樽招酒客，何妨著屐访山灵。
春秋此际多佳日，童冠偕游咏莫停。

东涧跨虹

涧水潺湲注自东，石梁斜跨俨长虹。
雄关雨霁横天来，恰似晴霓饮泽中。
飞瀑下悬山涧白，彩霞遥映水蒸红。
翘瞻更有神祠在，报赛频年祝岁丰。

西城旭照

层岩列嶂势峥嵘，上有高原筑斗城。
追蝶迎晖轻炫彩，乌轮对照晓生明。
岂待三竿出瘴疠，能教一抹平五百。
口口昌期逢圣在，珠联璧合奉天行。

北寺晚钟

沉沉暮色锁遥峰，忽听声传古寺钟。

摇曳山头黄叶乱，氤氲殿角白云封。
风随野簌惊栖鹤，韵函寒涛和老松。
挈伴招提来选胜，清雪一杵豁心明。

曲谷春晓

曲曲湾湾水石滨，谷光宜晓不宜春。
沿村柳线初垂黛，绕路榆钱散作茵。
细雨一犁红杏坞，香风十里菜花畛。
朝来偶动寻芳兴，缓步何防踏软尘，

回阁秋阴

峻阁凌嶒系客心，回廊路曲满层阴。
高参佛殿香烟暮，俯瞰禅堂草木深。
山雨当簾风飒飒，月光如水夜沉沉。
胸中无数间邱壑，到此流连惬素襟。

龙潭飞雨

潇洒鲛宫法界涵，飞霖端得有龙潭。
甘和普降风兼雨，澍泽洪施北自南。
水势远从天半落，秋声疑在壑中含。
乡村报赛酬神力，岁岁锡箫约社男。

雕窝冱云

当年神物住山腰，旧垒危巢阅几朝。

望远秋高摩逸翮，飞还风动起层霄。
将雏学习前期穗，徒舍翱翔去路遥。
此地应知同大汉，乘云应许再扶遥。

（藺炳章，左云县人，清恩贡）

大元故荣禄大夫中书平章政事赵公璧神道碑铭

国朝肇造区宇，起自朔方，一时豪杰，多出云代间。盖天开大统，必有乘风云、依日月、佐命之人共成之。虽文臣武将后先不齐，其建立设施历历皆可称。故荣禄大夫、中书平章政事赵公，尤勋名之烜赫者也。公讳璧，字宝臣，世为云中怀仁人。高、曾忘其名，大父讳贞，父讳伯山，隐操畎亩。祖母郭氏，生七男，唯伯父某洎父伯山在，余不知所向。母李氏，生二子，长佛祐，学浮图法，次即公也。初，母李痛赵氏昆仲不文，尝仰天自誓："我若有子，必令读书。"及公稍长，从九山李微、金城兰光庭学，朝诵暮课，一日千里。年二十三，有荐闻于上，召至行宫，爱其精敏，但以秀才呼。首下汉境，征四方名士，自后，王府事咸与焉。宪宗临御，总六部于燕，年少气锐，严而不苛，救时善政，多从公出，由是天下知其名。其奋发有如此者。

壬子，偕朝贵莽噶拉、开府史公为河南经略使。河南甫罹兵乱，民不聊生。辟前进士杨果、陈纪为之佐。杨，后参大政西庵公也。至于锄强暴、屏盗贼、造楮镪、立屯田、固边垒、廉郡邑，年未期，境内熙熙，以治最称。其惠养有如此者。

丁巳，阿拉克岱尔会计河南、陕西诸官府金谷，用深刻吏，设罗织百四十有二条，诸官无所逃祸。时莽噶拉以国人免，史公以大将黜，一意在公，人为之惧。公安命自若，无异平时。屡鞫人于前，欲令侵公，竟不能污以私。每诣渠辨析案凭，致渠怒，端立拱俟，怒已，复辨如初。果得有勒赏物。上知无罪，代还之。其处置有如此者。

是年，上得怀孟为汤沐之邑，俾总管郡事。王师南伐，擢江淮荆湖经略使。方渡大江，围武昌，武昌守将传贾似道语，请一近侍相见，公慷慨请行。

上谕曰："汝登城，坐立必向我，视彼月城筑否，望我旗动当还。"三千卒送至城，公奋身直上。太尉宋京坐军中，白刃环列，揖公曰："北朝不进，我朝岁贡银绢二十万两匹，割江为界，俾南北生灵息肩，何如？"公曰："上驻濮州未拜旗时，汝国遣行人来议尚可，今已渡江，江南之地悉为我有，何为出此言？贾安在，将与面语！"京遣疾足，未报。久之旗动，约再议而回。上甚嘉赏。其胆略有如此者。

庚申，上登宝位，建元中统，升燕京等路宣慰使。都城新供蜀兵，府藏空竭。手校簿书，得豪贵侵盗逋负钱数万计，乘舆北征，民不扰而军用足。立中书省，拜平章政事，制有"素闲朝政，久辅朕躬，柱石庙堂，经纶邦国"之语。中外鼓舞，百度一新。其毗赞有如此者。

二年，兼大都督官领诸军。三年，李璮叛，从宗王哈必齐往讨，行山东等路中书省事。睿旨："蒙古、汉军听其节制。"讫其事，未尝语人。璮入济南。进兵围城，饷馈不给，事变叵测。公税近地二十四里内居民面米羊豕以济。越三日运军始至。继则史开府同主兵仍领供须，悉心协力，遂平璮。其权变有如此者。

至元改元，官制行加荣禄大夫。分省，并郡县，转官吏，所临河南，大名、卫辉、怀孟、彰德诸路壤地最大，事务最伙。不三阅月，同他省报办。四年，改中奉大夫、枢密副使。舆情为公郁，公处之甚安。其明达有如此者。

六年，宋荆湖制置吕文德遣人约降，诏以公驰驿鹿门山，与都元帅阿珠议可否，俄，同行帅府。我军围襄、樊，宋大将夏贵领兵五万，溯流来援。适阿珠卧疾新野，汉水暴发，山下营屯涨没几尽。公防贵夜入，禁将士不得哗。选精骑据要冲，分舟载物，达曙乃定。抚循诸军，衣不解带七昼夜。忽月下望贵船欲东，出领单骑出鹿门山，行深林污沟一舍许，后兵方至，伏道左，夺舟五，呼声大作，南军随走。使人袭贵，贵振慑不敢动。诘朝，阿珠率诸将追骑兵，公率水军万户解汝楫追舟师，及虎尾洲，合战，贵仅脱，士卒死者十六七，获战舰五十一，生擒将士三百余人。其智勇有如此者。

会高丽枢密林衍擅废国王王植，立母弟安庆公。诏趣公自襄汉回，授资政大夫、中书左丞，行东京等路中书省，兴师问罪。师次襄平，公遣使密奏：

“丽国避兵江华岛余四十载，虽云臣贡，终莫肯出，致柄臣恃险擅王位，王实何罪？衍今忧畏而死，王有意出岛，臣等乞降诏，许率兵护王还国，然后迁岛之官吏兵民于古王京，量留屯守，则彼可安民社，我可息甲兵，一举而两得矣。”上可其奏。始军岛，傍岛因山缭海城五百余里，建却敌楼橹三之一。乃宣布德音，申明号令，不戮一人，亦无秋毫犯，而岛人悉迁，一如先所言。其筹画有如此者。

东归，改资政大夫、中书左丞，寻迁荣禄大夫、中书平章政事。同列非其人，忧深虑重，食少事烦。十三年七月十三日薨于位，九月六日葬大都宛平齐贾村北原，春秋五十有七。夫人二：同郡张氏，隆安富珠哩氏。中宫甚爱重，俱赐冠帔。子男二：长仁荣，奉训大夫，同知归德府事，与人交无畦畛，不以宰相子自居；次仁恭，集贤院直学士，朝列大夫，云为举措，殊有父风。皆后公若干年卒。女二人，俱适贵族。男孙二：庆孙、顺孙；女孙六：素哥、柔哥、彩哥、宜璋、巧璋、寿璋。侄男二：仁勇、仁毅。侄孙四：进、达、适、远。

公天资英爽，风棱孤峻，美须髯，正衣冠，望之似不敢近，迹其心至坦夷。平居寡言语，遇论政事，必反复诘难，乃少休玉音，有“秀才舌”之称。人善则扬，负己无愠。或托之事，初若不经意，审当理合义，入奏必朝语缕悉之，又有出人望外者，既可，见其人不求知。生平喜诗什，尤刻意吏学，以经济为己任。奉命即前，艰险不忧，尽忠报上，怨谤不恤。故动符圣意，泽被生民为多。重然诺，无泛交。荐于故旧，如上党宋宾客，道馆于家，出处不须臾离，至一丝一粒无不备，人多义之。自弱冠遭际，出入将相，功高名重，殁于牖下，是公之才德加人几等矣。葬后十六年，夫人富珠哩氏持宋宾客所作铭并遗事来，属曰：“吾平章去世已久，虽埋铭，无以表其墓，未及请谥故也。今二子继殒，诸孙俱幼，第恐日就泯没，抱终天之痛，幸纪述之。”某旧登公门，受知不浅，义其敢以芜纇辞。异时录功臣、举褒典、赠官赐号，当有名笔大书丕书。姑摭实而述，庶几有考焉。

铭曰：天祐圣元，笃生俊贤，麟走凤骞。公抱简编，召赴上前，人莫有肩。六卿总焉，使星炯然，于汴于燕。渡江之先，鄂墉孔坚，平登而还。飞龙在天，乃慰乃宣，乃付相权。七十二泉，污为盗渊，谈笑洗湔。并郡调官，副枢曷愆，安于左迁。鹿门月悬，虎洲浪掀，夺彼战船。丽衍擅专，王复岛捐，不劳戈鋋。归来雪颠，入省病缠，讣音骇传。文武才难，或得一偏，独公两全。出则櫜鞬，入则貂蝉，将相联翩。玉泉南壖，众山回旋，拱木苍烟。乐石斯镌，树之于阡，垂裕千年。

第二节 民间传说选录

雕窝寺

吴家窑村东的半山上原有一座龙王庙。传说庙中龙王爷旱天不雨，雨天不晴，一味索取香火供品。百姓深受其害，苦不堪言。

庙旁住着一只大鹏雕，对龙王的做法很是不满，常去庙内同龙王闲聊，并借谈论为神之道，对龙王的做法多次进行规劝。龙王自认为神通广大，非但不听大鹏雕的劝告，还把大鹏雕的好言劝告看成是忌妒，耿耿于怀，伺机想给大鹏雕点颜色瞧瞧。不久，大鹏雕生了小雕十分惹人喜爱。一日，大鹏雕外出寻觅食物，龙王见有机可乘，突降暴雨。滚滚的山洪从四面山上涌向吴家窑河沟，沟内洪水一个劲地猛涨，洪水涨到雕窝的下沿后，却再也升涨不起来了。龙王一心要溺死小雕，心中很不服气，继续猛降暴雨。暴雨冲毁了大片农田和无数房屋，也溺死无数家畜。这时，大鹏雕觅食归来，见龙王又在作孽，便扇动双翅，凌空奋力搏击洪水。大鹏雕每搏击一次，洪水就降落一丈，龙王虽施尽浑身解数降雨，洪水却再无法涨高。大鹏雕一连几击，河沟聚积的洪水所剩不多了。龙王见敌不过大鹏雕只好收云撤雨，乖乖认输。大鹏雕看到被毁的农田和房屋非常气愤，决心要惩治这个作孽多端的龙王。大鹏雕再度展翅，搏击龙王庙附近的大山，顿时火星四迸，烧着了龙王庙，直至片瓦无存方熄，从此龙王再不敢作孽。

后来人们把大鹏雕视为保护神，并在龙王庙处建起了一座气势宏伟的寺庙，取名雕窝寺。

关羽除害

相传很久以前，小峪口一带山高林密人烟稀少。山谷中有一羊肠小道，乃是百姓逃荒走口外的便道，人们叫做逃命路。有一年，这一带出现了一只野猪精，专门守候在路旁林中危害穷苦百姓，凡过往行人无一生还，逃命路变成了绝命路。

一次，关云长路过这一带，询问路径，听人们谈起野猪精，决意为民除害。关公骑赤兔马，提青龙偃月刀，向密林深谷而去，但转来转去，不见猪精出现。关公来到一处泉水边饮马。不一会儿清澈的泉水突然断流。关公心里好生奇怪，顺泉望去，不远处有一怪物正在上游喝水。关公心想，这怪物可能就是百姓所说的猪精，遂跨马挥刀向猪精奔去。关公同野猪精整整大战了三天三夜，直杀得天昏地暗，日月无光。关公愈战愈勇，猪精渐渐技穷力不支。关公瞅准时机，手起刀落将野猪精劈死。野猪精头滚落道旁，变成一座大山。百姓把这座山叫做猪头山，并在山旁建了一座关公庙，以镇猪精。小峪口旁河沟中的大石上，有马蹄痕迹印入了青石无数，人们取名为马蹄湾，传说乃是关公饮马处。

李陵碑

相传北宋年间，辽邦入侵中原，宋将杨继业率兵抗击，迫使辽兵败退本县金沙滩一带。在这里宋、辽两军展开了一场血战。混战中杨继业被围困在吴家窑的两狼山上。一日黄昏，身负重伤的杨继业在山上遇到一位白发牧羊人。杨继业上前询问：“此是何地？”牧羊人答道：“此处叫两狼山，前不远处有村叫马道头”。杨继业听罢，不禁长叹一声，自言自语道：“羊入狼口，马到绝路，天亡我矣！”于是跳下马来，准备自刎，忽见山上高竖一碑，上书“李陵碑”三个大字。杨继业面对石碑说：“我堂堂大宋名将，宁死不做俘虏，你就作个见证吧！"遂大笑几声，一头碰在碑上，以身殉国。碑中下部有一隐约可见的碗大圆印，乃是杨继业头碰石碑留下的血印。

传说中所指确有一石碑，但碑上未刻“李陵碑”三字。史载，此碑名“透陵碑”，乃为修桥所立之碑。20 世纪 60 年代修筑左沙公路时被毁。

慈禧过怀仁

清光绪二十六年（1900），八国联军入侵中国大肆屠杀平民百姓。农历七月二十一日，慈禧和光绪出德胜门西逃。八月初五到了大同，初十离开大同，晚上到怀仁。城内黄土垫路，清水洒街，日落时分把慈禧、光绪及数百名官员、卫士由东门迎入城内，住在柴市巷庞鸢院内。庞家大院的正房屋内是用方砖斜铺的地，当时皇族才能如此斜铺地。慈禧见后大怒，追问庞鸢。庞鸢回答因供奉先帝，所以用方砖斜铺地。便掀去神龛门帘，见贴有“大清先帝之位”几个字，慈禧也不好再挑毛病，只好作罢。

随慈禧逃亡的人员，从京城携带着大量金银财宝，住在东关大树下。从怀仁逃走时，一些官员私自将所带的金银财宝偷偷埋藏于地下。所以人们又称大树下（巷名）为珍珠巷。

王家坟

万金桥村南里许，有一块百余亩大的坟地，四周筑土墙，内中石碑林立，遍布坟丘。好事者以放羊粪蛋之法想弄清石碑和坟丘数目，但终无结果。内有殉节仪宾王尔扬夫妇合葬墓，便得名王家坟。坟的东、南、北三面有河环绕，历久经年，河水始终无浸坟地。相传，夜间有人行路经过此地，见内中灯火通明，似有来往人群，俨然象一座城池，天亮一切全无。传说这一切是因王尔扬墓有逼水、逼火等宝珠所致。

水淹王卞庄

民国 21 年（1932）盛夏的一天，王卞庄村中来了一个白胡子老汉，高声叫卖水烟。老汉从村南到村北，大街小巷走了个遍，一声接一声地喊叫着：二十九水烟（淹），水烟（淹）二十九。这样足足喊叫了一个时辰。全村百余口人，孩大男小无人不晓。有人要买水烟，听得在门口叫，便出去索买，但一晃眼就不见了，只能听到叫卖声。

起晌时分，叫卖声嘎然而止，人们准备下地劳动，在街上谁也不曾见卖水烟的老头，人们也不放在心里。不一会，天空乌云翻滚，雷电交加，倾盆大雨迅即降落。山沟里，峡谷中，洪水猛涨。无情的洪水淹没了庄稼，冲毁了房屋，王卞庄遭受了一场劫难。

事后，人们谈起水淹王卞庄，日期碰巧是农历六月二十九日。不由想起卖水烟老头的吆喝声，人们才有所悟。原来那老头是借卖水烟之名，告知人们，只是当时人们不解其意。

第三节 现代作品选录

怀 仁 赋

何开四

三晋故地，塞上名邑；志存高远，天下怀仁！

邈邈乎远古洪荒，隆隆兮地壳断裂。大同盆地横空出世，一方热土万物生息。鹅毛遗址，赫然人类远古；槽形地貌，慨乎天造地设。洪涛巍峨，西立群峰；桑干逶迤，东成水系。地饶重宝，土生糜黍；闾阎尚文，民风淳朴。悠悠千年岁月，忽忽古邑嬗递。唐尧属冀州，秦隶雁门郡；汉置臼沙南，唐为云中地。胡服骑射，开疆拓土，赵武挥鞭之处；晋王克用，太祖耶律，云州会盟之地。由是，止戈为武，怀德里仁，千古美名，由是生焉。茫茫塞北，大漠孤烟；铁马冰河，四面边声。漠风呼啸，依稀胡马镗鞳；狼烟骤起，仿佛金柝传声。自古怀仁多血性，碧血黄沙起豪情。金沙怀古，剑气弥天；壮士扼腕，胸怀激烈。点将台猛将出征，古战场战云氤氲。最是千古杨家将，一门忠烈启后昆。有元一代，赵璧辅政，韬略治国才具；皇明隆庆，进士汝濂，彰显亮节高风。爰及近代，英雄辈出；怀仁儿女，为国请缨。戎马倥偬，转战南北，杨松青建功立业；誓灭倭寇，甘洒热血，邢培兰取义舍生。千秋英魂凌烟阁，长留丹心照汗青。

过矣百代风华，盛焉改革开放。县史为国史增辉，怀仁与时代同光。大时代呼唤大手笔，大手笔椽墨大文章。何言穷乡僻壤，漫道地老天荒；塞北山水壮风骨，怀仁天下铸辉煌。高瞻周览，科学擘画，思路决定出路；敢闯敢试，敢为人先，实干方能兴邦。富民强县，转型跨越；幸福怀仁，发唱惊梃。壮志燃烧希望，大潮涌动激情。世纪宏图，千秋大业，艰苦奋斗，我辈其成。

交通交通，一通百通；区位优势，张光含弘。京大衔大运高速，通幽燕而穿三晋之腹；大秦并同蒲铁路，越千里以抵秦唐港口。浩浩乌金似海，鼎鼎能源基地；煤炭大物流，温暖大中国。以煤为基，多元发展；筑巢凤翥，招商引智。多业开花，立体共进；工业园区，项目集聚。人流物流信息流，四方辐辏；化工商贸皮革城，生机勃郁。古谓“陶埴一技，独擅北方”；今乃华夏瓷都，四海惊艳。日用陶瓷，三分天下；工艺陶瓷，美轮美奂。盛矣哉，怀仁陶瓷百媚生，六宫粉黛无颜色。嗟乎，一夜东风度塞北，万物向荣垄亩新。特色种植，多姿多彩；大棚蔬菜，四季如春。打造羔羊产业链，一枝独秀天下名。发展与生态兼美，经济共文化同行。六大水系，波光潋滟，山川锦绣开画卷；金沙林海，青黛参天，绿色长城锁黄龙。怀德怀礼，怀善怀义，文明之脉，贯通古今。杏坛葳蕤，铸弘人之道；黉宫巍峨，毓天下之英。教育诗篇流芳韵，晋北翘楚乃怀仁！入斯地，陶然也；聞斯教，欣然也。仰崇国古寺，思接千载；访杨家祠堂，血脉贲张。文殊道场知何处，沉檀之氣是清凉。熊熊元宵旺火，铸就中华文化一絕；烨烨千年瓷韵，绘出民间艺术之乡。民生建设，春风骀荡；万民欢乐，笑脸张张。观县城新貌，气势恢弘；高楼鳞次，百业兴旺。大街小巷，坦荡如砥；社区和谐，神采飞扬。怀安大桥，雨后彩虹凌空卧；仁义广场，风前衔来百花香。城在林中栖，人于画中游；怀仁何处不风流，椽笔谱写新华章！

子曰：“里仁为美。择不处仁，焉得知？”又曰：“仁者安仁，知者利仁。”仁者，儒家之精义亦厚物载德之大道焉。今怀仁之兴，亦择仁安仁利仁之传承复当代之发张光大者也。故怀仁之山，挺拔伟岸；怀仁之水，仪态万方；怀仁之矿，华夏重宝；怀仁之人，高洁自强。幸福怀仁，怀仁幸福，载德兴县，良有以也！世纪华年，气清天朗；阳光灿灿，大地苍苍。操觚为赋，惟祝惟颂：怀仁怀仁，一方葱茏；世界怀仁，天下大同！

（何开四，男，1945年出生，四川泸州人，中共党员，现为中国作协会员，五个一工程奖获得者，四川省作家协会副主席，四川省文艺评论家协会主席，擅长写赋而著称）。

怀仁赋

高素义

沙之南，云之中，自古天佑地毓人杰。独初二得新月，占星宿之安和。背倚洪涛横亘，面临桑干逶迤，享物华之天泽，开鹅毛之人文，去蛮荒之祷昧，获早种晚收之红糜，实黎庶福祉祥瑞之居，帝王仁生德馨之所，故太祖斟酒，武皇举杯，曰：怀仁。典传于今，业载史矣。塞外要冲，兵家必争。匈奴鲜卑鸣羯鼓，契丹女真起狼烟；突厥马疾兜鍪坚，乌桓弓硬矢簇锐。辽宋交兵，杨家点将；刀光远去边城，唯遗沙场清风，算而今，听不尽杨家将传说，述不完点将台沧桑。民族千年大融合，一家亲，雁北音。尝有倭寇入侵，怀仁儿女共抗争。杨松青，点革命火种于家乡；邢培兰，为抗日舍生取义……汗青历历在目，水常流，花常红。生生不息我怀仁，历史长河领风骚！

乐章重奏，熏风南来；城乡罩紫气，百姓逢盛世。千年创业，万代安居。若夫广场好去处，日日得闲怡，晨有曼舞，暮闻轻歌，或持扇抖屏，或从容太极，或自由徜徉，或溜冰穿梭，真乐业苑囿，愉悦天堂。俯视城间，错落有致。广厦林立，街衢宽敞；花池锦绣，草木葳蕤；人多而有序，车繁而守章。公园尤绝，一景一情，金水桥富贵华丽，澹澹有声；大风车异域风情，童趣盎然；少男帅呆，少女酷毙，相拥以游，此乐何极！学庠繁盛，子衿青青，遐迩闻名，歆羡而纷至沓来，或曰：国之学府无不有怀仁者。夜赏斯城，如入天宫。华灯溢彩，霓虹辉映；壬山恢宏，似带似龙；怀想仁人，美奂美仑，思绪飞逸，怀古咏今。更有名胜，引人彳亍。探古寻幽，须去辽宋战场；烧香拜佛，可入清凉胜境；指点江山，必上西山松林。大旺火，天下绝，独一无二，一枝奇葩；火树银花，旺气冲天，社火来朝，百姓往观，祈求吉祥，许愿来年。一方民俗独秀，人间恩泽永得！

劳动可以丰衣足食，卓识可以兴家富民。业也成于天助，业也成于人勤，业也成于胆识。西山景美，亦藏煤炭。乌金滚滚，车流熙熙。大山敞胸怀，财源滚滚来。煤炭煤站集运，港口码头远销。五湖四海，南方北方，用我宝藏，发热发光。地之母偏爱我掌上明珠，野人家变新颜富甲一方。陶瓷技艺，祖先传承。吴家窑处，瓷之滥觞。或玲珑秀美，落落大方；或吸纳华彩，国色天香；或美艳惊世，贤淑端庄；或冰清玉洁，纯净无瑕。光大传统，斯美矣哉！栽下梧桐树，引来金凤凰。同煤国电，干法水泥；高科制药，诺成同星……以他山之宝石，琢我掌中之碧玉，必得双赢。乡村田野，风光旖旎；六畜兴旺，五谷飘香；渠水灌腴壤，农机忙不辍；树木招甘霖，水库映日月；设施农业上规模，绿色蔬菜进万家；新农村隐约绿间，民殷实邻里和睦——秋冬收获人家衣食，春夏汇聚世间安康！

夫造化何厚我怀仁，予我丰饶！瓜地沟万年开我教化智慧，鹅毛口先民奠我文明底蕴；千古积淀，浸润我心如长空，博大包容；热待八方商贾人，笑纳四海陌路客；汲取天下之精华，裨益自我之或缺；诚而弗讷，智而弗佞；可与自然和谐相处而共生，政能惠于民顺于民而有为矣。今又绘宏伟蓝图：强县富民者，蓄积实力，改善民生是也；撤县设市者，构建未来，率先发展是也。是蓝图，承先人之美，且惜之美，大之美，必传斯美于后人而后人美后人也。

金沙滩绿化赋

梅隆雪川

世人读山海经，每有天开地震，情动理存之吟。篇中如大荒经所载，言夸父与日逐走，道渴而亡，弃杖为林。今之雁门关外，洪涛山下，金沙滩纵横百里，林成风景：郁郁新疆杨，葱葱桃柳杏；蔼蔼灌木丛，青青樟子松。天风如织大手笔，海涛如孕千秋魂！如此顺天为经、行地为本之大块文章，罕见一方后土，结实以养花木；聊慰三晋皇天，怀仁以哺园林。

夫山水不和，人间难得胜景；草木不长，天下何来翠屏？怀仁雄踞塞上，地冲南北之要。秦汉御匈，边角声声铁衣寒；杨业抗辽，关山重重蹄风疾。悠悠两千余载，军垦民伐，俊木秀草呱呱凋零，山川沟壑裸露嶙峋。风沙肆虐无栖鸟，残源断水难照影。迨及共和肇始，怀邑民众，踊跃不分士农工商，劳作难阻黄发垂髫，岁更六十有余，年年栽树不止，始有桑陌百里，榆杨盈野。惟域内西山，土瘠壤贫，遍裸顽石，掬之若扬菽粉，踏之如蹈雷阵；植青条乎初春，收枯薪于暮秋。南峰北岭，亘古为荒，东滩西坡，难觅绿荫，生态失衡久矣。岁逢己丑，喜有怀德仁人睿智杰政者，疏近功而谋远虑，汇群言而集众志，“四化一体”领跑东部新区建设，“十成”战略绘就转型跨越鸿篇。不厌风尘，穿沟越涧，擎画西山之陇；南伸北进，东延西渐，运筹帷幄之间。沿通衢而嵌实业，依隈坳而绘囿苑。拓岩荒，叩石洪涛山阿；凿鳞坑，击壤金沙滩畔。探水源，引玉泉以浇六脉；攻顽碛，植绿荫以庇后人。如此易三暑而初衷不改，沿山前积扇，播绿三万余顷，南及山阴，北连塔山，百里林涛森然。其间景观星罗，园区棋布，林圃之锦编叶成帏，生态之绣聚茵作屏。如此青纱列帐，苍林矩阵，于重重树梢连天处，挡无忌风沙，护千畴沃野；莽莽群山起伏间，涵一方水源，滋万物生衍。

一棵树本是芝兰桂友，一片林乃为松魄柳魂。一言之喻怀仁，修炼生命至尊。洪涛百里抒远见，苍林万顷显精神。其诚堪比后羿射日、娲皇补天；其志可胜精卫填海、愚公移山！始信天道行健，人定胜天。更叹公仆情怀，百姓福祉。待来年，嘉木成林，百草盈道，桃李挂果，枣杏结实，村舍乍隐，画楼又现，莺啼百啭，鹿鸣渊薮，生灵齐聚，天人和谐，福荫当代，泽被后世。幸福怀仁，由此而启，民生大业，可谓壮举，不有佳咏，何以申怀？然华章无限，岂可尽述？乃撰联以尽钦意。

山行百里，且听木喧风雅颂，行义行仁；

水越千年，还看绿涌金沙滩，惟德惟善！

文殊塔记

梅隆雪川

壬辰孟夏，闻三晋名邑怀仁有伟塔落成，乃诗书结伴，翰墨为群，与友畅游焉。观夫怀仁，田畴信美，园区错落，山水林融为一体，花树人共沐一城，昭政通人和百业繁盛之景。当是时也，风惠日暖，兆域澄明。登清凉山巅，探文殊窟洞；穿金沙滩生态绿洲，宛入太虚辽阔之境；看磨道河人工水系，波光粼粼漾成一湖。复于邑内学府怀仁一中西侧人民公园孔子像北，品览新建文殊宝塔之煌煌巨构。

仰惟是塔，庄严妙相，通高二十一丈，筑就十三层密檐式巍峨塔身，斗拱勾连，檐角飞翘，铃铎衔风，顶刹凌空，呈砥柱穹庐之姿，具炳烁千古之象，含春秋风雨之润，吐琼瑶星汉之华。内塑文殊舍利金身，戴宝冠，著天衣，饰璎珞，驾狻猊，丰面隆准，垂耳修目，神态端庄，左手持曲茎莲花，右手施佛法相印，看亿万苍生守怀如斯，阅千百画卷修仁而明。登斯塔也，望远山绵亘，群峰联袂；瞰桑干蜿蜒，玉带萦回。临窗而云生于野，推牖而霞蔚于襟，荡荡乎气静而神舒也。遍览神州名塔曰文殊者，无出于怀仁之右也，实形美神异之奇观。

或曰，悠悠怀仁，何来魂不愧天、魄不羞人之情？大千世界格物致知，一方民俗天资地孕。考怀仁之语源，实由怀德里仁；观域内之民风，史誉尚礼怀德，更兼秉善持义，崇儒重教。今再建文殊之塔，寓天枢永驻，文运昌盛，四域翔鹤，八方驰骏，实为顺遂民愿之举，更有砥砺民志之意。乃叹十年树木百年树人，实为仁者治邑之本也。野旷天低，塔高日近。膜拜之余，徐徐兴起，遂拟辞章以为歌咏，欣然撰联曰：

测乾卦坤卦深得八卦，栋梁纵横，高垒幸福；

探行星恒星独揽七星，斗柄悬垂，长礼怀仁。

壬辰年孟夏于京西三环新城梅隆镇

（梅隆雪川，四川乐山人，是我国著名作家、诗人、辞赋家、评论家、中华辞赋学会会长）

金沙滩赋

郝丽云

莽莽百里，浩瀚金沙滩；悠悠千年，忠勇杨家将。国格无疆，铭豪俊传奇；怀仁有幸，载英烈故事。旅游新区，吊古抒怀，八方雅颂景独好！得赋新骚，放歌盛世，一阙述情意正浓。

阅史浩叹，宋何堪颂？雍熙北伐，功败垂成！寻访故址，杨实可扬，母邦南面，昂首捐躯。为国长城，志在收复十六州；故地幽云，尝佑官民二十万。出战未捷，宋璧未完，青衫征袍共挟耻；烽烟难熄，刀光难逝，遗民胡尘洒泪多。史界疑潘，干臣遭损憾百代；世间崇杨，玉字丹心膏千畴。信史昭昭，英烈忠魂秉日月；民情滔滔，传说佚闻绣江山。

桑干淌玉，民心如镜，杨氏精忠频照影；洪涛列障，民口铸碑，故国关山堪证史！方家或疑，民心不改，总述喋血动情魄；且悲且壮，堪歌堪泣，再聚丹心道旧初。评书开讲，幽州城又聚宋主辽酋；戏曲上演，两狼山还涌铁马金戈。“韭畦”谐“酒席”之音，传闻曾摆双龙宴；“盐丰”近“先锋”之韵，众说建营御外侮。陈家峪深，身抵社稷跃马横刀；李陵碑高，颀顶苍穹义胆荐血。吼天喝月，谎粮堆下列奇阵；赤胆耀日，朝阳洞里寄忠骨。芨芨草漫，掩刀戟如林；黄花梁幽，涵血雨如尘。大将穆瓜，有台有河存遗迹；小村晏头，曰潘曰杨衍炊烟。永乐三年，循祖宗血脉，杨耀迁至鹅毛口；金沙一镇，汇民间传说，芳名永驻中华典。归去来兮，披坚执锐映芳草；诗书画也，粉烟蓝雾对青山。泱泱赤县，但祭杨氏一门十代，无不可谓鹿蹄涧；荡荡神州，若寻演义百战三关，唯此堪称金沙滩。

青山铭青史，忠满一门，义满一门，何处可祭？金沙铸金剑，将名千古，滩名千古，吾乡独尊。岁在乙酉，热土布新局；时维春日，雄关开胜景。春既夭夭，秋必累累，历时三载，规模初具。游区集萃，杨氏儿郎重列阵；百侣优游，同修和谐话传奇。芳园留翠，天人一合，笑靥辉映生态情趣；曲径通幽，物我两忘，闲步延伸支柱产业。对景写生，壁画刀光剑影，少随老，女随男，堪颂杨门夫妻子媳孙；登高眺远，群雕志壮情豪，古到今，朝连野，俱说此族智勇刚烈贞。巍然仁和大殿，再现正邪是非辩；峨之亭廊庙厦，正迎宾客熙攘来。日悬旧沙场，锦天绣地起人文；滩开新画境，白发红颜共怀仁。

幽思浩叹，且怀且赞，风光佳处，更行更吟！

怀仁文殊塔赋

张雁波

天地之间，文殊一塔；恒山气概，燕赵风骨。星辰奇伟精其神，家国贤才运其魂；九天揽月峥嵘势，虎踞龙蟠扶摇姿；神工鬼斧鲁班艺，云垂海立中华志。

鲁声勃影，文光射斗牛之墟；睿智杰政，仁气冲昴毕之星。东观沧海，碣石遗篇英雄气；西望昆仑，欧美文明丽云中。南塔献瑞，天竺佛光耀宝顶；北寺呈祥，京魏紫气垂文阁。孔圣塑于前，园湖居于中，清华护其左，长城卫其右，树海人潮倒影姿，鸟语花香疑苏杭。钟灵毓秀，浩天福地皆瑞气；云蒸霞蔚，曲星荟萃海蜃楼。巍峨兮，鸿塔！壮美兮，怀仁！

千年立县，万载文明；桑干河润泽，清凉山庇佑。三山威仪，七川秀丽；襟五县而带两府，扼云绥而引京津。亚日有月，独占天宝；人杰地灵，武耀文昌。胡服骑射黄花梁，沙丘异宫日中城。马蹄催生，一代战神李唐皇；天生伟象，契丹英主阿保机。风雨金沙滩，磅礴古战场。金戈铁马，千古风流英雄泪；惊天动地，喋血英烈杨家将。辛亥热血洒秀女，革命英豪有二杨。呜呼！江山多娇，引无数英雄折腰；锦绣怀仁，有多少贤才给力。介党二公修县志，推文立院赵德漳；建功能县识英才，李氏治县重育人。鹅毛口慧眼，京畿地灵性，选就学子摇篮，夺冠朔府二十年；多文明交融，众文化汇聚，铸成礼仪强邦，蜚声华夏愈千秋。浩浩仁风，巍巍文气。俊采光风霁月，筹运经天纬地。兴文播德文峰塔，三区八园转型策；三羊开泰壮其景，华韵天姿增其色。西山煤电循环，百里生态绿化。大棚楼群，三桥六水添灵秀；城乡一体，四横六纵愈宏伟。科学创新决策，幸福怀仁战略。南侯北怀有余香，关外邹鲁转型忙。

嗟乎！清凉文殊塔，吉天福地廓；建于辽代，昌盛千载；域之巅峰，时现祥瑞。采天地之灵气，沐日月之精光，佑周边千里安康，保邑内文脉永昌。文殊佛光庇佑地，风流倜傥人才库；兴教移塔乾坤事，县委政府敢为之！善哉，大气！一任父母官，千秋文峰塔；一塔光辉，满县斑斓。玲珑沉鱼落雁，雄伟闭月羞花；清高不读陶令记，楼下便是桃花园。敬天修德，开一代文盛先河；革新跨越，实一隅繁荣圣地。慕义无穷，有名士捐款，疏财酬志，有贤俊出资；国助民帮，盛举共襄。为吾民兮视遐暇，彼尧舜之耿介；祚皇舆兮佑名邑，必贤杰而辈出。文殊宝塔，定迪吾县昌运恢弘！

听一位诗人对我讲述一座城市

张存平

怀仁，我必须把你描摹得再辽阔一点
再深刻一点
必须把你的春天放大一百倍，一千倍
让花香弥漫你
让绿草浸润你
让阳光尽情地倾泻

怀仁，我必须把你的街道更笔直地拉出去
更宽敞地拉出去
与蓝天相接
与大海相接
与奔跑的风相接
与秋天金色的谷穗相接
怀仁，我必须让你的天空再蓝一点
水再碧一点
让你的花更艳，树更绿，果更甜

让城市的美学和哲学和谐地联姻
让明亮的诗歌
在你的每一寸土地上
都梦一般摇曳

怀仁，我必须让你的楼群大面积地生长
让广场再大一点，公园再美一点，绿地再多一点
让旺火更旺，春联更红
让每一条小街小巷
都回荡起明朗的笑声
让人民的生活
变得更加甜美

怀仁，我必须让你的文化接通历史的渊源
让古老的基因嵌入时代的肌体
从而成为我们骨头里的钙
血液里的铁和盐
让每一寸心田都不再荒芜
让每一个人
成为怀仁的一张
亮丽的名片

怀仁，我必须让你发展得更快
飞翔得更高
必须用信念、智慧、汗水给你插上如云的翅膀
点燃理想的引擎
让天下怀仁成为世人仰慕的明珠
让属于你的每一个日子

都更加精彩

怀仁，我必须让你的夜色更加斑斓
流光溢彩
让星光盛开
让凤凰栖息
让冬天有不败的鲜花
让夏天有清凉的座椅
让一簇簇礼花
照亮我们崭新的年代

怀仁，我必须让你拥有更多的尊严
更多的魅力
我不愿有人损毁你的一砖一瓦、一草一木
我要让每个人的心中都储满仁爱
我们不仅要煅造精神
我们更要
开创历史

怀仁，你的城市版图已扩展到五十平方公里
但这远远不够
我必须让你再扩展一百平方公里、一千平方公里
否则，怎么安放我这颗炽热的心
怎么安放人民酿造的
这日益饱满的
巨大的幸福

怀仁啊怀仁，我必须把我对你的爱

全部书写出来
这是我的山河，我的城市
我坚信
谁把大地贴在心上
大地就会把谁
永久地铭记在心里！

古镇鹅毛口

杨尚文

鹅毛口，一口连二堡，还有小磨口。一口即鹅毛口，也称毛毛口或口子上。鹅毛口的中街村由前街、后街、东头、西头、大巷子、小巷子六个街巷组成，街巷纵横座落有序。向东二里，有一烽火台，雄浑威严，兀然突立。台东有个寨子叫黑里寨，旧时为军事要塞，扼怀鹅大道，有兵士驻守。中街在历史上大多数时间为镇（区、乡）机关所在地，周边的王卞庄、窑子头、石井、北信庄、羊圈沟等村都曾归鹅毛口镇管辖。二堡一个是南堡，也叫长乐寺，即现在的云中镇南街村。另一个是北堡，也叫西平堡，即现在的云中镇北街村。鹅毛口南、北二堡，过去四面为夯土墙，墙上有掩体、垛口、射孔，砖砌堡门楼，高大厚实，古老沧桑。秦城村北还建有一个东平堡，与西平堡遥遥相对。东平堡也有一个烽火台，与鹅毛口村东的烽火台南北对峙，历经千年，现仍巍然屹立。

小磨口即现在的小磨村。上世纪五十年代时，系鹅毛口生产大队第 15 生产小队，座落在山北一个沟峪内，因盛产石磨而得名。八十年代搬迁到现址——北街村北。小磨人自力更生创建家园的事迹，引起各级领导重视，被树为改革开放之初率先富起来的典型。1985 年 1 月 29 日，时任国务院总理赵紫阳来这里视察，小磨村由此声名鹊起。

鹅毛口中街村东一里许，有一土板墙，村人唤做一堵墙。有 30 多米长，5 米多高，3 米多宽，黄土夯实而成，浑然屹立在怀鹅路北侧。据传说，古代设计怀仁县城的时候，把城址选在这里，并已筑桩布线，调集千人万马，开始动工。突然一夜之间，飞来一群天鹅，把布好的线绳拔了起来，并咂成一团一团，含到现在县城的地方，在那里照原样布了下来。第二天，人们发现木桩被拔起，线绳不翼而飞，大家才意识到，怀仁县城不应该建在这里。而已建起的那截土板墙周围，却留下了许多雪白的天鹅羽毛。以后，人们便在山脚下建起了村堡，因邻近峪口，起名为鹅毛口。

鹅毛“口”，横断洪涛山，生成一个“八”字形的“口”，“八”字临“口”的一撇一捺之下，又生成两个小山包，这两个山包明显低于背后的崇山峻岭，坡度平缓，易于攀登，年长日久，泥土覆盖，树木丛生。向南怀抱南塄，向北偎揽北塄。卵翼一口两堡，免受洪水之害，鹅毛口人分别在两山包上立庙，祭祀庇护这方生灵的神圣。

鹅毛河从峪口奔涌而出，把中街与北街隔开。平时，河水满盈，清澈见底。春来，鹅山千树披锦，雨后，鹅口一溪彩云。夏秋之际，常有山洪暴发。中街与南街相隔的是鹅毛口大街。再早，鹅毛口大街也是一条河，是鹅毛河的一个分支，清水常流，山洪大时，也有洪水涌入。

北堡西山脚下有一清泉，叫北沙井。村人因泉凿井，井水自溢，香绵可口。南堡西山脚下也有一清泉，叫南沙井，是个温泉，常年不冻。村民凿井，井水翻滚，热气腾腾。中街村西平地涌出水来，村民围坝蓄水，形成一塘，清泉喷涌，水珠四溅。三条街，三眼泉，泉水涓涓，绕村而过，至下游复归入鹅毛河。

步入鹅毛口大街。大街东西向，长一里多，呈“中”字形。东西两头宽各有30余米，街中心宽有50余米。街有三道清水渠，自西向东，顺街而流，青石砌阶，绿树掩映，店铺林立，市井繁荣。万泰场、吉益成、四益成、大兴店、天益店、德兴恒；布匹店、杂货店、油坊、缸坊、糖坊、染坊、肉铺、面铺、药店、教堂。大街中心东，坐北向南耸立着一座龙王庙。庙内除建有龙王殿外，还建有圣母殿、马王殿、阎君殿，殿内有彩塑、壁画，殿前建钟楼、鼓楼，鼓楼前立建庙碑。庙门西开，门前有一井。鹅毛河经常山洪暴发，威胁人们的生命财产安全，人们对龙王十分敬畏，按时请送，虔诚供奉。

和龙王庙相对，路南建有一过街乐楼，乐楼建于大清乾隆十三年七月，东西长、南北宽均为5丈，由直径1尺多、丈余高的四根圆形石柱支撑。乐楼东建一排厢房，有经堂、佛堂，有和尚、住持和宿庙。龙王庙北也有一处漂亮的二进大院，院东还套有一个幽静的四合小院。这里原为清初一富家的宅院，侵华日军在这里建立了伪大村公所，管辖周边十几个村庄。

西向北有一条小巷，贯通前后街，拐拐弯弯，巷中有巷，住户众多。街中心有两条宽大的巷子贯通南北，与东西向的大街相汇，形成十字街。循南巷走百余米是南堡，堡西高高耸立着一座寺院——长乐寺。

长乐寺建在南街沙井北侧，座北向南，沙井南为乐楼，乐楼门前有一五道庙。寺院正殿建龙王庙、关帝庙；东偏殿建圣母庙，西偏殿建马王庙，寺院东西建禅房，禅房上建阁楼，西阁楼为真王庙，塑真武大帝像；东阁楼建文昌庙，塑文昌帝君像。西虎口建财神庙，东虎口建骡圣殿。据传，建庙时，有一男童牵骡而过，为讨吉祥，依此塑像。长乐寺规模宏大，至灵至圣，香火不绝。

北大巷两面，农家小院鳞次栉比。有一处瓦房大院，为清初举人杨鹤宅第。出北大巷，步入后街，后街多为农家大院，有菜园、大店、场面、库房、大牲畜圈、羊场等。后街往东路南有两处瓦房院，和背后相邻的另三处瓦房院相通，组成一处豪宅大院，为清初一门五代国子监、三代武举杨创业的宅院。门前立有旗杆、上下马桩、清水渠和过水桥，院内有回廊、亭阁、戏台、花园、演武厅、书房等，占地二十余亩，房舍三十余间，挂牌悬匾数十块。出后街，隔河相望，便能看到巍峨的西平堡了。西平堡就是北堡，北堡也建有一个大庙，庙内有乐楼，建于清代乾隆年间，殿内壁画十分精美。其中有一幅绘一天神驾祥云、率兵将，神采奕奕、俯瞰人间。

过了十字街，继续西行，到关帝庙，村民叫老爷庙，光绪八年重修。贡生杨济川在碑文中记："庙旧有戏楼、三圣殿、沙灯、正殿、抱厦、钟楼、鼓楼、山门、过厅、禅室、后院等。"老爷庙建在鹅毛口大街路南小山包下，西为正殿，正殿前有鼓楼、钟楼和十几级石质台阶，钟鼓楼前有十几米高的两根旗杆，旗杆顶有葫芦，风吹有声。正殿北建河神庙，正殿南建孔庙、三清殿。正南有一排厢房，厢房背后建罗汉寺、菩萨寺、鲁班庙、财神庙等。每年农历正月十六“老爷出府”，村中要垒火龙、对秧歌、攀虎梯，盛况空前，人山人海、热闹非凡。

从老爷庙出来，登上南山包，此山俗名石人山，山顶上建有太公庙。有十几平米大的一块平台，2012 年 10 月，在平台上建起一塔，名功德塔。村人爬山、演员吼嗓、武生习武多在此山，站在山头向东望去，鹅毛河一览无余。

秀女村的传说

萧云芳

传说中，“秀女村”这一村名的来历与皇帝有关，有说是赵匡胤，有说是康熙。故事情节大抵是：这里原名“吕邱村”，却被人讹传为一个极其不雅的名字，皇帝来到村畔，正遇一群浣衣女子，问其村名，有一女子回答：“羞女村”，后演变成秀女村。这绝对不是属于秀女村的真正故事，但在“美丽的谎言”背后，有着一份真实的历史，因为“秀女村”的来源的确和一位皇帝有关。

清道光十年的《大同县志》，其“文艺”卷载有《秀女村》诗两首，使传说还原于历史。

其一：若个春闺艳？孤村得命名。人家村树杪，石路晚山平。冻水攀云宿，荒苗背雪生。饶多儿女态，兀坐不胜情！本诗作者魏象枢（1617–1687），字环溪，号庸斋，蔚州（河北蔚县）人。清顺治丙戌科进士。康熙年间任顺天府尹、大理寺卿、户部侍郎，累官至都察院左都御史、刑部尚书。直言敢谏，多次疏请康熙帝崇尚理学，慎用藩司，清核钱粮，考核官吏，多被采纳。后以病乞归，康熙帝曾赐匾额“寒松堂”，遂自号寒松老人。该诗表面上只是赞美秀女村独特的自然景观，并包含作者的一些感慨在里边，然而首句“若个春闺艳？孤村得命名”一句，明确道出了该村命名的原因是因为“春闺”之艳，如果这首诗只是曲笔描写，那么下一首就明确多了。

其二：野店停骖蔼夕曛，绿杨门巷好风薰。红裙秀是谁家女？翠被骄传异代君。震动乾坤才土木，巡游南北又将军。年年塞上桃花笑，绰有风流万古闻。本诗作者王志瀜，清华州人，字幼海，曾任大同知府，署按察使司，升冀州道。该诗不仅明确指出了秀女村得名的原因，而且对这位赋予“秀女”之名的帝王进行了无情的讽刺，那么，他所指的帝王是谁呢？此诗有小序曰：“相传明武宗幸大同，尝微行，纳民家女于此”。原来是明武宗，即被俗称作“正德皇帝”的朱厚照，他是明孝宗长子，出生于公元1491年，公元1506年即位，时年十五岁，到1522年病死，享年31岁，在位17年，谥号“承天达道英肃睿哲昭德显功弘文思孝毅皇帝”。

这两首诗作于清初，上距明代不过百年，作诗赋事，绝非无据可稽，堪作信史来读。而诗中提到这个皇帝，可能是梨园经典《游龙戏凤》、电影《一夜皇后》和大同市影视制作中心制作的26集古装剧《凤临阁》……这些故事均取材于正德皇帝在大同与李凤姐（传说中也有李凤、李倩倩的别称）的风流情事，这也使得后世可用最为不屑的词来概括这位封建皇帝。当然，他的荒淫也不仅于此，他即位后，一面大建皇庄，把大批土地赐给皇亲宦官（《明正德实录》卷十），一面又筑宫殿，造密室，“勾连栉列，史称豹房”（《明越宗外记》），宫内荒唐无道，淫乱有加，又借口巡边，曾两次来到大同寻欢作乐——对此，《明史·武宗纪》明确可查：正德十二年（1517）十月，督诸军巡边，曾驻跸大同。

明代，怀仁隶属大同，那么，正德皇帝来大同就一定来怀仁吗？据考：正德皇帝巡边时，经常深夜外出，见门就入，强要妇女，因而所到之处，远近骚动。而车驾所至，官宦们亦如狼似虎，强抢民女，每日多至数十车，妇女扶老携幼，逃避他乡，投河上吊日有所闻。官宦又强令所过州县另备妇女衣着首饰，以供随时取用。于是三百里内，一片混乱，为了把妙龄女子嫁出去，“抢新郎”“抓女婿”的事随之发生。据说，当时正德皇帝曾在大同修建行宫，还在城郊设点招秀女，可能，正是这个“点”后来衍生为一个村庄，而“秀女村”之名便从此而来。

虽然通过两首诗可以说明秀女村名称的由来，然而也不可轻视传说的存在。传说是历史的“防腐液”，面对传说，也不能仅当作村间闲谈来看待。

皇帝的宠幸，真的让这片土地蒙羞。或许，正因为如此，人们用“传说”来朦胧，甚至不惜破坏它的本来面目。并且，在传说中将皇帝置换为赵匡胤或康熙。当然，更可能的是：其中也有避讳的原因。所以，传说中把皇帝的淫乱行为改编为无意路过，而把村名改造为原称“吕邱村”为“秀女村”，进而衍生的不雅谐音，也可能是对九五之尊的皇帝给以的一种曲折诅咒。

另外，秀女村真是和皇帝有缘，公元1900年，慈禧太后与光绪皇帝西逃时，也是由大同经过秀女河来到怀仁的。今天，村畔汩汩流淌的河水，把一切都冲刷得干干净净。

西安堡古城考

李明　张永涛

西安堡村属海北头乡，距县城15公里，全村共有129户，450口人。该村历史悠久，因一古堡著称于世，在同朔地区无人不晓，较为知名。

据《怀仁县新志》光绪三十二年（1906）本卷三“堡寨”部分对西安堡记述如下：“西安堡，距城三十里，居民六十五户，旧为驿地，创于明天顺八年（1464）。嘉靖三十八年（1559）北虏攻下之，堡遂废。隆庆三年（1569）特设操守防御。万历三十一年（1603），大同巡抚请发帑，砖包修建大墙四百余丈，高三丈，垛高六尺，池深一丈。门二：南曰“金汤”，北曰“镇朔”。校场、官署、驿站具备，九阅月而工竣。都司佥书都指挥云中孙应武董工即作记，勒石于北门。国朝知县王度重修，南有史家小堡，废村。”在“公署”部分记述如下：“西安堡操守署，在堡东北隅，顺治五年（1648）移大同县治于此，为县署。九年（1652）复治郡城，署改为龙王庙。”在“驿站”部分记述如下：“西安堡铺，城东三十里，北接大同灰河梁铺，十里；东接新桥铺，十里。”在“兵防”部分记述如下：“西安堡：顺治时原额官兵一百名，归怀仁守备管领，后节次裁汰，现仅设铺司兵十名，递送东路公文，于咸丰四年（1854）奉文裁汰，将工食酌留十分之二以为津贴，捐马工料之用。”另在卷四“坛庙”和“寺观”部分还记载有3处寺庙，即“城隍庙：在堡东北隅，有古杨一株，圆径可七、八尺，灵异，人莫敢亵。兴国寺：在西安堡南，创始未详。明嘉靖三十八年（1559）虏至焚毁。事平后，操守刘冕修建，今复废。堡内碑、幢、钟、磬，大半兴国寺故物。北瓮城有立马关帝庙，明天启四年（1624）建。西安堡龙神庙：旧操守署改建。廊下有隆庆四年（1570）刘操守冕德政碑，邑人李克中撰。”

综合记述，按时间推算，该村古堡距今已整整546年。西安堡的悠久历史，虽然史志明确记载为明天顺八年所建，但可能其历史更长。据《怀仁县新志》卷二“古迹”部分记载有关“东城”一说，《辽史·地理志》记载：“太祖与晋王李克用会于云州之东城。又曰：恒安镇今谓之东城，是恒安、奉义即东城。而怀仁在其西，疑即今之西安堡也。故谚曰：先有西安堡，后有怀仁县。”或许这是真的，因为冠以我县地名的这次辽、晋二王会盟地址——“东城”，至今也未弄清楚究竟在何地。如果上述记载当真的话，西安堡的历史可推至千年以上。而且作为辽、晋两国的会盟地，其重大意义将非同一般。

2009年9月，县文体局和文物管理所按照县政府的指示，组织相关人员前往该村深入考察并进行走访。现场看到，该村古堡虽历经数百年岁月侵蚀，加之“四清”“文化大革命”期间人为毁坏，整个古堡和南北二门包墙砖已基本拆毁，只剩北门砖洞犹存。但四周堡墙大部完好，依然雄伟壮观。两处寺庙已荡然无存，但兴国寺遗址尚存。村中现有一“圆照寺”，乃今人在原城隍庙基础上于2002年新建，不时亦有香客光顾。有部分村民仍居堡内。从20世纪70年代后，由于堡内民房容量有限，多数村民已陆续搬迁堡外新建住房居住。据当地村民讲，近几年随着旅游事业的发展，不少旅行社组织的国内外游客经常成批来此观光旅游。2003年曾荣获“东京国际电影节”金奖、由著名导演宁浩执导拍摄的电影《香火》，其大部实景在此完成，该村不少群众还参与其中。登上古堡北墙，俯视全村及周边景物，真有登高望远、心旷神怡之感，亦可想见当年古堡之气势宏伟、独傲北国大地之巍峨雄姿。距古堡北约300米处，有生产古堡墙砖窑旧址，犹可见当年废弃砖窑的痕迹。

在堡中旧关帝庙乐楼墙壁处有当年南门所嵌的“金汤”和古乐楼所嵌的“锁钥”四字，这四个字分别雕刻在四块边长为70厘米的正方形玄武岩石上，为楷体大字。每个大字附若干阴刻小楷字，均为万历三十二年（1604）甲辰六月镇守大同的文武官员所书。而北门“镇朔”二字（为一块整石）在原村集体库房内，因存放化肥而遭腐蚀，字迹已漫漶。

经考察，西安堡作为怀仁县一处历史较为悠久的古城堡，且保存至今依然完整，仍具有开发利用之价值。

神嘴窝村名考

李宏亮

神嘴窝村坐落于桑干河北岸，古村堡与河相距不足五百米，河水南来转东而流，平行于村堡之前。在20世纪40、50年代，还是河水丰盈，东流不息，有时还会浊浪滔天。

村西相依一土梁，古名“镇子梁”。《怀仁县新志》载：“镇子梁西北距县治二十里，独峙一方，高里许，南北亘十余里。邑之东镇也”。镇子梁高有四、五百米，土梁长十多里，独立于邑中平原，犹如泰山拔地而起，其势南高北低，实则南北两端近于水平，东西成一脊梁，其坡缓慢，很像一条土龙，尾部伸向海北头村北。镇子梁虽无泰山雄伟壮观之势，却有伟岸安定之像，其势足可镇河定海。由于镇子梁的存在，才能卫护神嘴窝这个千年古村的安宁与生存。梁西有一海，《怀仁县新志》载：“镇子海，在县东南十五里，周回二十五里，中产鲤鱼，大十数觔，鹅雁诸禽孕哺其间。因居民决退水渠，导流于桑干，故水涸鱼竭，变为禾黍，近多产盐。”由此可见，始生海，后居民，民聚谓之村堡。

古老的神嘴窝所处坐标地理奇特，地形较为复杂，依梁而生，以水而存，纵横交错的四条河流汇于一处，又以桑干河为其主流，正是这种客观的地理环境，才孕育出一个不平凡的村庄名称。

细考之“神”，多因源至神头金龙泉（桑干之水）流经村南，取“神”之为用，把“神”字用在村名的首处当是顺理成章，既合形，又合意，确为神来之笔。而邑中西山诸河流，如大峪河、小峪河、鹅毛河、里八庄河、虾儿河等等皆在村庄一带汇于桑干河，故用了一个拟人的比喻称其为“嘴”，意合“神嘴”之意。

“窝”字的组合更是一幅神化的自然景观。从地貌上来讲，桑干河水南来北流受阻镇子梁，其土梁地质结构系黄土形成，经不住汹猛的河水冲击，而奇巧的是镇子梁南端之下有一条古老的虾儿河。当年河水甚丰，西来东行水势强劲，直冲桑干水，受阻的桑干河水也不气馁，直卷西来之水成三百六十度大漩转，激湍而汹猛，其势目眩神昏，志在必争。二水且无再流之意，在猛烈涌动与漩转中不断扩大漩转面积、增高水位，成铺天盖地之势。漩窝的中心深有丈余，冲出的水珠与气流快速地成一龙卷风之势，直线升高，只觉得通天彻地，天眩地转，让人惊心动魄，无法立足。更不知龙腾虎跃的水势漩转了多久，才退到一望无际的漩窝边沿，很不情愿地流去，然而像瀑布般的直泄河槽之中，再次卷起重重巨浪，浪声滔天，势如排山倒海，如此反复多次，流速渐缓并向东流去，完全是邑中自然景观。用一个“窝”字既通俗地用了水的漩窝之说，又引申了村庄附近就是邑中诸水的窝（窝巢）。

民间历代有三种传说。一是神嘴窝自古极有风水，本应升格，却因一老妇人之过，没有再兴旺之。村中古来相传，由于此地风水甚佳，有龙盘虎踞之势，所以在村堡坤位西南角处土丘上栖落过凤凰，凤凰是无宝不落的神鸟，此地本该建立都府，却因本地有一不孝敬公婆的老妇人，晨起将尿盆倾于凤凰之旁，凤凰因其行为不雅而离去，所以这里未成都府，只落一村堡。这当然只是一个传说，不能当真。二是恰就在土丘之旁，现存一古城遗址，而今在田地里还能看到砖砾瓦石。三是这里的古地名叫“城西坡”，还有一地名叫“市场地”，从传说到遗址、地名三者的关系极为吻合。

从历史遗迹的角度去考证，村中的古庙也确乎其神。村中心有一座成子午向的古庙，座北面阳六楹两殿一室，左三楹一殿供马王为主神，配殿供水火战神。右三楹一殿一室，未设神位，想来是军事衙门办公场所。东西厢各三楹禅房，向南开一庙门，门内左右建钟鼓二楼。与大门并排，左边建前敞开后封闭排廊一大间，在其东侧边分隔出五道神小庙半间；右边建排廊三间，正好与大殿相对称。台阶与月台全部是两米多长、二尺宽、六寸厚的条石砌筑。庙门前有多人合抱古柳两棵，古柳前为官道，官道南正对古庙建乐楼一座。古庙坐落村堡之外东南角处，庙的东墙与东堡墙成一外直线，而庙与村堡南北相间三丈有余。奇特的是，在古庙背后又筑一土堡墙，与古庙正殿后墙相连接成一暗堡，堡之暗门设于正殿内马王神像背后，暗室空间南北丈余，东西与古庙相合，可暗藏大量的军用武器物品。暗堡构思奇特，设计巧妙，在外观上无论从东西南北观看都是一座古庙，无论如何也想不到会是先人的一座军械库房。所以，按时代背景与特殊的地理位置、奇特的建筑结构，应该是先有古庙，后建村堡，而村堡是古庙的掩体。在记忆中，这座古庙的建筑外形与所用砖瓦石材绝非明清建筑物。

从军事地理的角度考证，神嘴窝古来四面环水，芦苇茂密，野草萋萋，唯有镇子梁上一条路可通外界，实属易守难攻的军事要地，再加上相距仅八华里的西安堡历史上为驻军之地，恰好构成内守外援、攻守兼备的军事布局，而且距平城（大同）仅六十华里，马速不足一个时辰，笔者推测，似乎应该是北魏时期一处军事基地。再加上如今神嘴窝村沿用的“草场地、水坡地、大暑疙瘩、小暑疙瘩、马道弯”这些与马有关的古地名，也可佐证。

石井村的来历

安孝文

石井村位于县城西石井山东麓。最早名为“苏家堡”。村中代代口口相传，至今流传着一句顺口溜：“上了乔家皮梁，瞭见苏们的房，金砖墁地沙壁墙。”所谓的乔家皮梁就是峪口北，旧村西边的一处山峁，而苏姓房的遗址村中人指认就在古堡不远处，站在梁上观此处是居高临下，可尽收眼底。那“金砖墁地”一说虽是民众的一种形容，不是真金，但和北京故宫里墁地的砖也称“金砖”却是同一道理的称谓。“沙壁墙”就是用沙子、筋泥、棉花毛加工成的泥料抹出的墙面，这是怀仁地方当时民居建筑中最高档的装饰墙面。这一地一墙的赞美似乎可以想象出当年村庄的富庶。

遥远年代的村民们也许饮用的是石井峪流出的清冽的河水，或者是山中的泉水。到何时河流成为季节河，必须凿井取水，已不可考。但村庄里凿出水井，井里的水分外苦涩。斗转星移，久而久之，苏家堡的村名消佚，代之而来的村庄名称是“苦井堰”。

“村”字之意不言自明，但为何加了一个“破“字来修辞？试想，水是人类的生命线，村中井水苦涩必然影响了村民的生活，自然也波及到了村庄的面貌：用“破村”来代替“苦井堰”已是有些泛社会化了。当然那时是没有行政命令去决定村名的，完全是一种民间文化在地名学上的自发生成。

何时才用上如今的“石井”村名？年长日久，村人皆不能言其大概，但是村庄名称的来历，都知其缘由，且有实物为证。

在石井峪口之北的山坡上有一座“白月庙”，那是村中先民对山坡上造山运动形成的白色弧形石棱的神奇不解而引发的尊崇；与之相对的峪口南的峭壁上，从高到低雕刻有斗大的四个字，“上天有眼”，这是周峪口里的山峰上有一东西贯通的窟洞，文人雅士称之为“天眼”；村中借此孕育出了这一石刻，一是记下了峪口之美，二是借此对村民起到了无形的教育与约束作用。石刻下不远之处有一口水井，井口不足一米，井沿用白沙石条甃成，井筒呈圆锥状，约 4 米深即到水皮。这口水井有一特殊之处。在从前，大凡人工开凿的水井，最下端必定有水井根本、关键的构造，即用木桩做成的棱状结构，称为“涵”。木桩与木桩间装有木板，木板外侧填装石子，起一种过滤的作用，同时防止井筒的土壁塌入井内。涵桩上部则用石块砌出井筒来。而村里的这口供全村人饮用的水井则不用这种构件，打凿出井筒后直接从井底用石块砌筑上来。加之这口井的水甘甜清冽，全然没有苦涩之味，村民得以安居。“石井”，这个实有所指的村庄新名字不知何时就取代了那个听着也觉苦难的“破村”名，一直延用到如今。

据村中传说，古时候村民们为了吃水的问题，在村庄周边到处选址打凿，但左一口右一口，打出的井水皆不能食用。正在绝望之际，一天，从清凉山寺下来一位南蛮子在村里住了下来，他走遍了全村每一处，选下了井址，并言之凿凿，说此处一定可打出甜水井。那时候人们都说北地的宝全被南蛮子盗走了，南蛮子就是聪明的代名词；人们都满怀希望，集全村之力在南蛮子指画之处开始打凿。到井成之时，全村男女老少都来品尝井水，一尝，人们大喜过望，言说一定要重谢这位南蛮子。谁知村民们苦思冥想出自认是珍贵的礼物他都不接受，村民们有些犯难了，不知如何去报答。这时节，这位南蛮子开了话，他说村中有一户人家的草驴下了头驴驹子，当肚又长出一条肉骨碌，就把这头不成样的东西给了他就行了。村里的长者一听，也知道有这回事，这家主人正为此不知是凶是吉的东西发愁呢。于是满口答应了这个要求，马上抱来这头奇怪的驴驹子。这南蛮子接过了手，脸上露出人们不易觉察的大喜过望之神，用早备下的红布包住当肚长出的物件，随后朝水井的方位拜了一炷香，人们正在狐疑之际，只见这南蛮子突然把驴驹子跨在身下，嘴里念念有词，忽然嗖地一下，那驴子腾空而起，风驰电掣般地向南飞奔而去，人们这才回过神来，那驴驹子就是传说中的神兽“比飞”，南蛮子进村就是为了这宝贝的。

传说归传说，但这口水井是真而又真的。村里人们不知吃用了多少年，多少代，尽管如今怀仁地下水位下降超百米，但这口井里的水面仍然保持着原始的水位。在井沿西南角处的条石上，有一明显是古时人们拔水用井绳磨下的凹痕，深有寸许。以后的日子里，村民们又在峪口南岸高坡处修起了龙王庙，如今这座古寺庙已成为市级文物保护单位；村民们家家户户早已吃上了自来水，但这口确定了村庄名称的全县第一口、也是唯一的古水井，村民们仍在悉心地保护着。

庞家大院考

马锡勤

庞家大院位于柴市巷路东，距四牌楼约 50 米，始建于清文宗咸丰辛亥年（1851），是一座具有北方建筑风格的四合院民居。1988 年 3 月，怀仁县人民政府命名为“县级文物保护单位”。2002 年 12 月，香港凤凰电视台在该院拍摄报道系列剧《香火》。

庞家大院分设南门和西门，内有前院、北院、东院、主院、偏院，共有房屋 45 间，占地面积 2800 平方米，建筑面积 1650 平方米。

南门为辅门，通向城内东街临街的商铺。

西门为主门，直通五处院落。为广亮大门，门顶呈两出水式，铺青瓦、衔兽头，两扇大门有蘑菇钉、铁艺装饰，进大门是前院。

前院可进马车、轿车，供等人候车、迎宾送客，为出入必经之道。院南侧是停轿车、放轿杆走廊。院北边有个坐北朝南进北院的门楼，一出水顶，铺青瓦、衔脊兽，挂博风板，木替和挂落。门楼两边房檐下有瓦花窗。

外院正房设计为“六破七”格局，此院专供来往客商留宿、亲友居住。正房房顶为起脊两出水，后墙露在管家家庙巷，墙顶下衔砖雕山花。院内东、南各有厢房 3 间，南房 3 间，后墙外露在前院。东西两头有暗房各 1 间半，设茅房（即厕所）和仓库。墙体外露的出檐下配有民居风格的瓦花窗，窗框里用筒瓦、板瓦、瓦板拼砌而成的鱼鳞纹，水波纹、麦穗纹等 20 余种样式，丰富多彩，灵巧精美。

东院与西大门相对，地势高于北院，门前铺青石五步台阶，台间上有两米多宽的台明，衬托出居高气势。坐东向西的门楼和北院门楼样式相同，但门内径尺寸较宽。所不同的是门楼的南北两侧筑有影壁，影壁底座雕成须弥座样式，砖框出线，束腰装饰花纹。檐帽上雕着仿木的檐、飞，配瓦当勾头。影壁两侧砖柱上雕成覆布样，上有松、竹、梅、鹿、鹤等图样砖雕。壁心是勾连万字，工整华丽，十分大气。“鲤鱼跳龙门”象征年年有余，蒸蒸日上。壁心四角雕有螭虎、蛟龙，增加了影壁的气势。影壁上方是外墙的瓦花窗。从上到下都用砖艺筑就，和宽大的门楼一起，显示出气势非凡。东院内正房是堂屋 3 间，中间前后设门，由“过厅”可通主院，专供迎亲、会客、议事用。东边有配房 3 间，西边 2 间。南边有库房 2 间、草料房 1 间。过厅背后是主院的南走廊，走廊的西边有坐西朝东的小拱门，可经西山墙旁的过道出外院；过厅东山墙是一个偏院。

偏院东边有两间配房。北边的西面是一个走廊，顶端有一坐西向东的小拱门通向主院；东面有一个坐北朝南的小拱门，可进入偏院。偏院里有正房两间，是供奉祖宗牌位的祠堂。东配房 3 间，专供男女仆人、看家护院的居住。从偏院北房西虎口的小拱门可进入主院。

主院（也叫里院）是比较讲究的院子，主人居住之院。北房堂屋 3 间加东西两间耳房（耳房放粮食用），东配房基址外移一间，占偏院的地势，这样东耳房露明，使偏院形成不规则的曲字形。为对称和通向东偏院的小拱门一样，在西虎口也筑有一个座西向东的小拱门。这样西虎口的西耳房和主院隔开，使之成了一个独立的小院.。北房两出水瓦顶，配房一出水瓦顶，有五脊六兽。北房后墙外露在临街“小察院”巷，为安全需要增加女儿墙，而且距地面很高，一般人不可攀登.

设计庞家大院的建筑是院套院，门串门，有“四合院”“偏院”“小院”。房屋由卧室、客房、书房、厨房、过厅、库房，属书香门第的格局。其门窗，椽棱、檐板均为红松、樟松上好木料。影壁、门楼造型精巧，独具匠心。院内砖雕、木雕、石雕俯仰可观，各具特色.房顶脊调、龙头、走兽、猫头、虎头形象逼真，生动活泼。台阶、柱石均为青石、花岗岩所雕，“腰鼓形”“莲花形”。窗户木制图案有“扇面形”“棱角形”寿字形”各式各样，五彩缤纷.整个庞家大院是集木雕、砖雕、石雕为一体的艺术展，建筑精湛，令人惊叹，仅次于祁县的“乔家大院”，灵石县的“王家大院”，是朔同地区怀仁境内唯一的典型北方民居住宅。

慈禧、光绪夜宿庞家大院据《庚子年国变记》载：清朝皇太后慈禧、皇帝光绪西行逃难。农历八月初二，从北京出发，进入山西地界经天镇、阳高、大同，初七有大同府总兵马玉昆护驾来怀仁。据传，怀仁为迎接慈禧和光绪皇帝，知县选择县城最好的庞家大院让慈禧太后和光绪皇帝住宿。令庞家大小一律暂时离开住到别处，并派人把院内院外、屋里屋外、彻底清理。用黄纸糊窗、黄布裹墙（黄色代表皇宫）红漆油柱、街门。用红呢地毯，从主院二门铺到大门外。知县和县城的达官贵人们早早地在东城门外等候。下午 3 时许，慈禧太后等一行人马浩浩荡荡地顺御驾来县城。知县下令让老百姓及官员们夹道迎接，由怀仁有名的“锅孩子”鼓匠吹吹嗒嗒迎接，知县等人前面带路，来到庞家大院。

当时，庞家大院外院由清兵把守，全部戒严。知县等人忙前忙后张罗，选主院最好的3间正房让慈禧和光绪住宿。晚餐时，呈上怀仁地方特产“糖干炉”让品尝。第二天，慈禧用过早餐后，取道南行，中午在薛家庄（现新家园村）午休。然后朝太原方向出发。自此怀仁民间流传有慈禧光绪“县城过夜，薛庄打尖”之说。

据健在的庞俊德（2012年85岁）说，慈禧、光绪住庞家大院，临走时托知县赏给其曾祖母（庞鸢之妻）带有“补子”的官服一套（有曾祖母穿官服照片为证）。遗憾的是当时没有留下文字记载，但确有其事。直到今天，被怀仁县城人一代传一代，成为庞家大院的殊荣，怀仁县城的故事。

古刹永宁寺

刘 金

说起南小寨的庙宇古刹，曾有过河神庙、真武庙、老爷庙、龙王庙、五道庙、永宁寺等。而永宁寺算得上是怀仁县年代最早、规模最大的佛教寺院之一。

永宁寺座落在南小寨村东。寺内曾存清光绪石碑记载：“永宁寺……南向桑干，如带如砺而气象雄壮；北压云中，似蓬似岛而殿宇毅然。界连恒岳，蜿蜒而来……东接龙山之秀……西达云冈之欹。”

史载：“永宁寺始建于元代，寺院呈长方形，南北长90米，东西宽20米，分上中下三层佛殿。上殿为弥勒佛殿，中为大雄宝殿，下为梵王宫，每座佛殿两侧建有伽蓝、达摩师等殿。寺院西侧建有禅房、库房等，各佛殿内共塑有佛像60余尊，错落有序，甚为壮观，墙壁都绘有精美的壁画，属县级保护文物”。

纵观殿堂的建筑结构，中佛殿的梁架结构是在平梁上用蜀柱、大叉手、脊柱承托脊博，四椽伏上置驼峰，其上是栌斗与平梁相交。

三座殿宇的山墙有明显的收分，有精美的山花、悬鱼、墀头砖雕。这些设计和装饰都为永宁寺增添了厚重的古韵之气。

传说永宁寺工程分三期，历时三年建成。先建中佛殿，中佛殿建成后，便有出家和尚住下，后有移民逐渐定居当地，渐次形成村落，遂取名南小寨，故而留下“先有中佛殿，后有南小寨”的传说。

永宁寺的建筑高低错落，主次分明，左右对称。主要建筑坐北朝南，渐次展开，沿中轴而上，依次排列着乐楼、下佛殿、中佛殿、上佛殿，在乐楼和下佛殿之间配有钟鼓楼。据老年人讲，永宁寺的大钟高6尺，直径两米，重约两吨，为元代铸造。整个钟体铸有各色图案及文字，相当精美。据传，此钟撞响后声音浑厚悠长，方圆十里八乡的人都能听到，可惜毁于“四清”运动。

上佛殿座落在两米高的月台上，殿前有宽敞的台明。大殿面阔五间，六檩五椽，双坡硬山顶，设前廊，直棂窗。中间掏空三间塑弥勒佛，西边一间是圣母庙，也叫奶奶庙，上边塑圣母娘娘，下边站立送子哥哥。东边一间是关公庙，上边关云长端坐正中，神态威武。下边站立周仓，手持青龙偃月刀。墙壁上壁画的内容是关云长过五关斩六将、单刀赴会等故事，线条流畅，色泽饱满，人物栩栩如生。

中佛殿面阔三间，进深六檩，双坡硬山顶，设前廊，后檐中间外延突出半间，并起双坡顶出檐，形成一个半开间的形式，直棂窗。旧时的中佛殿是大雄宝殿，一般来讲，大雄宝殿应该在上位，而永宁寺的大雄宝殿却座落在中间位，这正符合建寺时先建中佛堂，后建上下佛殿的传说。殿内莲台正中是如来佛泥塑金身，佛像金光闪烁，仪态丰满，衣纹流畅，圣容慈祥，法相庄严，塑技高超，虽然经过多次彩绘修饰，但仍保留了元代塑像的艺术风格。硕大的莲台镶有莲瓣、串珠、三角柿蒂及狮首等装饰，手法雄健，形制优美，雕工精妙，诚为精品杰作。东西两侧是十八罗汉，高达两米，形象生动，神态各异，给人留下深刻的印象。再往下，哼哈二将站立两侧，高两丈余，头戴金盔，身穿铠甲，手执剑、杵，威风凛凛，体魄雄壮，面容狰狞可怖。

下佛殿面阔三间，进深六檩，设前后廊。从前面看做成三破五的格局，形成一个有明间、次间、梢间的非常标准的开间样式。避开了地势逼仄的不足，给人以视觉的美感。下佛殿塑玉皇大帝像，左右两侧是四大天王。

寺院的僧人按永宁寺的碟谱“本、觉、常、龙，能、仁、圣、果……”

等36字排序起法号，曾在永宁寺住寺的和尚有记载的有觉明、常理、常福、龙石、龙茂、能成、能宽、仁慧等，能成是永宁寺毁坏前的最后一位和尚。历史上，永宁寺究竟有过多少和尚，因没有记载，不得而知，但东南有座和尚坟，占地30亩，由此可见该寺的香火之久。

能成俗姓录，祖籍应县曹娘村人，12岁出家永宁寺，20岁受戒。每当说到他，南小寨无人不知，无人不夸。他心地善良，为人和气勤快。出家永宁寺40多年，没和村里人红过一次脸，而且不时还资助一些比他更困难的人。人们常说，能成师父最困难时也不向别人借钱借物，但自己借给别人钱物从不索要，他过着护寺念佛的平静生活。文化大革命中，寺院被毁，师父自尽，他也成了被批斗的对象，法名不许叫了，他俗姓录，大队给他改名为“录新”，寓意从新做人，并将他划归在生产队，成了一名大队社员，和其他社员一样每天下地参加劳动。

随着时间的推移，“文化大革命”结束，国家的宗教政策得以恢复。1983年，县委统战部推荐能成去了五台山的普化寺。到那儿后，由于他的诚实、勤快，很快得到寺院住持及众僧人的爱戴，于是推荐他当了维纳。据他的徒弟人以介绍说：“师父为人好，干活勤快，虽已年过半百，但精力旺盛，一天最多睡四五个小时，一般早上三点钟就开始诵经，一直念到六七点钟，洗漱完毕吃完早膳就开始干活，天天如此。寺院种了不少地，基本是师父一人料理。师父心地善良，寺院有一病僧叫道明师，几乎是瘫痪在炕，吃喝拉撒都由师父照料”。

1990年，包头居士林有位叫郭培兰的女居士到普化寺进香，期间，她结识了能成师父，听人介绍了能成师父的功德，于是起了请能成到居士林的想法。第二次来时将此想法和能成师父讲了，能成表示同意，于是就来到居士林并当了林长。他离开普化寺时，还把病僧带到新的寺院继续照料，一直到去世。正因为他为人忠厚，多行善事，深受人们的尊重，走时住持和众僧人极力挽留，不愿放他走，但能成去意已决，最终去了包头。

在居士林的十多年时间里，由于他的精心住持和辛苦化缘，居士林逐年修缮，旧貌变新颜，他主持修建的大殿在他圆寂前得以完工，大殿投资约

500万元，能成一人出资达三分之一。

在当地，他的功德得到全寺上下乃至居士林所在地东河区广大信众的尊敬和爱戴。2010年，90高龄的能成功德圆满，阖然化去。火化时，场面壮观，居士、信众两三万人为能成祈祷祝福。

永宁寺从建寺到“文化大革命”毁坏前曾有过七次大的修整。现在寺院存下的石碑纪录了其中两次修复过程。一是大清乾隆三十一年（1766）丙戌季春立《顶礼十方铭石记》记叙了“三千多众群施铺地之砖，各出补天之石，救千古之眉火，种万载之福田，分文不少，千文非多……”二是大清光绪二十九年（1903）岁次癸卯孟秋月中浣立《重修永宁寺碑记并序》云：“永宁寺，古人命之旨，悠久安宁之意。光绪戊戌年（1898年），住持僧觉恩引携村民五十余人家捐款修复中佛殿”。从1966年遭毁直到20世纪90年代，寺院一直破烂不堪。1997年，怀仁县文物管理所批复了《南小寨村关于修复永宁寺的申请》，永宁寺的修复得以实现。《永宁寺修复碑志》记载：“有28名善男信女捐资修复了中佛殿、观音殿，1997年5月兴工，同年11月竣工”。

经过十几年的艰辛努力，先后建成上佛殿和上佛殿东西配殿“观音殿”“地藏殿”中佛殿的东西配殿“千手殿”“往生殿”，下佛殿的东西配殿“伽蓝殿”“祖师殿”以及“法物流通处”和“名堂”，重新建起“大山门”（内有护法殿，塑有哼哈二将）和“钟鼓楼”。从此，以三大殿为主体的寺院格局得以恢复。2002年，在寺院西侧进行扩建，建成占地330平方米、高大雄伟的万佛殿。2003年，在万佛殿前十米处开始建铁浮屠（铁塔）。2006年在塔的西侧建起14间客房，供居士和远方信众居住，同年在山门前建成白云石玉带桥。据知情人士说，光建铁塔投资就达100多万元，整个寺院修建累计投入资金上千万元。2011年竣工。在万佛殿后边新建了住持室、方丈室，万佛殿前东西各建四间寮房。住持室西边是六间斋房和五间客房，前边是大院。一座永宁寺，凝聚着义仁师父及众多居士、信众的心血。

重新修建后的永宁寺，格局基本保留原状，寺院坐北朝南占地5000多平方米。其中建筑面积达2300平方米。从中轴线过了玉带桥进山门，山门两侧是二层式钟鼓楼，往里是天王殿（原下佛殿）、药师殿（原中佛殿），两殿东西两侧都设有殿堂厢房，最后便是大雄宝殿（原上佛殿）。

各殿的泥塑整体虽略逊于原始塑像，但也不乏有闪光之作。如大雄宝殿塑的释迦佛、毗卢遮那佛、卢舍那佛、药师佛、阿弥陀佛，五方大佛比例均匀，姿态清雅，个个面如满月，祥和慈善。药师殿所塑日光菩萨眉目清秀，肌肤丰满圆润，服饰流畅，表情含蓄，慈眉善目；月光菩萨身姿婀娜，华贵不凡，玉臂轻舒，富有动感，看后给人留下深刻的印象。

2003 年开始新建“千佛塔”，2011 年竣工。整座佛塔呈八角十三层，直径 8.6 米，高 26.8 米，为罕见的铁质石材混相结构的佛塔，总计用铁材 600 余吨。佛塔呈黑白两色，峻秀挺拔，如一柱擎天，直指苍穹。

如今的永宁寺，香火旺盛，每逢农历初一、十五，永宁寺都要举办法会，四方香客齐聚于此。特别是每年“四月八”，更是永宁寺传统的重大节日。每到这天，天还未亮，寺里的钟声就已敲响，真可谓“晨钟暮鼓警醒世界名利客，经聖佛号唤回苦海迷路人”。届时，本村及周边城乡的信众一大早就向永宁寺聚集，更有北京、天津、张家口、内蒙等地的信众不辞跋涉之苦，早早来到寺院，虔诚礼佛，诚信祈祷，寺中僧众则开始焚香诵经，并带领众人绕寺礼佛。这天，来到寺院的居士和施主中不少人义务来到斋房，帮助拌凉菜、炸油糕，用斋饭招待四方来客。这一天，来永宁寺进香朝拜的游客多时可达三万人。

第二十八编

体 育

第一章 群众体育

中华人民共和国成立以前，域内的群众体育运动点少面窄，以老百姓自发的体育活动居多。1949 年 10 月后，特别是中国共产党的十一届三中全会以后，怀仁县群众体育运动走上了健康发展的轨道。始终坚持“立足实际、小型多样、注重效果、广泛开展”的原则，依靠全社会力量，广泛开展体育运动。尤其是《全民健身计划纲要》和《全民健身条例》的全面实施，广大群众参加体育健身活动的积极性日趋高涨，活动规模增大，形式多种多样，内容更加丰富。

第一节 组织机构

1987 年起，域内陆续成立老年人体育协会以及围棋、篮球、太极拳、乒乓球、信鸽、中国象棋、田径、足球、网球、体育舞蹈、羽毛球、武术研究会等 13 个单项体育协会。各单项体育协会的成立，弥补了体育骨干短缺、经费不足的困难，拓宽了体育社会化的道路，从人力、物力、财力等方面为体育事业注入了活力，促进了群众体育工作的顺利开展。1990 年，海北头、河头、鹅毛口、金沙滩等 13 个乡镇陆续成立农民体育协会; 砖瓦厂、雁北瓷厂、二轻、商业等 12 个厂矿、系统先后成立职工体育协会。1991 年，吴家窑村成立全县首家村级体育协会——大成拳研究分会。

1995 年 2 月，怀仁县体育指导中心成立，为全额预算股级事业单位，隶属县体委。其主要职责是负责全县体育工作的宣传、咨询、业务培训、指导和技术推广等事宜。1999 年 4 月，成立“怀仁县全民健身领导委员会”。领导委员会主任为县政府分管体育工作的副县长，委员由各相关部门的领导担任，并在县文化体育运动委员会设立了办公室。

1998年12月，怀仁县第一个公益性的棋牌组织——怀仁棋社正式成立。2000年4月，县棋牌中心在新建南路挂牌。这两个组织都先后举办过县级比赛和周边县区的棋类比赛，结果皆因经营不善，都只维系了一、两年的时间。2002年4月，翰林棋社开业，是本县首家由公民个人利用非国有资产举办的，不以盈利为目的，以开展棋类活动为主要内容的民办体育社会团体。翰林棋社成立后，每年都组织全县性的围棋、中国象棋等赛事。

全县大型体育活动一般由政府的职能部门组织。如年度中小学生田径运动会、群体活动月活动、全县职工、农民、学生等各阶层的体育竞赛活动等。单一性的、节日性的，趣味性的或职工、妇女、青年、老年等阶层的体育活动，由各单项体育协会、群众团体等组织开展。另外还有由各部门、各单位、基层组织等开展的局部性的、小范围的体育活动；利用节假日、农闲时节等开展的活动，如学校运动会、乡镇乒乓球赛、矿山体育节、职工运动会、农民篮球赛、村民越野赛、社区棋牌赛、教育系统乒乓球赛、金融系统乒乓球赛等；再就是由市民个人自发组织开展的体育健身活动，如晨夕健身活动等。

为推广第八套广播体操，1997年先后举办2期领操员培训班。受训人数达30人。为提高专业技艺，先后开展太极拳、太极剑、推手等健身项目的培训达20余期，受训人员有3000多人次。

按照《社会体育指导员技术等级制度》的规定和要求，1997年11月，举办首期三级社会体育指导员培训班。通过学习考核，有7人圆满结业，获得国家三级社会体育指导员称号，从事社会体育指导工作。此后，陆续选派人员赴省、市参加社会体育指导员培训，同时继续在本县范围内开办社会体育指导员培训班，不断发展壮大全民健身骨干队伍。至2012年底，全县有国家级社会体育指导员3人（纪彩霞、高焕珍、苑春霞），一级社会体育指导员3人，二级社会体育指导员15人，三级社会体育指导员72人。

第二节 群体项目

怀仁县球类活动始于民国初期，除学校的学生外，只有少数教职工参与。

1949 年后，球类活动在县城和农村逐渐得到普及。主要有：篮球、乒乓球、羽毛球、足球、排球、网球等，以篮球、乒乓球、羽毛球最为普遍。

篮球 境内青年最喜好活动的球类之一。1950 年，县工商联组建域内第一支职工篮球队，并代表雁北地区赴张家口参加察哈尔省举办的全省职工篮球赛。1957 年，组建职工民兵篮球联队。城内、东关农业社组建了第一支农民篮球队，利用早、晚进行训练或互相比赛。之后，又先后组建了机关干部队、教师联队、公安队、马口矿队、小峪矿队等 10 余支业余篮球队。1965 年，农村均修建了标准或简易篮球场，社社队队皆开展篮球运动，农闲时组织训练，并经常与邻村进行友谊比赛。县城较大的企事业单位也纷纷组建职工篮球队，篮球运动在城乡普及。1968 年起，县体委、县总工会联合在每年 8 月份组织一次为期 10–15 天的全县职工篮球赛。1979 年有 24 支球队参加，在历次职工篮球赛中，先后夺取县级冠军的有工联、工交、农机修造厂、手管局、电机厂、县级机关等队。1968 年，组建的怀仁县男、女职工篮球队多次参加雁北地区举办的全区职工篮球赛，均取得较好名次。1971—1973 年，县男、女队连续 3 年获得全区冠军。1975 年、1976 年，连续举行两届全县农民篮球赛，以公社组织男、女篮球队参赛，先后夺得县级冠军的有亲和、城关、金沙滩、新家园公社的男、女队。1985 年，首次组建怀仁县农民篮球队，并代表雁北地区参加全省农民篮球赛。1985 年，全县有男、女篮球队 43 支，队员 420 名。有等级篮球运动员 34 人，其中女运动员 6 人。有等级裁判员 13 人，其中二级裁判 3 人。20 世纪 80—90 年代，境内群众业余篮球组队较多，比赛也较频繁，是城乡居民的一大看点，丰富了群众的文化生活。进入 21 世纪，体育设施从数量到质量都上了台阶，但大型赛事却越来越少。各系统内部基本没有专业篮球队。篮球运动转向以群众自发的对抗赛居多。2011 年 7 月，由县文化体育出版局主办、县青少年活动中心承办、县公安局交警大队协办的“交通安全杯”第三届三人制篮球比赛隆重举行。16 支代表队近 70 名运动员参加了为期三天的角逐。Bad Boy（坏男孩）代表队以全胜的战绩荣获本次比赛的第一名。本次比赛还举行了三分球大赛和摸高比赛。

乒乓球 1957年，怀仁县组建第一支男子乒乓球队（陈廷树、白相、陈瑞祥），参加雁北地区举办的乒乓球赛，获男子团体组亚军。之后，县城中、小学校的乒乓球活动普遍展开。1965年后，农村中、小学纷纷修建简易乒乓球台，开展乒乓球活动，吸引广大农村青年参加。农村文化室也增设标准乒乓球台，乒乓球活动逐渐普及。1972年，县体委举办首届全县职工乒乓球赛，参赛职工45人，李广夺得冠军。此后，县体委、县总工会为了调动广大乒乓球爱好者的积极性，不定期举办乒乓球比赛。全县各系统也经常举办乒乓球对抗赛。1992年，在县宾馆举行怀仁县职工乒乓球比赛，有14支男队，3支女队，74名乒乓球爱好者参加。经过角逐，县委代表队荣获男子团体第一名，县医院代表队荣获女子团体第一名，男子双打第一名为矿业公司的田久兵、王宏义夺得，女子双打第一名被县医院的王桂馨、姜怀生获得，县防疫站的胡富恩夺得男子单打冠军，县税务局的郭霞荣膺女子单打桂冠。1995年，县体委、县乒协在怀仁宾馆举行全县乒乓球比赛。参加比赛的代表队共计23支，运动员达到106人。2005年，第六届中国·怀仁陶瓷文化节“平安杯”全县乒乓球比赛在武警怀仁县中队训练馆举行，县委机关、南窑煤业、劳动和社会保障局等11支代表队，48名选手参加了比赛。尹志永获男子单打冠军，徐东霞获女子单打冠军。

此外，在全县广为开展的球类运动尚有足球、羽毛球、排球、网球等。2011年7月14日，县文化体育出版局在县运管所羽毛球馆组织开展“怀仁县纪念中国共产党成立九十周年羽毛球比赛”。本次比赛单设团体比赛，共有5支代表队60名运动员参赛。经过3天的激烈争夺，水利局代表队、网通代表队和工商联代表队分别荣获冠、亚、季军，中医院代表队和怀仁七中代表队荣获组织奖。

田径运动 域内始于民国初年，当时只有简单的跑、跳，以学校活动为主。1949年后，田径项目除跑、跳外，增设了手榴弹、铅球、铁饼、标枪等。1956年，举行首次全县职工环城赛跑，栗加林获第一名。此后，每年县属中学都要举行元旦越野赛。在1956年雁北地区田径运动会上，本县赵金焕获长跑第一名。从1980年起，县体委每年组织举行一次环城赛跑。1983年，有 961 人参加环城赛跑，年龄最大者 71 岁，最小者 11 岁。1999 年以后，全县大型田径赛事很少举办。

象棋 指中国象棋，是怀仁县群众较为喜爱的一项体育活动，民国年间就较为普遍。1949 年后，县直机关、厂矿、企事业单位，多数都购置有象棋，工余之时，自由对弈随处可见。城乡街头多有棋摊。1965 年后，农村文化室均购置有象棋。1980 年，组建县职工象棋队和少年象棋队，参加雁北地区举办的象棋赛，李文兵获职工组第一名，管春夺少年组第一名。之后，在雁北地区举办的历次全区职工象棋赛中，怀仁县代表队的苑乐春均获得较好名次。苑乐春于 1981 年和 1983 年两次代表雁北地区参加全省的象棋比赛。1985 年，在 3 省 12 地（市）棋类协作区比赛中，苑乐春获得第六名。自 1981 年起，县体委和县总工会联合，每年均组织 1~2 次象棋赛，参赛最多时达 30 余人。历次夺得冠军的有苑乐春、郝儒、池月生、李德文等。

此外，为青少年喜爱，开展普遍的棋类活动还有陆战棋、跳棋、斗兽棋等。20 世纪 80 年代起，县直机关开始有了零星的围棋活动。

广播体操 1952 年起，在县直机关、企事业单位和学校中，普遍开展广播体操活动。在学校，广播体操、课间操一直坚持至今。机关、企事业单位的工间操时断时续。

游泳 1968 年，县体委在三里庄水库举办首期游泳训练班，培训职工 33 人。次年，在下米庄水库举办第二期游泳培训班，培训 20 人。自此，游泳运动在本县兴起，但坚持游泳的人很少。1997 年，怀仁县国益酒店的室内游泳馆开始运营。2007 年 8 月，第一个由社会力量投资兴建的大型体育场馆——“云海游泳馆”竣工并投入使用。

晨夕健身活动 日益兴起的晨、夕练活动是由居民个人自发组织开展的体育健身活动，已成为人们日常生活中不可缺少的内容之一。每到清晨、傍晚，在公园、广场、街头、巷尾、小区，在道路旁、绿荫下，到处都有锻炼者的足迹，到处都有健身者的身影，成为全民健身运动中一道亮丽的风景线。20 世纪 90 年代以来，特别是《中华人民共和国体育法》和《全民健身计划纲要》颁布实施以后，群众体育健身内容有了质的飞跃，不再只是打打球、跑跑步、下下棋、跳跳绳，代之以项目多、内容新、大众化的全民健身新格局。如初始的太极拳、中老年健身操、北京大秧歌，中期的太极剑、太极功夫扇、健身气功，近期的健身操、柔力球、体育舞蹈、健身秧歌等。2012 年，怀仁县的体育健身项目主要有：田径、球类、棋类、武术、健身气功、健身操、趣味类、其它项目等 8 个大类 60 多个小项。

第三节 大型群体活动

1989 年 9 月 1 日至 10 月 2 日，怀仁县开展了第一个“群众体育月”活动。活动月中，凡有条件的单位、厂矿都开展了不同形式的体育活动。芦子沟煤矿举办的运动会，设篮球、乒乓球、羽毛球、自行车慢骑、登山、中国象棋、田径等 10 个项目，历时 15 天，参赛者达 300 多人。雁北瓷厂组织了机关、车间篮球赛、职工象棋赛。县城中小学校举行了教工、学生篮球赛、足球赛、拔河及广播操比赛、火炬接力等活动。据不完全统计，全县有 12000 多人参加体育月活动。1990 年 9 月，举行“迎亚运群体活动月”活动。在活动中，开展了“亚运之光”火炬传递和丰富多彩的体育活动。火炬传递活动隆重、热烈，分三路遍及全县各乡镇，其规模之大、参加人数之多，在本县尚属首次。据统计，参加火炬传递及观看的人数达 5 万之多。还开展以万名青少年为主的环县城、环乡镇、环村长跑活动，举办篮球、乒乓球、拔河、中国象棋等竞赛活动 60 余次，参赛人数超过 5000 人次，参加活动和观看的人数达 20000 人次。此后每年的九月，都作为体育月开展群众性的体育活动，直到 1996 年 6 月开展全民健身宣传周活动而告终止。

1992 年 7 月 21 日，为纪念毛泽东“发展体育运动，增强人民体质”题词发表 40 周年，县体委、县总工会、县田径协会联合举行首届职工趣味运动会。此届运动会设立团体赛和男、女单项赛，按参赛者的年龄分为甲、乙、丙三个组别进行比赛。主要有迎面接力、揣网球跑、钓鱼、滚轮胎、赶猪、皮球投准以及推铅球、夹球跳远等 15 个趣味竞赛项目。县委办、政府办、财政局、老干部局、工商局、邮电局、南窑煤炭集运站、王坪煤矿等 8 个单位组队参加为期 3 天的角逐。财政局、王坪煤矿、南窑煤炭集运站、工商局、县委办代表队分获团体前五名。本届运动会设立的最佳组织奖授予老干部局，体育道德风尚奖为邮电局代表队获得，精神文明奖得主为政府办代表队，个人优秀奖授予财政局年近六旬的女干部纪秀英。同年 9 月 26 日，巴黎—莫斯科—北京马拉松汽车越野赛的车队安全顺利地通过怀仁路段（左沙公路怀仁段）。1993 年重阳节之际，由县体委、老干部局、老龄委、老年人体育协会联合组织开展以老年人为主体的大型文体活动。共设置门球、网球、梅花刀、太极拳、太极剑、中老年迪斯科等 12 个竞赛、表演项目，有 13 支代表队共 545 人次参加了为期 3 天的活动。1997 年 6 月，为迎接香港回归，在以县城为中心的主赛场和乡镇人民政府所在地的分赛场，同时举行“迎香港回归·全民健身长跑活动”。设在县城的主赛场，有近 3000 人参加了距离为 3000 米的长跑活动。全县有 1 万余人参加了这一大型群体活动。2001 年 10 月 9 日—12 日，朔州市国民体质监测队在怀仁进行有关人群的体育测试，受测人数共 880 人，其中幼儿 160 人（城市、农村各 80 人，男女各半）；成年人 640 人，其中城市体力劳动者 128 人（男女各 64 人），非体力劳动者 256 人（男女各 128 人），农村农民 256 人（男女各 128 人）；老年人 80 人，其中城市 20 人（男女各 10 人）、农村 60 人（男女各 30 人）。

1996 年元宵节期间，组织开展中国体育彩票（即开型）大型销售活动，共售出彩票 35 万多张，计 70 余万元。2001 年 4 月，第一批共 5 个体育彩票投注站正式落户县城，当年的销售额 60 余万元。2003 年全县体育彩票销量突破 100 万元，2007 年全县体育彩票销售量达 600 万元。2009 年，全县 9 个投注站年销售量 527 万元，居全市第二位。其中电脑彩票销售 352 万元，即开型彩票销售 175 万元。2011 年，全县 11 个体彩投注站年销量 376 万元。2012 年，全县 13 个体育彩票投注站年销量 413 万元。

1986—2011 年怀仁县举办各种体育比赛情况统计表

表 28-1　　单位：次

项目	1986	1987	1988	1989	1990	1991	1992	1993	1994	1995	1996	1997	1998	1999	2000	2001	2002	2003	2004	2005	2006	2007	2008	2009	2010	2011
环城越野赛	1	1	1	1	1	1	1	1	1	1	1	1		1												
足球比赛	1	2	1				1	1																		
象棋比赛	1	3		2	1	1	1	1	1					2	2	1	2			1			1	1	1	1
围棋					1	4	1	1		1	1	2	1	2	1	1	2	1	1	1			1			
比赛														2	1	1	2	1	1	1			1			
田径运动会	1	1	1	1	1	1	1	1	1	1	1	1														
篮球比赛	2	4	4	2	4	2	2	2	2	2		1														
围棋比赛					1	4	1	1		1	1	2	1													
乒乓球比赛						1	1	1		1				1		1	2		1	1				1		1
羽毛球比赛						1																1	1	1		1
趣味运动会							1																			
广播体操			1																							
比赛			1																							
拔河比赛				2	2	1			1																	
妇女儿童																										
运动会						1																				
信鸽寻访与竞翔							1	1	1	1	1	1	1	1	1	1	1	1	1	1	1	1	1	1	1	1
田径单项对抗赛				1	3	1	1	1																		
太极拳、剑比赛							1																			
网球比赛																				1						
三人制篮球比赛																										1
扑克升级比赛																							1			

第二章 学校体育

第一节 体育教学

清光绪年间，县城武衙门院内设拳术课，为本县学校体育之始。

民国初年，县城设立国民学校，各校均设立体育课，开展一些田径活动、徒手体操及游戏等。民国 7 年（1918），第一国民高等小学校开辟了操场，购置了秋千、浪桥、网球、单杠、双杠等体育器械，丰富了学校体育。民国 20 年（1931），第四国民高等小学校的体育活动增加了木马、篮球、足球等活动内容。民国 32 年（1943），县实验小学校增加了滑梯、压板、武术等体育活动项目。

1949 年后，体育列入教学计划中。中、小学设体育课，每周 1~2 节。1952 年，贯彻“发展体育运动，增强人民体质”的方针，推行广播体操，学校增设课间操。1953 年，贯彻“三好”（身体好、学习好、工作好）的指示，在全县学校中开展争当“三好”学生的活动。多数学校增设了早操，加强和促进了体育锻炼。1956 年，中学实行“准备劳动与卫国体育制度”（简称“劳卫制”）。各学校体育课以“劳卫制”为主要锻炼目标，使学校体育逐渐充实。1959 年“劳卫制”停止。1962 年，开展眼保健操。“文化大革命”中，学校体育课改为军体课，活动项目和部队基本相同，不少学校举行“野营”“拉练”“登山”等活动。20 世纪 70 年代以后，学校体育工作得到进一步加强。县教育局确定 1 名副局长分管学校体育工作，各学校都有专人抓体育工作。千人以上村庄的学校和全县各中学都配备了专职体育教师，专职体育教师的粮油供应标准在原有基础上上调一定比例，并定期配发体育运动服装，每年评选一次优秀体育教师。1985 年，全县有专职体育教师 20 人，其中体育专业院校毕业生 19 人。全县各级中学都成立了体育教研室（组），制定教学计划，保证体育工作有章可循。从 1975 年 4 月开始，全县各中小学校陆续开始实行《国家体育锻炼标准》。从 1977 年恢复高考至 1985 年，本县共向各类体育院校输送体育专业学生 31 人。

1990 年以后，学校陆续开始推行《中学生体育合格标准》《小学生体育合格标准》，使体育工作逐步达到规范化、制度化，全县中、小学生的体质明显提高。1998 年 6 月开始，怀仁县作为朔州市中考加试体育的唯一县区，实施中考体育统一测试。测试内容主要有男子 3000 米、铅球、立定跳远、握力、仰卧起坐；女子 1000 米、铅球、立定跳远、握力、仰卧起坐。当年近 4000 名初中毕业生参加测试，测试成绩一并计入学生升学考试总成绩内。此后，县里每年均进行中考体育测试工作。2000 年以来，考虑到学生晕场的情况，遂把中长跑改成跳绳等轻微运动。2009 年又恢复跑、投、跳等运动项目的考核测试。2011 年，测试项目为，男子 1000 米跑、立定跳远、握力、仰卧起坐；女子 800 米跑、立定跳远、握力、仰卧起坐。1988—2000 年，全县统一设定测试场地，确定测试专职人员，由教育行政部门和体育行政部门共同负责，以教育部门的人员为主具体组织实施。从 2001 年开始，由教育行政部门全权负责组织实施。实行统一安排，统一时间，以学校为单位，独立进行测试事宜。

2002 年 7 月，教育部、国家体育总局联合下发了关于《学生体质健康标准（试行方案）》和《学生体质健康标准（试行方案）实施办法的通知》，明确各级各类学校将不再实行原《国家体育锻炼标准》。2004 年新学年开学起，全县各级各类学校开始施行《学生体质健康标准》。2007 年 6 月，由教育部、国家体育总局、共青团中央联合开展的全国亿万学生阳光体育运动在本县各级各类学校全面开展。阳光体育运动以“达标争优、强健体魄”为目标，以全面实施《学生体质健康标准》为基础，旨在加强学校体育工作，增强学生体育意识，提高学生健康水平，树立“每天锻炼一小时，健康工作五十年，幸福生活一辈子”的健康理念，使体育健身成为终身之必须。

第二节 体育达标

1975年4月，全县各中小学校陆续开始实行《国家体育锻炼标准》，到1986年，除部分乡村小学校外，全县各级各类学校都不同程度地开展了“达标”活动，并按照教学大纲的要求，实行两课（每周两节体育课）、两操（早操、课间操）、一活动（课外活动），保证学生每天有1小时的体育活动时间。体育达标活动开展以来，县里每年都要进行“达标”验收工作，并围绕达标工作，开展测试、抽查、对抗赛等经常性的体育活动，以检验学校体育工作，促进《国家体育锻炼标准》的贯彻落实。1977年，通过抽查测验，全县有621人达标。1985年，全县累计达标人数23753人。1988年，全县参加达标测试的学生为18542人，达标15141人。其中优秀3200人，良好4823人，及格7118人。达标合格率为81.7%，其中优秀率为21.1%。1989年4月，对县城4所中学、5所小学进行达标抽查，共抽查380人，达标合格率为92%。1990年4月，开展达标对抗赛活动，城关一小、怀仁二中、怀仁一中分别夺得小学组、初中组、高中组团体总分第一名。同年5月，对城镇11所中小学的627名学生进行达标抽测，合格率81%，其中优秀率为11.02%。

1991年，全县有91所学校不同程度地开展达标活动，参加学生22000余人，达标合格率为78%，其中优秀率为13%。1992年，吴家窑镇吴家窑村小学校通过全省农村学校体育教育检查验收，被省教委、省体委评为“农村学校体育教育达标良好单位”。1995年，全县参加达标测试的学生有33838人，达标合格率为83%，其中优秀率为10%。2002年国家《学生体质健康标准》出台以后，随着达标运动的变革，原来的达标活动逐渐停止进行。2004年以来，全县各学校开始按照《学生体质健康标准》开展达标活动。

第三节 业余体校

1974年，县体委创办少年业余体校。设篮球、足球、田径、乒乓球4个训练项目，配备3名专（兼）职教练员。先后培训篮球、足球学员各6期，田径、乒乓球学员各1期，共训练300多名运动员。篮球、足球两个项目多次参加雁北地区及省里举办的各种比赛，均取得较好名次。1984年，女子足球队获省女子足球赛第二名。1974—1985年，少体校共向上一级体育运动队输送运动员9人。解学红被选送省女篮二队（1974），马红霞、白迎春被选送省女足二队（1985）。由于受客观条件限制，业余体校只能承担重点项目的业余训练及部分重点项目队员的食宿任务，不能广泛地开展集中食宿与训练，体育运动后备人才的广泛培养受到一定程度的限制。

1993年12月，成立集学习、训练、食宿为一体的业余体校——怀仁县少年儿童业余体校。学校办学层次为全日制初级中学（单轨制），校长王珍。1994年秋季开始招生，当年招收新生35人。到2001年，共招收学生近300名。业余体校配备专职文化课教师和体育教练员，开设足球、篮球、田径、体操及羽毛球、乒乓球、排球等运动训练课程和初中文化课程，文化教学与体育训练的课时比例为8:2。业余体校创办之初为县体委下属的全额事业单位。2002年3月县委书记办公会议决定，县体育中心、业余体校交由县一中统一管理。此后，业余体校教师分流到县城各学校，怀仁有史以来纳入编制和教育序列的少年儿童业余体校就此停办。

第四节 体育运动队

1975年后，以达标为主要锻炼目标，各学校纷纷建立田径、体操、武术、篮球、乒乓球等业余运动队，定期不定期地开展训练比赛。县城东关小学的小足球活动开展得有声有色，在当时的雁北地区颇有名气。该校不仅做到班有小足球队，年级有足球代表队，学校有男、女代表队，而且做到了训练人数、训练时间有保证，班与班、年级与年级的小型竞赛经常化，还培养了不少“小教员”。1980年，东关小学小足球队被列为全省体育传统项目先进队。1982年、1983年连续两年在全国市、县小学基层代表队小足球比赛中夺得第一名，受到共青团中央、教育部、国家体委的表彰。体育教师郭宏章1983年、1984年连续两次被省体委、省教育厅表彰为“全省体育传统项目先进个人”，1987年被国家体委、教育部表彰为“全国体育传统项目先进个人”。

此外，怀仁一中、城关三小先后被列为雁北地区级体育传统项目学校。

第五节 体育运动会

怀仁县历来尚文崇武，各级各类学校非常重视体育运动会的举办。一般来说，学校体育运动会一年举行一次。小学一般在六一节期间，中学时间不确定。20世纪70—90年代，城镇小学、农村中心小学在庆祝六一国际儿童节时，上午举行庆祝活动，下午举行田径运动会。比赛项目主要有男（女）子短跑、中跑、接力跑、跳高、跳远、铅球、铁饼、手榴弹、标枪等。运动会首先进行环城（村）主要街道游行，然后举行入场式，进行广场表演。比赛结束后，举行颁奖仪式。怀仁一中、怀仁二中等县直中学每年都举行学校田径运动会。不少学校在校运会的基础上，还要举行单项体育比赛活动，如拔河、越野赛以及各种球类比赛等。在这一时期，县体育主管部门和教育主管部门都要定期联合举行全县中小学田径运动会。1989年6月1日在县体育场举行全县中小学田径运动会。由于管理工作的失误，致使在6月3日运动会闭幕后县宾馆休息时间发生了一名中学生运动员失足坠楼身亡的惨剧。1995年和1998年学校相继发生两次重大伤亡事故。县有关部门和学校出于对学校体育活动安全的考虑，逐渐减少该项活动，致使县、乡、校的体育运动会被取消。进入21世纪，全县民办学校逐年增多，民办学校的体育教学活动搞得有声有色，校运会逐渐被列入学校常规，按时举行。峪宏中学建校12年来，每年举办一次大型体育运动会，现已举办了4届校运会，8届趣味运动会。

第三章 竞技体育

怀仁县立足实际，科学合理地安排各类体育竞赛。传统性的竞赛形成制度，定期安排；其它项目量力而行，酌情安排；同时兼顾各个层次的需要，具体安排，从而促进了全县体育活动的顺利开展。

怀仁县田径运动比赛（高中组纪录）成绩统计表

表 28-2

项目	男子			女子		
	成绩	时间	姓名	成绩	时间	姓名
100m	11″ 8	1983	杨成全	14″	1983	王秀花
200m	24″ 3	1983	杨成全	30″ 3	1985	杨海林
400m	59″ 3	1983	李冬青	1′ 14″ 2	1985	常继卫
800m	2′ 22″ 3	1985	张秀东	2′ 43″ 3	1985	任秀梅
1500m	4′ 50″ 4	1983	侯元义	5′ 33″ 9	1985	陈秀琴
3000m	10′ 46″	1983	刘喜平			
跳局	1.53m	1985	朱壮文	1.27m	1973	谢学红
跳远	5.65m	1985	温志刚	4.71m	1985	杨海林
铅球	9.8m	1983	宁永政	9.24m	183	贺瑞平
铁饼	33.36m	1983	宁永政	21.2m	1983	贺瑞平
标枪	34.94m	1983	张月平	16.95m	1983	苏丽
手榴弹	55.85m	1973	李富悦	28.88m	1972	庞焕珍
5 公里竞走	29′ 43″	1983	刘口刚			
100m 栏	20″ 2	1972	张秀录			

续表（1）

项目	男子			女子		
	成绩	时间	姓名	成绩	时间	姓名
200m 栏	32″ 9	1972	支元			
三级跳远	10.03m	1974	李富悦			
4 x 100m 接力	53″ 2	1971				
4 x 400m 接力	4′ 22″ 5	1971				
3 公里竞走				19′ 5″	1983	姜虹
10 公里竞走	59′ 43″ 2	1983	白向东			

怀仁县田径运动比赛（初中组纪录）成绩统计表

表 28-3

项目	男子			女子		
	成绩	时间	姓名	成绩	时间	姓名
100m	11″ 70	1993	温碧江	13″ 8	1987	李云霞
200m	24″ 15	1993	温碧江	28″ 89	1990	曹美玉
400m	56″ 55	1990	魏亚平	1′ 11″ 24	1993	刘海梅
800m	26″	1987	杨春江	240″	1990	韩文清
1500m	4′ 43” 7	1991	陈学兵	5′ 33″ 9	1984	陈秀琴
3000m	10′ 4″ 9	1991	陈学兵	12′ 6″ 5	1987	赵玉英
跳高	1.73m	1987	陈永平	1.27m	1987	谢学红
跳远	5.87m	1987	王荣	4.71m	1984	杨海林
铁饼	44.54m	1987	李建兵	25.24m	1998	管利平
铅球	11.17m	1990	侯日龙	9.24m	1984	贺润平
手榴弹	58.50m	1987	曹虎平	33m	1987	姜美琴

怀仁县田径运动比赛（小学组纪录）成绩统计表

表 28-4

项目	男子			女子		
	成绩	时间	姓名	成绩	时间	姓名
60m	9″ 5	1981	韩兵	10″ 4	1981	孙玉荣
100m	13″	1983	郭琼亮	14″ 5	1985	景寒桃
200m	27″ 6	1983	郭琼亮	33″ 7	1983	李秀英
400m	1′ 6″ 7	1983	张国义	1′ 17″ 2	1983	白云峰
800m	27′ 43″ 18	1993	温海军	3′ 8″	1985	刘芸
1500m	5′ 47″	1983	陈志东	6′ 42″	1985	何玉琴
跳高	1.47m	1983	管有	1.24m	1983	李彩云
跳远	4.82m	1983	杨志华	3.89m	1971	谢学红
铅球	8.64m	1983	段杰	7.8m	1985	马林霞
铁饼	26.76m	1983	吴培德	21.38m	1985	马林霞

第一节 承办省地（市）级比赛

从 1971 年怀仁县承办雁北地区少年足球赛运动会始至 1985 年，怀仁县共承办省、地级运动会 10 次。随着体育运动的发展，体育裁判队伍从无到有，1985 年共有裁判 18 名。其中，田径裁判 1 名，象棋裁判 1 名，排球裁判 1 名，足球裁判 2 名，篮球裁判 13 名。

1986 年以后，怀仁县共承办了 8 次省、地（市）级大型体育比赛。

1986 年 6 月 10—16 日，承办山西省第七届运动会女子足球预赛。太原、长治、雁北、大同、忻州、运城等地市代表队参赛。1988 年 6 月 15—19 日，承办雁北地区中学生篮球比赛。左云、朔县、怀仁等 7 个县的 12 支代表队参赛。1989 年 7 月，承办山西省“小学生杯”女子足球赛。全省 8 支代表队的 124 名运动员参加了为期 6 天的赛事。怀仁城关二小代表队参加角逐。1989 年 9 月，承办雁北地区老年人门球、网球运动会。区直及雁北 13 个县分别组队参赛。1989 年 10 月，省女排来本县进行 3 场慰问表演赛。其中在县体育场表演 2 场，在芦子沟煤矿表演 1 场。1996 年 5 月 10—14 日，承办山西省中学生足球赛。榆次经纬中学、山大附中西藏班、怀仁业余体校等 6 支代表队参赛。1996 年 6 月 22—25 日，承办山西省大中型企业足球冠军赛。太原钢铁集团公司、平朔煤炭工业公司、怀仁和大同四台沟矿联队等 5 支代表队参赛。1998 年 5 月 5—9 日，承办朔州市第六届中学生运动会足球比赛。平朔中学、神电中学、怀仁一中等 5 支代表队参赛。

第二节 举办县级体育比赛

1956 年，怀仁县举办首次体育比赛——职工环城赛跑。参赛人数 36 人。1968 年，举办首次全县职工篮球赛。参赛队 9 个，队员 108 人。1972 年，举办首次全县职工乒乓球赛。参赛人数 45 人。1975 年，举办首次全县农民篮球赛。参赛队 20 个，队员 220 人。1976 年始，每年均举行全县中、小学生田径运动会。1956 年至 1985 年，先后共举办了 120 多次体育运动会。随着县域经济实力的不断增强，政府从发展体育事业、提高运动水平、增强国民体质入手，每年都要举行一定数量和规模的体育比赛，平均 7~8 次，多的年份达十几次，主要为田径运动会、球类、棋类及其它项目的竞赛。举办的主要体育赛事有：

田径运动会 全县性的中小学生田径运动会，每年 6 月份定期举办。县城中小学和各乡镇中学参加。此外，开展有趣味运动会、妇女儿童运动会；还有田径单项对抗赛、达标赛、异程接力赛、越野赛、环城赛跑等。在县中小学生田径运动会上，年年都有纪录被刷新、被打破。1988 年，高中组有 7 人次刷新了 5 项县纪录，其中李军一人就打破跳远、铅球、铁饼三项纪录。1990 年，有 14 人次破 16 项中学生组县纪录，有 13 人达国家二级运动员标准。1992 年，有 20 人次刷新 12 项县纪录。1994 年，有 1 队 15 人打破 12 项县纪录。

象棋比赛 有全县性的比赛，也有单位职工、农民、学生、老年等人群举办的赛事，既有邀请赛，也有对抗赛。

围棋比赛 主要有“晋水杯”“矿灯杯”“科星杯”“兴吴杯”“交通杯”“五四青年杯”等冠名比赛，也有选拔赛、对抗赛、擂台赛等赛事。

篮球比赛 有全县职工、农民、机关、学生、教工等各类人群的比赛，也有煤炭系统、教育系统、军政篮球赛，还有近年来兴起的三人制比赛。

乒乓球比赛 有全县职工、机关、农民的比赛，也有教育系统、金融系统的乒乓球赛。

足球比赛 主要在中小学学生中进行。

此外，还有年年举办的信鸽训放与竞翔等赛事。

第三节 参加省地（市）比赛

历年来，怀仁县多次选拔优秀运动员和运动队，参加省、地（市）举办的各类体育竞赛，用以检验业余训练成果，提高技战术水平，发现和培养体育人才。向省、市体工队和各类大专院校输送优秀的体育后备人才，为基层培养了众多合格的体育骨干，促进了全县体育事业的繁荣发展。

怀仁代表队参加省、地（市）体育比赛取得名次情况统计表

表 28-5

时间	地点	项目	成绩
1986.8	大同	省七运会女子足球赛	第三名
1987.4	浑源	全区中学生田径运动会	团体第九名
1987.5	长治	省第十届中学生田径运动会	李军获男子铁饼第四名
1987.5	平鲁	全区中学生男子篮球赛	第一名
1987.8	长治	省女子足球赛	比赛第三名、身体素质测验第四名、总排名第四
1987.9	山阴	雁北地区产业系统篮球赛	王坪、雁瓷、窑子头男队分获 2–4 名 王坪、小峪女队分获第 2、第 3 名
1988.5	浑源	地区中学生田径运动会	团体第八名

续表（1）

时间	地点	项目	成绩
1988.6	怀仁	全区中学生篮球赛	男子一队获第一名
1989.4	怀仁	全省小学生杯女子足球赛	城镇二小代表队名列第七
1989.4	浑源	全区中学生田径运动会	团体第四名
1989.5	应县	全区中学生男子篮球赛	第二名
1989.9	大同	全区老年运动会门球赛	第五名
1990.4	浑源	全区中学生田径运动会	团体第一名，李景军破男子 400 米跑、三级跳远 2 项区运会纪录
1990.5	忻州	全省中学生田径比赛	魏亚平获 100 米跑第三名
			陈永平获男子跳高第四名
1991.4	太原	全省农行系统象棋赛	郝儒获得第一名
1991.8	太原	省第八届运动会田径比赛	陈永平获男子跳高第五名
1992.4	浑源	全区中学生、青少年田径运动会	中学生团体第二名，少年甲组团体第五名
1992.4	大同	全省中国象棋赛	辛三丑获第二名，同时被授予国家三级棋士
1992.5	太原	省农运会自行车负重赛	团体总分第一名
1992.8	怀仁	雁北地区煤炭系统篮球赛	王坪、芦子沟分获男子冠亚军，王坪、小峪分获女子冠亚军
1992.11	大同	省第二届象棋锦标赛	团体第七名，辛三丑获个人第 24 名
1993.7	朔州	市“八一杯”女子篮球赛	第三名
1994.1	太原	全省太极拳、剑比赛	刘刚获青年组太极剑第六名
1996.6	怀仁	省大中型企业足球冠军赛	获体育道德风尚奖
1997.8	朔州	全市机关厂矿篮球赛	第六名
1998.6	朔州	市第六届中学生运动会	高中组获团体总分第二名，初中组获第五名，篮球获第四名
1998.9	太原	省太极拳、剑比赛	刘刚获男子甲组个人全能第四名，宋桂婵获老年女子第四 名
1999.1	朔州	市首届老年运动会	团体总分第二名

续表（2）

时间	地点	项目	成绩
2000.8	应县	朔州市象棋 邀请赛	团体第一名，辛三丑获个人第一名
2001.6	大寨	山西省青少年武术比赛 暨第十一届省运会预赛	宏武武校武术队有 6 人进人决赛，获得翌年省运会参赛资格
2001.8	五寨	全国棋友杯大奖赛（中 国象棋）华北区预选赛	辛三丑获第 16 名
2002.5	朔州	市“绿银杯”围棋比赛	团体第二名
2002.5	长治	省运会武术比赛	集体基本功第六名，总成绩第七名
2002.1	朔州	市第七届中学生运动会	团体第一名
2004.7	朔州	市“联通杯”男子篮球赛	第五名
2004.11	朔州	全市乒乓球比赛	男子团体、女子团体、男子单打、女子单打 4 项第一名
2005.8	大同	省中国象棋锦标赛	辛三丑获第 14 名
2005.8	朔州	市首届全民运动会网球赛	团体总分第二名
2005.9	朔州	市首届全民运动会门球赛	第五名
2005.9	朔州	市首届全民运动会	中学生田径比赛初中组团体总分第一 名，中学生田径比赛高中组团体总分 第六名，农民田径特定项冃比赛团体第三名，总分团体第二名
2006.1	古交	省“向新杯”围棋锦标赛	团体第 13 名，县区排名第二
2006.4	朔州	全市首届职工运动会	三分球投篮第三名，毽球第四名
2007.1	大同	“同水杯”全省围棋锦标赛	梁晶哲授业余四段，郭珍、张苏龙、丰日红授业余三段
2007.7	太原	首届同际传统武术邀请赛暨省第 24 届传统武术锦标赛	王云获男子老年 A 组传统类双器械、象形拳 2 项第二名
2007.1	淮南	全国传统武术邀请赛	王云获男子老年组传统类长器械、短器械 2 项第一名
2008.3	香港	第六届香港国际武术节	王云获男子老年组长拳、双器械、象形拳 3 项第一名
2008.6	朔州	全市第二届职工运动会	乒乓球男团第三名、网球双打第五名羽毛球女单第八名
2008.6	平鲁	全市第六届门球比赛	第六名
2008.8	朔州	全市政协系统兵乓球比赛	团体第二名

续表（3）

时间	地点	项目	成绩
2008.9	灵丘	全国传统武术邀请赛 暨省第25届传统武术锦标赛	王云获男子老年A组双器械、象形拳2项第一名
2009.7	永济	全国形意拳邀请赛 暨省第26届传统武术锦标赛	王云获双器械、其他器械2项冠军 徐新福获双器械、三节棍2项第一名
2009.8	右玉	全国传统武术精英赛	参赛的9位选手共获22项冠军、2项亚军、4项第三名
2010.4	忻州	省第十五届农民象棋赛	男子团体第八名
2010.5	朔州	省第十三届运动会象棋比赛（职工组）	辛三丑、王杰、王润容、李波代表朔州二队参赛
2011.5		第十二届 全国信鸽比赛（550千米级）	包揽前47名
2011.8	太原	全国传统武术邀请赛	王云获男子老年A组双器械、象形拳2项第一名

怀仁代表队参加省地体育运动比赛获得（前三）一览表

表 28-6

运动会名称	时间	项目	名次	成绩	姓名
雁北地区乒乓球赛	1957	乒乓球团体	2		陈廷树、白相
地区职工田径运动会	1958	100m	2		刘家祯
		800m	2		栗加林
雁北地区田径运动会	1971.6	女子跳远	2	5.03m	李月梅
雁北地区职工篮球赛	1971	男篮	1		县男队
		女篮	1		县女队
		男甲200m栏	2	32″ 9	支元
		男甲800m	2	2′ 8″	张应山
		男甲4×100m接力	2	53″ 8	县队
		男甲铁饼	2	33.44m	李富悦

续表（1）

运动会名称	时间	项目	名次	成绩	姓名
雁北地区 青少年田径运动会	1972.5	女甲铁饼	2	20.67m	庞焕珍
		男乙 100m	1	12″ 8	张三堂
		男乙 200m	1	27″ 2	张三堂
		男乙 400m	1	1′ 3″ 1	张三堂
		男乙 4×100m 接力	2		县队
		男乙铅球	1	10.26m	冯喜
		女乙跳高	1	1.25m	郭慧芬
雁北地区职工篮球赛	1972	男篮	1		县男队
		女篮	1		县女队
雁北地区少年篮球赛	1972.7	少年男篮	2		县男队
		少年女篮	2		县女队
雁北地区小学生篮球赛	1973	小学男篮	3		县男队
		小学女篮	3		县女队
雁北地区职工篮球赛	1973	职工男篮	1		县男队
		职工女篮	1		县女队
		男甲跳高	3	1.35m	高志忠
		男甲标枪	1		李富悦
		女甲手榴弹	2	30.5m	张文英
雁北地区 中小学生田径运动会	1973	女甲标枪	2	18.3m	庞焕珍
		男乙 60m	1	7″ 8	冯喜
		男乙 200m	2	27″ 6	张三堂
		女乙手榴弹	1	34.93m	王月兰
		女乙铅球	2	6.90m	王月兰
		女乙三项全能	2	1082 分	阎培芬
雁北地区小学足球对抗赛	1973.9	小足球	2		东关小学队

续表（2）

运动会名称	时间	项目	名次	成绩	姓名
雁北地区自行车运动会	1974	女子 25km	1	53′ 16″ 5	李日如
		男乙跳高	3	1.28m	田发
		男乙铅球	3	7.89m	刘成贵
		女乙跳高	2	1.27m	谢学红
		男青 200m	3	29″ 5	常贵
		男青 400m	2	58″ 4	常贵
		男青 800m	1	2″ 16″ 5	常贵
雁北地区 青少年田径运动会	1974	男青 1500m	2	58″ 4	常润雨
		男青三级跳远	2	10.3m	李富悦
		男青铁饼	1	23.35m	李富悦
		男青标枪	2	32.76m	李富悦
		女青 100m	2	15″	邓贵兰
		女青 400m	1	1′ 15″ 6	邓贵兰
		女青铁饼	1	23.82m	李顺兰
		女青铅球	1	7.22m	李顺兰
雁北地区 业余体校篮球赛	1976.4	男篮	3		县体校男队
	1977.6	男篮	3		县体校男队
雁北地区中学生篮球赛	1978.4	男篮	1		县男队
雁北地区中学生运动会	1978.6	女乙铅球	3	8.68m	刘芬
雁北地区象棋赛	1980.4	职工中国象棋	1		李文兵
		少年中国象棋	1		管春
		少年中国象棋	2		魏银宝
雁北地区职工象棋赛	1981.4	中国象棋	2		苑乐春
雁北地区 业余体校篮球赛	1981	男篮	2		体校男队
		女篮	3		体校女队
雁北地区中小学生运动会	1981	女乙跳高	3	1.24m	李彩云

续表（3）

运动会名称	时间	项目	名次	成绩	姓名
雁北地区中学生运动会	1983.5	初中女铁饼	3	21.38m	马琳霞
雁北地区 业余体校篮球赛	1983.6	男篮	2		体校男队
		女篮	3		体校女队
雁北地区田径选拔赛	1984.5	高中男 100m	2	11”8	杨成全
		高中男 200m	1	24”3	杨成全
雁北地区小学生运动会	1984.5	初中男 100m	2	13”2	韩兵
		初中男铅球	2	10.04m	韩兵
雁北地区青少年篮球赛	1984.6	男篮	2		县男队
雁北地区农民篮球赛	1984.7	男篮	2		县男队
		女篮	1		县女队
雁北地区女子足球赛	1984.9	女足	1		县女队
省女子足球赛	1984.8	女足	2		县女队
雁北地区业余体校篮球赛	1985.5	男篮	3		体校男队
雁北地区中小学生运动会	1985.6	初中 1500m	2	57 18^ 5	任秀梅
省女子足球赛	1985.8	女足	3		县女队

第四节 基层体育比赛

基层单位结合实际，把群众性的体育工作作为本单位文化建设的重要内容，积极组织开展竞赛活动。如春季的拔河活动，夏季的棋类活动，秋季的球类活动，冬季的越野、登山活动等。结合岗位练兵开展体能竞赛、技能竞赛及智力竞赛；结合民兵预备役人员的训练，开展越野、射击活动等。开展体育竞赛突出的事例有小峪煤矿的职工运动会，芦子沟煤矿、南窑煤炭集运站的职工体育节，王坪煤矿、朔州矿业公司的篮球赛，金沙滩镇、亲和乡商品交流会期间的文体周活动，怀仁一中、怀仁二中、峪宏中学的校运会，怀仁三中、怀仁四中的越野赛，怀仁七中的广播体操、太极拳比赛以及人民银行、工商银行的职工乒乓球、羽毛球赛等活动。

第四章 体育场地与设施

怀仁县根据县域实际情况，积极筹集资金，兴建体育场地，增添体育设施，努力构建亲民、便民、利民的公共体育服务体系。

第一节 体育场馆

民国期间，域内没有专门的体育场地，只是一些学校有面积不大的空地用做体操或上体育课活动场所。备有少量的体育器械。

1958 年，怀仁中学始建面积为 3844 平方米的运动场，设有 400 米标准跑道的田径运动场，6 个标准篮球场和单杠、双杠等体育器械。之后，全县各学校均开辟了一些小型的田径运动场和篮球场。1965 年后，各机关、厂矿、农村社队纷纷兴建了一些简易篮球场。1966 年，县城西关兴建体育场一个，设有 400 米标准跑道的田径场、足球场、篮球场等。1968 年，雁北瓷厂建起全县第一个灯光篮球场。1974 年，石庄村建起全县第一个农村灯光篮球场。1984 年建设健身房一栋，建筑面积 200 平方米。1985 年，全县共有体育场 82 个，其中篮球场 77 个（灯光篮球场 3 个），小田径运动场 4 个，排球场 1 个。1988 年 10 月，共有各类体育场地 130 个，其中体育场 1 个，运动场个 1 个，小运动场 9 个，篮球场 117 个（工矿 24 个，农村 35 个，学校 54 个，其它系统 4 个），游泳池、旱冰场各 1 个。

1994 年 10 月，县体育中心破土动工，翌年 5 月底基本竣工。前期投资为 200 多万元，主要建设了 400 米跑道（煤渣跑道）的标准 8 道体育场，中间为标准足球场，建有东西看台，能容纳观众 8000 余人。此外，新建了篮球场、业余体校校舍、围墙等场地及设施。2002 年 3 月，县委书记办公会议决定，将体育中心交怀仁一中管理。体育中心田径场产权仍归县政府，由怀仁一中云东校区负责管理维修，保证全县的大型赛事和有关活动的需要。2002 年 5 月，县里投资 300 多万元对体育中心进行全面改造。改建塑胶跑道，重新修饰看台，安装观众座椅，修建主席台球网型屋架，铺设足球场草坪等。同时配套国旗台、喷泉、停车场等附属设施，进行大面积的硬化和绿化。2005 年夏季，继续对县体育中心进行改造，新建南、北看台，实现了体育场的整体封闭。改建后的体育中心，功能齐全，设施完美，成为全省县级一流的体育场所。

1996 年 4 月进行第四次全国体育场地普查，域内登记各类体育场地 224 个。其中体育场 1 个，运动场 5 个，小运动场 57 个，室外游泳池 1 个，室外网球场 2 个，健身房 1 处，棋牌房 1 处，门球场 3 个，篮球场 153 个（学校 97 个、农村 26 个、工矿 24 个、体育部门 4 个、其它 2 个）。2004 年 9 月登记，各类体育场地共计 238 个。其中体育场 4 个，田径场 6 个，小运动场 40 个，篮球场 97 个（县直中小学 27 个、乡镇中小学 46 个、乡镇 2 个、机关厂矿 22 个），排球场 10 个，门球场 4 个，网球场 1 个，室外轮滑场 1 个，台球房 1 处，健身房 1 处，乒乓球房 1 处，非标准体育活动场地 72 个。2012 年末，全县共有各类体育场地 323 个。其中体育场 4 个，田径场 6 个，小运动场 40 个，篮球场 156 个，排球场 10 个，门球场 4 个，网球场 3 个，室外轮滑场 1 个，羽毛球场 4 个，台球房 1 处，健身房 1 处，乒乓球房 1 处，非标准体育活动场地 92 个。全县体育场地面积总计 509088 平方米，人均体育场地面积达到 1.59 平方米。

第二节 体育设施

健身器械 民国年间，全县体育健身器械为数很少，且集中在学校。1949 年以后，体育器械多由学校和各单位自行购置，数量和种类也十分有限。21 世纪后，随着全民健身运动的开展，在不断扩大购置的同时，县里决定自制部分器材。2002 年 8 月，县里派专人赴北京科技大学等单位，进行实地考察，并拍照、绘图，在征求了有关部门、体育人士和部分市民的意见后，由中安化工有限责任公司加工制做了一批健身器械。到 9 月份，政府投资制作的 5 组 40 件漂亮实用的健身器材分别亮相于县城的明珠广场、露天舞台、影剧院等地段。这些健身器械有漫步机、扭腰器、肋木等组成，每组 8 件。

2004 年 10 月，由中国体育彩票捐赠一批健身器材——健身路径安置在人民公园内，为本县第一套正规制式的健身路径，各种健身器材 26 件（套），室外乒乓球台 2 副。2010 年 8 月，气象街全民健身活动广场在财富广场落成，配置了第二套制式健身路径，有各种健身器械 28 件。2012 年底，全县安置在居民小区、农村、休闲广场等处的健身路径 230 套，达 4260 件。

农民体育健身工程 2004 年 2 月，山西省体育局、山西省发展计划委员会联合下发建设百镇（乡）、千村（校）大运体育走廊的通知。本县有 4 镇（乡）、17 村入围大运体育走廊工程建设。工程的开工建设，有力地改善了农村体育活动场所不足的现状，同时，也为随后实施的农民体育健身工程打下了基础。2008 年以后，在省、市发改，体育部门的统一安排部署下，本县开始有计划地兴建农民体育健身工程。社会主义新农村建设五覆盖工程的实施，加快了农民体育健身工程的建设步伐。到 2012 年末，全县有 108 个行政村建成了农民体育健身工程，并相应地配置了篮球、乒乓球、健身器材等体育设施。

县城健身广场 从 1999 年起，结合城市基础设施改造工程，陆续投资建设了一批集健身、休闲、娱乐为一体的综合性广场，为广大市民积极投身于全民健身运动创造了良好的环境和条件。主要有仁义广场、仁德广场、文化广场、明珠广场、站前广场、人文广场、财富广场、气象广场、森林苑、北坛森林公园、人民公园体育广场、烽火台公园等。

国益游泳馆 1995 年开工建设，1997 年 6 月投入运营。泳池为长方形，长 23 米，宽 18 米，8 条泳道。深水区水深 1.8 米，浅水区水深 1.2 米，水温长年控制在摄氏 29 度左右。

云海游泳馆 2006 年 8 月正式破土动工，2007 年 8 月竣工并投入使用。

游泳馆建筑面积为9800平方米，总投资约1000万元。是一个由社会力量投资兴建的大型体育场馆。该馆设成人泳池和儿童泳池各1个，泳池内设有8条泳道。成人泳池为矩形，长50米，宽20米，深水区水深2米，浅水区水深1.5米。儿童泳池为正方形，长、宽各20米，水深1米。每年6~9月份运营，水温一般控制在摄氏29度到30度。

第二十九编

卫生 医疗

第一章 预防 保健

第一节 机构设施

1950年成立爱国卫生运动委员会。1953年成立怀仁县卫生科，其职责是动员和组织全县人民同迷信和不卫生习惯作斗争。2002年，县爱委会并入县卫生局。县卫生局为县政府序列主管卫生行政工作的职能部门，管辖10个乡镇卫生院和3个社区卫生服务站，共有职工204人；162个行政村级卫生室，从业乡村医生220人，其中16人取得职业助理医师以上资格。

卫生局下属县卫生防疫站，该站1963年成立，主管疾病预防控制。1980年改为县疾病预防控制中心，属县政府实施疾病预防控制与公共卫生技术管理和卫生服务的公益性事业单位（正科级）。2003年，疾病预防机构由县、乡（镇）、村三级网络构成，分别有县疾病预防控制中心、卫生监督所、妇幼保健站；云中镇、何家堡乡、新家园乡、金沙滩镇、吴家窑镇、亲和乡、海北头乡、河头乡、马辛庄乡、毛皂镇等10个卫生院和鹅毛口社区、小峪社区、里八庄社区等3个卫生服务站；162个行政村级卫生室。

第二节 疾病 防控

据《山西省疫事报告书》记载，民国7年（1918），怀仁发生严重肺疫，县防疫分局组织检查队，东关、清泉、盐丰营、里八庄、鹅毛口等村设立13个检疫所，成立以巡长、巡警组成的56人检查队，分驻各检疫所轮流稽查。在东关白衣寺、城内龙王庙、下海子、草地、兴旺庄、干沟等疫发村的公庙设立隔离所6处收容疫患者，派医士诊治，还成立掩埋队掩埋疫死者。当年3月初疫情扑灭，疫死者64人。民国10年（1921），本县因霍乱传染赤痢、伤寒、痘疹、疹热、白喉等疾病，死亡360人。

1950年，贯彻“预防为主”的方针，对氟斑牙、麻疹、百日咳、流脑、痢疾、伤寒、病毒性肝炎、结核病等进行主动防治，开始普遍接种牛痘，接种伤寒三联苗等。1953年天花病、伤寒病率下降。1957年，本县50多个村发生流行性感冒和麻疹，患病4499人，死亡46人。经组织医生治疗，及时控制了病情发展。1958年，发现梅毒传染患者408人，经服药治疗，1960年彻底根除。1965年，经过接种牛痘、伤寒三联苗，天花、伤寒发病率下降。组织下乡医治，控制病情发展，根除梅毒传染，消灭白喉。开展了15种生物制品的预防接种，有效地防止18种传染病的发生。1983年–1985年，发现各种传染病625例，比1957年减少78.5%。

1982年以后每年开展计划免疫。1983年，全县各公社建卡率达100%，生产大队建卡率95%以上，麻疹疫苗接种率77.8%，脊髓灰质炎疫苗接种率84.4%，百日咳接种率74.3%，卡介苗接种率98.8%，百白破接种率59.7%，伤寒三联接种率97.5%。1984年，对49个村的62个采水点进行水源含氟量调查，其中氟斑牙病区轻、中、重共39个，主要发生在亲和、海北头、马辛庄、里八庄、河头5个乡。调查20732例，患氟斑牙病7912例，占38.2%。1985年，完成15岁以下儿童卡介苗接种工作，全县51336人，接种47923人，占93.4%。同年5月，省、地有关部门对本县计划免疫进行检查验收，抽查30个村的213名儿童，两麻接种率为65.3%，百白破接种率为62.4%，四项全接种率为60.1%。1983年至1985年，全县连续开展灭鼠活动，3年配制毒饵18964斤，累计投放183795户次，灭鼠41万只，有效地预防了流行性出血热的发生。这项活动延续到2005年。

2002年，重点完成非典型肺炎（SARS）防控工作，举办防治非典型肺炎（SARS）培训班，对县级医疗机构、镇卫生院和驻怀厂矿卫生科的负责人及全体医护人员80余人进行非典型肺炎防控知识培训，并积极储备防控物资。对3起发热病人进行流行病学调查，进行医学观察80余人次。印制各种接种宣传资料38000份，在电视台进行2次防控知识专题讲座，从而有效控制了非典型肺炎（SARS）在全县的传播。

2007年，由县医院、中医院启动疾病预防控制信息系统，建立重点医院，针对艾滋病在全球蔓延的趋势，在广泛宣传教育的基础上，对高危重点人群进行筛查，共筛查371人。设立布鲁氏菌病实验室，共接诊583人，确诊297人，并按规定及时予以治疗。

2008年，组织乡镇、煤矿医院医务人员22人进行高致病性禽流感培训工作，发放教材30册。对全县27所小学、幼儿园的5043名在校生进行手足口病排查，发放宣传材料2000份，对上报的手足口病患者34例进行流行病学调查。同时，加强地方病氟中毒和布鲁氏菌病的防控。其中地方性氟中毒病主要分布在亲和、海北头、河头、马辛庄等4个乡的65个行政村，涉及人口5.52万人。布鲁氏菌病分布在云中、何家堡、新家园、吴家窑、金沙滩、毛皂等10个乡镇。布鲁氏菌病在2008年就诊512人（男328人、女184人），各乡镇不同程度接受针对性治疗。

2010年以后，对314名“两劳”人员进行艾滋病感染检测，完成率为130%。对羁押的犯罪嫌疑人892人进行艾滋病感染检测，完成率118.4%。对40名嫖娼、100名吸毒人员进行行为干预，建议由县公安部门移送戒毒所劳教。对传染性结核病患者进行筛查，筛查率100%，对查出的各种结核病246人进行追踪复治。落实免疫规划，卡介苗接种率99.96%，百日咳接种率99.96%，糖丸口服率99.96%，麻疹疫苗接种率99.96%，乙肝疫苗接种率99.96%，流脑菌苗接种率99.95%，乙脑疫苗接种率99.96%，甲肝疫苗接种率99.96%。加强对传染病的管理，乙、丙类18种发病率237.01/10万人，无甲类传染病发生；落实创建国家级慢性病综合防控示范县项目，对高血压病患者登记7347人，规范管理6287人；糖尿病患者登记2903人，规范管理2656人；重性精神病患者登记280人，规范管理224人；癫痫病排查类似病人640例。监测居民食用碘盐抽样检查288份，合格率95.14%；确诊布鲁氏杆菌病患者79人并给予治疗。

2012年底，全县累计建立健康教育档案15.9万人，建档率达56.5%。实现健康档案与既往就诊、慢性病管理等信息关联。对居民健康档案进行动态管理维护，及时增添更新相关信息。对65岁以上老年人进行健康危险因素调查和体格检查，老年人健康管理率为30%。登记管理高血压病患者3968人，糖尿病患者2095人，重性精神病排查病人438人，并进行分类管理。一类疫苗接种率达到99.94%，强化免疫接种率和群体性接种率达到99.37%，有效降低了甲、乙类传染病的发病率。

第三节 监督 监测

20世纪60年代，国家推行食品卫生“五四制”。1961年，成立县防疫站，配备3名监测员，负责食品卫生管理。对从事食品生产的单位，在加工、贮运、销售过程中进行管理，以宣传教育为主。1983年7月《食品卫生法》颁布后，县卫生部门利用广播、电视、板报等宣传工具进行宣传。至1985年，先后对43所学校，15个食品从业单位进行食品卫生法宣讲，受教育人数达1万多人次。1984年，组织9家较大饮食店、旅馆和食品生产单位负责人外出参观学习。县城70%的饭店增设了冷藏、防蝇、防尘、隔三灶设备。开展2次食品卫生大检查，停业整顿7家饭店，罚款处理2个单位。1984—1985年，开始对食品生产经营单位和个人进行健康检查，并发放卫生许可证、健康合格证。以1984年为例，全县饮食业从业人员1151人，体检1101人，体检率为95.6%。发放健康合格证1099个，发证率95.5%。发放卫生许可证187个，实发174个，发证率95%，并先后进行初检和复检。

21世纪以后，加大对食品卫生监管的力度，每年对食品从业单位进行普查或抽查，对学校食堂、大中型餐饮单位、食品加工单位、大型副食批零门市进行监督检查，覆盖率达96%。对全县大、中型餐饮单位挂牌监督160家，占总数的95%，对县城医疗机构挂牌监督50家。对乡村56所寄宿制中小学校每年定期监督检查。

2002年，10个乡镇均设有1名卫生监督员，有3个乡镇设立中心卫生监督站，负责公共卫生、健康相关产品的卫生监督工作。对违反卫生法规的案件开展调查取证，作出行政处罚和处理意见的决定；对新建、扩建、改建工程的选址、设计进行卫生审查和竣工验收；受理投诉及举报意见处理；开展卫生法律知识的宣传和咨询服务工作。

2006 年，对全县 690 户从业单位进行巡回检查，重点对 42 所学校食堂和 56 家大型餐饮单位及食品加工单位、大型批零门市等监督检查，规范从业单位的生产经营活动。2007 年，全县新生婴儿 3633 人，五苗接种率均在 96% 以上，安全接种 100%，有效控制了新生婴儿的各种疾病。对艾滋病高危重点人群筛查 371 人，接诊布鲁氏菌病 583 人，确诊 297 人，并按规定及时给予治疗和补偿。检查医疗机构 320 家，取缔黑诊所 8 家，停业整顿 10 家，下达整改通知书 15 家，取缔非法接产诊所 2 家。2008 年，“三鹿”牌婴幼儿奶粉事件发生后，对食用三聚氰胺奶粉的婴幼儿实行免费检查，全县共筛查食用问题奶粉患儿 7298 人，确诊病例 100 人，全部治愈出院。

2010—2012 年，推进九大类基本公共卫生和重大公共卫生项目，包括健康教育、预防接种、传染病防治、高血压糖尿病管理、重性精神病管理、儿童孕产妇、老年保健等。全县登记高血压病患者 3968 人，糖尿病患者 2095 人，重性精神病排查病人 438 人，实行分类管理。

第四节 妇幼保健

1961 年成立妇幼保健站，负责妇幼保健工作宣传教育、妇幼保健知识培训、提高住院分娩率、控制孕产妇死亡率、降低婴儿死亡率等。2012 年底，妇幼保健站有床位 10 张，配有 B 超 2 台，产床 2 张，全自动消毒锅 1 台、乳腺诊断仪 1 台，妇科检查仪 1 台等设备。

2006 年，投资 13.5 万元建全县、乡（镇）、村三级卫生网。县有县医院、中医院、妇保站、疾控中心；乡镇有 10 个乡镇卫生院，配有 15 名专职妇幼保健人员，负责本辖区内妇幼保健、信息监测工作；村级有 162 个村卫生室承担基层的妇幼卫生工作。2007 年以来，县财政将“三网”监测工作经费纳入财政预算，保障“三网”的运行。10 个乡镇卫生院，3 个社区卫生服务站的妇幼保健人员的工资全部纳入财政全额预算。举办三期“三网”监测工作专题业务讲座，培训妇幼保健人员 610 人次。

20世纪50年代，全县推广无痛分娩法（新法接生），县医院举办新法接生训练班，对30余名接产婆进行技术培训。各公社医院均采用新法接生。1965年，全县有93个生产大队配备了新法接生员。1981年新法接生在全县普及。推广新法接生后，妇女“产褥热”和小儿“四六风”等疾病很少发生。1969年以后，随着妇女社会地位的不断提高，妇女病的普查治疗及保健受到各级政府和社会的重视。乡镇全部设立卫生保健站，共有专职妇幼保健人员115人。各村在农活安排上对妇女给予一定的保护，减少妇女经期不调症的发生。1985年，对全县城乡妇女病进行全面检查治疗，开展妇幼卫生科普知识宣传。90年代以后，接产婆基本消失，孕妇全部在医院分娩，增加了安全系数，提高了保健水平。1990—2000年，每年对全县机关、厂矿、企事业单位女职工进行以防癌为主的妇女病普查，实普查31505人，占已婚妇女的91.6%，查出妇科病患者7279人，治疗5367人，治疗率达73.7%。2009年以后，县、乡、村三级建立了孕产妇系统管理和高危妊娠筛查个案管理制度，定期检查，跟踪随防，严格执行高危孕产妇转诊制度。2011年，开展对农村孕妇住院分娩补助服务，财政拨付资金54万元，补助农村孕妇住院分娩对象1805人，补助541500元，完成率102%。对农村孕妇服用增补叶酸发出1773份。

1950年，域内儿童开始接种牛痘苗，接种率达95%以上。1953—1979年，接种伤寒、麻疹疫苗，并为9岁以下儿童驱蛔虫，服药儿童36020人。1981年进行畸胎儿童调查1254人，畸胎22例，畸胎率为17.5%。1982年，对0至6月龄婴儿的喂养方式进行调查计277例，其中母乳喂养率70%。1985年，对城镇小学13个班650名学生进行跟班健康体检。完成15岁以下51336名儿童卡介苗的普种工作，结核菌素试验47923人，结核菌素试验率93.4%。1986—2006年，县医院、中医院、妇幼保健站坚持每年给5岁以下儿童口服防治小儿麻痹糖丸，做到一孩不漏，不留死角，造册登记，留有档案。2008年，出生婴儿3251人，卡介苗接种3204人，接种率为98.55%。儿童建卡、建证率均达98%以上。年底，对8月龄—14周岁儿童进行麻疹疫苗免费强化免疫活动。2009年，出生婴儿3405人，住院分娩率90.16%，新法接生率100%，计划免疫疫苗接种率98%以上。2012年，全县0至3岁儿童7788人，建档率95%；4至6岁儿童体检10854人，体检率42.3%。

第五节 爱国卫生运动

环境卫生 1950年，县爱国卫生运动委员会号召全县人民同文盲、迷信和不卫生习惯作斗争。1953年，全县城乡开展“除四害、讲卫生”的爱国卫生运动，村村订立爱国卫生公约，城乡上下除四害。1958年，开展“三清除、十改良”除害灭病运动，并采取定领导、定任务、定时间、定责任的方法，组织群众消灭蚊、蝇、蛆、鼠，清除垃圾、污水，整修街道，绿化村容，做到四无（无蚊、蝇、蛆、鼠）四净（房、院、街巷、个人净）。1966—1976年，以农村为重点，开展“两管五改”（管水，粪；改厕所、畜圈、水井、炉灶、环境），各村建立卫生队，利用早、晚清理环境卫生。县城组建环境卫生队，负责县城街巷卫生。1980—1998年，结合“五讲四美”活动，开展以“五化”（美化、净化、绿化、硬化、香化）建设为重点的爱国卫生活动。县城重点是治理“脏、乱、差”，农村重点是改厕所、畜圈、粪坑，创建文明村。期间，山西省爱卫会授予怀仁县“爱国卫生红旗县城”称号。全县建成文明村85个，占全县村庄总数的52%。

2000—2010年，随着旧城改造的逐年进展，县城原来的主要街道全部得以改造，做到了美化城市环境与城市建设同步进行。不断加强县城绿化美化，在县城主要街道和公园、广场建成一批绿地景点，县城绿化覆盖率达到43%。县城卫生队扩为环境卫生中心，环卫工人增加到600余人，配备垃圾拉运汽车25辆，分片包街巷，每日坚持全天清扫，保持县城居民生活垃圾日清日运，全天保洁街巷卫生，除冬季外，每日在各主要街道洒水清尘。提升公共服务体系建设，县城新建高标准公共卫生间18个。2010—2012年，农村实施“三拆四改五化”，拆除旧房旧院3856户、残墙断壁56万延长米、违章建筑63万平方米；改造农家厕所22950户、改造粪坑为沼气池15600个，改造安装自来水86个村，解决23.2万人和3.2万头牲畜饮水问题。部分村庄建立卫生保洁队，坚持常年清扫。

劳动卫生 20世纪80—90年代，工业企业建立劳动卫生档案，对乡镇进行放射性物质监测，对县水泥厂等工艺流程中有害因素进行调查，对峙峰山、芦子沟煤矿做静压洒水工程。1984年以后，对接触煤尘10年以上的矿工普遍进行体检，并建立档案。对7个社队煤矿进行煤尘浓度测定。1985年，对雁北瓷厂进行劳动卫生抽查，调查了14个车间，883名工人。对小峪煤矿、峙峰山煤矿、芦子沟煤矿的工人进行健康检查，体检840人，测尘9个作业点。1990年以后，峙峰山煤矿、芦子沟煤矿、雁北陶瓷厂、县水泥厂、县陶瓷厂等企业设劳保科、卫生室，为职工建立健康档案，每年体检1—2次。煤矿定期检查煤尘浓度，粉尘浓度，逐步改善工作环境，使干部工人健康得到保障。2000年以后，随着建设现代化煤矿的要求，县委、县政府高度重视工业企业和煤矿的劳动卫生、劳动保护、生产安全工作，在对工人的健康检查、劳保福利、劳动保护、工资待遇等方面，都有较大的改进和提高。

第二章 医 疗

第一节 医疗机构

药铺 亦称药店、药堂、药房。明万历年间，县城内开办有“广济堂”“广和育”两个药铺，由张月华和张晋华兄弟两人经营，此后延续经营至1949年。清光绪元年（1875），县城刘昌龄创办“保元堂”药房，后其三子刘祯继承。民国初期，城乡有药铺10余家。民国36年（1947），城乡有药铺22家。其声誉较高的是“广和育”药铺“保济堂”大药房。

1956年，在对私营工商业进行社会主义改造中，私营药铺均公私合营成立药材经理部。1959年在县城设药材门市部1个。1969年药材经理部更名为药材公司，后与百货、五金公司合并为百货服务站。1971年4月恢复药材公司，有职工 18 人。1979 年改称山西省药材公司怀仁分公司，隶属山西省药材公司管理。1984 年，县城开设“长春堂”“怀仁堂”2 个民营药店经营药材。1985 年，县城有医药商店 8 个，从业人员 26 人。其中私营药店 2 个，从业员 6 人。县、乡两级医院均设有中、西药房，全县所有医院共有中、西药房 34 个。截至 2012 年，全县城乡药店（房）有 110 余家，规模较大的有民营宝芝灵药业有限责任公司，在怀仁及周边县、市设有 13 个连锁店。

诊所 亦称门诊部。民国 28 年（1939），侵怀日军在县城开设诊所 1 处，设有西医门诊。民国 34 年（1945）秋，日军投降撤离，诊所撤销。1947 年至 1952 年，全县有私立诊所 17 家，且多数诊所与药铺药店合办，店主坐堂行医。声誉较高的有刘正、张广德、师绍瀛、管孝等开办的珍所。1955 年，东关办起集体联合诊所，先后有苑崇德、白枢、管廷明、管悦、马世英、刘崇智等中、西医坐诊。1965 年，县政府在王卞庄建卫生所 1 处，有职工 6 人，由私人承包经营。1978 年以来，私营诊所发展较快，全县有私营个体诊所 31 家。2012 年底，私营诊所有 64 家，较有名气的医生有王学明、李玉银、石永钦，刘崇智、张家庆、师锦文等。

怀仁县人民医院 1950 年创建，初建时在县城仓巷，有医务人员 17 人，病床 15 张，时称怀仁县中心医院。后迁至儒学巷，占用原伪县长李丙寅旧宅。1964 年更名为怀仁县人民医院。1966 年迁到县城西关红旗西街。1985 年有医务人员 170 人，设内科、外科、妇儿科，老干科等 4 个住院病区，病床增到 120 张。门诊部设有内、外、妇、儿、五官、放射、理疗、化验等 24 个科室。1989 年迁到迎宾东街。2009 年，在原址改扩建新的县人民医院，新医院占地面积 30 亩，使用面积 2 万平方米，内设科室 13 个，临床科室 9 个，医技科室 9 个，有职工 280 人，其中副高级 15 人，中级 78 人。

怀仁县中医院 1982 年 4 月建成，有医务人员 42 人。1985 年有医务人员 75 人，病床 88 张，设内、外、痔瘘、针灸理疗等 9 个科室。1996 年迁到怀贤街南侧原县医院旧址。2012 年 8 月改扩建新的中医院，占地面积 23.6 亩，使用面积 17363 平方米，投资 4350 万元，内设科室 20 个，职能科室 5 个，行政科室 5 个，有职工 137 人，其中高级 1 人，副高级 1 人，中级

37 人，初级 55 人。

怀仁县职工医院 1955 年成立，称职工保健站，院址位于牛市巷南端，占用旧缸坊“德兴源”门面，后迁至牛市巷北端文庙后面。1956 年更名为职工诊疗所。1962 年撤销。1963 年恢复。1971 年 8 月，更名为怀仁县职工医院。内设住院部，有病床 8 张。1985 年有医务人员 27 人，设中、西医诊治、外科处置、妇科、理疗等 10 个科室，病床增加到 50 张。2001 年改制。

金沙滩骨科医院 1953 年创建，时称第三作中心卫生所。1958 年同刘晏庄保健站合并，更名为金沙滩公社卫生院。1973 年，投资进行扩建，设内、外、妇、儿、化验、放射科及内儿、妇外、传染病 3 个病区。1983 年开设骨科。1985 年经山西省卫生厅审批，改为怀仁县金沙滩骨科医院，有医务人员 47 人，病床 50 张。1988 年改为金沙滩镇卫生院。

南米庄医院 1969 年兴建，“文化大革命”中称战备医院。1972 年开诊，设病床 30 张。1975 年更名为传染病院，有医务人员 10 人。1984 年，人员设备并入县医院。

乡镇卫生院 1954 年，以区分别在县城和刘晏庄、尚希庄等村，由民间医生合资办起 5 个联诊所。1956 年，于家园、何家堡、新家园、海北头、曹四老庄、马庄、河头、王庄等 8 个医疗点均改称为乡卫生保健站。1970 年，扩建了 14 个公社卫生院，各卫生院普遍设立妇外、内儿、中医、化验等科室。1985 年，全县有乡镇卫生院 13 个，医务人员 170 人，病床 150 张。城关公社卫生院、城关镇卫生院，由于有老中医张广德、刘绍汤、李谋、蒋贵堂、刘崇智、林凤岐等坐诊看病，城乡患者，尤其是妇女、老年人在此两家医院看病的患者络绎不绝。2001 年乡镇合并后，全县有 10 个乡镇卫生院，有医务人员 300 余人。

卫生室 亦称医疗室。1954 年，大仁县在吴家窑等 3 个村设立医疗卫生所，时称大仁县第一、二、三卫生所。同时，成立 18 个农业生产合作社保健室，1957 年增到 46 个。1970 年，农村保健室改为合作医疗室。到 1975 年，全县 162 个生产大队均建立合作医疗室，选用赤脚医生 241 人，生产队配备卫生员 521 人。1982 年，农村医疗室均由村赤脚医生承包，改称卫生室。1985 年，全县有农村卫生室144个，医生193人，全县农民有140219人参加合作医疗，占全县农业总人口的82%。1996年，农村合作医疗过渡到新型合作医疗。2012年，农村实施“五个全覆盖”，162个行政村全部建立卫生室，全县农民162211人参加新型合作医疗，参合率92%。大病统筹补偿7027人，金额929.7万元。住院补偿标准有所提高（县级医院70%，乡镇卫生院80%），实行大病住院医疗保险和门诊取药制度，基本做到病有所医，小病不出村，一般病不出乡，大病进县城，手拿社保卡，全省“一卡通”。

怀仁县光明眼科医院 是成立于1995年8月的一所民营医院。总投资2800多万元，位于怀贤街中段，有员工60多人。医院设医疗部、护理部、视光学部、财务部、后勤部、信息管理部、市场策划部及人力资源部。主要开展白内障、眼底病、小儿眼科、验光配镜、视功能检测等治疗项目。2012年底，共引进高视远望角膜内皮镜、荧光造影仪、YAG激光治疗仪、全自动磨边机、同视机、自动焦度仪以及小儿斜视、弱视、低视力检查等医疗检查设备。累计完成白内障复明手术1.1万例。免费为居民提供视力及眼部疾病检查以及白内障术后随访工作。多次组织扶贫帮困、眼科知识讲座等公益活动。

此外，还有怀仁县现代医院、怀仁县烧伤医院、怀仁县同济医院等民营医院相继成立。驻怀的朔州矿业公司、小峪煤矿、王坪煤矿、峙峰山煤矿、芦子沟煤矿、吴家窑瓷厂、怀仁一中以及原雁北瓷厂、怀仁化肥厂等设有医院或医务室。随着私营企业和民办学校的发展，各企业、各学校均设卫生室。

第二节 医护队伍

据《山西省户口调查》记载，民国10年（1921）全县有医生47人，每1768人拥有1个医生。1950年，全县有医生12人，1965年有204人，1975年有370人，1985年有592人。2000年全县有医护人员1320人。2012年，县、乡（镇）、村三级医护人员共有2600人。有县级医疗机构3个（县人民医院、县中医院、县疾控中心）、乡镇中心卫生院4所（云中镇、新家园乡、亲和乡、毛皂镇卫生院）、一般卫生院6所（马辛庄乡、海北头乡、河头乡、何家堡乡、金沙滩镇、吴家窑镇卫生院）、社区卫生院3所（小峪、鹅毛口、里八庄卫生院）。共有职工1204人，其中在职职工750人。农村卫生所（室）162个，从业乡村医生220人，其中已取得执业助理医师及以上资格的16人。

第三节 设施 设备

1950年，境内城乡医生只有针灸银针、火罐等极简单的医疗器械。1953年，县人民医院购置第1台显微镜和2张手术床。1955年，配备4大化验器械。1957年，县政府为46个农村保健室配备木制保健箱及注射器、听诊器、体温计。1970年后，各乡镇卫生院配置无影灯、心电图机、X光机等器械。1985年，各乡镇卫生院共有大中型医疗器械137台件，总价值35.5万元。

进入21世纪，县人民医院陆续购置有螺旋CT机2台，彩超多普勒诊断仪2台，大型数字化X光机1台，C型臂X光机1台，XR-X诊断仪1台，腹腔镜1台，全自动血球计数仪1台，全自动电解质分析仪1台，肛肠治疗仪1台，臭氧治疗仪1台，全自动尿沉渣分析仪1台，血浓变黏度测试仪1台，电脑母婴监控仪1台，多参数心电监控仪1台，胎儿监控仪1台，糖化血红蛋白仪1台，日产光电心电图仪1台，血液保温箱1台等先进医疗设备。县中医院陆续购置有高压氧舱治疗仪1台，四排螺旋CT机1台，血液透析机1台，超声碎石机1台，C型臂X光机1台，彩色多普勒诊断仪1台，全自动生化分析仪1台，动态心电图分析系统1套，无创呼吸机1台等先进医疗设备。

2011年，县医院、县中医院分别通过二等甲级医院评审。乡镇卫生院、民办医院，如眼科医院、现代医院、牙科诊所等拥有部分医疗设备也更新换代。小峪煤矿、王坪煤矿医院也配置了先进的医疗设备。

2012年，县人民医院建立远程医疗会诊中心。云中镇、何家堡、新家园、河头卫生院申报卫生监督所项目。完成乡镇卫生院3所和村级卫生室8所的升级改造。开展乡镇卫生院对所辖村卫生室实行行政、人员、业务、药品、财务“五统一”的一体化管理，提高农村卫生室服务能力，确保每个村卫生室配备1名专职村医。

第四节 医疗技术

民国时期，全县较有名望的医生，有第三作村宋世芳，医学理论造诣较深，城内张月华、王义水、刘正、石器汝等擅长中医内科，石庄村杨金明治疗中风不遂症有妙招，鹅毛口邱明灸善用合谷穴，全福寨村曹鸿仲主伤寒，南小寨村郭喜生专治癫狂病，西医有城内张继先、张仲等。

1955年县医院开展常规化治疗。1957年联诊所医生陈嘉璧始做普外手术。1959年县医院始做放射诊断。1960年，亲和公社卫生院吴恒善做胆切除和肠梗阻手术。1974年，县医院医生石永钦始做胃大部分切除吻合和脾切除手术、子宫全切除手术。1975年，县医院开展各种手术103例，抢救危重病人136人次。1985年，县医院外科开展脊柱结核病灶清除、后尿道断裂缝合、胆切除、胆总管引流、开颅清除颅内血肿、脑挫裂伤坏死组织取出、肾切除、外伤性肺破裂修补、唇腭裂复修等手术。

1980年，县医院44名医生中，有16名能用中西结合辨证治疗。有19名能用中西两法治疗常见病、多发病。1983年，县中医院医生白友璋研制“愈骨痨”制剂，骨结核、骨髓炎治愈率达90%。中医院段隽采用多术式辨证施治复杂性肛瘘，用“硬化萎缩剂”1号治疗腋臭，成功率在95%以上。此外，县中医院中药喷雾治疗宫颈糜烂和阴道炎，高频电疗器治疗宫颈糜烂，冷冻治疗雀斑，耳针治疗胆结石，祛痛消制散治疗骨质增生等均有新的尝试。1980—1985年，县医院派出64人次到北京、沈阳等地进修学习。同时，不定期地邀请解放军322医院、264医院、积水潭医院等专家来怀讲学，分期培训乡镇医生100余人次。

2000年以后，县人民医院先后与大同、太原、北京等地多家医院合作，开展新技术新业务10多项。对心梗、脑出血的治疗及微创脑出血进行穿刺术诊断治疗，各种中毒抢救成功率89%，普外科开展微创胆囊手术达600余例，严重复合伤抢救治疗效果很好。引进腹腔镜微创手术。骨科开展全髋关节置换术、股骨头缺血坏死继发髂臼损害严重的病例研究。妇科开展无痛人流术，引进阴道镜检查和胎儿胎盘监测新技术。

2010年以后，县人民医院、县中医院同大同、太原、北京等各类医院签订合同，不定期邀请专家来怀治病。县中医院发扬中医药特长，坚持中西医结合治疗各种疾病效果显著。引进高压氧舱诊疗脑部疾病，进行功能恢复治疗。

民营的眼科医院、现代医院、烧伤医院、牙科诊所等程度不同地学习现代医疗技术，开展新的治疗方法。光明眼科医院和北京大学眼科专业医院联营，每月该院专家来怀巡诊，方便了域内中老年眼科疾病患者的治疗。

第五节 药品制剂

清末至民国初期，县城内“广济堂”“保和堂”大药房等数家私人药铺制作丸、散、膏、丹等中成药制剂，数量较少，仅供本药铺使用。

1954年私营药铺公私合营后，停止中药配制。1956年县药材经理部成立后，经营药材药品的批发业务，并设立了30个营业点，经营药品300多种。成药满足供应，中药配制无人重视。

1968年，县药材经理部改为药材公司，设中药炮制车间1个，从事简单的中药加工炮制。1970年购置2台切药机，由手工作业变为半机械作业。1973年，县医院设制剂室，配备压片机、粉碎机等，制作丸、散、膏、丹等常用中成药数十种，供本院所需。1980年，可进行切、炒、剥多种加工，加工药材的品种有200多个。

20世纪70年代，提倡“三土四自”（土医、土药、土方；自采、自种、自制、自用），全县自制常用药品33种，丸药37种。1968年，县人民医院配制“681”卤盐液1200多斤，对治疗消化系统和皮肤病效果较佳。1970年，县人民医院自制注射用盐水、0.5%和10%的葡萄糖注射液，用于临床效果颇佳。1971—1980年，年均生产1.5万至2万瓶（500毫升）葡萄糖注射液和注射用盐水，基本满足本院需要。此外，还可自制甘露醇、苯甲醇注射液，以及外用液水和各种消毒药水等。1980年以后，贯彻《药政管理条例》后，逐渐停止配制。此外，县职工医院研制烧伤一号、二号液等临床使用，效果颇佳，1985年以后，各医院均直接从制药厂家进药，停止自制药剂的工作。

第三章 医学教育及医政管理

第一节 医学卫生教育

1990年以后，随着卫生人力开发项目的实施，怀仁县利用世界银行向发展中国家的贫困地区提供无息贷款360万元，新建县卫生学校1所，乡镇实习基地1个和2个中心乡卫生院。以县卫生学校为主，培养乡、村两级卫生技术人员，三年制脱产学习，国家承认中专学历。1995年8月，怀仁县卫生学校成立。同年招生120名，分2个教学班，招生专业为乡村医士、护理、卫生保健、中医士。理论学习2年，实习10个月，毕业合格者发给中专毕业证书。学生大多数来自全县农村，不属统招计划。到2003年共招学生683名。2004年完成卫生人力开发项目后，又与山西职工医学院合作，举办2届成人专科医学教学班，所招学员大多数是在职人员。参加成人统考，按成绩录取。2008年以后，卫生学校以短期培训普及卫生保健知识为主。2012年与县卫生局合作，举办乡镇、村卫生人员培训班2期，160人次。1991—2000年，县卫生局与雁北卫生局、朔州市卫生局、山西中医学院、县教育局合作，完成5期成人高等医学自考学历教育工作，9年共毕业学员300余人。2001—2012年，每年不间断地向北京、太原等大型医院派出医护人员学习深造，每年平均10余人。

第二节 医政管理

公费医疗：1949—1980年，国家干部和职工患病享受公费医疗。住院治疗医药费基本全部报销。1985年起，干部、职工医药费一律改为每月每人发给2.5元。离休干部、老病号的医疗费及住院治疗者实行实报实销。

医疗保险：1990年，实行职工医疗保险后，行政事业单位的干部、职工每月扣工资总额的2%、县财政补发6%，合计为8%。每季或年凭医院或药店购药票到县社保局报销2%门诊治疗的医药费。大病住院可凭医院住院收据报销。离休干部每年到县老干部局实报实销。企业干部和工人按企业医疗保险享受大病医疗、工残治疗。2006—2012年，随着医疗保险制度改革，行政事业单位的干部职工一律实行医疗保险刷卡办法，直接到门诊治病或药店买药，不再凭购药收据报销。报销标准以每个干部职工月工资2%计算，退休干部按月工资的4%，每季下拨在医疗卡上报销医药费，离休老干部仍执行实报实销。

合作医疗：1956年农业合作化后，农业社实行合作医疗。从公益金或社员分配中每人每年扣除1～2元保健费，由农业社保健站统一使用，凡本社社员看病免收医药费。1958年成立人民公社后，多数生产大队停办，部分勉强维持。1969年，全县各生产大队一律实行合作医疗，每人每年交纳大队医疗室保健费2～3元，由医疗室统一管理。各大队医疗室配备1～2名赤脚医生。在本大队医疗室看病免收医药费，外出看病或住院，一般只给予30—40%的医药补助，特殊情况如因公受伤实报实销。1995年以后农村合作医疗停办。

新农合医疗：2000年建立新型合作医疗制度。2004年县成立新型农村合作医疗管理中心。2009年，全县农村村民162211人加入新农合，占农民总数的92%。全县新农合基金总收入1646.63万元，其中参合农民缴费收入319.27万元，民政资助缴费5.15万元，县财政补助162.21万元，市财政补助162.3万元，省财政补助324.42万元，中央财政补助668.96万元。是年，基金总支出1710.66万元。其中住院补偿支出1449.82万元，住院分娩补偿支出34.5万元，慢性病补偿支出10.14万元，门诊补偿支出216.2万元。全县参合农民住院实际受益率6.56%。2011年，全县参合农民增加到166789人，覆盖率达到100%，参合率达98.69%。各村均建立村卫生室，农民可凭医疗保险证在村卫生室看病取药，本县住院可直接报销医药费80%，外出转院治疗可报销50%。新农合的补助标准由原来人均120元提高到200元，加上农民个人筹资30元，共230元，参合农民最高补偿可支付限额为50000元。

异地就医结算：2008年根据省人社厅统一安排，怀仁县实现与太原、大同两市异地就医结算的对接联网。全县医保参保人员可在省人民医院、山大一院、二院、山医大、山西肿瘤医院以及大同三、四、五医院、322医院等23家大医院实行直接结算住院医疗费用，解决了参保人员异地就医存在垫付资金压力大、报销周期长、往返费用负担重的实际问题，使参保人员在异地能享受到与本地一样的医疗服务。

医护人员的职称评定由县卫生局统一报县人社局，再由县人社局上报省、市人社局审查批准，颁发证书。县、乡镇医院人员的安排、调配由县政府按有关规定，经报名、考试，择优录用。县食品药品监督管理局对全县县、乡镇医院、个体私营诊所、药店的药品进行不定期的检查，发现伪劣假药、过期失效药品及时没收，给予处罚直至停业整顿，问题严重者追究法律责任。

第三节 卫生应急处置

2000年以后随着新情况、新问题的出现，医疗卫生紧急突发事件的处理和管理，对相关部门的责任履行提出了新的要求。根据县情重点在传染病、医疗救治、食品安全3个领域建立健全应急信息报送制度，县、乡医院、疾控中心、卫生监督机构，确定独立的办公机构或指定专人负责，保证信息准确畅通；建立培养了一支专门队伍，定期不定期地进行培训演练，确保队伍拉得出、救得急、打得赢；制定应急预案，确定组织机构、具体做法和步骤，做到操作性强，目标明确。

2012年底，怀仁县医疗卫生应急救援队有4类，5支队伍。其中医疗应急救援队2支，传染病、群体性不明原因疾病、食物中毒应急队伍各1支，共计80人。卫生应急救援队加强培训和演练，做到平战结合，常备不懈。

第三十编

精神文明建设

第一章 组织机构

第一节 机构

怀仁县精神文明建设指导委员会，成立于1983年。1998年9月，调整县精神文明建设指导委员会领导机构，由县委书记任文明委主任，县委副书记、县长任文明委第一副主任，县委副书记任文明委常务副主任，县委常委、宣传部长任文明委副主任。同时，县精神文明建设指导委员会下设办公室，办公室设在县委宣传部宣传科。

2007年9月，县精神文明建设指导委员会领导机构及人员再次进行调整，由县委常委、宣传部长任常务副主任，下设办公室，办公室设在县委宣传部。

2009年11月，县精神文明建设指导委员会办公室（简称县文明办）正式成立，由县委宣传部管理。

第二节 组织

怀仁县精神文明建设指导委员会自成立起，就设立了成员单位，各成员单位的“一把手”为文明委委员。并要求各成员单位有责任、有义务配合县文明办的工作，共同搞好全县精神文明建设。2005年，明确了24个成员单位的工作职责；2009年，县文明委成员单位增至46个，要求各成员单位切实履行职责，每年要将履行职责的情况向县文明委专题报告，真正做到齐抓共管，促进全县精神文明建设增实效。县文明办在做好日常工作的同时，不断加强跟踪、协调、检查、督促的职能，成为各成员单位与文明委相互沟通的桥梁。

第三节 规划

2008年，为了广泛深入地开展群众性精神文明创建活动，为本县经济建设服务，促进物质文明、精神文明、政治文明全面协调发展，县文明办结合实际，特制定了《怀仁县2008—2010年度精神文明创建工作规划》。

2009年1月，怀仁县被中央文明委评为全国文明县城。为了长期保持住全国文明县城的荣誉称号，县文明办根据《全国文明县城测评标准》及市文明委的部署要求，结合本县实际，编制了《怀仁县创建全国文明县城三年规划（2009—2011年）》。

第四节 考核

精神文明工作的考核，因级别不同，考核的内容、时间、人员也不同。县文明办对全县的精神文明建设工作进行总的指导与管理，县级文明单位（村镇、社区）由各单位（村镇、社区）志愿申报，各系统党（工）委、乡镇推荐，县文明办审核，并在每年年终进行考核。根据考核结果在全县“双先”会上进行表彰。

省、市文明办对县文明办的工作进行垂直指导、协调，对由县文明办推荐申报的省、市级文明单位（村镇、社区、景区）每两年进行一次考核，并根据考核结果由省、市文明委进行表彰。中央文明委对申报的国家级文明单位（村镇）每三年进行一次考核，采取由省文明办代为考核、中央文明办进行抽查的管理办法。

2005年，县文明办按照省、市文明办要求，制定出台适合本县的精神文明建设工作考核管理细则《怀仁县文明和谐单位（行业、社区）创建管理规定及测评标准》和《怀仁县文明和谐乡（镇）、村创建管理规定及测评标准》，对全县文明单位（乡镇、村、社区）的申报、评选、表彰、管理进行了详细规定，完善了规章制度，极大地提高了全县人民群众参与精神文明建设的热情。

从2011年起，全县的精神文明建设工作考核，纳入全县年度目标责任考核之中，按照县委的安排，精神文明建设工作和其它各项指标的考核一同进行，不再由县文明办单独进行考核。

第二章 文明创建活动

第一节 文明县城创建

怀仁县在全市率先开始创建文明和谐县城，坚持常抓不懈。根据省级文明和谐县城届期制（2年一届）原则，从2004年着手准备申报工作，到2005年底接受省精神文明创建工作检查验收小组的验收，最终于2006年初，获得“2004—2005年度山西省文明县城”荣誉称号。自此，到2012年，怀仁县连续四届获得“山西省创建省级文明和谐县城工作先进县”和“山西省文明和谐县城”荣誉称号。2009年2月，怀仁县被中央文明委评为“全国文明县城”。2011年12月，本县通过验收，继续保留“全国文明县城”这一荣誉称号。

第二节 文明单位创建

怀仁县文明单位的创建比文明县城的创建工作起步还要早，可以追溯到20世纪末21世纪初，最突出地体现在县建设局，2003年就被省文明委评为“2002—2003年度省级文明和谐单位”。2005年，县建设局被中央文明委评为“全国精神文明建设工作先进单位”。2006、2008年两度被省文明委评为“省级文明和谐单位标兵”。2009年，县建设局又被中央文明委评为“创建全国文明单位先进单位”。2012年，再次被省文明委评为“2010—2011

年度省级文明和谐单位标兵”。

怀仁县始终把文明单位的创建作为精神文明建设的一项重要工作，常抓不懈。县文明办从创建县级文明单位抓起，培养好县级文明单位，为申报市级文明单位打好基础。把创建市级文明单位作为中层过渡，在市级文明单位中重点培养一批创建工作突出、有特色的单位，以省级文明单位的标准要求他们，逐步创建成省级文明单位。这样就形成基础广泛、中层雄厚、高层突出的创建模式，也为最终选拔出全国文明单位做了铺垫。到 2011 年底，全县共涌现出 2 个省级文明和谐单位标兵、6 个省级文明和谐单位和 29 个市级文明和谐单位和标兵。既丰富了精神文明创建成果，又创造了本县在朔州市六个县（区）中连续十年获得精神文明建设荣誉称号第一，巩固了本县在朔州市县区中精神文明建设的龙头地位。

第三节 文明社区创建

怀仁县文明社区的创建，是从街道办事处开始的，起步较晚。2008 年初，怀仁县云西街道办事处分别被省、市文明委评为 2006—2007 年度“省级文明和谐社区”和“市级文明和谐社区”。2010 年，云西街道办事处（云西社区）被省文明委评为“2008—2009 年度省级文明和谐社区”。从此，云西街道办事处（云西社区）作为文明社区创建工作的窗口、标杆，对全县文明社区的创建起到示范、榜样作用。2012 年，全县已有 1 个省级文明社区、3 个市级文明社区和 6 个县级文明社区。

第四节 文明村镇创建

农村精神文明建设工作坚持围绕中心、服务大局，面向基层、服务群众，以乡风文明、村容整洁为重点，积极探索、不断创新，各项工作取得长足进步，涌现出一批国家和省、市农村精神文明创建典型。2002 年，云中镇率先开展省、市级文明和谐乡镇的创建工作，并于 2009 年初被中央文明委评为“全国文明乡镇”。2011年底，经省验收小组检查、验收，继续保留“全国文明乡镇”的荣誉称号。何家堡乡、新家园乡连续两届成为“省级文明和谐乡镇”。亲和乡、金沙滩镇、马辛庄乡创建成“市级文明和谐乡镇”。吴家窑镇、海北头乡、河头乡、毛皂镇被县文明办评为“县级文明和谐乡镇”。全县所有乡镇全部参加文明创建活动。

在各乡镇的带领与积极推动下，各乡镇所辖的村庄也都不同程度地参与了“文明村”的创建工作，涌现出一批各级文明和谐村。其中，云中镇东关村连续三届获得“省级文明和谐村”荣誉称号；何家堡乡郝家寨村、金沙滩镇孟庄村、马辛庄乡鲁沟村连续两届获得“省级文明和谐村”荣誉称号；云中镇城内村、西关村、北七里寨村，毛皂镇柳东营村，何家堡乡芦子沟新村，亲和乡冯庄村被市文明委评为“市级文明和谐村”。相对于国家级三年一届（期）、省市级二年一届（期）的评选，县文明办每年都评选一批“县级文明和谐村”，以鼓励全县更多的村参与文明创建工作。

第五节 文明家庭创建

文明和谐家庭创建活动由来以久。2004年，县文明办从最初的开展评选“五好家庭”，到“十星级文明和谐户”，再到全县广泛开展“十百千”文明创建活动，即评选10名道德模范、百名优秀市民和千户“文明和谐家庭”，创建工作逐步深化。县文明办创新工作方法、创新工作理念，大胆尝试、有益探索，积极开展“十百千”文明创建活动，充分利用群众性精神文明创建活动这个重要载体，贴近实际、贴近生活、贴近群众，以点带面、以少带多，充分发挥模范、先进的示范作用，基本形成了“个人—家庭—社会”三位一体的创建模式。韩秀清、杨军、李利、聂启金、王正全等家庭分别获得省、市级“文明和谐家庭”荣誉称号。本县“十百千”文明创建活动的经验于2012年2月14日在《山西日报》政教二版、2012年2月10日《朔州日报》二版头条上进行了报道。之后，又在《山西精神文明建设》2012年第四期以及《中国文明网》等多家知名报刊、网站进行了转载。2011年，县文明办对评选出的1095户“文明和谐家庭”进行了表彰和命名，有效地促进了全民素质的提升，将文明和谐创建工作引向深入。2012年，县文明办在全县评选出573户“文明和谐家庭”，并进行表彰和命名。

第三章 文明共建活动

第一节 军民共建

军民共建是“军民共建社会主义精神文明”的简称，中国人民解放军当地驻军同驻地人民群众共同开展社会主义思想文化建设。县境内驻有陆、海、空、武警等部队，驻军多、军种全、拥军优属工作传统良好。从1991年起，本县连续六次被省委、省政府、省军区命名为“双拥模范县”，军民共建基础扎实。2008年初，县文明办积极协调，促成县武装部与民政局共同开展军民共建活动，县人民武装部与县民政局2008—2009年、2010—2011年连续两届被评为朔州市军民共建先进单位。

第二节 警民共建

20世纪90年代始，怀仁县在创建文明县城的过程中，县公安局交警大队与文明办密切合作，联手共创共建。县交警大队以创建文明县城为契机，大力整治城区交通秩序，营造安全文明、畅通有序的城区交通环境，也为创建全国文明县城打下基础。由县文明办牵头，县交警大队等部门配合，联合开展的“文明交通行动计划”活动，采取警民共建的方式，大力宣传《文明出行公约》与《文明行车公约》，得到广大市民的支持与参与，不仅极大地优化了城区交通环境，而且使广大市民进一步提高了文明交通、安全交通的自觉性，从而促进了精神文明建设共建共赢局面的形成。

第四章 思想道德教育

第一节 社会公德教育

为加强社会公德建设，提升城乡文明程度和市民文明素质，县文明办在2011年初重新修订《怀仁县市民文明守则》《怀仁县市民文明公约》和《怀仁县村民文明公约》，以文件的形式印发给各乡镇、县直机关、企事业单位，并在县主要新闻媒体上播放、刊登。编印《怀仁县市民文明礼仪手册》和《怀仁县机关企事业单位工作人员文明礼仪手册》，向广大市民、机关企事业单位工作人员发放。相关部门在大运高速公路和朔州支线交汇处、京大高速公路与大运高速公路交汇处、大运高速公路怀仁出口处过桥、大运二级公路陈家堡立交桥处设立大型公益宣传牌，在怀安大街路两边悬挂灯箱广告牌，在公交车候车厅张贴海报，就禁烟、限塑、节能、遵守交通规则、文明礼让、爱护环境等彰显社会公德的内容，向全县广大市民、村民进行宣传教育。

第二节 职业道德教育

县文明办主要通过抓各单位的文明创建工作，进行职业道德教育，同时，通过树立爱岗敬业道德模范，作为广大党员、干部、企事业单位职工的榜样，起到示范作用，鼓励全县广大人民群众认真工作，争当先进。2011年，县文明办组织开展2011年度怀仁县道德模范评选表彰活动，其中，刘浩芳、陈东生、张孝被评为爱岗敬业模范，同时，县文明办向国家、省、市文明委推荐爱岗敬业模范。并对这些爱岗敬业道德模范进行广泛宣传，以达到广泛教育的目的。2012年，县文明办评选出爱岗敬业模范人物10名，由县委、县政府给予表彰。

第三节 儒家美德教育

县精神文明建设指导委员会认为，儒家思想的传统道德教育理念，以其特有的文化内涵、精神价值影响着中华儿女，在开展未成年人思想道德建设过程中，继承和弘扬儒家传统美德教育思想很有必要。从2008年起，县文明办按照上级的要求，结合国家法定节假日调整这一契机，每年在清明节，以“我们的节日·清明节”为统一名称，举办以“仁义”为主题的“仁义经典美文诵读”活动。已成功举办了五届“仁义经典美文诵读会”。通过诵读经典美文，演绎民俗文化，拓展节日文明，引导广大人民群众，特别是未成年人弘扬民族精神，共建文明和谐社会。

怀仁历史悠久，文化积淀深厚，素有怀德、怀礼、怀善、怀义的美称。从古至今人文荟萃，名人辈出。2011年以来，县委、县政府依托怀仁厚重的“仁义”文化底蕴，响亮提出“人成名片”的人文发展战略，为进一步提升怀仁的美誉度，打造“仁义之地、文明之乡”注入新的活力。随着“人成名片”战略的不断实施，怀仁人展现出新的精神风貌，怀仁的各项工作都再上一个新台阶。

附：典型事例

云州西街居委会社区工作者韩秀清事迹

韩秀清，女，1961年出生，高中学历，1980年底被安置在怀仁县第一运输公司工作，1997年下岗。2004年自愿投身于社区工作，并于2007年光荣加入中国共产党，2008年，被授予2006-2007年度“山西省文明和谐家庭”和“朔州市文明和谐家庭”两个荣誉称号。2010年2月，被怀仁县精神文明建设指导委员会评为孝老爱亲典范，同年9月，被中央文明办中国文明网选入孝老爱亲“中国好人榜”，10月参加山西省孝老爱亲模范报告团，于10月13日下午在朔州专场报告会上作事迹报告。多年来，韩秀清用她的实际行动谱写了一部鲜为人知的“孝老相扶显真情，奉献爱心为他人”的光荣篇章。

婆媳相处二十载 久病床前显真情

怀着远大理想，伴随着未能如愿的大学梦，韩秀清于1980年底被安置在怀仁县第一运输公司工作，1982年结婚。和所有下岗工人一样经历了失业后的痛苦，彷徨，重新选择生活坐标的茫然。韩秀清从结婚到现在，二十多年来一直和婆婆生活在一起，直到婆婆病故。老人脾气古怪，她一直让着老人，孝敬老人，有好吃的先给老人留着。为了丈夫安心打工，孩子安心读书，她主动挑起了全家的生活重担，侍候婆婆，培养孩子，虽然生活拮据，但她坚强地撑着，一家人也其乐融融。1998年婆婆不幸患了癌症，肿瘤在右脚面溃烂不堪，每天都要及时换药，清理坏死的肉，韩秀清一没和丈夫、孩子商量，二没与大伯、大姑请示，主动挑起了全职侍候婆婆的重担。看着婆婆被病魔折磨得日渐消瘦的身体，听着老人家痛苦的呻吟，天性善良的她承受着与病人同样的痛苦，经历着病痛在病人身体上的折磨、在她心灵上的摧残，她想着法子减少老人的疼痛，尽量给老人做可口的饭菜。老人由于上火大便不下，韩秀清戴着手套用手往下抠，在换药的时候，一不小心脓血就会喷一身。闻着呛人的气味，看着病人被疾病折腾的痛苦样子，整整九个月，一直到老人病逝。她耗尽了精力，但她无怨无悔，邻里称赞她“这样的好媳妇比闺女都亲”。

赡养母亲孝为先 女儿养老传佳话

古人云“养儿防备老”，这是在民间广为流传的一句俗话。韩秀清在家中排行老二，上有一个姐姐，下有一个妹妹。1977年，当时她只有16岁，父亲就因病去世。家中唯一的男人走了，母亲带着她们姐妹三人开始了常人无法想象的艰难生活。就是这样的特殊家庭锻造了韩秀清要强、上进、自爱、关心他人的性格特点。1999年婆婆去世后，她的老母亲也年近七旬，因含辛茹苦的生活奔波、长年累月的拉扯孩子，身体非常虚弱，也需他人照顾。

为此，韩秀清刚送走了婆婆，又接来母亲，她又一次开始谱写“孝老爱亲”的人生篇章。有一次，母亲生病，在家里连续输了六、七天液体，病情仍不见好转，韩秀清夫妇想让母亲到医院住院，老母亲特别固执，说啥也不到医院，说死也要死在家里。她只好叫来姐妹耐心劝说，也不管用，最后只能把医生请到家中诊治。经过几天的治疗，加上他们夫妇的悉心照顾，母亲的病终于痊愈了。到现在，年届八旬的老母亲，在韩秀清夫妇的共同悉心照料下，身体越来越健康，心情越来越好。老人晚年生活幸福，逢人便说自己是“老来福”。

韩秀清不仅在家庭中认真负责，而且在社会上也体现着自己的价值。参加社区工作后，她更是积极要求进步，任劳任怨，为居民办着一件又一件实事……总之，她不失时机地帮他人做好事，她对自己的生活充满热爱，也时刻以雷锋同志为榜样，发挥党员的先锋模范作用。她曾这样说：“一个人生命的意义，在于能尽最大的努力帮助他人，只要你学会善待别人，那么就是最大程度的爱自己，尊重自己”。

第三十一编

民情 风俗

第一章 民情概要

明万历版《怀仁县志·风俗》载："怀仁县地土沙碱，人性朴质。无健武好讼之风，有务农勤本之实。士敦清廉，民耻轻薄。虽穷乡僻里，亦知崇尚诗书。人文视前颇盛。"

随着时代的发展，社会的进步，县人继承优良传统，摒弃封建糟粕。民情民性，山区平川，略有同异。就民情而言，相同点是：淳朴好客，乐于助人；富有理想，追求挚诚；关心国事，忧思畏祸；守本分，不争强；待人宽厚，责己甚严。不同点是：山区人待客诚恳，讲究实惠，大节不让，小节不拘；平川人待客热情，喜讲排场，注重礼节，忍让为先。就民性而言，相同点是：勤劳耐苦，憨厚直率，讲究信义，不花言巧语；与人相处，不计较得失，能让则让；为人办事，不图相报，尽心尽力。不同点是：山区人强悍豪放，敢做敢为，固执而倔犟，富于开拓精神；平川人和顺温柔，善体人意，接受新事物快，富于献身精神。近年来，由于长期的政治、经济、文化的交流和社会的不断进步，人们择善而从，山区平川的民情民性已呈融合之势。

第一节 美德良风

尊师重教 县人历来尊师重教。"一日为师，终身为父"是县人多年逐渐形成的一个传统观念。无论男女老幼，职位尊卑，对教师尊称"您"。家长以教师严加管教自己的子女为荣。以管教师饭为例，无论贫富皆尽其所能。此外，在民国时期，每到年关，学生之家多宴请教师；冬至这一天，高年级学生自带食品到校与教师聚餐。20 世纪 60 年代后，生产大队每年为教师调剂食油，分配蔬菜，补助食粮。实行生产责任制后，各村专门为教师划分菜地。多数村从公益金中为教师提取一定比例的教学基金和奖学金。河头乡大部分村子为住校独自起火的教师每人每月补助菜金 8 至 10 元。

1981 年，中共怀仁县委、怀仁县人民政府为教龄在 25 年以上的教师颁发纪念证书，教龄在 30 年以上的教师发给纪念章并给予物质奖励。1984 年，决定在住房、转户、招工等方面，优先考虑和安排教师子女，先后为 38 户农村户口教师家属转为非农业户口，为 55 名教师家属和 78 名教师子女安排就业。每年教师节期间，县、乡、村三级主要负责人均要分别到所在地学校慰问教师，邀请教师座谈。有的乡村或学校还发给教师一些纪念品。

20 世纪 60 年代起，农村陆续开始建设新校舍，到 1985 年，全县中、小学均搬迁至新校舍。阎家寨村王跃胜先后捐款近千元，为本村学校购买桌、凳，修缮校舍。郝家寨村个体包工队集资数十万元为本村建新校（建筑面积六百多平米）。吴家窑镇群众集资 10 余万元，新建千余平方米的教学楼。1984 年，县政府筹集资金一百万元，新建怀仁一中教学楼。

急公好义 清乾隆十年（1745），丁银摊归地粮，乡民无力缴纳，县人任道昌，出资千金代纳，并往返官府，免役摊归诸费款事。清道光十三年（1833）遇旱荒，海北头村王瑎出粟数百石赈济乡民。清道光年间，遇蝗灾，城内庞鸾屡出资粟助赈。光绪三年（1877），遇瘟疫，其孙庞尚忠助米掩骼。

民国 26 年（1937），要集（跃进）村群众为支援抗日战争，自动筹集数百斤小米，送给八路军 358 旅宋时轮武装工作队。民国 29 年（1940），碗窑村方某，同时送三个儿子参加八路军，次年均在战斗中牺牲。

1952 年，薛家庄遭特大水灾，各地捐助粮食 3 万斤，衣物 1418 件，人民币 16321165 元（旧币）。

1969 年 7 月，周家窑村小学学生杨海平为抢救触电女社员牺牲。

1978 年，重庆市革命委员会副主任杨松青留下遗嘱，将自己珍藏的一套二十四史捐赠县图书馆。

第二节 陈规陋习

裹足 妇女裹足，使之骨成畸形，步履艰难，行走不便，反以为美。

1949 年后被彻底禁止。

溺婴 县人受重男轻女、男尊女卑的思想毒害，多有溺次女以下女婴恶习。也有因子女较多，难于抚养而溺男婴者。1949 年后已很少发生。

换亲 多因男子年长且家贫而未能娶，如同商品交换一样，以妹（姐）换娶成婚。1949 年后极少见。

配鬼妻 成年未婚男子死后，或已婚男子死后妻子改嫁，家人或亲属为其寻找未婚配即亡的女子埋葬在一处，谓之“配鬼妻”。届时，除一棺外，还须向亡女家送一些彩礼。今少有。

弃婴 1949 年前，有的人家因子女较多且又无力抚养，将婴儿遗弃街头或送给他人。私生子多遗弃。今有将男婴高价卖给他人者。女婴送人，接收人家也须向孩子生母送一些衣物和钱。

铺张浪费 在能力允许的情况下，本县人办红白喜事或建房等，一般喜排场。特别是 20 世纪 80 年代以来，无论是孩子满月、过百岁、圆锁，还是孩子升学，也要大宴宾客，铺张浪费、相互攀比之风日盛。2012 年以后此风有所收敛。

吸毒 1949 年前贩毒、制毒、吸毒的人为数不少。民国 26 年（1937），日本侵略军侵占本县后，强迫百姓大量种植罂粟，鸦片烟害在县境内迅速漫延。1952 年经“肃毒”，基本禁绝。20 世纪 80 年代，有极少数人违法私自种植少量罂粟药用。进入 21 世纪，新型毒品海洛因、冰毒、摇头丸等在域内出现。

赌博 赌博作为陋习屡禁不绝。有因赌博而债台高垒，也有因赌博而倾家荡产的。赌博的方式有押宝、推牌九，20 世纪 80 年代麻将赌博开始流行。也有用扑克牌赌博的。90 年代后又开始兴时用赌博机赌博。多年来，公安部门开展打击“黄、赌、毒”专项行动，赌博之风大为收敛。

街上堆肥 20 世纪 80 年代前，境内种地户将自家厕所打出的大粪和土拌在一起，堆在门外，长时间不拉走，任由风吹雨淋，路人经过无不掩鼻。如今，这种现象已绝迹，取而代之的是整洁的街道，靓丽的市容。

第三节 游戏 交往

拉锯 大人、小儿盘腿对面坐，握手前后推拉，同时口念儿歌：拉拉锯，扯扯锯，姥姥家门前唱大戏，外甥女儿也要去，外甥小儿也要去，气得姥姥不出气。姥姥、姥姥甭气啦，我们两个不去啦。

逮老猫（捉迷藏）随意划一地为“家”。一儿捂一儿眼，众儿四散躲藏。待分别藏好后，被捂眼之儿童去寻找。在“家”一儿喊：“老猫老猫快回家，别叫小猫逮住了！”若有被找到并逮住者即为输。输者装小猫继续玩。

跑马城 众儿手拉手，间隔十余步分两队对立。双方交替口诵儿歌：“急急令。”“跑马城！”“马城开。”“要谁哩？”“就把 ××（人名）个灰圪堆！”被指名人须向对方队内冲击，冲开对方任何二人勾手为赢。赢后，可带被冲开的任意部分归已队。冲不开者为输，归入他队，直至最后一人。冲不开对方队形后，众儿围之，在其身上乱抓戏弄，名曰“吃油糕”。

瞎子逮拐子 在地上划一大圆圈，将一儿双眼用手帕捂住，扮“瞎子”，另一儿的手腕与脚腕用手帕绑在一起扮“拐子”。玩时，“拐子”须不断吹响口中的哨子，“瞎子”循声去逮“拐子”，逮住为赢，二者交换角色。如果“拐子”跨出圈外亦为输。

攻城 玩者将各自的杏核用三颗摆成三角形，中间置五颗一堆，相距数米，依次互相攻击，击中一子赢一子，直至将中间五子击散为最后赢。玩杏核娱乐形式较多，还有弹杏核、吹杏核、亮对对等。

挤摞摞 冬季天寒，为了取暖儿童聚于屋前，从墙角起顺次贴墙站成一排，最外一人使劲往里挤，以不被挤出为乐。被挤出者，排在末尾再挤。

打呔 歌谣：树叶黄，打呔忙，树叶落，踢毛（毽子）操。打呔游戏多在深秋进行，玩者多为十五六岁的男孩子。玩时，各人将自己的呔（粗短木棍）或横或纵、或单或堆，放置一处，五、六步外划一界线，呔的后面也划一线，玩者以手里的呔投击放置在地上的呔，击出线的呔即归自己。投击的顺序以呔的多少而论，多者先击。

踢“毛儿” 即踢毽子。毽子有两种，一种和现在市场上出售的毽子差不多，用较软的鸡翎和制钱来制作；另一种是用带长毛的羊皮和制钱缝制。通常孩子们多用后者，故称之为“毛儿”。踢“毛儿”的玩法很多，最基本的动作就是用脚的内侧踢，其他还有用脚尖踢，称“崩”，用脚的外侧踢称“拐”，用小腿前侧踢称“砍”，屈小腿用大腿前侧踢称“膝儿（xir）”，脚不落地用脚内侧连续踢称“撩”，脚不落地用脚尖连续踢称“崩撩”。以上动作都可左右脚交替进行。另外还有不少玩的花样，如“搁头顶儿”（将毽子踢起后用头接住）、“捞豆腐”（将毽子踢起用手掌心接住）、“搁手背”（用手背接住）、“搁二股筋”（用并拢的二、三指背接住）、“压饸饹”（将毽子踢起后让毽子从两手大、食指合撑的圆圈中下落通过）等等。动作比较难、运动量较大、多为男孩子玩的踢法有“跺”，方法是将毽子从身体的一侧抛起，同侧的脚向前抬起，当该脚落地的时候用另一只脚的内侧将毽子弹起；同样的准备动作，如果两脚同时跳起的踢法叫“踐”；如果两脚都不跳起，而是用后脚将毽子弹起的踢法叫“抿”；同样的准备动作，同侧的小腿向后屈起，用另一脚从下面探出踢叫“跪”；如果把屈起的腿改为踏在另一腿的膝部内侧的踢法叫“站”；最难的踢法是“掏”：将毽子在面前抛起，当毽子下落到适当的高度时，用一腿向内侧将毽子盖住，用另一只脚迅速将其弹起，这要玩者动作敏捷，反应速度快才能踢好。踢“毛儿”也可以比赛。一般采用单一动作，如干踢、干砍、干崩、干跺、干膝儿。也可采用组合动作，如“里踢、外拐、崩尖、跺海”即可为一组；“小撩三”：撩二个踢三个为一组；“大撩三”：撩三个踢五个为一组等等。比赛决出胜负后要“拉关”，方法是胜方将毽子尽量往远处踢，叫糙“毛儿”，负方得将毽子捡回来，如果中途接住毽子，这盘比赛即告结束。

解勾勾 用一根粗线或细绳，对头连接，一人两手架线掏插成一式，另一人设法接过再变一式，如此交替，至无法再接为止。花样名称有：牛槽槽、花盖盖、面条、媳妇头等。解到媳妇头的时候还要口念口诀“媳妇媳妇开开门，妈给你买个大斗篷。”

狼吃羊 把正方形纵横都四等份画线，再作正方形的两条对角线和内接四边形，然后在一组对边上分别作一个斜着（45 度角）放的小正方形为两座城楼，即为棋盘。玩时，“狼”方将两“狼”置于城楼的“咽喉”处，“羊”方将 22 子中的 8 子置于空心的中九宫处。“狼”先走，“狼”前有一“羊”和一空即可将“羊”吃掉，“狼”走一步（或吃一子），“羊”填一子，两“狼”中走哪个“狼”，由当局者根据形势决定，“狼”可斜走也可直走。“羊”围“狼”没处走为“狼”负，“狼”吃尽“羊”为“羊”负。

成方 纵横各 6 条线成一格局，二人对坐，各持一色子为“兵”，分成六和成方两种，成一六吃掉对方两子，成一方吃掉对方一子，直至对方“兵力”不足结束。

成三 大中小三个正方形相套，分别连接三个正方形的四个角，再连接三个正方形每边的中点，就是棋盘。玩法有些类似于五子棋。双方交替放子，谁三子成一线就可拿掉对方一子，直至决出胜负。

打岗 也叫打五阎王岗。用五块砖分别竖立放置，中间为“官”，左右两边为“衙役”，“官”的前面为“受罪鬼”，后面为“肉椅子”。在五六步外画一线。玩者手持砖头站在线后顺次投击。最后以击倒的砖头区别角色。击倒“受罪鬼”者就得双膝着地跪在“官”的面前，接受“官”的惩罚。“官”由两“衙役”抬坐在跪爬着的“肉椅子”的背上。这时“官”就开始发命令。“老爷我今天想吃莜面窝窝。”两“衙役”就在“受罪鬼”的两只耳朵上乱搓一气，名为“推窝窝”。“老爷的马没干草了。”两“衙役”就将“受罪鬼”的两只脚反复扳起放下，名为“切干草”，难受得“受罪鬼”直叫。“老爷想吃大豆了。”两“衙役”就攥着拳头在“受罪鬼”的头上乱拧一气。惩罚的名堂还有很多，如“揭草纸”（从鬓角起向上搓头发），“拍镲”（用双手将眼皮反复上下开合，如果是将上下嘴唇反复开合叫“拍大镲”），“打鼓”（一手将耳朵拉住用另一手弹击）等等。这种游戏在 20 世纪 50 年代初期还有人玩，后来就慢慢被别的游戏取代了。

打牌 牌种有纸牌、麻将、骨牌、扑克等。1949 年后，纸牌、骨牌、麻将被视为赌具，禁止玩耍，玩者极少。唯打扑克被认为是正当的娱乐活动，较普遍。玩法有：“打百分”“捉王八”“争上游”“拱猪”“编棍”“捉红K”“要朋友”等。间也有用扑克“摸十点半”“三捣二”进行赌博的。1980年后,各类牌均被一些人作为赌具,特别是麻将牌,广为流行,赌者甚多。

另外还有很多玩的花样，如跌制钱、打元宝、点羊钵儿、滚铁环、打滑擦儿、打冰猴、吹洋片、弹弹儿（弹玻璃球）、割韭菜、跳茅缸、挤牛角尖，女孩玩的有跳格儿、抓子儿、摆家家等等。

从前孩子们学业负担不重，闲暇时间也没有什么娱乐活动，就想着法儿地寻开心，想出了许多玩的花样。玩既丰富了他们的课余生活，又可开发智力，锻炼身体，还可培养孩子们的交往能力。近些年来，随着大环境的变化，孩子们很少有玩的时间，每天放学回家都有做不完的作业。好不容易盼来休息日，家长不是逼着孩子补课，就是上各种特长班。就连幼儿园，也是以学习识字为主，玩的时间也不多。玩是孩子的天性，这种天性却硬生生地被大人们给剥夺了。希望有关部门采取措施，减轻学生课业负担，让孩子们在一个宽松、和谐、快乐的环境中健康地成长。

结拜 男女皆有结拜之风。男子结拜后称“干弟兄”或“把兄弟”，女子称“干姊妹”，长辈互称“干亲家”。因志趣相投，往往亲如同胞，亦有延至下代者。

为朋友 县人皆喜为朋友，从小到老，将与自己情趣相投者视为知己，结为挚友，经常往来，互相帮助，有的数十年友谊不断。

对耍 （会演）元宵节各村闹毕红火，均组织鼓子秧歌或高跷等同邻村对耍。20世纪70年代后，有的村组织业余剧团，互相邀请会演，这是一年之中规模最大的群体交往。

其它如演戏、唱歌、扭秧歌舞、闹“红火”等，县人皆喜为之。20世纪80年代以来，青年人喜跳舞、打台球、唱“卡拉OK”、上网等。

第二章 宗 教

第一节 佛教

唐代，崇尚佛教之风大盛，时传入本县，始在镇海堡建龙山寺。后至宋、元、明、清各朝，增建寺院，至清末民初，全县共有寺院84处，较大并有僧侣住持的有县城关帝庙、南小寨永宁寺、禅房村北的天罗寺等。民国22年（1933），全县有僧人62人，次年有63人。1949年后，僧侣活动渐少，只有南小寨永宁寺有1信徒。1985年，永宁寺住庙和尚迁往五台定居。

1998年9月，怀仁县佛教协会成立，杨海叶任会长至今。此后，白衣寺、忠义寺、仁济寺、清凉寺、永宁寺、普化寺、法喜寺、大通寺、崇国寺、天竺禅寺、殊胜寺、文殊寺等共12处宗教活动场所经有关部门批准登记设立，并先后开放。2011年，全县佛教共有教职人员20人、信教群众15000人。

第二节 道教

清光绪版《怀仁县新志》载，太清观在县城东北隅，“金章宗承安时（1196—1200）唵没海创建”。兴定四年（1200），白居颐住持太清观，道教信徒渐多。明隆庆年间（1567—1572），在县西北二十里得胜山建老君观，后又在七峰山（现属大同）建三清观。清末，全县共有“善堂”（道观的俗称）3所。民国22年（1933），有男、女道徒113人。次年有道徒114人，其中女道徒7人。1949年后，多数道徒次第还俗。今境内无道徒。

第三节 天主教

清光绪二十六年（1900）大同教区在榆林村（现属大同市南郊）建教堂1处，开始传教。嗣后，又在神嘴窝村设分堂1处，会长于富泰，其时发展教徒60余人。民国6年（1917），朔县教区傅体仁（德国人）在县城内建总堂传教，后在榆林、东作里、阎家寨、草地、新发村设5个分堂传教，发展教徒。先后在全县40多个村庄发展教徒573人，之中，尤以张家堡村最多，共有教徒146人。民国22年（1933），全县有天主教徒291人，其中女教徒227人。民国23年（1934），县内天主教徒发展到507人，其中女教徒226人。1958年教会停止活动。1980年后一些教徒恢复活动。1985年有教徒20余人。

1998年10月，怀仁县天主教协会成立，宋福（1998年10月—2000年8月）、郭巨保（2000年8月至今）先后任会长。1999年4月，新发村天主教堂、智民庄天主教堂、小峪天主教堂共3处宗教活动场所经有关部门批准登记设立并开放。2011年，全县天主教共有信教群众418人。

第四节 基督教

民国8年（1919），大同基督教内地会李本史（瑞典人）来怀，在县城内设立总堂传教，最先传教于城内的刘必和鹅毛口的杨秀祥。民国11年（1922），在东关设一外堂传教，并在东关、鹅毛口、石庄、西安堡、北辛村、刘晏庄建立6个支会。县城为总会，增加4个瑞典传教士传教，同时在县内各村传教的有刘玉财、张英等17人。内地会属上海内地会领导。民国33年（1944），本县基督教内地会分出一支，称小群派。1951年3月备案，开始在鹅毛口杨秀祥家中聚会。后在北辛村、全福寨、万金桥等村进行传教。1953年，内地会有教徒184人，小群派有教徒133人，全县共有基督教徒317人。“文化大革命”中，教会活动停止。1980年恢复活动，至1985年有教徒 80 余人。

1984 年 5 月，怀仁县基督教“三自”爱国运动委员会成立，李德义（1984 年 5 月—1995 年 7 月）、石安乐（1995 年 7 月—2005 年 10 月）、纪桂梅（2005 年 10 月至今）先后任主任。此后，大场面教堂、五里滩教堂、鹅毛口教堂、吴家窑教堂、金沙滩教堂、温庄教堂、王坪教堂、小峪教堂、亲和教堂、李家小村教堂等共 10 处宗教活动场所经有关部门批准登记设立并开放。2011 年，全县基督教共有教职人员 1 人、信教群众 4800 人。

耶稣教传入本县时间无考。民国 22 年（1933）有教徒 208 人，民国 23 年（1934）有教徒 206 人。1950 年对全县教徒进行登记，全县有教徒 173 人，分布在城内、东关、鹅毛口、石庄、西安堡、北辛村、刘晏庄、吴家窑、支家小村、东马庄、王庄等地。1966 年“文化大革命”开始后停止活动。1984 年起，城内、全福寨的耶稣教恢复活动。1985 年有活动教徒 50 余人，后逐渐转信基督教。

第三章 生活习俗

第一节 服饰

晚清时，一般男子留长辫，戴毡帽，女子未婚垂单辫，已婚梳髻。男女衣着多为黑、蓝两色，穿偏扣大襟袄或对襟袄。极少穿衬衣。花布主腰人人皆穿。大腰裤，扎裤脚。青年妇女穿绣花鞋。男穿土布袜，实纳帮底牛鼻鞋。较富裕或有地位者，穿长袍马褂，戴瓜皮帽；有功名者，逢年过节及婚丧喜庆，着清制官服。男子极少带饰物。女子饰物有：簪、钗、耳环、手镯等，质地因贫富而异，以银质居多。

民国初，男子剪齐脖短发，后多剃为光头。穿对襟袄或偏扣大襟袄仍居多数。白色对襟内衣成为流行服装。羊皮制做的皮袄、皮裤家家必备，自织羊毛线袜，孩大男小冬天皆穿。中老年妇女喜头罩毛巾。商人和公职人员及农村富有者，穿机制布、绸缎等质地衣裤袍褂，着线袜，戴宽沿礼帽。

20 世纪 50 年代，男子兴留分头，戴制帽；女子剪齐肩短发或梳双辫，青年妇女戴头巾。60 年代衣着式样逐渐演变为中式制服，但农村穿对襟袄的人为数仍不少。青年男女中，背心取代了主腰。线袜、尼龙袜、胶鞋开始流行。

1966 年“文化大革命”一开始，草绿色军服成为青年男女的时髦服装。不久，军装衰，除农村中部分老年人仍着中式裤褂外，其余人不分男女，皆穿蓝、灰、黑三色制服。内衣多为红、蓝两色的秋衣、秋裤，尼龙袜、锦纶丝袜普遍流行。男女人多穿塑料底紧口布鞋。妇女普遍戴头巾。胸前佩带毛主席像章和毛主席语录牌。手镯、耳环等饰物消失，手表开始流行。

80 年代，各色人造纤维、合成纤维以及丝绸、毛呢面料日渐增多，县人衣服款式日新月异。青年男子穿西服，系领带，穿皮鞋，穿休闲服习以为常；青年女子烫发，染发，穿裙、七分裤、齐腰装、高跟鞋等。21 世纪后，戴耳坠、耳环、手镯、戒指、项链等饰物，手表、茶色眼镜、变色镜、太阳镜成了较普遍的装饰品。

第二节 饮食

怀仁县居民主食素以糕、小米粥为主，品种多为黍子、谷子、玉米，次为高粱、马铃薯、莜麦、豆类等杂粮。一日三餐，平时一般早上稠粥（小米饭），中午糕（黍子糕），晚上稀粥（小米稀饭）烤糕、煮山药。唯冬季早饭多改为稀粥。有客来待以黄糕、油糕，女婿上门待以面条、馍馍。一般过生日、办红白喜事多炸油糕。过春节时吃豆面、捞饭、水饺、接气饺。端阳节兴包粽子吃。中元节家家蒸面人、面鱼等面塑，亲友互赠。中秋节户户打月饼，每户必打两个较大的月饼，一称“日光爷”，一为“月光爷”。西部山区农村过冬至包水饺吃。21 世纪 90 年代后期，县人主食逐渐改变为以面食、大米为主。

蔬菜除应时菜外，以白菜、萝卜、松根为大宗。入秋家家腌菜、晒菜，户户磨山药粉面。酱烩菜、酸窝白熬山药条是家常热菜，三顿饭顿顿离不开腌菜盘。春天摘杨树叶，夏天挖苦菜吃。过年过节生豆芽，捞豆腐，压粉条。通年很少吃肉，多数人家夏天引一只羊，小雪宰杀后自家食用。招待客人，压粉条，杀鸡或捞豆腐，炒鸡蛋。好不过烩菜、粉披肉的三层手攥碗。调味喜辣、醋。婚、丧、喜、庆上席面有八钵（碗）或十二钵。进入 20 世纪 80 年代，鱼、肉、蛋逐渐增多，腌菜盘仍顿顿不离，山药条烩豆腐、粉条成为农家常年热菜，客来炒菜，买罐头招待。席面时行十冷十热，鸡、兔、鱼为必备品，海参、鱿鱼开始引入席面。参加婚礼宴席称为坐席。从前新婚媳妇坐席，要把席面上自己的菜夹在碟中，饭后带给公婆，表示孝敬。对有些礼到人未到者，席面上要留空，代送。20 世纪 90 年代，县人也逐渐以吃绿色、吃健康为尚。

县人喜饮白酒，亲友相聚，猜拳行令以多饮为荣。20 世纪 90 年代，啤酒、果酒逐渐受人们喜爱，各种饮料被视为消渴佳品。

清代，县人成年男子有吸食旱烟和鸦片者，但数量较少。民国时期，吸食鸦片烟的风气迅速蔓延，吸食旱烟者也日渐增多，同时也有人开始吸食水烟。1952 年禁绝吸食鸦片烟。吸食旱烟和水烟的烟具，多数自制。旱烟锅杆木质，配铜锅、料器嘴，一般长约 20 ~ 30 厘米。水烟锅用羊小腿骨制做。吸烟者均自备火镰。不提倡未成年男子和妇女吸烟。20 世纪 70 年代后，青年人吸烟逐渐增多，吸卷烟基本普及，吸烟被视为社会交往不可缺少的手段，向人敬烟表示对对方的友好和尊敬。2000 年以后，戒烟之风渐兴，民众大有远离吸烟之趋势。

第三节 宅居

居住本县居民多数住一出水房，因贫富而分为土木结构或砖石结构。富豪者住瓦房，极贫者或山区群众住土窑洞或石窑洞。兴一家一户的四合院。房子坐北向南称上房，上房一般是 5 间或 3 间，中间一间是堂屋。上五道东、西两边为储藏室，称耳房。厕所在西南角，东南角置畜圈和草房，南房带门楼。上房长辈居住，子女居住东西厢房。住房分兄东弟西。窗户多呈小方孔。木门两扇带闩关，防冷外加风门和门帘。居室内盘连二灶和土炕。打仰层，油围墙。冬天家中生火炉，夏天檐下盘“春灶子”。山区建房，对房向不大讲究，多因地而建，院落布局也不似川区错落有序，有章有法，因而院落窄小，显得很零乱。

20 世纪 70 年代，居民盖房多喜建北房，门窗时行镶玻璃，“四大眼”玻璃窗户居多。屋顶多用石灰和灰渣磙。20 世纪 80 年代，房屋用料更为考究，多用砖木结构。房檐椽上加椠，屋顶方砖铺砌。窗户全部镶玻璃，堂屋做暖阁。灶台用水泥或瓷砖铺面。除北房外，多加建南房。一般北房起架 3 米，进深 6 米，南房起架 2.5 米，进深 4 米。亦有两滴水砖木瓦房，土木结构房已鲜有，土窑石洞即使在山区亦罕见。20 世纪 90 年代，开始兴住楼房，以单位集资兴建为主，后逐渐转为开发商兴建，居民购买。21 世纪初，县城出现高层建筑。2008 年以后，居住的楼房开始由多层向高层发展之趋势。

家具 20 世纪 60 年代以前，普通人家盛衣物用柜（长 150 厘米 × 宽 60 厘米 × 高 90 厘米，以下单位同），俗称洋箱，多为净红色。煽火小板凳、长形供桌家家必备。少数富有家庭还有大柜（130×60×180）、板箱（120×60×40）、八仙桌等，堂屋装修夹扇暖阁。70 年代多数家庭添置衣箱（90×60×100）、橱柜（120×60×100），后增添有立柜（135×60×185）、平柜（130×60×100），多为米黄或柿子红色，有些家庭墙正面挂钟堂。80 年代，新置家具有：组合柜（三组或五组）、五斗柜、高低柜、写字台。摆设及使用的为：沙发、茶几、折叠椅、团桌等。21 世纪以后，增加有衣柜、壁柜（在楼房内依墙而做）、储物柜等为主。

炊具 多用铸铁锅，还有配套的笼、锅盖、箔子。用一小锅炒菜。用风匣吹风以助燃。其余为刀、勺、铲等。唯捋糕用的红瓦盆有异于其它地区。20 世纪 70 年代起，一般家庭陆续添置了铝制锅、炒瓢、高压锅、铜火锅等，手摇吹风机及电吹风机取代风匣。90 年代，逐渐以罐装液化石油气取代燃煤，进入 21 世纪，楼房多接入天燃气。电磁炉、微波炉等炊具亦已成为居家之必需用具。

茶具 县人较少饮茶。20世纪60年代前家庭较少配备茶具。70年代后，一般家庭置有瓷壶、瓷杯等茶具。进入21世纪，茶道在家庭中有所普及，主要器皿以玻璃陶瓷为主。

酒具 20世纪60年代以前，多为锡制壶、铜制壶和小瓷樽。后增加了瓷壶及瓷杯、玻璃杯、塑料杯、钢化杯、彩塑杯等。

其它器用有，盛水、腌菜多用釉面的陶器缸、瓮、坛（小口、大腹、小底）。盛米面用瓦盆、磨盒、纸筋瓮及瓦罐。农家下地送饭用瓦罐。洗脸洗衣均为瓦盆。洗浆衣服用槌板石和槌敲。农家自缚笤帚，自制鸡毛掸子。60年代后，增加了搪瓷盆、暖水瓶、痰盂、铁皮水壶及铝制水壶等。80年代，洗衣机、电烤箱、电冰箱进入部分市民和农家。20世纪90年代后，电热水器、太阳能、电脑等家用电器被普遍使用。

卧具 县人素来习惯卧炕而睡。炕铺一张席（茭杆或苇编）即可。富裕之家铺毡子或油布。20世纪70年代后，机关干部多设床而卧。80年代，床逐渐进入农家，青年人春夏卧用。床则由钢木床而木制床进而弹簧床。炕上用品多为席和油布，床上用品多为垫子、床单或者床罩。枕有多种：一为传统的长方体枕，红布或花布制做；一为瓢葫芦枕，各色小块布按一定图案缝合一起而成，专为少儿用；一为瓜蛋枕，圆扁形状，亦为各色小块布有规律缝合一起而成，专为临时休息用；一为扁枕，面上绣花。

取暖 20世纪50年代以前，农家多由灶火通炕取暖，冬天，饭后灶内全天不撤火，亦有少数富有之家用地炕取暖。70年代，农家普遍生火炉。80年代，机关普遍有暖气，部分家庭也安装土暖气。床上铺电热褥取暖已不为罕见。进入21世纪，以集中供暖为主。

降温 入伏开门摘窗，靠空气流通自然降温，极少用扇。20世纪80年代，电风扇由城镇而农村逐渐使用。90年代以后，空调逐渐进入县城居民家中，但在农村仍以自然降温为主。

计时 白天看太阳，夜间望月、看星、听鸡鸣。20世纪60年代普遍用马蹄表、座钟、手表等计时。80年代增加了电子表、石英钟。

照明 20 世纪 60 年代以前，家中照明用麻油灯或煤油灯。麻油灯多为铸铁或锡制，下有圆盘底座，中有细柱，上有圆臼和灯碗，以棉絮为捻。煤油灯下有方木块为底，中有细圆木柱，上有圆臼，臼上放铁皮制或玻璃瓶制油灯，以麻纸或棉线为捻。少数富有之家用蜡或玻璃质带罩煤油灯（俗称洋灯）。夜间外出点灯笼或马灯（煤油灯）。60 年代始，城乡照明多用电。外出则用手电。

第四节 行旅

历史上县人外出，多为步行，少数殷实之家以驴、马代步，抑或乘坐畜力车，豪富或有地位者则坐轿车。

20 世纪 60 年代始，民众逐渐购置自行车以代步。1978 年后，自行车家家均有，摩托车日益增多。80 年代少数家庭有了小汽车。2012 年，全县百人小汽车拥有辆为 4.68 部。

第四章 婚丧 喜庆

第一节 婚嫁

县人婚嫁，历来凭媒妁之言、父母之命。1949 年后提倡婚姻自主、自由恋爱，但多数仍得经媒妁介绍，父母认可。婚嫁礼仪虽经多年演变，大体仍沿旧习。特别是农村重要礼序、仪式，墨守成规，不越雷池。婚嫁须经相亲、订婚、成婚、回门四个环节。

相亲 媒人为男女提亲，双方权衡条件、集众家人商议后，有意结亲者，男子随媒人到女家相看。双方同意，即约定时间，邀女方到男家相看。男家置酒筵招待女方。相看中意，便在男家吃饭，默允可商婚事，随后商定彩礼数目和置办的嫁妆。相看不中意即离去。

订婚 经媒人在男女两家之间多次说合后，确定彩礼和嫁妆，双方交换儿女生辰八字，择吉日行订婚礼，男方送“食盒”（内装食品）及部分彩礼和其它“押订礼”给女方，并设宴招待女方和媒人及至亲。次日，女家设宴请男方，同时招待媒人及至亲。1949年后，行毕订婚礼，择日领取结婚证，男女双方可频繁往来。20世纪80年代起，有双双出外（多往北京）旅行。成婚前，过夏或冬，男家均给女方一些钱或买布料，称为换夏（换冬），有的女家也给男方换夏（换冬）。

成婚 择定吉日。迎娶前一月行聘礼，俗称“下茶”，男方使媒人将“新娘”出聘时所穿衣物及“水礼”（米、面、肉）送至女家，并通知娶期。之后，男女家的至亲各自邀请新郎、新娘到家吃饭，谓之“吃喜头饭”。娶亲前一日亲朋皆来，俗称“待人”或“下茶”，晚上男女家均吃“翻身饼”。迎娶日，男女家一早炸油糕，并炸一猪头状油糕，置于盆底，称为“坐底糕”。给至亲好友、邻居送油糕。早饭后，男方奏鼓乐抬花轿到女家迎娶。同行的有娶亲的（要上有父母下有妻、子或丈夫的全人）伴郎、媒人等，沿途过村要鸣爆竹。有钱或有功名者要双娶双送（男、女娶送），雇五乘花轿。一般为单娶单送，雇三乘花轿。贫者则用车马迎娶。20世纪60年代改用自行车迎娶。80年代以来多用小汽车迎娶。至女家，设茶水、果、糖招待迎娶者，新娘上妆。尔后新娘向父母行拜别礼，由胞姊妹搀扶上轿（马）。同行有会亲家的（叔叔或兄长）、送亲的（姐夫或胞兄）、开箱的（小弟、侄子或外甥），后有“和堂”（又称圆饭）者随行。到男家后，新娘由搀亲者（忌孕者）搀引，踏“红毡”进入新房。男家择人专门招待女家随行人员，并为“和堂”者“烧茶”，吃“进门饭”。正午新郎新娘拜天地，也称“拜人”。按提前拟就的礼单，逐一向亲戚朋友叩头行礼，并宣读亲友之礼。此仪式过后即行宴客。席上座位有正面和上、下三位之分，尊者坐正面，由东家安排。席间新郎新娘向来宾斟酒、行跪拜礼、认大小。宴毕，亲朋带喜糖、喜烟回家。晚，新郎同新娘入洞房，由新郎姐夫主持“倒宝壶”，众人让新郎新娘说令子（绕口令）取笑，后夫妻吃对面饭，深夜方毕。亲友们有睡满炕的习惯（新娘彻夜坐着），

1949 年后大多改为在新房外听房。自 20 世纪 80 年代后这种陋习渐自消失。回门是成婚次日，女家派人和车邀新郎新娘回门，设宴款待新郎新娘及亲友，席间仍行跪拜礼、为来宾斟酒、认大小，至晚归。婚后第四日，女家迎婿、女至家，称为“住对月”，一般为四至六天。其间，至亲分别邀新女婿吃请，谓之“认亲戚”。尔后新娘随新郎回婆家，至亲也邀新娘吃请、认亲戚，长辈给“见面礼”。此外，元宵节期间娘家迎婿、女“住正月”。

送夏 新婚后的第一个夏天，即端午前后，娘家给女儿送礼物，同时通过新娘给亲家母、女婿等送礼物，表示家庭和睦。所送礼物：给女婿衣服，给亲家母鞋。有的送粽子、麻花、包子等食品。一般人家送一年，有钱之家送三年。中秋节，男女亲家互送月饼和水果。

童养媳 封建社会存在童养媳。正式结婚日（多在除夕），俗称“成发”，一般不待人。寡妇改嫁，不迎不娶不见红日。1949 年后，废除童养媳陋习，招婿入赘亦不受歧视。

婚仪 拜天地时置“满斗”等迷信程序后来被剔除，多挂红旗。婚礼程序一般为：证婚人、介绍人讲话，新郎、新娘介绍恋爱经过。近年来亦有“五一”“国庆”“元旦”集体举行婚礼者。随着城乡经济的逐渐繁荣，婚礼中，讲排场、摆阔气、铺张之风日盛。

第二节 丧葬

人亡后着寿衣，打破一孔窗户纸，扶尸门板上，停于后炕，杀“倒头鸡”，头下点灯、上香、烧纸致祭，子女放声哭号。富有之家雇吹鼓手打“倒头鼓”，吹“倒头号”。贴“殃状”于街门外，讣告乡里。孝子重孝至“人主”家稽首报丧。晚，族人提灯同往庙宇或十字街口烧纸。

入殓 次日黄昏，移尸置棺中，随后尸体上蒙红布，虚掩棺盖，停柩于堂屋。亡者用过的枕头扯口置于棺下前方，供一碗清水，内放三根棉球棍。长子用舌或棉球为死者擦眼睛，谓之“开光”。灵桌置供品，点长明灯。下置一瓦盆，以备烧纸用，称为“丧盆”或“窑纸盆”。亲友、族人、乡邻前往灵前烧纸吊唁。第二日晚烧夜纸时，给至亲一顶孝帽，称之为“破孝”，意为邀请参加丧礼。死者亡日起，每七天为“一七”，逢七日祭奠至“七七”。

油材 三日后，人主及至亲瞻过死者遗容后，盖棺钉“银锭”，油画棺木，赶制纸扎。纸扎有“引魂幡”“备生堂”“童男女”“聚宝盆”“摇钱树”等，20 世纪 80 年代以来也有做“小轿车”“电视机”等现代家用电器的。近年来兴起送鲜花花圈，富有之家请僧道修佛事、做道场，有的一连五天，直至埋葬。

头七 埋葬亡者一般在头七之日，亦有因故推迟的，也有三天、五天草草埋葬的。有的为等游子，或忌“天坑”，长至逾月经年。埋葬前一日，大宴宾客，称为“待人”。至亲送礼，称为“祭”。祭分三种，家祭（族人送，12 个小馍馍和几碗素菜）、干祭（亲友送，面粉若干，猪头 1 个及布料 1 块）和大祭（女儿、人主、亲家送，用面粉制做馍馍、松花、麻花、馓子、拨吊馍 5 种食品，称五楼大祭，每种 12 个，外加猪头、麻纸、布料等）。亲友送“祭”，孝子均在村外迎接，称为“接祭”，富有之家雇鼓匠陪同迎接。祭品放置灵前，女儿、媳妇在灵前陪哭。中午，蒸毕糕，孝子及亲友均跪于院中行礼，称为“烧窑道纸”，后大宴宾客。夜，富有之家雇鼓匠，抬祭品及亡者遗像，孝子披麻戴孝，手拄丧棒，沿主要街道吹奏，称为“散灯”。之后女、婿及至亲轮番邀鼓匠吹奏，超度亡灵，称为“做道场”，至次日出殡。

发引 埋葬日称为“发引”。五更，孝子先以红布将棺材帮底擦摩干净，另将棺稍作移动，谓之“移灵”。随即长媳用笤帚从灵前倒退着扫路至街门外，谓之“开道”，后近族人女眷（称为孝子）哭泣于灵前，谓之“吵灵”。天明出殡，堂前“斩碗”，街门口烧亡者枕头。棺以杠抬或车拉，长子执绋拉灵，长孙打“引魂幡”前行，女眷蒙面在灵后哭泣送殡。灵柩至主要道口，女儿、人主家或亲友拦棺路祭，称为“起棺”，一般为摆供、烧纸、做道场。随后将棺运往墓地下葬。一路由女婿撒纸钱。下葬讲究时辰，棺前放“衣饭钵子”，人主先埋第一锹土，随后众人同埋，埋到地平敛成圆锥状坟堆，“引魂幡”插于坟头，纸钱焚烧于坟头前，纸扎、花圈等焚烧于坟旁。

复三 葬后三日，子、媳、女、婿至坟前祭奠，并于坟前埋入砂锅、杂粮等物，意为死者“安家”，称为“复三”。近年来多在次日。

丧葬之俗从古一直沿续至今，所不同者，20世纪80年代办丧事较以前铺张，大有借办丧事显示富有之势。60年代前，办丧事雇鼓匠者极少，“文化大革命”中基本禁绝，并废掉接祭等部分旧仪式。近年来，办丧事一般均雇鼓匠，最多同时雇数班。不雇鼓匠者往往被人耻笑。竖墓碑、砌砖碹墓开始盛行。丧事的铺张与简约视经济情况而定，富者能铺张，尽力为之。贫者极力简约，可以简到不举行任何仪式。

本县丧葬均为土葬，一般埋深在3米左右。死于县境内无火葬先例。县人或有火葬者，皆是多年在大城市居住的。丧葬墓地，20世纪60年代前，多为一家或一族为一块，零星分布，杂草丛生，占用了大量的可耕地。70年代，在进行大面积农田林网建设的同时，对规划区域内的大部分墓地进行清除，各村在离村较远的荒滩、林地规划一两块墓地，虽不能称为公墓，但较以前乱占耕地有所进步，事实上已成公墓了。

第三节 喜庆

坐月子 妇女生育，俗称“坐月子”，多请“老娘婆”操劳助产。产后街门外挂一红布条，表示有“坐月子”的，告知人们，入院先通报，好将孩子抱起，以免“踩”着孩子。产后男子马上到岳父家去报喜，并接外母娘到家侍候产妇。月子里，产妇喝红糖水，忌硬食，以小米稀饭、馒头为主。产妇未下奶，请人代为婴儿“开奶”。生第一个孩子的全部用品：枕头、荞麦皮小尿褥、衣服、尿布全由姥姥置办。产后三天，请“老娘婆”为婴儿洗澡，称为“洗三”。洗毕穿姥姥带来的衣裳。有钱之家雇鼓匠吹打，宴请亲友，称为“过三天”。三天后，亲友女眷陆续携礼（鸡蛋、红糖等）看望产妇表示慰问。十二天，娘家亲友女眷带馍馍、红糖或白面、鸡蛋、童衣及锁线，前往祝贺。一般家庭生头胎，十二天多宴请亲友，称为“小满月”。满三十天，称为“满月”。不过十二天者过“满月”，请客吃油糕。满月后，产妇携婴儿随母回娘家住一段，时间长短不一，一般为一月左右。

过百岁 婴儿出生百天，一般人家皆宴请亲朋，称为“过百岁”，亲朋送适时衣服、布料和锁线，姑姑和姨姨另外分别送鞋和袜子。所送婴儿鞋，午饭前放笼里蒸少许，称为“赶嘴鞋”，意为走到哪里都有吃的。殷实之家也有雇鼓匠的。

婴儿满周岁，一般人家吃松花、寿桃、馍、油糕，为婴儿“过生日”。富有人家雇鼓匠吹打，并大宴宾客。亲友送小孩适时衣服及红锁线。20 世纪 80 年代以后兴吃蛋糕、点蜡烛等。

圆锁 小孩子 13 岁（虚岁）生日，多数宴请亲友，称为“圆锁”。亲友送礼多为被面及布料。近年来过“圆锁”的规模越来越大。送礼以礼金为主，且数额越来越大。

祝寿 人过六旬，子女方给祝寿，俗称“过生日”. 以往大多数人家不重视，多数在寿日（生日前一天）吃一顿面条，称为“长寿面”，生日吃油炸糕。极少富有之家祝寿大宴宾客。20 世纪 80 年代以后，祝寿之风渐盛，多在老年人“逢九”之年举行，或整十之年举行，祝寿只限于自家，宴请亲友者较少。祝寿时也效仿西方置蛋糕、点蜡烛。

上梁 建新房，族人及亲友均要主动帮忙，称为“穿工”。上梁日，皆贴红对联，中檩必贴“太公在此”“诸神退位”“上梁大吉”等横批，堂屋中檩挂红布。上梁毕，放爆竹和鞭炮，众人围聚一起喜食敬神后的小馍馍。中檩上红布取下赐给木匠。届时亲友皆携礼祝贺或帮忙，称为“扶梁”，主家设宴酬宾。主人入住新房，至亲携礼祝贺，称为“暖房”。正月，村中娱乐班为其“贺喜”。

乔迁 县人乔迁新居，均吃油糕庆贺。故有“搬房不吃糕，一年搬三遭”之俗谚。

第五章 岁时 节日

第一节 传统节日

接神 亦称参神。岁时正月初一，五更即起，衣冠换新，发火龙，点香烛，放爆竹，拜神祭祖，恭喜祈福，谓之“接神”。喝红糖水，预祝新的一年幸福甜蜜；火龙上烤馍馍吃，消除一年灾难；合家吃“接气饺”，迎接岁首喜气盈门；炉灶内接旺火炭，预示新的一年家庭兴旺、财源茂盛。后合家围坐一起，吃葵花籽、糖块、大豆、水果等食品，共庆团圆。此时长辈给新妇和小儿分压岁钱。初一早饭后，青年男女及新妇到至亲家中拜年，长辈给新妇压岁钱。午后至亲往新妇家中约定吃请时间。是日，有的家庭吃素忌荤，多数家庭不忌荤吃水饺，有两三个饺子内包铜钱（今改为镍币），谁吃出预兆谁是年有福。1949 年后，逐渐摒弃了参神等一些封建迷信仪式，但仍兴拢火龙、放爆竹，祭祖先多数家庭尚还保留。

迎喜神 正月初二，祭财神，迎喜神。县城各家宴请女儿女婿。

破五 正月初五，称“破五”“五穷日”。是日多吃油糕或包子，意为填穷窟。

开张 正月初六，店铺开门营业，农工各行其事，开始出门远行。

八仙日 正月初八，称“八仙日”，八仙庆寿，各家致祭，家家吃黄糕熬肉。

十指日 正月初十，称“十指日”，有“十指日，圪疙瘩吃一日”之俗，家家吃面扒股，这一日妇女忌做针线活。

元宵节 正月十五元宵节，从正月十四日开始，至十六日结束，城乡张灯结彩，多数人家街门外拢火龙，村村组织鼓子秧歌、高跷、车灯、船灯，聚集街头闹“红火”，每晚均至深夜，男女老少熙熙攘攘，鼓乐喧天，欢声笑语不绝。有的村镇于元宵节前后唱戏、放焰火。1949 年后，乡村中的“红火”进县城表演，到有关单位贺喜，故有些村庄从初十就开始闹“红火”。县城各机关亦于此三日张灯结彩，拢火龙，搞政治时事宣传，开展各种娱乐活动。十五日中午，户户做油炸谷穗、黍穗状糕吃，预祝丰年。晚，西关近10米高的大火龙点燃后，县城游人围火龙顺转三圈，倒转三圈，意在消灾。

送亡 正月十六日，早饭后，县城居民游城墙在城墙上走一圈可观赏风光。午饭后，城乡多数家庭摆供焚香，祭奠祖先亡灵。黄昏，各家提灯笼往郊外送祖先亡灵，谓之“送亡”。

小添仓 正月二十日，称“小添仓”，用炉灰在院中撒一圆圈，中间用砖垒一小室，谓之“套窖”，内撒五谷杂粮，焚香点灯碗，意祈丰收（夏收）。

老添仓 正月二十五日，称“老添仓”，祭祈形式同“小添仓”。意祈秋收。

引钱龙 二月初二，清晨各家担水，边走边淋洒于路，回家倒入水瓮，名曰“引钱龙”。用豆腐为头、葱叶为角、两个糖干炉掏空放鸡蛋作眼、麻花为身、面条作尾，摆成龙状，以核桃壳盛油点灯，置于瓮盖上，供祭。是日男子多剃头，称“剃龙头”。

清明节 家家上坟祭祖，添坟（坟堆上添土）。新中国成立后，干部和学生于清明之日给革命烈士扫墓。

庙会 三月十八日，为蔡伦诞辰，纸房公推会首，在东关北阁龙王庙祭祀、唱戏。1949年后无此举。

四月初八，东关南庙（奶奶庙）盛会三天。家家为未成年的孩子做纸幡焚烧，有的烧香摆供还愿，祈求三圣母保佑子女平安。今无。

五月十三日，县城关帝庙会。

六月初六，县城菜农摊钱在龙王庙集会、唱戏，将一人扮“胡官”，暴晒于庙屋顶上。散戏后，放“胡官”逃于郊外，众人呼喊驱打，以示驱逐虫害。今无此举。多数人家晒衣冠、书籍，然后将皮衣封糊于瓮中。

六月二十三日，县城火龙王庙会。

祭药王 四月中旬至二十八日，医家药店竭诚奉祭药王。今无。

端午节 农历四月的最后一天，家家门窗上贴朱符、艾虎、纸鸡。小儿颈上及手脚腕系“五色线”，衣服背部戴五色纸编的八宝符及艾叶，幼女于胸前佩戴用布及彩线制做包有地椒（香料）的小鸡、葫芦、彩菱等物。五月初五这天，煮艾叶汤沐浴，饮雄黄酒或涂雄黄酒于儿童耳鼻，以驱避毒虫。是日兴吃粽子、麻叶、凉粉、凉糕等。

中元节 七月从初一至十五日，外地游子归故里，合家出动，上坟祭祖扫墓。供瓜果食品、烧金银纸钱于墓前。妇女哭于墓侧。祭毕，坟头放几支高粱、谷子。乡村多在上午扫墓，县城多在下午扫墓。

中秋节 八月十五日，俗称“团圆节”。节前家家忙打月饼。同时备两个较大月饼，一名“日光爷”，一名“月光爷”。中午、晚上分别祭日、祭月。晚饭前，全家团聚后，将西瓜雕成形似花篮、荷花、元宝等形状同月饼、水果等一并供院中祭月。供毕，“日光爷”“月光爷”均按家中人数等分，忌切单数，不送外人。节后，亲友互赠月饼和水果，表示节日祝贺。

鬼节日 十月初一,俗称“鬼节日”,家人以彩色纸制作纸衣冠裙带及鞋子，于村口烧化，为亡者“送寒衣”。乡间晚上吃“炒豆”，称“崩鬼豆”，妇女在街上哭已故至亲。

冬至 民国时期,学校师生在书房聚餐。西部山区农村专门请女婿吃饺子，称“过冬”。开煤窑者停工，工人放假，称“歇窑”。

腊八 农历十二月初八俗称“腊八”。从河里打冰，浸豇豆、小豆，并掺小米、红枣等做红稠粥，称为“腊八粥”。太阳未出宫就吃，意为不娶红眼媳妇，忌吃腌菜，只吃烩豆腐、山药条、黄豆芽热菜。剩下红稠粥要匀在初九、初十吃，称为“红三天”。

小年 农历十二月二十三日，俗称“小年”。家家吃麻糖（米熬制的糖）。晚上，设麻糖、清水、草料祭灶。祈灶神上天“好话多说，赖话少说”。住娘家的新媳妇回婆家，娘家给婆家送麻糖。是日后，家家修缮炉灶，扫舍刷壁，拆洗被褥，揩擦家什，糊新窗户，蒸煮年饭，购置年货，宴请先生，清还债务，准备过年。

除夕 洒扫庭院、巷道，贴诸神像，贴春联，挂彩吊，挂灯笼，拢火龙，担水。黄昏，敞开家门、院门，男子提灯笼至郊外请祖宗亡灵回家过年，并于堂屋设桌，掌灯，焚香供祭，俗称为“请亡”。从除夕至正月十六日，除常设供品外，每日三餐，均先将饭食夹一些供祭。晚，阖家团聚，剥吃猪头（或羊头），啃猪蹄（或羊蹄），吃面条。入夜后，家家通宵不熄灯，谓之“熬年”，迎接新春。21世纪以后，所有上述传统节日之习俗均已发生很大变迁，有的已自然消失。

第二节 公历节日

公历节日 元旦、“三八”妇女节、“五一”国际劳动节、“五四”青年节、“六一”国际儿童节、“七一”中国共产党成立纪念日、“八一”中国人民解放军建军节、九月十日中国教师节（1985年始）、“十一”中华人民共和国成立纪念日等，是日，县城均举行各种形式的纪念和庆祝活动。

法定节假日 现行法定节假日合计有11天。分别是：元旦：规定在1月1日放假1天；春节：规定在农历除夕至正月初二放假3天；清明节：规定在清明当日放假1天；劳动节：规定在5月1日当日放假1天。端午节：规定在端午当日放假1天；中秋节：规定在中秋当日放假1天；国庆节：规定在10月1日至3日放假3天。一般在放假时国家会考虑临近的双休日一块安排休息。

第三节 其他节日

受外来文化的影响，2000年以后，县人亦兴起过情人节、母亲节、父亲节、圣诞节等洋节日。县城各商家利用这些节日大搞商品促销活动。如12月24日的“平安夜”，商家到学校销售苹果，一只苹果要价可达10元。在情人节时，花店的玫瑰花销路颇好。在“愚人节”时，一些年轻人也有学着洋人的法儿搞些恶作剧的，不过人们对此颇有异议。人们尤其是小孩子过生日时候，都要订制生日蛋糕，点蜡烛，许愿，吹蜡烛，还要唱“生日快乐”歌，然后大家分蛋糕吃。这种做法还是被多数人接受了。

第三十二编

方言 谣谚

第一章 方 言

怀仁方言以城内、东西关三个街的语言为代表，包括云中镇其它村落（秦城除外）以及何家堡乡、新家园乡、亲和乡、海北头乡语言基本是一致的，只是毛皂镇、马辛庄乡、河头乡这些地区，受大同方言的影响，声调上有些差异。而金沙滩话略带山阴口音，吴家窑话又有左云口音。怀仁方言的显著特点就是去声字是中升调[24]，而儿化后念成高降调［53］，和上声调值相同。如眼镜儿[iæ^{53}tɕiəŋr$^{24—53}$]。另外，怀仁话缺失声母 tʂ、tʂ‘、ʂ 和韵母 ən，在普通话中发音各不相同的森 sən 深 ʂən 僧 səŋ 生 ʂəŋ 四个字，在怀仁话中都读为僧的音，村 ts‘un 春 tʂ‘un 葱 ts‘uəŋ 冲 tʂ‘uəŋ 在怀仁话中都读为葱的音。

第一节 语 音

一 声 母

声母 19 个

p 布步	p‘ 怕盘	m 门帽	f 飞冯
t 到道	t‘ 太同	n 南案	1 路吕
ts 糟招	ts‘ 仓昌	s 散扇	z 软闰
tɕ 精经	tɕ‘ 清丘	ɕ 修休	k 贵共
k‘ 跪葵	x 化花	ø 衣乌弯元	

［说明］

1.［n］和开口呼、合口呼韵母相拼时是［n］，和齐齿呼、撮口呼韵母相拼时是［ȵ］。

2.零声母〔Ø〕只能和齐齿呼、撮口呼、开口呼的韵母相拼。和合口呼的韵母相拼时，逢〔u〕韵，有时读作〔vu〕，逢以〔u〕开头的韵母，〔u〕有时读作〔v〕。在相同的环境里，〔v〕和〔u〕可以自由变读，不区别意义。

二 韵 母

韵母 35 个（儿化韵在外）

a	巴爬	ia	家架	ua	夸花	ɤ	遮蛇
uɤ	波过	ɿ	资知	i	第地	u	朱故
y	雨虚	ɛi	盖倍	uɛi	怪桂	ɔu	饱保
iɔu	条标	əu	斗丑	iəu	丢流	æ	竿含
iæ	间衔	uæ	短酸	yæ	权圆	ɒ	党光
iɒ	讲良	uɒ	汪忘	əŋ	根庚	iəŋ	心星
uəŋ	温翁	yəŋ	勋胸	aʔ	割伐	iaʔ	接别
uaʔ	刮或	yaʔ	缺绝	əʔ	福直	iəʔ	急席
uəʔ	出独	yəʔ	足俗	ər	耳而		

［说明］

1. 韵母［ɤ］和声母［ts，ts‘、s、z］相拼时，前面略带［ɿ］音；和其他声母相拼时，有复元音趋势，和［ɤʌ］相近；在［uɤ］中，唇形要展些，近于［o］。

2. ［ɛi］［uɛi］里的［i］介于［e］与［i］之间，有的人近于［e］，有的人为［i］。

3. ［ə］在韵母［əu］里，比央元音［ə］稍后，介于［ɯ］与［ɤ］之间，和声母［k、k‘、x］相拼时，尤为明显。如怀仁话的“口”字读音，近于英语字母 Q 的读音。

4. [æ]在韵母[æ][uæ]里是[æ]，在韵母[iæ][yæ]里是[ɛ]。

5. [uɒ]韵母字，除了零声母外，老年人都读作[ɒ]，中年人有时读作[ɒ]，有时读作[uɒ]，青年人则都读作[uɒ]。本志照老年人读音记作[ɒ]。

6. 韵母[ɒ][iɒ][uɒ][æ][iæ][uæ][yæ]里的主要元音，有时有微弱的鼻化音，因人而异，时有时无。

7. 韵母[əŋ]念阳平、上声或去声时，[ŋ]往往脱落，变成[ɤ̃]韵尾。

8. 韵母[uəŋ]里的[ə]接近于[o],[ŋ]脱落，变成[ɤ̃]韵尾，念成[uoɤ̃]，老年人更加明显。

9. 韵母[yəŋ]里的[ŋ]脱落，变成"ɤ̃"韵尾.(注:[ɤ̃]为[ɤ]的鼻化)

三　声　调

单字调 5 个

阴平　42　诗梯方天初昏胸

阳平　312　时题房田锄魂雄

上声　54　使体碗晚比米九有

去声　24　是试事付妇附汉旱汗

入声　ʔ34　识石八发拨失实

[说明]入声较短促，带有喉塞音[ʔ]尾，调值不稳定，带子尾时往往念成 32，如尺子。各声调的调值除了音高的区别外，音长也有区别。阳平、去声的音长较长，阴平、上声的音长较短，而入声的音长更短。后面标音中阴平为 31,阳平为 313，上声为 53，入声为 ʔ43，由于技术原因未作处理。

连读变调

非叠字两字组，有的前字变调。

1. 阴平和阴平相连，前字变 313 调，与阳平同调。

阴天 iəŋ$^{31-313}$ t‘iæ^{31}　　风沙 fəŋ$^{31-313}$ sa^{31}

千秋 tɕ‘iæ$^{31-313}$ tɕ̍iəu^{31}　　东西 tuəŋ$^{31-313}$ ɕi^{31} 东和西

2. 阴平和上声相连，前字变 313 调，与阳平同调。

公里 kuəŋ$^{31-313}$ li^{53}　　粳米 tɕiəŋ$^{31-313}$ mi^{53}

军嫂 tɕyəŋ$^{31-313}$ sɔu^{53}　　身体 səŋ$^{31-313}$ t‘i^{53}

3. 上声和上声相连；前字变 313 调，与阳平同调。

洗澡 ɕi$^{53-313}$ tsɔu^{53}　　小产 ɕiɔu$^{53-313}$ ts‘æ^{53}

洗脸 ɕi$^{53-313}$ liæ^{53}　　保险 pɔu$^{53-313}$ ɕiæ^{53}

4. 上声和上声相连，如果后字读轻声，前字多读成阴平。

水土 suɛi$^{53-31}$ t‘u^{20}　　选手 ɕyæ$^{53-31}$ səu^{20}

马虎 ma$^{53-31}$ xu^{20}　　打扫 ta$^{53-31}$ sɔu^{20}

5. 入声和阴平或阳平相连，前字变为短促的半高平调 4。

发酸 faʔ$^{43-4}$suæ^{31}　　八仙 paʔ$^{43-4}$ɕiæ^{31}

北方 piəʔ$^{43-4}$ fɒ^{31}　　国家 kuaʔ$^{43-4}$ tɕia^{31}

刷牙 suaʔ$^{43-4}$ ia^{313}　　发愁 faʔ$^{43-4}$ts‘əu^{313}

喝茶 xaʔ$^{43-4}$ ts‘a^{313}　　出行 ts‘uəʔ$^{43-4}$ ɕiəŋ^{313}

6. 入声和去声相连，前字变成短促的低降调 32(或低升调 23，属于自由变读)。

八字 paʔ$^{43-32}$ tsl^{24}　　一定 iəʔ$^{43-32}$ tiəŋ^{24}

切面 tɕ‘iaʔ$^{43-32}$ miæ^{24}　　七倍 tɕ‘iəʔ$^{43-32}$ pɛi^{24}

叠字组

1. 双音节叠词，前字不变调，后字读轻声，调值为 20，入声读轻声后喉塞音[ʔ]尾消失，有的韵母也相应发生变化，例如:

天天 t‘iæ^{31} t‘iæ^{20}　　家家 tɕia^{31} tɕia^{20}

听听 t‘iəŋ^{31} t‘iəŋ^{20}　　人人 zəŋ^{313} zəŋ^{20}

盆盆 p‘əŋ^{313} p‘əŋ^{20}　　堂堂 t‘ɒ^{313} t‘ɒ^{20}

好好 xɔu^{53}xɔu^{20}　　眼眼 iæ^{53} iæ^{20}

想想 ɕiɒ^{53} ɕiɒ^{20}　　线线 ɕiæ^{24} ɕiæ^{20}

夜夜 iæ^{24} iæ^{20}　　架架 tɕia^{24} tɕia^{20}

说说 suaʔ^{43} sua^{20}　　格格 kaʔ^{43} ka^{20}

七七 tɕ‘iəʔ^{43} tɕ‘iə^{20}

2. 带“的”尾的叠字形容词，前字也不变调，后字变调。“的”读轻声，“的”单字音[tiəʔ^{43}]，读轻声失掉[ʔ]。后字都可以儿化，变调情况分两种：

①阴平、阳平、去声、入声重叠时，重叠后字变为53，和上声同调，例如：

方方儿的 fɒ^{31} fɒr$^{31-53}$ tiə^{20}

粗粗儿的 ts‘u^{31} ts‘ur$^{31-53}$ tiə^{20}

松松儿的 suəŋ^{31} suər$^{31-53}$ tiə^{20}

长长儿的 ts‘ɒ^{313} ts‘ɒr$^{313-53}$ tiə^{20}

甜甜儿的 t‘iæ^{313} t‘iær$^{313-53}$ tiə^{20}

平平儿的 p‘iəŋ^{313} p‘iər$^{313-53}$ tiə^{20}

胖胖儿的 p‘ɒ^{24} p‘ɒr$^{24-53}$ tiə^{20}

细细儿的 ɕi^{24} ɕiər$^{24-53}$ tiə^{20}

重重儿的 tsuəŋ^{24} tsuər$^{24-53}$ tiə^{20}

热热儿的 zaʔ^{43} zar$^{43-53}$ tiə^{20}

湿湿儿的 səʔ^{43} sər$^{43-53}$ tiə^{20}

②上声重叠时，重叠后字变为31，和阴平同调，例如：

饱饱儿的 pɔu^{53} pɔur$^{53-31}$ tiə^{20}

紧紧儿的 tɕiəŋ^{53} tɕiər$^{53-31}$ tiə^{20}

苦苦儿的 k‘u^{53} k‘ur$^{53-31}$ tiə^{20}

满满儿的 mæ^{53} mær$^{53-31}$ tiə^{20}

3. 带“的”尾的双音节叠字作形容词的词尾时，两字都要变调(后字都不儿化)，变调情况分两种：

①形容词为阴平、阳平、上声或入声时，叠字的前字不是去声都变成24，和去声同调，重叠后字都变成53，和上声同调(重叠前

字是去声的不变调)。

干巴巴的　kæ^{31} pa$^{31-24}$ pa$^{31-53}$ tiə^{20}

香喷喷的　ɕiɒ^{31} p‘əŋ$^{31-24}$ p‘əŋ$^{31-53}$ tiə^{20}

灰粗粗的　xuɛi^{31} ts‘u$^{31-24}$ ts‘u$^{31-53}$ tiə^{20}

蓝茵茵的　læ^{313} iəŋ$^{31-24}$ iəŋ$^{31-53}$ tiə^{20}

黄村村的　xɒ^{313} ts‘uəŋ$^{31-24}$ ts‘uəŋ$^{31-53}$ tiə^{20}

沉甸甸的　ts‘əŋ^{313} tiæ^{24} tiæ$^{24-53}$ tiə^{20}

冷清清的　ləŋ^{53} tɕ‘iəŋ$^{31-24}$ tɕ‘iəŋ$^{31-53}$ tiə^{20}

粉嫩嫩的　fəŋ^{53} ləŋ^{24} ləŋ$^{24-53}$ tiə^{20}

懒洋洋的　læ^{53} iɒ$^{313-24}$ iɒ$^{313-53}$ tiə^{20}

黑油油的　xəʔ^{43} iəu$^{313-24}$ iəu$^{313-53}$ tiə^{20}

黑洞洞的　xəʔ^{43} tuəŋ^{24} tuəŋ$^{24-53}$ tiə^{20}

②形容词为去声时，叠字的前字不是阳平都变成313，和阳平同调，重叠后字不是上 声都变成53，和上声同调(重叠前字是阳平的不变调，后字是上声的也不变调)。

汗津津的　xæ^{24} tɕiəŋ$^{31-313}$ tɕiəŋ$^{31-53}$ tiə^{20}

慢腾腾的　mæ^{24} t‘əŋ^{313} t‘əŋ$^{313-53}$ tiə^{20}

笑嘻嘻的　ɕiɔu^{24} ɕi$^{31-313}$ ɕi$^{31-53}$ tiə^{20}

儿化词

阴平、阳平、上声儿化后不变调。去声儿化后变53，和上声同调。

盖儿　kər$^{24-53}$　　印儿　iər$^{24-53}$

位儿　uər$^{24-53}$　　门缝儿　məŋ^{313} fər$^{24-53}$

入声儿化后喉塞音[ʔ]尾消失，调值变为313，和阳平同调。

格儿　kar$^{43-313}$　　桌儿　tsuar$^{43-313}$

四 儿 化

怀仁方言的儿化，和普通话相似，往往表示小的意思。如“鸡”

指大鸡，“鸡儿”指小鸡，由小的意思引申出爱的意思，如花儿，画儿。儿化还表示尊敬，如他儿是他的敬称。许多词的儿化，完全是一种习惯，如盒儿，作者儿。

儿化韵母 22 个

ar	刀把儿	iar	本家儿	uar	香瓜儿	yar	月儿
ər	树根儿	iər	杏儿	uər	门洞儿	yər	短裙儿
ur	小兔儿	ɔur	羊羔儿	iɔur	面条儿	əur	后儿
iəur	小牛儿	ɒr	缸儿	iɒr	鼻梁儿	uɒr	麦芒儿
ær	床单儿	iær	刀片儿	uær	拐弯儿	yær	花卷儿
ɤr	平车儿	uɤr	挪窝儿				

韵母儿化后演变情况

1. 主要元音变介音，后加[ər]。

i—iər 梨儿[liər^{313}]　　y—yər 小鱼儿[ɕiɔu^{53} yər^{313}]

锅底儿[kuɤ$^{31-313}$ tiər^{53}]　　驴驹儿[ly^{313} tɕyər^{31}]

2. 主要元音不变，后面加卷舌作用[r]。

a—ar 刀把儿[tɔu^{31} par$^{24-53}$]　　ɔu—ɔur 羊羔儿[iɒ^{313} kɔur^{31}]

树杈儿[su^{24} tsʻar^{53}]　　长袍儿[tsʻɒ^{313} pʻɔur^{313}]

ia—iar 虾儿[ɕiar^{31}]　　iɔu—iɔur 树苗儿[su^{24} miɔur^{313}]

豆芽儿[təu^{24}iar^{313}]　　烫面饺儿[tʻɒ^{24} miæ^{20} tɕiɔur^{53}]

ua—uar 花儿[xuar^{31}]　　əu—əur 衣兜儿[i$^{31-313}$ təur^{31}]

线袜儿[ɕiæ^{24} uar$^{24-53}$]　　炒豆儿[tsʻɔu$^{53-31}$ təur$^{24-53}$]

ɒ—ɒr 缸儿[kɒr^{31}]　　iəu—iəur 小牛儿[ɕiɔu^{53} niəur^{313}]

炕黄儿[kʻɒ^{24} xɒr^{313}]　　小刘儿[ɕiɔu^{53} liəur^{313}]

iɒ—iɒr 鼻梁儿[pi^{313} liɒr^{313}]　　u—ur 数儿[sur$^{24-53}$]

鞋样儿[ɕiæ^{313} iɒr$^{24-53}$]　　小猪儿[ɕiɔu^{53} tsur^{31}]

uɒ—uɒr 麦芒儿[mɛi^{24} uɒr^{313}]

3. 主要元音变成[ə]，后加卷舌作用[r]。

l—ər 办事儿[pæ^{24} sər$^{24-53}$]

肉丝儿[zəu^{24} sər^{31}]

4. 复元音[εi]变单元音[ə]，后面加卷舌作用[r]。

εi—ər 杯儿[pər^{31}]　　uεi—uər 味儿[uər$^{24-53}$]

壶盖儿[xu$^{313-31}$ kər^{31}]　　一块儿[iəʔ^{43} k‘uər$^{24-53}$]

5. 鼻尾韵的辅音韵尾消失，换成卷舌作用[r]。

əŋ—ər 树根儿[su^{24} kər^{31}]　　uəŋ—uər 酒盅儿[tɕiəu^{53} tsuər^{31}]

书本儿[su$^{31-313}$ pər^{53}]　　打滚儿[ta$^{53-313}$ kuər^{53}]

iəŋ—iər 明儿[miər^{313}]　　yəŋ—yər 小裙儿[ɕiɔu^{53} tɕ‘yər^{313}]

脚印儿[tɕyaʔ^{43} iər$^{24-53}$]　　随群儿[suεi^{313} tɕ‘yər^{313}]

6. 入声韵的喉塞音[ʔ]尾消失，换成卷舌作用[r]。

aʔ—ar 阁儿[kar$^{43-313}$]　　əʔ—ər 一刻儿[iəʔ$^{43-4}$ k‘ər^{20}]

没法儿[məʔ$^{43-4}$ far$^{43-313}$]　　iəʔ—iər 隔壁儿[tɕia^{43} piər$^{43-313}$]

iaʔ—iar 蝴蝶儿[xu^{313} tiar$^{43-313}$]　　uəʔ—uər 儿[tuər$^{43-313}$]

小鸭儿[ɕiɔu^{53} iar$^{43-313}$]　　一束儿[iəʔ$^{43-4}$ suər$^{43-313}$]

uaʔ—uar 戳儿[ts‘uar$^{43-313}$]

小桌儿[ɕiɔu^{53} tsuar$^{43-313}$]

yəʔ—yər 小曲儿[ɕiɔu^{53} tɕ‘yər$^{43-313}$]

黑个撅儿[xəʔ$^{43-32}$ kɤ^{43} tɕyər^{31}]

yaʔ—yar 正月儿[tsəŋ^{31} yar$^{43-20}$]

豆角儿[təu^{24} tɕyar$^{43-313}$]

五　轻　声

怀仁方言的轻声，出现频率很高。有的具有区别词义的作用。

烧酒[sɔu^{31} tɕiəu^{53}]指酿酒，烧·酒[sɔu^{31} tɕiəu^{20}]指白酒，前者是动词，后者是名词。

滚水[kuəŋ$^{53-31}$ suεi^{53}]指烧开水，滚·水[kuəŋ$^{53-31}$ suεi^{20}]指开水，前者是动词，后者是名词。

本事[pəŋ^{53} sl^{24}]指事情的本末，本·事[pəŋ^{53} sl^{20}]指本领。

东西[tuəŋ$^{31-313}$ ɕi^{31}]指东边和西边，东·西[tuəŋ^{31} ɕi^{20}]指事物。

大多数双音词的第二个音节只是按习惯读成轻声。助词和名词词尾“子”一般读轻声。

怀仁方言轻声的音高，同前一个音节的声调关系不大，一般读半低调，标作[20]。如阴天、晴天、雨天、雾天、雪天。但当前一个音节是入声，助词的、得、了、呀、啦做词尾和名词“子”尾读轻声时，一般读半高调，标作[40]。如吃啦、桌子、湿的，同时前入声字声调也由[43]降为[32]。

轻声有时会引起韵母变化。如“坐上火车上大同”中的第一个上字读轻声时，韵母由[ɒ]变为[ɤ]；“三块砖”中的块读轻声，韵母由[uɛi]变为[uəŋ]。入声韵念轻声时喉塞音[ʔ]消失，[əʔ][uəʔ]变成[ɤ][uɤ]，[iəʔ][yəʔ]变成[iə][yə]。

第二节　怀仁话与普通话比较

一　声母比较

怀仁话声母和普通话声母比较，有5个明显差别。

1. 普通话的声母有二十二个，怀仁话的声母只有十九个，比普通话声母少了三个。这是因为怀仁话没有[tʂ、tʂ‘、ʂ]三个声母，普通话里声母是[ts，ts‘、s]和[tʂ、tʂ‘、ʂ]的字，怀仁话分别都念成[ts，ts‘、s]。如：

“资、租、糟，赃、增、泽”等字在普通话里声母是[ts]，“支、朱、招、张、争、哲”等字在普通话里声母是[tʂ]，在怀仁话里，声母都是[ts]。

“慈、粗、操、仓、层、策”等字在普通话里声母是[ts‘]，“持、初、超、昌、程、彻”等字在普通话里声母是[tʂ‘]，在怀仁话里，声母都是[ts‘]。

“私、苏、臊、桑、僧、涩”等字在普通话里声母是[s]，“诗、书、少、商、声、设”等字在普通话里声母是[ʂ]，在怀仁话里，声母都是[s]。

2. 怀仁话里有少数声母是[ts]的字，在普通话里念[ts‘]或[tʂ‘]。如："此、疵、次、刺"和"痴、齿、翅、眵"，在怀仁话里声母都是［ts］，但在普通话里，"此、疵、次、刺"的声母是［ts‘］，"痴、齿、翅、眵"的声母是[tʂ‘]。

3. 怀仁话里有少数声母是[s]的字，在普通话里念[ts‘]。如："辞、祠、词、赐"等，在怀仁话里声母都是［s］，但在普通话里都念成[ts‘]。

4. 怀仁话里声母是[z]的字，在普通话里都念[ʐ]。如："惹、日、如、儒、汝、乳、褥、蕊、锐、芮、瑞、扰、绕、肉、然、燃、软、阮、瓤、穰、壤、嚷、攘、让、扔、任、壬、人、仁、忍、韧，认、仍、戎、绒、茸、闰、润、热、若、弱、入、辱"等，在怀仁话里声母都是[z]，但在普通话里声母都是[ʐ]。

5. 怀仁话里有些声母是[n]的字，在普通话里念零声母。这一部分字不论在怀仁话里 还是在普通话里韵母都属于开口呼，即韵母不是[i、u、y]或以[i、u、y]开头的字。如："蛾、鹅、饿、讹、袄、奥、懊、傲、熬、欧、偶、藕、沤、安、鞍、案、暗、岸、肮、昂、鄂、扼、恶"等，在怀仁话里声母都是[n]，在普通话里都是零声母。只有韵头是齐齿音 i 的硬[iəŋ]字在怀仁话里读[niəŋ^{24}]，是一个例外。

除了上述五点外，怀仁话声母和普通话声母大致相同。

怀仁话	普通话	例　字
p	p	巴波比补鳔扮变棒败
p‘	p‘	坡批皮普派炮票盼骗
m	m	妈馍迷模埋毛苗馒眠
f	f	乏佛飞府费伏贩法风
t	t	打多低都呆刀雕单颠
t‘	t‘	他拖体土泰套跳摊天
n	n	拿你努内闹尿难念宁
l	l	罗礼鲁卢牢料兰脸力

tɕ	tɕ	江今挤举卷揪叫借甲
tɕʻ	tɕʻ	枪侵起娶劝秋俏欠掐
ɕ	ɕ	箱心洗许楦休笑限瞎
k	k	瓜锅龟古盖告够光耿
kʻ	kʻ	夸科亏苦开靠扣筐恳
x	x	花火灰虎害浩厚荒痕
ø	ø	牙亚窝依五鱼忧万温

二 韵母比较

怀仁话和普通话韵母之间的关系比较复杂，大致有以下几种情况：

1. 怀仁话的韵母和普通话的韵母基本一样，如，怀仁话韵母是[a、ia、ua、ɤ、y]的字，在普通话里韵母也分别是[a、ia、ua、ɤ、y]。

怀仁话	普通话	例 字
a	a	巴爬马乏打拿拉杀茶
ia	ia	家假架虾辖下夏牙雅
ua	ua	爪抓夸跨花滑画蛙瓦
ɤ	ɤ	遮车扯赊舍蛇射社惹
y	y	吕居蛆娶女虚徐鱼雨

这种情况对怀仁人学习普通话最为方便。

2. 怀仁话的韵母和普通话的韵母，虽然具体念法不一样，但有明确的对应关系。如：怀仁话韵母是［uæ、ɔu、iɔu、iəu、iɒ、uɒ］的字，在普通话里韵母分别是[uan、au、iau、iou、iaŋ、uaŋ]。

怀仁话	普通话	例 字
uæ	uan	端团乱专川酸软观宽欢弯
ɔu	au	包跑毛刀掏脑劳遭矛梢扰
iɔu	iau	标飘苗雕条疗交敲鸟消妖

iəu	iou	丢溜柳揪久就丘牛休优友
iɒ	iaŋ	良娘浆枪墙箱祥橡洋养样
uɒ	uaŋ	汪王亡芒枉网往忘望旺妄

3. 怀仁话一个韵母，在普通话里念成几个韵母，但其中有一个为主，其他韵母只有少数字。如怀仁话里韵母是［i、u、æ、uaʔ、yaʔ、iəʔ、uəʔ、yəʔ］的字，在普通话里多数韵母分别是［i、u、an、uo、ye、i、u、y］，只有少数字除外。

怀仁话	普通话	例　字
i	i	比迷帝题你犁鸡妻西依
	ei	眉楣
	ie	携
u	u	补普夫赌徒奴鲁粗租苏如姑
	ou	否谋
æ	an	班盘满烦丹炭安难兰沾衫甘
	uan	暖鸾栾乱
uaʔ	uo	夺铎脱托洛昨桌捉绰说郭国
	ua	刷刮
yaʔ	ye	绝决诀角掘缺雪血越阅岳月
	ie	劣猎
iəʔ	i	碧僻蜜踢立力集级吉积击
	ei	北
	ɤ	得的德
uəʔ	u	独督突竹族出束入骨谷哭勿
	uo	做霍藿
yəʔ	y	菊掬鞠曲蓄橘
	u	足俗肃

4. 怀仁话一个韵母，在普通话里念成几个韵母，而这几个韵母又都有一系列字。

怀仁话　　普通话　　例　字

uɤ	ɤ	俄鹅蛾俄讹科可课贺
	o	波菠脖跛颇婆破馍磨佛
	uo	多朵拖妥罗坐搓锅过火卧
ɿ	ɿ	资子梓紫字慈斯思丝四
	ʅ	支之指智池施时始是士市事
ɛi	ei	倍背佩配梅媒美妹雷
	ai	败排派埋来灾才菜筛该开孩
uɛi	uei	堆队推嘴吹虽岁瑞闺规回威味
	uai	揣衰帅拐怪快筷怀槐淮坏歪外
əu	ou	抖偷楼漏周搜手
	u	卢炉芦庐卤虏路露鹭
iæ	ian	边偏棉颠天年监俭见钳贤严
	ie	皆阶秸街截姐借介届戒茄且邪
yæ	yan	捐犬圈宣玄选冤员
	ian	练敛恋掀
	ye	靴瘸
ɒ	aŋ	旁忙方党汤郎赃桑商航
	uaŋ	庄装窗双光广筐况荒黄晃
əŋ	ən	奔喷门芬恩针嫩沉身跟恳
	əŋ	崩烹蒙丰腾冷争呈声耕
iəŋ	in	宾贫民林今紧进侵心音
	iŋ	兵平明灵京井敬轻星英
uəŋ	uən	敦盾豚轮尊准村孙闰滚昆昏温
	uəŋ	翁瓮
	uŋ	东董动通桶龙宗总匆嵩戎公汞
yəŋ	yn	均群熏勋训云允韵运熨
	yŋ	穷琼兄雄庸壅拥永用
	uŋ	荣容蓉融
aʔ	a	八法发伐筏答达踏纳蜡眨插擦

	o	泼钵钹勃饽博剥卜驳柏帛抹莫
	ɤ	鄂额扼泽责哲则蔗厕册彻设各
iaʔ	ie	别撇灭跌蝶贴猎烈接洁节妾业
	ia	甲胛押鸭夹恰掐挟瞎
əʔ	u	不瀑腹伏袱服幅复
	ɤ	特勒塞个克赫核
	ʅ	执汁秩直置赤吃十实食

三　声调比较

怀仁话有5个声调，比普通话多一个入声。除入声外，其它调类具体念法(调值)与普通话不一样，但多数有对应关系。

怀仁话	普通话	例　字
阴平42	阴平55	高猪专尊低边安开抽初
阳平312	阳平35	穷陈床才唐平寒良能轮
上声54	上声214	古展纸走短比碗口丑楚
去声24	去声51	近柱厚盖汉共害岸匠趁

怀仁话里念入声的字，在普通话里，有的念阴平，如八、发、七、缺、歇，桌、说、杀、虱、夹等；有的念阳平，如别、伐、独、择、杰、国、十、吉、习、竹、菊等；有的念上声，如雪、甲、尺、北、笔、脊、乞、嘱、谷、渴、乙、属等；有的念去声，如畜、痁、克、立、热、侧、设、寂、祝、月等。

入声字在普通话里有一半以上念去声(怀仁话的入声字，声母是［m、n、l、z］的，在普通话里一般念去声）三分之一以上念阳平，少数念阴平或上声，尤以上声最少。

第三节　词　汇

一

怀仁话		普通话
日头	zl^{24} tʻəu^{20}	太阳
贼星	tsɛi^{313} ɕiəu^{20}	流星
响雷声	ɕiɒ^{53} lɛi^{313} səŋ^{20}	打雷
打闪	ta$^{53-31}$ sæ^{53}	闪电
放虹	fɒ^{24} tɕiaŋ^{24}	出彩虹
冻冰	tuəŋ^{24} piəŋ^{31}	结冰
蛋子	tæ^{24} tsɤ^{20}	冰雹
起风	tɕʻi^{53} fəŋ^{31}	开始刮风
大年	ta^{24} niæ^{313}	春节
八月十五	paʔ$^{43-32}$ yaʔ^{43} səʔ^{43} u^{20}	中秋节

二

怀仁话		普通话
金子	tɕiəŋ^{31} tsɤ^{20}	黄金
银子	iəŋ^{313} tsɤ^{20}	白银
吸铁	ɕiəʔ^{43} tʻia^{20}	磁铁
炭	tʻæ^{24}	煤
炭煤子	tʻæ^{24} mɛi^{53} tsɤ^{20}	煤面
煨炭	uɛi^{53} tʻæ^{20}	无烟煤
白灰	pɛi^{313} xuɛi^{31}	石灰
噜噜尘	lu^{31} lu^{20} tsʻəŋ^{313}	灰尘
温温儿水	uəŋ^{31} uər^{20} suɛi^{53}	不太热的水

三

怀仁话		普通话
村儿	ts ‘uər^{31}	乡村
巷儿	xɒr$^{24-53}$	胡同
黑朗	xəʔ^{43} lɒ^{53}	小巷
尽头巷	tɕiəŋ^{24} t‘əu^{20} xɒ^{24}	死胡同
上房	sɒ^{24} fɒ$^{313-53}$	正房
下房	ɕia^{24} fɒ$^{313-53}$	厢房
仓房	ts‘ɒ^{31} fɒ^{20}	库房
仰尘	iɒ^{53} ts‘əŋ^{20}	顶棚
胡梯圪台儿	xu^{313} t‘i^{31} kəʔ^{43} t‘ər^{53}	台阶
茅厕	mɔu^{313} sl^{20}	厕所
伙房	xuɤ^{53} fɒ^{313}	厨房
窑道	iɔu^{313} tɔu^{20}	烟囱
隔壁子儿	tɕiaʔ^{43} piəʔ^{43} tsər^{53}	邻居

四

怀仁话		普通话
男的	næ^{313} tiə^{20}	男人
女的	ny^{53} tiə^{20}	女人
小子	ɕiɔu^{53} tsɤ^{20}	男孩
女子	ny^{53} tsɤ^{20}	女孩
老汉	lɔu^{53} xæ^{20}	老头儿
大肚女人	ta^{24} tu^{24} ny^{53} zəŋ^{20}	孕妇
大师傅	ta^{24} sl^{20} fu^{20}	炊事员

讨吃子	t‘ɔu^{53} ts‘əʔ^{32} tsɤ^{40}	乞丐
朽猴儿	ɕiəu^{313} xəur^{313}	矮子或指物体小
烂风匣	læ^{24} fəŋ^{31} ɕia^{313}	指生活作风不正派的女人

五

怀仁话		普通话
毑毑	ta^{31} ta^{20}	父亲
妈	ma^{31}	母亲
大爷	ta^{24} iæ^{20}	伯父
大妈	ta^{24} ma^{20}	伯母
叔叔	səu^{31} səu^{20}	叔父
婶婶	səŋ^{53} səŋ^{20}	叔母
老爷	lɔu^{53} iæ^{20}	外祖父
姥姥	lɔu^{53} lɔu^{20}	外祖母
外父	uɛi^{24} fu^{20}	岳父
外母娘	uɛi^{24} mu^{20} niɒ^{20}	岳母
小子	ɕiɔu^{53} tsɤ^{20}	儿子
女儿	nyr^{53}	闺女
他爹	t‘əʔ^{32} tiæ^{31}	丈夫
老婆	lɔu^{53} p‘uɤ^{31}	妻子
妗妗	tɕiəŋ^{24} tɕiəŋ^{20}	舅母
媳妇儿	ɕiəʔ^{32} fur$^{24-53}$	儿媳
爷爷	iæ^{31}3 iæ^{20}	祖父
奶奶	nɛi^{31} nɛi^{20}	祖母
老叔	lɔu^{53} səu^{31}	小叔叔
老姨	lɔu^{53} i^{313}	小姨姨
两口子	liɒ$^{53-31}$ k‘əu^{20} tsɤ^{20}	夫妻俩

六

怀仁话		普通话
脑袋	nɔu^{53} tεi^{20}	头
眉露骨	mi^{313} ləu^{24} ku^{20}	前额
脓带	nəŋ^{313} tεi^{24}	鼻涕
眼睛仁儿	iæ^{53} tɕiəŋ^{31} zər^{313}	瞳孔
妞妞	niəu^{31} niəu^{20}	乳房
㞘子	tuəʔ^{32} tsɤ^{40}	屁股
胡才	xu^{313} ts‘εi^{20}	胡须
肚子	tu^{53} tsɤ^{20}	胃
圪膝	kəʔ$^{43-4}$ tɕ‘i^{31}	膝盖
圪膝盖儿	kəʔ$^{43-4}$ tɕ‘i^{31} kər$^{24-53}$	膑骨
胳劳肢窝儿	kəʔ$^{43-4}$ lɔu^{24} tsl^{53} uɤr^{31}	胳肢窝

七

怀仁话		普通话
不好过	pəʔ^{43} xɔu^{53} kuɤ^{20}	生病
难活	næ^{313} xua^{20}	不舒服
跑茅厕	p‘ɔu^{53} mɔu^{313} sl^{20}	泻肚子
背锅子	pεi$^{31-313}$ kuɤ^{31} tsɤ^{20}	驼背
结咳子	tɕiaʔ^{43} k‘aʔ^{32} tsɤ^{40}	结巴
哑子	ia^{53} tsɤ^{20}	哑巴
疤子	pa^{31} tsɤ^{20}	麻子
看病	k‘æ^{24} piəŋ^{24}	治病
见轻	tɕiæ^{24} tɕ‘iəŋ^{31}	病轻了
发引	faʔ^{43} iəŋ^{53}	出殡
咽气啦	iæ^{24} tɕ‘i^{24} la^{20}	死了

八

怀仁话		普通话
衣裳	i^{31} sɒ^{20}	衣服
涎水黑拉	xæ^{31} suɛi^{20} xəʔ^{43} la^{31}	涎布
盖窝	kɛi^{24} uɤ^{20}	被子
屎褯	sl^{53} tɕiæ^{20}	尿布
手巾	səu^{53} tɕiəŋ^{31}	毛巾
胰子	i^{24} tsɤ^{20}	肥皂、香皂
板凳	pæ^{53} təŋ^{31}	凳子
镜儿	tɕiər$^{24-53}$	镜子
戳子	tsʻuaʔ^{43} tsɤ^{20}	图章
洋取灯儿	iɒ^{313} tɕʻyəʔ^{34} tər^{31}	火柴
揩家布	tɕʻiæ$^{31-313}$ tɕia^{31} pu^{24}	抹布
搌布	tsæ^{53} pu^{20}	洗碗布
铁匙	tʻiaʔ$^{43-4}$ sl^{313}	锅铲
洋车儿	iɒ^{313} tsʻɤr^{31}	自行车
轱辘	kuəʔ$^{43-32}$ lu^{24}	车轮
拐拐	kuɛi^{53} kuɛi^{20}	拐杖
案子	næ^{24} tsɤ^{20}	菜案、面案

九

怀仁话	普通话

早起饭	tsɔu^{53} tɕ‘i^{20} fæ^{24}	早饭
夜饭	iæ^{24} fæ^{20}	晚饭
稀粥	ɕi$^{31-313}$ tsəu^{31}	稀饭
白面	pɛi^{313} miæ^{24}	面粉
蒸馍	tsəŋ^{31} muɤ^{20}	馒头
扁食	piæ^{53} sɿ^{20}	水饺
大油	ta^{24} iəu^{313}	猪板油
咸盐	ɕiæ^{313} iæ^{313}	食盐
烧酒	sɔu^{31} tɕiəu^{20}(名词)	白酒
洋旱烟	iɒ^{313} xæ^{24} iæ^{31}	纸烟
热水	zaʔ^{43} suɛi^{53}	温水
滚水	kuəŋ$^{53-31}$ suɛi^{20}	开水

十

怀仁话		普通话
骚猪	sɔu^{31} tsu^{20}	公猪
犍牛	tɕiæ^{31} niəu^{20}	公牛
乳牛	zu^{53} niəu^{20}	母牛
牛旦子	niəu^{313} tæ^{24} tsɤ^{20}	小牛
儿马	ər^{31} ma^{20}	公马
骒马	k‘uɤ^{24} ma^{20}	母马
叫驴	tɕiɔu^{24} ly^{20}	公驴
草驴	ts‘ɔu^{53} ly^{20}	母驴
儿狗	ər^{31} kəu^{20}	公狗
郎猫儿	lɒ^{313} mɔur^{313}	公猫
咪猫儿	mi^{53} mɔur^{313}	母猫
草鸡	ts‘ɔu^{53} tɕi^{20}	母鸡
家巴雀儿	tɕia$^{31-313}$ pa^{31} tɕ‘iɔur^{53}	麻雀

雀儿	tɕʻiɔur^{53}	鸟儿
老哇	lɔu^{53} ua^{31}	乌鸦
喜雀雀	ɕiæ^{53} tɕʻiɔu^{20} tɕʻiɔu^{20}	喜鹊
怕怕	pʻa^{24} pʻa^{20}	狼
皮条	pʻi^{313} tʻiɔu^{20}	蛇
突尸怪子	tʻuəʔ^{43} sl^{31} kuɛi^{24} tsɤ^{20}	猫头鹰
锛树虫儿	pəŋ^{31} su^{24} tsʻuər^{313}	啄木鸟
檐耗子	iæ^{313} xɔu^{24} tsɤ^{20}	蝙蝠
楼楼	ləu^{313} ləu^{20}	鸽子
耗子	xɔu^{24} tsɤ^{20}	老鼠
曲蟮	tɕʻyəʔ$^{43-32}$ sæ^{24}	蚯蚓
秋凉儿	tɕʻiəu^{31} liɒr^{313}	蟋蟀
蚂蚱	ma^{24} tsa^{20}	蝗虫
车子儿	tsʻɤ^{31} tsər^{53}	蜥蜴
海蚌儿	xai^{53} par^{31}	蜗牛
老蚂蛛蛛	lɔu$^{53-313}$ ma^{53} tsu^{31} tsu^{20}	蜘蛛
壁虱	piaʔ^{43} sa^{20}	臭虫
虾蟆蝌蚪儿	ia^{31} ma^{20} kʻaʔ^{43} təur^{53}	蝌蚪
打灯蛾儿	ta^{53} təŋ^{31} nuɤr^{313}	飞蛾

十一

怀仁话		普通话
麦子	mɛi^{24} tsɤ^{20}	小麦
草麦	tsʻɔu^{53} mɛi^{20}	大麦
白米	pɛi^{313} mi^{20}	大米
米	mi^{53}	小米
玉茭儿	y^{24} tɕiɔur^{31}	玉米
茭子	tɕiɔu^{31} tsɤ^{20}	高粱

大豆	ta^{24} təu^{20}	蚕豆
日照子	zl^{24} tsɔu^{24} tsɤ^{20}	葵花
茴子白	xuɛi^{313} tsɤ^{20} pɛi^{313}	圆白菜
山药蛋	sæ^{31} yæ^{20} tæ^{24}	马铃薯
鲜姜	ɕiæ$^{31-313}$ tɕiɒ^{31}	生姜

十二

怀仁话		普通话
事儿	sər$^{24-53}$	事情
东西	tuəŋ^{31} ɕi^{20}(名词)	物品
岁数	suɛi^{24} su^{20}	年龄
营生	iəŋ^{313} səŋ^{20}	活计
受苦	səu^{24} k‘u^{53}	劳动

十三

怀仁话		普通话
我	uɤ^{53}	我
咱们	tsəʔ^{43} məŋ^{20}	咱们
谁	suɛi^{313}	谁
大伙儿	ta^{24} xuɤr^{53}	大家
你儿	niær^{31}	您
他儿	t‘ar^{31}	他的敬称

十四

怀仁话		普通话
个(一～客人)	kəʔ^{43}	位

对(一～鞋)	tuɛi^{24}	双
张(一～被子)	tsɒ^{31}	床
挂(一～车)	kua^{24}	辆
根(一～笔)	kəŋ^{31}	枝
条(一～牛)	t‘iɔu^{313}	头
独噜儿(一～葡萄)	tuəʔ^{43} lur^{31}	串
遭(走一～)	tsɔu^{31}	趟
伙(打一～)	xuɤ^{53}	下

十五

怀仁话		普通话
过年	kuɤ^{24} niæ^{313}	明年
年时个	niæ^{313} səŋ^{53} kɤ^{20}	去年
介前年个	tɕiæ^{24} tɕ’iæ^{313} niæ^{53} kɤ^{20}	大前年
今儿个	tɕiər^{31} kɤ^{20}	今天
明儿个	miər^{313} kɤ^{20}	明天
后天	xəu^{24} t‘iæ^{20}	后天
夜儿个	iær$^{24-53}$ kɤ^{20}	昨天
前日个	tɕ‘iæ^{313} zl^{24} kɤ^{20}	前天
前眼	tɕ‘iæ^{313} iæ^{53}	上午
后眼	xəu^{24} iæ^{53}	下午
晌午	sɒ^{53} uɤ^{20}（也读 sɒ^{31} uɤ^{20}）	中午
大京红晌午	ta^{24} tɕ‘iəŋ^{31} xuəŋ^{313} sɒ^{53} uɤ^{20}	正中午
早起	tsɔu^{53} tɕ‘i^{20} （也读 tsɔu^{31} tɕ‘i^{20}）	早晨
大清早起	ta^{24} tɕ‘iəŋ^{31} tsɔu^{53} tɕi‘^{20}	清晨
黑将儿	xəʔ^{43} tɕiɒr^{31}	黄昏

十六

怀仁话		普通话
上头	sɒ²⁴ t‘əu⁵³	上面
下头	ɕia²⁴ t‘əu⁵³	下面
左边儿	tsuɤ⁵³ piær²⁰	左面
右边儿	iəu²⁴ piær²⁰	右面
当中	tɒ³¹⁻³¹³ tsuəŋ³¹	中间
里面儿	li⁵³ miær²⁰	里头
外面儿	uɛi²⁴ miær²⁰	外头
前边儿	tɕ‘iæ³¹³ piær²⁰	前头
后边儿	xəu²⁴ piær²⁰	后头
这忽烂儿	tsl²⁴ xuəʔ⁴³ lær²⁴⁻⁵³	这儿

十七

怀仁话		普通话
洗洗脸	ɕi⁵³ ɕi²⁰ liæ⁵³	洗脸
拉呱	la²⁴ kua²⁰	闲聊
闲拉呱儿	ɕiæ³¹³ la²⁴ kuar⁵³	聊天
不做声	pəʔ⁴³⁻³² tsuəʔ⁴³⁻⁴ səŋ³¹	不吭声
碰见	p‘əŋ²⁴ tɕiæ³¹³	遇见
尔啦	ər³¹ la²⁰	丢啦
寻着啦	ɕiəŋ³¹³ tsɔu³¹³ la²⁰	找到啦
提溜	tiəʔ⁴³⁻⁴ liəu³¹(词动)	提
该	kɛi³¹(该人一元钱)	欠
志一志	tsl²⁴ iə²⁰ tsl²⁰	称一称
拾掇	səʔ³⁴ tuɤ²⁰	收拾

整搁	tsəŋ^{31} ka^{20}	整理
搁	kaʔ^{43}(搁起来)	放
丢盹	tiəu^{31} təuŋ^{53}	打瞌睡
歇缓	ɕiaʔ^{43} xuæ^{20}	休息
懂啦	tuəŋ^{53} la^{20}	明白
吕觑	ly^{53} ɕy^{20}(加‘不”字才用)	注意
操心	ts‘ɔu$^{31-313}$ ɕiəŋ^{31}	留神
结记	kaʔ$^{43-32}$ tɕi^{24}	挂念
撒手	sa^{43} səu^{53}	放开

十八

怀仁话		普通话
袭人	ɕiəʔ$^{43-4}$ zəŋ^{313}	漂亮(多指小孩)
寡淡	kua^{53} tæ^{20}	不太好
不足色	pəʔ^{43} tɕyəʔ^{43} saʔ^{43}	脸皮厚的人
没调货	məʔ$^{43-4}$ tiɔu^{24} xuɤ^{24}	办事不稳重的人
神猴儿	səŋ^{313} xəur^{313}	轻佻
红火	xuəŋ^{313} xuɤ^{20}	热闹
结实	tɕiaʔ^{43} sl^{20}	牢固
日脏	zəʔ$^{43-4}$ tsɒ^{31}	腌臜
肥	fɛi^{313}	胖，或指衣服宽大
迟	ts‘l^{313}	晚
发猴	faʔ^{43} xəu^{313}	调皮
圪堆	kəʔ$^{43-4}$ tuɛi^{31}	凸
圪钵儿	kəʔ^{43} par^{313}	凹
故专专儿的	ku^{24} tsuæ$^{31-313}$ tsuær$^{31-53}$ tiə^{20}	故意
正欠欠	tsəŋ^{24} tɕ‘iæ^{24} tɕ‘iæ^{20}	正合适
多亏	tuɤ^{31} k‘uɛi^{20}	幸亏

杂也	tsa^{313} iæ^{20}	大概
道忽	tɔu^{24}xuɤ^{20}	幸亏
关勿	kuæ^{313}uɤ^{20}	大概
害害儿的	xɛi^{24}xɛir^{53}tiə^{20}	正好
劳道	lɔu^{313}tɔu^{20}	事难办
合拍咧	xaʔ$^{43-32}$ p‘a^{24} liæ^{20}	在对话中表示赞同对方意见，相当于“就是”。
可勿	k‘aʔ^{43}uɤ^{20}	可不是

十九

怀仁话		含　义
日光爷	zl^{24} kua^{20} iæ^{20}	专指农历八月十五那天的太阳,也指月(比月光爷小)
月光爷	yæ^{24} kua^{20} iæ^{20}	指中秋节的月亮，也指供月的大月
毛炭	mɔu^{313} t‘æ^{24}	指百斤以上的大炭块
耳房	ər^{53} fɒ^{313}	指正房两边的房子
脓带虎	nəŋ^{313} tɛi^{24} xu^{53}	流鼻涕，不讲卫生的孩子
杂毛青	tsa^{313} mɔu^{313} tɕ‘iəŋ^{31}	骂品质很坏的人(不知父亲是谁的人)
龟头	kuɛi^{31} t‘əu^{313}	讥称妻子有外遇的人
圪抛	kəʔ$^{43-4}$ p‘ɔu^{31}	讥称作风不好的女人生的孩子
狼游子	lɒ^{313} iəu^{313} tsɤ^{20}	好惹是非的人
老角角	lɔu^{53} tɕyaʔ^{43} tɕya^{20}	脾气固执的老女人
啊你	a^{24} ni^{20}	夫妻之间当面互称
啊你儿	a^{24} niər^{20}	用于对长辈的面称
运肩	yəŋ^{24} tɕiæ^{20}	指人有轻度的驼背
砍刀	k‘æ^{53} tɔu^{20}	指切带骨头肉用的刀
掸手	tɛi^{31} səu^{20}	跑堂用的手布
稠粥	ts‘əu^{313} tsəu^{31}	小米熬烂后搅成糊状的饭

圪支 kəʔ$^{43-4}$ tsl^{31} 纠缠不休

圪谄 kəʔ^{43} ts‘æ^{53} 巴结奉迎

嘴抹 tsuɛi^{31} ma^{20} 形容人有主意，敢说会说

二十 旧街道名称

城里头 ts‘əŋ^{313} li^{53} t‘əu^{20}

小巷子儿 ɕiɔu^{53} xɒ^{24} tsər^{53}

牛市巷儿 niəu^{313} sl^{24} xɒr$^{24-53}$

柴市巷儿 ts‘ɛi^{313} tsl^{53} xɒr$^{24-53}$

观巷儿 kuæ^{24} xɒr$^{24-53}$

观门口 kuæ^{24} məŋ^{313} k‘iəu^{53}

仓巷儿 ts‘ɒ^{31} xɒr^{20}

火龙庙巷儿 xuɤ^{53} luəŋ$^{313-20}$ miɔu^{24} xɒr^{2}

仓儿 ts‘ɒr^{31}

樊家圪坨儿 fæ^{313} tɕia$^{31-20}$ kəʔ^{43} tuɤr^{313}

南水口 næ^{313} suɛi$^{53-313}$ k‘iəu^{53}

井巷儿 tɕiəŋ^{53} xɒr$^{24-20}$

南草场 næ^{313} ts‘ɔu^{313} ts‘ɒ^{53}

永宁寺巷儿 yəŋ^{53} niəŋ^{313} sl^{24} xɒr$^{24-53}$

铁门巷儿 t‘iaʔ^{43} məŋ^{313} xɒr$^{24-53}$

老爷庙巷儿 lɔu^{53} iæ^{20} miɔu^{24} xɒr$^{24-53}$

下坡街儿 ɕia^{24} p‘uɤ$^{31-313}$ tɕiær^{31}

城隍庙街儿 ts‘əŋ^{313} xua^{20} miɔu^{24} tɕiær^{31}

黉学儿 xuəŋ^{313} ɕiɔur^{313}

大寺后头 ta^{24} sl^{24} xiəu^{24} t‘əu$^{313-53}$

分司坡儿 fəŋ^{313} sl^{24} p‘uɤ^{31}

鬼门关 kuɛi^{53} məŋ^{313} kuæ^{31}

大场面 ta^{24} ts‘ɒ^{313} miæ^{24}

洋堂巷子儿 iɒ^{313} t‘ɒ^{313} xɒ^{24} tsər^{53}

衙门口 ia^{313} məŋ^{20} k‘iəu^{53}

东街 tuəŋ^{313} tɕiæ^{31}

西街 ɕi^{313} tɕiæ^{31}

四牌楼 sl^{24} p‘ɛi^{313} ləu$^{313-24}$

东关儿 tuəŋ$^{31-313}$ kuær^{31}

玉皇庙街儿 y^{24} xɒ^{20} miɔu^{24} tɕiær^{31}

炭路 t‘æ^{24} ləu^{24}

十字街儿 səʔ$^{43-32}$ tsl^{24} tɕiær^{31}

大树底下 ta^{24} su^{24} ti^{53} ɕiæ^{20}

塔寺园儿 t‘a^{43} sl^{24} yær^{313}

白衣寺儿 pa^{43} y^{313} slr^{53}

大水圪洞沿 ta^{24} suɛi^{53} kəʔ$^{43-32}$ tuəŋ^{24} iæ^{24}

城河沿 ts‘əŋ^{313} xuɤ^{313} iæ^{24}

宝龙巷儿 pɔu^{53} luəŋ^{313} xɒr^{53}

顺城巷儿 suəŋ^{24} ts‘əŋ^{313} xɒr^{53}　　南阁儿 næ^{313} kar^{313}

北阁儿 piəʔ^{43} kar^{313}

西关儿 ɕi$^{31-313}$ kuær^{31}　　缸坊巷子 kɒ^{31} faŋ^{53} xɒ^{24} tsɤ^{20}

贺家巷儿 xuɤ^{24} tɕia^{20} xɒr^{53}　　南油沙沟儿 næ^{313} iəu^{313} sa^{20} kiəur^{31}

北油沙沟儿 piəʔ^{43} iəu^{313} sa^{20} kiəur^{31}

第四节　语　法

每条先列普通话说法，破折号“——”之后是怀仁话说法。和普通话相同的，破折号之后，直接记音；和普通话不同的，先写汉字，再记音。同一条有几种说法的用竖线“｜”隔开。下面有“‿”的表示合音。

1. 谁呀？我是老三。——谁？我是老三。suɛi^{313}？uɤ^{53} sl^{24} lɔu^{53} sæ^{31}。

2. 老四呢？他正在跟一个朋友说着话呢。——老四咧？他正跟一个朋友说话咧。lɔu^{53} sl^{24} liæ^{20}？t‘a^{31} tsəŋ^{24} kəŋ^{31} iəʔ$^{43-32}$ kɤ^{40} p‘əŋ^{313} iəu^{20} suaʔ^{43} xua^{24} liæ^{20}。

3. 他还没有说完吗？——他还没有说完咧？ t‘a^{31} xæ^{313} məʔ^{43} iəu^{53} suaʔ^{43} uæ^{313} liæ^{34}？

4. 还没有。大约再有一会儿就说完了。——还没咧。大概还得一会儿就说完啦。xæ^{313} məʔ$^{43-32}$ liæ^{40}。ta^{24} kɛi^{24} xæ^{313} tiə^{40} iəʔ^{43} xuər$^{24-53}$ tɕiəu^{24} suaʔ^{43} uæ^{313} la^{20}。

5. 他说马上就走，怎么这半天了还在家里呢？——他说马上就走，怎么半天啦还在家咧？t‘a^{31} suaʔ^{43} ma^{53} sɤ^{20} tɕiəu^{24} tsəu^{53}，tsa^{313} mɤ^{20} pæ^{24} t‘iæ^{31} la^{20} xæ^{313} tsɛi^{24} tɕia^{31} liæ^{20}？

6. 你到哪儿去？我到城里去。——你到哪儿去‿呀？我进城去呀。ni^{53} tɔu^{24} nar^{53} tç‘ia^{20}？uɤ^{53} tçiəŋ^{24} ts‘əŋ^{313} tç‘ia^{20}。

7. 在那儿，不在这儿。——tsɛi^{24} nər^{53}，pəʔ$^{43-32}$ tsɛi^{24} tsər^{53}。

8. 不是那么做，是要这么做。——不那么做，要这么做。pəʔ^{43} na^{53} mɤ^{20} tsuəʔ^{43}，iɔu^{24} tsəʔ^{43} mɤ^{20} tsuəʔ^{43}。丨不跟那么做，要跟这么做。pəʔ^{43} kəŋ^{31} nəʔ^{43} mɤ^{20} tsuəʔ^{43}，iɔu^{24} kəŋ^{313} tsəʔ^{43} mɤ^{20} tsuəʔ^{43}。

9. 太多了，用不着那么多，只要这么多就够了。——太多啦，用不了那么多，有这么多就够啦。t‘ɛi^{24} tuɤ^{31} la^{20}，yəŋ^{24} pəʔ^{43} liɔu^{53} nəʔ^{43} mɤ^{20} tuɤ^{31}，iəu^{53} tsəʔ^{43} mɤ^{20} tuɤ^{31} tçiəu^{24} kəu^{24} la^{20}。

10 . 这个大，那个小，这两个哪一个好一点儿呢？——这个大，那个小，这两个哪个好点儿？tsl^{24} kɤ^{20} ta^{24}，nɛi^{24} kɤ^{20} çiɔu^{53}，tsl^{24} liɒ^{53} kɤ^{20} na^{53} kɤ^{20} xɔu^{53} tiær^{20}？

11. 这个比那个好。tsl^{24} kɤ^{20} pi^{53} nɛi^{24} kɤ^{20} xɔu^{53}。

12. 这些房子不如那些房子好。——这些房不如那些房好。tsl^{24} çiæ^{20} fɒ^{313} pəʔ^{43} zu^{313} nɛi^{24} çiæ^{20} fɒ^{313} xɔu^{53}。丨这嘎房不如那嘎房好。tsəʔ^{43} ka^{53} fɒ^{313} pəʔ^{43} zu^{313} nəʔ^{43} ka^{53} fɒ^{313} xɔu^{53}。

13. 这句话用怀仁话怎么说？——这句话用怀仁话怎说咧？tsl^{24} tçy^{20} xua^{24} yəŋ^{24} xuɛi^{313} zəŋ^{20} xua^{24} tsa^{313} suaʔ^{313} suaʔ^{43} liə^{43}？

14. 他今年多大岁数？——他今年多大岁数啦？t‘a^{31} tçiəŋ^{31} niæ^{20} tuɤ^{31} ta^{24} suɛi^{24} su^{20} la^{20}？丨他今年多大啦？t‘a^{31} tçiəŋ^{31} niæ^{20} tuɤ^{31} ta^{24} la^{20}？

15. 大概有三十来岁吧。——ta^{24} kɛi^{24} iəu^{53} sæ^{31} sɤ^{20} lɛi^{313} suɛi^{24} pa^{20}。

16. 这个东西有多重呢？——这个东西够多重？tsl^{24} kɤ^{20} tuəŋ^{31} çi^{20} kəu^{24} tuɤ^{31} tsuəŋ^{24}？丨这东西够多重？tsəʔ^{43} tuəŋ^{31} çi^{20} kəu^{24} tuɤ^{31} tsuəŋ^{24}？

17. 有五十斤重呢。——够五十斤。kəu^{24} u^{53} sɤ^{20} tçiəŋ^{31}。

18. 拿得动吗？——能拿动？nəŋ^{313} na^{313} tuəŋ^{24}？丨拿动拿不动？

na^{313} tuəŋ^{24} na^{313} pəʔ$^{43-32}$ tuəŋ^{24}？

19. 我拿得动，他拿不动。——我能拿动，他拿不动。uɤ^{53} nəŋ^{313} na^{313} tuəŋ^{24}，t‘a^{31} na^{313} pəʔ$^{43-32}$ tuəŋ^{24}。

20. 真不轻，重得连我都拿不动了。——真重，重得连我也拿不动啦。tsəŋ31 tsuəŋ^{24}，tsuəŋ^{24} tiə^{20} liæ^{313} uɤ^{53} iæ^{53} na^{313} pəʔ$^{43-32}$ tuəŋ^{24} la^{20}。｜ 真沉，沉得连我也拿不动啦。tsəŋ^{31} ts‘əŋ^{313}，ts‘əŋ^{313} t‘iə^{20} liæ^{313} uɤ^{53} iæ^{53} na^{313} pəʔ$^{43-32}$ tuəŋ^{24} la^{20}。

21. 你说得很好，你还会说点什么呢？——你说得不赖，你还会说点儿啥咧？ni^{53} suaʔ$^{43-32}$ tiə^{40} pəʔ$^{43-32}$ lɛi^{24}，ni^{53} xæ^{313} xuɛi^{24} suaʔ^{43} tiær^{20} sa^{53} liə^{20}。

22. 我嘴笨，我说不过他。——uɤ^{53} tsuɛi^{53} pəŋ^{24}，uɤ^{53} suaʔ^{43} pəʔ$^{43-32}$ kuɤ^{24} t‘a^{31}。

23. 说了一遍，又说了一遍，说得没完没了。——说了一个股儿又一个股儿，嚼蛋不完啦。suaʔ$^{43-32}$ lɤ^{40} iəʔ^{43} kɤ^{20} kur^{53} iəu^{24} iəʔ^{43} kɤ^{20} kur^{53}，tɕiɔu^{313} tæ^{24} pəʔ$^{43-4}$ uæ^{313} la^{20}。

24. 请你再说一遍！——你再说一遍！ni^{53} tsɛi^{24} suaʔ^{43} i^{20} piæ^{24}！｜你再说一说！ni^{53} tsɛi^{24} suaʔ$^{43-32}$ i^{40} suaʔ^{20}！｜你再学一学！ni^{53} tsɛi^{24} ɕiɔu^{313} i^{20} ɕiɔu^{313}！

25. 不早了，快去罢！——不早啦，快去罢！pəʔ^{43} tsɔu^{53} la^{20}，k‘uɛi^{24} tɕ‘y^{24} pa^{20}！｜不早啦，快去呗！pəʔ^{43} tsɔu^{53} la^{20}，k‘uɛi^{24} tɕ‘y^{24} pɛi^{20}！（带有督促的意思。）

26. 现在还很早呢。等一会再去罢。——早咧。等会儿再去罢。tsɔu^{53} liə^{20}，təŋ^{53} xuər^{20} tsɛi^{24} tɕ‘y^{24} pa^{20}｜还早咧。等会儿再去呗。xæ^{313} tsɔu^{53} liə^{20}。təŋ^{53} xuər^{20} tsɛi^{24} tɕ‘y^{24} pɛi^{20}！含有对别人的督促表示不耐烦的意思。

27. 吃了饭再去好吗？——吃了饭再去行不行？ts‘əʔ$^{43-32}$ lɤ^{40} fæ^{24} tsɛi^{24} tɕ‘y^{24} ɕiəŋ^{313} pə^{43} ɕiəŋ^{313}？

28. 慢慢儿吃啊！不要急煞！——慢慢儿吃，甭急！mæ^{24} mær^{53} ts‘

əʔ^{43}，piəŋ^{24} tɕi^{313}！

29. 坐着吃比站着吃好些。——坐的吃比站的吃强。tsuɤ^{24} tiə^{20} ts‘əʔ^{43} pi^{53} tsæ^{24} tiə^{20} ts‘əʔ^{43} tɕ‘iɒ^{313}。丨坐上吃比站上吃强。tsuɤ^{24} sə^{20} ts‘əʔ^{43} pi^{53} tsæ^{24} sə^{20} ts‘əʔ^{43} tɕ‘iɒ^{313}。

30. 他吃了饭了，你吃了饭没有呢？——他吃了饭啦，你吃啦没？t‘a^{31} ts‘əʔ$^{43-32}$ lɤ^{40} fæ^{24} la^{20}，ni^{53} ts‘əʔ$^{43-32}$ la^{40} məʔ^{43}？

31. 他去过上海，我没有去过。——他去过上海，我没去过。t‘a^{31} tɕ‘y^{24} kuɤ^{24} sɒ^{24} xɛi^{53}，uɤ^{53} məʔ^{43} tɕ‘y^{24} kuɤ^{24}。

32. 来闻闻这朵花香不香。——来闻闻这朵花儿香不香。lɛi^{313} uəŋ^{313} uəŋ^{20} tsl^{24} tuɤ^{53} xuar^{31} ɕiɒ^{31} pəʔ$^{43-4}$ ɕiɒ^{31}。

33. 给我一本书！——给我本书！kɛi$^{53-313}$ uɤ^{53} pəŋ^{20} su^{31}！丨给我本儿书！kɛi$^{53-313}$ uɤ^{54} pər^{20} su^{31}！

34. 我实在没有书嘛！——我真的没有书！uɤ^{53} tsəŋ^{31} tiə^{20} məʔ^{43} iəu^{53} su^{31}！丨我确实没有书！uɤ^{53} tɕ‘yaʔ^{43} sə^{20} məʔ^{43} iəu^{53} su^{31}！

35. 你告诉他。——你说给他。ni^{53} suaʔ$^{43-32}$ kɛi^{24} t‘a^{31}。

36. 好好儿的走！不要跑！——好好儿走！甭跑！xɔu^{53} xɔur^{31} tsəu^{53}！piəŋ^{24} p‘ɔu^{53}！

37. 小心跌下去爬也爬不上来！——小心跌下去爬不上来！ɕiɔu^{53} ɕiəŋ^{31} tiaʔ$^{43-32}$ ɕia^{24} tɕ‘i^{53} p‘a^{313} pəʔ$^{43-32}$ sɒ^{24} lɛi^{53}！

38. 医生叫你多睡一睡。——医生叫你多睡会儿。i^{31} səŋ^{20} tɕiɔu^{24} ni^{53} tuɤ^{31} suɛi^{24} xuər^{20}。

39. 吸烟或者喝茶都不行。——吃烟喝茶都不行。tsəʔ$^{43-4}$ iæ^{31} xaʔ$^{43-4}$ ts‘a^{313} tu^{31} pəʔ$^{43-4}$ ɕiəŋ^{313}。

40. 烟也好，茶也好，我都不喜欢。——烟和茶我都不喜欢。iæ^{31} xəʔ$^{43-4}$ ts‘a^{313} uɤ^{53} tu^{31} pəʔ^{43} ɕi^{53} xuæ^{31}。

41. 不管你去不去，反正我是要去的。——不管你去不去，反正我要去。pəʔ^{43} kuæ^{53} ni^{53} tɕ‘y^{24} pəʔ$^{43-32}$ tɕ‘y^{24}，fæ^{313} tsəŋ^{24} uɤ^{53} iɔu^{24} tɕ‘y^{24}。

42. 我非去不可——我非去不行。uɤ^{53} fɛi^{31} tɕʻy^{24} pəʔ$^{43-4}$ ɕiəŋ^{313}。

43. 你是哪一年来的？——你是哪年来的？ni^{53} sə^{20} na^{53} niæ^{313} lɛi^{313} tiə^{20}!

44. 我是前年到的北京。——我是前年个来的北京。uɤ^{53} sə^{20} tɕʻiæ^{313} niæ^{53} kɤ^{20} lɛi^{313} tiə^{20} piəʔ$^{43-4}$ tɕiəŋ^{31}。（说话时在北京）丨我是前年个去的北京。uɤ^{53} sə^{20} tɕʻiæ^{313} niæ^{53} kɤ^{20} tɕʻy^{24} tiə^{20} piəʔ$^{43-4}$ tɕiəŋ^{31}。（说话时不在北京）

45. 今天开会谁的主席？——今儿个开会谁的主席？tɕiəŋ^{31} kɤ^{20} kʻɛi^{31} xuɛi^{24} suɛi^{313} tiə^{20} tsu^{53} ɕiəʔ^{43}？

46. 你得请我的客。——你得请我咧。ni^{53} tiəʔ^{43} ɕiəŋ$^{53-313}$ uɤ^{53} liə^{20}。

47. 一边走，一边说。——一边儿走，一边儿说。iəʔ$^{43-4}$ piər^{31} tsəu^{53}，iəʔ$^{43-4}$ piər^{31} suaʔ^{43}。就走就说。tɕiəu^{24} tsəu^{53} tɕiəu^{24} suaʔ^{43}。

48. 越走越远，越说越多。——yaʔ^{43} tsəu^{53} yaʔ^{43} yæ^{53}，yaʔ^{43} suaʔ^{43} yaʔ^{43} tuɤ^{31}。

49. 把那个东西拿给我。——把那个东西给我。pa^{53} nɛi^{24} kɤ^{20} tuəŋ^{31} ɕi^{20} kɛi$^{53-313}$ uɤ^{53}。

50. 有些地方把太阳叫日头。——iəu^{53} ɕiæ^{20} ti^{24} fɒ^{20} pəʔ$^{43-32}$ tʻɛi^{24} iɒ^{20} tɕiəu^{24} zl^{24} tʻəu^{20}。

51. 您贵姓？我姓王。——你儿贵姓？免贵，贱姓王。niər^{31} kuɛi^{24} ɕiəŋ^{24}? miæ^{53} kuɛi^{34}，tɕiæ^{24} ɕiəŋ^{24} uɒ^{313}。

52. 你姓王，我也姓王，咱们两个人都姓王。——ni^{53} ɕiəŋ^{24} uɒ^{313}，uɤ$^{53-313}$ iæ^{53} ɕiəŋ^{24} uɒ^{313}，tsæ^{53} məŋ^{20} liɒ^{53} kɤ^{20} zəŋ^{313} tu^{31} ɕiəŋ^{24} uɒ^{313}。

53. 你先去吧，我们等一会儿再去。——你先去吧，我们呆会儿再去。ni^{53} ɕiæ^{31} tɕʻy^{24} pa^{20}，uɤ^{53} məŋ^{20} tɛi^{31} xuər^{20} tsɛi^{24} tɕʻy^{24}。丨你先去吧，我们过一阵儿再去。ni^{53} ɕiæ^{34} tɕʻy^{24} pa^{20}，uɤ^{53} məŋ^{20} kuɤ^{24} iəʔ^{43} tsər$^{24-53}$ tsɛi^{24} tɕʻy^{24}。

54. 我应该来不应该？——我该来不该来？uɤ^{53} kɛi^{31} lɛi^{313} pəʔ$^{43-4}$ kɛi^{31} lɛi^{313}？

55. 他愿意说不愿意？——他愿意不愿意说。tʻa^{31} yæ^{24} i^{24} pəʔ$^{43-32}$ yæ^{24} i^{24} suaʔ^{43}？

56. 你打算去不打算去？——你打算去不去。ni$^{53-32}$ ta^{53} suæ^{20} tɕʻy^{24} pəʔ$^{43-32}$ tɕʻy^{24}。

57. 你能来不能？——ni^{53} nəŋ^{313} lɛi^{313} pəʔ$^{43-32}$ nəŋ^{313}？你能来不能来？ni^{53} nəŋ^{313} lɛi^{313} pəʔ$^{43-32}$ nəŋ^{313} lɛi^{313}。

58. 他敢去不敢？——tʻa^{31} kæ^{53} tɕʻy^{24} pəʔ^{43} kæ^{53}？｜他敢去不敢去？tʻa^{31} kæ^{53} tɕʻy^{24} pəʔ^{43} kæ^{53} tɕʻy^{24}？

59. 还有饭没有？——xæ^{313} iəu^{53} fæ^{24} məʔ^{43} iəu^{53}？还有饭没有饭？xæ^{313} iəu^{53} fæ^{24} məʔ^{43} iəu^{53} fæ^{24}。

60. 你到过北京没有？——ni^{53} tɔu^{24} kuɤ^{24} piəʔ$^{43-4}$ tɕiəŋ^{31} məʔ^{43} iəu^{53}？你有没有到过北京？ni^{53} iəu^{53} məʔ^{43} iəu^{53} tɔu^{24} kuɤ^{24} piəʔ$^{43-4}$ tɕiəŋ^{31}。

61.（这事情）他知道不知道？他不知道。——（tsəʔ$^{43-32}$ sl^{24} tɕʻiəŋ^{20}）tʻa^{31} tsl^{31} tɔu^{20} pəʔ$^{43-4}$ tsl^{31} tɔu^{24}？tʻa^{31} pəʔ$^{43-4}$ tsl^{31} tɔu^{24}。

62. (这个字)你认得不认得？我不认得。——(这个字）你认得不认得？我认不得。（tsl^{24} kɤ^{20} tsl^{24}）ni^{53} zəŋ^{24} tiə^{20} zəŋ^{24} pəʔ$^{43-32}$ tiə^{43}？uɤ^{53} zəŋ^{24} pəʔ$^{43-32}$ tiə^{43}。

63. 你还记得不记得？——你还记得记不得？ni^{53} xæ^{313} tɕi^{24} tiə^{20} tɕi^{24} pəʔ$^{43-32}$ tiəʔ^{43}？

第二章 谣 谚

第一节 民谣

哪年哪月熬出头

拿起镐头背上篓，
怀揣窝头入窑口。
四块石头夹着个人，
就像进了阎王门。
举镐刨炭心头颤，
背起煤篓满身汗。
世上要数窑黑子苦，
哪年哪月熬出头。
（窑黑子指旧社会的矿工）

二人一齐同心唱

山顶唱歌山下听，
放羊哥哥先动心。
二人一齐同声唱，
唱个织女会牛郎。

兵民合一真糟糕

兵民合一真糟糕

编组分地都不好。
田荒了，房空了，
田地房屋充公了。

昔日金沙滩

住在金沙滩， 两眼泪不干。
每逢春天到， 黄沙漫天翻。
上了黄花梁， 千里净荒滩。
肥土随风走， 产量不上斗。
男人走口外， 女人挖苦菜。

不要瞧不起庄稼汉

人是铁，饭是钢，
一顿不吃饿得慌。
没有人种五谷粮，
世上谁也甭想活。
不要瞧不起庄稼汉，
莫要尽谋去做官。

第二节 农谚

二月重河冻，米面憋破瓮。
数九刮大风，伏天天不晴。
黄风盼日落，日落不停等鸡叫。
明风夜住，夜风三天。
日晕三更雨，月晕午时风。

云往东，有雨变成风；云往西，出门带雨衣。

黑云红云上下翻，立刻下阵冰蛋蛋。

鸡晒翅，猪闹柴，蚂蚁搬家雨就来。

傍晚羊恋坡，来日雨滂沱。

羊抢圈，蚁围洞，长虫过道不得晴。

夏刮南风海底干，秋刮南风水连天。

立春喂耕牛，雨水滤粪土。

惊蛰河冰开，春分种小麦。

夏至不种高山黍，还种十垧小糜黍。

处暑不出头，割了喂老牛。

闲时做上忙时用，一年庄稼两年种。

涝锄三遍不涝，旱锄三遍不旱。

旱锄地壮，涝锄苗旺。

锄七遍，奶八遍，旮几旮旯结个遍。（奶：追施人粪、尿）

干锄糜黍湿锄豆，天阴下雨漫葫芦。

阴土换阳土，一亩顶二亩。

冷粪果木热粪菜，生粪上地连根坏。

玉米莫早浇，浇后不发苗。

麦浇黄芽谷浇老。

春旱不算旱，秋旱减一半。

伏天多雨，谷子多米；伏天没雨，锅里没米。

春旱收，秋旱丢；卡脖旱，打饭碗。

寒露不收田，霜打别怨天。

小满前后，点瓜种豆。

芒种黍子急种谷。

头伏荞麦末伏菜。

没有大粪臭，哪来五谷香。

种地没粪，等于胡混，若要不信，粪盘为证。

天旱误不了锄田，下雨误不了浇园。
三年学个买卖人，一辈子学不好个庄户人。
有钱难买五月旱，六月连阴吃饱饭。
早臊有雨晚臊晴。（臊：霞）
冷清明，热谷雨。
蛋打一条线。（蛋：冰雹）
雷声雨，三后晌。
人哄地皮，地哄肚皮。
锄头自带三分水。
寒露百草枯。
三天的腰，四天的腿，五天鸦儿大张嘴。（形容初学锄田）
淋伏头，旱伏尾。

第三节 俗语

把锅在里手。
白天游营走四方，黑夜熬油补裤裆。
白丑黑袭人，紫糖色肉皮爱死个人。
白面馍馍冷吃也好，髽鬏夫妻恼了也好。
白吃枣还嫌酸哩。
半大小子，吃塌脑子。
傍大路三年盖不起房。
背的抱的一般儿大。
饱汉子不知饿汉子饥。
背上牛头不认帐。
不吃油糕，不搌油手。
不上高山，不显平地。
不见阎王鬼打死了。

不听老人言，吃亏在眼前。

不打脸子啥戏也唱哩。

春风蒿破琉璃瓦。

吹箫要个捏眼儿的，蒸馍馍要个乱点儿的。

撑死胆儿大的，饿死胆儿小的。

吃着碗里的，看着锅里的。

长木匠，短铁匠。

吃不下荤，咽不下素。

吃上生铁屙斧子，各有各的灰肚子。

赤脚板儿不怕穿鞋的。

冲得大柳树不生芽儿。

唱戏的是疯子，看戏的是愣子。

扯了枕头斩了碗再改吧。（指至死也改不了）

成人不自在，自在不成人。

督促上王八跳枯井。

端黄杏儿篙箩子。（照搬别人的做法）

到二郎庙吃厝去吧。（喝西北风的意思。厝是西关二郎庙里的一座矮塔）

砘轱辘还能走的耧前头？

大写壹字认松塔儿。（指人的文化水平低）

大懒指小懒，一指一个白瞪眼。

大寒小寒，冻死老汉。

打人不打脸，骂人不揭短。

打罢春，消背阴。

当面锣，对面鼓。

当过三年家，狗见了也嫌哩。

东阴凉倒的个西阴凉。（意为无所事事）

二八月，搧凶候。（凶候：小儿急性肺炎）

二八月，乱穿衣。

儿大不由爷管。

二球胚多地懂一会儿。（地懂：思考）

耳朵卖咸盐。（走思，注意力不集中）

二愣子穿圪溜鞋，一天受穿，一天不受穿。

费缰绳的驴。（指小孩费衣服、鞋子）

粉坊豆腐坊，各管另一行。

翻脸就像脱裤子。

干大没瓤子，装了一肚死肠子。

狗咬狗，两嘴毛。

各吃饭，另洗锅。

鬼人操鬼心。

好汉不打上门亲。

好出门不如赖在家。

好说赖不当哩，赖说好日脏哩。

好汉出的嘴上，好马出的腿上。

好的吃个死，赖的死不吃。

海干缺了鳖了。

河开河冻，齁子要命。

喝水碰了个空壶，尿尿碰了个满壶。

好吃懒做不待动。

会打比兜不会算账。（打比兜：替人办事，私下截留财物）

灰桌子，冷板凳。

灰的连镢子也刨不出来。

活人还能叫尿憋死？

黄鸡一窝，黑鸡一窝。

话是开心的钥匙。

火烧眉毛顾眼前。

咳起鹰抓哩。

横利棍儿不拿顺利棍儿。（指人懒）

家暖一盘炕。

家有十五口，七嘴八舌头。

金簪配玉簪，轱辘支配料炭。（轱辘支：煤渣；料炭：煤核儿）

久占相应不吃亏。（相应：便宜）

尖底锅，自不稳。

家巴雀儿跟上檐耗子飞。（含有不自量力之意）

精极伶俐有十分，留下三分给儿孙，十分伶俐都使尽，后辈儿孙不如人。

井深绳探哩，人心钱探哩。

饥饭甜如蜜，饭饱蜜不甜。

激得筐子，蹦得篓子。（激：跳。是说人急溜，哪头都不误）

跌不得地上。（不吃亏的意思）

教的曲儿唱不到头。（说人接受力差）

脚大怨拐骨，拐骨怨腿粗。（互相推卸责任）

鸡不和狗斗，男不和女斗。

鸡蛋里头挑骨头，磨道儿寻驴脚踪。

揭的锅盖早了。（指时机还不成熟）

惊死公公，吓死婆婆。（指人办事夸张，动静大）

尖头忽稍尾。（尖嘴猴腮）

见饭饥，见水渴，见了枕头就眼涩。

抠屁眼，嘣指头。（指人小气）

夸蛋得猫儿不洗脸了。（说人经不起夸奖）

瞌睡给了个枕头，夹尿给了个夜壶。

看你能耐的，不愁点着水瓮哩。

两好搁一好。

老板摭糕闹不好。

离九十天冻死狗。

两姨亲，不算亲，姑舅亲，打断骨头连着筋。

驴粪蛋儿，外面光。

量不上米还能丢了半升子？（量米：买米。半升子：一种量具）

老虎下山一张皮。（指没有替换的衣服）

狼扑开门，狗也进来了。

懒牛上磨屎尿多。

买得起马，备不起鞍。

忙的腿肚子也朝前了。（也说脚后跟朝前）

买卖不成仁义在。

买马买来牛啦。（说人饭量大）

没人和乭点儿。（没人和打交道）

明人不做暗事。

卖朱砂的见不了卖红土的。

墨水喝的狗肚了。（书白读了）

牛头不烂，多费柴炭。

拿糕是搅哩，买卖是搞哩。（搞：讨价还价）

能把死雀儿说的活树上。（能说会道）

宁死做官的老子，不死叫街的娘。（叫街：沿街乞讨）

按住葫芦抠籽儿哩。（明着欺负）

牛头不对马嘴。

宁养贼子，不养脆子。

屙的油坛子儿了。（做上有理的了）

宁吃仙桃一口，不吃烂杏儿一堆。

宁爬十里坡，不扇个敞口儿锅。（指拉风箱时盖住锅盖水热的快）

宁恶远亲，不恶近邻。

宁叫碰了，甭叫误了。

给上三分颜色开染坊呀。（得寸进尺之意）

破罐子，牢系子，姑姑纳纳一辈子。（指人经常有病，却能活个大岁数）

扒拉过料炭寻灰哩。（自找倒霉）

扑的夹鏊子上了。

屁股大把心也屙了。（形容粗心大意）

穷汉乍有钱，忘了那几年。

骑上毛驴儿寻毛驴儿。

七窍迷了五窍，就剩下吃饭睡觉。

七开心，八补裆。（指小孩七岁穿开胸主腰，八岁穿补裆裤子）

七布裢儿，八布袋儿。

千日的管子百日的笙。

劁猪劁不成，骟蛋骟不成。

人遇缘，丑不嫌。

人不得全，车不得圆。

人多失靠龙多旱。

人信治，马信拴，骆驼信了个鼻子儿穿。

人溜有时的，狗咬穿烂的。

人老惜子，猫老吃子。

人心都是肉长的。

人死如灯灭。

人有不如自有，自有不如怀揣。

人肠子是脏的。

人比人，比死人。

人是百样图。

若要公道，打个颠倒。（换位思考）

人有十年旺，神鬼不敢傍。

日粗就像牛吼哩。（日粗：说大话）

人不袭人炕袭人。（是说不生火炕凉）

肉烂烂的锅里头。

揉不下瓜儿揉蔓儿哩。

让你认得马王爷几只眼。

是匠不是匠，得个好作仗。（作仗：工具）

三天不打，上房搬砖溜瓦。

三代没一代，头上磕烟袋。

三九四九，牙开门叫狗。

十个厨子九个甜，剩下一个不捏盐。

三把抓一升。（性格鲁莽）

瘦的就像孤活爷。

十大应承九不管。

三不巧儿，四不够。

三脚踢不出一个屁来。

死狗扶不上墙。

说大话，拾小钱。

山水越大越好过。（山水：山洪）

生就的骨头长就的肉。

死耗子不离墙根。（指人没出息）

三天不显剃头匠。

杀人还得扑上自己。

十八年等住个王宝钏。

烧火剥葱，也算一功。

虱子多了不咬，债多了不愁。

四六不成材。

四大轻闲：切草解要子，仓房丁（赶）耗子，饮驴打哨子，剃头铺子儿卸帽子。

太阳出宫，冻得发疯。

天寒日短，不刮风就暖。

天河调角，穷汉要袄。

讨吃子棒，难拿难放。

天蓝茵茵的。（赌誓用语）

套耗子还得根油灯捻。

头一个老婆第二个娘，第三个上了祖先爷堂。

笴帚疙瘩瘩儿，就认的一家家儿。

兔鹘戴帽假充鹰。（兔鹘：隼的一种）

天旱雨涝不均匀。

图贱买老牛，件件没好物。

桃饱杏伤人，李子树下埋死人。

天鹅地鶄，不出土儿的黄鼠。

天上下雨地上滑，各人跌倒各人爬。

为人一条路，恶人一堵墙。

瞎佬搂上斑鸽睡，一样样儿的灰脊背。

心强命不强，养了个掉儿娘。

心眼儿叫蛆飒了。（飒：咬成许多窟窿，这句话是说人心眼多）

心急吃不了热豆腐。

有钱不买半年闲。

一个枕头不睡两号儿人。

有前手，没后手。

席蘼棍儿绊倒人，牛蹄圪钵儿淹死人。

养儿多像舅，养女达家姑。

有了重上摞，没了单摆开。

有钱没钱，剃头过年。

有钱难买回头看。

有钱不住东南房。

眼对鼻子白说哩。

有心放个扭丝儿屁，叠挡得出不去，有心屙个蛇盘兔，巴巴稀得立不住，有心尿个空空月，尿点子溅了两裤脚。

有一搭儿，没一搭儿。

油篓焊了个倭瓜。（比喻人的脖子短）

运气不对，喝水也扎牙哩。

一戳一道黑朗子。（是说人强势）

一文价钱一文货。

运气不跟带，想起个种瓜菜，种了二亩半，蛋子打了一圪蛋。

油荞面，醋豆面，腌菜盐水蒿籽面。

要叫小儿安，须带三分饥和寒。

要眼出气哩。

窑黑子的炕，四面儿烫，脚板子冷了站起唱。

有吃刀子的嘴，没有屙刀子的屁股。（喻好吃难消化）

嘴就像蜜钵儿，心就像辣角儿。

摘瓜连蔓子也拉了。（摘瓜：指两者毫无关系）

嘴上没毛，说话不牢。

针尖大的窟窿椽头大的风。

酒醉心上明，拿上钱不给人。

捉鳖不在水深浅，只要碰到手跟前。

锥不向前，攮不靠后。

嘴撅得能拴住个驴。

四字俗语

疤疤溅溅	白不揽蛋	白灰揽蛋	白明黑夜	白秃生干
白胡白鬓	白皮泛脸	白填渗焉	半半不拉	半残不疾
半死拉活	半夜三更	绷不压叉	背锅打蛋	本家当户
比今溜故	鼻塌嘴歪	边头沿脑	变眉十脸	褊地仄方
不当拉话	不几不拉	不随以故	不因不预	不将委念
柴渣老叶	柴渣和草	吃糠咽菜	擦滑轱辘	大时八节
吃里爬外	虫虫蚁蚁	丑姿八怪	稠尬压叉	凑几凑乎
揣心犯事	大正上月	大错骨缝	大口马牙	大扑大舍

大头略摸	打架黄天	打牙呵气	打牙散嘴	打杂落毛
呆眉处眼	当斜不正	澄清瓦澥	冬冷时寒	得拎兰旦
滴溜连挂	抖打神散	管挑管飒	干牙圪蹦	圪几圪蛋
典皮害脸	点毛颤尾	吊儿浪荡	当打对面	丁心卯乱
丢三拉四	丢丢旦旦	刁早下晚	丢人现眼	丁一八二
丢人败兴	跌跌绊绊	堆山孟愣	鱝鰕绝根	二不流书
二忽二意	翻比麻叶	翻箱倒柜	方棱筑角	房倒屋塌
飞踢飞打	风蒿雨淋	风蒿日晒	费力八气	各式六样
干盐克量	更几压叉	狗打营干	根根底底	圪簇把蛋
圪仓夜楚	圪蹴掉叉	圪溜把弯	圪糁害花	圪折摆受
圪几圪老	圪列圪吧	圪几咬八	圪私圪然	圪瘾不支
骨略蜷蛋	寡盐淡水	刮刮咽咽	拐弯抹角	鬼毛溜眼
鬼迷心窍	鬼眉溜眼	鬼三画虎	鬼忽伶仃	棍枪圪揽
咳声叹气	孩大男小	汗帕流水	黑烂乌青	黑打二洞
黑熊圪揽	黑几黑旯	黑眉凹眼	黑朽义旦	黑五大六
黑几老腾	哼三哈四	哼哼压压	猴眉怪眼	猴眉凹眼
横躺竖卧	后山有炭	红毛八念	红罗十水	猴猴楼楼
红头胀脸	糊糊汉汉	忽拉马爬	花牙饰鬟	夹疯愣怔
豁牙露齿	豁七露八	豁勾打牙	回心转意	灰塌二虎
灰头土脸	活眼转色	虎眉杏眼	黄渣老叶	灰眉处眼
灰说八道	火烧火燎	急急侃侃	急上跃下	儿眉卧眼
假眉三道	接不溜叉	金牛战马	精说白拿	隔沟旦梁
井拔凉水	隔三片二	足死赶活	足断攀旭	蹶孱脑稍
揪心决肝	隔壁临右	极眉霸眼	可几十念	空手老面
急神见鬼	拿龙捉虎	泥脚练手	人马山惊	嘻哈拉笑
窟窟窍窍	亲家奉道	清堂瓦舍	球事无能	清格灵静
开言吐语	拉巴扯曳	狼拉狗啃	擂粗捣大	两旁外人
睖睖怔怔	溜儿吸寡	冷淘十瓦	里钩外连	聋子傍音

连明昼夜	乱朝王事	流脓害花	愣七砍正	妈呀老子
满房各屋	忙人无智	忙慌十乱	卯几圪念	膀眉肿眼
门槛代王	眯封合眼	描眉打鬓	没横没顺	屁股瓦扣
没骨蜡色	没窟下蛆	没眉架眼	没作没纳	闷闷乎乎
没连没扯	抹羞骨拉	没风倒水	抹眉画眼	针头线脑
明光急溜	毛翻带乱	毛眼忽稍	毛连忽擦	冒打冒捶
暗扭暗掐	脑腰折背	硬折五手	脓带顽涎	脓眼胶锅
脓支海带	扭腰万四	囊眉混眼	粘几忽绰	扒家圪蛋
屁子狼嚎	平白无故	平不压叉	七比八吊	七声二气
七滋倒味	齐棱板栈	千层八叶	撵门上树	气腾火燎
枪茬古道	球眉杏眼	钳死放赖	清风凉稍	全八武艺
雀儿不愣	球毛鬼胎	日不错影	日猫躁狗	人五人六
儒儒道道	软肢淡叶	沙子澄金	杀鸡问客	撒骨扬尘
捎连布袋	闪深踏浅	蛇麟蛋垮	神罗抖擞	仁礼待道
参起辰落	笙吹细打	声儿柳气	生食肚胀	生扑武烂
丝丝缕缕	撕撕轱辘	十拿九稳	深更半夜	三不折二
时头八节	十溜二曳	十滋赖害	死昏忘心	死求一计
死筋顽肉	死筋圪韧	酸膀腊味	水郎不采	血尽毛干
耍鬼变判	水滋各液	死阴圪切	适商适量	四路八下
四棱八瓣	四撒五沿	十字八绽	手捉把稳	死松破肚
死皮赖脸	死眉亮眼	扇扇骗骗	舍皮跌脸	梯梯腾腾
梯儿楞腾	天热火燎	天官赐福	五毛六眼	血淋溅虎
吞吞压压	探头探脑	推碾围磨	土眉混眼	讨吃烂鬼
偷牛拔橛	洼劳七声	歪三则愣	歪三扭四	弯腰缺胯
稳排大坐	乌儿呐喊	乌麻六道	五心不明	雾耿尘天
窝儿圪恩	窝儿铺蛋	无远擦近	五黄六月	五明大愣
无多论少	息喇胡皮	吸忽耐乃	细嚼慢咽	瞎抓海面
吓人捣鼓	些来小去	自下吾手	沾亲带故	抓五挠六

小猫碎狗	小眉碎眼	香汤辣水	瞎眉处眼	心急火燎
心忽肉战	心心事事	虚棱瞪假	喧天拳舞	闲心八目
寻房住院	小家汉事	小家拉气	信马由缰	嫌好道赖
现蒸热卖	烟扑雾罩	佯丢不睬	咬筋圪拽	影影绰绰
阴阴雾雾	应时按候	烟熏圪揽	应份理当	迎风冷气
有头有脸	有迟没早	一然两就	一扑溜阵	一来二去
吆五哈六	呓梦瞌怔	云遮雾罩	鸦干静悄	烟熏火燎
牙牙茬茬	远天十地	阴言鬼语	一字一板	有要无紧
扬风调雪	油脂抹奈	原模拓样	晕麻圪倒	贼打火烧
贼眉溜眼	正言厉色	杂七杂八	遮营架五	诈诈唬唬
知根知底	龇八牙状	龇牙打掉	龇牙判官	自寻无常
龇牙咧嘴	籽籽瓣瓣	诌书影戏	走瓜脱水	走马卖解
抓锅挠灶	钻尖取巧	嘴尖毛长	嘴脏八带	宗材实料
拙手笨脚	追追拉拉	支儿八架	走风漏气	真心保国
正儿八经	瓷眉杏眼			

第四节 歇后语

骆驼的屁股——眼高。

屎巴牛搬家——滚蛋。（屎巴牛：屎壳郎）

吃上棉花屙线——细人。

高粱叶子烧纸——哄鬼。

雀儿头定盘——宗嘴。（定盘：定席面上的菜。宗嘴：全是嘴，意思是大家都要发表意见）

锅盖没梁——拍子。（拍子：能吹牛的人）

没眼的狼——瞎嚎。

推小车拾了个驴肚带——有盼（袢）啦。（袢：推小车时搭在推车人肩上的宽带子）

山药蛋打雀儿——张过了。（意思是机会错过去了）

三月的黄鼠——出土灰。（骂人从小就不是好东西）

城墙头擦子——撅得高。

茅厕儿的石头——又臭又硬。

吃西瓜调辣角儿——各随脾气。

大年初一没月亮——对死的圪节。

腊月二十三送灶——好话多说。

家巴雀儿跳高高——抖翎咧，抖毛咧。

马万年的牛——认不得麻糁。（麻糁：榨油剩下的油渣压成的饼子）

二股叉打他妈——一下顶两下。

童男女跌的河里啦——衣裳湿了，架子不倒。（童男女：旧时给死者用纸做的守灵人儿）

白萝贝扎刀子——不出血。（小气）

包文正的儿子——拗门儿。（指不按正常规则办事的人）

茶壶煮饺子——肚里有货嘴嘴倒不出来。

草筛子饮驴——心到了。

地皮菜碰上闷生生雨——大展啦。

豆腐渣擦屁股——没完。

当院立擀杖——四面没靠。

对着香炉钵儿打嚏喷——扑了一鼻子灰。

公鸡戴嚼子——抖起来了。

鼓楼底下的雀儿——耐惊耐怕。

耗子拉木锨——大头在后。

喝上洋烟上吊哩——该死又该死。

狗掀门帘——全凭一张嘴。

獾子的鸡鸡——肥油圪嘴儿。（指家境殷实）

黄瓜擦子——凉棒。（凉棒，外行）

疥蛤蟆跳门槛——墩了屁股又伤脸。

炕沿打滚儿——尽往里翻。

狼吃鬼——没影儿。

狼跌的井儿——淹不死急（激）死了。

狼咬叫驴——撅蛋。（指水平不高）

六腊月生的——脚不动（冻）手动（冻）。

连鬓胡吃麻糖——撕撅不开。

笼甑子儿取馍馍——手到擒来。

驴啃脖子——工薄工（薄：互相换工）

六月的扇子——热忙。

骆驼撒欢儿——四大没样。

腊七说腊八——不远啦。

茅厕扔石头——贱（溅）出屎了。（指东西便宜）

木匠的斧子——一面劈。（指光为自己着想）

屁股别了个死耗子——假装打牲的。（别：掖）

掐了头的瞎虻——到处乱撞。

荞麦皮打糨子——不沾。

三心打二心——五心不定。

绱鞋不用锥子——真（针）好。

屎巴牛哭他妈——两眼儿墨黑。

屎巴牛踢飞脚——想露黑腿腿。

死鸡儿熬白菜——没多大出息。

沙鸡膀儿——硬抗儿。

属猪的一转——会咬不会放。

掏上雀儿喂猫儿——杀一家害一家。

讨吃子栽海萼——哪有那赏花的心。（海萼：水仙花）

剃头闷屦子——大差一脊背。（闷：用温水浸润）

脱了裤子放屁——多费一层手续。

王大汉的巴巴——一大堆。

王八吃秤砣——铁了心。

戏子挨刀——没事了。

小猫喝烧酒——够呛。

瞎了牵驴——不撒手。

眼窝儿打火罐——吸赖（泪）。（吸：很）

衙门儿的眼药——点灰皮。（指从中挑拨说坏话）

月亮进家——越看你越（月）来了。

一张纸画了个驴头——好大的脸面。

油匠丢了栓——没说（刷）的。

赵麻寨的女儿——常事（氏）。

猪鼻子插葱——装相（象）。

王阁爷送女儿——就这一遭啦。

王家堡定夜——没当当。（没庙没钟）

何家堡评救济——大家看。

北辛村民兵吃烩豆腐——没了组织。

霸王店的民兵——没问题。

红山峪的石鸡——各（咯）顾（咕）各（咯）

栽树不活——死秧子。（没出息）

注：有些方言发音找不到相对应的字，就用发音相同或相近的字代替。

第三十三编

人 物

第三十三章

蜂人

第一章 人物传记

第一节 历史人物

赵璧（1220—1276）字宝臣，元代怀仁人。他才能出众，办事认真，深孚众望。元世祖忽必烈当亲王时，曾亲自接见他，赏给三名家僮和很多钱财，并让妻子做衣服赠璧，衣服不大合身，又量其身材，重做一件。

忽必烈尊重赵璧，是想通过他笼络汉人名士。赵璧受到恩宠，感激不尽，一面把王鹗等名士推荐给忽必烈，一面为其教授蒙古学生，很受忽必烈的赏识。

忽必烈的兄长蒙哥当政时，周围有一些人成天摇唇鼓舌，播弄是非，因是蒙哥的亲信，人们敢怒不敢言。一次，蒙哥召见赵璧，问："天下怎么才能治理好呢？"赵璧回答说："请首先杀掉您身边的那几个亲信"。蒙哥听了很不高兴。在旁的忽必烈急得直对他使眼色。事后，忽必烈对他说："秀才先生，你好大的胆，那些话我都不敢讲，真替你捏一把汗哪！"

不久，赵璧出任河南经略使。河南有个地头蛇叫刘万户，当地人谁家办婚丧大事，首先得贿赂他。尤其是刘的爪牙董主薄，狗仗人势，助纣为虐，强抢民女30多人，老百姓怨声载道，可谁也不敢惹。赵璧来后，查明情况，立即把董主薄抓来斩首示众，把强抢的民女全部放回，人们极为高兴。刘万户闻讯大吃一惊，假惺惺的去看望赵璧。当时正好下了一场大雪，刘万户惴惴不安地说："经略刚到这里，就为地方除去一霸，真是天大的好事，连老天爷都感动得降下雪来，真是瑞应啊！"赵璧冷冷地说："像董主薄这样的大坏蛋还大有人在，等我把他们统统除掉，瑞雪会更大"。刘万户听后，连大气也不敢出，回家后，当晚暴亡。人们奔走相告，赵璧一席话，吓死刘万户。

中统元年（1260），忽必烈即帝位，赵璧为燕京宣慰使，因军功升为平章政事兼大都督，统帅诸军。一次，驻守襄阳的宋军内，有一个将领暗地派来一个使者，约定要投降元军。忽必烈令赵璧去察看虚实，正在这时，宋将夏贵率五万军马，带三千只粮船增援襄阳。当时正值汉水暴涨季节，赵璧依据险要地形设下埋伏，等夏贵上钩。当晚，夏贵果然沿汉水而来。赵璧出其不意，率部出击，一举夺得五艘粮船。夏贵被弄得晕头转向，不敢动弹，等他弄清赵璧只有很少一些人马，准备应战时，赵璧的后续部队已经赶来，双方在虎尾洲展开了一场激战。这一仗赵璧夺得粮船五十余艘，俘虏宋军300余人。夏贵的部队被杀和溺死的不计其数。后来，高丽（朝鲜）发生政变，国王被驱逐，来到中国请求支援。忽必烈让赵璧前去，元军兵临平壤城下时，发动政变的头子林衍已死去，内乱遂平。国王为报答远道而来的元朝将领，赠给他们一些美女，赵璧分到三名美女，他坚持不要，全部送还。

赵璧从高丽回来，同忽必烈一起去祭祀太庙，有一个人把黄幔弄脏了，忽必烈认为这是对祖先的不敬，一怒之下要斩杀那个人。赵璧说："按照律条这种情况只能判杖断流远，不能斩首。"那个人才没有被斩。

赵璧一生不贪财，不好色，办事果断，执法如山。死后被追赠为大司徒，谥号"忠亮"。

姚天福（1230—1302）字君祥，原籍山西稷山南阳村。祖上姚崇为唐代名相。父亲姚居实，金代末年，为避兵乱，来到怀仁县，入赘赵家为婿。元宪宗皇帝在位时，命太弟忽必烈驻守白登。怀仁知县携葡萄美酒前往进奉，姚天福作为县吏随行，谒见太弟忽必烈。太弟见天福生得伟岸，询问之，对答敏捷，剖析入理，太弟及左右奇之：怀仁竟有此等人才。太弟遂将其留在自己身边，充任宿卫。至元元年（1264），天福已届成年，上命其复归怀仁，任县丞。至元五年（1268），丞相塔察尔奉世祖旨，赴疆北宗藩国和亲。塔察尔路过代州时，太守杨阔阔向丞相推荐："怀仁县丞姚天福，才可大用。"丞相召见天福，相与交谈，很是投机，认为天福名不虚传，真有济世之才，便邀姚天福同赴北地。至元十一年（1274年），姚天福被元世祖忽必烈擢升为御史台监察御史，赐名"巴尔思"（蒙语老虎之意）。至元十六年（1279），姚天福被任为嘉议大夫，淮西道按察使。翌年，转任湖北道按察使。至元二十年（1283），姚天福任刑部尚书。不久又先后赴扬州道、辽东道任总管兼提刑按察使。至元二十八年（1291），复移任淮西道总管兼提刑按察使。姚天福在元初任职40余年，“一为台官，六持宪节”，即担任过一任御史台监察御史和河东、淮西、湖北、扬州、辽东、汉中等道按察使。“大德四年（1300）以通奉大夫参知政事，行京尹之事。公明敏，吏无敢欺，民大悦服。”大德六年（1302）正月，以疾薨京都尹任上。

曹文诏 据谱记载为本县南家堡村人，根据入伍所在地，又注大同人。他勇毅而有智略，是明末著名将领，号称第一良将。崇祯三年（1630）七月，陕西农民起义军势力壮大，曹文诏被封为延绥东路副总兵，带明军中的精锐关宁铁骑入关进行征讨。次年四月，曹文诏击败据守河曲的农民起义军首领王嘉胤，以军功升任临洮总兵官。又连续击败点灯子、李老柴、一条龙、扫地王等领导的农民起义军。

崇祯五年（1632）三月，曹文诏与起义军大战于西濠，斩首千级，生擒杜三、杨老柴。接着又击斩红军友。起义军首领可天飞、刘道江等包围合水城，曹文诏前往救援。起义军将精锐埋伏起来，以千骑挑战，将明军诱到南原，伏兵大起。曹文诏持矛左右突击，匹马出入万众之中。守军看到后，出兵夹击，起义军大败。

崇祯八年（1635），河南农民爆发起义，朝廷命令曹文诏于信阳与总督洪承畴会合，洪承畴大喜，令他出战，他在随州与农民起义军大战，斩首380余级。四月，洪承畴因起义军尽数退入关中，于是命令曹文诏入关，然后由阌乡取山路至雒南、商州，直捣起义军根据地，再从山阳、镇安、洵阳入汉中。五月五日，曹文诏抵达商州。起义军离城三十里安营，营火满山。曹文诏率其侄子参将曹变蛟军夜袭，获胜，直追至金岭川。起义军据险以千骑迎战，曹变蛟大呼陷阵，起义军败走。曹变蛟勇冠三军，起义军听到大小曹将军的名字，无不惊悚。在一次和起义军的交手中，起义军将领令手下大喊：“曹文诏已死！”，企图蛊惑人心。但乱军之中，曹文诏一条长矛舞得龙飞凤舞，起到辟谣的作用，最终变被动为主动，打败起义军。

李自成率众二十万进攻凤翔。曹文诏向洪承畴请求出战，获准后率三千人自宁州进军。途中与敌遭遇，曹变蛟先登陷阵，斩首五百，追击三十里，曹文诏率步兵紧随。李自成数万伏兵合围，箭如雨下。曹文昭左冲右突，手杀数十人。最后力尽，拔刀自刎。洪承畴听到消息后大哭，崇祯帝朱由检也很悲伤。曹文昭勇冠于当时，他死后，起义军都互相庆贺。

曹变蛟（—1642）曹文昭之侄。少年即随曹文诏在军中效力。为维护明王朝的统治，屡次镇压农民起义，很受明朝统治者的器重。先后被任命为济南参将、副总兵、都督佥事、左都督、总兵官等职。时称曹文诏和侄变蛟为明朝的大小曹将军。崇祯七年（1634），湖广一带（今湖南、湖北）爆发了农民起义，曹变蛟南下湖广，前去镇压。此后，大同地区连年灾荒，也不断发生起义，他又奉命北援大同。第二年，曹文诏出兵陕西，镇压李自成领导的农民起义，曹变蛟随同前往，一直担任先锋官。曹文诏死后，曹变蛟成为一军总督，并被洪承畴荐为副总兵。从此，他跟随洪承畴多次镇压农民起义。先是因为镇压高迎祥有功，升为都督佥事、临洮总兵官。以后，曹变蛟转战千里，“不解甲达二十七昼夜”，于潼关击败李自成部起义军，遂晋升为左都督。为加强明朝京都的防卫，曹变蛟又随同洪承畴进入京师。以后，留屯遵化，被用为东协总兵官。崇祯十三年（1640），清兵在关外大举进攻，东北边境形势日益严重。当年五月，锦州告急。曹变蛟随总督洪承畴出关，进驻宁远，与援剿总兵左光先、山海关总兵马科、宁远总兵吴三桂、辽东总兵刘肇基等人大战清兵，屡获胜利。后来，清军出奇兵偷袭明军笔架山屯粮之所，明军辎重尽失，在与清军的战斗中，连吃败仗，加上当时粮道被切断，大同总兵王朴首先在夜间逃走，接着，山海关总兵马科、宁远总兵吴三桂、山西总兵李辅明也相继逃跑。只有曹变蛟、王廷臣两镇之兵坚守不动，且急驰松山，与洪承畴会合同守。但时过不久，锦州被围，松山也遭到围攻，一切援助都被切断。九月，洪承畴、曹变蛟等出动城中全部兵马，多次突围，未成。坚守半年后，由于副将夏成德叛变作清军内应，松山遂被攻克。面对清军诱降，曹变蛟、王廷臣和辽东巡抚邱民仰以及参将以下百余人持节不屈，全部壮烈殉国。

第二节 中共党政军人物

袁冠伍（1898—1993）刘晏庄村人。幼时随父母在山西静乐、交城等地读书。1937年9月参加八路军359旅，历任359旅旅部通讯员，旅部直属新兵营军事教员，直属队工兵连排长、副连长、连长，直属队骑兵连连长，冀东抗日纵队大队长、支队长、副总队长、总队长，冀东军区6团团长，公安12师参谋长，高炮107师副师长，高炮63师师长，福州军分区副司令等职。1972年11月离休，1993年病故。

袁冠伍在近40年的军旅生涯中，参加过抗日战争、解放战争、南下剿匪战争，立下了赫赫战功。解放后为公安和高炮等部队的建设做了大量工作。他不仅是一位有勇有谋的合格指挥员，更是一位冲锋陷阵的勇敢战斗员。

杨松青（1903—1977）原名杨德奎，曾名杨云州，杨秀峰，鹅毛口村人。幼读私塾，空闲时下煤窑背炭。18岁考入省立三师（大同师范），期间积极参加学生运动，并参加青年团。1925年“五卅”惨案发生后，参加“五卅惨案声援会”。同年9月，离开三师，南下广州，考入黄埔军校第四期学习，12月加入中国共产党。

1926年，杨松青参加北伐，到达武汉，被编入政治大队，后介绍其大队长徐向前加入中国共产党。1927年1月，杨松青到武汉总工会纠察大队工作，任第二大队副大队长。7月，调20军3师2营任副营长，向九江开拔，参加“八一”南昌起义。后率部随大部队南下，在汕头、揭阳附近，遭到数倍敌人围袭。战斗中杨松青右臂负伤，流落汕头，生活极度困难。在一位友人的接济下，由汕头辗转到上海、武汉，通过王世英找到了党组织。“四一二”反革命政变后，蒋介石继续对上海、武汉等地的共产党人和革命群众进行捕杀，形势险恶，为保存实力，党员疏散隐蔽，杨松青被派遣到杨虎城部任骑兵连长，在杨部开展统战工作。

1934年到1937年间，杨松青在陇海、平汉路做党内地下交通工作，任天津交通站副站长。他曾冒着生命危险往来于北京、天津、上海、西安等地，为党组织转送了一批又一批重要文件，搜集了一个又一个重要情报。1936年，中共中央为争取西北军抗日，毛泽东等领导人给西北军主要将领分别写信，申明大义，表明共产党联合抗日的愿望。当时，毛泽东给西北军军长杨子恒的信，就是由杨松青以其堂兄弟的身份面交杨子恒的，为促使西北军抗日，起了重要作用。

“七七”事变后，杨松青奉命到山西发展革命武装，公开身份是离石县公安局局长。经杨松青等人艰苦细致的工作，将公安局内的旧警长、巡官、警察等改造组成一支抗日武装队伍，后编入山西第四专员公署政治保卫纵队，杨松青任队长。1940年初，改编为新军特务团。其时，杨松青积极发展武装，并源源不断地将大批干部、战士和武器弹药输送给120师，使主力部队的兵员及时得到补充，而他按上级党的指示，始终保留一个团的编制。对此，关向应给予很高评价。杨松青回延安，将在晋西北的工作情况向朱德做了汇报，朱德说：“你们干得不错嘛！”

1940年底，杨松青到军政学院学习，并参加延安整风运动。康生诬陷他有历史问题，借机整他，虽有王世英极力担保，康生仍不放过。后经胡耀邦审查，确认杨松青历史清白，对党忠诚，做了结论。1945年，杨松青被任命为抗大高干队军事教育主任，不久调中央军委任参谋。1947年2月，杨松青调中原野战军，任敌工部长。他跟随刘伯承强渡黄河，挺进中原，千里跃进大别山。为在大别山坚持下去，张际春请杨松青编写《山地战歌诀》，歌诀对全军适应山地战起了很好的指导作用。淮海战役帷幕拉开后，双堆集一战，全歼国民党十二兵团。清理战场，唯独不见兵团司令黄维。刘伯承说：“找不到黄维，这一仗等于白打了。”指示杨松青一定要找到黄维。杨松青不分昼夜地在十多万战俘中进行调查，直到把黄维找到。在送黄维去见刘伯承的途中，黄维看到如潮的民工，问杨松青：“这次战役你们动用了多少民工？”杨松青回答：“二百多万！”黄维又问：“用多少人看押？”杨松青哈哈大笑说："他们都是自愿来的，撵都撵不走。"黄维喟然长叹说："民心可鉴，我们彻底失败了。"与此同时，杨松青还做了许多国民党高级将领的工作，使他们弃暗投明，为淮海战役的胜利结束立下了不朽的功勋。长期的地下工作和敌工工作，培养了杨松青一种特殊的本领，不论在什么情况下，无论同什么人接触，他都能很快打开局面，同社会名流广泛接触，很快使一些怀疑敌视共产党的人自我释疑了，并同胡子昂、杨受白等一大批重庆各界名士结下了深厚的友谊。在"三反""五反"、"反右"等政治运动中，杨松青模范地执行党的政策，坚持实事求是的原则，挽救了不少人，也教育了不少人。特别是在"反右"中，他坚持不搞扩大化，这在当时是难能可贵的。"文化大革命"中，杨松青被诬为投降派，经常遭批斗，他铁骨铮铮，一身正气，能实事求是地对待一切问题。

从 1950 年 4 月起，杨松青先后任重庆市委统战部副部长、部长、市委常委、市革委会副主任、四川省政协常务委员、全国政协第四届委员等职。1977 年 3 月病逝于重庆。

王廷弼（1912—1985）干沟村人。7 岁开始读书，15 岁考入山西省立第一中学。在校读书期间，对体育产生了浓厚兴趣，大部分课余时间，从事体育锻炼，成为当时山西较有名气的运动员。他曾代表山西，参加过国民党举办的两次华北运动会和全国运动会。

1931 年秋，王廷弼考入太原平民中学高中部读书，与共产党人范若愚相识。受范的影响，开始阅读进步书刊，逐渐产生了革命的愿望，并积极参加了太原左翼教师工作者联盟发起的驱逐太原一师、省立一中反动校长的斗争。1936 年，王廷弼在山西大学读书，经山西工委书记李宝生的介绍，加入社会科学家联盟。李宝生的革命活动暴露后，反动当局追查甚严，王廷弼多次设法掩护脱险，并为其保存了《资本论》等进步书籍和社联的材料。同年 11 月，经过牛兆曦介绍加入中国民族解放先锋队，任山西大学民先负责人。1937 年 4 月，由潘纪文等介绍，加入中国共产党。5 月到中共北方局党训班受训，7 月被推选为太原学联总干事，9 月以学联代表身份，参加第二战区民族革命战争战地总动员委员会，任组织干事。

抗日战争爆发后，1938 年 11 月，王廷弼奉命随白如冰等赴大青山开展抗日斗争，任绥中动委会主任。他与武新宇一道，深入开展群众工作，在绥中地区结成了广泛的抗日统一战线。他争取过来的陶林保安队，在其队长樊德义带领下，杀死 8 名日军指挥官，其余全部反正，后编入李井泉支队。与此同时，很快在武川、陶林等县建立了抗日民主政权和农民自卫队，使大青山一带的抗日斗争迅速展开。

1940 年 2 月，王廷弼随李井泉等赴延安学习，途径 120 师驻地，贺龙知他擅长体育，将他留下，任命为民运部社会调查科长，并成为 120 师“战斗篮球队”主力队员。1945 年日寇投降后，王廷弼调任雁北行署财政处长，为尽快恢复解放区的经济工作，他着手在各县组织建立贸易局及金融、税务等机构，使解放区的城镇市场迅速得到恢复。到 1948 年，解放区私营工商户发展到 1966 户，年赋税能力达 2476 石小米。

1949 年 5 月，王廷弼南下支援新区，先后任西安军管会财政处副处长、川西工商处长、四川省商业厅长等职。1956 年 5 月，由贺龙提议和推荐，王廷弼调任四川省体委副主任兼党组书记。他把整个身心倾注在体育事业上。多年来，他坚持一手抓普及，一手抓提高，在全省各地（市）、县（州）陆续建立了体育运动委员会，改变了体育工作无人问、无人管的局面，相继配备了三千余名体育干部和教练，组成了一支强大的体育工作队伍。为了早出成绩，快出成绩，他十分注重技术尖子的培养和运动员基本功的训练计划，使全省体育工作很快形成了象“川戏”“川菜”那样有独特风格的四川体育。在 1959 年的第一届全运会上，四川夺得团体优胜名次，获 251 个单项奖牌，显示了四川体育的雄厚实力和坚实基础。之后，王廷弼被篮球界推选为全国篮球协会副主席，多次带领中国青年男、女篮球队，男、女排球队出国访问，为增进国际友谊，促进体育事业发展，做出了应有的贡献。

“文化大革命”中，王廷弼身心备受摧残。“文化大革命”结束后，他得到平反，并恢复工作。1983 年，他退居二线。虽年逾古稀，仍一如既往地工作，先后应邀撰写了《回忆战斗篮球队》《大青山战斗的一年》等 10

余篇、数十万字的回忆录，帮助四川省体委审阅修改体工队训练计划60多万字。1985年8月因患癌症病逝于成都。

张克恭（1912—1939）郑庄村人。1935年就读于太原北方军校，毕业后被分配到阎锡山晋绥军教导团，1937年加入中国共产党。1938年，组建察绥游击军二支队并任支队长，1939年初，二支队接到八路军359旅命令，挺进浑源县土岭村一带整训。期间，被队伍中的叛徒杀害，年仅27岁。

杨子安（1918.3—2004.7）鹅毛口村人。1938年4月参加抗日“动委会”，同年7月参加八路军，1939年3月加入中国共产党，5月到抗日军政大学二分校学习，10月任晋察冀游击支队教导员，1940年10月调任晋察冀11区队总支书记，1944年2月任边耀武工队长兼政委，4月任繁峙支队副政委，1945年1月任怀仁工委书记，县委书记，武工队政委，1946年1月任独立12团政治处主任，10月任独立12团、2旅4团政委、196师副政委，1952年6月任该师政委，1964年6月起先后任66军、63军副政委，1967年10月起先后任63军、66军政委。1981年离休。2004年7月在天津逝世。1955年被授予大校军衔。1968年被选为党的第九次全国代表大会代表。曾荣获三级独立自由勋章，二级解放勋章和独立功勋荣誉章。

抗日战争时期，杨子安长期坚持在雁北、应县、浑源、繁峙、怀仁一带参加反扫荡、反蚕食斗争，深入敌战区，带领同志们努力工作，在一个远离根据地，毫无工作基础的敌人治安区建立了县政权和八个区政权，受到上级首长的高度评价。

解放战争时期，杨子安率部参加了智村、宗艾战斗，石家庄战役，两次绥远战役，两次保北战役，解放应县、攻克集宁和天津战役等数十次战役、战斗。在解放太原战役中，他所率的589团从阳曲镇直扑皇后园，奔袭敌39师师部并全歼该敌，击毙敌师长刘鹏翔，并首先登城，获得兵团授予的“登城先锋团”光荣称号。

中华人民共和国成立后，他担任66军196师副政治委员期间，率部担负全军装备试点、天安门国庆受阅、全军第一迎外师、军委首批作战值班师，都出色地完成了任务，多次受到上级的高度赞扬。离休后，他继续保持党员的政治本色，关心国家和军队的建设。

在60年的革命生涯中，杨子安立场坚定，旗帜鲜明，一身正气，两袖清风，实事求是，光明磊落，坚持原则，团结同志，生活简朴，廉洁奉公，严于律己，宽以待人，深受同志们的爱戴，给后人留下了宝贵的精神财富。

第三节 英雄人物

辛生美（1887—1938）南辛村人。出身贫寒，自幼靠当长工、打短工维持生活。1937年10月，八路军120师宋时轮支队挺进大怀左地区开展抗日救亡运动，当时年满50岁的辛生美毅然参加了革命，在大怀左抗日救国会工作。1938年2月，救国会派他到宋支队司令部举办的干部训练班学习。经过学习，他的政治觉悟、工作能力有较大提高。学习结业后，回到大怀左地区，任大怀左动委会除奸部长。他广泛调查了解日伪汉奸的活动，随时给以揭露和打击。一次，在鹅毛口一带发现了两个卖鸦片的人到处了解八路军行动情况，辛生美暗地跟踪监视，在群众的配合下，抓获了这两个人。经审查，此二人乃是日军侦探，辛生美在芦子沟村公开将其枪决。这一行动使汉奸、特务感到震惊和害怕，从此“不怕狼，不怕鬼，就怕除奸部长辛生美”的顺口溜在敌占区很快流传开来。辛生美还经常带领妇救会和儿童团的同志们活动在广大农村，宣传抗日政策，教唱《工农兵学商，一齐来救亡》《流亡三部曲》等革命歌曲，使根据地农村的抗日宣传活动异常活跃。敌人想除掉辛生美，散布谣言说他有作风问题。辛生美说：“我行得正，走得端，不怕这风言风语。”工作照常不误，而且更加积极。民国27年（1938）10月敌人秘密扣留了辛生美，并在夏家马营将其杀害。

刘旺（1896—1940）霸王店村人。曾任大怀左县武装部长，游击大队队长。刘旺自幼出身贫苦农民家庭，曾在本村读私塾，后因家境困难，辍学给本村地主放羊、扛长工。中年时，为减轻家庭负担，曾参加阎锡山旧军队，挣钱养家糊口。期间，看到军阀内部军官欺压士兵，克扣军饷，腐败黑暗，就毅然脱离旧军队，回到村里继续扛长工种地。抗日战争爆发后，刘旺积极参加村里的民兵活动。1938 年 6 月，中共大怀左县委成立时，刘旺担任县委武装部长，并兼任大怀左县抗日游击大队队长。当时游击队只有一、两支“独角牛”土枪和部队留下的几颗手榴弹。他请示县委同意，采取“一夺二收”的办法解决武器弹药问题。他带领游击队员寻机夺取敌人的武器，并积极寻找阎军溃退时散落在民间的枪支弹药。当他了解到鹅毛口村一个龚姓富户家中藏有两挺轻机枪，就反复动员收集回来。同时，在群众的大力协助下，很短时间内就缴获和收集到 40 多支枪和部分弹药，使新成立的抗日游击大队迅速装备成一支精干而又有实力的抗日队伍。这支队伍经常在夜间出动消灭日军、汉奸，展开游击战，使大怀左地区的敌人不敢轻举妄动。并积极支援友邻部队寻机作战。两个月后游击大队扩大到 300 余人，在怀仁地区产生了很大影响。不久，游击大队改编为“大怀左抗日游击队第 9 挺进队”。1940 年 9 月又整编为“八路军 120 师独立 6 支队第 6 连”，刘旺任连长。翌年 1 月，刘旺在随部队作战中，牺牲于怀仁郝家坪村。

李艾（1898—1940）清泉村人。抗战初期，曾为海北头乡公所灰泉村（现为清泉村）村长。李艾自幼聪颖，8 岁时，父亲把他送到怀仁城，在公立学校读了一年多书，高小虽没毕业，但在村里却算得上是个文化人了。李艾不只能写会说，还学会了拉二胡、唱地方戏，人缘也好，乡邻有个啥事，都愿意去找他。李艾也热心村事，凡村里诸如办剧团、闹红火、修大庙、筑堤打坝，他都是领头人之一。1937 年 9 月，日军占领怀仁后，推行“保甲制”和“闾领制”，在西安堡建起了警察署，常年有日军和警察驻守。灰泉村也被日军控制，成立起村公所。在挑选村长时，他们选中了由群众推举的原村长李艾，李艾不愿干，可日本人不依：“你不干，拿你李家全家是问。”并进一步威胁说：“你不服从皇军，我们就血洗灰泉。”李艾无奈只好答应下来。但李艾表面上虽为日伪服务，其实是真正的抗日分子。1940 年上半年，灰泉周边村庄接连出了好几件事。一是这几个村有十几个年轻人竟然相继“失踪”，有的说是到东山投奔了八路军，有的说是上山当了土匪；二是日军西安堡据点被八路军袭击，两名警察被打死，随后海北头大村公所亦被袭击；三是一支八路军部队从怀仁西山转移怀仁东山时，沿途村庄的村长知情不报，通过灰泉村时，村中老百姓还招待过他们。为此，日伪西安堡警察署怀疑李艾通共，并在农历八月初一将其抓捕，之后关押在县城严刑拷打，但李艾始终坚贞不屈。几天后被日伪军杀害，并将其头颅割下悬挂在县城东关城门上。三天之后，趁看守警察不在之时，东关几个青年跃上城头，把李艾的人头取下来，交给了在此等待的李艾兄长父子。李艾牺牲出殡时，清泉村村民和李艾生前好友都来送葬，人们为这位英勇不屈的抗日英烈致敬默哀。

魏生贵（1920—1947）下海子村人。曾任雁北支队连指导员、怀仁二区区长。抗战时期参加八路军，曾任雁北支队连指导员。后在灵丘作战负伤被俘，因家境较好，家里出 200 块银元将其赎回，之后赋闲在家。1945 年初，怀仁（东）武工队组建后，时任政委杨子安听说他在下海子村，专程去做他的工作，动员他再次出山，参加革命工作。他接受老战友杨子安的忠告，立即回到革命队伍，并担任怀仁 2 区区长。期间，他带领工作人员深入各村，积极开展减租减息、征兵、土改等项工作，屡次受到上级表扬。日寇投降后，乔日成匪军占领应县，邻村高镇子的鲍元恒、张作清是乔部的特务，经常为乔匪暗送情报，对 2 区工作威胁很大。为此，1946 年 4 月的一天深夜，魏生贵率领怀仁武工队队员包围了鲍、张二人的住处，并将其抓获枪毙。1947 年夏，魏生贵在怀仁南小寨村的郭家油坊开展工作，不幸被乔军抓获，后被残忍活埋。牺牲时年仅 27 岁。

邢培兰（1912–1940）女，吴家窑村人。自幼随父读私塾，高小毕业后，考入县女子师范，因母病逝而辍学，在家操持家务，后出嫁到小峪口。1937 年 10 月，八路军宋时轮支队挺进雁北，开展敌后抗日游击斗争，创建大怀左抗日根据地。此时，邢培兰满怀爱国热情，参加大怀左抗日救国会工作，同时亲自送丈夫彭殿明参加八路军宋支队。她把七岁的大女儿留在家里，领着五岁的二女儿，怀抱两岁的儿子，奔波在南辛村、薛家庄一带农村，宣传抗日，组织、发动民众开展抗日斗争。1938 年初，她光荣地加入中国共产党。

邢培兰的二哥是原傅作义部下的一名副官，得知她参加了革命，以回家探亲为名，对她进行规劝，当即遭到邢培兰的严词拒绝，兄妹二人不欢而散。1939 年，彭殿明随军东进河北，在战斗中牺牲，中共晋绥地委调邢培兰回地委工作。她不被家庭拖累，抑制着内心的巨大悲痛，坚决服从组织调动，回到专区工作，任区妇救会秘书。1940 年 3 月，邢培兰等人随同妇救会主任李桂芳在平鲁县张崖沟村召开全区妇女工作会议。其时，日军正对右南根据地开始第八次“清剿”。李桂芳闻讯后，组织参加会议的 13 名妇女干部和 5 名伤员下煤窑隐蔽。15 日凌晨，日军进犯到张崖沟，由于汉奸告密，很快包围了煤窑，并向窑内开枪射击，威胁她们，喊话引诱她们。对此，她们毫无畏惧，更不为所动。最后，惨无人道的日军向窑内施放毒瓦斯，李桂芳、邢培兰等人遇难。31 日，五分区、十一专署在张崖沟村举行隆重追悼会，悼念遇难烈士，并改张崖沟为烈士沟。

李生业（—1942）盐丰营村人。1940 年参加抗日工作。在县游击大队的安排下，秘密打进马营庄警察署，搞地下情报和策反工作。1941 年 11 月 19 日，李生业联络刘忠、梁月亮为内应，配合山阴县第 4 区区小队，胜利夺取了马营庄警察署的枪弹，受到晋察冀 2 分区和县委表彰。马营庄夺枪战斗后，组成独立的抗日地方武装，起名为“生业大队”，李生业任大队长。1942 年“生业大队”转移到斗沟村，李生业和炊事员韩喜根住在一个屋里，不料被叛徒王子君杀害。李生业同志牺牲后，县委及时捕获凶手王子君并予以枪决。1942 年夏，山阴县委追认李生业同志为革命烈士。

杨海平（1953—1970）周家窑村人。自幼为人诚实忠厚，尤爱劳动。七岁在本村小学读书，在放学后或节假日，帮父母干家务活或到生产队参加力所能及的劳动。1969 年在村初中班读书，适逢全国开展战备工作，他成为校中挖地道及校办农场的骨干。1970 年 6 月 2 日，学校放假。早饭后他下地参加队里劳动，路经村口的一块玉米地时，发现正在锄田施肥的女社员触电，他毅然上前，用手拉开搭在女社员身上的电线，女社员得救了，他却献出年仅 17 岁的生命。此后不久，怀仁县革命委员会作出决定，号召全县人民向杨海平学习。学习他舍己救人的高尚品德，学习他“一不怕苦，二不怕死”的革命精神。当时，县文化馆及雁北瓷厂美术人员筹办了杨海平事迹展览，供人们参观学习。村里为纪念杨海平的英雄事迹，在杨海平牺牲地建起一座学校。并在其墓地竖起一座醒目的水泥镶嵌大理石墓碑，碑石上刻有“杨海平同志千古”七个鎏金大字，落款为山西省怀仁县革命委员会 1970 年 6 月。

第四节 国民党党政军人物

邓励豪（1910.1—2011.11）城内人。毕业于国立山西大学。曾经担任《太原民报》总编辑、第二战区司令部秘书、山西省临时参议会秘书长等职务。1947 年 11 月，国民党在南京召开国民代表大会，邓励豪当选为国大代表、立法委员。1949 年前往台湾继续担任“立法委员”至 1992 年，并且曾担任“立法院”国民党书记长、“外交委员会”召集人、“国家统一促进会”委员。他为两岸的统一建言献策，对数典忘祖的“台独”分子分裂国家的行为深恶痛绝。他为人正直，办事公允。邓励豪于 2011 年 11 月去世。曾受到蒋经国的明令褒扬。

萧荫轩（1910—1989）石井村人。字樾亭，曾用名萧艾，避居香港后用名萧池，晚年用名萧树仁。

1925 年，萧荫轩在怀仁高小八班毕业后，一人徒步赴太原考入阎锡山办的北方军校，1930 年晋军扩编，萧荫轩提前毕业，被分配到晋军某部担任排长。此期间，该团团长叛离山西，把部队拉到安徽，三个月后萧荫轩从该部逃返山西，回到原部队，阎锡山得知后，亲自点名把萧提升为连长，还号召学生们向萧荫轩学习。1934 年阎提名萧报考南京陆军大学。1937 年抗战爆发，该校迁到南昌后，学员提前毕业，萧回到山西，阎锡山安排萧在其主力 61 军陈长捷部任军部作战科长，参加了忻口，娘子关抗日阻敌战。

太原失守后，阎锡山退守晋西，日寇猛攻穷追，当时已升任师参谋处长的萧代替师长指挥了黑龙关战斗。这一仗消灭了不少日军，这是阎锡山抗战以来，忻口战役后唯一的胜仗，阎十分高兴，亲自提名并由陈长捷、杨爱源保举萧荫轩担任 83 军 66 师师长。后因种种原因调离 66 师，任建军会训干团教育长，晋升为中将。后调任 19 军参谋长。

1989 年回乡 36 天后去世。葬于石井村老家祖坟。

张朴（1914—1974）又名张玉堂，小昌城村人。出身农家。应县土匪头乔日成常往来于应县、内蒙间，与张朴熟识，相结为友。1937 年 9 月雁北沦陷后，张朴投靠于德安组织的大（同）怀（仁）抗日自卫队，任传令兵。1938 年春，于德安阵亡，张朴被推任自卫队大队长。张在怀活动一年多，1939 年春，率部投奔乔日成，被乔日成任命为应县南乡保甲队第二支队长。

1941 年 2 月，乔日成与驻应县日军指挥官发生矛盾，反目成仇。此时，张朴部驻罗庄，遭到日军的围攻，张率部抗击，与日军激战半日。突围后，又与日军进行游击战。同年 6 月，在战斗中被日军俘虏，关押在大同。1943 年底，被汉奸齐青田保释出狱。1945 年 4 月，出任蒙疆自治政府警正，兼大同省治安处警察队队长。6 月，张召集旧部，由日军供给武器，组织起 300 多人的警察队。日军投降不久，张朴率警察队又归乔部，被任命为雁北挺进纵队第一支队长。1946 年 7 月，在人民解放军围攻应县城的战斗中，乔、张拼死抵抗，使解放军遭受重大损失。乔日成死后，张朴继任大队长，国民党中央国防部委任他为暂编独立步兵第一团少将团长。队伍发展到 5000 余人，成为一支十分强悍的反动武装。

1948 年 4 月，人民解放军华北军区一纵队打响了解放应县的战斗，张朴率部进行拼死抵抗，致使解放应县战斗一直持续两月之久。同年 5 月，张朴由大同国民党军队接应撤退。张朴率残部撤逃大同后，先后任傅作义部平绥路天（镇）阳（高）段守护指挥官，258 师、319 师少将师长。民国 38 年

（1949）率部退到绥远。同年9月19日率部起义。部队改编后被任命为中国人民解放军37军111师师长。

张朴为形势所迫率部起义，但反动立场未变，在部队内窝藏蒋帮特务，利用电台秘密与在广州的阎锡山通电联系，阎又委任他为“山西省人民反共救国军”总司令兼山西政治特派员。军中时有暗杀解放军派去的政治工作人员的事件发生。1950年11月，中央军委根据他起义后的一系列活动，批准将他逮捕。1954年5月，以现行反革命罪将其判处无期徒刑。关押期间，在管教人员的帮助教育下，他思想有了转变，认识到前半生追随反动派，对人民犯下了不可饶恕的罪行，表示要深刻悔改，并将自己的罪恶做了全面交代，狱中表现良好。1973年病重住院期间，受到了极为优厚的待遇和很好的治疗，使他非常感动，表示感激和内疚。1974年1月病故。

张朴死后，人民政府根据他在押期间的表现和党对起义人员的政策，于1982年给他做了政治结论，按起义后的革命军人对待，并由中国人民解放军总政治部颁发了革命军人证明书。

第五节 传奇人物

周继甫（1889—1979）周家窑村人。堂兄弟中行十，人称周老十。出身殷实农家，自幼酷爱武术。少时拜形意拳名师李金龙为师，学练轻功、形意、地躺等拳术。成年又从铁头罗汉张占鳌、八卦名家丁四、招法大家李德茂研习八仙、八卦、招法等拳术。嗣后在村中收徒传艺。其间，江湖上人称“铁猴”的一位山东拳师在大同设擂。“铁猴”内功深厚，善使铁砂掌，雁同地区众多武林豪杰上台与其切磋技艺，皆败北于其铁砂掌下。擂台上的“铁猴”虽然其貌不扬，但那打遍天下无敌手的绝招，使人望而生畏。周继甫闻讯后，亲赴大同。他在擂台下细心观察了“铁猴”几场比武，对其进攻、防守的一招一式作了认真分析研究后，上台与“铁猴”较量。双方在擂台上轮番进招，数十招未见分晓。“铁猴”知遇劲敌，再使绝招，贯气劲推出铁砂掌，周继甫避其锋芒，施展轻功，跃其背后。“铁猴”未能得手，接着又发一掌，周继甫以守为攻，使一招“十八滚”将其化解，又使一招连环腿，将其扫下擂台。至此，周继甫在雁同地区威名大振。此后，周继甫相继应聘出任归绥镖局镖师、山西督军府国术馆教习。后辞职，隐居乡里，开馆授徒，从其习武者众多。民国15年（1926），晋军与奉军在怀仁一带作战，两名奉军窜到周家窑骚扰百姓，周继甫见义勇为，独自将两名奉军击毙。怀仁沦陷，日军在城门设岗，百姓出入城门，皆须向日军鞠躬。周继甫非常气愤，有事出入城，皆越城墙。一次被日军发现，哨兵去追他，他闪转腾挪，将其击倒，越墙而去。

抗战胜利后，周继甫迁居县城，一边经营“三和店”，一边收徒教习武术。1957年公私合营后，任怀仁县合作商店、旅店经理。1979年9月22日病逝于怀仁县城。

唐郁（1899—1958）字棣轩，吴家窑村人。早年毕业于大同三晋中学。父唐祖尧，是当地名流，曾任国民党怀仁县政府参议员。家有土地两万多亩，较好耕地千余亩，年收租粮三万余斤。民国8年（1919），唐郁继承父业，开始经商，先后在本村开办了“西福昌”“东福昌”等五座煤窑。

唐郁凭着锲而不舍的精神，投资开矿，是本县煤矿最多，产业最大的煤矿主，即使在山西矿业界，亦为翘楚。唐郁通过开办煤窑，家资日渐雄厚。开办有“永康”“大梧通”“白诚庆”“义元店”等钱庄、绸缎庄、缸房、当铺共17处。唐郁扩展的产业涉及农业、商贸业、金融业等诸领域。

唐郁为人仗义疏财，乡邻有贫困和借贷者，或解囊周济，或当面销毁借据。村民有亡故无钱葬埋者，他给买棺材，也曾设棚供饮施小药接济过往行人。他热心公益事业，赠地给宗教界，建立教堂，群众赠以“急功好义”匾额悬挂门前，故有“仁义老财”之誉。抗日战争时期，曾捐助八路军钱粮衣物等。1958年病逝于大同。

第二章 人物简介

第一节 历史人物

本籍

王尔扬 明崇祯年间人，为代州宗室王的女婿。为人慷慨好义，常让民田产，焚债券。

刘道 明代第三作人。景泰七年（1456）乡试第一，天顺八年（1464）中进士，选翰林院庶吉士，后历任吏部主事、吏部员外郎、河南布政使、平章政事，为政卓有可观。

王汝濂 明代城内人。隆庆五年（1571）中进士。由兵部主事升陕西按察副使，骑蹇骑，带一随从赴任，沿途便服访问民间疾苦。任上有一土豪仗势欺压乡里百姓，他立即升堂审问，但由于有权要人的袒护，未能法办土豪。他非常气愤，遂称病辞官，回归故里。

王汝浃 明代城内人，字见田。爱恒山的名胜古迹，移居浑源。积学能文，著述较多，《甘泉》一文更是脍炙人口。

于怀汉 设立义学，周济贫苦百姓，乐善不倦。清康熙三年（1664）本县遭灾民饥，他赈济千余石粮食给贫苦百姓。

常振邦 清代赵麻寨人。爱为民办事。乾隆年间，他领乡民凿渠筑堰，兴修水利。工程竣工后，百姓受益匪浅。

刘槐 清代清水河人。道光十六年（1836）本县遭虫灾，百姓流离载道，他放粥解救百姓之难。

王丕承 清代人，字镜山。二十余次赴乡举均不第，晚年聚徒讲学，学生成名者较多。

魏辅明 字文生。能文多才，尤精医术。每日研究《内经》《难经》等医书，遇危症，按脉调治，立即见效。光绪年名噪一时。

杨德隆 （1876—1949）鹅毛口人。民国肇始，积极创办学校，任鹅毛口完小董事长。鹅毛口诸多革命志士，皆由他培养。民国三十七年（1948）任怀仁县民主政府参议员，受命负责在鹅毛口、大峪口开渠兴修水利。

外 籍

徐彦余 明洪武三年（1370）为怀仁知县。于县城创建学宫。

赵思聪 陕西延昌人。明嘉靖年间任怀仁知县。注重教育，重修儒学。

殷宗虞 直隶邢台人。明嘉靖三十三年（1554）任怀仁知县。重修城墙及县治仪门。

韩应元 山东历城人。明隆庆元年（1567）怀仁知县。均平夫役。

杨守介 陕西高陵人。明万历二年（1574）怀仁知县。使用砖石包砌县城东、西城门，重建西安驿，创修《怀仁县志》。

张信民 河南渑池人。明万历三十九年（1611）怀仁知县。劝民垦荒15000亩，奏请减免赋税数千。

高翼耀 颍上人。明崇祯十三年（1640）怀仁知县。注重教育，振兴学校，常同县中文人一块相商。

刘三章 直隶景州人。清顺治四年（1647）怀仁知县。裁革陋规，平均徭役，奏请免除税粮1700石。

薛侯 陕西三原人。清康熙十七年（1678）怀仁知县。是年遭灾，申请减免正赋。劝民垦荒。

董学诗 辽阳人。清康熙二十六年（1687）怀仁知县。革除火耗税课，设立义仓储粮。后遭灾情，开仓济民，没有逃亡者。

王简清 乾隆五十五年（1790）怀仁知县。奏请丁徭摊归地粮。

赵德漳 江西南丰人。清同治三年（1864）怀仁知县。刻意图治，又重教育，恢复文学，创建锦屏书院。

李长华 直隶望都人。清同治七年（1868）怀仁知县。严禁罂粟，经常带随从到乡间查视。

陈洪翥 直隶宁河人。清光绪三年（1877）怀仁知县。在任期间连年旱荒，民以草木糠秕为食。申请按人口发放常平仓储粮济民。

郭泌 民国8年（1919）怀仁县长。竭力提倡教育，劝谕开设男女合校，为家贫者代筹学费。

第二节 现当代人物

龚云章 （1892—1971）女，鹅毛口村人。法号慈仁居士。邓励豪之母。从小颖慧，从事耕读，喜作画，尤擅剪绘，无所师承，全凭仰观俯察，研究揣摩。1949年定居台湾，锐意于民间艺术，其作品曾应邀在“国立历史博物馆”、“国立艺术馆”、中美文经协会、英文中国邮报及环岛展览多次。其拍卖资金捐赠台大医院社会服务部及各类慈善机关团体。1968年，作品被联邦德国电视公司摄制中华专辑。1970年，美国圣若望大学百年纪念选其作品50幅参展，获圣大金质奖章、奖状，后赠台湾“国立历史博物馆”。1971年10月病逝于台北。1973年台湾教育部门举办座谈会，以龚云章的作品为内容，聘请艺术家主讲。

张广德 （1905—1997）祖籍河北，清朝年间定居怀仁。张家祖传中医近二十代。公元1900年，光绪皇帝和慈禧皇太后西逃，路过怀仁县城，在庞家大院住宿一晚。光绪皇帝患重感冒，身体不适。当时，知县请其祖上张鳌诊治，由于对症下药，药到病除，光绪皇帝很快痊愈。后来光绪皇帝在太原府处理西行途中的事务时，亲手题字“龙习凤章”一幅交山西巡抚锡良，命知县照字刻成立式匾额赠送张鳌（可惜此匾在文化大革命时遗失），并下旨封张鳌为“四品御医”送金丝补方官服一套和顶戴花翎，朝靴。1960年张家迁坟，开棺捡骨时，发现棺木中有朝服，说明实有其事。张广德从小随曾祖父、祖父学医，18岁就获得行医资格证书。1953年担任怀仁县防疫协会会长。曾是城关公社卫生院中医。他精湛的医术，高尚的医德，至今仍在当地人中口口相传。

张守全 1912年生，何家堡村人。1938年参加八路军，同年10月加入中国共产党。1940年任连指导员、120师714团1营教导员。1949年调解放军第1军教导团1大队任副政委。1956年调河南洛阳工程兵学校任干部部长。1959年调沈阳器材基地任政委。1972年5月离休。

杨俊选 1913年生，鹅毛口村人。1935年12月考入晋绥陆军军官教导团第三期炮兵科学习。1937年11月参加山西牺盟会，在山西抗日随营政治军事学校第一期学习。1938年4月调晋西南新军政治保卫队任分队长。1940年任太岳区行署干部学校指导员、大队长。1962年调华北地质研究所，先后任办公室主任、副所长、党委副书记。1977年调天津地质矿产研究所任党委副书记。1983年离休。

师文英 （1914—2010）女，城内人。1937年10月参加革命工作。1941年加入中国共产党。抗战期间曾先后在山西抗日决死纵队、八路军太行军区三分区、太行行署、太行第三中学工作，历任干事、科员、教导员、党总支书记等职。“文化大革命”中被冲击。1978年恢复工作，任中纪委驻国家建工总局纪检组副组长（正局级）。1982年离休。2010年病逝。

辛致极 1914年生，南辛村人。艺名“飞罗面”，耍孩儿老艺人。曾任山西省政协第2–5届委员。16岁学唱耍孩儿戏，18岁登台，至1954年成立大仁县工农剧团时，担任第一任团长。辛致极的表演艺术造诣颇深，戏路很宽，在传统剧目中，他能演旦角行当中的花旦、青衣、彩旦、武旦、老旦等。他刚学戏年龄不大，在村里放羊时，一边拿着长鞭赶羊，一边练跑场。后来在饰演《千里送京娘》中的赵京娘，行家们说：“走的好、脚底功夫深”，拿着马鞭，在舞台上一连能跑38圈，越跑越有劲，就好像女人们在“箩面”，而且感觉箩下的面非常细，最后得名“飞罗面”。他在继承传统的表演基础上吸收了当地跑旱船、秧歌等民间艺术的碎步、舞蹈等技艺，使耍孩儿戏的表演更加生动、活泼，为耍孩儿剧的发展做出了很大的贡献。

田润身 （1918—1951）怀仁县人。1937年参加工作。中共党员。曾任中国人民志愿军第65军第193师第578团团长。1951年4月牺牲在朝鲜战场。

陈希贤 1919年生，石井村人。1936年12月参加牺盟会，任协理员。1937年5月考入山西国民兵军官教导8团，参加民族解放先锋队。同年8月，加入中国共产党，在山西新军青年抗敌决死一纵队先后任班长、工作员、连长、指导员、副教导员、教导员，团副政委、政委，师副政委、政委等职。1943年任太岳军区电台代队长，曾荣获太岳军区电台模范干部的称号。1946年先后任太岳军区政治部巡视员、教导大队政委。1949年任华北药科学校政委、军医学院政委。1953年任解放军后勤学院班主任、301医院一部政委、院顾问。1980年离休。

张继堂 1919年生，曹四老庄村人。县立简易师范毕业。1937年4月参加山西国民兵军官教导团，在崞县原平镇受军训，同年7月起先后在晋东南、晋西南、晋西北根据地任战士、排长、连长、营长等职。1938年5月，在长子县决死6纵队2营5连加入中国共产党。1945年9月，调西北野战军，历任营长、团参谋长、副团长、团长。1951年赴朝鲜，任坦克3师参谋长、志愿军坦克指挥部司令员。1956任中央军委装甲兵巡视员。1982年7月离休。

贺仁茵 1920年生，城内人。1937年3月参加山西抗日救国同盟会，后参加山西国民兵军官教导团第8团。1938年加入中国共产党。1945年任豫西特务团教导员、宣传股长。1950年任兰州军区55师政治部副主任、主任。1957年任军事学院组织部副部长、参谋系副政委。1964年任林业部政治部副主任、农业部畜牧总局副局长。1982年离休。

萧世英 1920年生，路庄村人。高小文化。1937年4月参加工作，在八路军某部任连指导员。1944年转业到地方，先后任四川省宜宾地区税务局长、办事处主任、宜宾地委组织部副部长、地纪委副书记、地委副秘书长、地委委员。1981年离休。

曹进喜 1920年生，南家堡村人。1937年参加革命工作。1938年加入中国共产党。曾在八路军 120 师直属工团、独立 6 旅、2 野 1 纵工作。1950 年调第一军政治部任政治协理员、留守处副政治委员。1969 年在陕西煤炭工业学校任校长、书记。1981 年离休。曾荣获中华人民共和国三级独立自由勋章和中华人民共和国三级解放勋章各一枚。

张真 1920 年生，吴家窑村人。1937 年 4 月考入山西国民兵军官教导团。1938 年初在山西决死 6 纵队 3 大队任队员。1939 年初调高平县独立营 3 连任连长。1940 年初在抗日军政大学学习，同年 6 月加入中国共产党。1942 年 5 月在太行军区第二分区司令部任参谋。1946 年初在晋冀鲁豫第三纵队司令部任副科长、科长。1948 年秋任 3 纵队 9 旅 25 团参谋长。1949 年起，先后任解放军 11 军 33 师 97 团副团长、32 师 96 团团长、16 军 32 师炮兵团主任、32 师副师长、47 师副师长。1961 年 8 月任国防 5 院 2 分院 1 支队副主任、2 分院 11 厂厂长。1964 年 8 月因病离职休养。1972 年 2 月任中央 7 机部 699 厂厂长、二院顾问。1982 年 10 月离休。

仝玉一 女，1921 年生，小峪口村人。1937 年参加革命工作。同年 7 月加入中国共产党，10 月参加八路军。先后任民运队员、纵队政治部组织干事、党委秘书。抗战胜利后，历任太行行署卫生局长、太行六地委妇委书记等职。1974 年，任山西省财委副主任。1982 年离休。

张占福 （1921—1984）陈庄村人。1939 年参加八路军。1940 年加入中国共产党。1951 年参加抗美援朝。从抗日战争到朝鲜战场先后荣获 7 次 3 等功，一次国际勋章。后转业到地方工作，历任青海省五金公司经理、蔬菜公司经理，兰州市百货公司书记等职。1984 年 6 月病逝。

曹新 1922 年生，原名曹生堂，南家堡村人。1937 年山西大学毕业后在太原搞抗日救亡运动，9 月参加八路军，后到延安抗日军政大学一大队学军事。1938 年 6 月在抗大加入中国共产党。同年 9 月毕业后，分配到山西前线二纵队，历任连长、指导员、教导员兼抗大指导员。1945年8月在太岳军区八纵队60军补充团任主任和政委。1949年参加攻打太原战役。后南下四川任川西军区后勤部政治部主任。1951年入朝作战，任第7预备师主任。回国后分别任东北军区直属政治部副主任、山东济南军区直属政治部主任、山东省军区顾问等职。1982年离休。

周继舜 1923年生，城内人。1937年8月参加山西国民兵军官教导团第8团，同年加中国共产党。1945年调徐沟县任武委会主任。1948年任交城县委组织部部长。1956年任郴州地委书记兼军分区政委。1977年调湖南省基本建设委员会任副主任、党组副书记。1986年离休。

杨顺喜 1923年生，吴家窑村人。1945年2月参加怀仁支队任通讯员。1947年1月加入中国共产党。后随怀仁支队补充绥远军区65团，先后任警卫员、团政治处干事、连指导员、营教导员等职。1953年由部队转业到北京第6建设工程公司任党总支书记，后又相继调北京机械施工公司任党总支书记、公司行政部主任，调大同市建筑工程管理局任党委副书记、副局长。1984年离休。

李玉泉 1923年生，草地村人。1946年10月参军，在绥远2分区大怀支队3连任战士，怀仁支队3连任班长、事务长。1948年5月加入中国共产党。同年8月编入晋绥8纵队14旅46团2营任管理员。又先后调任22师65团1营政治指导员、机炮连指导员。后赴朝，任志愿军204师612团机炮连指导员、610团政治处协理员。1956年4月起先后任人民解放军610团政治处股长、610团2营教导员、内蒙古军区后勤部独立汽车营政委、人民解放军汽车28团政委、291医院副政委。1983年11月离休。副师职。

张孝 1924年生，马辛庄村人。1938年6月在延安抗日军政大学学习，同年11月入党。1939年在120师独1旅任干事。1948年调解放军第1军炮工团任组织股副股长。1958 年转业到地方工作，曾先后在晋北专署文教局、大同炼油厂、四川南充市石油学院、大同教育学院等单位工作，历任文教局副局长、系党总支书记、院党委委员、副院长等职。1985 年离休。

李义 1924 年生，神嘴窝村人。1948 年 3 月参军，在怀仁支队任战士。同年 6 月加入中国共产党。北上绥远编入 23 师 67 团，先后任副班长、班长、排长。1953 年 6 月转业到内蒙古集宁县民政科任科员，后历任集宁县 6 区区长、民政科长、集宁市十号乡党委书记、希拉公社党委书记、郊区区委组织部副部长、百货公司经理、社队管理局副局长、百货公司经理等职。1985 年 6 月离休。

李福 1924 年生，曾名李来雄，东关人。1948 年 8 月参加人民解放军，在新兵营 1 连任战士、11 师 32 团炮兵连任战士。同年 6 月加入中国共产党。1949 年参加陕西省宝鸡战役、甘肃省兰州战役，荣立 3 等功 1 次。1950 年任炮兵连通讯员、无后座力炮营副班长、班长、司务长。1957 年 2 月调重庆市炮兵学校政治队学习，毕业后，分配到 11 师炮兵团 3 连任副指导员、指导员、炮兵营副教导员。1965 年 9 月在湖南省长沙政治学校学习，结业后回原炮兵营仍任副教导员。1969 年 9 月调四川省公安厅任军代表。1977 年 6 月转业到四川省公安厅办公室任科长。1985 年离休。

王廷蔼 （1925—2007）干沟村人。1937 年参加革命工作。1939 年加入中国共产党。历任团参谋长、副团长、团长、后勤学院汽车教研室副主任（副师级）、大同汽车学校校长（正师级）、总后勤部青藏线工程运输指挥部副总指挥（副军级）、总后勤部基地指挥部副司令员、司令员（正军级）。1987 年 9 月离休。2007 年病逝。

左登贵 1925 年生， 窑子头村人。1945 年参军，在绥蒙军区 2 团 7 连任战士。1947 年 7 月加入中国共产党。先后任 7 连班长，3 营营部党支部书记，22 师 6 营重机枪连副指导员，警卫连副指导员，炮兵连指导员。1952 年 11 月赴朝，任志愿军某部山炮连指导员、连长。后转业，先后任大同市煤矿土建公司副业科副科长、汽车队书记兼大队长、大同矿务局 3 处机关党支部书记、建井公司组织部部长、煤炭部第 6 工程处建井指挥部党委书记、临汾钢铁公司塔儿山铁矿党委书记、大同矿务局燕子山工程处党委副书记等职。1985 年离休。

孟恒龙 1925 年生，甄庄村人。中专文化程度。1946 年 11 月参军，在怀仁支队一营任通讯员，后在 3 旅 27 团特务连当战士。1949 年 10 月加入中国共产党。先后任华北第 8 军 46 团 1 营通讯班长、第 8 军 23 师 47 团 1 营机炮连副排长、绥蒙军区独 22 师 65 团 3 营机炮连 3 排排长、3 营机枪连副指导员。1951 年 10 月赴朝鲜参战，回国后在石家庄第 9 步兵学校学习。先后任济南军区 202 师 605 团营副教导员，济南军区 202 师 582 团加农炮副指导员、指导员，炮兵团后勤政治协理员，沈阳军区 202 师炮兵团政治协理员等职。转业后在雁北工程公司任党委组织科科长。1985 年离休。

王政治 1925 年生，羊圈沟村人。1947 年 11 月参加革命工作，任怀仁四区游击队事务长，后留四区工作。1948 年赴华北财经大学学习，后在绥蒙政府财政厅工作。在绥远省委党校学习毕业后留校工作任秘书。1950 年 3 月加入中国共产党。1953 年起相继在绥远省工农速成中学、内蒙古大学中文系汉语言文学专业学习。先后任内蒙古农牧科学院草原研究所党委副书记兼政治处主任、内蒙古农科院干部科长、内蒙古战备汽车团政治处主任、内蒙古交通厅人事处处长等职。1985 年离休。

周树福 1925 年生，于家园村人。1948 年参军，在绥蒙军区 47 团 4 连任战士。1949 年加入中国共产党。后调 65 团任副班长、警卫连班长。曾在华北军政干校、华北速成学校学习，毕业后先后任 83 团 1 营炮兵连排长、2 连 5 排排长、1 营 3 连指导员。1955 年在解放军 13 步兵学校学习，毕业后分配到69军，先后任3连通讯员、5连卫生队指导员。1964年转业后任包头市供电局武装部长、组织部长等。1984年退居二线。1986年离休。

陈耀华 1925年生，曾名陈茂盛，吴家窑村人。1949年1月参加革命工作，先后在解放军46军159师、湖南省长沙军分区、中南军区暂编19团2营、解放军第36速成中学、武汉军区司令部、湖北省军区司令部任见习员、文印员、政治助理员、学员等职。1956年1月加入中国共产党。1958年先后在辽宁省盘锦农垦局新开农场、沈阳重机厂、沈阳重机制造学校任团总支书记、党支部书记、政教办公室副主任。1961年以后在机械工业部西安重型机械研究所第一、第六、第八研究室任副主任、主任、副科长、科长等职。1986年离休。

管子英 1926年生，北信庄村人。1948年2月参加革命工作，先后在怀仁支队、绥远22师、华北野战68军任通讯员、副班长、军械上士、排长等。有一段时间负伤住院。后在山西荣军中学学习。曾任大同市粮食局检查员、科员、秘书科副科长，大同市粮食加工厂党支部书记、革委会主任，大同市粮食局副局长、党委书记，大同市第一商业局党委书记，大同市粮食局党委书记。后退居二线。1958年被评为积极分子。中共大同市第6届委员会委员，山西省第五届人大代表。1986年离休。

杨路 1926年生，马庄村人。1940年1月参加革命工作。1942年4月在岢岚、河曲县政府任勤务员，同年5月至1945年10月在晋绥分区大众剧社，二中剧社任演员、组长。1943年5月加入中国共产党。在大生产运动中被评为全校特等劳动模范。1945年11月起先后在雁北剧社、晋绥人民剧社任演员、组长，在晋绥七月剧社任社长、团支部书记，在兴县专区文工团任演员、剧务股长、团支部书记、党支部委员。1952年起先后任太原市印刷厂党支部书记、太原市地方工业部副科长、太原市公共汽车公司党委书记、山西人民歌舞剧团党支部书记等职。1970年在文水县插队落户。1973年2月起先后任山西省话剧团、山西省歌舞剧院党支部书记、省文化厅党委委员。1987 年离休。

樊占魁 1926 年生，跃进村人。1945 年 1 月参加革命工作。1947 年 4 月加入中国共产党。1948 年 8 月起先后任绥蒙军区 14 旅 3 连连长、华北 22 师 65 团 2 营参谋长、营长。1951 年 8 月赴朝参加抗美援朝，在 68 军 202 师 5 团任参谋长、营长。1953 年 12 月在 85 速成中学学习。先后任济南军区后勤学校队长、济南军区后勤部 88 医院处长。后转业到地方，先后任大同市自来水公司经理，大同市建委学大庆办公室主任，大同市公共汽车公司党委副书记、代经理，大同市自来水公司党总支书记。1984 年 6 月离休。

陈佃英 1926 年生，怀仁县悟道村人。1946 年 1 月参加工作。1948 年 1 月加入中国共产党。1946 年起，先后任人民解放军第 1 野战军第 1 师和中南坦克团第 7 修理营班长、副排长、排长、技术教员、主任教员等职。1956 年转业，在大同市青磁窑煤矿工作。1967 年至 1972 年任大同市青磁窑煤矿武装部长、大同市焦煤矿矿长、大同市监察局副局长等职。1987 年离休。

杨子彬 1926 年生，曾名杨迎彬，鹅毛口村人。1946 年 5 月参加工作，先后任晋独立 2 团新兵连战士、侦察连文书、独立 2 团 2 营文书。同年 7 月加入中国共产党。1948 年 7 月起先后任晋绥军区 22 师司令部见习统计参谋、军务参谋、助理员，晋绥军区 11 旅旅部文书、华北军区干部管理部人事科员、五一速成中学副区队长、北京军区后勤部 101 预备医院助理厂员、101 野战医院内一科教导员、长沙第一政治学校学员、101、102 医院教导员、269 医院内科教导员，政治处第一副主任、副政委等职。1979 年转业到天津市和平区煤建公司，任党委副书记、副经理。1986 年离休。

刘富明 1928 年生，又名刘振新，楼子口村人。1946 年 2 月参加革命工作。同年 9 月在晋绥军区军政干校学习。10 月起先后任解放军第 1 野战军

3旅上士、见习文书，晋绥军区35团、22师64团政治处宣传员。1949年加入中国共产党。1951年起先后任绥远军区政治部组织部干事、集宁县武装部组织干事、内蒙古平地泉军区民兵科助理员。1955年转业到内蒙平地泉行署建设银行，任人事科长。曾任乌盟财税局人事科长、乌盟建设银行代行长、革委会基建组长，苏尼特右旗革委会组干科科长、机关党委书记，乌盟建设银行人事秘书科长、拨款科科长，乌盟中心支行调研员等职。1988年离休。

宋安邦 1928年生，石庄村人。1948年8月参加革命工作。1949年3月在本村当小学教员。1950年11月在雁北中学任教，后在察哈尔军区机要干部训练队学习。1951年3月调人民解放军69军204团机要科任译电员，后调华北军区后方医院任政治助理员。1954年7月转业到河北省张家口专署工业局办公室任资料员、张家口地委工业部任干事。1962年到1974年，在张家口地区运输公司、农机大修厂、市财办、卫生局分别任人事科长、劳资科长、政工科长等职务。1977年7月起任张家口市化工局政治处副主任、主任兼纪检委副书记，张家口市宁远钢厂党委副书记，1984年12月，任该厂调研员。1988年离休。

刘贵 1929年生，吴家窑村人。1946年8月参加人民解放军。1950年加入中国共产党。曾荣获西北军政委员会颁发的“人民功臣”奖。1952年毕业于解放军第四军医大学。先后任军医、内科医师、传染病医师、内科主治医师、科主任等职。1990年离休。

刘之润 1929年生，草地村人。1948年参军，1949年1月加入中国共产党。先后在解放军14旅67团任战士、营部通讯员，在22师67团、65团任炮兵连班长、排长。曾在石家庄第6政治干部学校学习。先后调内蒙古军区公安21团11连任副指导员，5团通讯连指导员，内蒙古3支队11中队任指导员。1962年5月到北京公安学院边防业务训练队学习。9月调东北满洲里边防总站圈尔河分站任指导员，后调沈阳军区独立10团司令部任协理员。

1971 年任满洲里市武装部副政委、满洲里市机关党委书记、满洲里市建委人防办主任。1978 年转业到山西省右玉县任计委副主任。1979 年调任满洲里市直属党委书记。1984 年 7 月任满洲里市政协副主席。1989 年离休。

孙进德 1929 年生，北信庄村人。1947 年 2 月参加工作，在晋绥军区 3 旅修养所任看护员、看护班长。1949 年加入中国共产党。1951 年在人民解放军第一野战军 8 师医院任护士。曾在解放军第 3 军卫校军医班、解放军第一军医学校学习。之后在空军民升医院任军医、空军卫生部任助理员、空军医院任政治协理员、书记等职。被西北军区授予“人民功臣”称号，并被评为空军后勤部积极分子，受到空军后勤部通报表彰。转业后，任大同市第二人民医院业务副院长、书记。1984 年被评为省转业干部先进工作者，当年被选为山西省医院管理委员会委员。1989 年离休。

薛黎 1930 年生，原名薛官印，石井村人。1945 年 11 月参军，在绥蒙军区 5 分区 8 中队独 2 团 11 旅 31 团当战士理发员。1948 年 2 月加入中国共产党。1949 年在 22 师 64 团 2 营 5 连任班长。1951 年 1 月在绥蒙军区干校学习。同年 9 月调华北补训 31 团 6 连任副指导员。1954 年 10 月转业，曾任宝昌县运输公司汽车队指导员、正蓝旗哈巴嘎区委组织委员、二连市政府办公室主任、粮食局副局长、运输队队长、工业交通局副局长、苗圃主任兼党支部书记、城市建设局副局长、党支部书记等职。1983 年 12 月离休。

田国川 1930 年生，又名田全顺，鹅毛口村人。1946 年 8 月参加八路军偏清支队，先后任 4 连通讯员、文书，独立 4 团司令部通讯参谋、1 连连长，绥蒙军区 11 旅司令部作战教育参谋，22 师司令部作战教官参谋。1950 年 3 月赴朝参加抗美援朝，随部队并入 67 军，任军司令部作战教育参谋，参加朝鲜金城反击战，荣立 3 等功，并荣获朝鲜民主主义人民共和国军功章。1956 年被授予大尉军衔。1958 年 8 月转业到河北大学，任班主任。后又历任中共天津市委组织部干事、天津市水利局政工组长、海河指挥部组织处处长、科技处长，天津市水利局基建处党委书记等职。1990年离休。

武德官 1930年生，黎寨村人。1946年8月参加工作，先后在5分区大怀支队3连任连长，14旅46团2营任排长，绥远省军区后勤学校任区队长。1949年2月加入中国共产党。同年12月调步兵22师65团后勤处任会计，后又在山西补训21团后勤处任财务股长。1951年赴朝参战，先后任志愿军68军供给科科长、志愿军第二物资部财务主任。转业到地方后，历任雁北专署人事局干部科科长、山西神头电厂政工组组长、雁北地区轻工业局副局长、雁北地区煤炭运销公司副经理等职。1990年离休。

韩生儒 1930年生，刘晏庄村人。1946年8月参加革命工作。1947年3月起先后在晋绥边区司令部、18兵团司令部、西北军区司令部任参谋。同年加入中国共产党。1950年被西北军区评为三等人民功臣。同年7月调东北军区任参谋，又调中央军委第3部任参谋。1954年考入北京师范大学化学系，留校任助教，后又任自然科学处处长。1962年起先后调任广灵县教育局局长、阳高县教育局局长、农机校负责人、阳高中学校长、雁北师专党委副书记、大同医专纪检委书记等职。1990年离休。

刘谦 1930年生，北信庄村人。1946年9月参军，任怀仁区小队战士。1948年3月编入绥远军区23师66团3营9连任班长。1949年1月加入中国共产党。先后任65团3连排长、612团9连副指导员。后在石家庄步兵学校学习，毕业后先后在204师2营4连任指导员，204师584团4营任副教导员，工程兵315团任政治处主任。后转业到地方，任雁北地区国营水泥厂副厂长、厂长。1990年离休。

贺子勇 1930年生，西关村人。1946年10月参加革命工作。曾在野战3旅27团任司号员。转业后先后在绥远省人民银行、包头市保险公司任组长、股长、科长；在包头市人民政府、革委会任副处长、处长、市长办公室副主任、组长；在包头市农牧水林局、水利局、防汛指挥部办公室分别任局党组书记、第一副局长、副总指挥兼办公室主任等职。1990 年离休。

孟有官 1930 年生，鹅毛口村人。1948 年 5 月参加革命工作，6 月起先后在怀仁二区区小队任战士，在怀仁县政府建设科任科员、怀仁县总工会任干事、右朔平矿务局任干事。1953 年 8 月起在雁北矿务局工会任干事、雁北矿务局党委宣传部任干事。1955 年 3 月起在朔县杨涧煤矿任党支部书记、怀仁县峙峰山煤矿任副矿长。1957 年 3 月起在雁北地委工业部任干事、大同市马口煤矿任党总支副书记。1961 年 9 月起在晋北煤炭化工局办公室任副主任、雁北二工业局办公室任副主任。1956 年 3 月起在雁北行署办公室任专员秘书、雁北建筑工程队任党总支书记、革委主任。1981 年 4 月起任大同糖厂办事组组长、组干科长、党委副书记。1983 年 10 月起先后任雁北企业管理办公室主任、雁北乡镇管理局局长、党组书记、党组副书记、顾问等职。1990 年离休。

韩生秀 1930 年生，南家堡村人。1948 年 6 月参加革命工作，同年 8 月加入中国共产党。在绥远前线 1 分队任党支部委员。1948 年 10 月，调怀仁大峪口乡任民兵中队长、怀仁 6 区任团委副书记、书记。1950 年到察哈尔省干部学校学习，后调任怀仁团县委组织部长。1952 年任怀仁 3 区代理区委书记、团县委副书记、书记。1954 年 5 月，任怀仁县委宣传部副部长、财贸部副部长。1956 年 5 月起先后任大仁县委财贸部部长，山阴县委财贸部部长、县委委员。1963 年 4 月起先后任山阴县财委主任、雁北专署生产救灾办公室主任、雁北专署供销社办公室主任。1974 年 5 月起先后任雁北专署商业局副局长，雁北多种经营办公室主任，雁北行署农业局党组副书记、副局长，雁北农业开发公司副经理等职。1985 年 6 月，任雁北行署税务局调研员。1990 年离休。

项敏达 1930 年生，大峪口村人。1937 年随父母迁居到四川后，一直在外地学习和工作。在四川上完小学和中学后，考入北京大学。1953年从北京大学物理系毕业，被分配到云南光学仪器厂任技术员，当时这个厂是唯一的国营光学大厂，生产国防需要的光学仪器。1956年吉林省长春市新建东北光学仪器厂，项敏达调该厂工作，从此在长春市工作、生活了25年。1981年调北京市华北光学仪器厂工作，直至1995年退休。由技术员、工程师直到教授级高级工程师，始终从事光学设计专业。主要业绩：20世纪50年代参与我国早期变焦距照相物镜设计；60年代参与Zxy-2型透镜中心检查仪等一系列光学测试仪器研制，满足了当时国内各光学厂的急需；主持编制的739A程序，早在70年代中期已被国内许多单位用于光学系统设计，是国内第一代适用于非共轴光学系统的光学计算程序；合编工具书《光学测量与仪器》；合译有《光学仪器理论》等书；参与《中国大百科全书》物理学卷中“光学”条目的编写和审校工作。1978年出席全国科学大会，会上被授予“全国先进科技工作者”称号。1992年起享受国务院津贴待遇。

曹天佐 1932年生，曾名曹存厚，南家堡村人。1947年参军，在晋绥军区8纵队22师1团先后任宣传员、卫生员。1949年加入中国共产党。先后调绥远军区后勤部任见习会计，后套军分区任会计、助理员、副科长、科长、后勤部副部长等职。1983年离休。

任录 1932年生，东关人。1955年任采矿工程师。先后在大同矿务局、汾西矿务局、山西省煤炭基建局等单位工作。曾任山西省建设厅厅长。

赵生瑞 1933年生，日中城村人。1950年参军。1978年任北京军区后勤部营房科长。1984年任北京军区《当代中国》编辑室编辑（副师级）。

安宁春 1934年生，智民庄村人。1948年7月参加革命工作，在怀仁县税务局任稽查员。1949年10月南下广东省，先后任南路专区办事员、广东省高雷（湛江）地区科员。1953年10月加入中国共产党。调粤西行署税务局任副科长。1956年起任湛江专区税务局科长、湛江地区工交战线革委会常委和核心小组成员兼政工办公室副主任、主任。1971年3月任广东省地质局水文地质大队党委副书记、革委会副主任。1972年6月任湛江地区冶金局党组副书记、副局长。1978年代表冶金局出席全国冶金工业劳模会议。1982年11月任湛江地区工商管理局党组书记、局长，财政部海洋石油税务局湛江分局副局长。曾参加财政部海洋石油税务局考察中东石油税务工作组，考察埃及等国。1995年离休。

管少藩 （1935—1996）东关人。1951年2月参加工作。1952年12月加入中国共产党。1951年2月起先后任怀仁县5区团委宣传委员、团县委干事、秘书。1955年7月至1965年11月先后任雁北团地委干事、秘书、办公室副主任、团地委副书记。1971年4月任朔县县委常委、革委会办事组组长。1973年10月任山阴县委书记。1980年任雁北行署经委副主任、行署副专员。1990年任大同市委常委、常务副市长。1993年7月起先后任朔州市委副书记、市人大常委会主任。1996年10月因病去世。

郭振川 （1935—2012）禅房村人。1954年参加工作。1974年调雁北地委党校，先后任教员、教育科副科长、副校长、校长兼书记等职。2012年因病去世。

左祥 1936年生，吴家窑村人。1951年10月参加工作。1954年5月加入中国共产党。曾任雁北地区农机站秘书、供销社干事。1965年调入山西省人民检察院雁北检察分院，任书记员、检察员。1970年5月起先后任雁北行署信访办公室副主任、主任，中共大同县委副书记、县革委副主任。1979年4月调回山西省人民检察院雁北分院，历任副检察长、检察长、党组书记、检察委员会委员，中共雁北地委政法委员会副书记。1986年1月任山西省人民检察院副检察长、党组成员、检察委员会委员。1988年2月任山西省人民检察院常务副检察长、党组副书记（正厅级）、检查委员会委员兼山西省检查学会副会长、山西省纪律检查委员会委员。1993年2月至2001年2月，被任命为山西省人民检察院党组书记，兼中共山西省委政法委员会委员。山西省第六、七、八、九届人大代表，中共山西省委第八届省委委员。

贾秉思 1936年10月生，吴家窑村人。1958年8月参加工作。1973年入党。高级工程师，在职大学学历。1955年初中毕业，被保送到北京航空工业学校航空发动机制造专业读中专。1958年8月毕业分配到航空工业部113厂（先为西安航空动力控制有限公司）军品设计所工作。1973年在西安空军工程大学航空发动机专业进修一年。1979年11月—1980年6月参与国产某航空发动机的研制，后被航空部派往英国罗尔斯·罗伊斯航空发动机公司学习。工作期间，任工艺员、设计员、设计室主任、项目设计师等。先后主管多项航空发动机燃油控制系统产品的生产、研制、改进和改型工作。1988年获国防科学技术工业委员会建厂功臣称号。1992年他参与的某发动机燃油控制系统实验成功，获中国航空工业总公司科学技术进步三等奖。他学术造诣很深，编写某发动机加力燃油控制装置六型产品，型号实验规范，被航空工业系统纳入正式技术资料使用。翻译英国航空发动机《燃油附件污染实验规范》已用于航空系统。1996年12月退休。

薛国治 （1938—1999）盐丰营村人。艺名“小飞罗面”，著名耍孩儿表演艺术家。1993年被评为国家一级演员。系中国戏剧家协会会员，山西省戏剧家协会理事，大同市剧协副主席，大同市政协委员。曾任大同市耍孩剧团团长、党支部书记。他2岁丧父，13岁母亲去世，随后在叔父家中生活。15岁时经耍孩儿老艺人赵桢介绍，拜耍孩儿老艺人新家园人张生银为师，专攻小旦行当。曾受到京剧名角程砚秋的指导。他大胆吸收了京剧、晋剧等剧种男扮女装旦行表演的长处，并改变了耍孩儿戏剧有腔无字的传统唱法，使之达到字正腔圆，委婉动听，荡气回肠的艺术效果，被誉为耍孩剧“泰斗”。1992年，他参加全国“天下第一团”优秀剧目展演，大同市耍孩剧团被文化部授予“天下第一团”称号，他本人获得特别演出奖。同年，大同市政府为此举行庆功会，大同劳动竞赛委员会为他荣记一等功。1999年病逝。

孙吉 1938年生，赵庄村人。1958年9月参加工作。先后任鹅毛口中学教师，鹅毛口兽医站、怀仁县兽医院兽医，县家畜改良站技术员。高级兽医师。1987年6月至2005年任县政协副主席。2006年退休。2007—2010年，任县关工委副主任。参加工作以来，先后主持过两项重大科研项目，并于1976年6月通过省级技术鉴定：一是“三合激素诱导泛情母牛定期发情提高受胎率的试验”，二是“电针治疗母畜不孕症”，并获得成果。先后在全国专业刊物发表论文十五篇，有三篇荣获山西省优秀论文证书。发表科普文章三百多篇，其中一篇荣获山西省优秀科普作品二等奖。1987年5月，作为特邀代表参加了在北京召开的有26个国家代表出席的国际兽医针灸讨论会，会上宣读了论文，并荣获优秀论文证书。1995年在青岛参加了海峡两岸中西兽医学术讨论会。其事迹被收入《中国自学成才辞典》《中国当代发明家大辞典》《中国当代创业英才辞典》。1984年、1988年两次被省劳动竞赛委员会荣记三等功，1985年5月荣获省职工自学成才三等奖，1987年9月荣获省科技进步三等奖，1990年9月获雁北地区科技进步二等奖。

刘增宝 1938年生，下峪村人。1986年任雁北地委委员、政法委书记。1988年任雁北地委副书记兼地委党校第一副校长。1992年任雁北地委副书记、雁北行署专员。1993年7月雁同合并后任大同市委常务副书记。1994年7月任忻州地委副书记，忻州行署专员。1995年任忻州地委书记，兼忻州军分区党委第一书记和行署专员。1998年任大同市委顾问。中共十五大代表，中共山西省第五、六、七届党代会代表，第七届省委委员、山西省第八、九届省人大代表，第九届省人大常委。1996年被北京军区评为“拥军模范”地委书记，同年被评为“华北十大新闻人物”和“山西省农田基本建设模范”。被世界文化研究中心列入《世界名人录》。

张秉法 1940年生，王皓疃村人。中央党校培训部毕业，研究生学历。1961年9月参加工作，同年6月加入中国共产党。历任雁北地委组织部干事、雁北地区革委会政治部干事、组织部办公室副主任。1978年任雁北地委组织部办公室主任。1980年任山阴县委副书记、书记。1983年任雁北地委副书记。1985年任山西省纪委副书记。1987年起先后任忻州地委书记、长治市委书记。1995年任山西省委政法委书记、省委常委。

刘采京 1942年生，清水河村人。1958年参加工作，任亲和公社半脱产干部。1960年入党。1965年任亲和公社副书记兼清水河大队书记、民兵营教导员。1972年转为国家正式干部后，任亲和公社主任。1973年，调任怀仁县革命委员会副主任。1975年任怀仁县委副书记。1979年进藏，任索县县委书记。1981年，调任怀仁县委副书记。1986年11月，在山西省委党校学习。后任大同县县委书记、大同市人大常委会副主任。刘采京是一位农民出身的干部，在其任村支部书记兼民兵营教导员期间，大力开展创四好民兵连队和争五好民兵的活动，其经验引起了各级军区的高度重视。清水河民兵营曾多次被北京军区、山西省军区评为先进单位。1967年9月，刘采京光荣地出席了北京军区召开的活学活用毛主席著作代表会，并受到了毛主席等党和国家领导人的亲切接见。1978年被评为华北地区劳动模范和北京军区民兵模范。

杜玉梅 女，1946年生，南米庄村人。1955年考入大同晋剧团。1973年加入中国共产党。系中国戏剧家协会会员、山西省文联委员、戏剧家协会理事、大同市剧协副主席、妇女基金会副主席、知识分子联谊会副主席，山西省第五、六、七届党代表，大同市第六至十一届人大代表。被大同市政府记特等功、山西省政府记一等功。山西省委、省政府授予“优秀文艺工作者”称号。曾任大同市晋剧团副团长。杜玉梅从小主攻小旦，兼演青衣。五十多年来，由于她勤学苦练，唱腔清脆圆润、委婉动听，表演潇洒大方、舒展柔美，塑造了多个舞台形象。她十二岁就主演了《茶瓶计》，十三岁主演《西施》

《九件衣》，特别是《西施》一剧，曾久演不衰，享誉长城内外。她曾先后拜名艺人王玉山（艺名水上漂）、康翠玲、冀美莲为师，虚心向老前辈求教，注意吸收不同流派的精华，使自己的演唱艺术不断完善。20世纪60年代以来，她先后主演了《打金枝》《西厢记》《杨门女将》《白蛇传》《孔雀东南飞》《刘胡兰》《江姐》《洪湖赤卫队》等几十部传统戏和现代戏，成功地塑造了金枝女、红娘、穆桂英、白素贞、刘胡兰、江姐、韩英等艺术形象。杜玉梅从艺五十多年，共演出各种剧目100多个。代表剧目《英台抗婚》《打金枝》《贵妃醉酒》《红嫂》等被中央人民广播电台、中央电视台等全国十多家媒体播放播映，唱片、磁带、影碟等20多套在全国发行，她演出的《英台抗婚》还曾在法国电视台播映。杜玉梅前后七次荣获省级汇演一等演员金牌奖。1989年，在全国第四届戏曲电视剧评奖中，因在戏曲电视剧《鲜卑骄子》中饰演冯太后获优秀演员大奖。1992年10月，在首都北京参加的第九届全国戏剧大赛中，她出演的《卖苗郎》《茶瓶计》荣获“梅花奖”，这是大同市戏剧界荣获的首枚“梅花奖”。

苑吉 1950年生，刘晏庄村人。1969年4月参加工作。1973年5月加入中国共产党。在职大学学历。1978年6月在金沙滩供销社工作。历任吴家窑公社团委书记、团县委书记、新家园公社党委书记。1983年5月在省委党校学习。1985年8月任应县副县长、县委副书记。1990年4月任雁北排盐改碱指挥部党委常委、总指挥。1992年6月起先后任浑源县长、县委书记，大同矿区区委书记。1998年6月任大同市委常委、政法委书记。曾任大同市市委委员、三届党代会代表、人大代表。2010年退休。

边明 1952年生，清泉村人。1971年加入中国共产党，先后任河头公社革委会副主任，亲和公社党委副书记、乡长、党委书记，何家堡乡党委书记，县委常委、县委办公室主任，副县长，县政协副主席兼县委统战部部长。中共第十五次全国代表大会代表，怀仁县第十、十一次党代会代表，第十三、十四届县人大代表，第七、八届县政协委员，朔州市第五届政协委员。2012

年退休。

支树平 1953年生，支家小村人。1971年7月参加工作。1974年3月加入中国共产党。历任大同矿务局团委书记，共青团山西省委书记，中共山西省委常委、省委组织部部长，中共河南省委常委、省委组织部部长，中共河南省委副书记，国家质量技术监督检验检疫总局副局长、党组副书记、局长、党组书记。中共第十六届中央候补委员，第十七届中央纪委委员，第十八届中央委员。

刘学文 1954年生，杨岭村人。1974年入党。1975年参加工作。在职学历中国政法大学本科。历任马辛庄公社副主任，西藏自治区申扎县雄梅区副区长、县财经科长，怀仁县纪委常委，县人民法院副院长、党组书记、院长，朔州市中级人民法院副院长、党组成员、最高人民法院审判员、副庭长、庭长、副部级专职委员。

张玉兵 1954年生，新家园村人，在职研究生学历。1972年12月入伍，1974年11月加入中国共产党。1979年2月，参加对越自卫还击作战，荣立三等功。同年9月入中国人民解放军装甲兵学院学习。1981年7月毕业留校工作。历任宣传处干事、学员队教导员、营团队政委、院务部政委等职。1996年9月转业到中国银行河北省分行工作，任零售业务处处长、人事处处长。2007年9月任中国银行海南省分行纪委书记。2011年6月任中国银行河北省分行纪委书记。2015年1月退休。

彭满山 1954年7月生，赵庄村人。1972年12月入伍，任北京军区某坦克连文书。1978年底提干任保密员。1979年参加对越自卫反击战，任军务参谋。1983年任作训股长，同年7月任营长。1984年10月调昆明军区，管理装甲军训。1985年任成都军区装甲兵部器材处副处长并主持工作，1987年任处长。1994年任军区司令部技术部长。1998年任军区装备部军械装甲部部长。2006年任军区装备部副部长。1988年授中校军衔，1991年9月1日授上校军衔，1996年授大校军衔，2008年7月晋升少将军衔。

陈相山 1955年生，甄庄村人。1972年12月参加工作。1974年3月加入中国共产党。高级政工师。1972年至1993年先后在大同挖金湾矿、南郊区峰子涧公社、大同矿务局等单位工作，曾任团总支书记、公社副书记、局团委副书记、局党委委员、四老沟矿党委书记等职。1995年12月任平朔煤炭公司党委副书记、纪委书记兼安太堡露天矿党委书记、平朔第一煤炭有限责任公司董事。2002年1月起先后任中国煤炭物产集团公司总经理、党委书记兼中煤贸发公司董事长、总经理（正厅级）。2004年10月任中煤生产公司副总经理、党委书记、总经理，并被选为中煤能源股份有限公司监事。2007年8月任中煤集团公司政研会副会长、股份公司直属工会主席、监事会监事。

李石志 1955年3月生，城内人。中共党员。1971年入吴家窑陶瓷厂工作。1973年考入山西省轻工业学校工艺美术陶瓷专业，师承著名工艺美术家、教育家谭兴渠、吴德文、陆贤能等教授。1976年在唐山陶研所实习，当年分配到雁北地区陶瓷研究所工作。主攻釉下五彩，兼及新彩、喷彩、青花、瓷塑、大型瓷砖壁画设计制做。1979年做单茶色釉下彩《礼佛图》瓶，被日商高价收藏。1980年黑釉刻花《睡莲》陶瓶入选《中国陶瓷全集·山西卷》。1980年入中央工艺美院陶训班学习。1981年在景德镇轻工部陶研所专业进修。曾任怀仁工艺美术陶瓷厂副厂长、怀仁陶瓷研究所副所长。是中国陶瓷工业协会会员、山西省工艺美术协会理事，获得工艺美术师职称。他开创独具山西地域风格的现代陶瓷釉下茶色彩和铁锈花釉装饰技法，别具一格，极具地域风情和现代意识。特别是对金代以来怀仁窑的传统陶瓷装饰技法做了系统的研究和仿制，作品设计新颖，格调高古，色彩素静，意味淡雅，釉面柔润，技法娴熟，为专家学者所赏识。1994年单茶色釉下彩《绣球花》炻器盘获第五届全国陶瓷艺术创作设计评比入选奖。1995年创作釉下彩茶色

《敦煌飞天》盘，被全国篮球联赛山西赛区指定为纪念品。2009年设计制做华北五省区政协联谊会纪念盘《金沙滩》。2011年以来，釉下彩盘连续三次参展第七届、第八届、第九届全国深圳文博会。在朔州市首届文化遗产节上，以一百余件作品，举办个人陶瓷盘画展览，盛况空前，引起省市领导的重视。2012年获第二届中国陶瓷艺术评比“大地奖”金奖，为山西省唯一。获山西省工艺美术大师精品展“红海杯”银奖。

程兴国 1956年生，赵麻寨村人。1972年应征入伍，历任战士、排长，师、军机关干事、宣传股长、科长。1992年6月任天津警备区司令部副处长、办公室主任。1996年2月起先后任总参谋部办公厅秘书、副局长。2004年3月任总参谋部办公厅军事工作研究正师职研究员。2009年10月任总装备部第29试验训练基地副军职副总工程师。2010年12月晋升为少将军衔。

李悦娥 女，1958年生，草地村人。1976年12月加入中国共产党。1979年9月参加工作，研究生学历，现代语言学博士学位，教授，博士生导师。1976年，在山西师范学院外语系英语专业学习。1979年9月到2006年4月，先后在怀仁一中，山西农业大学，英国阿斯顿大学，山西大学，省外事办等单位学习、工作，并担任讲师、教授、副校长、办公室主任、党组书记等职。2006年5月任省妇联主席、党组书记。当选为十一届全国人大代表，九届、十届省委委员，十一届省人大常委。

马月梅 女，1959年生，跃进村人。1986年3月6日下午2时许，发现两名儿童被困在一间熊熊燃烧的房间里，她不顾个人安危，冲入火海救出两名儿童。为表彰马月梅舍己救人的模范事迹，县妇联授予她“三八红旗手”称号。5月5日，中共雁北地委作出《关于向马月梅同志学习的决定》，号召全区“学习她在关键时刻奋不顾身，舍己救人的革命英雄主义精神；学习她树立革命的人生观，坚持吃苦在先，公而忘私的集体主义精神；学习她热爱祖国，热爱集体，时时处处把国家利益放在首位的集体观念；学习她自觉遵守社会主义道德规范的优秀品质”。号召全区党员干部群众在各自的工作岗位上做出新的贡献。

张全有 1960年生，石庄村人。山西省作协会员。20世纪90年代开始文学创作。先后在《山西文学》《中国作家》《安徽文学》《满族文学》《特区文学》《黄河》《芙蓉》《清明》《山花》《芳草》《草原》《鹿鸣》《星火》《野草》《文学界》《青海湖》等国内各文学期刊发表中、短篇小说一百余万字。代表作有《悠远的山》《家庭动静》《革命的瓜》《那条路》《哥本哈根冷饮店》等。出版小说集《阡陌》。

张彩萍 女，1962年生，黎寨村人。国家一级演员。大同市北路梆子剧团艺术总监。1982年，在山西省青年优秀演员评比演出中，荣获山西省“最佳青年演员奖”，并被授予“新长征突击手”荣誉称号。1986年4月参加山西省小戏曲青年团调演，荣获“主演金牌奖”。1987年7月，在山西省电台举办的北路梆子青年演员杏花奖广播赛评比中荣获“杏花奖”。1990年3月荣获山西省青年戏曲先进工作者光荣称号。1992年5月参加山西省戏曲调演，荣获“主演金牌奖”。2002年1月，被评为大同市“十佳演员”。同年6月参加山西省小剧种、小戏、小品调演中获表演一等奖。2003年荣获山西省第五届精神文明建设“五个一工程”优秀作品奖。同年4月荣获中国戏剧“梅花奖”。二十多年来主演30余部剧目，下乡巡回演出达5000多场次，在北路梆子戏曲舞台上塑造了各种各样的艺术形象，受到了广大城乡观众的高度赞扬。

李元平 1962年生，李家小村人。1984年3月加入中国共产党。1985年9月参加工作。先后任山西进出口商品检验局副处长、综合化验室副主任、主任、局党组成员、局长助理、副局长（副厅级）。1999年8月起先后任山西出入境检验检疫局党组成员、党组书记、局长（正厅级）。2002年4月任吉林省出入境检验检疫局党组书记、局长。2004年7月任国家质检总局食品安全局局长。2007 年 7 月任国家质检总局通关业务司司长。2008 年 8 月任国家质检总局办公厅主任兼新闻发言人。

赵林春 女，1962 年生，城内人。本科学历。山西大学音乐学院舞蹈系教授、研究生导师、国家一级编导，山西省“333”人才工程省级专家，山西省学术技术带头人，山西省双师型教学名师。著有《中国古典舞基训教学组合》，获山西省第四次社会科学研究成果奖；著有《中国古典舞身韵教学组合》和《中国古典舞基训》，2007 年获国家级精品课程；主持《中国古典身韵》研究课题，2000 年获山西省优秀教学成果一等奖。参与承担全国教育科学“十一五”规划研究课题,2011 年获国家教育科学核心课题奖二等奖;创编舞蹈《一曲兰花花》, 2006 年获文化部文化优秀剧目奖; 舞蹈《扇花花开》,2009 年获文化部文化优秀剧目二等奖;创编，排导舞蹈《梦从这里起飞》《团扇舞》等 20 余个舞蹈作品，曾获全国大学生艺术舞蹈比赛二等奖、华北地区舞蹈比赛创作表演一等奖、山西省舞蹈比赛二等奖等荣誉。撰写论文在《舞蹈》《北京舞蹈学院学报》《艺术教育》《中国文化报》等全国性报刊发表 20 余篇。曾任央视春晚舞蹈编导，山西电视台春晚舞蹈总监，平遥国际摄影大展开幕式舞蹈总监，伦敦奥运会舞蹈选拔赛开幕式舞蹈总监，山西省教育厅教师节晚会总导演等。曾多次赴美国、荷兰、比利时、捷克、澳门等国家和地区参加国际艺术节舞蹈交流活动；曾被团中央、中国舞蹈家协会授予优秀园丁奖；2012 年被山西省妇联授予“三八红旗手”荣誉称号。

王跃胜 1962 年生，闫家寨村人。1983 年 4 月任跃胜实业公司董事长，1986 年 6 月任闫家寨村委会主任，1997 年 11 月至今在北京飞宇电脑技术有限公司任总经理。1999 年 9 月在中国人民大学工商管理专业读在职研究生。1998 年、2003 年、2008 年先后三次当选为第九、十、十一届全国人大代表。先后获“全国新长征突击手”“全国优秀乡镇企业家”“山西省劳动模范”“山西省优秀企业家”等荣誉称号。

薛瑞红 女，1966年生，盐丰营村人。艺名“小小飞罗面”。国家一级演员。现为中国戏剧家协会会员、山西省戏剧家协会理事。2007年，她被大同市人民政府命名为“大同市青年人才”；2008年，经省人事厅、省科技厅、省教育局、省财政厅、省发展改革委、省科协批准，入选为“新世纪学术技术带头人”；同年2月，被文化部命名为国家级非物质文化遗产保护项目“雁北耍孩儿”代表性传承人。

李来兵 1972年生，路庄村人。是山西省第二、三届签约作家，朔州市作家协会副主席。2004年起，在《人民文学》《中国作家》《小说月报原创版》《北京文学·中篇小说月报》《黄河》《山西文学》《滇池》《鸭绿江》《佛山文艺》《长城》《芳草》《文学界》《芙蓉》《黄河文学》《西部》《红岩》等国内文学各期刊发表中、短篇小说一百多万字。中篇小说《一天》获2005年度黄河优秀小说奖。创作有长篇小说《天合街》《天下姑娘》等，出版有中篇小说集《梅问题》。

胡一林 王庄村人。1937年4月参加山西国民兵军官教导团第8团。1938年加入中国共产党。同年10月任决死2纵队6总队5中队政治指导员。1943年任汾阳四区区长。1957年任山西省邮电管理局副局长，1983年离休。

温居里 东关人。1937年4月考入山西国民兵军官教导团第8团。1947年调第2野战军医院任政治协理员。1949年调步兵90师任宣传部长、团政委。1955年任西北建筑公司安装公司党委书记，后任陕西省建筑构件公司党委书记。1962年离休。

庞润林 鹅毛口村人。1937年10月参加山西青年抗日决死纵队。1940年在抗日军政大学学习。1943年任太行3分区、武乡敌军工作站站长。1949年任太行3分区补充团团长。1953年起先后任中央商业干部学校教务处长、北京商学院副院长。1984年12月离休。

谷进明 小峪口村人。1937 年 10 月参加山西青年抗日决死 3 纵队。1942 年调太行二、三分区武工队工作。1946 年调华北兵团 61 军。1951 年起先后调沈阳第 4 旅航空学校通讯科任政治协理员，调石家庄四校任学员、大队副政委、政委。1963 年起先后任广东省物资局人保处副处长、广东省储备物资管理局副处长。1983 年离休。

谷正军 小峪口村人。1937 年 10 月参加山西青年抗日决死 9 纵队。1938 年入党。1944 年任延安炮兵学校校部交通站长。1953 年任华北炮兵 33 师 407 团政委，并随部队参加抗美援朝。1975 年任总参谋部通讯部物资处处长。1982 年离休。

谷文军 小峪口村人。1937 年 10 月参加山西青年抗日决死 3 纵队。1941 年加入中国共产党。1947 年在豫皖苏区行署财政处任审计科长。1975 年任商业部经营管理办公室主任。1982 年离休。

禾万仞 万金桥村人。1937 年参加山西国民兵军官教导团第 8 团。1938 年加入中国共产党。1960 年任建筑工程总局副局长兼建筑工程公司副总经理、机关党委委员。1983 年离休。

崔荣 毛皂村人。1955 年入伍，1983 年任大同市委常委、省军区党委委员。

第三章 人物录

第一节 全国劳动模范

马益谦（1895–1981）冯庄村人。全国农业劳动模范。1948 年被群众推选为村代会主席，1949 年 10 月改任村党支部书记。在开展生产自救中，马益谦采取个别谈话和家属规劝的办法，对村中的烟民进行改造和教育，使 25 个烟民都戒掉了吸食鸦片的恶习，积极参加农业生产。1949 年遭受水灾，他组织 73 个男女劳力，用三天时间突击抢修了一条长 6 米，高 2 米的防洪坝，修补了一条旧坝，新开一条洪水渠。工程刚结束，又发了一场大水，村里不仅没有受灾，还淤了 300 多亩地，为长远致富打下了基础。他根据本村地广人稀的实际，大力发动群众栽树。1950 年，全村共植树 2.8 万多株。当年秋，他被评为全国农业劳动模范，光荣地赴北京出席了全国工农兵劳动模范代表会议。同年组织起季节性互助组 30 个。在他的影响下，全县有 10% 的农民组织起临时、季节、长年等多种形式的互助组。1952 年，在各级党组织的支持和帮助下，马益谦率先试办了全县第一农业生产合作社。他带领全社农民积极发展生产，多次被评为察哈尔省级劳动模范和省人民代表。《察哈尔日报》多次报道了他的模范事迹。1981 年 8 月 30 日，马益谦病逝于冯庄村。

连万禄（1916—1995）曾名连二虎，吴家窑村人。1949 年 5 月参加工作，在大同矿务局白洞矿当工人，被评为出席察哈尔省劳动模范。1950 年加入中国共产党。大同矿务局授予“矿山功臣”称号。1951 年至 1955 在同家梁矿连（连万禄）马（马六孩）掘进组任组长，1951 年创全国手工掘进新纪录，再度被评为察哈尔省劳模。1953 年 7 月被评为全国劳动模范，1954 年被评为华北区和山西省劳动模范。曾任中共山西省第一届党代会代表，山西省政协第四、第五届委员。

卢秉忠 （1923—1999）高镇子村人。解放初全国大办扫盲民校时，担任村民校扫盲教员，又兼任村里的黑板报宣传员。义务办报20多年，默默无闻地辛勤耕耘。1964年，由县文化馆总结材料上报，卢秉忠光荣地出席了全国群英会，受到毛主席和中央其他领导人的接见。

马凤英（1924——2004）女，仝庄村人。1947年2月加入中国共产党。1965年到1969年任仝庄村党支部书记。1966年被评为全国劳动模范（学习毛主席著作积极分子），在北京参加了全国英模大会，受到周恩来总理等中央领导亲切接见。1968年初被造反派打倒卸职，同年年底平反复职，任仝庄村党支部书记至1972年底。

白世芳（1935—2010）河北省灵寿县白朱乐村人。中共党员。1952年来山西，曾先后在阳高县、大同县工作，后调怀仁县百货公司当业务员、采购员。1958年至1971年，在怀仁县吴家窑陶瓷厂任采购员、股长、副厂长等职。1971年至1979年，在怀仁县化肥厂任副厂长。1979年至1998年，在怀仁县砖瓦厂任厂长、党委书记。1998年退休。2010年9月病逝。在砖瓦厂工作期间，被评为山西省优秀企业家。1984年所在砖瓦厂被记集体三等功，1986年获国家建材局劳动模范集体称号。1989年9月本人获全国劳动模范称号。1991年获山西省特等功。

王官仁 1949年生，下湿庄村人。1969年参加工作。高级工程师职称。历任亲和公社副主任、吴家窑公社副主任、吴家窑镇党委副书记、怀仁峙峰山煤矿矿长、王坪矿务局副局长、王坪煤电集团党委书记、董事长。1993年荣获全国五一劳动奖章。

杨日文 1952年生，鹅毛口村人。经济师职称。曾在大同糖厂、本县南

续表（1）
窑集运站、雁北矿业公司等单位工作。2012 年，从矿业公司经理职位退休。1999 年荣获全国五一劳动奖章。

第二节 中共副厅（师）级以上党政军人员

表 33-1

姓名	性别	籍贯	最高职务
肖兴全	男	路庄	武警部队交通第二总队总会计师（副军职）
彭宝山	男	赵庄	二炮靖宇合同战术训练基地代职副参谋长
王守兴	男	宋庄	国务院办公厅应急办巡视员副主任
赵宾	男	东关	总参三部办公室主任，副军职待遇（红军）
赵旺	男	城内	成都军区后勤部重庆兵站政治部副主任
余平	男	山阴偏岭	怀仁县武委会主任（地师级离休）
孟静仁	女	鹅毛口	四机部第一、四研究所党委副书记
刘光义	男	第三作	人力资源和社会劳动保障部监察局局长
段汝官	男	高镇子	中共中央宣传部干部局局长
苑荣	男	刘晏庄	中国农业电影电视中心副主任
纪志宏	男	甄庄	中国人民银行货币政策司副司长
王永红	男	下湿庄	国家铁道部铁路建设前期协调办公室副主任
李卿	男	南阜	解放军报社财务处主任
段广森	男	万金桥	海关总署信息中心副主任
李锦漳	男	磨道河	中国长城资产管理公司投资银行部总经理
刘贵堂	男	郝家坪	北京市政工程设计研究总院党委书记
安占新	男	杨岭	北京军区司令部办公室副主任
王子新	男	宋庄	内蒙古自治区党委外事办主任
师文焕	男	城内	云南省物资局党组书记
白晓光	男	东关	内蒙古第一机械制造集团公司董事长、总经理
张作标	男	北辛村	新疆军区联勤部军事交通处建设处长

续表（1）

姓名	性别	籍贯	最高职务
刘宽	男	小东庄	人财保险山西分公司总经理
苏生荣	男	田庄	中国人民解放军吕梁军分区司令员
周洪	男	西小寨	山西省林业厅巡视员
王悦	男	东关	中国摄影家协会副主席、省摄影家协会主席
赵占明	男	西关	山西省统计局副局长
史贵章	男	日中城	山西省商务厅副厅长
王学军	男	干沟	山西省煤炭厅地质局局长
王宇魁	男	南晏庄	山西省煤炭厅副厅长
曹福成	男	全福寨	山西省电力公司副总经理
乔平	男	宋庄	山西省煤销集团高级顾问
宋涛	男	下湿庄	山西省委办公厅副厅级督察专员
张巨山	男	石庄	太原信达资产管理公司主任
薛荣	男	石井	山西省广电局副局长
左中伟	男	吴家窑	朔州市政协副主席
杨海义	男	下海子	中国欧洲商业开发投资管理中心副主任
于仲福	男	郑庄	北京国资委经营管理中心副总经理
周喜平	男	于家园	解放军总参谋部
杜玉忠	男		北京武警三师副师长
管延平	男	城内	空军司令部装备工作管理办公室主任
王贤	男	东作里	北京军区空军招飞办主任
管维平	男	城内	301 医院南楼神经内科副主任
陈永奇	男	郝家寨	中共阳泉市委书记
张义权	男	新家园	山西省政府重大项目稽查特派员
廉兴有	男	于家园	山西省公安厅巡视员
王祥瑞	男	海北头	山西省计生委正厅巡视员
刘楓	男	下峪	嘉禾人寿保险公司山西分公司总经理
姜有平	男	秦城	济南军区 152 医院器械科主任（副师职）

续表（2）

姓名	性别	籍贯	最高职务
杨歌明	女	鹅毛口中街	解放军 254 医院（副军职）
杨清明	女	鹅毛口中街	北京军区后勤部管理科会计师（副师职）
彭建勋	男	小峪口	国家煤炭安全监察局副局长
张玉龙	男	黄庄	晋柴公司党委副书记
海月奎	男	西安堡	大同经济技术开发区管委会主任
王双应	男	刘晏庄	成都军区疾病预防控制中心主任
陈占山	男	尚南头	北京武警后勤部研究员（正师）
禾云	男		国务院国资委监事会主任
苑涛	男	城内	临汾市人民检察院检察长
安占功	男	智民庄	临汾市公安局局长
闫进罗	男	黎寨	山西省对台办副主任
王飞	男	黄庄	解放军某部队大校技术四级（正师）
唐正则	男	吴家窑	国防大学副师级干部
赵卫宁	男	东关	中国农业银行总行软件开发中心副总经理
李贵	男	秀女村	山西省卫生厅副巡视员
杨庆和	男	鹅毛口中街	中国银监会山西监管局副局长
杨社堂	男	下寨	山西九三学社省委执行副主任
吴永平	男	高镇子	山西煤炭工业厅厅长
李子杰	男	郑庄	中国电子科学集团第二研究所所长
张官禄	男	东关	山西财经大学调研员
魏云	男	西关	金融纪检监察驻山西特派办特派员
马彩莲	女	东关	北京军区第 264 医院副主任医师
冯进军	男	小滩头	山西省社会学院党委办
刘茂先	男		山西省通信管理局副局长
张焕兰	女	何家堡	山西人大常委会内司委副主任
秦孝全	男	孟庄	海军太原干休所所长
文元	男	闫家堡	朔州市人大副主任
管翠兰	女	东关	朔州市政协主席

续表（3）

姓名	性别	籍贯	最高职务
邓世通	男	城内	38 军副军长、民革山西省委员会常委
孙日兵	男	芦子沟	大同市人大副主任
郝锦寿	男	郝家寨	山西省铁塔公司副总经理
乔建军	男	薛家店	空军太原干休所所长
袁冠伍	男	刘晏庄	解放军高炮 63 师师长、福建军分区副司令员

第三节 国民党副师职以上军政人员

表 33-2

姓名	性别	籍贯	职务
邓启	男	城内	二战区少将参事
仝世昌	男	大峪口村	国防部少将部员
安隆	男	城内	山西省长官部军需处少将副处长
安忠厚	男	城内	绥靖公署总务处中将处长
刘震华	男		十二战区炮兵中将副司令
任秉堂	男	城内	十九军上校参谋长
李隆	男	城内	三青团山西省总干事
谷文化	男	小峪口村	少将教务处长
谷深甫	男	吴家窑村	三青团山西支部书记兼少将参议
萧荫轩	男	石井村	国民党 66 师中将师长、19 军参谋长
辛吉亨	男	南辛村	国民党驻西安办事处少将主任
孟璧	男	鹅毛口北街	国民党 37 师少将参谋长
王茂勋	男	城内	国民党骑 4 师上校参谋长、怀仁县上校爱乡团团长
杨俊	男	石庄村	国民党 47 师参谋长
杨巨英	男	下寨村	山西省少将整军委员
杨玉如	男	城内	阎锡山部师参谋长
陈钦甫	男	城内	山西省长官部少将参事

续表（1）

姓名	性别	籍贯	职 务
袁创业	男	刘晏庄村	国民党 61 军少将政治部主任、进步社少将主任
郭标	男	禅房村	山西省长官部编练处少将处长
彭绍祖	男	庄头村	国民党 61 军少将科员
彭登旺	男	小峪口村	国民党 19 军少将政治部主任
韩如松	男	何家堡村	山西省政卫处少将副处长
韩定业	男	何家堡村	十二战区绥干团少将主任师长、炮兵副司令
邓励豪	男	城内	国民党立法委员
师润庠	男	城内	山西省长官部少将参事、察哈尔省秘书长
李景阳	男	城内	吉县、寿阳、宁武专署专员
陈钦弼	男	城内	山西省长官部合作处少将处长
项道龛	男	大峪口	察哈尔省财政厅长、山西警务处长
李载阳	男	城内	二战区长官部治理病理处处长
张林	男	小昌城	国民党少将师长

第四节 高级技术职称人员

表 33-3

姓名	性别	工作单位	聘任专业技术职称
郭桂芝	女	怀仁二中	中学高级教师
池建新	女	怀仁职中	高级讲师
王志军	男	怀仁职中	高级讲师
陈日文	男	怀仁二中	中学高级教师
王素芳	女	怀仁进修校	中学高级教师
苏子强	男	怀仁一中	中学高级教师
杨春清	男	怀仁一中	中学高级教师

续表（1）

姓名	性别	工作单位	聘任专业技术职称
王志军	男	怀仁一中	中学高级教师
安世录	男	怀仁一中	中学高级教师
霍玉清	女	怀仁职中	高级讲师
王利芳	女	怀仁职中	高级讲师
王淑贞	女	怀仁职中	高级讲师
沈永贵	男	怀仁职中	高级讲师
王东平	男	怀仁职中	高级讲师
王立军	男	怀仁职中	中学高级教师
文鑫	男	怀仁职中	中学高级教师
纪化军	男	怀仁职中	中学高级教师
周有国	男	怀仁职中	中学高级教师
杨建江	男	怀仁职中	高级讲师
马兴连	女	怀仁一中	中学高级教师
姚玉琴	女	怀仁一中	中学高级教师
沈建宝	男	怀仁职中	高级讲师
田广茂	男	怀仁职中	高级讲师
朱文元	男	怀仁职中	高级讲师
孟兴生	男	怀仁职中	高级讲师
仝玉芳	女	怀仁职中	高级讲师
王永录	男	怀仁职中	高级讲师
宋元萍	女	怀仁职中	高级讲师
朱瑞峰	女	怀仁职中	高级讲师
李兴	男	怀仁职中	高级讲师

续表（2）

姓名	性别	工作单位	聘任专业技术职称
李瑞峰	女	怀仁职中	高级讲师
曹建勇	男	怀仁职中	高级讲师
王红梅	女	怀仁职中	高级讲师
张瑞芳	女	怀仁职中	高级讲师
霍艳花	女	怀仁职中	高级讲师
石生明	男	怀仁职中	高级讲师
李再良	男	怀仁职中	高级讲师
苏建平	男	怀仁职中	高级讲师
魏继平	女	怀仁职中	高级讲师
曹英侠	女	怀仁职中	高级讲师
翟亮	男	怀仁一中	中学高级教师
张玉霞	女	怀仁一中	中学高级教师
苏子富	男	怀仁一中	中学高级教师
海英	女	怀仁四中	中学高级教师
赵志华	男	怀仁四中	中学高级教师
王玉玲	女	怀仁一中	中学高级教师
史补叶	女	怀仁三中	中学高级教师
杨培昭	男	怀仁五中	中学高级教师
刘淑清	女	怀仁五中	中学高级教师
吴秀兰	女	怀仁五中	中学高级教师
王占山	男	小峪矿中学	中学高级教师
马兴金	男	怀仁二中	中学高级教师
王世荣	男	怀仁二中	中学高级教师
王富勇	男	怀仁二中	中学高级教师

续表（3）

姓名	性别	工作单位	聘任专业技术职称
罗金梅	女	怀仁二中	中学高级教师
李治国	男	怀仁三中	中学高级教师
马朝清	男	怀仁三中	中学高级教师
连永录	男	怀仁四中	中学高级教师
周凤山	男	怀仁四中	中学高级教师
张强	男	怀仁一中	中学高级教师
王世镁	男	怀仁一中	中学高级教师
蒋石文	男	怀仁一中	中学高级教师
李玉清	男	怀仁一中	中学高级教师
薛建华	男	怀仁一中	中学高级教师
魏志龙	男	怀仁一中	中学高级教师
张训	男	怀仁一中	中学高级教师
孙克义	男	怀仁一中	中学高级教师
乔贵如	男	怀仁一中	中学高级教师
冯宏	男	怀仁二中	中学高级教师
徐福桃	女	怀仁二中	中学高级教师
张学华	男	怀仁二中	中学高级教师
王继军	男	怀仁四中	中学高级教师
康晓英	女	怀仁二中	中学高级教师
黄素梅	女	怀仁二中	中学高级教师
管守江	男	毛皂中学	中学高级教师
庞有平	男	怀仁二中	中学高级教师
王将	男	怀仁二中	中学高级教师
李少华	男	怀仁二中	中学高级教师

续表（4）

姓名	性别	工作单位	聘任专业技术职称
李阔	男	怀仁一中	中学高级教师
李维平	男	怀仁一中	中学高级教师
王军	男	怀仁四中	中学高级教师
刘振德	男	怀仁二中	中学高级教师
张景兀	男	怀仁一中	中学高级教师
杨富如	男	怀仁一中	中学高级教师
王米丽	女	怀仁二中	中学高级教师
刘玉珍	女	何家堡中学	中学高级教师
周淑卿	女	怀仁一中	中学高级教师
宋进明	男	怀仁一中	中学高级教师
邢禾青	男	怀仁一中	中学高级教师
管军	男	怀仁一中	中学高级教师
刘建新	男	怀仁一中	中学高级教师
魏尚斌	男	怀仁一中	中学高级教师
闫贵堂	男	怀仁一中	中学高级教师
武占祥	男	怀仁一中	中学高级教师
仝贵军	男	怀仁一中	中学高级教师
齐世全	男	怀仁一中	中学高级教师
张佃文	男	怀仁一中	中学高级教师
杨青	男	怀仁一中	中学高级教师
王一	男	怀仁一中	中学高级教师
王义	男	怀仁一中	中学高级教师
王维亮	男	怀仁一中	中学高级教师
王建奇	男	怀仁一中	中学高级教师

续表（5）

姓名	性别	工作单位	聘任专业技术职称
宋平	男	怀仁一中	中学高级教师
王忠	男	怀仁一中	中学高级教师
苏生宏	男	怀仁一中	中学高级教师
苏满	男	怀仁一中	中学高级教师
赤九清	男	怀仁一中	中学高级教师
袁建录	男	怀仁一中	中学高级教师
王广	男	怀仁一中	中学高级教师
武艮堂	男	怀仁一中	中学高级教师
王宝林	男	怀仁一中	中学高级教师
张志平	男	怀仁一中	中学高级教师
张明川	男	怀仁一中	中学高级教师
石润考	男	怀仁一中	中学高级教师
陈东生	男	怀仁五中	中学高级教师
麻云生	男	怀仁五中	中学高级教师
彭继元	男	小峪镇小学	中学高级教师
韩世明	男	怀仁二中	中学高级教师
王振礼	男	金沙滩中学	中学高级教师
王金山	男	怀仁一中	中学高级教师
朱壮志	男	怀仁一中	中学高级教师
李锦文	男	怀仁一中	中学高级教师
王尚营	男	怀仁一中	中学高级教师
陈素卿	女	怀仁一中	中学高级教师
马菊玲	女	怀仁一中	中学高级教师
齐宏宝	男	怀仁一中	中学高级教师

续表（6）

姓名	性别	工作单位	聘任专业技术职称
李素平	女	怀仁二中	中学高级教师
贾文生	男	怀仁二中	中学高级教师
张旭	男	毛皂中学	中学高级教师
常玉清	男	怀仁四中	中学高级教师
魏有录	男	职业中学	中学高级教师
杨效	男	云中中学	中学高级教师
李宪	男	新家园教办	中学高级教师
武富林	男	怀仁二中	中学高级教师
李志清	男	怀仁二中	中学高级教师
倪瑞	男	怀仁一中	中学高级教师
贺日红	男	怀仁一中	中学高级教师
王建	男	怀仁一中	中学高级教师
张勇	男	毛皂中学	中学高级教师
李必剑	男	怀仁三中	中学高级教师
陈希佑	男	怀仁三中	中学高级教师
夏延弼	男	怀仁五中	中学高级教师
苏生顺	男	怀仁一中	中学高级教师
杨其富	男	怀仁一中	中学高级教师
王舜	男	金沙滩教办	中学高级教师
黄献有	男	怀仁二中	中学高级教师
栗菊荣	女	怀仁三中	中学高级教师
王桂兰	女	怀仁五中	中学高级教师
吴兴杰	男	怀仁一中	中学高级教师
苏培文	男	怀仁一中	中学高级教师

续表（7）

姓名	性别	工作单位	聘任专业技术职称
常日新	男	怀仁一中	中学高级教师
张彩虹	男	怀仁一中	中学高级教师
杨晓青	男	怀仁一中	中学高级教师
郭素斌	男	怀仁一中	中学高级教师
魏杰	男	怀仁一中	中学高级教师
张壁印	男	怀仁一中	中学高级教师
柴荣	男	怀仁一中	中学高级教师
李淑玲	女	怀仁一中	中学高级教师
胡成州	男	怀仁一中	中学高级教师
张文年	男	怀仁一中	中学高级教师
姚建新	男	怀仁一中	中学高级教师
张菁	男	怀仁二中	中学高级教师
张孝功	男	怀仁二中	中学高级教师
薛建强	男	怀仁二中	中学高级教师
马河龙	男	怀仁二中	中学高级教师
陈海燕	女	怀仁一中	中学高级教师
张守印	男	怀仁四中	中学高级教师
李永发	男	怀仁四中	中学高级教师
海玉奎	男	何家堡中学	中学高级教师
罗培玲	女	何家堡中学	中学高级教师
周志清	男	怀仁五中	中学高级教师
宋生梅	男	怀仁职中	高级讲师
张海	男	怀仁职中	高级讲师
王红莲	女	怀仁五中	中学高级教师

续表（8）

姓名	性别	工作单位	聘任专业技术职称
张伟	男	怀仁一中	中学高级教师
海林	男	怀仁一中	中学高级教师
郭子信	男	怀仁一中	中学高级教师
李日平	男	怀仁一中	中学高级教师
郭春兴	男	怀仁一中	中学高级教师
文馨	男	怀仁职中	中学高级教师
王素芳	女	云中中学	中学高级教师
杨建江	男	怀仁三中	中学高级教师
常培福	男	怀仁二中	中学高级教师
刘步银	男	怀仁二中	中学高级教师
张慧芝	女	怀仁四中	中学高级教师
路秀清	女	怀仁四中	中学高级教师
彭刚	男	怀仁二中	中学高级教师
周有国	男	怀仁职中	中学高级教师
袁日旭	男	云中中学	中学高级教师
张志福	男	怀仁职中	中学高级教师
赵德尚	男	怀仁一中	中学高级教师
马陆	男	怀仁一中	中学高级教师
杨建江	男	怀仁一中	中学高级教师
沈建宝	男	怀仁职中	高级讲师
田光茂	男	怀仁职中	高级讲师
米文元	男	怀仁职中	高级讲师
孟兴生	男	怀仁职中	高级讲师
仝玉芳	女	怀仁职中	高级讲师

续表（9）

姓名	性别	工作单位	聘任专业技术职称
赵日光	男	怀仁六小	中学高级教师
仝庆	男	怀仁一中	中学高级教师
韩亚鸽	男	怀仁二中	中学高级教师
李占春	男	怀仁二中	中学高级教师
许莹	男	怀仁三中	中学高级教师
李印	男	怀仁三中	中学高级教师
王振清	男	怀仁一中	中学高级教师
史朝悦	男	怀仁一中	中学高级教师
张德成	男	怀仁一中	中学高级教师
马一萱	男	怀仁一中	中学高级教师
任兆福	男	怀仁一中	中学高级教师
苏喜明	男	芦子沟煤矿	副研究员
赵子符	男	水泥厂	副研究员
田明	男	文化馆	副研究馆员
胡忠	男	经管科	高级农经师
仝猛	男	集体工业联合社	高级经济师
李功	男	财政局	高级经济师
魏利霞	女	县委党校	高级讲师
秦加成	男	雁北瓷厂	高级会计师
于新荣	男	报社	主任编辑
韩占权	男	审计局	高级审计师
尹殿明	男	审计事务所	高级审计师
黄红宇	男	吴家窑矿务局	高级工程师
张新宙	男	芦子沟煤矿	高级工程师

续表(10)

姓名	性别	工作单位	聘任专业技术职称
张太平	男	林业局	高级工程师
杨晓梅	女	检疫站	高级工程师
杨保华	男	晋北水栗厂	高级工程师
杨云	男	水利局排改站	高级工程师
张日曜	男	水利局排改站	高级工程师
陈希尧	男	水利局排改站	高级工程师
兰玉璧	男	苗圃	高级工程师
王世录	男	水泥厂	高级工程师
苑堪	男	林业局	高级工程师
马朝岳	男	水利局	高级工程师
郭元宝	男	煤化实业公司	高级工程师
李达	男	芦子沟煤矿	高级工程师
白世芳	男	砖瓦厂	高级工程师
刘汉章	男	化肥厂	高级工程师
袁德武	男	陶瓷公司	高级工程师
魏利霞	女	县委党校	高级讲师
秦加成	男	雁北瓷厂	高级会计师
于新荣	男	报社	主任编辑
韩占权	男	审计局	高级审计师
尹殿明	男	审计事务所	高级审计师
黄红宇	男	吴家窑矿务局	高级工程师
张新宙	男	芦子沟煤矿	高级工程师
张太平	男	林业局	高级工程师
杨晓梅	女	检疫站	高级工程师

续表(11)

姓名	性别	工作单位	聘任专业技术职称
杨保华	男	晋北水栗厂	高级工程师
杨云	男	水利局排改站	高级工程师
张日曜	男	水利局排改站	高级工程师
陈希尧	男	水利局排改站	高级工程师
兰玉壁	男	苗圃	高级工程师
王世录	男	水泥厂	高级工程师
苑堪	男	林业局	高级工程师
马朝岳	男	水利局	高级工程师
郭元宝	男	煤化实业公司	高级工程师
李达	男	芦子沟煤矿	高级工程师
白世芳	男	砖瓦厂	高级工程师
刘汉章	男	化肥厂	高级工程师
袁德武	男	陶瓷公司	高级工程师
刘国兴	男	化肥厂	高级工程师
廖文尧	男	陶瓷公司	高级工程师
李述纲	男	化肥厂	高级工程师
秦素萍	女	农业服务公司	高级农艺师
田旭东	男	农业服务公司	高级农艺师
段效娥	女	区划办	高级农艺师
赵世兴	男	农业土肥站	高级农艺师
孟恒	男	畜牧动检站	高级农艺师
段克恭	男	农业局	高级农艺师
郭世华	男	农业局	高级农艺师
李静	男	果树中心	高级农艺师

续表(12)

姓名	性别	工作单位	聘任专业技术职称
张定国	男	畜牧牧草站	高级农艺师
张伐	男	畜牧牧草站	高级农艺师
魏碧	男	农技中心	高级农艺师
王纪善	男	种子公司	高级农艺师
憂成虽	男	畜牧防治站	高级农艺师
李贵	男	畜牧防治站	高级农艺师
刘明俊	男	畜牧防治站	高级农艺师
刘荣和	男	农技中心	高级农艺师
李静	女	农技中心	高级农艺师
刘进军	女	畜牧牧草站	高级农艺师
李口清	男	县人民医院	副主任医师
赵霞芝	男	县人民医院	副主任医师
蒋海平	女	县人民医院	副主任医师
李改生	男	县人民医院	副主任医师
吕雪峰	女	县人民医院	副主任医师
刘补花	女	县人民医院	主任医师
李妙花	女	县人民医院	副主任医师
孟国奇	男	县中医院	副主任医师
王守忠	男	县人民医院	副主任医师
王雁春	男	县人民医院	主任医师
任莉	女	县人民医院	副主任医师
刘口善	男	县人民医院	副主任医师
潘瑞芳	女	县人民医院	副主任医师
蒋栩峰	男	县人民医院	副主任医师

续表(13)

姓名	性别	工作单位	聘任专业技术职称
武所平	男	县人民医院	副主任医师
燕水林	男	县妇保站	副主任医师
朱垌	男	县人民医院	副主任医师
钟莉	女	县人民医院	副主任医师
魏珍琴	女	县人民医院	副主任医师
纪守权	男	县人民医院	副主任医师
马继芳	女	县人民医院	副主任医师
杨毅	男	县中医院	副主任医师
马綱	男	怀仁县卫校	副主任医师
马淑芳	女	县人民医院	副主任医师
王艳春	女	县人民医院	副主任医师
岳彩梅	女	县中医院	副主任医师
石永钦	男	县中医院	主任医师
张家循	男	县人民医院	副主任医师
孟盛	男	县人民医院	副主任医师
钟捷贤	男	县人民医院	副主任医师
姜乃纬	男	县人民医院	副主任医师
牛玉贵	男	县防疫站	副主任医师
马局有	男	峙峰山矿	副主任医师
王学明	男	县人民医院	副主任医师
李玉银	男	县人民医院	副主任医师
毛生玉	男	王坪煤矿办公室	高级政工师
项敏达	男	北京市华北光学仪器厂	高级工程师(1992年享受国务院特殊津贴待遇)
王威	男	大同水文局	高级工程师

续表(14)

姓名	性别	工作单位	聘任专业技术职称
常鹏举	男	朔州市农行	高级政工师
庞丽峰	女	大同五医院	主任医师
柴茂山	男	大同医专	副教授
马威	男	太原理工大学	教授
杨建忠	男	大同市第二设计院	高级工程师
管立江	男	大同市质监局	高级工程师
张强	男	大同供电公司	高级工程师
蒋子峰	男	王坪煤电集团宣传部	高级政工师
张旭	男	大同供水公司	高级工程师
王旭东	男	山西橡胶集团单体厂党委	高级政工师
邢丽青	女	大同市五医院	副主任医师
韩江	男	小峪医院	主任医师
张仲青	男	太平洋保险公司（北京）	高级经济师
陈丽梅	女	大同五医院	主任医师
魏宾魁	男	平朔学校	高教一级
王宝林	男	大同市五医院	主任医师
王晓	男	华北航天工业学院	高级工程师
王运	男	江苏仪征市建筑设计院	高级工程师
张丹	女	山西省电建一公司（大同）	高级工程师
夏东升	男	张家口发电厂继电保护处	高级工程师
姜勇	男	大同华东机械厂	高级工程师
郭进安	男	同煤集团三医院	副主任医师
康凯	男	神头二电厂	高级工程师
潘燕清	男	神头一电厂	高级讲师

续表(15)

姓名	性别	工作单位	聘任专业技术职称
王俊义	男	太原市中心医院	副主任医师
杨电	男	大同红十字中心血站	主任医师
郭宏	男	大同市平宏费昌电子科技有限公司	高级工程师
刘润有	男	天津市政工程设计研究院	高级工程师
肖京	男	北京中医研究院西苑医院	副主任医师
马升	男	太原锅炉集团公司	高级工程师
冯月斌	男	昆明大学	副教授
杨志军	男	铁路第一勘察设计院	高级工程师
杨晓东	男	安格公司朔州分公司	高级工程师
门海豹	男	山西柴油机厂	高级工程师
魏勇	男	南京林业大学	副教授
田淑英	女	北京信息科技大学	副教授
石小明	男	核工业第二研究设计院	高级工程师
麻增林	男	北京朝阳医院京西院区放射科	副主任医师
李鑫	男	山西创奇实业有限公司	高级工程师
胡建宇	男	山西省交通设计院岩土公司	高级工程师
徐忠	男	中铁十二局武汉经营部	高级工程师
管满	男	太原市政工程设计院	高级工程师
张宏峰	男	山西轻工设计院	高级工程师
师善兵	男	大同铁路分局	高级工程师
杨保成	男	农业部规划设计研究院	高级工程师
郝志平	男	太原煤气化公司	高级工程师
张德军	男	朔州路桥	高级工程师
任立新	男	石家庄铁道学院人文分院	副教授

续表(16)

姓名	性别	工作单位	聘任专业技术职称
张志清	男	太钢运输部	高级工程师
刘满军	男	大同 ABC 铸造有限公司	高级工程师
刘彩莲	女	雁北师范学院大同分院自然科学部	高级教师
仝效	男	大同矿务局	高级工程师
杨玉凤	女	大同市五医院	副主任医师
段春江	男	山西省人民医院口腔科	副主任医师
陈广利	男	山西大学工程学院动力系	副教授
王永青	男	山西工业职业技术学院	副教授
纪化峰	男	山西六一六厂卫生防疫站	主任医师
张存泉	男	武汉理工大学能源与动力学院	副教授
王芳	女	南京理工大学	副教授
田焕军	男	山西四建集团	高级工程师
魏晓竹	女	大同市铁路医院	副主任医师
郭彩	男	山西省委党校	教授
武中文	男	寿阳煤运公司	高级政工师
郑有山	男	山西煤炭规划设计院	高级工程师
张国平	男	中国北炭进出口集团公司	高级工程师
李强	男	化工部设计二院	高级工程师
孙子厚	男	大连软件园开发有限公司	高级工程师
孟长江	男	大同 70 研究所	高级工程师
赵林海	女	中煤建设集团公司工程部	高级工程师
张前进	男	中国农大资源环境学院	副教授
杨文平	男	北京增平科技有限公司	高级工程师
纪玉军	男	同煤集团煤运销处	高级工程师

续表(17)

姓名	性别	工作单位	聘任专业技术职称
纪玉钧	男	同煤集团煤运销总公司经营管理局	高级工程师
于有贵	男	南京理工大学	副教授
王瑜	男	中国十三冶	高级工程师
夏连平	男	大同市五医院外科	副主任医师
魏勇	男	南方学院院长	副教授
段素清	男	北京应用物理与计算机数学研究所	教授
辛随成	男	北京中医药大学与针灸学院	教授
贾秉思	男	西安航空动力控制有限公司	高级工程师
刘建平	男	广州交通大学	教授
孟月珍	女	大同市二卫校	副主任医师
高志平	男	大同市文联	高级编辑
王健	男	空军指挥学院	副教授
管廷录	男	大同大学	副教授
李清娥	女	大同卫校	高级会计师
任旭东	男	大同三医院	教授
于有荣	男	大同大学	教授
孟力平	男	大同五医院	教授
李建勋	男	大同三医院	教授
王跃晋	男	大同三医院	教授
陈向强	男	大同市文化局	高级政工师
薛守忠	男	太原师范学院	教授
李红梅	女	山西省戏剧职业学院	教授
刘树春	男	山西省戏剧职业学院	教授

第五节 革命烈士

怀仁县在各个历史时期牺牲的革命烈士入志者共计663名，其中：第二次国内革命战争及抗日战争时期牺牲134名，解放战争时期牺牲439名，抗美援朝战争中牺牲57名，另牺牲时间不详及1953年以后牺牲的33名。

云中镇

仝振德 （1914—1939）城内人。共产党员。决死八纵队中队教导员。1939年在晋城南沟牺牲。

周甲第 （1915—1939）于家园人。共产党员。连指导员。1939年在浑源作战中牺牲。

孟常旦 （1920—1940）南窑村人。游击队骑兵排长。1940年在左云县作战中牺牲。

陈钦古 （1918—1941）城内人。决死纵队6团侦察员。1941年在汾阳县峪道河口与日军作战牺牲。

田锡爵 （1921—1948）城内人。1937年参军，任晋绥军区敌工科长。1937年加入中国共产党。1948年4月17日在内蒙集宁卓资山战斗中牺牲。

任福 （1923—1948）城内人。支前民工。1948年支援大同解放时牺牲。

苑钦翰 （1927—1948）城内人。支前民工。1948年在绥远作战牺牲。

刘昌 城内人。1937年参军，任八路军某部9旅26团连长。牺牲时间不详。

马元 城内人。1949年9月9日参军。解放军36军105师316团警卫员。1951年10月，在朝鲜战场牺牲。

贺映堂 （1931—1953）城内人。1949年5月参军，解放军201师603团2营4连战士。1953年5月在朝鲜战场牺牲。

马银 （1932—1951）东关人。1949年5月参军，解放军200师599团3营8连战士。1951年9月17日在朝鲜战场牺牲。

张玄（1930—1951）东关人。1949年1月参军，解放军19兵团65军195师584团2营5连班长。中共党员。1951年在朝鲜第五次战役中牺牲。

马孟清　（1928—1950）东关人。民兵队长。1950年2月在县城南巡逻时被土匪杀害。

张占福　（1929—1953）东关人。1952年12月参军，解放军12军35师105团3营8连战士。中共党员。1953年1月在朝鲜战场牺牲。

孟子诚　（1928—1948）南窑村人。区大队民兵队长。1948年在县城被阎军活埋。

马德贵（1909—1948）西小寨人。县贸易局干部。在县城被阎军活埋。

周清　（1914—1948）西小寨人。四区助理员。1948年在悟道村被国民党军38师杀害。

孟大祥 南窑村人。民兵队长。1948年在县城被阎军活埋。

纪相　（1923—1949）甄庄人。1948年参军，华北军区22师76团机枪班战士。1949年10月在大同泉乐堡战斗中牺牲。

李二龙（1919—1950）甄庄人。战士。1950年在绥远十八台作战时牺牲。

朱壁　秦城人。1945年9月参军，某部队长。牺牲时间不详。

孟丙贵　（1931—1952）于家园人。1948年6月参军，解放军200师598团班长。共青团员。1952年3月14日在朝鲜战场牺牲。

王德位　（1932—1952）南七里寨人。1947年参军。中共党员。某部22师干事。1952年赴朝鲜过鸭绿江时牺牲。

孟标（1907—1945）南窑村人。武工队员。1945年在右玉县作战中牺牲。

阎四子（1925—1945）南七里寨人。战士。1945年在海北头作战时牺牲。

张二六　（1928—1946）西小寨人。大怀支队战士。1946年在口泉窑子坡战斗中牺牲。

李守用　（1928—1946）于家园人。2团7连战士。1946年在解放大同的战斗中牺牲。

朱德官　（1925—1947）北窑村人。大怀支队战士。1947年2月在本村被晋军杀害。

李应 （1920—1947）秦城人。大怀支队战士。1947年2月在滋润作战时牺牲。

孟忠 （1924—1947）南窑村人。游击队民兵队长。1947年在晏头作战时牺牲。

倪万金 （1921—1947）秦城人。大怀支队战士。1947年在大同县利仁皂作战时牺牲。

马机 东关人。侦察员。1947年在县城牺牲。

孟举 （1619—1947）南窑村人。358旅2营5连排长。1947年在右玉作战时牺牲。

孟德明 （1929—1948）南窑村人。8纵队战士。1948年7月在口泉窑子坡作战时牺牲。

贺斌 （1931—1948）西关人。11师炮营2连战士。1948年9月在兰州作战时牺牲。

褚生官 （1925—1948）北窑村人。战士。1948年在秀女村作战时牺牲。

孟良 （1921—1948）南窑村人。43团战士。1948年在鹅毛口作战时牺牲。

纪印印 （1928—1948）甄庄人。野战3旅战士。1948年在运城中条山作战时牺牲。

纪补牛 （1922—1948）甄庄人。3旅特务团战士。1948年10月在大同聚乐堡作战时牺牲。

吉世昌 （1921—1948）甄庄人。3旅9团机枪射手。1948年在运城中条山牺牲。

纪占 （1922—1948）甄庄人。3旅27团1营机枪连战士。1948年在解放太原战斗中牺牲。

纪官斌 （1930—1948）甄庄人。27团特务连卫生员。1948年在孝义县作战时牺牲。

纪金魁 （1915—1948）甄庄人。3旅特务团战士。1948年10月在右玉作战时牺牲。

胡四邦 （1926—1948）于家园人。3旅8团2营战士。1948年在太原牛驼寨作战时牺牲。

纪三锁 （1921—1948）甄庄人。共产党员。排长。1948年在太原牛驼寨作战时牺牲。

孟长林 （1926—1948）于家园人。3旅27团1营1连班长。1948年在太原牛驼寨作战时牺牲。

石富祥 （1931—1953）西关人。共产党员。202师605团9连代排长。1953年6月在朝鲜战场牺牲。

李存如 南七里寨人。共产党员。202师606团3机连班长。1953年6月在朝鲜战场牺牲。

郝福 （1924—1953）西关人。共产党员。599团1营2连排长。1953年7月在朝鲜战场牺牲。

纪官兵 甄庄人。通讯员。1958年5月在孝义因公牺牲。

苑美亭 （1935—1965）城内人。247部队班长。1965年7月在长春因公牺牲。

周庆荣 于家园人。共产党员。鹅毛口公社卫生院副院长。1965年7月25日为抢救井下矿工因公殉职。

弓占 鹅毛口人。战士。民国29年（1940）4月在口泉作战时牺牲。

陈堂德 （1906—1940）石井人。县政府干部。1940年6月作战时牺牲。

于金旦 （1917—1940）鹅毛口南街人。战士。1940年8月作战时牺牲。

杨进山 鹅毛口中街人。战士。1941年5月，在河南作战时牺牲。

孟祥 （1920—1942）鹅毛口人。战士。1942年1月在大同煤峪口作战时牺牲。

姜银拴 （1921—1942）北信庄人。游击队战士。1942年10月在大同被日军杀害

孟生发 鹅毛口人。侦察员。1942年在大同小村作战时牺牲。

杨禄 （1920—1942）鹅毛口人。电话员。1942年在大同窑子坡作战时牺牲。

郭文考 （1906—1943）石井人。察绥游击军战士。1943年作战时牺牲。

马三子 （1900—1944）北窑子头人。2团战士。1944年5月在清水河作战时牺牲。

武随举（1918—1944）王卞庄人。偏清支队战士；1944年作战时牺牲。

孟老焕 鹅毛口南街人。老2团8连排长。1946年8月在大同作战时牺牲。

孟树凡 （1921—1946）鹅毛口北街人。2团8连战士。1946年8月在大同作战时牺牲。

孟守花 （1922—1946）鹅毛口北街人。358旅战士。1946年在延安作战时牺牲。

马维维（1926—1946）北窑子头人。班长。1946年在窑子头作战时牺牲。

马春（1925—1946）北窑子头人。8旅6团战士。1946年9月作战时牺牲。

蒋策 （1925—1946）王卞庄人。358旅战士。1946年10月在太原作战时牺牲。

蒋陆明 （1922—1946）王卞庄人。老2团战士。1946年冬在集宁作战时牺牲。

管生元 （1924—1946）北信庄人。战士。1946年在左云作战时牺牲。

田德官 鹅毛口中街人。老2团战士。1946年冬在鸦儿崖作战时牺牲。

孟发 鹅毛口北街人。27团战士，1946年在左云作战时牺牲。

辛焕文 （1926—1946）石井人。区政府文书。1946年7月在本村被阎军杀害。

杨启 （1926—1947）王卞庄人。43团战士。1947年3月在清水河作战时牺牲。

孟忠富 （1920—1947）北窑子头人。大怀支队战士。1947年3月在右玉作战时牺牲。

马子财（1917—1947）北窑子头人。村支书。1947年在本村被阎军杀害。

马富美 （1923—1947）石井人。14旅副班长。1947年6月在口泉窑子坡作战时牺牲。

陈国顺（1909—1947）石井人。村农会主任。1947年在石井被阎军杀害。

李德 （1925—1947）北信庄人。358 旅 8 团 3 营战士。1947 年 10 月在延安作战时牺牲。

陈希义 石井人。村自卫队长。1947 年 10 月在西小寨被阎军杀害。

孟羊拴 （1920—1947）鹅毛口北街人。大怀支队战士。1947 年在丰镇红砂坝作战时牺牲。

王生财 （1923—1947）石井人。老 2 团机枪班长。1947 年 12 月在大峪口作战时牺牲。

贺国兵 石井人。老 2 团 9 连班长。1947 年冬在河西十里长潭作战时负伤，后治疗无效去世。

潘元 （1930—1947）石井人。43 团通讯员。1947 年冬在桃林作战时牺牲。

蒋官恩 （1927—1947）王卞庄人。战士。1947 年在大同作战时牺牲。

马德元（1915—1948）北窑子头人。43 团战士。1948 年 1 月作战时牺牲。

龚展（1927—1948）鹅毛口南街人。46 团副团长。1948 年 2 月在煤峪口作战时牺牲。

孟印宿 （1925—1948）鹅毛口中街人。武工队战士。1948 年 3 月在大同作战时牺牲。

孟生奎 鹅毛口北街人。县大队战士。1948 年 3 月在应县作战时牺牲。

马维亭（1927—1948）北窑子头人。武工队战士。1948 年 3 月作战时牺牲。

田三虎 （1930—1948）石井人。战士。1948 年 4 月在卓资山作战时牺牲。

孟生发 （1924—1948）鹅毛口人。班长。1948 年 7 月在大同赵家小村作战时牺牲。

陈占元 （1924—1948）石井人。副排长。1948 年 8 月在延安宜川作战时牺牲。

薛老奴 （1918—1948）石井人。老 2 团 9 连副班长。1948 年夏在口泉作战时牺牲。

潘板子 （1929—1948）石井人。战士。1948 年 7 月在陶林作战时牺牲。

左官印 （1930—1948）北窑子头人。大怀支队爆破排长。1948 年 9 月在红沙坝作战时牺牲。

李成 （1926—1948）北窑子头人。8纵队战士。1948年9月在红沙坝作战时牺牲。

武官奎 （1929—1948）王卞庄人。战士。1948年在凉城作战时牺牲。

管八金 （1917—1948）北信庄人。武工队战士。1948年11月在新高山作战时牺牲。

孟毛小 鹅毛口北街人。大怀支队战士。1948年在口泉窑子坡作战时牺牲。

贺三戈 （1925—1949）石井人。班长。1949年作战时牺牲。

陈德富 （1931—1949）石井人。勤务员。1949年作战时牺牲。

蒋富福 （1926—1952）王卞庄人。共产党员。68军204师62团9连排长。1952年8月在朝鲜战场牺牲。

孟云 鹅毛口北街人。119师597团运输队战士。1953年2月在朝鲜战场牺牲。

郑国义 （1930—1953）王卞庄人。68军202师605团3连战士。1953年7月在朝鲜战场牺牲。

魏二旦 羊圈沟人。202师605团6连连长。1953年7月在朝鲜战场牺牲。

薛义官 （1923—1953）石井人。志愿军排长，共产党员。1953年在朝鲜战场牺牲。

陈二先 （1933—1946）石井人。358旅战士。1946年在宜川战斗中牺牲。

王有根 （1957—1978）北信庄人。铁道兵第34团7连战士。1978年4月在青海锡铁山施工中牺牲。

郭瑞春 （1960—1978）石井人。36716部队72分队战士。共青团员。1978年12月在托里县因公牺牲。

何家堡乡

孙三和 （1913—1938）芦子沟人。358旅特务连战士。1938年在右玉黄洛沟作战时牺牲。

张恺山 楼子口人。战士。1942 年在河北小庙作战时牺牲。

白奴弼 （1917—1943）楼子口人。宋支队游击分队连长。1943 年在河北与日军作战时牺牲。

张二佛举 （1919—1944）何家堡人。共产党员，7 旅通讯员。1944 年 3 月在口泉三道沟与日军作战时牺牲。

樊五子 （1922—1943）跃进人。大怀支队排长。1943 年 9 月在赵庄作战时牺牲。

李润明 （1921—1946）赵庄人。2 团战士。1946 年 8 月在大同小站作战时牺牲。

王五七 宋庄人。3 旅特务团战士。1946 年 3 月在太原作战时牺牲。

赵卓 （1921—1946）赵庄人。战士。1946 年冬在大峪口作战时牺牲。

郝进宫 （1923—1946）郝家寨人。大怀支队战士。1946 年在滋润作战时牺牲。

肖天金 芦子沟人。31 团战士。1946 年在大同作战时牺牲。

彭堂山 （1923—1947）赵庄人。特务团战士。1947 年 2 月在文水县作战时牺牲。

张二兵 （1927—1947）磨道河人。大怀支队战士。1947 年 3 月在大同北郊新高山作战时牺牲。

王世鼎 （1928—1947）宋庄人。民兵大队班长。1947 年 3 月在石井村作战时牺牲。

辛满仓 （1917—1947）悟道人。3 旅 27 团战士。1947 年 3 月在右玉作战时牺牲。

彭振平 （1924—1947）赵庄人。2 团战士。1947 年 5 月在滋润作战时牺牲。

彭佐 （1920—1947）赵庄人。战士。1947 年在薛家庄作战时牺牲。

王计子 （1930—1947）何家堡人。358 旅 27 团通讯员。1947 年 7 月在阳泉作战时牺牲。

刘四旦 （1924—1947）楼子口人。村民兵副队长。1947 年 8 月被阎军杀害于本村。

李占奎 （1900—1947）磨道河人。民工。1947 年在沙县作战时牺牲。

李林 （1928—1947）赵庄人。2 军 7 团 2 营通讯员。1947 年在太原作战时牺牲。

韩三板（1930—1947）何家堡人。358 旅战士。1947 年在宜川作战时牺牲。

王守成 （1923—1947）何家堡人。358 旅战士。1947 年在芦子沟作战时牺牲。

王顺义 （1921—1947）何家堡人。战士。1947 年在芦子沟作战时牺牲。

李生海 磨道河人。战士。1947 年 9 月在河北作战时牺牲。

李成柱 （1928—1947）宋庄人。3 旅 7 团副班长。1947 年在山西中条山作战时牺牲。

辛月明 （1923—1947）悟道人。31 团战士。1947 年在集宁作战时牺牲。

曹志九 （1924—1947）楼子口人。村民兵队长。1947 年被阎军杀害于本村。

张守常 （1927—1948）何家堡人。43 团 3 营 7 连班长。1948 年 1 月在旗下营作战时牺牲。

张二奴 （1922—1948）何家堡人。358 旅战士。1948 年 2 月在运城作战时牺牲。

王三贵 （1925—1948）何家堡人。8 纵队战士。1948 年 3 月在口泉三道沟作战时牺牲。

彭国启 （1932—1948）赵庄人。怀仁支队通讯员。1948 年 6 月在口泉窑子坡作战时牺牲。

李三银 （1931—1948）磨道河人。大怀支队战士。1948 年 6 月在口泉窑子坡作战时牺牲。

史朝阳 （1928—1948）宋庄人。大怀支队战士。1948 年 6 月在口泉窑子坡作战时牺牲。

王勇 （1930—1948）宋庄人。大怀支队战士。1948 年 6 月在口泉窑子坡作战时牺牲。

史二柱 （1928—1948）宋庄人。大怀支队战士。1948 年 6 月在口泉窑子坡作战时牺牲。

项占元 （1921—1948）跃进人。11 旅战士。1948 年 9 月在集宁作战时牺牲。

孙贵先 （1929—1948）芦子沟人。31 团战士。1948 年 9 月在旗下营作战时牺牲。

孙官旦 （1928—1948）芦子沟人。3 旅战士。1948 年 9 月在内蒙红砂坝作战时牺牲。

韩三 （1920—1948）宋庄人。班长。1948 年在口泉窑子坡作战时牺牲。

张守贵 （1928—1948）何家堡人。43 团战士。1948 年 11 月在右玉病故。

潘延民 楼子口人。战士。1948 年 10 月作战时牺牲。

陈忍 （1923—1948）楼子口人。区民兵大队长。1948 年在甄庄被阎军杀害。

陈振山 （1922—1948）楼子口人。自卫队战士。1948 年在怀仁城被阎军杀害。

张官得 （1929—1948）何家堡人。解放军战士。1948 年在内蒙旗下营作战时牺牲。

孙大举 （1920—1948）楼子口人。绥蒙军区警备 1 团 8 连战士。1948 年在内蒙旗下营作战时牺牲。

李来金（1923—1948）何家堡人。358 旅战士。1948 年在祁县作战时牺牲。

张喜贵 （1929—1948）何家堡人。3 旅 46 团战士。1948 年在祁县作战时牺牲。

曹发 （1928—1948）全福寨人。3 旅 9 团 6 连班长。1948 年在太原牛驼寨作战时牺牲。

张三奴 全福寨人。3 旅 7 团战士。1948 年在运城中条山作战时牺牲。

王二奴（1932—1948）宋庄人。班长。1948 年在大同窑子坡作战时牺牲。

王世奎 （1931—1948）宋庄人。大怀支队战士。1948 年在窑子坡作战时牺牲。

王继宏 （1929—1948）宋庄人。大怀支队战士。1948 年窑子坡作战时牺牲。

孙富子 （1921—1948）芦子沟人。8 旅 15 团战士。1948 年在延安作战时牺牲。

孙广理 （1918—1948）芦子沟人。4 团战士。1948 年在延安作战时牺牲。

陈永珍 （1920—1948）悟道人。22 师 63 团班长。1948 年在内蒙作战时牺牲。

彭先得 （1922—1948）赵庄人。战士。1948 年在旗下营作战时牺牲。

魏二奴 （1933—1949）郝家寨人。大怀支队通讯员。1949 年 1 月在绥远作战时牺牲。

陈和（1919—1949）楼子口人。民兵队长。1949 年 2 月在太原作战时牺牲。

彭凤山 赵庄人。班长。在云冈作战时牺牲。

王招恩 宋庄人。民兵。在本县作战时牺牲。

孙贵喜 芦子沟人。43 团战士。1949 年 9 月在集宁作战时牺牲。

邢焕焕 （1922—1949）宋庄人。3 团战士。1949 年在太原牛驼寨作战时牺牲。

彭守成 （1926—1952）赵庄人。119 师 597 团 7 连班长。1952 年 2 月在朝鲜战场牺牲。

孟大海 （1930—1952）赵庄人。302 团 1 营 3 连班长。1952 年 7 月在朝鲜战场牺牲。

宋四掌 （1924—1952）磨道河人。19 兵团战士。1952 年在朝鲜战场牺牲。

彭二浦 （1927—1953）赵庄人。1 军 1 师 1 团 7 连班长。1953 年 8 月在朝鲜战场牺牲。

孙振 赵庄人。200 师炮兵团 1 连战士。1953 年在朝鲜战场牺牲。

韩三富 （1925—1949）何家堡人。598 团警卫连副班长，共产党员。1953 年在朝鲜战场牺牲。

李满堂 （1960—1978）跃进人。36916 部队战士。1978 年在新疆托里县因公牺牲。

新家园乡

彭二毛驴 小峪口人。干教队战士；1934 年作战时牺牲。

谷进士 （1906—1937）小峪口人。干教队战士；1937 年作战时牺牲。

谷满仓 （1916—1938）小峪口人。358 旅战士。1938 年作战时牺牲。

彭六十二 （1915—1938）小峪口人。游击队战士。1938 年作战时牺牲。

项七四 （1914—1938）大峪口人。战士。1938 年在石家庄作战时牺牲。

张三老旦 （1915—1938）小峪口人。干教队战士。1938 年在陕西五龙洞作战时牺牲。

彭三毛驴（1913—1938）小峪口人。8 旅战士。1938 年作战时牺牲。

辛丁有 （1920—1938）小峪口人。村干部。1938 年被日军杀害。

卢三虎 （1905—1939）滋润人。战士。1939 年在昌平作战时牺牲。

谷存杨 （1907—1939）小峪口人。八路军战士。1939 年作战时牺牲。

韩三 （1919—1940）庄头人。战士。1940 年在灵丘作战时牺牲。

彭三孩 （1912—1941）小峪口人。区支队战士。1941 年作战时牺牲。

李昌富 （1912—1941）大峪口人。共产党员。队长。1941 年在北辛村被日军杀害。

安恒泰 （1900—1941）王坪人。共产党员，副营长。1941 年在长流水与日军作战时牺牲。

苏二咀 （1921—1942）尚希庄人。八路军副班长。1942 年在口泉窑子坡作战时牺牲。

李二毛眼 （1920—1942）王坪人。特务团战士。1942 年在中条山作战时牺牲。

全仁 滋润人。战士。1942 年在口泉作战牺牲。

谷三老汉 （1917—1943）小峪口人。358 旅战士。1943 年在山阴作战时牺牲。

全占太 大峪口人。9 团排长。民国 32 年（1943）9 月在右玉作战时牺牲。

杨三邦 （1921—1943）北辛村人。3旅战士。1943年在口泉作战时牺牲。

张虎栓 （1920—1943）大峪口人。358旅战士。1943年在石家庄作战时牺牲。

仝占财 （1920—1943）大峪口人。民兵大队长。1943年在本村被日军杀害。

陈顶 （1910—1944）王坪人。共产党员，716团机枪连长。1944年在离石作战时牺牲。

彭福喜 （1921—1944）小峪口人。干教队战士。1944年作战时牺牲。

李补金 （1925—1945）尚希庄人。老2团战士。1945年6月在口泉作战时牺牲。

陈天益 （1924—1945）王坪人。区干部。1945年10月在新发村作战时牺牲。

潘天元 （1930—1945）王坪人。2支队战士。1945年在应县作战时牺牲。

袁吉 （1927—1945）大峪口人。民兵。1945年在路庄作战时牺牲。

张三文 （1919—1945）新家园人。战士。1945年10月在滋润作战时牺牲。

项二堂 （1928—1945）大峪口人。2旅12团班长。1945年在石家庄作战时牺牲。

袁杰 小峪口人。民兵。民国35年（1946）4月在大峪口作战时牺牲。

闫长命 （1922—1946）新家园人。大怀支队战士。1946年6月作战时牺牲。

姜二 （1923—1946）王坪人。46团战士。1946年9月在口泉上窝寨作战时牺牲。

杨堂 （1927—1946）赵麻寨人。13军38师战士。1946年在汤阴作战时牺牲。

郭正清 小峪口人。战士。1946年作战时牺牲。

仝雨旦 （1922—1946）小峪口人。民兵。1946年在甘沟村作战时时牺牲。

彭孝义 （1913—1946）小峪口人。共产党员，村干部。1946年在庄头被阎军杀害。

张仓仓 （1930—1946）北辛村人。大怀支队战士。1946年在右玉作战时牺牲。

郭生印（1926—1946）北铺人。28团战士。1946年在大同作战时牺牲。

任小奴（1926—1946）庄头人。老2团战士。1946年在云冈作战时牺牲。

卢永 滋润人。24团8连战士。1946年在河北上庄作战时牺牲。

仝吉雄 滋润人。358旅8团6连战士。1946年在忻县平社作战时牺牲。

纪九元（1926—1946）段家堡人。民兵。1946年7月在应县作战时牺牲。

项小二眼（1924—1946）大峪口人。2团2连战士。1946年在大同作战时牺牲。

纪四足（1916—1946）段家堡人。管理员。1946年作战时牺牲。

吕三文 新家园人。战士。1947年5月在大峪口作战时牺牲。

李彩（1916—1947）尚希庄人。共产党员。村自卫队长。1947年8月在本村被阎军杀害。

杨生（1919—1947）赵麻寨人。共产党员。县大队战士。1947年在石庄作战时牺牲。

张士元（1925—1947）赵麻寨人。晋察冀部队战士。1947年在应县作战时牺牲。

李三奴 尚希庄人。五区游击队战士。1947年在庄头作战时牺牲。

张有文（1931—1947）新家园人。县支队中队长。1947年在本村作战时牺牲。

李四有柱（1928—1947）尚希庄人。65团战士。1947年在右玉作战时牺牲。

陈佃锦（1923—1947）陈家堡人。老2团副班长。1947年在左云作战时牺牲。

仝连（1920—1947）大峪口人。9团战士。1947年在右玉作战时牺牲。

仝继元（1924—1947）大峪口人。战士。1947年在莲花池作战时牺牲。

谷和和 小峪口人。8师9团9连战士。1947年在右玉作战时牺牲。

谷金孩（1925—1947）小峪口人。干教队战士。1947年在偏岭作战时牺牲。

辛生美（1905—1947）南辛村人。大怀支队战士。1947年在右玉作战时牺牲。

韩三子 （1926—1947）庄头人。大怀支队战士。1947年在口泉窑子坡作战时牺牲。

谷满银 （1911—1947）小峪口人。民兵。1947年在晏头作战时牺牲。

袁银锅 （1926—1947）大峪口人。民兵。1947年在路庄作战时牺牲。

王海子（1925—1948）滋润人。3旅战士。1948年1月在延安作战时牺牲。

李续成 （1929—1948）尚希庄人。绥蒙军区战士。1948年2月在察哈营作战时牺牲。

仝来池 （1923—1948）大峪口人。2团炮排战士。1948年在旗下营作战时牺牲。

郭三 （1928—1948）路庄人。共产党员。大怀支队班长。1948年在口泉窑子坡作战时牺牲。

肖伟 （1928—1948）路庄人。野战旅战士。1948年在口泉窑子坡作战时牺牲。

潘海龙（1922—1948）北铺人。特务团战士。1948年在运城作战时牺牲。

韩礼栓（1925—1948）庄头人。四区游击队战士。1948年5月作战时牺牲。

张二虎 （1926—1948）新家园人。30团战士。1948年在保定作战时牺牲。

张天财 （1922—1948）小峪口人。共产党员。村农会主任。1948年在本村被阎军杀害。

王振 （1920—1948）小峪口人。民兵排长。1948年在内蒙作战时牺牲。

胡二包 （1919—1949）北铺人。3旅特务团战士。1949年在静乐作战时牺牲。

张汉基（1927—1949）北辛村人。2团战士。1949年在右玉作战时牺牲。

常清鲜 （1926—1949）赵麻寨人。22师战士。1949年在旗下营作战时牺牲。

常腾 （1914—1949）赵麻寨人。48军营长。1949年8月在江西作战时牺牲。

张国有 （1928—1950）北辛村人。3 团战士。1950 年在桃林作战时牺牲

张守生 （1922—1953）新家园人。202 师 605 团 9 连副排长，共产党员。1953 年 7 月在朝鲜战场牺牲。

张明德 （1922—1953）新家园人。共产党员。595 团 2 连班长，1953 年 7 月在朝鲜战场牺牲。

张二润 新家园人。105 团 3 连战士。1953 年在朝鲜战场牺牲。

王通顺 （1925—1953）赵麻寨人。12 团 6 连连长。1953 年在朝鲜战场牺牲。

杨中兴 （1925—1953）赵麻寨人。共产党员。2 师防疫员。1953 年在朝鲜战场牺牲。

李永贵 （1920—1953）尚希庄人。共产党员。排长。1953 年在朝鲜战场牺牲。

李岁成 尚希庄人。共产党员。603 团 5 连班长。1953 年 6 月在朝鲜战场牺牲。

郝生荣 （1923—1953）尚希庄人。共产党员。803 团 5 连班长。1953 年 7 月在朝鲜战场牺牲。

周唐旦 （1917—1953）尚希庄人。共产党员。803 团班长。1953 年 7 月在朝鲜战场牺牲。

张子江 （1918—1953）大峪口人。共产党员。606 团 4 连班长。1953 年在朝鲜战场牺牲。

郭生贵 （1930—1953）北铺人。46 团战士。1953 年在朝鲜战场牺牲。

仝佃荣 （1921—1953）王坪人。19 兵团营长。1953 年在广西因公牺牲。

杨二英 （1922—1957）南辛村人。共产党员。7495 部队团政委。1957 年在辽宁庄河县因公牺牲。

吴家窑镇

张佃成 （1905—1935）吴家窑人。战士。1935年作战时牺牲。

符全有 （1922—1937）吴家窑人。大怀支队战士。1937年在马营作战时牺牲。

郭三板 （1921—1937）吴家窑人。358旅716团3连战士。1937年在河北作战时牺牲。

王二旦 吴家窑人。2团排长。1938年在鸦儿崖作战时牺牲。

韩三毛眼 吴家窑人。左云县政府战士。1938年在瓦窑沟作战时牺牲。

葛海宝 （1908—1938）小峪人。战士。1938年在雁门关与日军作战时牺牲。

王天华 小峪人。宋支队1营2连战士。1938年5月在河北石厘沟作战时牺牲。

张润 峙峰山人。宋支队43大队战士。1938年7月在右玉城作战时牺牲。

彭喜子 （1914—1939）小峪人。战士。1939年8月在东北作战时牺牲。

赵过栋 （1910—1940）碗窑人。6支队战士。1940年3月在吴家窑作战时牺牲。

周占虎 （1915—1940）碗窑人。6支队战士。1940年7月在东北作战时牺牲。

张二后生 （1910—1940）小峪人。战士。1940年10月作战时牺牲。

田七子 （1913—1940）小峪人。战士。1940年在大同作战时牺牲。

李四子 碗窑人。6支队战士。1941年在吴家窑作战时牺牲。

方二老虎 （1911—1941）碗窑人。6支队战士。1941年在吴家窑作战时牺牲。

方三老虎 （1915—1941）碗窑人。6支队战士。1941年5月在左云作战时牺牲。

方四老虎 （1921—1941）碗窑人。6支队战士。1941年5月在左云作战时牺牲。

张生玉 （1901—1941）碗窑人。6支队战士。1941年在左云作战时牺牲。

王玉 （1915—1941）碗窑人。120师战士。1941年8月在应县李家窑作战时牺牲。

郭应安 （1918—1941）峙峰山人。排长。1941年在南口作战时牺牲。

郭兵 峙峰山人。战士。1941年作战时牺牲。

赵天板 （1923—1944）吴家窑人。43团队长。1944年作战时牺牲。

张三元 （1917—1944）吴家窑人。班长。1944年作战时牺牲。

赵生成 小峪人。共产党员，独立营战士。1945年11月在大同口泉作战时牺牲。

李二青 碗窑人。2团战士。1947年在大同作战时牺牲。

赵丕模 碗窑人。22团5连战士。1947年6月在秦城作战时牺牲。

赵老孩（1915—1947）碗窑人。43团战士。1947年12月作战时牺牲。

贾日成（1921—1947）吴家窑人。43团战士。1947年在偏岭作战时牺牲。

陈日元（1922—1948）碗窑人。11旅43团排长。1948年9月在集宁作战牺牲。

陈国喜 （1920—1948）碗窑人。43团战士。1948年在凉城作战时牺牲。

梁兴旺 （1928—1948）吴家窑人。56团2营6连班长。1948年在济宁作战时牺牲。

麻九仁 （1927—1948）吴家窑人。43团通讯员。1948年在察哈营作战时牺牲。

梁二后生 （1931—1948）吴家窑人。2团战士。1948年在鸦儿崖作战时牺牲。

麻老旦（1930—1948）吴家窑人。2团战士。1948年在鸦儿崖作战时牺牲。

贾润成（1920—1948）吴家窑人。2团战士。1948年在鸦儿崖作战时牺牲。

梁福年 吴家窑人。宋支队战士。1948年在延安作战时牺牲。

张五邦（1928—1948）吴家窑人。2团战士。1948年在鸦儿崖作战时牺牲。

彭善全（1927—1948）小峪人。战士。1948年7月在大同孤山作战时牺牲。

彭二邦 小峪人。22 师 44 团 7 连战士。1948 年在绥远作战时牺牲。

赵占荣 （1926—1949）吴家窑人。8 军 64 团 3 营 1 连排长，共产党员。1949 年在济宁作战时牺牲。

郑先彩 （1925—1949）吴家窑人。战士。1949 年在辽阳作战时牺牲。

金沙滩镇

王庭瑞 （1921—1938）干沟人。排长。1938 年 3 月在黄楼口作战时牺牲。

宋世有 （1906—1939）刘晏庄人。县队长。1939 年 4 月在观音堂作战时牺牲。

刘启 （1921—1940）第三作人。358 旅战士。1940 年在百团大战中时牺牲。

丁日茂 （1916—1942）日中城人。358 旅战士。1942 年在静乐作战时牺牲。

贺金山 （1919—1945）尚南头人。班长。1945 年在石家庄作战时牺牲。

秦九章 （1922—1945）孟庄人。共产党员。六区民兵队长。1945 年作战时牺牲。

孙举 （1924—1945）魏庄人。村民兵队长。1945 年在大峪口作战时牺牲。

于文科 （1922—1946）曹庄人。三区文书。1946 年 3 月在赵麻寨作战时牺牲。

韩希贵 （1920—1946）南家堡人。五区民兵队长。1946 年在兴旺庄作战时牺牲。

李国和 （1929—1946）韭畦人。12 团战士。1946 年在应县作战时牺牲。

郭维金 （1925—1946）孟庄人。3 旅战士。1946 年在右玉作战时牺牲。

秦云 （1923—1946）孟庄人。3 旅战士。1946 年在汾阳作战时牺牲。

李三三 （1917—1946）盐丰营人。战士。1946 年在陕北作战时牺牲。

陈占杰 （1926—1946）尚南头人。3 旅战士。1946 年在右玉作战时牺牲。

魏生厚 （1923—1946）魏庄人。班长。1946 年在阳曲作战时牺牲。

王伟 （1929—1946）兴旺庄人。8 旅战士。1946 年在右玉作战时牺牲。

李长瑞 （1916—1946）兴旺庄人。2 团战士。1946 年在大同高山作战时牺牲。

杨常兵 （1920—1946）干沟人。班长。1946年在右玉作战时牺牲。

杨德 （1920—1946）干沟人。六区助理员。1946年在韭畦作战时牺牲。

李宝宝 （1916—1946）兴旺庄人。战士。1946年在大同高山作战时牺牲。

王维英 （1923—1946）安宿疃人。12团战士。1946年在应县作战时牺牲。

杨万成 （1921—1946）一间房人。三区干部。1946年10月在田家坊作战时牺牲。

曹进堂（1919—1947）南家堡人。战士。1947年1月在麻峪口作战时牺牲。

秦焕焕（1931—1947）孟庄人。9团战士。1947年5月在孝义作战时牺牲。

李三举 （1919—1947）韭畦人。12团战士。1947年5月在孝义作战时牺牲。

刘佃祥 刘晏庄人。3旅特务团战士。1947年6月在晋中作战时牺牲。

李国柱 （1927—1947）韭畦人。战士。1947年在应县作战时牺牲。

秦玉章（1927—1947）孟庄人。3旅9团战士。1947年在孝义作战时牺牲。

李茂华 （1923—1947）第三作人。大怀支队排长。1947年在延安作战时牺牲。

杨英 （1922—1947）干沟人。3旅9团战士。1947年在右玉作战时牺牲。

曹相佐 （1930—1947）南家堡人。老二团班长。1947年在旗下营作战时牺牲。

王金恩 （1926—1947）盐丰营人。3旅班长。1947年在运城作战时牺牲。

李三奴 （1920—1947）盐丰营人。战士。1947年在大同作战时牺牲。

史文珍 （1925—1947）尚南头人。3旅9团班长。1947年在运城作战时牺牲。

于存厚（1922—1947）曹庄人。大怀支队战士。1947年在右玉作战负伤，治疗无效去世。

顾日新 （1924—1947）兴旺庄人。六区干部。1947年8月在翰林庄作战时牺牲。

于国亮 （1928—1947）曹庄人。8团战士。1947年在陕西作战时牺牲。

苏国聘 （1920—1947）田庄人。3旅27团战士。1947年在右玉作战时牺牲。

杨占金 （1925—1947）兴旺庄人。老2团战士。1947年在察哈营作战时牺牲。

范文裕 （1920—1947）兴旺庄人。3旅战士。1947年在孝义作战时牺牲。

杨茂德 （1917—1947）兴旺庄人。骑兵旅战士。1947年在延安作战时牺牲。

李登山 （1923—1947）兴旺庄人。特务团战士。1947年11月在运城作战时牺牲。

张普红 （1921—1947）铺上人。偏清支队战士。1947年作战时牺牲。

苏应兵 （1914—1947）田庄人。共产党员。村委会主任。1947年被阎军杀害。

曹玉喜 （1926—1948）南家堡人。43团战士。1948年1月在凉城作战时牺牲。

曹举子 （1929—1948）南家堡人。战士。1948年1月在板带作战时牺牲。

李广通 （1924—1948）小东庄人。老2团战士。1948年3月在察哈营作战时牺牲。

赵文江 （1919—1948）日中城人。3旅27团排长，1948年在孝义作战时牺牲。

于国英 曹庄人。三区干部。在本村被阎军杀害。

赵培生 （1927—1948）日中城人。3旅9团2营通讯员。1948年在孝义作战时牺牲。

高世林 （1918—1948）禅房人。共产党员，老2团新兵连连长。1948年在察哈营作战时牺牲。

刘进文 （1919—1948）韭畦人。12团事务长。1948年在应县作战时牺牲。

吴太山 （1929—1948）孟庄人。共产党员，46团战士。1948年在煤峪口作战时牺牲。

秦随弟 （1929—1948）孟庄人。358 旅 9 团战士。1948 年在解放太原战斗中牺牲。

杨财 （1923—1948）干沟人。7 团战士。1948 年在孝义作战时牺牲。

马存华 （1928—1948）南家堡人。共产党员，5 团 8 连班长。1948 年在山西瓦瓷街作战时牺牲。

施四子 （1930—1948）南家堡人。偏清支队战士。1948 年在旗下营作战时牺牲。

施三录 （1920—1948）南家堡人。3 旅 8 团战士。1948 年在解放太原战斗中时牺牲。

曹进堂 （1924—1948）南家堡人。大怀支队战士。1948 年在应县作战时牺牲。

苏月桂 （1914—1948）田庄人。3 旅 9 团 1 营战士。1948 年 9 月在牛驼寨作战时牺牲。

尹银旺（1932—1948）日中城人。3 旅 27 团 1 营战士。1948 年 9 月在牛驼寨作战时牺牲。

李三邦 （1927—1948）日中城人。老 3 团战士。1948 年 10 月在内蒙桃林作战时牺牲。

史二柱 （1926—1948）尚南头人。战士。1948 年在察哈营作战时牺牲。

陈占福 （1925—1948）尚南头人。27 团战士。1948 年在太原作战时牺牲。

曹安金 （1922—1948）曹庄人。3 旅 9 团 3 连班长。1948 年在太原作战时牺牲。

苏俊奎 （1926—1948）田庄人。大怀支队班长。1948 年 9 月在牛头寨作战时牺牲。

燕富 （1925—1948）刘晏庄人。五分区战士。1948 年 9 月在牛头寨作战时牺牲。

贺兵兵 （1929—1948）尚南头人。老 2 团战士。1948 年在石家庄作战时牺牲。

魏世兴 （1923—1948）刘晏庄人。8团战士。1948年在太原作战时牺牲。

杨生发 （1924—1948）马庄人。大怀支队战士。1948年在察哈营作战时牺牲。

史文正 （1927—1948）日中城人。支前民工。1948年在沙县作战时牺牲。

袁世明 （1929—1949）刘晏庄人。64团3营通讯员。1949年1月在内蒙作战时牺牲。

王贵成 （1914—1949）干沟人。3旅9团战士。1949年在太原作战时牺牲。

刘官旺 （1923—1949）第三作人。大怀支队战士。1949年在口泉羊坊作战时牺牲。

王全明 （1928—1949）干沟人。12团战士。1949年在怀仁城作战时牺牲。

曹随柱 （1930—1949）南家堡人。战士。1949年在内蒙板带作战时牺牲。

刘占江 （1920—1949）盐丰营人。新兵连战士。1949年在牛驼寨作战时牺牲。

何占有 （1923—1949）盐丰营人。1纵队战士。1949年在陕西榆林作战时牺牲。

陈老功 尚南头人。3旅7团9连通讯员。1949年在解放太原战斗中牺牲。

魏有有 （1925—1949）魏庄人。3旅27团战士。1949年在太原牛驼寨作战时牺牲。

魏三光 魏庄人。战士。1949年在干沟作战时牺牲。

杨补成 干沟人。209师663营战士。1951年在朝鲜战场牺牲。

李银仓 韭畦人。202师战士。1951年在朝鲜战场牺牲。

秦万银 孟庄人。200师598团3连副排长。1953年7月在朝鲜战场牺牲。

刘明富 （1926—1954）日中城人。111师战士。1954年在通县因公牺牲。

亲和乡

纪德成 （1920—1938）安大庄人。县游击队战士。1938年在山阴作战时牺牲。

苑国光 （1896—1938）阎家寨人。炊事员。1938年在五寨作战时牺牲。

吴树 （1914—1940）石庄人。游击队战士。1940年在张家口作战时牺牲。

韩玉田 （1923—1942）下湿庄人。县大队战士。1942年7月在应县被乔日成军活埋。

王汉杰 下湿庄人。共产党员，三区干部。1943年6月在县城作战时牺牲。

赵三银 （1921—1944）草地人。县大队战士。1944年3月在鲁沟小村作战时牺牲。

宋建元 （1920—1944）下湿庄人。八路军独立营排长。1944年10月在本村与乔日成军作战时牺牲。

刘福举 （1929—1945）草地人。战士。1945年7月在安大庄作战时牺牲。

刘巨财 （1929—1945）草地人。县大队战士。1945年9月在安大庄作战时牺牲。

宋文海 （1926—1946）石庄人。13团战士。1946年5月在唐山作战时牺牲。

杨生彦 石庄人。三区区小队战士。1946年6月在南阜作战时牺牲。

王富 （1923—1946）万金桥人。战士。1946年在应县作战时牺牲。

芦进权 （1917—1946）南小寨人。11旅35团3连战士。1946年8月在忻县作战时牺牲。

张进有 （1926—1946）南小寨人。12团战士。1946年8月在大同作战时牺牲。

段海 （1920—1946）南小寨人。县大队战士。1946年8月在大同作战时牺牲。

杨茂枝 （1924—1946）周家窑人。358旅战士。1946年在忻县作战时牺牲。

宋田 （1926—1946）下湿庄人。3 旅 28 团排长。1946 年在应县作战时牺牲。

郭三子 清水河人。共产党员，侦察员。1946 年 11 月在口泉作战时牺牲。

王世雄 （1920—1946）下湿庄人。怀仁三区干部。1946 年在应县被乔日成军杀害。

赵金奎 （1919—1946）草地人。共产党员，县工会主席。1946 年在曹四老庄调粮被乔日成军杀害。

赵守成 （1921—1946）草地人。三区干部。1946 年在应县上桥头村被乔日成军杀害。

王焕章 （1916—1946）万金桥人。应县六区民兵小队长。1946 年 10 在应县留义作战时牺牲。

苑三堂 （1928—1947）阎家寨人。三区干部。1947 年 1 月在刘霍庄被乔日成军杀害。

段连杰 （1920—1947）石庄人。18 团卫生队战士。1947 年在河北望都作战时牺牲。

张喜拴 （1929—1947）石庄人。1 师通讯员。1947 年在保吉作战时牺牲。

芦义和 （1924—1947）南小寨人。县大队战士。1947 年在鲁沟小村作战时牺牲。

乔补焕 （1927—1947）万金桥人。358 旅 4 团 3 连班长。1947 年 4 月在陕西作战时牺牲。

王三邦 （1916—1947）万金桥人。3 旅 21 团战士。1947 年 5 月在内蒙清河县作战时牺牲。

马占财 （1929—1947）石庄人。大怀支队战士。1947 年 7 月在口泉作战时牺牲。

丰常新 （1924—1947）阎家寨人。3 旅战士。1947 年 8 月在孝义作战时牺牲。

王尔瓦 （1920—1947）阎家寨人。3 旅战士。1947 年 8 月在孝义作战时牺牲。

丰佛生 （1924—1947）阎家寨人。7团战士。1947年8月在孝义作战时牺牲。

宋培德 （1922—1947）南晏庄人。战士。1947年8月牛驼寨作战时牺牲。

纪四 （1927—1947）安大庄人。66军4团5连通讯员。1947年11月在石家庄作战时牺牲。

宋付财 （1926—1947）下湿庄人。县大队战士。1947年在大同被阎军活埋。

李成林 （1916—1947）草地人。13团1营机枪班班长。1947年在河北定兴县上村作战时牺牲。

苑国贤 （1910—1947）阎家寨人。共产党员，三区炊事员。1947年在安大庄作战时牺牲。

潘政 （1913—1947）晏头人。共产党员，班长。1947年在临汾作战时牺牲。

陈举 （1923—1947）晏头人。共产党员，12团战士。1947年在石庄作战时牺牲。

潘奇 （1924—1948）晏头人。战士。1948年4月在四川作战时牺牲。

张天明 （1925—1948）曹四老庄人。46团战士。1948年4月在煤峪口作战时牺牲。

刘景山 （1927—1948）草地人。野战旅战士。1948年4月在河北作战时牺牲。

李富顺 （1929—1948）安大庄人。9旅26团1营2连副排长。1948年在石家庄作战时牺牲。

段文郁 （1923—1948）万金桥人。战士。1948年4月在红砂坝作战时牺牲。

田祥善 （1921—1948）万金桥人。战士。1948年5月在延安作战时牺牲。

王生 （1918—1948）薛家店人。八路军战士。1948年在牛驼寨作战时牺牲。

宋建功 （1930—1948）下湿庄人。村农会主任。1948年6月在怀仁城被阎军活埋。

王雨 （1923—1948）安大庄人。1纵队4团4连7班长。1948年7月在河北房山作战时牺牲。

王月祥 （1928—1948）下湿庄人。8团战士。1948年7月在牛驼寨作战时牺牲。

马生财 （1920—1948）石庄人。9团副班长。1948年7月在牛驼寨作战时牺牲。

周瑞 （1928—1948）周家窑人。战士。1948年7月在牛驼寨作战时牺牲。

田二奴 （1928—1948）南晏庄人。3旅8团4连班长。1948年7月在阳曲小井峪作战时牺牲。

杨三堂 （1928—1948）周家窑人。班长。1948年8月作战时牺牲。

王二文 （1926—1948）南晏庄人。46团2营4连班长。1948年9月在内蒙凉城板带作战时牺牲。

潘四 （1918—1948）晏头人。3旅8团4连连长。1948年在太原小井峪作战时牺牲。

杨希旺（1922—1948）石庄人。8纵队战士。1948年10月在红砂坝作战时牺牲。

马珍（1927—1948）冯庄人。22师5团战士。1948年11月在内蒙凉城作战时牺牲。

王世贤（1925—1948）下湿庄人。13团排长。1948年在兰州作战时牺牲。

刘进堂（1923—1948）草地人。战士。1948年在应县作战时牺牲。

李成林（1925—1948）草地人。战士。1948年在红砂坝作战时牺牲。

田富雨（1919—1948）曹四老庄人。43团7连班长。1948年12月在内蒙凉城作战时牺牲。

张尚（1925—1948）曹四老庄人。战士。1948年在煤峪口作战时牺牲。

任小奴 （1929—1949）石庄人。大怀支队战士。1949年2月在左云作战时牺牲。

杨巨人 （1926—1949）石庄人。区干部。1949年在草地作战时牺牲。

宋文有 （1925—1949）石庄人。税务员，1949年在口泉被国民党特务杀害。

庞生花 （1928—1949）清水河人。共产党员，战士。1949 年 3 月在旗下营作战时牺牲。

冯善云 （1920—1949）冯庄人。野战旅战士。1949 年在西北作战时牺牲。

王存福 （1925—1949）下湿庄人。战士。1949 年 3 月在太原作战时牺牲。

王三七 （1926—1949）下湿庄人。战士。1949 年在甘肃作战时牺牲。

杨三宝 （1933—1949）周家窑人。20 师 26 团警卫员。1949 年 8 月在红砂坝作战时牺牲。

周四子 （1927—1949）安大庄人。1 军 3 师战士。1949 年在西北作战时牺牲。

段大金 （1927—1949）万金桥人。46 团 3 连战士。1949 年 10 月在红砂坝作战时牺牲。

陈锋 （1921—1949）晏头人。共产党员，班长。1949 年在石家庄作战时牺牲。

郭俊生 （1929—1950）南小寨人。26 团战士。1950 年朝鲜战场牺牲。

李生启 （1926—1951）南阜人。375 团战士。1951 年 11 月在朝鲜战场牺牲。

夏春雨 （1924—1951）曹四老庄人。66 军炮兵连长。1951 年 12 月在朝鲜战场牺牲。

彭二包 （1933—1951）晏头人。202 师战士。1951 年 12 月在朝鲜战场牺牲。

潘相应 （1924—1952）晏头人。202 师排长。1952 年 10 月在朝鲜战场牺牲。

刘振玉 （1920—1953）草地人。共产党员，201 师炮团参谋。1953 年 1 月在朝鲜战场牺牲。

吕四丑 （1929—1953）安大庄人。66 军战士。1953 年 2 月在朝鲜战场牺牲。

王文英 （1925—1953）南晏庄人。202 师 606 团 1 机连班长，共产党员。1952 年 6 月在朝鲜战场牺牲。

宋志英 （1927—1953）南晏庄人。605团7连战士。1953年6月在朝鲜战场牺牲。

纪九成 安大庄人。202师606团1机连班长，共产党员。1953年6月在朝鲜战场牺牲。

宋焕 （1926—1953）下湿庄人。共产党员。605团5连战士。1953年7月在朝鲜战场牺牲。

马祥 （1941—1966）草地人。共产党员。4544部队班长。1966年9月在太原因公牺牲。

海北头乡

李森 郑庄人。120师战士。1939年在卢沟桥作战时牺牲。

张克恭 郑庄人。共产党员。察绥游击队二支队长。1939年在浑源土岭作战时牺牲。

魏明祥 （1919—1942）下海子人。120师班长。1942年作战时牺牲。

张有 （1908—1942）黄庄人。助理员。1942年作战时牺牲。

田三子 （1926—1945）海北头人。班长。1945年7月在大同利仁皂作战时牺牲。

吴小三 （1923—1945）神嘴窝人。战士。1945年10月在鲁沟村作战时牺牲。

王瑞 （1916—1946）黄庄人。县大队战士。1946年在温庄作战时牺牲。

张应录 （1924—1946）黄庄人。12团战士。1946年10月在应县作战时牺牲。

魏悦 （1926—1946）高镇子人。战士。1946年10月在大同作战时牺牲。

刘发天 （1926—1946）西安堡人。村民兵指导员。1946年在本村被乔日成军杀害。

武丑丑 （1917—1947）下海子人。县大队战士。1947年在大同巨乐堡作战时牺牲。

武印印 （1924—1947）下海子人。通讯员。1947 年 11 月在本村作战时牺牲。

李林 （1922—1947）西安堡人。区小队战士。1947 年在晏头作战时牺牲。

崔福荣 （1918—1947）烽火台人。大同区小队班长，1947 年在应县作战时牺牲。

魏生贵 （1927—1947）下海子人。三区区长。1947 年在应县被乔日成军杀害。

王兆平 （1923—1948）黎寨人。359 旅战士。1948 年 4 月在石家庄作战时牺牲。

苗成业 （1929—1948）神嘴窝人。359 旅战士。1948 年在太原望村作战时牺牲。

张海江 （1922—1948）清泉人。共产党员，班长。1948 年 10 月在大同作战时牺牲。

魏良玉 （1924—1948）下海子人。县大队战士。1948 年在内蒙凉城作战时牺牲。

魏金祥 （1921—1948）下海子人。县大队战士。1948 年在石家庄作战时牺牲。

魏银玉 （1924—1948）下海子人。共产党员，排长。1948 年在集宁作战时牺牲。

于宝安 （1918—1948）郑庄人。8 旅 24 团连长。1948 年在北京昌平作战时牺牲。

段大祥 （1927—1948）新发村人。区文书。1948 年在大同仝庄作战时牺牲。

王祥有 （1922—1948）海北头人。1 纵队 8 旅班长。1948 年在陕西宜川瓦子沟作战时牺牲。

魏庭祥 （1923—1949）下海子人。共产党员，排长。1949 年在石家庄作战时牺牲。

王泰 （1923—1949）黎寨人。战士。1949 年 7 月作战时牺牲。

王六子 （1927—1949）新发村人。战士。1949年在红砂坝作战时牺牲。

武君 （1925—1949）下海子人。县政府交通员，1949年在上海子被乔日成军杀害。

杨祥 （1931—1952）下海子人。68军4连排长。1952年在朝鲜战场牺牲。

苗根德 下海子人。612团排长。1953年在朝鲜战场牺牲。

马二焕 （1919—1953）下寨人。班长。1952年在朝鲜战场牺牲。

于锦绣 （1950—1972）郑庄人。共产党员。空军603部队战士。1972年6月在河南内乡县军训中牺牲。

张凤如 （1939—1974）黄庄人。共产党员。炮兵7团后勤处助理员。1974年11月在野营拉练中牺牲。

河头乡

胡俊奎（1925—1946）王庄人。共产党员。战士。1946年在河北涞水作战时牺牲。

赵同（1920—1947）张家堡人。指导员，1947年6月在口泉作战时牺牲。

庞三昌（1924—1947）王皓疃人。4军3连战士。1947年6月在大同西道湾作战时牺牲。

秦国荣（1929—1947）李家小村人。2旅4团战士。1947年11月在石家庄作战时牺牲。

马占根（1927—1947）兴旺人。12团战士。1947年在石家庄二道沟作战时牺牲。

王生美 （1918—1948）下峪人。12团5连战士。1948年4月在应县作战时牺牲。

刘进堂 （1922—1948）李家小村人。4团副班长。1948年4月在应县作战时牺牲。

刘俊 （1923—1948）张家堡人。副班长。1948年8月在集宁作战时牺牲。

姚清 中柳会人。374 团班长，1949 年 4 月在杜家山作战时牺牲。

陈满福 下峪人。197 师 589 团 1 营侦察兵。1950 年在朝鲜战场牺牲。

马辛庄乡

安定胜 智民庄人。战士。1940 年在宛平县杜家庄作战时牺牲。

辛维福 南米庄人。358 旅战士。1942 年在口泉作战时牺牲。

武万祥 （1924—1945）古家坡人。8 旅战士。1945 年在应县作战时牺牲。

翟长胜 （1921—1946）海子洼人。区小队战士。1946 年在应县作战时牺牲。

廉成明 （1924—1947）鲁沟人。大同县八区武委会主任。1947 年在平旺作战时牺牲。

李佃林 （1922—1947）海子洼人。县大队战士。1947 年在儒社作战时牺牲。

张富财 （1927—1948）南米庄人。大怀支队战士。1948 年在红砂坝作战时牺牲。

安海元 （1922—1948）智民庄人。53 团 3 连战士。1948 年在北平北河村作战时牺牲。

苑存明 （1926—1948）大盐坊人。12 团战士。1948 年在应县作战时牺牲。

蒿尚棋 （1923—1948）杜庄人。大怀支队战士。1948 年在河北作战时牺牲。

翟步田 （1928—1948）海子洼人。民兵中队长。1948 年在大盐坊作战时牺牲。

杨巨英 小盐坊人。区政委。1948 年在大同牛史沟作战时牺牲。

赵凡 （1923—1949）南米庄人。民兵指导员。1949 年在本村被国民党特务杀害。

古德财 （1930—1949）古家坡人。八区干事。1949 年在马辛庄被乔日成军杀害。

李新 （1926—1951）东马庄人。197师589团5连班长。共产党员。1951年在朝鲜作战场牺牲。

古应堂 （1924—1952）古家坡人。共产党员。199师67团侦察连排长。1952年在朝鲜战场牺牲。

王功 下米庄人。603团战士。1953年6月在朝鲜战场牺牲。

毛皂镇

孟富 南彦庄人。358旅716团班长。1944年在偏关作战时牺牲。

胡祯 温庄人。区小队战士。1945年在大同作战时牺牲。

王二巴 （1928—1948）南彦庄人。战士。1948年在绥远作战时牺牲。

宋福 （1918—1948）边店人。369旅战士。1948年4月在集宁作战时牺牲。

张仪 （1927—1952）温庄人。战士。1952年在朝鲜战场牺牲。

李德正 毛皂人。共产党员，0368部队步兵1连连长。1955年9月在朝鲜战场牺牲。

张富 （1940—1959）温庄人。9921部队战士。1959年在青海因公牺牲。

杨艾山 （1924—1969）边店人。战士。战争负伤，长期医治无效，1969年10月在阳高逝世。

苗兴旺 毛皂人。4369部队战士。1972年在昆明出车因公牺牲。

倪献 （1908—1939）霸王店人。大怀支队战士。1939年在马家梁作战时牺牲。

刘旺 （1906—1940）霸王店人。大怀支队6连连长。1940年在郝家坪被日军杀害。

刘奎 （1921—1942）秀女村人。炊事员。1942年2月在口泉窑子坡作战时牺牲。

蒋存山 （1921—1943）霸王店人。24团侦察排长。1943年作战时牺牲。

王财厚 （1913—1944）王家堡人。战士。1944年在大同作战时牺牲。

王忠 （1917—1944）王家堡人。战士。1944年在陕西宜川作战时牺牲。

周品（1912—1946）里八庄人。1师7团班长。1946年在右玉作战时牺牲。

赵二仓 （1919—1946）霸王店人。武工队战士。1946年在大同作战时牺牲。

苏二巴（1928—1947）霸王店人。358旅战士。1947年在榆林作战时牺牲。

许二福 （1924—1947）霸王店人。游击队战士。1947年在秀女村作战时牺牲。

王二邦 （1923—1947）霸王店人。武工队战士。1947年在张留庄作战时牺牲。

宋翰林 （1929—1947）柳东营人。45团2连战士。1947年在内蒙凉城作战时牺牲。

王启明（1924—1947）王家堡人。战士。1947年12月在清河作战时牺牲。

魏世昌 （1928—1948）柳东营人。共产党员，特派员。1948年8月在山西白良镇作战时牺牲。

徐三奴 （1923—1948）东作里人。358旅5团3连机枪排副排长。1948年10月在山西作战时牺牲。

李玉 （1922—1948）秀女村人。31团8连战士。1948年在内蒙凉城作战时牺牲。

崔随九（1931—1949）柳东营人。战士。1949年在内蒙凉城作战时牺牲。

武十五 （1929—1949）东作里人。23师46团战士。1949年7月作战时牺牲。

王治志 （1926—1949）王家堡人。战士。1949年在太原大林村作战时牺牲。

周义善（1927—1952）里八庄人。200师战士。1952年在朝鲜作战牺牲。

李和 （1940—1969）秀女村人。省军区独立师战士。1969年10月在太原因公负伤牺牲。

本县原籍不详的烈士有：

周生 1937年牺牲。

陈堂得 特派员。1938年8月在怀仁城牺牲。

李三富 1938年牺牲。

王保国 1941年6月在偏关水景堡作战时牺牲。

张义 1941年6月在偏关水景堡作战时牺牲。

周佛存 指导员。1942年在浑源作战时牺牲。

陈四元 副排长。1942年9月在集宁作战时牺牲。

王世奎 战士。1942年在大同作战时牺牲。

赵二小 战士。1942年在大同作战时牺牲。

李三银 战士。1942年9月在大同作战时牺牲。

贺树堂 战士。1942年9月作战时牺牲。

刘俊 战士。1942年9月在集宁作战时牺牲。

孙官旦 1942年9月在集宁作战时牺牲。

万银拴 1942年牺牲。

魏生贵 雁北支队连指导员。1943年在应县南山作战时牺牲。

谷雨德 1943年在东北作战时牺牲。

田二虎 雁北支队战士。1943年在应县作战时牺牲。

杨富 战士。1943年在大同作战时牺牲。

龚七十二 战士。1944年在孝义作战时牺牲。

洪三吉 1944年作战时牺牲。

李生海 战士。1945年8月在河北深州西阳台作战时牺牲。

苏敬职 1945年在东北作战时牺牲。

孙贵喜 战士。1945年9月在集宁作战时牺牲。

纪四子 1945年在石家庄作战时牺牲。

魏四女 1946年1月在五里店作战时牺牲。

秦掌 1946年牺牲。

赵三元 副班长。1946年在蟠龙山作战时牺牲。

陈福举 班长。1946年，在口泉作战时牺牲。

章佐 马夫。1946年在偏关作战时牺牲。

孟守纪 战士。1946年在大同作战时牺牲。

薛世举 战士。1946年年8月在大同作战时牺牲。

芦先 战士。1946年在大同作战时牺牲。

刘富子 1946年在左云作战时牺牲。

王举 1946年在内蒙凉城作战时牺牲。

王来增 1946年作战时牺牲。

魏罗 1946年在怀仁作战时牺牲。

王富生 1946年在怀仁作战时牺牲。

范国先 1946年作战时牺牲。

芦谢 战士。1946年11月在大同作战时牺牲。

刘佃雄 战士。1947年1月在大同作战时牺牲。

李占奎 战士。1947年1月在榆林作战时牺牲。

高世英 1947年在太原作战时牺牲。

关生元 战士。1947年1月在云冈作战时牺牲。

纪申 共产党员，班长。1947年在大同高山作战时牺牲。

刘佃生 通讯员。1947年在榆林作战时牺牲。

冯立生 左云区长，共产党员。1947年5月在左云牺牲。

陈佃兴 副班长。1947年在下山井作战时牺牲。

孙三 战士。1947年在榆林作战时牺牲。

牛二 战士。1947年9月在大同鸦儿崖作战时牺牲。

曹四 战士。1947年9月在怀仁作战时牺牲。

安佃元 战士。1947年在大同作战时牺牲。

田德官 战士。1947年在大同作战时牺牲。

李治国 战士。1947年10月在大同作战时牺牲。

王计荣 1947年在怀仁作战时牺牲。

贺四丙成 战士。1947年11月在怀仁作战时牺牲。

张三旦 1947 年在怀仁作战时牺牲。

郭新子 1947 年在右玉作战时牺牲。

韩世英 战士。1947 年在青海作战时牺牲。

王付新 战士。1948 年 1 月在绥远作战时牺牲。

张其平 1948 年在太原作战时牺牲。

吴二有 1948 年在口泉作战时牺牲。

李七七 1948 年在清河作战时牺牲。

李二如 1948 年在韭畦作战时牺牲。

张炳义 战士。1948 年 3 月在落畔索村作战时牺牲。

彭喜全 战士。1948 年 3 月在大同作战时牺牲。

岳良秀 战士。1948 年 3 月在祁县作战时牺牲。

赵生 战士。1948 年 3 月在祁县作战时牺牲。

史弼廷 侦察员。1948 年在山西作战时牺牲。

王二包 战士。1948 年 7 月在大同作战时牺牲。

王永 战士。1948 年在大同作战时牺牲。

宋焕全 战士。1948 年在绥远作战时牺牲。

赵通 副指导员。1948 年 9 月在大同作战时牺牲。

李玉福 通讯员。1948 年 10 月在绥远作战时牺牲。

王清山 战士。1948 年在祁县作战时牺牲。

王忠善 副班长。1948 年在绥远作战时牺牲。

杨二 战士。1949 年 2 月在板带作战时牺牲。

田富玉 战士。1949 年 3 月在内蒙凉城作战时牺牲。

杨占金 战士。1949 年 3 月在内蒙凉城作战时牺牲。

徐邦邦 1949 年在太原作战时牺牲。

李七旦 1949 年 3 月在清水河作战时牺牲。

在抗日战争、解放战争和抗美援朝战争中失踪的怀仁籍县战士有:

刘昌城 内人。9旅26团连长。

朱壁秦 城人。队长。

彭天招 小峪口人。战士。

麻启 小峪口人。战士。

张二东 战士。

薛登富 战士。

梁日恒 战士。

李坦 战士。

曹常新 战士。

杨三后生 战士。

附 录

山西怀仁鹅毛口石器制造场遗址

贾兰坡　尤玉柱

一　遗址位置和遗物分布

鹅毛口遗址，是在我国华北地区首次发现的一处大型石器制造场。

鹅毛口村位于山西省怀仁县城西北 10 公里（北纬 39°　53′，东经 113°　00′）。村的北头，是桑干河支流——鹅毛口河。沿鹅毛口河而上，在大约 2 公里的河左岸，有两条小小的冲沟，名叫大瓜地沟和小瓜地沟，制造场就在这两条冲沟的源头一带和源头周围的几个相连的小山包上（图一），山包高出现代鹅毛口河床约 80~100 米（图版壹，1、2）。

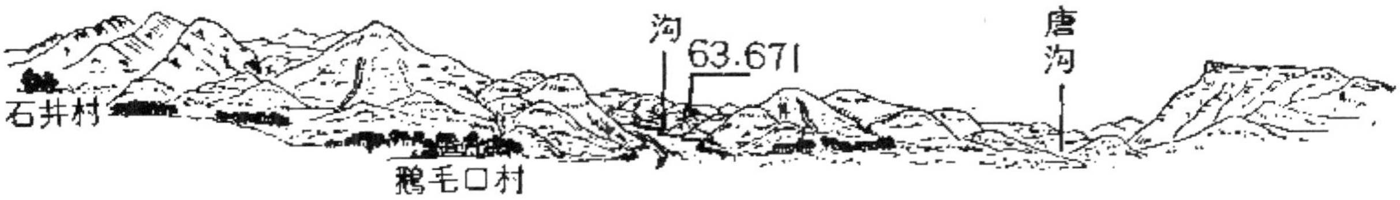

图一　鹅毛口瓜地沟石器制造场远景

中国科学院古脊椎动物与古人类研究所原山西工作组的王择义、尤玉柱、王向前、武文杰等和西安矿业学院、大同市博物馆以及怀仁县等有关部门，于 1963 年 7 月间在山西北部考察时发现了这一遗址（野外地点编号：63.671），随即进行了近一个月的调查工作。经过这次初步调查，证明遗址的范围大约 2 万平方米，并有着大量的打制石器分布。由于山体长期遭受侵蚀和雨水的冲刷，石器多暴露于地表，琳琅满目，遍地皆是，信手可得（图版贰，2）。山坡、冲沟以及两侧的全新统地层中也埋藏有大量的石器。

鹅毛口东临大同盆地，西侧的山地由晚古生代和中生代的含煤岩系所构成。遗址范围内有许多三迭纪侵入的煌斑岩墙、岩床和凝灰岩层，这些岩石质地坚韧，是当时活动在该区的居民取之不尽的原料来源。他们曾经在这个地方开采石料，加工制作所需的各种各样的石器；而不象其他许多遗址那样，主要采集于河滩的砾石（卵石）来制作石器。值得提及的是，小瓜地沟附近见有凝灰岩露头，散布着巨大的凝灰岩块，有的大如桌子一般，四周常有为了制作石器打击石片的巨大的疤痕；石面上并有许许多多的坑疤，显然是在上面制作石器时所产生的硌痕（图版贰，1）。

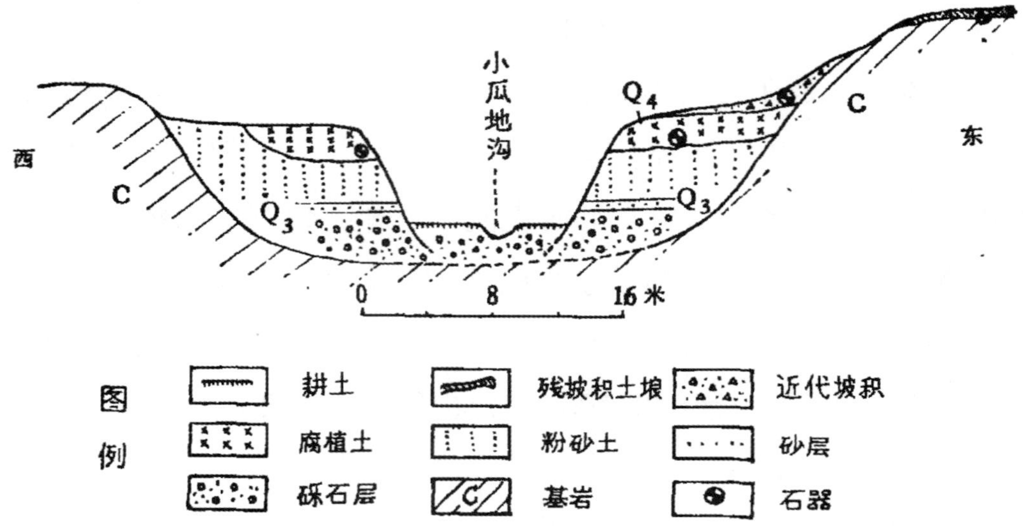

图二　小瓜地沟阶地横剖面图

在鹅毛口河和它的支流沟谷中，普遍分布着两级阶地。高阶地（即第二阶地）由底部的砾石层、中部的砂层和上部的粉砂土层组成，构成一个沉积轮迴（图二）。虽然尚未发现脊椎动物化石，但仍然可以和山西北部其它地点加以比较；特别是从地貌的角度和沉积物的性质上看，和朔县峙峪遗址剖面有些类似，可认为是晚更新世的堆积物。我们曾试图在这个阶地里寻找石器的线索，但没有找到任何迹象。

含有石器的地层，均属全新世（Q4），堆积物有如下三种类型：

（1）形成第一阶地的河流冲积物：包括下部砂砾层和上部耕土，厚度大于 5 米。砂砾层中仅有少量与此相同的石器。

（2）第二阶地阶面以上的腐殖土，厚约 2 米，呈灰黑、棕褐色；腐殖土与下伏的晚更新世的粉砂土之间有一个明显的、波浪起伏的剥蚀面（图三、四）。腐殖土中含有大量的石器，沿大、小瓜地沟而上，石器的数量越来越多，到冲沟的尽头，石器密集成层。

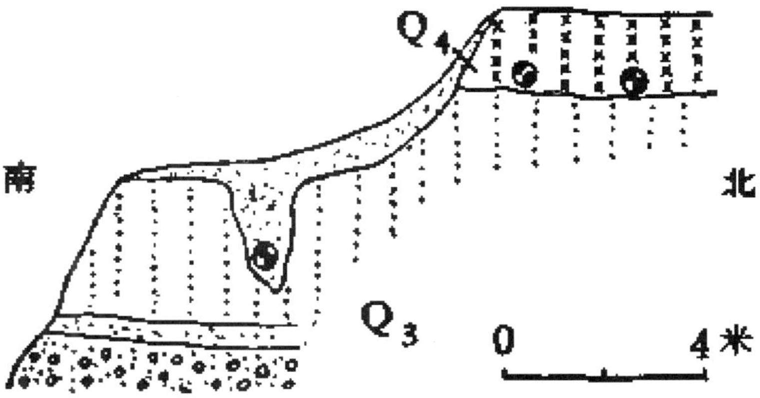

图三　全新统与晚更新统接触关系剖面图（图例与图二同）

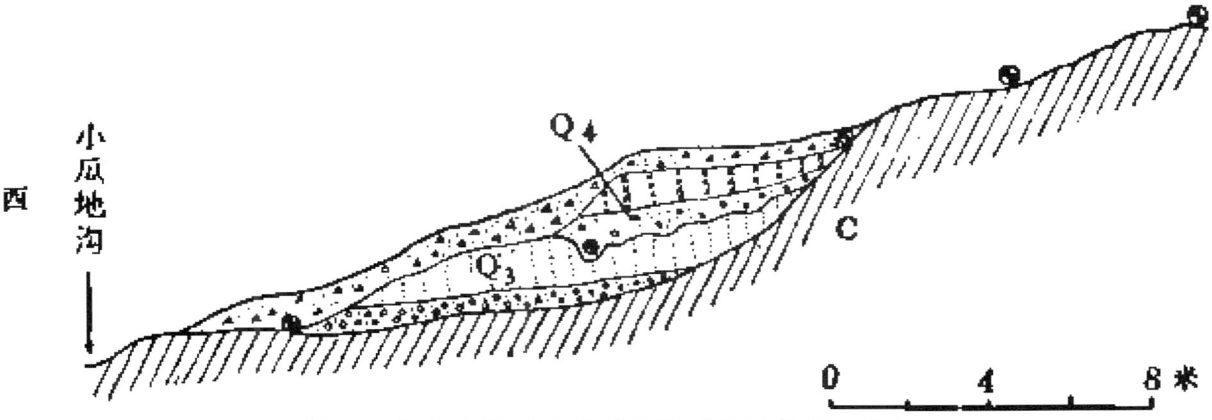

图四　小瓜地沟顶地层剖面图（图例与图二同）

（3）遗址里的几个小山头上分布有一层残积土壤层和坡积土壤层，一般厚仅 0. 5 米，都含有大量的石器。除此之外，还有由石片、石器和砂土混杂的近代山坡堆积物。在所有含石器的地层中，均未发现脊椎动物化石，仅在小瓜地沟出口附近采到几件兽类的碎肢骨片，还有一个可能是同时期的残破的幼年男性的人头盖骨。

截至目前所知，制作石器的大型制造场，在华北有鹅毛口遗址；在华南有广东西樵山遗址[1)]。

鹅毛口遗址在许多方面和西樵山遗址是类似的，虽然地理位置不同，但它们都濒于平原，采用火山岩类作为主要原料，石器类型也有某些相同，在时代上也大致相当。据判断，两个遗址均为新石器时代早期。

二 文化遗物

这个遗址的文化，主要以石器为代表，除了三小块陶片外，未发现任何其它的遗物。

制作石器的原料以凝灰岩为主，占 80% 以上，次为煌斑岩，仅有几件是用石英岩制作的。

目前保存在我们手中的石器标本共有 1120 件，其中除了打击痕迹不清楚的或不成形的 338 件外，对 782 件标本作了初步观察，并把它们作了如下的统计（见下页表）：

（一）石核和石片

石核

一般是指生产石片的石块而言。而鹅毛口遗址除了从一般的石核上生产石片外，还从巨大的岩块上或从岩石的露头上直接打击石片，证明当时的人已能比较熟练地从原生岩层上开采石料。

遗址中的比较小的石核，多数原是从岩块上打击下来的石片，其上还保留着台面和打击点；少数采用从原生层风化出来的石块，表面上保存有原来的节理面。从石核上打制石片常常是利用节理面和劈理面作为台面，从不同的方面反复打制，结果形成了多面和多角的特点。

根据对 77 件石核的观察，绝大多数的石片疤短而深，说明打制石片的技术水平还很原始。虽然遗址中在个别石核上可以找到留有长而浅的石片疤，如图五，1. 石核（N. 0017）所示，长宽比达 7：1，证明已有直接打制薄长石片的技能，但很不普遍。至于象旧石器时代晚期和细石器文化中常用的间接打片法，既未找到这类的石片，也无相应的石核发现。

石片

如果从打击点垂直测量石片的中轴，正如石核上所反映的那样，大部分的石片是短而厚的，某些石片的劈裂面甚至作半球状，其厚与长几乎相等。这类石片的显著特征是尾端（即与台面相对的一端）均有向一侧歪斜的长尾

（可称为“歪尾石片”如图五，2），歪斜的方向有左有右。如果测量与台面平行的石片的宽度，可以发现多数石片的宽度超过长度的一倍以上。以横为竖来看待这种石片，实际上也是长形的，只不过与一般所见的长石片的方向不同罢了。

遗址的许多石器，如砍砸器、龟背状斧形器、手斧、厚尖状器、弯尖厚尖状器等大型石器，多数是用歪尾石片进行加工的。因此，可以认为歪尾石片是这一文化的很重要的特征之一。

歪尾石片的台面较大，石片角（台面与劈裂面之间的夹角）为 100° —130° （最大可达 145° ），锥体大而散漫，少数有双锥的痕迹，可以说是从巨大的岩块或岩体上用大石块砸击下来的；从这种石片出现的规律性和基本上保持着一致性来判断，对生产这种厚大的石片的方法颇为熟练。一些较小的短石片，台面、石片角也较大，石片短宽而较薄，打击点不集中，台面缘边常呈弧形，可以说是在石砧上摔击下来的，据实验，手握扁形石核在石砧上摔击，可以产生这类石片。

比较小的长而薄的石片，台面一般都较小，是用石锤从石核上的平面或有棱脊的台面上打击下来的；修理台面的技术虽也被采用（图五，6、7），但不多见。真正窄长的石片也很少，且比一般旧石器时代晚期或细石器文化中常见的要厚些、大些（图五，3—5）。象旧石器时代晚期某些遗址（如山西峙峪）那样的细小石片和由细小石片制成的精巧的细石器，除极个别的几件外，绝大多数的类型很不相同，区别十分明显。

类别			数目		百分比	
			总数	分类数	总百分比	分类百分比
石核	块状石核		77	35	9.58	45.45
	石片石核			42		54.55
石片	短石片（宽大于长）		396	202	50.64	51.01
	石片（长大于宽）			129		32.58
	长石片（长超过宽的一倍）			65		16.41
石器	砍砸器	单面加工	54	33	6.90	61.11
		两面加工		21		38.89
	尖伏器	短身尖状器	28	2	3.58	7.14
		厚身尖状器		26		92.86
	刮削器	盘形	56	3	7.16	5.36
		矩形		9		16.07
		凹刃		4		7.1
		凸刃		22		39.28
		直刃		16		28.57
		圆刃或圆头		2		3.80
	手斧		38		4.86	
	龟背状斧形器（多边形器）		23		2.94	
	石斧	厚身长柱形	26		3.25	
		磨光	1		0.13	
	石锄		65		8.31	
	石锤		11		1.40	
	石镰		3		0.39	
	弯尖厚尖伏器		4		0.52	

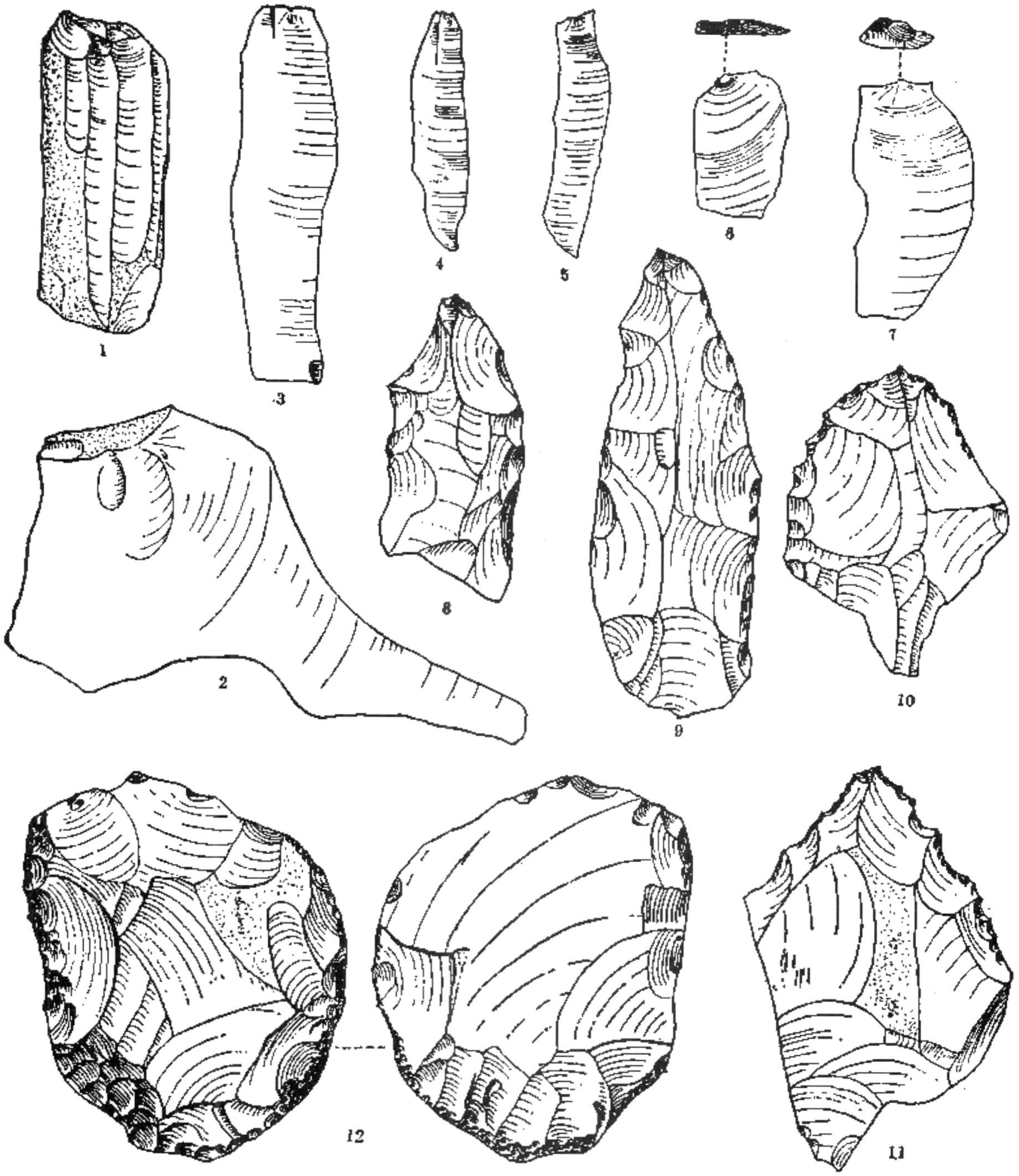

图　五

1. 石核（N.0017）2. 歪尾石片（N.0056）3—5. 长石片（N.0001 —3）6、7 修理台面的石片（N.0012，N.0005）8、9. 厚尖状器（N.0089，N.0087）10、11. 尖状器（N.0046，N. 0045）12. 砍砸器（N.0122）(10 为煌斑岩，余为凝灰岩；均 1/2)

（二）石器

砍砸器或称“砍斫器”

这类石器在这个地点比较常见，尽管形状多样，但有它们的共同的特点：1、由短厚的石片加工而成；2、将台面的一侧修理成钝圆的边缘，便于手握，有的还用石锤轻敲碎击地砸去手握部分的棱角：3、刀口的夹角多保持在 40° ~ 60° 之间，适于砍斫树木之用。

我国旧石器时代早期—中期遗址中经常见到这类石器。在鹅毛口遗址中有一件砍砸器（图五，12）和周口店第 15 地点的一件②相比，外形和成工都很相象，只是后者器形较大，手握部分没有轻敲碎击的痕迹。

尖状器

（1）短身尖状器：仅有两件，且不典型。这两件尖状器都是用厚石片加工而成的，其中一件重 213 克，是由劈裂面向背面加工，把石片的尾端修制成尖（图五，11）；另一件重 90 克，用很宽的石片从劈裂面向背面加工，把横轴的一端修理成近于弧形的尖头（图五，10）。这件较小的尖状器，在与尖头相对的一端有一个根铤，可能是一件标枪的头，铤是为了装柄用的；不过铤加工粗糙，还不能作出肯定。

（2）厚尖状器：是用厚石片制成的，特点是器身的一头钝厚，一头尖锐，使用部分显然在尖头。其中以超过 1000 克的大型者较多，加工粗糙，疤痕较大，易误为石核，因为都出现了尖头，作为厚尖状器看待是合理的。如果从制造这一类型石器的程序上看，其中许多是半成品或废品。

较典型的厚尖状器可以 N. 0089 号标本和 N. 0087 号标本为代表（图五 8、9）。前者重 76 克，与丁村遗址中的 P. 0539 号尖状器③接近，但比丁村者较小；后者分为三缘、三面，一个边缘为交互加工，另两缘向一面加工，两个宽面加工痕迹普遍，一个窄面加工不清楚，重 260 克，与丁村遗址中的 P. 0037 号厚尖状器④相比，形状上近似，但比丁村者稍大。

从所发现的这类石器的总体上看，似不如丁村遗址相同类型石器的制作技术熟练，自丁村遗址的时代到鹅毛口遗址的时代中间相隔的时间很久，在技术上出现衰退现象可有两种解释：①这种石器从旧石器时代早期出现于匼

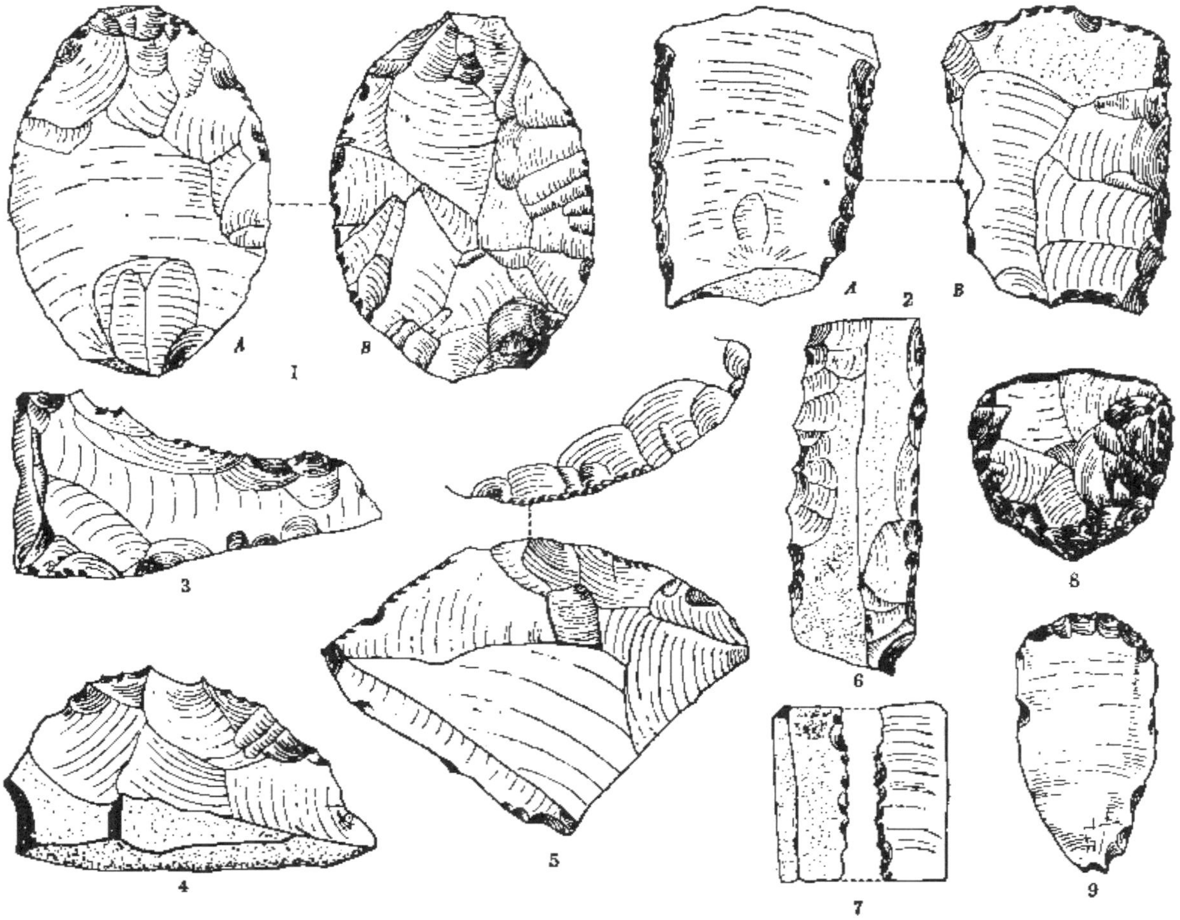

图 六

1. 盘形刮削器（N. 0040，A. 劈裂面，B. 背面）2. 矩形刮削器（N. 0029，A. 劈裂面，B. 背面）3. 凹刃刮削器（N. 0038）4. 半月形凸刃刮削器（N. 0031）5. 扇形凸刃刮削器（N. 0033）6、7. 直刃刮削器（N. 0035，N. 0102）8. 短身圆头刮削器（N. 0103）9. 圆刃（圆头）刮削器（N. 0100）（均凝灰岩，9. 原大，余均 1/2）

河⑤，到丁村时期达到发展阶段，而鹅毛口时期则逐渐由其他类型的工具代替，从而制作技术出现衰退；②鹅毛口是一个石器制造场，制造合乎要求的工具已被携带走，半成品和废品便被遗弃下来。关于这类石器的用途，我们同意丁村遗址研究者认为是一种挖掘工具的意见。

刮削器

在这个遗址中很普遍，数量仅次于砍砸器。就外形和加工的性质来说，又可分为盘形、矩形、凹刃、凸刃、直刃和圆刃等种。

盘形刮削器：数目虽不多，但比较典型。有三件是从石片的两面加工，只有一件加工集中于一面。器形最大的达 278 克，最小的重 35 克。其中最典型的是 N. 0040 号标本（图六，1；图版肆，1），轮廓圆形，长、宽、厚为 81×60×17 毫米，重 98 克，以节理面作为台面，与之相对的一端也留有节理面。背面的四周满布着加工的痕迹，劈裂面疤痕较少，约占整个边缘的 2 / 3。刃缘很平直，石片疤长而浅，加工技术相当熟练，可能是用木棒修制出来的。盘形刮削器在我国的旧石器时代遗址中虽已出现，但远不如这件标本规整和精致。

矩形刮削器：呈长方形或方形。多数在石片的两面加工，主要加工痕迹都位于三个边缘上，另一边（多是台面的一边）不加工，或是保留原来的台面或是截去一段，为便于手执，以保持其厚度（图六，2）。

凹刃刮削器：部分是从石片的一面向背面加工，部分用交互打击法向两面加工，但均具一个凹形的刃口和一个钝厚的边缘（图六，3）。

凸刃刮削器：用厚薄不同的石片制成。其中有一件是半月形的刃，缘形凸，一面加工，疤痕很大，与水洞沟发现的⑥相比粗糙得多（图六，4）；弦边为节理面，手握部分有修理痕迹。有两件呈扇形，长边为经过加工的弧形刃口，两侧不加工，犹如一个大型盘形器的 1 / 4 部分（图六，5）。与此相近的石器曾在大约与丁村遗址时代相当的山西交城发现过⑦。此外，尚有 18 件带有凸刃的刮削器，但不很规则。

其中最大的可达 200 克，最小的仅有 5 克（图六，6、7），多数在百克之内。这类刮削器均有平直的刃口，在我国旧石器时代遗址中经常见到。

圆刃或圆头刮削器：仅有两件。N.0100 号标本是这批石器最小的一件，重仅 3 克，外形呈杏核状，在较宽的一头有向一面加工的圆形刃口，加工痕迹细小（图六，9）。这一石器可与华北旧石器时代和细石器中的同类型相比。另一件 N.0103 号标本，器身很短，大部分边缘被修制成钝圆形，只微弧的刃口锐利，并有向背面剥落碎屑的痕迹，也有可能是使用出来的痕迹（图六，8）。

在所采到的这批石器材料中只有几件重在 10 克以下，均为刮削器。

手斧

手斧是这个遗址里较常见的工具，虽然也用厚石片制成，由于器身两面

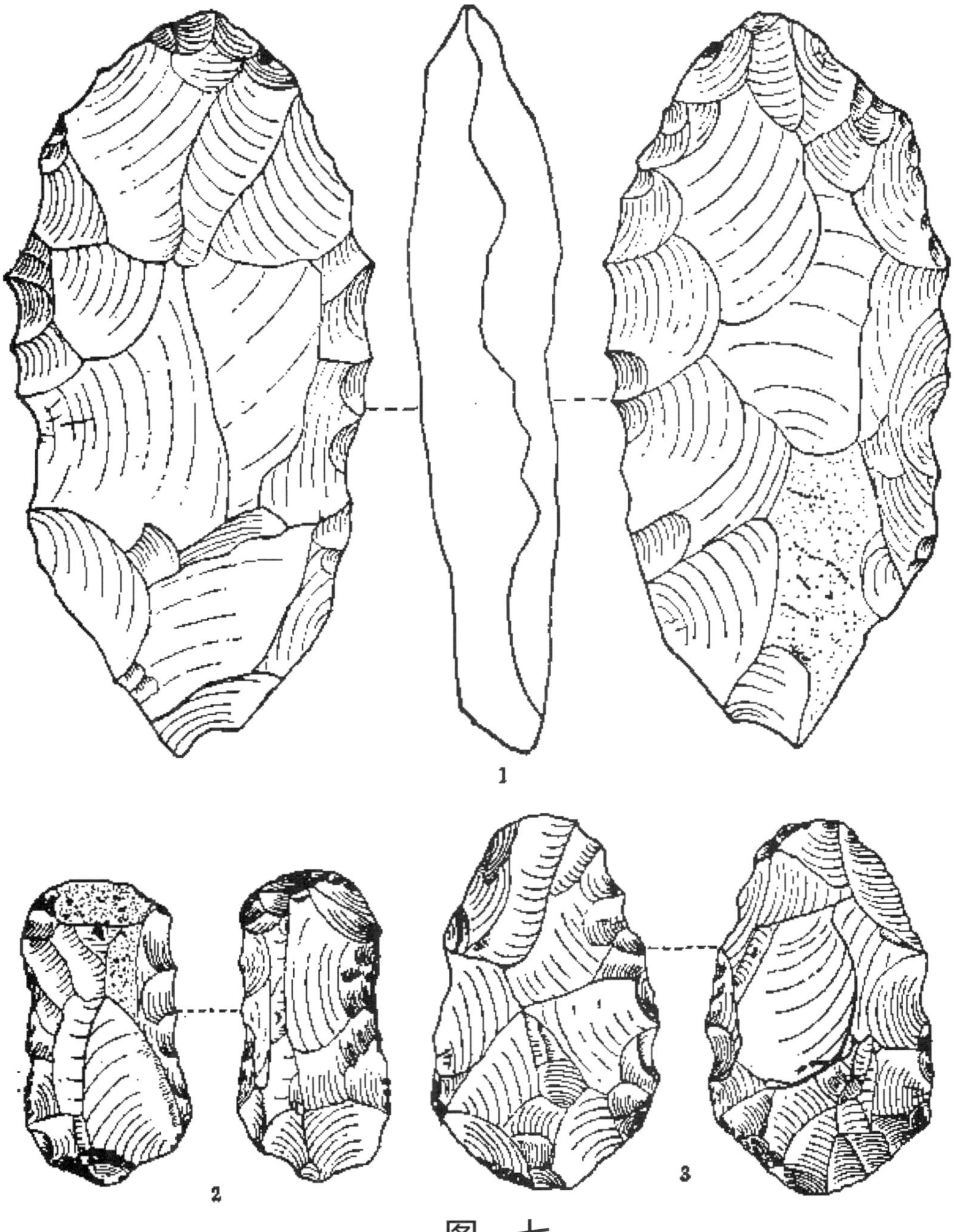

图　七

1.3. 手斧（N .0123，N .0053）2. 细腰手斧（N .0053.）（1 为流纹岩，余为凝灰岩；均 1/2）

加工，台面已多不存在。最大者达 624 克，小者 54 克；器型有椭圆、三角、扁尖和细腰等。加工方法都是沿着石片的周围边缘向两面交互打制，使成参差不齐的刃口（图七，1、3；图版叁，5）。

这类石器的加工方法与西欧、北非、南亚等地区旧石器时代早—中期常

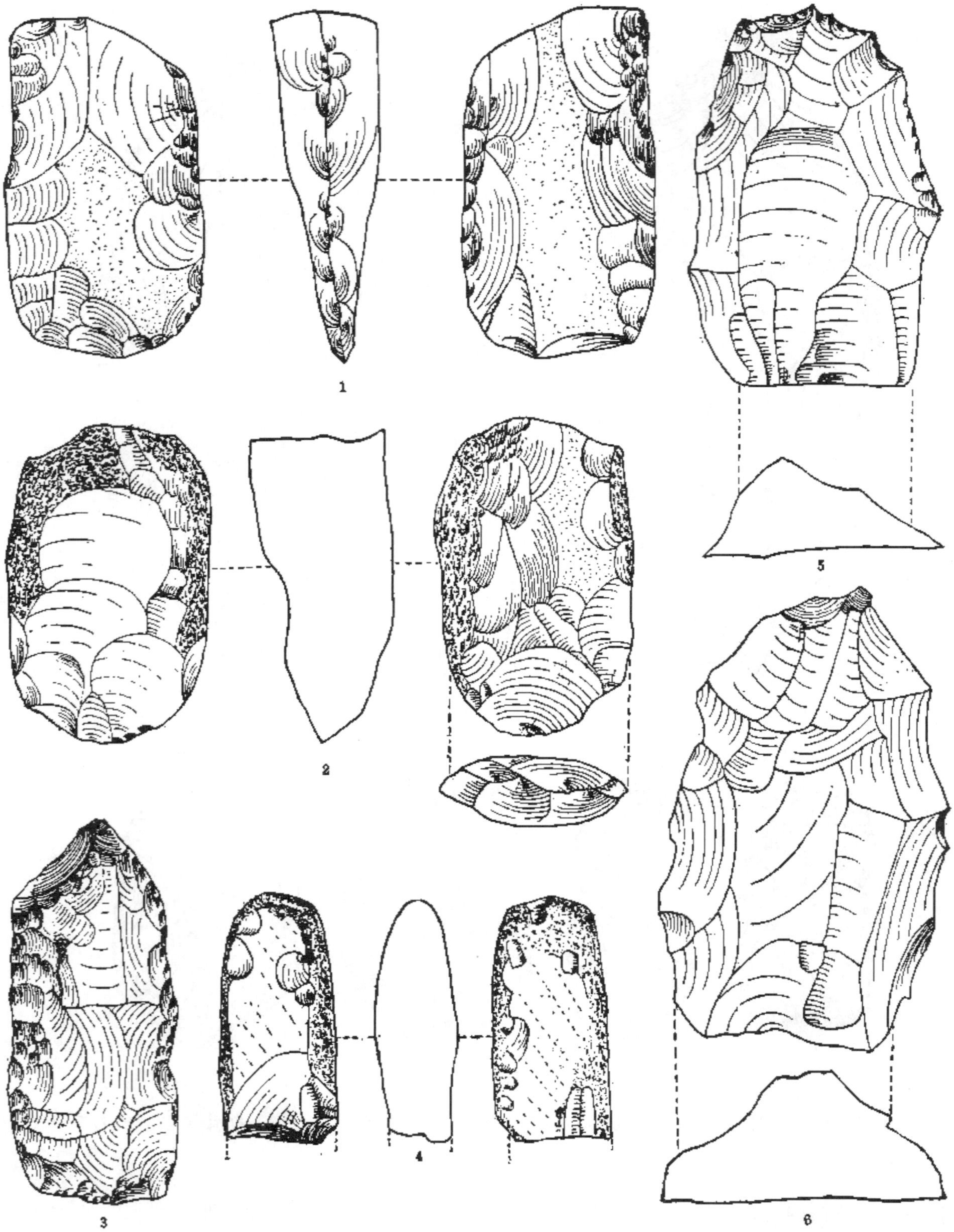

图 八

1、3. 石斧(N.0079,N.009,N.0095)4. 残破磨光石斧(N.0017)5.6. 龟背状斧形器(N.0112,N.0111)(4为煌斑岩，余为凝灰岩；均1/2)

见的手斧（Coup de poing）相当一致，特别是与阿舍利时期（Acheulean）的相比尤为近似，只是鹅毛口的多用石锤修理，疤痕短而深，多呈锯齿状弯曲的刃缘，不如欧洲阿舍利时期的规整、精致、边缘平齐。

两面加工的手斧形工具，在我国旧石器时代早期（如周口店北京人遗址）已经出现，但数量很少，到了中期（如丁村遗址）逐渐增加，至晚期（如水洞沟遗址）仍然存在，说明在我国这类石器延续使用的时间甚长。在早期这一类型石器之所以未得到较大发展，主要原因是由于当时的石器类型已多，不象欧洲那样占有主要地位。

手斧的用途看来不是一种专用工具，据我们推测，它可以作斧头之用，长身带尖的也可以用于挖掘；其中有些如细腰的制造方法虽和手斧相同，但可能加柄（图七，2；图版叁，4）。

这类手斧型的两面器，在广东南海县西樵山和东兴县乌兰咀、亚菩山、杯较山等地的新石器时代遗址里也有发现，但用法截然不同。在东兴县乌兰咀、亚菩山、杯较山等贝冢中发现的这一类型的石器的一头尖利，是为了敲破蚝蛎壳，采取蚝蛎肉使用的，被称为“蚝蛎啄”⑧。

龟背状斧形器

器形呈椭圆状，多用歪尾的大石片制成，大者重915克，小者重358克，多向石片的背面加工，劈裂面保持平整。背部隆起，外型如龟背。这种龟背状斧形器具有很长的刃口，为便于手握，一头或一侧多保持钝厚的边缘，这类工具在丁村遗址中曾有发现，被称为“多边形器”⑨、无论大小，加工方法和外形都很一致。我们认为它的用途是作“斧”使用的，刃口夹角一般在38° ~60° 之间，据实验，适于砍斫木棒之用；有的标本的刃缘上有鳞片状的碎小痕迹，便是使用的结果。（图八，5、6）。

石斧

这里所称的石斧绝大多数是打制的，只有一件被磨制过。器身呈长柱形，断面椭圆形，两面加工，一头窄而钝厚，一头略宽，且有向两面交互打击的刃口（图八、3）。刃口或与两侧边垂直（图八，1）或向一面偏斜。这种打制的石斧与磨光的颇为类似，直刃的象石斧，斜刃的象石锛。值得注意的是，

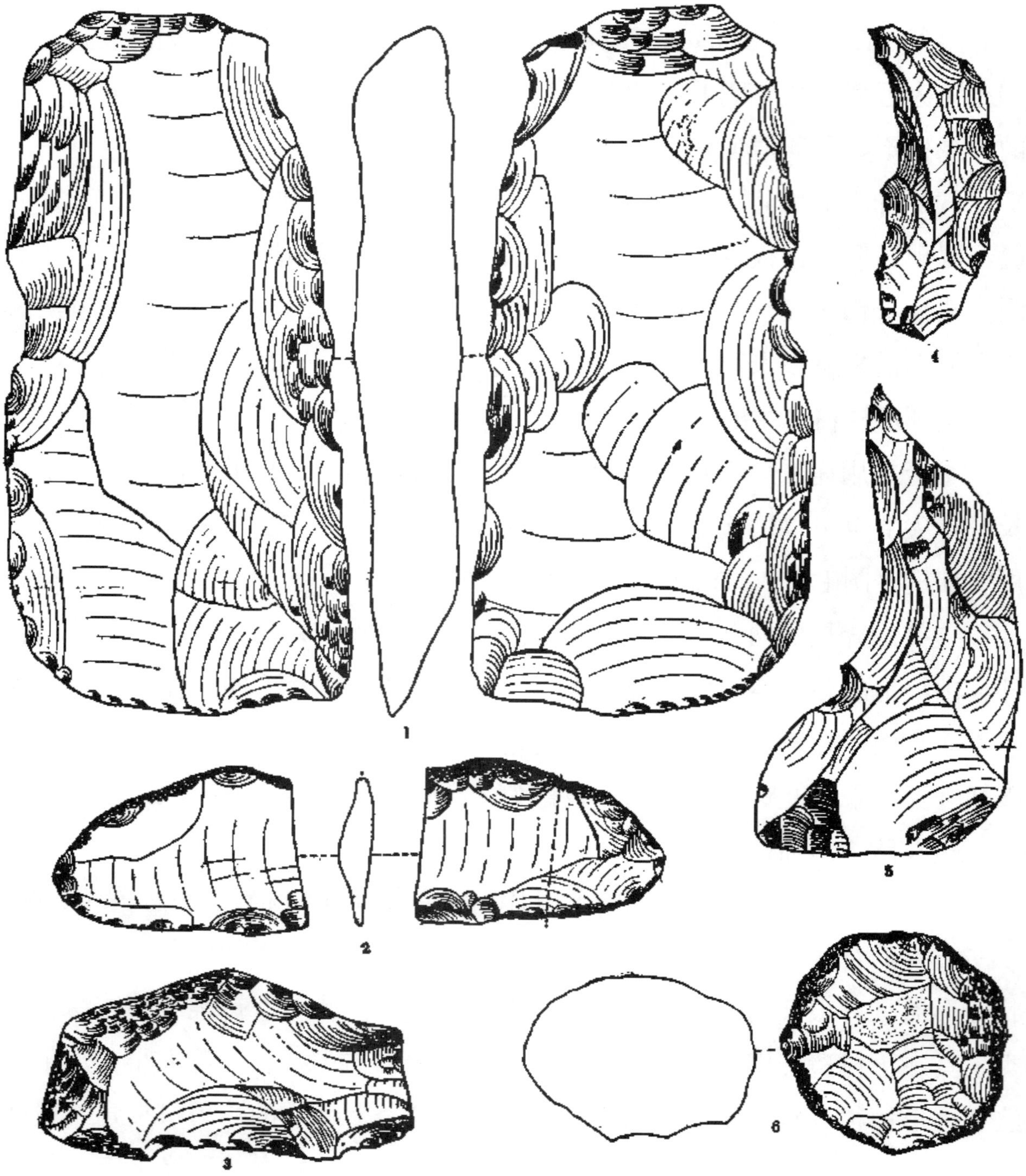

图 九

1. 石锄（N.0081）2、3。石镰（N.0076）4、5。弯尖厚尖状器（N.0048，N.0049）9. 石锤（N.0015）（6为煌斑岩，余为凝灰岩，均1/2）。

这类石器两侧边多满布砸击的疤痕，显然是用石锤敲去棱角（图八，2）。按磨光石斧的加工程序来说，第一步是打制“毛坯”，第二步敲去表面因石片疤显示出的棱脊，使出现平面，最后再磨光。在这一遗址中采到的石斧，大多数在加工程序上和磨光的石斧只差一步。磨光的石斧只有一件，靠刃缘的一头残缺，断面椭圆形，两侧边缘有密集的砸的痕迹，两面和顶端均经磨制，但原有砸的痕迹尚未完全磨去。（图八，4；图版叁，3）。磨光石斧如此之少而粗劣，显然磨制技术还未达到发展阶段。

石锄

这类石器呈长方形，器身比石斧薄而宽，也是从器身的两面加工，它在这个遗址里占有很大的比例。其中大型者长、宽、厚为 193×90×32 毫米，重 793 克；小型者 106×50×19 毫米，重 147 克，但器型和加工方法基本一致。大型者以 N.008l 号标本为代表（图九，1，图版肆，2），一头钝厚而稍窄，两侧边较钝而对称；刃缘较宽，刃口因石器身长轴方向剥去石片，故成向一面偏斜的薄刃。我们推测这一类型的工具是石锄，若加上有叉树枝的长柄，即可作为锄头或镐头之用。有打制痕迹的石锄，在四川忠县井沟也发现过[1)]

石锤

有 11 件呈扁圆形，器身两面有剥落石片的疤痕，中心部分厚，向边缘逐渐变薄，单从形态看似为圆形手斧，但在刃口上满布砸击的痕迹，故刃口圆钝，刃口上的碎小疤痕和上述石斧边缘出现的完全一样，可见是用敲击石斧表面棱脊的石锤（图九，6）。

石镰

遗址中有三件用石片加工的石器，我们认为是农业上使用的石镰。这种石镰有刃有背，刃口向两面加工，背部棱脊均被敲平而便于手执，它与新石器时代常见的磨制的半月形石镰的区别是没有钻孔，也只有半月形石镰的一半。刃口加工限于刃缘全长的 2 / 3 或 3 / 4（图九，2、3；图版叁，1、2）。

弯尖厚状器

这类石器由大石片或歪尾石片打制而成。加工多在凹进之缘，劈裂面基本平整，背面有棱脊，断面呈三角形（图九，4、5；图版叁，6、7）。这类石器与厚尖状器的不同在于有一个鸟嘴形的弯尖。可能是用于发掘或松土的工具。

细泥红陶片

仅有三块，最大的一块约10平方厘米。陶质细腻，不含砂粒，表、里均有刮抹的痕迹，颜色黄褐，与华北各地常见的仰韶文化的细泥红陶没有显著区别。陶片发现在遗址北侧略高的山包上，在石器集中的地方没有见到，因此我们认为陶片可能是后来的人遗留下来的，这也就是说陶片的时代要比石器的时代为晚。

三 结语

鹅毛口的石器绝大多数是打制的，其中的一些类型很原始。例如打制巨厚石片的方法，由器身两面加工的手斧以及厚尖状器等，从旧石器时代早期就已出现；而某些类型如石斧、石锄、石镰等，又具有新石器时代特征。因此我们认为鹅毛口遗址的时代应属于新石器时代早期。这与地层的解释也基本相合。

打制巨厚石片的方法虽然原始，但并不表明它的时代的古老。因为这里具有新石器时代特征的石器主要是由这种石片加工而成的。厚尖状器是具有传统性的工具，在我国旧石器时代早期（如匼河遗址）即已出现，一直流传到鹅毛口的时代。由器身两面加工的手斧，从器型来说也是一种原始的工具，在欧洲这种手斧构成了旧石器时代早期文化的代表；在我国旧石器时代早期也有个别发现，至丁村遗址时代繁盛起来，并延续到新石器时代—不但见于鹅毛口，也见于广东东兴。

由于它是一个制造场，而不是居住遗址，对恢复他们生活的全貌还有困难—制造出来的如意工具大多数恐怕已经携走。尽管如此，通过这批材料的分析还是可以看出他们的一些生活片断。有一件带尾的尖状器，可能是粗制的标枪头。此外，还有适于刮削兽皮用的圆刃刮削器和盘形刮削器的存在，可间接说明进行狩猎；由于有较多的石锄和少量的石镰等农业工具的存在，证明其经济生活应以农业为主。

关于华北地区旧石器时代的文化的系统问题，最近我们提出华北的石器基本上可分为二个系统，一为“大石片砍砸器—厚尖状器（三棱尖状器）系”

或称“匼河—丁村系”；另一为“小石片—船头刮削器系”或称“周口店第1地点—峙峪系”。看来这个初步划分是可行的。两个系统的差别从旧石器时代早期即已出现，如周口店第1地点和第15地点虽有不少大型石器，但细石器也是大量的；而匼河遗址、丁村遗址是巨型器物（如大砍砸器、厚尖状器等）为主，细石器则很少见到。这种差别一直到新石器时代早期在一定的地区依然保持着。例如鹅毛口的石器和丁村的石器相比，彼此的大石片、厚尖状器、手斧和龟背状斧形器等的打制方法基本相同，可以肯定鹅毛口的石器和丁村的石器保持着密切关系。但这个属于“匼河—丁村系”的鹅毛口的石器和其相同时代的细石器文化相比，差别十分明显。这种差别反映了彼此经济生活方式的不同。

在细石器的系统中，人们生活偏重于狩猎和捕鱼，辅以采集或其它。从旧石器时代后期（如山西峙峪遗址）即已出现打制的箭头，到了以后细石器的成分更为明显的时期箭头增多，证明他们的狩猎活动越来越加重，同时从加重了的狩猎生活中出现了驯养。“大石片砍砸器—厚尖状器系”，从器型上看应以采集为主，辅以狩猎或其它。应该说，后来农业的产生是建立在采集的发展的基础之上的。

过去在内蒙古自治区采到的大型的打制粗糙的石器，如1960年从阿拉善旗采集到的可能属于旧石器的大型石器，包括有砍砸器、刮削器、石片和石核等，看来和鹅毛口文化是同属一个系统。

华北的鹅毛口遗址和华南的西樵山遗址是我国发现的新石器时代打制石器的大型制造场。这两个制造场所采用的原料基本相同，也都能比较熟练地从原生地层中开采原料，打制出来的某些石器类型如手斧、厚尖状器也很相象。但也反映了南、北文化在地区上的一些差异，最明显的不同是西樵山有不少“有肩”的石斧，而鹅毛口遗址则没有见到。

这个遗址虽然是个石器制造场，但我们相信它的主人可能就居住在附近，有些石器和石片的边缘上具有使用的痕迹就是证明。如果在附近能发现他们的住地和墓地，那将是一个完整的居民区。

石器制造场遗址全景（远方是鹅毛口河的出口）

石器制造场遗址的一角

石器制造场内的凝灰岩露头

石器制造场的一角

怀仁鹅毛口石器制造场遗址出土的石器

1、2. 石镰（N. 0075, N. 0076）3. 残破的磨光石器（N.0117）4. 细腰石斧（N.0053）5. 手斧（N.0052）6、7. 弯尖厚尖状器（N.0048, N.0049）(均2/3)

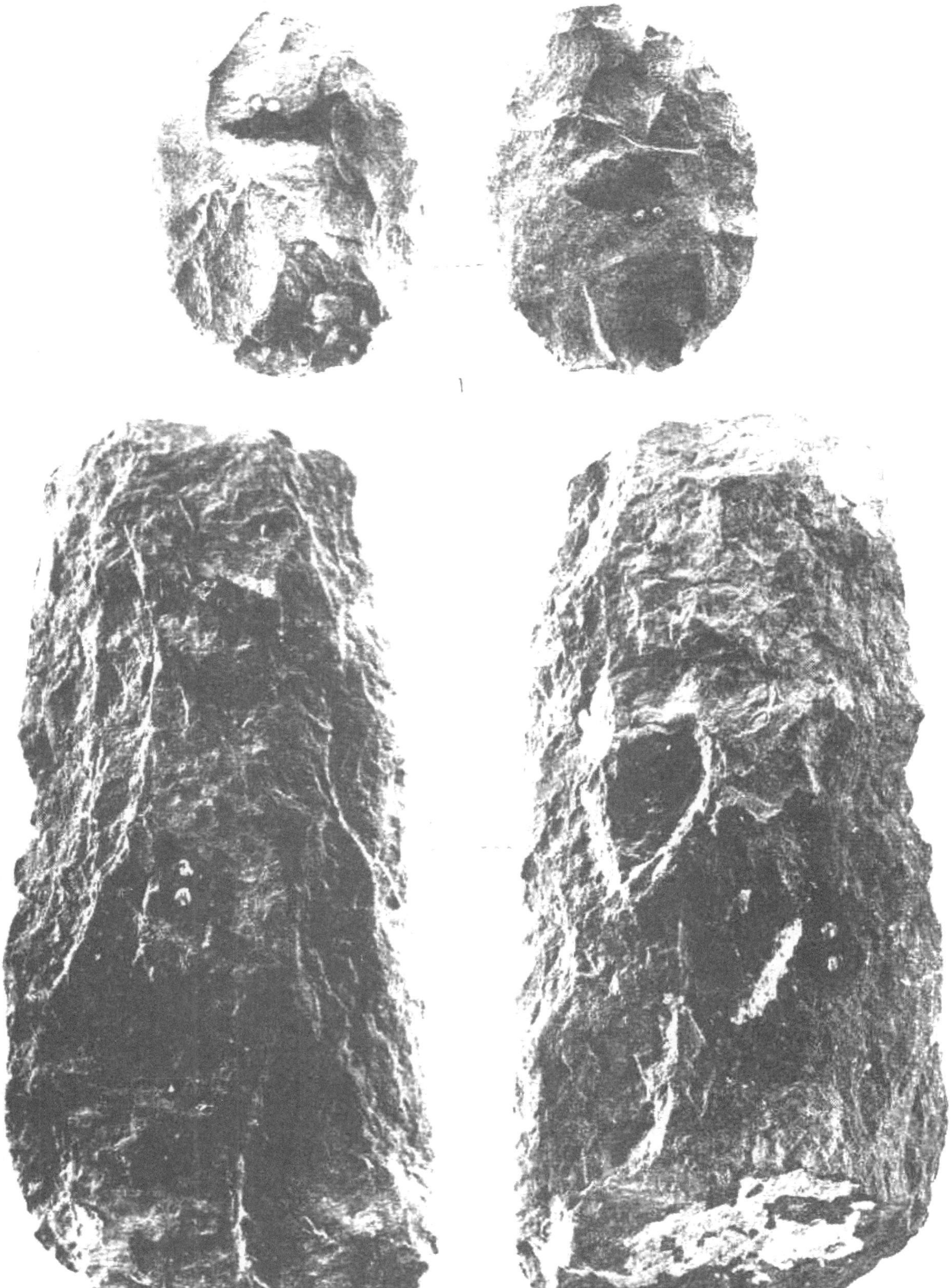

怀仁鹅毛口石器制造场遗址出土的石器

1. 盘形刮削器（N.0040，左背面，右劈裂面）2. 石锄（N.0081，左正面，右背面）（均 2/3）

注释：①中山大学调查组：《广东南海县西樵山石器的初步调查》，（《中山大学学报》1959 年 1 期）；广东省博物馆：《广东南海县西樵山出土的石器》（《考古学报》1959 年 4 期）。

②裴文中：《周口店新发见之第 15 地点旧石器时代遗址》（英文），（《中国地质学会志》第 19 卷 175 页，1939 年）。

③裴文中等：《山西襄汾县丁村旧石器时代遗址发掘报告》图版 XX111，E,（科学出版社 1958 年）。

④同上，图版 XX111C。

⑤贾兰坡等：《匼河》，图版 XV，1（科学出版社 1962 年）。

⑥贾兰坡等：《水洞沟旧石器时代遗址的新材料》，（《古脊椎动物与古人类》第 8 卷第 1 期 79 页，图 7,1964 年）。

⑦贾兰坡等：《山西交城旧石器文化的发现》，（《考古通讯》1957 年第 5 期 16 页，图七，4）。

⑧贾兰坡：《广东地区人类学及考古学研究的未来希望》，（《理论与实践》1960 年 3 月号 37—42 页）。

⑨裴文中等：《山西襄汾县丁村旧石器时代遗址发掘报告》图版 XV111，（科学出版社 1958 年）。

⑩四川省博物馆：《川东长江沿岸新石器时代遗址调查简报》，（《考古》1959 年第 8 期）。

11 贾兰坡等：《山西峙峪旧石器时代遗址发掘报告》（《考古》1972 年第 1 期）。

12 戴尔俭等：《阿拉善旗沙漠中的打制石器》，（《古脊椎动物与古人类》第 8 卷，第 4 期，1964 年）。

摘自《考古学报》1973 年第 2 期

山西怀仁窑子头的细石器遗存

陈哲英　丁来普

1981年4月下旬，参加雁北地区文物普查工作的笔者之一，在怀仁县鹅毛口公社窑子头村的“东岭”，发现了一些细石器和类似鹅毛口石器制造场遗址中的石器标本[①]次年7月[②]、10月及1983年4月，本文的另一笔者又几次来这里调查，获得了同样性质的石制品。现将这几次调查采集的资料撮要记述如下。

一

窑子头村位于山西省北部怀仁县城西北约11公里，东距鹅毛口村不足2公里，地理座标是北纬39°　53′，东经113°　00′（图一）。该村东半公里许有一高坡，群众叫做“东岭”。它与鹅毛口石器制造场遗址的西缘仅有一条小冲沟相隔，但从遗物的分布上，是很难把它们从地理位置上区分开来的。因为石器制造场遗址就在大瓜地沟和小瓜地沟“这两条冲沟的源头一带和源头周围的几个相连的小山包”[③]。窑子头东岭很可能是这两条冲沟周围的几个相连的小山包的一个。关于这一带的地质地貌情况，贾兰坡等曾有过论述。

怀仁鹅毛口河是桑干河的一条支流，它源于左云县境内，自西而东，从窑子头村前、鹅毛口村背后流过。在它的两岸和它的支流沟谷中，普遍分布着两级阶地。第一级阶地为河流冲积物，由砂砾石和耕土组成，厚度5米左右，第二级阶地由底部砾石层、中部的砂砾石层和上部的粉砂土(当地称为“油土”）

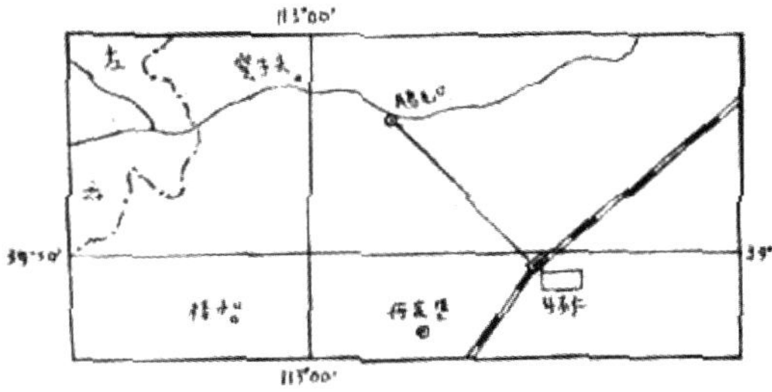

图一窑子头地理位置示意图

组成。石器就分布在粉砂土的顶面。

这里应该补充说一句，细石器标本及一些人工大石片，基本上是在东岭的一块面积不大的尚未开垦的处女地上采的。在它周围的耕地里，很少见到有细石器标本。这或许跟土地的耕种有关。但是，凝灰岩质的个体较大的石制品，却大部分是来自耕地之中的。在调查过程中，我们曾试图从地层中有所发现，但是没有能够如愿。

二

东岭的文化遗存是以石制品为代表的。石制品中有通常所说的细小石器和粗大石器之分。前者多以火石为原料，后者多以凝灰岩为原料。其它原料的标本亦有之，但为数极少。这些原料在遗址范围内是完全能够得到解决的。所有的文化遗物都是由地面上采集的，可以说在采集过程中就进行了初步遴选。正是由于此，石器标本所用的原料，以及各类石制品在总数中所占的比例，也就无法作出准确统计。此次观察的标本共338件，其中1981年的158件，1982年的106件，1983年的74件。为今后工作的方便，我们编号时分别在标本上记以J.P81、J.P82、J.P83等字样。

（一）石制品

1. 石核

锥状石核2件，均为火石质。标本P.82189，色黄，台面经过修理，外缘翘起，中间稍凹。核体绝大部分留有剥落浅长石片的条痕，核高2.2厘米（图版肆，2）。标本P.82156，色黑，台面为劈裂面，虽未经修理，却有外缘翘起、便于剥片的有利条件。核体同样留有长条疤痕。高1.1厘米（图二，7）。

柱状石核1件，标本P.82124，火石质。这件标本经风沙磨蚀较甚，条棱略显平缓。表面粘有钙皮。台面经过修理，凹凸不平，底端一面垂直，一面倾斜，核体周围的片疤宽窄不等，核高2.4厘米（图二，2）。

船底形石核7件，均为火石质。虽“平顶锐底，呈船底状”，但都不甚典型，基本上还处于毛胚状态。有的刚开始从平顶的一端剥片，有的还保留着自然面。核体的两个侧面有不同程度的从“平顶”向“船底”修整的痕迹。

小砾石石核 13 件，亦为火石质。它是将一些个体不太大、磨圆度又较好的砾石的“一端”打掉，以打击出的剥离面为台面，从相对来说较高的一侧外缘往下打片。这类石核极有可能是产生细石核的原始材料（图二，3）。

普通石核 7 件，凝灰岩质，不同程度地残留自然面，其中最大的一件核体长 7、宽 6.5、厚 5 厘米。标本 P.83087，台面倾斜，一侧有小疤痕。剥片是从有疤痕的一侧进行的。从核体上所有的疤痕来看，是直接打片所致；但从其剥片程序上看，又颇象细石核剥片那样规律（图版肆，4）。

2. 石片

长石片 30 件，大部分为凝灰岩质。它们的长度—除一件两端残断，其长仍大于宽的剖面呈三角形的石片外—均二倍于宽度以上。石片中以完整的占多数；也有“断头”、“少尾”抑或两端都缺失的。背面有的扁平，有的有纵脊，还有的残留部分自然面。其中最长的一件标本 P. 83090 号，背面布满了长条片疤，由于所剥石片中途折断而呈阶梯状。长 6.8、宽 1.3 厘米（图版肆，1；图二，11）。还有一件标本 P. 82174 号尾端略残，其有三棱面，最窄的一个面进行了修理，器形颇似琢背小刀（图二，12）。

小石片 101 件，绝大多数为火石质。器形多呈介壳状，长以 1.7—2.9、宽以 1.4—2.1 厘米之间的为数最多。打击点清楚，半锥体明显，近半数石片的背面有自然面。有些石片有使用痕迹（图二，7）。

普通石片 89 件，原料以凝灰岩为主。台面较大，石片角多大于 90°，打击点清楚。石片背面绝大多数为片疤，全为自然面者为数不多。宽大于长的石片占有一定比例。其中有些石片的大小，与上述之小石片没有多大差别。

3. 石器

石叶刮削器 1 件。P.83105 标本很显然是由细石核上剥落下来的细石叶制成的，石叶的底端已残。残长 1.6、宽 0.8 厘米。横断面呈梯形。一侧边的加工是由背面向劈裂面进行的；另一侧边的疤痕似为使用所致，多不整齐，都在石叶的背面（图版肆，5；图二，9）。

这件器物反映出，细石叶除用作镶嵌的复合工具外，还可做其它工具，如刮削器之类。

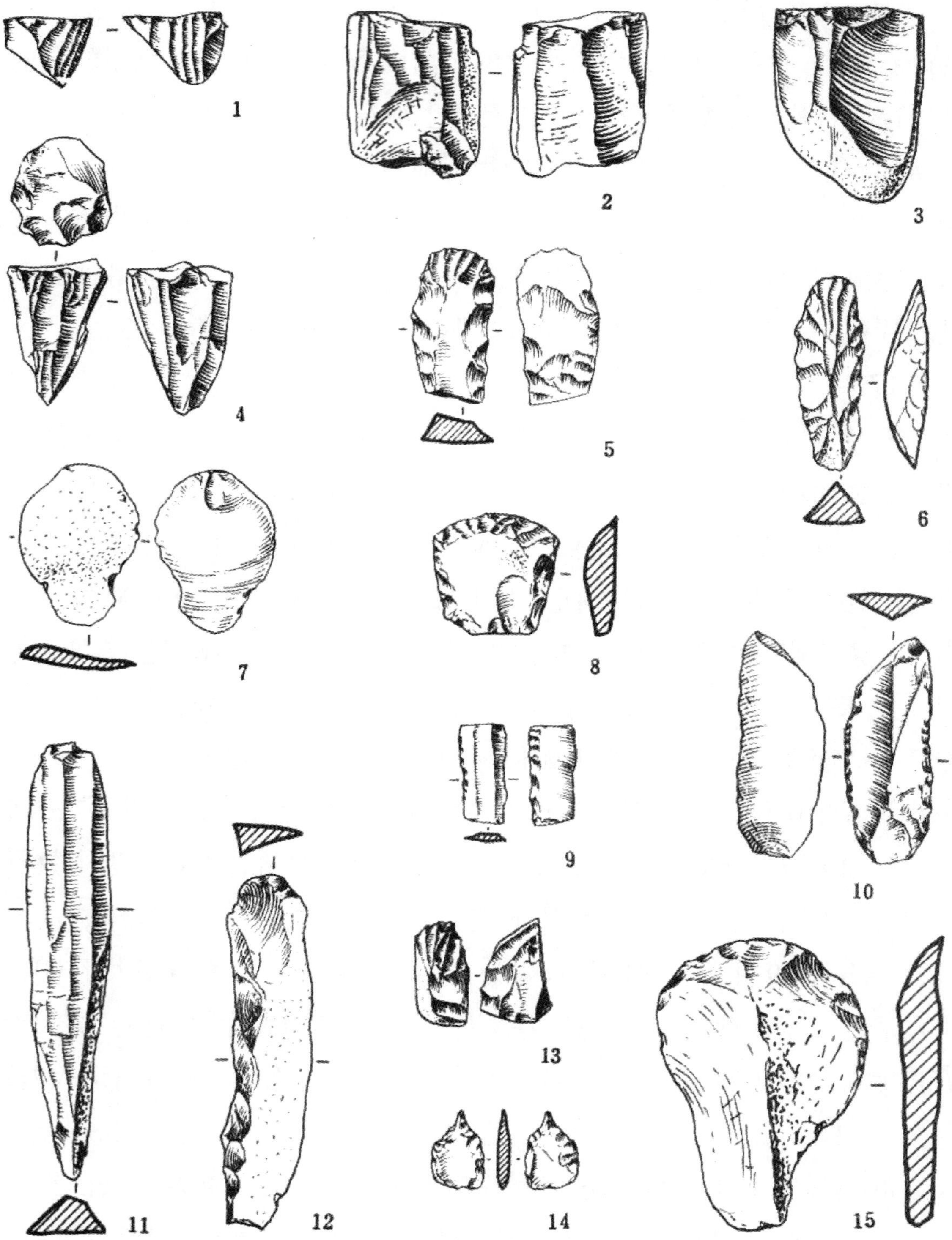

图二 细石器

1、4 锥状石核（P. 82189, P. 82166）2、柱状石核（P. 82124）3、小砾石石核（P. 82169）5、长身圆头刮削器（P. 82190）6. 13. 石核式刮削器（P. 82198、P. 82193）7、小石片（P. 81122）8、短身圆头刮削器（P. 82158）9、石叶刮削器（P. 83105）10、雕刻器（P. 82225）11、12 长石片（P. 83090、P. 82174）/14、锥钻（P. 82185）15、大圆头刮削器（P. 83075）（均原大）

石核式刮削器 4 件。标本 P.82193、P.82202 为斜刃，均是用“压削法”将厚石片的一端由劈裂面向隆起的背面“冲压”出一个向一侧倾斜的刃口。这两种倾斜的方向相反，两侧边都没有加工（图版肆，7；图二，13）。标本 P.82198 为平刃，背面隆起，器身的两侧都进行了修理。其一端有一个由劈裂面向背面“冲压”出的平齐刃口。这件标本酷似“下川文化”中的石核式刃尖两用器[④]，所不同的是与平刃相对的一端尚未加工成尖，背面还残留部分自然面（图版肆，6；图二，6）。标本 P.81103 有着长片疤，台面角近 90° 。在片疤底端的一边上有修理痕迹。这件器物无论从哪个刃缘讲，都会因其刃角近于垂直而不易于刮削，但它又不象是某种细石核，相比之下，置于此类为宜。

石核式刮削器基本上有着“平顶尖底”的特点，有的似乎和船底形石核无多大区别。但考虑到石核就是产生石片的，其本身并不作为某种工具来使用。从这点上说，即使它跟船底形石核一样，也应该把它们区别开来，因为它们都有一个能够刮削的刃部。

圆头刮削器 15 件，多为火石质。大小不一，厚薄不匀。其加工都是将石片的远端由劈裂面向背面修理成刃。修理的方法有直接打击的、间接压削的，也有两者并用的。器身有的一侧进行了修理，有的两侧进行了修理，也有两侧都不修理的；但以两侧修理者占多数。就器形来说，可作长身、短身、大圆头之分。

长身者，指长大于宽者。这类器物有 6 件。其中标本 P.82190 比较典型。劈裂面有小片疤，所有加工都是由石片的劈裂面向背面进行的。从片疤来看，圆头部分窄长，两侧边短宽，当为压削和打击两种方法并用所致，长 2.3、宽 1.2 厘米（图版肆，9；图二，5）。

短身者，长宽约略相当者，多呈拇指盖状或圆盘状，共 7 件。标本 P.82158 是将石片的远端用其两个侧边由劈裂面向背面进行了加工，背面尚残留部分自然面（图二，8）。

大圆头者是指与上述两者相比，圆头要大得多的刮削器。标本 P.83075 器身扁平，背面虽有一纵脊，但相当平缓。两侧边没有修理。远端的加工是由劈裂面向背面进行的。圆头部分相当大，而与其相对的一端却比较窄（图版肆，8；图二，15）。

圆刃刮削器 7 件，都是用小石片制作的，多呈圆盘状。其加工是在石片的一侧或两侧。

半月形刮削器 1 件，由一块两面为节理面的薄板岩石制成。一边是一个修理得平齐规整的弧刃缘，刃角薄锐。与刃缘相对的一边为一个自然斜面，未作任何修理。

舌形刮削器 4 件。有三件是利用一端扁平、另一端硕厚的岩块做成的。它们的加工都是把扁平的一端及其相邻的两个边向两面进行了修理，使其成为舌形。标本 P.83054 是其中最大的一件，长 6.8、宽 5.2 厘米，重 198 克。这件器物作为手斧使用也颇为顺手（图三，4）。另外一件标本 P.82181 是由扁平砾石制作，亦是向两面加工。从器形及加工上看，颇有点象石器制造场遗址中的龟背状斧形器⑤，只是器形略小一些（图版肆，11）。

凹刃刮削器 4 件。有三件是将小石片的一个边由劈裂面向背面加工成一个凹刃。另外一件标本 P.81056 是将一块不大的扁平火石的一端，向两面打击出一个比较大的刃口，然后又从这刀口的一面向另一面修理出一个规整的凹入的刃缘。

单直刃刮削器 22 件。有五件是用小石片制作的，其余多为凝灰岩质石片制作。其加工或是将石片的远端，或是将石片的一个侧边，由劈裂面向背面修理成一个直刃。

双直刃刮削器 9 件，基本上是由大石片或薄板岩石制作的。器形一头宽一头窄。所有加工都是将石片或板岩的两个长边向两面打击成刃，刃缘平直。有的宽端也有打击痕迹。在由薄板岩石制作的四件标本中，有两件皆窄头平齐，另两件皆具有一个棱尖，但这个尖并不是专门打制而成的（图三，3）。

雕刻器 2 件，均为火石质。器形基本一致。标本 P.82225 长 2.8、宽 1.5、厚 0.6 厘米。它们的加工都是将有棱脊的长石片的两侧边，由劈裂面向背面修理成平直的刃缘，然后由远端的一侧边斜向另一侧边（两件方向一致）敲掉一块小石片，使其远端形成一个近乎三棱的锐尖，可称为斜边雕刻器（图二，10）。

锥钻 2 件，亦为火石质。均错向加工。标本 P. 82185 呈“凸”字状，两面通体加工，尖部突出锐利，底边中部偏薄，是一件不可多得的精品。长 1.2 厘米（图版肆，10；图二，14）。

锥钻在晋北地区细石器遗址中多有所见。由于它们在穿孔方面所起的作用是一致的，也就很难把它们区分开来。不过，无论是锥还是钻，其负重部

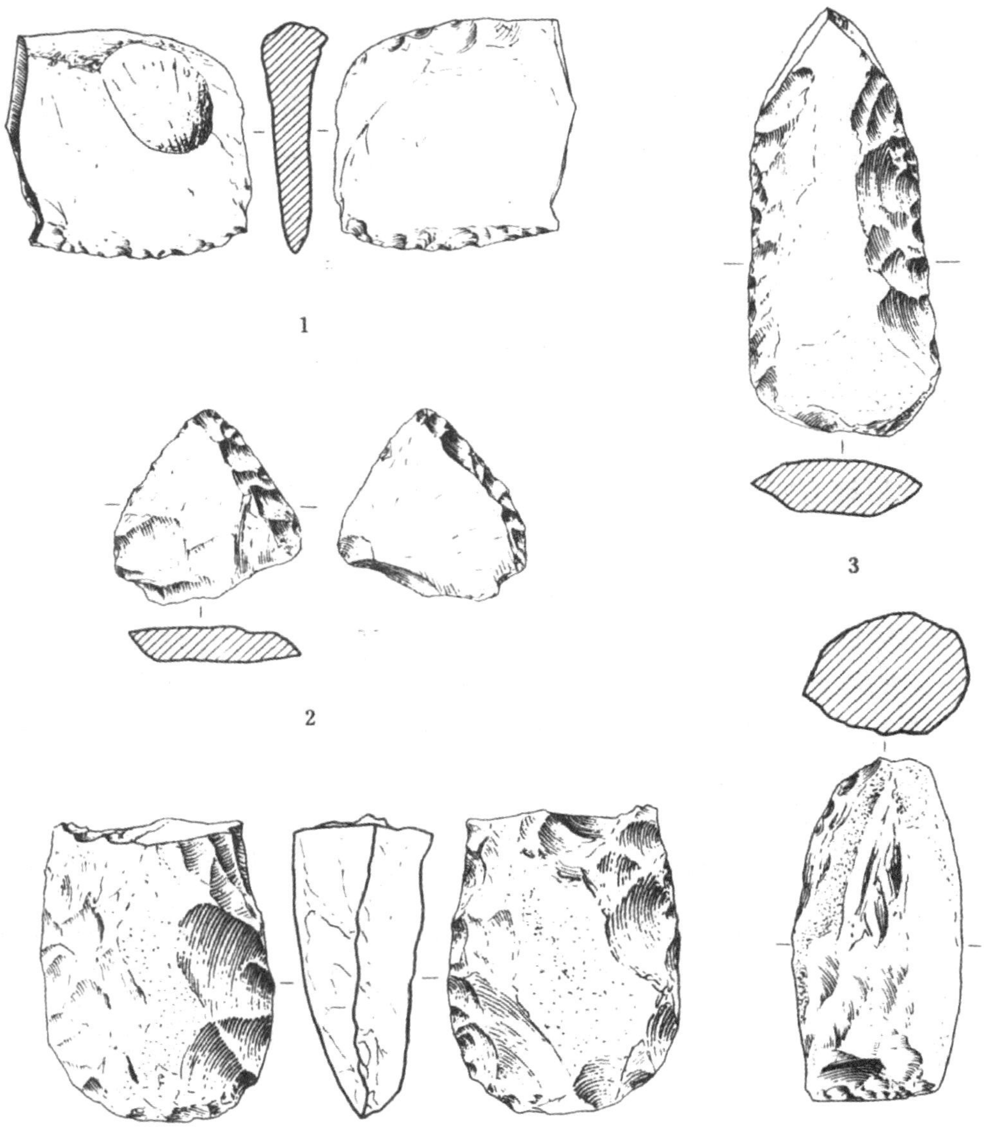

图三　细石器

1、砍砸器（P·83086）2、尖状器（P·83052）3、双直道剖削器（P·83074）4、舌形剖削器（P·83054）5、石棒（P·81047）（均为 1/2）

分都在尖部，尖部的粗细长短，决定着穿孔的大小和深浅。象上述之标本是不能够穿大孔、穿深孔的。

石镞1件。它是将一件扁平小石片，由劈裂面向背面修理至远端成尖的。加工细致，器形周正，底端较平齐，长2.6厘米。

尖状器9件。属于用小石片制作的三件，均不甚典型。标本P. 83052是用较大石片制作的，比较规整。器形呈三角形，尖比较宽。它的加工是一边由劈裂面向背面进行，另一边则向相反方向进行。加工细致，刃缘整齐。这件器物由于是错向加工，作为锥钻使用是完全可以的。就其刃缘的整齐来说，作为刮削器使用，也同样是一件好工具（图三，2）。标本P.83084是由扁长砾石制作的，器身的一侧边是向两面加工的，其中间部分较薄而锐利；另一侧边有因修琢或敲砸而脱落碎屑的疤痕。尖部比较粗壮（图版肆，12）。

砍砸器4件，均有一个用交互打击法打击成的能够用于砍砸的刃缘。其中标本P.83086是比较好的一件，器形呈四边形，一面为自然面，且是一个近圆形的坑疤，另一面为节理面。刃缘是在较薄的一个边上（图三，1）。

残石器2件，均为小石片所制。一端残缺，刃有凸有凹。由于残缺太甚，已无法得知其原来器形。但从其加工来看，原来很可能是作为刮削之用。

石棒1件，近柱状。一端略尖，另一端平齐，且有打击片疤。器身有相当的面有剥落碎屑的痕迹，很可能是作为敲砸工具使用所致。从平齐的一端来看，也极有可能是准备作研磨棒使用的（图三，5）。

磨光石器1件，已残。从残留部分来看，原来很可能是一件比较大的具有圆刃的器物，中间厚，刃缘薄。弧凸的圆刃上有密密麻麻的伸向器物中心的擦痕。

三

东岭的细石器遗存，由于缺乏地层和动物化石的证据，给我们认识其本来面貌和确定其时代带来了一定的困难。但是，只要认真地总结一下石器遗存的特点，并且和同类性质的遗址进行一些必要的对比，也还是能够得出一个比较符合客观的结论。

东岭的石器遗存中，既有用直接打击法制作的粗大石器，又有用细石器技术传统制作的细小石器。这种情况或许说明了东岭石器遗存既与早期石器遗存有着内在的联系，又反映出了自身的一些特点。应该指出，东岭的一些粗大石制品是有着一定的原始性的，如：石片角较大，石片疤短而深等。但其进步性也是很明显的，如：石器中的双直刃刮削器、舌形刮削器，以及其它类型中的个别器物，加工细致，器形规整，很有可能是新石器时代一些器物的毛胚。当然最能代表这时的先进技术水平的，还是细石器技术在这儿的应用。

东岭的细石器遗存是属于典型的细石器技术传统的，与下川和薛关的细石器相比，无论是在类型上，还是在加工方法上，都有着很多一致的地方。但是，东岭的细石器遗存中，没有下川和薛关那样种类繁多、加工精细的尖状器；而下川和薛关也没有东岭那样数量较多、制作风格较粗犷的粗大制品。这种情况或许反映出它们时代上的差别。我们知道，下川文化是出自地质时代属于晚更新世后期的灰褐色亚黏土层之中的，其文化时代处于旧石器时代晚期的后一阶段[6]；薛关的细石器是出自黄色粉灰砂土层之中的地质时代，“最老不会超越更新世晚期（QⅢ3），甚至也有可能跨进全新世早期，其文化时代，处于旧石器时代晚期之末，或许已开始步入向新石器时代过渡的阶段（或谓中石器时代初期）”[7]。东岭的细石器的发现在晚更新世粉砂土的顶面的，其时代肯定比薛关为晚，当然比下川的时代更晚。如果说薛关的细石器已经开始步入向新石器时代过渡的阶段，那么东岭的细石器遗存可以说已经完成了这个过渡阶段，而进入新石器时代了。

大同高山镇之细石器是属于新石器时代的[8]。但由于公布的资料太少，还不能与之作出比较全面的对比。

倘若如此，东岭的细石器遗存与鹅毛口石器制造场遗址的关系如何呢？我们认为它们是同一个遗址的两个组成部分。其理由是：

（1）石器类型上的联系。石器制造场的主人在制造一些大型工具的同时，还能够制造一些可以“与华北旧石器时代和细石器中的同类型相比”的石器。

如石器制造场中的短身圆头刮削器和圆刃（圆头）刮削器等，我们认为是属于细石器遗存中的石器类型的。同样，在有细石器遗存的东岭，也有一些与石器制造场遗址中相类似的粗大石制品。诚然，在我们叙述的标本中，没有出现石锄、石镰等生产工具，但我们认为这不是实质问题，而是分类过程中的技术问题。

（2）地理位置上的联系。正如本文开始时所说，两者所处的地理位置，没有严格的界线可以区分开来。只是石器制造场遗址集中分布在大、小瓜地沟一带；而细石器则比较集中地分布在与大、小瓜地沟相邻的黄米沟的一侧。就整个遗址而言，是以制造粗大石制品的石器制造场为主体的，细石器仅仅是遗址的一个组成部分。

（3）文化内涵上的一致。石器制造场遗址中除打制石器外，还有磨光石器和陶片（除“报告”中所说之细泥红陶片外，我们还采集到灰陶片）；同样，在东岭也有磨光石器和陶片。但这两者发现的都不多。前者一共两件，实在太少，有理由不把它看作是“鹅毛口遗址”中的成员；后者虽说多一些，但时代又很不一致。这就不能不使我们怀疑它们有外来或后来的可能。

有鉴于此，我们认为东岭的细石器遗存，应该和鹅毛口石器制造场遗址的时代相当，同属于新石器时代早期。

（本文标本插图是李夏廷绘制的，照相是梁子明拍摄的。在此特致谢意。）

注释：①丁来普：《怀仁窑子头东岭发现细石器》，（《山西文物》1983 年第二期）。

②参加这次调查的还有中国科学院古脊椎动物与人类研究所的文本亨和怀仁县文化局的曹世勋、纪化芳同志。

③贾兰坡、尤玉柱《山西怀仁鹅毛口石器制造场遗址》。

④王健、王向前、陈哲英《下川文化——山西下川遗址调查报告》，图二0，3、4；图版柒，35、36，（《考古学报》1978 年 3 月）。

⑤同③，图八，5。

⑥同④

⑦王向前、丁建平、陶富海：《山西蒲县薛关细石器》，（《人类学报》第2卷第2期1983年）。

⑧裴文中：《大同高山镇细石器文化遗址》、《雁北文物勘察团报告》，（中央文化部文物局，1951年）。

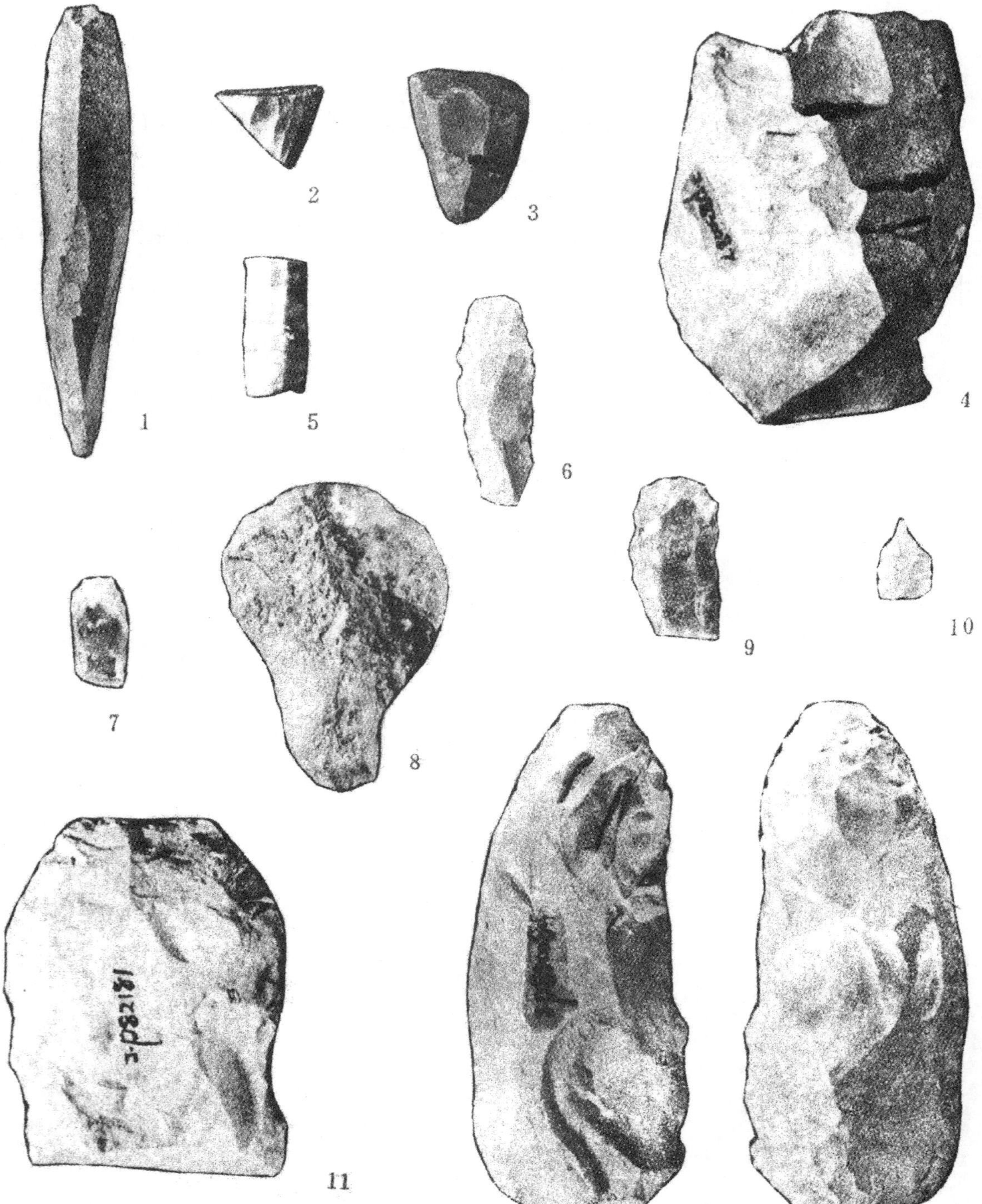

山西怀仁窑子头细石器

1. 石核（N.0017）2. 歪尾石片（N.0056）3-5. 长石片（N.0001-3）6、7 修理台面的石片（N.0012, N.0005）8、9 厚尖状器（N.0089, N.0087）10、11. 尖状器（N.0046, N.0045）12. 砍砸器（N.0122）（10 为煌斑岩，余为凝灰岩；均 1/2）

摘自《史前研究》1984 年第 4 期

推进富民强县建设幸福怀仁
为率先全面建成小康社会而努力奋斗

——在中国共产党怀仁县第十二次代表大会上的报告

（2016 年 8 月 19 日）

刘亮

各位代表，同志们：

中国共产党怀仁县第十二次代表大会，是在全党上下深入贯彻习近平总书记系列重要讲话精神，全省上下按照“一个指引、两手硬”重大思路和要求，全面塑造山西美好形象，实现山西振兴崛起，我县“十三五”取得良好开局，全面建成小康社会进入决胜阶段，召开的一次十分重要的会议。大会的主要任务是：回顾总结县第十一次党代会以来的工作，审议确定今后五年的奋斗目标和主要任务，选举产生新一届县委、县纪委，动员全县各级党组织、广大党员干部和全县人民，解放思想，迎难而上，真抓实干，为推进富民强县、建设幸福怀仁，率先全面建成小康社会而努力奋斗！

现在，我代表中共怀仁县第十一届委员会向大会作报告，请予审议。

一、五年来的工作回顾与总结

怀仁县第十一次党代会以来的五年是极不平凡的五年。五年来，面对严峻复杂的经济环境和艰巨繁重的改革发展任务，县委在党中央和省、市委的正确领导下，全面贯彻落实党的十八大、十八届三中、四中、五中全会精神和习近平总书记系列重要讲话精神，团结带领全县广大党员干部和人民群众，全面加强经济、政治、文化、社会和生态文明建设，深入推进党的建设，较好地完成了“十二五”规划制定的目标任务，各项事业取得了新成就。

——综合经济实力明显增强。2015 年，全县完成地区生产总值 202.8 亿元，年均增长 13.4%；城镇常住居民人均可支配收入 29233 元，年均增长

11%；农村常住居民人均可支配收入 13261 元，年均增长 12.8%；全社会固定资产投资 157 亿元，年均增长 23.8%。2011—2014 年，在全省县域经济发展 A 类县考核中，分别取得排名第八、第六、第五、第四的好成绩。在经济下行压力持续加大的情况下，我县发展保持了调速不减势、量增质更优的良好态势。

——结构调整取得积极进展。逐步扭转“一产弱、二产大、三产小”的局面。农业现代化成效明显。全县“三农”投入累计达 39.1 亿元，年均增幅 8.7%。以建设全省“一县一业”肉羊养殖示范基地县为引领，累计建设棚圈面积 128.4 万平方米，肉羊饲养量达到 410 万只，年屠宰加工能力达到 600 万只，农民人均养羊纯收入 5000 多元。“怀仁羔羊肉”荣获国家地理标志证明商标。农业综合生产能力稳步提高，2015 年粮食产量达到 3.74 亿斤。工业新型化深入推进。以“八大园区”为载体，以煤为基，多元发展，县属 6 座煤矿全部达到二级以上标准化矿井，陶瓷生产能力达到 18 亿件，引进新型医药企业 7 家，新建固废综合利用项目 9 个，形成了多元支撑的产业体系。第三产业快速发展。商贸物流、文化旅游、健康养老、电子商务等蓬勃发展，服务业占 GDP 的比重达到 37.6%。全县产业素质和经济增长的后劲进一步增强。

——统筹城乡发展步伐加快。深入实施“大县城”战略，五年累计投入 232.1 亿元，建设了金沙滩商业旅游购物项目群、金沙滩民俗文化项目群，新建了图书馆、体育馆等公共服务设施，实施了九大城市棚户区改造，县城建成区面积由 2005 年的 18 平方公里扩大到现在的 25.9 平方公里，城市综合承载能力和管理水平显著提升。实施新一轮农村“五个全覆盖”，推进农村人居环境改善“四大工程”，持续办好农村“五件实事”，7 个小集镇建设已初具规模。全县城镇化率达到 60.5%，较 2010 年提高 6.5 个百分点。

——生态环境质量持续改善。全面加快以“一城两山三湖七河百村”为主要内容的生态文明建设，森林覆盖率由“十一五”时期的 23% 提高到 26%，水面和湿地面积由 5500 亩扩大到 5.5 万亩。狠抓节能减排，全面完成“十二五”节能减排任务，县城空气质量二级以上天数始终保持在 350 天以上，人民呼吸上了更加清新的空气，享受到了更多的青山绿地。

——社会民生事业和谐发展。五年来，县财政直接用于民生投入达72.2亿元，年均增幅9.8%。获得全国科技进步先进县、全国卫生县城荣誉称号。教育综合实力进一步提升。学前教育入园率86%，义务教育巩固率100%，高中阶段毛入学率97%，高考二本B类以上达线率50.5%，公办、民办教育实现了优势互补、均衡发展。医疗卫生事业健康发展。完成县医院、中医院改扩建工程。医疗卫生体制改革全面展开，公立医院实行药品零差价销售，乡村两级全部实施基本药物制度，县乡村三级医疗卫生服务体系达标率100%。就业创业工作成效明显。积极开展省级创业型城市创建活动，建成了全省首家大学生创业园区。五年来，全县累计城镇新增就业人数20349人，城镇登记失业率控制在3.17%以内。社会保障体系不断完善。五大保险基金滚存结余4.8亿元。城镇、农村低保标准分别比2010年提高60%和118%。新农合参合人数16.2万人，参合率达到99.85%。城镇居民大病保险实现全覆盖，机关事业单位养老保险制度改革顺利实施，城乡居民基本养老保险制度全面建立。从2012年起，在晋北地区率先实行“公交免费”，为县城居民免费延长一个月供暖期，实现了民生事业共建共享。

——民主法治、文化建设和改革开放深入推进。加强党对人大、政协工作的领导，人大、政协工作呈现新的局面。重视新时期党的统战工作，充分发挥工、青、妇等人民团体的重要作用，营造了良好的民主政治氛围。全面推行“四议两公开”工作法，村民自治和民主管理切实加强。进一步加快法治怀仁建设，社会治安综合治理全面加强，信访工作力度不断加大，保持了社会的和谐稳定。双拥工作深入开展，军政军民关系更加密切。大力实施文化强县战略，再次获得全国文明县城荣誉称号，开展一系列文明和谐创建活动，推出了一批文艺精品和文化品牌，城乡整体文明水平明显提升。推进全面深化改革，科技创新、金融振兴、民营经济发展取得新突破，发展活力显著增强。扎实开展农村土地确权登记和商事制度改革。完成卫生和计生，经信和商务、粮食，工商和质监的机构改革。招商引资成效显著，不断深化与京津冀、环渤海地区和发达省市的合作，全方位开放格局初步形成。

——党要管党、从严治党进一步加强。深入学习习近平总书记系列重要讲话精神，圆满完成了党的群众路线教育实践活动、学习讨论落实活动、“三严三实”专题教育，广大党员的思想政治素质显著提高。领导班子建设切实加强，干部队伍建设取得重要进展。严格执行中央八项规定精神，工作作风进一步好转。深化“三级联述联评联考”制度，初步形成了城乡统筹的党建工作新格局。坚持全面从严治党，严格落实“两个责任”，把握运用好“四种形态”，党风廉政建设和反腐败斗争取得新成效。

总的来说，这五年，是在习近平总书记重要讲话精神指引下加快转型升级的五年，是经济效益和综合实力大幅提升的五年，是人民群众得到更多实惠的五年，是全县各级党组织创造力、凝聚力、战斗力明显增强的五年。这些成绩的取得，归功于党中央和省、市委的正确领导，归功于全县各级党组织、广大党员和全县人民的团结奋斗，归功于历届县委打下的坚实基础，归功于社会各界的大力支持。在此，我谨代表中共怀仁县委，向奋战在全县各条战线上的广大共产党员和干部群众，致以崇高的敬意！向所有关心、支持、帮助怀仁改革发展的同志们、朋友们，表示衷心的感谢！

各位代表，回顾这五年，我们深切地感受到，早日全面建成小康社会，必须始终坚持以习近平总书记系列重要讲话精神为指引，认真贯彻落实中央和省市决策部署，把上级精神与怀仁实际紧密结合，创造性地开展工作；必须始终狠抓发展第一要务，牢牢扭住经济建设这个中心，自觉践行新发展理念，依靠创新驱动，推动产业转型升级，加快转变经济发展方式；必须始终狠抓改革第一动力，向改革要活力、向开放要空间，使改革开放成为发展的根本推动力；必须始终狠抓民生第一关切，坚持把人民对美好生活的向往作为奋斗目标，高度重视发展社会事业和改善民生，让人民群众共享改革发展成果；必须始终狠抓党建第一责任，全面从严治党，把纪律和规矩挺在前面，以优良的党风促政风带民风，确保各项决策部署落到实处；必须始终紧紧依靠全县广大干部群众，调动一切积极因素，形成共谋发展的强大合力。所有这些，既是过去五年积累的宝贵经验，又是我们今后一个时期必须坚持的重要原则。

在看到成绩的同时，也要清醒地认识到，我们的工作与人民的期待还有不小差距，前进中还面临不少困难和问题，主要是：干部群众思想还教为保守，改革创新劲头不足，还普遍存在重守业轻创业、重积累轻消费，小富即安、小进则满，不往外跑、不向上争的现象；缺乏支撑县域经济发展的大项目好项目；产业结构不优；城乡发展不协调；农民持续增收难度加大；一些社会矛盾凸显；部分基层党组织凝聚力和战斗力不强，干部能力作风不适应经济发展新常态要求。对此，我们将高度重视，认真加以解决。

二、今后五年工作的总体方略和奋斗目标

今后五年，是全面建成小康社会的决胜阶段，是全面深化改革的攻坚时期，也是经济发展新常态下，加快形成新的体制机制和发展方式、提高发展质量和效益的重大机遇期。我国重点实施“一带一路”、京津冀协同发展、长江经济带三大战略，着力推进供给侧结构性改革，经济长期向好的基本面没有改变。我省作为国家转型综改试验区，被纳入京津冀及环渤海地区协同合作发展范围。我市被确定为全国成长型资源型城市、全国工业固废综合利用示范基地、全国工业绿色转型发展试点城市、全国资源综合利用“双百工程”示范基地、国家草牧业发展试验试点市。从国家、省、市层面，都给我们带来了空间的机遇、项目的机遇、开放的机遇和政策的机遇。当前，全省各兄弟县区你追我赶、竞相发展，可以说，前有标兵，后有追兵，不进则退，慢进也是退，我们必须举全县之力，抢抓机遇，放胆先行，大干发展，既要保老本，又要立新功，不忘初心，继续前进。

根据这样的形势和要求，今后五年我县经济社会发展的总体方略是：高举中国特色社会主义伟大旗帜，全面贯彻党的十八大和十八届三中、四中、五中全会精神，坚持以马克思列宁主义、毛泽东思想、邓小平理论、“三个代表”重要思想、科学发展观为指导，深入贯彻落实习近平总书记系列重要讲话精神，遵循“四个全面”战略布局，自觉践行新发展理念，按照省委“一个指引、两手硬”的重大思路和要求、市委推进“两大任务”的战略部署，以“撤县设市、率先小康、挺进百强、幸福怀仁”为奋斗目标，实施招商带动、项目支撑、创新驱动、转型升级、生态保障、民生优先“六大战略”，全力打造煤炭、陶瓷、肉羊、绿色农副产品、绿色医药、绿色新能源“六大基地”，着力建设“对接乌大张、融入京津冀”的区域性特色城市。

我们确定撤县设市为奋斗目标，主要考虑是：撤县设市是怀仁人民期盼多年的夙愿。县委、县政府分别于1994年、2009年先后两次提出撤县设市的奋斗目标。当前，我县撤县设市时机和条件日臻成熟，省民政厅已经启动山西行政区划调整工作，《全省综改试验区五年行动计划》明确把我县列为全省撤县设市重点县，市委、市政府同意并全力支持这项工作。特别是经过多年发展，我县综合实力大幅提升，撤县设市的硬性指标已经达到或超过要求，具备了撤县设市的基础。所以，我们再次提出撤县设市，符合怀仁实际，顺应民心所向，也必将进一步推动全县经济、政治、文化、民生、生态文明建设和党的建设有一个新的突破。

我们确定率先小康为奋斗目标，主要考虑是：全面实现小康社会有经济发展、民主法治、文化建设、人民生活、资源环境5大类39项指标，2015年，我县已有14项指标达到或超过小康社会标准，未达到的有三产占地区生产总值比重、居民消费支出占地区生产总值比重等25项指标，这些差距正是我们的短板和不足，只要我们坚持问题导向，精准发力，用三年时间预计可以达到这些指标，到2018年率先实现全面建成小康社会的宏伟目标。

我们确定挺进百强为奋斗目标，主要考虑是：没有大目标就没有新动力，我们要放宽视野，在全国2800多个县市坐标上定位怀仁发展，对标先进，大干发展，“跳起来摘桃子”，加快全面深化改革步伐，加快推进怀仁经济社会转型升级，力争在“十三五”期间挺进全国百强县。

我们确定幸福怀仁为奋斗目标，主要考虑是：幸福是具体的、动态的、发展的，必须把“以人民为中心，增进人民福祉，促进人的全面发展”作为施政导向，不能因经济下行而减少对民生的重视，不能因财力紧张而减少对民生的投入，要努力推动科教文卫等各项社会事业全面发展，推动安全稳定形势持续向好，不断顺应人民群众对美好生活的新要求、新期盼。

按照这一思路，今后五年的具体目标是：

一是经济发展稳中有进。地区生产总值年均增长7.5%左右，到2020年达到291亿元；固定资产投资年均完成120亿元以上，到2020年力争累计达到600亿元。

二是产业转型取得突破。三类产业结构比重由2015年的4.5：57.9：37.6调整为5：50：45；工业增加值年均增长5%左右，到2020年达到96.1亿元。

三是人民生活显著提高。城镇常住居民人均可支配收入年均增长7%，到2020年达到40926元；农村常住居民人均可支配收入年均增长7%，到2020年达到18565元；社会消费品零售总额年均增长5%，到2020年达到78.7亿元。

四是生态环境持续改善。全面完成上级下达的节能减排任务。建成区绿化率进一步提高，森林覆盖率到2020年达到30%。

五是文化建设蓬勃发展。社会主义核心价值观更加深入人心，公民道德风尚更加浓厚，文化产业综合实力显著提升，公共文化服务体系更加健全。

六是改革开放深入推进。主动对接乌大张、融入京津冀、拥抱环渤海，开放型经济和对外合作体制基本形成，国家重大改革措施有效落实。

七是民主法治取得新进展。民主法制更加健全，社会治理能力和水平不断提高，法治怀仁取得重大进展。

八是党的建设全面加强。全面从严管党治党，党的思想、组织、作风、反腐倡廉和制度建设取得新成效。

实现以上奋斗目标，我们要坚定不移实施“六大战略”：

实施招商带动战略，就是要求全县各级干部带头抓招商引资，用系统和定向的观点改进招商引资工作，促进一批大项目好项目在怀仁落地生根。要积极推广PPP项目模式，吸引更多社会资本参与项目建设。坚持“大、中、小”并举，在重视大项目、大投资的同时，关注支持中小投资规模项目，加快形成大企业“顶天立地”、小企业“铺天盖地”的良好局面。

实施项目支撑战略，就是要求全县各级干部牢固树立“项目至上”的理念，把抓项目作为必修课，充分利用各种政策，加大项目衔接、争取力度，最大限度地把扶持政策转化成具体项目，以项目建设为第一抓手，上项目促发展，靠项目调结构，建项目增后劲，以项目支撑拉动经济社会快速发展。

实施创新驱动战略，就是要求全县各级干部坚持“抓创新就是抓发展、谋创新就是谋未来”的思想，高举创新发展大旗，不断推进理论创新、制度创新、科技创新、文化创新等各方面创新，培育和催生经济社会发展新引擎。大力推动大众创业、万众创新，让千千万万个市场细胞活跃起来，汇聚成发展的巨大动能。

实施转型升级战略，就是要求全县各级干部树立忧患意识和危机意识，切实扭转“一煤独大”的局面。加快改造提升传统产业，积极培育战略性新兴产业、新能源新材料等产业，大力发展农产品加工产业，推进文化旅游业和现代物流业，走“多元发展、多极支撑”的产业发展道路。

实施生态保障战略，就是要求全县各级干部把增强发展的可持续性放在突出位置，完善节约能源资源和保护生态环境的体制机制，大力发展绿色经济，积极发展低碳经济和循环经济，实现经济效益与社会效益、生态效益的有机统一。

实施民生优先战略，就是要求全县各级干部自觉践行以人民为中心的发展思想，加快社会事业改革发展，大力推进民生幸福工程，不断加大民生投入，立足当前办好民生实事，着眼根本构建服务体系，不断提高人民群众的生活质量和水平，让改革发展成果更多更公平惠及全县人民。

各位代表，上述总体方略，是在中央、省、市精神与怀仁实际紧密结合的基础上提出的，符合我县发展特征和发展定位，体现了全县人民的根本利益和加快发展的强烈愿望。我们要把这一总体方略和奋斗目标贯彻落实到今后的各项工作中去，始终保持奋发有为的精神状态，在激烈的竞争中努力实现率先发展，创造出无愧于时代和全县人民的光辉业绩！

三、践行发展新理念，推动经济稳步向好

发展是解决一切问题的基础和关键。我们要认真践行创新、协调、绿色、开放、共享“五大发展理念”，理直气壮抓发展，着力推动经济稳步向好，率先走出一条资源型县区创新驱动、转型升级的新路。

（一）坚持创新发展，着力提高发展质量和效益。创新是引领发展的第一动力，必须把创新摆在核心位置，大力实施创新驱动战略，做好煤与非煤“两篇大文章”，推动县域经济发展转到依靠科技进步、提高劳动者素质和创新驱动、内生增长的轨道上来。巩固提升煤炭产业，打造晋北重要的煤炭生产发运基地。把煤炭作为支撑发展的基础产业，着力保安全、稳运行，降成本、提效益，进一步延伸产业链条，形成高端引领、创新驱动、绿色低碳、优质高效、本质安全的发展模式。到“十三五”末，全县煤矿生产总能力稳定在2070万吨，煤炭资源回收率达到80%以上。煤炭年发运量稳定在2500万吨左右，力争达到3000万吨。加快煤电深度融合，积极推进山西漳电国电王坪低热值煤发电2×660MW二期工程、国电怀仁低热值煤发电2×600MW项目、大唐国际2×1000MW怀仁发电厂等项目，促进煤炭清洁高效转化。做强做优陶瓷产业，打造全国日用陶瓷生产基地。把陶瓷作为转型发展的重要接续产业，以研发创新、工艺改进、拓展市场、打造品牌、人才培养等为重点，全力打造产、学、研、销、展“五位一体”的产业群。加快建设怀仁陶瓷职业技术学院、省级陶瓷研发中心和检测中心，加强企业的自主创新能力和核心竞争力。积极发展“互联网+陶瓷”模式，大力实施市场多元化战略。“十三五”末，陶瓷企业达到90家，生产线达到130条，产能达到26亿件。做精做细肉羊产业，打造优质肉羊养殖加工基地。把肉羊作为增加农民收入的主导产业，以拓展和壮大全省“一县一业”肉羊养殖示范基地县为重点，以全国粮改饲和种草结合型循环农业试点为契机，突破种羊培育、基础母羊、市场营销的发展短板，大力支持羊血加工、羊胎素提取等高科技项目，发挥行业协会作用，举办全国养羊大会和畜产品博览会，引领羊产品“中华行”、“丝路行”、“网上行”，拓展更大的市场空间。“十三五”期间，全县肉羊年饲养量稳定在500万只左右，努力把我县建设成为全国肉羊养殖加工基地和全国闻名的生态畜牧大县。积极发展现代医药产业，打造晋北绿色医药基地。把医药作为长远发展的新的支柱产业，加大招商引资力度，努力引进新项目、新企业，不断壮大医药产业规模。进一步完善园区基础设施建设，切实优化服务环境。“十三五”期间，医药园区每年入驻企业1—2家，期末，实现产值30亿元，初步形成以药品研发、生产、销售和医疗器械生产为重点的晋北具有影响力的绿色生物医药产业集群。着力发展现代农业，打造京津冀绿色农副产品供应基地。把农副产品生产加工作为农民增收的重要主导产业，以放心养生健康为目标，加快土地流转步伐，大力支持种粮大户、家庭农场，积极引导富人能人投资农业、大企业大集团转型农业项目，构建特色现代农业产业体系。要大力发展特色种植业，突出打造“一圈、两带、三基地、五园区”，加快发展草牧业种植，大力发展露地蔬菜、小杂粮、设施农业、观光农业，通过“互联网+现代农业”带动全县农业上台阶、上水平。到“十三五”末，无公害、绿色农产品占比达到90%以上，争创全国有机农业示范县。完善健全流通销售网络，努力打造供应京津冀具有规模和影响力的农副产品集散地。大力开发利用新能源，打造绿色能源基地。要充分利用煤矸石、粉煤灰及煤矿伴生资源，发展新型材料产业，大力推广新型干法工艺水泥生产和非黏土轻型承重墙体材料生产。要积极推广新能源和可再生能源，大力发展风能、太阳能、生物质能等新能源产业，推进热电联供集中供暖，形成风电、光电、生物质能发电等多轮驱动的新能源供应体系，建设绿色能源基地。加快发展现代服务业，充分发挥服务业带动作用。要用足用活用好全省支持服务业发展“50条”等政策措施，营造有利于服务业发展的良好环境。文化旅游要以“四区、两堡、三化、三线”为重点，坚持政府引领，加大招商引资，开展星级景区创建活动，打造文化品牌，深度融入晋北旅游圈。现代物流业要不断提升物流体系建设，积极引入大型物流企业在我县落户，打造一批物流企业和物流服务品牌，发展辐射晋陕冀蒙交界地区的物流通道及配送网络。健康养老产业要发挥我县夏季凉爽、气候宜人、空气质量优良的特点，面向北京、天津、太原、大同等大城市，依托大县城，着力打造以温泉养生为特色的健康养老养生胜地。大力发展城市社区、农村养老服务中心和日间照料中心；支持社会力量兴办或参与养老机构建设。金融振兴要进一步拓展金融对重点行业和领域的服务能力，及时制订《怀仁县金融业支持地方经济发展考评奖励办法》、《怀仁县金融振兴工作纲要》，积极稳妥推进农村信用联社改制工作，大力发展小额贷款公司、村镇银行、各类金融互助组织、金融信贷创新组织等新型农村金融组织，鼓励民间资本进入金融服务领域。搭建政府融资担保平台，成立投资管理和资产管理公司，提升融资能力和融资规模。加快培育上市公司，提高直接融资能力，扶持诺成制药、尊屹瓷业等中小微企业在“新三板”挂牌上市。进一步加强信用环境建设，完善金融风险防范机制，严厉打击非法集资，进一步优化金融生态环境。电子商务要积极引进国内知名电商，注重培育本土电商，促进新技术、新产业、新业态、新模式融合发展，为经济发展注入新的活力和动力。

（二）坚持协调发展，着力形成均衡发展结构。协调是我县实现又好又快发展的内在要求，必须以撤县设市为抓手，着力在协调推进中增创发展优势，增强发展后劲，不断凝聚经济、社会和谐发展新合力。着力优化发展布局。按照大县城、小集镇、新农村“三位一体”发展思路，以发展壮大县域经济为切入点，以小产业集聚为核心，细分功能定位，进一步形成“两轴三带六基地”的空间布局。推动城乡协调发展。持续实施“大县城”战略，统筹完善规划，配套公共设施，实施精细管理，重点突出城区创建5A级景区，以景区化的手法将城市公共产品转化为旅游产品。城区周边要大力发展苗圃、经济林、生态林，构筑绿色屏障，让城市更有特色、更有内涵、更有品位。加快户籍制度改革，有序推进农业转移人口市民化，到“十三五”末，户籍人口城镇化率达到49%。按照“布局合理、设施配套、环境整洁、集镇美化”的目标，加快云中、何家堡、新家园、吴家窑、金沙滩、毛皂、亲和7个小城镇建设，三年内所有行政村达到省级清洁村、省级卫生村，五年内所有符合条件的村要达到省级美丽乡村。加快城乡一体化进程，实现城乡基本公共服务均等化、资源配置合理化、产业发展融合化。推进物质文明和精神文明协调发展。培育践行社会主义核心价值观，弘扬“中国德乡、天下怀仁”、“怀德怀礼、怀善怀义”的人文精神，进一步凝聚正能量。加大县域形象的宣传力度，深入开展道德楷模、怀仁好人评选活动，打造一批体现幸福怀仁的摄影、剧作和影视精品。完善公共文化服务体系、文化产业体系、文化市场体系，全面创建书香怀仁。提升特色文化产业整体实力，积极探索我县文化与科技、陶瓷、旅游、传统村落的融合发展道路。同时，推动军民融合发展，扎实开展“双拥”活动，争创全国“双拥模范县”。

（三）坚持绿色发展，着力改善生态环境。绿色是我县实现又好又快发展的重要保障，必须牢固树立绿水青山就是金山银山的基本理念，更加注重促进形成绿色生产方式和消费方式，着力提升县域可持续发展水平。要实行最严格的环境保护制度，继续把工业污染源减排作为总量控制的重点，深入推进大气、水、土壤污染防治行动，加快河道、矿山和非煤矿山等重点区域的生态修复治理。积极划定生态保护红线，认真落实山西省主体功能区规划，实施区域分类管理，筑牢生态安全屏障，继续完善“一城两山三湖七河百村”为主体的生态体系，到“十三五”末，全县森林覆盖率达到30%。加强生态文明制度建设，建立生态环境监测和预警网络，强化法律建设和法治监督，对污染源、排放过程和环境介质依法统一监管。

（四）坚持开放发展，着力实现合作共赢。开放是经济发展的重要引擎。怀仁是全省综改和扩权强县试点县，也是国家可持续发展实验区、全省社会管理创新试点县、全省金融振兴重点联系县，我们要以勇于自我革命的气魄、坚忍不拔的毅力推进改革、扩大开放，当好改革开放的促进派、先行者。一要融入国家“一带一路”和京津冀一体化发展。要用改革的办法把怀仁放在全省、全国的大背景下规划定位，抢抓“一带一路”、区域合作、互联互通的发展机遇，深化我县与沿线地区产业、产能合作，推动品牌产品和优势产业“走出去”，深化与沿线地区的经济文化交流与合作。以京津冀及环渤海地区协同合作发展为契机，推进我县肉、蛋、菜等鲜活农产品、特色小杂粮进入京津冀等市场，成为京津冀优质农副产品供应地。以商贸物流、加工制造、教育培训、健康养老、生态旅游为重点，主动承接京津冀产业溢出和转移，将怀仁打造成为京津冀的后花园。二要完善对外开放的体制机制。完善对外开放政策，最大限度放宽投资领域，形成政策环境“洼地”，实现对外开放的提质增效；加快建立“产学研”协同及技术研发创新机制，以陶瓷、医药、文化旅游等产业为重点，加强与省内外知名企业、科研院所、高等院校合作研发力度，提高科技创新水平，加强知识产权运用和保护，激励企业加大研发投入，优化产品结构，提升发展质量。三要提高招商引资质量和水平。坚持把招商引资作为扩大对外开放的重要抓手，县四大班子要齐头并进共抓招商，各级各部门要把招商作为第一要务，重点围绕现代农业、新型煤电、陶瓷、生物医药、装备制造、新能源、新材料、生态文化旅游和经营性社会事业等领域和行业开展招商引资。要制定招商引资优惠政策，确定目标任务，建立健全考核奖惩制度，努力引进更多的大项目好项目。四要加快产业园区建设。坚持高起点规划、精细化管理、大手笔建设，切实加大“八大园区”项目建设力度。充分发挥“八大园区”引领经济、对外开放、亮点集聚和投资高地的作用，带动全县经济发展，辐射其它相关产业和领域，积极引导人才、技术、资本、管理和服务等要素有效集聚，加快“一区多园”模式升级为省级开发区，努力构建以园区经济为承载平台的发展新格局。五要全力支持服务企业发展。企业是市场的主体，当前经济持续下行，企业经营困难，要按照“减、免、缓、帮、扶、替”六字方针，全力培育“亲”“清”新型政商关系，千方百计服务企业。民营经济是县域经济的主体，要创优政务环境、营商环境、法治环境，大力推动大众创业、万众创新，激活一切改革发展的源泉和力量。

（五）坚持共享发展，着力增进人民福祉。共享是发展的根本目的，幸福怀仁的目标就是要为怀仁人民创造美好生活。我们要时刻把群众放在心中最高的位置，真心实意地为群众办实事、解难事。在就业创业方面，积极推进大众创业、万众创新，制定和实施更加积极的就业政策，大力培养工匠、技师、护工、保姆、月嫂等专业职业人才，统筹开展农村剩余劳动力、退役军人、转移人口和城镇困难人员、残疾人等群体的就业工作。强化创业集群建设，新建1—2个创业园区，加大大学生创业园区、电子（商务）创业孵化基地的宣传力度及运营管理，实现创业带动就业的倍增效应。在教育事业方面，把教育放在突出优先的地位，加强管理，突出特色，把我县建成全省一流、全国知名的教育现代化强县。到2020年，全县学前教育入园率城镇达到100%，农村达到90%。继续提升怀仁一中晋北名校地位，创新国内外校际联合发展方式，力争到2020年底，高中阶段教育毛入学率达到98%。大力发展小学、初中基础教育和职业教育，加强民办教育管理，规范办学行为。加强教师队伍建设，吸引更多优秀人才从事教育工作。在医疗卫生方面，深化医药卫生体制改革，加强公共卫生服务体系建设，健全覆盖城乡居民的基本医疗保障体系，推动城乡医疗卫生服务体系建设。加强食品药品安全监管，确保食品药品质量和安全。深化公立医院改革，提高医务人员专业水平。探索乡镇全科医院建设。推进城乡居民基本医疗保险制度整合，健全居民医保体系。全面实施“二孩”政策。开展爱国卫生运动。发展妇幼卫生事业。在社会保障方面，实施全民参保计划，完善养老、医疗、生育、失业、工伤等保障制度，构建一体化社会保险体系。进一步发展残疾人事业。加强老龄工作。构建和完善社会救助制度体系。支持慈善事业发展，开展社会救济和社会互助、志愿服务活动。在脱贫攻坚方面，按照“六个精准、五个一批”要求，集中资源实施定向“喷灌”、定点“滴灌”，确保全县274户、669贫困人口2016年全部脱贫。在安全稳定方面，认真落实总体安全观，按照“党政同责，一岗双责、失职追责”机制，强化安全生产管理和监督，积极化解社会矛盾，深入开展“平安怀仁”创建活动，继续加大反邪教工作力度，切实做到“三个坚决防止”。

各位代表，为人民群众谋福祉是我们的不懈追求。“十三五”时期，我们将投入更多的人力物力财力，把经济社会各项事业发展好，把事关群众切身利益的事情办好，让广大群众有更多的获得感。

四、坚持和完善社会主义民主政治，加强法治怀仁建设

建设社会主义政治文明，是现代化建设的重要目标。要把坚持党的领导、人民当家作主、行政管理体制改革和维护社会稳定工作有机结合起来，坚定不移走中国特色社会主义政治发展道路。

（一）加强民主政治建设。坚持和完善人民代表大会制度，积极支持人大依法履行职能。坚持和完善中国共产党领导的多党合作和政治协商制度，推进政治协商、民主监督、参政议政的规范化、制度化、程序化。加强与民主党派、工商联和各界人士的团结合作，巩固和发展新时期的爱国统一战线。进一步做好宗教、侨务和对台工作。加强和改善党对工会、共青团、妇联等群团组织的领导，支持他们依照法律和章程开展工作。加强基层民主政治建设，完善职工代表大会制度，充分发挥村民委员会的作用，切实加强社区民

主政治建设，保障人民群众的政治经济权益。

（二）加快构建法治政府。坚持依法行政，做到法定职责必须为、法无授权不可为。深化行政管理体制改革，厘清政府与企业、市场、社会的界限，充分发挥市场在资源配置中的决定性作用，更好发挥政府作用。深化行政审批制度改革，持续推进简政放权、放管结合、优化服务，提高政府效能。深化行政审批制度改革，推行权力清单和责任清单制度，完善综合性政务平台。加快推进投资体制改革，营造有利于各类投资主体的市场环境，建立健全政府购买公共服务机制。加快事业单位分类改革。健全重大行政决策机制，建立政府法律顾问制度，推行重大行政决策的实施评估、纠错和责任追究制度，推进决策科学化、民主化。

（三）推进法治怀仁建设。认真落实全面依法治国基本方略，深入开展“七五”普法教育，不断增强广大干部群众的法律意识和法制观念。坚持严格依法行政，加强执法监督，提高执法水平，维护公平正义。继续深化司法制度改革，探索建立司法监督和制衡机制。加强政法队伍建设，不断提高政法队伍政治、业务素质，确保严格执法、公正司法。争创全国平安县。

各位代表，社会越进步，民主也越发展。只要我们充分发挥党委总揽全局、协调各方的领导核心作用，发挥国家一切权力属于人民的制度优势，全县民主团结、生动活泼、安定和谐的政治局面就一定会进一步巩固和发展。

五、全面从严管党治党，构建良好政治生态

全面从严治党一刻也不能放松，永远在路上。我们必须坚持把抓好党建作为最大政绩，全面加强党的思想、组织、作风、反腐倡廉和制度建设，推动管党治党进一步做到“严紧硬”，为率先全面建成小康社会提供坚强的组织保障。

（一）坚持思想建党和制度治党紧密结合，补足党员干部的“精神之钙”。坚持不懈推进理论学习。完善党委（党组）中心组学习制度和理论学习领导责任制，切实加强党的理论教育和党性教育。深入学习习近平总书记系列重要讲话精神，自觉运用其中的立场观点方法武装头脑、指导实践、推动工作，切实增强政治意识、大局意识、核心意识、看齐意识。深入开展“两学一做”

学习教育。推动全面从严治党要求在基层落地生根，着力解决党员队伍在思想、组织、作风、纪律等方面存在的突出问题，更好地保持党的先进性和纯洁性。大力提升党员干部综合素质。建立完善科级干部述学、评学、考学、督学制度，落实各单位“一把手”带头讲党课制度和党员领导干部教育培训记实档案制度，建立健全学习培训效果考核评估和激励制度，切实增强思想理论武装和教育培训工作的针对性和实效性。

（二）坚持扎根基层、凝聚群众，更好发挥基层党组织的战斗堡垒作用和党员的先锋模范作用。加强各领域党组织建设。强化农村（社区）、机关等基层党组织建设，推进“两新”组织党建工作力度，实现党的组织、党的工作和党员作用发挥“三个全覆盖”。以“一带三创”和“联述联评联考”为抓手，创新服务载体，提升服务能力，着力强化基层服务型党组织建设。实施党建强基工程。认真落实农村基层党建31项措施，加大村村联建党组织力度，推进社区党建“五有一强化”工程。实施村集体经济“破零”工程，不断增强村级组织“造血”功能。实施产业党建工程，让党员聚集在产业链，让党员和群众富在产业链。深入整顿软弱涣散基层党组织，进一步加强基层党组织“带头人”队伍建设，提升基层党务工作者专业化水平。加强党员队伍管理。进一步做好发展党员工作，加大在高层次人才和基层优秀人才中发展党员的力度，及时处置不合格党员。创新流动党员管理机制，加强“两新”组织党员管理，推动各领域党员立足岗位发挥作用。突出基层党建服务功能。落实党员干部直接联系服务群众制度，扎实开展党代表、党员等进社区活动，打通服务群众“最后一公里”，推动基层党建活动扎根基层、扎根群众，不断增强党在全社会的影响力和凝聚力。

（三）坚持班子和队伍建设两手抓，打造一支担当干事的干部队伍。完善领导班子运行决策机制。认真落实民主集中制原则，以完善和落实议事规则、决策程序为核心，督促各级领导班子和党员干部严格按程序、规则和集体意志办事。探索领导班子重大事项决策全程记实制度，建立重大决策终身责任追究制度及纠错纠偏、责任倒查机制。严格执行干部选拔任用制度。按照“信念坚定、为民服务、勤政务实、敢于担当、清正廉洁”的要求，树立公平公正的选人用人导向。研究制定干部选拔任用工作全程记实制度、干部选拔任用工作程序监督操作规程，建立干部选拔任用问责制度，切实把干部选好用好，严防干部“带病提拔”。强化干部日常监督管理。建立健全领导班子和领导干部日常考核、日常考察台账，完善常态化分析研判机制。完善领导干部个人有关事项报告制度，加大抽查核实和处理力度。要把严格管理干部和热情关心干部结合起来，教育引导干部敢于担当，加大调整不胜任现职干部力度，大力选拔使用勇于担当、善于作为的干部，探索建立合理的容错纠错机制，为敢担当的干部担当，为敢负责的干部负责，在全县上下形成干部“愿为、必为、会为、有为”的浓厚氛围。

（四）坚持优化作风和严惩腐败同向发力，努力营造良好的政治生态。严明党的纪律。切实增强纪律和规矩意识，严格遵守党的政治纪律、廉洁纪律、组织纪律、群众纪律、工作纪律以及生活纪律，坚决同违反党纪的行为作斗争，以严肃纪律保证各项工作顺利推进。狠抓作风建设。强化对违反中央八项规定精神行为的监督执纪问责，坚决防止“四风”反弹回潮，推进作风建设常态化、长效化。保持惩治腐败高压态势。严格落实党风廉政建设党委主体责任和纪委监督责任，自觉把党的纪律和规矩挺在前面，把握运用好“四种形态”，深入推进巡察工作，推动全面从严治党战略部署在全县落地生根。发挥制度的激励约束作用，推动《党章》《准则》《纪律处分条例》《问责条例》等党内法规制度深入贯彻落实，形成不敢腐、不能腐、不想腐的有效机制。

各位代表、同志们，未来五年，我们的事业任重而道远，我们的任务光荣而艰巨。让我们紧密团结在以习近平同志为总书记的党中央周围，在省委、市委的坚强领导下，团结和带领全县广大党员干部群众以超越自我、勇立潮头的雄心壮志，以不怕困难、敢打敢拼的勇气信心，创造无愧于这个伟大时代、无愧于38万怀仁人民的崭新业绩，为率先夺取全面建成小康社会新胜利而努力奋斗！

政府工作报告

——在怀仁县第十六届人民代表大会第一次会议上

2016 年 6 月 17 日

苏斌如

各位代表:

现在，我代表县政府，向大会报告工作，请予审议，并请县政协委员和其他列席人员提出意见。

一、2015 年及“十二五”时期经济社会发展回顾

过去一年，面对经济下行压力持续加大的严峻形势，在市委、市政府和县委的坚强领导下，县政府主动适应经济发展新常态，全力稳增长，积极促转型，倾心惠民生，完成了县十五届人大五次会议确定的各项目标任务，在全面建成小康社会进程中迈出了坚实步伐。

经济运行稳中向好。积极应对经济下行走势，坚决落实中央和省、市各项政策措施，努力破解实体经济发展难题，推动了经济持续稳定增长。全年地区生产总值完成 202.8 亿元，同比增长 5.9%；第三产业增加值 76.3 亿元，占地区生产总值的比重 37.6%；工业增加值 75.3 亿元，同比增长 16.1%；固定资产投资 157.1 亿元，同比增长 15.1%；公共财政收入 5.45 亿元，同比下降 36.8%；社会消费品零售总额达到 61.7 亿元，同比增长 4.6%；农村常住居民人均可支配收入 13261 元，同比增长 6.8%；

城镇常住居民人均可支配收入完成 29233 元，同比增长 6.7%，主要经济指标增幅高于全省平均水平。

转型升级步伐加快。扎实开展“项目提质增效年”活动，全年实施重点工程 159 项，完成投资 105.9 亿元，累计投产项目 75 个。陶瓷产业不断扩张，新建成 6 条高档日用瓷生产线和 1 条地砖生产线。工业固废综合利用稳步推

进，宏力公司清水砖项目顺利建成。新兴产业不断壮大，玉龙 1500 吨甲基肼项目竣工投产，华元医药一期工程达产达效。新能源产业开始起步，投资 2.1 亿元的山西太阳能海北头光伏发电项目实现并网发电。城乡商贸流通服务体系日趋完善，美之居购物广场、汽车文化城等项目建成运营。

现代农业稳步发展。认真兑现惠农政策，发放粮食直补、农机具补贴、农资综合补贴等 7181 万元。大力推广节水灌溉，高效节水面积达到 11.5 万亩。积极推广机播机收，全县综合机械化水平达到 78.6%。“一县一业”成效显著，全年肉羊饲养量达到 410 万只，建成羊产品加工企业 15 家，形成了集种植、饲养、屠宰、羊肉分割、皮毛加工、肠衣加工、有机肥加工于一体的全循环产业链条。着力开展国家草牧业发展试验试点县建设，粮经饲种植结构调整初见成效。在严重的旱灾面前，粮食产量完成 3.74 亿斤，瓜类蔬菜产值达到 8 亿多元。

城乡环境持续改善。市政基础设施更加完善，新铺设燃气管道 15.2 公里，新增供热管网 2 公里，新建换热站 2 座，新建城市供水管网 6 公里，新建城市道路 3.5 公里。巩固全国卫生城市创建成果，市容市貌、环境卫生、园林绿化全面加强。完善了乡村道路、环境卫生及村庄绿化，改造农村危房 2355 户，村容村貌又有较大改观。生态林业稳步拓展，全年营造大片林 1.43 万亩，林地总面积达到 64.86 万亩。坚持铁腕治污，重点行业节能降耗和主要污染物减排任务圆满完成，全年县城空气质量二级以上天数达到 351 天。

改革开放成效显著。扎实开展农村土地确权登记颁证工作，70% 以上的行政村完成了确权登记任务。积极推进商事制度改革和“三证合一、一照一码”制度，为中小企业营造了良好的发展环境。大力推进金融振兴，宏力公司在“新三板”成功上市，大同银行落户怀仁，慧融村镇银行建成运营。积极开展“助保贷”融资业务，县财政投入资金 1040 万元，撬动建行贷款 1.1 亿元，为企业发展提供了支持。积极推进科技创新，陶瓷研发中心建成运营，研发成功了异形瓷及浮雕瓷，解决了高压注浆规模化生产技术难题。完成了国家羊产业技术体系金艺实验基地建设，饲草饲料、肉羊品种以及羊肉系列产品研发有序推进。大力开展招商引资活动，全年签约项目20个，签约金额287.5亿元，落地投资额123.35亿元，发展后劲进一步增强。

民生事业全面进步。城乡幼儿园改造任务顺利完成，义务教育均衡发展。公办、民办互促互进，办学行为更加规范。办学水平持续提高，高考蝉联全市24连冠。公立医院改革基本完成，县乡村三级医疗卫生服务体系达标率100%，新农合参合率达到99.85%。文化惠民活动深入开展，国家公共文化服务体系示范区创建工作取得重大成果。城镇新增就业3465人，被命名为山西省“创业型城市”。城乡低保应保尽保，优抚救助扎实开展，国防教育、人民防空、民兵预备役等工作进一步加强，荣获全省“双拥模范县”七连冠。深刻汲取天津港火灾爆炸事故教训，严格落实安全生产“两个主体”责任，安全生产形势保持稳定。扎实开展“平安怀仁”建设，深入实施“六六创安”工程，信访维稳、应急管理、防震减灾、“六五”普法等工作坚实有力，社会治安公众满意度明显提高。食品药品监督更加有力，妇女儿童、老年人、残疾人权益得到保障，民族宗教、旅游外事、消防治超、档案统计、气象通信等方面工作，都取得了新的进展。

政府自身建设不断加强。扎实开展“三严三实”专题教育活动，坚决贯彻中央“八项规定”精神，大力倡导勤俭节约美德，“三公”经费同比下降27.8%。全面推行“六权治本”，按期保质完成了“两清单、两张图”编制任务，规范了“一平台”运行管理。建立了“三重一大”依法决策和“一把手”“五个不直接分管”制度，实现了对权力运行的有效监督制约。制定并实施了政府自身建设三年规划和年度行动计划，法治型政府、服务型政府、责任型政府、廉洁型政府、创新型政府和学习型政府建设取得新成效。自觉接受县人大及其常委会法律监督，接受县政协民主监督，全年共办理人大议案35件，政协提案34件，办复率100%。严格落实党风廉政建设责任制，重点领域和关键环节廉政风险防控机制进一步健全，一批违法违纪案件得到严肃查处，惩治和预防腐败体系不断完善。

各位代表！2015年各项工作顺利推进，主要目标任务基本完成，标志着我县“十二五”规划实现圆满收官。回顾过去五年，我们战胜了诸多困难和风险，经受住了严峻挑战和考验，办成了许多打基础的实事、利长远的大事、补短板的难事，怀仁改革开放和现代化建设取得新的重大成就，为全面建成小康社会奠定了坚实基础。

过去五年，是经济实力快速攀升的五年。尽管在“十二五”期末，全县经济经受了前所未有的下行压力，部分行业受到冲击，一些经济指标增速放缓，但总体上达到了预期目标。2015 年地区生产总值突破 200 亿元，较 2010 年增加 94.5 亿元，年均增长 13.4%；固定资产投资较 2010 年增加 103 亿元，年均增长 23.8%。城镇常住居民人均可支配收入较 2010 年增加 11989 元，年均增长 11.1%；农村常住居民人均可支配收入较 2010 年增加 6018 元，年均增长 12.8%。2011—2014 年，在全省县域经济发展 A 类县考核中，分别取得排名第八、第六、第五、第四的好成绩。

过去五年，是产业调整彰显成效的五年。三次产业结构由“十一五”末的 16.3 ：51.3 ：32.4 调整为 4.5：57.9：37.6。第三产业快速崛起，华北最大的皮革物流中心——怀仁·海宁皮革城建成运营，被评为“山西省特色旅游商品购物示范区”；金沙滩生态旅游区晋级为国家 AAAA 级景区，获得“中国最具特色生态旅游名县”和“中国最佳旅游目的地”荣誉称号。第二产业稳步发展，陶瓷、羊产业成为全县 4 万多个家庭经济来源的主渠道。

过去五年，是城市品位提质上档的五年。我们坚持“大县城”战略，实施了九大城市棚户区改造工程，建设保障性住房 1.9 万套 174 万平方米，建成区面积达到 25.9 平方公里，规划控制面积 50 平方公里。建成区主干道空中管、网、线全部入地，自来水供水普及率达到 90%，污水处理率达到 93.7%，垃圾处理率达到 100%，集中供热普及率达到 88%，天然气覆盖率达到 88.3%，道路硬化率达到 100%，绿化覆盖率达到 40.4%，被评为“国家卫生县城”，被确定为“国家智慧城市试点”，基本实现了“城市让人民生活更加美好”的愿景。

过去五年，是生态环境深刻变化的五年。积极构建“一城两山三湖七河百村”生态体系，完成了西山大片生态造林 50 万亩，建成了全长 200 公里的生态循环圈，森林覆盖率达到 28%，成为山西省独具特色的“林业生态县”。

恢复治理了境内七大水系，水域面积达到5.5万亩，鹅毛河湿地公园被列入第十五批国家水利风景区。环境质量明显改善，县城空气质量二级以上天数始终保持在350天以上，被评为“山西省环境保护模范县城”。

过去五年，是改革开放取得重大突破的五年。转型综改试验区建设加快推进，科技创新、金融振兴、发展民营经济“三大突破”取得积极进展。农村土地经营权、集体林权制度改革顺利，医药卫生体制、不动产登记改革基本完成，商事制度改革不断深化，煤炭资源税从价计征落实到位。“扩权强县”改革成效明显，探索建立煤炭企业多元发展促进机制、商贸物流与旅游业一体化发展机制。新一轮政府机构改革顺利完成，事业单位分类改革有序推进，行政审批制度改革走在全市前列。全方位拓展对外开放合作领域，积极承接东部和京津冀地区重大产业转移，招商引资取得重大突破。

过去五年，是民生保障大为改善的五年。县政府坚持每年办好惠民“十件实事”，一批事关群众切身利益的问题得到较好解决。社保体系更加完善，城乡低保、养老保险、医疗保险、新农合、免费义务教育等基本民生保障制度实现城乡全覆盖。学有所教、劳有所得、病有所医、老有所养、住有所居大幅提升，公共文化服务体系日益完善，全民体育健身运动蓬勃开展。社会治理创新成效显著，安全生产形势持续好转。连续五年实行免费公交和延时供暖，人民群众幸福指数逐年提升。

各位代表！过去五年，全县经济社会发展取得显著成就，这是县委统揽全局、正确领导的结果，是县人大、县政协有力监督、积极支持的结果，是全县人民开拓创新、团结奋斗的结果。在此，我谨代表县人民政府，向辛勤工作在各行各业的广大干部群众，向离退休老同志，以及所有关心、支持怀仁发展的社会各界人士，表示衷心感谢，并致以崇高敬意！

在肯定成绩的同时，我们也清醒地看到，怀仁的经济社会发展与全省、全市一样，面临着破解“资源型经济困局”的重大难题。“一产小而不优、二产大而不强、三产散而不精”的问题依然突出；受煤炭市场低迷影响，可用财力逐年下降，财政收支矛盾突出，保工资、保运转、保民生压力巨大；受经济下行和社会转型“双重挤压”，企业生产经营困难，隐性失业增多，特别是过剩产能、不良贷款、非法集资等新问题的暴露，使社会风险发生概率上升；政府职能转变还不到位，依法行政的能力有待提高，少数干部不敢担当、不会作为，甚至还存在“懒政”“怠政”现象。我们要进一步增强忧患意识和担当意识，下大力气解决这些问题，始终以民之所望为施政所向，尽心竭力做好政府工作，决不辜负人民重托。

二、“十三五”时期经济社会发展总体要求

根据《中共怀仁县委关于制定国民经济和社会发展第十三个五年规划的建议》，县政府编制了《怀仁县国民经济和社会发展第十三个五年规划纲要（草案）》，提请大会审查。下面，我对《纲要（草案）》的主要内容作简要说明。

（一）关于“十三五”时期经济社会发展的指导思想

按照县委建议，“十三五”时期我县经济社会发展总体指导思想是：高举中国特色社会主义伟大旗帜，全面贯彻党的十八大和十八届三中、四中、五中全会精神，坚持以马克思列宁主义、毛泽东思想、邓小平理论、“三个代表”重要思想、科学发展观为指导，深入贯彻落实习近平总书记系列重要讲话精神，遵循“四个全面”战略布局，坚持发展是第一要务，牢固树立并切实贯彻“五大发展”新理念，按照省委“五句话”的总要求和市委推进“两大任务”的战略部署，加快创新发展、协调发展、绿色发展、开放发展、共享发展、廉洁和安全发展，以“推进富民强县、建设幸福怀仁”为目标，以实现撤县设市为抓手，以转型发展为关键，重点实施创新驱动、转型升级、项目支撑、招商带动、生态保障、民生优先“六大战略”，全力打造煤炭、陶瓷、肉羊、绿色农副产品、绿色医药、绿色新能源“六大基地”，着力建设“对接乌大张、融入京津冀”的区域性特色城市，努力营建富裕文明、山川秀美、富有活力、和谐宜居的幸福怀仁，力争早日全面建成小康社会。

（二）关于“十三五”时期经济社会发展的奋斗目标

对标我县“推进富民强县、建设幸福怀仁”的宏伟蓝图，《纲要（草案）》提出了“十三五”时期发展目标。一是经济发展稳中有进。地区生产总值年均增长 7.5% 左右，到 2020 年达到 291 亿元；固定资产投资年均完成 120 亿元以上，到2020年力争累计达到600亿元。二是产业转型取得突破。工业增加值年均增长5%左右，到2020年达到96.1亿元，三类产业结构比重调整为5:50:45。三是人民生活显著提高。城镇常住居民人均可支配收入年均增长7%，到2020年达到40926元；农村常住居民人均可支配收入年均增长7%，到2020年达到18565元；社会消费品零售总额年均增长5%，到2020年达到78.7亿元。四是生态环境持续改善。全面完成上级下达的节能减排任务。建成区绿化率进一步提高，森林覆盖率到2020年达到30%。五是文化建设全面加强。社会主义核心价值观更加深入人心，公民道德风尚更加浓厚，文化产业综合实力显著提升，公共文化服务体系更加健全。六是改革开放深入推进。撤县设市工作取得实质性进展，开放型经济和对外合作体制基本形成，国家重大改革措施有效落实。七是民主法治取得新进展。民主法制更加健全，社会治理能力和水平不断提高，法治怀仁取得重大进展。

（三）关于“十三五”时期经济社会发展的主要任务

做好“十三五”时期经济社会发展工作，实现“十三五”奋斗目标，必须找准主攻方向。《纲要（草案）》基于我县发展实际，坚持问题导向，提出了以“六大战略”为主攻方向，以“六大基地”为主要路径，保障和支撑经济社会永续发展。

“六大战略”：一是创新驱动战略。提高原始创新、集成创新和再创新能力，培育、催生经济社会发展新引擎。大力推动大众创业、万众创新，让千千万万个市场细胞活跃起来,汇聚成发展的巨大动能。?二是转型升级战略。改造提升传统产业，积极培育战略性新兴产业，大力发展农产品加工产业，推进文化旅游业和现代物流业，彻底改变“一煤独大”格局，走出一条“多元发展，多极支撑”的产业发展道路。三是项目支撑战略。大力实施项目带动战略，充分利用各种扶持政策，加大项目衔接、争取力度。坚持多元化投资，积极推广PPP项目模式。在重视大项目、大投资的同时，关注支持中小投资规模项目，以项目支撑拉动经济社会快速发展。四是招商带动战略。整合资源要素，全领域推进招商引资工作，加快形成大企业“顶天立地”、小企业“铺天盖地”的良好局面。五是生态保障战略。大力发展绿色经济，积极发展低碳经济和循环经济，实现经济效益与社会效益、生态效益的有机统一。六是民生优先战略。坚持以人为本、民生优先，不断加大民生投入，加快社会事业改革发展，让改革发展成果更多、更公平地惠及全县人民。

“六大基地”：一是晋北煤炭生产物流基地。立足全县煤炭生产、洗选、运销优势，做精煤炭产业、延伸产业链条、拓展非煤产业。同时，以园区为载体，促进煤电深度融合，形成煤电一体化发展格局，实现煤炭资源向高效、清洁、高附加值转化，打造晋北重要的煤炭生产物流基地。二是全国日用陶瓷生产基地。以金沙滩陶瓷工业园区为支撑，实施“品牌立瓷、科技强瓷、文化兴瓷”发展战略，大力推进研发创新、工艺改进、拓展市场、打造品牌、人才培养，培育形成产、学、研、销、展“五位一体”的产业集群，全面提升陶瓷产业的竞争力和创新力，努力增加陶瓷产业对地方经济发展的贡献，真正把陶瓷打造成全县转型发展的重要接续产业。三是优质肉羊养殖加工基地。抓住全国草牧业发展试验试点县契机，坚持“立草为业、以草兴牧、规模种养、产业经营”的发展思路，积极构建肉羊产业保障服务体系，推进畜牧业区域化布局、规模化种养、标准化生产、产业化经营、安全化产出、生态化发展，努力建设全国肉羊养殖加工基地和全国闻名的生态畜牧大县。四是晋北绿色医药基地。以金沙滩医药园区为载体，加大招商引资力度，努力引进新企业、新项目，精心打造生物医药研发、制造、贸易、安全“四大平台”，培育形成晋北最具影响力的绿色生物医药产业集群，把医药产业打造成利长远的新型支柱产业。五是京津冀绿色农副产品供应基地。以朔州被列入“全省特色农产品加工基地”和“全国生态畜牧养殖基地”为契机，以创建国家和省级农产品质量安全县为保障，加快转变农业发展方式，调整优化农业结构，推动粮经饲统筹、农林牧结合、种养加一体、一二三产业融合发展，建设京津冀地区的“菜篮子”、“米袋子”和肉蛋奶供应基地。六是绿色能源基地。大力发展风电、光伏、生物质能等以绿色、环保为特点的新能源产业，构建新能源产业体系；充分利用煤矸石、粉煤灰及煤矿伴生资源，发展新型材料产业。

各位代表！上述目标任务，既系统考量了我县“十三五”时期，经济社会发展面临的宏观环境和支撑条件，又充分考虑了全县人民过上美好生活的新期待，是对未来五年我县推进“六大发展”的系统性定位。展望今后五年，我们充满信心。党中央提出了一系列治国理政的新理念、总基调、大思路，为我们加快推进现代化事业提供了理论指导和行动指南；国家加快实施供给侧结构性改革，深入推进“一带一路”、京津冀协同发展、环渤海经济区合作发展，以及国内消费结构升级和发达地区产业转移，为我县调结构、补短板、谋创新带来了机遇。只要我们众志成城、抢抓机遇、迎难而上、奋力拼搏，就一定能化危为机，“十三五”宏伟蓝图一定能够如期实现，怀仁的明天将更加美好灿烂！

三、2016 年工作安排

今年是“十三五”规划的开局之年，做好今年的工作，对全面建成小康社会意义重大。按照省、市有关部署和县委十一届六次全会精神，全年的预期目标是：地区生产总值增长 6.5%；服务业增加值占 GDP 比重 37.95%；工业增加值增长 2.5%；固定资产投资增长 11%；社会消费品零售总额增长 6%; 一般公共预算收入增长 2.75%；农村常住居民人均可支配收入增长 6.5% 以上；城镇常住居民人均可支配收入增长 6.5% 左右；省、市下达的约束性指标任务全面完成。

围绕实现上述目标，年内要重点做好八项工作：

（一）优化经济结构，促进转型升级

推进供给侧结构调整。按照“去产能、去库存、去杠杆、降成本、补短板”要求，用结构性改革的办法破解发展难题。严格控制新增产能，坚决淘汰落后产能，有序退出过剩产能，提高供给体系质量和效益。

夯实煤炭基础。加快煤炭企业安全质量标准化矿井建设，年内县属 6 座煤矿全部建成二级以上标准化矿井。推动煤炭提质提效，上马新天地洁净煤、隆安煤业、焦煤矿选煤厂，促进宏力再生年产 120 万吨型煤生产线项目落地。加快煤电一体化融合发展，积极推进漳电王坪二期 2×660MW 低热值煤热电厂项目。

提升传统产业。规划建设陶瓷出口园区，力争年内有 3 条高压注浆生产线达产运行，促进陶瓷产业创意化、高档化、品牌化发展。扶持华元医药头孢类抗生素及西药多剂型生产线上马，续建玉龙精细化工乙撑胺项目，提升医药产业经济社会效益。

发展现代服务业。结合“互联网+”计划，培育电子商务等新产业新业态。规范建设农村电子商务平台，构建农产品进城与农资和消费品下乡双向流通格局。完善金沙滩、清凉山等生态旅游景区，增加精品景点和服务设施，叫响“怀古金沙滩、问道清凉山”文化旅游品牌。加强与周边地区的旅游协作和线路对接，主动融入大同云冈石窟、浑源悬空寺、应县木塔等精品旅游环线。

培育新兴产业。积极开展产学研对接活动，大力引进具有较高发展前景的光伏、生物、新材料、节能环保、新型装备制造、电子信息等新兴产业，抢占新一轮经济竞争制高点。

（二）坚持对外开放，推动投资增长

充分发挥项目带动作用，加大项目争取和推进力度，稳定投资规模，为县域经济发展提供重要支撑。

主动作为争项目。紧抓国家和省市“十三五”项目计划，把握产业政策、资金投向和扶持重点，积极策划、储备、申报一批重大项目，争取列入上级项目投资计划。

全力以赴引项目。围绕我县优势产业、主导产业，创新招商方式，实行精准招商，确保年内完成项目签约 235 亿元、到位资金 85 亿元以上。建立招商引资促进机制，构建四大班子带头、各部门主导、全社会参与的良好招商氛围。加强跟踪服务，落实项目责任，推进投资 26 亿元的中实大健康产业基地项目、投资 14.5 亿元的君唯康生物饲料及有机肥项目、投资 3.5 亿元的鹅毛河水系大型旅游度假娱乐项目落地开工。

群策群力上项目。坚持“量力而行、尽力而为”和“打基础、利长远、促发展”的原则，年内实施重点工程 93 项，总投资 199.3 亿元，当年完成投资 93 亿元以上。保障和服务国家重点工程建设，依法合规做好大张、大西高铁征地拆迁工作，协调解决项目推进过程中遇到的困难和问题。

完善基础保项目。推进冯庄 220 千伏输变电站、陶瓷园区 110 千伏变电站、医药园区变电站项目建设，解决新上项目用电难问题。

（三）统筹城乡发展，促进撤县设市

以撤县设市为抓手，统筹城乡发展，建设“对接乌大张、融入京津冀”的区域性特色城市。

加强规划管理。修编县城总体规划，分步编制专项规划，力争控规覆盖率达到70%以上，增强规划的系统性、严肃性。

补齐设施短板。完成图书馆、体育馆室外配套工程，启动垃圾压缩转运站工程，建成运行热电联供项目，实施县城南北道路贯通工程（即贯通仁人北路至二级路，改造仁人南路和怀礼街一段），推进和平路、怀信街延伸，改造仁泰路、怀礼街雨污管网，绿化“两馆”周边区域和新修道路，提高城市发展的持续性、宜居性。

创新城市治理方式。坚持以人为本、依法治市，整合城市管理资源，探索长效管理机制，着力解决城市病等突出问题。实施智慧政务、智慧交通、智慧健康、智慧社区工程，促进城市治理体系和治理能力现代化。提升市民文明素养，共同维护城市良好形象。

完善乡村基础设施。实施“村村通”提质完善工程，建设乡村三级公路14公里，改造乡村四级公路8公里。实施乡村电网改造，铺设4条10千伏农村输电线路。启动运行农村水质化验项目，建设金沙滩水厂二期工程，确保农村安全用水。

（四）发展现代农业，促进农民增收

继续毫不放松抓好“三农”工作，认真落实强农惠农富农政策，深化农村改革，提高农业质量，拓展农民增收渠道。

提高种植效益。农作物总播种面积74.5万亩，其中粮食作物50.8万亩、经济作物18.7万亩、饲草作物5万亩，力争全年粮食产量达到5亿斤，经济作物产值达到10亿元，牧草业产值达到7000万元。推进优势、特色产业规模集约发展，打造云中耕德、新家园仁丰、何家堡顺鑫、金沙滩丰泽园、海北头禾润等一批设施农业示范基地，建设何家堡、磨道河休闲采摘观光农业。完成省级农产品质量安全县验收。

推进草牧业发展。完善畜牧业保障体系，切实做好生产服务和疫情防控工作，全年肉羊饲养量达到450万只以上。积极推进肉羊良种繁育工作，大力建设标准化养殖示范基地。调整种植业供给侧结构，加快草牧业试点县建设，种植青贮玉米4万亩、苜蓿1万亩，改良天然草场2万亩，降低养殖成本，促进养殖业健康发展。

改善农业生产条件。启动省级1.4万亩高标准基本农田建设项目，滚动实施3330亩膜下滴灌工程，完成1万亩膜下滴灌工程项目立项。

培育壮大龙头企业。发展农产品精深加工，扶持龙首山集团农副产品加工、巨宝农业专业合作社南果北移科创基地、清凉山羔羊肉加工、塞外小杂粮精细加工等项目建设，提升农产品附加值和农业抵御市场风险能力。

建设美丽乡村。巩固提升两轮“五个全覆盖”成果，完善金沙滩、毛皂、海北头小集镇功能。启动窑子头村采煤沉陷区治理工程，整体搬迁移民627户1388人。完成吴家窑镇地质灾害治理15户。整合资源，多措并举，扎实开展精准扶贫，年内完成274户669人脱贫任务。

（五）保护生态环境，建设绿色怀仁

强化环境治理，实施绿色生态工程，努力构建山川秀美的生态家园。

不断构筑生态屏障。完成人工造林0.2万亩，四旁植树70万株，育苗1万亩，村庄绿化5个。实施168公里生态循环圈和金沙滩生态经济园林区补植补造工程，完成5–10个村庄绿化工程和乡村道路林网建设。

继续加强生态修复。完成东作里水库建设，推进大峪河、鹅毛河中心水闸除险加固项目实施，争取下米庄水库节水渠系和万金桥水库项目立项。

重拳出击治污降霾。坚决保护饮用水源地安全，积极开展陶瓷、医药园区水污染治理，完成柳东营、王家堡农村生活污水治理工程。进一步强化燃煤锅炉、道路扬尘、机动车尾气、秸秆焚烧等污染源监管，完成小峪煤矿、王坪煤矿、玉龙化工、同星制药锅炉脱硫（脱硝）除尘改造，加快各类原料堆场扬尘治理，促进大气质量进一步改善。

（六）坚持改革创新，增强经济持续增长动力

围绕解决重点领域的突出矛盾和问题，加快破除体制机制障碍，进一步

激发市场活力和社会创造力。

深化重点领域改革。全面实施“营改增”，落实国家减税降费政策，降低企业制度性、外在性、经营性成本。继续推进农村土地确权登记工作，依法推动土地经营权有序流转。加快推进户籍制度改革，积极推进农业转移人口市民化。完善权力清单、责任清单制度，推进事业单位分类改革。落实各项改革措施，全面释放各领域、各行业发展活力。

加快科技创新。推动陶瓷技术职业学院项目落地开工，提升陶瓷研发中心研发能力。支持本地企业与科研院所合作，重点在肉羊品种培育、固废综合利用等领域，突破一批关键技术，转换一批科研成果。鼓励企业内部创新，建设一批省级科技型企业。

推动金融振兴。按照全省金融联系重点县的要求，制订《怀仁县金融业支持地方经济发展考评奖励办法》、《怀仁县金融振兴工作纲要》。抓住“新三板”、“注册制”改革机遇，全力支持尊屹瓷业、诺成制药挂牌上市。积极稳妥开展信用联社改制工作，推动晋商银行、晋城银行在我县开设分支机构，争取朔州市县区基金库落户怀仁。规范民间借贷，打击非法集资，防范金融风险。搭建政府融资担保平台，成立投资管理和资产管理公司，提升融资能力和融资规模。

促进民营经济健康发展。继续实施中小微企业成长工程，成立怀仁中小微企业培训基地，力争新创办中小微企业 32 户，新增“小升规”企业 4 户。积极争取省级专项奖励资金，拓宽“助保贷”等金融产品业务，努力解决中小微企业融资难问题。提高中小微企业品牌意识和质量意识，加大品牌帮扶指导力度，有效商标拥有总量突破 400 件。

（七）优化公共服务，保障和改善民生

坚持兜底线、保基本、促公平，提升人民群众幸福指数、满意指数和安全指数。

发展教育卫生事业。推进城乡义务教育均衡发展，完成 3 所寄宿制学校、5 所幼儿园的标准化改扩建任务。优化医疗卫生资源配置，筹建县妇幼保健医院，实施鹅毛口、马辛庄、海北头等 6 个乡级卫生院周转用房项目。不断完善新农合制度，年内参合率达到99.9%。做好“国家卫生县城”复审工作。

完善社保体系。创新人才引进机制，落实大众创业政策，加大高校毕业生自主创业补贴力度，年内新增城市就业岗位4000个，城镇登记失业率控制在4.2%以内。扩大社会保险征缴覆盖面。实现城乡低保应保尽保。加强养老福利产业发展，新建新家园、亲和敬老院，改造毛皂、马辛庄敬老院，续建社会福利中心、利民老年公寓，让每一个困难群众都能感受到社会关爱和党的温暖。

实施文化惠民工程。继续加强对广大市民尤其是青少年的社会主义核心价值观教育，进一步提升城市文明程度。挖掘保护农村文化资源，持续加强镇村文化阵地和体育健身场所建设，促进文化大发展、大繁荣。创建怀仁数字院线，完成模拟信号数字平移，完成数字电视双向网改造。

推进保障性住房建设。加大棚改货币化安置力度，打通商品房、保障房、安置房转换通道，化解房地产库存，促进房地产业健康发展。实施一运公司、农机公司家属院、东关大榆树周边城市棚户区改造工程；完善矿山救护队棚户区改造工程；续建324套公共租赁住房；改造农村危房2380户，保障人民群众安居乐业。

加强和创新社会治理。推进城乡社区建设，促进基层民主协商。深入开展“平安怀仁”建设，继续加强基层法治创建和普法宣传，进一步完善社会治安防控体系，严厉打击各类违法犯罪活动。加强互联网建设和管理，确保网络和信息安全。建立规范有序的信访秩序，依法打击非访违法行为。完善“党政同责、一岗双责、齐抓共管”的安全生产责任体系，深入开展“安全隐患排查整治年”活动，坚决遏制重特大事故发生。依法从严打击食品药品违法犯罪，确保人民群众舌尖上的安全。加强应急管理体系建设，提高应对和处置突发事件能力。

同时，积极做好机构编制、民族宗教、国防动员、双拥共建、人防治超、气象档案、妇女儿童、残疾人等各项工作，促进社会事业全面进步。

各位代表！群众关心的事就是政府的头等大事，群众对幸福生活的企盼就是政府的不懈追求，我们将始终坚持群众利益至上，及时回应群众关切，着力解决群众困难，努力让孩子们快乐成长、让青年人乐业创业、让老年人颐养天年，让怀仁的父老乡亲们生活得更加美好、更加幸福！

（八）加强自身建设，提升执政能力

各位代表！实现“十三五”宏伟蓝图、完成今年的目标任务，政府责无旁贷。我们将以改革创新的精神，进一步加强政府自身建设，从严落实“六权治本”各项要求，行使好人民赋予的权利，完成好人民寄予的重托，努力建设人民满意政府。

坚持依法行政。依法履行政府职能，自觉接受县人大的法律监督、县政协的民主监督和社会公众的舆论监督，切实办好人大代表议案、建议和政协委员提案。健全公众参与、专家论证、风险评估、合法性审查、集体讨论决定等决策程序，坚持政府法律顾问制度，规范政府系统重大事项决策行为，不断提高依法、科学、民主决策水平。

推进简政放权。深化行政审批制度改革，加强政务服务平台建设，营造审批事项少、行政效率高、行政成本低、行政过程公开透明的政务环境。加大政务公开力度，推进电子政务、网络问政、网上办事，打造“阳光”政府。

强化廉政建设。深入开展“两学一做”学习教育，牢固树立政治意识、大局意识、核心意识、看齐意识，严格落实“一岗双责”，自觉履行政府系统党风廉政建设主体责任。加强行政监察和审计监督，对公共资金、公共资源、国有资产严加监管。始终保持反腐高压态势，扎实开展重点领域和关键环节专项整治，努力铲除滋生腐败土壤。

改进工作作风。贯彻落实中央八项规定精神，严格执行国务院“约法三章”，持续狠刹“四风”。严控“三公”经费，推进公务用车改革。弘扬“马上就办、真抓实干”的优良作风，用心谋事、务实干事、努力成事，以倒计时的状态抓好工作落实。建立健全督查推进和效能考核机制，坚决纠正不作为、乱作为，坚决克服懒政、怠政，坚决惩处失职、渎职，努力营造干部清正、政府清廉的良好政治生态。

各位代表！奋斗赢得未来。让我们在市委、市政府和县委的正确领导下，以敢于担当、积极作为的精神状态，以抓铁有痕、踏石留印的务实作风，以真抓实干、当好表率的拼搏意志，努力完成今年经济社会发展目标任务，为如期实现全面建成小康社会的宏伟目标作出新的贡献！

后 记

二轮《怀仁县志》的编修工作在县委、县政府的领导下，在省、市方志部门的指导下，于2011年11月启动，至2016年10月完稿。五个春秋，在历史长河中可谓沧海一粟，但对全体编修人员而言，道中留下的，是砥砺前行的深深足迹；沿途穿越的，是潆洄缭绕的激荡风云。

怀仁历史悠久、文化璀璨、物阜人杰。怀仁人民在这片古老的土地上，用卓越的智慧和辛勤的汗水谱写出的一幅幅辉煌篇章，为编修《怀仁县志》奠定了丰厚的基础。盛世修志，志载盛世。改革开放后，怀仁的政治、经济、社会、文化等诸领域都发生了翻天覆地的变化。1992版的《怀仁县志》下限截至1985年，距2012年已有27年的光阴。27载光辉岁月宛如一首荡气回肠的歌，每一个音符都跳动着怀仁人民前进的历史、发展的轨迹，每一段旋律都谱写着县委、县政府率领全县人民开拓奋进、富民强县、实现小康的奋斗历程。传承文明薪火，彰显文化精髓。县委、县政府于2011年11月成立了由县委书记为主任的《怀仁县志》编审委员会，并由多名热爱方志工作的同志组成县志编辑部。聘请省、市专家学者对各单位报送资料人员的120人和编辑部的全体成员进行培训。怀仁县志的二轮编修工作全面启动。

首先是设计制定一个科学合理、重点突出、特色鲜明、具有可操作性的本轮修志的篇目。篇目为修志之纲，编书之范，因而我们根据怀仁县域实际，参阅数十部兄弟市、县二轮修志的篇目，设定出篇目初稿35编144章。尔后拜访专家、征求意见、认真吸纳消化，经四易其稿，最终确定本轮怀仁县志的篇目为33编134章。其间，得到了省地方志办公室古籍处处长任根珠、市地方志办公室主任吴夺魁、河北省地方志学会秘书长王广才等专家学者的悉心指导。其次是进行广泛的资料搜集。此轮修志重点记述的是1986—2012年间怀仁改革开放和小康建设取得的一系列丰硕成果，由于时间跨度大，给收集资料带来了诸多的困难。编辑人员深入乡镇、机关、工厂、商店，走村入户搜集资料；到周边市县采访调查核实资料；通过查阅档案、发函外调、电话咨询、网络搜索等拓展资料来源，广泛捕捉信息，将大量鲜活、丰富、翔实资料揽于案头。三是认真编修初稿。初稿系成志基础，编辑人员对收集到的资料，认真分析梳理、补充加工，拟定编写提纲。大家共同讨论、取长补短，以期高质量地完成初稿。全体编辑恪尽职守、齐心协力，终于在2015年1月完成初稿。具体编撰分工为：武建军编写第一编建置、第二编自然环境、第七编林业、第十编陶瓷、第二十三编军事和第六编农业的第三章。冯日悦编写第三编人口婚姻的第一章、第二章、第三章、第四章以及第五章婚姻家庭姓氏中的“姓氏”部分。杨志雁编写大事记、第五编经济综述、第十四编财税金融的第二章和第三章。赵云编写第四编城乡建设。刘健编写第六编农业的第一章和第二章。潘宝雁编写第九编煤炭。张雁波编写概述、第八编工业、第十五编综合经济管理、第十九编地方政府的第二章、第三编人口婚姻的第五章婚姻家庭姓氏中的“婚姻家庭”部分。马锡勤编写第十一编交通通讯、第十二编商贸、第十三编旅游与服务业、第十六编政治体制改革、第十七编中国共产党地方组织、第十八编地方人民代表大会、第十九编地方政府的第一章和第三章、第二十编地方人民政协、第二十一编党派和社会团体、第二十四编综合政务管理、第二十六编科学技术、第二十七编文化、第二十九编卫生医疗。刘浩芳编写第十四编财税金融的第一章。杨宏霞编写第二十二编公安司法。李明忠编写第二十五编教育，李明忠、李明编写第二十八编体育。李晶清编写第三十编精神文明建设。皇素珍编写第三十一编民情风俗。邓世柏增修第三十二编方言谣谚。刘金编写第三十三编人物。全书由杨志雁进行统稿、总纂；马保义对书稿进行保密核查；吴正荣对全稿数据进行核实；邓世柏对书稿进行总校对。

在总纂过程中，注重合理取舍，力戒重复，规范体例，修改文字，参互比照，细细爬梳，使篇目得以合理调整，内容得以丰富充实。以书天下怀仁，编春秋精品的理念，忠实记录历史前进的脚步，认真定格岁月变换的年轮，终于完成了《怀仁县志》的征求意见稿。然后将书稿的相关篇章送全县各相关部门进行把关审核。收到反馈意见后于2015年7、8两个月由杨志雁、潘宝雁、安存斌、刘金、张雁波、马锡勤6位同志冒酷暑战高温对书稿进行了精心编辑和考订，在充分吸收各方意见和建议的基础上形成送市、省评审的送审稿，并于9月中旬分别送市、省地方志办公室审阅。

2016年1月8日《怀仁县志》评审会在县城召开，评审会由朔州市地方志办公室主持，省、市地方志办公室的有关专家参加。与会专家学者和县志编审委员会的成员对书稿进行了认真细致的评审，提出了中肯的意见和建议。会后我们精心梳理与研究各位专家学者、各级领导、各个单位所提意见，制定切实可行的修改方案。考订周浃、访求蒐集，务求述事更加翔实、地方特色更加突现。并统一整合各个部类，力求做到无错记、无错数、无错句、无错字，对书稿文字、图标、数据进行全面核对整合，以免疏漏。经过集思广益、精雕细琢、反复修改，五易书稿，终于在10月份将这部120余万字的《怀仁县志》书稿报送省、市地方志办公室终审，并获得通过。

二轮《怀仁县志》的编修，一是突出改革开放，彰显时代特点。二是浓墨重彩地记述域内独特内容，努力突出地域特点。如将煤炭、陶瓷单独设编等。三是充分运用翔实资料丰厚志书内容。尤其是在建设小康社会进程中的生动史实和与怀仁有历史渊源的文学作品收集入志。四是在遵循方志编写体例的同时，根据县域实际有所创新。如对民办教育，这一地域特色在志书中进行了详细的记述。对一些为怀仁发展作出贡献的人，则采取以事系人的方法，将其事迹记入有关章节，为后世留存了大量不可多得的地域史料。

二轮《怀仁县志》编修历经春秋五载，几多艰辛，成功付梓，实乃不易。全体编修同仁不负使命，勇于担当，经过诸多不眠之夜，洒下大量心血和汗水，辛勤耕耘。换来的是一部记录着怀仁人民阔步前行的历史足音，留下了修志人浓墨重彩辉煌记忆的资治之书、教化之篇、存史之册。如不身入其境实难体验。其间，县委、县政府为修志工作提供了全方位的保障，县人大、县政协及各单位各部门积极提供资料并认真审阅相关内容，社会各界人士给予大力支持，上级方志部门领导与专家予以精心指导。为此，特向所有为《怀仁县志》编修出版作出贡献的人们，一并表示衷心的感谢！

编修地方志是一项浩繁的系统工程，也是一门深奥的学问。虽然我们在整个编修过程中随时在补充资料，修正篇目，细校文字，但由于时间跨度大，资料征集难度大和能力有限等原因，《怀仁县志》的错漏与不足之处只能深表遗憾，留待以后订正。望社会各界同仁不吝赐教，批评指正。

《怀仁县志》编纂委员会

2016 年 10 月